LA GUÍA MICHELIN

ESPAÑA | PORTUGAL

2017

LOS COMPROMISOS DE LA GUÍA MICHELIN

LA EXPERIENCIA AL SERVICIO DE LA CALIDAD

Ya sea Japón, Estados Unidos, China o Europa, el inspector de la guía MICHELIN respeta exactamente los mismos criterios para evaluar la calidad de una mesa o de un establecimiento hotelero y aplica las mismas reglas en sus visitas. Porque si la guía goza hoy de un reconocimiento mundial, se debe a la constancia de su compromiso con respecto a sus lectores. Un compromiso del que queremos reafirmar aquí los principios fundamentales:

La visita anónima

Primera regla de oro. Los inspectores testan de manera anónima y habitual mesas y habitaciones, para apreciar plenamente el nivel de prestaciones ofrecidas a todos los clientes. Pagan la cuenta y, después, pueden revelar su identidad si quieren obtener algún tipo de información complementaria. El correo de los lectores nos proporciona, por otra parte, valiosos testimonios y toda una serie de información que se tendrá en cuenta para la elaboración de nuestros itinerarios de visitas.

La independencia

Para poder mantener un punto de vista totalmente objetivo - siempre buscando el interés del lector - la selección de establecimientos se realiza con total independencia, y la inscripción de los establecimientos en la guía es totalmente gratuita. Los inspectores y el redactor jefe adoptan las decisiones de manera colegiada y las distinciones más altas se debaten a escala europea.

Nuestras estrellas, una ✿, dos ✿✿ y tres ✿✿✿ distinguen las cocinas más notables, cualquiera que sea su estilo. La elección de los productos, el control de las cocciones y sabores, la personalidad de la cocina, la constancia de la prestación y la buena relación calidad/precio son los criterios que, más allá de los diferentes tipos de cocina, definen las mejores mesas.

La elección de lo mejor

La guía, lejos de ser un listín de direcciones, se concentra en una selección de los mejores hoteles y restaurantes, en todas las categorías de confort y precio. Una elección que es el resultado de la aplicación rigurosa de un mismo método por parte de todos los inspectores, independientemente del país en el que actúen.

✿✿✿ TRES ESTRELLAS MICHELIN

Una cocina única. ¡Justifica el viaje!

¡La firma de un gran chef! Productos de excepción, sabores puros y marcados, equilibrio en las composiciones: aquí la cocina está al nivel de arte. Los platos, perfectamente acabados, se transforman a menudo en clásicos.

✿✿ DOS ESTRELLAS MICHELIN

Una cocina excepcional. ¡Merece la pena desviarse!

Los mejores productos se realzan gracias a la experiencia y la inspiración de un chef con talento, que firma con su equipo platos sutiles, impactantes y, en ocasiones, muy originales.

✿ UNA ESTRELLA MICHELIN

Una cocina de gran fineza. ¡Compensa pararse!

Productos de primera calidad, una evidente fineza en la elaboración, sabores marcados y una notable regularidad en la confección de los platos.

BIB GOURMAND

Nuestra mejor relación calidad-precio

Un momento de placer gastronómico por menos de 35 € (España y Andorra) y a menos de 30 € (Portugal): productos de calidad, precios contenidos, una cocina con una excelente relación calidad-precio.

El plato MICHELIN

Una cocina de calidad

Productos de calidad y la mano del chef: ¡sencillamente una buena comida!

La actualización anual

Cada año se revisa y actualiza toda la información práctica, todas las clasificaciones y distinciones para poder ofrecer la información más fiable.

La homogeneidad de la selección

Los criterios de clasificación son idénticos para todos los países que cubre la guía MICHELIN. A cada cultura, su cocina, pero la calidad tiene que seguir siendo un principio universal...

"La ayuda a la movilidad": es la misión que se ha propuesto Michelin.

ESTIMADO LECTOR,

Una clasificación revisada, mejor comprensión, nuevo diseño... ¡La guía MICHELIN se ha transformado! Al concebirla, nos hemos basado en las conclusiones de una investigación y en los numerosos correos que lectores, como usted, nos envían todos los años.

- *¡Veamos los cambios! Los restaurantes, que son lo que más se busca, aparecen ahora encabezando los listados junto a los bares de tapas; a continuación, encontrará los hoteles y los establecimientos de turismo rural. La calidad de la cocina es, desde este momento, el principal criterio de clasificación, organizando los restaurantes con las distinciones que usted ya conoce (las estrellas ✿, el Bib gourmand ☺) y una pequeña novedad: el plato MICHELIN 🍽. Este símbolo indica los restaurantes que también proponen buena cocina o "una buena comida, simplemente". Como usted sabe, el solo hecho de ser seleccionado por los inspectores... ¡ya es un gran reconocimiento!*

- *Queremos también facilitar sus búsquedas añadiendo dos términos clave que describan cada establecimiento. Cocina vasca, tradicional, creativa... decoración rústica, industrial, de diseño... este esclarecedor tándem le permitirá, de un simple vistazo, hacerse una idea de lo que allí le espera.*

- *En las localidades donde hay muchas direcciones el epígrafe "Nos gusta..." hace su aparición. Nuestros inspectores destacarán lo más relevante: ese hotel con preciosas vistas al mar, dónde degustar una especialidad local... esos consejos "de amigo" para no perderse nada esencial. Por fin, en la edición del 2017, encontrará una guía MICHELIN con nuevo look: una maqueta más visual, colores más atractivos... ¡todo para que la lectura sea más fluida!*

- *¿Es este un año de evolución? Solo en parte. La presentación y el contenido han cambiado, pero nuestra misión sigue siendo la misma: guiarle de los verdes valles pirenaicos al cálido litoral andaluz, del turístico Algarve portugués a la infinita meseta castellana... siempre buscando la mesa más interesante, la mejor habitación... ¡en eso, no hemos cambiado!*

SUMARIO

Consulte la guía MICHELIN en :
www.viamichelin.es
y escríbanos a :
laguiamichelin-esport@michelin.com

MODO DE EMPLEO...

COMO UTILIZAR LA GUÍA

RESTAURANTES

Los restaurantes están clasificados por la calidad de su cocina:

Estrellas

⚘⚘⚘ Una cocina única. ¡Justifica el viaje!

⚘⚘ Una cocina excepcional. ¡Merece la pena desviarse!

⚘ Una cocina de gran fineza. ¡Compensa pararse!

Bib Gourmand

Ⓑ Nuestra mejor relación calidad-precio.

El plato MICHELIN

🍴 Una cocina de calidad.

Dentro de cada categoría de calidad de cocina, los restaurantes están clasificados según su standing (de XXXXX a X) y se citan por orden de preferencia de los inspectores.

En rojo: Nuestros restaurantes más agradables.

HOTELES

Los hoteles están clasificados por categorías de confort (de 🏨🏨🏨🏨🏨 a 🏠), y se citan por orden de preferencia de los inspectores.

🏠 Otros tipos de alojamiento recomendados

En rojo: Nuestros establecimientos más agradables.

Localizar el establecimiento

Los establecimientos están situados en los planos, y sus coordenadas indicadas en la dirección.

Palabras-clave

Dos palabras-clave para identificar de un vistazo el tipo de cocina (para los restaurantes), y el estilo (decoración, ambiente...) del establecimiento.

ESPAÑA

LOGROÑO
La Rioja – 153 066 h. – Alt. 384 m – Ver n
Madrid 331 km – Burgos 144 km – Irun
Mapa de carreteras Michelin n°573-E22

⚘ **Cortés**
COCINA CLASICA • ACTUAL XXX
Estamos en un restaurante famili
ductos locales de temporada y h
Completa bodega con extenso ap
➜ Los garbanzos con boletus. El
Menú 50/65€ – (solo menú)
Plano: B1-a – *Madre de Dios 34 –*
Semana Santa, octubre, doming

Ⓑ **La Casa de Ramón**
COCINA CREATIVA • MODERNO
so por un bar a un comedor actua
trasera. Posee agradables habitac
Menú 28/36€ – Carta 38/47 €
11 hab – 4,50 € – 24/30 €
Plano: A2-c – *Marqués de San N*
www.lacasaderamon.com

🍴 **Las Cancelas**
COCINA TRADICIONAL • RÚSTIC
casona de piedra. Su cuidada dec
sante cocina creativa y una buena
Menú 22/37 € – (solo almuerzo s
Plano: A1-e – *Saturnino Ulargui 5*
www.lascancelas.com – errado 7

🏨 **Mikasa** Ⓝ
ROMANTICO • ELEGANTE Resul
tados, ya que ocupa una casa-pa
tas habitaciones, todas con mob
un restaurante de excelente mor
caballerizas.
48 hab – 10 € – 70/120 €
Plano: A1-b – *Gran Vía del Rey J*
www.mikasa.com – cerrado feb
Ⓑ **La Casa de Ramón** – ver selección

regional n° **14** A2
mplona 92 km

:us edulis, níscalos, colmenillas, rebozuelos...
referencia, pues siempre trabajan con pro-
levado la micología a la categoría de arte.
lo de vinos franceses.
en el pinar. Un paisaje dulce.

41 27 23 57 – www.cortes.com – cerrado
che y martes.

gocio familiar llevado con dedicación. Acce-
se complementa con otro salón en la parte
, de adecuado confort.

36 €
71 ✉ 26001 – ✆ 979 12 50 80 –

Acogedor restaurante instalado en una bella
ón rústica se complementa con una intere-
entación.
sábado en invierno)
26001 – ✆ 937 93 87 53 –
en enero, 7 días en junio y domingo

imo y rezuma nobleza por los cuatro cos-
del s. XVI bien restaurada. Ofrece exquisi-
de época, un bello entorno ajardinado y
este último instalado en lo que fueron las

/155 € – 6 appartamentos
Carlos I-74 – ✆ 941 12 24 23 –

aurantes

Instalaciones y servicios

- Carta de vinos atractiva
- Hotel con restaurante
- Restaurante con habitaciones
- En calma
- Bonita vista
- Parque o jardín • Tenis
- Golf
- Ascensor
- Instalaciones adaptadas para personas con movilidad reducida
- Aire acondicionado
- Comidas servidas en el jardín o en la terraza
- No admite perros
- Piscina al aire libre/cubierta
- Spa
- Gimnasio
- Salas de conferencias
- Salones privados
- Parking • Garaje
- No se aceptan tarjetas de crédito
- Estación de metro

- Nuevo establecimiento recomendado

Precios

Restaurantes

Menú/Menu 20/38 €	Menú a precio fijo, mínimo/máximo
Carta/Lista 20/60 €	Comida a la carta, precio mínimo/máximo
Tapa 4 €	Precio de una tapa
Ración aprox. 10 €	Precio de una ración

Hoteles

40/70 € 70/100 €	Precio mínimo/máximo de una habitación individual o doble, desayuno incluido.
9 €	Precio del desayuno

LEYENDA DE LOS PLANOS

Hoteles •
Restaurantes • Bares de tapas •

Curiosidades

Edificio interesante
Edificio religioso interesante

Vías de circulación

Autopista • Autovía
Número del acceso : completo-parcial
Vía importante de circulación
Calle impracticable, de uso restringido
Calle peatonal • Tranvía
Aparcamiento
Túnel
Estación y línea férrea
Funicular • Tren de cremallera
Teleférico, telecabina

Signos diversos

Oficina de Información de Turismo
Mezquita • Sinagoga
Torre • Ruinas • Molino de viento
Jardín, parque, bosque • Cementerio
Estadio • Golf • Hipódromo
Piscina al aire libre, cubierta
Vista • Panorama
Monumento • Fuente • Faro
Puerto deportivo • Estación de autobuses
Aeropuerto • Boca de metro
Transporte por barco :
Pasajeros y vehículos • Pasajeros solamente
Oficina central de lista de Correos
Hospital • Mercado cubierto
Edificio público localizado con letra :
D M T Diputación • Museo • Teatro
G Delegación del Gobierno (España)/Gobierno del distrito (Portugal)
Ayuntamiento • Universidad, Escuela superior
POL Policía (en las grandes ciudades: Jefatura)
Guardia Civil (España)
GNR Guarda Nacional Republicana (Portugal)

OS COMPROMISSOS DO GUIA MICHELIN

A EXPERIÊNCIA AO SERVIÇO DA QUALIDADE

Quer seja no Japão, nos Estados Unidos, na China ou na Europa, o inspector do guia MICHELIN respeita exactamente os mesmos critérios para avaliar a qualidade de uma mesa ou de um estabelecimento hoteleiro e aplica as mesmas regras durante as suas visitas. Se o guia goza hoje de reconhecimento mundial, é graças à constância do seu compromisso para com os seus leitores. Um compromisso cujos princípios ratificamos a seguir:

A visita anónima

Primeira regra de ouro. Os inspectores testam de forma anónima e regular mesas e quartos, com o intuito de apreciar plenamente o nível dos serviços oferecidos aos clientes. Também pagam as suas contas, podendo depois revelar a sua identidade para obterem informações adicionais. O correio dos leitores fornece-nos, por outra parte, preciosos testemunhos e muitas informações que são tidas em conta no momento da elaboração dos nossos itinerários de visitas.

A independência

Para manter um ponto de vista perfeitamente objectivo, para interesse exclusivo do leitor, a selecção dos estabelecimentos realiza-se com total independência e a inscrição dos estabelecimentos no guia é totalmente gratuita. As decisões são discutidas de forma colegial pelos inspectores e o redactor-chefe, e as distinções mais altas são objecto de um debate a nível europeu.

As nossas estrelas, uma ✪ duas ✪✪ e três ✪✪✪ distinguem as cozinhas mais notáveis, qualquer que seja o seu estilo. A escolha dos produtos, o controle do ponto de cozedura e sabores, a personalidade da cozinha, a constância da prestação e a boa relação qualidade/preço são os critérios que, para além das diferentes cozinhas, definem as melhores mesas.

A escolha do melhor

Longe de ser uma lista de endereços, o guia concentra-se numa selecção dos melhores hotéis e restaurantes, em todas as categorias de conforto e preços. Uma escolha que resulta da aplicação rigorosa de um mesmo método por parte de todos os inspectores, seja qual for o país onde actuam.

✿✿✿ TRÊS ESTRELAS MICHELIN

Uma cozinha única. Justifica a viagem!

A assinatura de um grande chef! Produtos excepcionais, sabores puros e marcados, composições equilibradas: aqui a cozinha está ao nível de arte. Os pratos, perfeitamente acabados, muitas vezes se tornam clássicos.

✿✿ DUAS ESTRELAS MICHELIN

Uma cozinha excecional. Vale um desvio!

Os melhores produtos realçados pela experiência e pela inspiração de um chefe com talento, que assina com a sua equipa pratos sutis, impactantes e em certas ocasiões muito originais.

✿ UMA ESTRELA MICHELIN

Uma cozinha de grande fineza. Merece a pena parar!

Produtos de primeira qualidade, uma evidente finura na execução dos pratos, sabores acentuados, constância na realização dos pratos.

BIB GOURMAND

A nossa melhor relação qualidade-preço

Un momento de prazer gastronómico por menos de 35 € (Espanha e Andorra) e menos de 30 € (Portugal): produtos de qualidade, uma conta moderada, uma cozinha com uma excelente relação qualidade-preço.

O prato MICHELIN

Uma cozinha de qualidade

Produtos de qualidade e a mão do chefe: uma boa comida, nem mais nem menos!

A actualização anual

Todas as informações práticas, todas as classificações e distinções são revistas e actualizadas anualmente, com o objectivo de oferecermos uma informação confiável.

A homogeneidade da selecção

Os critérios de classificação são idênticos para todos os países cobertos pelo guia MICHELIN. A cada cultura, sua cozinha, mas a qualidade deve permanecer como um princípio universal ...

"A ajuda a mobilidade": é a missão à qual se dedica a Michelin.

CARO LEITOR,

Uma classificação revista, melhor compreensão, novo design... O guia MICHELIN mudou! Para o concebermos, tivemos por base as conclusões de uma investigação e a muita correspondência que leitores como você nos enviam todos os anos.

- *Vejamos as mudanças! Os restaurantes, que são o setor mais procurado, aparecem agora no topo das listagens, junto aos bares de tapas; depois, encontrará os hotéis e os estabelecimentos de turismo rural. A qualidade da cozinha é, a partir de agora, o principal critério de classificação, organizando os restaurantes pelas distinções que já conhece (as estrelas ✿, o Bib gourmand ☺) e uma pequena novidade: o prato MICHELIN 🍽. Este símbolo indica os restaurantes que também propõem boa cozinha ou "simplesmente, uma boa refeição". Como sabe, só o facto de ser selecionado pelos inspetores já é um enorme reconhecimento!*

- *Queremos também facilitar as suas pesquisas, adicionando dois termos-chave que descrevam cada estabelecimento. Cozinha basca, tradicional, criativa... Decoração rústica, industrial, de design... Esta esclarecedora dupla de dicas permite-lhe, com uma simples vista de olhos, ficar com uma ideia do que esperar.*

- *Nas localidades com muitas direções, aparece a epígrafe "Nós gostamos...". Os nossos inspetores destacarão o mais relevante: o hotel com espetaculares vistas para o mar, onde apreciar uma especialidade local... Esses conselhos "de amigo" para não perder nada de essencial. Por fim, na edição de 2017, encontrará um guia MICHELIN com novo look: uma maquete mais visual, cores mais atrativas... Tudo para que a leitura seja mais fluida!*

- *Será este um ano de evolução? Apenas em parte. A apresentação e o conteúdo mudaram, mas a nossa missão continua a mesma: guiá-lo(a) dos verdes vales dos Pirenéus ao quente litoral andaluz, do turístico Algarve à infinita Meseta Castelhana... Sempre em busca da mesa mais interessante, do melhor quarto. E, nisso, não mudámos nem um pouco!*

SUMÁRIO

Introducâo

ESPANHA 32

Mapas regionais 52

Restaurantes & hotéis 82

Índice temático 686

Consulte o guia MICHELIN:
www.ViaMichelin.es
e escreva para:
laguiamichelin-esport@michelin.com

MODO D'EMPREGO...

COMO USAR O GUIA

RESTAURANTES

Os restaurantes estão classificados pela qualidade da sua cozinha:

Estrelas

✪✪✪ Uma cozinha única. Justifica a viagem!

✪✪ Uma cozinha excecional. Vale um desvio!

✪ Uma cozinha de grande fineza. Merece a pena parar!

Bib Gourmand

☺ A nossa melhor relação qualidade-preço.

O prato MICHELIN

🍽 Uma cozinha de qualidade.

Dentro de cada categoria de qualidade de cozinha, os restaurantes estão classificados de acordo com o seu conforto (de XXXXX a X) e apresentam-se por ordem de preferencia dos inspectores.

A cor Vermelha: Os nossos restaurantes mais agradáveis.

HOTÉIS

Os hotéis são classificados por categorias de conforto (de 🏨🏨🏨🏨🏨 a 🏨) e estão dispostos em ordem de preferência dos inspectores.

🏠 Outros tipos de alojamento recomendados

A cor Vermelha: Os nossos estabelecimentos mais agradáveis.

Localização do estabelecimento

Os estabelecimentos estão localizados nos mapas da cidade, e suas coordenadas enumeradas no seu endereço.

ESPAÑA

LOGROÑO
La Rioja – 153 066 h. – Alt. 384 m – Ver
Madrid 331 km – Burgos 144 km – Iru
Mapa de carreteras Michelin n°573-E22

✪ **Cortés**
COCINA CLASICA • ACTUAL XXX
Estamos en un restaurante famil
ductos locales de temporada y
Completa bodega con extenso a
➜ Los garbanzos con boletus. El
Menú 50/65€ – (solo menú)
Plano: B1-a – *Madre de Dios 34*
Semana Santa, octubre, doming

☺ **La Casa de Ramón**
COCINA CREATIVA • MODERNO
so por un bar a un comedor actu
trasera. Posee agradables habita
Menú 28/36€ – Carta 38/47 €
11 hab – 4,50 € – 24/30 €
Plano: A2-c – *Marqués de San M*
www.lacasaderamon.com

🍽 **Las Cancelas**
COCINA TRADICIONAL • RÚSTI
casona de piedra. Su cuidada de
sante cocina creativa y una buen
Menú 22/37 € – (solo almuerzo
Plano: A1-e – *Saturnino Ulargui*
www.lascancelas.com – errado

🏨 **Mikasa** N
ROMANTICO • ELEGANTE Resu
tados, ya que ocupa una casa-p
tas habitaciones, todas con mo
un restaurante de excelente mo
caballerizas.
48 hab – 10 € – 70/120 € –
Plano: A1-b – *Gran Vía del Rey*
www.mikasa.com – cerrado fe
☺ **La Casa de Ramón** –ver selecció

Palavras chave

Duas palavras-chave para identificar rapidamente o tipo de cozinha (para os restaurantes), e o estilo (decoração, atmosfera ...) do estabelecimento.

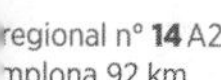

regional nº **14** A2
mplona 92 km

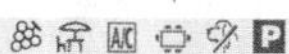

us edulis, níscalos, colmenillas, rebozuelos...
referencia, pues siempre trabajan con pro-
evado la micología a la categoría de arte.
o de vinos franceses.
en el pinar. Un paisaje dulce.

41 27 23 57 – www.cortes.com – cerrado
he y martes.

gocio familiar llevado con dedicación. Acce-
se complementa con otro salón en la parte
de adecuado confort.

6 €
71 ✉ 26001 – ✆ 979 12 50 80 –

cogedor restaurante instalado en una bella
n rústica se complementa con una intere-
entación.
ábado en invierno)
6001 – ✆ 937 93 87 53 –
en enero, 7 días en junio y domingo

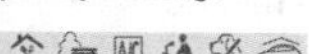

mo y rezuma nobleza por los cuatro cos-
del s. XVI bien restaurada. Ofrece exquisi-
de época, un bello entorno ajardinado y
este último instalado en lo que fueron las

155 € – 6 appartamentos
rlos I-74 – ✆ 941 12 24 23 –

urantes

Instalações e serviços

- Carta de vinhos atractiva
- Hotel com restaurante
- Restaurante com quartos
- Em calma
- Bela vista
- Parque ou jardim • Ténis
- Golfe
- Elevador
- Instalações adaptadas para pessoas com mobilidade reduzida
- Ar condicionado
- Refeições servidas no jardim ou na esplanada
- Acesso proibido aos cães
- Piscina ao ar livre/coberta
- Spa
- Ginásio
- Salas de conferências
- Salões privados
- Parque de estacionamento
- Garagem
- Não são aceites cartões de crédito
- Estação de metro

- Novo estabelecimento recomendado

Preços

Restaurantes

Menú/Menu 30/60 €	Menu a preço fixo, mínimo/máximo
Carta/Lista 20/35 €	Refeição a lista, preço mínimo/máximo
Tapa 4 €	Preço de uma tapa
Ración aprox. 10 €	Preço de uma porção

Hotéis

40/70 €	Preço minimo/maximo
70/100 €	do quarto individual ou duplo, pequeno almoço incluido.
9 €	Preço do pequeno almoço

LEGENDA DAS PLANTAS

Hotéis •
Restaurantes • Bares de tapas •

Curiosidades

Edifício interessante
Edifício religioso interessante

Vias de circulação

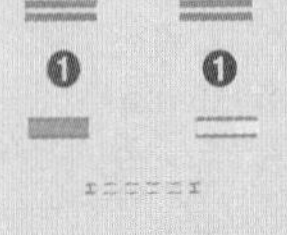

Auto-estrada • Estrada com faixas de rodagem separadas
Número do nó de acesso: completo-parcial
Grande via de circulação
Rua impraticável, regulamentada
Via reservada aos peões • Eléctrico
Parque de estacionamento
Túnel
Estação e via férrea
Funicular • Trem de cremalheira
Teleférico, telecabine

Signos diversos

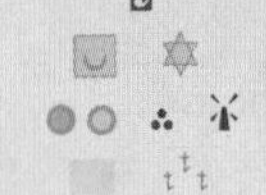

Posto de Turismo
Mesquita • Sinagoga
Torre • Ruínas • Moinho de vento
Jardim, parque, bosque • Cemitério
Estádio • Golfe • Hipódromo
Piscina ao ar livre, coberta
Vista • Panorama
Monumento • Fonte • Farol
Porto desportivo • Estação de autocarros
Aeroporto • Estação de metro
Transporte por barco :
Passageiros e automóveis, só de passageiros
Correio principal com posta-restante
Hospital • Mercado coberto
Edifício público indicado por letra :
D M T Conselho provincial • Museu • Teatro
G Delegação do Governo (Espanha), Governo civil (Portugal)
Câmara municipal • Universidade, Grande Escola
POL Polícia (nas cidades principais : esquadra central)
Guardia Civil (Espanha)
GNR Guarda Nacional Republicana (Portugal)

THE MICHELIN GUIDE'S COMMITMENTS

EXPERIENCED IN QUALITY!

Whether they are in Japan, the USA, China or Europe, our inspectors apply the same criteria to judge the quality of each and every hotel and restaurant that they visit. The Michelin guide commands a worldwide reputation thanks to the commitments we make to our readers – and we reiterate these below:

Anonymous inspections

Our inspectors make regular and anonymous visits to hotels and restaurants to gauge the quality of products and services offered to an ordinary customer. They settle their own bill and may then introduce themselves and ask for more information about the establishment. Our readers' comments are also a valuable source of information, which we can follow up with a visit of our own.

Independence

To remain totally objective for our readers, the selection is made with complete independence. Entry into the guide is free. All decisions are discussed with the Editor and our highest awards are considered at a European level.

Our famous one ✿, two ✿✿ and three ✿✿✿ stars identify establishments serving the highest quality cuisine – taking into account the quality of ingredients, the mastery of techniques and flavours, the levels of creativity and, of course, consistency.

Selection and choice

The guide offers a selection of the best hotels and restaurants in every category of comfort and price. This is only possible because all the inspectors rigorously apply the same methods.

✿✿✿ THREE MICHELIN STARS

Exceptional cuisine, worth a special journey!

Our highest award is given for the superlative cooking of chefs at the peak of their profession. The ingredients are exemplary, the cooking is elevated to an art form and their dishes are often destined to become classics.

✿✿ TWO MICHELIN STARS

Excellent cooking, worth a detour!

The personality and talent of the chef and their team is evident in the expertly crafted dishes, which are refined, inspired and sometimes original.

✿ ONE MICHELIN STAR

High quality cooking, worth a stop!

Using top quality ingredients, dishes with distinct flavours are carefully prepared to a consistently high standard.

BIB GOURMAND

Good quality, good value cooking

'Bibs' are awarded for simple yet skilful cooking for under €35 (Spain and Andorra) or under €30 (Portugal).

THE PLATE MICHELIN

Good cooking

Fresh ingredients, capably prepared: simply a good meal.

Annual updates

All the practical information, classifications and awards are revised and updated every year to give the most reliable information possible.

Consistency

The criteria for the classifications are the same in every country covered by the MICHELIN guide.

The sole intention of Michelin is to make your travels safe and enjoyable.

DEAR READER

A revised grading system, a brand new design and more user-friendly than ever...the MICHELIN guide has been transformed! In order to envisage the new guide, we focused on our market research results and the numerous emails we receive each year from readers like you.

- *Let's take a look at the changes! The restaurants, which are top of everyone's search list, now feature at the top together with the tapas bars. They are followed by the hotels and rural tourism accommodation options. The standard of the cuisine is now the principal grading criterion, and the restaurants are listed with the symbols you are already familiar with (the ✿ stars, the Bib gourmand ☺) and also, new for this edition, the plate MICHELIN ⑩. This symbol indicates those restaurants that also serve good cuisine or "good food simply". Yet as you are aware, simply being selected by the inspectors...is ample recognition itself!*

- *We also wanted to make searching for establishments even easier, and have therefore added two key terms to describe each establishment. Basque, traditional, creative cuisine...rustic, industrial, designer décor...an insightful combination that will immediately give you a clear idea of what to expect.*

- *In those towns and cities listing lots of addresses we have included the phrase "We love...". Our inspectors will highlight the most outstanding aspects: that hotel boasting fabulous sea views; where to taste the local speciality... those 'friendly' tips that guarantee you get to see all the essentials. In addition, the 2017 edition of the MICHELIN guide will at last be sporting a brand new look, featuring a more visual layout, brighter and bolder colours...all designed to make it easier than ever to read!*

- *So is this a year of change? Only partly. The presentation and contents may be new, but our mission remains unchanged: to guide you from the green valleys of the Pyrenees down to the sun-drenched coast of Andalusia; from the popular tourist resorts of the Portuguese Algarve to the vast Castilian plateau...always seeking out the most intriguing tables and the best rooms...in that sense nothing has changed!*

CONTENTS

Consult the MICHELIN Guide at:
www.ViaMichelin.es
and write to us at:
laguiamichelin-esport@michelin.com

SEEK AND SELECT...

HOW TO USE THIS GUIDE

RESTAURANTS

Restaurants are classified by the quality of their cuisine:

Stars

✿✿✿ Exceptional cuisine, worth a special journey!

✿✿ Excellent cooking, worth a detour!

✿ High quality cooking, worth a stop!

Bib Gourmand

☺ Good quality, good value cooking.

The Plate Michelin

🍴 Good cooking.

Within each cuisine category, restaurants are listed by comfort, from XXXXX to X, and in order of preference by the inspectors.

Red: Our most delightful places.

HOTELS

Hotels are classified by categories of comfort, from 🏨🏨🏨🏨🏨 to 🏠 and in order of preference by the inspectors.

🏡 Other accommodation

Red: Our most delightful places.

Locating the establishment

Location and coordinates on the town plan, with main sights.

ESPAÑA

LOGROÑO

La Rioja – 153 066 h. – Alt. 384 m – Ver m
Madrid 331 km – Burgos 144 km – Iruñ
Mapa de carreteras Michelin n°573-E22

✿ **Cortés**

COCINA CLASICA • ACTUAL XXX
Estamos en un restaurante famili
ductos locales de temporada y h
Completa bodega con extenso ap
➜ Los garbanzos con boletus. El
Menú 50/65€ – (solo menú)
Plano: B1-a – *Madre de Dios 34 –*
Semana Santa, octubre, doming

☺ **La Casa de Ramón**

COCINA CREATIVA • MODERNO
so por un bar a un comedor actua
trasera. Posee agradables habitac
Menú 28/36€ – Carta 38/47 €
11 hab – ☕ 4,50 € – 24/30 € –
Plano: A2-c – *Marqués de San N*
www.lacasaderamon.com

🍴 **Las Cancelas**

COCINA TRADICIONAL • RÚSTIC
casona de piedra. Su cuidada dec
sante cocina creativa y una buena
Menú 22/37 € – (solo almuerzo s
Plano: A1-e – *Saturnino Ulargui 5*
www.lascancelas.com – errado 7

🏨 **Mikasa** Ⓝ

ROMANTICO • ELEGANTE Result
tados, ya que ocupa una casa-pa
tas habitaciones, todas con mob
un restaurante de excelente mor
caballerizas.
48 hab – ☕ 10 € – 70/120 € –
Plano: A1-b – *Gran Vía del Rey J*
www.mikasa.com – cerrado feb.
☺ La Casa de Ramón –ver selecciór

Key words

Each entry comes with two key words, making it quick and easy to identify the type of establishment and/or the food that it serves.

egional n° **14** A2
nplona 92 km

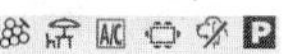

s edulis, níscalos, colmenillas, rebozuelos...
eferencia, pues siempre trabajan con pro-
evado la micología a la categoría de arte.
de vinos franceses.
en el pinar. Un paisaje dulce.

1 27 23 57 – www.cortes.com – cerrado
ne y martes.

ocio familiar llevado con dedicación. Acce-
se complementa con otro salón en la parte
de adecuado confort.

5 €
71 ✉ 26001 – ✆ 979 12 50 80 –

:ogedor restaurante instalado en una bella
n rústica se complementa con una intere-
ntación.
ábado en invierno)
5001 – ✆ 937 93 87 53 –
en enero, 7 días en junio y domingo

no y rezuma nobleza por los cuatro cos-
del s. XVI bien restaurada. Ofrece exquisi-
de época, un bello entorno ajardinado y
ste último instalado en lo que fueron las

55 € – 6 appartamentos
rlos I-74 – ✆ 941 12 24 23 –

rantes

Facilities & services

- Particularly interesting wine list
- Hotel with a restaurant
- Restaurant or pub with bedrooms
- Peaceful establishment
- Great view
- Garden or park • Tennis court
- Golf course
- Lift (elevator)
- Wheelchair access
- Air conditioning
- Outside dining available
- No dogs allowed
- Swimming pool: outdoor or indoor
- Wellness centre
- Sauna • Exercise room
- Conference room
- Private dining room
- Car park
- Garage
- Credit cards not accepted
- Nearest Underground station

New establishment in the guide

Prices

Restaurants

Menú/Menu 20/38 €	Fixed price menu. Lowest/highest price
Carta/Lista 20/35 €	A la carte menu. Lowest/highest price
Tapa 4 €	Price for a tapa
Ración aprox. 10 €	Price for a portion

Hotels

40/70 € 70/100 €	Lowest/highest price for single and double room, breakfast included
9 €	Breakfast price where not included in rate.

TOWN PLAN KEY

Hotels •
Restaurants • Tapas bars •

Sights

Place of interest
Interesting place of worship

Roads

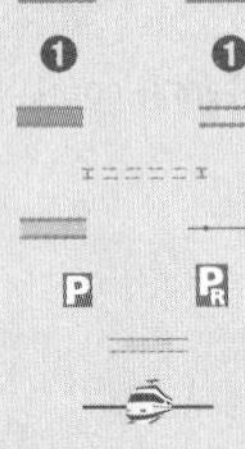

Motorway • Dual carriageway
Junction complete: limited •number
Main traffic artery
Unsuitable for traffic; street subject to restrictions
Pedestrian street • Tramway
Car park • Park and Ride
Gateway • Street passing under arch • Tunnel
Station and railway
Funicular
Cable car, cable way

Various signs

Tourist Information Centre
Mosque • Synagogue
Tower or mast • Ruins • Windmill
Garden, park, wood • Cemetery
Stadium • Golf course • Racecourse
Outdoor or indoor swimming pool
View – Panorama
Monument • Fountain • Lighthouse
Pleasure boat harbour • Coach station
Airport • Underground station
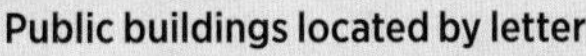
Ferry services: passengers and cars/passengers only
Main post office with poste restante
Hospital • Covered market
Public buildings located by letter:
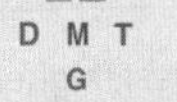
D M T G
Provincial Government Office • Museum • Theatre
Central Government Representation (Spain)/
District Government Office (Portugal)
Town Hall • University, College
Police (in large towns police headquarters)
Guardia Civil (Spain)
Guarda Nacional Republicana (Portugal)

Universal Images Group / Getty Images

ESPAÑA

EL PALMARÉS 2017
O PALMARÉS

LAS NUEVAS ESTRELLAS ✿
AS NOVAS ESTRELAS

✿✿✿

Barcelona *(Cataluña)*	**Lasarte**

✿✿

Cocentaina *(Comunidad Valenciana)*	**L'Escaleta**
Madrid *(Comunidad de Madrid)*	**DSTAgE**
San Vicente de la Barquera *(Cantabria)*	**Annua**
Villaverde de Pontones *(Cantabria)*	**Cenador de Amós**
Xàbia *(Comunidad Valenciana)*	**BonAmb**

✿

Banyoles *(Cataluña)*	**Ca l'Arpa**
Barcelona *(Cataluña)*	**Céleri**
Barcelona *(Cataluña)*	**Xerta**
Bellvís *(Comunidad Valenciana)*	**La Boscana**
Benicarló *(Comunidad Valenciana)*	**Raúl Resino**
Burgos *(Castilla y León)*	**Cobo Vintage**
Collado Mediano *(Comunidad de Madrid)*	**El Invernadero**
Córdoba *(Andalucía)*	**Noor**
Madrid *(Comunidad de Madrid)*	**A'Barra**
Madrid *(Comunidad de Madrid)*	**Gaytán**
Mallorca/Palma *(Islas Baleares)*	**Adrián Quetglas**
Mallorca/Port de Pollença *(Islas Baleares)*	**Argos**
Ontinyent *(Comunidad Valenciana)*	**Sents**
Soria *(Castilla y León)*	**Baluarte**
Ulldecona *(Cataluña)*	**L'Antic Molí**

Además podrá encontrar todas las estrellas y todos los Bib Gourmand en la página 686

Você também pode encontrar todas as estrelas e os Bib Gourmand na página 686

LOS NUEVOS BIB GOURMAND

OS NOVOS BIB GOURMAND

Alacant *(Comunidad Valenciana)*	**Pópuli Bistró**
Albarracín *(Aragón)*	**Tiempo de Ensueño**
Amposta *(Cataluña)*	**L'Algadir**
Artesa de Lleida *(Cataluña)*	**Antoni Rubies**
Belate (Puerto de) *(Navarra)*	**Venta de Ulzama**
Bilbao *(País Vasco)*	**Los Fueros**
Burgos *(Castilla y León)*	**La Fábrica**
El Campello *(Comunidad Valenciana)*	**Brel**
Los Caños de Meca / Zahora *(Andalucía)*	**Arohaz**
Igualada *(Cataluña)*	**Somiatruites**
Legasa *(Navarra)*	**Arotxa**
León *(Castilla y León)*	**Becook**
Linyola *(Cataluña)*	**Amoca**
Lizaso *(Navarra)*	**Orgi**
Lleida *(Cataluña)*	**Ferreruela**
Madrid *(Comunidad de Madrid)*	**Bacira**
Madrid *(Comunidad de Madrid)*	**La Tasquería**
Mallorca/Caimari *(Islas Baleares)*	**Ca Na Toneta**
Mallorca/Lloseta *(Islas Baleares)*	**Santi Taura**
Martinet *(Cataluña)*	**Fonda Pluvinet**
Las Pedroñeras *(Castilla-La Mancha)*	**Taberna Gastronómica Las Rejas**
El Pont de Bar *(Cataluña)*	**La Taverna dels Noguers**
La Puebla de Valverde *(Aragón)*	**La Fondica**
Ráfales *(Aragón)*	**La Alquería**
Sabadell *(Cataluña)*	**Duuo**
Santander *(Cantabria)*	**Agua Salada**
Santander *(Cantabria)*	**VORS**
Siurana *(Cataluña)*	**Els Tallers**
Tarazona *(Aragón)*	**La Merced de la Concordia**
Terrassa (Cataluña)	**Vapor Gastronòmic**
València *(Comunidad Valenciana)*	**2 Estaciones**
València *(Comunidad Valenciana)*	**Gran Azul**
València *(Comunidad Valenciana)*	**Lienzo**
Zafra *(Extremadura)*	**El Acebuche**
Zaragoza *(Aragón)*	**Quema**

Las estrellas de buena mesa 2017

El color está de acuerdo con el establecimiento de mayor número de estrellas de la localidad.

Barcelona La localidad posee como mínimo un restaurante 3 estrellas. ✻✻✻

Cáceres La localidad posee como mínimo un restaurante 2 estrellas. ✻✻

Sevilla La localidad posee como mínimo un restaurante 1 estrella. ✻

LASARTE
LARRABETZU
DONOSTIA-SAN SEBASTIÁN
Bilbao
Errenteria o Rentería
Hondarribia
Boroa
Oiartzun
Axpe
Getaria o Guetaria
Vitoria-Gasteiz
Urdaitz o Urdániz
Iruña/Pamplona
Elciego
Galdakao
Daroca de Rioja
Soria
ANDORRA
La Vall de Bianya
Castelló d'Empúries
Olot
Llançà
Sort
Platja de Canyelles Petites
Gombrèn
Huesca
Cercs
Banyoles
Sagàs
Olost
Corça
Calldetenes
GIRONA
Arbúcies
Llafranc
Zaragoza
Bellvís
Sant Fruitós de Bages
Llagostera
Tossa de Mar
Gimenells
Terrassa o Tarrasa
SANT POL DE MAR
BARCELONA
El Masnou
Santa Coloma de Gramenet
Cambrils
Xerta
Ulldecona
Tramacastilla
Benicarló
Vall d'Alba
Port de Pollença
Menorca
Mallorca
Port d'Alcúdia o Puerto de Alcudia
Deiá
es Capdellà
Capdepera
Palmanova
Palma
Sa Coma
Valencia
Almansa
Ibiza
Daimús
Ondara
Illes Balears o Islas Baleares
DÉNIA
Ontinyent
Xàbia o Jávea
Cocentaina
Formentera
Elx o Elche
Alacant o Alicante
El Palmar

ISLAS CANARIAS
La Palma
Tenerife
Lanzarote
Los Gigantes
Santa Cruz de Tenerife
La Gomera
Guía de Isora
El Hierro
Fuerteventura
Gran Canaria

● Localidades que poseen como mínimo un establecimiento Bib Gourmand.

Los Bib Gourmand 2017

Bilbao
Pasai Donibane
Donamaria
Legasa
Puerto de Velate
Lizaso
El Formigal
Hecho
Casalarreina
Laguardia
Páganos
Logroño
Sos del Rey Católico
Biescas
Sarvisé
Bossòst
Vielha o Viella
Escunhau
Espinavessa
Figueres
Peralada
Llançà
Empuriabrava
Cinc Claus
L'Escala
ANDORRA
El Pont de Bar
Alp
Martinet
Chía
Banyoles
Els Hostalets d'En Bas
Linyola
Terressa o Tarrasa
Girona
Palau-Sator
Pals
Palamós
Vic
Tamarite de Litera
Ponts
Torà
Anglès
Tarazona
Sabadell
Caldes de Montbui
Lleida
Sant Sadurni d'Anoia
Canet de Mar
Zaragoza
Sudanell
Granollers
Artesa de Lleida
Montornès del Vallès
Cariñena
Solivella
Vallromanes
Les Borges Blanques
Siurana
Badalona
Sigüenza
Falset
Barcelona
La Fresneda
Cambrils
Santa Coloma de Gramenet
Castellote
Ráfales
Sant Quirze del Vallès
Morella
Igualada
Amposta
Albarracín
Sant Pau d'Ordal
Villalba de la Sierra
Teruel
Santa Coloma de Queralt
Vilafranca del Penedès
Alcossebre o Alcocéber
Mora de Rubielos
Cuenca
Cañete
L'Alcora
Castelló de la Plana
Segorbe
Caimari
La Puebla de Valverde
Sagunt o Sagunto
Lloseta
Inca
Menorca
Benisanó
Meliana
Banyalbufar
Palma
Valencia
Villarrobledo
Mallorca
Benifaió
Ayora
Alzira
Ibiza
Albacete
Gandia
Piles
Illes Balears o Islas Baleares
Alfafara
Cocentaina
El Castell de Guadalest
la Nucia
Benimantell
Formentera
Xinorlet
El Pinós o Pinoso
El Campello
Almoradí
Alacant o Alicante
Ricote
Elx o Elche
Murcia
San Pedro del Pinatar
Los Dolores
La Manga del Mar Menor
Vera
Agua Amarga
La Palma
Tenerife
San Andrés
Lanzarote
Famara
La Gomera
Chimiche
Arrecife
Arucas
Las Palmas de Gran Canaria
Villaverde
El Hierro
Fuerteventura
Gran Canaria
ISLAS CANARIAS

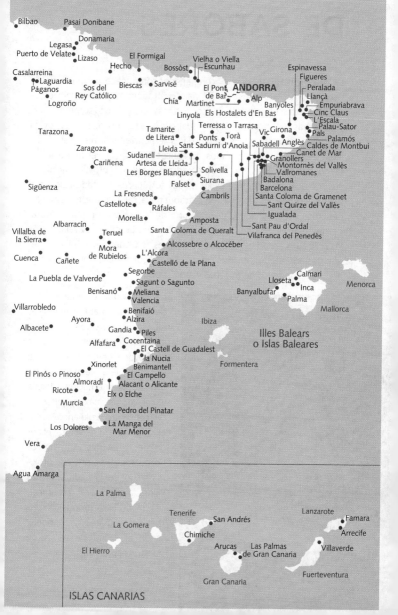

ESPAÑA, MISCELÁNEA DE SABORES

La guía MICHELIN desea acompañarle, como viene haciendo desde hace más de 100 años, en un viaje gastronómico y sensorial que le ayudará a descubrir una de las cocinas más interesantes, sorprendentes y atractivas del mundo. Si la actual cocina española está reconocida internacionalmente por la creatividad y la pericia técnica de sus chefs, algunos de ellos considerados auténticos iconos a nivel mundial, no menos importante es el valor de la tradición familiar, el prolífico mestizaje cultural acaecido durante siglos y, por fortuna, la existencia de unas materias primas autóctonas de extraordinaria calidad; a este respecto, debemos destacar que España es uno de los países con mayor litoral pesquero de Europa, poseyendo además numerosas carnes avaladas por los sellos de calidad de las Denominaciones de Origen y una huerta que, año tras año, sigue tomando un papel protagonista a la hora de valorar el pulso económico de nuestras exportaciones.

La española es una cocina de mar y montaña, cinegética, isleña, rica en cereales, verduras, hortalizas, frutas... una de las mayores defensoras de la ya universal Dieta Mediterránea, la cuna de la internacional Paella y, tal vez, la máxima difusora de conceptos culinarios como el "KM. 0", que valora especialmente la utilización de los productos autóctonos de proximidad, o de la cada vez más valorada "Cocina en miniatura", una maravillosa propuesta gastronómica que está conquistando el mundo a través de nuestras tapas y raciones.

G. Bouchet/Photononstop

FoodCollection/Photononstop

Aceite de oliva, jamón, paella... y buen vino

Podemos decir, sin ánimo a equivocarnos, que estos platos o productos son los que mejor definen nuestra gastronomía a nivel internacional. España es el máximo productor mundial de aceite de oliva, por lo que esta será la indiscutible base tanto de nuestro recetario tradicional como de la saludable Dieta Mediterránea; de hecho, la historia, variedad y calidad de este producto, cultivado aquí desde hace 3000 años y hasta con 32 Denominaciones de Origen Protegidas (D.O.P), ha hecho que en nuestro país sea conocido popularmente como el "oro líquido". En cuanto al jamón, serrano o ibérico, debemos aceptar que siendo tal vez la máxima expresión de nuestra tradición culinaria representa, sin duda, una de las sorpresas gastronómicas más relevantes para todo aquél que nos visita.

El jamón español por antonomasia es el "jamón ibérico" y la calidad del mismo siempre va a ir intrínsecamente asociada a una serie de valores como la pureza del cerdo (de raza ibérica), las características de su cría en libertad por extensas dehesas arboladas, la proporción de bellotas que toman en su alimentación y, finalmente, el proceso de curación del mismo. Si echamos un vistazo a nuestros platos más internacionales parece claro que el puesto de honor se lo llevaría la "Paella"... eso sí, en un constante mano a mano con la popular, cotidiana y sabrosa Tortilla de patata (Tortilla española), que a lo largo y ancho de nuestra geografía se puede ver presentada con múltiples variantes (con cebolla o sin ella,

Muriot/SoFood/Photononstop

con chorizo, con pimientos, paisana...). En lo que se refiere al vino debemos señalar que este es un sector de extraordinaria relevancia social y económica para nuestro país, pues el reconocido crédito internacional está siendo acompañado por un momento de gran creatividad, notable expansión y una sorprendente modernización de las bodegas; de hecho, ya son muchas las que por sí mismas se presentan como un foco de atracción turística (enoturismo) gracias tanto al planteamiento de un nuevo diálogo cultural, mediante la cata, como al maravilloso reclamo de un diseño arquitectónico diferenciador. Siendo La Rioja y Ribera de Duero las Denominaciones de Origen más conocidas, lo cierto es que en España existen cientos de cepas diferentes: algunas muy comunes (Tempranillo, Cabernet sauvignon, Merlot, Chardonnay...) y otras solo plantadas en regiones muy concretas, como es el caso de las uvas Verdejo (de Rueda), Airén (de La Mancha) o Albariño en Las Rías Bajas.

¿Carne o pescado?

La valía gastronómica de la cocina española se debe, en gran medida, a la extraordinaria riqueza culinaria de sus regiones, normalmente muy protectoras con el recetario heredado de sus ancestros. Teniendo en cuenta esta pluralidad de gustos e interpretaciones debemos indicar que aquí nos servirán unos pescados y carnes de contrastada calidad.

Un dato muy significativo sobre España, con casi 8000 km de costas entre la península y las islas, es el hecho de ser uno de los países con mayor litoral pesquero de Europa, lo que va a redundar en una variedad impresionante de pescados y mariscos; en este apartado debemos resaltar la extraordinaria calidad de los mariscos gallegos (vieiras, mejillones, percebes, almejas, navajas, gambas, cigalas, centollos...), pues esa región se presenta como un auténtico paraíso para el gastrónomo gracias a su peculiar orografía, la temperatura de sus aguas y, porque no decirlo, a la riqueza de sus zonas marisqueras. En lo que concierne a las carnes la oferta es igualmente espectacular, pues entre ternera, cordero y pollo se suman hasta 16 Denominaciones de Origen de producto controlado. Dos grandes clásicos de la cabaña española son la Ternera gallega y el Lechazo de Castilla y León.

Postres y quesos

La variedad de los postres españoles es un fiel reflejo de su idiosincrasia regional, no sujeta a fronteras por el amor al dulce y salvaguardada de los tiempos gracias, en muchos casos, a la labor de la repostería monacal. Crema catalana, Arroz con leche, Torrijas... las especialidades son innumerables, sin embargo en España estos dulces pueden verse postergados ante dos frutas muy representativas de nuestro país, la omnipresente Naranja y el sabrosísimo Plátano de Canarias. Mención aparte merecen nuestros quesos, pues reconociendo que el queso español más internacional es el Manchego debemos reseñar que disfrutamos de hasta 26 Denominaciones de Origen Protegidas y una comunidad, el Principado de Asturias, con 42 variedades diferentes dentro de su territorio, lo que la convierten en la mayor "mancha quesera de Europa". Si tiene oportunidad no deje de probar el universal queso Manchego, los sorprendentes quesos azules de Cabrales o Gamonedo, el típico queso gallego de Tetilla, la cremosa Torta del Casar, alguno de los quesos isleños (Mahón, Flor de Guía, Majorero, Palmero), el inconfundible Idiazabal...

A. Tessi/AGF Foto/Photononstop

LA COCINA PORTUGUESA, FIEL A LA TRADICIÓN

El recetario heredado de sus ancestros, las materias primas autóctonas, unos tiempos de cocción ajustados durante años, la sutil influencia de las antiguas colonias... todos estos y muchos más son los ingredientes sobre los que se sustenta la gastronomía lusa. En compañía de la guía MICHELIN podrá descubrir las claves culinarias de este país, estrechamente vinculadas tanto a las vicisitudes de la historia como a la riqueza de sus cultivos, sus costas, su cabaña y, como no, al siempre omnipresente aceite de oliva, el "oro líquido" que aporta los rasgos mediterráneos a un pueblo totalmente volcado al Atlántico. Si bien constatamos algunos destellos de cocina creativa, los cierto es que estamos, claramente, ante una gastronomía tremendamente aferrada a sus sabores tradicionales, por lo que normalmente le propondrán una carta rica en carnes en los pueblos del interior y otra más habituada a los pescados tanto en el litoral como en las islas (Archipiélagos de las Azores y de Madeira)... eso sí, con el sempiterno bacalao como rey indiscutible de todas las mesas a lo largo y ancho del país. En Portugal encontrará una cocina sencilla pero muy honesta, sabrosa y abundante, siempre orgullosa de sus raíces por reflejar estas el carácter y la idiosincrasia de todo un pueblo.

¿Su emblema culinario? El bacalao

Parece claro que Portugal, desde el punto de vista gastronómico, es una tierra de mar y montaña tremendamente respetuosa con los sabores de antaño... sin embargo, aquí debemos destacar un producto que luce con luz

S. Scatà/AGF Foto/Photononstop

Gourmet-vision/ImageBroker/age fotostock

propia y realmente es representativo de todo el país, el siempre sabroso bacalao, pues inexorablemente podremos saborearlo tanto en los pueblos más recónditos del interior como en las turísticas localidades costeras.

El bacalao, que hoy en día llega hasta nuestras mesas fresco, congelado o en salazón, es un pescado natural de las frías aguas del Atlántico Norte, el Mar del Norte, el Mar Báltico o el Mar de Barents, por eso puede parecer extraño que Portugal, volcado totalmente al Océano Atlántico, tenga su producto más representativo en un pescado que no es propio de sus costas; aquí la explicación es sencilla, pues debemos saber que la mayor parte de la flota pesquera portuguesa que acudía a esas lejanas y frías aguas procedía de las islas lusas, las Azores y Madeira. Los platos de bacalao más relevantes son el famoso Bacalao à Brás (también llamado Bacalao Dorado), el Bacalao à Gomes de Sá (típico del norte y elaborado al horno), las Pataniscas de bacalao (presentado en forma de buñuelo y típico de Estremadura), los Pasteis de bacalao (en forma de croqueta), el Bacalao de Consoada (plato tradicional reservado para la cena de Nochevieja), los siempre sabrosos Bacalaos con nata, à transmontana, à moda do Minho... y así hasta, según cuentan los propios portugueses, ¡más de 1000 recetas diferentes!

El Oporto, uno de los grandes vinos del mudo

El vino de Oporto y el Vinho Verde, una variedad procedente de la región de Minho, son sin duda los caldos más internacionales de todo Portugal, sin embargo el primero atesora varios hechos claramente diferenciadores: su personalísimo sabor, su exclusiva técnica de fabricación y su particular etiquetado, lo que le ha valido para traspasar fronteras hasta convertirse en uno de esos clásicos que no puede faltar en ninguna bodega particular que se precie. Lo primero que llama la atención en el vino de Oporto, que pertenece a la región vitivinícola del Alto Douro portugués, es la existencia de numerosos anglicismos en la nomenclatura de su etiquetado (Tawny, Ruby, White, Vintage...), algo que se explica por sí mismo al conocer la estrecha relación de estos vinos con el mercado inglés. La conflictiva situación política de Europa a finales del s. XVII, así como los constantes enfrentamientos con Francia, hizo que Gran Bretaña sufriera escasez de algunos suministros, como el vino, que procedían de sus negocios en el continente.

Aquí es donde surgen como opción los vinos de Oporto, ya conocidos en aquella época y con capacidad para abastecerles sin problemas al ser el país luso un fiel aliado de los británicos. El punto determinante para el éxito del Oporto radica en la técnica de la "fortificación del vino", que aportaba mayor estabilidad al vino y encandiló al público entendido de aquella época. La técnica del "Fortificado" se basa en la adición de brandy al vino durante su fermentación, lo que provoca la interrupción de este proceso y le confiere mayor contenido alcohólico (hasta 25°). Los vinos fortificados, como el Oporto, atesoran un aroma de mayor intensidad y un sabor mucho más dulce debido a la existencia de azúcares que no consiguieron fermentarse al interrumpir la función catalizadora. En líneas generales son vinos que, con independencia de su proceso de fabricación, van a envejecer extraordinariamente bien en botella. Aunque podrá encontrarlo en cualquier parte del mundo ¡no se marche de Portugal sin probarlo!

S. Scatà/AGF Foto/Photononstop

DALVA
PORTO
30
YEARS OLD
20% vol

VINOS...

1 *y* 2 Rías Baixas, Ribeiro
3 *al* 5 Valdeorras, Monterrei, Ribeira Sacra
6 *al* 13 Bierzo, Tierra de León, Arribes, Tierra del Vino de Zamora, Rueda, Toro, Cigales, Arlanza
14 Ribera del Duero
15 Rioja
16 Txakoli de Araba, de Bizkaia y de Getaria
17 Navarra
18 *al* 21 Campo de Borja, Calatayud, Cariñena, Somontano
22 *al* 28 Terra Alta, Montsant, Costers del Segre, Priorato, Conca de Barberá, Tarragona, Penedès
29 *y* 31 Alella, Pla de Vages, Cataluña
32 Empordá
33 *al* 35 Méntrida, Vinos de Madrid, Mondéjar
36 *al* 40 Valdepeñas, La Mancha, Ribera del Júcar, Uclés, Manchuela
41 Ribera del Guadiana
42 *al* 48 Utiel - Requena, Almansa, Jumilla, Valencia, Yecla, Alicante, Bullas
49 Banissalem, Pla i Llevant
50 *al* 54 Condado de Huelva, Málaga, Sierras de Málaga, Jerez - Xérès - Sherry, Montilla - Moriles, Manzanilla - Sanlúcar de Barrameda
55 Tacoronte - Acentejo, Valle de la Orotava, Ycoden - Daute - Isora, Abona, Valle de Güimar
56 *al* 60 Lanzarote, La Palma, El Hierro, La Gomera, Gran Canaria

CAVA 15, 18, 20, 27 *al* 32, 42

... Y ESPECIALIDADES REGIONALES

En el mapa indicamos las Denominaciones de Origen que la legislación española controla y protege.

Regiones y localización en el mapa	Características de los vinos	Especialidades regionales
ANDALUCÍA 50 al 54	**Blancos** *afrutados* **Amontillados** *secos, avellanados* **Finos** *secos, punzantes* **Olorosos** *abocados, aromáticos*	*Jamón, Gazpacho, Fritura de pescados*
ARAGÓN 18 al 21	**Tintos** *robustos* **Blancos** *afrutados* **Rosados** *afrutados, sabrosos* **Cava** *espumoso (método champenoise)*	*Jamón de Teruel, Ternasco, Magras*
MADRID, CASTILLA Y LEÓN, CASTILLA-LA MANCHA, EXTREMADURA 6 *al* 14 *y* 33 *al* 41	**Tintos** *aromáticos, muy afrutados* **Blancos** *aromáticos, equilibrados* **Rosados** *refrescantes*	*Asados, Embutidos, Queso Manchego, Migas, Cocido madrileño, Pisto*
CATALUÑA 22 al 32	**Tintos** *francos, robustos, redondos, equilibrados* **Blancos** *recios, amplios, afrutados, de aguja* **Rosados** *finos, elegantes* **Dulces y mistelas** *(postres)* **Cava** *espumoso (método champenoise)*	*Butifarra, Embutidos, Romesco (salsa), Escudella, Escalivada, Esqueixada, Crema catalana*
GALICIA, ASTURIAS, CANTABRIA 1 al 5	**Tintos** *de mucha capa, elevada acidez* **Blancos** *muy aromáticos, amplios, persistentes (Albariño)*	*Pescados, Mariscos, Fabada, Queso Tetilla, Queso Cabrales, Empanada, Lacón con grelos, Filloas, Olla podrida, Sidra, Orujo*
ISLAS BALEARES 49	**Tintos** *jugosos, elegantes* **Blancos y rosados** *ligeros*	*Sobrasada, Queso de Mahón, Caldereta de langosta*
ISLAS CANARIAS 55 al 60	**Tintos** *jóvenes, aromáticos* **Blancos y rosados** *ligeros*	*Pescados, Papas arrugadas*
VALENCIA, MURCIA 42 al 48	**Tintos** *robustos, de gran extracto* **Blancos** *aromáticos, frescos, afrutados*	*Arroces, Turrón, Verduras, Hortalizas, Horchata*
NAVARRA 17	**Tintos** *sabrosos, con plenitud, muy aromáticos* **Rosados** *suaves, afrutados* **Cava** *espumoso (método champenoise)*	*Verduras, Hortalizas, Pochas, Espárragos, Queso Roncal*
PAÍS VASCO 16	**Blancos** *frescos, aromáticos, ácidos* **Tintos** *fragantes*	*Changurro, Cocochas, Porrusalda, Marmitako, Pantxineta, Queso Idiazábal*
LA RIOJA (ALTA, BAJA, ALAVESA) 15	**Tintos** *de gran nivel, equilibrados, francos, aromáticos, poco ácidos* **Blancos** *secos* **Cava** *esp umoso (método champenoise)*	*Pimientos, Chilindrón*

VINHOS E ESPECIALIDADES REGIONAIS

Indicamos no mapa as Denominações de Origem (Denominaciones de Origen) que são controladas e protegidas pela legislação.

Regiões e localização no mapa	Características dos vinhos	Especialidades regionais
ANDALUCÍA 50 al 54	**Brancos** *frutados* **Amontillados** *secos, avelanados* **Finos** *secos, pungentes* **Olorosos** *com bouquet, aromáticos*	*Presunto, Gazpacho (Sopa fria de tomate),Fritada de peixe*
ARAGÓN 18 al 21	**Tintos** *robustos* **Brancos** *frutados* **Rosés** *frutados, saborosos* **Cava** *,espumante (método champenoise)*	*Presunto de Teruel, Ternasco (Borrego), Magras (Fatias de fiambre)*
MADRID, CASTILLA Y LEÓN, CASTILLA-LA MANCHA, EXTREMADURA 6 *al* 14 *y* 33 *al* 41	**Tintos** *aromáticos, muito frutados* **Brancos** *aromáticos, equilibrados* **Rosés** *refrescantes*	*Assados, Enchidos, Queijo Manchego, Migas, Cozido madrilense, Pisto (Caldeirada de legumes)*
CATALUÑA 22 al 32	**Tintos** *francos, robustos, redondos, equilibrados* **Brancos** *secos, amplos, frutados, « perlants »* **Rosés** *finos, elegantes* **Doces e « mistelas «** *(sobremesas)* **Cava** *espumante (método champenoise)*	*Butifarra (Linguiça catalana), Enchidos, Romesco (molho), Escudella (Cozido), Escalivada (Pimentos e beringelas no forno), Esqueixada (Salada de ba calhau cru), Crema catalana (Leite creme)*
GALICIA, ASTURIAS, CANTABRIA 1 al 5	**Tintos** *espessos, elevada acidêz* **Brancos** *muito aromáticos, amplos, persistentes (Albariño)*	*Peixes, Mariscos, Fabada (Feijoada), Queijo Tetilla, Queijo Cabrales, Empanada (Empada), Lacón con grelos (Pernil de porco com grelos), Filloas (Crêpes), Olla podrida (Cozido), Sidra, Aguardente*
ISLAS BALEARES 49	**Tintos** *com bouquet, elegantes* **Brancos e rosés** *ligeiros*	*Sobrasada (Embuchado de porco), Queijo de Mahón, Caldeirada de lagosta*
ISLAS CANARIAS 55 al 60	**Tintos** *novos, aromáticos* **Brancos e rosés** *ligeiros*	*Peixes, Papas arrugadas (Batatas)*
VALENCIA, MURCIA 42 al 48	**Tintos** *robustos, de grande extracto* **Brancos** *aromáticos, frescos, frutados*	*Arroz, Nogado, Legumes, Hortaliças, Horchata (Orchata)*
NAVARRA 17	**Tintos** *saborosos, encorpados, muito aromáticos* **Rosés** *suaves, frutados* **Cava** *Espumante (método champenoise)*	*Legumes, Hortaliças, Pochas (Feijão branco), Espargos, Queijo Roncal*
PAÍS VASCO 16	**Brancos** *frescos, aromáticos, acídulos* **Tintos** *perfumados*	*Changurro (Santola), Cocochas (Glândulas de peixe), Porrusalda (Sopa de bacalhau), Marmitako (Guisado de atum), Pantxineta (Folhado de amêndoas), Queijo Idiazábal*
LA RIOJA (ALTA, BAJA, ALAVESA) 15	**Tintos** *de grande nível, equilibrados, francos, aromáticos, de pouca acidêz* **Brancos** *secos* **Cava** *espumante (método champenoise)*	*Pimentos, Chilindrón (Guisado de galinha ou borrego)*

WINES AND REGIONAL SPECIALITIES

The map shows the official wine regions (Denominaciones de Origen) which are controlled and protected by Spanish law.

Regions and location on the map	Wine's characteristics	Regional Specialities
ANDALUCÍA 50 al 54	*Fruity* **whites** **Amontillados** *medium dry and nutty* **Finos** *very dry and piquant* **Olorosos** *smooth and aromatic*	*Gazpacho (Cold tomato soup), Fritura de pescados (Fried Fish)*
ARAGÓN 18 al 21	*Robust* **reds** *Fruity* **whites** *Pleasant, fruity* **rosés** **Sparkling wines** *(méthode champenoise)*	*Teruel ham, Ternasco (Roast Lamb), Magras (Aragonese Ham Platter)*
MADRID, CASTILLA Y LEÓN, CASTILLA-LA MANCHA, EXTREMADURA 6 *al* 14 *y* 33 *al* 41	*Aromatic and very fruity* **reds** *Aromatic and well balanced* **whites** *Refreshing* **rosés**	*Roast, Sausages,Manchego Cheese, Migas (fried breadcrumbs), Madrid stew, Pisto (Ratatouille)*
CATALUÑA 22 al 32	*Open, robust, rounded and well balanced* **reds** *Strong, full bodied and fruity* **whites** *Fine, elegant* **rosés** **Sweet, subtle** *dessert wines* **Sparking wines** *(méthode champenoise)*	*Butifarra (Catalan sausage), « Romesco » (sauce), Escudella (Stew), Escalivada (Mixed boiled vegetables), Esqueixada (Raw Cod Salad), Crema catalana (Crème brûlée)*
GALICIA, ASTURIAS, CANTABRIA 1 al 5	*Complex, highly acidic* **reds** *Very aromatic and full bodied* **white**s *(Albariño)*	*Fish and seafood, Fabada (pork and bean stew), Tetilla Cheese, Cabrales Cheese, Empanada (Savoury tart), Lacón con grelos (Salted shoulder of Pork with sprouting turnip tops), Filloas (Crêpes), Olla podrida (Hot Pot), Cider, Orujo (distilled grape skins and pips)*
ISLAS BALEARES 49	*Meaty, elegant* **reds** *Light* **whites and rosés**	*Sobrasada (Sausage spiced with pimento), Mahón Cheese, Lobster ragout*
ISLAS CANARIAS 55 al 60	*Young, aromatic* **reds** *Light* **whites and rosés**	*Fish, Papas arrugadas (Potatoes)*
VALENCIA, MURCIA 42 al 48	*Robust reds* *Fresh, fruity and aromatic* **whites**	*Rice dishes, Nougat, Market garden produce, Horchata (Tiger Nut Summer Drink)*
NAVARRA 17	*Pleasant, full bodied and highly aromatic* **reds** *Smooth and fruity* **rosés** **Sparkling wines** *(méthode champenoise)*	*Green vegetables, Market garden produce, Pochas (Haricot Beans), Asparagus, Roncal Cheese Changurro (Spider Crab)*
PAÍS VASCO 16	*Fresh, aromatic and acidic* **whites** *Fragrant* **reds**	*Cocochas (Hake jaws), Porrusalda (Cod soup), Marmitako (Tuna & Potato stew), Pantxineta (Almond Pastry), Idiazábal Cheese*
LA RIOJA (ALTA, BAJA, ALAVESA) 15	*High quality, well balanced, open and aromatic* **reds** *with little acidity* *Dry* **whites** **Sparkling wines** *(méthode champenoise)*	*Peppers, Chilindrón (Chicken/ Lamb in a spicy tomato & pepper sauce)*

Mapas Regionales

Mapas regionais

Localidad que posee como mínimo...

- ● un hotel o un restaurante
- ✿ una de las mejores mesas del año
- ☺ un restaurante « Bib Gourmand »
- ⌂ un hotel o una casa rural particularmente agradable

Localidade que possui como mínimo...

- ● um hotel ou um restaurante
- ✿ uma das melhores mesas do ano
- ☺ um restaurante « Bib Gourmand »
- ⌂ um hotel ou uma casa rural particularmente agradável

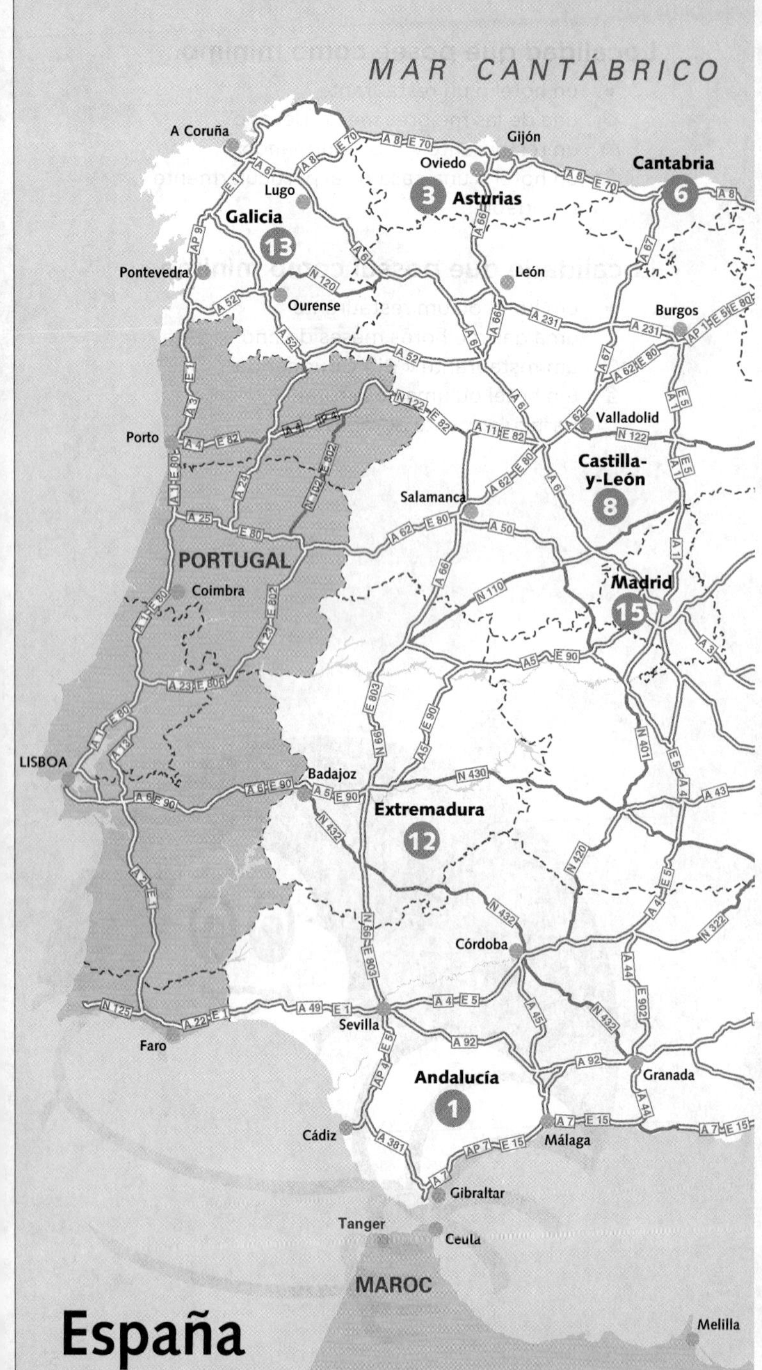
MAR CANTÁBRICO
A Coruña
Gijón
Oviedo
Cantabria
6
Lugo
3
Asturias
Galicia
13
Pontevedra
León
Ourense
Burgos
Porto
Valladolid
Castilla-
y-León
Salamanca
8
PORTUGAL
Coimbra
Madrid
15
LISBOA
Badajoz
Extremadura
12
Córdoba
Sevilla
Faro
Granada
Andalucía
1
Cádiz
Málaga
Gibraltar
Tanger
Ceula
MAROC
Melilla
España

FRANCE
Biarritz
Bilbao
Toulouse
Pau
Pamplona
Perpignan
País Vasco
18
Navarra
17
La Rioja
14
Andorra
Cataluña
9
10
Zaragoza
Barcelona
Aragón
2
Castilla-
la-Mancha
7
Comunidad
Valenciana
11
València
Palma
de Mallorca
Baleares
4
Alacant/Alicante
Murcia
16
Murcia
MAR
MEDITERRÁNEO
OCÉANO ATLÁNTICO
Sta Cruz
de Tenerife
Las Palmas
Canarias
5
MAROC

1 Andalucía, Ceuta, Melilla

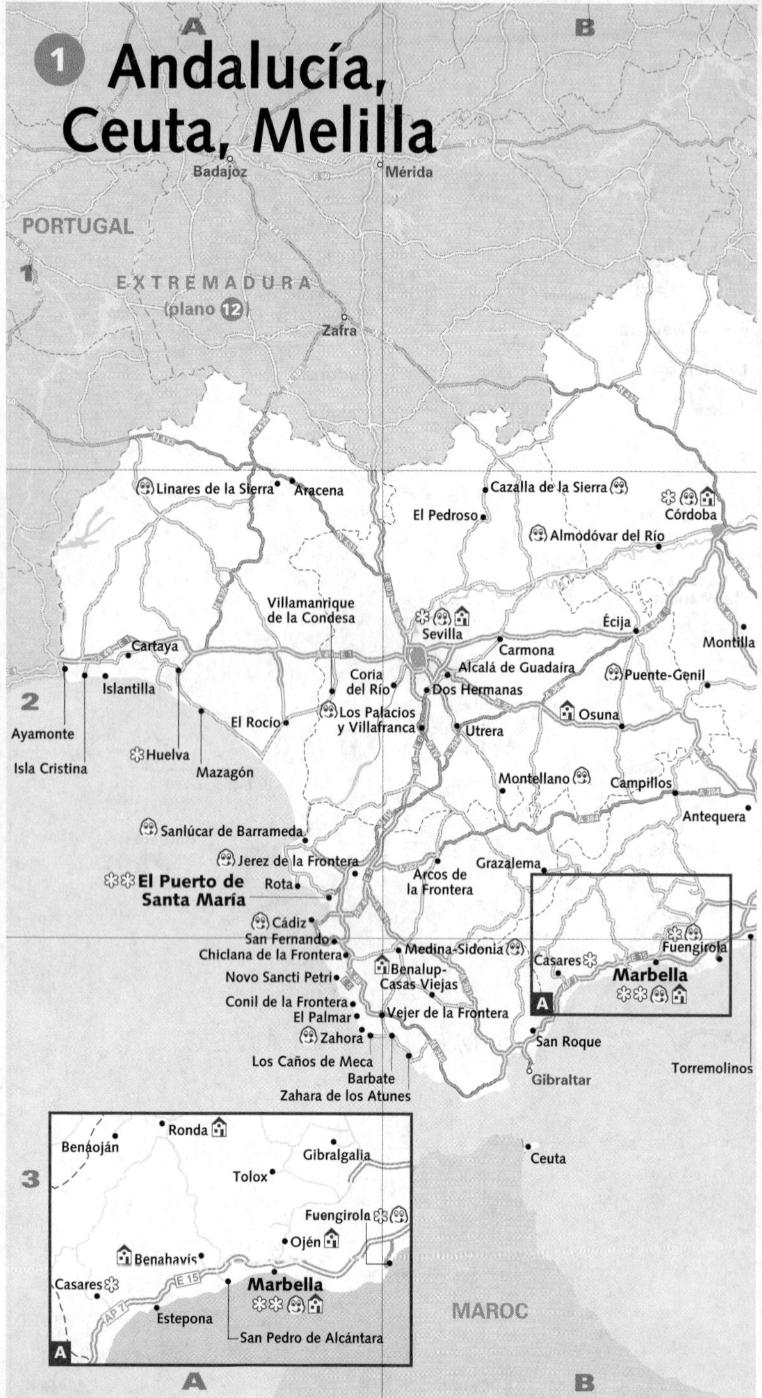

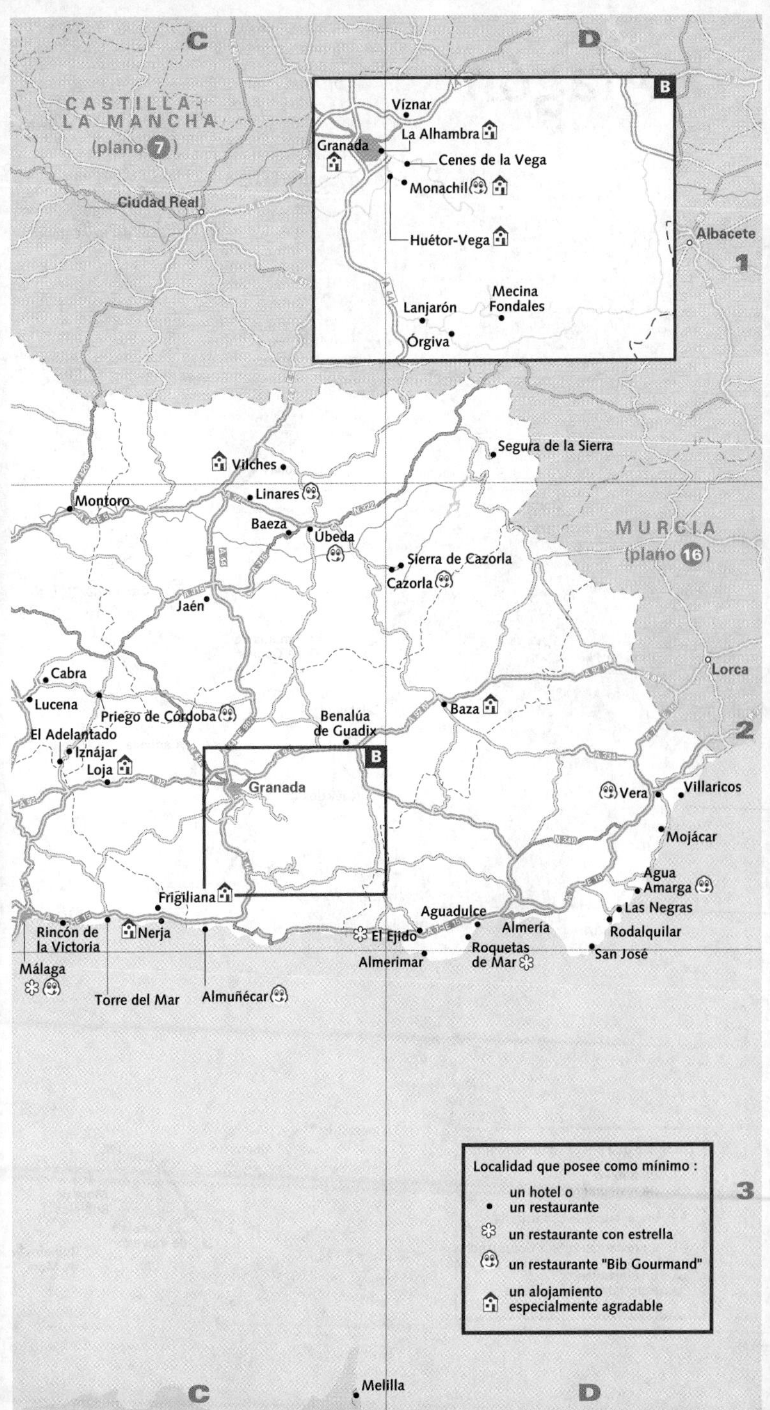
C
D
CASTILLA-LA MANCHA
(plano 7)
Ciudad Real
B
Víznar
La Alhambra
Granada
Cenes de la Vega
Monachil
Huétor-Vega
Mecina Fondales
Lanjarón
Órgiva
Albacete
1
Segura de la Sierra
Vilches
Linares
Montoro
Baeza
Úbeda
Sierra de Cazorla
Cazorla
MURCIA
(plano 16)
Jaén
Cabra
Lucena
Priego de Córdoba
Lorca
Baza
Benalúa de Guadix
El Adelantado
Iznájar
Loja
2
B
Granada
Vera
Villaricos
Mojácar
Agua Amarga
Frigiliana
Las Negras
Aguadulce
Almería
Rodalquilar
Rincón de la Victoria
Nerja
El Ejido
Roquetas de Mar
San José
Almerimar
Málaga
Torre del Mar
Almuñécar
Localidad que posee como mínimo :
un hotel o un restaurante
un restaurante con estrella
un restaurante "Bib Gourmand"
un alojamiento especialmente agradable
3
Melilla
C
D

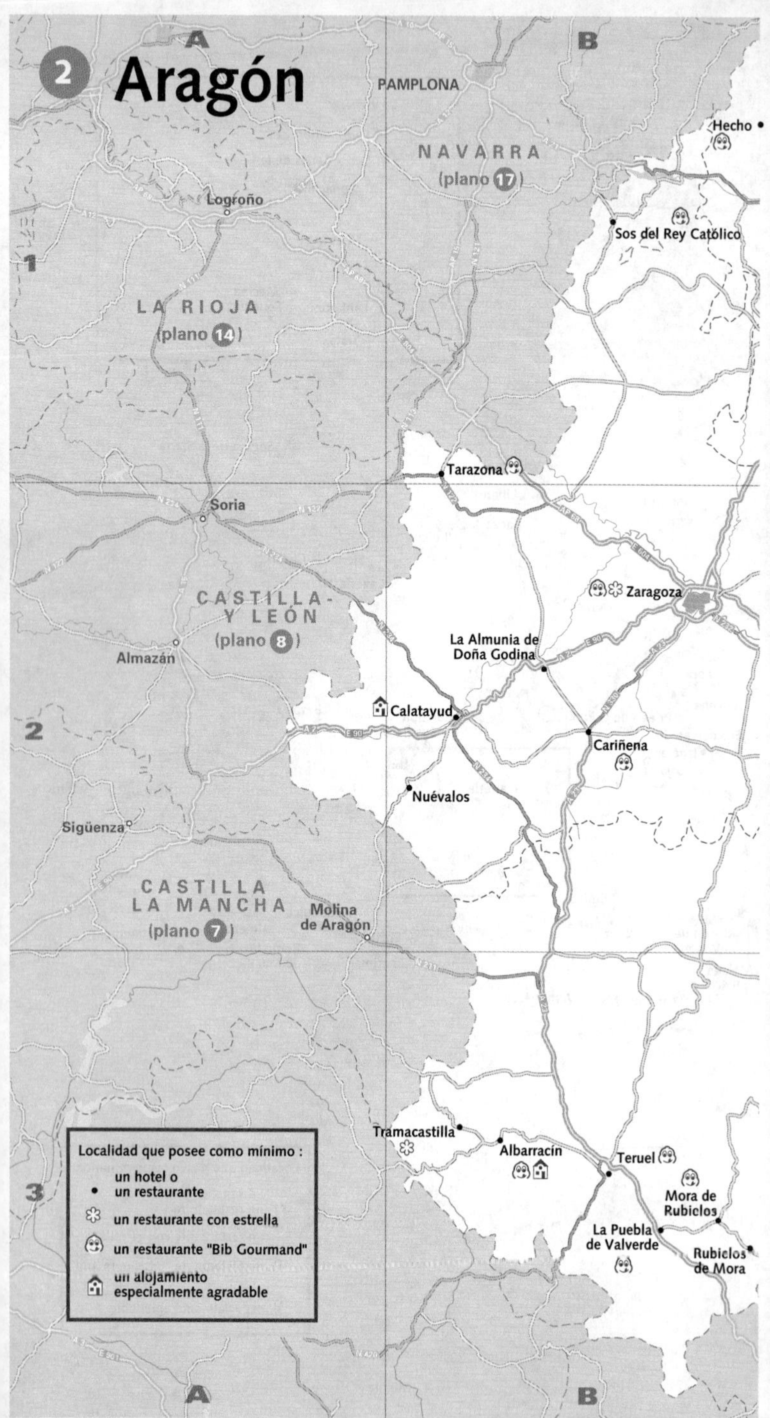
2 Aragón
A
B
1
2
3
PAMPLONA
NAVARRA
(plano 17)
Logroño
LA RIOJA
(plano 14)
Hecho
Sos del Rey Católico
Tarazona
Soria
CASTILLA-Y LEÓN
(plano 8)
Almazán
Zaragoza
La Almunia de Doña Godina
Calatayud
Cariñena
Nuévalos
Sigüenza
CASTILLA LA MANCHA
(plano 7)
Molina de Aragón
Tramacastilla
Albarracín
Teruel
Mora de Rubielos
La Puebla de Valverde
Rubielos de Mora
Localidad que posee como mínimo :
un hotel o un restaurante
un restaurante con estrella
un restaurante "Bib Gourmand"
un alojamiento especialmente agradable

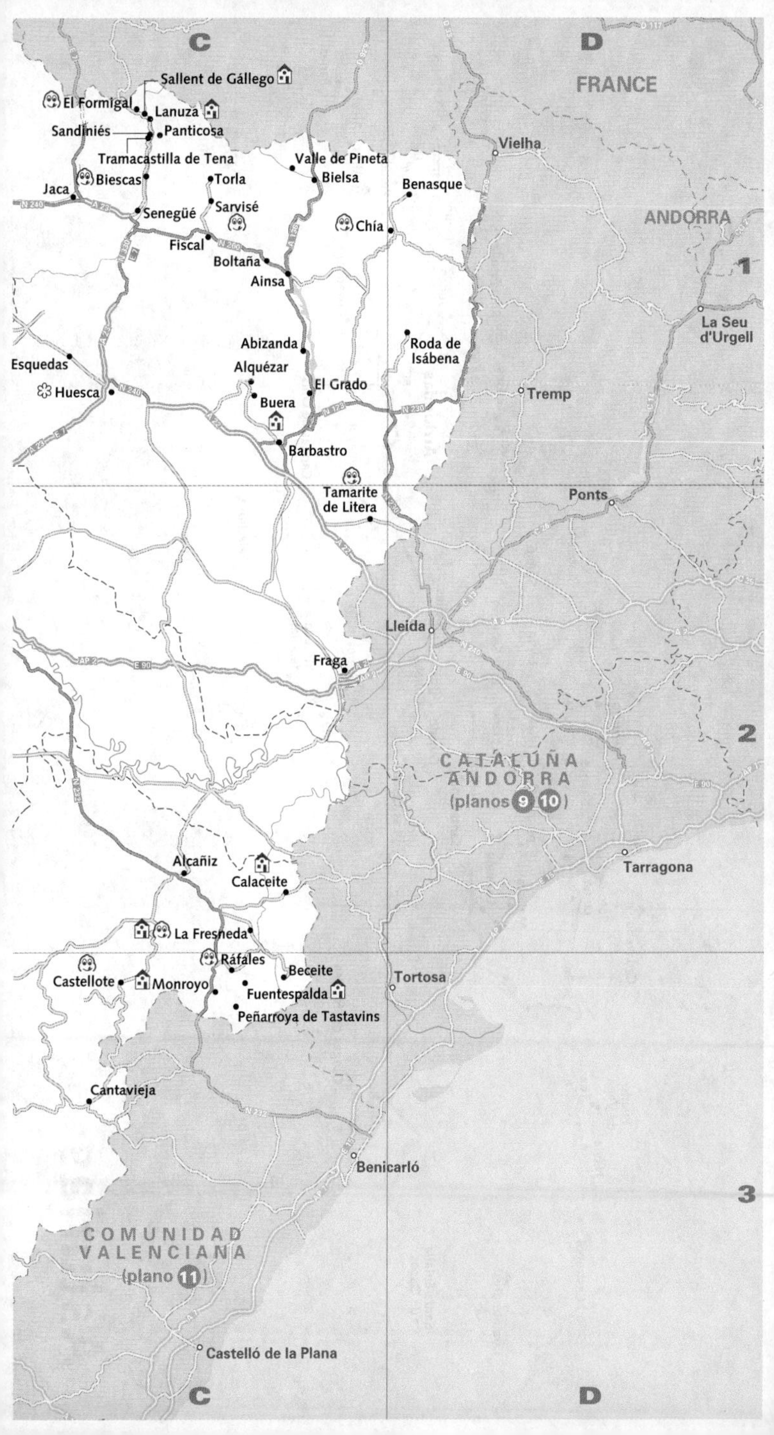
C
D
FRANCE
Sallent de Gállego
El Formigal
Lanuza
Sandiniés
Panticosa
Tramacastilla de Tena
Valle de Pineta
Vielha
Biescas
Torla
Bielsa
Jaca
Benasque
Sarvisé
Senegüé
ANDORRA
Chía
Fiscal
Boltaña
Ainsa
1
La Seu d'Urgell
Abizanda
Roda de Isábena
Esquedas
Alquézar
Huesca
El Grado
Tremp
Buera
Barbastro
Tamarite de Litera
Ponts
Lleida
Fraga
2
CATALUÑA ANDORRA
(planos 9 10)
Alcañiz
Calaceite
Tarragona
La Fresneda
Ráfales
Beceite
Castellote
Monroyo
Fuentespalda
Tortosa
Peñarroya de Tastavins
Cantavieja
Benicarló
3
COMUNIDAD VALENCIANA
(plano 11)
Castelló de la Plana
C
D

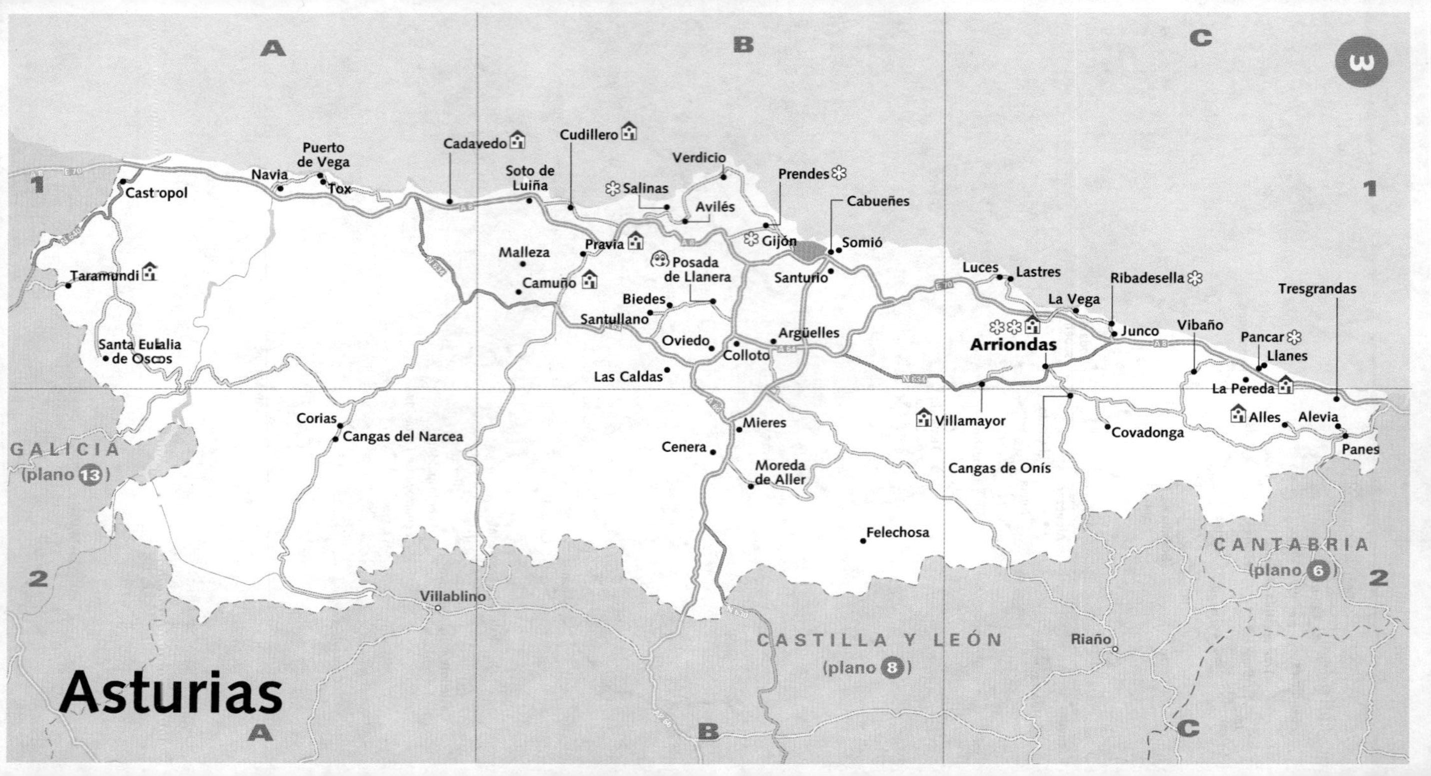
Asturias
3
A
B
C
1
2
Castropol
Navia
Puerto de Vega
Tox
Cadavedo
Soto de Luiña
Cudillero
Salinas
Verdicio
Avilés
Prendes
Cabueñes
Gijón
Somió
Santurio
Malleza
Pravia
Camuño
Posada de Llanera
Biedes
Santullano
Oviedo
Colloto
Argüelles
Las Caldas
Taramundi
Santa Eulalia de Oscos
Corias
Cangas del Narcea
Mieres
Cenera
Moreda de Aller
Felechosa
Luces
Lastres
La Vega
Arriondas
Ribadesella
Junco
Vibaño
Pancar
Llanes
La Pereda
Tresgrandas
Villamayor
Cangas de Onís
Covadonga
Alles
Alevia
Panes
GALICIA
(plano 13)
CASTILLA Y LEÓN
(plano 8)
CANTABRIA
(plano 6)
Villablino
Riaño

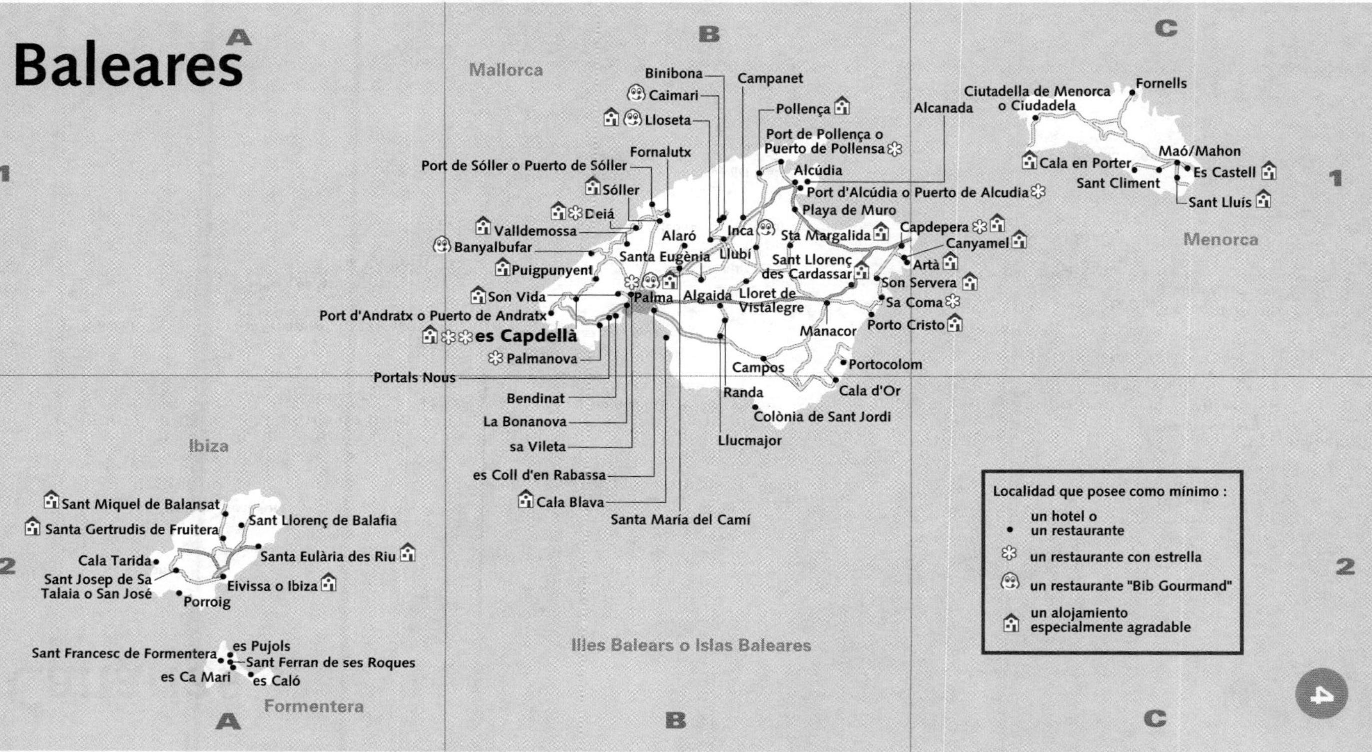
Baleares
A
B
C
1
2
Mallorca
Menorca
Ibiza
Formentera
Illes Balears o Islas Baleares
Binibona
Caimari
Lloseta
Campanet
Pollença
Port de Pollença o
Puerto de Pollensa
Alcanada
Alcúdia
Port d'Alcúdia o Puerto de Alcudia
Playa de Muro
Fornalutx
Port de Sóller o Puerto de Sóller
Sóller
Deiá
Valldemossa
Banyalbufar
Puigpunyent
Son Vida
Port d'Andratx o Puerto de Andratx
es Capdellà
Palmanova
Portals Nous
Bendinat
La Bonanova
sa Vileta
es Coll d'en Rabassa
Cala Blava
Santa María del Camí
Alaró
Inca
Santa Eugènia
Llubí
Sta Margalida
Palma
Algaida
Lloret de
Vistalegre
Sant Llorenç
des Cardassar
Capdepera
Canyamel
Artà
Son Servera
Sa Coma
Porto Cristo
Manacor
Portocolom
Campos
Randa
Cala d'Or
Colònia de Sant Jordi
Llucmajor
Ciutadella de Menorca
o Ciudadela
Fornells
Cala en Porter
Maó/Mahon
Es Castell
Sant Climent
Sant Lluís
Sant Miquel de Balansat
Santa Gertrudis de Fruitera
Sant Llorenç de Balafia
Santa Eulària des Riu
Cala Tarida
Sant Josep de Sa
Talaia o San José
Eivissa o Ibiza
Porroig
Sant Francesc de Formentera
es Pujols
Sant Ferran de ses Roques
es Ca Marí
es Caló
Localidad que posee como mínimo :
un hotel o
un restaurante
un restaurante con estrella
un restaurante "Bib Gourmand"
un alojamiento
especialmente agradable
4

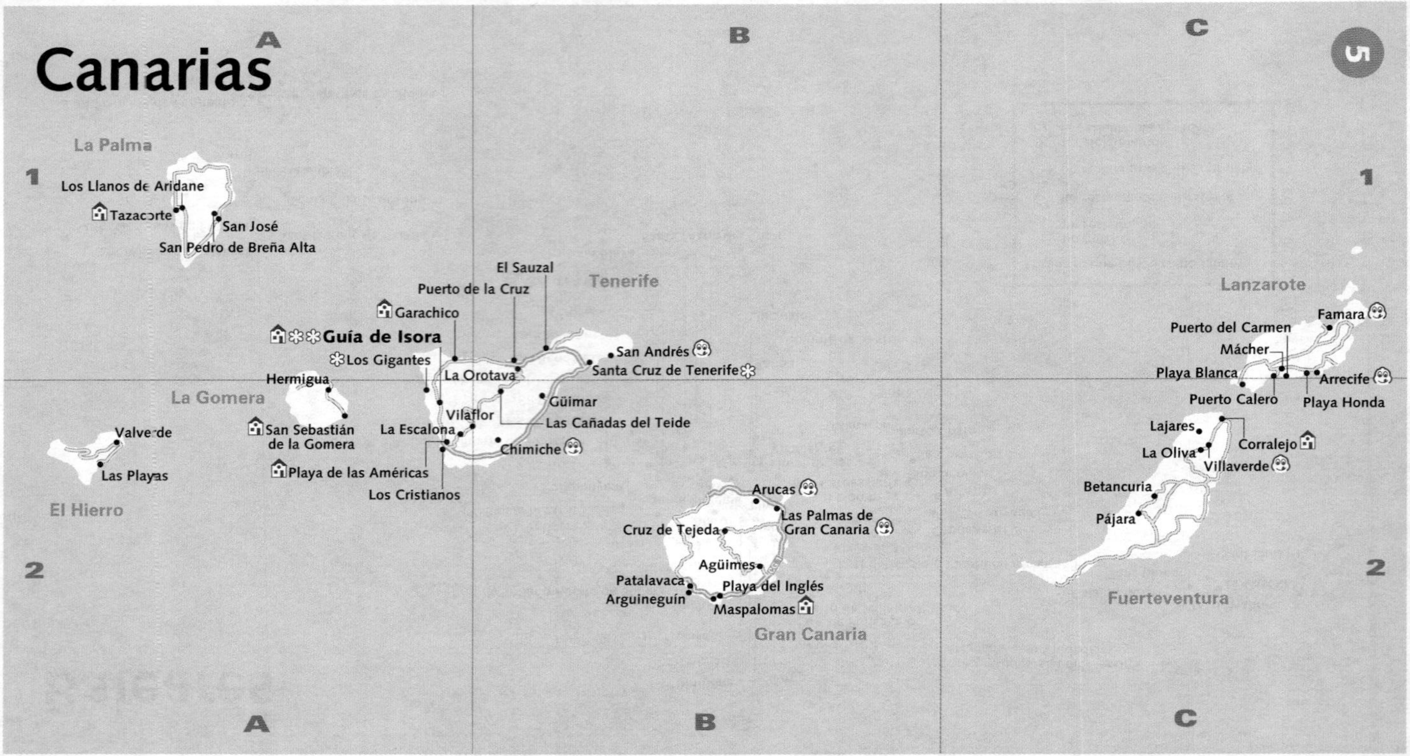

Canarias

5

La Palma
Los Llanos de Aridane
Tazacorte
San José
San Pedro de Breña Alta
El Hierro
Valverde
Las Playas
La Gomera
Hermigua
San Sebastián de la Gomera
Playa de las Américas
Tenerife
Guía de Isora
Los Gigantes
Garachico
Puerto de la Cruz
El Sauzal
La Orotava
San Andrés
Santa Cruz de Tenerife
Güimar
Las Cañadas del Teide
Vilaflor
La Escalona
Chimiche
Los Cristianos
Gran Canaria
Arucas
Las Palmas de Gran Canaria
Cruz de Tejeda
Agüimes
Patalavaca
Arguineguín
Playa del Inglés
Maspalomas
Lanzarote
Famara
Puerto del Carmen
Mácher
Playa Blanca
Arrecife
Puerto Calero
Playa Honda
Fuerteventura
Lajares
Corralejo
La Oliva
Villaverde
Betancuria
Pájara

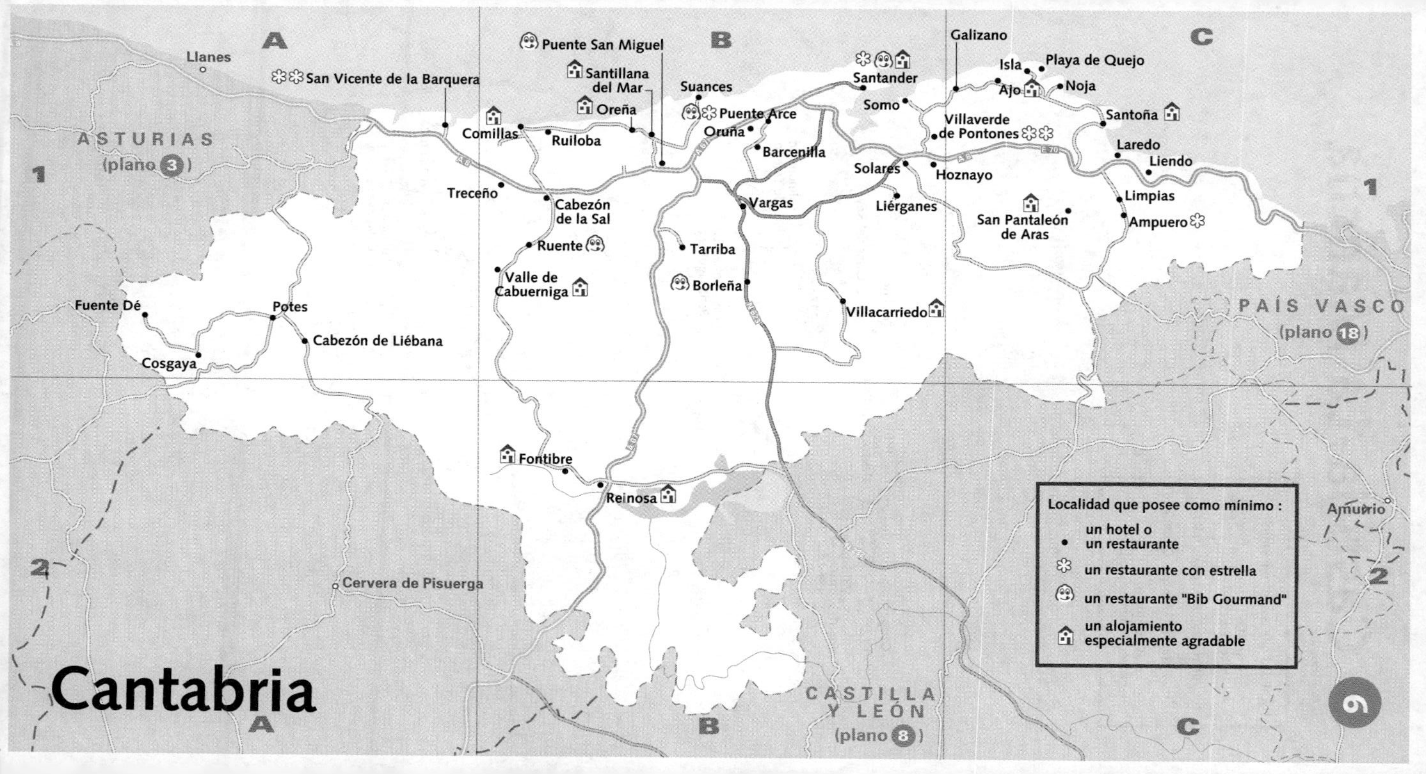
Cantabria
6
Localidad que posee como mínimo :
un hotel o
un restaurante
un restaurante con estrella
un restaurante "Bib Gourmand"
un alojamiento
especialmente agradable
ASTURIAS
(plano 3)
PAÍS VASCO
(plano 18)
CASTILLA Y LEÓN
(plano 8)
Llanes
San Vicente de la Barquera
Puente San Miguel
Santillana del Mar
Oreña
Comillas
Ruiloba
Suances
Puente Arce
Oruña
Barcenilla
Santander
Somo
Galizano
Isla
Playa de Quejo
Ajo
Noja
Santoña
Villaverde de Pontones
Laredo
Liendo
Solares
Hoznayo
Liérganes
Limpias
Ampuero
San Pantaleón de Aras
Treceño
Cabezón de la Sal
Vargas
Ruente
Tarriba
Valle de Cabuerniga
Borleña
Villacarriedo
Fuente Dé
Potes
Cabezón de Liébana
Cosgaya
Fontibre
Reinosa
Cervera de Pisuerga
Amurrio

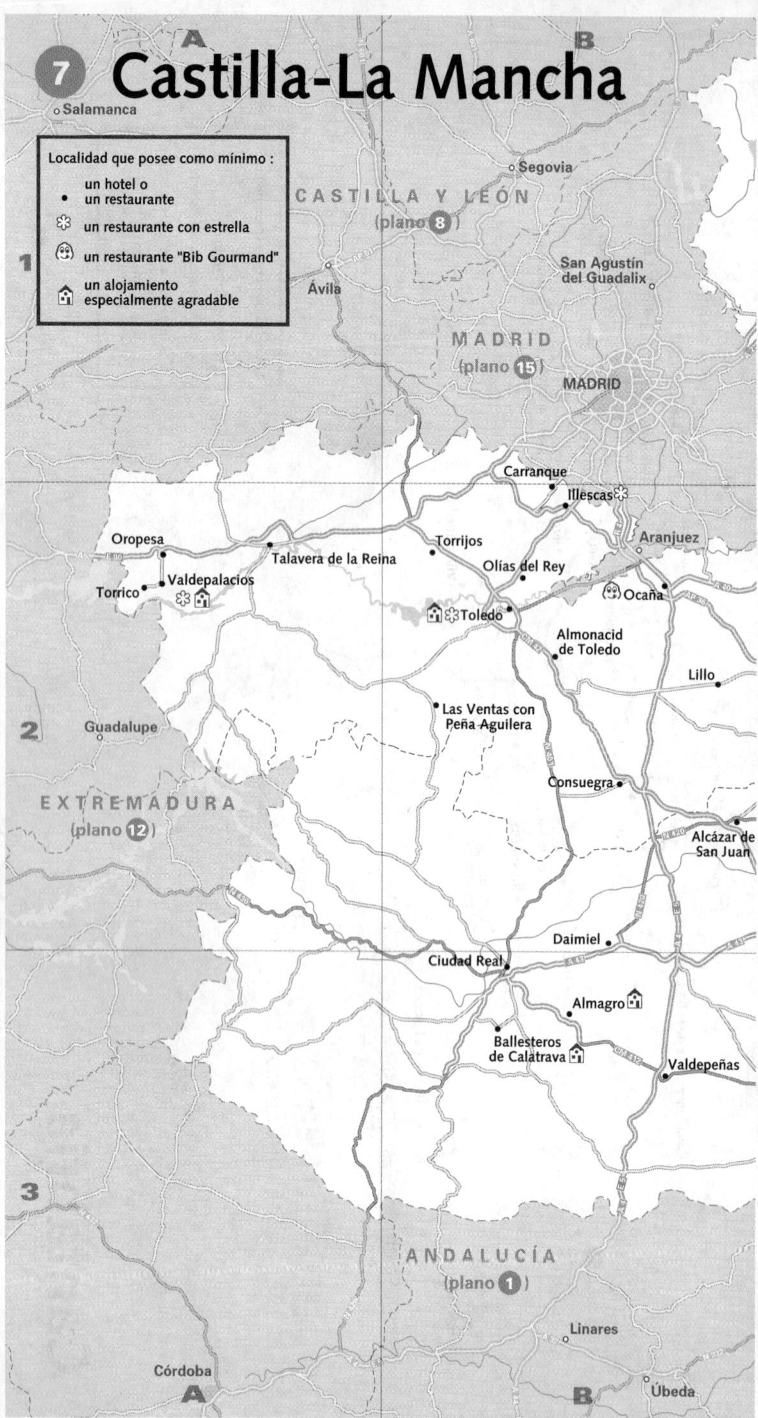
7
Castilla-La Mancha
A
B
Salamanca
Localidad que posee como mínimo :
• un hotel o un restaurante
un restaurante con estrella
un restaurante "Bib Gourmand"
un alojamiento especialmente agradable
1
2
3
Segovia
CASTILLA Y LEÓN
(plano 8)
Ávila
San Agustín del Guadalix
MADRID
(plano 15)
MADRID
Carranque
Illescas
Aranjuez
Oropesa
Talavera de la Reina
Torrijos
Olías del Rey
Valdepalacios
Torrico
Ocaña
Toledo
Almonacid de Toledo
Lillo
Las Ventas con Peña Aguilera
Guadalupe
Consuegra
EXTREMADURA
(plano 12)
Alcázar de San Juan
Daimiel
Ciudad Real
Almagro
Ballesteros de Calatrava
Valdepeñas
ANDALUCÍA
(plano 1)
Linares
Córdoba
Úbeda
A
B

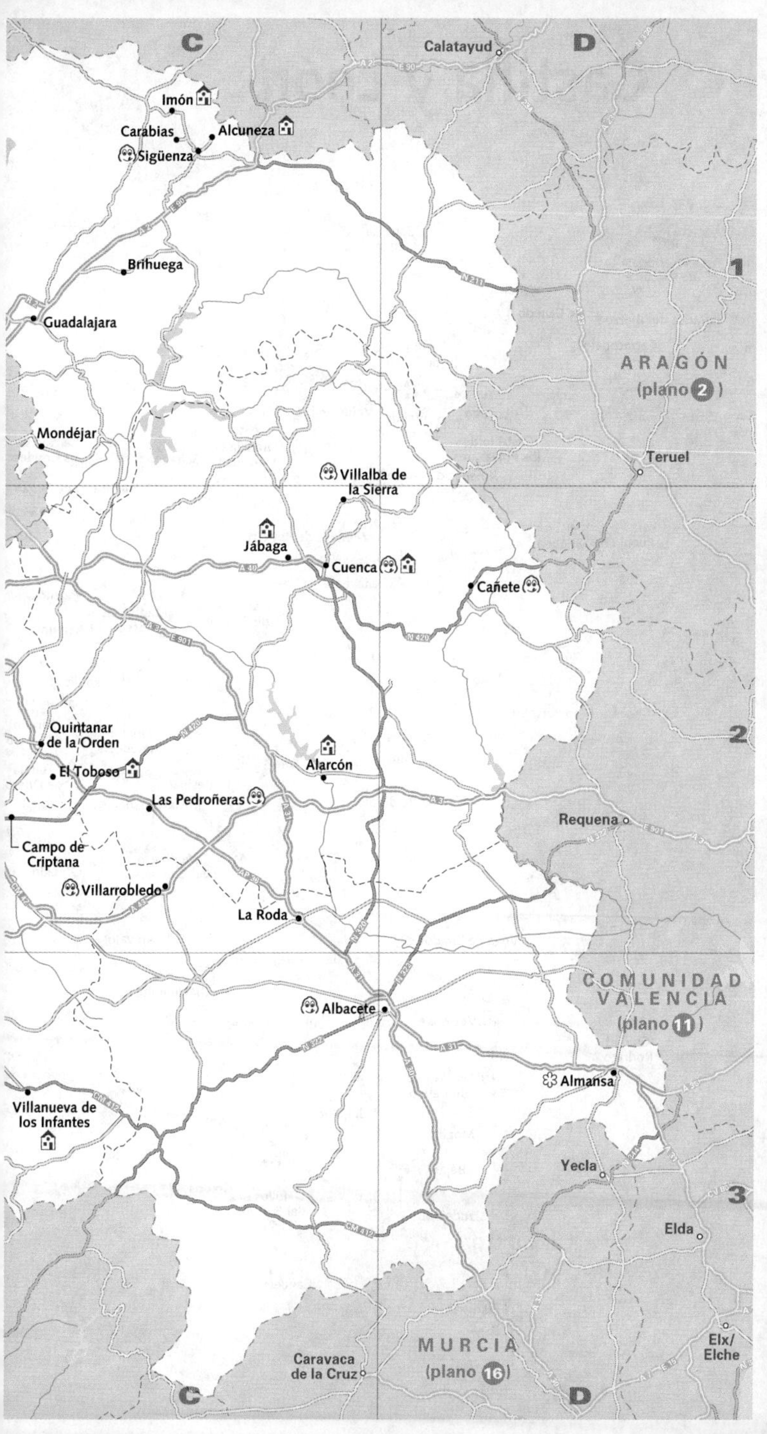

C
D
Calatayud
Imón
Carabias
Alcuneza
Sigüenza
Brihuega
Guadalajara
1
ARAGÓN
(plano 2)
Mondéjar
Teruel
Villalba de la Sierra
Jábaga
Cuenca
Cañete
Quintanar de la Orden
El Toboso
Alarcón
2
Las Pedroñeras
Requena
Campo de Criptana
Villarrobledo
La Roda
COMUNIDAD VALENCIA
(plano 11)
Albacete
Almansa
Villanueva de los Infantes
Yecla
3
Elda
Elx/ Elche
MURCIA
(plano 16)
Caravaca de la Cruz
C
D

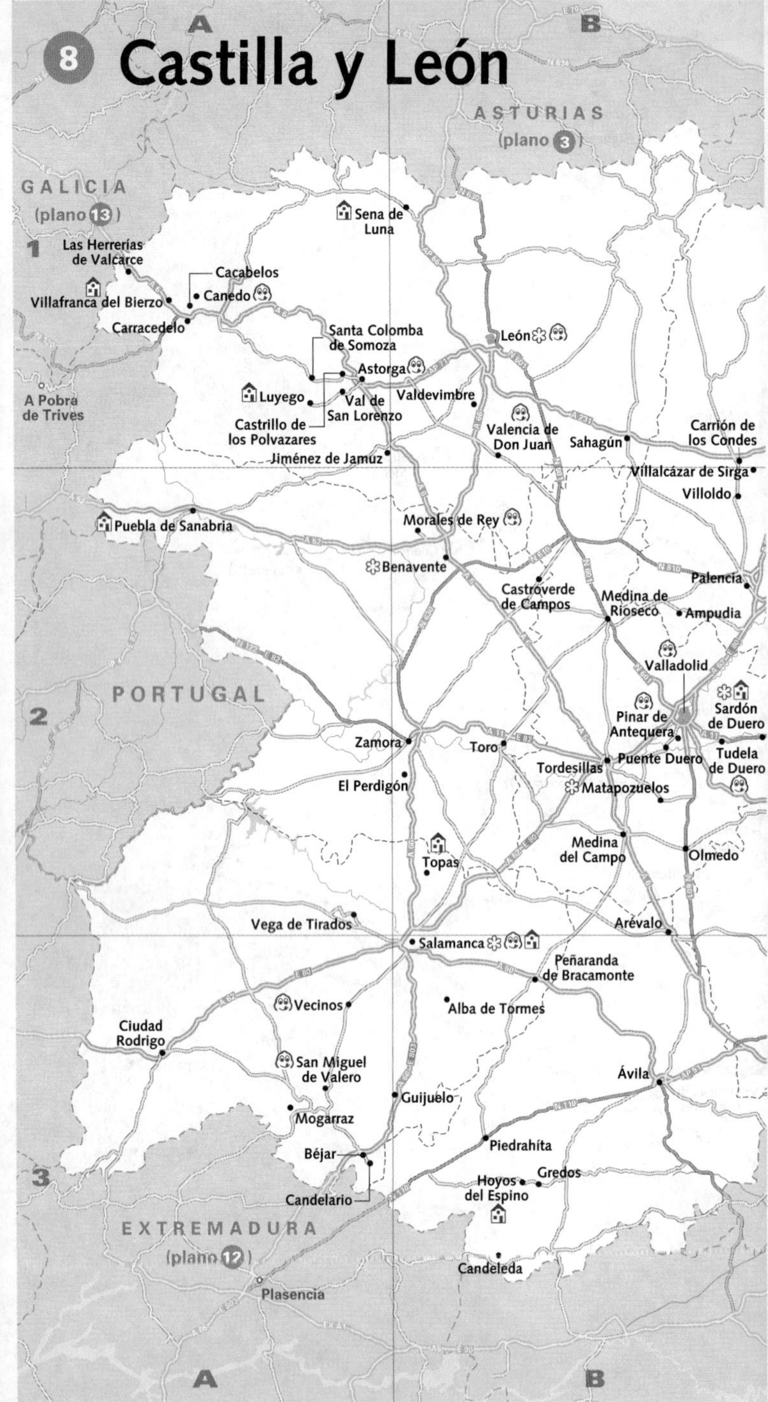

8 Castilla y León
A
B
ASTURIAS
(plano 3)
GALICIA
(plano 13)
1
Las Herrerías de Valcarce
Cacabelos
Canedo
Villafranca del Bierzo
Carracedelo
Sena de Luna
León
Santa Colomba de Somoza
Astorga
Luyego
Val de San Lorenzo
Valdevimbre
A Pobra de Trives
Castrillo de los Polvazares
Jiménez de Jamuz
Valencia de Don Juan
Sahagún
Carrión de los Condes
Villalcázar de Sirga
Villoldo
Puebla de Sanabria
Morales de Rey
Benavente
Castroverde de Campos
Medina de Rioseco
Ampudia
Palencia
Valladolid
PORTUGAL
2
Pinar de Antequera
Sardón de Duero
Zamora
Toro
Tordesillas
Puente Duero
Tudela de Duero
El Perdigón
Matapozuelos
Topas
Medina del Campo
Olmedo
Vega de Tirados
Arévalo
Salamanca
Peñaranda de Bracamonte
Vecinos
Alba de Tormes
Ciudad Rodrigo
San Miguel de Valero
Ávila
Guijuelo
Mogarraz
Piedrahíta
Béjar
3
Hoyos del Espino
Gredos
Candelario
EXTREMADURA
(plano 12)
Candeleda
Plasencia
A
B

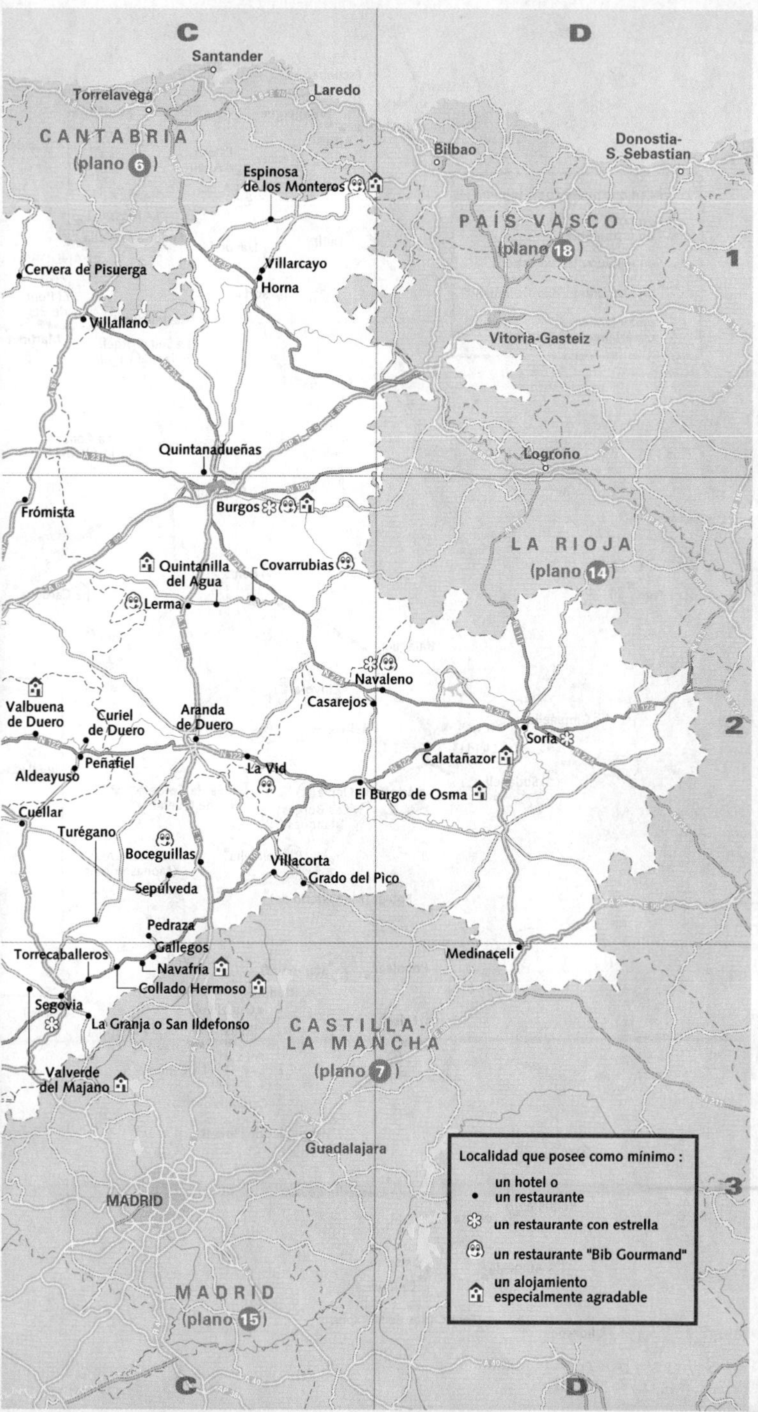

C
D
Santander
Torrelavega
Laredo
CANTABRIA
(plano 6)
Bilbao
Donostia-
S. Sebastian
Espinosa
de los Monteros
PAÍS VASCO
(plano 18)
1
Cervera de Pisuerga
Villarcayo
Horna
Villallano
Vitoria-Gasteiz
Quintanadueñas
Logroño
Frómista
Burgos
LA RIOJA
(plano 14)
Quintanilla
del Agua
Covarrubias
Lerma
Navaleno
Casarejos
Valbuena
de Duero
Curiel
de Duero
Aranda
de Duero
Soria
2
Calatañazor
Peñafiel
Aldeayuso
La Vid
El Burgo de Osma
Cuéllar
Turégano
Boceguillas
Villacorta
Grado del Pico
Sepúlveda
Pedraza
Gallegos
Medinaceli
Torrecaballeros
Navafría
Collado Hermoso
Segovia
La Granja o San Ildefonso
CASTILLA-
LA MANCHA
(plano 7)
Valverde
del Majano
Guadalajara
MADRID
3
MADRID
(plano 15)
C
D
Localidad que posee como mínimo :
un hotel o
un restaurante
un restaurante con estrella
un restaurante "Bib Gourmand"
un alojamiento
especialmente agradable

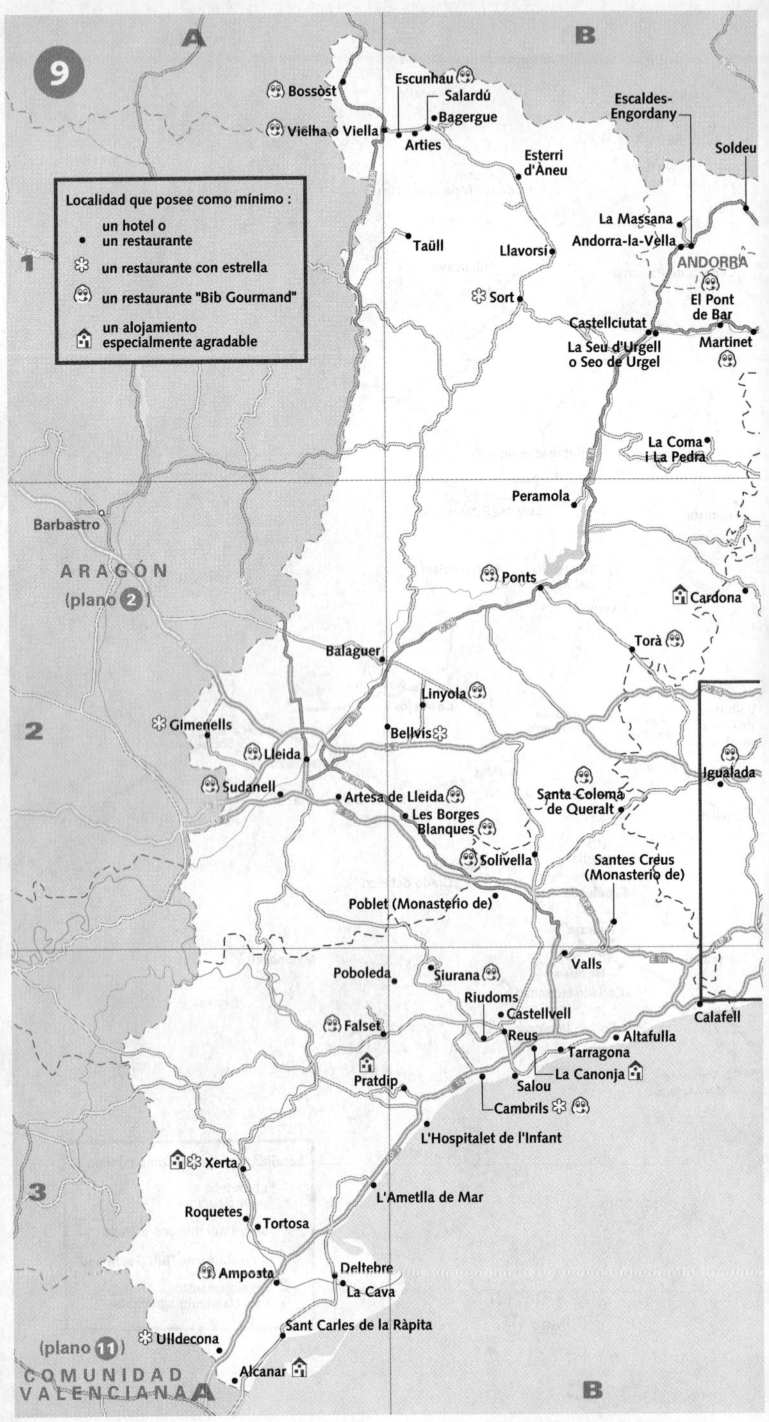
9
A
B
1
2
3
Localidad que posee como mínimo :
un hotel o un restaurante
un restaurante con estrella
un restaurante "Bib Gourmand"
un alojamiento especialmente agradable
Bossòst
Vielha o Viella
Escunhau
Salardú
Bagergue
Arties
Esterri d'Àneu
Escaldes-Engordany
Soldeu
La Massana
Andorra-la-Vella
ANDORRA
Taüll
Llavorsí
Sort
El Pont de Bar
Castellciutat
La Seu d'Urgell o Seo de Urgel
Martinet
La Coma i La Pedra
Peramola
Barbastro
ARAGÓN
(plano 2)
Ponts
Cardona
Torà
Balaguer
Linyola
Bellvís
Gimenells
Lleida
Sudanell
Artesa de Lleida
Les Borges Blanques
Santa Coloma de Queralt
Igualada
Solivella
Santes Creus (Monasterio de)
Poblet (Monasterio de)
Valls
Poboleda
Siurana
Riudoms
Castellvell
Falset
Reus
Altafulla
Tarragona
Calafell
Pratdip
La Canonja
Salou
Cambrils
L'Hospitalet de l'Infant
Xerta
L'Ametlla de Mar
Roquetes
Tortosa
Deltebre
Amposta
La Cava
Sant Carles de la Ràpita
(plano 11)
Ulldecona
Alcanar
COMUNIDAD VALENCIANA

Cataluña, Andorra

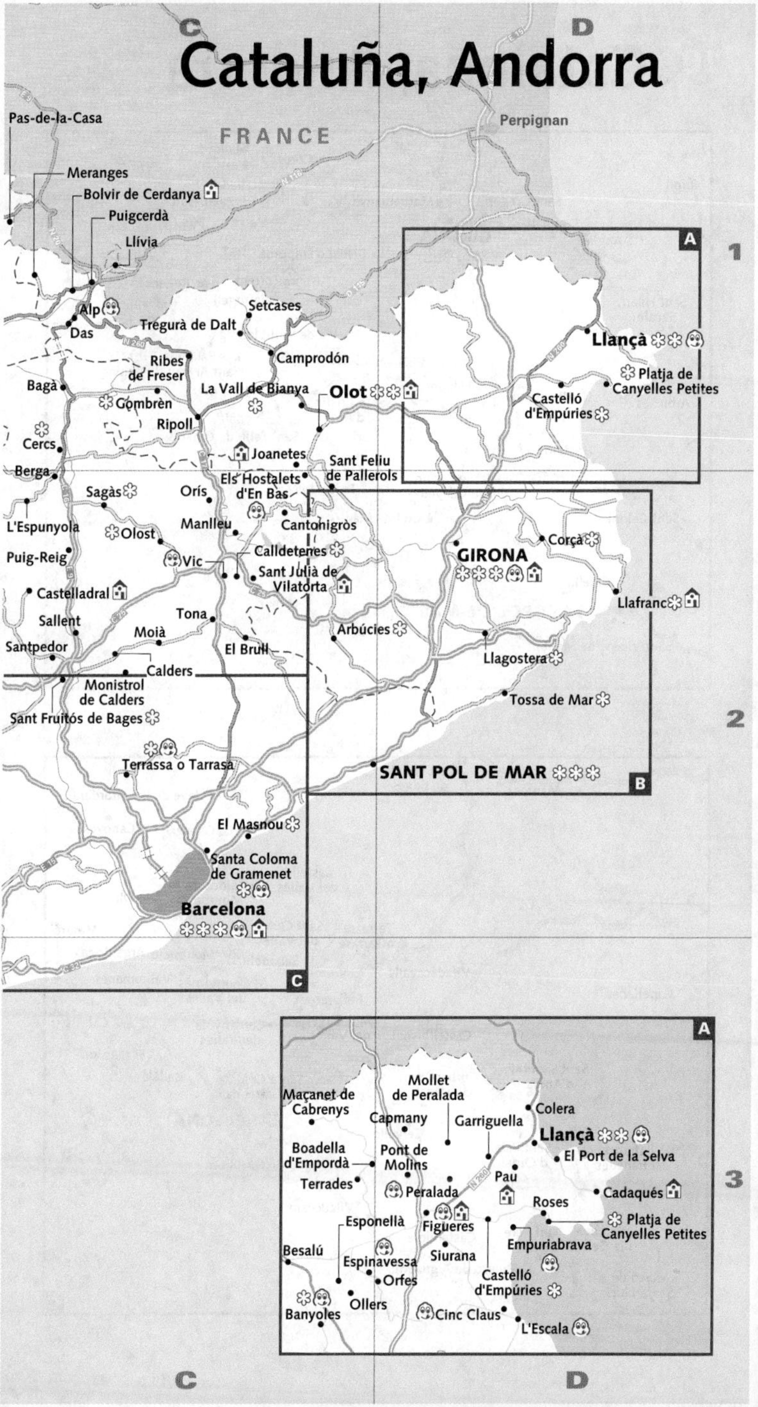

C D

FRANCE
Perpignan
Pas-de-la-Casa
Meranges
Bolvir de Cerdanya
Puigcerdà
Llívia
Alp
Das
Setcases
Tregurà de Dalt
Camprodón
Ribes de Freser
Bagà
La Vall de Bianya
Olot
Gombrèn
Ripoll
Cercs
Joanetes
Berga
Sant Feliu de Pallerols
Els Hostalets d'En Bas
Sagàs
Orís
L'Espunyola
Manlleu
Cantonigròs
Olost
Puig-Reig
Calldetenes
Vic
Sant Julià de Vilatorta
Castelladral
Tona
Sallent
Moià
Santpedor
El Brull
Calders
Monistrol de Calders
Sant Fruitós de Bages
Terrassa o Tarrasa
El Masnou
Santa Coloma de Gramenet
Barcelona
Llançà
Platja de Canyelles Petites
Castelló d'Empúries
GIRONA
Corça
Llafranc
Arbúcies
Llagostera
Tossa de Mar
SANT POL DE MAR

A B C

1 2

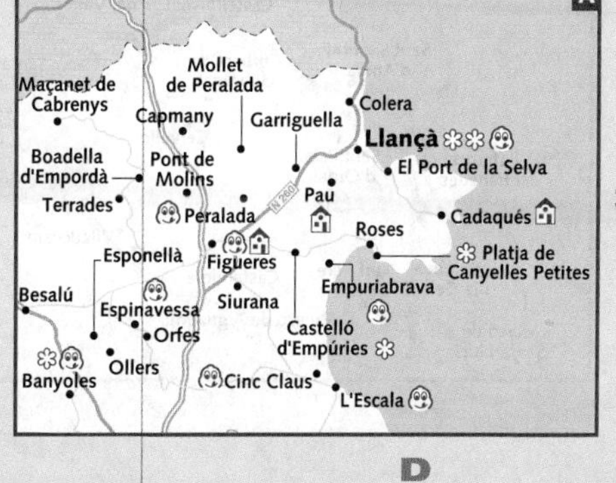

3

C D

10 Cataluña, Andorra

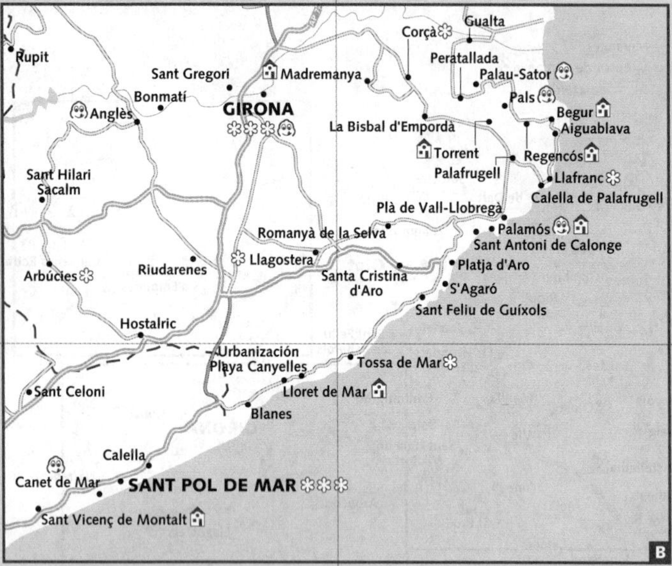

A B

1

Rupit
Sant Gregori
Madremanya
Corçà
Gualta
Peratallada
Palau-Sator
Pals
Bonmatí
Anglès
GIRONA
La Bisbal d'Empordà
Begur
Aiguablava
Torrent
Regencós
Sant Hilari Sacalm
Palafrugell
Llafranc
Calella de Palafrugell
Plà de Vall-Llobregà
Romanyà de la Selva
Palamós
Sant Antoni de Calonge
Llagostera
Platja d'Aro
Arbúcies
Riudarenes
Santa Cristina d'Aro
S'Agaró
Sant Feliu de Guíxols
Hostalric
Urbanización Playa Canyelles
Tossa de Mar
Sant Celoni
Lloret de Mar
Blanes
Calella
Canet de Mar
SANT POL DE MAR
Sant Vicenç de Montalt

B

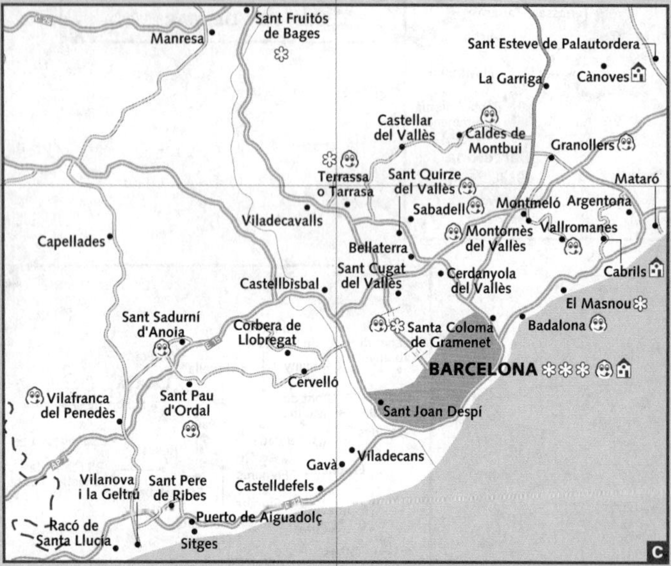

2

Manresa
Sant Fruitós de Bages
Sant Esteve de Palautordera
La Garriga
Cànoves
Castellar del Vallès
Caldes de Montbui
Granollers
Terrassa o Tarrasa
Sant Quirze del Vallès
Mataró
Sabadell
Montmeló
Argentona
Viladecavalls
Montornès del Vallès
Vallromanes
Capellades
Bellaterra
Sant Cugat del Vallès
Cerdanyola del Vallès
Cabrils
Castellbisbal
El Masnou
Sant Sadurní d'Anoia
Corbera de Llobregat
Santa Coloma de Gramenet
Badalona
BARCELONA
Cervelló
Vilafranca del Penedès
Sant Pau d'Ordal
Sant Joan Despí
Viladecans
Gavà
Vilanova i la Geltrú
Sant Pere de Ribes
Castelldefels
Puerto de Aiguadolç
Racó de Santa Llucía
Sitges

C

3

A B

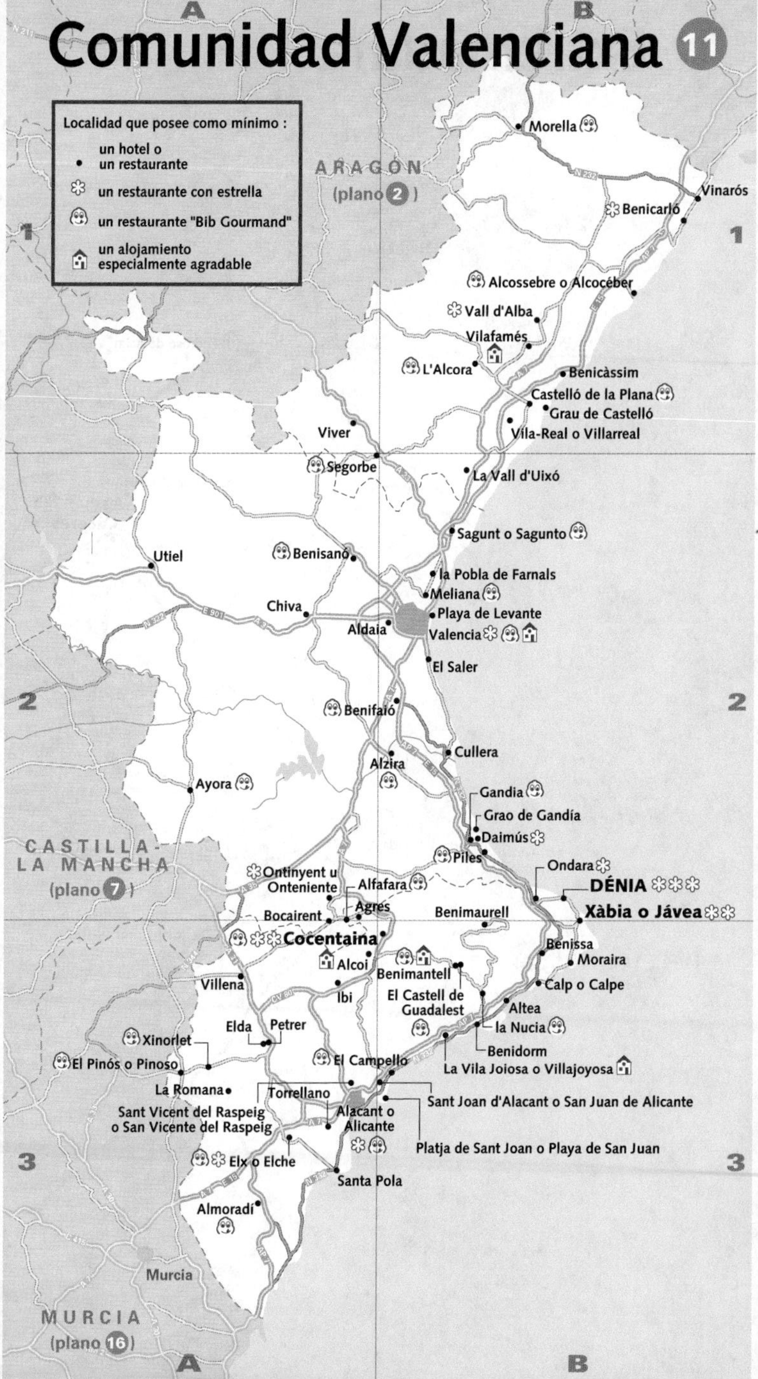
Comunidad Valenciana 11
A
B
Localidad que posee como mínimo :
un hotel o
un restaurante
un restaurante con estrella
un restaurante "Bib Gourmand"
un alojamiento
especialmente agradable
ARAGON
(plano 2)
CASTILLA-
LA MANCHA
(plano 7)
MURCIA
(plano 16)
Morella
Vinarós
Benicarló
Alcossebre o Alcocéber
Vall d'Alba
Vilafamés
L'Alcora
Benicàssim
Castelló de la Plana
Grau de Castelló
Vila-Real o Villarreal
Viver
Segorbe
La Vall d'Uixó
Sagunt o Sagunto
Utiel
Benisanó
la Pobla de Farnals
Meliana
Chiva
Playa de Levante
Aldaia
Valencia
El Saler
Benifaió
Cullera
Alzira
Ayora
Gandia
Grao de Gandía
Daimús
Piles
Ondara
DÉNIA
Xàbia o Jávea
Ontinyent u
Onteniente
Alfafara
Agres
Bocairent
Benimaurell
Cocentaina
Benissa
Moraira
Alcoi
Benimantell
Villena
Ibi
El Castell de
Guadalest
Calp o Calpe
Altea
la Nucia
Elda
Petrer
Benidorm
Xinorlet
El Pinós o Pinoso
El Campello
La Vila Joiosa o Villajoyosa
La Romana
Torrellano
Sant Joan d'Alacant o San Juan de Alicante
Sant Vicent del Raspeig
o San Vicente del Raspeig
Alacant o
Alicante
Platja de Sant Joan o Playa de San Juan
Elx o Elche
Santa Pola
Almoradí
Murcia
1
2
3

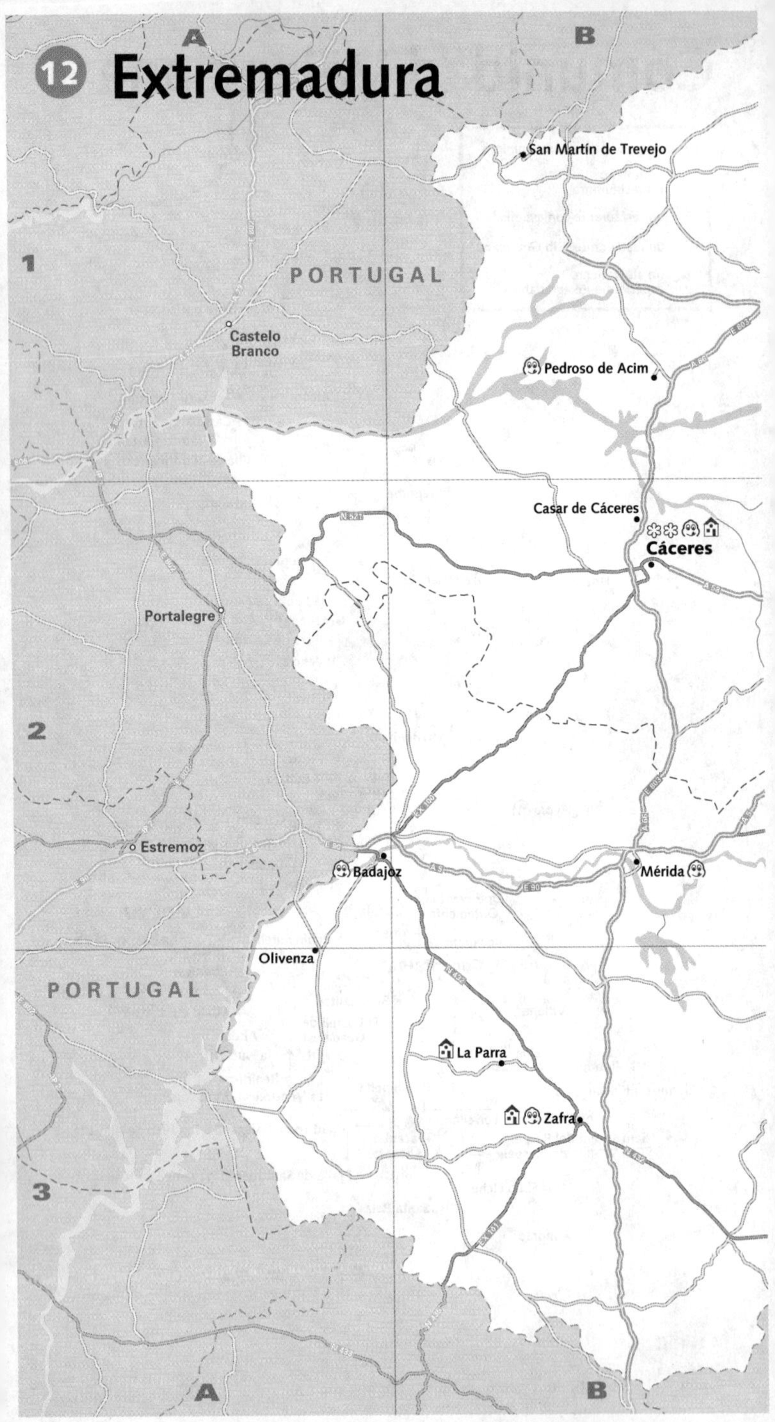

12
Extremadura
A
B
1
2
3
PORTUGAL
San Martín de Trevejo
Castelo Branco
Pedroso de Acim
Casar de Cáceres
Cáceres
Portalegre
Estremoz
Badajoz
Mérida
Olivenza
PORTUGAL
La Parra
Zafra
N 521
EX 100
A 5
E 90
N 432
A 66
E 803
A 58
A 23
E 802
EX 101
N 433
N 435
A
B

C
D
CASTILLA Y LEÓN
(plano 8)
Béjar
Hervás
Jerte
El Tiemblo
Cuacos de Yuste
Jarandilla de la Vera
Plasencia
Jaraíz de la Vera
Torremenga
Arroyomolinos de la Vera
1
Talavera de la Reina
Trujillo
Guadalupe
CASTILLA-LA MANCHA
(plano 7)
2
3
Peñarroya-Pueblonuevo
ANDALUCÍA
(plano 1)
C
D
Localidad que posee como mínimo :
un hotel o un restaurante
un restaurante con estrella
un restaurante "Bib Gourmand"
un alojamiento especialmente agradable

13 Galicia

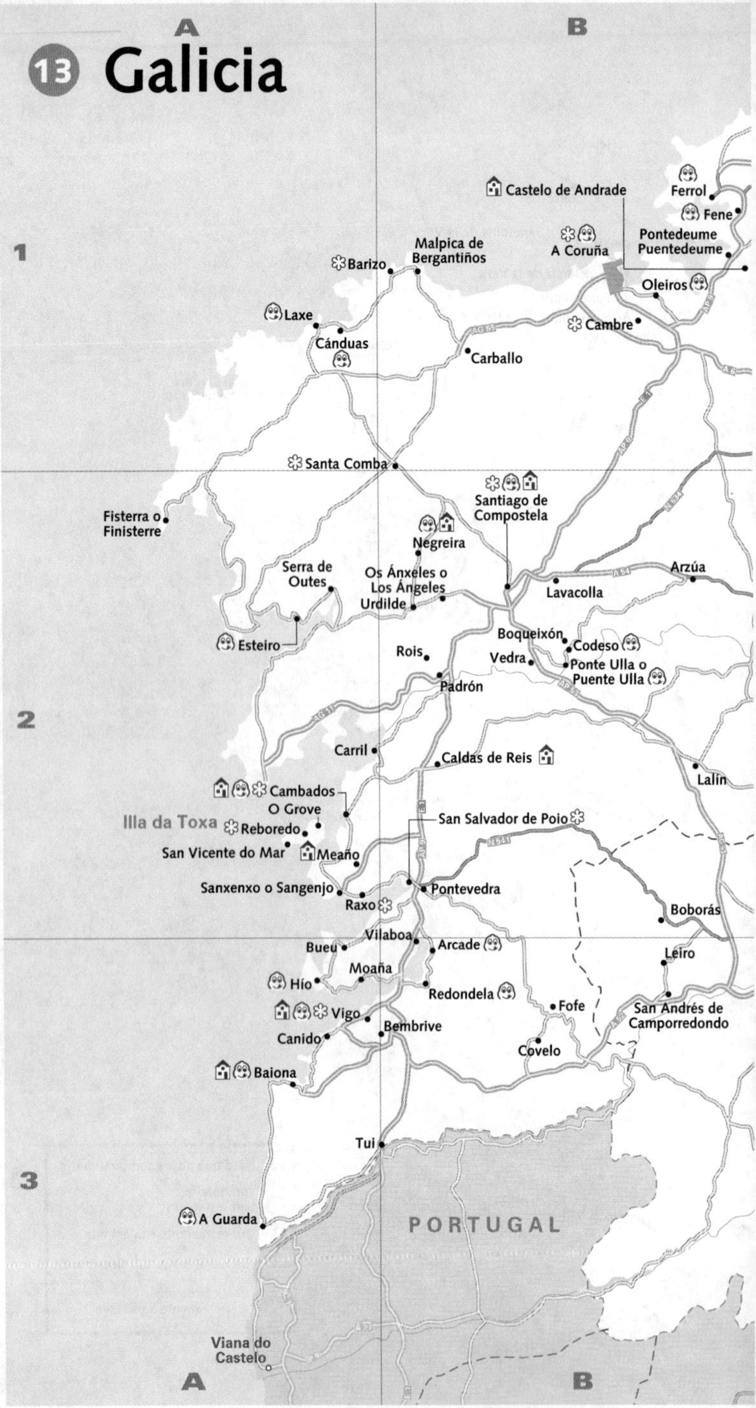

A
B
1
2
3
Castelo de Andrade
Ferrol
Fene
Pontedeume
Puentedeume
A Coruña
Malpica de
Bergantiños
Barizo
Oleiros
Laxe
Cambre
Cánduas
Carballo
Santa Comba
Santiago de
Compostela
Fisterra o
Finisterre
Negreira
Serra de
Outes
Os Ánxeles o
Los Ángeles
Urdilde
Arzúa
Lavacolla
Esteiro
Boqueixón
Codeso
Rois
Vedra
Ponte Ulla o
Puente Ulla
Padrón
Carril
Caldas de Reis
Lalín
Cambados
O Grove
Illa da Toxa
Reboredo
San Salvador de Poio
San Vicente do Mar
Meaño
Sanxenxo o Sangenjo
Pontevedra
Raxo
Boborás
Vilaboa
Bueu
Arcade
Leiro
Moaña
Hío
Redondela
Vigo
Fofe
San Andrés de
Camporredondo
Canido
Bembrive
Covelo
Baiona
Tui
A Guarda
PORTUGAL
Viana do
Castelo
A
B

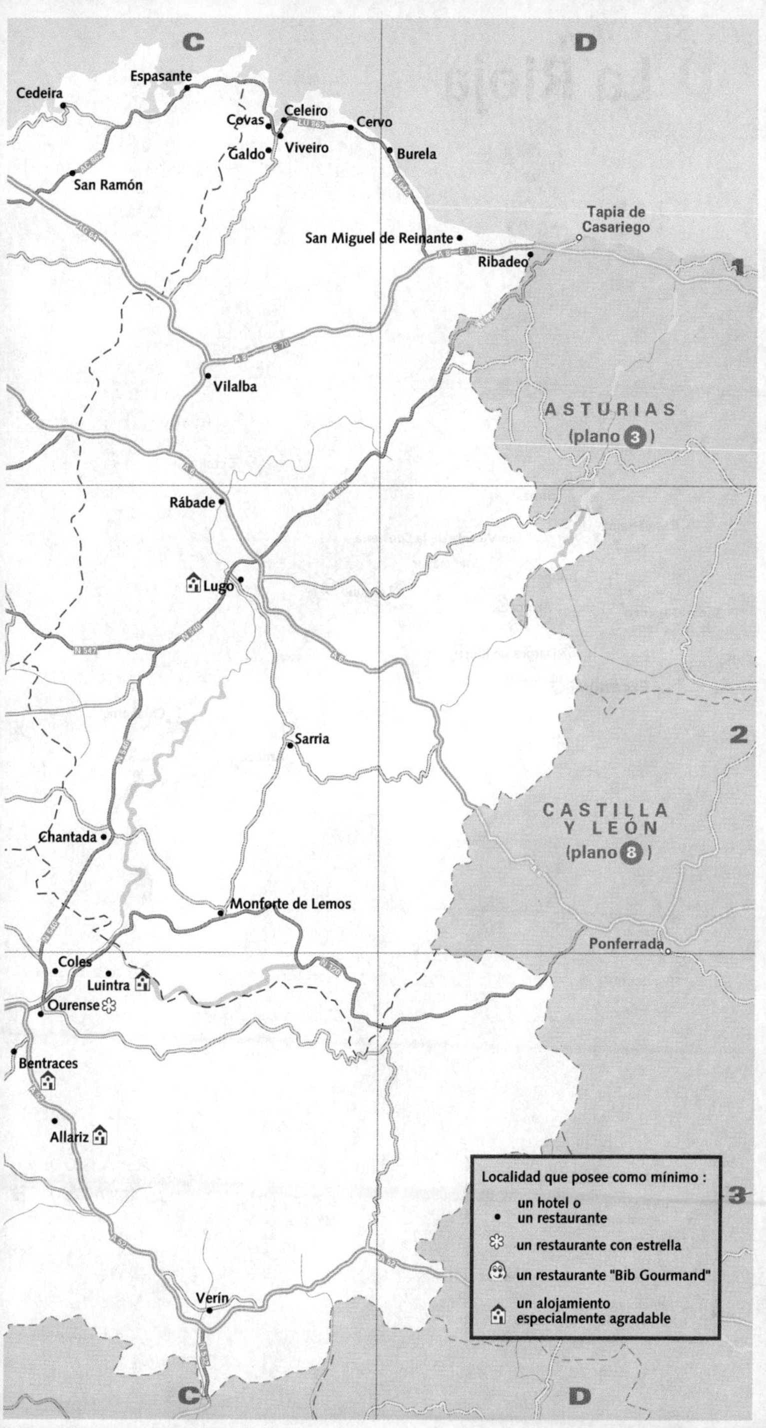

C
D
Cedeira
Espasante
Covas
Celeiro
Cervo
Viveiro
Galdo
Burela
San Ramón
Tapia de Casariego
San Miguel de Reinante
Ribadeo
1
Vilalba
ASTURIAS
(plano 3)
Rábade
Lugo
Sarria
2
CASTILLA Y LEÓN
(plano 8)
Chantada
Monforte de Lemos
Ponferrada
Coles
Luintra
Ourense
Bentraces
Allariz
Localidad que posee como mínimo :
un hotel o un restaurante
un restaurante con estrella
un restaurante "Bib Gourmand"
un alojamiento especialmente agradable
3
Verín
C
D

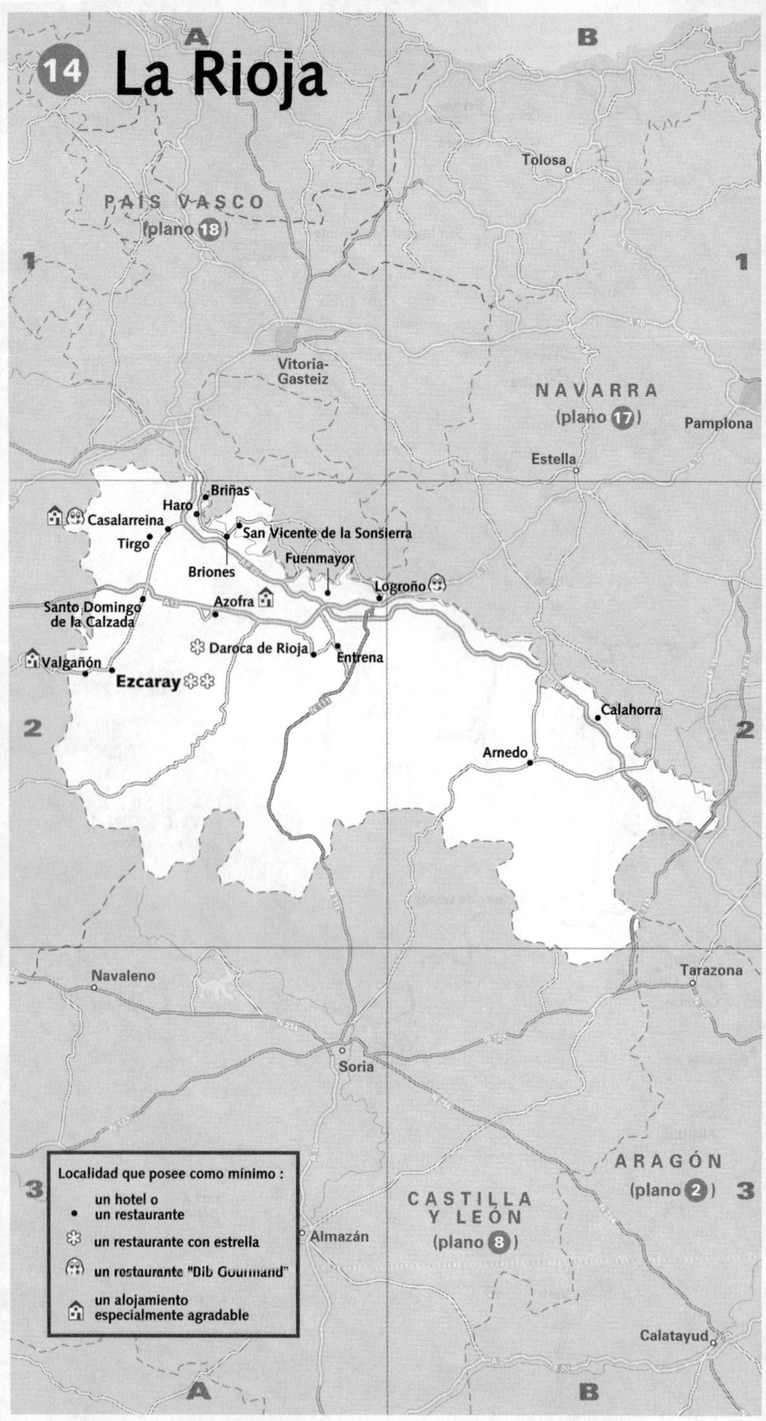

14 La Rioja
A
B
1
2
3
PAÍS VASCO
(plano 18)
Tolosa
Vitoria-Gasteiz
NAVARRA
(plano 17)
Pamplona
Estella
Briñas
Haro
Casalarreina
Tirgo
San Vicente de la Sonsierra
Briones
Fuenmayor
Logroño
Santo Domingo de la Calzada
Azofra
Daroca de Rioja
Entrena
Valgañón
Ezcaray
Calahorra
Arnedo
Navaleno
Tarazona
Soria
ARAGÓN
(plano 2)
CASTILLA Y LEÓN
(plano 8)
Almazán
Calatayud
Localidad que posee como mínimo :
un hotel o un restaurante
un restaurante con estrella
un restaurante "Bib Gourmand"
un alojamiento especialmente agradable

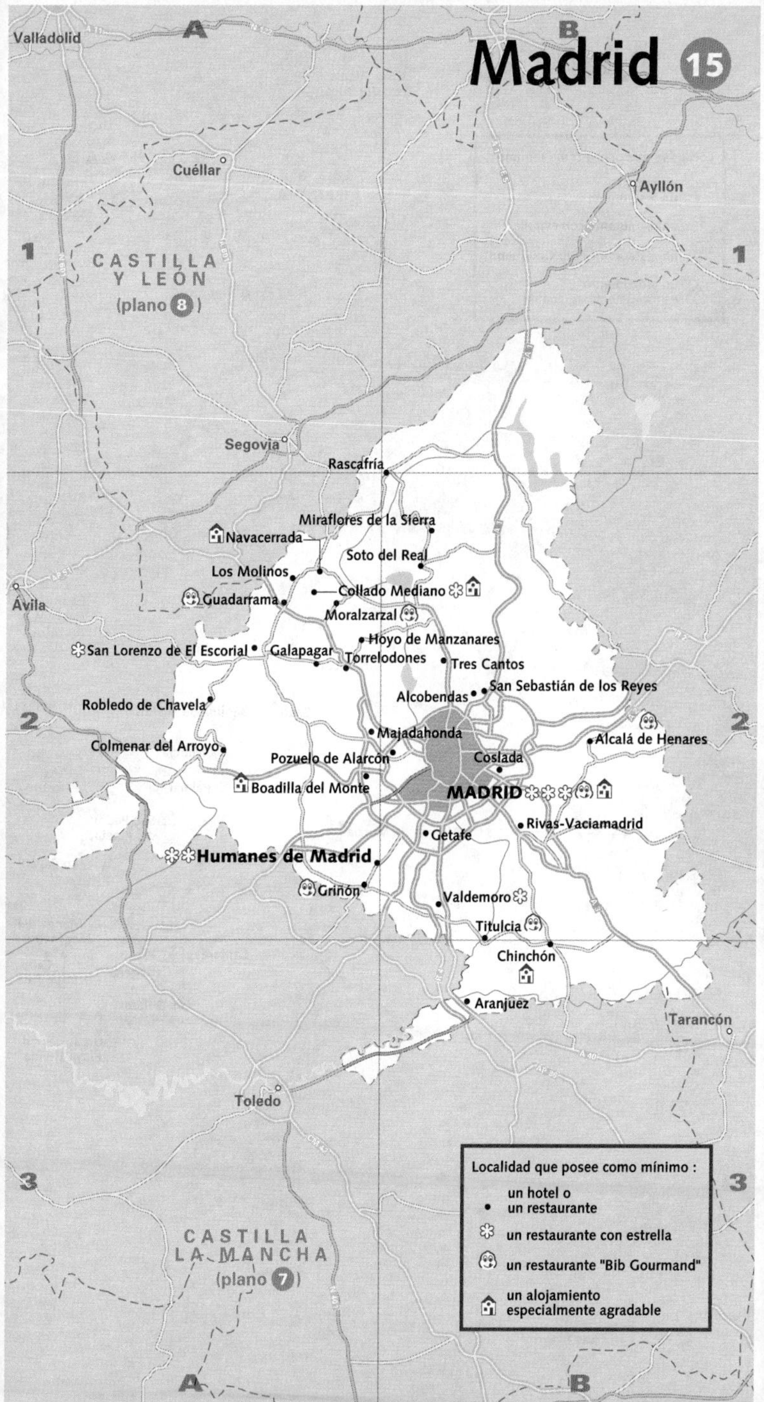

Madrid 15
Valladolid
A
B
Cuéllar
Ayllón
1
CASTILLA Y LEÓN
(plano 8)
Segovia
Rascafría
Miraflores de la Sierra
Navacerrada
Soto del Real
Los Molinos
Collado Mediano
Guadarrama
Moralzarzal
Ávila
Hoyo de Manzanares
San Lorenzo de El Escorial
Galapagar
Torrelodones
Tres Cantos
San Sebastián de los Reyes
Alcobendas
Robledo de Chavela
2
Majadahonda
Alcalá de Henares
Colmenar del Arroyo
Pozuelo de Alarcón
Coslada
Boadilla del Monte
MADRID
Rivas-Vaciamadrid
Getafe
Humanes de Madrid
Griñón
Valdemoro
Titulcia
Chinchón
Aranjuez
Tarancón
Toledo
3
CASTILLA LA MANCHA
(plano 7)
Localidad que posee como mínimo :
un hotel o un restaurante
un restaurante con estrella
un restaurante "Bib Gourmand"
un alojamiento especialmente agradable

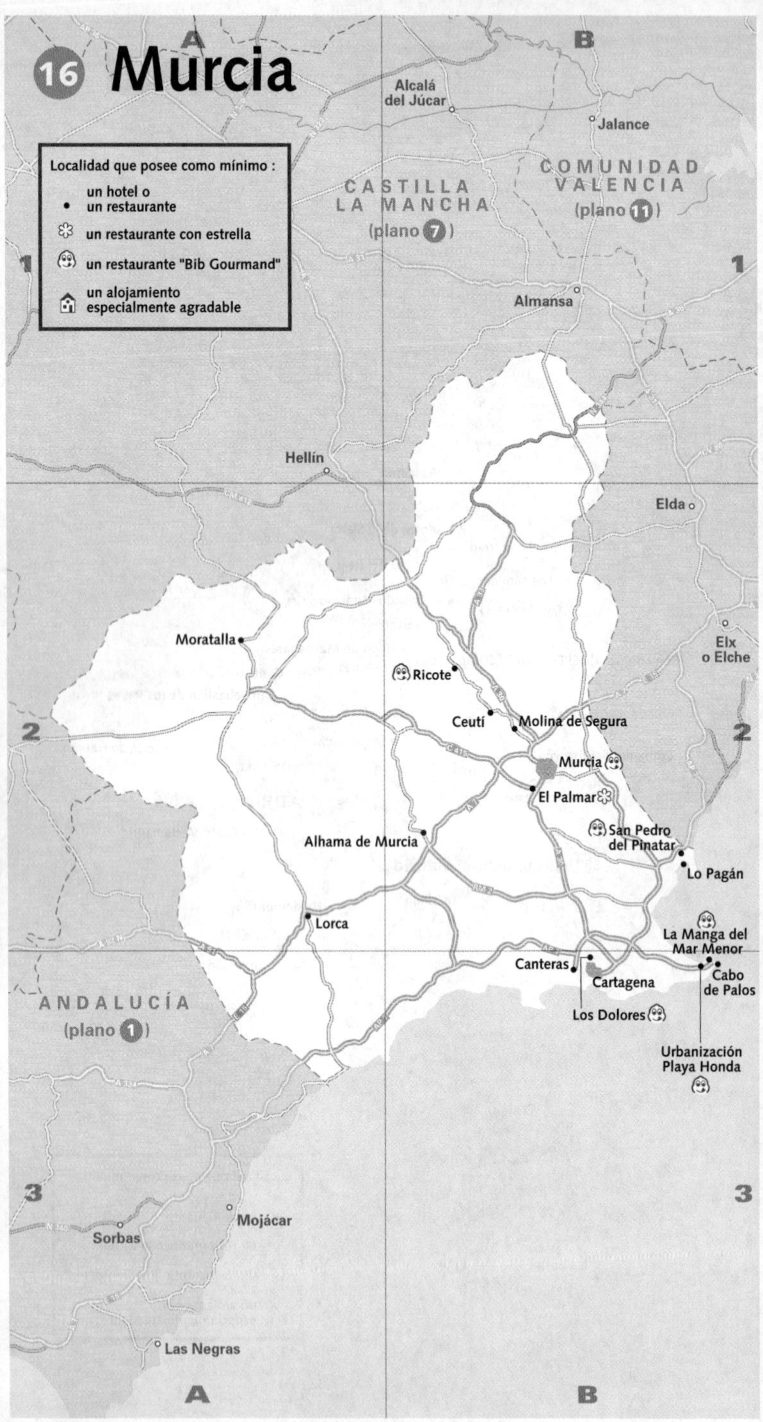

16 Murcia
A
B
1
2
3
Localidad que posee como mínimo :
un hotel o
un restaurante
un restaurante con estrella
un restaurante "Bib Gourmand"
un alojamiento
especialmente agradable
Alcalá del Júcar
Jalance
CASTILLA LA MANCHA
(plano 7)
COMUNIDAD VALENCIA
(plano 11)
Almansa
Hellín
Elda
Moratalla
Ricote
Ceutí
Molina de Segura
Murcia
El Palmar
Elx o Elche
San Pedro del Pinatar
Lo Pagán
Alhama de Murcia
Lorca
La Manga del Mar Menor
Canteras
Cartagena
Cabo de Palos
Los Dolores
Urbanización Playa Honda
ANDALUCÍA
(plano 1)
Mojácar
Sorbas
Las Negras

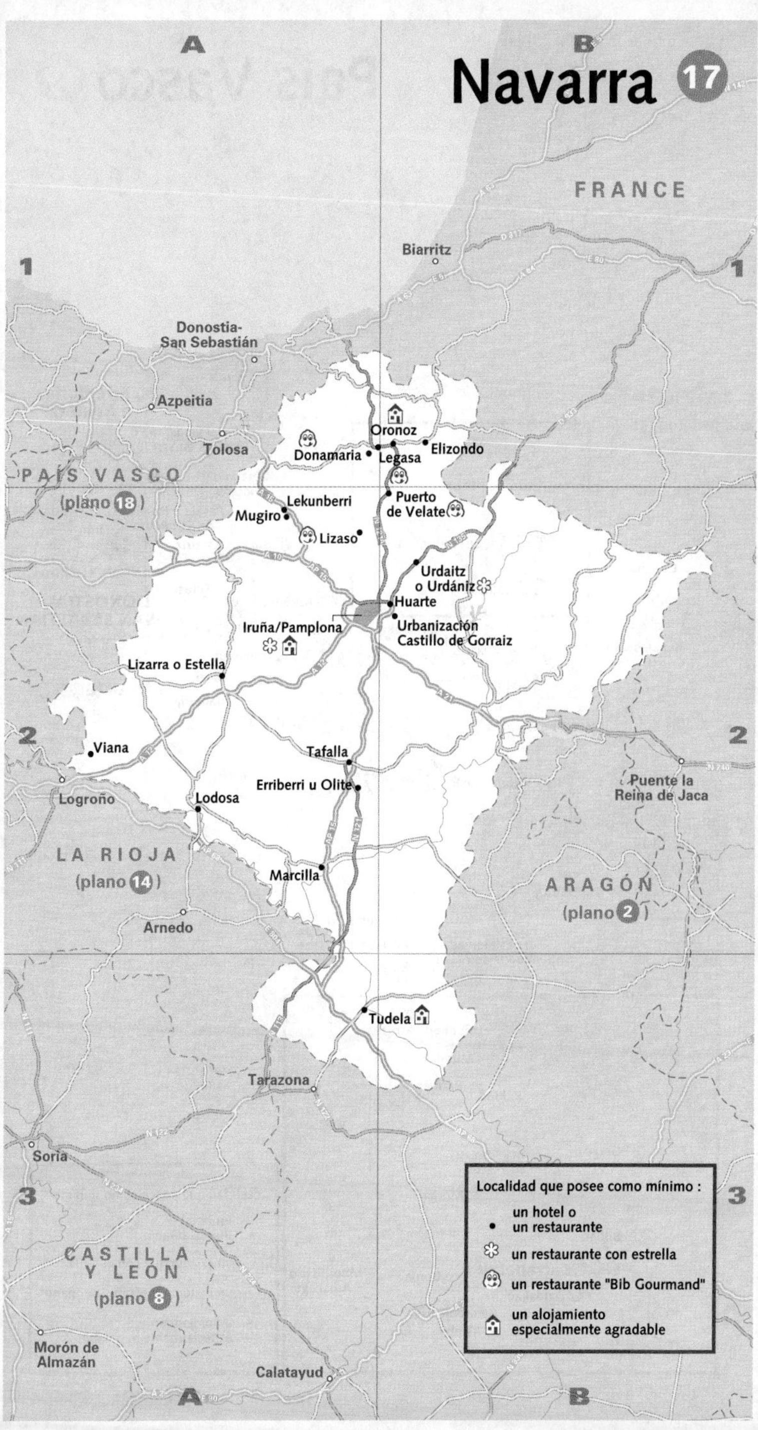

A
B
Navarra 17
FRANCE
Biarritz
1
Donostia-
San Sebastián
Azpeitia
Tolosa
Oronoz
Donamaria
Legasa
Elizondo
PAÍS VASCO
(plano 18)
Puerto
de Velate
Lekunberri
Mugiro
Lizaso
Urdaitz
o Urdániz
Huarte
Iruña/Pamplona
Urbanización
Castillo de Gorraiz
Lizarra o Estella
2
Viana
Tafalla
Erriberri u Olite
Puente la
Reina de Jaca
Logroño
Lodosa
LA RIOJA
(plano 14)
Marcilla
ARAGÓN
(plano 2)
Arnedo
Tudela
Tarazona
Soria
3
CASTILLA
Y LEÓN
(plano 8)
Morón de
Almazán
Calatayud
Localidad que posee como mínimo :
un hotel o
un restaurante
un restaurante con estrella
un restaurante "Bib Gourmand"
un alojamiento
especialmente agradable

País Vasco 18

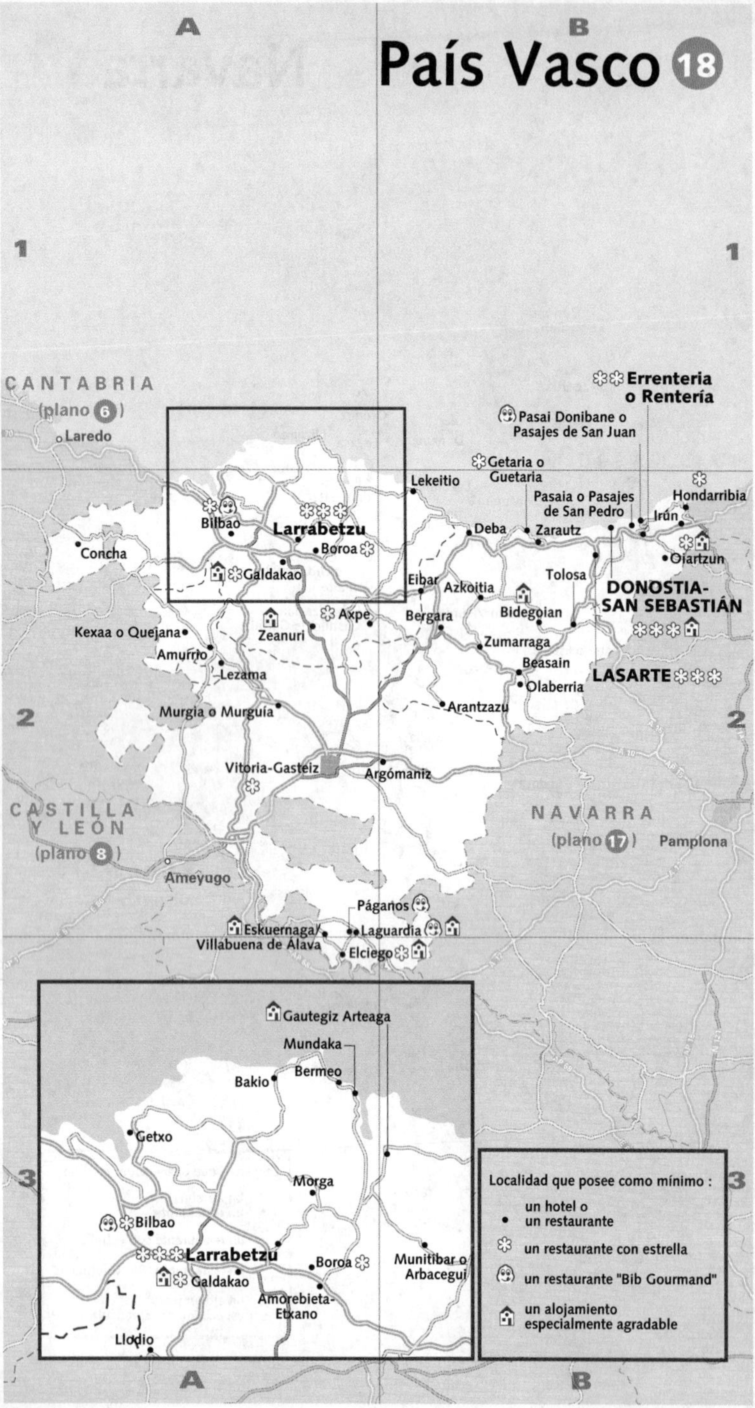

A
B
1
2
3
CANTABRIA
(plano 6)
Laredo
Concha
Bilbao
Larrabetzu
Boroa
Galdakao
Lekeitio
Getaria o Guetaria
Pasai Donibane o Pasajes de San Juan
Errenteria o Rentería
Hondarribia
Pasaia o Pasajes de San Pedro
Irún
Deba
Zarautz
Oiartzun
Eibar
Azkoitia
Tolosa
DONOSTIA-SAN SEBASTIÁN
Bidegoian
Bergara
Axpe
Zeanuri
Kexaa o Quejana
Amurrio
Lezama
Zumarraga
Beasain
Olaberria
LASARTE
Arantzazu
Murgia o Murguía
Vitoria-Gasteiz
Argómaniz
CASTILLA Y LEÓN
(plano 8)
NAVARRA
(plano 17)
Pamplona
Ameyugo
Páganos
Eskuernaga/Villabuena de Álava
Laguardia
Elciego

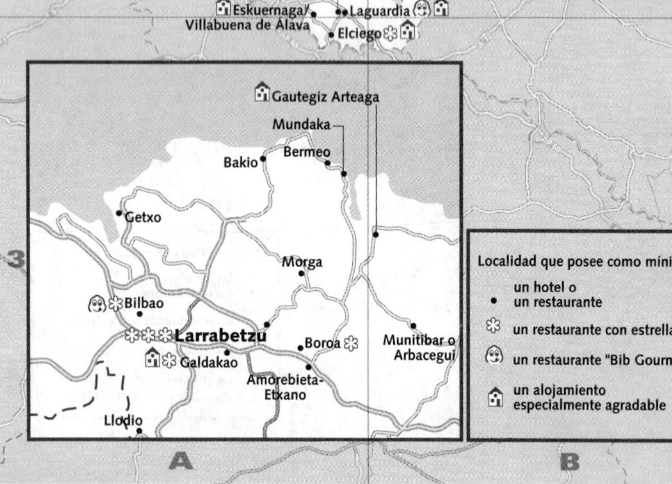

Restaurantes & hoteles

Restaurantes & hotéis

Localidades de A a Z

Localidades de A a Z

ABIZANDA

Huesca - 142 h. - Mapa regional : **2**-C1
Madrid 475 km - Huesca 85 km - Lleida 99 km - Zaragoza 163 km
Mapa de carreteras Michelin n° 574-F30

La Demba

FAMILIAR • PERSONALIZADA Atractiva casa de piedra que sorprende por su interior, pues aquí conviven la modernidad, la rusticidad y el diseño. Ofrece habitaciones personalizadas, una biblioteca, una antigua bodega y un restaurante polivalente que propone cocina tradicional actualizada.

10 hab - 89/129 €

Afueras, carret. A 138 - Este : 1.5 km ✉ 22392
- ✆ 974 94 25 00 - www.lademba.com
- cerrado 8 enero-2 marzo

El ADELANTADO Córdoba ➔ Ver Iznájar

AGRES

Alicante - 574 h. - Alt. 722 m - Mapa regional : **11**-A2
Madrid 398 km - Alacant/Alicante 82 km -
Castelló de la Plana/Castellón de la Plana 184 km - València 102 km
Mapa de carreteras Michelin n° 577-P28

Mariola

COCINA TRADICIONAL • RÚSTICA Una casa familiar de gran tradición. Viste sus paredes con aperos de labranza y ofrece una carta de gusto casero, destacando por los platos de cuchara típicos de la zona.

Menú 15 € - Carta 22/33 €

San Antonio 4 ✉ 03837 - ✆ 965 51 00 17 - www.restaurant-mariola.es
- cerrado 12 junio-6 julio, 25 septiembre-9 octubre, domingo noche y lunes salvo agosto y festivos

AGUA AMARGA

Almería - 318 h. - Mapa regional : **1**-D2
Madrid 577 km - Almería 68 km - Granada 208 km - Sevilla 455 km
Mapa de carreteras Michelin n° 578-V24

Asador La Chumbera

COCINA TRADICIONAL • AMBIENTE TRADICIONAL Un restaurante apartado, tranquilo y muy especial, pues la atractiva construcción de aire rústico se completa con una coqueta terraza para disfrutar del Parque Natural. Cocina tradicional de calidad y a buen precio, con algunas influencias árabes y orientales.

Carta 29/38 €

paraje Los Ventorrillos, en la carretera de Carboneras : Noreste 1.2 km ✉ 04149
- ✆ 950 16 83 21 - cerrado noviembre

Mikasa

SPA Y BIENESTAR • MEDITERRÁNEA Villa mediterránea formada por tres edificios, encalados y comunicados entre sí. Encontrará agradables zonas sociales, habitaciones bien personalizadas y un completo SPA. El restaurante, de explotación independiente, ofrece una cocina tradicional actualizada.

18 hab - 90/120 € 130/250 €

carret. de Carboneras 20 ✉ 04149
- ✆ 950 13 80 73 - www.mikasasuites.com

por la carretera de Fernán Pérez Oeste : 5,3 km y desvío a la izquierda 0,5 km

La Almendra y El Gitano

PARTICULAR • ORIGINAL Casa rural de gran tipismo emplazada en un entorno solitario y aislado. Todas sus habitaciones ofrecen una decoración personalizada, con su propia terraza y vistas al campo.

7 hab – 100/115 € 115/130 €

camino Cala del Plomo ✉ 04149 Agua Amarga – ☎ 678 50 29 11 – www.laalmendrayelgitano.com

AGUADULCE

Almería – 9 558 h. – Mapa regional : **1**-D2

Madrid 560 km – Almería 12 km – Granada 157 km – Sevilla 394 km

Mapa de carreteras Michelin n° 578-V22

Bacus

MODERNA • A LA MODA Ubicado en una nueva zona residencial. Este gastrobar de estética moderna se presenta con una barra a la entrada, una zona de mesas al fondo y un reservado. Tapas creativas.

Tapa 4 € – Ración aprox. 14 €

camino de los Parrales 330 ✉ 04720 – ☎ 950 34 13 54 – www.bacus.eu – cerrado 15 enero-1 febrero, domingo mediodía y lunes mediodía en agosto y domingo resto del año

AIGUABLAVA Girona ➔ Ver Begur

AIGUADOLÇ (Puerto de) Barcelona ➔ Ver Sitges

AINSA

Huesca – 2 220 h. – Alt. 589 m – Mapa regional : **2**-C1

Madrid 487 km – Huesca 102 km – Lleida 121 km – Zaragoza 175 km

Mapa de carreteras Michelin n° 574-E30

Bodegón de Mallacán y Posada Real

COCINA TRADICIONAL • ACOGEDORA Sorprende por la originalidad de sus salas, pues tienen varias mesas azulejadas. Al otro lado de la plaza encontrará un hotelito con habitaciones rústicas, destacando las que poseen camas con dosel. Cocina tradicional y pirenaica rica en carnes, setas, caza...

Menú 15 € – Carta 30/41 € 6 hab – 50/60 € 80/90 € – 6 €

pl. Mayor 6 ✉ 22330 – ☎ 974 50 09 77 – www.posadareal.com

Los Arcos

FAMILIAR • CONTEMPORÁNEA Se encuentra en pleno casco antiguo, instalado en una casa de piedra bien rehabilitada y con el acceso por unos soportales. Aquí encontrará unas habitaciones de buen confort, con los suelos en madera e hidromasaje en los baños.

6 hab – 65/80 € 90/118 €

pl. Mayor 23 ✉ 22330 – ☎ 974 50 00 16 – www.hotellosarcosainsa.com

AJO

Cantabria – 2 011 h. – Mapa regional : **6**-C1

Madrid 423 km – Bilbao 86 km – Burgos 174 km – Santander 37 km

Mapa de carreteras Michelin n° 572-B19

Palacio de la Peña

LUJO • HISTÓRICA Resulta íntimo y rezuma nobleza por los cuatro costados, ya que ocupa una casa-palacio del s. XVII bien restaurada. Ofrece exquisitas habitaciones, todas con mobiliario de época, un bello entorno ajardinado y un restaurante de excelente montaje, este último instalado en lo que fueron las caballerizas.

8 hab – 230/260 € 250/280 €

De la Peña 26 ✉ 39170 – ☎ 942 67 05 67 – www.hotelpalacio.es

NOS GUSTA...

Subir al castillo de Santa Bárbara y disfrutar, desde **La Ereta**, de las mejores vistas a la ciudad. Tras un paseo por el puerto darse un homenaje en **Monastrell**, toda una experiencia para el paladar. A la hora de ir de tapas no podemos perdernos dos grandes clásicos, **Nou Manolín** y **Piripi**, donde también se puede comer. El ambiente afterwork de **El Portal**.

ALACANT ALICANTE

328 648 h. – Mapa regional : **11**-A3
Madrid 417 km – Albacete 168 km – Cartagena 110 km – Murcia 81 km
Mapa de carreteras Michelin n° 577-Q28

Restaurantes

Monastrell (María José San Román)

MODERNA • DE DISEÑO XxX Un restaurante que hace constantes guiños al mar y destaca por su maravilloso emplazamiento, en el paseo marítimo y a pocos metros del Real Club de Regatas de Alicante. Cocina sencilla y natural, muy próxima a los pescados y mariscos de la lonja y, por supuesto, a los arroces, estos últimos con atrevidas elaboraciones.

→ Gamba roja con su coral en aceite de azafrán y sal de caviar. Arroz caldoso con bogavante e hinojo. Helado de limón con aceite de arbequina y fresón.

Menú 85 € – Carta 48/76 €

Plano : B3-x – *av. del Almirante Julio Guillén Tato 1 ✉ 03002 – ☎ 965 20 03 63 – www.monastrell.com – cerrado domingo noche y lunes salvo verano*

Govana

COCINA TRADICIONAL • AMBIENTE CLÁSICO X Restaurante íntegramente familiar distribuido en dos plantas y dotado con dos coquetos comedores. Ofrecen una completa carta de cocina tradicional especializada en arroces, con hasta 15 tipos diferentes, y dos interesantes menús.

Menú 25 € – Carta 29/41 €

Plano : D1-h – *pl. Dr. Gómez Ulla 4 ✉ 03013 – ☎ 965 21 82 50 – www.govana.net – solo almuerzo – cerrado julio-septiembre y lunes*

La Ereta

CREATIVA • DE DISEÑO XX Original construcción de línea moderna ubicada en la subida al castillo de Santa Bárbara. Proponen unos menús muy creativos, uno como homenaje a los mejores platos de la casa.

Menú 45/65 € – solo menú

Plano : C1-d – *parque de la Ereta ✉ 03001 – ☎ 965 14 32 50 – www.laereta.es – cerrado 15 días en enero, martes noche y miércoles noche en invierno, martes mediodía y miércoles mediodía en verano, domingo y lunes*

Nou Manolín

REGIONAL • ACOGEDORA XX Restaurante de larga trayectoria y prestigio en la ciudad. Posee varios privados y un gran comedor rústico-actual que sorprende por su precioso techo de diseño en madera. Completa carta tradicional con arroces, pescados, mariscos...

Carta 30/60 €

Plano : B2-m - *Villegas 3 ✉ 03001 - ✆ 965 20 03 68 - www.grupogastronou.es*

Els Vents

CREATIVA • A LA MODA XX Destaca por su emplazamiento en el puerto deportivo, con buenas vistas y una agradable terraza. En su sala, de línea actual, le ofrecerán una cocina creativa de base regional.

Carta 37/62 €

Plano : C3-g - *Muelle de Levante, planta 1ª - local 1 ✉ 03001 - ✆ 965 21 52 26 - www.elsvents.es - solo cena en verano - cerrado domingo noche, lunes y martes noche*

Piripi

REGIONAL • AMBIENTE TRADICIONAL XX Se halla en una zona comercial, con un bar de tapas en la planta baja y las salas en el piso superior. Proponen una completa carta con mariscos, pescados y carnes, aunque la especialidad de la casa, con hasta 15 variantes, son los arroces.

Carta 30/55 €

Plano : A2-v - *Oscar Esplá 30 ✉ 03003 - ✆ 965 22 79 40 - www.grupogastronou.es*

Celeste

MODERNA • AMBIENTE CLÁSICO XX ¡Singular! Para acceder al restaurante gastronómico debe atravesar el gastrobar Don Carlos. Cocina tradicional puesta al día, en base al mercado y propuesta a través de menús.

Menú 65/140 € - solo menú

Plano : C2-t - *General Primo de Rivera 12 ✉ 03002 - ✆ 966 14 56 82 (es necesario reservar) - www.doncarlosalicante.com - cerrado 20 días en enero, 10 días en junio, 10 días en octubre, domingo y lunes*

César Anca

REGIONAL • A LA MODA X He aquí la apuesta más madura del chef César Anca. En un ambiente de contrastes, entre la estética actual y la piedra vista, apuesta por una cocina tradicional actualizada.

Carta 36/48 €

Plano : B2-d - *Cid 11 ✉ 03001 - ✆ 965 20 39 24 - www.grupocesaranca.com - cerrado 24 agosto-7 septiembre, domingo noche y lunes*

El Portal

MODERNA • A LA MODA Moderno gastrobar dotado con una buena barra y varias mesas. Su amplia oferta contempla mariscos, platos del día, tapas, ibéricos, quesos, arroces... ¡Cocktails y afterworks!

Tapa 5 € - Ración aprox. 16 €

Plano : C2-c - *Bilbao 2 ✉ 03001 - ✆ 965 14 32 69 - www.elportaltaberna.com*

La Taberna del Gourmet

REGIONAL • A LA MODA Se podría definir como... ¡un delicatessen del tapeo! Presenta una amplísima variedad de tapas, raciones, mariscos, pescados, carnes y arroces, todo con productos de excelente calidad y apoyado por una gran selección de vinos.

Tapa 6 € - Ración aprox. 12 €

Plano : C2-b - *San Fernando 10 ✉ 03002 - ✆ 965 20 42 33 - www.latabernadelgourmet.com*

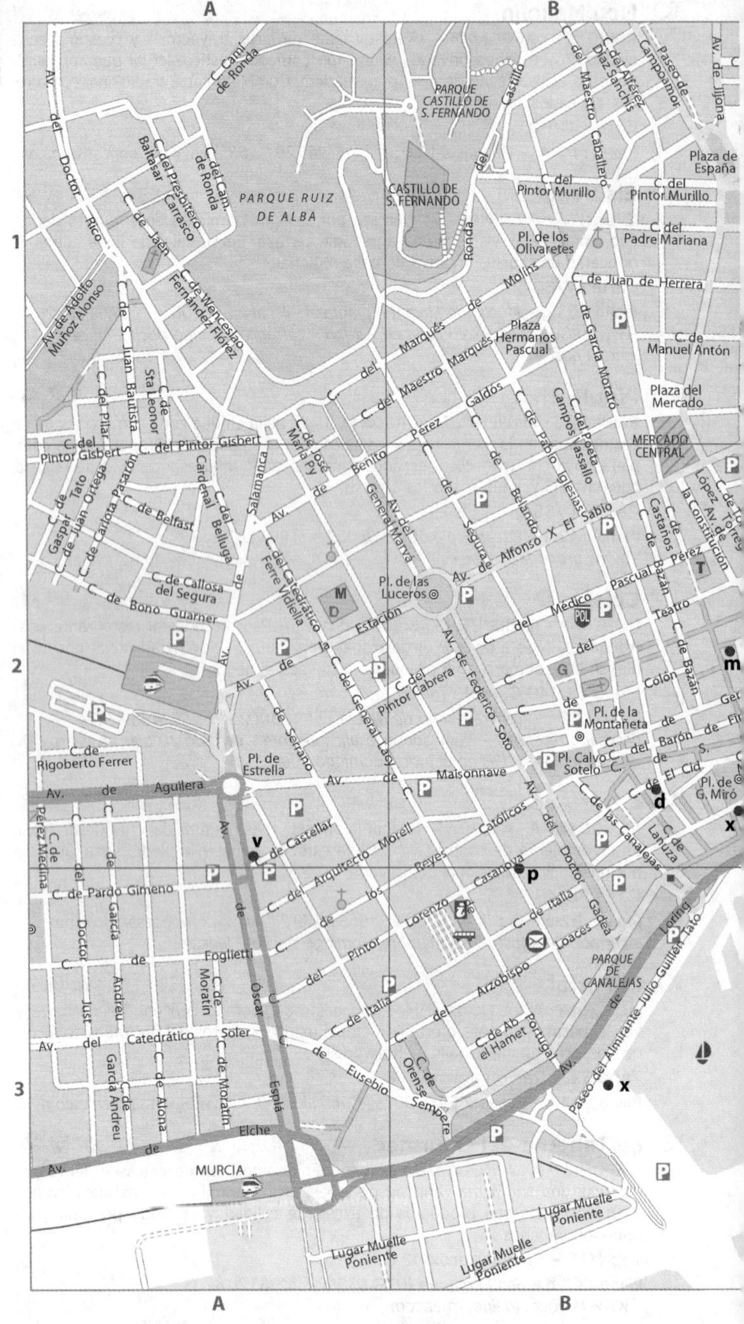
PARQUE CASTILLO DE S. FERNANDO
CASTILLO DE S. FERNANDO
PARQUE RUIZ DE ALBA
Plaza de España
Pl. de los Olivaretes
Plaza Hermanos Pascual
Plaza del Mercado
MERCADO CENTRAL
Pl. de las Luceros
Pl. de la Montañeta
Pl. Calvo Sotelo
Pl. de G. Miró
Pl. de Estrella
PARQUE DE CANALEJAS
MURCIA
Lugar Muelle Poniente
Av. de Alfonso X El Sabio
Av. de Aguilera
Av. de Maisonnave
Av. de Federico Soto
Av. del Doctor Gadea
Av. de Óscar Esplá
Av. de Elche
Av. del Catedrático Soler
Av. de Salamanca
Av. de la Estación
Av. de Benito Pérez Galdós
Av. del General Marvá
Av. de Loring
Paseo del Almirante Julio Guillén Tato
Av. del Doctor Rico
Av. de Adolfo Muñoz Alonso
Av. de Jijona
Paseo de Campoamor
Av. de la Constitución
C. de Eusebio Sempere
C. de Italia
C. de Pintor Lorenzo Casanova
C. de Reyes Católicos
C. del Arquitecto Morell
C. de Castellar
C. del Pintor Cabrera
C. de Serrano
C. del General Lacy
C. de Pardo Gimeno
C. de Pérez Medina
C. del Doctor Just
C. de García Andreu
C. de Alona
C. de Moratín
C. de Fogliettí
C. de Rigoberto Ferrer
C. del Pintor Gisbert
C. de Gaspar Tato
C. de Juan Ortega
C. de Carlota Pasarón
C. de Belfast
C. del Cardenal Belluga
C. de Callosa del Segura
C. de Bono Guarner
C. del Catedrático Ferre Vidiella
C. de José María Py
C. de Segura
C. de Belando
C. de Pablo Iglesias
C. del Poeta Campos Vassallo
C. de García Morató
C. de Juan de Herrera
C. de Manuel Antón
C. del Padre Mariana
C. del Pintor Murillo
C. del Maestro Caballero
C. del Alférez Díaz Sanchis
C. del Castillo
C. de Ronda
C. del Marqués de Molins
C. del Maestro Marqués
C. del Médico Pascual Pérez
C. de Castaños
C. de Bazán
C. de López Torregrosa
C. del Teatro
C. de Colón
C. del Barón de Finestrat
C. de El Cid
C. de las Canalejas
C. de Lanuza
C. del Arzobispo Loaces
C. de Ab el Hamet
C. de Portugal
C. de Orense
C. Cami de Ronda
C. del Cam. de Ronda
C. del Presbítero Baltasar Carrasco
C. de Jaén
C. de Wenceslao Fernández Flórez
C. de S. Juan Bautista
C. del Pilar
C. de Sta Leonor
A
B
1
2
3
v
p
d
m
x

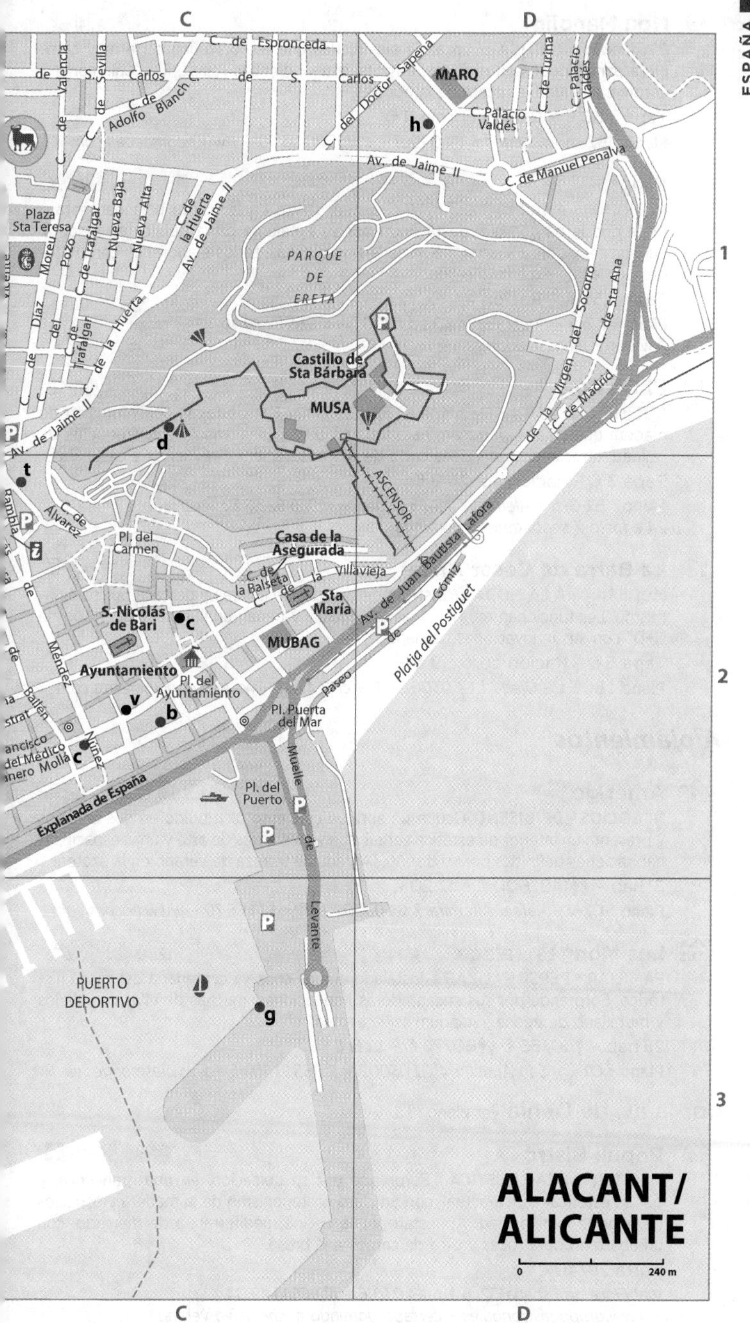

ALACANT/
ALICANTE
0
240 m
C
D
1
2
3
C. de Espronceda
C. de S. Carlos
MARQ
C. del Doctor Sapena
C. de Turina
C. Palacio Valdés
h
Av. de Jaime II
C. de Manuel Penalva
C. de Adolfo Blanch
C. de Valencia
C. de Sevilla
Plaza Sta Teresa
C. de la Huerta
Av. de Jaime II
C. Nueva Baja
C. Nueva Alta
C. de Trafalgar
C. de Díaz Moreu
C. del Pozo
PARQUE DE ERETA
C. de la Virgen del Socorro
C. de Sta Ana
C. de Madrid
Castillo de Sta Bárbara
MUSA
d
t
ASCENSOR
C. de Álvarez
Rambla
Pl. del Carmen
Casa de la Asegurada
C. de la Balseta
C. de la Villavieja
Sta María
Av. de Juan Bautista Lafora
S. Nicolás de Bari
c
MUBAG
Paseo de Gómiz
Platja del Postiguet
Ayuntamiento
Pl. del Ayuntamiento
v
b
Pl. Puerta del Mar
C. de Méndez Núñez
Muelle de Levante
Explanada de España
Pl. del Puerto
PUERTO DEPORTIVO
g

Nou Manolín

REGIONAL • RÚSTICA Local de aire rústico que atesoran una carta muy completa para tapear, con raciones, arroces, ostras, gambas rojas... ¡Los Calamares a la romana siguen la receta de la abuela!

Tapa 3,50 € - Ración aprox. 11 €

Plano : B2-m - *Villegas 3 ✉ 03001 - ☎ 965 20 03 68 - www.noumanolin.com*

Piripi

REGIONAL • AMBIENTE CLÁSICO Se encuentra en la planta baja del restaurante que le da nombre, destacando por su excelente barra pública en madera. Sugerente, extensa y atractiva variedad de pinchos, todos elaborados con materias primas de excelente calidad.

Tapa 3,50 € - Ración aprox. 12 €

Plano : A2-v - *Oscar Esplá 30 ✉ 03003 - ☎ 965 22 79 40 - www.grupogastronou.es*

El Cantó

COCINA TRADICIONAL • AMBIENTE CLÁSICO Bar de tapas con profusión de madera que emana cierto aroma a taberna-cervecería. Trabaja con productos de calidad, ofreciendo una buena carta de pinchos, raciones, revueltos y cazuelitas.

Tapa 3 € - Ración aprox. 9 €

Plano : B2-3-p - *Alemania 26 ✉ 03003 - ☎ 965 92 56 50 - cerrado 24 agosto-7 septiembre y domingo*

La Barra de César Anca

MODERNA • A LA MODA Disfruta de grandes cristaleras y destaca por su dinamismo. Les funcionan muy bien las sartencitas y tienen un llamativo apartado de "I+D" con sus innovaciones culinarias.

Tapa 5 € - Ración aprox. 9 €

Plano : BC2-x - *Ojeda 1 ✉ 03001 - ☎ 965 12 43 62 - www.grupocesaranca.com*

Alojamientos

Amérigo

NEGOCIOS • DE DISEÑO Ocupa un antiguo convento distribuido en dos edificios y presenta un interior de estética actual, con varias obras de arte y unas espaciosas habitaciones definidas por su diseño. ¡Agradable terraza de verano en la azotea!

81 hab - ††140/600 € - ☕ 20 €

Plano : C2-v - *Rafael Altamira 7 ✉ 03002 - ☎ 965 14 65 70 - www.hospes.com*

Les Monges Palace

FAMILIAR • PERSONALIZADA Instalado en una casa ya centenaria del casco histórico. Sorprende por sus encantadoras habitaciones, muchas de ellas con suelos y mobiliario de época. ¡Solárium en la azotea!

28 hab - †50/65 € ††60/75 € - ☕ 6 €

Plano : C2-c - *San Agustín 4 ✉ 03002 - ☎ 965 21 50 46 - www.lesmonges.es*

por la av. de Dénia ver plano : D1

Pópuli Bistró (N)

MEDITERRÁNEA • RÚSTICA Sorprende por su ubicación, en una gran finca, y por su estética rústica-actual, con un claro protagonismo de la madera y espacios de enorme luminosidad. Apuestan por la cocina mediterránea de mercado, con un apartado de arroces y otro de carnes a la brasa.

Carta 29/40 €

Vial Flora de España 32, 5 km ✉ 03016 - ☎ 965 15 49 04 - www.grupogastronou.es - cerrado domingo noche salvo verano

Maestral

COCINA TRADICIONAL • ELEGANTE XXX Ubicado en una bonita villa, rodeada de jardines y con una terraza para cenas estivales. En su elegante interior proponen una completa carta de cocina tradicional actualizada.

Menú 30/50 € - Carta 35/45 €

Andalucía 18 (Vistahermosa), 4 km ✉ 03016 - ✆ 965 26 25 85 - www.maestral.es - cerrado domingo noche en invierno

Baeza & Rufete

MODERNA • SENCILLA X Algo sencillo en sus instalaciones, pues básicamente es una terraza cerrada, pero con un nivel gastronómico sensacional. Cocina alicantina actualizada en técnica y producto.

Menú 25/60 € - Carta 30/45 €

av. de Ansaldo 31, 6 km ✉ 03540 - ✆ 965 16 22 47 - www.baezarufete.com - solo almuerzo salvo viernes y sábado en invierno - cerrado 29 enero-12 febrero y martes

ALARCÓN

Cuenca - 148 h. - Alt. 845 m - Mapa regional : **7**-C2

Madrid 189 km - Albacete 95 km - Cuenca 83 km - València 165 km

Mapa de carreteras Michelin nº 576-N23

Parador de Alarcón

HISTÓRICO • ACOGEDORA Fortaleza árabe-medieval del s. VIII emplazada sobre un peñón rocoso, dominando el Júcar y toda la localidad. Las habitaciones saben combinar lo rústico y lo actual. En su restaurante, con altos techos en piedra, descubrirá la esencia del recetario regional.

14 hab - ††105/235 € - ☕ 18 €

av. Amigos de los Castillos 3 ✉ 16214 - ✆ 969 33 03 15 - www.parador.es

ALBA DE TORMES

Salamanca - 5 309 h. - Alt. 826 m - Mapa regional : **8**-B3

Madrid 207 km - Ávila 99 km - Salamanca 22 km - Valladolid 136 km

Mapa de carreteras Michelin nº 575-J13

Don Fadrique

COCINA TRADICIONAL • RÚSTICA XX Se halla a las afueras del pueblo, en lo alto de una loma, y se caracteriza tanto por la amplitud de espacios como por sus ganas de agradar. ¡Trabajan mucho los banquetes!

Menú 38/58 € - Carta 36/55 €

carret. de Salamanca, Noroeste : 2 km ✉ 37800 - ✆ 923 37 00 76 - www.donfadrique.com - solo almuerzo salvo viernes y sábado - cerrado 9 enero-3 febrero

ALBACETE

172 121 h. - Alt. 686 m - Mapa regional : **7**-D3

Madrid 256 km - Córdoba 358 km - Granada 350 km - Murcia 147 km

Mapa de carreteras Michelin nº 576-P24

Don Gil

COCINA TRADICIONAL • RÚSTICA XX Un restaurante de carácter polivalente, pues completa la zona de tapeo y los comedores de línea clásica-regional con un moderno lounge-bar para eventos en el piso superior. Tapas elaboradas, platos tradicionales-actuales, un apartado de arroces y varios menús.

Menú 25/40 € - Carta 21/43 €

Plano : A1-c - *Baños 2 ✉ 02004 - ✆ 967 23 97 85 - www.restaurantedongil.com - cerrado domingo noche y lunes*

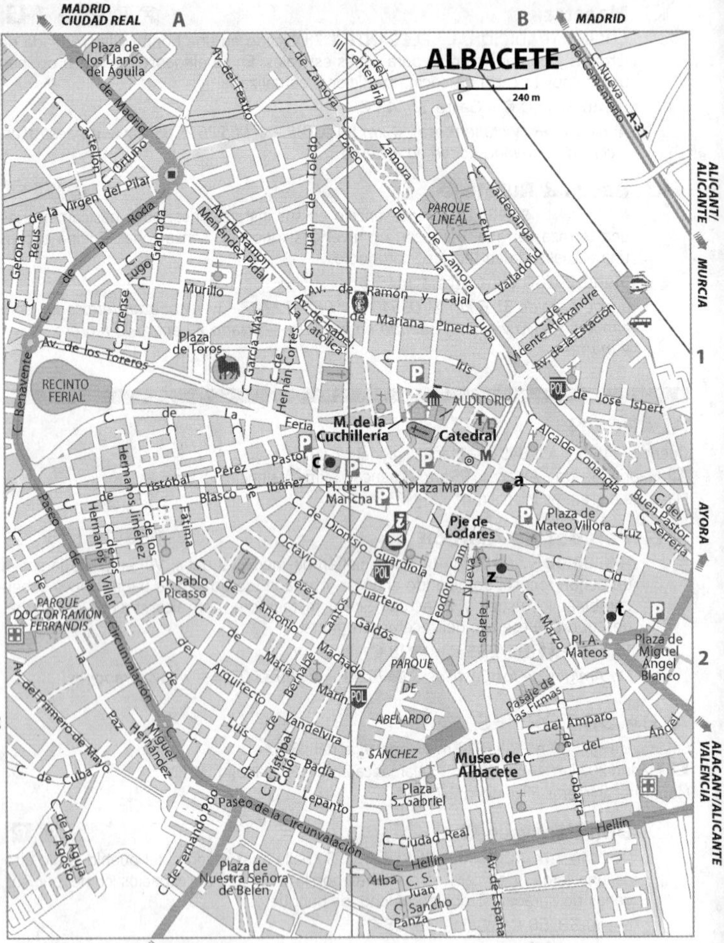

El Callejón

COCINA TRADICIONAL • ACOGEDORA XX He aquí un restaurante rústico con personalidad y encanto, pues está repleto de rincones que tienen en el mundo taurino su eje temático. Tienda gourmet y cocina tradicional.

Menú 37/62 € – Carta 30/45 €

Plano : B2-z – *Guzmán el Bueno 18 ✉ 02002 – ☎ 967 21 11 38 – www.restauranteelcallejon.com – cerrado 22 julio-22 agosto, domingo noche y lunes*

Nuestro Bar

REGIONAL • RÚSTICA XX Su sabrosa cocina de corte local lo mantiene en la cima del éxito. Presenta un marco con cierto tipismo, un buen servicio de mesa y una carta de tinte regional que se completa, acertadamente, con varios menús. ¡Concurrido bar de tapas!

Menú 15/65 € – Carta 32/45 €

Plano : B2-t – *Alcalde Conangla 102 ✉ 02002 – ☎ 967 24 33 73 – www.nuestrobar.es – cerrado julio y domingo noche*

Caldereros

COCINA TRADICIONAL • ACOGEDORA En una animada calle peatonal. Posee una zona de bar y dos pequeños comedores, ambos con preciosos suelos hidráulicos. Cocina tradicional con platos de cuchara y de mercado.

Menú 25/45 € – Carta 24/40 €

Plano : B1-2-a – *Caldereros 13 ✉ 02002 – ✆ 967 61 02 17 – www.caldereros.es – cerrado agosto y domingo*

al Sureste 5 km

Parador de Albacete

NEGOCIOS • REGIONAL Construcción que imita lo que fueron las quintas manchegas. Posee unas espaciosas instalaciones de ambiente regional, un patio interior ajardinado y confortables habitaciones. En su comedor podrá descubrir los platos más representativos de esta tierra.

68 hab – ††65/135 € – ☕16 €

✉ 02080 Albacete – ✆ 967 01 05 00 – www.parador.es

ALBARRACÍN

Teruel – 1 049 h. – Alt. 1 200 m – Mapa regional : **2**-B3

Madrid 268 km – Cuenca 105 km – Teruel 38 km – Zaragoza 191 km

Mapa de carreteras Michelin n° 574-K25

Tiempo de Ensueño

COCINA TRADICIONAL • MARCO CONTEMPORÁNEO Ocupa una casa típica del casco antiguo y sorprende por su interior, pues combina los detalles rústicos estructurales con un mobiliario bastante actual. Cocina tradicional actualizada de sabores intensos y definidos, casi siempre con productos de proximidad.

Menú 38/43 € – Carta 30/40 €

Palacios 1 B ✉ 44100 – ✆ 978 70 60 70 – www.tiempodeensuenyo.com – solo almuerzo salvo fines de semana – cerrado enero, febrero, del 13 al 17 de septiembre, lunes y martes

Caserón de la Fuente

FAMILIAR • RÚSTICA Ocupa un edificio que en otro tiempo funcionó como molino y fábrica de lanas. Hoy ofrece un interior rústico-regional, con amplias habitaciones y una coqueta cafetería que sorprende por su suelo, acristalado para ver pasar el agua del río.

14 hab ☕ – ††62/77 €

Carrerahuertos ✉ 44100 – ✆ 978 71 03 30 – www.caserondelafuente.es – cerrado del 12 al 18 de septiembre

Casa de Santiago

FAMILIAR • RÚSTICA Está en el casco viejo y aloja recuerdos de un pasado exquisito, pues ocupa una antigua casona que invita al reposo. Disfruta de agradables salones sociales y pequeñas habitaciones... eso sí, todas con un estilo rústico sumamente detallista. En su comedor le propondrán una carta de corte casero-tradicional.

9 hab – †48/54 € ††64/70 € – ☕6 €

Subida a las Torres 11 ✉ 44100 – ✆ 978 70 03 16 – www.casadesantiago.es – cerrado 21 días en febrero y del 13 al 17 de septiembre

La Casona del Ajimez

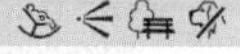

FAMILIAR • ACOGEDORA ¡Al pie de la Alcazaba! Con su nombre ensalza una curiosa parte de su fachada, pues el término Ajimez se refiere a los antiguos balcones volados de inspiración musulmana. Ofrece unas habitaciones muy acogedoras, todas bien personalizadas.

6 hab – †66 € ††83 € – ☕6 €

San Juan 2 ✉ 44100 – ✆ 978 71 03 21 – www.casonadelajimez.com – cerrado del 23 al 26 de diciembre y del 13 al 18 de septiembre

ALCALÁ DE GUADAIRA

Sevilla - 74 845 h. - Alt. 92 m - Mapa regional : **1**-B2
Madrid 528 km - Cádiz 120 km - Córdoba 140 km - Sevilla 21 km
Mapa de carreteras Michelin n° 578-T12

La Cochera

COCINA TRADICIONAL • RÚSTICA Negocio de ambiente neorrústico y taurino. Presenta una carta de tapas amplia e interesante, con sabrosos guisos caseros y unas deliciosas carnes de vacuno a la plancha.

Tapa 3,50 € - Ración aprox. 12 €

Profesora Francisca Laguna 6 ✉ 41500 - ✆ 955 33 48 92 - cerrado 15 julio-15 agosto, domingo noche y lunes

ALCALÁ DE HENARES

Madrid - 198 750 h. - Alt. 588 m - Mapa regional : **15**-B2
Madrid 36 km - Guadalajara 26 km - Segovia 128 km - Toledo 108 km
Mapa de carreteras Michelin n° 576-K19

Ambigú

COCINA TRADICIONAL • SIMPÁTICA Se encuentra junto al Teatro Cervantes y destaca por su filosofía, pues aúna una propuesta joven, fresca y desenfadada tanto desde la cocina como en su diseño interior. El servicio parece más de cafetería... sin embargo, resulta sorprendentemente profesional.

Menú 13/48 € - Carta 31/44 €

Plano : B2-a - *Cervantes 7 ✉ 28801 - ✆ 910 13 84 32 - www.ambigualcala.com*

Hostería del Estudiante

COCINA TRADICIONAL • AMBIENTE CLÁSICO Un restaurante que destaca por sus magníficas vistas al famoso Triángulo o Patio Trilingüe de la Universidad, llamado así porque allí impartían las clases en latín, griego y hebreo. Cocina autóctona de calidad y regional elaborada.

Menú 35/55 € - Carta 35/47 €

Plano : B2-b - *Parador de Alcalá de Henares, Colegios 3 ✉ 28801 - ✆ 918 88 03 30 - www.parador.es - cerrado 15 julio-30 septiembre, lunes y martes*

Goya (N)

COCINA TRADICIONAL • AMBIENTE TRADICIONAL Está bien llevado entre hermanos y ofrece dos estilos de cocina diferentes, uno de gusto tradicional en el bar-cafetería y otro de tendencia más actual en el cuidado comedor.

Menú 32/65 € - Carta 30/50 €

Plano : B1-x - *Goya 2 ✉ 28807 - ✆ 918 82 60 34 - www.restaurantegoya.com - cerrado del 15 al 22 de agosto, domingo en julio-agosto y domingo noche resto del año*

Parador de Alcalá de Henares

HISTÓRICO • MODERNA Conjuga diversas partes de lo que fue el histórico colegio-convento de Santo Tomás (s. XVII) con varios elementos de equilibrado diseño actual y vanguardista. Amplia zona social, habitaciones modernas y buen confort general. En el comedor, de montaje actual, encontrará la típica carta regional de Paradores.

128 hab - 95/230 € - 18 € - 1 suite

Plano : B2-c - *Colegios 8 ✉ 28801 - ✆ 918 88 03 30 - www.parador.es*

Hostería del Estudiante - ver selección restaurantes

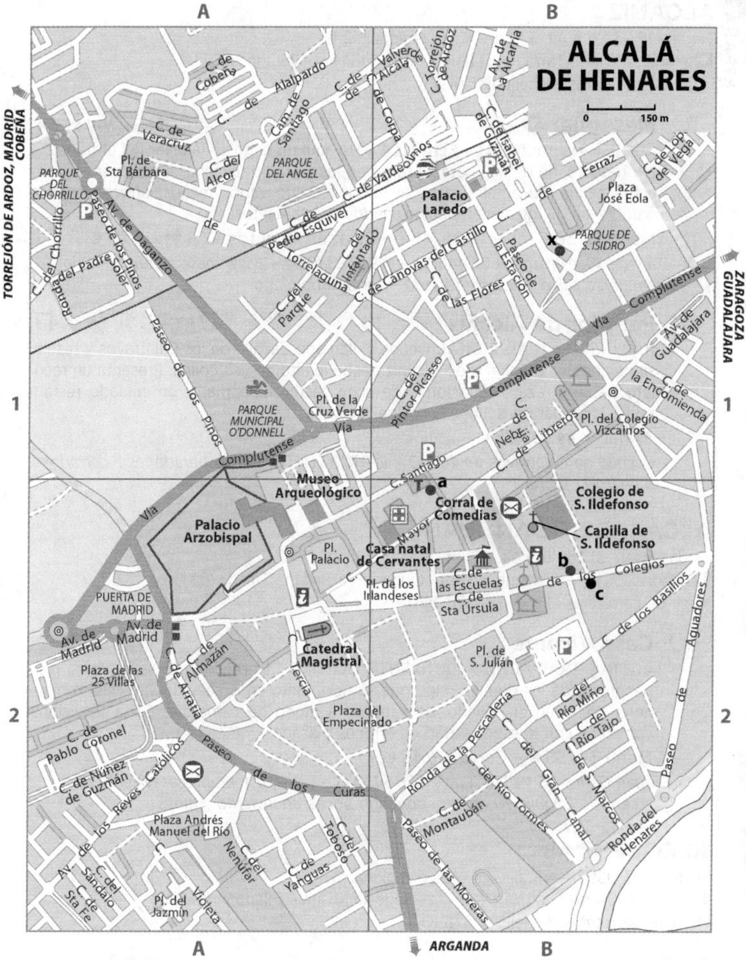

ALCANAR

Tarragona – 9 603 h. – Alt. 72 m – Mapa regional : **9**-A3

▶ Madrid 510 km – Barcelona 197 km – Castelló de la Plana/Castellón de la Plana 93 km – Tarragona 106 km

Mapa de carreteras Michelin n° 574-K31

en la carretera N 340 Este : 3,5 km y por camino 0,5 km

Tancat de Codorniu

PARTICULAR • MODERNA Un establecimiento que sorprende por sus habitaciones, amplias y modernas, por sus rincones y por su extenso entorno arbolado. El restaurante, acristalado y polivalente, ofrece una cocina de gusto tradicional. ¡Los fines de semana se vuelcan con los banquetes!

12 hab – 👥121/170 € – ☕14 € – 7 suites

✉ 43530 Alcanar – ✆ 977 73 71 94 – www.tancatdecodorniu.com

ESPAÑA

ALCAÑIZ

Teruel - 16 230 h. - Alt. 338 m - Mapa regional : **2**-C2
Madrid 418 km - Tarragona 140 km - Teruel 154 km - Zaragoza 107 km
Mapa de carreteras Michelin nº 574-I29

Meseguer

COCINA TRADICIONAL • SENCILLA He aquí un negocio familiar fiel al trabajo y al producto, un detalle notable tanto en los platos tradicionales como en los más actualizados. Su amplia carta se enriquece con varios menús, ofrecen comida para llevar y... igestionan unos cuidados apartamentos!

Menú 15/38 € - Carta 25/45 € 10 apartamentos - 71/170 €

av. del Maestrazgo 9 44600 - 978 83 10 02 - www.meseguer.info - solo almuerzo salvo viernes y sábado - cerrado domingo

Parador de Alcañiz

HISTÓRICO • TRADICIONAL Ocupa el llamado Castillo de los Calatravos y resulta singular, pues domina todo Alcañiz desde lo alto de una colina. Presenta un recoleto patio-terraza, habitaciones de línea castellana-actual y un cuidado restaurante, ideal para descubrir la cocina regional.

37 hab - 90/185 € - 17 €

Castillo de Calatravos 44600 - 978 83 04 00 - www.parador.es - cerrado 3 enero-12 febrero

ALCÁZAR DE SAN JUAN

Ciudad Real - 31 269 h. - Alt. 651 m - Mapa regional : **7**-B2
Madrid 156 km - Albacete 160 km - Ciudad Real 96 km - Toledo 103 km
Mapa de carreteras Michelin nº 576-N20

Casa Vicente

COCINA TRADICIONAL • AMBIENTE CLÁSICO El propietario se muestra muy pendiente de los detalles, algo que se nota tanto en la sala, de aire clásico-marinero, como en el privado, este último a modo de camarote. Carta tradicional completa, con la especialidad en arroces y asados.

Menú 30/55 € - Carta 35/45 €

Juan Carlos I-5 13600 - 926 54 10 13 - www.restaurantecasavicente.es - cerrado 20 julio-10 agosto, domingo noche en invierno y lunes

ALCOBENDAS

Madrid - 113 055 h. - Alt. 670 m - Mapa regional : **15**-B2
Madrid 20 km - Guadalajara 55 km - Segovia 101 km - Toledo 95 km
Mapa de carreteras Michelin nº 576-K19

en La Moraleja Sur : 4 km

99 sushi bar

JAPONESA • DE DISEÑO Este moderno restaurante japonés llamará su atención tanto por la barra, donde se ve trabajar al sushiman, como por la cortina-cascada de agua que hay tras él. Cocina nipona.

Menú 80 € - Carta 50/70 €

Estafeta 2 28109 Alcobendas - 916 50 31 59 - www.99sushibar.com - cerrado domingo noche

ALCOCÉBER Castellón → Ver Alcossebre

ALCOI

Alicante - 59 567 h. - Alt. 545 m - Mapa regional : **11**-A3
Madrid 414 km - Alacant/Alicante 65 km - Murcia 135 km - València 109 km
Mapa de carreteras Michelin nº 577-P28

por la carretera de la Font Roja Suroeste : 8 km y desvío a la derecha 1 km

Masía la Mota

FAMILIAR • ACOGEDORA Data del s. XVII y lo encontrará en pleno parque natural, por lo que atesora unas magníficas vistas a la Font Roja y a la sierra de Mariola desde sus terrazas, piscinas y habitaciones. El restaurante, en la antigua almazara, apuesta por la cocina tradicional.

12 hab – 85/110 € 110/125 €

carret. de la Font Roja ✉ 03801 Alcoi
– ✆ 966 54 03 70 – www.masialamota.com
– cerrado del 18 al 27 de diciembre y del 7 al 24 de agosto

L'ALCORA

Castellón – 10 591 h. – Alt. 279 m – Mapa regional : **11**-B1

Madrid 407 km – Castelló de la Plana/Castellón de la Plana 19 km – Teruel 130 km – València 94 km

Mapa de carreteras Michelin n° 577-L29

Sant Francesc

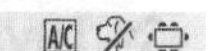

COCINA TRADICIONAL • AMBIENTE CLÁSICO XX Este negocio familiar debe su nombre al barrio donde se ubica. Dispone de un amplio salón clásico, con profusión de madera, así como tres privados panelables. Cocina tradicional, de corte casero, rica en guisos y pescados del Mediterráneo.

Menú 18/30 € – Carta 24/33 €

av. Castelló 19 ✉ 12110 – ✆ 964 36 09 24 – www.restaurantsantfrancesc.es
– solo almuerzo – cerrado del 1 al 25 de agosto y sábado

ALCOSSEBRE ALCOCÉBER

Castellón – 934 h. – Mapa regional : **11**-B1

Madrid 468 km – Castelló de la Plana/Castellón de la Plana 51 km – Tarragona 149 km – València 122 km

Mapa de carreteras Michelin n° 577-L30

en la playa

Can Roig

COCINA TRADICIONAL • AMBIENTE CLÁSICO X Frente al mar, disfrutando de una coqueta terraza arbolada y un comedor clásico. Amplia carta de platos tradicionales y marineros, siempre con producto fresco de la zona.

Menú 27/35 € – Carta 37/58 €

Playa Manyetes, Sur : 3 km ✉ 12579 Alcossebre
– ✆ 964 41 25 15 – www.canroig.es – solo almuerzo salvo viernes, sábado y verano
– cerrado 15 septiembre-15 octubre y lunes salvo verano

en la urbanización El Pinar Norte : 4 km

El Pinar

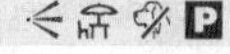

COCINA TRADICIONAL • AMBIENTE TRADICIONAL XX En lo alto de una montaña y con excelentes vistas al mar. Ofrece una cocina tradicional y un buen apartado de arroces, así como una carta de tapas en temporada baja.

Menú 18 € – Carta 28/37 €

Islas Mancolibre 4-A ✉ 12579 Alcossebre
– ✆ 964 41 22 66 – www.restaurantemontemar.com
– cerrado 7 enero-15 marzo y lunes salvo verano

ALCUNEZA Guadalajara ➔ Ver Sigüenza

ALDAIA

Valencia - 31 120 h. - Mapa regional : **11**-B2

Madrid 349 km - Alacant / Alicante 177 km - Castelló de la Plana / Castellón de la Plana 86 km - València 9 km

Mapa de carreteras Michelin nº 577-N28

Venere

COCINA TRADICIONAL • SENCILLA Resulta sencillo y ocupa lo que fue un antiguo bar, del que aún conservan la barra. Su propuesta se basa en varios menús, todos de tinte tradicional pero con toques actuales.

Menú 14/31 € - solo menú

Iglesia 45 ✉ 46960 - ✆ 961 29 18 18 - www.restaurantevenere.es - solo almuerzo salvo jueves, viernes y sábado - cerrado Semana Santa, 15 días en agosto y lunes

ALDEAYUSO

Valladolid - 20 h. - Mapa regional : **8**-C2

Madrid 178 km - Palencia 105 km - Segovia 84 km - Valladolid 61 km

Mapa de carreteras Michelin nº 575-H17

LaVida

CASA DE CAMPO • TRADICIONAL Hotel rural estrechamente vinculado al enoturismo. Posee un lagar que data de 1768, una sala de catas, un SPA especializado en tratamientos con vino y amplias habitaciones, todas de ambiente rústico-actual. El restaurante, de línea actual y con un horno de leña, propone una carta tradicional de temporada.

17 hab - †74/112 € ††82/128 € - ☕ 7 €

pl. Mayor 1 ✉ 47313 - ✆ 983 88 15 59 - www.lavida.es - cerrado 15 días en diciembre-enero

ALEVIA Asturias

→ Ver Panes

ALFAFARA

Alicante - 406 h. - Mapa regional : **11**-A2

Madrid 393 km - Alacant / Alicante 86 km - Murcia 146 km - Valencia 97 km

Mapa de carreteras Michelin nº 577-P28

Casa el Tio David

REGIONAL • RÚSTICA Llevado con acierto entre el propietario y su esposa. En el comedor, de ambiente rústico-regional, le propondrán una carta de tinte regional bien complementada por dos menús.

Menú 34/44 € - Carta 32/42 €

Bancal del Clot 2 ✉ 03838 - ✆ 965 51 01 42 - www.casaeltiodavid.com - solo almuerzo salvo viernes y sábado - cerrado 1ª quincena de julio y martes

ALHAMA DE MURCIA

Murcia - 21 351 h. - Alt. 180 m - Mapa regional : **16**-B2

Madrid 426 km - Alacant / Alicante 109 km - Albacete 175 km - Murcia 38 km

Mapa de carreteras Michelin nº 577-S25

en El Berro Noroeste : 14 km

Bajo el Cejo

FAMILIAR • RÚSTICA En un pueblo de montaña de acusada pendiente, por lo que sus instalaciones son escalonadas y ofrece magníficas vistas a los bancales de almendros, cítricos, olivos... Agradable zona social, comedor privado bajo reserva, buenas terrazas y cuidadas habitaciones.

12 hab ☕ - †88/115 € ††105/132 €

El Paso ✉ 30848 El Berro - ✆ 968 66 80 32 - www.bajoelcejo.com

La ALHAMBRA Granada ➔ Ver Granada

Ver Granada

ALICANTE Alicante ➔ Ver Alacant

ALLARIZ

Ourense - 6 049 h. - Alt. 470 m - Mapa regional : **13**-C3
Madrid 479 km - Ourense 24 km - Pontevedra 137 km - Santiago de Compostela 124 km
Mapa de carreteras Michelin nº 571-F6

Portovello

COCINA TRADICIONAL • RÚSTICA La belleza del entorno, en un parque junto al río, define esta antigua fábrica de curtidos de aire rústico. Balcón-terraza con hermosas vistas y cocina de sabor tradicional.

Menú 16/19 € - Carta 28/40 €

Parque Porto Vello ✉ 32660 - ☎ 988 44 23 29 - solo almuerzo salvo fines de semana de enero-marzo

Casa Tino Fandiño

GALLEGA • FAMILIAR Instalado en un viejo horno de pan, donde ofrecen un bar público y varias salas de línea rústica-actual. Cocina gallega tradicional, con muchas empanadas y caza en temporada.

Carta 20/38 €

Carcere 7 ✉ 32660 - ☎ 988 44 22 16 - www.casafandinho.com - cerrado lunes noche y martes

O Portelo

FAMILIAR • CLÁSICA ¡En el casco histórico! Presenta una acogedora zona social, con obras de Agustín Ibarrola, y coquetas habitaciones, la mayoría con las paredes en piedra y las vigas de madera.

13 hab - †42/45 € ††50/55 € - ☕ 5 € - 1 suite

Portelo 20 ✉ 32660 - ☎ 988 44 07 40 - www.hoteloportelorural.com

en Vilaboa Este : 1,2 km y desvío a la derecha

Vilaboa

TRADICIONAL • CLÁSICA Ocupa una vieja fábrica de curtidos que ha sido recuperada como casa rural, con los muros en piedra y un interior actual. Decoración sobria y mobiliario restaurado. Espacioso restaurante de cocina tradicional, con las paredes en piedra y los techos en madera.

7 hab ☕ - †50/55 € ††55/60 €

Vilaboa 101 ✉ 32667 Vilaboa - ☎ 988 44 24 24 - www.casaruralvilaboa.com - cerrado 22 diciembre-22 de enero

ALLES Asturias ➔ Ver Panes

ALMAGRO

Ciudad Real - 9 074 h. - Alt. 643 m - Mapa regional : **7**-B3
Madrid 189 km - Albacete 204 km - Ciudad Real 23 km - Córdoba 230 km
Mapa de carreteras Michelin nº 576-P18

Abrasador de Almagro

CARNES • RÚSTICA Restaurante de ambiente rústico ubicado en la zona monumental. Elaboran platos propios de la cocina manchega y unas buenas carnes a la brasa, su especialidad, no en vano la ternera y el cerdo ibérico proceden de un suministrador exclusivo.

Menú 13/25 € - Carta 26/41 €

San Agustín 18 ✉ 13270 - ☎ 926 88 26 56 - www.abrasador.com - cerrado del 7 al 26 de enero y domingo noche

ESPAÑA

Parador de Almagro

GRAN LUJO • HISTÓRICA Instalado parcialmente en un convento franciscano del s. XVI. Ofrece unos patios de extraordinaria tranquilidad, varios espacios sociales y habitaciones de buen confort, sorprendiendo todas por sus detalles regionales. El elegante comedor se complementa con un salón de desayunos en el refectorio.

54 hab – ††85/200 € – ☕16 € – 3 suites

Ronda de San Francisco 31 ✉ 13270
– ✆ 926 86 01 00 – www.parador.es

La Casa del Rector

FAMILIAR • PERSONALIZADA En esta preciosa casa solariega encontrará unas habitaciones totalmente personalizadas, unas de atractivo ambiente rústico, otras modernas y, finalmente, las de diseño. ¡Hermoso patio regional y pequeño SPA con tratamientos de cromoterapia!

29 hab – †75/90 € ††80/135 € – ☕11 € – 3 suites

Pedro Oviedo 8 ✉ 13270
– ✆ 926 26 12 59 – www.lacasadelrector.com

Hostería de Almagro Valdeolivo

FAMILIAR • FUNCIONAL Hotelito de organización plenamente familiar. Ofrece un salón social con chimenea, dos patios y confortables habitaciones, la mayoría de ellas con ducha de obra en los baños. En el restaurante, de línea clásica-actual, le propondrán una cocina tradicional.

8 hab – ††68/82 € – ☕8,50 €

Dominicas 17 ✉ 13270 – ✆ 926 26 13 66
– www.valdeolivo.com – cerrado 16 enero-19 febrero

ALMANSA

Albacete – 24 837 h. – Alt. 685 m – Mapa regional : **7**-D3

Madrid 326 km – Alacant/Alicante 98 km – Albacete 75 km – Murcia 149 km

Mapa de carreteras Michelin nº 576-P26

Maralba (Fran Martínez)

CREATIVA • MINIMALISTA XX Una casa de estética actual que no deja indiferente... de hecho, muestran una manera de tratar el producto digna de elogio. Aquí la cocina creativa, plasmada en una pequeña carta y varios menús, toma como base para sus reinterpretaciones tanto los pescados de Levante como los ingredientes de la gastronomía manchega.

→ Bacalao con habitas repeladas, hojas de habas frescas y caldo de zanguango manchego. Cordero manchego con berenjena ahumada. Tarta de queso, bizcocho de nueces y virutas de mango.

Menú 44/63 € – Carta 40/55 €

Violeta Parra 5 ✉ 02640
– ✆ 967 31 23 26 – www.maralbarestaurante.es
– solo almuerzo salvo jueves, viernes y sábado – cerrado 5 días en febrero, 10 días en septiembre y martes

Mesón de Pincelín

COCINA TRADICIONAL • MARCO REGIONAL XX Disfruta de un bar, con mesas altas para tapear, varias salas y tres privados, siendo unos espacios actuales y otros de línea clásica-regional. Su extensa carta tradicional se enriquece con un apartado de guisos y arroces. Completa bodega.

Menú 39/60 € – Carta 35/55 €

Las Norias 10 ✉ 02640
– ✆ 967 34 00 07 – www.pincelin.com
– cerrado 7 días en enero, 14 días en agosto, domingo noche y lunes

ALMERÍA

194 203 h. - Mapa regional : **1**-D2
Madrid 545 km - Granada 167 km - Jaén 221 km - Murcia 224 km
Mapa de carreteras Michelin nº 578-V22

El Asador

COCINA TRADICIONAL XXX En este restaurante encontrará varias salas de cuidado ambiente castellano, todas con profusión de madera y atractivos detalles. Cocina de base tradicional bien actualizada.

Menú 15/55 € - Carta 25/56 €

Plano : B1-e - *Fructuoso Pérez 14 ✉ 04001 - ✆ 950 23 45 45 - www.ac-hotels.com - cerrado 15 días en enero, domingo y lunes noche*

Saboreo

COCINA TRADICIONAL • AMBIENTE CLÁSICO XX Cuenta con una zona de mesas altas denominada "La Barra" y una sala de mejor montaje en dos alturas. Su carta de tinte tradicional atesora un apartado de cocina en miniatura.

Menú 12/43 € - Carta 20/45 €

Plano : B1-e - *pl. Flores 1 ✉ 04001 - ✆ 950 28 14 25 - www.torreluz.es - cerrado domingo y lunes noche*

Valentín

COCINA TRADICIONAL • AMBIENTE CLÁSICO XX Un negocio que, tras su transformación, ha sabido ganar clientes tanto para el tapeo como para la carta. Cocina tradicional con pescados, mariscos y buen apartado de arroces.

Menú 28/45 € - Carta 30/49 €

Plano : B1-n - *Tenor Iribarne 19 ✉ 04001 - ✆ 950 26 44 75 - www.restaurantevalentin.es - cerrado lunes*

La Encina

COCINA TRADICIONAL • AMBIENTE CLÁSICO XX Casa de gestión familiar dotada con un bar de tapas, donde veremos un antiguo pozo árabe, y un agradable comedor clásico-actual. Cocina tradicional con algún plato elaborado.

Menú 38 € - Carta 35/45 €

Plano : B1-b - *Marín 16 ✉ 04003 - ✆ 950 27 34 29 - www.restaurantelaencina.net - cerrado lunes salvo festivos y vísperas*

Salmantice

COCINA TRADICIONAL • SENCILLA X Se accede directamente a la sala, que tiene un estilo funcional-actual y la cocina a la vista. Recetario castellano tradicional, carnes abulenses y... ¡algún plato asiático!

Menú 40 € - Carta 34/55 €

Costa Balear 16, por carret. Níjar-Los Molinos ✉ 04009 - ✆ 950 62 55 00 - www.restaurantesalmantice.es - cerrado julio, agosto y domingo

Joseba Añorga

CREATIVA • TENDENCIA Gastrobar de ambiente rústico-actual ubicado en la misma plaza del Ayuntamiento, bajo unos soportales. Cocina de autor elaborada con productos de calidad y hecha al momento.

Tapa 4 € - Ración aprox. 18 € - Menú 30 €

Plano : B1-2-a - *Hotel Plaza Vieja, pl. de la Constitución 4 ✉ 04003 - ✆ 950 26 86 23 - www.tabernavasca.es - cerrado domingo en verano y lunes resto del año*

Casa Puga

COCINA TRADICIONAL • TABERNA ¡Un local realmente emblemático! Se halla en el casco histórico y atesora una larga trayectoria, pues abrió sus puertas en 1870. Tipismo, cocina tradicional y completa bodega.

Tapa 1,20 € - Ración aprox. 15 €

Plano : B1-u - *Jovellanos 7 ✉ 04003 - ✆ 950 23 15 30 - www.barcasapuga.es - cerrado domingo y festivos*

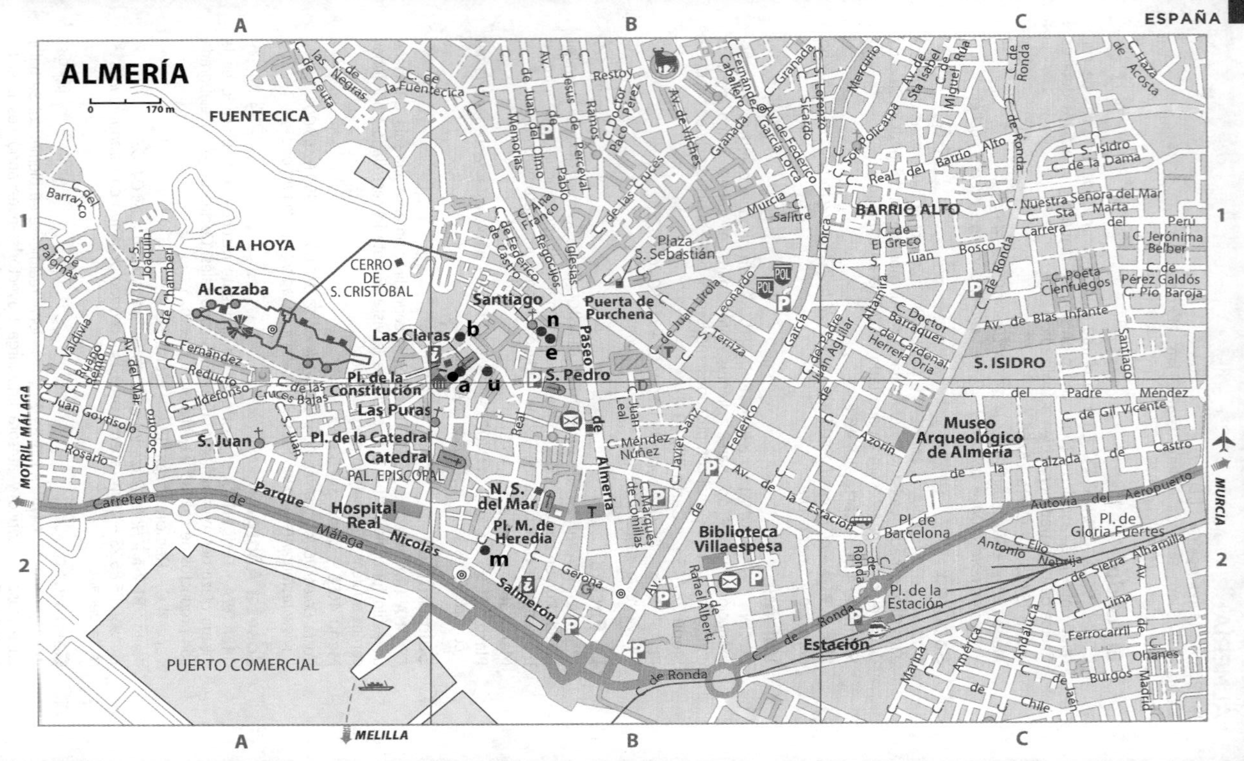
ALMERÍA
0
170 m
FUENTECICA
LA HOYA
CERRO DE S. CRISTÓBAL
Alcazaba
Las Claras
Santiago
Puerta de Purchena
Paseo de Almería
S. Pedro
Pl. de la Constitución
Las Puras
S. Juan
Pl. de la Catedral
Catedral
PAL. EPISCOPAL
Hospital Real
N. S. del Mar
Pl. M. de Heredia
Parque Nicolás Salmerón
Carretera de Málaga
PUERTO COMERCIAL
BARRIO ALTO
S. ISIDRO
Museo Arqueológico de Almería
Biblioteca Villaespesa
Estación
Pl. de la Estación
Pl. de Barcelona
Pl. de Gloria Fuertes
Plaza S. Sebastián
Autovía del Aeropuerto
Av. de la Estación
Av. de Federico García Lorca
Av. de Vilches
Av. de Blas Infante
C. de Ronda
MOTRIL, MÁLAGA
MURCIA
MELILLA
A
B
C
1
2

Casa Joaquín

COCINA TRADICIONAL • DE BARRIO Casi un siglo de historia avala el buen hacer de esta pequeña casa, singular por su fisonomía tipo bodega-almacén. Productos frescos de calidad, la mayoría vendidos al peso.

Tapa 2 € - Ración aprox. 18 €

Plano : B2-m - *Real 111 ✉ 04002 - ✆ 950 26 43 59 - cerrado septiembre, domingo y festivos*

Plaza Vieja

TRADICIONAL • DE DISEÑO Se halla en la plaza del Ayuntamiento, donde se presenta con una agradable terracita en unos soportales y una decoración de contrastes que combina detalles árabes y actuales. ¡No se pierda el interesante gastrobar y, sobre todo, sus relajantes baños árabes!

25 hab - †79/109 € ††89/149 € - ☕ 9 €

Plano : B1-a - *pl. de la Constitución 4 ✉ 04003 - ✆ 950 28 20 96 - www.plazaviejahl.com*

ALMERIMAR Almería ➔ Ver El Ejido

ALMODÓVAR DEL RÍO

Córdoba - 7 961 h. - Alt. 123 m - Mapa regional : **1**-B2

Madrid 425 km - Córdoba 26 km - Jaén 138 km - Sevilla 112 km

Mapa de carreteras Michelin n° 578-S14

La Taberna

REGIONAL • FAMILIAR Croquetas de "Almodóvar", Rabo de toro, Mazamorra (Salmorejo blanco de almendras), caza en temporada... Disfrute de la auténtica cocina regional y casera en esta casa de tradición familiar, dotada con un bar y varias salas de línea clásica.

Carta 25/39 €

Antonio Machado 24 ✉ 14720 - ✆ 957 71 36 84 - www.latabernadealmodovardelrio.com - cerrado agosto y lunes

ALMONACID DE TOLEDO

Toledo - 865 h. - Mapa regional : **7**-B2

Madrid 94 km - Ciudad Real 101 km - Cuenca 193 km - Toledo 24 km

Mapa de carreteras Michelin n° 576-M18

en la carretera de Chueca Oeste : 4 km

Villa Nazules

CASA DE CAMPO • ACOGEDORA ¡Con encanto y en pleno campo! Presenta un interior muy detallista, con un buen SPA y habitaciones actuales de excelente nivel, la mayoría con terraza o balcón. Su restaurante propone una carta actual. La propiedad disfruta de una yeguada, por lo que muchos clientes acuden para recibir clases de equitación.

30 hab - †67/113 € ††81/182 € - ☕ 14 €

carret. Almonacid a Chueca ✉ 45190 Nambroca - ✆ 925 59 03 80 - www.villanazules.com

ALMORADÍ

Alicante - 19 955 h. - Alt. 9 m - Mapa regional : **11**-A3

Madrid 435 km - Alacant/Alicante 52 km - Murcia 54 km - València 199 km

Mapa de carreteras Michelin n° 577-R27

El Buey

CLÁSICA • AMBIENTE CLÁSICO En su origen trabajó mucho el vacuno mayor, de ahí su nombre... con el tiempo, el chef-propietario evolucionó su propuesta para explotar mucho más las materias primas de la huerta y de temporada. Su producto talismán es la Alcachofa de la Vega Baja del Segura.

Menú 35 € - Carta 23/35 €

La Reina 94 ✉ 03160 - ✆ 966 78 15 93 - solo almuerzo salvo viernes - cerrado lunes

La ALMUNIA DE DOÑA GODINA

Zaragoza – 7 680 h. – Alt. 366 m – Mapa regional : **2**-B2
Madrid 263 km – Huesca 128 km – Teruel 146 km – Zaragoza 55 km
Mapa de carreteras Michelin nº 574-H25

El Patio de Goya

MODERNA • RÚSTICA Bajando unas escaleras se accede a un comedor de ambiente rústico-actual, con las paredes en ladrillo visto y una cuidada iluminación. Su chef propone una carta actual y dos sugerentes menús, el denominado "goyesco" y otro de degustación.

Menú 30/45 € – Carta 21/46 €

av. de Madrid 6 ✉ 50100 – ☎ 976 60 10 37 – www.hotelelpatio.es – solo almuerzo salvo viernes y sábado

ALMUÑÉCAR

Granada – 27 391 h. – Alt. 24 m – Mapa regional : **1**-C2
Madrid 516 km – Almería 136 km – Granada 85 km – Málaga 85 km
Mapa de carreteras Michelin nº 578-V18

El Chaleco

FRANCESA • AMBIENTE CLÁSICO Bien llevado por sus propietarios, con ella en la sala y él al frente de los fogones. En su coqueto comedor, repartido en dos espacios, le propondrán una cocina francesa con una pequeña carta a precio fijo y la posibilidad de suplemento en algunos platos.

Menú 23/28 € – Carta aprox. 32 €

av. Costa del Sol 37 ✉ 18690 – ☎ 958 63 24 02 – www.elchaleco.com – solo cena en julio-agosto – cerrado domingo noche y lunes salvo verano

ALP

Girona – 1 595 h. – Alt. 1 158 m – Mapa regional : **9**-C1
Madrid 656 km – Barcelona 148 km – Girona 164 km – Lleida 198 km
Mapa de carreteras Michelin nº 574-E35

Casa Patxi

REGIONAL • RÚSTICA Antigua casa de payés construida en piedra. Presenta un buen comedor rústico, donde ofrecen guisos regionales y carnes de caza, así como l'Era Casa Patxi, un espacio más informal para tomar raciones y tostas fieles a la filosofía "Km 0".

Menú 22/45 € – Carta 29/38 €

Orient 23 ✉ 17538 – ☎ 972 89 01 82 – www.casapatxi.com – cerrado 15 días en noviembre, 15 días en junio, miércoles salvo agosto y festivos

ALQUÉZAR

Huesca – 297 h. – Alt. 660 m – Mapa regional : **2**-C1
Madrid 436 km – Huesca 47 km – Lleida 91 km – Zaragoza 124 km
Mapa de carreteras Michelin nº 574-F30

Villa de Alquézar

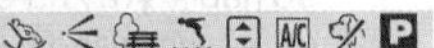

FAMILIAR • PERSONALIZADA Ocupa parcialmente la casa que alojó al rey Sancho Ramírez durante la Reconquista. Las habitaciones de la última planta, abuhardilladas y con balcón, destacan por sus vistas.

34 hab ☕ – 👤65/81 € 👥72/89 €

Pedro Arnal Cavero 12 ✉ 22145 – ☎ 974 31 84 16 – www.villadealquezar.com – cerrado 24 diciembre-21 enero

Castillo

FAMILIAR • ACOGEDORA ¡En pleno casco antiguo de la villa medieval! Presenta un acogedor salón social y habitaciones de línea romántica-actual, personalizadas y la mayoría con encantadoras vistas.

8 hab – 👥77/113 € – ☕ 8 €

Pedro Arnal Cavero 11 ✉ 22145 – ☎ 974 94 25 65 – www.hotelcastilloalquezar.com – cerrado 8 enero-3 marzo

ALTAFULLA

Tarragona - 5 052 h. - Mapa regional : **9**-B3
Madrid 558 km - Barcelona 83 km - Lleida 113 km - Tarragona 16 km
Mapa de carreteras Michelin n° 574-I34

Bruixes de Burriac

COCINA TRADICIONAL • DE DISEÑO XX ¡Elegancia, diseño y modernidad! Sorprende su sala, presidida por una bodega acristalada y con la cocina a la vista. Carta de corte tradicional con amplia variedad de menús.

Menú 32 € - Carta 40/55 €

Hotel Gran Claustre, Cup 2 ✉ 43893 - ✆ 977 65 15 57 - www.granclaustre.com - cerrado domingo noche y lunes

Gran Claustre

FAMILIAR • ACOGEDORA Debe acceder por un pasadizo, pues forma parte de un bellísimo casco histórico. El hotel se reparte entre dos edificios, el más antiguo recuperado tras servir como residencia de monjas. Confort y modernidad se conjugan para su descanso.

39 hab - †90/130 € ††105/160 €

Cup 2 ✉ 43893 - ✆ 977 65 15 57 - www.granclaustre.com

Bruixes de Burriac - ver selección restaurantes

ALTEA

Alicante - 22 385 h. - Mapa regional : **11**-B3
Madrid 469 km - Alacant / Alicante 53 km - Murcia 135 km - València 133 km
Mapa de carreteras Michelin n° 577-Q29

Oustau de Altea

INTERNACIONAL • RÚSTICA XX En la parte más bonita del casco viejo. Este restaurante presenta una refrescante terraza y una distribución interior en tres espacios, con un ambiente de elegante aire rústico y detalles de diseño. Cocina internacional a precios reducidos.

Carta 25/38 €

Mayor 5 (casco antiguo) ✉ 03590 - ✆ 965 84 20 78 - www.oustau.com - solo cena - cerrado 15 enero-15 marzo y lunes salvo julio-septiembre

La Capella

COCINA TRADICIONAL • RÚSTICA X Un negocio de contrastes que no le dejará indiferente. Esta casa familiar, en pleno casco viejo y con más de tres siglos de historia, disfruta de una coqueta terraza y dos salas de aire rústico. Cocina tradicional mediterránea y de arroces.

Carta 33/57 €

San Pablo 1 ✉ 03590 - ✆ 966 88 04 84 - www.lacapella-altea.com - cerrado 2ª quincena de febrero, 1ª quincena de noviembre y miércoles salvo verano

Tossal d'Altea

FAMILIAR • RÚSTICA ¡Ideal para quien busque tranquilidad! Posee habitaciones de buen confort, unas con el mobiliario en madera, otras en forja y varias abuhardilladas con terraza. El restaurante, decorado con objetos de la antigua almazara, ofrece una carta de cocina clásica-regional.

21 hab - †55/85 € ††85/115 € - 1 suite

Partida Plà del Castell 96, Norte: 1 km ✉ 03590 - ✆ 966 88 31 83 - www.hoteltossalaltea.com

¿Un comedor privado para un grupo de amigos o para una cena de negocios? Lo encontrará en los restaurantes con el símbolo ⇔.

ALZIRA

Valencia - 44 554 h. - Alt. 24 m - Mapa regional : **11**-B2
Madrid 386 km - Alacant / Alicante 138 km -
Castelló de la Plana / Castellón de la Plana 126 km - València 44 km
Mapa de carreteras Michelin nº 577-O28

Cami·Vell

COCINA TRADICIONAL • AMBIENTE TRADICIONAL XX Casa de gestión familiar y ambiente rústico que ha tomado impulso con la incorporación al negocio de las nuevas generaciones. De sus fogones surge una cocina muy interesante, pues combina en su justa medida la tradición con la vanguardia.

Menú 32/50 € - Carta 28/40 €

Colón 51 ✉ 46600 - ✆ 962 41 25 21 - www.camivell.com - cerrado Semana Santa y domingo

Cami·Vell

COCINA TRADICIONAL • RÚSTICA Aunque funciona como la zona de acceso al restaurante Cami Vell merece una mención independiente, pues muestra su propia carta de tapas y aperitivos... ¡incluso menús!

Tapa 3 € - Ración aprox. 6 €

Colón 51 ✉ 46600 - ✆ 962 41 25 21 - www.camivell.com - cerrado Semana Santa y domingo

L'AMETLLA DE MAR

Tarragona - 7 183 h. - Alt. 20 m - Mapa regional : **9**-A3
Madrid 553 km - Barcelona 147 km - Lleida 146 km - Tarragona 55 km
Mapa de carreteras Michelin nº 574-J32

La Llotja

COCINA TRADICIONAL • RÚSTICA X Pequeño, acogedor y de aire rústico, aunque complementan la sala interior con una atractiva terraza techada a la entrada. De sus fogones surge una cocina tradicional de base marinera, con detalles actuales y cuidadas presentaciones.

Menú 23 € - Carta 35/60 €

Sant Roc 23 ✉ 43860 - ✆ 977 45 73 61 - www.restaurantlallotja.com - solo almuerzo salvo verano - cerrado 21 días en diciembre-enero, 21 días en septiembre-octubre, 7 días en junio, martes (15 septiembre-15 junio) y lunes

AMOREBIETA-ETXANO

Vizcaya - 18 736 h. - Alt. 70 m - Mapa regional : **18**-A3
Madrid 415 km - Bilbao 21 km - Donostia-San Sebastián 79 km - Vitoria-Gasteiz 51 km
Mapa de carreteras Michelin nº 573-C21

en Boroa Noroeste : 3,6 km

Boroa

COCINA TRADICIONAL • RÚSTICA XX Cocina tradicional de corte actual y alto valor gastronómico... salvo las noches de lunes a jueves, cuando su carta es algo más sencilla. Caserío vasco del s. XV ubicado en pleno campo, con una taberna típica y varias salas de aire rústico.

→ Medallones de carabinero y centollo sobre plancton, matices cítricos y brotes vegetales. Suprema de pato sobre crumble de maíz, gel de naranja sanguina y hortalizas. Pavlova de mandarina, naranja y melocotón.

Menú 39/88 € - Carta 45/70 €

Caserío Garai 11 ✉ 48340 Amorebieta-Etxano - ✆ 946 73 47 47 - www.boroa.com - cerrado 13 febrero-2 marzo y domingo noche

AMPOSTA

Tarragona - 20 952 h. - Mapa regional : **09G**-A3
Madrid 530 km - Barcelona 173 km - Castelló de la Plana / Castellón de la Plana 112 km - Tarragona 81 km
Mapa de carreteras Michelin nº 574-J31

El Poblenou del Delta Sureste : 17 km

L'Algadir

COCINA TRADICIONAL • MARCO CONTEMPORÁNEO XX Coqueto, actual y en pleno Delta del Ebro, con los arrozales a pocos metros. El chef-propietario, fiel a los productos "Km 0", ofrece una cocina tradicional actualizada y una gran selección de arroces, su especialidad. ¡Cuidadas habitaciones como complemento!

Menú 24/37 € - Carta 30/40 € 15 hab - 67/89 € 100/120 €

Ronda dels Pins 27 43549 Amposta - 977 74 45 59 - www.hotelalgadirdelta.com - cerrado 6 enero-5 marzo, domingo noche y lunes

AMPUDIA

Palencia - 640 h. - Alt. 790 m - Mapa regional : **8**-B2

Madrid 243 km - León 115 km - Palencia 25 km - Valladolid 35 km

Mapa de carreteras Michelin n° 575-G15

Posada de la Casa del Abad de Ampudia

HISTÓRICO • HISTÓRICA Ocupa un edificio del s. XVII que, entre otros usos, sirvió de casa al abad. La mayoría de habitaciones son de aire rústico-antiguo... sin embargo, también posee algunas modernas. El restaurante, ubicado en el lagar, ofrece una cocina tradicional actualizada.

24 hab - 70/80 € 85/140 €

pl. Francisco Martín Gromaz 12 34191 - 979 76 80 08 - www.casadelabad.com

AMPUERO

Cantabria - 4 184 h. - Alt. 11 m - Mapa regional : **6**-C1

Madrid 379 km - Bilbao 66 km - Santander 47 km - Vitoria-Gasteiz 128 km

Mapa de carreteras Michelin n° 572-B19

en La Bien Aparecida Suroeste : 5 km

Solana (Ignacio Solana)

MODERNA • MARCO CONTEMPORÁNEO XXX Se encuentra junto al Santuario de la Bien Aparecida, patrona de Cantabria, y destaca por las amplias vistas que ofrece desde su comedor. Encontrará una cocina actual de muy buen nivel, con algunos platos tradicionales, basada tanto en los productos de temporada como en los de proximidad. ¡Atractiva bodega visitable!

→ Royal de foie, canelón de Módena relleno de espuma de queso pasiego y crema de col. Salmonete a baja temperatura con meunière de sus cabezas. Cremoso de chocolate blanco, menta y albahaca.

Menú 68 € - Carta 48/72 €

La Bien Aparecida 11 39849 Ampuero - 942 67 67 18 - www.restaurantesolana.com - solo almuerzo salvo fines de semana y verano - cerrado 23 enero-10 febrero, del 20 al 27 de noviembre, lunes noche en verano y lunes resto del año

AMURRIO

Álava - 10 263 h. - Alt. 219 m - Mapa regional : **18**-A2

Madrid 372 km - Bilbao 37 km - Burgos 138 km - Vitoria-Gasteiz 45 km

Mapa de carreteras Michelin n° 573-C21

al Oeste 2 km

El Refor

COCINA TRADICIONAL • RÚSTICA XX Carpaccio de hongos, Arroz con caracoles, Chuletón a la brasa... En este antiguo reformatorio ofrecen cocina tradicional y de caza, todo en una atmósfera de bella rusticidad.

Menú 11 € - Carta 29/45 €

Maskuribai 21 (Edificio Salvador) 01470 Amurrio - 945 39 33 14 - www.elrefor.com - solo almuerzo salvo viernes y sábado

Los ÁNGELES A Coruña → Ver Os Ánxeles

ANGLÈS

Girona - 5 540 h. - Alt. 181 m - Mapa regional : **10**-A1
Madrid 668 km - Barcelona 106 km - Girona 19 km - Lleida 210 km
Mapa de carreteras Michelin nº 574-G37

L'Aliança d'Anglès

MODERNA · BISTRÓ FRANCÉS Instalado en un elegante edificio de 1919 que funcionó como casino y club social. La sala principal se presenta a modo de bistró, con mesas de mármol, sillas en mimbre y los bellos suelos de la época. Cocina actual y buen apartado de tapas para el vermut.

Menú 22/45 € - Carta 27/35 €

Jacint Verdaguer 3 ✉ 17160 - ✆ 972 42 01 56 - www.alianca1919.com - cerrado Navidades, 15 días en agosto, domingo noche, lunes, martes noche y miércoles noche

ANTEQUERA

Málaga - 41 141 h. - Alt. 512 m - Mapa regional : **1**-B2
Madrid 521 km - Córdoba 125 km - Granada 99 km - Jaén 185 km
Mapa de carreteras Michelin nº 578-U16

Plaza de Toros

COCINA TRADICIONAL · AMBIENTE TRADICIONAL Resulta atractivo y singular, pues se encuentra bajo los tendidos de la mismísima plaza de toros. Su carta de cocina andaluza se enriquece con diversos platos antequeranos.

Menú 18/80 € - Carta 26/49 €

paseo de María Cristina ✉ 29200 - ✆ 951 46 93 33 - www.restauranteplazadetoros.es

Parador de Antequera

TRADICIONAL · TRADICIONAL Un Parador de línea actual emplazado junto a un parque, de ambiente moderno y con predominio de los tonos blancos. Presenta unas confortables habitaciones de línea actual-funcional y un luminoso restaurante, este con cocina de tinte regional y buenas vistas.

57 hab - 80/150 € - 16 €

paseo García del Olmo 2 ✉ 29200 - ✆ 952 84 02 61 - www.parador.es

por la carretera N 331 Norte : 18 km

Caserío de San Benito

COCINA TRADICIONAL · RÚSTICA Se halla en el campo y ocupa un edificio de aire andaluz, con instalaciones rústicas y un anexo, tipo ermita, para eventos. Cocina tradicional-casera de platos copiosos.

Menú 15 € - Carta 30/49 €

cruce carret. de Alameda (salida 86) ✉ 29530 Antequera - ✆ 952 11 11 03 - www.caseriodesanbenito.com - solo almuerzo salvo viernes, sábado y verano

Os ÁNXELES LOS ÁNGELES

A Coruña - Mapa regional : **13**-B2
Madrid 610 km - A Coruña 90 km - Pontevedra 54 km - Santiago de Compostela 16 km
Mapa de carreteras Michelin nº 571-D3

Balneario de Compostela

TERMAL · FUNCIONAL Confortables habitaciones y mobiliario funcional. El balneario anexo, que data de 1813, ofrece unas completísimas instalaciones, con aguas minero-medicinales, gimnasio y un circuito termal. En su restaurante encontrará platos fieles a la tradición gallega.

55 hab - 50/60 € 60/91 € - 4 suites

carret. C-543, km 9 ✉ 15280 - ✆ 981 55 90 00 - www.hbcompostela.com

ARACENA

Huelva - 7 972 h. - Alt. 682 m - Mapa regional : **1**-A2
Madrid 502 km - Cáceres 236 km - Huelva 101 km - Sevilla 88 km
Mapa de carreteras Michelin n° 578-S10

Montecruz

COCINA TRADICIONAL • RÚSTICA ¡Una referencia en la zona! Su carta, tradicional, serrana y basada en los productos ibéricos, se enriquece con un apartado de setas, varios arroces, jornadas cinegéticas...

Menú 12/45 € - Carta 25/41 €

pl. San Pedro 36 ✉ 21200 - ✆ 959 12 60 13 - www.restaurantemontecruz.com - cerrado 15 días en julio y miércoles

José Vicente

COCINA TRADICIONAL • FAMILIAR Está repartido en dos partes, pues posee un bar de tapas decorado con objetos antiguos y luego el restaurante. Sencilla carta de tinte casero, rica en setas e ibéricos.

Menú 25 € - Carta 27/44 €

av. Andalucía 53 ✉ 21200 - ✆ 959 12 84 55 - solo almuerzo salvo viernes, sábado y verano

Jesús Carrión N

COCINA TRADICIONAL • RÚSTICA Céntrico y de sencillo aire rústico. Ofrece una carta tradicional con posibilidad de probar los platos por tapas o raciones, resultando estas últimas ideales para compartir.

Carta 25/39 €

Pozo de la Nieve 35 ✉ 21200 - ✆ 959 46 31 88 - www.jesuscarrionrestaurante.com - cerrado domingo noche, lunes, martes y miércoles noche

Convento Aracena

HISTÓRICO • CONTEMPORÁNEA Un hotel vinculado a la historia... no en vano, recupera un convento dominico que hunde sus raíces hasta el s. XVII. Las habitaciones, repartidas entre el claustro y un patio, aúnan la estética actual con el marco original. Restaurante funcional y polivalente.

57 hab - †88/119 € ††98/144 € - ☕ 12 €

Jesus y Maria 19 ✉ 21200 - ✆ 959 12 68 99 - www.hotelconventoaracena.es

ARANDA DE DUERO

Burgos - 32 880 h. - Alt. 798 m - Mapa regional : **8**-C2
Madrid 156 km - Burgos 83 km - Segovia 115 km - Soria 114 km
Mapa de carreteras Michelin n° 575-G18

El Lagar de Isilla

COCINA TRADICIONAL • AMBIENTE CLÁSICO Mesón-asador dotado con un buen bar de tapas y... ¡una bodega visitable del s. XV! Su carta tradicional también contempla un menú castellano y especialidades micológicas.

Menú 35/44 € - Carta 32/54 €

Isilla 18 ✉ 09400 - ✆ 947 51 06 83 - www.lagarisilla.es - cerrado domingo noche

Mesón El Pastor

CASTELLANA • RÚSTICA Casa de gestión familiar llevada con cercanía y buen hacer. Ofrece varias salas de ambiente castellano y una carta regional en la que el Lechazo asado es el gran protagonista.

Menú 35/55 € - Carta 29/44 €

pl. de la Virgencilla 11 ✉ 09400 - ✆ 947 50 04 28 - www.meson-elpastor.com - cerrado martes noche

Casa Florencio

REGIONAL • RÚSTICA Se presenta con un bar de estética actual que deja el horno de leña a la vista y varios comedores de ambiente rústico, destacando el del piso superior. Cocina regional.

Menú 29/50 € - Carta 30/42 €

Isilla 14 ✉ 09400 - ✆ 947 50 02 30 - www.casaflorencio.com - solo almuerzo salvo viernes y sábado

por la carretera N 122 Oeste : 5,5 km y desvío a la izquierda 2 km

Torremilanos

MANSIÓN • CLÁSICA Edificio en piedra ubicado en una extensa finca de viñedos. Ofrece unas zonas nobles polivalentes y habitaciones de buen confort general, las más nuevas de línea moderna. El restaurante, de estilo clásico, cuenta con varias salas para banquetes.

37 hab - †83/127 € ††99/160 €

Finca Torremilanos ✉ 09400 Aranda de Duero - ✆ 947 51 28 52 - www.torremilanos.com - cerrado 24 diciembre-1 enero

ARANJUEZ

Madrid - 58 168 h. - Alt. 489 m - Mapa regional : **15**-B3

Madrid 49 km - Ávila 160 km - Cuenca 145 km - Toledo 47 km

Mapa de carreteras Michelin nº 576-L19

Casa José

COCINA TRADICIONAL • ACOGEDORA Casa familiar de larga trayectoria. La sala principal se encuentra en el 1er piso y destaca por su hermoso techo en madera. Su chef propone una cocina tradicional actualizada, trabajando mucho con las verduras y hortalizas de la zona.

Menú 75 € - Carta 47/73 €

Plano : A2-r - *carrera de Andalucía 17 (esq. Abastos 32) ✉ 28300 - ✆ 918 91 14 88 - www.casajose.es - cerrado 7 días en enero y domingo noche*

Casa Pablo

COCINA TRADICIONAL • AMBIENTE CLÁSICO Acogedor, tanto por la profusión de madera como por su decoración con detalles taurinos. Posee un bar público muy popular y tres salas de buen montaje, donde podrá descubrir las elaboraciones tradicionales y los grandes clásicos de la casa.

Carta 30/55 €

Plano : B2-b - *Almíbar 42 ✉ 28300 - ✆ 918 91 14 51 - www.casapablo.net - cerrado del 2 al 20 de agosto*

ARANTZAZU

Guipúzcoa - 123 h. - Alt. 800 m - Mapa regional : **18**-B2

Madrid 404 km - Donostia-San Sebastián 84 km - Iruña/Pamplona 104 km - Vitoria-Gasteiz 52 km

Mapa de carreteras Michelin nº 573-D22

Zelai Zabal

VASCA • RÚSTICA Un restaurante de tradición familiar con solera y prestigio, no en vano abrió sus puertas en 1898 como hostal y casa de comidas. Cocina clásica vasca con detalles actuales.

Menú 40 € - Carta 38/53 €

carret. de Oñate, Noroeste : 1 km ✉ 20567 - ✆ 943 78 13 06 - www.zelaizabal.com - solo almuerzo salvo viernes y sábado - cerrado 23 diciembre-10 febrero, del 1 al 7 de agosto y lunes

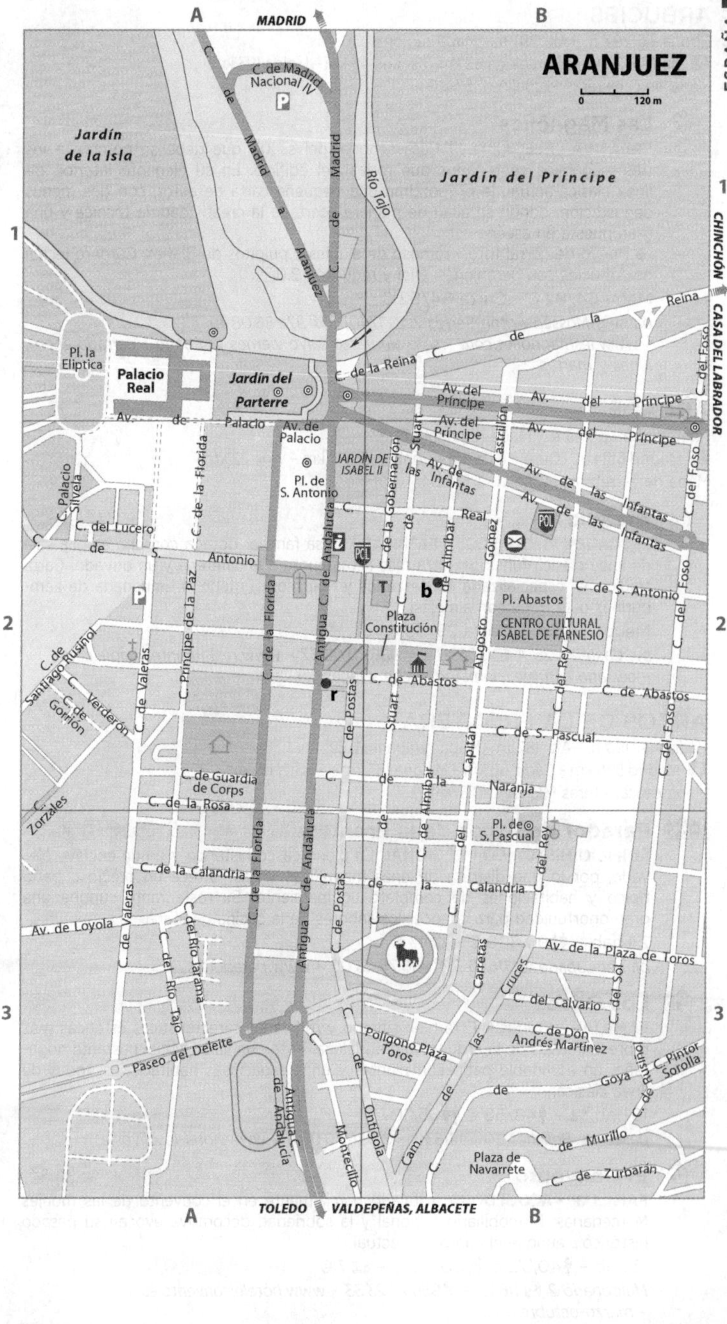

ARANJUEZ

0 120 m

A B

MADRID

1

2

3

CHINCHÓN

CASA DEL LABRADOR

TOLEDO

VALDEPEÑAS, ALBACETE

Jardín de la Isla

Jardín del Príncipe

Jardín del Parterre

Palacio Real

Pl. la Elíptica

C. de Madrid Nacional IV

C. de Madrid a Aranjuez

C. de Madrid

Río Tajo

C. de la Reina

Av. del Príncipe

Av. de Palacio

Pl. de S. Antonio

JARDÍN DE ISABEL II

Av. de las Infantas

C. Real

C. de S. Antonio

C. Palacio Silvela

C. del Lucero

C. de la Florida

C. Príncipe de la Paz

C. de la Gobernación

C. de Stuart

C. de Almíbar

C. Gómez Castrillón

C. del Foso

Pl. Abastos

CENTRO CULTURAL ISABEL DE FARNESIO

Plaza Constitución

C. de Santiago Rusiñol

C. Verderón

C. de Gorrión

C. de Valeras

Antigua C. de Andalucía

C. de Postas

C. de Abastos

C. del Rey

C. Angosto

C. de S. Pascual

C. del Capitán

C. de Guardia de Corps

C. de la Naranja

C. de la Rosa

C. Zorzales

Pl. de S. Pascual

C. de la Calandria

Av. de Loyola

C. del Río Jarama

C. del Río Tajo

Av. de la Plaza de Toros

C. Carretas

C. del Sol

C. de las Cruces

C. del Calvario

C. de Don Andrés Martínez

Polígono Plaza Toros

Paseo del Deleite

C. de Ontígola

C. de Montecillo

Cam. de Goya

C. de Rusiñol

C. Pintor Sorolla

C. de Murillo

Plaza de Navarrete

C. de Zurbarán

b

r

ARBÚCIES

Girona - 6 297 h. - Alt. 291 m - Mapa regional : **10**-A1
Madrid 651 km - Barcelona 83 km - Girona 49 km - Lleida 193 km
Mapa de carreteras Michelin nº 574-G37

Les Magnòlies

CREATIVA • ELEGANTE XX Casa señorial del s. XIX que debe su nombre a los tres magnolios centenarios que rodean el edificio. En su elegante interior, de línea clásica-actual, le propondrán una pequeña carta de autor, con dos menús degustación, donde se alían de manera acertada la creatividad, la técnica y una gran puesta en escena.

→ Huevo de corral frito, cremoso de alubias y pulpitos de Blanes. Cordero lechal de Arbúcies con berenjenas. Miel y requesón 2.0.

Menú 64/82 € - Carta 64/82 €

passeig Mossèn Anton Serres 7 ✉ 17401 - ✆ 972 86 08 79 - www.lesmagnolies.com - solo almuerzo salvo viernes y sábado - cerrado enero, lunes y martes

ARCADE

Pontevedra - 3 723 h. - Mapa regional : **13**-B3
Madrid 612 km - Ourense 113 km - Pontevedra 12 km - Vigo 22 km
Mapa de carreteras Michelin nº 571-E4

Arcadia

PESCADOS Y MARISCOS • FAMILIAR X Casa familiar dotada con una amplia sala de línea clásica-funcional, otra más actual junto a la cafetería y un privado. Carta tradicional especializada en pescados y mariscos. ¡Pruebe la Empanada de zamburiñas o su Rape con almejas!

Menú 12/45 € - Carta 29/39 €

av. Castelao 25-A ✉ 36690 - ✆ 986 70 00 37 - www.restaurantearcadia.com - cerrado octubre, domingo noche y lunes

ARCOS DE LA FRONTERA

Cádiz - 31 193 h. - Alt. 187 m - Mapa regional : **1**-B2
Madrid 586 km - Cádiz 66 km - Málaga 183 km - Sevilla 115 km
Mapa de carreteras Michelin nº 578-V12

Parador de Arcos de la Frontera

EDIFICIO HISTÓRICO • REGIONAL En pleno casco histórico y en un enclave elevado, por lo que disfruta de unas magníficas vistas. Ofrece un precioso patio típico y habitaciones de completo equipamiento. Su restaurante supone una gran oportunidad para conocer los sabores de la cocina gaditana.

24 hab - ††90/180 € - ☕17 €

pl. del Cabildo ✉ 11630 - ✆ 956 70 05 00 - www.parador.es

Los Olivos

FAMILIAR • CLÁSICA Está bien situado y refleja las características estéticas más representativas de la arquitectura andaluza. Posee un salón social bastante hogareño, un agradable patio con plantas y unas espaciosas habitaciones, todas de línea clásica.

19 hab ☕ - †48/58 € ††65/107 €

paseo de Boliches 30 ✉ 11630 - ✆ 956 70 08 11 - www.hotel-losolivos.es

El Convento

FAMILIAR • ACOGEDORA Instalado parcialmente en el convento de las monjas Mercedarias. El mobiliario regional y la sobriedad decorativa evocan su pasado histórico... aunque el confort es actual.

13 hab - †40/72 € ††60/118 € - ☕7 €

Maldonado 2 ✉ 11630 - ✆ 956 70 23 33 - www.hotelelconvento.es - marzo-octubre

AREA (Playa de) Lugo → Ver Viveiro

El ARENAL (Playa de) Alicante → Ver Xàbia

Les ARENES Valencia → Ver València (playa de Levante)

ARÉVALO

Ávila - 8 172 h. - Alt. 827 m - Mapa regional : **8**-B2
Madrid 121 km - Ávila 55 km - Salamanca 95 km - Valladolid 78 km
Mapa de carreteras Michelin nº 575-I15

Las Cubas

CASTELLANA • RÚSTICA Ofrece un salón principal de sencillo montaje rústico y en otro edificio, cruzando la calle, dos comedores más de superior montaje. Carta regional especializada en asados.

Carta 32/44 €

Figones 11 ✉ 05200 - ✆ 920 30 01 25 - www.asadorlascubas.com - solo almuerzo - cerrado 23 diciembre-2 enero

Asador Casa Felipe

CASTELLANA • RÚSTICA Atesora rusticidad, tiene el acceso por unos soportales y propone una cocina de marcadas raíces castellanas. ¡El Cochinillo asado en horno de leña es su plato estrella!

Menú 15/27 € - Carta 29/38 €

pl del Arrabal 3 ✉ 05200 - ✆ 920 30 03 27 - www.desiree-casafelipe.com

Posada los Cinco Linajes

TRADICIONAL • ELEGANTE Instalado en un céntrico edificio señorial. Tras su elegante fachada hallará un patio interior porticado y unas cuidadas habitaciones, las del 1^er^piso de marcado carácter palaciego. El restaurante, especializado en el típico Tostón asado, ocupa la antigua bodega de la casa con una estética rústica-actual.

14 hab ☕ - †77/90 € ††85/100 €

pl. del Tello 5 ✉ 05200 - ✆ 920 30 25 70 - www.loscincolinajes.es

ARGENTONA

Barcelona - 11 978 h. - Alt. 75 m - Mapa regional : **10**-B3
Madrid 642 km - Barcelona 33 km - Girona 79 km - Lleida 182 km
Mapa de carreteras Michelin nº 574-H37

El Celler d'Argentona

COCINA TRADICIONAL • RÚSTICA ¡Rusticidad y autenticidad! Esta antigua masía destaca por su atmósfera, pues atesora recio mobiliario catalán, vigas centenarias, dos prensas originales, azulejos cerámicos... Cocina tradicional especializada en platos de caza y bacalao.

Menú 25 € - Carta 28/50 €

Bernat de Riudemeya 6 ✉ 08310 - ✆ 937 97 02 69 - www.cellerargentona.com - cerrado 2ª quincena de agosto, domingo noche, lunes y martes noche

ARGÓMANIZ

Álava - 25 h. - Alt. 614 m - Mapa regional : **18**-B2
Madrid 368 km - Donostia-San Sebastián 100 km - Iruña/Pamplona 84 km - Vitoria-Gasteiz 13 km
Mapa de carreteras Michelin nº 573-D22

Parador de Argómaniz

TRADICIONAL • CLÁSICA Edificio en piedra de sobria construcción. Presenta un interior clásico-actual, con varios salones polivalentes y habitaciones de línea moderna, todas muy luminosas. El restaurante, ubicado en la última planta, propone una cocina fiel al recetario regional.

53 hab - ††75/170 € - ☕ 16 € - 1 suite

Parador 14 ✉ 01192 - ✆ 945 29 32 00 - www.parador.es

ARGÜELLES

Asturias – 405 h. – Mapa regional : **3**-B1
Madrid 452 km – León 128 km – Oviedo 14 km – Santander 183 km
Mapa de carreteras Michelin n° 572-B12

El Asador de Abel

COCINA TRADICIONAL • RÚSTICA XX ¡Con el propietario al frente! Dispone de un amplio bar que utilizan cada vez más como comedor, una sala para la carta de línea actual y un gran salón de banquetes. Cocina tradicional con platos de cuchara, carnes y pescados a la parrilla.

Menú 20/70 € – Carta 39/59 €

La Revuelta del Coche ✉ 33188 – ✆ 985 74 09 13 – www.elasadordeabel.com – solo almuerzo salvo jueves, viernes y sábado – cerrado 20 días en agosto

ARNEDO

La Rioja – 14 597 h. – Alt. 550 m – Mapa regional : **14**-B2
Madrid 310 km – Logroño 51 km – Soria 83 km – Zaragoza 141 km
Mapa de carreteras Michelin n° 573-F23

Sopitas

COCINA TRADICIONAL • RÚSTICA XX Ocupa una antigua bodega actualizada con mucho acierto. Podrá degustar su sabrosa cocina regional tanto en la coqueta sala central como en los lagares laterales, usados como privados. ¡La gran especialidad de la casa es el Cabrito asado!

Menú 22/50 € – Carta 30/45 €

Carrera de Vico 4 ✉ 26580 – ✆ 941 38 02 66 – www.sopitas.es – solo almuerzo salvo viernes y sábado – cerrado martes

ARRIONDAS

Asturias – 5 490 h. – Alt. 39 m – Mapa regional : **3**-C1
Madrid 497 km – León 174 km – Oviedo 66 km – Santander 131 km
Mapa de carreteras Michelin n° 572-B14

El Corral del Indianu (José A. Campoviejo)

CREATIVA • ACOGEDORA XX Disfruta de una sala interior rústica-actual y otra acristalada, más luminosa y moderna, con vistas a un patio-jardín. Reducida carta y completo menú degustación, con platos creativos que toman como base el recetario asturiano tradicional.

→ Como una ensalada de lechuga, tomate y cebolla, aderezada con una crema fría de vinagre de sidra. Guisantes con tocino, panceta y caviar. La manzana roja.

Menú 60/80 € – Carta 45/60 €

av. de Europa 14 ✉ 33540 – ✆ 985 84 10 72 – www.elcorraldelindianu.com – cerrado Navidades, 15 días en enero, domingo noche, miércoles noche y jueves salvo agosto

en la carretera AS 342

Casa Marcial (Nacho Manzano)

CREATIVA • ACOGEDORA XX ¡El emblema gastronómico de la región! La casa, en apariencia sencilla y ubicada en pleno campo, da paso a un agradable interior de ambiente rústico-actual. El chef se expresa con solvencia a través de tres menús, siempre ensalzando las raíces asturianas y dando la opción de probar los platos como si fueran a la carta.

→ Ensalada de merluza con holandesa acidulada y huevas secas. Gochu asturcelta con berza fermentada, gnocchi de maiz y nabo. Esponja de remolacha, requesón, frutos rojos y helado de cebolleta.

Menú 80/133 € – solo menú

La Salgar 10, Norte : 4 km ✉ 33549 La Salgar – ✆ 985 84 09 91 – www.casamarcial.com – cerrado 16 octubre-marzo, domingo noche, lunes y martes salvo verano

en Cofiño por la carretera AS 260 - Noroeste : 7 km

Puebloastur

GRAN LUJO • ELEGANTE Lujo, relax, naturaleza... todo a su servicio con auténtico espíritu astur. Presenta una variada zona social, detallistas habitaciones de línea clásica-actual, un buen SPA y una sugerente oferta gastronómica, siempre con el valle del Sueve como telón de fondo.

30 hab - 160/300 € 210/360 € - 23 € - 2 suites

33540 Cofiño - 984 08 18 18 - www.puebloastur.com

ARROYOMOLINOS DE LA VERA

Cáceres - 471 h. - Alt. 617 m - Mapa regional : **12**-C1

Madrid 239 km - Ávila 153 km - Cáceres 101 km - Salamanca 152 km

Mapa de carreteras Michelin n° 576-L12

La Era de mi Abuelo

COCINA TRADICIONAL • RÚSTICA Un restaurante cálido y acogedor. Su chef apuesta por una cocina tradicional de calidad, sin dejar de lado su capacidad de evolución pero respetando también los platos típicos y los productos autóctonos, en muchos casos de su propia huerta.

Carta 32/45 €

Hotel Peña del Alba, Camino de la Gargüera, Suroeste : 1,8 km 10410 - 927 17 75 16 - www.pdelalba.com - cerrado 7 enero-21 febrero

Peña del Alba

CASA DE CAMPO • RÚSTICA ¡Construcción en piedra de atractivos exteriores! La zona social está presidida por una chimenea circular, en ladrillo visto, y ofrece unas habitaciones rústicas repletas de detalles, alguna tipo duplex y otras en casitas independientes.

18 hab - 86/106 € - 8,50 €

Camino de la Gargüera, Suroeste : 1,8 km 10410 - 927 17 75 16 - www.pdelalba.com - cerrado 7 enero-21 febrero

La Era de mi Abuelo - ver selección restaurantes

ARTESA DE LLEIDA

Lleida - 1 517 h. - Mapa regional : **09G**-A2

Madrid 467 km - Barcelona 160 km - Huesca 132 km - Lleida 11 km

Mapa de carreteras Michelin n° 574-H32

Antoni Rubies

COCINA TRADICIONAL • FAMILIAR Casa de sencillo montaje que compensa sus limitaciones con enorme amabilidad, buenas elaboraciones y unos precios ajustados. Proponen una cocina tradicional que tiene en los arroces a sus grandes protagonistas... de hecho, de estos últimos hay hasta un menú.

Menú 12/25 € - Carta 24/36 €

Lleida 6 25150 - 973 16 75 53 - www.antonirubies.com - solo almuerzo salvo viernes y sábado - cerrado lunes y martes

ARTIES

Lleida - Alt. 1 143 m - Mapa regional : **9**-B1

Madrid 626 km - Barcelona 281 km - Girona 312 km - Lleida 168 km

Mapa de carreteras Michelin n° 574-D32

Casa Irene

COCINA TRADICIONAL • ACOGEDORA Acogedor restaurante dotado con un comedor principal de estilo montañés. Encontrará una cocina regional y tradicional con platos actualizados, así como dos menús degustación.

Menú 65 € - Carta 48/77 €

Hotel Casa Irene, Major 22 25599 - 973 64 43 64 - www.hotelcasairene.com - solo cena salvo fines de semana, Navidades, Semana Santa y agosto - cerrado 17 abril-16 julio y 24 septiembre-3 diciembre

Parador de Arties

TRADICIONAL • CLÁSICA Sólido edificio, con curiosas raíces históricas, donde la piedra y la madera conviven para reivindicar los valores de la arquitectura pirenaica. Posee cálidas zonas sociales, piscinas comunicadas y habitaciones bien equipadas, ocho tipo dúplex. Su restaurante se complementa en verano con una agradable terraza.

54 hab – ††85/180 € – 19 € – 3 suites

Sant Joan 1 ✉ 25599 – ✆ 973 64 08 01 – www.parador.es

Casa Irene

BOUTIQUE HOTEL • MONTAÑESA Se halla en pleno Arties y toma su nombre del restaurante, donde se originó el negocio. Ofrece una cálida zona social con chimenea, elegantes habitaciones de ambiente montañés, destacando las abuhardilladas y las tipo dúplex, así como algunos servicios de SPA.

22 hab – †116/170 € ††118/180 €

Major 22 ✉ 25599 – ✆ 973 64 43 64 – www.hotelcasairene.com – cerrado 17 abril-16 julio y 24 septiembre-3 diciembre

Casa Irene – ver selección restaurantes

ARZÚA

A Coruña – 6 219 h. – Alt. 385 m – Mapa regional : **13**-B2

Madrid 556 km – A Coruña 69 km – Lugo 68 km – Santiago de Compostela 41 km

Mapa de carreteras Michelin n° 571-D5

al Suroeste 10 km

Casa Brandariz

CASERA • RÚSTICA Queso de Arzúa, ternera gallega, miel... son solo algunos de los productos autóctonos gallegos potenciados en este restaurante, definido tanto por su rusticidad como por su evidente encanto, pues ocupa las antiguas cuadras de la casa.

Menú 17 € – Carta 22/30 €

Hotel Casa Brandariz, Dombodán ✉ 15819 Dombodán – ✆ 981 50 80 90 – www.casabrandariz.com – cerrado 15 diciembre-6 enero y viernes

Casa Brandariz

CASA DE CAMPO • RÚSTICA Antigua casa de labranza construida en piedra. Ofrece un interior rústico de gran tipismo, un bello pórtico y habitaciones de correcto confort, con los baños sencillos.

8 hab – †49 € ††54 € – 6 €

Dombodán ✉ 15819 Dombodán – ✆ 981 50 80 90 – www.casabrandariz.com – cerrado 15 diciembre-6 enero

Casa Brandariz – ver selección restaurantes

ASTORGA

León – 11 387 h. – Alt. 869 m – Mapa regional : **8**-A1

Madrid 320 km – León 47 km – Lugo 184 km – Ourense 232 km

Mapa de carreteras Michelin n° 575-E11

Las Termas

REGIONAL • AMBIENTE CLÁSICO Una parada obligada para los peregrinos que van camino de Santiago, ya que ofrece platos típicos de la región y especialidades, como el Cocido maragato, a buen precio.

Menú 13/21 € – Carta 20/35 €

Santiago 1 ✉ 24700 – ✆ 987 60 22 12 – www.restaurantelastermas.com – solo almuerzo – cerrado del 1 al 15 de febrero, del 1 al 15 de julio y lunes

Serrano

COCINA TRADICIONAL • AMBIENTE CLÁSICO XX Los primeros pasos los dieron como parrilla, sin embargo en este negocio familiar hoy veremos una carta de buen nivel, con guisos, setas, carnes, caza en temporada... Presenta un interior neorrústico y un privado a modo de aula de cocina.

Menú 35/70 € - Carta 30/45 €

Portería 2 ✉ 24700 - ✆ 987 61 78 66 - www.restauranteserrano.es - cerrado del 9 al 25 de enero, 26 junio-6 julio y lunes salvo festivos o vísperas

ÁVILA

58 358 h. - Alt. 1 131 m - Mapa regional : **8**-B3

Madrid 107 km - Cáceres 235 km - Salamanca 98 km - Segovia 67 km

Mapa de carreteras Michelin nº 575-K15

El Almacén

COCINA TRADICIONAL • ACOGEDORA XXX Negocio de línea moderna emplazado en un antiguo almacén, a orillas del río. Ofrece una cocina de gusto tradicional y una gran bodega acristalada. Solicite las mesas ubicadas junto a las ventanas, pues tienen buenas vistas a las murallas.

Carta 30/45 €

Plano : A1-e - *carret. de Salamanca 6 ✉ 05002 - ✆ 920 25 44 55 - cerrado septiembre, domingo noche y lunes*

Doña Guiomar

COCINA TRADICIONAL • AMBIENTE CLÁSICO XX Destaca por su emplazamiento en una céntrica calle peatonal. Presenta un bar de espera y un comedor actual, con los suelos en tarima, un buen servicio de mesa y bellos cuadros pintados por artistas abulenses. Cocina tradicional.

Menú 21/40 € - Carta 30/43 €

Plano : B2-d - *Tomás Luis de Victoria 3 ✉ 05001 - ✆ 920 25 37 09 - cerrado domingo noche y martes*

Corral

REGIONAL • RÚSTICA XX Ubicado a las afueras, con un bar de tapas y un comedor rústico-actual. Ofrece una carta tradicional y regional con especialidades de la zona. ¡Pruebe sus platos de cuchara!

Menú 13/30 € - Carta 25/40 €

Rejero Lorenzo de Ávila 2, por av. de Portugal : 1,5 km C1 ✉ 05004 - ✆ 920 21 19 51 - www.corralhosteleria.com - cerrado 15 días en enero-febrero y martes

Las Cancelas

COCINA TRADICIONAL • RÚSTICA XX Negocio familiar ubicado en una posada del s. XV. Encontrará un bar público, el comedor en un atractivo patio cubierto y una terraza de verano cruzando la calle. Cocina tradicional bien elaborada. Haciendo honor a la historia del edificio también ofrece habitaciones, amplias y con mobiliario rústico-actual.

Menú 25/85 € - Carta 30/60 € 14 hab - †55/60 € ††70/80 € - ☕ 7 €

Plano : B2-n - *Cruz Vieja 6 ✉ 05001 - ✆ 920 21 22 49 - www.lascancelas.com - cerrado del 8 al 29 de enero*

Parador de Ávila

HISTÓRICO • HISTÓRICA En el casco antiguo y al pie de las murallas. Este bello palacio del s. XVI ofrece unas dependencias muy cuidadas pero algo sobrias en su decoración. El comedor, de ambiente castellano y con vistas al jardín, es una gran opción para descubrir la cocina típica y regional. ¡Pruebe el famoso Chuletón de Ávila!

59 hab - ††75/170 € - ☕ 16 € - 2 suites

Plano : B1-x - *Marqués Canales de Chozas 2 ✉ 05001 - ✆ 920 21 13 40 - www.parador.es*

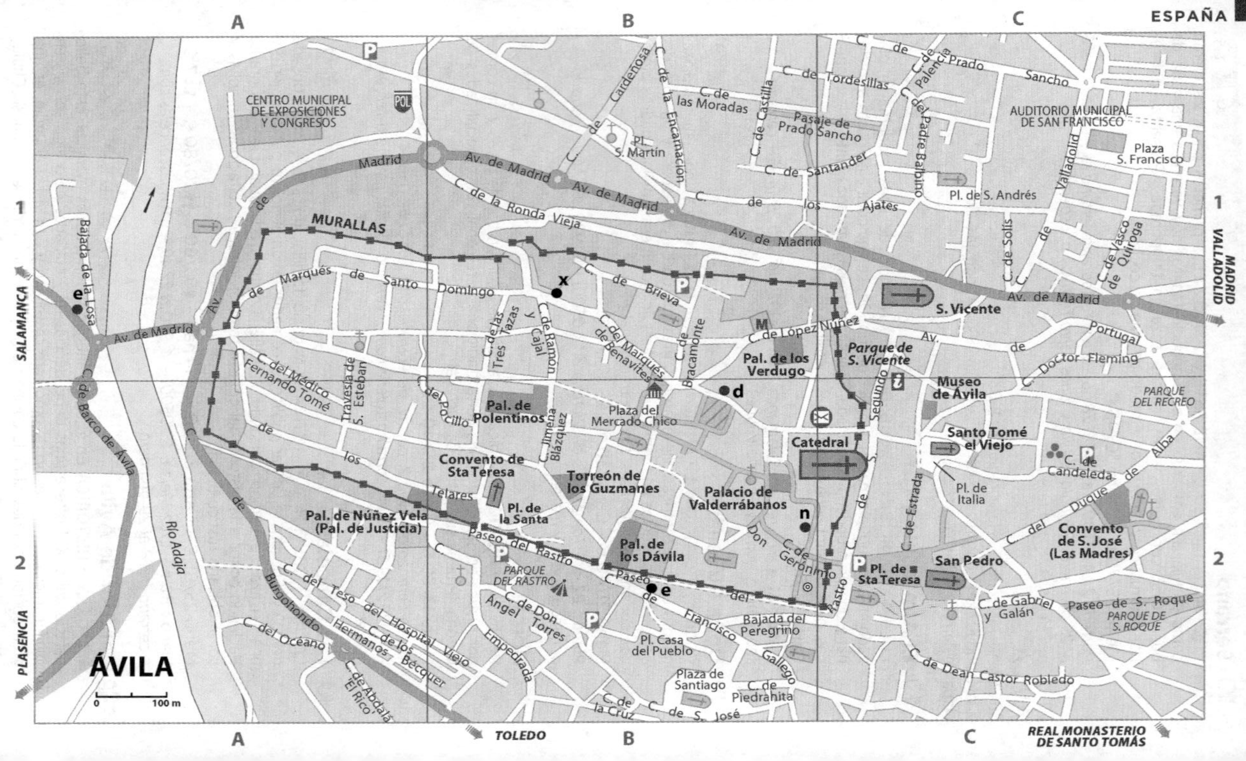
ÁVILA
0
100 m
A
B
C
1
2
MADRID
VALLADOLID
SALAMANCA
PLASENCIA
TOLEDO
REAL MONASTERIO
DE SANTO TOMÁS
CENTRO MUNICIPAL
DE EXPOSICIONES
Y CONGRESOS
AUDITORIO MUNICIPAL
DE SAN FRANCISCO
Plaza
S. Francisco
MURALLAS
S. Vicente
Parque de
S. Vicente
Museo
de Ávila
Santo Tomé
el Viejo
Pl. de
Italia
Catedral
Pal. de los
Verdugo
Plaza del
Mercado Chico
Pal. de
Polentinos
Convento de
Sta Teresa
Torreón de
los Guzmanes
Palacio de
Valderrábanos
Pal. de Núñez Vela
(Pal. de Justicia)
Pl. de
la Santa
Pal. de
los Dávila
Pl. de
Sta Teresa
San Pedro
Convento
de S. José
(Las Madres)
PARQUE
DEL RECREO
PARQUE
DEL RASTRO
PARQUE DE
S. ROQUE
Río Adaja
Bajada de la Losa
Av. de Madrid
C. de Barco de Ávila
C. de la Ronda Vieja
C. de Cardenosa
C. de la Encarnación
Pl.
S. Martín
C. de las Moradas
C. de Castilla
Pasaje de
Prado Sancho
C. de Tordesillas
C. de Palencia
C. de Prado
Sancho
C. del Padre Balbino
C. de Santander
C. de los Ajates
Pl. de S. Andrés
C. de Valladolid
C. de Solís
C. de Vasco de Quiroga
C. de Marqués de Santo Domingo
C. de Brieva
C. de las Tres Tazas
C. de Ramón y Cajal
C. del Marqués de Benavites
C. de Bracamonte
C. de López Núñez
Av. de Portugal
C. de Doctor Fleming
C. del Médico Fernando Tomé
Travesía de S. Esteban
C. del Pocillo
C. Jimena Blázquez
C. de los Telares
C. de Segundo
C. de Estrada
C. de Candeleda
C. del Duque de Alba
Paseo del Rastro
C. de Don Gerónimo
Paseo de Francisco Gallego
Bajada del Peregrino
C. de Gabriel y Galán
Paseo de S. Roque
C. de Dean Castor Robledo
C. del Teso
C. del Hospital Viejo
C. de los Hermanos Bécquer
C. de Burgohondo
C. del Océano
C. de Abdalá 'El Rico'
C. de Don Ángel Torres
Empedrada
Pl. Casa
del Pueblo
Plaza de
Santiago
C. de Piedrahita
C. de la Cruz
C. de S. José
POL
x
d
n
e

Las Leyendas

TRADICIONAL • RÚSTICA Casa del s. XVI ubicada al pie de las portentosas murallas de Ávila, emplazada extramuros y rehabilitada en un estilo rústico-actual. Su restaurante, también de ambiente rústico, apuesta por una carta de tinte internacional y regional con toques actuales.

19 hab – 40/57 € 49/89 € – 6 €

Plano : B2-e – *Francisco Gallego 3 ✉ 05002 – ✆ 920 35 20 42 – www.lasleyendas.es*

AVILÉS

Asturias – 80 880 h. – Alt. 13 m – Mapa regional : **3**-B1

Madrid 480 km – Lugo 196 km – Oviedo 34 km – Santander 201 km

Mapa de carreteras Michelin n° 572-B12

Llamber

MODERNA • RÚSTICA Taberna gastronómica de ambiente informal en la que se apuesta por una interesante cocina de raíces asturianas... eso sí, puesta al día en técnicas, texturas y presentaciones.

Tapa 8 € – Ración aprox. 14 €

Plano : A2-x – *Galiana 30 ✉ 33402 – ✆ 984 83 23 48 – www.llamber.com*

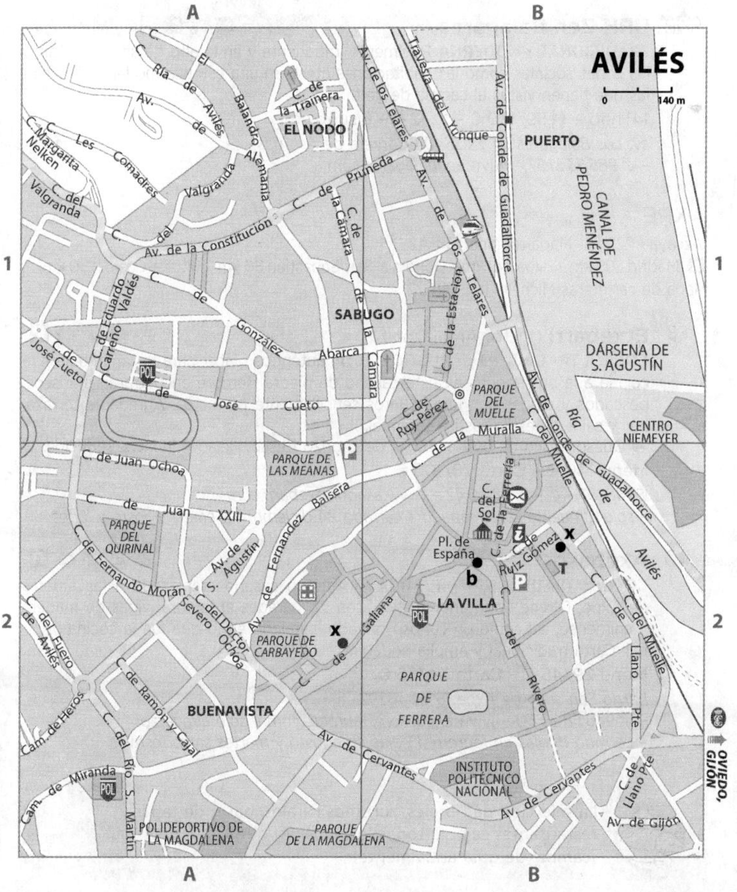

NH Palacio de Avilés

CADENA HOTELERA • CLÁSICA Se reparte entre un palacio del s. XVII y un anexo moderno, por eso las dependencias, dependiendo de su ubicación, pueden reflejar una estética antigua o actual. El restaurante basa su oferta en un menú tradicional. ¡No se pierda su precioso jardín francés!

74 hab - 75/220 € - 19 € - 4 suites

Plano : B2-b - *pl. de España 9 ✉ 33400*
- *✆ 985 12 90 80 - www.nh-hotels.com*

Palacio Valdés

TRADICIONAL • MODERNA Instalado en un edificio de fachada protegida que se halla frente al Centro Niemeyer. Ofrece unas habitaciones de línea actual-funcional, destacando las que se asoman al complejo del arquitecto brasileño. Su restaurante propone una sencilla carta tradicional.

26 hab - 45/75 € 50/100 € - 9 €

Plano : B2-x - *Llano Ponte 4 ✉ 33402*
- *✆ 984 11 21 11 - www.hotelpalaciovaldes.com*

al Sureste salida 3 de la autovía y desvío a la derecha 3 km

URH Zen Balagares

TRADICIONAL • MODERNA Realmente imponente y en lo alto de un cerro. Tanto las zonas sociales como las habitaciones atesoran una estética moderna. ¡Solicite las que tienen vistas al campo de golf!

141 hab - 59/130 € - 12 € - 6 suites

av. Los Balagares 34 ✉ 33404 Corvera de Asturias
- *✆ 985 53 51 57 - www.zenbalagares.com*

AXPE

Vizcaya - 229 h. - Mapa regional : **18**-A2

Madrid 399 km - Bilbao 41 km - Donostia-San Sebastián 80 km - Vitoria-Gasteiz 50 km

Mapa de carreteras Michelin nº 573-C22

Etxebarri (Víctor Arguinzoniz)

COCINA TRADICIONAL • RÚSTICA XX Un auténtico placer para los amantes de la cocina a la brasa, pues en este caserío de piedra siempre encontrarán mariscos, pescados y carnes con unos puntos sencillamente perfectos. Agradable terraza, bar y salas de estilo rústico-regional.

→ Queso fresco de búfala. Tartar de chorizo fresco. Helado de leche reducida.

Menú 140 € - Carta 78/105 €

✉ 48291 - ✆ 946 58 30 42 - www.asadoretxebarri.com
- solo almuerzo salvo sábado - cerrado 24 diciembre-8 enero, agosto y lunes

Akebaso

COCINA TRADICIONAL • RÚSTICA XX Antiguo caserío emplazado a las afueras de Axpe. Ofrece un interior rústico, con las paredes en piedra, vigas de madera y chimenea, así como un curioso privado instalado en lo que fue la cocina original. Carta tradicional y amplia bodega.

Menú 29/45 € - Carta 34/56 €

barrio San Juan de Axpe 16 ✉ 48292
- ✆ 946 58 20 60 - www.akebasorestaurante.com - solo almuerzo
- cerrado 15 días en febrero, 15 días en agosto y martes salvo festivos

La selección de hoteles, turismos rurales, bares de tapas y restaurantes cambia todos los años, así que... ¡cambie de guía anualmente!

AYAMONTE

Huelva - 20 357 h. - Alt. 84 m - Mapa regional : **1**-A2
Madrid 662 km - Badajoz 283 km - Huelva 53 km - Sevilla 139 km
Mapa de carreteras Michelin n° 578-U7

Casa Luciano

ANDALUZA • AMBIENTE CLÁSICO Tras su discreta fachada de aire rústico encontrará un bar de tapas, con sugerentes expositores, y dos confortables salas. Carta regional de producto con sugerencias y guisos.

Carta 29/51 €

La Palma del Condado 1 ✉ 21400 - ✆ 959 47 10 71 - www.restaurantecasaluciano.es - cerrado domingo noche salvo verano y lunes

AYORA

Valencia - 5 303 h. - Alt. 552 m - Mapa regional : **11**-A2
Madrid 346 km - Alacant/Alicante 117 km - Albacete 95 km - València 135 km
Mapa de carreteras Michelin n° 577-O26

77

COCINA TRADICIONAL • RÚSTICA El restaurante, que debe su nombre al año en el que abrió sus puertas, presenta un interior rústico-regional bastante acogedor, con profusión de madera y mobiliario provenzal. Buena cocina tradicional y de temporada, con algún que otro plato de caza.

Menú 15 € - Carta 26/35 €

Virgen del Rosario 64, carret. N 330 ✉ 46620 - ✆ 962 19 13 15 - www.restaurante77.com - cerrado 30 agosto-13 septiembre, domingo noche y martes

AZKOITIA

Guipúzcoa - 11 566 h. - Alt. 113 m - Mapa regional : **18**-B2
Madrid 417 km - Bilbao 65 km - Donostia-San Sebastián 57 km - Vitoria-Gasteiz 66 km
Mapa de carreteras Michelin n° 573-C23

Joseba

COCINA TRADICIONAL • RÚSTICA Instalado en el antiguo palacio Floreaga, que data del s. XVI. En su rehabilitación se apostó por la sobriedad decorativa, dejando las paredes en piedra. Cocina tradicional con platos como el Panaché de verduras o el Bacalao club ranero.

Menú 15/27 € - Carta 26/54 €

Aizkibel 10 ✉ 20720 - ✆ 943 85 34 12 - www.josebajatetxea.com - cerrado 24 diciembre-8 enero, Semana Santa, 19 agosto-1 septiembre, domingo noche, lunes y martes noche

AZOFRA

La Rioja - 205 h. - Alt. 559 m - Mapa regional : **14**-A2
Madrid 324 km - Burgos 87 km - Logroño 35 km - Vitoria-Gasteiz 63 km
Mapa de carreteras Michelin n° 573-E21

Real Casona de las Amas

HISTÓRICO • ACOGEDORA Instalado en un palacete del s. XVII. Posee acogedoras estancias de aire rústico, habitaciones de gran confort y una pequeña pero agradable piscina con solárium. ¡Ideal si lo que busca es tranquilidad, paseos por el campo o jugar al golf!

15 hab - ††79/159 € - ☕ 10 € - 2 suites

Mayor 5 ✉ 26323 - ✆ 941 41 61 03 - www.realcasonadelasamas.com - cerrado 28 diciembre-25 enero

BADAJOZ

149 892 h. - Alt. 183 m - Mapa regional : **12**-A2
Madrid 399 km - Cáceres 96 km - Córdoba 269 km - Toledo 366 km
Mapa de carreteras Michelin n° 576-P9

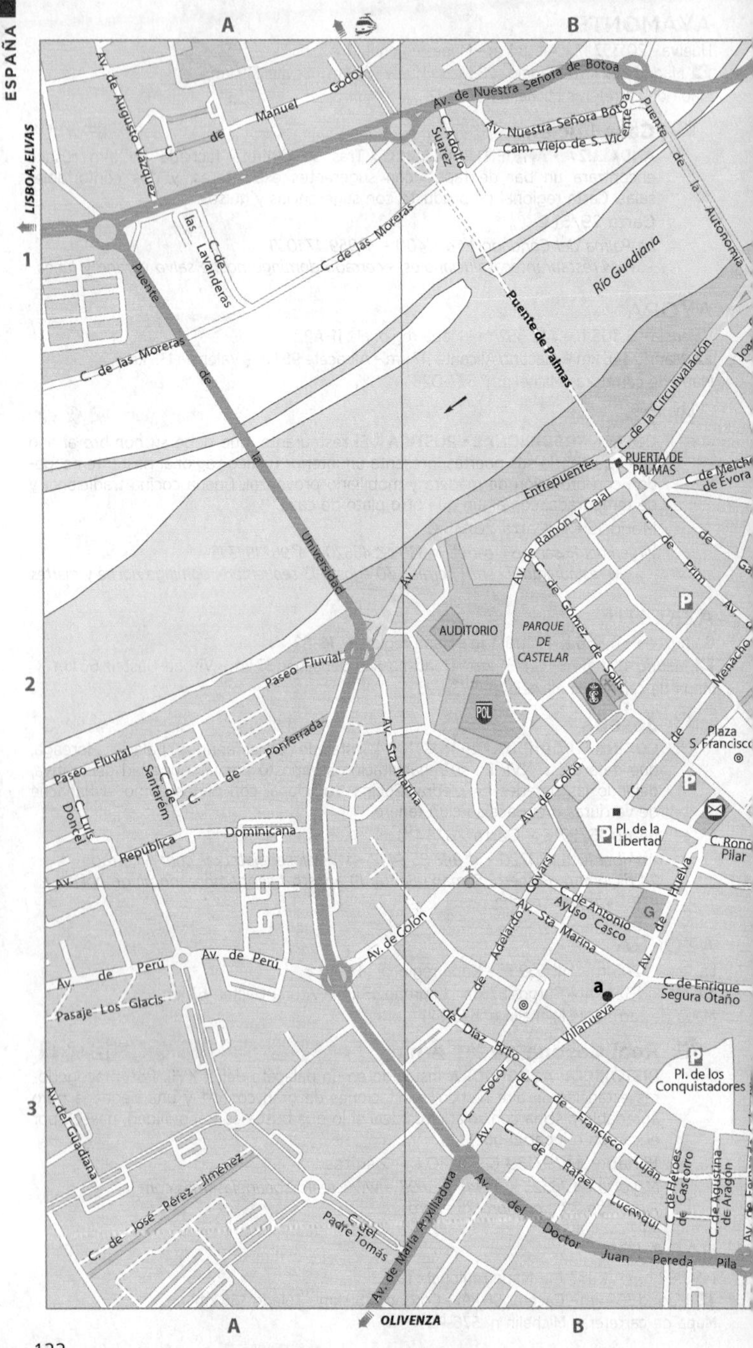
A
B
1
2
3
LISBOA, ELVAS
OLIVENZA
Av. de Augusto Vázquez
C. de Manuel Godoy
Av. de Nuestra Señora de Botoa
Av. Nuestra Señora Botoa
Cam. Viejo de S. Vicente
C. Adolfo Suárez
Puente de la Autonomía
C. de las Moreras
C. de Lavanderas
Río Guadiana
Puente de Palmas
Puente de la Universidad
C. de la Circunvalación
PUERTA DE PALMAS
Entrepuentes
C. de Melchor de Évora
Av. de Ramón y Cajal
C. de Gómez de Solís
C. de Prim
Av. de Menacho
AUDITORIO
PARQUE DE CASTELAR
POL
Paseo Fluvial
C. de Ponferrada
C. de Santarém
C. Luis Doncel
Av. República Dominicana
Av. Sta Marina
Av. de Colón
Plaza S. Francisco
Pl. de la Libertad
C. Ronda Pilar
C. de Antonio Ayuso Casco
Av. Sta Marina
C. de Adelardo Covarsí
Av. de Huelva
Av. de Perú
Pasaje Los Glacis
C. de Enrique Segura Otaño
Villanueva
C. de Díaz Brito
C. Socorro
C. de Francisco Luján
C. de Rafael Lucenqui
C. de Héroes de Cascorro
C. de Agustina de Aragón
Pl. de los Conquistadores
Av. del Guadiana
C. de José Pérez Jiménez
C. del Padre Tomás
Av. de María Auxiliadora
Av. del Doctor Juan Pereda Pila
G
a

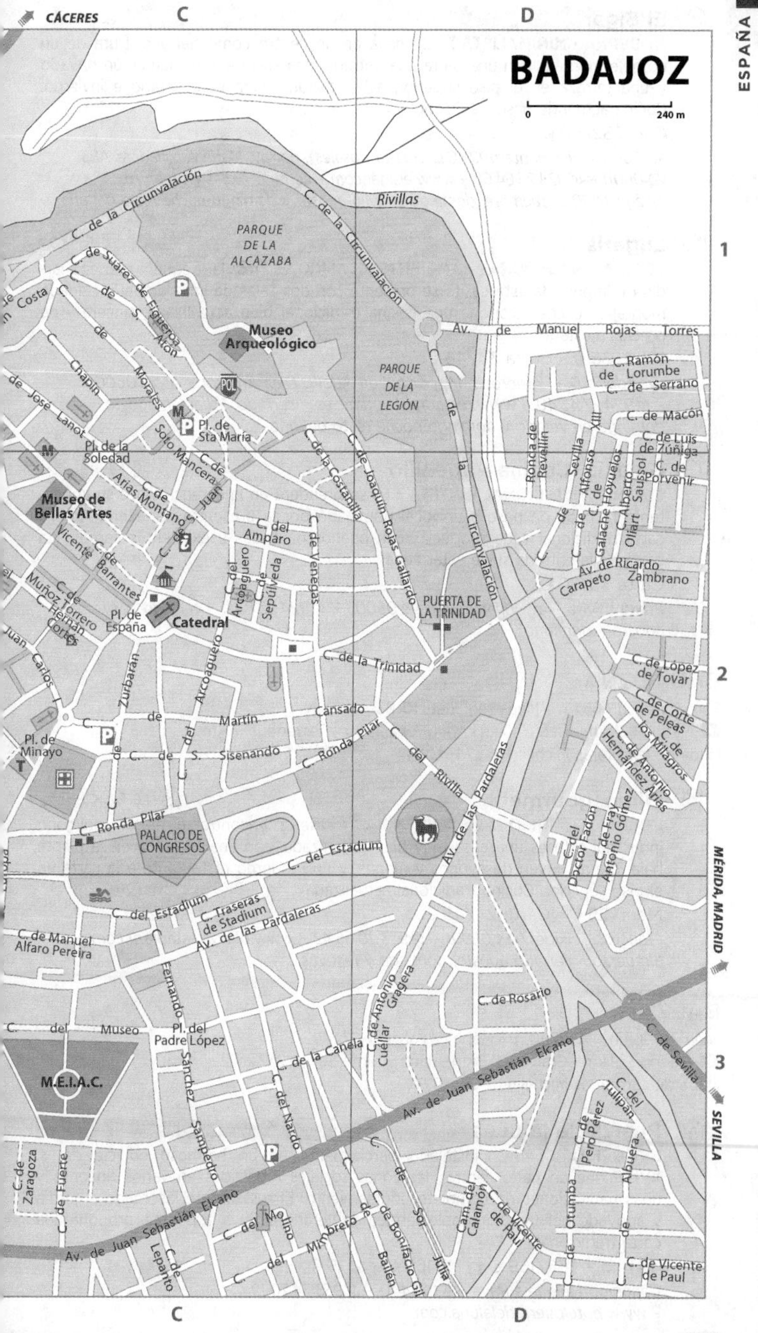
CÁCERES
C
D
BADAJOZ
0
240 m
1
2
3
C. de la Circunvalación
Rivillas
PARQUE DE LA ALCAZABA
C. de Suárez de Figueroa
Costa
C. de S. Atón
C. de Chapín
C. de Morales
Museo Arqueológico
PARQUE DE LA LEGIÓN
Av. de Manuel Rojas Torres
C. Ramón de Lorumbe
C. de Serrano
C. de Macón
C. de Luis de Zúñiga
C. de Porvenir
Ronda de Revellín
C. de Sevilla
C. de Alfonso XIII
C. de Galache Hoyuelos
C. Alberto Oliart Saussol
C. de la Circunvalación
C. de José Lanot
Pl. de Sta María
Soto Mancera
C. de S. Juan
Pl. de la Soledad
C. de Arias Montano
Museo de Bellas Artes
C. de la Costanilla
C. de Joaquín Rojas Gallardo
C. del Amparo
C. de Venegas
C. de Sepúlveda
C. del Arcoagüero
Vicente Barrantes
Muñoz Torrero
C. Hernán Cortés
Pl. de España
Catedral
Av. de Ricardo Carapeto Zambrano
PUERTA DE LA TRINIDAD
Juan Carlos I
C. de la Trinidad
C. de López de Tovar
C. de Corte de Peleas
C. de los Milagros
C. de Antonio Hernández Arias
Zurbarán
C. de Martín Cansado
C. del Arcoagüero
Pl. de Minayo
C. de S. Sisenando
C. Ronda Pilar
C. del Rivilla
Av. de las Pardaleras
C. del Doctor Fadón
C. de Fray Antonio Gómez
C. Ronda Pilar
PALACIO DE CONGRESOS
C. del Estadium
C. del Estadium
C. Traseras de Stadium
Av. de las Pardaleras
C. de Manuel Alfaro Pereira
Fernando Sánchez Sampedro
C. del Museo
Pl. del Padre López
M.E.I.A.C.
C. de Antonio Cuéllar Gragera
C. de Rosario
C. de la Canela
Av. de Juan Sebastián Elcano
C. de Sevilla
C. del Tulipán
C. de Pero Pérez
C. del Nardo
C. de Zaragoza
C. de Fuerte
Av. de Juan Sebastián Elcano
C. del Molino
C. del Mimbrero
C. de Lepanto
C. de Bailén
C. de Bonifacio Gil
C. de Sor Julia
Cam. del Calamón
C. de Vicente de Paul
C. de Otumba
C. de Albuera
C. de Vicente de Paul
MÉRIDA, MADRID
SEVILLA
C
D

El Sigar

MODERNA • MINIMALISTA XX Se halla en un centro comercial y disfruta de un notable montaje, con una barra a la entrada, una sala de línea actual, un privado y una terraza en el piso superior, esta acondicionada para verano e invierno. Cocina actual de base tradicional.

Carta 32/50 €

av. Luis Movilla Montero 12 (C.C. Huerta Rosales), por av. María Auxiliadora AB3 ✉ 06011 – ✆ 924 25 64 68 – www.elsigar.com – cerrado 7 días en febrero, 27 agosto-10 septiembre, domingo en julio-agosto y domingo noche resto del año

Lugaris

COCINA TRADICIONAL • AMBIENTE CLÁSICO XX Tras la pequeña terraza-jardín de la entrada esta casita se presenta con dos salas de línea actual y cuidado montaje. Su chef propone una cocina tradicional bien actualizada, sincera y de precios ajustados.

Menú 38 € – Carta 34/46 €

av. Adolfo Díaz Ambrona 44, por av. de Adolfo Díaz Ambrona A1 ✉ 06006 – ✆ 924 27 45 40 – www.restaurantelugaris.es – cerrado 7 días en agosto, domingo en verano y domingo noche resto del año

Galaxia. Cocina Pepehillo

COCINA TRADICIONAL • ÍNTIMA X Le sorprenderá en la estética, pues su impactante fachada da paso a un local dominado por la presencia del acero. Amplia carta tradicional y de producto, con buenos pescados y excelentes carnes. ¡La barra de la entrada suele estar llena!

Carta 35/50 €

Plano : B3-a – *av. Villanueva 6 ✉ 06005 – ✆ 924 25 82 11 – cerrado 15 días en agosto y domingo*

BADALONA

Barcelona – 215 654 h. – Mapa regional : **10**-B3
Madrid 628 km – Barcelona 11 km – Girona 93 km – Tarragona 111 km
Mapa de carreteras Michelin n° 574-H36

Olmosgourmet

COCINA TRADICIONAL • TENDENCIA XX Pese a encontrarse en un polígono industrial esta es una casa muy bien organizada, con una cafetería en la planta baja, donde sirven desayunos y menús, y un moderno restaurante a la carta en el piso superior. Cocina tradicional actualizada.

Menú 25 € – Carta 24/45 €

Francesc Teixidó 7 ✉ 08918 – ✆ 933 20 55 42 – www.olmosrestaurant.com – solo almuerzo – cerrado agosto, domingo y festivos

BAEZA

Jaén – 16 163 h. – Alt. 760 m – Mapa regional : **1**-C2
Madrid 322 km – Granada 135 km – Jaén 50 km – Sevilla 277 km
Mapa de carreteras Michelin n° 578-S19

Puerta de la Luna

HISTÓRICO • CLÁSICA Instalado parcialmente en un hermoso edificio del s. XVI. Posee un patio central, las zonas sociales repartidas en varios rincones y unas habitaciones de completo equipamiento. El restaurante, asomado al jardín y apoyado por una agradable terraza de verano junto a la piscina, propone una carta tradicional.

44 hab – †66/169 € ††70/169 € – ☕ 15 €

Canónigo Melgares Raya 7 ✉ 23440 – ✆ 953 74 70 19 – www.hotelpuertadelaluna.com

Aznaitín

FAMILIAR • FUNCIONAL Pequeño pero bien llevado entre hermanos. Ofrece habitaciones actuales, todas personalizadas con una gran foto-cabecero que alude a un personaje o hecho histórico de Baeza.

22 hab - 39/65 € 48/98 € - 5 €

Cabreros 2 ✉ 23440 - ✆ 953 74 07 88 - www.hostalaznaitin.com

BAGÀ

Barcelona - 2 188 h. - Alt. 785 m - Mapa regional : **9**-C1

Madrid 635 km - Barcelona 128 km - Girona 145 km - Lleida 178 km

Mapa de carreteras Michelin n° 574-F35

Ca L'Amagat

COCINA TRADICIONAL • AMBIENTE CLÁSICO Canelones caseros, Manitas de cerdo rellenas de "ceps", Costillas a la brasa... Aquí encontrará una carta tradicional y varios menús, todo en base a productos de proximidad.

Menú 17/38 € - Carta 28/42 €

Clota 4 ✉ 08695 - ✆ 938 24 40 32 - www.hotelcalamagat.com
- cerrado 24 diciembre-8 enero, domingo noche y lunes salvo verano

BAGERGUE Lleida

→ Ver Salardú

BAIONA

Pontevedra - 12 072 h. - Mapa regional : **13**-A3

Madrid 616 km - Ourense 117 km - Pontevedra 44 km - Vigo 21 km

Mapa de carreteras Michelin n° 571-F3

Parador de Baiona

HISTÓRICO • HISTÓRICA Singular pazo gallego reconstruido en un entorno amurallado que destaca tanto por sus exteriores como por sus vistas al mar. Amplia zona noble, confortables habitaciones y restaurante de carácter polivalente. ¡La muralla, visitable, tiene un perímetro de 2 Km!

117 hab - 95/260 € - 20 € - 5 suites

Castelo Monterreal ✉ 36300 - ✆ 986 35 50 00 - www.parador.es

al Sur 2,5 km

Paco Durán

COCINA TRADICIONAL • AMBIENTE CLÁSICO Está en pleno monte y ofrece unas vistas increíbles, tanto a Baiona como a las rías. En su sala, totalmente acristalada, podrá degustar una cocina tradicional variada y bien elaborada, con pescados, mariscos y carnes a la parrilla.

Carta 25/45 €

Iglesia Louzans 60 ✉ 36308 Baiña - ✆ 986 35 50 17 - www.pacoduran.com
- cerrado lunes de octubre a mayo y domingo noche

en Belesar Sureste : 3 km y desvío a la derecha 2,5 km

Le Sept N

CASA DE CAMPO • MODERNA Casa de diseño moderno definida por su luminosidad... no en vano, disfruta de abundantes acristalamientos y buenas vistas. ¡Alquilan un "txoko", al estilo vasco, para grupos!

7 apartamentos - 87/170 €

Medialdea 58 ✉ 36307 Belesar - ✆ 630 96 87 48 - www.lesept.es

en la carretera PO 552 Suroeste : 6 km

Talaso Atlántico

SPA Y BIENESTAR • FUNCIONAL Disfruta de una situación privilegiada frente al mar y en sus instalaciones cuenta con un moderno complejo de talasoterapia. Tanto el restaurante como su terraza gozan de excelentes vistas. Carta tradicional con arroces. ¡El aporte continuo de agua marina les permite mantener unos enormes viveros de marisco!

69 hab - 90/110 € 115/150 € - 14 € - 1 suite

Faro Silleiro ✉ 36309 Santa María de Oia - ✆ 986 38 50 90 - www.talasoatlantico.com

BAKIO

Vizcaya - 2 589 h. - Mapa regional : **18**-A3
Madrid 425 km - Bilbao 32 km - Donostia-San Sebastián 118 km - Vitoria-Gasteiz 94 km
Mapa de carreteras Michelin n° 573-B21

Zintziri Errota

MODERNA • RÚSTICA Instalado en un bucólico caserío de 1650 que primero funcionó como ferrería y después como molino harinero. Sorprende con un interior de hermosa rusticidad y una carta actual.

Menú 31/49 € - Carta 37/53 €

barrio Arzalde 5 ✉ 48130 - ✆ 946 19 32 23 - www.zintzirierrota.com - solo almuerzo salvo jueves en julio y agosto, viernes y sábado - cerrado 23 diciembre-1 enero y febrero

Gotzon Jatetxea

REGIONAL • AMBIENTE CLÁSICO Frente a la playa, llevado en familia y avalado por una larga trayectoria. Cocina vasca elaborada con productos de temporada, buenos pescados y carnes de confianza.

Menú 43 € - Carta 41/54 €

Luzarragako Bidea 2 ✉ 48130 - ✆ 946 19 40 43 - www.gotzonjatetxea.com - solo almuerzo salvo junio-octubre - cerrado 8 enero-febrero y miércoles salvo julio-agosto

Basarte

CASA DE CAMPO • RÚSTICA Caserío típico rodeado por una amplia finca repleta de viñedos. Ofrece un salón social con cocina y unas habitaciones bastante coloristas, todas confortables y bien equipadas.

5 hab - †60 € ††80 € - ☕ 5 €

Urkitzaurrealde 4 ✉ 48130 - ✆ 605 02 61 15 - www.basarte.net - marzo-noviembre

BALAGUER

Lleida - 16 479 h. - Alt. 233 m - Mapa regional : **9**-A2
Madrid 496 km - Barcelona 149 km - Huesca 125 km - Lleida 27 km
Mapa de carreteras Michelin n° 574-G32

Cal Xirricló

COCINA TRADICIONAL • ACOGEDORA Este negocio familiar, de 3ª generación, ofrece un bar de tapas y una sala clásica-regional subdividida en varios espacios. Cocina tradicional actualizada y menús degustación.

Menú 17/60 € - Carta 30/53 €

Doctor Fleming 53 ✉ 25600 - ✆ 973 44 50 11 - www.calxirriclo.com - cerrado domingo, lunes noche y martes noche

BALEA → Ver O Grove

BALLESTEROS DE CALATRAVA

Ciudad Real - 416 h. - Alt. 659 m - Mapa regional : **7**-B3
Madrid 221 km - Albacete 235 km - Ciudad Real 22 km - Toledo 142 km
Mapa de carreteras Michelin n° 576-P18

Palacio de la Serna

PALACE • PERSONALIZADA Este palacio del s. XVIII combina, con acierto, los detalles de época y la decoración más vanguardista... no en vano, el propietario es un artista polifacético que muestra aquí muchas de sus obras. Comedor de buen montaje y cocina tradicional. ¡Visite sus museos, uno de coches clásicos y otro al aire libre!

27 hab - †81/89 € ††99/110 € - ☕ 10 €

Cervantes 18 ✉ 13432 - ✆ 926 84 22 08 - www.hotelpalaciodelaserna.es

BALNEARIO → Ver el nombre propio del balneario

BANYOLES

Girona - 19 299 h. - Alt. 172 m - Mapa regional : **9**-C3
Madrid 701 km - Barcelona 118 km - Girona 20 km - Tarragona 208 km
Mapa de carreteras Michelin n° 574-F38

Ca l'Arpa (Pere Arpa)

COCINA TRADICIONAL · ACOGEDORA XX Resulta céntrico y apuesta por la cocina tradicional actualizada, siempre en base a productos catalanes y con la personal reinterpretación del chef. También ofrece, como complemento, unas cuidadas habitaciones de línea actual. ¡Si le gusta la enología hable con la propietaria, en permanente búsqueda de nuevas bodegas!
→ Sardinas marinadas. Manitas de cerdo con foie a la parrilla. Chocolate y pera.
Menú 38/70 € - Carta 54/74 € 8 hab - 86 € 100/115 € - 12 €
passeig Indústria 5 17820 - 972 57 23 53 - www.calarpa.com
- cerrado domingo noche, lunes y martes mediodía

Quatre Estacions

COCINA TRADICIONAL · AMBIENTE CLÁSICO XX Este negocio, bien llevado entre dos matrimonios, disfruta de un cuidado comedor con profusión de madera y un semiprivado circular. Su carta presenta una cocina tradicional. ¡Pruebe su especialidad, los Erizos de mar rellenos y gratinados!
Menú 18/30 € - Carta 24/39 €
av. de La Farga 5 17820
- 972 57 33 00 - www.restaurantquatreestacions.com
- solo almuerzo salvo fines de semana - cerrado 24 agosto-4 septiembre, domingo noche, festivos noche y lunes

BARBASTRO

Huesca - 17 020 h. - Alt. 215 m - Mapa regional : **2**-C1
Madrid 440 km - Huesca 51 km - Lleida 68 km - Zaragoza 128 km
Mapa de carreteras Michelin n° 574-F30

Flor

MODERNA · AMBIENTE CLÁSICO X Restaurante de gran capacidad dotado con varios comedores y un espacioso salón para banquetes. Ofrece una carta de gusto actual, con detalles de autor y buenas ejecuciones.
Menú 22/50 € - Carta 33/53 €
Goya 3 22300 - 974 31 10 56 - www.restauranteflor.com
- cerrado del 7 al 28 de enero, domingo noche y lunes

BARBATE

Cádiz - 22 808 h. - Alt. 16 m - Mapa regional : **1**-B3
Madrid 694 km - Cádiz 66 km - Málaga 208 km - Sevilla 170 km
Mapa de carreteras Michelin n° 578-X12

El Campero

COCINA TRADICIONAL · AMBIENTE MEDITERRÁNEO XX Toda una referencia, pues aquí el producto estrella es el emblemático Atún rojo de almadraba. Posee un amplio bar de tapas y dos salas, donde podrá descubrir unas elaboraciones de tinte tradicional... con buenos detalles actuales y nipones.
Carta 34/65 €
av. de la Constitución 5 11160 - 956 43 23 00 - www.restauranteelcampero.es
- cerrado 12 diciembre-12 febrero y lunes salvo agosto

BARCELONA

Barcelona, como todo Cataluña, es una tierra de gran tradición culinaria, defensora de sus raíces pero también referente mundial en cuanto a la innovación gastronómica, trabajando siempre en base a una materia prima de excepción y, a ser posible, de proximidad. Debe dar una vuelta por los populares mercados, las concurridas terrazas, sus sorprendentes espacios de ambiente modernista... y disfrutar del bullicio de una de las ciudades más turísticas del país.

Las especialidades culinarias:
Seguramente el plato más conocido es el Pantumaca (pa amb tomàquet)... sin embargo, no puede dejar de probar la popular Escalivada, la Esqueixada, el Xató, los famosos Cargols a la llauna, el Suquet de pescado... y, por supuesto, la universal Crema catalana.

Y para beber:
Aquí hay que hablar, necesariamente, del Cava, un vino espumoso de gran tradición que tiene su principal zona de producción en las tierras del Penedés. Si tiene la posibilidad, debe visitar alguna de sus famosas bodegas.

1 611 822 h.

- Mapa regional n° 10-B3
- Mapa de carreteras Michelin n° 574-H36

▶ Madrid 627 km – Bilbao 607 km – Lleida/Lérida 169 km – Perpignan 187 km

Planos de la ciudad en páginas siguientes

RESTAURANTES Y HOTELES

TODOS LOS RESTAURANTES

Melba/age fotostock

H. Leue/Getty Images

RESTAURANTES POR TIPO DE COCINA

Carnes

Catalana

Clásica

Cocina tradicional

Creativa

Euroasiática

Gallega

Internacional

Italiana

Japonesa

Mediterránea

Mexicana

Moderna

Peruana

Pescados y mariscos

Regional

Vasca

RESTAURANTES ABIERTOS SÁBADO Y DOMINGO

R. Valls López/age fotostock

TODOS LOS HOTELES

A. Abad/age fotostock

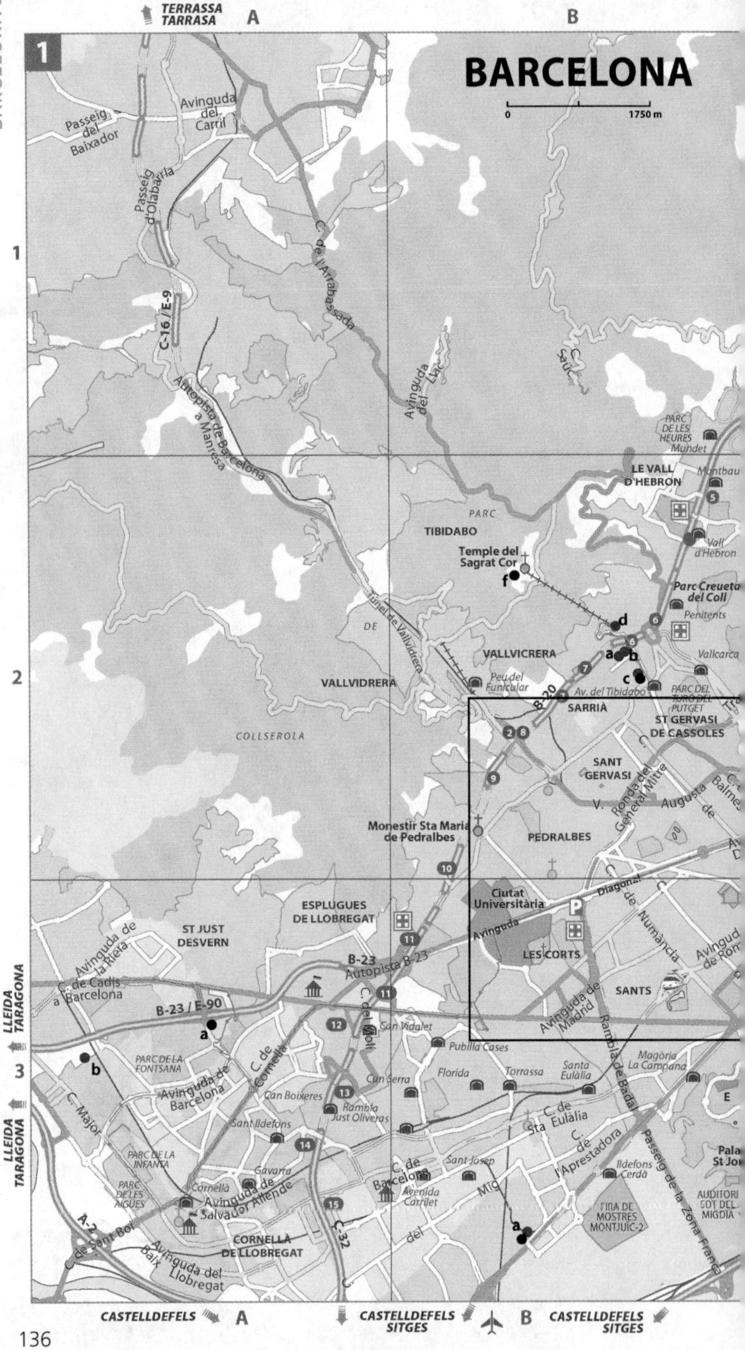

BARCELONA

1
TERRASSA
TARRASA
A
B
0
1750 m
Passeig del Baixador
Avinguda del Carril
Passeig d'Olabarria
C. de l'Arrabassada
C-16 / E-9
Autopista de Barcelona a Manresa
Avinguda del Llac
C. Saüc
PARC DE LES HEURES
Mundet
LE VALL D'HEBRON
Montbau
PARC
TIBIDABO
Temple del Sagrat Cor
Vall d'Hebron
Parc Creueta del Coll
Penitents
Túnel de Vallvidrera
DE
VALLVICRERA
VALLVIDRERA
Peu del Funicular
Av. del Tibidabo
Vallcarca
PARC DEL TURÓ DEL PUTGET
B-20
SARRIÀ
ST GERVASI DE CASSOLES
COLLSEROLA
SANT GERVASI
Ronda del General Mitre
Augusta
Balmes
Monestir Sta Maria de Pedralbes
PEDRALBES
Diagonal
Ciutat Universitària
Avinguda
LES CORTS
C. de Numància
Avinguda de Roma
ESPLUGUES DE LLOBREGAT
ST JUST DESVERN
Avinguda de la Riera
B-23
Autopista B-23
C. de Cadis a Barcelona
B-23 / E-90
C. del Molí
Can Vidalet
SANTS
Avinguda de Madrid
Rambla de Badal
LLEIDA TARAGONA
PARC DE LA FONTSANA
C. de Cornellà
Avinguda de Barcelona
Pubilla Cases
Florida
Torrassa
Santa Eulàlia
Magòria La Campana
Can Serra
Can Boixeres
Rambla Just Oliveras
C. de Sta Eulàlia
C. de l'Aprestadora
C. Major
Sant Ildefons
PARC DE LA INFANTA
Gavarra
C. de Barcelona
Sant Josep
Ildefons Cerdà
Passeig de la Zona Franca
Pala St Jo
PARC DE LES AIGUES
Cornellà
Avinguda de Salvador Allende
Avenida Carrilet
Mig
del
FIRA DE MOSTRES MONTJUÏC-2
AUDITORI SOT DEL MIGDIA
A-2
C. de Sant Boi
Avinguda del Baix Llobregat
CORNELLÀ DE LLOBREGAT
C-32
E
CASTELLDEFELS
CASTELLDEFELS SITGES
2
3

TERRASSA TARRASA · GIRONA · PUIGCERDÀ VIC · MATARÓ · BALEARES, GENOVA

C · D · 2 · 1 · 2 · 3

STA COLOMA DE GRAMENET · VALLBONA · NOU BARRIS · HORTA · SANT ANDREU · BADALONA · STA ADRIÀ DE BESÒS · SAGRADA FAMILIA · Hospital de St Pau · Parc Güell · EUROPOLIS · Catedral Santa Eulalia · Castell de Montjuïc · Estadi Olímpic Lluis Companys · MAR MEDITERRÀNIA

Poble Espanyol . . . . E
Museu Nacional d'Art de Catalunya M4
Museu d'Arqueològia M5
Teatre Grec T1
Fundació Joan Miró . . . . W
Pavelló Mies van der Rohe . . . . Z

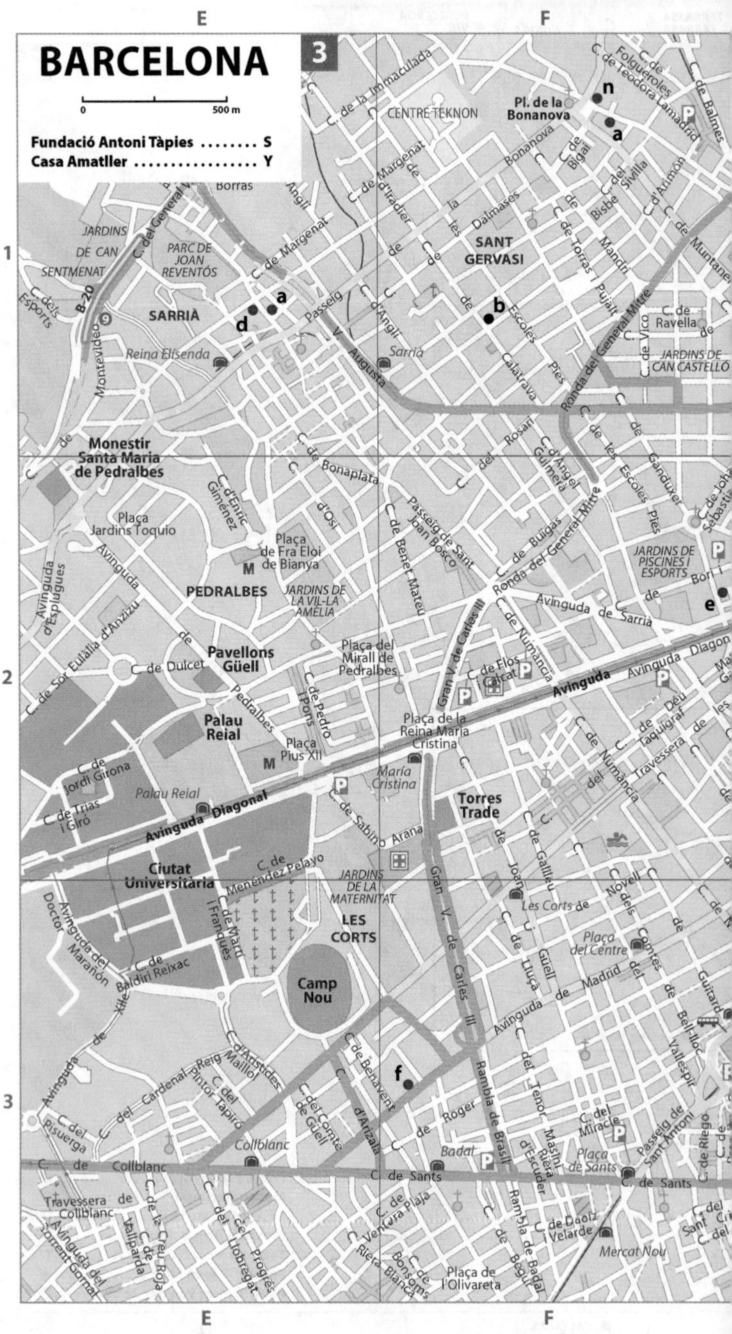
BARCELONA
3
0
500 m
Fundació Antoni Tàpies .... S
Casa Amatller .... Y
E
F
1
2
3
CENTRE TEKNON
Pl. de la Bonanova
SANT GERVASI
SARRIÀ
Reina Elisenda
Sarrià
JARDINS DE CAN SENTMENAT
PARC DE JOAN REVENTÓS
Monestir Santa Maria de Pedralbes
Plaça Jardins Toquio
Plaça de Fra Eloi de Bianya
PEDRALBES
JARDINS DE LA VIL-LA AMÈLIA
Pavellons Güell
Palau Reial
Plaça Pius XII
Plaça del Mirall de Pedralbes
Plaça de la Reina Maria Cristina
Maria Cristina
Torres Trade
Palau Reial
Avinguda Diagonal
Ciutat Universitària
JARDINS DE LA MATERNITAT
LES CORTS
Camp Nou
Les Corts
Plaça del Centre
JARDINS DE PISCINES I ESPORTS
JARDINS DE CAN CASTELLÓ
Collblanc
Badal
Plaça de Sants
Mercat Nou
Plaça de l'Olivareta
Ronda del General Mitre
Gran V. de Carles III
Passeig de Sant Joan Bosco
Avinguda de Sarrià
Avinguda de Madrid
C. de Sants
Rambla de Brasil
Passeig de Sant Antoni
Travessera de Collblanc
Avinguda del Doctor Marañón
Avinguda de Xile
C. de Numància
C. de Collblanc

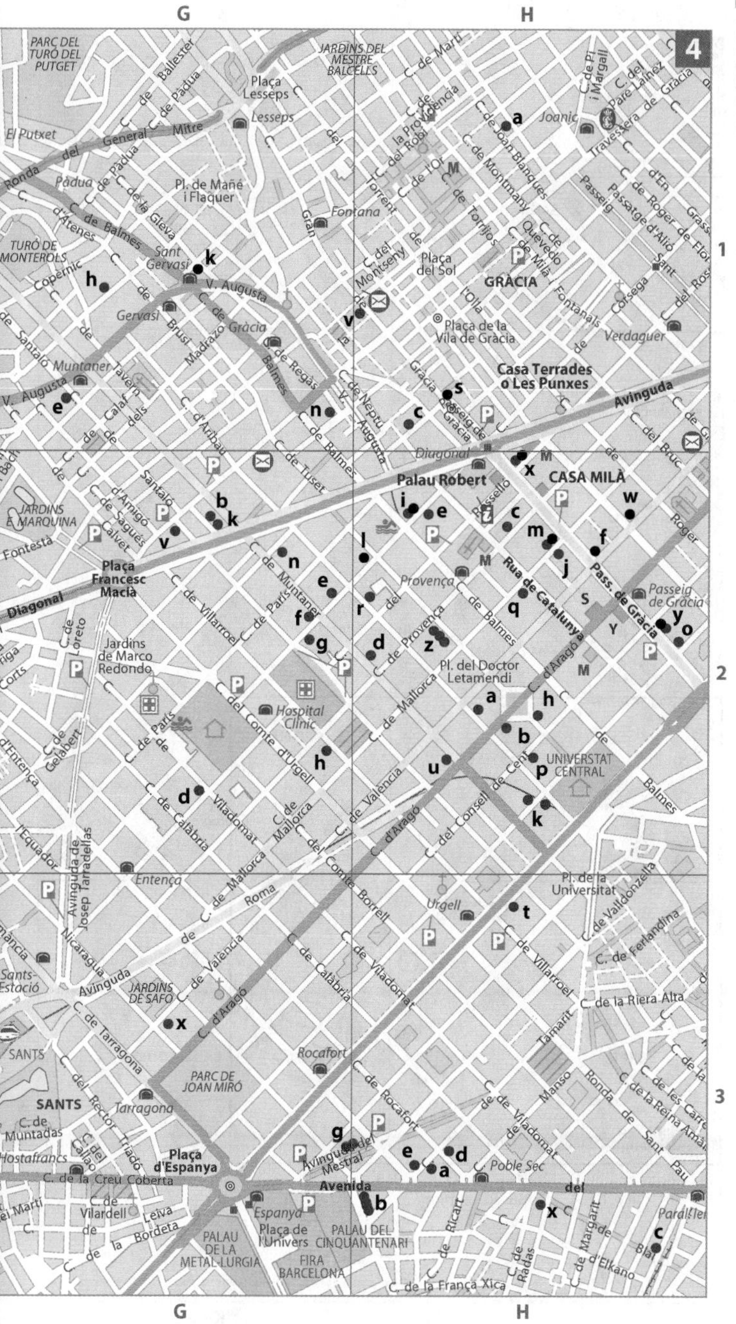
G
H
4
1
2
3
PARC DEL TURÓ DEL PUTGET
JARDINS DEL MESTRE BALCELLS
Plaça Lesseps
Lesseps
El Putxet
Ronda del General Mitre
Pàdua
Pl. de Mañé i Flaquer
C. de Balmes
TURÓ DE MONTEROLS
Sant Gervasi
Gervasi
V. Augusta
Madrazo
Gràcia
Muntaner
Fontana
C. del Montseny
Plaça del Sol
GRÀCIA
Plaça de la Vila de Gràcia
Joanic
Travessera de Gràcia
Verdaguer
Casa Terrades o Les Punxes
Avinguda
Diagonal
Palau Robert
CASA MILÀ
JARDINS E. MARQUINA
Plaça Francesc Macià
Provença
Rua de Catalunya
Pass. de Gràcia
Passeig de Gràcia
Pl. del Doctor Letamendi
UNIVERSTAT CENTRAL
Hospital Clínic
Jardins de Marco Redondo
Pl. de la Universitat
Entença
Urgell
Avinguda de Josep Tarradellas
Sants-Estació
JARDINS DE SAFO
SANTS
Rocafort
PARC DE JOAN MIRÓ
Tarragona
Hostafrancs
Plaça d'Espanya
C. de la Creu Coberta
Avenida del Paral·lel
Poble Sec
Espanya
Plaça de l'Univers
PALAU DE LA METAL·LURGIA
PALAU DEL CINQUANTENARI
FIRA BARCELONA
C. de la França Xica
C. de la Riera Alta
Ronda de Sant Pau

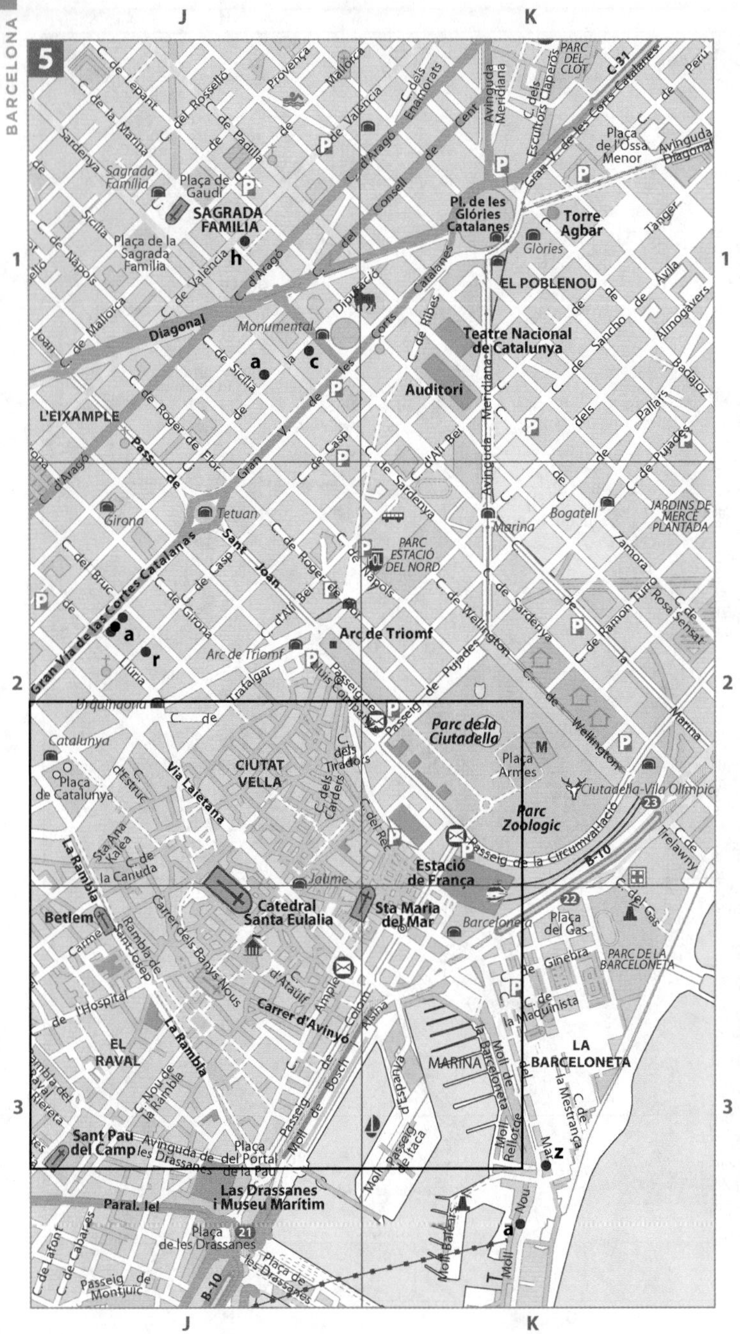

J K

5

PARC DEL CLOT
C-31
C. de Lepant
C. del Rosselló
Provença
Mallorca
C. de la Marina
C. de Padilla
de Valencia
C. dels Enamorats
Avinguda Meridiana
C. dels Escultors Claperós
Gran V. de les Corts Catalanes
C. de Perú
Sardenya
Sagrada Família
Plaça de Gaudí
C. d'Aragó
C. del Consell de Cent
Plaça de l'Ossa Menor
Avinguda Diagonal
SAGRADA FAMILIA
Pl. de les Glòries Catalanes
Torre Agbar
Glòries
Sicília
Plaça de la Sagrada Família
h
C. de Nàpols
C. de Valencia
Tànger
1 1
EL POBLENOU
Diputació
Àvila
Almogàvers
C. de Mallorca
Diagonal
Monumental
C. de Ribes
Teatre Nacional de Catalunya
C. de Sancho de Àvila
Joan
C. de Sicília
a
c
la
Corts
Catalanes
de les
Badajoz
Auditori
L'EIXAMPLE
C. de Roger de Flor
Gran V.
C. de Casp
C. d'Alí Bei
Meridiana
Avinguda
dels Pallars
C. de Pujades
Pass. de Sant Joan
C. d'Aragó
Girona
Tetuan
C. de Sardenya
Bogatell
JARDINS DE MERCÈ PLANTADA
Marina
C. del Bruc
PARC ESTACIÓ DEL NORD
C. de Roger de Flor
C. de Nàpols
Zamora
Gran Via de las Cortes Catalanas
C. de Casp
C. de Girona
C. d'Alí Bei
C. de Wellington
de Sardenya
C. de Ramon Turró
Rosa Sensat
de
a
r
Arc de Triomf
Llúria
2 2
Trafalgar
Passeig de Lluís Companys
Passeig de Pujades
C. de Wellington
Urquinaona
C. de
Parc de la Ciutadella
Marina
Catalunya
CIUTAT VELLA
C. dels Tiradors
Plaça Armes
M
Plaça de Catalunya
C. d'Estruc
Via Laietana
C. dels Carders
Ciutadella-Vila Olímpica
C. del Rec
Parc Zoologic
23
La Rambla
Sta Ana
Kalea
C. de la Canuda
Passeig de la Circumval·lació
B-10
C. de Trelawny
Estació de França
Jaume
Catedral Santa Eulalia
Sta Maria del Mar
22
C. del Gas
Betlem
Carme
Rambla de Sant Josep
Carrer dels Banys Nous
Barceloneta
Plaça del Gas
C. de Ginebra
PARC DE LA BARCELONETA
C. d'Ataülf
Ample
C. de la Maquinista
C. de l'Hospital
Carrer d'Avinyó
Colom
Alsina
EL RAVAL
La Rambla
C.
LA BARCELONETA
MARINA
Moll de la Barceloneta
Rambla del Raval
Nou de la Rambla
Passeig de Bosch
Moll d'Espanya
C. de la Mestrança
3 3
Riereta
Moll de
Passeig de Itaca
Moll del Rellotge
Mar
z
Sant Pau del Camp
Avinguda de les Drassanes
Plaça del Portal de la Pau
Las Drassanes i Museu Marítim
Paral. lel
Plaça de les Drassanes
21
Moll Balears
Nou
a
Moll
C. de Lafont
C. de Cabanes
Passeig de Montjuïc
B-10
Plaça de les Drassanes

J K

BARCELONA:

Casa de l'Ardiaca .... A
Plaça Berenguer el Gran B1
Centre Excursionista de Catalunya C1
Palau del Lloctinent .... E
Santa Àgata .... F
Museu d'Història de la Ciutat M1
Museu F. Màrès M2
Museu Barbier-Mueller d'Art Precolombi M12
Palau del Marquès de Llió M16
Pia Almoina .... N
Plaça del Rei P2
Plaça de Sant Felip Neri P3
Pl. de la Sau P4
Casa de la Canonja....................... V

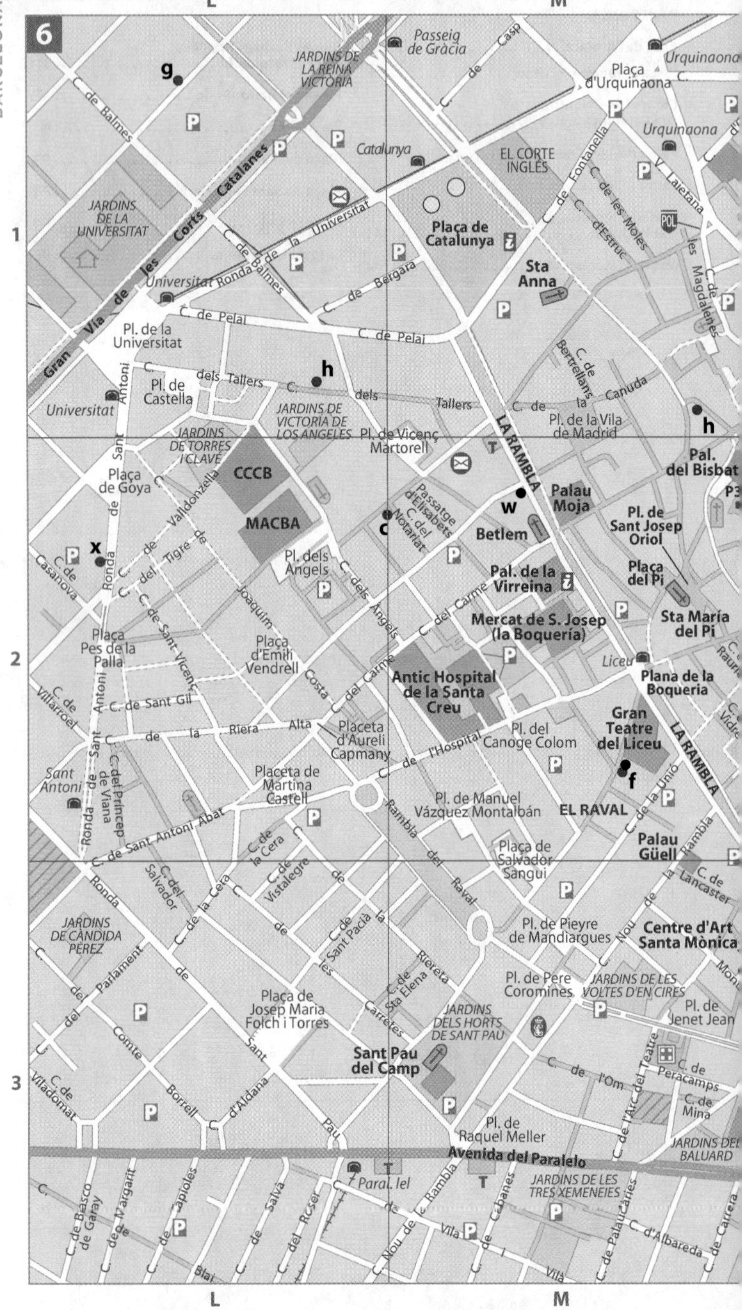
L
M
6
1
2
3
Passeig de Gràcia
JARDINS DE LA REINA VICTORIA
C. de Casp
Plaça d'Urquinaona
Urquinaona
C. de Balmes
Gran Via de les Corts Catalanes
Catalunya
EL CORTE INGLÉS
JARDINS DE LA UNIVERSITAT
C. de Balmes
Ronda de la Universitat
Plaça de Catalunya
C. de Fontanella
C. de les Moles
C. d'Estruc
V. Laietana
Universitat
C. de Bergara
Sta Anna
C. de les Magdalenes
C. de Pelai
Pl. de la Universitat
C. dels Tallers
Pl. de Castella
Universitat
C. de Bertrellans
C. de la Canuda
JARDINS DE VICTORIA DE LOS ANGELES
Pl. de Vicenç Martorell
Pl. de la Vila de Madrid
JARDINS DE TORRES I CLAVÉ
LA RAMBLA
Pal. del Bisbat
Plaça de Goya
CCCB
C. de Valldonzella
Passatge d'Elisabets
C. del Notariat
Palau Moja
MACBA
Betlem
Pl. de Sant Josep Oriol
Ronda de Sant Antoni
C. del Tigre
Pl. dels Àngels
Plaça del Pi
C. de Casanova
C. de Joaquim
C. dels Àngels
Pal. de la Virreina
C. del Carme
Mercat de S. Josep (la Boquería)
Sta Maria del Pi
C. de Sant Vicenç
Plaça Pes de la Palla
Plaça d'Emili Vendrell
Liceu
Plana de la Boqueria
Costa
C. del Carme
Antic Hospital de la Santa Creu
C. de Villarroel
C. de Sant Gil
Gran Teatre del Liceu
C. de la Riera Alta
Placeta d'Aureli Capmany
Pl. del Canoge Colom
LA RAMBLA
C. de l'Hospital
Sant Antoni
C. del Príncep de Viana
Placeta de Martina Castell
C. de la Unió
Pl. de Manuel Vázquez Montalbán
EL RAVAL
Ronda de Sant Antoni
C. de Sant Antoni Abat
Rambla del Raval
Palau Güell
C. de la Cera
C. de Vistalegre
Plaça de Salvador Sanguí
C. del Salvador
C. de Lancaster
Nou de la Rambla
Ronda de Sant Pau
C. de Sant Pacià
Pl. de Pieyre de Mandiargues
Centre d'Art Santa Mònica
JARDINS DE CÀNDIDA PÉREZ
C. de les Carretes
C. de Sta Elena
Riereta
Pl. de Pere Coromines
JARDINS DE LES VOLTES D'EN CIRES
C. del Parlament
Plaça de Josep Maria Folch i Torres
JARDINS DELS HORTS DE SANT PAU
Pl. de Jenet Jean
C. del Comte Borrell
Sant Pau del Camp
C. de l'Om
C. de Peracamps
C. de Viladomat
C. d'Aldana
C. de l'Arc del Teatre
C. de Mina
Pau
Pl. de Raquel Meller
JARDINS DEL BALUARD
Avenida del Paralelo
Paral.lel
JARDINS DE LES TRES XEMENEIES
C. de Blasco de Garay
C. de Margarit
C. de Tapioles
C. de Salvà
C. del Roser
C. Nou de la Rambla
Vila
C. de Cabanes
C. de Palaudàries
C. d'Albareda
C. de Carreras
C. de Blai
g
h
h
c
w
x
f
P
T

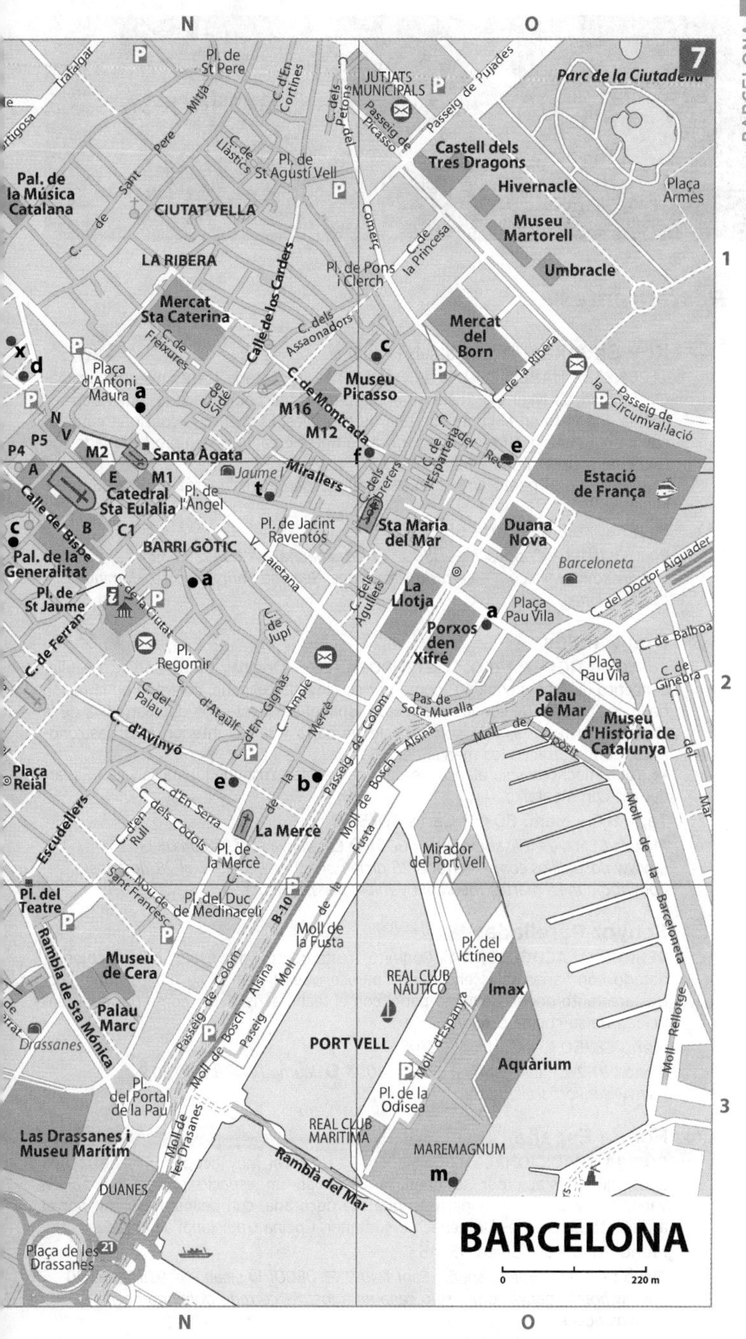
BARCELONA
7
N
O
1
2
3
Parc de la Ciutadella
JUTJATS MUNICIPALS
Passeig de Pujades
Passeig de Picasso
Castell dels Tres Dragons
Hivernacle
Museu Martorell
Umbracle
Plaça Armes
Pl. de St Pere
C. d'En Cortines
C. dels Petons
Pl. de St Agustí Vell
C. de Llàstics
Pal. de la Música Catalana
CIUTAT VELLA
LA RIBERA
Mercat Sta Caterina
Calle de los Carders
Pl. de Pons i Clerch
C. de la Princesa
Comerç
C. dels Assaonadors
Mercat del Born
Museu Picasso
C. de Montcada
M16
M12
Miralles
C. de la Ribera
Passeig de la Circumval·lació
Estació de França
Plaça d'Antoni Maura
Santa Àgata
Catedral Sta Eulalia
Pl. de l'Àngel
Pl. de Jacint Raventós
Sta Maria del Mar
Duana Nova
Barceloneta
Calle del Bisbe
Pal. de la Generalitat
Pl. de St Jaume
BARRI GÒTIC
V. Laietana
La Llotja
Porxos den Xifré
Plaça Pau Vila
C. del Doctor Aiguader
C. de Balboa
C. de Ginebra
C. de Ferran
Pl. Regomir
C. d'Avinyó
Pas de Sota Muralla
Palau de Mar
Museu d'Història de Catalunya
Moll del Dipòsit
Plaça Reial
Escudellers
La Mercè
Pl. de la Mercè
Passeig de Colom
Moll de Bosch i Alsina
Mirador del Port Vell
Moll de la Barceloneta
Pl. del Teatre
Pl. del Duc de Medinaceli
Rambla de Sta Mònica
Museu de Cera
Palau Marc
Drassanes
Moll de la Fusta
Pl. del Ictíneo
REAL CLUB NÁUTICO
Imax
PORT VELL
Moll d'Espanya
Aquàrium
Moll Rellotge
Pl. del Portal de la Pau
Pl. de la Odisea
Las Drassanes i Museu Marítim
REAL CLUB MARITIMA
MAREMAGNUM
Rambla del Mar
DUANES
Plaça de les Drassanes
0
220 m

Ciutat Vella y La Barceloneta

Restaurantes

Koy Shunka (Hideki Matsuhisa)

JAPONESA • MARCO CONTEMPORÁNEO XX ¿Le gustaría comer mientras preparan fantásticos Nigiris o Sushi ante sus ojos? Aquí podrá hacerlo, pues tiene la cocina a la vista en el centro de una de sus salas. El chef, que consigue emocionar, plantea una gastronomía japonesa de tintes creativos, siempre fusionada con la cocina mediterránea y sus productos.

→ Chipirones al punto con salsa de ume. "Espardenyes", arroz integral japones. Milhojas.

Menú 87/128 € - Carta 65/95 €

Plano : 7N1-x - *Copons 7 ✉ 08002 Ⓜ Urquinaona - ✆ 934 12 79 39 - www.koyshunka.com - cerrado Navidades, Semana Santa, agosto, domingo noche y lunes*

Dos Palillos

EUROASIÁTICA • MARCO CONTEMPORÁNEO Original, tanto por su peculiar concepto de "show cooking" como por su filosofía culinaria, centrada en la fusión de la cocina oriental con los productos españoles. Cuenta con dos barras: la de la entrada, sin reserva, solo con servicio de carta y la del interior, más gastronómica, donde ofrecen los menús degustación.

→ Yuba-mochi de soja blanca, verde y negra. Narezushi de lubina salvaje. "Espardenya" con mentaiko.

Tapa 8 € - Menú 80 € - Carta 40/55 €

Plano : 6LM2-c - *Elisabets 9 ✉ 08001 Ⓜ Catalunya - ✆ 933 04 05 13 - www.dospalillos.com - cerrado 25 diciembre-9 enero, del 7 al 28 de agosto, domingo, lunes, martes mediodía y miércoles mediodía*

Senyor Parellada

REGIONAL • ACOGEDORA XX Coqueto restaurante, de estilo clásico-colonial, dotado con varias salas en las que parece que el tiempo se hubiese detenido. Destaca tanto por su pequeño patio, con el techo acristalado, como por la autenticidad de su cocina catalana.

Menú 38/50 € - Carta 30/35 €

Plano : 7N2-t - *L'Argenteria 37 ✉ 08003 Ⓜ Jaume I - ✆ 933 10 50 94 - www.senyorparellada.com*

Fonda España

COCINA TRADICIONAL • ACOGEDORA XX Un local muy acogedor, y de techos altos, que destaca por su emplazamiento en un espacio protegido... no en vano, ocupa una sala modernista que fue decorada, con bellos mosaicos, por el arquitecto barcelonés Domènech i Montaner. Cocina tradicional actualizada.

Menú 28/55 € - Carta 35/45 €

Plano : 6M2-f - *Hotel España, Sant Pau 9 ✉ 08001 Ⓜ Liceu - ✆ 935 50 00 00 - www.hotelespanya.com - solo cena en agosto - cerrado domingo noche y festivos noche*

Torre d'Alta Mar

MODERNA · AMBIENTE CLÁSICO XXX Destaca por su original emplazamiento en lo alto de una torre metálica, a 75 metros de altura. Sala circular, actual y totalmente acristalada, con magníficas vistas al mar, al puerto y a la ciudad. Carta tradicional con detalles actuales.

Menú 39/92 € - Carta 70/93 €

Plano : 5K3-a - *passeig Joan de Borbó 88 ✉ 08039 Ⓜ Barceloneta - ✆ 932 21 00 07 - www.torredealtamar.com - cerrado del 23 al 27 de diciembre, domingo y lunes mediodía*

Bravo 24

COCINA TRADICIONAL · TENDENCIA XX En la entreplanta del hotel W Barcelona, donde se presenta con una estética actual que da gran protagonismo a la madera y una coqueta terraza de verano. Cocina de base tradicional con toques actuales. ¡Las raciones suelen ser contundentes!

Menú 90/130 € - Carta 60/80 €

Plano : 2C3-a - *Hotel W Barcelona, pl. de la Rosa dels Vents 1 (Moll De Llevant) ✉ 08039 - ✆ 932 95 26 36 - www.carlesabellan.com*

El Cercle

CLÁSICA · AMBIENTE CLÁSICO XX ¡En el Reial Cercle Arstístic! Un espacio gastronómico que mezcla varios estilos de cocina en diferentes ambientes. ¿Qué le apetece, una carta japonesa o la actual-catalana?

Menú 25/65 € - Carta 33/56 €

Plano : 6M1-h - *dels Arcs 5-1º ✉ 08002 Ⓜ Liceu - ✆ 936 24 48 10 - www.elcerclerestaurant.com*

Elx

COCINA TRADICIONAL · A LA MODA XX Establecimiento agraciado con vistas al puerto de pescadores. Presenta un comedor moderno y una agradable terraza, ofreciendo pescados y una buena selección de arroces.

Menú 35/78 € - Carta 35/45 €

Plano : 7O3-m - *Moll d'Espanya 5-Maremagnum, Local 9 ✉ 08039 Ⓜ Drassanes - ✆ 932 25 81 17 - www.elxrestaurant.com*

Oaxaca

MEXICANA · TENDENCIA X Descubra los auténticos sabores de la gastronomía mexicana en un espacio que, dentro de un ambiente actual-informal, no huye de los tipismos. ¡Haga una pausa en su mezcalería!

Menú 48 € - Carta 33/59 €

Plano : 7O1-a - *Pla del Palau 19 ✉ 08002 Ⓜ Barceloneta - ✆ 933 19 00 64 - www.oaxacacuinamexicana.com*

Montiel Ⓝ

MODERNA · SENCILLA X Este restaurante gastronómico, en el bohemio Born, sorprende por la creatividad de sus menús degustación, siempre con presentaciones muy cuidadas y la posibilidad de maridaje.

Menú 55/70 € - solo menú

Plano : 7O1-c - *Flassaders 19 ✉ 08003 Ⓜ Jaume I - ✆ 932 68 37 29 - www.restaurantmontiel.com - cerrado 23 enero-2 febrero y martes*

Pitarra

COCINA TRADICIONAL · AMBIENTE TRADICIONAL X En este local tuvo su relojería Frederic Soler, una figura del teatro catalán. Ofrece salas de ambiente antiguo, dos privados y un comedor de tertulias. Cocina tradicional.

Menú 14/55 € - Carta 30/48 €

Plano : 7N2-e - *Avinyó 56 ✉ 08002 Ⓜ Liceu - ✆ 933 01 16 47 - www.restaurantpitarra.cat - cerrado del 9 al 30 de agosto, domingo y festivos noche*

Suquet de l'Almirall

COCINA TRADICIONAL • AMBIENTE TRADICIONAL Establecimiento salpicado con detalles marineros y una terraza exterior muy bien acondicionada. Completa carta de base tradicional, con un buen apartado de pescados y arroces.

Menú 37 € - Carta 39/55 €

Plano : 5K3-z - *passeig Joan de Borbó 65 ✉ 08003 - ✆ 932 21 62 33 - www.suquetdelalmirall.com - cerrado domingo noche y lunes*

Ten's

MODERNA • TENDENCIA ¡Un moderno gastrobar! Su carta, asesorada por el chef Jordi Cruz, presenta tapas y medios platos donde se combinan, con acierto, la cocina tradicional y la de vanguardia.

Menú 48/62 € - Carta 22/36 €

Plano : 7O1-2-e - *av. Marqués de l'Argentera 11 ✉ 08003 Ⓜ Barceloneta - ✆ 933 19 22 22 - www.tensbarcelona.com*

Majide Ⓝ

JAPONESA • SENCILLA Un restaurante japonés que sigue la senda marcada por el laureado Koy Shunka, del mismo grupo. La cocina está totalmente a la vista, así que recomendamos comer en su barra.

Menú 65 € - Carta 24/55 €

Plano : 6L1-h - *Tallers 48 ✉ 08001 Ⓜ Universitat - ✆ 930 16 37 81 - www.majide.es - cerrado 7 días en Navidades, 21 días en agosto y lunes*

Kak Koy Ⓝ

JAPONESA • ACOGEDORA La gastronomía nipona, con influencias mediterráneas, llevada al concepto de tapas y raciones. El trabajo en la Robata, la singular parrilla japonesa, toma gran protagonismo.

Tapa 6 € - Ración aprox. 14 €

Plano : 7N1-d - *Ripoll 16 ✉ 08002 Ⓜ Urquinaona - ✆ 933 02 84 14 - www.kakkoy.com - cerrado Navidades, Semana Santa, agosto, lunes noche y martes*

El Xampanyet

COCINA TRADICIONAL • AMBIENTE TRADICIONAL Taberna de larga tradición familiar y decoración típica, a base de zócalos de azulejos. Ofrece una variada selección de tapas especializadas en conservas y salazones.

Tapa 3,50 € - Ración aprox. 12 €

Plano : 7O1-f - *Montcada 22 ✉ 08003 Ⓜ Jaume I - ✆ 933 19 70 03 - cerrado 15 días en enero, Semana Santa, agosto, domingo noche y lunes*

Alojamientos

W Barcelona

NEGOCIOS • DE DISEÑO El hotel, diseñado por Ricardo Bofill, se encuentra en la zona del puerto y presenta dos edificios de cristal, uno en forma de cubo y el otro a modo de vela abierta al mar. Completo SPA, excelentes habitaciones, amplias salas de reuniones y sorprendente lounge-bar en la planta 26.

406 hab - ††299/1025 € - ☕ 22 € - 67 suites

Plano : 2C3-a - *pl. de la Rosa dels Vents 1 (Moll De Llevant) ✉ 08039 - ✆ 932 95 28 00 - www.w-barcelona.com*

Bravo 24 - ver selección restaurantes

H1898

CADENA HOTELERA • HISTÓRICA Ocupa lo que fue la sede de Tabacos de Filipinas y presenta una estética clásica-actual. Zona SPA, habitaciones equipadas al más alto nivel y azotea-solárium con vistas. En el restaurante, de estilo colonial-actual, encontrará una carta de cocina mediterránea con un buen apartado de tapas.

166 hab - ††180/450 € - ☕ 27 € - 3 suites

Plano : 6M2-w - *La Rambla 109 ✉ 08002 Ⓜ Catalunya - ✆ 935 52 95 52 - www.hotel1898.com*

Mercer H. Barcelona

PALACE • HISTÓRICA Un hotel con historia, pues ocupa un palacio remodelado por Rafael Moneo que aún atesora maravillosos vestigios, como... ¡la muralla romana de Barcino! Aquí el detalle se hace arte, con excelentes habitaciones y una atractiva terraza-solárium en la azotea.

27 hab – 300/600 € – 34 € – 1 suite

Plano : 7N2-a – *Lledó 7* ✉ *08002* Ⓜ *Jaume I* – *☎ 933 10 74 80* – *www.mercerbarcelona.com*

The Serras

LUJO • ELEGANTE Lujo, practicidad y líneas puras frente a la gigantesca Gamba diseñada por Javier Mariscal. Encontrará habitaciones muy bien equipadas, una terraza-solárium en la azotea, con inmejorables vistas sobre la zona portuaria, y un restaurante de carácter informal.

28 hab – 300/700 € – 26 €

Plano : 7N2-b – *Passeig de Colom 9* ✉ *08002* Ⓜ *Drassanes* – *☎ 931 69 18 68* – *www.hoteltheserrasbarcelona.com*

Neri

HISTÓRICO • MODERNA Instalado en un palacete del s. XVIII que sorprende por su moderna estética interior. Sala-biblioteca, habitaciones donde prima el diseño y una terraza en el ático. En el comedor, que tiene dos arcos de piedra del s. XII, ofrecen una carta mediterránea-actual.

21 hab – 250/600 € – 27 € – 1 suite

Plano : 7N2-c – *Sant Sever 5* ✉ *08002* Ⓜ *Liceu* – *☎ 933 04 06 55* – *www.hotelneri.com*

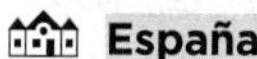

España

CADENA HOTELERA • ACOGEDORA Está en pleno casco antiguo y resulta fácil de localizar, pues ocupa un edificio del s. XIX contiguo al Liceu. Ofrece una correcta zona social con detalles históricos y habitaciones no muy amplias pero confortables, todas de línea moderna.

83 hab – 164/347 € – 17 €

Plano : 6M2-f – *Sant Pau 9* ✉ *08001* Ⓜ *Liceu* – *☎ 935 50 00 00* – *www.hotelespanya.com*

Fonda España – ver selección restaurantes

Grand H. Central

TRADICIONAL • CONTEMPORÁNEA Hotel de línea actual y acogedoras instalaciones. Aquí encontrará unas habitaciones equipadas al detalle y espacios sumamente interesantes, como el Sky Bar de la azotea, con zona chill out y piscina panorámica, el moderno City Bar o la multifuncional The Gallery.

140 hab – 210/751 € – 26 € – 7 suites

Plano : 7N1-a – *Via Laietana 30* ✉ *08003* Ⓜ *Jaume I* – *☎ 932 95 79 00* – *www.grandhotelcentral.com*

Sur Diagonal

Restaurantes

✿✿✿ Lasarte

CREATIVA • DE DISEÑO XXXX Realmente impecable, de diseño moderno, en constante evolución... pero además, con el sello personal de Martín Berasategui y su grupo. Proponen una cocina sorprendente e imaginativa, con grandes elaboraciones de autor, siendo toda esta creatividad apreciable tanto a través de la carta como de sus menús degustación.

→ Gamba roja templada sobre un fondo marino, hinojo y mayonesa de su coral. Pichón a la brasa, picadita cítrica de alcaparras, oliva negra, salsa ahumada de zanahoria y galanga. Cacao, ajo negro fermentado, frambuesa y azúcar moscovado.

Menú 160/195 € - Carta 100/125 €

Plano : 4H2-m - *Hotel Monument H., Mallorca 259 ✉ 08008 Ⓜ Passeig de Gràcia - ✆ 934 45 32 42 - www.restaurantlasarte.com - cerrado del 1 al 9 de enero, Semana Santa, 13 agosto-4 septiembre, domingo, lunes y festivos*

✿✿ Moments

CREATIVA • DE DISEÑO XXXX Se accede desde la recepción del hotel y destaca por su diseño, con un privado a modo de "mesa del chef". Raül Balam, formado en el famoso restaurante Sant Pau, propone una cocina creativa bien entendida, pues respeta los sabores, ensalza las texturas y sabe reinterpretar la tradición desde los ojos de la actualidad.

→ Arroz caldoso de colas de gamba. Pluma de cerdo ibérico con bizcocho de avellanas, garbanzos y orejones de melocotón. Terroir de cacao.

Menú 77/166 € - Carta 115/124 €

Plano : 4H2-y - *Hotel Mandarin Oriental Barcelona, passeig de Gràcia 38-40 ✉ 08007 Ⓜ Passeig de Gràcia - ✆ 931 51 87 81 - www.mandarinoriental.com - cerrado 17 enero-2 febrero, 22 agosto-16 septiembre, domingo y lunes*

✿✿ Enoteca

MODERNA • AMBIENTE MEDITERRÁNEO XXX Disfruta de una sala muy luminosa, de estilo puramente mediterráneo y con atractivos botelleros decorativos. Proponen una cocina actual de perfecta elaboración y base tradicional, con productos de gran calidad y detalles de excelente nivel.

→ Lenguado y el Mediterráneo. Pichón, sus albóndigas, gelée de patata, salsifí y café. Milhojas de chocolate y café.

Menú 170 € - Carta 99/120 €

Plano : 2C3-r - *Hotel Arts, Marina 19 ✉ 08005 Ⓜ Ciutadella-Vila Olímpica - ✆ 934 83 81 08 - www.hotelartsbarcelona.com - cerrado del 3 al 11 de diciembre, del 5 al 20 de marzo, domingo y lunes*

Caelis (Romain Fornell)

CREATIVA • ELEGANTE XXXX ¡Sorprende por su elegancia decimonónica! Posee un acceso independiente respecto al hotel, un privado, una sala clásica-actual con indiscutible encanto y un atractivo bar-cocktelería. Podrá descubrir la creatividad de su cocina a través de varios menús... aunque también permiten extraer de ellos los platos a la carta.

➜ Macarrones en dos servicios, mar y montaña, bogavante y foie-gras. Lubina salvaje con velo perfumado al estragón, beurre blanc y guisantes lágrima. Explosión Saint Honoré.

Menú 39/132 € - Carta 84/127 €

Plano : 5J2-a - *Hotel El Palace, Gran Via de les Corts Catalanes 668 (previsto traslado a Via Laietana 49) ✉ 08010 Ⓜ Urquinaona - ☎ 935 10 12 05 - www.caelis.com - cerrado domingo, lunes y martes mediodía*

Angle

MODERNA • MINIMALISTA XXX Se halla en el 1er piso del hotel Cram y disfruta de una estética minimalista, dominada por la presencia de grandes cortinajes blancos. La cocina, creativa, de gran nivel técnico e inspirada en los mejores productos de temporada, sigue la filosofía del chef Jordi Cruz, que sin duda sabe aportar sentido a cada plato.

➜ Bullabesa de carabinero infusionada con anisados. Espaldita, ventresca y mollejas de cordero con panacota de cabra y toffee salado de setas. Crujiente de galleta con yogur, flores y helado de violetas.

Menú 75/100 € - solo menú

Plano : 4H2-b - *Aragó 214 ✉ 08011 Ⓜ Universitat - ☎ 932 16 77 77 - www.anglebarcelona.com - cerrado martes y miércoles*

Gaig (Carles Gaig)

MODERNA • ELEGANTE XXX Diáfano local en dos alturas donde se aúnan elegancia y actualidad. El chef propone una carta dividida en dos partes, la de los platos tradicionales y la de cocina actual. Interesantes menús, productos escogidos y excelentes presentaciones.

➜ Canelones con crema de trufa. Arroz de pichon y setas de Burdeos. Nuestra crema catalana.

Menú 68/120 € - Carta 65/95 €

Plano : 4G2-g - *Còrsega 200 ✉ 08036 Ⓜ Hospital Clinic - ☎ 934 29 10 17 - www.restaurantgaig.com - cerrado Semana Santa, 10 días en agosto, domingo noche, lunes y festivos noche*

Roca Moo

CREATIVA • A LA MODA XXX ¡De ambiente cosmopolita! Muestra un gran espacio de carácter urbano e informal, una cocina vista donde vemos terminar los platos y un luminoso comedor con detalles de diseño. Cocina creativa de marcados sabores y originales presentaciones.

➜ Nuestro huerto mediterráneo. Raya rallada. Todo el olivo.

Menú 49/110 € - Carta 51/77 €

Plano : 4H2-x - *Hotel Omm, Rosselló 265 ✉ 08008 Ⓜ Diagonal - ☎ 934 45 40 00 - www.hotelomm.com - cerrado 10 días en enero, 21 días en agosto, domingo y lunes*

Cinc Sentits (Jordi Artal)

CREATIVA • MINIMALISTA XXX Enaltece la categoría de su montaje con una estética minimalista realmente original, en general dominada por los tonos oscuros. Aquí no encontrará platos a la carta, pues su propuesta se centra en unos sugerentes menús que van cambiando con frecuencia. Elaboraciones inventivas a raíz de productos catalanes escogidos.

➜ Huerto de verduras ecológicas a la parrilla, encurtidas y crudas, con salsa de hierbas. Pichón a la brasa con farsa de su higado, remolacha escabechada y setas. Helado de leche ahumada, crujiente de leche, teja de yogur y dulce de leche casero.

Menú 100/120 € - solo menú

Plano : 4H2-a - *Aribau 58 ✉ 08011 Ⓜ Universitat - ☎ 933 23 94 90 - www.cincsentits.com - cerrado 15 días en agosto, domingo, lunes y festivos*

✿ Dos Cielos (Sergio y Javier Torres)

MODERNA • DE DISEÑO XXX Se halla en la planta 24 del hotel Meliá Barcelona Sky y sorprende por integrar su cocina en el comedor, con una barra de acero donde también se puede comer y una terraza. Cocina de autor en busca de nuevos sabores y... ¡excelentes vistas sobre la Barcelona menos fotografiada!

➜ Carabineros de Huelva, algas, pepino y ají. Espalda de cabrito lechal, albaricoques, anchoas y migas de pan. Chocolate, whisky y regaliz.

Menú 110 € - Carta 70/95 €

Plano : 2CD2-c - *Hotel Meliá Barcelona Sky, Pere IV-272 ✉ 08005 Ⓜ Poblenou - ✆ 933 67 20 70 - www.doscielos.com - solo cena junio-15 septiembre - cerrado enero, domingo y lunes*

✿ Xerta Ⓝ

CREATIVA • DE DISEÑO XXX Elegante, actual y con personalidad, pues presenta llamativos tragaluces, un jardín vertical y una gran cocina vista. Encontrará una pequeña carta de tinte actual-mediterráneo y varios menús, siempre en base a los mejores productos del Delta del Ebro y a unos fantásticos pescados, estos adquiridos a diario en la lonja.

➜ Arroz cremoso del Delta con ortigas, "espardenyes", mahonesa de algas y salicornia. Anguila del Delta a baja temperatura pero crujiente, con berenjena, miso y ajo negro. Sinfonía de cítricos de Xerta.

Menú 35/98 € - Carta 57/80 €

Plano : 4H2-i - *Hotel Ohla Eixample, Corsega 289 ✉ 08008 Ⓜ Diagonal - ✆ 937 37 90 80 - www.xertarestaurant.com - cerrado domingo y lunes*

✿ Alkimia (Jordi Vilà)

MODERNA • DE DISEÑO XX Sorprende por su estética, con vanguardistas guiños al mundo marino y un novedoso concepto "Unplugged" junto a la sala principal o gastronómica. Su propuesta, actual y basada en productos de proximidad, resulta sublime en algunos platos, con unas texturas perfectas, sabores marcados y gran coherencia en los maridajes.

➜ Raviolis de pollo rustido con crema de queso y su jugo rustido. Langosta en suquet de pan, salsa de jengibre y jerez. Manjar blanco con fruta fresca y vino dulce.

Menú 98/155 € - Carta 55/85 €

Plano : 6L2-x - *Ronda San Antoni 41, 1º ✉ 08011 Ⓜ Universitat - ✆ 932 07 61 15 - www.alkimia.cat - cerrado 16 enero-5 febrero, 7 días en agosto, sábado y domingo*

✿ Pakta

PERUANA • DE DISEÑO XX Un local informal, actual y colorista que evoca la cultura peruana tanto con el nombre ("juntos" o "unión" en lengua quechua) como con la decoración; no en vano, visten sus techos y paredes con unos llamativos telares. Proponen una cocina nikkei que cuida técnicas y presentaciones. ¡Las reservas se hacen desde su Web!

➜ Makicausa de cangrejo real. Ceviche con leche de tigre de masato. Sashimi de calamar con caviar.

Menú 110 € - solo menú

Plano : 4H3-b - *Lleida 5 ✉ 08004 Ⓜ Espanya - ✆ 936 24 01 77 (es necesario reservar) - www.pakta.es - solo cena salvo sábado - cerrado Navidades, Semana Santa, 3 semanas en agosto, domingo y lunes*

✿ Nectari (Jordi Esteve)

MODERNA • AMBIENTE CLÁSICO XX Resulta coqueto y atesora una organización íntegramente familiar. Sus instalaciones se reducen a dos pequeñas salas de línea actual y un privado, donde su chef-propietario apuesta por una carta de marcadas raíces mediterráneas... eso sí, con agradables toques creativos y de autor.

➜ Virutas de foie con gelée de Sauternes. San Pedro al estilo Nectari con puerros confitados, espárragos verdes y parmentier de patata. Coulant de chocolate con sorbete cítrico.

Menú 35/75 € - Carta 53/79 €

Plano : 4G3-x - *València 28 ✉ 08015 Ⓜ Tarragona - ✆ 932 26 87 18 - www.nectari.es - cerrado 15 días en agosto y domingo*

Hoja Santa (Paco Méndez)

MEXICANA • DE DISEÑO ¡Descubra la alta cocina mexicana! El local, que toma su nombre de un arbusto autóctono, recrea un ambiente desenfadado y actual con detalles tanto étnicos como coloniales. La sugerente combinación de sabores y, sobre todo, el punto de picante adaptado al paladar europeo lo convierten en una experiencia muy placentera.

➜ Pipián de pistachos con "espardenya". Mole cenizo de rosas con codorniz de bresse. Maíz, chocolate y cajeta.

Menú 110 € - Carta 56/76 €

Plano : 4GH3-g - *av. Mistral 54 ✉ 08015 Ⓜ Espanya*
- *✆ 933 48 21 94 - www.hojasanta.es - solo cena salvo sábado*
- *cerrado 25 diciembre-8 de enero, del 10 al 16 de abril, del 7 al 27 de agosto, domingo y lunes*

Disfrutar

CREATIVA • DE DISEÑO Creatividad, técnica, fantasía, buen gusto... Los tres chefs al frente plantean, en un sencillo espacio de estética actual donde la cocina vista toma el protagonismo, una experiencia gastronómica solo descifrable a través de sus menús degustación. Su propio nombre lo indica: un sitio para sorprenderse y... ¡Disfrutar!

➜ Espárragos blancos en escabeche de sauco con anguila y caviar. Pichón a la marroquí. Nuestra tarta al whisky.

Menú 75/135 € - solo menú

Plano : 4G2-h - *Villarroel 163 ✉ 08036 Ⓜ Hospital Clinic*
- *✆ 933 48 68 96 - www.disfrutarbarcelona.com*
- *cerrado 7 días en noviembre, 7 días en marzo, del 1 al 15 de agosto, domingo y lunes*

Tickets

CREATIVA • SIMPÁTICA Singular, colorista y con varias barras. Su cocina de autor, a base de tapas y elaborada ante los clientes, homenajea los míticos platos que un día vieron la luz en El Bulli. ¡Las reservas se hacen exclusivamente a través de su Web!

➜ Mini airbag relleno de espuma de queso manchego. Gofre aéreo de albahaca y scamorza. Viaje al mundo en 12 ostras.

Tapa 8 € - Ración aprox. 15 €

Plano : 4H3-a - *av. del Paral.lel 164 ✉ 08015 Ⓜ Espanya (es necesario reservar)*
- *www.ticketsbar.es - solo cena salvo sábado*
- *cerrado Navidades, Semana Santa, 21 días en agosto, domingo y lunes*

Etapes

MODERNA • SENCILLA ¡Una dirección a tener en cuenta! Este pequeño restaurante se presenta con una estética actual-informal y una sala alargada, donde combinan el hierro, la madera y el cristal. Cocina actual de cuidadas presentaciones y productos escogidos.

Menú 16 € - Carta 30/42 €

Plano : 4H2-h - *Enrique Granados 10 ✉ 08007*
- *✆ 933 23 69 14 - www.etapes.cat*
- *cerrado sábado mediodía y domingo noche*

Casa Calvet

COCINA TRADICIONAL • ELEGANTE Ocupa un edificio modernista, diseñado por Gaudí, que hizo de fábrica textil y hoy tiene los antiguos despachos convertidos en privados. Carta clásica-catalana y buenos menús.

Menú 38/70 € - Carta 48/67 €

Plano : 5J2-r - *Casp 48 ✉ 08010 Ⓜ Urquinaona*
- *✆ 934 12 40 12 - www.casacalvet.es*
- *cerrado 7 días en agosto, lunes en verano, domingo y festivos*

Windsor

MODERNA • AMBIENTE CLÁSICO XXX Este restaurante, de ambiente clásico actualizado, se ve apoyado por una exquisita terraza interior y unos espacios que admiten varias configuraciones. Cocina catalana-actual.

Menú 30/99 € - Carta 48/60 €

Plano : 4H2-e - *Còrsega 286 ✉ 08008 Ⓜ Diagonal - ☎ 932 37 75 88 - www.restaurantwindsor.com - cerrado del 1 al 10 de enero, Semana Santa, del 1 al 21 de agosto, domingo y festivos*

Racó d'en Cesc

MODERNA • AMBIENTE CLÁSICO XXX Posee una terracita, una sala tipo bistró y un comedor clásico, proponiendo una carta catalana-creativa diferente para cada espacio. ¡Amplia oferta de cervezas artesanales!

Menú 40 € - Carta 40/53 €

Plano : 4H2-k - *Diputació 201 ✉ 08011 Ⓜ Universitat - ☎ 934 51 60 02 - www.elracodencesc.com - cerrado Semana Santa, agosto, domingo y festivos*

Rías de Galicia

PESCADOS Y MARISCOS • AMBIENTE CLÁSICO XXX Llevado entre hermanos y próximo al recinto ferial. Presenta un atractivo expositor a la entrada, un vivero y una cuidada sala de línea clásica-actual. Amplia carta especializada en pescados y mariscos gallegos, siempre de altísima calidad.

Menú 80/120 € - Carta 65/90 €

Plano : 4H3-b - *Lleida 7 ✉ 08004 Ⓜ Espanya - ☎ 934 24 81 52 - www.riasdegalicia.com*

Petit Comitè

REGIONAL • DE DISEÑO XXX Un restaurante de línea actual decorado con loza y morteros. Apuestan por una cocina de proximidad, siempre con producto nacional y apetecibles sugerencias temáticas diarias.

Menú 52 € - Carta 36/72 €

Plano : 4H2-c - *passatge de la Concepció 13 ✉ 08007 Ⓜ Diagonal - ☎ 936 33 76 27 - www.petitcomite.cat - cerrado del 8 al 21 de agosto*

BistrEau

COCINA TRADICIONAL • DE DISEÑO XX La sucursal de Ángel León, el "Chef del Mar", en esta ciudad. Encontrará platos de tinte tradicional y creativo con el sello del chef, así como un espacio gastronómico exclusivo para 12 comensales (La Mesa) donde sirven un menú fiel a la cocina de Aponiente.

Menú 35/120 € - Carta 45/76 €

Plano : 4H2-y - *Hotel Mandarin Oriental Barcelona, passeig de Gràcia 38-40 ✉ 08007 Ⓜ Passeig de Gràcia - ☎ 931 51 87 83 - www.restaurantbistreau.com*

Montjuïc el Xalet

MODERNA • RURAL XX ¡En la ladera del Montjuïc, con espectaculares vistas sobre la ciudad! Está distribuido en tres plantas, destacando por la sala que posee en el piso superior y por sus agradables terrazas. Cocina de base tradicional con toques actuales.

Menú 59/122 € - Carta 44/76 €

Plano : 2C3-b - *av. Miramar 31 ✉ 08038 - ☎ 933 24 92 70 - www.gruptravi.com*

Asador de Aranda

CARNES • AMBIENTE TRADICIONAL XX Disfruta de amplias instalaciones y una estética de ambiente castellano, dejando el horno de asar a la vista del cliente. Cocina tradicional especializada en asados.

Menú 41/50 € - Carta 35/48 €

Plano : 4G2-n - *Londres 94 ✉ 08036 Ⓜ Hospital Clínic - ☎ 934 14 67 90 - www.asadordearanda.com - cerrado domingo noche*

Gorría

VASCA • RÚSTICA XX Restaurante vasco de larga trayectoria dotado con un correcto montaje y una decoración de aire rústico. Su oferta gastronómica se complementa con una buena carta de vinos.

Carta 30/65 €

Plano : 5J1-a - *Diputació 421 ✉ 08013 Ⓜ Monumental - ✆ 932 45 11 64 - www.restaurantegorria.com - cerrado Semana Santa, agosto, domingo, lunes noche y festivos noche*

Casa Darío

GALLEGA • AMBIENTE CLÁSICO XX Casa de larga trayectoria y buen nombre gracias a la calidad de sus materias primas. Posee un bar privado, tres salas y tres reservados, todo en general de ambiente clásico. Especialidades gallegas, frutos del mar y sugerencias del día.

Menú 35 € - Carta 40/75 €

Plano : 4H2-p - *Consell de Cent 256 ✉ 08011 Ⓜ Universitat - ✆ 934 53 31 35 - www.casadario.com - cerrado del 1 al 23 de agosto, domingo noche y lunes*

Monvínic

MODERNA • BAR-VINOTECA XX Sorprende tanto por su diseño contemporáneo como por su filosofía, pues aquí todo gira en torno al mundo del vino. Cocina actualizada de base tradicional y espléndida bodega.

Menú 18/75 € - Carta 52/62 €

Plano : 6L1-g - *Diputació 249 ✉ 08007 Ⓜ Catalunya - ✆ 932 72 61 87 - www.monvinic.com - cerrado agosto, sábado mediodía, domingo y lunes mediodía*

Els Pescadors

PESCADOS Y MARISCOS • A LA MODA XX Posee una sala a modo de café de principios del s. XX y otras dos con una decoración más moderna. Generosa carta arraigada en la cocina marinera, con arroces y bacalao.

Menú 42/78 € - Carta 33/74 €

Plano : 2D2-e - *pl. Prim 1 ✉ 08005 Ⓜ Poblenou - ✆ 932 25 20 18 - www.elspescadors.com - cerrado 23 diciembre-4 enero*

L'Olivé

REGIONAL • AMBIENTE CLÁSICO XX Un buen sitio para disfrutar de la gastronomía tradicional catalana. Presenta un gran recibidor, con la cocina a la vista, y varios espacios de ambiente clásico-contemporáneo.

Menú 49/63 € - Carta 35/61 €

Plano : 4H2-h - *Balmes 47 ✉ 08007 Ⓜ Passeig de Gràcia - ✆ 934 52 19 90 - www.restaurantlolive.com - cerrado domingo noche*

Loidi

MODERNA • SIMPÁTICA XX Podemos ver este restaurante como la propuesta en sala de una cocina de autor económica, ligera y rápida. Ofertan varios menús, todos tutelados por el chef Martín Berasategui.

Menú 29/49 € - solo menú

Plano : 4H2-j - *Mallorca 248 ✉ 08008 Ⓜ Passeig de Gràcia - ✆ 934 92 92 92 - www.loidi.com - cerrado agosto, domingo noche y festivos noche*

Arola

CREATIVA • A LA MODA XX Moderno, urbano, informal... y hasta con sesiones de música DJ. Podrá descubrir una carta creativa a basa de tapas y raciones tanto en la sala como en su terraza chill out.

Carta 65/108 €

Plano : 2C3-r - *Hotel Arts, Marina 19 ✉ 08005 Ⓜ Ciutadella-Vila Olímpica - ✆ 934 83 80 90 - www.hotelartsbarcelona.com - cerrado del 1 al 30 de enero, martes y miércoles*

Manairó

CREATIVA • MARCO CONTEMPORÁNEO XX Resulta singular, tanto por la decoración de estética moderna como por el carácter intimista de su iluminación. Cocina actual de bases catalanas y cuidadas presentaciones.

Menú 40/90 € - Carta 56/75 €

Plano : 5J1-c - *Diputació 424 ✉ 08013 Ⓜ Monumental - ✆ 932 31 00 57 - www.manairo.com - cerrado del 1 al 7 de enero, domingo y festivos.*

Mano Rota Ⓝ

MODERNA • DE BARRIO X Tiene un aspecto industrial y defiende un concepto: el restaurante con barra. Su interesante carta muestra platos tradicionales, actuales e internacionales de Perú y Japón.

Menú 18/60 € - Carta 29/53 €

Plano : 4H3-x - *Creus dels Molers 4 ✉ 08004 Ⓜ Poble Sec - ✆ 931 64 80 41 - www.manorota.com - cerrado del 13 al 17 de abril, del 13 al 31 de agosto, sábado mediodía y domingo*

Sergi de Meià Ⓝ

REGIONAL • SENCILLA X Su chef-propietario apuesta, claramente y sin complejos, por la cocina 100% catalana, recuperando sabores de antaño y siempre en base al producto ecológico o de proximidad.

Menú 22/75 € - Carta 37/50 €

Plano : 4H2-z - *Aribau 106 ✉ 08036 Ⓜ Diagonal - ✆ 931 25 57 10 - www.restaurantsergidemeia.cat - cerrado domingo y lunes*

Osmosis Ⓝ

MODERNA • MARCO CONTEMPORÁNEO X Agradable, de ambiente contemporáneo y distribuido en dos plantas. ¿Qué proponen? Un menú degustación actual, corto o largo, elaborado con productos de mercado y de temporada.

Menú 30/85 € - solo menú

Plano : 4H2-z - *Aribau 100 ✉ 08036 Ⓜ Diagonal - ✆ 934 54 52 01 - www.restauranteosmosis.com - cerrado del 24 al 29 de diciembre y domingo*

Gresca

MODERNA • FAMILIAR X Se habla mucho de él en Barcelona, tanto por el carácter desenfadado del local como por el trato familiar que aquí confieren. Cocina atractiva y actual, con sugerentes menús.

Menú 19/70 € - Carta 37/63 €

Plano : 4H2-z - *Provença 230 ✉ 08036 Ⓜ Diagonal - ✆ 934 51 61 93 - www.gresca.net - cerrado 7 días en Navidades, Semana Santa, 15 días en agosto, sábado mediodía y domingo*

Espai Kru

INTERNACIONAL • TENDENCIA X Se halla en la 1ª planta del restaurante Rías de Galicia y resulta singular, pues presenta un espacio único. Carta internacional y de fusión, con productos crudos y cocinados.

Menú 60/100 € - Carta 37/70 €

Plano : 4H3-b - *Lleida 7 ✉ 08004 Ⓜ Espanya - ✆ 934 23 45 70 - www.espaikru.com - cerrado 15 días en agosto, domingo noche y lunes*

Artte Ⓝ

MEDITERRÁNEA • DE DISEÑO X Un curioso bistró, de carácter polivalente, inspirado en... ¡los salones de té chinos! Proponen una experiencia artística-gastronómica que exalte la "cocina viva" o vegetal.

Menú 16/40 € - Carta 27/45 €

Plano : 4H2-u - *Muntaner 83C ✉ 08011 Ⓜ Universitat - ✆ 934 54 90 48 - www.artte.es - cerrado agosto y domingo*

Da Paolo

ITALIANA • AMBIENTE CLÁSICO Restaurante italiano ubicado en las proximidades del estadio Nou Camp. Conjunto sencillo y cuidado, dotado con una sala bastante agradable y una carta bien elaborada.

Menú 12/20 € - Carta 23/34 €

Plano : 3F3-f - *av. de Madrid 63 ✉ 08028 Ⓜ Badal - ✆ 934 90 48 91 - www.dapaolo.es - cerrado 3 semanas en agosto y domingo*

Lázaro

REGIONAL • FAMILIAR Llevado entre dos hermanas. Posee una barra y un correcto comedor, con una cálida iluminación y parte de las paredes en piedra. Buena cocina casera de mercado y de temporada.

Menú 19 € - Carta 27/38 €

Plano : 4H2-r - *Aribau 146 bis ✉ 08036 Ⓜ Diagonal - ✆ 932 18 74 18 - www.restaurantelazaro.com - cerrado agosto, domingo y festivos*

La Lubina

PESCADOS Y MARISCOS • AMBIENTE CLÁSICO Sencilla casa familiar con el propietario al frente del negocio. Su gran especialidad son los pescados y mariscos, con la Lubina (a la sal, al horno o al hinojo) como bandera.

Menú 20/44 € - Carta 36/57 €

Plano : 4G2-d - *Viladomat 257 ✉ 08029 Ⓜ Hospital Clinic - ✆ 934 10 80 07 - www.lalubinarestaurant.com - cerrado agosto, domingo noche y lunes*

Bodega 1900

COCINA TRADICIONAL • DE BARRIO ¡Un negocio con el encanto de los antiguos colmados! Aquí proponen una pequeña carta con platos a la brasa, productos ibéricos y conservas caseras, todo de excelente calidad.

Ración aprox. 8 €

Plano : 4H3-e - *Tamarit 91 ✉ 08015 Ⓜ Poble Sec - ✆ 933 25 26 59 - www.bodega1900.com - cerrado Navidades, Semana Santa, 3 semanas en agosto, domingo y lunes*

Mont Bar

COCINA TRADICIONAL • BISTRÓ Un gastrobar, con encanto, que huye de tipismos. Tratan con amabilidad, ofrecen un servicio profesional y proponen una cocina tradicional basada en la excelencia del producto.

Tapa 7 € - Ración aprox. 17 €

Plano : 4H2-k - *Diputació 220 ✉ 08011 Ⓜ Universitat - ✆ 933 23 95 90 - www.montbar.com - cerrado del 24 al 26 de diciembre y del 10 al 25 de enero*

Rosal 34

CREATIVA • RÚSTICA En una antigua bodega familiar, donde se combina la rusticidad de la piedra vista con una decoración actual. Ofrece platos elaborados al momento e interesantes tapas de autor.

Tapa 5,50 € - Ración aprox. 12 €

Plano : 4H3-c - *Roser 34 ✉ 08004 Ⓜ Paral.lel - ✆ 933 24 90 46 - www.rosal34.com - cerrado del 5 al 19 de septiembre, domingo y lunes mediodía*

La selección de esta guía se enriquece con usted.
Sus descubrimientos y sus comentarios son importantes para nosotros. Háblenos de su satisfacción o de su decepción. ¡Escríbanos!

Cervecería Catalana

COCINA TRADICIONAL • MARCO CONTEMPORÁNEO Bar-cervecería muy popular en la zona. Está decorado con estanterías llenas de botellas y ofrece una nutrida selección de tapas elaboradas con productos escogidos.

Tapa 4,50 € - Ración aprox. 8 €

Plano : 4H2-q - *Mallorca 236 ✉ 08008 Ⓜ Diagonal - ✆ 932 16 03 68*

Paco Meralgo

COCINA TRADICIONAL • AMBIENTE MEDITERRÁNEO Ofrece dos barras y dos accesos independientes, pero sobre todo unos sugerentes expositores de marisco, con productos de calidad frescos y variados. También posee un privado.

Tapa 5 € - Ración aprox. 10 €

Plano : 4G2-f - *Muntaner 171 ✉ 08036 Ⓜ Hospital Clínic - ✆ 934 30 90 27 - www.restaurantpacomeralgo.com*

Segons Mercat

COCINA TRADICIONAL • AMBIENTE MEDITERRÁNEO Amplio establecimiento de ambiente moderno e informal. Cuenta con un bar y una sala alargada, esta última vestida con fotografías y llamativos paneles. Cocina tradicional.

Tapa 6 € - Ración aprox. 14 €

Plano : 4H3-t - *Gran Via de les Corts Catalanes 552 ✉ 08011 Ⓜ Urgell - ✆ 934 51 16 98 - www.segonsmercat.com*

Cañota

COCINA TRADICIONAL • SIMPÁTICA Resulta simpático y tiene el apoyo de famosos cocineros. El local, que se presenta con dos salas de línea clásica-regional y una terraza, propone una cocina tradicional a base de tapas y raciones. ¡Casi todo se ha pensado para compartir!

Tapa 8 € - Ración aprox. 14 €

Plano : 4H3-b - *Lleida 7 ✉ 08002 Ⓜ Espanya - ✆ 933 25 91 71 - www.casadetapas.com - cerrado domingo noche y lunes*

Tapas 24

COCINA TRADICIONAL • SIMPÁTICA Un divertido bar de tapas, con la barra abierta, donde el popular chef Carles Abellan rinde un homenaje a la cocina tradicional catalana. ¡No se pierda el Bikini Comerç 24!

Tapa 5 € - Ración aprox. 14 €

Plano : 4H2-o - *Diputació 269 ✉ 08007 Ⓜ Passeig de Gràcia - ✆ 934 88 09 77 - www.carlesabellan.com*

Lolita

COCINA TRADICIONAL • DE BARRIO Cerca del Recinto Ferial. Este local destaca por su decoración, pues resulta, en cierto modo, personalizada. Tapas de cocina tradicional elaboradas con productos de calidad.

Tapa 6 €

Plano : 4H3-d - *Tamarit 104 ✉ 08015 Ⓜ Poble Sec - ✆ 934 24 52 31 - www.lolitataperia.com - solo cena salvo viernes y sábado - cerrado diciembre, domingo y lunes*

Atapa-it

REGIONAL • BISTRÓ Local de línea actual dotado con una pequeña barra y dos comedores, ambos de montaje informal. Elaboran tapas y platillos, de estilo moderno, que evolucionan según mercado.

Tapa 4 € - Ración aprox. 12 €

Plano : 4H2-d - *Muntaner 146 ✉ 08036 Ⓜ Hospital Clínic - ✆ 934 52 07 82 - www.atapait.com - cerrado 15 dias en agosto, domingo y festivos*

Niño Viejo

MEXICANA • AMBIENTE EXÓTICO Curiosa, bulliciosa, colorista, informal... En esta taquería de ambiente étnico encontrará sabrosos tacos artesanos, antojitos, potentes salsas... ¡Cocina mexicana de calidad!

Tapa 5 € - Ración aprox. 16 €

Plano : 4GH3-g - *av. Mistral 54 ✉ 08015 Ⓜ Poble Sec - ✆ 933 48 21 94 - www.ninoviejo.es - solo cena salvo jueves, viernes y sábado - cerrado 24 diciembre-8 enero, del 10 al 16 de abril, del 7 al 27 de agosto, domingo y lunes*

Alojamientos

Arts

LUJO • DE DISEÑO ¡Excelente en todos los sentidos! Ocupa una torre acristalada del Puerto Olímpico y destaca tanto por sus vistas como por su interior, con amplios espacios, diversas zonas sociales privadas y unas habitaciones detallistas de gran nivel. Inmensos salones decorados con obras de arte y exquisita oferta gastronómica.

397 hab - 325/495 € - 86 suites - 28 apartamentos

Plano : 2C3-r - *Marina 19 ✉ 08005 Ⓜ Ciutadella-Vila Olímpica - ✆ 932 21 10 00 - www.hotelartsbarcelona.com*

Enoteca • **Arola** - ver selección restaurantes

Mandarin Oriental Barcelona

LUJO • DE DISEÑO ¡Lujo, relax y placer! En su día sirvió como banco... sin embargo, hoy presenta un interior de diseño innovador y carácter cosmopolita. Atesora habitaciones de gran confort, una excelente oferta gastronómica en el lobby, una atractiva terraza-patio y una azotea de ambiente "cool" con buenas vistas sobre la ciudad.

102 hab - 350/550 € - 45 € - 18 suites

Plano : 4H2-y - *passeig de Gràcia 38-40 ✉ 08007 Ⓜ Passeig de Gràcia - ✆ 931 51 88 88 - www.mandarinoriental.com*

Moments • **BistrEau** - ver selección restaurantes

El Palace

LUJO • CLÁSICA ¡Emblemático! Ocupa un antiguo edificio que ha sido restaurado para recuperar la esencia de los dorados años 20. Distinguidas zonas nobles y habitaciones de excelente equipamiento, la mayoría de elegante línea clásica y algunas... ¡hasta con baños romanos!

101 hab - 305/575 € - 29 € - 24 suites

Plano : 5J2-a - *Gran Via de les Corts Catalanes 668 ✉ 08010 Ⓜ Urquinaona - ✆ 935 10 11 30 - www.hotelpalacebarcelona.com*

Caelis - ver selección restaurantes

Monument H.

GRAN LUJO • CONTEMPORÁNEA Instalado en un hermoso edificio premodernista que destaca por su emplazamiento, a escasísimos metros de La Pedrera. Evidencia una impresionante obra de interiorismo presentando un gran lobby, con la cafetería abierta, y unas habitaciones de excelente confort.

55 hab - 291/528 € - 29 suites

Plano : 4H2-m - *passeig de Gracia 75 ✉ 08008 Ⓜ Passeig de Gracia - ✆ 935 48 20 00 - www.monument-hotel.com*

Lasarte - ver selección restaurantes

Claris

TRADICIONAL • MODERNA Resulta señorial, ya que está ubicado en el antiguo palacio Vedruna, donde clasicismo y vanguardia se alían en armonía. Sorprende con una importante colección arqueológica repartida, mediante vitrinas, por la mayoría de las habitaciones. Cuenta con un restaurante completamente acristalado en la azotea.

84 hab - 600/650 € 650/700 € - 23 € - 40 suites

Plano : 4H2-w - *Pau Claris 150 ✉ 08009 Ⓜ Passeig de Gràcia - ✆ 934 87 62 62 - www.hotelclaris.com*

Majestic

TRADICIONAL • CLÁSICA Muy bien ubicado y con una destacable azotea, donde poseen un bar-snack dotado de agradables vistas. Combina la excelencia en el servicio con unas habitaciones clásicas de gran confort. El restaurante, más funcional, alterna el menú con una carta por la noche.

272 hab - ††249/800 € - ☕ 37 € - 40 suites

Plano : 4H2-f - *passeig de Gràcia 68* ✉ *08007* Ⓜ *Passeig de Gràcia* - ✆ *934 88 17 17* - *www.hotelmajestic.es*

Meliá Barcelona Sky

NEGOCIOS • DE DISEÑO Disfruta de un moderno hall con detalles de diseño, un lounge-bar y habitaciones actuales, en general con espléndidas vistas. Su buena oferta gastronómica se ve complementada en el lobby con un curioso restaurante en el que apuestan por una carta ligera y tradicional.

249 hab - †90/385 € ††185/438 € - ☕ 18 € - 9 suites

Plano : 2CD2-c - *Pere IV-272* ✉ *08005* Ⓜ *Poblenou* - ✆ *933 67 20 70* - *www.meliahotels.com*

Dos Cielos - ver selección restaurantes

Cotton House

CADENA HOTELERA • ELEGANTE Desprende personalidad... no en vano, su nombre recuerda que este imponente edificio, de finales del s. XIX, fue la sede de la Fundación Textil Algodonera. Habitaciones cuidadas, aunque algo pequeñas, y cocina creativa de bases tradicionales e internacionales.

80 hab - ††250/380 € - ☕ 29 € - 3 suites

Plano : 5J2-a - *Gran Vía de les Corts Catalanes 670* ✉ *08010* Ⓜ *Urquinaona* - ✆ *934 50 50 45* - *www.hotelcottonhouse.com*

Omm

NEGOCIOS • DE DISEÑO En este hotel, vanguardista y urbano, encontrará una amplia zona social, modernas habitaciones y una sala polivalente abierta al passeig de Gràcia a través de grandes ventanales. ¡Club DJ llamado OmmSession en el sótano y zona de bar en la azotea!

87 hab - ††215/480 € - ☕ 27 € - 4 suites

Plano : 4H2-x - *Rosselló 265* ✉ *08008* Ⓜ *Diagonal* - ✆ *934 45 40 00* - *www.hotelomm.com*

Roca Moo - ver selección restaurantes

Ohla Eixample Ⓝ

NEGOCIOS • INDUSTRIAL Un hotel moderno y con acabados industriales que sorprende por su fachada, destacando esta aún más gracias a un impactante juego de luces nocturno. Presenta habitaciones de diseño, una terraza interior y una bonita piscina en el ático, con zona chill out.

94 hab ☕ - ††240/292 €

Plano : 4H2-i - *Corsega 289-291* ✉ *08008* Ⓜ *Diagonal* - ✆ *937 37 79 77* - *www.ohlaeixample.com*

Xerta - ver selección restaurantes

The Mirror Barcelona

NEGOCIOS • DE DISEÑO Lo más llamativo de este hotel es su diseño... de hecho, podemos decir que está orientado a un público que gusta de él. Aquí todo está dominado por el color blanco, los espejos y el uso de unas líneas depuradas de carácter minimalista.

63 hab ☕ - ††103/220 €

Plano : 4H2-l - *Córsega 255* ✉ *08036* Ⓜ *Provença* - ✆ *932 02 86 86* - *www.themirrorbarcelona.com*

Norte Diagonal

Restaurantes

✿✿ ABaC

CREATIVA • DE DISEÑO XXXX Una experiencia culinaria excepcional en la parte alta de Barcelona, donde se presenta con una terraza, un bar de diseño y una luminosa sala de línea actual. Su cocina de autor, impecable en la técnica, fascina al comensal por la creatividad y buen gusto a la hora de maridar los productos.

➜ Jugo de cebollas asadas con esferas de scamorza ahumada, nueces y pieles de naranja. Rodaballo asado, pieles glaseadas y jugo de espinas ahumadas con berenjenas yodadas. Infusión helada de chocolate especiado, rocas de cacao y vainilla, mantequilla y pieles cítricas.

Menú 140/170 € - solo menú

Plano : 1B2-c - *Hotel ABaC ✉ 08022 Ⓜ Av. Tibidabo*
- *✆ 933 19 66 00 - www.abacbarcelona.com*

✿ Via Veneto

CLÁSICA • AMBIENTE CLÁSICO XXXX En esta emblemática casa recrean un hermoso marco al estilo Belle Époque, con la sala en varios niveles y numerosos privados. Carta de gusto clásico bien actualizada, con caza en temporada e interesantes menús degustación. Su bodega es una de las mejores de España, pues posee... ¡unas 1800 referencias!

➜ "Espardenyes" salteadas con "rossejat" de fideos. Pato asado en su propio jugo "a la presse". Nuestra torrija con crema de avellanas y helado de aceite.

Menú 85/125 € - Carta 70/100 €

Plano : 3F2-e - *Ganduxer 10 ✉ 08021 Ⓜ Hospital Clínic*
- *✆ 932 00 72 44 - www.viavenetorestaurant.com*
- *cerrado agosto, sábado mediodía y domingo*

✿ Hofmann

MODERNA • AMBIENTE CLÁSICO XXX ¡Gastronomía! Esta palabra refleja la gran pasión de May Hofmann, la chef-fundadora, que supo inculcar las directrices a seguir en uno de los restaurantes-escuela más influyentes del país. Su hija Silvia y el actual equipo de profesores han sabido dar continuidad a su obra formulando una propuesta llena de creatividad.

➜ Canelón de ternera con foie, crema de queso trufada y teja crujiente de parmesano. Bogavante a la parrilla con verduras de temporada y salsa bearnesa. Crujientes templados de vainilla.

Menú 45/80 € - Carta 55/82 €

Plano : 4G1-n - *La Granada del Penedès 14-16 ✉ 08006 Ⓜ Diagonal*
- *✆ 932 18 71 65 - www.hofmann-bcn.com*
- *cerrado Navidades, Semana Santa, agosto, sábado mediodía, domingo y festivos*

Hisop (Oriol Ivern)

CREATIVA • MINIMALISTA Dado su tamaño este es un restaurante que resulta, a la vez, íntimo y moderno. En su minimalista sala descubrirá unas elaboraciones creativas, frescas y de bases tradicionales, siempre con productos de la zona o de temporada. ¡Interesantes maridajes!

➜ Gambas de Vilanova con chocolate. Salmonete con mayonesa de moluscos. Chocolate con pimiento amarillo y pimienta Timut.

Menú 32/61 € - Carta aprox. 59 €

Plano : 4G2-b - *passatge de Marimon 9 ✉ 08021 Ⓜ Hospital Clínic - ✆ 932 41 32 33 - www.hisop.com - cerrado del 1 al 8 de enero, sábado mediodía, domingo y festivos*

Céleri (Xavier Pellicer)

MEDITERRÁNEA • DE DISEÑO Local de estilo actual ubicado en la planta baja del Woki Organic Market. ¿Qué proponen? Cocina vegetal, orgánica, ecológica... en línea con las nuevas tendencias de alimentación viva, o "raw food", que buscan la máxima pureza en cada sabor. ¡En pocos restaurantes podrá ver, en directo, el trabajo en cocina como aquí!

➜ Gazpacho de remolacha, tomate, uva y flores. Coliflor, huevo a 62º, bacalao y aceite ahumado. Torrija impregnada de leche de arroz y sorbete de coco.

Menú 25 € - Carta 36/45 €

Plano : 4G2-k - *passatge de Marimon 5 ✉ 08021 Ⓜ Hospital Clinic - ✆ 932 52 95 94 - cerrado domingo*

Freixa Tradició

REGIONAL • DE DISEÑO Está llevado por el matrimonio propietario y, tras más de 30 años, se ha convertido en toda una institución para la ciudad. En su sala, de línea minimalista, descubrirá una cocina tradicional catalana sabrosa y bien elaborada, en base a productos de temporada.

Menú 25/58 € - Carta 30/45 €

Plano : 4G1-h - *Sant Elíes 22 ✉ 08006 Ⓜ Plaça Molina - ✆ 932 09 75 59 - www.freixatradicio.com - cerrado Semana Santa, 21 días en agosto, domingo noche y lunes*

Vivanda

COCINA TRADICIONAL • ACOGEDORA Resulta singular, pues ofrece una carta tradicional centrada en "Platillos" (poco más de medias raciones) y lo que denominan "Platos del mes". Atractiva terraza arbolada y moderno interior, donde conviven las mesas bajas del restaurante con las altas de tapeo.

Menú 35 € - Carta 28/39 €

Plano : 3E1-a - *Major de Sarrià 134 ✉ 08017 Ⓜ Reina Elisenda - ✆ 932 03 19 18 - www.vivanda.cat - cerrado domingo noche y lunes*

Roig Robí

REGIONAL • AMBIENTE CLÁSICO Un agradable restaurante de ambiente clásico dotado con una sala tipo invernadero, alrededor de un patio-jardín. Carta de cocina tradicional catalana, menús y completa bodega.

Menú 33/68 € - Carta 45/65 €

Plano : 4H1-c - *Sèneca 20 ✉ 08006 Ⓜ Diagonal - ✆ 932 18 92 22 - www.roigrobi.com - cerrado 21 días en agosto, sábado mediodía y domingo*

Tram-Tram

MODERNA • FAMILIAR Casa de línea clásica con cuyo nombre se rinde un pequeño homenaje al tranvía. Ofrece una cocina tradicional actualizada, con detalles internacionales, y la opción de menús.

Menú 28/70 € - Carta 40/65 €

Plano : 3E1-d - *Major de Sarrià 121 ✉ 08017 Ⓜ Reina Elisenda - ✆ 932 04 85 18 - www.tram-tram.com - cerrado Semana Santa,15 días en agosto, domingo noche, lunes y festivos*

Botafumeiro

PESCADOS Y MARISCOS • AMBIENTE CLÁSICO XXX Abrió sus puertas en 1975, por lo que es considerada una marisquería de referencia de Barcelona. Presumen de producto gallego, ofreciendo piezas grandes y bandejas variadas.

Carta aprox. 65 €

Plano : 4GH1-v – *Gran de Gràcia 81 ✉ 08012 Ⓜ Fontana – ✆ 932 18 42 30 – www.botafumeiro.es*

La Balsa Ⓝ

MEDITERRÁNEA • ACOGEDORA XX Un clásico renovado que le sorprenderá, pues transforma una pequeña joya arquitectónica en un remanso de paz. Buena cocina mediterránea de producto y... ¡singulares terrazas!

Menú 20/65 € – Carta 38/56 €

Plano : 1B2-a – *Infanta Isabel 4 ✉ 08022 – ✆ 932 11 50 48 – www.labalsarestaurant.com – cerrado agosto, domingo noche y lunes*

Asador de Aranda

CARNES • ACOGEDORA XX En el marco incomparable de la Casa Roviralta, edificio de estilo modernista también conocido como El Frare Blanc. Cocina típica castellana, donde el lechazo es la estrella.

Menú 41/50 € – Carta 35/48 €

Plano : 1B2-b – *av. del Tibidabo 31 ✉ 08022 – ✆ 934 17 01 15 – www.asadordearanda.com – cerrado domingo noche*

Mil921

MODERNA • AMBIENTE MEDITERRÁNEO XX Apuesta por la cocina tradicional actualizada y los orígenes... de ahí su nombre, un guiño al año que nació el abuelo del chef. ¡Pruebe su Steak tartar (clásico o japonés)!

Menú 21/48 € – Carta 36/54 €

Plano : 4G2-v – *Casanova 211 ✉ 08021 Ⓜ Hospital Clinic – ✆ 934 14 34 94 – www.mil921.com – cerrado domingo y lunes noche*

Silvestre

COCINA TRADICIONAL • ACOGEDORA X Coqueto, acogedor y con varios espacios independientes, lo que proporciona al cliente cierta intimidad. Cocina tradicional e internacional, con buenos menús y opción a medias raciones en todos sus platos. Pruebe los Pies de cerdo rellenos de setas, butifarra y salsa de Oporto... ¡están buenísimos!

Menú 25/50 € – Carta 30/40 €

Plano : 4G1-e – *Santaló 101 ✉ 08021 Ⓜ Muntaner – ✆ 932 41 40 31 – www.restaurante-silvestre.com – cerrado Semana Santa, 15 días en agosto, sábado noche en julio-agosto, sábado mediodía, domingo y festivos*

Bonanova

COCINA TRADICIONAL • GRAND CAFÉ X Restaurante de tradición familiar instalado en un antiguo "casinet" modernista, a modo de café antiguo. Apuestan por la cocina tradicional y elaboran su propio pan artesanal.

Menú 30 € – Carta 32/60 €

Plano : 3F1-a – *Sant Gervasi de Cassoles 103 ✉ 08022 Ⓜ El Putxet – ✆ 934 17 10 33 – www.restaurantebonanova.com – cerrado Semana Santa, 21 días en agosto, domingo noche y lunes*

La Venta Ⓝ

CATALANA • AMBIENTE TRADICIONAL X Imprescindible, pues se halla en la estación de término del turístico Tramvia Blau y... ¡atesora preciosas vistas sobre Barcelona! Cocina tradicional, catalana y mediterránea.

Menú 44/62 € – Carta 32/50 €

Plano : 1B1-d – *pl. Dr. Andreu ✉ 08035 – ✆ 932 12 64 55 – www.laventarestaurant.com – cerrado domingo en agosto y domingo noche resto del año*

Bardeni-Caldeni

CARNES • DE DISEÑO Estamos en un "meat bar" y las carnes son las grandes protagonistas. Sorprende por su estética de carnicería antigua y un exclusivo espacio denominado "Mesa de la cocina".

Tapa 12 €

Plano : 5J1-h - *Valencia 454 ✉ 08013 Ⓜ Sagrada Familia - ✆ 932 32 58 11 - www.bardeni.es - cerrado agosto, domingo y lunes*

Casa Pepe

COCINA TRADICIONAL • FAMILIAR Casa de organización familiar bastante curiosa, ya que en ella se combina el servicio de comidas con una tienda gourmet. También preparan platos al momento para llevar.

Tapa 6 € - Ración aprox. 17 €

Plano : 3F1-n - *pl. de la Bonanova 4 ✉ 08022 - ✆ 934 18 00 87 - www.casapepe.es - cerrado 21 días en agosto, domingo noche y lunes salvo festivos*

Lata-Berna de Juanjo

INTERNACIONAL • VINTAGE Un original negocio en el que se juega con los detalles retro y vintage. Ofrecen una amplia carta de pinchos y raciones, muchos servidos en latas, así como un completo menú.

Tapa 8 € - Ración aprox. 10 € - Menú 37/42 €

Plano : 4H1-a - *Torrent de les Flors 53 ✉ 08024 Ⓜ Plaça Joanic - ✆ 931 93 02 88 - www.latabernadejuanjo.wordpress.com - cerrado lunes*

Alojamientos

Casa Fuster

LUJO • DE DISEÑO ¡En un edificio de carácter modernista! Atesora un Café Vienés con música de jazz, habitaciones al más alto nivel y un bar panorámico en la terraza-azotea. El restaurante, con buenas vistas al paseo, enriquece su carta con una interesante oferta de menús.

85 hab - 198/600 € - 30 € - 20 suites

Plano : 4H1-s - *passeig de Gràcia 132 ✉ 08008 Ⓜ Diagonal - ✆ 932 55 30 00 - www.hotelcasafuster.com*

G.H. La Florida

LUJO • DE DISEÑO Encanto y vanguardismo en la misma cima del Tibidabo, pues presenta estancias diseñadas por famosos interioristas y preciosas terrazas escalonadas. Sin duda lo mejor son las espectaculares vistas sobre la ciudad, tanto desde el hotel como desde su restaurante.

62 hab - 160/450 € - 8 suites

Plano : 1B2-c - *✉ 08035 - ✆ 932 59 30 00 - www.hotellaflorida.com*

ABaC

LUJO • MODERNA Aquí encontrará unas habitaciones realmente magníficas, todas de estética actual, con tecnología domótica y hasta cromoterapia en los baños. ¡Ofrecen algunos servicios de SPA!

15 hab - 280/861 € - 36 €

Plano : 1B2-c - *av. del Tibidabo 1 ✉ 08022 Ⓜ Av. Tibidabo - ✆ 933 19 66 00 - www.abacbarcelona.com*

✿✿ **ABaC** - ver selección restaurantes

Primero Primera

TRADICIONAL • ELEGANTE En una zona residencial y con el acceso por una especie de paso de carruajes. Presenta una bella escalera de caracol y habitaciones eclécticas, destacando las abuhardilladas.

25 hab - 155/315 € 165/325 € - 5 suites

Plano : 3F1-b - *Doctor Carulla 25-29 ✉ 08017 Ⓜ Tres Torres - ✆ 934 17 56 00 - www.primeroprimera.com*

Pol & Grace

TOWNHOUSE • FUNCIONAL Este hotel, funcional, urbano y bastante cool, narra una historia en sí mismo, desde la que se sugiere con el nombre a las que se adivinan con la tematización de cada planta.

61 hab – ††80/220 € – ☕11 €

Plano : 4G1-k – *Guillen Tell 49 ✉ 08006 Ⓜ Plaça Molina – ☎ 934 15 40 00 – www.polgracehotel.es*

Alrededores

en Santa Coloma de Gramenet – Mapa regional : 10-B3

Lluerna (Víctor Quintillà)

MODERNA • TENDENCIA XX Céntrico y bien llevado por el matrimonio propietario. En su pequeño comedor, de aire minimalista, podrá descubrir una cocina actualizada de sólidas bases tradicionales, interpretable a través de su carta y de sus variados menús degustación. ¡Buenos puntos de cocción, detalles creativos y cuidadas presentaciones!

→ Rabo de cerdo ibérico con cohombros. Langostinos de San Carlos salteados con verduras. Crema de arroz con leche y toffee.

Menú 37/72 € – Carta 41/69 €

Plano : 2D1-n – *Rafael Casanovas 31 ✉ 08921 Santa Coloma de Gramenet Ⓜ Santa Coloma – ☎ 933 91 08 20 – www.lluernarestaurant.com – cerrado del 2 al 14 de abril, del 7 al 28 de agosto, domingo y lunes*

Ca n'Armengol

COCINA TRADICIONAL • AMBIENTE CLÁSICO XX Casa de organización familiar y ambiente clásico dotada con dos entradas, una directa al antiguo bar, donde ofrecen el menú, y la otra tanto a las salas como al privado, reservados estos para la carta. Cocina de base tradicional con opción a medias raciones.

Menú 11/33 € – Carta 28/48 €

Plano : 2D1-a – *Prat de La Riba 1 ✉ 08921 Santa Coloma de Gramenet Ⓜ Santa Coloma – ☎ 933 91 68 55 – www.canarmengol.net – cerrado Semana Santa, 2 semanas en agosto, domingo noche, lunes y martes noche*

en Sant Joan Despí – Mapa regional : 09D-C2

Follia

CREATIVA • TENDENCIA XXX Casa en piedra de moderna decoración dotada con un huerto propio. Escoja entre su cocina creativa a base de medias raciones o el menú degustación, este con maridaje de vinos. También puede tapear o comer de forma más informal en el sótano.

Menú 38/73 € – Carta 45/54 €

Plano : 1A3-b – *Creu de Muntaner 17 ✉ 08970 Sant Joan Despí – ☎ 934 77 10 50 – www.follia.com – cerrado Semana Santa, 21 días en agosto, domingo noche y lunes*

BARCENILLA

Cantabria - 349 h. - Mapa regional : **6**-B1
Madrid 417 km - Bilbao 111 km - Burgos 168 km - Santander 19 km
Mapa de carreteras Michelin nº 572-B18

Los Nogales

FAMILIAR • CONTEMPORÁNEA Posada de cuidado exterior, al estilo cántabro tradicional, que contrasta con la estética contemporánea del interior. Las habitaciones combinan diseño y calidad, destacando las cuatro abuhardilladas de la última planta, tres con saloncito.

10 hab - †77/110 € ††99/121 € - ☕ 9 €

barrio La Portilla 7 ✉ 39477 - ☎ 942 58 92 22 - www.posadalosnogales.com - cerrado noviembre-marzo

BARIZO A Coruña ➔ Ver Malpica de Bergantiños

BARÓS Huesca ➔ Ver Jaca

BAZA

Granada - 20 668 h. - Alt. 872 m - Mapa regional : **1**-D2
Madrid 480 km - Almería 137 km - Granada 98 km - Jaén 156 km
Mapa de carreteras Michelin nº 578-T21

por la carretera de Murcia Noreste : 3,5 km y desvío a la derecha 4 km

Cuevas Al Jatib

CASA DE CAMPO • PERSONALIZADA Estas encantadoras casas-cueva, algo aisladas y típicas de la arquitectura popular, se presentan con unos relajantes baños árabes y acogedoras habitaciones. En su coqueto comedor podrá degustar platos propios de la gastronomía árabe, francesa y local.

6 apartamentos - ††84/110 € - ☕ 8 € - 4 hab

Arroyo Cúrcal ✉ 18800 Baza - ☎ 958 34 22 48 - www.aljatib.com - cerrado del 12 al 22 de diciembre

BEASAIN

Guipúzcoa - 13 980 h. - Mapa regional : **18**-B2
Madrid 416 km - Donostia-San Sebastián 44 km - Iruña/Pamplona 76 km - Vitoria-Gasteiz 69 km
Mapa de carreteras Michelin nº 573-C23

Dolarea

PALACE • MODERNA ¡Ocupa un enorme caserío del s. XVII! Tanto la zona social como las habitaciones lucen una línea sorprendentemente actual, destacando las estancias de la 2ª planta por ser abuhardilladas y tener los techos en madera. En el restaurante, también moderno, apuestan por una cocina tradicional con toques actuales.

20 hab ☕ - †85/142 € ††102/170 €

Nafarroa etorbidea 57 ✉ 20200 - ☎ 943 88 98 88 - www.dolareahotela.com

BECEITE

Teruel - 566 h. - Mapa regional : **2**-C3
Madrid 458 km - Tarragona 130 km - Teruel 194 km - Zaragoza 147 km
Mapa de carreteras Michelin nº 574-J30

La Fábrica de Solfa

FAMILIAR • ACOGEDORA Hotel rural, de sencilla organización familiar, instalado en un molino papelero construido a finales del s. XVIII. Ofrece un buen salón social y cálidas habitaciones de aire rústico instaladas en lo que fueron los secaderos. En su coqueto restaurante elaboran una carta de tinte tradicional y un buen menú.

8 hab ☕ - †62/72 € ††82/92 €

Arrabal del Puente 16 ✉ 44588 - ☎ 978 85 07 56 - www.fabricadesolfa.com - cerrado del 22 al 26 de diciembre

BEGUR

Girona – 3 985 h. – Mapa regional : **10**-B1
Madrid 730 km – Barcelona 132 km – Girona 50 km – Tarragona 222 km
Mapa de carreteras Michelin nº 574-G39

Fonda Caner

REGIONAL • AMBIENTE CLÁSICO Restaurante de funcionamiento independiente muy centrado en los clientes del hotel. Proponen una cocina regional que procura trabajar con productos biológicos y de la zona.

Carta 25/45 €

Hotel Rosa, Pi i Ralló 10 ✉ 17255 – ☎ 972 62 23 91 – www.fondacaner.com – solo cena salvo Semana Santa, agosto y fines de semana – cerrado noviembre-febrero

Rosa

FAMILIAR • CONTEMPORÁNEA Está en pleno casco antiguo, ocupando dos casas que se comunican por un patio y ofrecen buenas vistas desde sus azoteas. Habitaciones con mobiliario moderno y baños actuales.

21 hab – 61/97 € 88/126 €

Pi i Ralló 19 ✉ 17255 – ☎ 972 62 30 15 – www.hotel-rosa.com – marzo-octubre

Fonda Caner – ver selección restaurantes

Aiguaclara

FAMILIAR • PERSONALIZADA Ocupa una casa de indiano que data de 1866, con un pequeño salón social, un patio y coquetas habitaciones, todas personalizadas. El restaurante, repartido en dos zonas y con una carta tradicional, tiene un espacio chill out para picar y un sencillo comedor.

10 hab – 70/160 € 80/170 €

Sant Miquel 2 ✉ 17255 – ☎ 972 62 29 05 – www.hotelaiguaclara.com – cerrado 10 diciembre-15 febrero

en Aiguablava Sureste : 3,5 km

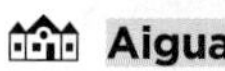

Aigua Blava

TRADICIONAL • CLÁSICA Destaca por su privilegiado emplazamiento, pues se encuentra sobre una cala rodeada de zonas verdes. Ofrecen habitaciones de distintos estilos, la mayoría con terraza y vistas al mar. El restaurante, enfocado al cliente vacacional y también asomado al Mediterráneo, elabora una carta de tinte tradicional.

84 hab – 156/320 € – 1 suite

platja de Fornells ✉ 17255 Begur – ☎ 972 62 45 62 – www.hotelaiguablava.com – abril-15 octubre

Parador de Aiguablava

TRADICIONAL • MODERNA Construido en lo alto de una cala, donde su blanca arquitectura se perfila contra al azul del mar y el verde de los pinos. ¡Todas sus habitaciones se asoman al Mediterráneo! El comedor combina sus hermosas vistas con una cocina fiel al recetario catalán.

78 hab – 80/235 € – 19 €

platja d'Aigua Blava ✉ 17255 – ☎ 972 62 21 62 – www.parador.es – cerrado 6 enero-14 febrero

por la carretera GIP 6531 Sur : 4 km y desvío a la izquierda 1 km

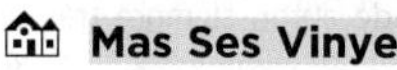

Mas Ses Vinyes

TRADICIONAL • ACOGEDORA Se distribuye entre una bonita masía restaurada y cuatro anexos que rodean la piscina panorámica. Pequeño SPA, habitaciones clásicas y otras de línea más actual. El restaurante tiene un uso polivalente, ya que ofrece los desayunos y una carta mediterránea.

25 hab – 80/160 € 90/205 €

✉ 17255 Begur – ☎ 972 30 15 70 – www.massesvinyes.com – Semana Santa-4 noviembre

BÉJAR

Salamanca – 13 724 h. – Alt. 938 m – Mapa regional : **8**-A3

Madrid 215 km – Ávila 105 km – Cáceres 130 km – Salamanca 73 km

Mapa de carreteras Michelin nº 575-K12

La Plata

COCINA TRADICIONAL • DE BARRIO Llevado entre hermanos. Posee un bar tipo mesón y dos comedores, orientando el pequeño a raciones y tapeo. Carta tradicional especializada en productos ibéricos, carnes de ternera Morucha y platos de la comarca, como el Calderillo bejarano.

Menú 10/36 € – Carta 20/41 €

Recreo 93 ✉ 37700 – ✆ 923 40 02 82 – www.restaurantelaplata.com – cerrado miércoles

BELATE (Puerto de) VELATE

Navarra – Alt. 847 m – Mapa regional : **17**-B2

Madrid 440 km – Donostia-San Sebastián 72 km – Iruña/Pamplona 33 km – Vitoria-Gasteiz 112 km

Mapa de carreteras Michelin nº 573-C25

en la carretera NA 1210 Sur : 2 km

Venta de Ulzama

COCINA TRADICIONAL • FAMILIAR Un negocio familiar de 5ª generación que destaca por sus instalaciones y emplazamiento, en el precioso valle de Ulzama. En su comedor, de elegante línea clásica, encontrará una cocina tradicional muy bien ejecutada. ¡También ofrecen impecables habitaciones!

Menú 25/32 € – Carta 30/40 € 14 hab – †50/55 € ††60/70 €

✉ 31797 Arraitz – ✆ 948 30 51 38 – www.ventadeulzama.com – cerrado enero y lunes

BELESAR Pontevedra

→ Ver Baiona

BELLATERRA

Barcelona – Mapa regional : **09D**-C2

Madrid 609 km – Barcelona 24 km – Girona 97 km – Tarragona 106 km

Mapa de carreteras Michelin nº 574-H36

Ébano

MODERNA • DE DISEÑO Restaurante familiar instalado en una bonita casa señorial. Ofrece varios espacios de línea actual y una cocina de mercado bien elaborada, con exóticas influencias culinarias.

Carta 36/49 €

av. Josep María Marcet i Coll 24 ✉ 08290 – ✆ 935 80 33 40 – www.ebanogastrobar.com – solo almuerzo salvo jueves, viernes y sábado en invierno – cerrado 5 días en enero, domingo en verano y lunes

BELLVÍS

Lleida – 2 270 h. – Mapa regional : **09G**-B2

Madrid 479 km – Barcelona 140 km – Lleida 21 km – Tarragona 99 km

Mapa de carreteras Michelin nº 574-G32

La Boscana (Joel Castanyé)

CREATIVA • DE DISEÑO Este magnífico restaurante se halla en una finca acotada, a las afueras de la localidad, y sorprende al distribuir sus pabellones acristalados entre jardines, arboledas y hasta un bello estanque con patos. Ofrece espacios de diseño y una experiencia gastronómica de autor, siempre tras una cuidadísima puesta en escena.

→ Pulpo con infusión de patata, pimentón de la Vera y esponjoso de cebolla. Costilla de cerdo rustida a la Ratafia con remolacha y granada. Leche, cacao, avellanas y azúcar.

Menú 43/65 € – Carta 45/64 €

carret. Bell-lloc d'Urgell, Suroeste : 1 km ✉ 25142 – ✆ 973 56 55 75 – www.laboscana.net – solo almuerzo salvo viernes y sábado – cerrado 28 diciembre-17 enero y martes

BEMBRIVE Pontevedra → Ver Vigo

BENAHAVÍS

Málaga - 7 105 h. - Alt. 185 m - Mapa regional : **1**-A3
Madrid 603 km - Cádiz 190 km - Málaga 79 km - Sevilla 181 km
Mapa de carreteras Michelin nº 578-W14

Los Abanicos

COCINA TRADICIONAL • AMBIENTE CLÁSICO XX Un restaurante céntrico y de larga tradición familiar. Presenta una terraza, un bar público, con un acceso independiente, y dos salas de líneas clásicas. Cocina tradicional.
Menú 45 € - Carta 38/52 €
Málaga 15 ✉ 29679 - ✆ 952 85 50 22 - cerrado diciembre y martes salvo festivos

Amanhavis

TRADICIONAL • ACOGEDORA Una casa con encanto, pues aquí cuidan la decoración hasta el último detalle. Ofrece habitaciones temáticas y un tranquilo patio central, con plantas y una pequeña piscina. Su restaurante propone una carta-menú que toma como base el recetario internacional.
9 hab - ††109/153 € - ☕ 14 €
del Pilar 3 ✉ 29679 - ✆ 952 85 60 26 - www.amanhavis.com - cerrado 12 diciembre-2 febrero

BENALÚA DE GUADIX

Granada - 3 298 h. - Alt. 903 m - Mapa regional : **1**-C2
Madrid 436 km - Almería 116 km - Granada 54 km - Jaén 112 km
Mapa de carreteras Michelin nº 578-T20

Cuevas La Granja

TRADICIONAL • RÚSTICA Está a las afueras del pueblo, pues se trata de las típicas cuevas de la zona transformadas en apartamentos, unos de aire antiguo y otros más rústicos. El restaurante, que también tiene el comedor montado en una gruta, ofrece una carta tradicional andaluza.
19 hab - ††60/80 € - ☕ 5 € - 2 suites - 11 apartamentos
camino de la Granja, Norte : 0,5 km ✉ 18510 - ✆ 958 67 60 00 - www.cuevas.org

Las grandes ciudades tienen planos en los que se sitúan los hoteles y los restaurantes. Siga sus coordenadas (ej. : Plano : 12BMe) para encontrarlos fácilmente.

BENALUP-CASAS VIEJAS

Cádiz - 7 000 h. - Mapa regional : **1**-B3
Madrid 670 km - Cádiz 69 km - Málaga 175 km - Sevilla 155 km
Mapa de carreteras Michelin nº 578-W12

Utopía

FAMILIAR • PERSONALIZADA Singular y original, ya que todas sus habitaciones están personalizadas siguiendo una temática diferente y cuenta con un pequeño museo dedicado a los años 30. El restaurante es como un café-teatro, por eso durante las cenas de los fines de semana suele amenizar las veladas con música en vivo.
16 hab - †69/199 € ††69/226 € - ☕ 10 €
Dr. Rafael Bernal 32 ✉ 11190 - ✆ 956 41 95 32 - www.hotelutopia.es

BENAOJÁN

Málaga – 1 513 h. – Alt. 565 m – Mapa regional : **1**-A3
Madrid 567 km – Cádiz 143 km – Málaga 115 km – Sevilla 122 km
Mapa de carreteras Michelin nº 578-V14

por la carretera de Ronda

Molino del Santo

FAMILIAR • CONTEMPORÁNEA Atractivo hotel de estilo regional ubicado en el nacimiento de un río, en un antiguo molino de aceite. Ofrece habitaciones amplias y bien decoradas, con mobiliario provenzal. El comedor, también de ambiente rústico, se complementa con una agradable terraza.

18 hab – 90/147 € 112/192 €

barriada Estación, Suroeste : 2 km ✉ 29370 Benaoján – ✆ 952 16 71 51 – www.molinodelsanto.com – 18 marzo-octubre

BENASQUE

Huesca – 2 090 h. – Alt. 1 138 m – Mapa regional : **2**-D1
Madrid 530 km – Huesca 140 km – Lleida 143 km – Zaragoza 218 km
Mapa de carreteras Michelin nº 574-E31

El Fogaril

REGIONAL • RÚSTICA XX Con su nombre rememoran una cocina, en forma de círculo, típica de esta tierra. En su comedor, de aire rústico y con detalles cinegéticos, le ofrecerán una carta regional basada en guisos, platos de caza y deliciosas setas en temporada.

Menú 25/40 € – Carta 25/55 €

av. de Los Tilos ✉ 22440 – ✆ 974 55 16 12 – www.hotelciria.com – cerrado 15 días en mayo y 15 días en noviembre

BENAVENTE

Zamora – 18 550 h. – Alt. 724 m – Mapa regional : **8**-B2
Madrid 259 km – León 71 km – Ourense 242 km – Palencia 108 km
Mapa de carreteras Michelin nº 575-F12

Parador de Benavente

EDIFICIO HISTÓRICO • TRADICIONAL ¡Castillo-palacio renacentista que le cautivará por su espíritu medieval! Posee habitaciones de marcado ambiente castellano y un magnífico salón, con artesonado mudéjar, en la monumental Torre del Caracol. En su comedor se apuesta por la gastronomía regional.

38 hab – 70/175 € – 16 €

paseos de la Mota ✉ 49600 – ✆ 980 63 03 00 – www.parador.es

por la carretera de León Noreste : 2,5 km y desvío a la derecha 0,5 km

El Ermitaño (Óscar Pérez)

COCINA TRADICIONAL • ACOGEDORA XX Sorprende, pues ocupa una casa de campo señorial en la que hallaremos hasta una ermita del s. XVIII. Sus recios muros dan paso a un atractivo mesón, donde se inició el negocio, y varias salas de ambiente rústico en el piso superior. Su carta contempla dos apartados: los clásicos de la casa y los platos de temporada.

→ Las cocochas al ajillo con gamba de Huelva y mollejas de lechazo. La pechuga de pichón marinada en frutas con calabaza, cortezas, soja y encurtidos. El cálido verano, vainilla, mango, fruta de la pasión, galleta, plátano, piña y frutas tropicales.

Menú 25/65 € – Carta 36/56 €

✉ 49600 Benavente – ✆ 980 63 67 95 – www.elermitano.com – cerrado 30 diciembre-15 enero, domingo noche y lunes salvo festivos

BENICARLÓ

Castellón - 26 403 h. - Alt. 27 m - Mapa regional : **11**-B1

Madrid 489 km - Castelló de la Plana/Castellón de la Plana 71 km - Tarragona 127 km - València 142 km

Mapa de carreteras Michelin nº 577-K31

Raúl Resino

CREATIVA • MARCO CONTEMPORÁNEO XX ¡Una grata sorpresa! Basa su oferta en un interesante menú degustación, de tinte actual, que se va renovando cada 15 días... eso sí, siempre con delicadas presentaciones y unos puntos de cocción realmente perfectos. El chef construye su cocina en torno al producto cercano, tanto del Maestrazgo como de Costa Azahar.

→ Nuestro tomate 20 horas con caldo de bonito ahumado. Suquet de huevo perfecto en marinera de miso, espagueti de mar y setas. Cremoso de chocolate blanco con mosaico de cítricos locales.

Menú 49 € - solo menú

Alacant 2 ✉ 12580 - ✆ 964 86 55 05 - www.restauranteraulresino.com - cerrado del 21 al 31 de enero, 20 junio-5 julio, domingo noche y lunes

El Cortijo Hnos. Rico

COCINA TRADICIONAL • AMBIENTE CLÁSICO XX ¡Todo un clásico en la zona! Completa su oferta con dos enormes salones de banquetes. Carta tradicional y local, con varios platos dedicados a las alcachofas y a los arroces.

Menú 35/65 € - Carta 30/57 €

av. Méndez Núñez 85 ✉ 12580 - ✆ 964 47 00 75 - www.elcortijobenicarlo.com

Chuanet

PESCADOS Y MARISCOS • AMBIENTE MEDITERRÁNEO XX En un chalet de línea moderna y... ¡frente al mar! En sus comedores, ambos de estilo clásico-actual, le propondrán una carta marinera rica en arroces y pescados de la zona.

Carta 31/46 €

av. Papa Luna ✉ 12580 - ✆ 964 47 17 72 - www.rincondechuanet.com - cerrado domingo noche y lunes salvo agosto y festivos

Pau

MODERNA • DE DISEÑO XX De estilo urbano y ubicado frente al puerto deportivo. Posee dos comedores, un salón de banquetes y una carta actual de base tradicional, con arroces, mariscos y varios menús.

Menú 27/40 € - Carta 24/52 €

av. Marqués de Benicarló 11 ✉ 12580 - ✆ 964 47 05 46 - www.paurestaurant.com - cerrado 9 días en marzo, 9 días en junio, 9 días en noviembre, martes salvo febrero y verano, domingo noche y lunes

Parador de Benicarló

TRADICIONAL • MEDITERRÁNEA Edificio de planta horizontal y aire mediterráneo emplazado frente al mar. Posee una extensa zona ajardinada y amplias habitaciones, todas con terraza. El restaurante, que ofrece una carta regional, tiene como especialidad el Suquet de rape y langostinos.

104 hab - ††80/180 € - ☕ 15 €

av. del Papa Luna 5 ✉ 12580 - ✆ 964 47 01 00 - www.parador.es

BENICÀSSIM

Castellón - 18 098 h. - Mapa regional : **11**-B1

Madrid 436 km - Castelló de la Plana/Castellón de la Plana 14 km - Tarragona 165 km - València 88 km

Mapa de carreteras Michelin nº 577-L30

en la zona de la playa

El Palasiet

SPA Y BIENESTAR • CLÁSICA Fue pionero por sus servicios de talasoterapia, con su propio centro de salud y belleza. Entorno ajardinado, habitaciones con terraza y buenas vistas. Su coqueto restaurante, tipo jardín de invierno, está especializado en cocina saludable y baja en calorías.

68 hab – 178/307 € – 6 suites

Pontazgo 11 ✉ 12560 Benicàssim – ☎ 964 30 02 50 – www.palasiet.com – Semana Santa-3 noviembre

BENIDORM

Alicante – 69 045 h. – Mapa regional : **11**-B3

Madrid 463 km – Alacant / Alicante 46 km – Murcia 129 km – València 140 km

Mapa de carreteras Michelin nº 577-Q29

Villa Venecia

LUJO • ELEGANTE Elegante hotel emplazado en la zona alta de la ciudad, con unas excelentes vistas sobre el mar. Aquí todo es algo reducido... sin embargo, resulta muy acogedor. El restaurante, de marcado carácter panorámico y con una atractiva terraza exterior, ofrece una cocina tradicional actualizada y sabrosos arroces.

25 hab – 121/129 € 286/374 €

pl. Sant Jaume 1 ✉ 03501 – ☎ 965 85 54 66 – www.hotelvillavenecia.com

BENIFAIÓ

Valencia – 11 913 h. – Alt. 30 m – Mapa regional : **11**-B2

Madrid 367 km – Alacant / Alicante 151 km – Murcia 211 km – València 25 km

Mapa de carreteras Michelin nº 577-O28

Juan Veintitrés

COCINA TRADICIONAL • SIMPÁTICA Está bien llevado entre tres hermanos, con uno atento a los fogones y los otros a la sala. La carta, tradicional con toques creativos, se recita de palabra y vuelca todo el protagonismo tanto en los pescados frescos como en sus arroces.

Menú 30/45 € – Carta 32/48 €

Papa Juan XXIII-8 ✉ 46450 – ☎ 961 78 45 75 – www.restaurantejuanxxiii.com – cerrado del 8 al 31 de agosto, domingo noche y lunes

BENIMANTELL

Alicante – 501 h. – Alt. 527 m – Mapa regional : **11**-B3

Madrid 443 km – Alacant/Alicante 65 km – Murcia 145 km – València 142 km

Mapa de carreteras Michelin nº 577-P29

L'Obrer

COCINA TRADICIONAL • FAMILIAR Tras su discreta fachada encontrará un restaurante de amable organización familiar. Aquí ofrecen cocina casera de verdad, siempre con productos bien tratados y presentados.

Menú 21/30 € – Carta 24/40 €

carret. de Alcoy 27 ✉ 03516 – ☎ 965 88 50 88 – solo almuerzo salvo viernes, sábado y agosto – cerrado julio y domingo

Vivood Landscape H.

BOUTIQUE HOTEL • DE DISEÑO Un hotel único, pues su diseño participa del paisajismo y juega con la naturaleza. ¿Qué ofrece? Edificaciones sostenibles, eficacia energética, sorprendentes habitaciones en cubos de madera... y un restaurante que apuesta por la cocina ecológica de la zona.

25 hab – 85/215 € 100/250 € – 15 €

carret. Guadalest-Alcoy 10 ✉ 03516 – ☎ 966 31 85 85 – www.vivood.com

BENIMAURELL

Alicante - 280 h. - Mapa regional : **11**-B3
Madrid 449 km - Alacant/Alicante 94 km - Murcia 176 km - València 107 km
Mapa de carreteras Michelin nº 577-P29

Alahuar

AGROTURISMO • RÚSTICA Está en la zona alta de Benimaurell, brindando magníficas vistas a las montañas, al valle y al mar. Ofrece unas habitaciones muy confortables, la mayoría tipo dúplex. El restaurante, con los techos abovedados, propone una carta regional con buenos guisos. ¡Agradable piscina en un jardín seco-mediterráneo!

20 hab - 42/70 € 54/100 €

Partida El Tossalet ✉ 03791 - ☎ 965 58 33 97 - www.hotelalahuar.es

BENISANÓ

Valencia - 2 233 h. - Alt. 70 m - Mapa regional : **11**-A2
Madrid 350 km - Alacant / Alicante 198 km -
Castelló de la Plana / Castellón de la Plana 88 km - València 27 km
Mapa de carreteras Michelin nº 577-N28

Rioja

COCINA TRADICIONAL • AMBIENTE CLÁSICO XX Brinda un comedor clásico-actual, varios reservados y una cuidada bodega. Junto a sus platos tradicionales, siempre basados en la calidad de los productos locales, encontrará una buena carta de arroces. ¡No se marche sin probar su Paella valenciana a la leña!

Menú 16/50 € - Carta 26/35 €

av. Verge del Fonament 37 ✉ 46181 - ☎ 962 79 21 58 - www.hotel-rioja.es - cerrado domingo noche y festivos noche

BENISSA

Alicante - 11 598 h. - Alt. 274 m - Mapa regional : **11**-B3
Madrid 454 km - Alacant/Alicante 73 km -
Castelló de la Plana/Castellón de la Plana 197 km - València 112 km
Mapa de carreteras Michelin nº 577-P30

Casa Cantó

PESCADOS Y MARISCOS • ÍNTIMA XX Presenta varias salas, la principal con una bodega acristalada y vistas al peñón de Ifach. Su carta tradicional se enriquece con un apartado de arroces, pescados y mariscos.

Menú 18/40 € - Carta 32/62 €

av. País Valencià 237 ✉ 03720 - ☎ 965 73 06 29 - www.casacanto.com - cerrado noviembre, domingo en verano y lunes resto del año

BENTRACES

Ourense - Mapa regional : **13**-C3
Madrid 498 km - Ourense 11 km - Pontevedra 125 km - Santiago de Compostela 111 km
Mapa de carreteras Michelin nº 571-F6

Pazo de Bentraces

HISTÓRICO • PERSONALIZADA Ocupa un bello pazo señorial que en su origen, allá por el s. XV, sirvió como residencia episcopal. Posee un hermoso jardín, una zona social repleta de objetos de anticuario y encantadoras habitaciones, todas de línea clásica-elegante.

6 hab - 100/110 € - 8 €

do Eiro 9 (Barbadás) ✉ 32890 - ☎ 988 38 33 81 - www.pazodebentraces.com - cerrado 22 diciembre-22 febrero

BERGA

Barcelona - 16 238 h. - Alt. 715 m - Mapa regional : **9**-C2

Madrid 616 km - Barcelona 108 km - Girona 124 km - Lleida 158 km

Mapa de carreteras Michelin nº 574-F35

Sala

COCINA TRADICIONAL • AMBIENTE CLÁSICO XX Esta casa familiar, de ambiente clásico-actual, apuesta por los platos tradicionales de toda la vida, sencillos pero también sabrosos y abundantes. ¡Buena oferta micológica!

Menú 22/48 € - Carta 31/58 €

passeig de la Pau 27 ✉ 08600 - ☎ 938 21 11 85 - www.restaurantsala.com - solo almuerzo salvo jueves y viernes - cerrado del 18 al 31 de agosto y sábado

BERGARA

Guipúzcoa - 14 780 h. - Alt. 155 m - Mapa regional : **18**-B2

Madrid 399 km - Bilbao 61 km - Donostia-San Sebastián 62 km - Vitoria-Gasteiz 44 km

Mapa de carreteras Michelin nº 573-C22

Lasa

COCINA TRADICIONAL • AMBIENTE CLÁSICO XX ¡En el histórico Palacio de Ozaeta, declarado Monumento Nacional! Posee varios salones, alguno polivalente, ya que trabaja tanto la carta como el banquete. Cocina tradicional con toques actuales, destacando especialmente por sus ahumados.

Menú 29/48 € - Carta 45/65 €

Zubiaurre 35 ✉ 20570 - ☎ 943 76 10 55 - www.restaurantelasa.es - solo almuerzo salvo viernes y sábado - cerrado 24 diciembre-3 enero, Semana Santa, del 4 al 21 de agosto y lunes

BERMEO

Vizcaya - 16 947 h. - Mapa regional : **18**-A3

Madrid 432 km - Bilbao 34 km - Donostia-San Sebastián 98 km - Vitoria-Gasteiz 101 km

Mapa de carreteras Michelin nº 573-B21

Almiketxu

REGIONAL • RÚSTICA X Ubicado a las afueras de la localidad, en un caserío vasco del s. XIX dotado con tres salas de ambiente rústico-regional. ¿Qué encontrará? Buenas carnes y pescados a la brasa.

Menú 18/50 € - Carta 30/50 €

Almike Auzoa 8, Sur : 1,5 km ✉ 48370 - ☎ 946 88 09 25 - www.almiketxu.com - solo almuerzo salvo viernes, sábado y domingo - cerrado del 2 al 16 de noviembre

BERRIA (Playa de) Cantabria → Ver Santoña

El BERRO Murcia → Ver Alhama de Murcia

BESALÚ

Girona - 2 437 h. - Alt. 151 m - Mapa regional : **9**-C3

Madrid 674 km - Barcelona 131 km - Girona 32 km - Tarragona 221 km

Mapa de carreteras Michelin nº 574-F38

Pont Vell

COCINA TRADICIONAL • RÚSTICA X ¡En pleno casco antiguo! Ofrece dos salas de aire rústico y una idílica terraza a la sombra de un níspero, todo con magníficas vistas al río. Cocina tradicional y regional, con especialidades como el Conejo agridulce o el Rabo de buey.

Menú 48 € - Carta 30/55 €

Pont Vell 24 ✉ 17850 - ☎ 972 59 10 27 - www.restaurantpontvell.com - solo almuerzo salvo viernes, sabado y Semana Santa-octubre - cerrado 20 diciembre-20 enero, del 1 al 7 de julio, domingo noche salvo julio-agosto, lunes noche y martes

Casa Marcial

TRADICIONAL • FUNCIONAL Distribuido entre dos casas y encantador, pues su estética actual-minimalista contrasta con la fachada y los jardines, donde hallaremos el ábside de una colegiata del s. XII.

12 hab - 80/90 € 95/110 €

Tallaferro 15 17850 - 608 02 94 27 - www.casa-marcial.com

BIDEGOIAN

Guipúzcoa - 526 h. - Mapa regional : **18**-B2

Madrid 437 km - Donostia-San Sebastián 37 km - Iruña/Pamplona 74 km - Vitoria-Gasteiz 86 km

Mapa de carreteras Michelin nº 573-C23

Bailara

COCINA TRADICIONAL • ELEGANTE XX Cocina bien actualizada. Su carta tiene la singularidad de que, salvo suplementos, muestra los grupos de alimentos (entrantes, pescados, carnes y postres) a un precio fijo.

Menú 60 € - Carta 58/64 €

Hotel Iriarte Jauregia, Eliz Bailara 8 20496 - 943 68 12 34 - www.bailara.com - cerrado 10 diciembre-25 febrero, martes y miércoles mediodía

Iriarte Jauregia

MANSIÓN • ELEGANTE Casa palaciega del s. XVII construida en piedra y rodeada por un hermoso jardín... ¡con árboles centenarios! Sus coquetas habitaciones combinan elementos antiguos y modernos.

19 hab - 86/158 € 136/168 €

Eliz Bailara 8 20496 - 943 68 12 34 - www.iriartejauregia.com - cerrado 10 diciembre-25 febrero

Bailara - ver selección restaurantes

BIEDES Asturias → Ver Santullano

BIELSA

Huesca - 488 h. - Alt. 1 053 m - Mapa regional : **2**-C1

Madrid 631 km - Huesca 134 km - Iruña/Pamplona 224 km - Zaragoza 215 km

Mapa de carreteras Michelin nº 574-E30

en el valle de Pineta Noroeste : 14 km - Mapa regional : **2**-C1

Parador de Bielsa

TRADICIONAL • RÚSTICA ¡En un bello paraje natural! Disfruta de un emplazamiento privilegiado, pues ocupa un sólido edificio a modo de refugio montañés, con gran presencia de la madera y un buen nivel de confort. El restaurante, que tiene bonitas lámparas en forja, elabora platos típicos de la cocina belsetana y del Alto Aragón.

40 hab - 85/180 € - 17 € - 6 suites

alt. 1350 22350 Bielsa - 974 50 10 11 - www.parador.es - cerrado 8 enero-11 febrero

La BIEN APARECIDA Cantabria → Ver Ampuero

BIESCAS

Huesca - 1 487 h. - Alt. 860 m - Mapa regional : **2**-C1

Madrid 453 km - Huesca 68 km - Iruña/Pamplona 141 km - Zaragoza 141 km

Mapa de carreteras Michelin nº 574-E29

El Montañés

COCINA TRADICIONAL • AMBIENTE TRADICIONAL X ¡No luce su nombre en vano! Aquí recrean un espacio de marcado ambiente montañés, pues está dominado por la presencia de la madera y la piedra. Carta tradicional con toques actuales e interesantes menús, uno de ellos de degustación.

Menú 19/35 € - Carta 27/36 €

Escudial 1 22630 - 974 48 52 16 - www.elmontanes.net - solo almuerzo salvo viernes y sábado - cerrado del 2 al 22 de noviembre, martes salvo julio-agosto, domingo noche y lunes

NOS GUSTA...

Salir de tapas por el casco viejo (**Berton**, **Sasibil**...), auténtico y totalmente peatonal. Las vistas al Guggenheim desde el **G.H. Domine Bilbao** y comer en **Nerua**, una experiencia única por estar dentro del propio museo. Tras disfrutar de la ópera en el Palacio Euskalduna lo mejor es cenar en **Etxanobe**, pues su terraza ofrece singulares vistas al nuevo Bilbao.

BILBAO

Vizcaya – 345 141 h. – Mapa regional : **18**-A3
Madrid 397 km – Donostia-San Sebastián 100 km – Santander 104 km – Vitoria-Gasteiz 68 km
Mapa de carreteras Michelin nº 573-C20

Restaurantes

✿ Etxanobe (Fernando Canales)

MODERNA • ELEGANTE XXX Se halla en el palacio Euskalduna y se accede por un ascensor panorámico. Encontrará una sala de estética moderna, con buenas vistas a la ría, así como un privado y una coqueta terraza. Su cocina combina con acierto tradición e innovación.

➜ Carpaccio de cigalas y vinagreta de panceta ahumada. Atún soasado con sumac y espina amostazada. Chocolate picante y pepitas de oro.

Menú 70/88 € – Carta 52/87 €

Plano : A2-u – *av. de Abandoibarra 4-3º ✉ 48011 Ⓜ San Mamés – ☎ 944 42 10 71 – www.etxanobe.com – cerrado del 1 al 16 de enero y domingo*

✿ Zortziko (Daniel García)

MODERNA • ELEGANTE XXX ¡Disfrute de un ambiente apacible y relajado! Presenta un comedor principal de elegante clasicismo, dos privados y una sala de uso polivalente que, entre otras funciones, se usa como aula de cocina. Elaboraciones de autor de bases clásicas.

➜ Arroz tostado y meloso, cañaíllas del Delta del Ebro, algatinado y umami de mar. Rodaballo asado al humo de encina, mostaza de violetas y banana de mar. Bizcocho de curry, cremoso de mango y salsa de caramelo.

Menú 65/95 € – Carta 57/86 €

Plano : C2-e – *Alameda de Mazarredo 17 ✉ 48001 Ⓜ Abando – ☎ 944 23 97 43 – www.zortziko.es – cerrado domingo y lunes*

Una clasificación en rojo destaca el encanto del establecimiento XXX.

Nerua (Josean Alija)

CREATIVA • MINIMALISTA XXX En el mismísimo Guggenheim... aunque con un acceso independiente. Ya desde el hall se puede ver la cocina y presenta una sala de estética minimalista. Su chef propone una cocina innovadora que evoluciona con la adición de matices vegetales, unos platos más meditados y diferentes menús, todos con la opción de maridaje.

→ Sopa de marisco y pescado, navajas y verduritas. Merluza frita con hojas guisadas de crisantemo. Aguacate, helado de alholva, aceituna negra y café.

Menú 105/175 € - Carta 75/95 €

Plano : B1-d - *av. de Abandoibarra 2 ✉ 48009 Ⓜ Moyúa*
- *✆ 944 00 04 30 - www.neruaguggenheimbilbao.com*
- *cerrado del 1 al 17 de enero, domingo noche, lunes y martes noche*

Zarate (Sergio Ortiz de Zarate)

COCINA TRADICIONAL • A LA MODA XX ¡Totalmente recomendable! El chef-propietario, un apasionado del mar y la pesca, propone una cocina de gusto tradicional especializada en pescados frescos y salvajes, siendo estos traídos siempre de los puertos de Lekeitio y Ondarroa. Su moderna sala, con la cocina parcialmente a la vista, suele llenarse a diario.

→ Carpaccio de foie sobre puré de manzana, hongos y parmesano. Rodaballo asado. Torrija caramelizada con helado de canela.

Menú 60/80 € - Carta 44/65 €

Plano : A2-d - *Licenciado Poza 65 ✉ 48013 Ⓜ San Mamés*
- *✆ 944 41 65 21 - www.zaratejatetxea.com*
- *solo almuerzo salvo jueves, viernes y sábado*
- *cerrado del 1 al 19 de agosto, 7 días en septiembre, domingo en verano y lunes*

Mina (Álvaro Garrido)

CREATIVA • DE DISEÑO XX Está frente a la ría y debe su nombre a la antigua explotación minera que había bajo su suelo. Encontrará una sala de diseño, con detalles rústicos y la cocina vista, así como una barra en la que también se pueden degustar sus menús, cada uno con distinto número de platos-tapas y todos en base a productos de cercanía.

→ Queso marino en infusión de champiñón y piel de pollo crujiente. Ternera ahumada y asada, cerezas picantes y curry de hierbas. Mole, cinco especias y cacao.

Menú 60/100 € - solo menú

Plano : C3-b - *Muelle Marzana ✉ 48003 - ✆ 944 79 59 38*
- *www.restaurantemina.es - cerrado del 7 al 14 de enero, Semana Santa, 26 agosto-10 septiembre, domingo noche salvo verano, lunes y martes*

Los Fueros Ⓝ

VASCA • BISTRÓ X Un establecimiento "botxero" (de Bilbao de toda la vida), pues... ¡data de 1878! Bello interior tipo bistró y platos típicos de la ciudad, estos presentados de forma actual.

Menú 33/42 € - Carta 21/37 €

Plano : C2-b - *de los Fueros 6 ✉ 48005 Ⓜ Casco Viejo - ✆ 944 15 30 47*
- *www.losfueros.com - cerrado martes*

San Mamés Ⓝ

COCINA TRADICIONAL • TENDENCIA XXX Resulta singular por su ubicación, en el mismísimo estadio de "Los Leones" y asomado al terreno de juego. Carta tradicional y menús degustación. ¡No abre durante los partidos!

Menú 45/85 € - Carta 51/86 €

Plano : A2-a - *Raimundo Pérez Lezama (Estadio de Fútbol San Mamés, puerta 14 - 1º) ✉ 48007 Ⓜ San Mamés*
- *✆ 946 41 24 32 - www.sanmamesjatetxea.com*
- *cerrado domingo noche y lunes*

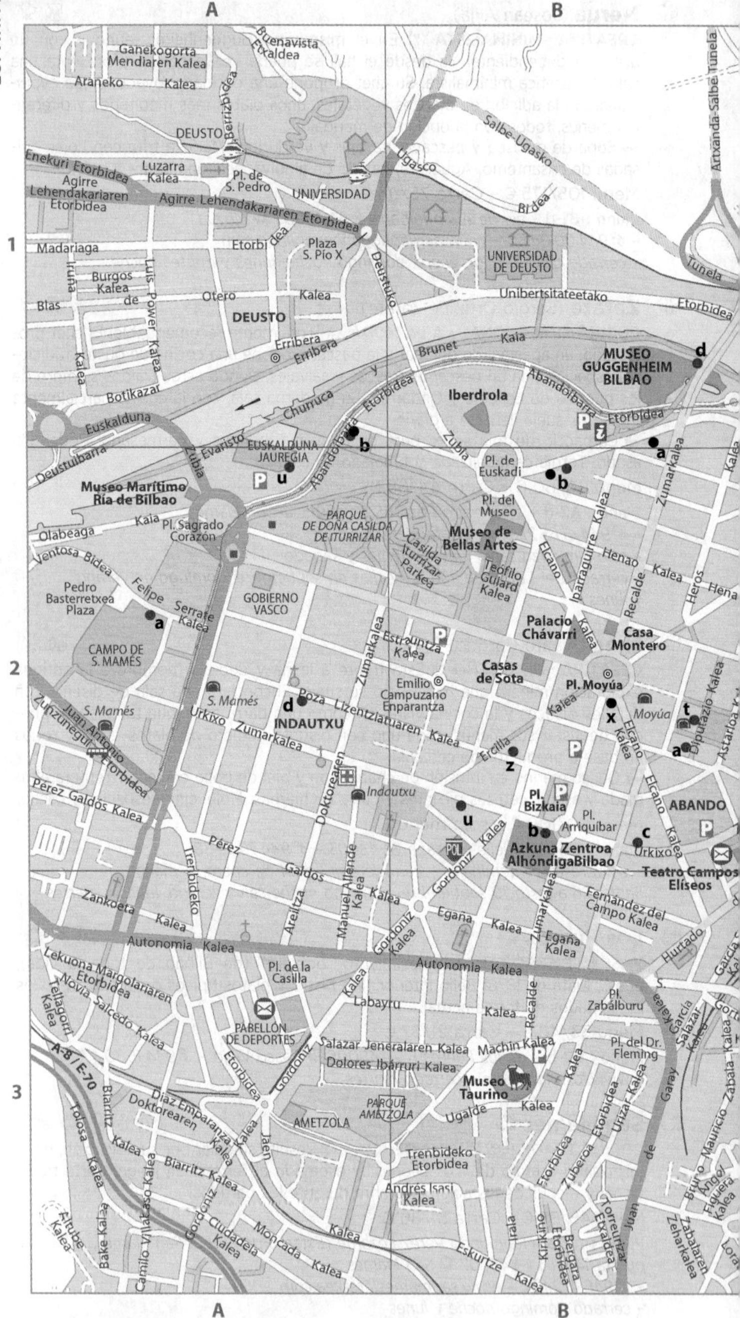

A
B
1
2
3
DEUSTO
UNIVERSIDAD
UNIVERSIDAD DE DEUSTO
MUSEO GUGGENHEIM BILBAO
Iberdrola
EUSKALDUNA JAUREGIA
Museo Marítimo Ría de Bilbao
PARQUE DE DOÑA CASILDA DE ITURRIZAR
Museo de Bellas Artes
GOBIERNO VASCO
CAMPO DE S. MAMÉS
Palacio Chávarri
Casa Montero
Casas de Sota
Pl. Moyúa
INDAUTXU
ABANDO
Azkuna Zentroa AlhóndigaBilbao
Teatro Campos Elíseos
PABELLÓN DE DEPORTES
AMETZOLA
PARQUE AMETZOLA
Museo Taurino
Pl. de Euskadi
Pl. del Museo
Pl. Sagrado Corazón
Pl. Bizkaia
Pl. Arriquíbar
Pl. Zabálburu
Pl. del Dr. Fleming
Pl. de la Casilla
Pl. de S. Pedro
Plaza S. Pio X
Pedro Basterretxea Plaza
Emilio Campuzano Enparantza
Agirre Lehendakariaren Etorbidea
Autonomia Kalea
Zumarkalea
Urkixo Zumarkalea
A-8 / E-70

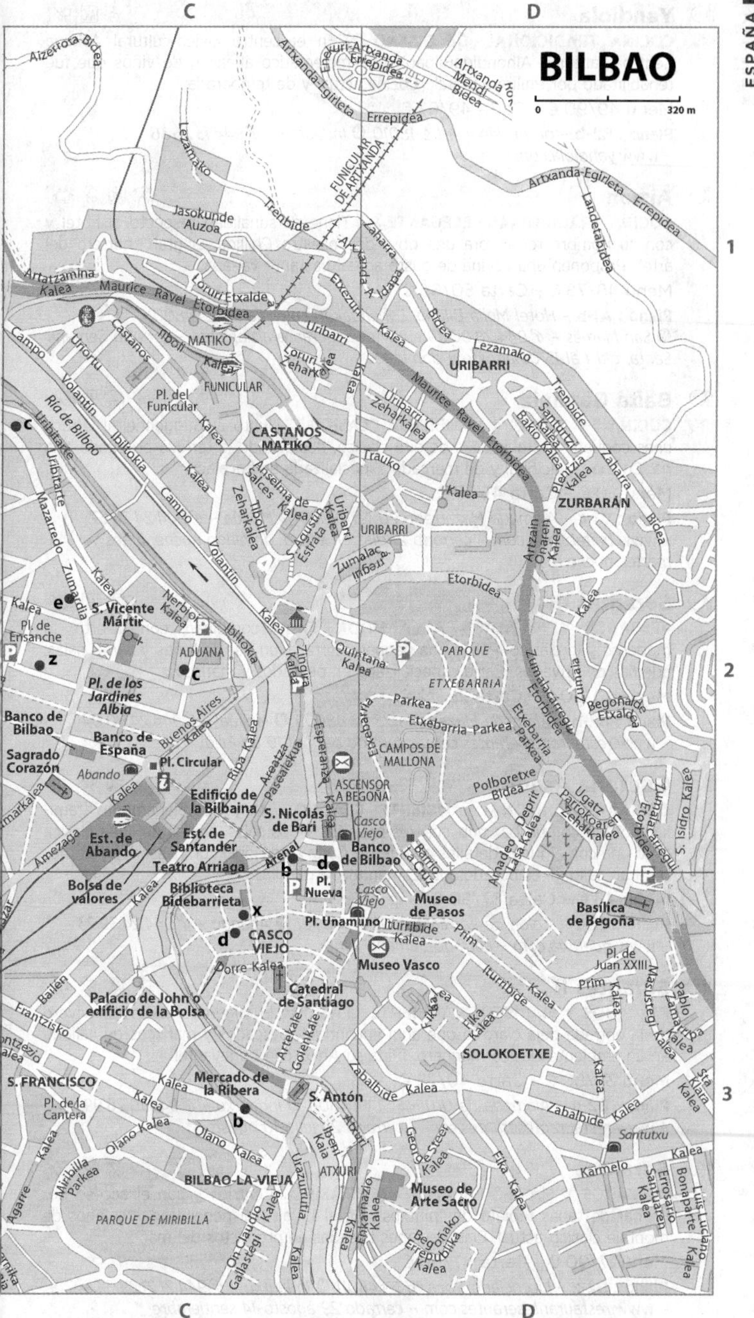

BILBAO
0
320 m
C
D
1
2
3
URIBARRI
CASTAÑOS MATIKO
ZURBARÁN
PARQUE ETXEBARRIA
CAMPOS DE MALLONA
S. Vicente Mártir
ADUANA
Pl. de los Jardines Albia
Banco de Bilbao
Banco de España
Sagrado Corazón
Pl. Circular
Edificio de la Bilbaina
Est. de Abando
Est. de Santander
Teatro Arriaga
S. Nicolás de Bari
Banco de Bilbao
Bolsa de valores
Biblioteca Bidebarrieta
Pl. Nueva
Museo de Pasos
Basílica de Begoña
Pl. Unamuno
CASCO VIEJO
Museo Vasco
Catedral de Santiago
Palacio de John o edificio de la Bolsa
SOLOKOETXE
S. FRANCISCO
Mercado de la Ribera
S. Antón
Pl. de la Cantera
BILBAO-LA-VIEJA
ATXURI
Museo de Arte Sacro
PARQUE DE MIRIBILLA
FUNICULAR DE ARTXANDA
Maurice Ravel Etorbidea
Campo Volantín
Ría de Bilbao

Yandiola

COCINA TRADICIONAL • DE DISEÑO XXX En el centro cívico-cultural Askuna Zentroa (antiguo AlhóndigaBilbao), un emblemático almacén de vinos que fue rehabilitado por Philippe Starck. Cocina actual y de temporada.

Menú 49/90 € - Carta 49/67 €

Plano : B2-b - *pl. Arrikibar 4 ✉ 48010 Ⓜ Indautxu - ☎ 944 13 36 36 - www.yandiola.com*

Aizian

COCINA TRADICIONAL • ELEGANTE XXX Tiene personalidad respecto al hotel y con su nombre rememora una obra del maestro Chillida, el gran "herrero del arte". Proponen una cocina de gusto actual bastante variada.

Menú 48/75 € - Carta 50/65 €

Plano : A1-b - *Hotel Meliá Bilbao, Lehendakari Leizaola 29 ✉ 48001 Ⓜ San Mamés - ☎ 944 28 00 39 - www.restaurante-aizian.com - cerrado Semana Santa, del 1 al 15 de agosto y domingo*

Baita Gaminiz

COCINA TRADICIONAL • AMBIENTE CLÁSICO XX ¡Junto al Guggenheim! Ofrece unas coquetas instalaciones de aire clásico, destacando la terraza orientada a la ría. Cocina tradicional y de mercado especializada en bacalaos.

Menú 50 € - Carta 41/65 €

Plano : C1-c - *Alameda Mazarredo 20 ✉ 48009 Ⓜ Moyúa - ☎ 944 24 22 67 - www.baitabilbao.com - cerrado 21 días en enero, domingo noche, lunes y martes noche*

Serantes III

PESCADOS Y MARISCOS • A LA MODA XX Aquí combinan, con acierto, lo moderno y lo clásico. Posee una pequeña terraza, un bar de tapas y varias salas, además de privados. Carta especializada en pescados y mariscos.

Menú 40/80 € - Carta 25/72 €

Plano : B2-b - *Alameda Mazarredo 75 ✉ 48009 Ⓜ Moyúa - ☎ 944 24 80 04 - www.restauranteserantes.com - cerrado del 1 al 10 de julio*

Guetaria Asador

COCINA TRADICIONAL • AMBIENTE CLÁSICO XX Negocio plenamente familiar dotado con un bar público, tres privados y dos salas, ambas de línea clásica pero una con algunos detalles marineros. Carta tradicional con pescados y carnes de gran calidad, elaborados básicamente a la parrilla.

Menú 46 € - Carta 37/50 €

Plano : C2-z - *Colón de Larreátegui 12 ✉ 48001 Ⓜ Abando - ☎ 944 24 39 23 - www.guetaria.com - cerrado Semana Santa*

Serantes II

PESCADOS Y MARISCOS • AMBIENTE CLÁSICO X El sugerente expositor-vivero de la entrada deja claro lo que aquí encontrará, pescados y mariscos de calidad en un ambiente clásico-marinero. ¡Pida su Arroz con bogavante!

Menú 35/80 € - Carta 40/75 €

Plano : B2-u - *Alameda de Urquijo 51 ✉ 48011 Ⓜ Indautxu - ☎ 944 10 26 99 - www.restauranteserantes.com - cerrado 25 julio-10 agosto*

Serantes

PESCADOS Y MARISCOS • AMBIENTE CLÁSICO X Céntrico y con el acceso por un bar de tapas repleto de "pintxos". En el 1er piso dispone de dos salones de montaje clásico-actual. Elaboraciones basadas en productos del mar.

Menú 17/90 € - Carta 47/80 €

Plano : B2-z - *Licenciado Poza 16 ✉ 48011 Ⓜ Indautxu - ☎ 944 21 21 29 - www.restauranteserantes.com - cerrado 29 agosto-14 septiembre*

Bascook

MODERNA • DE DISEÑO ¡Un negocio moderno, distendido e informal! Su original carta desgrana una cocina de gusto actual con tres apartados: vegetariana, tradicional y de fusión con otras culturas.

Menú 30 € – Carta 36/55 €

Plano : C2-c – *Barroeta Aldamar 8 ✉ 48001 Ⓜ Abando – ☎ 944 00 99 77 – www.bascook.com – solo almuerzo salvo jueves, viernes y sábado – cerrado domingo*

La Viña del Ensanche

COCINA TRADICIONAL • AMBIENTE TRADICIONAL Una casa con solera y tradición, pues se fundó en 1927. Ofrecen deliciosas tapas y raciones, siendo su especialidad el Jamón ibérico, el Bacalao a la plancha y las Croquetas.

Tapa 3,50 € – Ración aprox. 12 €

Plano : B2-a – *Diputación 10 ✉ 48008 Ⓜ Moyúa – ☎ 944 15 56 15 – www.lavinadelensanche.com – cerrado Semana Santa, 18 julio-17 agosto, domingo y festivos*

Gure-Toki Ⓝ

VASCA • FAMILIAR Una casa familiar, en pleno casco viejo, que sabe mirar al futuro sin olvidar sus raíces. Sus elaborados "pintxos" y raciones apuestan por la cocina tradicional actualizada.

Tapa 2,50 € – Ración aprox. 9 €

Plano : C2-3-d – *pl. Nueva 12 ✉ 48005 Ⓜ Casco Viejo – ☎ 944 15 80 37 – www.guretoki.com – cerrado 15 julio-7 agosto, domingo noche y miércoles*

Colmado Ibérico

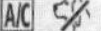

COCINA TRADICIONAL • AMBIENTE TRADICIONAL Este espacioso local se presenta con tres zonas muy bien diferenciadas, por eso encontrará un buen bar de tapas con algunas mesas, una charcutería y una tienda delicatessen. ¡Magníficos ibéricos, tanto en carnes como en embutidos!

Tapa 2 € – Ración aprox. 12 €

Plano : B2-c – *Alameda de Urquijo 20 ✉ 48008 Ⓜ Moyúa – ☎ 944 43 60 01 – www.colmadoiberico.com – cerrado domingo*

Berton

COCINA TRADICIONAL • RÚSTICA Se halla en el corazón del casco viejo y da la opción de esplendidos pinchos, fríos y calientes. ¡Pruebe su Medallón de solomillo con foie o la Brocheta de pulpo y langostino!

Tapa 3 € – Ración aprox. 10 €

Plano : C3-x – *Jardines 11 ✉ 48005 Ⓜ Casco Viejo – ☎ 944 16 70 35 – www.berton.eus – cerrado martes*

Sasibil

COCINA TRADICIONAL • RÚSTICA En este bar de tapas, dotado con dos comedores, trabajan muchísimo la brasa, el bacalao y los mariscos... sin embargo, un plato que bordan es la Chuleta de ganado mayor.

Tapa 2,60 € – Ración aprox. 7 €

Plano : C3-d – *Jardines 8 ✉ 48005 Ⓜ Casco Viejo – ☎ 944 15 56 05 – www.berton.eus – cerrado domingo noche y lunes*

El Globo

COCINA TRADICIONAL • ACOGEDORA Resulta céntrico y casi siempre está lleno. Ofrece una barra bien surtida de pinchos y raciones, todos de excelente aspecto. ¡No se marche sin probar su Txangurro gratinado!

Tapa 2 € – Ración aprox. 10 €

Plano : B2-t – *Diputación 8 ✉ 48008 Ⓜ Moyúa – ☎ 944 15 42 21 – www.barelglobo.com – cerrado 1 semana en febrero, 3 semanas en agosto y domingo*

Alojamientos

Meliá Bilbao

CADENA HOTELERA • FUNCIONAL Construcción moderna y escalonada emplazada al lado de la ría. Posee un gran hall-lobby con ascensores panorámicos, varios salones y unas habitaciones muy bien equipadas, todas exteriores y algunas con su propia terraza. ¡Atractiva oferta gastronómica!

196 hab – 120/160 € – 17 € – 15 suites

Plano : A1-b – *Lehendakari Leizaola 29 ✉ 48011 Ⓜ San Mamés – ✆ 944 28 00 00 – www.melia.com*

Aizian – ver selección restaurantes

G.H. Domine Bilbao

NEGOCIOS • DE DISEÑO Muestra el inconfundible sello del diseñador Javier Mariscal, con detalles modernos por doquier y vistas al Museo Guggenheim desde muchas de sus habitaciones. Buena oferta gastronómica en el Café Metropol.

139 hab – 150/600 € – 26 € – 6 suites

Plano : B1-a – *Alameda Mazarredo 61 ✉ 48009 Ⓜ Moyúa – ✆ 944 25 33 00 – www.hoteldominebilbao.com*

Carlton

TRADICIONAL • CLÁSICA Un hotel-monumento que atesora historia, elegancia y cierto abolengo. Ofrece atractivas zonas nobles y habitaciones espaciosas, la mayoría de estilo clásico. En su restaurante, también clásico, le propondrán una cocina de carácter tradicional e internacional.

135 hab – 97/583 € – 21 € – 6 suites

Plano : B2-x – *pl. de Federico Moyúa 2 ✉ 48009 Ⓜ Moyúa – ✆ 944 16 22 00 – www.hotelcarlton.es*

Miró

TRADICIONAL • MODERNA Se halla junto al Guggenheim y sorprende por su interior, ya que responde a la creatividad del diseñador Antonio Miró. Buen confort y soluciones prácticas en el mobiliario.

50 hab – 99/220 € 113/234 € – 15 €

Plano : B2-b – *Alameda Mazarredo 77 ✉ 48009 Ⓜ Moyúa – ✆ 946 61 18 80 – www.mirohotelbilbao.com*

Al reservar deje bien claro el precio y la categoría de la habitación.

La BISBAL D'EMPORDÀ

Girona – 10 759 h. – Alt. 39 m – Mapa regional : **10**-B1

Madrid 705 km – Barcelona 123 km – Girona 31 km – Tarragona 213 km

Mapa de carreteras Michelin n° 574-G39

Babo Tapas

COCINA TRADICIONAL • SENCILLA Físicamente resulta alargado y algo pequeño, sin embargo sorprende por tener una salita con chimenea y una terraza exterior al fondo. Su chef-propietario apuesta por las tapas tradicionales, en general elaboradas al momento.

Tapa 5 €

Cavallers 22 ✉ 17100 – ✆ 972 64 36 69 – www.babotapas.com – cerrado domingo noche

Castell d'Empordà

EDIFICIO HISTÓRICO • PERSONALIZADA Castillo medieval rodeado por un hermoso bosque de 10 Ha. Ofrece unas dependencias decoradas con sumo gusto y cuenta con una singular maqueta, donde se reproduce una batalla napoleónica con soldaditos de plomo. En el restaurante, de línea rústica y con chimenea, apuestan por la cocina local y de producto.

38 hab – †174/209 € ††214/249 €

carret. del Castell, Norte : 1,5 km ✉ 17115
– ✆ 972 64 62 54 – www.castelldemporda.com
– abril-octubre

BLANES

Girona – 39 132 h. – Mapa regional : **10**-A2
Madrid 691 km – Barcelona 71 km – Girona 44 km – Tarragona 170 km
Mapa de carreteras Michelin n° 574-G38

El Ventall

COCINA TRADICIONAL • AMBIENTE TRADICIONAL XX Antigua masía emplazada a las afueras de Blanes, con agradables exteriores y terrazas. Proponen una cocina tradicional con toques actuales, dando la opción a medias raciones.

Menú 20/44 € – Carta 32/91 €

carret. de Blanes a Lloret, Noreste : 2 km ✉ 17300
– ✆ 972 35 07 81 – www.elventall.com
– cerrado domingo, lunes noche y martes

BOADELLA D'EMPORDÀ

Girona – 261 h. – Alt. 150 m – Mapa regional : **9**-C3
Madrid 733 km – Barcelona 150 km – Girona 52 km – Tarragona 240 km
Mapa de carreteras Michelin n° 574-F38

El Trull d'en Francesc

REGIONAL • AMBIENTE TRADICIONAL X Ocupa una casa de piedra que antiguamente funcionó como molino de aceite. Encontrará un comedor de aire rústico en dos niveles y una amplia terraza acristalada, con vistas al río. Su carta regional y casera se completa con sugerencias.

Menú 25/42 € – Carta 25/48 €

Placeta de l'Oli 1 ✉ 17723 – ✆ 972 56 90 27 – www.trull-boadella.com
– cerrado 9 enero-10 febrero, lunes y martes salvo festivos

BOADILLA DEL MONTE

Madrid – 48 775 h. – Alt. 689 m – Mapa regional : **15**-A2
Madrid 19 km – Ávila 105 km – Segovia 86 km – Toledo 79 km
Mapa de carreteras Michelin n° 576-K18

El Antiguo Convento de Boadilla del Monte

HISTÓRICO • CLÁSICA Convento del s. XVII dotado con un hermoso claustro y refectorio. Sorprende por sus magníficas instalaciones, vestidas con detalles antiguos, valiosos arcones, bellas alfombras, espléndidas tapicerías... y hasta doseles sobre algunas camas.

16 hab – †139 € ††158 € – 1 suite

de las Monjas ✉ 28660 – ✆ 916 32 22 20 – www.elconvento.net

BOBORÁS

Ourense – 2 510 h. – Alt. 42 m – Mapa regional : **13**-B2
Madrid 529 km – Ourense 34 km – Pontevedra 61 km – Santiago de Compostela 79 km
Mapa de carreteras Michelin n° 571-E5

Pazo Almuzara

TRADICIONAL • CLÁSICA Tradición y distinción se dan cita en este pazo del s. XIX. Disfruta de un bello jardín arbolado, una acogedora zona social y dos tipos de habitaciones: las de estilo antiguo, con mobiliario de época, y las de línea actual. Comedor de carácter polivalente.

19 hab – 35/55 € 40/70 € – 6 €

Almuzara, Este : 1 km ✉ 32514 – ☎ 988 40 21 75 – www.pazoalmuzara.com – cerrado 8 enero-7 febrero

BOCAIRENT

Valencia – 4 357 h. – Alt. 680 m – Mapa regional : **11**-A3

Madrid 388 km – Albacete 137 km – Alacant/Alicante 74 km – València 95 km

Mapa de carreteras Michelin n° 577-P28

L'Àgora

HISTÓRICO • ACOGEDORA Ocupa un edificio clásico-modernista, construido en 1921, donde se ha procurado conservar tanto los suelos como las barandillas, las maderas... Ofrece espaciosas habitaciones, todas muy bien personalizadas y cuatro de carácter temático.

8 hab – 58/88 € 70/116 € – 4,50 €

Sor Piedad de la Cruz 3 ✉ 46880 – ☎ 962 35 50 39 – www.lagorahotel.com

BOCEGUILLAS

Segovia – 793 h. – Alt. 957 m – Mapa regional : **8**-C2

Madrid 119 km – Burgos 124 km – Segovia 73 km – Soria 154 km

Mapa de carreteras Michelin n° 575-H19

Área de Boceguillas

REGIONAL • AMBIENTE TRADICIONAL XX Muy bien llevado por la propietaria, siempre atenta a los detalles. Su amplia cafetería da paso a una sala circular con vistas a Somosierra. Carta regional y bodega visitable.

Carta 32/40 €

autovía A 1, salidas 115 y 118 ✉ 40560 – ☎ 921 54 37 03

BOLTAÑA

Huesca – 981 h. – Alt. 643 m – Mapa regional : **2**-C1

Madrid 479 km – Huesca 94 km – Lleida 127 km – Zaragoza 167 km

Mapa de carreteras Michelin n° 574-E30

Monasterio de Boltaña

HISTÓRICO • HISTÓRICA Conjunto formado por un monasterio del s. XVII, un anexo en piedra y una serie de villas, todas con salón. Atractiva zona social y habitaciones de estética colonial. En su restaurante, que tiene un uso polivalente, podrá degustar elaboraciones creativas.

134 hab – 80/150 € – 15 € – 2 suites

Afueras, Sur : 1 km ✉ 22340 – ☎ 974 50 80 00 – www.monasteriodeboltana.es

BOLVIR DE CERDANYA

Girona – 380 h. – Alt. 1 145 m – Mapa regional : **9**-C1

Madrid 657 km – Barcelona 172 km – Girona 156 km – Lleida 188 km

Mapa de carreteras Michelin n° 574-E35

Torre del Remei

CLÁSICA • ELEGANTE XXXX Restaurante de gran nivel gastronómico, acorde al hotel en el que se encuentra y con un montaje de impecable clasicismo. Su carta combina el recetario clásico con el catalán, siempre apostando por los productos autóctonos de temporada.

Menú 55/89 € – Carta 48/71 €

Hotel Torre del Remei, Camí del Remei 3, Noreste : 1 km ✉ 17539 – ☎ 972 14 01 82 – www.torredelremei.com

Torre del Remei

LUJO • ELEGANTE Magnífico palacete modernista dotado con vistas a la sierra del Cadí y a los Pirineos. La elegancia arquitectónica encuentra su réplica en unas estancias de sumo confort.

7 hab - 285/305 € 410/780 € - 4 suites

Camí del Remei 3, Noreste : 1 km 17539 - 972 14 01 82 - www.torredelremei.com

Torre del Remei - ver selección restaurantes

BONMATÍ

Girona - 1 272 h. - Mapa regional : **10**-A1

Madrid 673 km - Barcelona 110 km - Girona 16 km - Tarragona 200 km

Mapa de carreteras Michelin nº 574-G37

Duc de L'Obac

CATALANA • RÚSTICA XX Descubra los sabores de la cocina catalana en una masía rústica, hoy reformada, con más de 200 años de historia. Buen menú diario, sugerencias de temporada y arroces para dos.

Menú 14/29 € - Carta 27/40 €

Amer 10 17164 - 972 42 09 77 - www.restaurantducdelobac.cat - solo almuerzo salvo viernes y sábado - cerrado lunes noche y martes

BOQUEIXÓN

A Coruña - Mapa regional : **13**-B2

Madrid 591 km - A Coruña 90 km - Lugo 117 km - Pontevedra 74 km

Mapa de carreteras Michelin nº 571-D4

en Codeso Sureste : 3 km - Mapa regional : **13**-B2

O Balado

COCINA TRADICIONAL • SENCILLA X Singular, auténtico, diferente... sin duda, la pareja al frente ha plasmado aquí su filosofía vital. La discreta fachada de la casa esconde una sala de carácter ecléctico, presidiéndose esta por una típica "lareira". Cocina de calidad elaborada con esmero.

Menú 22/40 € - Carta 26/37 €

Ardesende 3 15881 - 639 89 37 49 - www.obalado.com - solo almuerzo salvo viernes y sábado - cerrado 24 diciembre-6 enero

Les BORGES BLANQUES

Lleida - 6 019 h. - Alt. 310 m - Mapa regional : **9**-B2

Madrid 478 km - Barcelona 148 km - Lleida 25 km - Tarragona 69 km

Mapa de carreteras Michelin nº 574-H32

Hostal Benet

COCINA TRADICIONAL • VINTAGE X Esta localidad es famosa mundialmente por su aceite de arbequina, un detalle que, lógicamente, se va a reflejar en la gastronomía. Su chef propone una cocina regional con detalles actuales, ofreciendo platos como los Caracoles a la lata o la Coca con tupina.

Menú 17 € - Carta 20/40 €

Hostal Benet, pl. Constitució 21-23 25400 - 973 14 23 18 - www.hostalbenet.cat - solo almuerzo salvo viernes y sábado - cerrado del 1 al 6 de enero, 26 junio-2 julio, del 11 al 17 de septiembre y lunes

Hostal Benet

FAMILIAR • FUNCIONAL Instalado en una céntrica casa del s. XV que, en su día, sirvió primero como ayuntamiento y después como molino de aceite. Ofrece unas habitaciones de línea funcional, todas personalizadas con multitud de cuadros y detalles cerámicos.

17 hab - 45 € 60 €

pl. Constitució 21-23 25400 - 973 14 23 18 - www.hostalbenet.cat

Hostal Benet - ver selección restaurantes

BORLEÑA

Cantabria - Mapa regional : **6**-B1
Madrid 360 km - Bilbao 111 km - Burgos 117 km - Santander 33 km
Mapa de carreteras Michelin nº 572-C18

Mesón de Borleña

COCINA TRADICIONAL • AMBIENTE CLÁSICO X Emplazado frente al hotel. Cuenta con un pequeño bar y un comedor clásico, algo recargado pero de impecable mantenimiento. Ofrecen un trato muy familiar y una carta tradicional rica en guisos, como sus sabrosas Alubias blancas con chorizo.

Menú 12/23 € - Carta 25/36 €

Hotel De Borleña, carret. N 623 ✉ 39699 - ☎ 942 59 76 43 - www.hoteldeborlena.com - solo almuerzo salvo viernes, sábado y verano - cerrado 2 noviembre-5 diciembre y lunes salvo verano

De Borleña

FAMILIAR • CLÁSICA La zona social es algo reducida... sin embargo, sus habitaciones, abuhardilladas en la planta superior, resultan confortables y poseen un estilo clásico muy cuidado. ¡Ambiente familiar y buenas opciones de turismo activo en el entorno!

10 hab - †39/55 € ††50/60 €

carret. N 623 ✉ 39699 - ☎ 942 59 76 22 - www.hoteldeborlena.com - cerrado noviembre

Mesón de Borleña - ver selección restaurantes

BOROA Vizcaya

→ Ver Amorebieta-Etxano

BOSSÒST

Lleida - 1 137 h. - Alt. 710 m - Mapa regional : **9**-A1
Madrid 634 km - Barcelona 330 km - Lleida 177 km - Tarragona 287 km
Mapa de carreteras Michelin nº 574-D32

El Portalet

MODERNA • RÚSTICA XX Restaurante familiar instalado en una casa de piedra que, en otro tiempo, sirvió como cuadra para la diligencia que viajaba a Francia. En su sala de ambiente rústico le darán a elegir entre dos menús, ambos interesantes y de cocina actual.

Menú 29/43 € - solo menú

Sant Jaume 32 ✉ 25550 - ☎ 973 64 82 00 - www.restaurantportalet.com - solo almuerzo salvo Navidades, Semana Santa, 15 julio-15 septiembre, viernes y sábado - cerrado 21 junio-9 julio, domingo noche y lunes

Er Occitan

MODERNA • DE DISEÑO XX ¡Ojo, pues se accede por una calle trasera! El negocio, muy conocido en el valle y con una única sala actual, ofrece un menú-carta a precio fijo y un curioso menú degustación, este último reservado a mesas completas compartiendo los platos.

Menú 33/48 € - solo menú

Major 66 ✉ 25550 - ☎ 973 64 73 66 (reserva aconsejable) - www.eroccitan.com - solo almuerzo salvo Navidades, Semana Santa, agosto, viernes y sábado - cerrado 26 junio-10 julio y lunes salvo festivos

BRIHUEGA

Guadalajara - 2 538 h. - Alt. 897 m - Mapa regional : **7**-C1
Madrid 92 km - Guadalajara 35 km - Soria 142 km - Toledo 164 km
Mapa de carreteras Michelin nº 576-J21

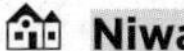 **Niwa** 

SPA Y BIENESTAR • MODERNA Moderno, exclusivo y con la propietaria volcada en el negocio, por lo que garantiza un trato personalizado. Presenta unas habitaciones de completo equipamiento y un coqueto SPA, especializado en tratamientos estéticos y masajes orientales.

10 hab ☕ - 🚹97/115 € 🚹🚹135/170 €

paseo Jesús Ruíz Pastor 16 ✉ 19400 - ✆ 949 28 12 99 - www.hotelspaniwa.com

BRIÑAS

La Rioja – 210 h. – Alt. 454 m – Mapa regional : **14**-A2

▶ Madrid 328 km – Bilbao 99 km – Burgos 96 km – Logroño 49 km

Mapa de carreteras Michelin nº 573-E21

Hospedería Señorío de Briñas 

HISTÓRICO • ACOGEDORA Bello palacete del s. XVIII decorado con mobiliario de época. Todas las habitaciones son acogedoras... sin embargo, recomendamos las de la última planta por ser abuhardilladas y tener las vigas de madera a la vista.

20 hab ☕ - 🚹65/90 € 🚹🚹75/110 €

Señorío de Briñas 5 ✉ 26290 - ✆ 941 30 42 24 - www.hotelesconencantodelarioja.com

BRIONES

La Rioja – 835 h. – Alt. 501 m – Mapa regional : **14**-A2

▶ Madrid 333 km – Burgos 99 km – Logroño 34 km – Vitoria-Gasteiz 54 km

Mapa de carreteras Michelin nº 573-E21

Los Calaos de Briones

COCINA TRADICIONAL • RÚSTICA XX Instalado en un edificio del s. XVII que perteneció al Conde de Albay, uno de los primeros exportadores del vino de Rioja. Las salas, en piedra y abovedadas, ocupan las antiguas bodegas de la casa. Proponen una carta tradicional con sugerencias de temporada.

Carta 25/40 € 12 hab - 🚹45/60 € 🚹🚹55/65 € - ☕6 €

San Juan 13 ✉ 26330 - ✆ 941 32 21 31 - www.loscalaosdebriones.com - solo almuerzo salvo viernes, sábado y verano - cerrado 24 diciembre-15 de enero y lunes salvo festivos

El BRULL

Barcelona – 254 h. – Alt. 843 m – Mapa regional : **9**-C2

▶ Madrid 632 km – Barcelona 63 km – Girona 77 km – Tarragona 153 km

Mapa de carreteras Michelin nº 574-G36

El Castell 

CATALANA • FAMILIAR X Emplazado en un promontorio. Ofrece un bar, donde montan mesas para el menú, el salón principal y una sala más rústica en el piso superior. Carta regional con especialidades catalanas y guisos de carne. ¡Pruebe sus Berenjenas rellenas!

Menú 13/40 € - Carta 25/38 €

✉ 08559 - ✆ 938 84 00 63 - www.elcastelldelbrull.com - solo almuerzo salvo fines de semana y festivos - cerrado miércoles

en el Club de Golf Oeste : 3 km

L'Estanyol 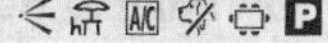

COCINA TRADICIONAL • AMBIENTE TRADICIONAL XX Antigua masía ubicada junto a un campo de golf. Posee un bar, donde sirven el menú, y varios comedores de línea rústica-elegante. Cocina tradicional, regional e internacional.

Menú 14/47 € - Carta 32/49 €

✉ 08559 El Brull - ✆ 938 84 03 54 - www.restaurantestanyol.com - solo almuerzo salvo viernes, sábado y verano - cerrado domingo noche y lunes noche en verano

BUERA

Huesca – 100 h. – Alt. 522 m – Mapa regional : **2**-C1
Madrid 436 km – Huesca 47 km – Lleida 89 km – Zaragoza 124 km
Mapa de carreteras Michelin nº 574-F30

Lalola 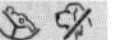

COCINA TRADICIONAL • RÚSTICA Se presenta a modo de casa particular y resulta singular, pues recrea un interior de aire bohemio. Cocina casera basada en productos de la zona.

Carta 20/30 €

Hotel La Posada de Lalola, pl. Mayor ✉ 22146 – ✆ 619 22 51 02 (es necesario reservar) – cerrado del 7 al 15 de enero y lunes no festivos

La Posada de Lalola 

FAMILIAR • PERSONALIZADA Una antigua casa de pueblo restaurada con muchísimo encanto. Tiene la recepción en el restaurante, posee un salón con chimenea y ofrece habitaciones de estilo rústico-actual.

7 hab – 69 € 72/95 €

La Fuente 14 ✉ 22146 – ✆ 619 22 51 02 – www.laposadadelalola.com – cerrado del 7 al 15 de enero

Lalola – ver selección restaurantes

BUEU

Pontevedra – 12 251 h. – Mapa regional : **13**-A3
Madrid 615 km – Ourense 119 km – Pontevedra 23 km – Santiago de Compostela 85 km
Mapa de carreteras Michelin nº 571-F3

Loureiro 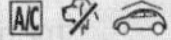

PESCADOS Y MARISCOS • FAMILIAR Bien situado frente a la playa homónima. En los comedores, que sorprenden por sus fantásticas vistas a la ría de Pontevedra, le propondrán una sabrosa cocina marinera.

Menú 15/45 € – Carta 24/39 €

playa de Loureiro, 13, Noreste : 1 km ✉ 36930 – ✆ 986 32 07 19 – www.restauranteloureiro.com – cerrado domingo noche salvo verano

BURELA

Lugo – 9 580 h. – Mapa regional : **13**-D1
Madrid 614 km – Lugo 120 km – Santiago de Compostela 176 km – Ourense 196 km
Mapa de carreteras Michelin nº 571-B7

Parrillada Don Chuletón

COCINA TRADICIONAL • SENCILLA Presenta una estética rústica y tres espacios, destacando entre ellos el que cuenta con campanas de extracción sobre las mesas. Cocina tradicional, carnes gallegas y mariscos.

Carta 27/45 €

Hotel Palacio de Cristal, av. Arcadio Pardiñas 154 ✉ 27880 – ✆ 982 58 58 03 – www.hotelpalaciodecristal.es – cerrado 17 diciembre-2 enero

Palacio de Cristal 

TRADICIONAL • CONTEMPORÁNEA Una buena opción para alojarse en "La Mariña Central" de la costa lucense. Ha sabido ponerse al día, por lo que hoy ofrece unas habitaciones de estilo y confort actual.

29 hab – 30/50 € 39/90 € – 5 €

av. Arcadio Pardiñas 154 ✉ 27880 – ✆ 982 58 58 03 – www.hotelpalaciodecristal.es – cerrado 17 diciembre-2 enero

Parrillada Don Chuletón – ver selección restaurantes

El BURGO DE OSMA

Soria - 5 066 h. - Alt. 895 m - Mapa regional : **8**-C2
Madrid 177 km - Burgos 144 km - Logroño 143 km - Soria 59 km
Mapa de carreteras Michelin nº 575-H20

Virrey Palafox

COCINA TRADICIONAL • AMBIENTE CLÁSICO XX Cuenta con varias salas de estilo clásico-castellano y ofrece una carta tradicional rica en platos típicos (caza, setas...). ¡No se pierda sus famosas Jornadas de la Matanza!

Menú 15/30 € - Carta 35/50 €

Hotel Il Virrey, Universidad 7 ✉ 42300 - ☏ 975 34 02 22 - www.virreypalafox.com - cerrado 21 diciembre-8 enero, domingo noche y lunes

Castilla Termal Burgo de Osma

TERMAL • HISTÓRICA Instalado en un impresionante edificio, ya que ocupa lo que fue la Universidad de Santa Catalina, del s. XVI. Amplias zonas nobles, habitaciones detallistas y un hermoso balneario emplazado bajo el patio columnado. El restaurante completa su carta tradicional con un apartado vegetariano y otro para celíacos.

66 hab ☕ - 🚶103/150 € 🚶🚶117/211 € - 4 suites

Universidad 5 ✉ 42300 - ☏ 975 34 14 19 - www.castillatermal.com

Il Virrey

TRADICIONAL • CLÁSICA Se encuentra en la calle principal y ostenta detalles de gran elegancia, como una maravillosa escalera de nogal. Encontrará un impresionante hall, una lujosa zona social y habitaciones de buen nivel, muchas con el mobiliario torneado en madera o en forja.

52 hab - 🚶45/65 € 🚶🚶50/95 € - ☕ 8 €

Mayor 2 ✉ 42300 - ☏ 975 34 13 11 - www.virreypalafox.com - cerrado 21 diciembre-8 enero

Virrey Palafox - ver selección restaurantes

Posada del Canónigo

TRADICIONAL • CLÁSICA Está muy cerca de la Catedral, en el edificio del s. XVI donde vivía el canónigo. Presenta una cálida zona social y confortables habitaciones, todas con muebles de anticuario.

11 hab ☕ - 🚶70 € 🚶🚶80 €

San Pedro de Osma 19 ✉ 42300 - ☏ 975 36 03 62 - www.posadadelcanonigo.es - cerrado 15 diciembre-enero

BURGOS

177 100 h. - Alt. 856 m - Mapa regional : **8**-C2
Madrid 239 km - Bilbao 156 km - Santander 154 km - Valladolid 125 km
Mapa de carreteras Michelin nº 575-E18

Cobo Vintage (N) (Miguel Cobo)

MODERNA • TENDENCIA X Luz, alegría, modernidad... todo salpicado con detalles de diseño e inspiración nórdica. El chef, que demuestra inquietudes, defiende una cocina actual de marcadas raíces tradicionales y encierra la filosofía de su casa en una frase de Andy Warhol: "La idea no es vivir para siempre, es crear algo que sí lo haga".

→ Steak tartar de potro, yema salada, acidulados y encurtidos. Cocochas de bacalao con su propio pil-pil, torreznos y toques marinos. Esfera de queso, velo de frambuesa, cítricos y helado de oveja.

Menú 20/48 € - Carta 36/54 €

Plano : A2-b - *La Merced 19 ✉ 09002 - ☏ 947 02 75 81 - www.cobovintage.es - cerrado domingo noche, lunes y martes noche*

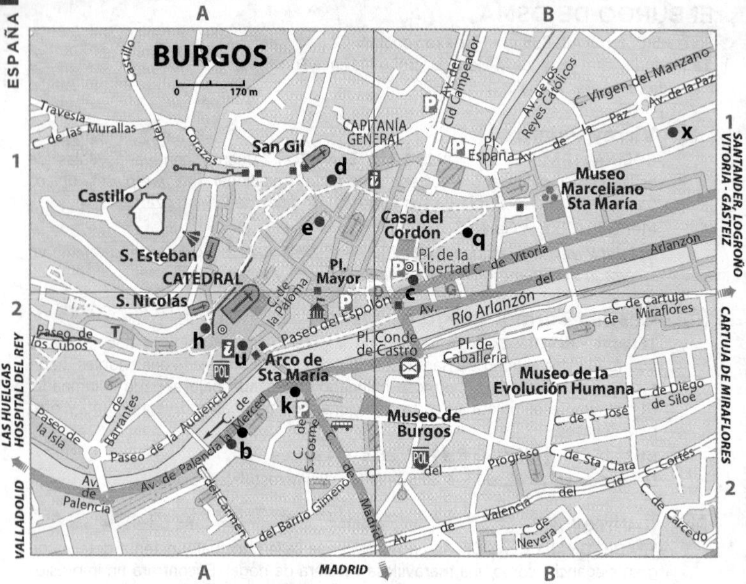

La Fábrica

COCINA TRADICIONAL • MINIMALISTA XX ¡Llevado con ganas e ilusión! Ofrece un comedor actual-minimalista, este con una chimenea en forja que aporta calidez. Cocina de mercado actualizada y tradicional burgalesa puesta al día, siempre con opción a menús y a descubrir sus platos en medias raciones.

Menú 17/45 € – Carta 24/40 €

Plano : B1-x – *Briviesca 4 ✉ 09004 – ☎ 947 04 04 20 – www.lafabricarestaurante.com – cerrado del 15 al 31 de agosto, domingo noche y lunes*

Casa Ojeda

COCINA TRADICIONAL • RÚSTICA XX Negocio ya centenario que da cabida a un bar-cafetería, una pastelería, una tienda de delicatessen y varios apartamentos. Posee dos salas de aire castellano y tres privados.

Carta 31/54 €

Plano : B1-c – *Vitoria 5 ✉ 09004 – ☎ 947 20 90 52 – www.grupojeda.es – cerrado domingo noche*

Puerta Real

COCINA TRADICIONAL • AMBIENTE CLÁSICO XX Destaca por su excelente ubicación en la plaza de la Catedral, con un bar de tapas a la entrada y una sala de montaje actual. Cocina actualizada y un menú fiel a la tradición.

Menú 30/60 € – Carta 27/45 €

Plano : A2-u – *pl. Rey San Fernando 9 ✉ 09003 – ☎ 947 26 52 00 – www.puertareal.es – cerrado domingo noche*

Blue Gallery

CREATIVA • A LA MODA XX Instalado en un cubo de cristal, donde se presenta con una pequeña barra y las mesas en la zona acristalada. Cocina de fusión con bases asiáticas y buen producto de mercado.

Menú 19/49 € – solo menú

paseo Comuneros de Castilla 19, por calle Vitoria ✉ 09006 – ☎ 947 05 74 51 (es necesario reservar)

Mesón del Cid

REGIONAL • RÚSTICA XX ¡Situado frente a la Catedral! Ocupa una casa del s. XV con historia, pues en su día cobijó una de las primeras imprentas de España. Ambiente y cocina típicos castellanos.

Menú 30/41 € – Carta 25/51 €

Plano : A2-h – *pl. de Santa María 8 ✉ 09003 – ✆ 947 20 87 15 – www.mesondelcid.es – cerrado domingo noche*

Azofra

COCINA TRADICIONAL • RÚSTICA XX Sorprende con dos hornos de leña en el bar, un comedor castellano definido por la profusión de madera y dos salones para banquetes. ¿Su especialidad? El Cordero lechal asado.

Carta 36/52 €

Juan de Austria 22-24, por av. de Palencia A2 ✉ 09001 – ✆ 947 46 10 50 – www.hotelazofra.com – cerrado domingo noche

Casa Avelino

COCINA TRADICIONAL • FAMILIAR XX Un restaurante familiar que emana los sabores y olores de siempre, pues tiene a la madre al frente de los fogones. Cocina tradicional con guisos, caza y platos de temporada.

Menú 20/40 € – Carta 20/46 €

Emperador 58, por paseo de los Cubos ✉ 09003 – ✆ 947 20 61 92 – www.restaurantecasaavelino.com – cerrado miércoles

La Favorita

COCINA TRADICIONAL • RÚSTICA Excelente bar-restaurante de aire rústico, pues aún conserva las paredes originales en ladrillo visto y piedra. Destaca por la calidad de sus pinchos y sus carnes a la brasa.

Tapa 1,80 € – Ración aprox. 15 €

Plano : A1-d – *Avellanos 8 ✉ 09003 – ✆ 947 20 59 49 – www.lafavoritaburgos.com*

Royal

CREATIVA • SIMPÁTICA Una opción actual e interesante, pues aquí complementan sus sorprendentes tapas y pinchos con algunos platos combinados, bocadillos muy elaborados y hamburguesas de calidad.

Tapa 2 € – Ración aprox. 8 €

Plano : A1-e – *Huerto del Rey 25 ✉ 09003 – ✆ 947 20 26 11 – cerrado 15 días en noviembre*

NH Palacio de Burgos

NEGOCIOS • CONTEMPORÁNEA Instalado en un antiguo convento de fines del s. XVI que conserva la fachada y el claustro, este último hoy cubierto por un techo acristalado. Ofrece unas habitaciones amplias y luminosas, así como un restaurante de montaje actual orientado al cliente alojado.

110 hab – ††79/206 € – ☕ 17 € – 3 suites

Plano : A2-b – *La Merced 13 ✉ 09002 – ✆ 947 47 99 00 – www.nh-hotels.com*

La Puebla

TRADICIONAL • PERSONALIZADA Tiene la recepción en el 1er piso, junto a su zona social, y unas habitaciones que gozan de cierto encanto, no muy amplias pero bastante bien personalizadas en su decoración.

19 hab – ††50/120 € – ☕ 7 €

Plano : B1-q – *La Puebla 20 ✉ 09004 – ✆ 947 20 00 11 – www.hotellapuebla.com*

Vía Gótica

TRADICIONAL • FUNCIONAL Sencillo y funcional pero... ¡con personalidad! Presenta unas instalaciones luminosas y de línea moderna, con vistas a la Catedral. Encontrará detalles que lo hacen diferente.

17 hab – †50/250 € ††60/270 € – ☕ 8 €

Plano : A2-k – *pl. de Vega 3 ✉ 09002 – ✆ 947 24 44 44 – www.hotelviagotica.com*

al Sur en la autovía A1

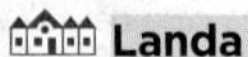

Landa

TRADICIONAL • CLÁSICA Magnífico hotel ubicado, parcialmente, en un torreón del s. XIV. Atesora amplias zonas nobles y habitaciones bien personalizadas, la mitad con hidromasaje en los baños. Acogedor comedor clásico-regional para el almuerzo y salón de aire medieval para las cenas.

36 hab – †105/250 € ††120/340 € – ☕ 20 € – 1 suite

3,5 Km ✉ 09001 Burgos – ☎ 947 25 77 77 – www.landa.as

CABEZÓN DE LA SAL

Cantabria – 8 353 h. – Alt. 128 m – Mapa regional : **6**-B1

▶ Madrid 401 km – Burgos 158 km – Oviedo 161 km – Palencia 191 km

Mapa de carreteras Michelin nº 572-C17

El Jardín de Carrejo

FAMILIAR • MODERNA Casona en piedra rodeada por unos extensos jardines, con riachuelos, árboles catalogados, antiguas piscinas de piscifactorías... Sorprende la modernidad y armonía de su interior, combinando distintas maderas en unos diseños limpios y puros.

12 hab – ††66/122 € – ☕ 11 €

Sur : 1,5 km ✉ 39509 – ☎ 942 70 15 16 – www.eljardindecarrejo.com

CABEZÓN DE LIÉBANA

Cantabria – 622 h. – Alt. 779 m – Mapa regional : **6**-A1

▶ Madrid 396 km – Bilbao 206 km – Palencia 162 km – Santander 110 km

Mapa de carreteras Michelin nº 572-C16

Casona Malvasia

FAMILIAR • PERSONALIZADA Hotel de aire montañés construido sobre una bodega visitable. Ofrece un salón social con chimenea y habitaciones de elegante ambiente rústico personalizadas en su decoración.

8 hab – †67/96 € ††78/100 € – ☕ 9 €

Cabariezo, Noroeste : 1 km ✉ 39571
– ☎ 942 73 51 48 – www.hotelcasonamalvasia.com
– abril-15 diciembre

CABO

→ Ver a continuación y el nombre propio del cabo

CABO DE PALOS

Murcia – 889 h. – Mapa regional : **16**-B3

▶ Madrid 465 km – Alacant/Alicante 108 km – Cartagena 26 km – Murcia 75 km

Mapa de carreteras Michelin nº 577-T27

La Tana

COCINA TRADICIONAL • FAMILIAR Negocio familiar ubicado en la zona del puerto, donde ofrecen unos comedores de correcto montaje y una carta rica en pescados, mariscos, arroces y calderos. Su atractiva terraza destaca por sus buenas vistas al mar.

Menú 18/42 € – Carta 25/33 €

paseo de la Barra 3 ✉ 30370
– ☎ 968 56 30 03 – www.la-tana.com
– cerrado febrero

CABRA

Córdoba – 20 837 h. – Alt. 350 m – Mapa regional : **1**-C2

▶ Madrid 419 km – Sevilla 200 km – Córdoba 82 km – Málaga 112 km

Mapa de carreteras Michelin nº 578-T16

San Martín

ANDALUZA • AMBIENTE CLÁSICO Este pequeño mesón cuenta con un bar a la entrada, un pasillo tipo patio y al fondo el comedor, lleno de cuadros, fotos y detalles rústicos. Cocina regional actualizada, con buenos pescados según mercado y derivados del cerdo ibérico.

Menú 10/45 € - Carta 20/40 €

pl. España 14 ✉ 14940 - ☎ 957 52 51 31 - www.mesonsanmartin.com - cerrado del 15 al 30 de octubre y jueves

CABRILS

Barcelona - 7 250 h. - Alt. 147 m - Mapa regional : **10**-B3

Madrid 641 km - Barcelona 28 km - Girona 81 km - Tarragona 127 km

Mapa de carreteras Michelin n° 574-H37

Ca L'Estrany

COCINA TRADICIONAL • AMBIENTE CLÁSICO Esta casa, tipo masía pero de estética actual, está muy vinculada a La Cofradía de Pescadores de Arenys de Mar. Aquí lo mejor son las sugerencias y el pescado de temporada.

Menú 20/30 € - Carta 32/46 €

camí Coll de Port 19 ✉ 08348 - ☎ 937 50 70 66 - www.calestrany.com - cerrado domingo noche y lunes salvo festivos

Axol

MODERNA • FAMILIAR Negocio de gestión familiar instalado en un atractivo chalet de líneas vanguardistas. Ofrecen una cocina actual, apegada al producto de temporada, y una buena oferta de menús.

Menú 30/60 € - Carta 35/48 €

Arboç 6, Urbanización Can Cabot ✉ 08348 - ☎ 937 53 86 45 - www.restaurantaxol.com - cerrado domingo noche, lunes y martes

Mas de Baix

MANSIÓN • RÚSTICA ¡Alójese en una preciosa casona señorial del s. XVII! En este céntrico edificio encontrará zonas sociales de aire rústico y unas habitaciones muy cuidadas, todas bien personalizadas y con cierto aire colonial. Entorno con piscina y césped.

9 hab - †85/95 € ††115/145 € - ☕ 10 €

passeig Tolrà 1 ✉ 08348 - ☎ 937 53 80 84 - www.hotelmasdebaix.com - cerrado del 1 al 20 de enero

CABUEÑES Asturias → Ver Gijón

CACABELOS

León - 5 318 h. - Mapa regional : **8**-A1

Madrid 402 km - León 126 km - Lugo 99 km - Ourense 147 km

Mapa de carreteras Michelin n° 575-E9

La Moncloa de San Lázaro

REGIONAL • RÚSTICA Bella casona construida sobre un hospital de peregrinos que data del s. XIII. Encontrará una tienda con productos del Bierzo, comedores de ambiente rústico, buena cocina de gusto regional y atractivas habitaciones, todas dominadas por una llamativa rusticidad.

Menú 25/28 € - Carta 22/36 € 8 hab - †50 € ††70/130 € - ☕ 8 €

Cimadevilla 97 ✉ 24540 - ☎ 987 54 61 01 - www.moncloadesanlazaro.com - cerrado martes de marzo-octubre salvo festivos

en Canedo Noreste : 6,5 km – Mapa regional : **8**-A1

Palacio de Canedo

REGIONAL • RÚSTICA XX Un palacio rural rodeado de viñedos, la sede de Prada a Tope. Disfruta de un cálido bar, una preciosa tienda, dos comedores de ambiente rústico-antiguo y unas habitaciones muy originales, todas con mobiliario rústico de diseño. Cocina regional y vinos propios.

Menú 29/34 € – Carta 25/40 € 14 hab – †83/118 € ††100/224 €

La Iglesia ✉ 24546 Canedo – ✆ 987 56 33 66 – www.pradaatope.es – cerrado lunes de enero-marzo

CÁCERES

95 617 h. – Alt. 439 m – Mapa regional : **12**-B2

Madrid 297 km – Ávila 233 km – Badajoz 95 km – Salamanca 208 km

Mapa de carreteras Michelin nº 576-N10

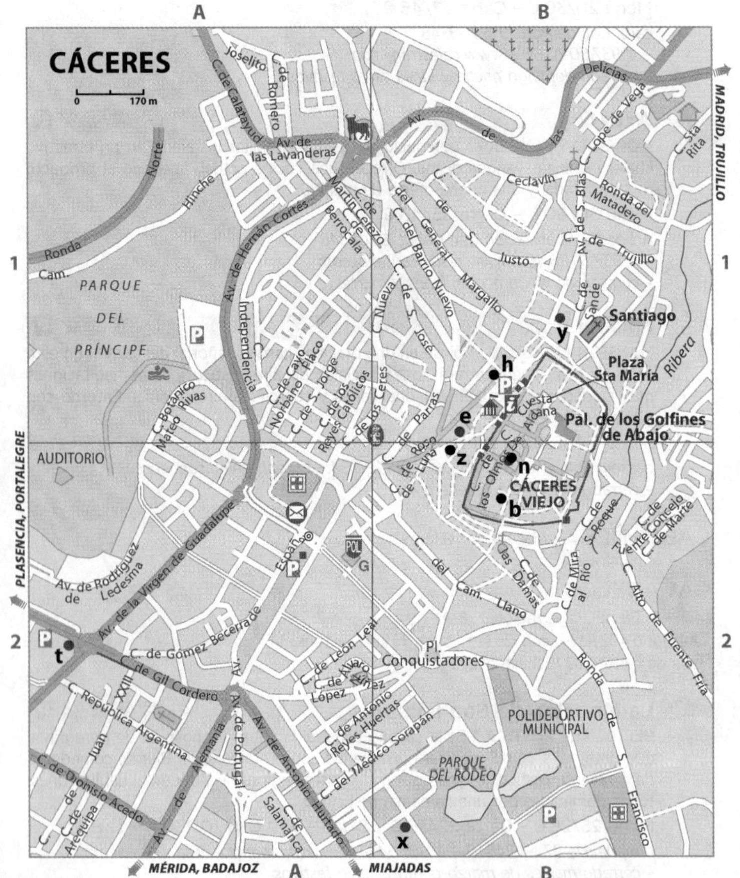

✿✿ Atrio (Toño Pérez)

CREATIVA • DE DISEÑO XXXX Realmente singular, pues conjuga a la perfección la rica historia del entorno con una estética actual. Su chef apuesta por una cocina innovadora con maridajes clásicos, logrando magníficas texturas y unos sabores de extraordinaria pureza. ¡La bodega, visitable al igual que la cocina, es la gran joya de la casa!

→ Pepino en ravioli abierto con manzana verde, arenque y apio. Solomillo de retinto en dos pases: primero en tartar con sorbete de mostaza y, segundo, asado con costra crujiente de hierbas. Chocolate, torrija con PX, cinco especias y sal de cayena.

Menú 135/149 € - solo menú

Plano : B2-n - *Hotel Atrio, pl. San Mateo 1 ✉ 10003 - ✆ 927 24 29 28 - www.restauranteatrio.com*

Madruelo

COCINA TRADICIONAL • RÚSTICA XX ¡Procuran mimar a sus clientes! En este acogedor restaurante, ubicado en una casa antigua que sorprende por sus techos abovedados, encontrará una cocina de base tradicional bien actualizada, siempre con productos extremeños y de temporada.

Menú 30/36 € - Carta 30/40 €

Plano : B1-y - *Camberos 2 ✉ 10003 - ✆ 927 24 36 76 - www.madruelo.com - cerrado 15 días en enero, 15 días en julio, domingo noche, lunes noche y martes noche*

Orellana

MODERNA • ELEGANTE XXX Atesora personalidad propia respecto al hotel y destaca por su cuidado servicio de mesa. Proponen una carta tradicional actualizada que se ve enriquecida con diferentes menús.

Menú 29/43 € - Carta 35/52 €

Plano : A2-t - *av. Virgen de Guadalupe 28 ✉ 10001 - ✆ 927 62 92 46 - www.extremadurahotel.com - cerrado domingo noche*

Botein

COCINA TRADICIONAL • MINIMALISTA XX Restaurante de ambiente moderno dotado con un bar-tapería y un comedor de cuidado montaje. Cocina de corte actual basada en el producto local y menús pensados para compartir.

Menú 40 € - Carta aprox. 42 €

Plano : B2-x - *Madre Isabel de Larrañaga ✉ 10002 - ✆ 927 24 08 40 - www.botein.es - cerrado agosto y noches de domingo a miércoles*

El Figón de Eustaquio

COCINA TRADICIONAL • AMBIENTE CLÁSICO X Casa rústica considerada toda una institución en la ciudad. Posee cinco salas que poco a poco han sido renovadas en un estilo clásico, donde le ofrecerán una carta muy amplia de cocina tradicional y algunos platos extremeños.

Menú 19/26 € - Carta 33/45 €

Plano : B1-e - *pl. de San Juan 12 ✉ 10003 - ✆ 927 24 43 62 - www.elfigondeeustaquio.com*

Atrio

LUJO • DE DISEÑO Se halla en el espectacular casco antiguo y ocupa un edificio excepcional, no en vano ha sido rehabilitado por los prestigiosos arquitectos Mansilla y Tuñón. Encontrará unas estancias y habitaciones de inmaculado diseño, jugando siempre con los espacios, las luces y la interpretación visual de cada cliente.

14 hab - ††270/320 € - ☕ 41 €

Plano : B2-n - *pl. San Mateo 1 ✉ 10003 - ✆ 927 24 29 28 - www.restauranteatrio.com*

✿✿ **Atrio** - ver selección restaurantes

Parador de Cáceres

HISTÓRICO • MODERNA Este atractivo Parador se encuentra en pleno centro histórico, ocupando el antiguo Palacio de Torreorgaz. Pese a ser un edificio del s. XIV hoy se presenta totalmente renovado, conservando reminiscencias del pasado pero ofreciendo también un confort muy actual. El restaurante destaca por su zona ajardinada.

39 hab - ††95/230 € - ☕19 €

Plano : B2-b - *Ancha 6 ✉ 10003 - ✆ 927 21 17 59 - www.parador.es*

NH Palacio de Oquendo

CADENA HOTELERA • MODERNA Casa-palacio del s. XVI vinculada a los Marqueses de Oquendo. Encontrará un bonito patio y unas habitaciones de estilo moderno, algunas con los techos abuhardillados. El restaurante, de reducida capacidad, se complementa con un buen bar-tapería y una terraza.

86 hab - ††70/310 € - ☕19 €

Plano : B2-z - *pl. de San Juan 11 ✉ 10003 - ✆ 927 21 58 00 - www.nh-collection.com*

Casa Don Fernando

TRADICIONAL • CONTEMPORÁNEA Destaca por su emplazamiento, pues ocupa un edificio del s. XVI que tiene varias habitaciones con balcón asomadas a la Plaza Mayor. Encontrará un moderno lobby, estancias de línea actual y un bar que deja el antiguo aljibe a la vista.

36 hab - ††60/140 € - ☕9 €

Plano : B1-h - *pl. Mayor 30 ✉ 10003 - ✆ 927 21 42 79 - www.casadonfernando.com*

en la carretera N 521 Oeste : 6 km

Palacio de Arenales (N)

TRADICIONAL • ACOGEDORA Se halla en pleno campo, en lo que fue la finca de verano de una importante familia cacereña. Posee habitaciones de diferentes tamaños, todas de línea actual, un buen SPA y un acogedor restaurante que ofrece tanto carta, tradicional e internacional, como menú.

46 hab - ††89/317 € - ☕14 €

✉ 10005 Cáceres - ✆ 927 62 04 90 - www.hospes.com

CADAQUÉS

Girona - 2 840 h. - Mapa regional : **9**-D3

▶ Madrid 755 km - Barcelona 172 km - Girona 74 km - Tarragona 262 km

Mapa de carreteras Michelin nº 574-F39

Compartir

CREATIVA • RÚSTICA Posee un amplio patio-terraza y un agradable interior de ambiente rústico-mediterráneo, con fuerte presencia de la piedra y la madera. Su propuesta culinaria apunta hacia el plato completo, de gran calidad, pero todo ideado para compartir.

Carta 35/60 €

Riera Sant Vicenç ✉ 17488 - ✆ 972 25 84 82 - www.compartircadaques.com - solo fines de semana 4 febrero-abril - cerrado 5 enero-4 febrero y lunes

Playa Sol

TRADICIONAL • MEDITERRÁNEA Pese a ser todo un clásico, pues lleva más de 50 años llevado por la misma familia, hoy se muestra bien renovado y con baños actuales. La mayoría de sus habitaciones disfrutan de vistas al mar, lo que supone un suplemento.

48 hab - †95/190 € ††115/240 € - ☕14 €

platja Pianc 3 ✉ 17488 - ✆ 972 25 81 00 - www.playasol.com - cerrado 15 noviembre-15 febrero

Calma Blanca

LUJO • DE DISEÑO ¡Ideal para huir del estrés! Presenta unas instalaciones bastante modernas, con habitaciones de diseño bien personalizadas, un pequeño SPA y bonitas vistas sobre Cadaqués.

7 hab - 370/530 € 530/720 € - 30 €

av. Salvador Dalí 8 ✉ 17488 - ✆ 972 15 93 56 - www.calmablanca.es

CADAVEDO

Asturias - Mapa regional : **3**-A1

Madrid 531 km - A Coruña 212 km - Gijón 74 km - Lugo 153 km

Mapa de carreteras Michelin nº 572-B10

Torre de Villademoros

TRADICIONAL • MODERNA Casona solariega del s. XVIII, con porche y un cuidado jardín, emplazada junto a la torre medieval de la que toma su nombre. Posee amplias habitaciones de estética rústica-actual y un correcto comedor, para desayunos y cenas, orientado al cliente alojado.

10 hab - 63/75 € 85/109 € - 9 € - 1 suite

Villademoros, Oeste : 1,5 km ✉ 33788 - ✆ 985 64 52 64 - www.torrevillademoros.com - marzo-octubre

CÁDIZ

120 468 h. - Mapa regional : **1**-A2

Madrid 646 km - Algeciras 124 km - Córdoba 239 km - Granada 306 km

Mapa de carreteras Michelin nº 578-W11

Sopranis

MODERNA • A LA MODA ¡En pleno barrio de Santa María! Se presenta con una pequeña barra de apoyo y dos salas, la principal decorada con fotos de modelos. Proponen una cocina de gusto actual muy interesante, con platos bien elaborados y de cuidada presentación.

Menú 28/35 € - Carta 32/44 €

Plano : D3-x - *Sopranis 5 ✉ 11005 - ✆ 956 28 43 10 - www.sopranis.es - cerrado domingo noche y lunes salvo verano y festivos*

El Faro

ANDALUZA • AMBIENTE CLÁSICO Uno de los restaurantes más prestigiosos de Cádiz... no en vano, está avalado por medio siglo de éxitos e historia. Propone una completa carta de cocina regional, con predominio de pescados y mariscos, así como una excelente bodega.

Carta 35/47 €

Plano : A3-b - *San Félix 15 ✉ 11002 - ✆ 956 21 10 68 - www.elfarodecadiz.com*

El Faro

ANDALUZA • MARCO REGIONAL Trabaja bastante y se presenta con un ambiente de estilo clásico-marinero. Le ofrecerán deliciosas tapas y raciones, aunque su especialidad son los pescaditos y las frituras.

Tapa 3 € - Ración aprox. 10 €

Plano : A3-b - *San Félix 15 ✉ 11002 - ✆ 956 21 10 68 - www.elfarodecadiz.com*

Barrasie7e

COCINA TRADICIONAL • TENDENCIA Gastrobar de estética actual emplazado en 1ª línea de playa. Con su nombre hacen un guiño al número de dependencias del local y al total de hijos de los propietarios. Carta de tapas y raciones, con arroces individuales y conservas caseras.

Tapa 4 € - Ración aprox. 12 €

av. Amílcar Barca 17, por CA 33 D3 ✉ 11008 - ✆ 956 26 32 63 - www.barrasie7e.com

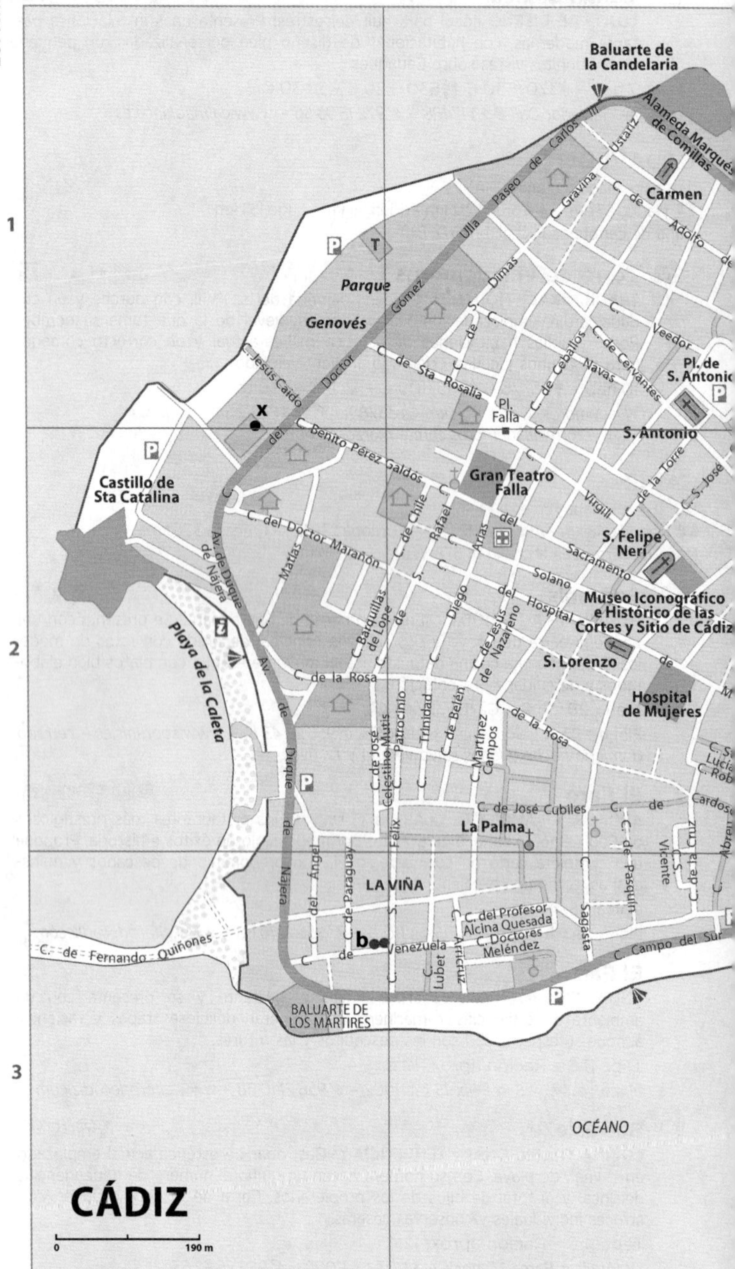
A
B
1
2
3
Baluarte de la Candelaria
Alameda Marqués de Comillas
Paseo de Carlos III
Carmen
Parque Genovés
Pl. de S. Antonio
S. Antonio
Pl. Falla
Gran Teatro Falla
Castillo de Sta Catalina
S. Felipe Neri
Museo Iconográfico e Histórico de las Cortes y Sitio de Cádiz
S. Lorenzo
Hospital de Mujeres
Playa de la Caleta
La Palma
LA VIÑA
BALUARTE DE LOS MARTIRES
OCÉANO
C. de Fernando Quiñones
C. Campo del Sur
C. Benito Pérez Galdós
C. del Doctor Marañón
C. de la Rosa
C. de Sta Rosalía
Av. de Duque de Nájera
C. de José Cubiles
C. del Profesor Alcina Quesada
C. Doctores Meléndez
C. de Venezuela
C. Jesús Caido
Doctor Gómez Ulla
CÁDIZ
0
190 m

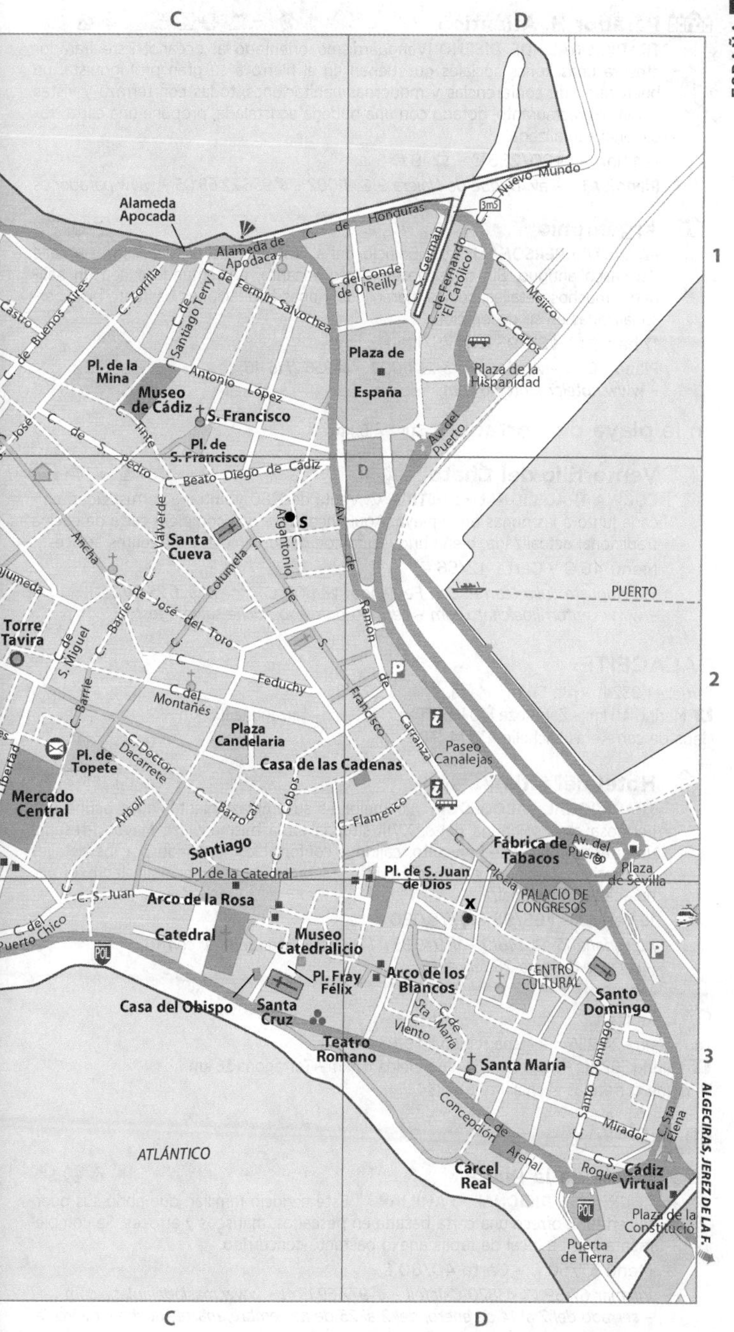
C
D
1
2
3
Alameda Apocada
Alameda de Apodaca
C. de Honduras
Nuevo Mundo
C. S. Germán
C. de Fernando el Católico
C. Méjico
C. S. Carlos
Plaza de la Hispanidad
C. del Conde de O'Reilly
C. de Fermín Salvochea
Plaza de España
C. Zorrilla
C. de Santiago Terry
C. de Buenos Aires
Castro
Pl. de la Mina
Antonio López
Museo de Cádiz
S. Francisco
Pl. de S. Francisco
C. José
C. de S. Pedro
Tinte
C. Beato Diego de Cádiz
Av. del Puerto
D
S
C. Arganontonio
Valverde
Santa Cueva
Columela
Av. de Ramón de Carranza
Ancha
C. de José del Toro
Torre Tavira
C. de S. Miguel
C. Barrié
PUERTO
Feduchy
C. del Montañés
C. de S. Francisco
P
Plaza Candelaria
Pl. de Topete
C. Doctor Dacarrete
Libertad
Mercado Central
Casa de las Cadenas
Paseo Canalejas
C. Barrocal
Cobos
Arboli
C. Flamenco
Santiago
Pl. de la Catedral
Fábrica de Tabacos
Av. del Puerto
Plaza de Sevilla
Pl. de S. Juan de Dios
Plocia
PALACIO DE CONGRESOS
X
C. S. Juan
Arco de la Rosa
C. del Puerto Chico
Catedral
Museo Catedralicio
POL
Pl. Fray Félix
Arco de los Blancos
CENTRO CULTURAL
Santo Domingo
Casa del Obispo
Santa Cruz
C. Viento
Sta María
C. de Sta María
Teatro Romano
Santa María
C. Santo Domingo
Concepción
C. de Arenal
Mirador
C. Sta Elena
ATLÁNTICO
Cárcel Real
C. S. Roque
Cádiz Virtual
Plaza de la Constitución
Puerta de Tierra
ALGECIRAS, JEREZ DE LA F.

Parador H. Atlántico

TRADICIONAL • DE DISEÑO ¡Vanguardismo orientado al océano! Este Parador atesora unas zonas sociales que tienen en el hierro a su gran protagonista, un buen salón de conferencias y modernas habitaciones, todas con terraza y vistas al mar. El restaurante, dotado con una bodega acristalada, propone una carta tradicional actualizada.

124 hab - ††90/285 € - ☕19 €

Plano : A1-x - *av. Duque de Nájera 9 ✉ 11002 - ✆ 956 22 69 05 - www.parador.es*

Argantonio

FAMILIAR • PERSONALIZADA Edificio del s. XIX ubicado en una estrecha calle del casco antiguo. Sin duda posee cierto encanto, presentándose con un hall-patio, muchos detalles, suelos hidráulicos y unas habitaciones bastante bien personalizadas en su decoración.

17 hab ☕ - †55/95 € ††75/125 €

Plano : C2-s - *Argantonio 3 ✉ 11004 - ✆ 956 21 16 40 - www.hotelargantonio.com*

en la playa de Cortadura Sur : 4,5 km

Ventorrillo del Chato

COCINA TRADICIONAL • RÚSTICA XX Venta de 1780 y entrañable rusticidad ubicada junto a las dunas de la playa. Aquí encontrará una completa carta de cocina tradicional actualizada, bien enriquecida con guisos típicos y diferentes arroces.

Menú 46 € - Carta 42/56 €

Vía Augusta Julia (carret. San Fernando) ✉ 11011 Cádiz - ✆ 956 25 00 25 - www.ventorrilloelchato.com - cerrado domingo noche salvo agosto

CALACEITE

Teruel - 1 052 h. - Alt. 511 m - Mapa regional : **2**-C2

Madrid 411 km - Zaragoza 140 km - Teruel 180 km - Tarragona 105 km

Mapa de carreteras Michelin n° 574-I30

Hotel del Sitjar

TRADICIONAL • ACOGEDORA Lo mejor es su emplazamiento, pues ocupa una hermosa casa solariega del s. XVIII situada en la misma plaza Mayor. Presenta un interior con mucho encanto, cálido y confortable, dominado por los detalles decorativos, la piedra y la madera. El restaurante, de carácter polivalente, ofrece una carta tradicional.

15 hab ☕ - †65/95 € ††75/120 €

pl. España 15 ✉ 44610 - ✆ 978 85 11 14 - www.hoteldelsitjar.com - cerrado 3 enero-28 febrero

CALAFELL

Tarragona - 24 256 h. - Mapa regional : **9**-B3

Madrid 562 km - Barcelona 63 km - Lleida 117 km - Tarragona 38 km

Mapa de carreteras Michelin n° 574-I34

en la playa

Masia de la Platja

COCINA TRADICIONAL • FAMILIAR XX Este negocio familiar, que abrió sus puertas en 1961, ofrece una carta basada en pescados, mariscos y arroces. Se complementa con un local de tapas anexo bastante concurrido.

Menú 37/50 € - Carta 40/60 €

Vilamar 67-69 ✉ 43820 Calafell - ✆ 977 69 13 41 - www.masiadelaplatja.com - cerrado del 7 al 14 de enero, del 2 al 25 de noviembre, martes noche y miércoles

Vell Papiol

COCINA TRADICIONAL • SENCILLA Ubicado en una calle peatonal repleta de comercios. Este negocio familiar propone una cocina de intenso sabor marinero, rica en pescados, mariscos y arroces. ¡Pruebe su Arroz de sepia y "espardenyes" o el típico "Arrossejat" de Calafell!

Menú 25/45 € – Carta 38/68 €

Vilamar 30 ✉ 43820 Calafell – ✆ 977 69 13 49 – www.vellpapiol.com
– cerrado 22 diciembre-22 enero, lunes salvo agosto, domingo noche y martes noche en invierno

en la carretera C-31 Sureste : 2 km

La Barca de Ca l'Ardet

COCINA TRADICIONAL • FAMILIAR Se encuentra a las afueras de la localidad, instalado en un chalet azul de una zona residencial. En sus salas podrá descubrir una carta tradicional, con claras influencias del mar y un buen apartado de arroces. ¡Amplia variedad de menús!

Menú 25/70 € – Carta 40/61 €

Marinada 1 - urb. Mas Mel ✉ 43820 Calafell
– ✆ 977 69 15 59 – www.labarcadecalardet.com
– solo almuerzo en invierno
– cerrado enero y martes

CALAHORRA

La Rioja – 23 955 h. – Alt. 350 m – Mapa regional : **14**-B2
Madrid 320 km – Logroño 55 km – Soria 94 km – Zaragoza 128 km
Mapa de carreteras Michelin nº 573-F24

Chef Nino

COCINA TRADICIONAL • AMBIENTE CLÁSICO Un restaurante elegante, de ambiente clásico y con más de 40 años de historia. Su propuesta, tradicional y de temporada con platos actualizados, se completa con un apartado más informal denominado "D'tapas". ¡No se pierda su Menestra de verduras de temporada!

Menú 15/45 € – Carta 30/50 €

Basconia 2 ✉ 26500 – ✆ 941 13 31 04 – www.chefnino.com
– cerrado 20 diciembre-20 enero, domingo noche y lunes

CALATAÑAZOR

Soria – 55 h. – Alt. 1 027 m – Mapa regional : **8**-D2
Madrid 205 km – Burgos 120 km – Logroño 117 km – Soria 34 km
Mapa de carreteras Michelin nº 575-G21

Casa del Cura

FAMILIAR • RURAL Tiene la categoría de Posada Real, se halla en un pueblo pintoresco y ofrece un coqueto salón social, presidido por la típica chimenea pinariega. Habitaciones coloristas y buen restaurante, pionero en la cocina micológica. ¡Pregunte por sus jornadas mozárabes!

6 hab – †50/65 € ††65/75 € – ☕ 5 €

Real 25 ✉ 42193 – ✆ 975 18 36 42 – www.posadarealcasadelcura.com
– cerrado del 7 al 30 de enero

CALATAYUD

Zaragoza – 19 724 h. – Alt. 534 m – Mapa regional : **2**-B2
Madrid 231 km – Zaragoza 86 km – Soria 91 km – Teruel 138 km
Mapa de carreteras Michelin nº 574-H25

Posada Arco de San Miguel

COCINA TRADICIONAL • AMBIENTE TRADICIONAL Edificio ubicado junto a un pasadizo, con arco, del que toma su nombre. Está llevado en familia y presenta un interior de línea moderna en varios niveles. Carta tradicional. Como complemento al negocio también ofrece habitaciones, combinando en ellas antiguos detalles de aire rústico y elementos modernos.

Menú 10 € - Carta 30/47 € 7 hab - 35/70 € 50/120 € - 10 €

San Miguel 18 50300
- 976 88 72 72 - www.arcodesanmiguel.com
- cerrado 7 días en junio, domingo noche y lunes

Casa Escartín

COCINA TRADICIONAL • RÚSTICA Una casa familiar que cuida muchísimo tanto los productos como los sabores. El chef, hijo del propietario, va actualizando poco a poco el recetario tradicional de su padre.

Menú 20/50 € - Carta 27/44 €

paseo San Nicolás de Francia 19 50300
- 976 89 17 38 - www.restaurantecasaescartin.com
- cerrado 24 junio-6 julio, domingo noche y festivos noche

Hospedería Mesón de la Dolores

EDIFICIO HISTÓRICO • PERSONALIZADA Antigua posada decorada con detalles alusivos a la vida de la Dolores, una joven de la localidad ensalzada en una copla popular. Posee habitaciones de estilo regional distribuidas en torno a un patio cubierto. En su restaurante, de ambiente rústico, encontrará una carta tradicional con varios platos típicos.

34 hab - 49/53 € 69/81 € - 7 €

pl. Mesones 4 50300
- 976 88 90 55 - www.mesonladolores.com

Las CALDAS

Asturias - 120 h. - Alt. 125 m - Mapa regional : **3**-B1
Madrid 450 km - León 126 km - Oviedo 10 km - Santander 202 km
Mapa de carreteras Michelin n° 572-C12

G.H. Las Caldas

TERMAL • ELEGANTE ¡Recargue las pilas en un magnífico complejo lúdico-termal! Las excelentes instalaciones del balneario se completan con un SPA y un Centro de medicina deportiva, siempre compartiendo servicios con el hotel Enclave. Bello entorno ajardinado y elegantes habitaciones de línea clásica, todas equipadas al detalle.

78 hab - 114/174 € 124/184 € - 11 suites

33174 - 985 79 87 87 - www.lascaldasvillatermal.com

Enclave

TERMAL • FUNCIONAL La Villa Termal de Las Caldas resulta realmente espectacular, por eso aquí vemos como se amplía la oferta hotelera con unas confortables habitaciones de estilo clásico-actual. ¡Todos los servicios están compartidos con el G.H. Las Caldas!

83 hab - 83/140 € 93/153 € - 5 suites

33174 - 985 79 87 87 - www.lascaldasvillatermal.com

CALDAS DE REIS CALDAS DE REYES

Pontevedra - 9 834 h. - Alt. 22 m - Mapa regional : **13**-B2
Madrid 638 km - Santiago de Compostela 47 km - Pontevedra 26 km - A Coruña 118 km
Mapa de carreteras Michelin n° 571-E4

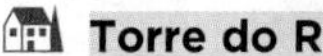

Torre do Río

CASA DE CAMPO • ACOGEDORA ¡Encantador! Ocupa un complejo textil del s. XVIII bien rehabilitado y emplazado en un entorno único... no en vano, la finca fue declarada de Interés Paisajístico Nacional. Las estancias denotan buen gusto y a los clientes se les ofrece un menú previa reserva.

12 hab - †80/100 € ††100/120 €

Baxe 1, carretera de Moraña - Este : 1.5 km ✉ 36650 - ✆ 986 54 05 13 - www.torredorio.es

CALDERS

Barcelona - 968 h. - Alt. 552 m - Mapa regional : **9**-C2

Madrid 587 km - Barcelona 77 km - Girona 113 km - Lleida 129 km

Mapa de carreteras Michelin n° 574-G35

en la carretera N 141 C Noreste : 2,5 km

Urbisol

COCINA TRADICIONAL • ACOGEDORA XX Emana personalidad propia respecto al hotel... no en vano, fue el origen del negocio. Amabilidad, confort, cuidada iluminación y cocina tradicional actualizada de buen nivel.

Carta 35/45 €

Hotel Urbisol ✉ 08275 Calders - ✆ 938 30 91 53 - www.hotelurbisol.com - cerrado del 7 al 31 de enero, domingo noche, lunes y martes

Urbisol

FAMILIAR • MODERNA Tranquila masía ubicada en pleno bosque, donde disfruta de agradables terrazas y un amplio espacio de ambiente chill out. Ofrece confortables habitaciones de línea actual, la mayoría personalizadas con la temática de flores y algunas con espléndidas vistas.

16 hab - †90/120 € ††150 €

✉ 08275 Calders - ✆ 938 30 91 53 - www.hotelurbisol.com - cerrado del 7 al 31 de enero

Urbisol - ver selección restaurantes

CALDES DE MONTBUI

Barcelona - 17 098 h. - Alt. 180 m - Mapa regional : **10**-B2

Madrid 628 km - Barcelona 34 km - Girona 90 km - Tarragona 120 km

Mapa de carreteras Michelin n° 574-H36

Mirko Carturan Cuiner

MODERNA • A LA MODA XX Tener la cocina acristalada, nada más entrar, o el comedor decorado a base de libros gastronómicos son rasgos derivados de la personalidad de un talentoso chef de origen piamontés. Cocina actual de buen nivel, con finas texturas y delicadas presentaciones.

Menú 30/45 € - Carta 33/40 €

av. Pi i Margall 75 ✉ 08140 - ✆ 938 65 41 60 - www.mirkocarturan.com - solo almuerzo salvo viernes y sábado - cerrado 15 días en agosto, sábado mediodía y domingo

CALELLA

Barcelona - 18 226 h. - Mapa regional : **10**-A2

Madrid 683 km - Barcelona 48 km - Girona 55 km

Mapa de carreteras Michelin n° 574-H37

El Hogar Gallego

PESCADOS Y MARISCOS • AMBIENTE CLÁSICO XX Este negocio familiar tiene un bar con mesas para raciones, un comedor principal de línea clásica y otros tres salones algo más actuales. Pescados y mariscos de gran calidad.

Menú 30/55 € - Carta 45/60 €

Ànimes 73 ✉ 08370 - ✆ 937 66 20 27 - www.elhogargallego.cat - cerrado domingo noche y lunes

CALELLA DE PALAFRUGELL

Girona - Mapa regional : **10**-B1
Madrid 726 km - Barcelona 127 km - Girona 56 km - Tarragona 217 km
Mapa de carreteras Michelin n° 574-G39

Sa Jambina

COCINA TRADICIONAL • AMBIENTE MEDITERRÁNEO X Está cerca de las playas y se presenta con un único comedor, diáfano y acogedor. La carta, muy orientada a las sugerencias, toma como base los pescados y mariscos de la zona.

Carta 40/60 €

Boffil i Codina 21 ✉ 17210 - ✆ 972 61 46 13
- solo almuerzo salvo fines de semana de octubre-mayo
- cerrado 15 diciembre-15 enero

Sant Roc

FAMILIAR • MEDITERRÁNEA Un hotel familiar que enamora por su ubicación, sobre un acantilado y dominando toda la costa. Encontrará unas cuidadas habitaciones, todas con balcón o terraza, y un buen restaurante asomado al Mediterráneo, donde proponen una carta tradicional elaborada.

45 hab - 87/139 € 119/269 €

pl. Atlàntic 2 (barri Sant Roc) ✉ 17210
- ✆ 972 61 42 50 - www.santroc.com - 25 marzo-octubre

CALLDETENES

Barcelona - 2 427 h. - Alt. 489 m - Mapa regional : **9**-C2
Madrid 673 km - Barcelona 72 km - Girona 64 km
Mapa de carreteras Michelin n° 574-G36

Can Jubany (Nandu Jubany)

MODERNA • RÚSTICA XXXX Singular, pues ocupa una preciosa masía dotada con cálidos espacios para la sobremesa, varias salas de ambiente rústico-actual y hasta una mesa en la propia cocina, está última asomada al jardín. Sus exquisitos platos muestran una cocina actual de raíces tradicionales, en muchos casos con productos de su propia huerta.

→ Huevo de pintada sobre puré de coliflor, ostras, tuétano y caviar imperial. Arroz verde de espinacas, tripas de bacalao, verduras del huerto y yogur. Nuestro "babà" de brioche al ron quemado con helado de nata.

Menú 67/115 € - Carta 61/99 €

carret. C 25 (salida 187), Este : 1,5 km ✉ 08506
- ✆ 938 89 10 23 - www.canjubany.com
- cerrado del 1 al 23 de enero, del 6 al 21 de agosto, domingo y lunes

CALP CALPE

Alicante - 21 540 h. - Mapa regional : **11**-B3
Madrid 463 km - Alacant / Alicante 64 km -
Castelló de la Plana / Castellón de la Plana 204 km - València 122 km
Mapa de carreteras Michelin n° 577-Q30

Abiss

MEDITERRÁNEA • A LA MODA XXX Proponen una carta tradicional valenciana durante el almuerzo, con arroces, tapas y un menú marinero, así como una carta más actual en las veladas, esta con menú degustación.

Menú 30/48 € - Carta 33/50 €

Benidorm 3 ✉ 03710 - ✆ 965 83 91 43 (reserva aconsejable)
- www.restauranteabiss.com - solo almuerzo salvo viernes, sábado y mayo-octubre - cerrado lunes

Audrey's by Rafa Soler

CREATIVA • ELEGANTE XX Resulta moderno y su nombre hace un guiño tanto al hotel AR Diamante Beach como a la eterna protagonista de "Desayuno con diamantes". Cocina actual de delicada presentación.

Menú 38/58 € - Carta 41/49 €

Av. Juan Carlos I-48 ✉ 03710 - ☎ 608 66 76 37 - www.audreys.es - cerrado 7 días en marzo, del 7 al 20 de noviembre, martes salvo verano y lunes

El Bodegón

COCINA TRADICIONAL • RÚSTICA X Instalaciones bien cuidadas cuyo éxito radica en la sencillez. Encontrará una decoración rústica castellana y una cocina clásica, con platos tradicionales e internacionales.

Menú 18/35 € - Carta 27/38 €

Delfín 8 ✉ 03710 - ☎ 965 83 01 64 - www.bodegoncalpe.com - cerrado 22 diciembre-22 enero y domingo en invierno

por la carretera N 332 Norte : 2,5 km y desvío a la izquierda 1,2 km

Casa del Maco

INTERNACIONAL • ELEGANTE XX Casa de campo del s. XVIII y elegante rusticidad, con las salas distribuidas en dos niveles y una atractiva terraza. Cocina internacional actualizada con toques de autor. Como complemento también posee algunas habitaciones de inequívoco encanto.

Menú 24/69 € - Carta 58/78 € 4 hab - †83/123 € ††110/135 € - ☕ 11 €

Pou Roig 15 ✉ 03720 Benissa - ☎ 965 73 28 42 - www.casadelmaco.com - solo cena en verano salvo domingo - cerrado 29 noviembre-16 diciembre, 11 enero-6 febrero, lunes mediodía, martes y miércoles mediodía salvo verano

CAMBADOS

Pontevedra - 13 895 h. - Mapa regional : **13**-A2

Madrid 639 km - Pontevedra 28 km - Santiago de Compostela 61 km - A Coruña 133 km

Mapa de carreteras Michelin n° 571-E3

Yayo Daporta

CREATIVA • AMBIENTE CLÁSICO XX Se halla en la 1ª planta de una céntrica casona que, allá por el s. XVIII, funcionó como Hospital Real. En contraste con sus fachadas en piedra presenta un interior moderno, con una bodega acristalada a la vista. Interesante cocina creativa en base a producto local, con una carta a precio fijo y opción a varios menús.

→ Berberechos sobre un fondo marino de algas, mariscos y coliflor. Cocochas de merluza al pil-pil, ragú de tocino ibérico y guisantes tiernos. Aguacate, café, jengibre y lima.

Menú 50/95 € - Carta aprox. 45 €

Hospital 7 ✉ 36630 - ☎ 986 52 60 62 - www.yayodaporta.com - cerrado del 2 al 12 de mayo, del 6 al 24 de noviembre, domingo noche y lunes salvo festivos

Ribadomar

GALLEGA • AMBIENTE CLÁSICO X He aquí una casa de organización plenamente familiar, con el chef-propietario al frente de los fogones. Ofrece un comedor bastante clásico, con chimenea, y una cocina tradicional gallega que sabe aprovechar la calidad de los pescados y mariscos.

Menú 20/60 € - Carta 28/42 €

Valle Inclán 17 ✉ 36630 - ☎ 986 54 36 79 - www.ribadomar.es - solo almuerzo salvo viernes, sábado y verano

Pandemonium

MODERNA • AMBIENTE CLÁSICO XX Restaurante de aire moderno dotado con dos espacios de buen montaje. ¿Su propuesta? Una carta de tinte actual que busca la fusión de estilos y un correcto menú degustación.

Menú 43 € - Carta 30/45 €

Albariño 16 ✉ 36630 - ☎ 986 54 36 38 - www.pandemonium.com.es - cerrado del 15 al 30 de noviembre, domingo noche, lunes y martes noche

Posta do Sol

PESCADOS Y MARISCOS • ACOGEDORA Instalado en un antiguo bar. El comedor posee antigüedades y detalles regionales, como los encajes de Camariñas. Su especialidad son la Empanada de vieiras y los mariscos.

Menú 18 € - Carta 23/50 €

Ribeira de Fefiñans 22 ✉ 36630 - ✆ 986 54 22 85 - www.restaurantepostadosol.com

A Fonte do Viño

COCINA TRADICIONAL • SENCILLA Este minúsculo bar compensa la sencillez del local con productos de gran calidad a precios competitivos... no en vano, está llevado entre un pescador y una mariscadora.

Tapa 4 € - Ración aprox. 8 €

pl. das Rodas 2 ✉ 36630 - ✆ 693 61 01 81 - www.pepaaloba.com

Parador de Cambados

EDIFICIO HISTÓRICO • REGIONAL Elegante pazo del s. XVI ubicado en el centro de la localidad, rodeado de jardines y próximo a la ría. Amplia zona social y habitaciones con mobiliario neorrústico. El restaurante se presenta con un bello techo en madera y una completa carta de cocina gallega.

57 hab - ††75/180 € - ☕ 16 € - 1 suite

paseo de la Calzada ✉ 36630 - ✆ 986 54 22 50 - www.parador.es

Real Ribadomar

FAMILIAR • ACOGEDORA Íntimo, cuidado y... ¡con mucho encanto! Limita su zona social al coqueto hall-recepción, detalle que compensan con unas habitaciones de estilo antiguo bastante acogedoras.

7 hab ☕ - †45/75 € ††70/125 €

Real 8 ✉ 36630 - ✆ 986 52 44 04 - www.hotelrealribadomar.com - cerrado 21 diciembre-8 enero

Pazo A Capitana

FAMILIAR • RÚSTICA Un bellísimo pazo con el encanto de otros tiempos. Conserva los antiguos lagares, las cocinas y un precioso patio, todo en armonía con sus estancias. ¡Aquí elaboran Albariño!

11 hab ☕ - †59/70 € ††70/90 €

Sabugueiro 46 ✉ 36630 - ✆ 986 52 05 13 - www.pazoacapitana.com - cerrado 15 diciembre-enero

CAMBRE

A Coruña - 24 076 h. - Mapa regional : **13**-B1

Madrid 584 km - Santiago de Compostela 64 km - A Coruña 12 km - Lugo 85 km

Mapa de carreteras Michelin nº 571-C4

A Estación (Beatriz Sotelo)

MODERNA • ACOGEDORA Realmente singular, pues ocupa lo que fue la cantina-almacén de una antigua estación de ferrocarril. Ofrece una luminosa sala principal de techos altos, un privado tipo bodega y una zona de césped con cenador. Su cocina de tinte actual se cimenta en dos pilares: la calidad del producto y unas cuidadas presentaciones.

→ Ensalada de bogavante asado, brotes y vinagreta de mandarina. Lubina, longueirón de Fisterra y rúcula. Milhojas caramelizadas, crema de vainilla y helado de chocolate.

Menú 57/77 € - Carta 44/55 €

carret. da Estación 51 ✉ 15660 - ✆ 981 67 69 11 - www.estaciondecambre.com - cerrado martes noche salvo verano, domingo noche y lunes salvo festivos

CAMBRILS

Tarragona - 32 915 h. - Mapa regional : **9**-B3

Madrid 554 km - Castelló de la Plana/Castellón de la Plana 165 km - Barcelona 116 km - Tarragona 22 km

Mapa de carreteras Michelin n° 574-I33

en el puerto

Can Bosch (Joan y Arnau Bosch)

COCINA TRADICIONAL • ACOGEDORA XXX Un restaurante familiar donde tradición e innovación van de la mano... eso sí, con el producto como gran protagonista. Encontrará arroces, mariscos, maravillosos pescados, platos creativos y especialidades que no debe perderse, como su Arroz negro Can Bosch.

→ Tartar de cigalas de Cambrils, espárrago blanco, anguila ahumada y caviar de soja. Rodaballo, falso risotto de hinojo, emulsión de ajos escalivados y esencia de calamar. Sopa helada de zanahoria y pasión, helado de coco thai y bizcocho de jengibre.

Menú 42/85 € - Carta 60/89 €

Plano : C2-d - *Rambla Jaume I-19 ✉ 43850 - ☎ 977 36 00 19 - www.canbosch.com - cerrado 22 diciembre-enero, domingo noche y lunes*

Rincón de Diego (Diego Campos)

COCINA TRADICIONAL • MARCO CONTEMPORÁNEO XXX ¡Con prestigio y a dos pasos del Club Náutico! En este restaurante, muy cuidado y actual, encontrará una cocina tradicional actualizada que, trabajando mucho con pescados y mariscos, destaca por la excelente calidad de sus materias primas.

→ Tartar de tomate con langosta y mayonesa de su coral. Lubina salvaje con arroz de calamar de potera. Nuestra pequeña degustación de postres.

Menú 42/67 € - Carta 60/85 €

Plano : C2-v - *Drassanes 19 ✉ 43850 - ☎ 977 36 13 07 - www.rincondediego.com - cerrado 23 diciembre-enero, domingo noche y lunes*

Acuamar-Casa Matas

COCINA TRADICIONAL • SENCILLA X Se halla frente al puerto, reparte las sencillas salas entre dos plantas y trabaja mucho por la buena relación calidad-precio de sus pescados y mariscos. ¿Qué pedir? Pruebe los pescados al horno o a la sal, los Pulpitos de Cambrils, la Paella de bogavante...

Menú 25 € - Carta 25/40 €

Plano : C2-k - *Consolat del Mar 66 ✉ 43850 Cambrils - ☎ 977 36 00 59 - www.acuamar.com - cerrado 23 diciembre-3 enero, 13 octubre-13 noviembre, domingo noche en invierno, miércoles noche (salvo julio-agosto) y jueves*

Miramar N

COCINA TRADICIONAL • MARCO CONTEMPORÁNEO XX Negocio familiar de 3ª generación ubicado junto a la Torre del Port (s. XVII). Ofrece una buena terraza, un interior actual y una carta tradicional marinera con varios menús.

Menú 25/68 € - Carta 52/75 €

Plano : C2-h - *passeig Miramar 30 ✉ 43850 - ☎ 977 36 00 63 - www.miramar-cambrils.com - cerrado 20 diciembre-2 febrero, martes noche salvo verano y miércoles*

Club Nàutic

COCINA TRADICIONAL • AMBIENTE MEDITERRÁNEO XX En pleno paseo marítimo. En su luminoso comedor acristalado, con vistas al puerto deportivo, podrá degustar una cocina tradicional-marinera muy detallista, siempre con pescados frescos de la zona. ¡Interesantes menús y coqueta terraza!

Menú 20/32 € - Carta 32/52 €

Plano : C2-f - *passeig Miramar 44 ✉ 43850 - ☎ 977 79 50 02 - www.cncbrestaurant.com - cerrado 16 enero-16 febrero, domingo noche y lunes salvo verano*

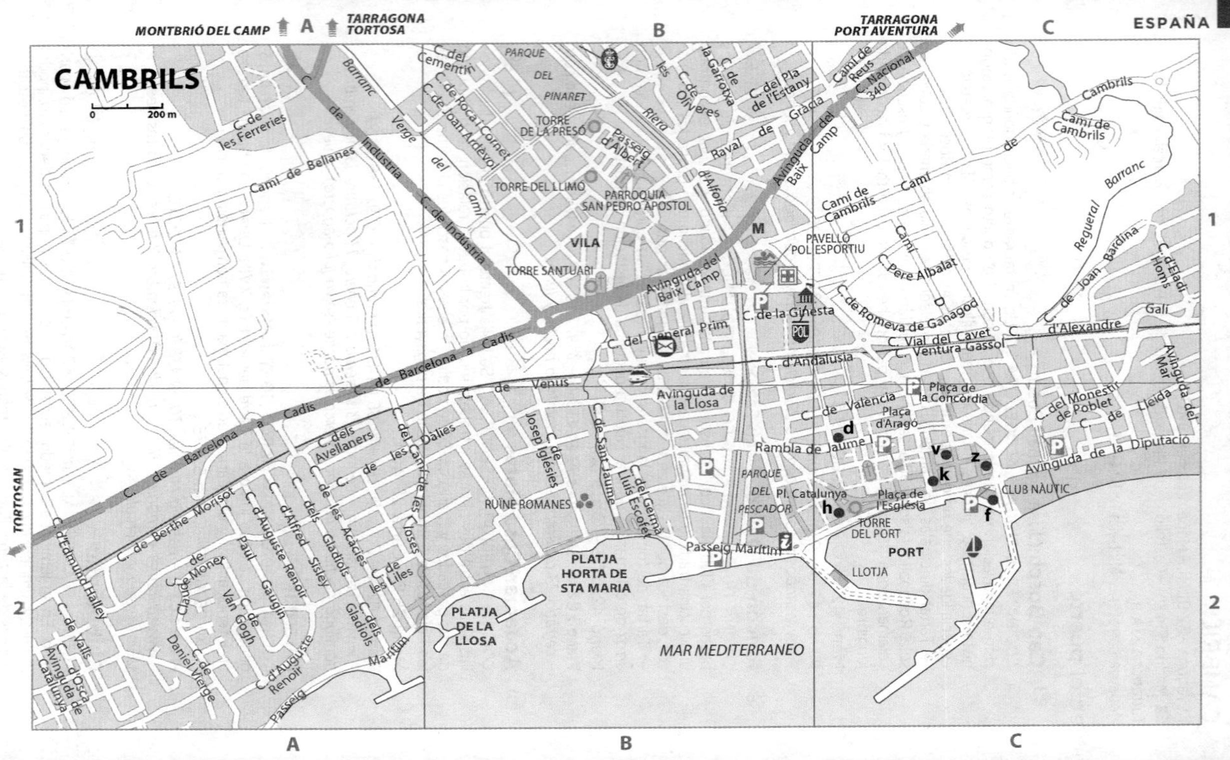
CAMBRILS
0
200 m
MONTBRIÓ DEL CAMP
TARRAGONA TORTOSA
TARRAGONA PORT AVENTURA
ESPAÑA
TORTOSAN
A
B
C
1
2
MAR MEDITERRANEO
PORT
LLOTJA
TORRE DEL PORT
CLUB NÀUTIC
PLATJA HORTA DE STA MARIA
PLATJA DE LA LLOSA
RUÏNE ROMANES
VILA
TORRE SANTUARI
TORRE DEL LLIMO
TORRE DE LA PRESÓ
PARROQUIA SAN PEDRO APOSTOL
PARQUE DEL PINARET
PARQUE DEL PESCADOR
PAVELLÓ POLIESPORTIU
Camí de Cambrils
Cambrils
Barranc
Regueral
Barranc Verge del Camí
Avinguda del Mar
Avinguda de la Diputació
Avinguda de la Llosa
Avinguda del Baix Camp
Avinguda de Catalunya
Rambla de Jaume I
Passeig Marítim
Passeig d'Albert
Plaça de la Concòrdia
Plaça d'Aragó
Plaça de l'Església
Pl. Catalunya
Riera d'Alforja
Raval de Gràcia
C. de Barcelona a Cadis
C. de Indústria
C. de Venus
C. del General Prim
C. de Sant Jaume
C. de Josep Iglésies
C. del Germà Lluís Escofet
C. d'Andalusia
C. de València
C. de la Ginesta
C. Vial del Cavet
C. Ventura Gassol
C. de Romeva de Ganagod
C. Pere Albalat
C. d'Alexandre
C. de Joan Bardina
C. d'Eladi Homs
Galí
C. del Monestir de Poblet
C. de Lleida
C. de la Garrotxa
C. de les Oliveres
C. del Pla de l'Estany
C. del Cementiri
C. de Roca i Cornet
C. de Joan Ardèvol
Camí de Bellanes
C. de les Ferreries
C. Nacional 340
Camí de Reus
C. de les Dàlies
C. del Camí de les Loses
C. de les Liles
C. dels Avellaners
C. de les Acàcies
C. dels Gladiols
C. d'Alfred Sisley
C. d'Auguste Renoir
C. Paul Gaugin
C. de Van Gogh
C. de Claude Monet
C. de Daniel Vierge
C. de Berthe Morisot
C. d'Edmund Halley
C. de Valls
C. d'Osca
Passeig Marítim
d
h
k
v
z
f
M
P
POL

Bresca

COCINA TRADICIONAL • A LA MODA Una casa de línea actual-funcional que mima cada detalle. Su oferta, tradicional actualizada, se enriquece en los postres con una carta más de infusiones, tés y vinos dulces.

Menú 22 € – Carta 39/46 €

Plano : C2-z – *Dr. Fleming 4 ✉ 43850 – ☎ 977 36 95 12 – www.brescarestaurant.com – cerrado 24 diciembre-26 enero, domingo noche y lunes*

El CAMPELLO

Alicante – 27 356 h. – Mapa regional : **11**-B3

Madrid 434 km – Alacant / Alicante 13 km – Murcia 98 km – València 169 km

Mapa de carreteras Michelin nº 577-Q28

Brel

INTERNACIONAL • DE DISEÑO Se halla frente al mar y toma su nombre del famoso cantante belga Jacques Brel, pues los propietarios hacen así un guiño a sus orígenes. Pastas, pizzas y platos más modernos.

Menú 30/90 € – Carta 30/56 €

San Vicente 91 ✉ 03560 – ☎ 965 63 07 01 – www.restaurantebrel.com – cerrado 15 días en noviembre, martes y miércoles salvo verano

Andra-Mari

VASCA • SENCILLA Una oferta tradicional de auténtica cocina vasca en la costa mediterránea. Posee una terraza a la entrada, donde se puede comer o tapear, así como un bar con mesas altas y varios comedores de línea actual convertibles en privados.

Menú 25/70 € – Carta 30/55 €

av. Xixona 37 ✉ 03560 – ☎ 965 63 34 35 – www.restaurante-andramari.com – cerrado 8 días en junio, 19 días en noviembre, domingo noche, lunes noche y martes salvo festivos

La Peña

PESCADOS Y MARISCOS • ACOGEDORA Si desea comer en un ambiente marinero esta es la mejor opción, pues está en 1ª línea de playa y aquí todo ensalza la cultura del mar. Su carta, especializada en pescados, mariscos y calderos, contempla también un buen apartado de arroces.

Menú 32/54 € – Carta 30/55 €

San Vicente 12 ✉ 03560 – ☎ 965 63 10 48 – www.lapeñarestaurante.es – solo almuerzo salvo verano – cerrado domingo noche en verano

CAMPILLOS

Málaga – 8 524 h. – Alt. 461 m – Mapa regional : **1**-B2

Madrid 530 km – Sevilla 164 km – Málaga 90 km

Mapa de carreteras Michelin nº 578-U15

Yerbagüena

COCINA TRADICIONAL • RÚSTICA Una opción interesante tanto si está de paso como si ha venido para visitar las famosas lagunas que rodean la localidad. Presenta una zona de bar y una sala rústica-actual distribuida en dos alturas. Cocina tradicional con toques actuales.

Carta 25/55 €

carret. de la estación ✉ 29320 – ☎ 952 72 23 20 – www.restauranteyerbaguena.com – cerrado lunes

CAMPO DE CRIPTANA

Ciudad Real – 14 126 h. – Alt. 707 m – Mapa regional : **7**-C2

Madrid 151 km – Albacete 137 km – Aranjuez 101 km – Ciudad Real 99 km

Mapa de carreteras Michelin nº 576-N20

Cueva La Martina

REGIONAL • RÚSTICA X Una buena combinación de tipismo y gastronomía, pues ocupa una cueva con mirador ubicada sobre una loma, junto a los famosos molinos de viento contra los que luchó Don Quijote. Su carta combina la cocina manchega con platos más innovadores.

Menú 15/50 € – Carta 23/45 €

Rocinante 13 ✉ 13610 – ✆ 926 56 14 76 – www.cuevalamartina.com – cerrado del 15 al 31 de octubre y lunes noche

La Casa de los Tres Cielos

FAMILIAR • RÚSTICA Tiene cierto encanto y está construido en varias alturas, con un patio-terraza y la zona de desayunos ubicada en unas cuevas. Ofrece estancias de ambiente rústico y excelentes vistas, tanto desde la terraza como desde alguna habitación.

7 hab ☕ – †30/35 € ††60/70 € – 5 apartamentos

Libertad 11 ✉ 13610 – ✆ 926 56 37 90 – www.casalos3cielos.com

CAMPRODÓN

Girona – 2 299 h. – Alt. 950 m – Mapa regional : **9**-C1

Madrid 699 km – Barcelona 127 km – Girona 80 km

Mapa de carreteras Michelin nº 574-F37

El Pont 9

COCINA TRADICIONAL • FAMILIAR XX Este restaurante familiar, ubicado junto a un precioso puente del s. XII, destaca por su estética actual y sus idílicas vistas al Ter desde el comedor principal. Ofrecen una cocina actual... eso sí, elaborada con el mejor producto local.

Menú 20/45 € – Carta 28/45 €

camí Cerdanya 1 ✉ 17867 – ✆ 972 74 05 21 – www.restaurantelpont9.com – cerrado 26 junio-13 julio, del 6 al 16 de noviembre, domingo noche, lunes, martes y miércoles noche

Maristany

COCINA TRADICIONAL • SIMPÁTICA XX Soprende por su ubicación, pues este coqueto restaurante ocupa la antigua cochera del hotel, ahora repartida en dos plantas muy agradables. Cocina tradicional actualizada.

Menú 25 € – Carta 35/46 €

Hotel Maristany, av. Maristany 20 ✉ 17867 – ✆ 972 13 00 78 (es necesario reservar) – www.hotelmaristany.com – cerrado 10 diciembre-febrero y miércoles

Maristany

FAMILIAR • CONTEMPORÁNEA Instalado en una casa señorial tipo chalet, con una coqueta zona social, confortables habitaciones, las de la planta superior abuhardilladas, y un bello entorno ajardinado.

10 hab ☕ – †99/112 € ††132/169 €

av. Maristany 20 ✉ 17867 – ✆ 972 13 00 78 – www.hotelmaristany.com – cerrado 10 diciembre-febrero

Maristany – ver selección restaurantes

al Noreste por la carretera C-38, 3,5 km y desvío a la derecha 3 km

Mitic

REGIONAL • RÚSTICA XX Se presenta con la cocina acristalada y dos espacios bien diferenciados, ambos dominados por la convivencia de la piedra y la madera. Buenas elaboraciones de tinte regional.

Menú 20 € – Carta 28/58 €

Hotel Puig Francó, urb. Font Rubí ✉ 17867 Camprodón – ✆ 972 74 00 23 – www.puigfranco.es – cerrado lunes, martes y miércoles

Puig Francó

CASA DE CAMPO • RÚSTICA Disfrute del sosiego en esta bella masía restaurada. Encontrará un salón social con chimenea, habitaciones algo pequeñas pero acogedoras y un bar público que combina su actividad con el servicio de desayunos. ¡Buenas vistas e interesante oferta deportiva!

18 hab – 90/135 € 100/150 € – 12 €

urb. Font Rubí 17867 Camprodón – 972 74 09 71 – www.puigfranco.es

Mitic – ver selección restaurantes

CAMUÑO

Asturias – Mapa regional : **3**-B1

Madrid 492 km – Oviedo 50 km – León 172 km

Mapa de carreteras Michelin nº 572-B11

Quintana del Caleyo

FAMILIAR • RÚSTICA Una casona-palacio con historia, ubicada junto al Camino de Santiago y donde se vuelcan con el cicloturista. Ofrece habitaciones con mobiliario antiguo, dos paneras, pajar...

10 hab – 85/120 € – 8 €

Norte : 1 km 33867 – 985 83 03 47 – www.quintanadelcaleyo.com – Semana Santa-15 octubre

CANDELARIO

Salamanca – 930 h. – Alt. 1 126 m – Mapa regional : **8**-A3

Madrid 217 km – Ávila 108 km – Béjar 5 km – Plasencia 61 km

Mapa de carreteras Michelin nº 575-K12

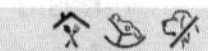

Casa de la Sal

AGROTURISMO • RÚSTICA Ocupa una fábrica de embutidos del s. XVIII ubicada en el centro del pueblo y presenta unas habitaciones de cuidado ambiente rústico-actual, todas con profusión de madera y bellas pinturas que ensalzan el mundo del caballo. El restaurante, de buen montaje, centra su oferta en una cocina de gusto tradicional.

8 hab – 59/69 €

Fuente de Perales 1 37710 – 923 41 30 51 – www.casadelasal.com

Artesa

FAMILIAR • RÚSTICA Centro de turismo rural dotado con una tienda de artesanía en la recepción, cálidas habitaciones de aire rústico y un taller textil. En el comedor, que sirve también para albergar exposiciones temporales, ofrecen cocina de tinte regional y tradicional.

9 hab – 45 € 68 €

Mayor 57 37710 – 923 41 31 11 – www.artesa.es – cerrado del 1 al 10 de julio

CANDELEDA

Ávila – 5 104 h. – Alt. 428 m – Mapa regional : **8**-B3

Madrid 186 km – Valladolid 240 km – Ávila 103 km – Salamanca 205 km

Mapa de carreteras Michelin nº 575-L14

por la carretera del Santuario de Chilla Noroeste : 6 km y desvío a la derecha 1 km

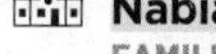

Nabia

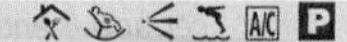

FAMILIAR • PERSONALIZADA Aislado y tranquilo, pues se halla en una finca arbolada con excelentes vistas a las montañas y al valle del Tiétar. Agradable terraza, zona noble con chimenea y espaciosas habitaciones, la mejor en un edificio independiente. Oferta gastronómica tradicional.

13 hab – 145/175 €

carret. del Santuario de Chilla 05480 Candeleda – 920 38 23 07 – www.hotelnabia.com – cerrado del 24 al 28 de diciembre y 24 septiembre-5 octubre

ESPAÑA

CÁNDUAS

A Coruña – 49 h. – Mapa regional : **13**-A1
Madrid 651 km – Santiago de Compostela 66 km – A Coruña 65 km
Mapa de carreteras Michelin nº 571-C3

Mar de Ardora

GALLEGA • ACOGEDORA XX Instalado en una casita de piedra, donde destaca tanto por el confort del comedor, en dos ambientes, como por su terraza chill out. Cocina tradicional gallega puesta al día y música en directo los fines de semana.

Menú 15/40 € - Carta 30/40 €

As Revoltas - carret. AC 430, Este : 2 km ✉ 15116 - ☎ 981 75 43 11 - www.mardeardora.com - solo almuerzo salvo verano y fines de semana - cerrado del 7 al 30 de enero, domingo noche en verano y lunes

CANEDO León ➜ Ver Cacabelos

CANET DE MAR

Barcelona – 14 177 h. – Mapa regional : **10**-A2
Madrid 661 km – Barcelona 47 km – Girona 60 km
Mapa de carreteras Michelin nº 574-H37

La Font

MODERNA • A LA MODA X Moderno, muy luminoso, llevado entre hermanos y emplazado en la parta alta de la localidad. Proponen una cocina actual y de mercado con especialidades como los Canelones de buey de mar con crema de gambas o su sabroso Cochinillo confitado.

Menú 20/41 € - Carta 32/43 €

Rafael Masó 1-3, (acceso por vía Figuerola) ✉ 08360 - ☎ 937 94 36 73 - www.restaurantlafont.es - solo almuerzo salvo viernes y sábado - cerrado 7 días en febrero, 15 días en septiembre y martes

CANGAS DE ONÍS

Asturias – 6 498 h. – Alt. 63 m – Mapa regional : **3**-C2
Madrid 419 km – Oviedo 74 km – Palencia 193 km – Santander 147 km
Mapa de carreteras Michelin nº 572-B14

Los Arcos N

COCINA TRADICIONAL • AMBIENTE CLÁSICO XX Se encuentra junto al Ayuntamiento, donde disfruta de una buena terraza, una amplia cafetería y un comedor clásico-actual. Completa carta de cocina tradicional y regional.

Menú 12/25 € - Carta 26/44 €

pl.del Ayuntamiento 3 ✉ 33550 - ☎ 985 84 92 77 - www.restaurantelosarcos.es

El Campanu

PESCADOS Y MARISCOS • AMBIENTE CLÁSICO X Se halla en el centro, junto al puente romano, y su nombre recuerda al 1er salmón pescado en los ríos astures cada temporada. Completa carta de pescados, mariscos y arroces.

Menú 45 € - Carta 30/40 €

Puente Romano 4 ✉ 33550 - ☎ 985 94 74 46 - www.elcampanu.com - cerrado 8 enero-15 marzo y jueves salvo 15 junio-15 septiembre

El Molín de la Pedrera

COCINA TRADICIONAL • A LA MODA X Resulta popular y ofrece dos salas, una amplia para grupos y otra más íntima, con chimenea, de línea rústica-actual. Cocina regional actualizada rica en productos autóctonos.

Carta 26/43 €

Hotel Nochendi, Río Güeña 2 ✉ 33550 - ☎ 985 84 91 09 - www.elmolin.com - cerrado 20 diciembre-7 febrero, martes noche y miércoles salvo verano

 **Nochendi** 

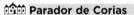

FAMILIAR • CONTEMPORÁNEA Toma su nombre de una collada cercana y resulta muy recomendable en su categoría. El hotel, que ocupa una única planta en un edificio de viviendas, presenta una reducida zona social y habitaciones funcionales, la mayoría asomadas al río y con buena lencería.

9 hab - ††55/110 € - ☕7 €

Constantino González 4 ✉ 33550 - ✆ 985 84 95 13 - www.hotelnochendi.com - cerrado 20 diciembre-7 febrero, martes y miércoles salvo verano

El Molín de la Pedrera - ver selección restaurantes

en la carretera de Arriondas

Parador de Cangas de Onís 

HISTÓRICO • CLÁSICA Parador de carácter histórico integrado en el monasterio de San Pedro de Villanueva, en plena naturaleza. Ofrece un bello patio central en el antiguo claustro, confortables habitaciones y un restaurante de montaje clásico que apuesta por la cocina tradicional.

64 hab - ††85/180 € - ☕18 €

Villanueva, Noroeste : 3 km ✉ 33550 Cangas de Onís - ✆ 985 84 94 02 - www.parador.es

CANGAS DEL NARCEA

Asturias - 13 451 h. - Alt. 376 m - Mapa regional : **3**-A2

Madrid 478 km - Oviedo 90 km - Lugo 140 km - León 154 km

Mapa de carreteras Michelin n° 572-C10

en Corias Norte : 2 km - Mapa regional : **3**-A2

Parador de Corias 

EDIFICIO HISTÓRICO • HISTÓRICA Le llaman El Escorial asturiano y toma como base un monasterio del s. XI que hoy destaca por sus dos claustros, uno con un árbol centenario. Amplio salón social, salas polivalentes, habitaciones sobrias pero actuales y buen comedor en lo que fue el refectorio.

76 hab - ††80/170 € - ☕18 €

Monasterio de Corias ✉ 33800 Corias - ✆ 985 07 00 00 - www.parador.es - cerrado 8 enero-2 marzo

CANIDO

Pontevedra - Mapa regional : **13**-A3

Madrid 598 km - A Coruña 178 km - Ourense 102 km - Pontevedra 48 km

Mapa de carreteras Michelin n° 571-F3

Durán

PESCADOS Y MARISCOS • AMBIENTE CLÁSICO XX Buen restaurante de organización familiar. Ofrece dos salas de estilo clásico-actual, una pequeña terraza y una cocina tradicional especializada en pescados y mariscos.

Menú 25 € - Carta 38/55 €

playa de Canido 129 ✉ 36390 - ✆ 986 49 08 37 - www.restauranteduran.com - cerrado del 17 al 31 de enero, del 17 al 27 de octubre, domingo noche y lunes

La CANONJA

Tarragona - 5 839 h. - Alt. 60 m - Mapa regional : **9**-B3

Madrid 544 km - Barcelona 102 km - Tarragona 8 km

Mapa de carreteras Michelin n° 574-I33

en la autovía T 11 Noroeste : 2 km

Espai Fortuny

COCINA TRADICIONAL • ELEGANTE XXX El salón-biblioteca, un molino de aceite, comedores de elegante rusticidad... En este restaurante, realmente singular, elaboran una cocina tradicional con platos actualizados.

Menú 25/45 € - Carta 44/60 €

Hotel Mas La Boella, salida km 12 ✉ 43310 La Canonja - ☎ 977 77 15 15 - www.laboella.com - cerrado enero-febrero

Mas La Boella

BOUTIQUE HOTEL • PERSONALIZADA ¡Un complejo oleoturístico definido por el sosiego! Reparte sus estancias entre dos edificios: uno de nueva construcción, donde están las habitaciones más modernas, y el otro fruto de recuperar una antigua masía rodeada de jardines, olivos y viñedos.

13 hab ☕ - 🚹150/200 € 🚹🚹230/280 €

salida km 12 ✉ 43310 La Canonja - ☎ 977 77 15 15 - www.laboella.com - cerrado enero-febrero

Espai Fortuny - ver selección restaurantes

CÀNOVES

Barcelona - 2 897 h. - Alt. 552 m - Mapa regional : **09D**-C2

Madrid 643 km - Barcelona 46 km - Girona 72 km - Tarragona 136 km

Mapa de carreteras Michelin nº 574-G37

al Norte 5 km

Can Cuch

MEDITERRÁNEA • RÚSTICA XX Ocupa un lateral de la masía y demuestra pretensiones, pues busca un punto de excelencia en los productos y las elaboraciones. ¡Las vistas al valle son, realmente, magníficas!

Menú 35/55 € - Carta 30/55 €

Hotel Can Cuch, Can Cuch de Muntanya 35 ✉ 08445 Cànoves - ☎ 931 03 39 80 - www.hotelcancuch.com

Can Cuch

CASA DE CAMPO • ECO-RESPONSABLE Instalado en una antigua masía de piedra que destaca por sus vistas, desde más de 700 m. de altitud, al entorno del Montseny. Cuidadas habitaciones de aire rústico, las superiores con chimenea, y sorprendente piscina panorámica en lo que fue la balsa de riego.

11 hab ☕ - 🚹🚹100/190 €

Can Cuch de Muntanya 35 ✉ 08445 Cànoves - ☎ 931 03 39 80 - www.hotelcancuch.com

Can Cuch - ver selección restaurantes

CANTAVIEJA

Teruel - 741 h. - Alt. 1 200 m - Mapa regional : **2**-C3

Madrid 388 km - Castelló de la Plana / Castellón de la Plana 106 km - Teruel 92 km - Zaragoza 187 km

Mapa de carreteras Michelin nº 574-K28

Balfagón Alto Maestrazgo

COCINA TRADICIONAL • AMBIENTE TRADICIONAL XX Aunque basan su propuesta en una cocina tradicional, con detalles actuales, también procuran dinamizar la carta con sugerencias de temporada y jornadas gastronómicas.

Menú 14/38 € - Carta 25/53 €

Hotel Balfagón Alto Maestrazgo, av. del Maestrazgo 20 ✉ 44140 - ☎ 964 18 50 76 - www.hotelbalfagon.com - cerrado del 18 al 26 de diciembre, del 3 al 11 de enero y domingo noche salvo agosto

Balfagón Alto Maestrazgo

TRADICIONAL • MODERNA ¡Interesante para una escapada en pareja! Estamos en la capital del Maestrazgo, lo que se traduce en múltiples opciones de relax y ocio mientras visita la comarca turolense.

46 hab - 50/115 € 65/150 € - 3 apartamentos

av. del Maestrazgo 20 ✉ 44140 - ✆ 967 18 50 76 - www.hotelbalfagon.com - cerrado del 18 al 26 de diciembre y del 3 al 11 de enero

Balfagón Alto Maestrazgo - ver selección restaurantes

CANTERAS Murcia → Ver Cartagena

CANTONIGRÒS

Barcelona - Mapa regional : **9**-C2

Madrid 641 km - Barcelona 94 km - Figueres 84 km - Manresa 72 km

Mapa de carreteras Michelin n° 574-F37

Ca l'Ignasi

CATALANA • FAMILIAR XX Posee tres comedores de aire rústico catalán y una sala, también rústica pero más informal y con acceso independiente, en la que se ofrece una carta sencilla y específica para las veladas. Cocina catalana fiel a los productos de proximidad.

Menú 19/52 € - Carta 38/56 €

Major 4 ✉ 08569 - ✆ 938 52 51 24 - www.calignasi.com - solo almuerzo salvo viernes y sábado - cerrado 7 días en enero, 7 días en julio, 7 días en septiembre, lunes y martes

CANYELLES PETITES (Playa de) Girona → Ver Roses

CAÑETE

Cuenca - 802 h. - Alt. 1 105 m - Mapa regional : **7**-D2

Madrid 237 km - Toledo 252 km - Cuenca 72 km

Mapa de carreteras Michelin n° 576-L25

La Muralla

COCINA TRADICIONAL • RÚSTICA X Se encuentra frente a una muralla antigua y cuenta con un cálido comedor de ambiente rústico. Carta tradicional, varios menús y elaboraciones de setas durante la temporada. El negocio se complementa con unas sencillas habitaciones y coquetos apartamentos emplazados en un anexo, la mayoría con chimenea.

Menú 12/35 € - Carta 20/40 € 9 apartamentos - 45/60 €

carret. Valdemeca 20 ✉ 16300 - ✆ 969 34 62 99 - www.hostallamuralla.com - cerrado 24 junio-10 julio, del 16 al 24 de septiembre y martes salvo verano

Los CAÑOS DE MECA

Cádiz - 284 h. - Mapa regional : **1**-A3

Madrid 697 km - Sevilla 174 km - Cádiz 68 km - Gibraltar 107 km

Mapa de carreteras Michelin n° 578-X11

La Breña

CREATIVA • ACOGEDORA XX Ofrece una carta de tinte actual-creativo que intenta sorprender, con claras influencias asiáticas y gran presencia de pescados. Si hace bueno... ¡coma en su coqueto porche!

Carta 25/42 €

av. Trafalgar 4 ✉ 11159 - ✆ 956 43 73 68 - www.hotelbrena.com - 15 marzo-15 octubre - cerrado miércoles salvo agosto

en Zahora Noroeste : 5 km

Arohaz

MODERNA • SIMPÁTICA Interesante tanto en lo estético como en lo gastronómico, pues presenta un espacio minimalista y apuesta por una cocina actual que hace incursiones en la gastronomía japonesa, asiática, sudamericana y magrebí. ¡También ofrece magníficas habitaciones!

Carta 30/46 € 6 hab - 50/120 € 60/140 €

Carril del Pozo 25 11159 Los Caños de Meca - 956 43 70 05 - www.hotelarohaz.com - marzo-octubre

A CAPELA

A Coruña - 1 334 h. - Mapa regional : **13**-C1

Madrid 582 km - Santiago de Compostela 90 km - A Coruña 48 km - Lugo 87 km

Mapa de carreteras Michelin nº 571-B5

Casa Peizás

COCINA TRADICIONAL • AMBIENTE CLÁSICO Está en un edificio independiente del Hotel Fraga do Eume, sin embargo fue la piedra angular de todo el complejo. Ofrece un buen comedor a la carta, numerosos salones para banquetes y una cocina tradicional especializada en mariscos.

Menú 20/35 € - Carta 24/40 €

Estoxa 4, Oeste : 1 km 15613 A Capela - 981 49 24 06 - www.hotelfragadoeume.com - cerrado 24 diciembre-5 enero

CAPELLADES

Barcelona - 5 268 h. - Alt. 317 m - Mapa regional : **10**-A3

Madrid 574 km - Barcelona 75 km - Lleida 105 km - Manresa 39 km

Mapa de carreteras Michelin nº 574-H35

Tall de Conill

COCINA TRADICIONAL • AMBIENTE CLÁSICO Familiar y centenario. Ofrece un interior clásico y un patio repleto de plantas, destacando este por tener un espectacular tejo sobre algunas mesas. ¡Atento a las sugerencias!

Menú 17 € - Carta 43/61 €

pl. Àngel Guimerà 11 08786 - 938 01 01 30 - www.talldeconill.com - cerrado del 1 al 15 de febrero, 31 julio-14 agosto, domingo noche y lunes

CAPMANY

Girona - 590 h. - Alt. 107 m - Mapa regional : **9**-D3

Madrid 734 km - Barcelona 151 km - Girona 53 km - Tarragona 241 km

Mapa de carreteras Michelin nº 574-E38

La Llar del Pagès

COCINA TRADICIONAL • RÚSTICA Ubicado en unas antiguas bodegas y con una carta de tinte actual. Presenta dos salas abovedadas donde se combinan el ambiente rústico y el mobiliario actual. ¡El local es algo pequeño, por lo que no es mala idea reservar!

Carta 29/39 €

Alt 11 17750 - 972 54 91 70 (reserva aconsejable) - www.lallardelpages.com - cerrado 22 diciembre-1 enero, lunes, martes, miércoles noche, jueves noche y festivos noche

CARABIAS

Guadalajara - 20 h. - Alt. 1 016 m - Mapa regional : **7**-C1

Madrid 142 km - Toledo 212 km - Guadalajara 86 km - Soria 96 km

Mapa de carreteras Michelin nº 575-I21

Cardamomo

TRADICIONAL • CONTEMPORÁNEA Destaca por su personalísima decoración, pues ansía un estilismo de fusión donde se armonicen colores, influencias, diseño... Elegante salón social y confortables habitaciones, algunas abuhardilladas. La reducida oferta culinaria es de sabor tradicional.

13 hab - ††78/109 € - ☕14 €

Cirueches 2 ✉ 19266 - ✆ 630 38 05 43 - www.cardamomosiguenza.com

CARBALLO

A Coruña - 31 283 h. - Alt. 106 m - Mapa regional : **13**-B1

Madrid 622 km - Santiago de Compostela 45 km - A Coruña 38 km - Pontevedra 106 km

Mapa de carreteras Michelin n° 571-C3

Rio Sil

COCINA TRADICIONAL • AMBIENTE CLÁSICO ¡Un templo carnívoro! Tienen fama por sus excepcionales carnes gallegas a la parrilla, de auténtico buey durante sus jornadas gastronómicas y de vacuno mayor el resto del año.

Menú 10/25 € - Carta 25/48 €

Rio Sil 43 ✉ 15100 - ✆ 981 70 04 78 - www.riosil.gal
- cerrado domingo noche y sábado

CARDONA

Barcelona - 4 898 h. - Alt. 750 m - Mapa regional : **9**-B2

Madrid 571 km - Barcelona 95 km - Girona 143 km - Lleida 113 km

Mapa de carreteras Michelin n° 574-G35

Parador de Cardona

EDIFICIO HISTÓRICO • HISTÓRICA Parador-Museo instalado en una gran fortaleza medieval que domina el horizonte sobre un promontorio. Realizan interesantes rutas turísticas dentro del edificio y ofrecen sobrias habitaciones, destacando las que poseen camas con dosel. En su comedor podrá descubrir una cocina atenta al recetario regional.

54 hab - ††90/190 € - ☕19 €

Castell de Cardona ✉ 08261 - ✆ 938 69 12 75 - www.parador.es

Bremon

TRADICIONAL • CLÁSICA Singular edificio del s. XIX que en su día funcionó como colegio de monjas. Posee un acogedor salón social, con chimenea y terraza panorámica, así como unas coquetas habitaciones. ¡Su cafetería ofrece un menú durante los fines de semana!

18 hab ☕ - †84/105 € ††104/125 €

Cambres 15 ✉ 08261 - ✆ 938 68 49 02 - www.hotelbremon.com
- cerrado enero

en La Coromina Este : 4 km

La Premsa

FAMILIAR • ORIGINAL ¡Singular y de trato muy familiar! Ocupa una antigua prensa de aceite que aún cobija entre sus recios muros de piedra los aperos, silos y utensilios propios de aquella actividad. Posee espaciosas habitaciones, todas personalizadas, y un restaurante especializado tanto en platos regionales como a la brasa.

9 hab ☕ - †60/75 € ††90/100 €

de l'Església 53 ✉ 08261 Cardona
- ✆ 938 69 17 83 - www.lapremsahotelrural.com
- cerrado del 1 al 15 de agosto

CARIÑENA

Zaragoza – 3 389 h. – Alt. 591 m – Mapa regional : **2**-B2
▶ Madrid 284 km – Zaragoza 58 km – Teruel 126 km – Huesca 125 km
Mapa de carreteras Michelin n° 574-H26

La Rebotica

REGIONAL • RÚSTICA Coqueto, familiar, de ambiente rústico y a tan solo unos metros de la hermosa iglesia de Nª Sra. de la Asunción. El restaurante, instalado en la que un día fue la casa del farmacéutico, propone una cocina regional bien presentada que ensalza tanto el recetario autóctono como los productos de Aragón.

Carta 25/40 €

San José 3 ✉ 50400 – ✆ 976 62 05 56 – www.restaurantelarebotica.com – solo almuerzo salvo sábado – cerrado 25 diciembre-1 enero, del 17 al 23 de abril, 25 julio-10 agosto y lunes

CARMONA

Sevilla – 28 656 h. – Alt. 248 m – Mapa regional : **1**-B2
▶ Madrid 497 km – Córdoba 108 km – Málaga 185 km – Sevilla 38 km
Mapa de carreteras Michelin n° 578-T13

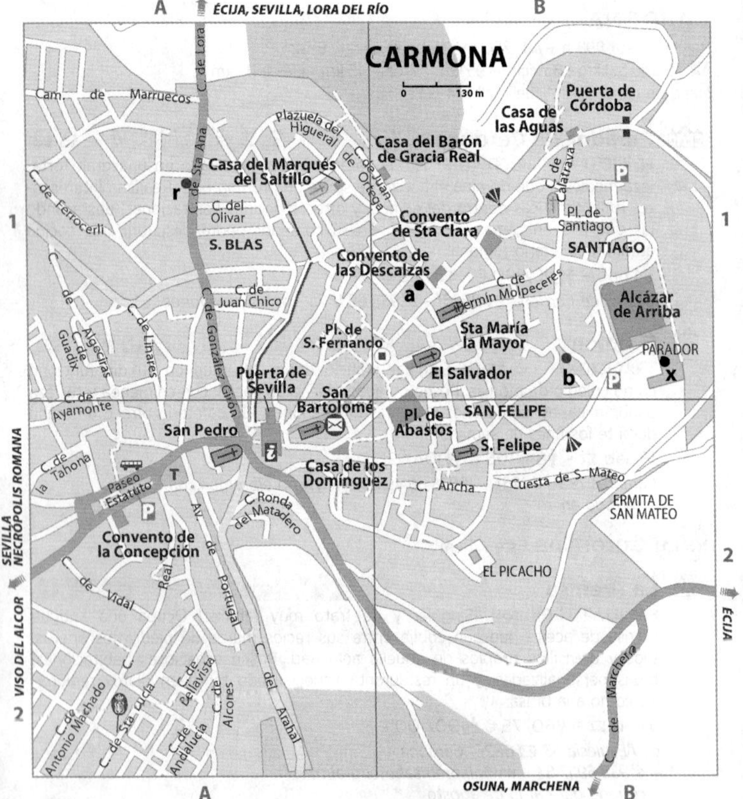

La Almazara de Carmona

COCINA TRADICIONAL • ACOGEDORA XX Se halla en una vieja almazara de aceite, con un concurrido bar de tapas y un comedor clásico-actual. Su carta, de gusto tradicional, posee un apartado de platos más modernos.

Carta 25/37 €

Plano : A1-r – *Santa Ana 33 ✉ 41410 – ✆ 954 19 00 76 – www.alfar2.com*

La Yedra

COCINA TRADICIONAL • AMBIENTE TRADICIONAL XX Almuerce o cene a escasos metros del Parador, en una casa encalada que sorprende con un patio a la entrada. Mónica, la chef-propietaria, actualiza el recetario tradicional.

Menú 20/50 € – Carta 26/49 €

Plano : B1-b – *General Freire 6 ✉ 41410*
– ✆ 954 14 45 25 – www.restaurantelayedra.es
– cerrado del 1 al 15 de agosto, domingo noche y lunes en invierno, domingo y lunes mediodía en verano

Parador de Carmona

EDIFICIO HISTÓRICO • CLÁSICA Ocupa el antiguo alcázar de Pedro I, por lo que disfruta de unas vistas que no dejan nunca de sorprender. Tiene el aparcamiento en el patio de armas y unas habitaciones muy bien actualizadas, tanto en los aseos como en la iluminación y la decoración. En su comedor podrá descubrir los sabores regionales.

63 hab – ††100/210 € – ☕ 19 €

Plano : B1-x – *Alcázar ✉ 41410 – ✆ 954 14 10 10 – www.parador.es*

El Rincón de las Descalzas

HISTÓRICO • ACOGEDORA Instalado en una casona del s. XIX. Posee pequeños patios y múltiples rincones... sin embargo, lo más notable son sus habitaciones, todas diferentes y con mobiliario de época.

13 hab ☕ – †54 € ††66/86 €

Plano : B1-a – *Descalzas 1 ✉ 41410 – ✆ 954 19 11 72*
– www.elrincondelasdescalzas.com

CARRACEDELO

León – Alt. 476 m – Mapa regional : **8**-A1
Madrid 403 km – León 128 km – Lugo 101 km – Ourense 143 km
Mapa de carreteras Michelin nº 575-E9

La Tronera

REGIONAL • ACOGEDORA XX Restaurante de línea actual, con chimenea, dominado por los tonos blancos. Su carta, tradicional-regional pero con toques actuales, se ve enriquecida por un menú degustación.

Menú 30 € – Carta 30/48 €

Hotel La Tronera, El Caño 1, Suroeste. 1,5 km (Villadepalos) ✉ 24565
– ✆ 616 18 26 19 – www.hotelrurallatronera.com
– cerrado 7 días en septiembre, lunes, martes y miércoles salvo abril-agosto

La Tronera

TRADICIONAL • RÚSTICA En una antigua casa que ostenta la categoría de Posada Real. Ofrece un salón social de aire rústico, con los muros en piedra, y habitaciones no muy amplias pero confortables.

8 hab – †63/70 € ††70 € – ☕ 6 €

El Caño 1, Suroeste. 1,5 km (Villadepalos) ✉ 24565
– ✆ 616 18 26 19 – www.hotelrurallatronera.com
– cerrado 7 días en septiembre

La Tronera – ver selección restaurantes

CARRANQUE

Toledo – 4 545 h. – Mapa regional : **7**-B2
Madrid 47 km – Toledo 50 km
Mapa de carreteras Michelin n° 576-L18

Comendador

FAMILIAR • FUNCIONAL Con una organización familiar muy implicada en el negocio. Encontrará unas habitaciones bastante amplias, con mobiliario regional-funcional, y un moderno centro termal. El restaurante, de ambiente regional, se complementa con varios salones para banquetes.

40 hab – 55/77 € – 10 € – 4 suites

Serranillos 32 ✉ 45216 – ✆ 925 52 95 66 – www.hotelcomendador.es

CARRIL

Pontevedra – 1 453 h. – Mapa regional : **13**-A2
Madrid 642 km – Pontevedra 31 km – Santiago de Compostela 54 km – A Coruña 126 km
Mapa de carreteras Michelin n° 571-E3

Casa Bóveda

PESCADOS Y MARISCOS • ACOGEDORA Pequeño restaurante ubicado en la zona del puerto, con un comedor clásico y tres privados. Ofrece una cocina especializada en pescados, mariscos, arroces y guisos marineros. ¡Pruebe su Rape con verduras o el popular Guiso de escacho!

Menú 30/55 € – Carta 45/71 €

La Marina 2 ✉ 36610 – ✆ 986 51 12 04 – www.restaurantecasaboveda.com – cerrado enero, domingo noche y lunes noche salvo agosto

Loxe Mareiro

CREATIVA • SIMPÁTICA Acogedor, de sencillo ambiente rústico-actual, al borde de la ría de Arousa y... ¡con la terraza prácticamente encima del agua! Cocina actual con detalles creativos.

Menú 45/60 € – Carta 27/43 €

Aduana 56 ✉ 36613 – ✆ 698 15 52 80 – www.loxemareiro.com – solo almuerzo salvo viernes, sábado y verano – cerrado 15 días en octubre, miércoles en verano y lunes en invierno

A Esmorga - Posada del Mar

EDIFICIO HISTÓRICO • ORIGINAL Está instalado en un edificio centenario que perteneció a la iglesia, sin embargo hoy se ve reformado con mucho gusto. Ofrece un bar-tapería en la planta baja y habitaciones personalizadas-actuales en los pisos superiores.

7 hab – 50/70 € 60/80 €

Lucena 16 ✉ 36610 – ✆ 986 51 01 41 – www.aesmorga.es

CARRIÓN DE LOS CONDES

Palencia – 2 177 h. – Alt. 830 m – Mapa regional : **8**-B1
Madrid 282 km – Burgos 82 km – Palencia 39 km
Mapa de carreteras Michelin n° 575-E16

Real Monasterio San Zoilo

HISTÓRICO • CLÁSICA Está instalado en el antiguo monasterio benedictino, por lo que alojarse aquí supone un reencuentro con la historia. Presenta sobrios espacios comunes y habitaciones detallistas. En el comedor, de ambiente rústico, encontrará una carta tradicional actualizada.

48 hab – 40/60 € 60/90 € – 11 € – 5 suites

Obispo Souto ✉ 34120 – ✆ 979 88 00 50 – www.sanzoilo.com – cerrado 6 enero-12 febrero

CARTAGENA

Murcia – 216 301 h. – Alt. 3 m – Mapa regional : **16**-B3
Madrid 444 km – Alacant/Alicante 110 km – Almería 240 km – Murcia 49 km
Mapa de carreteras Michelin n° 577-T27

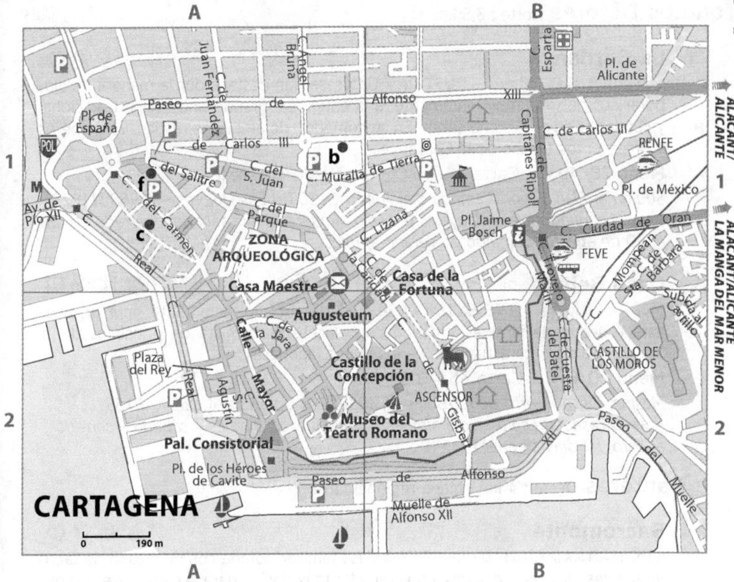

El Barrio de San Roque

COCINA TRADICIONAL • AMBIENTE CLÁSICO XX Ocupa un antiguo almacén que ha cuidado mucho su decoración original y hoy se presenta con un montaje clásico-actual. Dentro de su carta tradicional merecen ser destacados los pescados de la zona, los arroces y sus sabrosos guisos del día.

Menú 50 € - Carta 30/50 €

Plano : A1-c - *Jabonerías 30 ✉ 30201*
- *✆ 968 50 06 00 - www.elbarriodesanroque.es*
- *cerrado del 7 al 22 de enero, del 17 al 30 de abril, 8 días en septiembre, 8 días en octubre y domingo salvo diciembre y Semana Santa*

Magoga

COCINA TRADICIONAL • SIMPÁTICA XX Agradable, actual y llevado con ilusión. Su cocina, tradicional actualizada, procura tomar como base tanto los productos de temporada como los pescados y mariscos de la zona.

Menú 45/50 € - Carta 36/48 €

Plano : A1-b - *pl. Doctor Vicente García Marcos 5 ✉ 30201*
- *✆ 629 98 02 57 - www.restaurantemagoga.com*
- *cerrado 7 días en enero, 7 días en abril, 15 días en agosto-septiembre, domingo noche y lunes*

La Marquesita

COCINA TRADICIONAL • AMBIENTE CLÁSICO XX En una plaza bastante céntrica. Su completa carta tradicional se enriquece con sabrosas especialidades, como el Rabo de toro, y por la noche dan la opción de medias raciones.

Menú 20/45 € - Carta 26/50 €

Plano : A1-f - *pl. de Alcolea 6 ✉ 30201*
- *✆ 968 50 77 47 - www.lamarquesita.net*
- *cerrado del 16 al 31 de agosto, domingo en julio-agosto y lunes resto del año*

en Los Dolores Norte : 3,5 km

La Cerdanya

COCINA TRADICIONAL • RÚSTICA X Una casa que destaca por la manera de elaborar sus guisos... muy lentamente, a la antigua, logrando una cocina tradicional y catalana con el máximo sabor. En su comedor, de ambiente rústico, verá aperos y ornamentos típicos de la Cerdanya.

Menú 28/49 € - Carta 24/45 € - cena solo con reserva

Subida al Plan 5, por Alameda San Antón ✉ 30310 Los Dolores - ✆ 968 31 15 78 - www.elmundodelacerdanya.es.tl - solo almuerzo salvo sábado - cerrado del 15 al 30 de agosto, domingo en verano y lunes

Casa Beltri

MEDITERRÁNEA • AMBIENTE CLÁSICO XX He aquí un restaurante singular, pues está rodeado de jardines y ocupa un palacete modernista de principios del s. XX. Cocina de tinte actual con varios platos japoneses.

Menú 20/61 € - Carta 35/49 €

Mesina, Finca Huerto de las Bolas ✉ 30310 Los Dolores - ✆ 968 10 30 55 - www.casabeltri.com - solo almuerzo salvo jueves, viernes y sábado - cerrado agosto y 7 días en enero

en Canteras Oeste : 4 km - Mapa regional : **16**-B3

Sacromonte

COCINA TRADICIONAL • RÚSTICA X Casa familiar dotada con un mesón de tapas y raciones, dos salas rústicas y un comedor más clásico para la carta, este con dos privados. Su carta tradicional se ve refrendada por un excelente expositor de mariscos, pescados y carnes rojas.

Menú 12/60 € - Carta 20/34 €

Monte San Juan 1, por N 332 Mazarrón ✉ 30394 Canteras - ✆ 968 53 53 28 - www.restaurantesacromonte.com - cerrado martes salvo festivos

CARTAYA

Huelva - 19 164 h. - Alt. 20 m - Mapa regional : **1**-A2

Madrid 648 km - Faro 89 km - Huelva 27 km - Sevilla 116 km

Mapa de carreteras Michelin nº 578-U8

Consolación

COCINA TRADICIONAL • FAMILIAR X Sencillo negocio familiar de 3ª generación. Goza de fama gracias a la calidad y el sabor de sus langostinos, pescados a "trasmallo" y con un incomparable punto de cocción.

Carta 28/37 €

carret. Huelva-Ayamonte ✉ 21450 - ✆ 959 39 02 98 - www.restauranteconsolacion.es - cerrado 25 septiembre-3 octubre, domingo noche y lunes noche

Plaza Chica

FAMILIAR • ACOGEDORA Destaca por su decoración, pues posee un bello patio repleto de plantas, todas las habitaciones personalizadas, atractivos muebles restaurados y muchos detalles curiosos.

11 hab - †45/65 € ††65/80 € - ☕ 6 €

de la Plaza 29 ✉ 21450 - ✆ 959 39 03 30 - www.hotelplazachica.net

CASALARREINA

La Rioja - 1 190 h. - Alt. 499 m - Mapa regional : **14**-A2

Madrid 319 km - Bilbao 100 km - Burgos 88 km - Logroño 48 km

Mapa de carreteras Michelin nº 573-E21

La Vieja Bodega

COCINA TRADICIONAL • RÚSTICA XX No toma el nombre que tiene de forma banal, pues realmente ocupa una vieja bodega del s. XVII. La bondad de sus productos y una interesante carta de vinos lo han convertido en todo un clásico. Cocina tradicional-regional de cuidadas presentaciones.

Menú 27/45 € - Carta 30/40 €

av. de La Rioja 17 ✉ 26230 - ✆ 941 32 42 54 - www.viejabodega.com - solo almuerzo salvo viernes y sábado - cerrado 9 enero-12 febrero y lunes

Hospedería Señorío de Casalarreina

EDIFICIO HISTÓRICO • ACOGEDORA Estupendo hotel instalado en un ala del monasterio de la Piedad. Sus dependencias están decoradas con mucho gusto, cuidando los detalles y utilizando mobiliario antiguo restaurado. ¡La mayoría de los baños poseen bañera de hidromasaje!

15 hab - 80/130 € 85/140 €

pl. Santo Domingo de Guzmán 6 ✉ 26230 - ✆ 941 32 47 30 - www.hscasalarreina.com

CASAR DE CÁCERES

Cáceres - 4 664 h. - Alt. 365 m - Mapa regional : **12**-B2

Madrid 316 km - Cáceres 14 km - Plasencia 75 km - Salamanca 202 km

Mapa de carreteras Michelin nº 576-N10

Quinta La Encarnación

AGROTURISMO • RÚSTICA Cortijo extremeño ubicado en pleno campo, pero cerca de la ciudad. Sus cálidas habitaciones, una con chimenea, ocupan lo que fueron las vaquerías. ¡Conserva una antigua plaza de toros cuadrada que ahora se utiliza como zona verde multiusos!

5 hab - 75/109 € 95/120 € - 9 €

Camino de la Encarnación ✉ 10190 - ✆ 699 06 53 37 - www.hotelquintalaencarnacion.com

CASAREJOS

Soria - 185 h. - Alt. 1 261 m - Mapa regional : **8**-C2

Madrid 201 km - Burgos 97 km - Logroño 162 km - Soria 59 km

Mapa de carreteras Michelin nº 575-G20

Cabaña Real de Carreteros

TRADICIONAL • RÚSTICA Bella casona de carreteros que remonta sus orígenes al s. XVIII. Presenta unas confortables habitaciones, algunas abuhardilladas, y un restaurante de aire rústico, donde ofrecen una carta tradicional rica en platos de la zona (caza, setas, pollo de corral...).

15 hab - 45/49 € 59/69 € - 7 €

Las Angustias 45 ✉ 42148 - ✆ 975 37 20 62 - www.posadacarreteros.com - cerrado enero

CASARES

Málaga - 5 954 h. - Alt. 435 m - Mapa regional : **1**-A3

Madrid 641 km - Sevilla 227 km - Málaga 115 km - Gibraltar 46 km

Mapa de carreteras Michelin nº 578-W14

en la carretera MA 8300 Sureste : 11 km

Kabuki Raw

JAPONESA • ELEGANTE XXX Atesora elegancia, distinción y las virtudes gastronómicas de los laureados restaurantes Kabuki de Madrid. Completa carta de cocina nipona fusionada con platos occidentales.

➜ Sashimi Cortesin. Costilla de buey de wagyu en salsa teriyaki. Usuzukuri de plátano.

Menú 135/150 € - Carta 85/126 €

Hotel Finca Cortesin ✉ 29690 Casares - ✆ 952 93 78 00 - www.fincacortesin.com - solo cena - cerrado 8 enero-3 marzo, domingo y lunes

ESPAÑA

Finca Cortesin

GRAN LUJO • ELEGANTE Magnífico hotel tipo hacienda emplazado en una gran finca. Presenta materiales de 1ª calidad, detalles de lujo y excelentes habitaciones, todas de línea clásica. Atractiva oferta gastronómica, pues mientras en el restaurante Kabuki Raw proponen cocina japonesa en El Jardín apuestan por los sabores mediterráneos.

34 hab - ††531/2662 € - 33 suites

✉ 29690 Casares - ☎ 952 93 78 00 - www.fincacortesin.com - cerrado 8 enero-16 febrero

❁ **Kabuki Raw** - ver selección restaurantes

El CASTELL DE GUADALEST

Alicante - 224 h. - Alt. 995 m - Mapa regional : **11**-B3
Madrid 441 km - Alcoi 36 km - Alacant/Alicante 65 km - València 145 km
Mapa de carreteras Michelin nº 577-P29

Nou Salat

COCINA TRADICIONAL • AMBIENTE CLÁSICO Ubicado a la entrada de la ciudad, en una casa con dependencias de línea clásica-funcional. De sus fogones surge una cocina tradicional-mediterránea con elaboraciones caseras. ¡Las salas acristaladas tienen buenas vistas a las montañas!

Menú 18/38 € - Carta 20/40 €

carret. de Callosa d'En Sarrià, Sureste 0,5 km ✉ 03517 - ☎ 965 88 50 19 - solo almuerzo salvo fines de semana - cerrado 20 días en enero-febrero, 10 días en junio-julio y miércoles

CASTELLADRAL

Barcelona - 51 h. - Mapa regional : **9**-C2
Madrid 594 km - Barcelona 94 km - Sant Julià de Lòria 121 km - Escaldes 129 km
Mapa de carreteras Michelin nº 574-G35

por la carretera de Súria Suroeste : 4 km

La Garriga de Castelladrall

EDIFICIO HISTÓRICO • RURAL Esta majestuosa masía, construida en piedra y con vistas a la montaña de Montserrat, arropa tras sus recios muros unos valores que ensalzan el sosiego, la tradición y el reencuentro con la naturaleza. Disfruta de cálidas zonas sociales, habitaciones de excelente confort y un buen comedor en el antiguo pajar.

14 hab - †110/242 € ††132/275 €

carret. de Súria a Castelladrall ✉ 08671 Castelladrall - ☎ 938 68 22 50 - www.masialagarriga.com - cerrado enero

CASTELLAR DEL VALLÈS

Barcelona - 23 442 h. - Mapa regional : **10**-B2
Madrid 609 km - Barcelona 35 km - Girona 101 km - Tarragona 117 km
Mapa de carreteras Michelin nº 574-H36

por la carretera de Terrassa Suroeste : 5 km

Can Font

COCINA TRADICIONAL • RÚSTICA Este impecable restaurante presenta una sala de estilo rústico catalán, un privado y tres salones de banquetes, ya que estos últimos constituyen el punto fuerte del negocio. Cocina de mercado con platos tradicionales e internacionales.

Menú 25/75 € - Carta 30/54 €

urb. Can Font ✉ 08211 Castellar del Vallés - ☎ 937 14 53 77 - www.boda-font.es - solo almuerzo salvo viernes y sábado - cerrado del 7 al 15 de enero, 21 días en agosto, lunes en enero-marzo y martes

CASTELLBISBAL

Barcelona - 12 364 h. - Alt. 132 m - Mapa regional : **10**-A3
Madrid 592 km - Barcelona 28 km - Girona 110 km - Tarragona 95 km
Mapa de carreteras Michelin nº 574-H35

en la carretera de Martorell a Terrassa C 243c Oeste : 9 km

Ca l'Esteve

CATALANA • AMBIENTE CLÁSICO XX Negocio familiar de 4ª generación instalado en una gran casa de piedra, próxima a los viñedos de la finca. Su carta, clásica catalana, se enriquece con sugerencias diarias.

Menú 22 € - Carta 30/48 €

✉ 08755 - ✆ 937 75 56 90 - www.restaurantcalesteve.com - solo almuerzo salvo jueves, viernes y sábado - cerrado del 16 al 31 de agosto y lunes

CASTELLCIUTAT Lleida

→ Ver La Seu d'Urgell

CASTELLDEFELS

Barcelona - 63 891 h. - Mapa regional : **10**-A3
Madrid 615 km - Barcelona 29 km - Tarragona 72 km
Mapa de carreteras Michelin nº 574-I35

en el barrio de la playa

La Canasta

PESCADOS Y MARISCOS • AMBIENTE CLÁSICO XX Goza de cierta reputación y atesora una larga trayectoria. En sus salas, de elegante estilo clásico-marinero, podrá descubrir una cocina especializada en arroces, fideos, pescados y mariscos. ¡No se pierda sus carros de quesos y tartas!

Menú 30/81 € - Carta 44/63 €

passeig Marítim 197 ✉ 08860 Castelldefels - ✆ 936 65 68 57 - www.restaurantelacanasta.com

CASTELLÓ D'EMPÚRIES

Girona - 10 870 h. - Alt. 17 m - Mapa regional : **9**-D3
Madrid 731 km - Barcelona 148 km - Girona 50 km - Tarragona 238 km
Mapa de carreteras Michelin nº 574-F39

Emporium (Màrius y Joan Jordà)

MODERNA • FAMILIAR XX Este negocio familiar supone un magnífico ejemplo de honestidad, tanto por su conocimiento del producto autóctono como por su total dedicación. En el comedor, clásico pero con atractivos detalles de modernidad, le propondrán una cocina tradicional actualizada y diferentes menús. ¡Descubra los sabores del Alt Empordà!

→ Caballa en escabeche de verduras, mosto, envinagrados y manzana verde. Cabrito lechal con berenjena, anguila ahumada y queso. Ensalada naranja.

Menú 34/78 € - Carta 50/70 €

Santa Clara 31 ✉ 17486 - ✆ 972 25 05 93 - www.emporiumhotel.com - cerrado 15 días en enero, 15 días en noviembre, domingo noche salvo verano y lunes

De La Moneda

FAMILIAR • PERSONALIZADA Mansión del s. XVII emplazada en el centro de la localidad. Presenta unas habitaciones coloristas, amplias y de confort actual, las de la 1ª planta con los techos originales abovedados. ¡Tienen buenos detalles!

11 hab - ††99/176 €

pl. de la Moneda 8-10 ✉ 17486 - ✆ 972 15 86 02 - www.hoteldelamoneda.com - cerrado noviembre-3 marzo

CASTELLÓ DE LA PLANA CASTELLÓN DE LA PLANA

Castellón - 171 669 h. - Alt. 28 m - Mapa regional : **11**-B1
Madrid 426 km - Tarragona 183 km - Teruel 148 km - Tortosa 122 km
Mapa de carreteras Michelin nº 577-M29

ESPAÑA

Aqua

MODERNA • DE DISEÑO Se halla en el lobby del hotel Luz Castellón y, sin duda, le sorprenderá, pues muestra un espacio de inspiración contemporánea y carácter polivalente. ¿Su propuesta? Cocina actual con detalles de fusión, siempre a unos precios muy moderados.

Menú 20/37 € – Carta 20/30 €

Pintor Oliet 3, por paseo Morella A1 ✉ 12006 – ✆ 964 20 10 10 – www.hotelluz.com

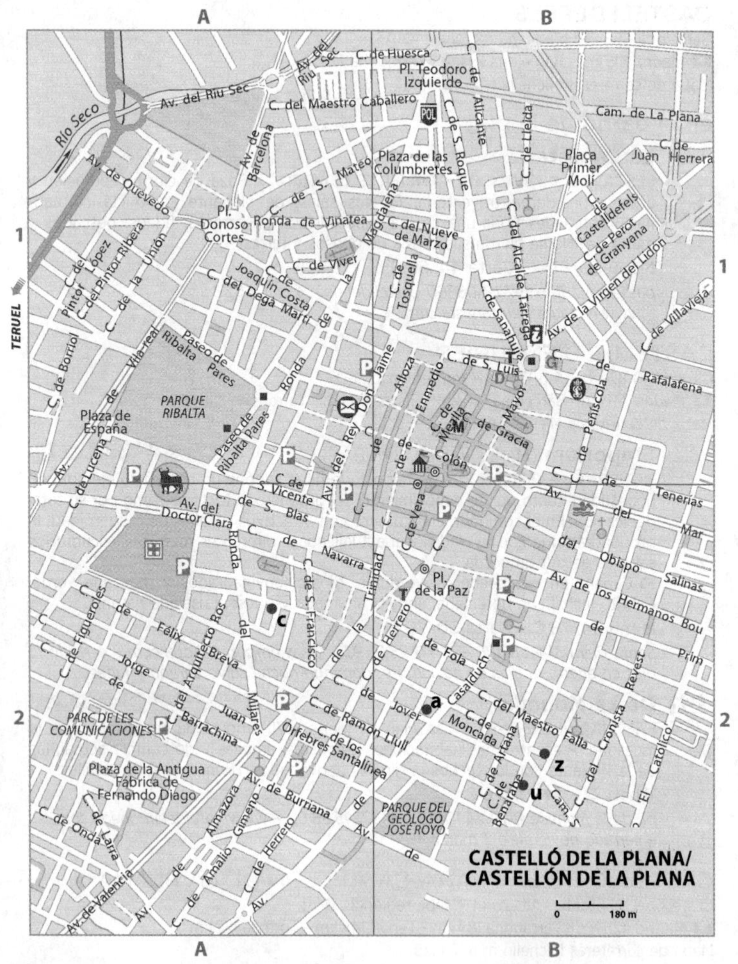

Pairal

COCINA TRADICIONAL • AMBIENTE CLÁSICO XX Casa dotada con un buen comedor en dos niveles, con las paredes en ladrillo visto, y dos privados. En su carta, tradicional actualizada y de temporada, encontraremos un buen apartado de arroces y la opción de un menú degustación.

Menú 25/35 € - Carta 31/44 €

Plano : B2-z - *Dr. Fleming 24 ✉ 12005 - ✆ 964 23 34 04 - www.restaurantepairal.com - cerrado Semana Santa, del 15 al 31 de agosto, domingo noche y lunes*

Arropes

PESCADOS Y MARISCOS • AMBIENTE CLÁSICO XX Se presenta con un hall-barra de espera, donde veremos una pequeña vitrina con el producto fresco, y una única sala de línea clásica-actual. Completa carta tradicional-mediterránea especializada en pescados, mariscos y, sobre todo, arroces.

Menú 22/28 € - Carta 25/44 €

Plano : B2-u - *Benárabe 5 ✉ 12005 - ✆ 964 23 76 58 - www.arropes.com - cerrado agosto, domingo noche y lunes*

Arbequina

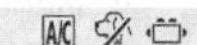

MODERNA • ACOGEDORA XX Céntrico, actual y con dos reservados. Su chef propone una cocina de mercado de gusto actual, basada en los productos de cercanía y apoyada por varias jornadas gastronómicas.

Menú 35/44 € - Carta 35/54 €

Plano : B2-a - *Bartolomé Reus 35 ✉ 12002 - ✆ 964 26 93 01 - www.restaurantearbequina.com - cerrado del 2 al 7 de enero, 15 días en Semana Santa, 10 junio-30 octubre, domingo y lunes noche*

La Llenega

MODERNA • MINIMALISTA XX Local de línea moderna que debe su nombre a un tipo de seta. Aquí encontrará una cocina tradicional actualizada, dos menús, uno del día y otro de degustación, así como algún plato morellano, pues el joven chef es natural de esta localidad.

Menú 15 € - Carta 31/38 €

Plano : A2-c - *Conde Noroña 27 ✉ 12002 - ✆ 964 05 68 26 - www.lallenega.com - cerrado agosto, domingo (mayo-octubre), lunes noche y martes noche*

en el puerto (Grau) Este : 5 km - Mapa regional : **11**-B1

Tasca del Puerto

PESCADOS Y MARISCOS • AMBIENTE CLÁSICO X Está distribuido en dos casas y tras su remozada fachada presenta varias salas de reducida capacidad, todas con detalles típicos y buen montaje en su categoría. Carta tradicional y menús basados en arroces, pescado fresco y mariscos.

Menú 30/54 € - Carta 40/60 €

av. del Puerto 13 ✉ 12100 El Grau - ✆ 964 28 44 81 - www.tascadelpuerto.com - cerrado domingo noche y lunes salvo festivos

CASTELLOTE

Teruel - 728 h. - Alt. 774 m - Mapa regional : **2**-C3

Madrid 417 km - Zaragoza 144 km - Teruel 146 km - Castelló de la Plana/Castellón de la Plana 154 km

Mapa de carreteras Michelin n° 574-J29

Castellote

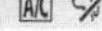

COCINA TRADICIONAL • SENCILLA X Ensalza los sabores tradicionales, cuida las presentaciones y disfruta de un comedor diáfano a la par que funcional, decorado con curiosísimos botijos. Pruebe su Dulce de galletas con nata, un plato que lleva... ¡más de 40 años en la carta!

Menú 17/30 € - Carta 20/40 €

paseo de la Mina 15 ✉ 44560 - ✆ 978 88 75 96 - www.hotelcastellote.com - cerrado Navidades y domingo noche

CASTELLVELL Tarragona → Ver Reus

CASTELO DE ANDRADE A Coruña → Ver Pontedeume

CASTILLO DE GORRAIZ (Urbanización) Navarra → Ver Iruña/ Pamplona

CASTRILLO DE LOS POLVAZARES

León – Alt. 907 m – Mapa regional : **8**-A1
Madrid 336 km – León 59 km – Oviedo 162 km – Zamora 143 km
Mapa de carreteras Michelin n° 575-E11

Casa Coscolo

COCINA TRADICIONAL • RÚSTICA Instalado en una casona de piedra de atractivo aire rústico-actual. Aunque su carta contempla otras opciones, aquí casi todo el mundo viene a comer el famoso Cocido maragato.

Menú 18 € – Carta 22/32 € 8 hab – 40/50 € 50/60 € – 4 €

La Magdalena 1 24718 – 987 69 19 84 – www.casacoscolo.com – solo almuerzo – cerrado del 1 al 12 de enero, del 6 al 17 de febrero y del 19 al 30 de junio

Cuca la Vaina

REGIONAL • RÚSTICA Céntrica casona dotada con un hall-recepción, donde venden productos típicos, varios comedores de línea rústica-actual y una terraza acristalada. Aquí el plato estrella es el Cocido maragato... sin embargo, también ofrecen buenos embutidos, carnes y bacalaos.

Menú 15 € – Carta 25/33 € – cena solo con reserva 7 hab – 45/50 € 60/70 € – 6 €

Jardín 24718 – 987 69 10 78 – www.cucalavaina.com – cerrado del 1 al 20 enero y lunes salvo agosto y festivos

CASTROPOL

Asturias – 3 638 h. – Mapa regional : **3**-A1
Madrid 589 km – A Coruña 173 km – Lugo 88 km – Oviedo 154 km
Mapa de carreteras Michelin n° 572-B8

Peña-Mar

COCINA TRADICIONAL • AMBIENTE CLÁSICO Tiene un bar rústico, con llamativos relojes en la pared, y una sala a la carta de gran capacidad donde sirven platos gallegos y asturianos. ¡Trabajan mucho los banquetes!

Menú 20/35 € – Carta 40/54 €

carret. N 640 33760 – 985 63 50 06 – www.complejopenamar.com – cerrado 15 enero-febrero y miércoles salvo Semana Santa y verano

El Risón de Peña Mar

COCINA TRADICIONAL • FAMILIAR Disfruta de un ambiente marinero y destaca tanto por sus terrazas, asomadas al río Eo, como por su barbacoa exterior. Completa carta de pescados y mariscos, todos salvajes.

Menú 20 € – Carta 37/57 €

El Muelle 33760 – 985 63 50 65 – www.complejopenamar.com – cerrado 7 enero-8 marzo y lunes salvo Semana Santa y verano

CASTROVERDE DE CAMPOS

Zamora – 349 h. – Alt. 707 m – Mapa regional : **08G**-B2
Madrid 255 km – Valladolid 102 km – Zamora 93 km – Palencia 89 km
Mapa de carreteras Michelin n° 575-G14

Lera

REGIONAL • AMBIENTE CLÁSICO Idóneo para descubrir los sabores del terruño. En su sala, de montaje clásico, le ofrecerán una cocina tradicional-regional. ¡Jornadas Gastronómicas de la Caza en noviembre!

Menú 49 € - Carta 34/45 €

Hotel Lera, Conquistadores Zamoranos ✉ 49110 - ✆ 980 66 46 53 - www.restaurantelera.com - cerrado del 1 al 15 de septiembre y martes

Lera

TRADICIONAL • MODERNA Ocupa un edificio rústico-regional que, siendo de nueva construcción, transmite la tranquilidad y el encanto propios de un turismo rural en Tierra de Campos. Instalaciones actuales, con detalles neorrústicos, y un curiosísimo anexo en forma de palomar.

9 hab - †44 € ††64 € - ☕ 6 €

Conquistadores Zamoranos ✉ 49110 - ✆ 980 66 46 53 - www.restaurantelera.com - cerrado del 1 al 15 de septiembre

Lera - ver selección restaurantes

La CAVA Tarragona → Ver Deltebre

CAZALLA DE LA SIERRA

Sevilla - 5 007 h. - Alt. 590 m - Mapa regional : **1**-B2

Madrid 491 km - Sevilla 88 km - Córdoba 159 km - Badajoz 204 km

Mapa de carreteras Michelin nº 578-S12

Agustina

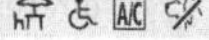

MODERNA • FAMILIAR El bar de tapas funciona como zona de iniciación para descubrir los platos servidos en el piso superior. Cocina agradable y actual, con pequeñas dosis de imaginación.

Carta 26/35 €

pl. del Concejo ✉ 41370 - ✆ 954 88 32 55 - www.agustinarestaurante.com - cerrado del 16 al 23 de enero y martes salvo festivos

CAZORLA

Jaén - 7 692 h. - Alt. 790 m - Mapa regional : **1**-D2

Madrid 374 km - Sevilla 333 km - Jaén 106 km - Granada 191 km

Mapa de carreteras Michelin nº 578-S20

Mesón Leandro

REGIONAL • ACOGEDORA En pleno casco viejo y llevado por un matrimonio, con él en la sala y ella al frente de los fogones. Se presenta con una coqueta terraza y una sala de montaje rústico-actual, donde ofrecen una carta regional especializada en carnes rojas y de caza a la brasa.

Menú 15/30 € - Carta 33/40 €

La Hoz 3 ✉ 23470 - ✆ 953 72 06 32 - www.mesonleandro.com - cerrado del 12 al 27 de junio y martes

en la Sierra de Cazorla - Mapa regional : **1**-D2

Parador de Cazorla

EDIFICIO HISTÓRICO • CLÁSICA A su magnífica ubicación, en plena sierra de Cazorla, se le unen unas confortables instalaciones de aire regional, unos amplios exteriores ajardinados y una piscina dotada de excelentes vistas. En su restaurante podrá descubrir la cocina típica de la zona.

34 hab - ††70/170 € - ☕ 17 €

Lugar Sacejo, Este : 26 km - alt. 1 400 ✉ 23470 Cazorla - ✆ 953 72 70 75 - www.parador.es - cerrado 13 diciembre-enero

CEDEIRA

A Coruña – 7 062 h. – Mapa regional : **13**-C1
Madrid 620 km – Santiago de Compostela 134 km – A Coruña 93 km – Lugo 125 km
Mapa de carreteras Michelin nº 571-B5

Herbeira

FAMILIAR • CONTEMPORÁNEA ¡Atesora magníficas vistas a la ría de Cedeira! Aquí encontrará una zona social de estética actual y confortables habitaciones, las del piso superior con las vigas a la vista.

16 hab – †56/100 € ††68/155 € – ☕ 8 €

Cordobelas - carret. de Ferrol, Sur : 1 km ✉ 15350 – ✆ 981 49 21 67 – www.hotelherbeira.com – cerrado 22 diciembre-12 enero

CELEIRO Lugo → Ver Viveiro

CENERA Asturias → Ver Mieres

CENES DE LA VEGA

Granada – 7 942 h. – Alt. 741 m – Mapa regional : **1**-D1
Madrid 430 km – Granada 7 km – Jaén 105 km – Sevilla 262 km
Mapa de carreteras Michelin nº 578-U19

Ruta del Veleta

COCINA TRADICIONAL • ELEGANTE XXX Llevado con gran profesionalidad. Su interesante carta, la decoración típica y la ubicación en un lujoso edificio le otorgan el reconocimiento unánime. ¡Bodega visitable!

Menú 66/95 € – Carta 40/70 €

carret. de Sierra Nevada 136 ✉ 18190 – ✆ 958 48 61 34 – www.rutadelveleta.com – cerrado domingo noche

CERCS

Barcelona – Mapa regional : **9**-C1
Madrid 636 km – Barcelona 116 km – Lleida 162 km – Girona 129 km
Mapa de carreteras Michelin nº 574-F35

en el cruce de las carreteras C 16 y C 26 Sur : 4 km

Estany Clar (Josep Xandri)

MODERNA • RÚSTICA XX En esta hermosa masía del s. XIV encontrará un agradable comedor, con los techos abovedados en piedra, así como un coqueto privado dotado de chimenea. Su propuesta, de tinte innovador, denota fuertes raíces tradicionales y el uso de técnicas actuales. ¡En una masía próxima también ofrecen habitaciones y apartamentos!

→ Vichyssoise de puerros y coco con bogavante. Lenguado de costa en texturas cítricas. Potenciando al limón.

Menú 70 € – Carta 40/75 € – cena solo con reserva

carret. C 16, km 99,4 ✉ 08600 Berga – ✆ 628 20 67 80 – www.estanyclar.com – cerrado del 16 al 22 de enero, del 24 al 30 de julio, del 16 al 22 de octubre y lunes

CERDANYOLA DEL VALLÈS

Barcelona – 57 413 h. – Mapa regional : **10**-B3
Madrid 612 km – Barcelona 18 km – Girona 94 km – Tarragona 104 km
Mapa de carreteras Michelin nº 574-H36

Tast & Gust

COCINA TRADICIONAL • ACOGEDORA XX Carne de vacuno picada y cruda, cebolla, pimienta negra, alcaparras... esta casa es un templo del Steak Tartar, por ello su carta tradicional contempla aquí varias propuestas.

Carta 27/49 €

Sant Martí 92 ✉ 08290 – ✆ 935 91 00 00 – www.tastandgust.com – cerrado Semana Santa, del 4 al 26 de agosto, domingo noche y lunes

CERVELLÓ

Barcelona – 8 851 h. – Alt. 122 m – Mapa regional : **10**-A3
Madrid 608 km – Barcelona 25 km – Manresa 62 km – Tarragona 82 km
Mapa de carreteras Michelin n° 574-H35

al Noroeste 4,5 km

Can Rafel

MODERNA • RÚSTICA XX Se presenta con dos salas y dos privados, destacando la principal por su luminosidad, sus vistas al campo de golf y su chimenea. Interesantes elaboraciones de tinte actual y agradable terraza panorámica.

Menú 17/39 € – Carta 38/47 €

Hotel Can Rafel, urb. Can Rafel ✉ 08758 Cervelló – ☎ 936 50 10 05 – www.canrafel.net – cerrado del 7 al 24 de enero, domingo noche y martes

Can Rafel

FAMILIAR • RÚSTICA Está en una zona elevada, junto a un campo de golf con pequeños hoyos tipo Pitch & Putt. Zona social variada y habitaciones de línea clásica-regional, algunas con terraza. Si desea relajarse puede ser una buena opción, pues también ofrece un pequeño espacio con jacuzzi, sauna, sala de masajes...

23 hab – ††70/90 € – ☕13 € – 1 suite

urb. Can Rafel ✉ 08758 Cervelló – ☎ 936 50 10 05 – www.canrafel.net – cerrado del 7 al 24 de enero

Can Rafel – ver selección restaurantes

CERVERA DE PISUERGA

Palencia – 2 442 h. – Alt. 900 m – Mapa regional : **8**-C1
Madrid 348 km – Burgos 118 km – Palencia 122 km – Santander 129 km
Mapa de carreteras Michelin n° 575-D16

Asador Gasolina

REGIONAL • RÚSTICA X Restaurante de ambiente rústico-regional emplazado en lo que fue un pajar. Su especialidad son las Carnes de Cervera y de la Montaña Palentina, al horno o a la parrilla.

Menú 15/60 € – Carta 28/40 €

La Pontaneja 2 ✉ 34840 – ☎ 979 87 06 48 – www.asadorgasolina.com – cerrado 22 diciembre-18 enero y lunes salvo verano

en la carretera de Resoba Noroeste : 2,5 km

Parador de Cervera de Pisuerga

TRADICIONAL • RÚSTICA En un magnífico entorno, con vistas a las montañas y al pantano de Ruesga. Posee varios salones sociales y espaciosas habitaciones de ambiente rústico, todas con terraza. Su amplio comedor tiene un carácter polivalente, pues atiende los tres servicios del día.

80 hab – ††70/150 € – ☕17 €

✉ 34840 Cervera de Pisuerga – ☎ 979 87 00 75 – www.parador.es

CERVO

Lugo – 4 336 h. – Alt. 69 m – Mapa regional : **13**-C1
Madrid 523 km – A Coruña 162 km – Lugo 128 km – Santiago de Compostela 185 km
Mapa de carreteras Michelin n° 571-A7

Casa do Mudo

CASA DE CAMPO • RÚSTICA Turismo rural instalado en una casa de labranza. Ofrece un jardín con hórreo, un porche y cálidas habitaciones, todas con mobiliario de aire antiguo y las paredes en piedra. El comedor, que ocupa la antigua cocina de la casa, está reservado al cliente alojado.

6 hab – †55/69 € ††66/82 € – ☕8 €

Senra 25, Sur : 2 km ✉ 27891 – ☎ 982 55 76 89 – www.casadomudo.com – cerrado 27 septiembre-8 octubre

CEUTA

84 263 h. – Mapa regional : 1-B3
Mapa de carreteras Michelin nº 734-F15

El Refectorio

ESPAÑOLA • RÚSTICA Bien situado en la antigua lonja. Posee una agradable terraza con vistas al puerto, un bar, un pequeño privado y un comedor rústico que destaca por su bodega acristalada.

Carta 30/50 €

Plano : C1-v – *Poblado Marinero - local 37 ✉ 51001 - ☎ 956 51 38 84 - www.elrefectorio.es - cerrado del 15 al 31 de enero, domingo noche y lunes noche*

Bugao

COCINA TRADICIONAL • DE DISEÑO ¡Frente a la popular playa de La Ribera! Aquí encontrará una estética actual y un chef con ganas, que propone una cocina tradicional actualizada rica en pescados de la zona.

Carta 39/52 €

Plano : C2-b – *Independencia 15 ✉ 51001 - ☎ 956 51 50 47 - www.restaurantebugao.com - cerrado del 7 al 14 de enero, 7 días en agosto, domingo noche y lunes noche*

Parador H. La Muralla

TRADICIONAL • FUNCIONAL Este atractivo parador está instalado en lo que fueron las Murallas Reales de Ceuta, con un hall clásico y unas habitaciones algo sobrias pero de buen confort. Presenta dos comedores en los que podrá descubrir su cocina tradicional y algún plato típico ceutí.

106 hab – 70/140 € – 16 € – 1 suite

Plano : C1-h – *pl. Virgen de África 15 ✉ 51001 - ☎ 956 51 49 40 - www.parador.es*

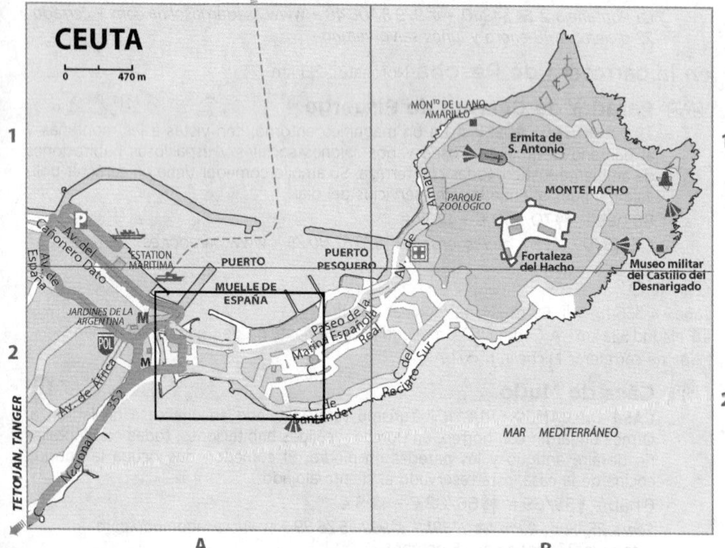

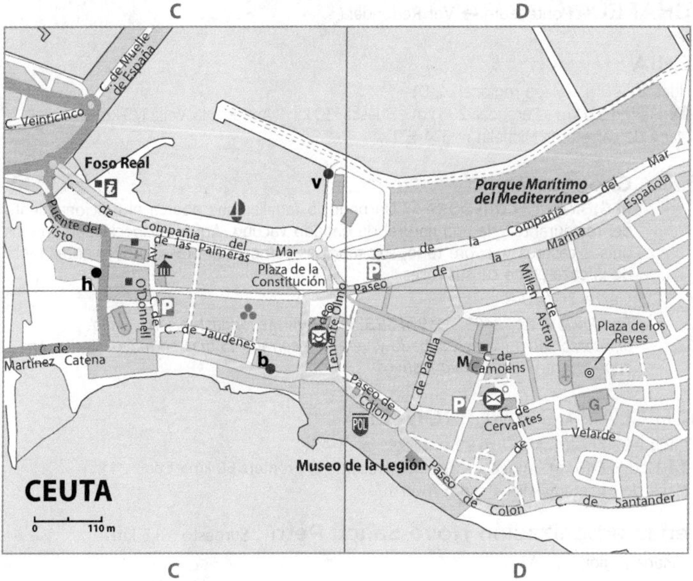

C D

1 Foso Real · C. Veinticinco · C. de Muelle de España · Puente del Cristo · C. de Compañía del Mar · Av. de las Palmeras · Plaza de la Constitución · Parque Marítimo del Mediterráneo · Paseo de la Marina Española · C. de Millán Astray · C. de O'Donnell · C. de Jaudenes · C. de Teniente Olmo · C. de Padilla · Plaza de los Reyes · C. de Camoens · C. de Martínez Catena · Paseo de Colón · C. de Cervantes · Velarde · Museo de la Legión · C. de Santander 1

2 CEUTA 2

0 110 m

C D

CEUTÍ

Murcia – 11 227 h. – Mapa regional : **16**-B2
Madrid 385 km – Murcia 26 km – Alacant / Alicante 91 km – Albacete 134 km
Mapa de carreteras Michelin n° 577-R26

El Albero

INTERNACIONAL • AMBIENTE CLÁSICO Ha consolidado su propuesta: cocina tradicional actualizada con detalles orientales. Pruebe alguno de sus clásicos, como las Rocas de bacalao o el Ravioli de chato murciano.

Menú 12/45 € – Carta 22/36 €

Mallorca 10 ✉ 30562
– ✆ 868 92 34 00 – www.restauranteelalbero.es
– cerrado del 16 al 31 de agosto y lunes

CHANTADA

Lugo – 8 493 h. – Alt. 483 m – Mapa regional : **13**-C2
Madrid 534 km – Lugo 55 km – Ourense 42 km – Santiago de Compostela 90 km
Mapa de carreteras Michelin n° 571-E6

al Noreste 4 km

Pazo do Piñeiro

EDIFICIO HISTÓRICO • RÚSTICA Instalado en pleno campo, en un recio edificio de piedra que data del s. XV. Las habitaciones, todas con mobiliario de estilo antiguo, se distribuyen en torno a un patio. En su restaurante, de ambiente rústico elegante, encontrará una buena carta tradicional.

11 hab – †48/50 € ††55/65 €

Pesqueiras, Soilán 1 ✉ 27516 Pesqueiras
– ✆ 982 44 06 42 – www.pazodopineiro.com
– cerrado 24 diciembre-enero

CHAPELA Pontevedra → Ver Redondela

CHÍA

Huesca - 90 h. - Mapa regional : **2**-D1
Madrid 521 km - Zaragoza 205 km - Huesca 130 km - Andorra la Vella 179 km
Mapa de carreteras Michelin nº 574-E31

Chongastán

REGIONAL • ACOGEDORA XX Un negocio familiar que abarca el funcionamiento del restaurante y la cría natural de ganado vacuno. Aquí la especialidad son los guisos caseros y, sobre todo, sus sabrosas carnes a la brasa, provenientes tanto de la caza como de sus reses.

Carta 20/40 €

Fondevila 8 ✉ 22465 - ✆ 974 55 32 00 - www.chongastan.com - solo almuerzo salvo viernes, sábado y verano - cerrado 15 días en mayo, 15 días en septiembre y lunes salvo festivos

CHICLANA DE LA FRONTERA

Cádiz - 82 777 h. - Alt. 17 m - Mapa regional : **1**-A3
Madrid 646 km - Algeciras 102 km - Arcos de la Frontera 60 km - Cádiz 24 km
Mapa de carreteras Michelin nº 578-W11

en la urbanización Novo Sancti Petri : Suroeste : 11,5 km

- Mapa regional : **1**-A3

Alevante

CREATIVA • MINIMALISTA XXX Podría definirse como la filial del restaurante Aponiente, del famoso chef Ángel León, pues basa su oferta en dos menús degustación sobre platos creados allí. ¡Saboree el mar!

Menú 80/105 € - solo menú

Hotel Meliá Sancti Petri, playa de La Barrosa ✉ 11130 Novo Sancti Petri - ✆ 956 49 12 00 - solo cena - cerrado noviembre-febrero, domingo salvo julio-agosto y lunes

Meliá Sancti Petri

GRAN LUJO • CLÁSICA Lujo, confort, belleza... y un precioso patio porticado frente al mar, con agradables terrazas, fuentes y espacios verdes. En conjunto atesora unas excelentes habitaciones, todas actuales y con terraza. Su amplia oferta gastronómica permite viajar de los sabores internacionales a los más regionales y mediterráneos.

225 hab - 205/510 € - 3 suites

playa de La Barrosa ✉ 11130 Novo Sancti Petri - ✆ 956 49 12 00 - www.melia-sanctipetri.com - marzo-octubre

Alevante - ver selección restaurantes

CHINCHÓN

Madrid - 5 436 h. - Alt. 753 m - Mapa regional : **15**-B3
Madrid 47 km - Ávila 161 km - Segovia 142 km - Toledo 77 km
Mapa de carreteras Michelin nº 576-L19

Café de la Iberia

CARNES • AMBIENTE CLÁSICO XX En un antiguo café que data de 1879. Disfruta de tres cuidados comedores, uno en un patio, y una preciosa terraza-balcón que se asoma directamente a la plaza Mayor. Aquí la especialidad son los asados.

Menú 18 € - Carta 28/44 €

pl. Mayor 17 ✉ 28370 - ✆ 918 94 08 47 - www.cafedelaiberia.com

La Casa del Pregonero

COCINA TRADICIONAL • AMBIENTE TRADICIONAL XX Instalado en la casa del antiguo pregonero. Ofrece un bar, un patio rústico-actual que sirve de comedor y dos salas de aire moderno en el piso superior. Cocina tradicional.

Menú 23 € - Carta 31/43 €

pl. Mayor 4 ✉ 28370 - ☎ 918 94 06 96 - www.lacasadelpregonero.com - cerrado martes

Parador de Chinchón

EDIFICIO HISTÓRICO • TRADICIONAL Instalado en un convento del s. XVII que aún conservan el sosiego propio de su origen. Disfruta de un bello jardín y cuidadas habitaciones, todas de línea actual. El restaurante es famoso por ofrecer un único plato en temporada, el "Cocido completo de Taba".

38 hab - ††85/180 € - ☕ 18 €

Los Huertos 1 ✉ 28370 - ☎ 918 94 08 36 - www.parador.es

La Casa del Convento

FAMILIAR • PERSONALIZADA ¡Un hotel rural de gran nivel! Ocupa una casa del s. XVIII, completamente rehabilitada, en la que han sabido combinar detalles rústicos y actuales. También cuenta con un SPA y un restaurante, donde ofrecen platos tradicionales y regionales.

5 hab ☕ - †95/150 € ††110/150 €

Zurita 7 ✉ 28370 - ☎ 918 94 09 36 - www.spalacasadelconvento.com - cerrado del 15 al 31 de agosto

La Graja

FAMILIAR • RÚSTICA Cuenta con un agradable patio porticado, una pequeña sala de estar y acogedoras habitaciones de ambiente rústico, todas personalizadas. ¡Íntimo SPA a modo de cueva termal!

8 hab ☕ - †36/50 € ††55/75 €

Paje 7 ✉ 28370 - ☎ 687 31 78 66 - www.lagraja.com

Casa de la Marquesa

FAMILIAR • FUNCIONAL ¡Próxima a la plaza Mayor! Lo más llamativo de esta casa son las obras pictóricas y de arte que constituyen su decoración. Amplio patio interior y habitaciones de línea actual, muy confortables para su categoría.

5 hab ☕ - ††59/90 €

Morata 9 ✉ 28370 - ☎ 918 94 11 71 - www.casadelamarquesa.com - cerrado enero

CHINORLET Alicante → Ver Xinorlet

CHIVA

Valencia - 15 004 h. - Alt. 240 m - Mapa regional : **11**-A2

Madrid 326 km - València 32 km - Alacant / Alicante 188 km - Castelló de la Plana / Castellón de la Plana 99 km

Mapa de carreteras Michelin n° 577-N27

La Orza de Ángel

COCINA TRADICIONAL • AMBIENTE CLÁSICO XX Su amplia carta tradicional le debe todo al horno de leña moruno, las especialidades a la brasa y los platos del día, estos con productos de temporada. ¡Servicio de catering!

Carta 28/45 €

av. Dr. Corachán ✉ 46370 - ☎ 962 52 21 94 - www.laorza.com - cerrado domingo

CINC CLAUS Girona → Ver L'Escala

CIUDAD REAL

74 427 h. – Alt. 635 m – Mapa regional : **7**-B3
Madrid 204 km – Albacete 212 km – Badajoz 324 km – Córdoba 196 km
Mapa de carreteras Michelin nº 576-P18

San Huberto

COCINA TRADICIONAL • RÚSTICA XX Ubicado junto al Parque del Pilar, donde ofrecen una buena terraza de verano, dos salas acristaladas y un pequeño privado. Completa carta tradicional especializada en asados. ¡Suelen participar en las jornadas de la cocina Alfonsí!

Menú 25/75 € – Carta 33/48 €

Plano : B2-b – *Montiel* ✉ *13004* – *✆ 926 92 35 35* – *www.asadorsanhuberto.es* – *cerrado domingo noche*

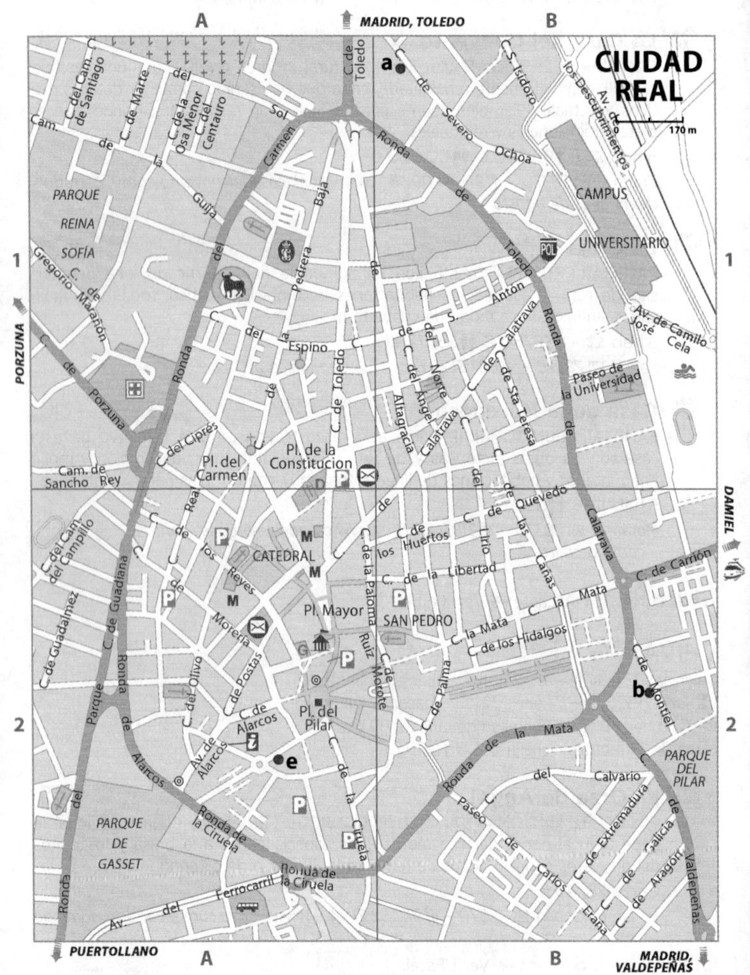

Mesón Octavio

COCINA TRADICIONAL • RÚSTICA XX Bien llevado entre hermanos y con un ambiente rústico-actual. Aquí apuestan claramente por la caza mayor y el venado, con lo que intentan recuperar los intensos sabores de los montes de Toledo. Carta de vinos regional presentada en iPad.

Menú 12/50 € – Carta 25/42 €

Plano : B1-a – *Severo Ochoa 6 ✉ 13005*
– *☎ 926 25 60 50 – www.mesonoctavio.com*
– *cerrado 15 agosto-1 septiembre y domingo*

Miami Gastro

MODERNA • BAR DE TAPAS Posee un bar de tapas en la planta calle y una sala en el piso superior, todo de línea actual. Proponen una carta muy variada de tapas, apetitosas raciones y algunos menús, intentando siempre ser fieles a una cocina tradicional actualizada.

Tapa 3 € – Ración aprox. 12 €

Plano : A2-e – *av. Rey Santo 3 ✉ 13001*
– *☎ 926 92 19 43 – www.miamigastro.es*
– *cerrado domingo*

CIUDAD RODRIGO

Salamanca – 13 052 h. – Alt. 650 m – Mapa regional : **8**-A3
Madrid 294 km – Cáceres 160 km – Castelo Branco 164 km – Plasencia 131 km
Mapa de carreteras Michelin nº 575-K10

Parador de Ciudad Rodrigo

EDIFICIO HISTÓRICO • REGIONAL Castillo feudal del s. XIV construido en un marco excepcional, sobre la vega del río Águeda. Disfruta de una correcta zona social vestida con detalles medievales, cuidadas habitaciones de aire castellano y un jardín con vistas. En su comedor encontrará especialidades regionales y locales, como el Farinato.

35 hab – ††85/190 € – 16 €

pl. del Castillo ✉ 37500 – ☎ 923 46 01 50 – www.parador.es

Molino Del Águeda

EDIFICIO HISTÓRICO • CLÁSICA Molino de harina del s. XVIII emplazado a orillas del Águeda. Posee una cafetería con el suelo acristalado, lo que permite ver la antigua maquinaria, y habitaciones bien personalizadas de línea clásica, algunas con vistas frontales al río.

16 hab – †32/55 € ††42/75 €

bajada de Santa Cruz 37, Suroeste: 1,5 km ✉ 37500
– *☎ 923 46 00 72 – www.hotelmolinodelagueda.com*

COCENTAINA

Alicante – 11 406 h. – Alt. 445 m – Mapa regional : **11**-A3
Madrid 397 km – Alacant/Alicante 63 km – València 104 km
Mapa de carreteras Michelin nº 577-P28

El Laurel

COCINA TRADICIONAL • RÚSTICA XX Posee una terraza y salones de elegante rusticidad, pues ocupa una casa del s. XVIII dominada por la piedra y la madera. Su carta tradicional contempla platos actualizados y de temporada... sin embargo, aquí la especialidad son los arroces y el Rabo de toro.

Menú 23/28 € – Carta 20/35 €

Juan María Carbonell 3 ✉ 03820 – ☎ 965 59 17 38 – www.ellaurelrestaurante.com
– *solo almuerzo salvo viernes y sábado – cerrado del 8 al 15 de enero, del 15 al 31 de agosto y lunes*

La Montaña

COCINA TRADICIONAL • FAMILIAR Este antiguo caserón posee su propia huerta y dos salas rústicas, la mejor con vistas a los bancales de almendros y olivos. Carta tradicional con buena oferta de menús.

Menú 26/33 € – Carta 27/39 €

Partida Els Algars 139, Sureste : 1 km ✉ 03820 – ✆ 965 59 08 32 – www.restaurantelamontana.es – solo almuerzo – cerrado agosto y martes

por la carretera N 340 (km 803) Norte : 1,5 km y desvío a la izquierda 0,5 km

L'Escaleta (Kiko Moya)

CREATIVA • ELEGANTE Instalado en un atractivo chalet a las afueras de la localidad. Ofrece una bella terraza, decorada con estatuas de un artista local, y un cuidado interior clásico-regional. Aquí apuestan por una cocina actualizada de base regional, muy atenta a los productos de temporada y a la consecución de sabores bien definidos.

→ Crema de mostaza silvestre con flores y hierbas recién cortadas. Pichón asado en orujos de aceituna. Leche de cabra y salvia.

Menú 80/105 € – Carta 41/75 €

Pujada Estació del Nord 205 ✉ 03820 Cocentaina – ✆ 965 59 21 00 – www.lescaleta.com – solo almuerzo salvo miércoles-jueves en verano, viernes y sábado – cerrado febrero y lunes

CODESO A Coruña → Ver Boqueixón

COFIÑO Asturias → Ver Arriondas

COLERA

Girona – 533 h. – Alt. 10 m – Mapa regional : **9**-D3
Madrid 750 km – Barcelona 167 km – Girona 69 km – Tarragona 257 km
Mapa de carreteras Michelin nº 574-E39

en la carretera de Llançà Sur : 3 km

Garbet

PESCADOS Y MARISCOS • ACOGEDORA Un negocio familiar que destaca por su espectacular situación en una cala. Presenta un pequeño comedor y dos coquetas terrazas asomadas al mar. Excelentes pescados y mariscos.

Carta 56/72 €

✉ 17496 Colera – ✆ 972 38 90 02 – www.restaurantgarbet.es – mayo-septiembre

COLES Ourense → Ver Ourense

COLLADO HERMOSO

Segovia – 145 h. – Alt. 1 222 m – Mapa regional : **8**-C3
Madrid 113 km – Valladolid 204 km – Segovia 21 km
Mapa de carreteras Michelin nº 575-I18

Posada Fuenteplateada

FAMILIAR • RÚSTICA Este turismo rural, decorado por su dueña con gran mimo, ofrece un salón social con biblioteca y unas magníficas habitaciones, todas amplias, con chimenea e hidromasaje.

11 hab – †69/75 € ††85/100 €

camino de las Rozas ✉ 40170 – ✆ 921 40 30 87 – www.fuenteplateada.net

COLLADO MEDIANO

Madrid – 6 599 h. – Alt. 1 030 m – Mapa regional : **15**-A2
Madrid 47 km – Segovia 54 km – Ávila 74 km – Cuenca 216 km
Mapa de carreteras Michelin nº 576-J17

✿ El Invernadero (Rodrigo de la Calle)

MODERNA • A LA MODA XX Talento, convicción, creatividad... todo con el único propósito de no dejar a nadie indiferente. El chef Rodrigo de la Calle, padre de la "Gastrobotánica" e impulsor de la "revolución verde", vuelve a fascinar con un menú degustación fiel al mundo vegetal. ¡Siempre existe la posibilidad de incluir algún plato de carne!

➜ Remolacha-aguacate. Esparrago blanco-codium. Pera-manteca de cacao.

Menú 82 € - solo menú

Hotel La Torre, paseo de Rosales 48 ✉ 28450 - ✆ 918 55 85 58 (es necesario reservar) - www.elinvernadero-rdelacalle.com - cerrado Navidades, lunes, martes y miércoles

La Torre

TRADICIONAL • DE DISEÑO Instalado en una casa señorial que destaca por sus exteriores, su llamativo torreón y, sobre todo, por un gran salón polivalente a modo de cubo de cristal. Encontrará un moderno interior, luminosas habitaciones y una pequeña carta para los clientes alojados.

7 hab - †112/136 € ††150/232 €

paseo de Rosales 48 ✉ 28450 - ✆ 918 55 85 58 - www.latorreboxarthotel.com

✿ **El Invernadero** - ver selección restaurantes

COLLOTO Asturias ➜ Ver Oviedo

COLMENAR DEL ARROYO

Madrid - 1 611 h. - Alt. 690 m - Mapa regional : **15**-A2

Madrid 58 km - Ávila 82 km - Toledo 116 km - Segovia 82 km

Mapa de carreteras Michelin n° 576-K17

El Mesón de Doña Filo

COCINA TRADICIONAL • RÚSTICA XX Casa rústico-familiar fiel a los guisos y los platos de cuchara. Proponen menús degustación que varían semanalmente, pudiendo extraer de ellos los platos a modo de carta.

Menú 50/60 €

San Juan 3 ✉ 28213 - ✆ 918 65 14 71 - cerrado 21 días en agosto, domingo noche, lunes, martes, miércoles y jueves salvo reservas

Chicote's

COCINA TRADICIONAL • AMBIENTE TRADICIONAL X Bien llevado entre hermanos y enfocado a la cocina tradicional. Posee un bar a la entrada, donde sirven el menú, y un cálido comedor a la carta de ambiente rústico-regional.

Menú 10 € - Carta 36/55 €

General Franco 1 ✉ 28213 - ✆ 918 65 12 26 - www.restaurantechicotes.com - solo almuerzo salvo viernes y sábado de octubre-junio - cerrado del 15 al 30 de septiembre y lunes

La COMA i La PEDRA

Lleida - 270 h. - Alt. 1 004 m - Mapa regional : **9**-B1

Madrid 595 km - Barcelona 147 km - Girona 163 km - Lleida 137 km

Mapa de carreteras Michelin n° 574-F34

Fonts del Cardener

REGIONAL • FAMILIAR X Muy familiar, por lo que... ¡aquí se sentirá como en casa! En sus salas, de línea clásica-regional, ofrecen una cocina catalana muy completa, con guisos y platos a la brasa.

Menú 12/20 € - Carta 25/46 €

Hotel Fonts del Cardener, carret. de Tuixén, Norte : 1 km ✉ 25284 - ✆ 973 49 23 77 - www.hotelfontsdelcardener.com - cerrado del 13 noviembre-4 diciembre, del 9 al 27 de enero, 15 mayo-2 junio, miércoles y jueves salvo Navidades, Semana Santa, verano y festivos

Fonts del Cardener

FAMILIAR • FUNCIONAL Establecimiento familiar emplazado en un pueblecito de montaña. Posee hogareñas habitaciones y apartamentos: las primeras personalizadas con el nombre de montañas e iglesias de la zona y los segundos dotados de cálidos salones con chimenea.

12 hab – 49/60 € 66/76 € – 8 € – 4 apartamentos

carret. de Tuixén, Norte : 1 km ✉ 25284 – ☎ 973 49 23 77 – www.hotelfontsdelcardener.com – cerrado del 9 al 27 de enero, 15 mayo-2 junio y 13 noviembre-4 diciembre

Fonts del Cardener – ver selección restaurantes

COMILLAS

Cantabria – 2 267 h. – Mapa regional : **6**-B1

Madrid 412 km – Burgos 169 km – Oviedo 152 km – Santander 43 km

Mapa de carreteras Michelin nº 572-B17

en El Tejo Suroeste : 3,5 km

Los Trastolillos

FAMILIAR • ACOGEDORA Casa rural, de corte actual, rodeada por un pequeño jardín con frutales. Encontrará unas luminosas habitaciones, todas personalizadas y las de mayor confort con vistas al mar.

10 hab – 60/105 € 70/115 €

barrio Ceceño 46 ✉ 39528 El Tejo – ☎ 942 72 22 12 – www.lostrastolillos.com

CONCHA

Vizcaya – 2 749 h. – Mapa regional : **18**-A2

Madrid 366 km – Bilbao 57 km – Santander 70 km – Vitoria-Gasteiz 102 km

Mapa de carreteras Michelin nº 573-C19

Casa Garras

COCINA TRADICIONAL • AMBIENTE CLÁSICO Un negocio familiar, de los de toda la vida, que hoy se muestra con aires renovados, tanto en la estética como en sus fogones. ¡La carne que usan proviene de su propio ganado!

Menú 19/44 € – Carta 35/55 €

Sainz Indo 6 ✉ 48891 – ☎ 946 80 62 80 – www.casagarras.com – cerrado lunes

CONIL DE LA FRONTERA

Cádiz – 22 136 h. – Mapa regional : **1**-A3

Madrid 657 km – Algeciras 87 km – Cádiz 40 km – Sevilla 149 km

Mapa de carreteras Michelin nº 578-X11

Casa Alborada

FAMILIAR • ACOGEDORA Bien situado, pues ocupa una antigua casa restaurada de una calle peatonal. Sorprende con dos bonitos patios, uno lleno de plantas, y unas cuidadas habitaciones de ambiente rústico-actual. ¡Suba a su azotea, pues tiene buenas vistas al mar!

11 hab – 40/80 € 50/90 €

G. Gabino Aranda 5 ✉ 11140 – ☎ 956 44 39 11 – www.alboradaconil.com

CONSUEGRA

Toledo – 10 437 h. – Alt. 704 m – Mapa regional : **7**-B2

Madrid 132 km – Toledo 65 km – Ciudad Real 90 km

Mapa de carreteras Michelin nº 576-N19

La Vida de Antes

FAMILIAR • ACOGEDORA Casa manchega del s. XIX de acogedoras instalaciones. Ofrece un atractivo patio central, con lucernario, y habitaciones bien personalizadas, algunas de ellas tipo dúplex.

9 hab – 30/50 € 50/75 € – 4 €

Colón 2 ✉ 45700 – ☎ 925 48 06 09 – www.lavidadeantes.com

CORBERA DE LLOBREGAT

Barcelona - 14 240 h. - Alt. 342 m - Mapa regional : **10**-A3
Madrid 592 km - Barcelona 27 km - Girona 116 km - Tarragona 87 km
Mapa de carreteras Michelin n° 574-H35

Casa Nostra

MODERNA • SENCILLA XX Ofrece una sala clásica, un privado y una zona de terraza, con piscina, que utilizan para el servicio al aire libre. Cocina actual, platos de temporada y una cuidada bodega.

Menú 14/45 € - Carta 46/55 €

Federic Soler Pitarra ✉ 08757 - ✆ 936 50 06 52 - www.restaurantcasanostra.com - cerrado martes noche y miércoles noche en invierno, domingo noche y lunes

CORÇÀ

Girona - 1 244 h. - Alt. 43 m - Mapa regional : **10**-B1
Madrid 706 km - Barcelona 127 km - Girona 27 km - Tarragona 217 km
Mapa de carreteras Michelin n° 574-G39

en la carretera C 66 Sureste : 2 km

Bo.Tic (Albert Sastregener)

MODERNA • DE DISEÑO XX Destaca tanto por su cocina como por su emplazamiento, pues ocupa un antiguo molino de harina. Patio-terraza de estética surrealista, luminosa sala de aire neorrústico e interesante carta de autor, con menús degustación y de temporada.

→ Fajitas, bogavante, escabeche y Gruyère. Salmonete, salsa tártara, lima y patata. Juego de dados, chocolate negro, café, hinojo y té verde.

Menú 49/92 € - Carta 62/82 €

carret. Girona-Palamós, km 11,5 (previsto traslado a av. Costa Brava 6) ✉ 17121 Corçà - ✆ 972 63 08 69 - www.bo-tic.com - cerrado febrero, domingo noche y martes salvo verano, y lunes

NOS GUSTA...

Tapear por la judería y tomar un Montilla-Moriles en **El Nº 10**. Rendir un merecido homenaje a la historia en **El Caballo Rojo** y, si busca escapar de tipismos, descubrir la cocina andalusí más renovada en el restaurante **Noor**. Disfrutar la belleza renacentista del **Palacio del Bailío** y comer en el **Choco**, decorado con obras del artista local Pablo Rubio.

CÓRDOBA

Córdoba - 327 362 h. - Alt. 124 m - Mapa regional : **1**-B2
▶ Madrid 407 km - Badajoz 278 km - Granada 166 km - Málaga 175 km
Mapa de carreteras Michelin nº 578-S15

Planos de la ciudad en páginas siguientes

Restaurantes

✿ Choco (Kisko García)

CREATIVA • MINIMALISTA XXX He aquí un restaurante de barrio que, tras reinventarse en lo estético, ha sabido fusionar elegancia y sobriedad. Su chef propone unos menús meditados, detallistas y de técnica actual, siempre apegados a los sabores locales pero también abiertos a pinceladas más exóticas. ¡Potencie la experiencia comiendo en su cocina!

➜ Salmorejo de aguacate con langostino de vuelta. Caza de pluma. Pastel califal.

Menú 75/87 € - solo menú

Plano : B1-a - *Compositor Serrano Lucena 14 ✉ 14010*
- ✆ 957 26 48 63 - www.restaurantechoco.es
- cerrado agosto, domingo noche y lunes

✿ Noor Ⓝ (Paco Morales)

CREATIVA • DE DISEÑO XX Algo alejado del casco histórico pero singular y sorprendente, tanto por su estética de raíces árabes como por su propuesta culinaria de inspiración andalusí... eso sí, redimiendo con las técnicas más actuales los sabores, aromas y sutilezas de aquel entonces. ¡Un portentoso foco de "luz" para la gastronomía cordobesa!

➜ Karim de piñones, melón de primavera, erizo del Sáhara y orégano fresco. Pichón asado y foie-gras de pato en arena del desierto y cúrcuma. Furniyya de algarroba y su corteza.

Menú 70/130 € - solo menú

Plano : B1-b - *Pablo Ruiz Picasso 6 ✉ 14014*
- ✆ 957 96 40 55 (es necesario reservar) - www.noorrestaurant.es
- cerrado enero-febrero, 3 julio-13 septiembre, domingo noche, lunes, martes y miércoles mediodía

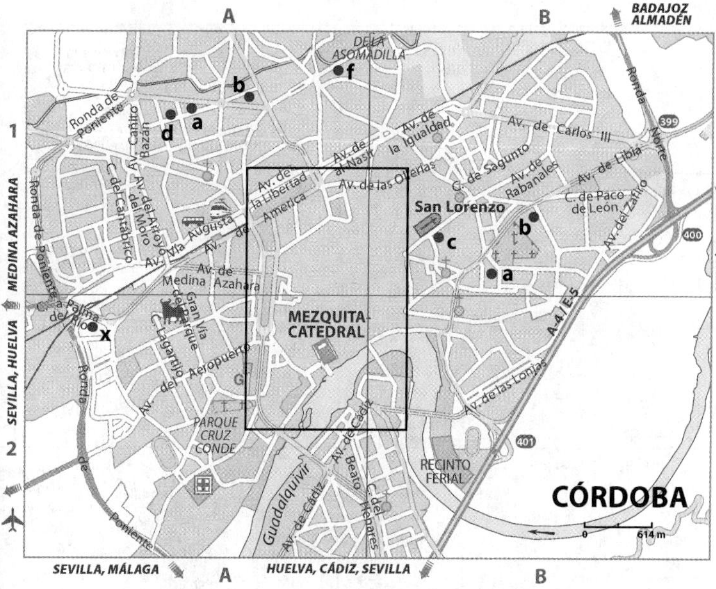

A B BADAJOZ ALMADÉN
DE LA ASOMADILLA
Ronda de Poniente
Av. Cañito Bazán
C. del Cantábrico
Av. del Arroyo del Moro
Av. Vía Augusta
Av. de Medina Azahara
Av. de la Libertad
Av. de América
Av. de al Nasr
Av. de la Igualdad
Av. de las Ollerías
Av. de Carlos III
C. de Sagunto
Av. de Rabanales
Av. de Libia
C. de Paco de León
Av. del Zafiro
Ronda Norte
San Lorenzo
MEZQUITA-CATEDRAL
Gran Vía del Parque
C. Lagartijo
Av. del Aeropuerto
Ronda de Poniente
Av. de Cádiz
C. Beato
C. del Henares
Guadalquivir
Av. de las Lonjas
A-4/E5
PARQUE CRUZ CONDE
RECINTO FERIAL
CÓRDOBA
0 614 m
MEDINA AZAHARA
SEVILLA, HUELVA
MADRID, JAÉN
SEVILLA, MÁLAGA
HUELVA, CÁDIZ, SEVILLA

El Envero

MODERNA · ACOGEDORA XX ¡Su nombre hace referencia a la época de coloración de las uvas! Este moderno restaurante se presenta con un bar ideado para comidas informales, un comedor y un privado. Cocina actual y de temporada, con productos ecológicos y de almadraba.

Menú 20/45 € - Carta 30/48 €

Plano : A1-b - *Teruel 21 ✉ 14011 - ✆ 957 20 31 74 - www.elenvero.com - cerrado domingo noche y lunes*

La Lonja

PESCADOS Y MARISCOS · RÚSTICA X Un restaurante de ambiente rústico-marinero que emana, a partes iguales, sencillez y honestidad. Trabaja sobre todo con productos de la lonja, por eso en su amplia carta encontraremos muchos pescados salvajes, moluscos y pequeños mariscos. ¡Concurrida terraza!

Menú 25/50 € - Carta 30/57 €

Plano : A1-d - *María "La Judía" ✉ 14011 - ✆ 957 40 46 80 - www.lalonjacordoba.com - cerrado domingo noche y lunes*

El Caballo Rojo

REGIONAL · AMBIENTE CLÁSICO XXX Este emblemático restaurante cordobés cuenta con una gran cafetería, varios comedores de ambiente clásico y una coqueta terraza con vistas en el 2º piso. Cocina regional con especialidades andaluzas, mozárabes y sefardíes.

Menú 33/58 € - Carta 42/65 €

Plano : D2-r - *Cardenal Herrero 28 ✉ 14003 - ✆ 957 47 53 75 - www.elcaballorojo.com*

Tenga en cuenta que algunas especialidades o platos de la casa son previa reserva

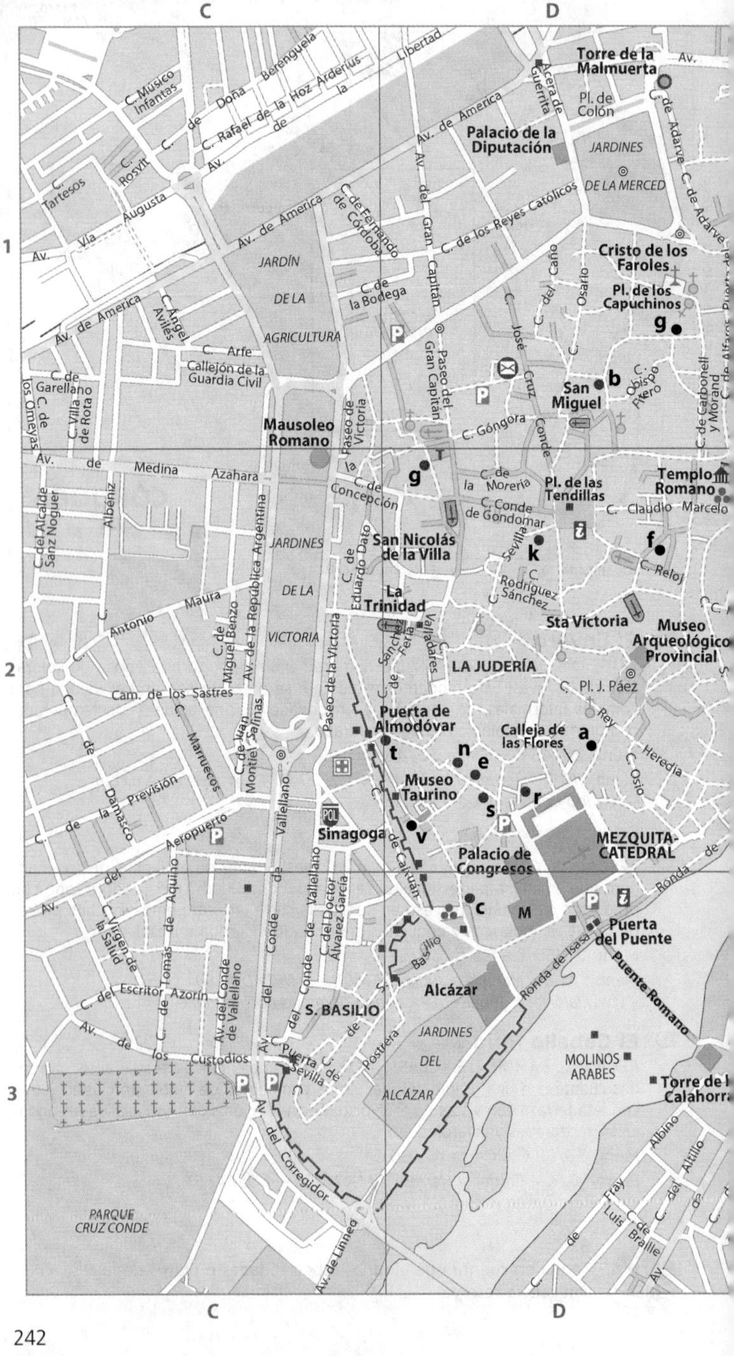
C
D
1
2
3
Torre de la Malmuerta
Pl. de Colón
Palacio de la Diputación
JARDINES DE LA MERCED
Acera de Guerrita
Av. de America
Av. de la Libertad
C. Rafael de la Hoz Arderius
C. de Doña Berenguela
C. Músico Infantas
C. Rosvit
C. Tartesos
Vía Augusta
C. de Fernando de Córdoba
Av. del Gran Capitán
C. de los Reyes Católicos
C. de Adarve
Cristo de los Faroles
Pl. de los Capuchinos
JARDÍN DE LA AGRICULTURA
C. de la Bodega
C. Ángel Avilés
C. Arfe
Callejón de la Guardia Civil
C. de Garellano
C. de los Omeyas
C. Villa de Rota
Paseo del Gran Capitán
C. José Cruz Conde
C. del Caño
C. Osario
San Miguel
C. Obispo Fitero
C. Góngora
Mausoleo Romano
Paseo de Victoria
Av. de Medina Azahara
C. de Concepción
C. de la Morería
Pl. de las Tendillas
Templo Romano
C. Claudio Marcelo
C. Conde de Gondomar
C. de Carbonell y Morand
C. del Alcalde Sanz Noguer
C. Albéniz
JARDINES DE LA VICTORIA
Av. de la República Argentina
San Nicolás de la Villa
C. de Eduardo Dato
C. Sevilla
C. Rodríguez Sánchez
C. Reloj
La Trinidad
C. Antonio Maura
C. de Miguel Benzo
Sta Victoria
Museo Arqueológico Provincial
C. Valladares
LA JUDERÍA
Pl. J. Páez
Cam. de los Sastres
C. de Juan Montiel Salinas
Paseo de la Victoria
Puerta de Almodóvar
Calleja de las Flores
C. Rey Heredia
C. Osio
C. Marruecos
C. de Damasco
C. de la Previsión
Museo Taurino
C. de Vallellano
Sinagoga
C. de Caituán
MEZQUITA-CATEDRAL
Palacio de Congresos
Av. del Aeropuerto
Ronda de Isasa
Puerta del Puente
Puente Romano
C. Virgen de la Salud
C. de Tomás de Aquino
Av. del Conde de Vallellano
Av. del Conde de Vallellano
C. del Doctor Álvarez García
C. Basilio
Alcázar
C. del Escritor Azorín
S. BASILIO
Av. de los Custodios
C. Puerta de Sevilla
C. de Postrera
JARDINES DEL ALCÁZAR
MOLINOS ARABES
Torre de la Calahorra
Av. del Corregidor
Av. de Linneo
PARQUE CRUZ CONDE
C. Fray Albino
C. del Altillo
C. de Luis Braille
a
b
c
e
f
g
k
n
r
s
t
v
M
POL

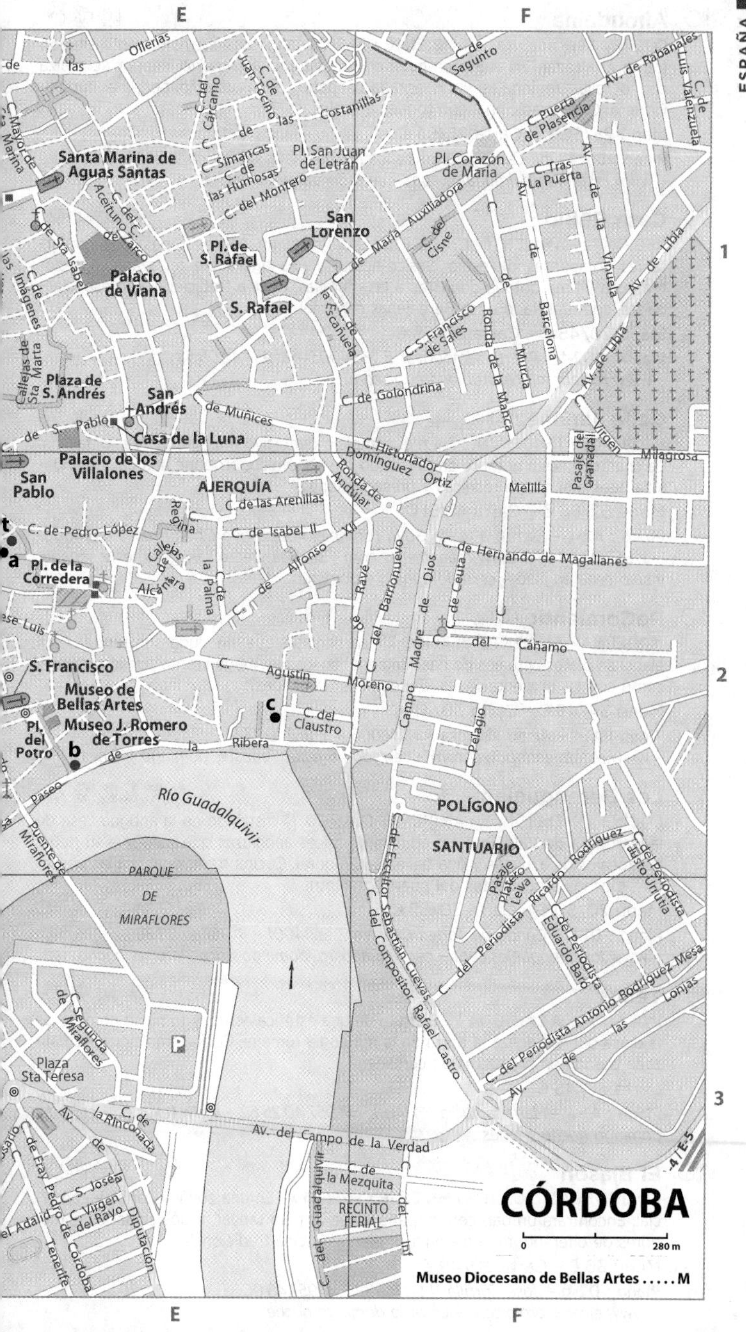
E
F
1
2
3
CÓRDOBA
0
280 m
Museo Diocesano de Bellas Artes . . . . . M
Santa Marina de Aguas Santas
Palacio de Viana
Pl. de S. Rafael
S. Rafael
San Lorenzo
Plaza de S. Andrés
San Andrés
Casa de la Luna
Palacio de los Villalones
San Pablo
AJERQUÍA
Pl. de la Corredera
S. Francisco
Museo de Bellas Artes
Museo J. Romero de Torres
Pl. del Potro
Pl. San Juan de Letrán
Pl. Corazón de María
POLÍGONO
SANTUARIO
Río Guadalquivir
PARQUE DE MIRAFLORES
Plaza Sta Teresa
RECINTO FERIAL
Ollerías
C. del Cárcamo
C. de Juan Tocino
C. de las Costanillas
C. Simancas
C. de las Humosas
C. del Montero
C. de Sagunto
Av. de Rabanales
C. de Luis Valenzuela
C. Puerta de Plasencia
C. Tras La Puerta
Av. de la Viñuela
Av. de Barcelona
C. de María Auxiliadora
C. del Cisne
C. S. Francisco de Sales
Ronda de la Manca
Murcia
Av. de Libia
Virgen Milagrosa
Pasaje de Granadal
C. de la Escañuela
C. de Golondrina
C. de Muñices
C. Historiador Domínguez Ortiz
Ronda de Andújar
Melilla
C. de las Arenillas
C. de Isabel II
C. de Pedro López
C. Regina
Callejas de Alcántara
C. de la Palma
C. de Alfonso XII
C. de Ravé
C. del Barrionuevo
Campo Madre de Dios
C. de Ceuta
C. de Hernando de Magallanes
C. del Cáñamo
C. Agustín Moreno
C. del Claustro
C. Pelagio
Paseo de la Ribera
Puente de Miraflores
C. del Escultor Sebastián Cuevas
C. del Compositor Rafael Castro
Pasaje Platero Leiva
C. del Periodista Ricardo Rodríguez
C. del Periodista Eduardo Baro
C. del Periodista Justo Urrutia
C. del Periodista Antonio Rodríguez Mesa
Av. de las Lonjas
C. Segunda de Miraflores
C. de la Rinconada
Av. del Campo de la Verdad
C. de la Mezquita
C. del Guadalquivir
C. de Fray Pedro de Córdoba
C. S. José
C. Virgen del Rayo
Diputación
Tenerife
Adalid
C. Mayor de Sta Marina
C. de Sta Isabel
C. del C. Aceituno Zarco
C. de Imágenes
Callejas de Sta Marta
c
b
a
t
P

Almudaina

COCINA TRADICIONAL • AMBIENTE CLÁSICO XXX Acogedor restaurante situado frente al alcázar, en una casa-palacio con historia. Su señorial interior se realza con detalles regionales y un agradable patio, este cubierto por una cúpula-vidriera. Carta tradicional con toques actuales.

Menú 28/50 € - Carta 25/55 €

Plano : D3-c - *pl. Campo Santo de los Mártires 1 ✉ 14004 - ✆ 957 47 43 42 - www.restaurantealmudaina.com - cerrado domingo noche*

Casa Rubio

REGIONAL • AMBIENTE TRADICIONAL XX Posee un bar de tapas, dos confortables comedores de estilo clásico-actual y una agradable terraza en la azotea, esta última dotada de vistas a las murallas. Cocina tradicional con especialidades, como el Rabo o las Berenjenas con miel.

Menú 20/45 € - Carta 30/58 €

Plano : CD2-t - *Puerta Almodóvar 5 ✉ 14003 - ✆ 957 42 08 53 - www.restaurantecasarubiocordoba.com*

Celia Jiménez (N)

MODERNA • TENDENCIA XX ¡En el complejo deportivo más grande de Andalucía! La chef, con buen nombre en el mundo gastronómico, propone una cocina andaluza puesta al día en técnicas y presentaciones.

Menú 52/68 € - Carta 41/51 €

Plano : A2-x - *Escritora María Goyri (Complejo Deportivo Open Arena) ✉ 14005 - ✆ 957 04 98 55 - www.celiajimenez.com - solo almuerzo salvo viernes y sábado, y solo cena en julio - cerrado agosto y domingo*

ReComiendo (N)

MODERNA • AMBIENTE CLÁSICO XX Un negocio que sin duda sorprende. Aquí elaboran platos actuales de base regional en los que juegan tanto con los sabores como con las presentaciones. ¡Pruebe sus "Perikadas"!

Menú 34/45 € - Carta 30/40 €

Plano : A1-f - *Alcalá Zamora 5 ✉ 14006 - ✆ 957 10 73 51 - www.recomiendopower.com - cerrado 26 julio-7 agosto, domingo y lunes*

Los Berengueles

COCINA TRADICIONAL • AMBIENTE CLÁSICO XX Instalado en la antigua casa de la Marquesa de Valdeloro, un edificio de raíces andaluzas que conserva su patio, los zócalos de azulejos y una belleza atemporal. Cocina tradicional rica en pescados, muchos procedentes del puerto de Motril.

Menú 20/50 € - Carta 30/52 €

Plano : D1-b - *Conde de Torres Cabrera 7 ✉ 14001 - ✆ 957 47 28 28 - www.losberengueles.com - cerrado agosto, domingo noche y lunes noche*

Tellus

MODERNA • A LA MODA XX Disfruta de una estética actual y toma su nombre de la diosa que simboliza la tierra en la mitología romana. Cocina tradicional actualizada basada en productos de cercanía.

Carta 30/45 €

Plano : A1-a - *María la Judía ✉ 14011 - ✆ 957 40 25 62 - www.tellus.es - cerrado domingo noche y lunes*

El Blasón

COCINA TRADICIONAL • AMBIENTE CLÁSICO XX En una zona histórica y comercial. Encontrará un bar, con un patio cubierto para tapear, y dos cuidados comedores de diferente montaje en la 1ª planta. Cocina tradicional.

Menú 36 € - Carta 30/49 €

Plano : D2-g - *José Zorrilla 11 ✉ 14008 - ✆ 957 48 06 25 - www.elcaballorojo.com - cerrado domingo noche*

Taberna Casa Pepe de la Judería

REGIONAL • MARCO REGIONAL Está en plena judería y sorprende por su interior, con un patio andaluz, agradables comedores y una encantadora terraza en la azotea. Cocina regional con detalles actuales.

Menú 20 € - Carta 33/50 €

Plano : D2-s - *Romero 1 ✉ 14003 - ☎ 957 20 07 44 - www.restaurantecasapepedelajuderia.com*

La Cuchara de San Lorenzo

MODERNA • DE BARRIO Llevado entre dos hermanos y de sorprendente simplicidad. Aquí apuestan por una cocina actual de base tradicional, no exenta de platos típicos y con especialidades dignas de mención, como las Manitas de cerdo o el Parmentier de boletus.

Carta 30/40 €

Plano : B1-c - *Arroyo de San Lorenzo 2 ✉ 14002 - ☎ 957 47 78 50 - www.lacucharadesanlorenzo.es - cerrado agosto, domingo noche y lunes salvo festivos*

Casa Rubio

REGIONAL • MARCO REGIONAL Bar de tapas emplazado junto a la imponente Puerta de Almodóvar, en una casa antigua dotada con una barra a la entrada, una sala de aire rústico y un bellísimo patio sefardí.

Tapa 3,20 € - Ración aprox. 18 €

Plano : CD2-t - *Puerta Almodóvar 5 ✉ 14003 - ☎ 957 42 08 53 - www.restaurantecasarubiocordoba.com*

Taberna Casa Pepe de la Judería

REGIONAL • RÚSTICA Un clásico en la zona turística, pues sirve como lugar de encuentro habitual para la degustación de tapas y raciones de calidad. ¡Puede tomar raciones tanto en la barra como en las mesas del restaurante!

Tapa 3,50 € - Ración aprox. 10 €

Plano : D2-s - *Romero 1 ✉ 14003 - ☎ 957 20 07 44 - www.restaurantecasapepedelajuderia.com*

Taberna Salinas

REGIONAL • MARCO REGIONAL Esta taberna, llena de tipismo, distribuye sus salitas en torno a un patio cordobés. Aquí no hay tapas, solo raciones propias de la cocina regional como el Potaje de garbanzos con manitas, el Pisto o las Naranjas con cebolletas y bacalao.

Ración aprox. 7,50 €

Plano : E2-t - *Tundidores 3 ✉ 14002 - ☎ 957 48 01 35 - www.tabernasalinas.com - cerrado agosto y domingo*

El Nº 10

COCINA TRADICIONAL • ACOGEDORA Se halla en plena judería y... ¡está dedicada al vino con la D.O. Montilla-Moriles! Sus tapas y raciones son un buen método para descubrir la cocina tradicional y regional.

Tapa 3,50 € - Ración aprox. 15 €

Plano : D2-e - *Romero 10 ✉ 14002 - ☎ 957 42 14 83 - www.tabernaelnumero10cordoba.com*

Casa Tollín

COCINA TRADICIONAL • RÚSTICA Un negocio que ensalza las raíces norteñas de su chef-propietario, pues abundan la madera, los motivos marineros y las fotos del País Vasco. Tapas y platos tradicionales.

Tapa 2 € - Ración aprox. 8 €

Plano : D2-k - *Málaga 1 ✉ 14003 - ☎ 957 48 37 50*

La Taberna del Río

COCINA TRADICIONAL • AMBIENTE TRADICIONAL Casa de ambiente rústico-actual donde combinan la cocina tradicional y la de gusto asiático. Aunque posee varias terrazas destaca la de la azotea, asomada al Guadalquivir.

Tapa 4 € - Ración aprox. 10 €

Plano : E2-b - *Enrique Romero de Torres 7 ✉ 14002*
- *✆ 957 47 85 19* - *www.latabernadelrio.com*

Alojamientos

Palacio del Bailío

HISTÓRICO • MINIMALISTA Instalado en un palacio del casco viejo, donde se combinan a la perfección la belleza arquitectónica de los ss. XVI-XVII con la decoración minimalista más moderna. El restaurante, de cocina actual, se monta parcialmente en un patio con el suelo acristalado, lo que permite ver los restos arqueológicos romanos.

53 hab - ††190/410 € - ☕ 26 €

Plano : D1-g - *Ramírez de las Casas Deza 10-12 ✉ 14001*
- *✆ 957 49 89 93* - *www.hospes.com*

NH Collection Amistad Córdoba

CADENA HOTELERA • CONTEMPORÁNEA Conjunto histórico ubicado junto a la muralla árabe. Disfruta de amplias zonas comunes, solárium, un bonito patio mudéjar y cuidadas habitaciones, estas repartidas entre dos edificios. El restaurante, ubicado en un patio cubierto, apuesta por la cocina actual.

108 hab - †100/500 € ††150/600 € - ☕ 25 €

Plano : D2-v - *pl. de Maimónides 3 ✉ 14004*
- *✆ 957 42 03 35* - *www.nh-hotels.com*

Balcón de Córdoba

LUJO • ELEGANTE Ocupa una casa típica cordobesa que formó parte de la iglesia de la Encarnación, por lo que conserva algunos objetos relacionados y restos arqueológicos. Atesora tres patios y se presenta con unas habitaciones de sobria modernidad, todas distintas. ¡Suba a su azotea, pues ofrece unas inmejorables vistas!

8 hab ☕ - †120/250 € ††215/350 € - 2 suites

Plano : D2-a - *Encarnación 8 ✉ 14002*
- *✆ 957 49 84 78* - *www.balcondecordoba.com*

Casa de los Azulejos

FAMILIAR • FUNCIONAL Atesora un encanto indudable, pues combina el estilo tradicional andaluz con los detalles coloniales. Posee bellos suelos hidráulicos, baños coloristas, un hermoso patio lleno de plantas... y habitaciones con aspectos originales de la casa.

9 hab ☕ - †49/88 € ††66/110 €

Plano : E2-a - *Fernando Colón 5 ✉ 14002*
- *✆ 957 47 00 00* - *www.casadelosazulejos.com*

Conde de Cárdenas

FAMILIAR • ORIGINAL Agradable hotelito instalado en una casa del s. XVIII. Presenta unas habitaciones muy variadas y coloristas, unas con los suelos hidráulicos originales y otras en mármol.

12 hab - ††40/200 €

Plano : D2-f - *Conde de Cárdenas 9 ✉ 14002*
- *✆ 957 94 03 90* - *www.hotelcondedecardenas.com*
- *cerrado 7 enero-13 febrero, julio y agosto*

Viento 10

TOWNHOUSE • CONTEMPORÁNEA Este hotel, íntimo y de moderno interiorismo, remonta sus orígenes a lo que fue el Hospital de los Santos Mártires (s. XV), del que solo conserva su bello patio con columnas.

8 hab - †85/121 € ††99/127 € - ☕ 8 €

Plano : E2-c - *Ronquillo Briceño 10 ✉ 14002 - ☎ 957 76 49 60 - www.hotelviento10.es - cerrado del 6 al 17 de enero y 15 días en julio*

CORIA DEL RÍO

Sevilla - 30 358 h. - Mapa regional : **1**-B2

Madrid 539 km - Sevilla 16 km - Huelva 91 km - Cádiz 134 km

Mapa de carreteras Michelin nº 578-U11

Sevruga

MODERNA • SIMPÁTICA XX Restaurante de moderna fachada e interior actual que destaca tanto por la agradable terraza a orillas del Guadalquivir como por su atractiva terraza-bar en la azotea. Cocina tradicional con toques actuales y agradables presentaciones.

Carta 30/40 €

av. de Andalucía 5 ✉ 41100 - ☎ 954 77 66 95 - www.sevruga.es - cerrado del 14 al 24 de septiembre, domingo noche salvo verano y lunes

Sevruga Cervecería

ANDALUZA • TABERNA Céntrico, moderno e informal, pues su decoración combina distinto motivos andaluces con antiguas fotos de la ciudad. ¿Qué encontrará? Chacinas, ibéricos, quesos, pescaitos...

Tapa 3 € - Ración aprox. 8 €

pl. Manuel Ruiz Sosa 1 ✉ 41100 - ☎ 954 77 21 49 - www.sevruga.com - cerrado 10 días en septiembre, domingo noche y lunes

CORIAS Asturias → Ver Cangas de Narcea

La COROMINA Barcelona → Ver Cardona

CORTADURA (Playa de) Cádiz → Ver Cádiz

NOS GUSTA...

Subir al **Mirador de San Pedro**, en el monte homónimo, y disfrutar de sus impresionantes vistas. Dar una vuelta por el paseo Marítimo y almorzar en **Alborada**. Los contrastes entre los tradicionales pescados y mariscos de restaurantes como **Coral** y la nueva cocina gallega de **Árbore da Veira**. Tapear por las calles Estrella, Olmos o Galera y terminar en **A Mundiña**.

A CORUÑA

243 870 h. – Mapa regional : **13**-B1

Madrid 594 km – Lugo 99 km – Ourense 175 km – Pontevedra 135 km

Mapa de carreteras Michelin nº 571-B4

Restaurantes

✿ Alborada

MODERNA • DE DISEÑO XXX Su personalísima fachada da paso a un interior actual-minimalista, con profusión de madera y la cocina a la vista del cliente. Producto, técnica, creatividad... su propuesta se basa en un menú degustación del que podrá extraer los platos que quiera, como en una carta. La bodega está dominada por los vinos gallegos.

➜ Cigalas asadas al soplete, consomé clarificado de sus cabezas y flor de mertensia. Xurel asado y ligeramente ahumado con romero, zanahorias mini y emulsión de berzas picantes. Milhojas de hojaldre casero con merengue y frutos rojos.

Menú 50 € – Carta 51/69 €

Plano : D1-t – *paseo Marítimo Alcalde Francisco Vázquez 25 ✉ 15002 – ☎ 981 92 92 01 – www.restaurante-alborada.com – cerrado domingo noche, lunes y martes*

✿ Árbore da Veira (Luis Veira)

MODERNA • DE DISEÑO XXX Se encuentra en una de las calles más céntricas de A Coruña y resulta realmente singular, pues gracias a una acertada combinación de interiorismo y diseño emana personalidad por doquier. Concreta su oferta en dos atrevidos menús degustación, ambos creados a raíz de una cocina de autor y con productos de temporada.

➜ Sardina ahumada, steak tartare con baguette de malta, uva y gazpacho helado de carabineros. Mejillones de la ría con matequilla de mejillones y aire de levadura fresca. Café, maiz, jengibre y ruibarbo.

Menú 55/70 € – solo menú

Plano : C2-b – *San Andrés 109 ✉ 15003 – ☎ 981 07 89 14 – www.arboredaveira.com – solo almuerzo salvo viernes y sábado – cerrado del 16 al 31 de enero, 25 septiembre-9 octubre, jueves noche salvo junio-agosto y domingo*

A CORUÑA

El de Alberto

GALLEGA • MARCO CONTEMPORÁNEO ¡Un local con personalidad! Posee una pequeña barra y un comedor de estilo actual, decorado con cuadros coloristas. Platos tradicionales y gallegos.

Menú 32/55 € – Carta 31/57 €

Plano : C1-b – *Ángel Rebollo 18 ✉ 15002 – ✆ 981 90 74 11 – cerrado lunes*

Mirador de San Pedro

MODERNA • ACOGEDORA Tiene una ubicación difícil de mejorar, ya que se encuentra en lo alto del monte de San Pedro, con impresionantes vistas tanto al océano como a la ciudad. Cocina actual. ¡Los viernes y sábados ofrecen "Cenas Románticas" para parejas!

Menú 39/95 € – Carta 38/62 €

Plano : A1-b – *Monte de San Pedro ✉ 15011 – ✆ 981 10 08 23 – www.miradordesanpedro.es – solo almuerzo salvo viernes, sábado y vísperas de festivos*

A la Brasa

COCINA TRADICIONAL • AMBIENTE CLÁSICO XX ¡En pleno centro! Tiene una barra de apoyo a la entrada, con expositor y vivero, así como varias salas de ambiente clásico. Carta de cocina tradicional con marisco del día.

Menú 25/61 € - Carta 35/52 €

Plano : C2-f - *Juan Florez 38 ✉ 15004 - ☎ 981 27 07 27 - www.restaurantealabrasa.es*

Coral

GALLEGA • AMBIENTE CLÁSICO XX Llevado con dedicación entre dos hermanos. Encontrará una única sala de estilo clásico, con las paredes en piedra, y una carta de cocina gallega rica en pescados y mariscos.

Carta 38/59 €

Plano : C2-r - *callejón de la Estacada 9 (av. de la Marina) ✉ 15001 - ☎ 981 20 05 69 - www.restaurantemarisqueriacoral.com - cerrado domingo noche salvo agosto*

Asador Coruña

COCINA TRADICIONAL • AMBIENTE CLÁSICO XX Una casa en la que se respeta muchísimo el producto. Presenta una sala de corte clásico-tradicional con profusión de madera, detalles en piedra y la cocina a la vista. ¡Excelentes carnes gallegas en parrilla de leña... y buenos pescados!

Carta 32/43 €

Plano : A2-a - *Alcalde José Crespo López Mora 4 ✉ 15008 - ☎ 981 24 01 57 - www.asadorcoruna.com - cerrado domingo noche*

Artabria

COCINA TRADICIONAL • SIMPÁTICA XX Próximo a la playa de Riazor. Posee un bar privado y una sala actual vestida con cuadros de autores gallegos. Cocina tradicional con algunas licencias actuales.

Menú 30/45 € - Carta 30/40 €

Plano : A1-r - *Fernando Macías 28 ✉ 15004 - ✆ 981 26 96 46 - www.restauranteartabria.com - cerrado domingo noche y lunes noche*

Pé Franco

COCINA TRADICIONAL • MINIMALISTA XX Aquí buscan los orígenes de la auténtica cocina coruñesa. Ofrecen carnes gallegas de excepcional calidad y pescados frescos, también en piezas de gran tamaño para compartir.

Carta 40/60 €

Plano : D2-e - *pl. de la Constitución 4 ✉ 15001 - ✆ 881 12 05 80 - www.pefranco.com - cerrado domingo*

A Mundiña

COCINA TRADICIONAL • AMBIENTE CLÁSICO X Disfruta de un amplio gastrobar, una moderna sala a modo de bodega y una terracita para comidas más informales. Cocina tradicional de producto y buenas sugerencias diarias.

Menú 40 € - Carta 32/50 €

Plano : C2-b - *Estrella 10 ✉ 15003 - ✆ 881 89 93 27 - www.amundina.com - cerrado domingo*

Comarea

COCINA TRADICIONAL • MARCO CONTEMPORÁNEO Negocio de tapas-vinoteca repartido entre dos locales anexos, ambos con la misma filosofía. ¿Quiere unas raciones? Pruebe sus mariscos, los ibéricos, el pulpo, los arroces...

Ración aprox. 15 €

Plano : A-B2-b - *Carlos Martínez Barbeito y Morás 4 ✉ 15009 - ✆ 981 13 26 58 - www.comarea.es - cerrado domingo*

Culuca

MODERNA • BAR DE TAPAS Un gastrobar céntrico, amplio y actual, pero también de ambiente joven e informal. Aquí ofrecen tapas y raciones que mezclan las recetas clásicas con otras más creativas.

Tapa 3 € - Ración aprox. 10 €

Plano : C2-a - *av. Arteixo 10 ✉ 15004 - ✆ 981 97 88 98 - www.culuca.com*

La Picotería

COCINA TRADICIONAL • SIMPÁTICA En este moderno gastrobar apuestan por una carta de tapas, raciones y platos propios de una cocina tradicional actualizada. ¡Su carta de vinos contempla casi todas las D.O.!

Tapa 3 € - Ración aprox. 12 €

Plano : C2-a - *av. Arteixo 14 ✉ 15004 - ✆ 881 96 50 78 - www.lapicoteria.es - cerrado domingo noche y lunes*

Hokutō

JAPONESA • DE BARRIO Este curioso y diminuto local refleja la quintaesencia de la sencillez... eso sí, exaltando las virtudes de la cocina japonesa. ¡Elaboran los platos en base a las existencias!

Ración aprox. 15 € - Carta 35/65 €

Plano : D1-c - *Campo de Artillería 5 ✉ 15002 - ✆ 981 90 11 30 (reserva aconsejable) - cerrado 3 semanas en febrero, 4 días en Navidades, domingo, lunes y martes mediodía*

Alojamientos

Hesperia Finisterre

TRADICIONAL · ACOGEDORA ¡Espléndido, tanto por su confort como por sus vistas! Ofrece un amplio hall, varios salones para eventos y elegantes habitaciones, todas de línea clásica-actual. El restaurante, luminoso y de carácter panorámico, propone una cocina actualizada acorde a nuestros días.

52 hab – †89/119 € ††104/134 € – ☕ 23 € – 40 suites

Plano : D2-c – *paseo del Parrote 2 ✉ 15001 – ✆ 981 21 52 26 – www.eventosfinisterre.com*

Meliá María Pita

TRADICIONAL · CLÁSICA Destaca por su ubicación en 1ª línea de playa, con magníficas vistas tanto al mar como a la ciudad. Posee amplias zonas nobles, confortables habitaciones y un restaurante de ambiente clásico, ofreciendo aquí una carta internacional con muchos platos gallegos.

178 hab – ††75/200 € – ☕ 16 €

Plano : C1-a – *av. Pedro Barrié de la Maza 3 ✉ 15003 – ✆ 981 20 50 00 – www.melia.com*

Lois

FAMILIAR · MINIMALISTA Céntrico hotelito de organización familiar. Ofrece unas habitaciones de estética minimalista, destacando la de la azotea tanto por su amplitud como por su terraza privada. El restaurante, de línea rústica-actual, propone una cocina fiel a los sabores caseros.

10 hab – †40/55 € ††50/65 € – ☕ 8 €

Plano : C2-x – *Estrella 40 ✉ 15003 – ✆ 981 21 22 69 – www.loisestrella.com – cerrado 10 días en noviembre*

COSGAYA

Cantabria – 86 h. – Alt. 530 m – Mapa regional : **6**-A1

Madrid 415 km – Oviedo 180 km – Palencia 181 km – Santander 121 km

Mapa de carreteras Michelin n° 572-C15

Del Oso

COCINA TRADICIONAL · RÚSTICA XX El restaurante, de marcado ambiente rústico, es muy conocido en la zona gracias tanto a la contundencia de sus platos como al sabor de su popular cocido lebaniego.

Carta 31/50 €

Hotel Del Oso ✉ 39582 – ✆ 942 73 30 18 – www.hoteldeloso.com – cerrado enero-15 febrero

El Urogallo

COCINA TRADICIONAL · RÚSTICA XX Una de las opciones gastronómicas más interesantes en Los Picos de Europa. El comedor, decorado con diversos trofeos de caza, se complementa con una galería acristalada. Carta tradicional con claro protagonismo de los platos cinegéticos.

Menú 26 € – Carta 35/52 €

Hotel La Casona de Cosgaya, barrio Areños ✉ 39582 – ✆ 942 73 30 77 – www.casonadecosgaya.com – cerrado del 10 al 26 de diciembre y martes

Del Oso

FAMILIAR · RÚSTICA Bello hotel de línea tradicional constituido por dos edificios en piedra. Ofrece acogedores espacios sociales y habitaciones de ambiente rústico, algo más amplias en el anexo.

49 hab ☕ – †60/71 € ††72/90 €

✉ 39582 – ✆ 942 73 30 18 – www.hoteldeloso.com – cerrado enero-15 febrero

Del Oso – ver selección restaurantes

La Casona de Cosgaya

MANSIÓN • RÚSTICA Instalado en una casona rehabilitada del s. XVI que presenta sus fachadas en piedra. Posee un salón con chimenea, cálidas habitaciones de aire rústico-actual y un pequeño SPA.

13 hab - 70/110 € - 13 €

barrio Areños 39582
- 942 73 30 77 - www.casonadecosgaya.com
- cerrado del 10 al 26 de diciembre

El Urogallo - ver selección restaurantes

COSLADA

Madrid - 86 919 h. - Alt. 621 m - Mapa regional : **15**-B2
Madrid 17 km - Guadalajara 43 km
Mapa de carreteras Michelin nº 576-L20

La Ciaboga

COCINA TRADICIONAL • AMBIENTE CLÁSICO XX Está llevado por la familia propietaria con gran dedicación y profesionalidad. Ofrece un pequeño bar, una sala de ambiente clásico y una cocina fiel al recetario tradicional.

Menú 36/42 € - Carta 31/54 €

av. del Plantío 5 28821
- 916 73 59 18 - www.laciaboga.com
- cerrado del 1 al 21 de agosto, sábado noche y domingo

COSTA

→ Ver a continuación y el nombre propio de la costa

COVADONGA

Asturias - Alt. 260 m - Mapa regional : **3**-C2
Madrid 429 km - Oviedo 84 km - Palencia 203 km - Santander 157 km
Mapa de carreteras Michelin nº 572-C14

G.H. Pelayo

TRADICIONAL • CLÁSICA Edificio de fachada clásica y carácter centenario ubicado a pocos metros de la cueva de La Santina. Ofrece confortables habitaciones, la mayoría con vistas al valle o a la basílica. El restaurante, muy luminoso, combina su carta tradicional con varios menús.

52 hab - 59/107 € 69/115 € - 12 €

Real Sitio de Covadonga 33589
- 985 84 60 61 - www.granhotelpelayo.com
- cerrado enero-6 marzo

COVARRUBIAS

Burgos - 585 h. - Alt. 840 m - Mapa regional : **8**-C2
Madrid 228 km - Burgos 39 km - Palencia 94 km - Soria 117 km
Mapa de carreteras Michelin nº 575-F19

De Galo

COCINA TRADICIONAL • RÚSTICA XX Restaurante de estilo rústico instalado en una antigua posada. Presenta una bella cocina serrana en el hall y un buen comedor en lo que fueron las cuadras. ¡Su especialidad son las legumbres, las carnes a la brasa y el Cordero asado!

Menú 14/19 € - Carta 20/33 €

Monseñor Vargas 10 09346
- 947 40 63 93 - www.degalo.com
- solo almuerzo salvo fines de semana en mayo-octubre
- cerrado del 19 al 26 de diciembre, febrero y miércoles

COVAS Lugo

→ Ver Viveiro

COVELO

Pontevedra - 2 617 h. - Alt. 490 m - Mapa regional : **13**-B3
Madrid 555 km - Ourense 62 km - Pontevedra 47 km - Vigo 49 km
Mapa de carreteras Michelin n° 571-F4

en Fofe Noreste : 8 km

Rectoral de Fofe

FAMILIAR • RÚSTICA Singular turismo rural aislado en plena naturaleza, con una decoración rústica y vistas al valle. Agradable piscina, coqueta terraza-porche y habitaciones de correcto confort. En su comedor proponen una carta muy sencilla, tipo raciones.

9 hab - 45/80 € 59/90 €

Aldea de Arriba 13 ✉ 36873 Fofe - ✆ 986 66 87 50 - www.turismoruralrectoraldefofe.com - cerrado 10 enero-10 febrero

CUACOS DE YUSTE

Cáceres - 865 h. - Alt. 520 m - Mapa regional : **12**-C1
Madrid 223 km - Ávila 153 km - Cáceres 130 km - Plasencia 45 km
Mapa de carreteras Michelin n° 576-L12

en la carretera de Valfrío Sur : 4,5 km

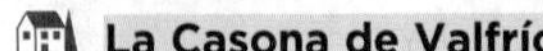

La Casona de Valfrío

CASA DE CAMPO • RÚSTICA Casa rústica levantada en un paraje de bellos exteriores, con la piscina rodeada de césped. Decoración rústica detallista y habitaciones abuhardilladas en el piso superior.

6 hab - 92 € 100 €

carret. de Valfrío ✉ 10430 Cuacos de Yuste - ✆ 927 19 42 22 - www.lacasonadevalfrio.com - cerrado enero

CUDILLERO

Asturias - 5 210 h. - Mapa regional : **3**-B1
Madrid 505 km - Oviedo 58 km - Lugo 172 km - Santander 226 km
Mapa de carreteras Michelin n° 572-B11

El Pescador

PESCADOS Y MARISCOS • AMBIENTE CLÁSICO XX Restaurante de gestión familiar que ofrece una carta muy amplia, con diversos platos asturianos y, sobre todo, los pescados y mariscos locales (merluza, pixín, virrey...).

Menú 40 € - Carta 42/58 €

El Pito - Tolombreo de Arriba, Sureste : 1,5 km ✉ 33150 - ✆ 985 59 09 37 - www.hotelrestauranteelpescador.com - solo almuerzo en invierno salvo viernes y sabado - cerrado 21 diciembre-5 enero y lunes noche

Casona de la Paca

TRADICIONAL • CLÁSICA Encantadora casona de indianos que aún emana la atmósfera de antaño. Bello jardín, elegante sala acristalada, habitaciones de aire colonial y apartamentos de línea más actual.

19 hab - 62/92 € 80/110 € - 10 € - 8 apartamentos

El Pito, Sureste : 1 km ✉ 33150 - ✆ 985 59 13 03 - www.casonadelapaca.com - cerrado 8 diciembre-14 febrero

La Casona de Pío

FAMILIAR • RÚSTICA Se halla en pleno casco viejo y homenajea al Doctor Pío, el dueño de la antigua fábrica de salazones que ocupa. Habitaciones muy cuidadas, clásicas pero con detalles rústicos.

11 hab - 46/76 € 60/100 € - 8 €

Riofrío 3 ✉ 33150 - ✆ 985 59 15 12 - www.lacasonadepio.com - cerrado 10 enero-10 febrero

CUÉLLAR

Segovia - 9 477 h. - Alt. 857 m - Mapa regional : **8**-C2
Madrid 147 km - Aranda de Duero 67 km - Salamanca 138 km - Segovia 60 km
Mapa de carreteras Michelin nº 575-I16

San Francisco

REGIONAL • AMBIENTE CLÁSICO X Instalado en una antigua casa de piedra. En sus salones, de línea clásica-actual, proponen especialidades regionales o de temporada, como el guiso de Rabo de toro o las Setas.

Menú 11/25 € - Carta 28/42 €

av. Camilo José Cela 2 ✉ 40200 - ✆ 921 14 20 67 - www.hmsanfrancisco.com - cerrado domingo noche

en la carretera CL 601 Sur : 3,5 km

Florida

COCINA TRADICIONAL • RÚSTICA XX Acogedor y bien apoyado por un elegante salón de banquetes. Cocina tradicional con toques de actualidad y sabrosas especialidades, como sus Chuletas de lechazo encebolladas.

Menú 21 € - Carta 34/47 €

km 57 (via de servicio) ✉ 40200 - ✆ 921 14 02 75 - www.restaurantehotelflorida.es - cerrado del 9 al 24 de enero, domingo noche y lunes

CUENCA

55 428 h. - Alt. 923 m - Mapa regional : **7**-C2
Madrid 164 km - Albacete 145 km - Toledo 185 km - València 209 km
Mapa de carreteras Michelin nº 576-L23

Raff

COCINA TRADICIONAL • A LA MODA X Defiende un concepto gastronómico realmente distinto y diferenciador para Cuenca. En la sala, de línea actual-funcional y vestida con grandes pizarras, podrá degustar una cocina tradicional actualizada de muy buen nivel, siempre con esmeradas presentaciones.

Menú 30/50 € - Carta 29/41 €

Plano : A2-c - *Federico García Lorca 3 ✉ 16004 - ✆ 969 69 08 55 - www.restauranteraff.es - solo almuerzo salvo jueves, viernes y sábado - cerrado 24 julio-6 agosto, 7 días en mayo y domingo*

Figón del Huécar

COCINA TRADICIONAL • ACOGEDORA XX En una casa antigua, con vistas al Huécar, que perteneció al cantante José Luis Perales. Posee varios comedores, una bodega visitable y una maravillosa terraza panorámica. Carta tradicional bien complementada por un menú degustación.

Menú 26/36 € - Carta 30/46 €

Plano : B1-e - *Julián Romero 6 ✉ 16001 - ✆ 969 24 00 62 - www.figondelhuecar.es - cerrado enero y febrero salvo fines de semana, domingo noche y lunes*

Trivio

MODERNA • A LA MODA XX ¡Un restaurante con personalidad! Su cocina, pegada a la tradición pero vista con técnicas actuales, se completa con buenos arroces, sugerencias cantadas e interesantes menús.

Menú 28/65 € - Carta 33/45 €

Plano : A2-x - *Colón 25 ✉ 16002 - ✆ 969 03 05 93 - www.restaurantetrivio.com - cerrado 25 junio-3 julio, del 18 al 21 de septiembre, domingo noche y lunes*

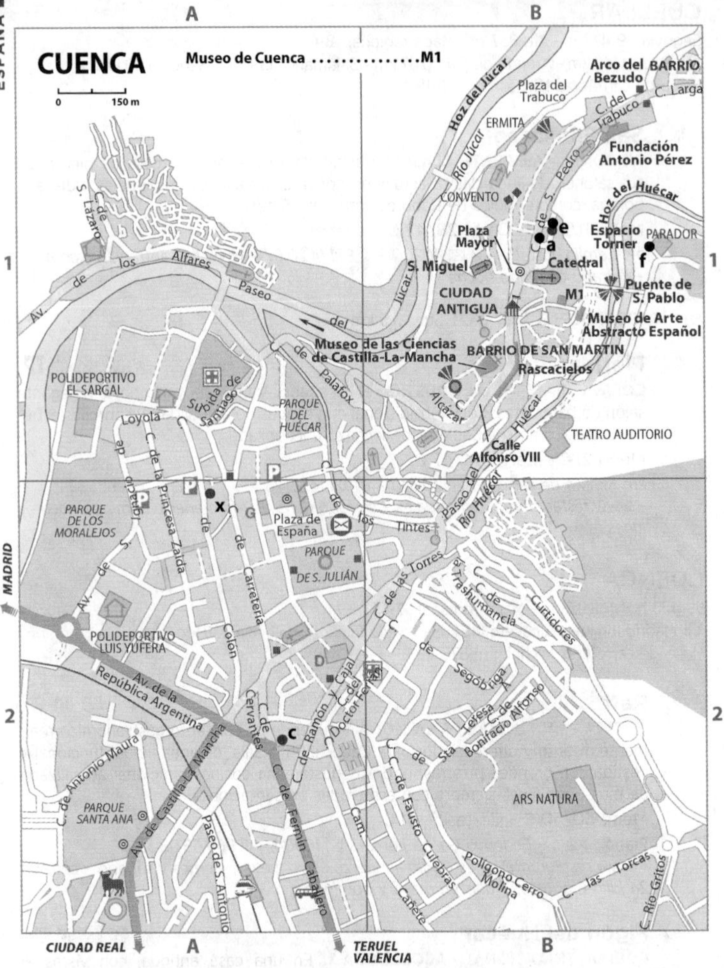

CUENCA

Museo de Cuenca M1

Parador de Cuenca

EDIFICIO HISTÓRICO · HISTÓRICA Instalado en un convento del s. XVI que atesora magníficas vistas a las Casas Colgadas. Posee confortables habitaciones de aire castellano, un hermoso claustro que usan para las cenas estivales y un buen comedor, este último volcado con el recetario manchego.

62 hab – 95/250 € – 19 € – 1 suite

Plano : B1-f – *subida a San Pablo ✉ 16001 – ☏ 969 23 23 20 – www.parador.es*

Convento del Giraldo

EDIFICIO HISTÓRICO · CONTEMPORÁNEA Emana cierto encanto, pues está instalado en un convento del s. XVII que aún conserva una bonita escalera de la época. Presenta unas instalaciones bastante actuales, con correctas zonas sociales, cuidadas habitaciones y el restaurante sobre un antiguo aljibe.

34 hab – 60/90 € – 12 €

Plano : B1-a – *San Pedro 12 ✉ 16001 – ☏ 969 23 27 00*
– www.hotelconventodelgiraldo.com

Posada de San José

FAMILIAR • ACOGEDORA Seductor, pues ocupa un edificio del s. XVII. Atesora hermosos rincones, un pequeño jardín y aposentos de época, la mayoría con balcones asomados al Huécar. El restaurante, coqueto y con platos de sabor casero, monta una terraza panorámica sobre el jardín.

22 hab – 56/64 € 76/103 € – 9 €

Plano : B1-e – *Julián Romero 4 16001 – 969 21 13 00 – www.posadasanjose.com*

CUEVA

→ Ver el nombre propio de la cueva

CULLERA

Valencia – 22 236 h. – Mapa regional : **11**-B2

Madrid 387 km – València 46 km – Alacant/Alicante 139 km – Castelló de la Plana / Castellón de la Plana 128 km

Mapa de carreteras Michelin nº 577-O29

Eliana Albiach

CREATIVA • AMBIENTE CLÁSICO XX Íntimo, de línea clásica-actual y emplazado a tan solo 20 m. de la playa. Su carta, mediterránea con detalles actuales, atesora un gran apartado de arroces tradicionales.

Menú 25/60 € – Carta 30/45 €

Peset Alexandre 2 46400 – 961 73 22 29 – www.elianaalbiach.com – cerrado 7 enero-12 febrero y lunes salvo festivos

CURIEL DE DUERO

Valladolid – 111 h. – Mapa regional : **8**-C2

Madrid 190 km – Valladolid 62 km – Segovia 94 km – Palencia 77 km

Mapa de carreteras Michelin nº 575-H17

Castillo de Curiel

EDIFICIO HISTÓRICO • HISTÓRICA ¡En lo alto de un cerro y con magníficas vistas! Este hotel se ha construido, al estilo medieval, sobre los cimientos de un castillo derruido del s. VII. Sorprende por la terraza de las almenas y sus elegantes habitaciones de línea clásica, todas personalizadas. El restaurante elabora una cocina tradicional.

24 hab – 74/117 € 82/130 € – 1 suite

Castillo de Curiel, Norte : 1 km 47316 – 983 88 04 01 – www.castillodecuriel.com

DAIMIEL

Ciudad Real – 18 577 h. – Alt. 625 m – Mapa regional : **7**-B2

Madrid 173 km – Toledo 121 km – Ciudad Real 34 km

Mapa de carreteras Michelin nº 576-019

El Bodegón

COCINA TRADICIONAL • RÚSTICA XX Esta antigua bodega le sorprenderá tanto por sus salas, que combinan lo rústico y lo moderno, como por las curiosas mesitas metidas en tinajas. Cocina actual de base regional.

Menú 43/72 € – solo menú

Luchana 20 13250 – 926 85 26 52 – www.mesonbodegon.com – cerrado domingo noche, lunes noche y martes noche

DAIMÚS

Valencia – 3 054 h. – Alt. 6 m – Mapa regional : **11**-B2

Madrid 416 km – València 74 km – Alacant/Alicante 111 km – Castelló de la Plana / Castellón de la Plana 156 km

Mapa de carreteras Michelin nº 577-P29

en la playa Noreste : 1,5 km

✿ Casa Manolo (Manuel Alonso)

MODERNA • AMBIENTE TRADICIONAL XX Una casa de asentada tradición familiar que destaca tanto por su magnífico emplazamiento, a pie de playa, como por la evolución que han experimentado sus fogones desde el primitivo chiringuito frente al mar. Cocina tradicional marinera ciertamente sabrosa, con detalles actuales y productos de gran calidad.

➜ Coliflor con "polp sec", cañailla y emulsión de aceite de oliva. Arroz de gamba blanca con verduras verdes de tierra y mar. Chirivía con té matcha y sirope de agave.

Menú 69 € - Carta 42/60 €

paseo Marítimo 5 ✉ 46710 Daimús - ✆ 962 81 85 68 - www.restaurantemanolo.com - solo almuerzo salvo jueves, viernes, sábado, Semana Santa y verano - cerrado miércoles salvo verano

DAROCA DE RIOJA

La Rioja - 54 h. - Alt. 726 m - Mapa regional : **14**-A2
Madrid 346 km - Burgos 108 km - Logroño 20 km - Vitoria-Gasteiz 90 km
Mapa de carreteras Michelin nº 573-E22

✿ Venta Moncalvillo (Ignacio Echapresto)

MODERNA • RÚSTICA XX Una casa familiar que ha popularizado el apellido Echapresto dentro de la alta gastronomía riojana. Proponen una cocina actualizada que se esmera en los trampantojos, fiel a los productos de la zona y con la posibilidad de ser disfrutada en medias raciones. ¡Uno de sus menús recuerda los grandes clásicos de la casa!

➜ Espárragos blancos con setas de temporada. Pichón con arrope de remolacha. Torrija caramelizada con helado de nata y nueces.

Menú 60/75 € - Carta 54/65 €

carret. de Medrano 6 ✉ 26373 - ✆ 941 44 48 32 - www.ventamoncalvillo.com - solo almuerzo salvo viernes y sábado - cerrado 10 días en diciembre, 15 días en enero, 7 días en junio y domingo

DAS

Girona - 222 h. - Mapa regional : **9**-C1
Madrid 654 km - Barcelona 146 km - Girona 162 km - Lleida 196 km
Mapa de carreteras Michelin nº 574-E35

Das 1219 (N)

COCINA TRADICIONAL • RURAL X Un restaurante de aire rústico-pirenaico que recuerda, con su nombre, la altura a la que se halla esta localidad de La Cerdanya. Buena carta tradicional y sugerencias diarias.

Menú 29/50 € - Carta aprox. 40 €

pl. Major 1 ✉ 17538 - ✆ 972 89 41 90 - www.das1219.com - cerrado 15 días en junio, 15 días en noviembre, lunes y martes

DEBA

Guipúzcoa - 5 463 h. - Mapa regional : **18**-B2
Madrid 459 km - Bilbao 66 km - Donostia-San Sebastián 41 km - Vitoria-Gasteiz 69 km
Mapa de carreteras Michelin nº 573-C22

Urgain

PESCADOS Y MARISCOS • MARCO REGIONAL XX Original, pues combina su estética funcional-actual con sutiles detalles rupestres en alusión a la cueva de Ekain. Carta de temporada rica en pescados y mariscos de la zona.

Menú 18/70 € - Carta 45/63 €

Hondartza 5 ✉ 20820 - ✆ 943 19 11 01 - www.urgain.net - cerrado martes noche salvo verano

DELTEBRE

Tarragona - 11 676 h. - Alt. 26 m - Mapa regional : **9**-A3
Madrid 541 km - Barcelona 169 km - Castelló de la Plana / Castellón de la Plana 123 km - Tarragona 77 km
Mapa de carreteras Michelin nº 574-J32

en La Cava - Mapa regional : **9**-A3

Can Casanova

REGIONAL • SENCILLA Sencillo restaurante de organización familiar emplazado junto a la carretera. Ofrece una carta regional especializada en productos del Delta, sobre todo arroces y mariscos.

Menú 12/27 € - Carta 20/40 €

av. del Canal ✉ 43580 Deltebre - ✆ 977 48 11 94 - www.restaurantecancasanova.es - solo almuerzo - cerrado 24 diciembre-4 enero

DÉNIA

Alicante - 41 553 h. - Mapa regional : **11**-B2
Madrid 448 km - Alacant/Alicante 92 km - Murcia 174 km - València 106 km
Mapa de carreteras Michelin nº 577-P30

El Raset

COCINA TRADICIONAL • AMBIENTE CLÁSICO Encontrará una terraza y dos salas, ambas con una decoración clásica-elegante marcada por los tonos blancos. Cocina tradicional actualizada, varios arroces y un completo menú.

Menú 27/32 € - Carta 31/49 €

Bellavista 7 ✉ 03700 - ✆ 965 78 50 40 - www.grupoelraset.com

Peix & Brases

MEDITERRÁNEA • A LA MODA Presenta dos ambientes, el gastrobar en la planta baja y el gastronómico en el primer piso... con atractiva terraza en la azotea. Cocina mediterránea actualizada y de fusión.

Menú 45 € - Carta 38/66 €

pl. de Benidorm 16 ✉ 03700 - ✆ 965 78 50 83 - www.peixibrases.com - cerrado lunes salvo agosto

La Barqueta

REGIONAL • SENCILLA Compuesto por dos terrazas y dos salas, desde la 2ª planta con vistas panorámicas al puerto. Ofrece una decoración rústica y una cocina tradicional especializada en arroces.

Menú 13/20 € - Carta 23/38 €

Bellavista 10 ✉ 03700 - ✆ 966 42 16 26 - www.grupoelraset.com

Ticino

ITALIANA • TRATTORIA Toma su nombre de un cantón suizo próximo a Italia y propone una carta transalpina bastante amplia. Descubra sus pizzas al horno de leña, pues... ¡las hay clásicas y actuales!

Menú 13/15 € - Carta 20/34 €

Bellavista 1 ✉ 03700 - ✆ 965 78 91 03 - www.grupoelraset.com

Es Tapa Ti

COCINA TRADICIONAL • SIMPÁTICA Disfruta de una moderna terraza y un interior de línea actual, con una sugerente barra y varias mesas de sencillo montaje. Elaboran buenas tapas, tanto clásicas como de autor.

Tapa 2,50 € - Ración aprox. 10 €

pl. de les Drassanes 2 ✉ 03700 - ✆ 965 78 36 45 - www.estapatidenia.com - cerrado martes en invierno

La Posada del Mar

TRADICIONAL • ELEGANTE Resulta emblemático, remonta sus orígenes al s. XIII y destaca por su emplazamiento, frente al puerto deportivo. ¡La mayoría de las habitaciones atesoran vistas a los veleros!

25 hab - 112/168 € 139/193 €

pl. de les Drassanes 2 ✉ 03700 - ✆ 966 43 29 66 - www.laposadadelmar.com

en la carretera de Las Marinas

Quique Dacosta

CREATIVA • DE DISEÑO XXX Una preciosa villa mediterránea con detalles de vanguardia, agradables salas definidas por la luminosidad y el diseño, una sorprendente "mesa del chef" en su espacio de I+D... Estamos en la casa de un genio llamado Quique Dacosta y aquí todo deja su impronta, así que disfrute ante una experiencia gastronómica global.

➜ Pez limón. Gamba hervida en agua de mar. Flores raras.

Menú 199 € - solo menú

Rascassa 1 (urb. El Poblet), Noroeste : 3 km ✉ 03700 Dénia - ✆ 965 78 41 79 - www.quiquedacosta.es - cerrado diciembre-febrero, lunes y martes

Los Ángeles

FAMILIAR • CLÁSICA El mayor encanto radica en su emplazamiento... no en vano, tiene la playa a los pies y la mitad de las habitaciones asomadas al mar. Atesora un restaurante-galería, con vistas al Mediterráneo, y una carta tradicional que destaca por su apartado de arroces.

82 hab - 85/175 € 110/210 €

Noroeste, 5 km ✉ 03700 Dénia - ✆ 965 78 04 58 - www.hotellosangelesdenia.com - cerrado 13 noviembre-18 febrero

en la carretera de Les Rotes Sureste : 4 km

Les Rotes

FAMILIAR • ELEGANTE Tiene su encanto, pues se encuentra en una zona residencial... ¡próxima a una cala! Variada zona social y habitaciones de buen confort, destacando las 12 con vistas al mar. Su restaurante trabaja sobre una carta regional, con un buen apartado de arroces.

33 hab - 86/143 € 101/168 €

carret. del Barranc del Monyo 85 ✉ 03700 Dénia - ✆ 965 78 03 23 - www.hotellesrotesdenia.com

DESFILADERO ➜ Ver el nombre propio del desfiladero

Los DOLORES Murcia ➜ Ver Cartagena

DONAMARIA

Navarra - 443 h. - Alt. 175 m - Mapa regional : **17**-A1

Madrid 474 km - Vitoria-Gasteiz 120 km - Iruña/Pamplona 52 km - Donostia-San Sebastián 56 km

Mapa de carreteras Michelin n° 573-C24

Donamaria'ko Benta

COCINA TRADICIONAL • RÚSTICA X El restaurante centra la actividad de este negocio, llevado en familia e instalado en una venta del s. XIX de entrañable rusticidad. En su agradable comedor, dotado de chimenea, podrá descubrir una oferta gastronómica basada en dos menús de tinte tradicional.

Menú 20/30 € - solo menú

barrio de la Venta 4, Oeste : 1 km ✉ 31750 - ✆ 948 45 07 08 - www.donamariako.com - solo almuerzo salvo sábado y verano - cerrado 15 diciembre-4 enero, domingo noche y lunes

NOS GUSTA...

Contemplar las bellísimas vistas que ofrece el **Mirador de Ulía** y pasear por el casco viejo; aquí es imprescindible hacer una parada en **Ganbara** y pedir un pintxo de boletus. Pasarnos por el mítico hotel **María Cristina** a tomar una copa y cumplir con una visita obligada para cualquier gastrónomo: comer en **Arzak**, el tres estrellas Michelin más antiguo de España.

DONOSTIA-SAN SEBASTIÁN

Guipúzcoa – 186 095 h. – Mapa regional : **18**-B2
Madrid 452 km – Bilbao 99 km – Iruña/Pamplona 83 km – Vitoria-Gasteiz 103 km
Mapa de carreteras Michelin n° 573-C24

Centro

Kokotxa (Daniel López)

MODERNA • AMBIENTE TRADICIONAL XX Restaurante de estética actual ubicado en pleno casco viejo. Aquí, con un servicio especialmente amable a la par que profesional, le propondrán una cocina tradicional actualizada y varios menús, uno de mercado y otro tipo degustación.

→ Tartar de pescado azul, crema helada de hinojo y coco. Kokotxas de merluza y de bacalao. Tarta de manzana, chocolate blanco y moscatel.

Menú 60/88 € - Carta 58/72 €

Plano : D1-a - *Kanpandegi 11 ✉ 20003 - ☎ 943 42 19 04 - www.restaurantekokotxa.com - cerrado 12 febrero-1 marzo, 28 mayo-5 junio, 15 octubre-1 noviembre, domingo y lunes*

Juanito Kojua

VASCA • FAMILIAR XX Negocio familiar ubicado en una calle peatonal de la zona antigua. En sus salas, decoradas con detalles marineros, proponen una cocina vasca rica en productos de temporada.

Menú 33/53 € - Carta 35/57 €

Plano : D1-m - *Portu 14 ✉ 20003 - ☎ 943 42 01 80 - www.juanitokojua.com - cerrado domingo noche*

Bodegón Alejandro

COCINA TRADICIONAL • RÚSTICA X ¿Busca un lugar que ensalce los valores vascos y recupere el recetario tradicional? Pues no indague más. Aquí, en pleno casco viejo, encontrará calidad, gran dedicación y una carta vasca con menú degustación.

Menú 20/46 € - Carta 41/66 €

Plano : D1-u - *Fermín Calbetón 4 ✉ 20003 - ☎ 943 42 71 58 - www.bodegonalejandro.com - cerrado 23 enero-8 febrero, domingo noche, lunes salvo verano y martes noche*

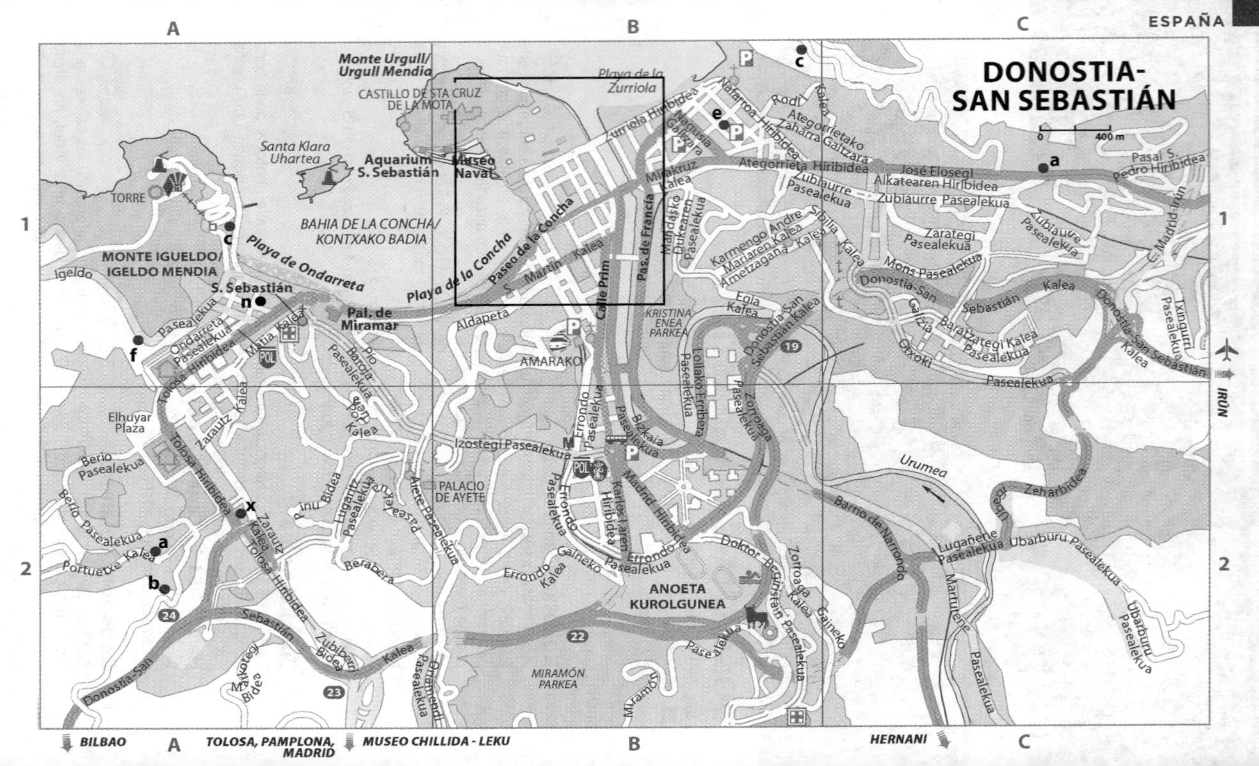
DONOSTIA-
SAN SEBASTIÁN
0
400 m
Monte Urgull/
Urgull Mendia
CASTILLO DE STA CRUZ
DE LA MOTA
Santa Klara
Uhartea
Aquarium
S. Sebastián
Museo
Naval
TORRE
BAHIA DE LA CONCHA/
KONTXAKO BADIA
MONTE IGUELDO/
IGELDO MENDIA
Igeldo
Playa de Ondarreta
Playa de la Concha
Paseo de la Concha
Playa de la
Zurriola
S. Sebastián
Pal. de
Miramar
Calle Prim
Pas. de Francia
KRISTINA
ENEA
PARKEA
AMARAKO
Aldapeta
Izostegi Pasealekua
PALACIO
DE AYETE
Elhuyar
Plaza
ANOETA
KUROLGUNEA
MIRAMÓN
PARKEA
Urumea
Zurriola Hiribidea
Nafarroa Hiribidea
Ategorrieta Hiribidea
José Elosegi
Alkatearen Hiribidea
Zubiaurre Pasealekua
Zarategi
Pasealekua
Mons Pasealekua
Donostia-San Sebastián Kalea
Egia
Kalea
Lollako Erribera
Pasealekua
Zorroaga
Pasealekua
Bizkaia
Pasealekua
Madrid Hiribidea
Karlos I.aren
Hiribidea
Errondo
Pasealekua
Doktor Begiristain Pasealekua
Barrio de Narrondo
Zeharbidea
Ubarburu Pasealekua
Martutene
Pasealekua
Tolosa Hiribidea
Zarautz
Kalea
Berio
Pasealekua
Portuetxe Kalea
Ondarreta
Pasealekua
Matia Kalea
Pio
Baroja
Pasealekua
Aiete Pasealekua
Oriamendi
Pasealekua
Lugaritz
Pasealekua
Berabera
Zubiberri
Bidea
Donostia-San
Pasai S.
Pedro Hiribidea
C. Madrid-Irún
Txingurri
Pasealekua
Oixoki
Baratzategi Kalea
Lugañene
Pasealekua
Miramon
BILBAO
TOLOSA, PAMPLONA,
MADRID
MUSEO CHILLIDA - LEKU
HERNANI
IRÚN

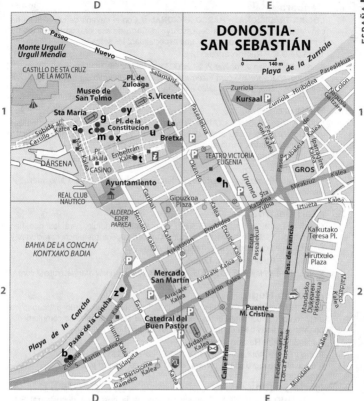

DONOSTIA-SAN SEBASTIÁN

La Muralla

COCINA TRADICIONAL • SENCILLA En pleno casco antiguo, donde presentan unas sencillas instalaciones de línea actual. Trabajan en base a dos menús de tinte tradicional, ambos mejorados los fines de semana.

Menú 25/39 € - solo menú

Plano : D1-t - *Embeltrán 3 ✉ 20003 - ✆ 943 43 35 08 - www.restaurantelamuralla.com - cerrado domingo noche salvo verano*

Narru

MODERNA • SENCILLA Un restaurante modesto y funcional... ¡aunque con un acceso directo desde la misma playa de La Concha! Cocina de tinte actual basada en el producto, sobre todo de temporada.

Menú 33/36 € - Carta 40/62 €

Plano : D2-b - *Hotel Niza, Zubieta 56 ✉ 20007 - ✆ 943 42 33 49 - www.narru.es - cerrado domingo noche y lunes*

¡Para una buena utilización de su guía, consulte su modo de empleo en las páginas de introducción: símbolos, clasificaciones, abreviaturas y otros signos dejarán de ser un misterio para usted!

Ganbara

COCINA TRADICIONAL • MARCO REGIONAL Con el devenir de los años se ha convertido en una referencia del casco viejo. Carta de asador, con productos de temporada, magníficos pinchos y una especialidad: las setas.

Tapa 2,50 € - Ración aprox. 12 €

Plano : D1-x - *San Jerónimo 21 ✉ 20003 - ☎ 943 42 25 75 - www.ganbarajatetxea.com - cerrado 2a quincena de junio, 2a quincena de noviembre, domingo noche salvo agosto y lunes*

Martínez

COCINA TRADICIONAL • TABERNA Negocio de arraigada tradición familiar ubicado en pleno casco antiguo. La sugerente variedad de sus pinchos, tanto fríos como calientes, han hecho de él un auténtico clásico.

Tapa 2,50 € - Ración aprox. 14 €

Plano : D1-y - *Abutzuaren 31-13 ✉ 20003 - ☎ 943 42 49 65 - www.barmartinez.com - cerrado del 1 al 15 de febrero, 15 junio-3 julio, jueves y viernes mediodía*

Atari Gastroteka

COCINA TRADICIONAL • TABERNA Una etapa ineludible para los que han convertido el salir de tapas en un culto. Ofrecen sugerentes pinchos, raciones y elaboraciones calientes que se realizan al momento.

Tapa 2 € - Ración aprox. 12 €

Plano : D1-c - *Mayor 18 ✉ 20003 - ☎ 943 44 07 92 - www.atarigastroteka.com*

A Fuego Negro

CREATIVA • MARCO CONTEMPORÁNEO También en el barrio antiguo pero distinto conceptualmente al resto de bares de la zona. La barra se complementa con varias mesas para degustar sus menús de pinchos creativos.

Tapa 3,90 € - Ración aprox. 15 €

Plano : D1-g - *Abutzuaren 31-31 ✉ 20003 - ☎ 650 13 53 73 - www.afuegonegro.com - cerrado del 13 al 26 de febrero y lunes*

María Cristina

GRAN LUJO • HISTÓRICA ¡El buque insignia de la hostelería donostiarra! Este maravilloso edificio, de principios del s. XX y a pocos metros del Kursaal, atesora un interior sumamente elegante. En el restaurante Café Saigón elaboran una cocina oriental que, sin duda, le cautivará.

108 hab - †130/585 € ††190/850 € - ☕ 31 € - 28 suites

Plano : E1-h - *República Argentina 4 ✉ 20004 - ☎ 943 43 76 00 - www.hotel-mariacristina.com*

De Londres y de Inglaterra

TRADICIONAL • CLÁSICA ¡Excelentemente situado y de hermoso clasicismo! Si su cálido salón social nos brinda serenas vistas a la bahía de La Concha, las habitaciones nos sumergen en un entorno de elegancia y confort. En su restaurante podrá degustar una cocina de base tradicional.

160 hab - ††98/358 € - ☕ 20 € - 7 suites

Plano : D2-z - *Zubieta 2 ✉ 20007 - ☎ 943 44 07 70 - www.hlondres.com*

Niza

FAMILIAR • ACOGEDORA Un hotel con encanto, tanto por su emplazamiento en la misma playa de La Concha como por su decoración, rica en detalles antiguos. ¡Pida las habitaciones con vistas al mar!

40 hab - †92/155 € ††92/179 € - ☕ 11 €

Plano : D2-b - *Zubieta 56 ✉ 20007 - ☎ 943 42 66 63 - www.hotelniza.com*

Narru - ver selección restaurantes

al Este

꙳꙳꙳ Arzak (Elena y Juan Mari Arzak)

CREATIVA • AMBIENTE CLÁSICO XXX Descubra las excelencias de esta casa, una institución acostumbrada a vivir entre la historia y la más compleja modernidad. Padre e hija trabajan, como un perfecto tándem, para que nos maravillemos ante la bondad de sus materias primas; no en vano, aquí la creatividad solo se construye en base a los mejores productos.

→ Carabineros con kril. Pichón con plumas de patata. Marmita de leche y espino.

Menú 210 € - Carta 160/180 €

Plano : C1-a - *av. Alcalde José Elosegi 273 (Alto de Miracruz) ✉ 20015 - ✆ 943 27 84 65 - www.arzak.es - cerrado 18 junio-5 julio, del 5 al 29 de noviembre, domingo y lunes*

꙳ Mirador de Ulía (Rubén Trincado)

CREATIVA • AMBIENTE CLÁSICO XX Destaca por su privilegiado emplazamiento en uno de los montes que rodean la ciudad, con fantásticas vistas a la bahía. Su cocina, actual con tintes creativos, refleja el maridaje perfecto entre la técnica y las materias primas de calidad.

→ Carpaccio de vaca y remolacha fermentada con matices de trufa blanca y frutos secos. Pato lacado a baja temperatura, praliné de almendras y osmosis de manzana. Esferas crujientes con pastelera, crema acidulada con frambuesas y helado de vainilla.

Menú 99 € - Carta 57/72 €

Plano : B1-c - *paseo de Ulía 193 ✉ 20013 - ✆ 943 27 27 07 - www.miradordeulia.es - cerrado 20 diciembre-5 enero, febrero, domingo noche, lunes y martes*

Bergara

COCINA TRADICIONAL • MARCO REGIONAL Un negocio que atesora varios premios de alta cocina en miniatura. En su excelente barra encontraremos tapas y pinchos como la Txalupa, un gratinado de setas con langostinos.

Tapa 3 € - Ración aprox. 15 €

Plano : B1-e - *General Arteche 8 (Gros) ✉ 20001 - ✆ 943 27 50 26 - www.pinchosbergara.es*

al Sur

Astoria7

TRADICIONAL • PERSONALIZADA Ocupa un antiguo cine, de ahí que este sea el leitmotiv en su decoración... de hecho, cada habitación se dedica a un actor o director que ha pasado por el festival de la ciudad. El sencillo comedor, con pequeña carta y menú, se ve apoyado por una coctelería.

107 hab - 79/369 €

Plano : B2-c - *Sagrada Familia 1 ✉ 20010 - ✆ 943 44 50 00 - www.astoria7hotel.com*

al Oeste

꙳꙳꙳ Akelaŕe (Pedro Subijana)

CREATIVA • AMBIENTE CLÁSICO XXXX Casa de ambiente clásico dotada con hermosísimas vistas al mar. Su chef idea una propuesta gastronómica excepcional, de corte creativo pero sin negar las raíces tradicionales, siempre con los sabores bien marcados y las texturas definidas. ¡Puede tomar cualquier plato de sus menús a modo de carta!

→ Kokotxa suflada y pil-pil de ajo blanco. Pojarski de ternera de leche. El postre de los cítricos exóticos.

Menú 175 € - Carta 128/182 €

paseo del Padre Orcolaga 56 (barrio de Igueldo), 7,5 km por Igeldo pasealekua A1 ✉ 20008 - ✆ 943 31 12 09 - www.akelarre.net - cerrado febrero, del 13 al 28 de octubre, martes salvo julio-diciembre, domingo noche y lunes salvo festivos o vísperas

Rekondo

VASCA • AMBIENTE CLÁSICO XX Bello caserío ubicado en la subida al monte Igueldo, donde ofrecen un bar-vinoteca, dos salas y dos privados. Cocina vasca con platos de corte más actual y excepcional bodega.

Carta 46/85 €

Plano : A1-f - *paseo de Igueldo 57 ✉ 20008 - ✆ 943 21 29 07 - www.rekondo.com - cerrado 15 días en junio, 15 días en noviembre, martes noche salvo julio-agosto y miércoles*

Xarma

MODERNA • AMBIENTE CLÁSICO XX Llevado por los propietarios, que como cocineros se ocupan de los fogones. Ofrece dos salas actuales, al igual que su cocina, con sabores y texturas bien combinados.

Menú 26/65 € - Carta 48/60 €

Plano : A2-x - *av. de Tolosa 123 ✉ 20018 - ✆ 943 31 71 62 - www.xarmajatetxea.com - cerrado domingo noche, lunes y martes noche*

Branka

MODERNA • AMBIENTE TRADICIONAL XX Tiene un emplazamiento privilegiado, en la playa de Ondarreta y junto al Peine de los Vientos. Cocina actual y de temporada, con detalles de asador y pescados a la parrilla.

Menú 36/46 € - Carta 45/60 €

Plano : A1-c - *paseo Eduardo Chillida 13 ✉ 20008 - ✆ 943 31 70 96 - www.branka-tenis.com - cerrado 23 diciembre-febrero y domingo*

Agorregi

REGIONAL • FAMILIAR XX Encontrará una pequeña barra a la entrada, con algunas mesas para los menús, y al fondo el comedor, este de línea actual. Cocina vasca con detalles actuales y precios moderados. ¡Pruebe su Arroz negro de chipirón o el Pichón a la sartén!

Menú 21/47 € - Carta 31/47 €

Plano : A2-a - *Portuetxe bidea 14 ✉ 20008 - ✆ 943 22 43 28 - www.agorregi.com - solo almuerzo salvo lunes en verano, jueves, viernes y sábado - cerrado Navidades, Semana Santa, 2ª quincena de agosto y domingo*

eMe Be

COCINA TRADICIONAL • RÚSTICA X Singular, pues recupera una antigua sidrería que hoy atesora una estética "euskandinava". Cocina tradicional y elaborada, con el sello de calidad de Martín Berasategui.

Menú 33/55 € - Carta 32/51 €

Plano : A2-b - *Camino de Igara 33 ✉ 20018 - ✆ 943 22 79 71 - www.emeberestaurante.com - cerrado del 17 al 30 de abril, 15 días en septiembre, domingo noche y lunes*

La Galería

FAMILIAR • CLÁSICA Atractivo edificio de finales del s. XIX ubicado a un paso de la playa de Ondarreta. Las habitaciones, confortables y con muebles de época, homenajean a reconocidos pintores.

23 hab - †55/115 € ††75/145 € - ☕ 8 €

Plano : A1-n - *Kristina Infantaren 1 ✉ 20008 - ✆ 943 21 60 77 - www.hotellagaleria.com*

DOS HERMANAS

Sevilla - 131 317 h. - Alt. 42 m - Mapa regional : **1**-B2

Madrid 547 km - Cádiz 108 km - Huelva 111 km - Sevilla 20 km

Mapa de carreteras Michelin n° 578-U12

Los Baltazares

COCINA TRADICIONAL • A LA MODA XX ¡Una opción diferente! Posee un patio-terraza que hace funciones de cocktelería, un concurrido gastrobar y un moderno comedor. Carta actual, con mariscos y pescados al peso.

Carta 30/65 €

av. Cristóbal Colón 31 ✉ 41701 - ✆ 955 67 84 91 - www.losbaltazares.com - solo almuerzo salvo jueves, viernes y sábado - cerrado del 15 al 31 de agosto y domingo

ÉCIJA

Sevilla - 40 320 h. - Alt. 101 m - Mapa regional : **1**-B2
Madrid 444 km - Córdoba 55 km - Málaga 138 km - Sevilla 89 km
Mapa de carreteras Michelin n° 578-T14

Infanta Leonor

FAMILIAR • MODERNA Hotel de diseño actual y carácter urbano que sorprende en una ciudad como Écija. Entre sus estancias destacan las suites temáticas: Marrakech, New York, Balinesa, Versalles... Su restaurante, que está abierto al jardín, ofrece una carta de tinte tradicional.

29 hab - 59/76 € 69/98 € - 7 €

av de los Emigrantes 43 ✉ 41400 - ✆ 954 83 03 03 - www.hotelinfantaleonor.com

EIBAR

Guipúzcoa - 27 414 h. - Alt. 120 m - Mapa regional : **18**-B2
Madrid 439 km - Bilbao 46 km - Iruña/Pamplona 117 km - Donostia-San Sebastián 55 km
Mapa de carreteras Michelin n° 573-C22

Chalcha

COCINA TRADICIONAL • FAMILIAR XX Restaurante de cocina vasca llevado directamente por su propietario, al frente de los fogones. Encontraremos un local clásico-regional, con un servicio de mesa acorde a su categoría y una cocina tradicional que delata toques actuales.

Menú 22/40 € - Carta 30/54 €

Isasi 7 ✉ 20600 - ✆ 943 20 11 26 - www.restaurantechalcha.com - cerrado Semana Santa, 21 días en agosto, domingo noche y lunes

El EJIDO

Almería - 85 961 h. - Alt. 140 m - Mapa regional : **1**-D2
Madrid 586 km - Almería 32 km - Granada 157 km - Málaga 189 km
Mapa de carreteras Michelin n° 578-V21

La Costa (José Álvarez)

MODERNA • FAMILIAR XXX Presenta varios privados, sugerentes expositores y un comedor clásico-actual dominado por una atractiva bodega acristalada. Cocina de tinte tradicional basada en la excelente calidad de sus productos, especialmente los pescados y mariscos.

→ Crema de calabaza, verduras mini de invernadero y mollejas confitadas. Lomo de salmonete con las oxidaciones del vino de Jerez. Torrija caramelizada con vainilla de Tahití y helado de yogur.

Menú 68 € - Carta 37/54 €

Bulevar 48 ✉ 04700 - ✆ 950 48 17 77 - www.restaurantelacosta.com - cerrado domingo

La Costa

COCINA TRADICIONAL • RÚSTICA Este gastrobar, que en su día fue el origen del negocio, se presenta hoy con un amplio interior de aire rústico. Sugerente cocina en miniatura y menú gastronómico de tapas.

Tapa 4 € - Ración aprox. 12 €

Bulevar 48 ✉ 04700 - ✆ 950 48 17 77 - www.restaurantelacosta.com - cerrado domingo

en Almerimar Sur : 10 km

Golf Almerimar

TRADICIONAL · MEDITERRÁNEA Un hotel de equipamiento moderno y altas calidades que aspira tanto al público de empresa como al vacacional. Ofrece unas habitaciones de gran confort, numerosos servicios complementarios y una oferta gastronómica de sabor oriental. ¡Bus propio hasta la playa!

104 hab – †85/350 € ††115/400 € – 11 suites

av. Almerimar ✉ 04711 Almerimar – ✆ 950 49 70 50 – www.hotelgolfalmerimar.com

ELCHE Alicante

→ Ver Elx

ELCIEGO

Álava – 1 051 h. – Alt. 450 m – Mapa regional : **18**-A3

Madrid 356 km – Vitoria-Gasteiz 77 km – Logroño 31 km – Iruña/Pamplona 115 km

Mapa de carreteras Michelin nº 573-E22

Marqués de Riscal

CREATIVA · DE DISEÑO XXXX ¡Diseño, diseño, diseño...! Su magnífica sala de techos altos nos sumerge en un mundo mágico y rico en detalles, siendo aquí donde la cocina de autor aflora con constantes guiños a la tradición. Reducida carta y completo menú degustación.

→ Carpaccio de cigala sobre tartar de tomate y ajoblanco. Cordero glaseado con un toque de jengibre y lima. Tosta templada con queso de Cameros, manzana y helado de miel.

Menú 85/125 € – Carta 50/70 €

Hotel Marqués de Riscal, Torrea 1 - Bodegas Marqués de Riscal ✉ 01340 – ✆ 945 18 08 88 – www.hotel-marquesderiscal.com – cerrado 4 enero-4 febrero, domingo noche, lunes y martes mediodía

Marqués de Riscal

LUJO · DE DISEÑO Forma parte del impresionante edificio creado por Frank O. Gehry para albergar las bodegas de las que toma su nombre, con habitaciones de lujoso diseño y un moderno SPA en un edificio anexo. También posee dos restaurantes, uno de carácter gastronómico y otro de gusto tradicional llamado Bistró 1860.

43 hab – †275/350 € ††350/450 €

Torrea 1 - Bodegas Marqués de Riscal ✉ 01340 – ✆ 945 18 08 88 – www.hotel-marquesderiscal.com – cerrado 4 enero-5 febrero

Marqués de Riscal – ver selección restaurantes

ELDA

Alicante – 53 248 h. – Alt. 395 m – Mapa regional : **11**-A3

Madrid 381 km – Albacete 134 km – Alacant/Alicante 37 km – Murcia 80 km

Mapa de carreteras Michelin nº 577-Q27

Fayago

COCINA TRADICIONAL · SENCILLA X Céntrico restaurante familiar de estética actual. Posee un vivero de marisco a la entrada y un comedor bastante diáfano. Carta de producto especializada en arroces y mariscos.

Menú 35/65 € – Carta 29/48 €

Colón 19 ✉ 03600 – ✆ 965 38 10 13 – www.fayago.es – solo almuerzo salvo viernes y sábado – cerrado 7 días en junio y 21 días en agosto

ELIZONDO

Navarra – Alt. 196 m – Mapa regional : **17**-B1

Madrid 497 km – Iruña/Pamplona 51 km – Vitoria-Gasteiz 144 km – Logroño 146 km

Mapa de carreteras Michelin nº 573-C25

Santxotena

COCINA TRADICIONAL • FAMILIAR El esmerado servicio de mesa, la amable atención y el cálido ambiente familiar son valores en alza en este restaurante, donde encontrará una carta atenta al recetario tradicional y algún que otro plato típico del Valle del Baztán.

Menú 13/22 € - Carta 27/44 €

Pedro Axular ✉ 31700 - ✆ 948 58 02 97 - www.santxotena.es - solo almuerzo salvo sábado y verano - cerrado Navidades, del 1 al 15 de septiembre y lunes

ELX ELCHE

Alicante - 227 312 h. - Alt. 90 m - Mapa regional : **11**-A3

Madrid 415 km - Alacant/Alicante 26 km - Murcia 61 km - València 174 km

Mapa de carreteras Michelin n° 577-R27

Frisone

COCINA TRADICIONAL • A LA MODA Un restaurante de estética actual en el que encontraremos diferentes espacios, detalles de diseño y hasta un pequeño patio-jardín japonés. Cocina mediterránea bien diversificada, pues no se olvida de los arroces ni de los mariscos de la zona de Santa Pola.

Menú 30 € - Carta 28/42 €

Plano : B2-x - *Ángel 31-2 ✉ 03203 - ✆ 965 45 11 97 - www.restaurantefrisone.com - cerrado 16 agosto-4 septiembre, domingo noche y lunes*

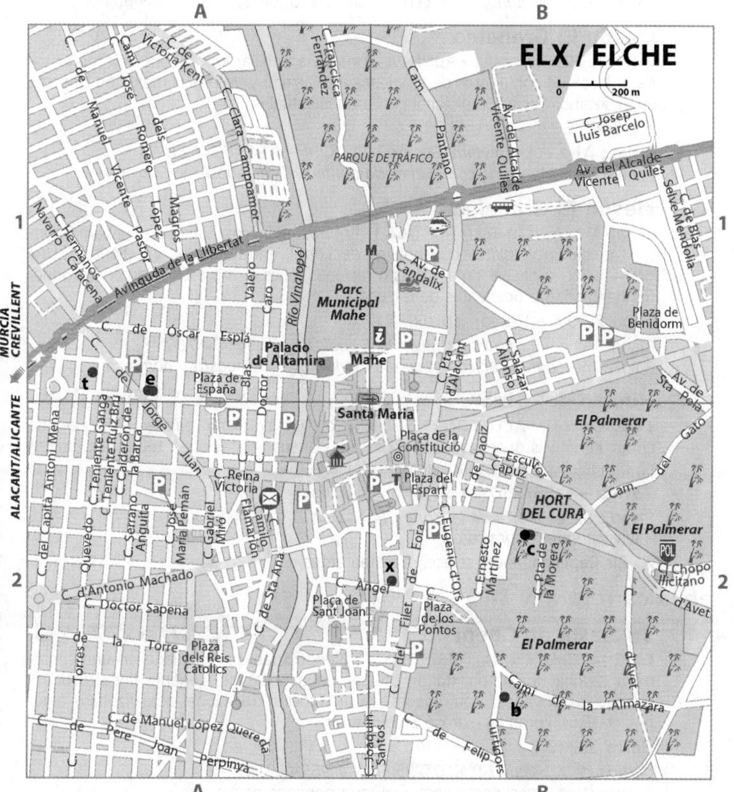

Els Capellans

MODERNA • ACOGEDORA XXX Le sorprenderá, pues resulta urbano en el montaje y actual en la propuesta, viéndose bien apoyado por una agradable terraza nocturna. ¡El Arroz con costra es un clásico!

Menú 35/50 € - Carta 30/55 €

Plano : B2-c - *Hotel Huerto del Cura, Porta de la Morera 14 ✉ 03203 - ✆ 966 61 00 11 - www.huertodelcura.com*

La Taula del Milenio

COCINA TRADICIONAL • ACOGEDORA XX Se encuentra en un pabellón independiente respecto al hotel, con amplias cristaleras para ver el soberbio palmeral. Carta de corte tradicional con buen apartado de arroces.

Menú 25/65 € - Carta 26/55 €

Plano : B2-b - *Prolongación de Curtidores ✉ 03203 - ✆ 966 61 20 33 - www.hotelmilenio.com - cerrado 21 días en enero*

Asador Ilicitano

COCINA TRADICIONAL • RÚSTICA X Negocio de ambiente rústico y buen montaje, con una pequeña barra a la entrada y la sala repartida en dos espacios. Proponen tres menús y una carta de gusto tradicional, donde encontrará varios asados, pescados y arroces.

Menú 18/50 € - Carta 33/52 €

Plano : A1-t - *Maestro Giner 9 ✉ 03201 - ✆ 965 43 58 64 - www.asadorilicitano.com - cerrado del 15 al 31 de agosto y domingo noche*

Mesón El Granaíno

COCINA TRADICIONAL • RÚSTICA X Una casa familiar con medio siglo de historia. Posee dos comedores de ambiente alpujarreño y dos salas más, tipo bodega, en el sótano. Cocina tradicional con toques actuales.

Menú 41/60 € - Carta 35/52 €

Plano : A1-e - *Josep María Buch 40 ✉ 03201 - ✆ 966 66 40 80 - www.mesongranaino.com - cerrado del 16 al 31 de agosto y domingo*

Mesón El Granaíno

COCINA TRADICIONAL • RÚSTICA ỳ/ Frituras, mariscos, tapas de cuchara, montaditos, canapés, platos con huevos de corral, entradas frías y calientes... Una gran opción si desea tomar tapas o raciones, pues siempre trabajan con productos de calidad procedentes de la zona.

Tapa 2,50 € - Ración aprox. 15 €

Plano : A1-e - *Josep María Buch 40 ✉ 03201 - ✆ 966 66 40 80 - www.mesongranaino.com - cerrado del 16 al 31 de agosto y domingo*

Huerto del Cura

TRADICIONAL • ACOGEDORA Se halla en un bellísimo palmeral, catalogado como Jardín Histórico Nacional, y destaca por sus habitaciones, todas distribuidas en bungalows y de estética actual-colonial.

73 hab - ††83/250 € - ☕13 € - 8 suites

Plano : B2-c - *Porta de la Morera 14 ✉ 03203 - ✆ 966 61 00 11 - www.huertodelcura.com*

Els Capellans - ver selección restaurantes

en la carretera N 340 Este : 5 km

La Masía de Chencho

COCINA TRADICIONAL • RÚSTICA XXX Negocio familiar instalado en una centenaria casona de campo, donde ofrecen varias salas de elegante línea rústica y numerosos privados. Aquí encontrará una cocina tradicional actualizada y algunos clásicos, como su exitoso Steak Tartar.

Carta 36/49 €

partida de Jubalcoy 1-9 ✉ 03295 Elx - ✆ 965 45 97 47 - www.lamasiadechencho.com - cerrado domingo noche

por la av. de Santa Pola Sureste : 4,5 km y desvío a la derecha 1 km, ver plano : B1-2

La Finca (Susi Díaz)

CREATIVA • RÚSTICA XXX Bonita casa de campo rodeada por una terraza ajardinada. Posee un moderno hall y un comedor rústico-actual definido por el atractivo uso decorativo de la piedra, la madera y los detalles en barro. Su chef propone una carta de base regional con toques de autor, fiel al producto local y con maridajes muy bien concebidos.

→ Alcachofa rellena de cebolla y gamba roja con mayonesa de ajo. Rape y quisquillas con arroz cremoso de cebolla y congrio. Brioche caramelizado al momento con azúcar de vainilla, helado de yogur griego y coco.

Menú 69/89 € - Carta aprox. 68 €

partida de Perleta 1-7 ✉ 03295 Elx
- ✆ 965 45 60 07 - www.lafinca.es
- cerrado del 2 al 16 de enero, Semana Santa, 7 días en octubre, domingo y lunes en verano, domingo noche, lunes y martes noche resto del año

EMPURIABRAVA

Girona – 2 877 h. – Mapa regional : **9**-D3
Madrid 737 km – Barcelona 154 km – Girona 56 km – Tarragona 244 km
Mapa de carreteras Michelin nº 574-F39

Noray

MODERNA • AMBIENTE CLÁSICO XX Si por algo destaca sobre manera es por su singular emplazamiento, con una coqueta terraza junto a la piscina y vistas a los yates amarrados en el canal. La propuesta culinaria, de base mediterránea y tinte actual, sorprende por sus esmeradas presentaciones.

Menú 23/42 € - Carta 40/52 €

Hotel Port Salins, av. Fages de Climent 10-15 ✉ 17487
- ✆ 902 45 47 00 - www.hotelportsalins.com
- cerrado domingo noche y lunes de 5 noviembre-15 marzo

Port Salins

TRADICIONAL • FUNCIONAL Excelentemente ubicado, junto a uno de los canales del puerto deportivo y... ¡con amarres propios a disposición de los clientes! Zona social con ascensor panorámico, habitaciones muy cuidadas y agradable azotea, utilizada en verano para organizar barbacoas.

41 hab - †70/160 € ††85/220 € - ☕ 15 €

av. Fages de Climent 10-15 ✉ 17487
- ✆ 972 45 66 40 - www.hotelportsalins.com

Noray – ver selección restaurantes

ENTRENA

La Rioja – 1 489 h. – Mapa regional : **14**-A2
Madrid 366 km – Logroño 14 km – Vitoria-Gasteiz 86 km – Pamplona 97 km
Mapa de carreteras Michelin nº 573-E22

Finca de los Arandinos

AGROTURISMO • DE DISEÑO ¡Enoturismo en estado puro! Este moderno hotel-bodega le sorprenderá, pues se encuentra rodeado de viñedos y muestra numerosos detalles de diseño... de hecho, muchas de sus habitaciones las ha vestido el polifacético creador David Delfín. En el restaurante ofrecen una carta regional y un menú degustación.

14 hab ☕ - †86/125 € ††110/150 €

✉ 26375 - ✆ 941 44 61 26 - www.fincadelosarandinos.com

ERRENTERIA RENTERÍA

Guipúzcoa - 39 276 h. - Alt. 11 m - Mapa regional : **18**-B2
Madrid 463 km - Vitoria-Gasteiz 115 km - Donostia-San Sebastián 10 km - Iruña/Pamplona 90 km
Mapa de carreteras Michelin n° 573-C24

en el cruce de la carretera de Astigarraga a Oiartzun Sur : 4 km y desvío 1,5 km

Mugaritz (Andoni Luis Aduriz)

CREATIVA • MINIMALISTA XXXX Un enclave aislado y singular donde vivir una experiencia gastronómica. Su chef elabora una cocina meditada y tremendamente personal, definida por un dominio técnico absoluto y una admirable propuesta de carácter multidisciplinar. ¡Disfrute su constante juego con los colores, los contrastes y las texturas!

→ Ostras escabechadas con vinagre. Hebras de txangurro helado. Rabito de cerdo ibérico.

Menú 185 € - solo menú

Aldura Aldea 20-Otzazulueta Baserria ✉ 20100 Errenteria - ✆ 943 52 24 55 - www.mugaritz.com - cerrado 15 diciembre-15 abril, domingo noche, lunes y martes mediodía

ERRIBERRI OLITE

Navarra - 3 907 h. - Alt. 380 m - Mapa regional : **17**-A2
Madrid 370 km - Iruña/Pamplona 43 km - Soria 140 km - Zaragoza 140 km
Mapa de carreteras Michelin n° 573-E25

Parador de Olite

EDIFICIO HISTÓRICO • HISTÓRICA Instalado parcialmente en un ala del antiguo castillo de los reyes de Navarra. Ofrece elegantes dependencias donde conviven en armonía el pasado histórico y el confort actual. En su comedor podrá descubrir los platos más representativos del recetario regional.

43 hab - 85/175 € - 18 €

pl. de los Teobaldos 2 ✉ 31390 - ✆ 948 74 00 00 - www.parador.es

L'ESCALA

Girona - 10 276 h. - Mapa regional : **9**-D3
Madrid 724 km - Barcelona 141 km - Girona 43 km - Tarragona 231 km
Mapa de carreteras Michelin n° 574-F39

La Gruta

MODERNA • AMBIENTE CLÁSICO XX Bien ubicado junto a la playa urbana del Port d'en Perris, en Punta de l'Olla. El chef, de origen francés, propone una cocina moderna con toques galos que está teniendo mucho éxito, pues se centra en tres menús-carta donde podrá escoger los platos a degustar.

Carta 25/45 €

de la Casa Gran 1 (Port d'en Perris) ✉ 17130 - ✆ 972 77 62 11 - www.restaurantlagruta.com - cerrado Navidades, 27 junio-10 julio, lunes salvo verano y domingo

El Molí de L'Escala

MODERNA • RÚSTICA XX Instalado en un antiquísimo molino-masía que pasó de explotar las harinas y arroces a, desde 1895, producir electricidad. Cocina actual fiel al producto local y de temporada.

Menú 20 € - Carta 35/57 €

camí de les Corts ✉ 17130 - ✆ 972 77 47 27 - www.molidelescala.com - solo almuerzo en invierno salvo viernes y sábado - cerrado diciembre-febrero, domingo noche y lunes

El Roser 2

MODERNA · ACOGEDORA XX Bien llevado entre hermanos y con una sala que le sorprenderá por sus vistas al mar. Completa carta internacional en la que destacan un menú de degustación y otro de mariscos.

Menú 25/90 € - Carta 53/77 €

passeig Lluís Albert 1 ✉ 17130 - ☎ 972 77 11 02 - www.elroser2.com - cerrado domingo noche y miércoles

Miryam

PESCADOS Y MARISCOS · AMBIENTE CLÁSICO XX Esta impecable casa familiar cuenta con dos salas de aire rústico y una atractiva terraza. Su carta, basada en pescados y mariscos de la zona, se completa con varios menús.

Menú 35/48 € - Carta 50/72 €

Ronda del Pedró 4 ✉ 17130 - ☎ 972 77 02 87 - www.restaurantmiryam.com - cerrado domingo noche salvo julio-agosto

Villa Teresita

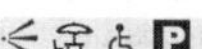

MEDITERRÁNEA · ACOGEDORA XX Su nombre rememora aquel que tuvo el hotel a principios del s. XX. En la sala, acristalada y asomada al mar, encontrará una cocina tradicional y marinera que mima el producto.

Carta 44/69 €

Hotel Empúries, platja del Portixol ✉ 17130 - ☎ 972 77 59 32 - www.hostalempuries.com

Empúries

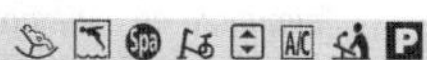

TRADICIONAL · CONTEMPORÁNEA ¡Junto a las ruinas de Empúries! Un magnífico ejemplo de arquitectura sostenible, pues parte del moderno hotel se asienta sobre un antiguo hostal ubicado frente a la playa. Escoja las habitaciones del edificio nuevo, mucho más amplias.

53 hab - 90/323 € - 18 €

platja del Portixol ✉ 17130 - ☎ 972 77 02 07 - www.hostalempuries.com

Villa Teresita - ver selección restaurantes

en Cinc Claus Noroeste : 1 km - Mapa regional : **9**-D1

Mas Concas

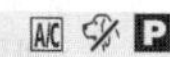

MEDITERRÁNEA · RÚSTICA XX Instalado en una bella masía no exenta de historia. En sus salones, de altísimos techos, descubrirá una cocina mediterránea-actual basada en las materias primas de la zona.

Menú 16/35 € - Carta 32/45 €

camí de Cinc Claus ✉ 17130 L'Escala - ☎ 972 77 51 58 - www.masconcas.com - solo almuerzo salvo viernes, sábado y domingo en invierno - cerrado enero, febrero y martes

ESCUNHAU Lleida → Ver Vielha

ESKUERNAGA VILLABUENA DE ÁLAVA

Álava - 306 h. - Alt. 487 m - Mapa regional : **18**-A2

Madrid 356 km - Vitoria-Gasteiz 64 km - Logroño 37 km - Iruña/Pamplona 121 km

Mapa de carreteras Michelin n° 573-E21

Viura

LUJO · DE DISEÑO Muy moderno, vinculado a la cultura del vino y construido en forma de cubos. Ofrece habitaciones amplias y luminosas, con mucho diseño y los suelos en cemento pulido. El restaurante, diáfano, actual y tremendamente original por cubrir el techo con barricas, ofrece una cocina tradicional actualizada.

33 hab - 114/284 € 127/297 €

Mayor ✉ 01307 - ☎ 945 60 90 00 - www.hotelviura.com - cerrado enero-9 febrero

ESPASANTE

A Coruña - Mapa regional : **13**-C1

Madrid 609 km - Santiago de Compostela 144 km - A Coruña 102 km - Lugo 113 km

Mapa de carreteras Michelin n° 571-A6

Planeta

PESCADOS Y MARISCOS • SENCILLA X Un negocio que tiene buen nombre gracias a la calidad de sus pescados y mariscos. Ofrece un comedor clásico-funcional, destacando las cinco mesas con vistas a la playa.

Menú 15 € - Carta 32/46 €

puerto, Norte : 1 km ✉ 15339 - ✆ 981 40 83 66 - www.restauranteplaneta.es - cerrado 15 días en febrero-marzo y domingo noche

ESPINAVESSA

Girona - Mapa regional : **9**-C3

Madrid 689 km - Barcelona 132 km - Girona 34 km - Tarragona 222 km

Mapa de carreteras Michelin n° 574-F38

La Rectoría

MODERNA • RÚSTICA XX Sorprende en este pueblecito, pues combina las partes originales de la casa, como las bóvedas de ladrillo, con otras de diseño moderno. Cocina de mercado bien actualizada.

Menú 20 € - Carta 30/40 €

La Font 15 ✉ 17747 - ✆ 972 55 37 66 - www.restaurantlarectoria.com - solo almuerzo en invierno salvo fines de semana - cerrado del 17 al 27 de noviembre, del 17 al 27 de mayo, domingo noche y lunes

ESPINOSA DE LOS MONTEROS

Burgos - 1 788 h. - Mapa regional : **8**-C1

Madrid 365 km - Valladolid 235 km - Burgos 118 km - Santander 109 km

Mapa de carreteras Michelin n° 575-C19

Posada Real Torre Berrueza

COCINA TRADICIONAL • RÚSTICA XX Atractivo edificio de estética rústica emplazado junto al hotel. En su comedor, rústico-actual, le propondrán una cocina tradicional-personalizada que cuida mucho el producto.

Carta 33/40 €

Hotel Posada Real Torre Berrueza, Nuño de Rasura 5 ✉ 09560 - ✆ 947 14 38 22 (es necesario reservar) - www.torreberrueza.es

Posada Real Torre Berrueza

HISTÓRICO • CONTEMPORÁNEA Instalado en una torre del s. XII rehabilitada con gusto. Presenta un coqueto salón social con chimenea y habitaciones no exentas de carácter, todas coloristas y confortables.

8 hab - †65 € ††85/95 €

Nuño de Rasura 5 ✉ 09560 - ✆ 947 14 38 22 - www.torreberrueza.es

Posada Real Torre Berrueza - ver selección restaurantes

ESPONELLÀ

Girona - 444 h. - Alt. 142 m - Mapa regional : **9**-C3

Madrid 710 km - Barcelona 127 km - Girona 28 km - Tarragona 217 km

Mapa de carreteras Michelin n° 574-F38

Can Roca

REGIONAL • AMBIENTE CLÁSICO X Negocio centenario y de carácter familiar, no en vano ya da trabajo a la 5ª generación. Platos locales y deliciosos guisos, estos elaborados aún en la antigua cocina de leña.

Menú 15/45 € - Carta 25/42 €

av. Carlos de Fortuny 1 ✉ 17832 - ✆ 972 59 70 12 - www.restaurantcanroca.cat - solo almuerzo en invierno salvo fines de semana - cerrado 2a quincena de marzo, 2a quincena de septiembre y martes

L'ESPUNYOLA

Barcelona - 252 h. - Mapa regional : **9**-C2
Madrid 619 km - Barcelona 111 km - Lleida 161 km - Girona 133 km
Mapa de carreteras Michelin n° 574-F35

Cal Majoral

FAMILIAR • RÚSTICA Instalado en una masía algo aislada y rodeada por una extensa zona de césped. Presenta una acogedora zona social con chimenea y unas habitaciones de impecable mantenimiento, todas personalizadas. El restaurante, que ofrece una cocina de tinte regional, complementa su sala con una terraza bajo los árboles.

9 hab - 75/90 €

carret. de Solsona, km 134 - Oeste : 2,5 km ✉ 08619
- ✆ 938 23 05 82 - www.calmajoral.com
- cerrado 15 días en enero-febrero y 7 días en julio

ESQUEDAS

Huesca - 74 h. - Alt. 509 m - Mapa regional : **2**-C1
Madrid 404 km - Huesca 14 km - Iruña/Pamplona 150 km
Mapa de carreteras Michelin n° 574-F28

Venta del Sotón

COCINA TRADICIONAL • RÚSTICA Casona de larga trayectoria a modo de venta aragonesa. Posee un buen bar de espera, con una chimenea circular, comedores de aire rústico-elegante y varias salas para banquetes. Carta tradicional con detalles actuales y diferentes menús.

Menú 34/49 € - Carta 41/69 €

carret. A 132, km 14 ✉ 22810 - ✆ 974 27 02 41 - www.ventadelsoton.com
- cerrado del 3 al 23 de noviembre, domingo noche, lunes, martes noche y miércoles noche

ESTEIRO

A Coruña - 72 h. - Mapa regional : **13**-A2
Madrid 648 km - Santiago de Compostela 49 km - A Coruña 96 km - Pontevedra 80 km
Mapa de carreteras Michelin n° 571-D3

Muiño

PESCADOS Y MARISCOS • SENCILLA Una casa que despunta, claramente, por la calidad de sus productos. Aquí encontrará una cocina tradicional gallega rica en mariscos y carnes a la piedra, aunque la gran especialidad es, sin duda, su Bogavante con arroz.

Menú 10/50 € - Carta 25/40 €

Ribeira de Mayo, carret. AC 550 ✉ 15240
- ✆ 981 76 38 85 - www.restaurantemuino.com
- cerrado del 9 al 27 de noviembre y lunes salvo verano

Punta Uia

FAMILIAR • RÚSTICA Este hotel goza de gran encanto, ya que disfruta de bellos hórreos e idílicas vistas a la ría. Entre sus habitaciones, todas detallistas, destacan las tres con terraza. En su restaurante, bastante coqueto, podrá degustar una carta tradicional bien elaborada.

10 hab - 64/95 € 83/110 €

carret. AC 550, Sureste : 1,5 km ✉ 15240
- ✆ 981 85 50 05 - www.hotelpuntauia.com
- cerrado 20 diciembre-enero

ESTELLA Navarra

→ Ver Lizarra

ESTEPONA

Málaga - 67 080 h. - Mapa regional : **1**-A3
Madrid 614 km - Cádiz 170 km - Málaga 89 km - Sevilla 230 km
Mapa de carreteras Michelin n° 578-W14

El Palangre

PESCADOS Y MARISCOS • **AMBIENTE CLÁSICO** Está en una zona alta de la ciudad, por lo que ofrece vistas parciales al mar. Agradable terraza, decoración marinera y una cocina especializada en pescados y mariscos.

Menú 25/40 € - Carta 24/44 €

Colón 20 ✉ 29680 - ✆ 952 80 58 57 - www.restauranteelpalangre.com - cerrado miércoles salvo agosto

por la autovía de Málaga

La Alcaría de Ramos

COCINA TRADICIONAL • **AMBIENTE CLÁSICO** El negocio, llevado con amabilidad entre dos hermanos, se presenta con un agradable comedor principal, donde esperan al comensal con la chimenea encendida. Carta tradicional.

Carta 26/35 €

urb. El Paraíso, Noreste : 11,5 km y desvío 1,5 km ✉ 29688 Cancelada - ✆ 952 88 61 78 - www.laalcariaderamos.es - solo cena - cerrado domingo

ESTERRI D'ÀNEU

Lleida - 804 h. - Alt. 957 m - Mapa regional : **9**-B1
Madrid 658 km - Lleida 204 km - Barcelona 262 km
Mapa de carreteras Michelin n° 574-E33

Els Puis

COCINA TRADICIONAL • **AMBIENTE CLÁSICO** Llevado por un amable matrimonio. En su comedor, de línea clásica, podrá degustar una cocina de mercado siempre enriquecida con platos típicos de la gastronomía pallaresa.

Carta 22/40 €

av. Dr. Morelló 13 ✉ 25580 - ✆ 973 62 61 60 - www.hotelelspuis.com - cerrado mayo, del 15 al 31 de octubre, domingo noche y lunes

EZCARAY

La Rioja - 2 050 h. - Alt. 813 m - Mapa regional : **14**-A2
Madrid 316 km - Burgos 73 km - Logroño 61 km - Vitoria-Gasteiz 80 km
Mapa de carreteras Michelin n° 573-F20

El Portal (Francis Paniego)

MODERNA • **MINIMALISTA** Una referencia para cualquier gastrónomo. El chef, que explora sus inquietudes fusionando la cocina tradicional y la de autor, exalta los sabores de su tierra y rompe algún tabú, llegando incluso a trabajar con casquería para transformarla en un exquisito manjar. ¡Puede extraer platos sueltos de sus menús degustación!

➜ Adobos en escabeche, cigala asada y siempre vivas. Pichón asado guarnecido con las notas de cata de un gran reserva. Tosta templada con queso de Cameros, manzana y helado de miel.

Menú 120/190 € - Carta aprox. 90 €

Hotel Echaurren, Padre José García 19 ✉ 26280 - ✆ 941 35 40 47 - www.echaurren.com - cerrado del 18 al 26 de diciembre, 9 enero-3 febrero, 26 junio-6 julio, martes salvo julio-septiembre, domingo noche y lunes

Echaurren Tradición

COCINA TRADICIONAL • AMBIENTE CLÁSICO XX Este restaurante, que fue la piedra angular del negocio, se presenta como el templo que guarda la memoria gastronómica de toda una vida dedicada a los fogones. Su chef propone una cocina tradicional bien elaborada y que cuida los detalles.

Menú 22/65 € - Carta 40/66 €

Hotel Echaurren, Padre José García 19 ✉ 26280 - ☎ 941 35 40 47 - www.echaurren.com - cerrado del 18 al 26 de diciembre, del 9 al 24 de enero y domingo noche salvo julio-agosto

Casa Masip

COCINA TRADICIONAL • RÚSTICA XX Instalado en una céntrica casa solariega con las paredes en piedra. En su comedor, rústico-actual y con la viguería de madera vista, podrá degustar una cocina tradicional especializada en verduras de temporada y platos de caza. Por si desea alojarse, disponen de un buen salón social y cuidadas habitaciones.

Menú 18/28 € - Carta 25/49 € 12 hab ☕ - †55/65 € ††77/99 €

Academia Militar de Zaragoza 6 ✉ 26280 - ☎ 941 35 43 27 - www.casamasip.com - solo almuerzo salvo viernes, sábado, Semana Santa y verano - cerrado del 15 al 30 de noviembre y lunes

Echaurren

FAMILIAR • MODERNA Un hotel de larga tradición familiar y gran prestigio en la región. Se presenta con una zona social renovada, una moderna cafetería y habitaciones bien actualizadas, todas ellas amplias, modernas y de completo equipamiento.

24 hab - †130/210 € ††180/250 € - ☕ 18 €

Padre José García 19 ✉ 26280 - ☎ 941 35 40 47 - www.echaurren.com - cerrado del 18 al 26 de diciembre y del 9 al 24 de enero

✿✿ **El Portal** • **Echaurren Tradición** - ver selección restaurantes

FALSET

Tarragona - 2 867 h. - Alt. 364 m - Mapa regional : **9**-A3

Madrid 514 km - Barcelona 135 km - Lleida 96 km - Tarragona 42 km

Mapa de carreteras Michelin nº 574-I32

El Celler de L'Aspic

COCINA TRADICIONAL • A LA MODA XX Un restaurante de línea moderna que ensalza el mundo de la enología, con numerosas vitrinas y expositores como parte de su decoración. Aquí proponen una cocina tradicional actualizada e interesantes menús de degustación, uno de ellos con maridaje de vinos.

Menú 30/60 € - Carta 31/40 €

Miquel Barceló 31 ✉ 43730 - ☎ 977 83 12 46 - www.cellerdelaspic.com - solo almuerzo salvo jueves, viernes y sábado - cerrado Navidades, 15 días en julio y miércoles

FANALS (Playa de) Girona

→ Ver Lloret de Mar

FELECHOSA

Asturias - 678 h. - Mapa regional : **3**-B2

Madrid 452 km - León 86 km - Lugo 280 km - Oviedo 54 km

Mapa de carreteras Michelin nº 572-C13

De Torres

TRADICIONAL • AMBIENTE CLÁSICO X Este negocio familiar, junto a la carretera, apuesta por la cocina tradicional asturiana y la organización de sugerentes Jornadas Gastronómicas (Caza, Bacalao, Matanza...).

Menú 10/20 € - Carta 30/40 €

carret. General 85 ✉ 33688 - ☎ 985 48 70 11 - www.hrdetorres.com - cerrado lunes noche y martes salvo festivos

FENE

A Coruña - 13 385 h. - Alt. 30 m - Mapa regional : **13**-B1
Madrid 598 km - A Coruña 46 km - Lugo 111 km - Santiago de Compostela 88 km
Mapa de carreteras Michelin nº 571-B5

por la carretera N 651 Sur : 3 km y desvío a San Marcos 1 km

Muiño do Vento

GALLEGA • AMBIENTE CLÁSICO Casa familiar de larga trayectoria. Posee un bar típico, dos salas de correcto montaje y una gran bodega en el sótano, donde abarcan casi todas las Denominaciones de Origen. Su cocina gallega se enriquece con varias jornadas gastronómicas.

Carta 35/45 €

Cadavás 4, Barrio de Magalofes ✉ 15509 Magalofes
- ☎ 981 34 09 21 - cerrado 24 diciembre-2 enero, 25 días en septiembre, domingo noche y lunes

FERROL

A Coruña - 69 452 h. - Mapa regional : **13**-B1
Madrid 603 km - A Coruña 55 km - Lugo 108 km - Santiago de Compostela 97 km
Mapa de carreteras Michelin nº 571-B5

O Camiño do Inglés

INTERNACIONAL • BISTRÓ Restaurante de línea actual y ambiente informal con cuyo nombre se hace un guiño a la variante del Camino de Santiago que parte desde Ferrol. Encontrará una cocina de tinte tradicional e internacional, rica en productos de mercado y pensada para compartir.

Carta 25/45 €

Plano : B2-c - *San Francisco 17 ✉ 15401*
- ☎ 981 35 20 90 (reserva aconsejable) - www.ocaminodoingles.com
- cerrado domingo noche, lunes y jueves noche

O Parrulo

GALLEGA • AMBIENTE CLÁSICO Este negocio familiar debe su nombre al apodo cariñoso de su propietario, pato en gallego, por eso muestran también una curiosa colección de figuras dedicadas a este animal. Ofrecen cocina gallega y una especialidad, el Chuletón de ternera.

Menú 16/26 € - Carta 24/52 €

av. Catabois 401, por B1 ✉ 15405
- ☎ 981 31 86 53 - www.oparrulo.com
- cerrado 24 diciembre-7 enero, domingo y miércoles noche

Medulio

GALLEGA • AMBIENTE CLÁSICO ¡A las afueras de Ferrol! Presenta un comedor principal de línea actual y varios privados. Cocina gallega tradicional con especialidades, como las Caldeiradas y el Lacón.

Carta 35/55 €

lugar del Bosque 73 (Serantes), por estrada de Xoane B1 ✉ 15405
- ☎ 981 33 00 89 - www.restaurantemedulio.com
- cerrado domingo noche y lunes

Parador de Ferrol

TRADICIONAL • CLÁSICA Esta mansión señorial combina su emplazamiento en el casco antiguo con unas buenas vistas, tanto al puerto como al mar. Ofrece unas confortables habitaciones de gusto clásico, destacando las asomadas al mar y las cuatro que tienen galería.

38 hab - ††70/150 € - ☕ 16 €

Plano : B2-a - *pl. Contralmirante Azarola Gresillón ✉ 15401*
- ☎ 981 35 67 20 - www.parador.es

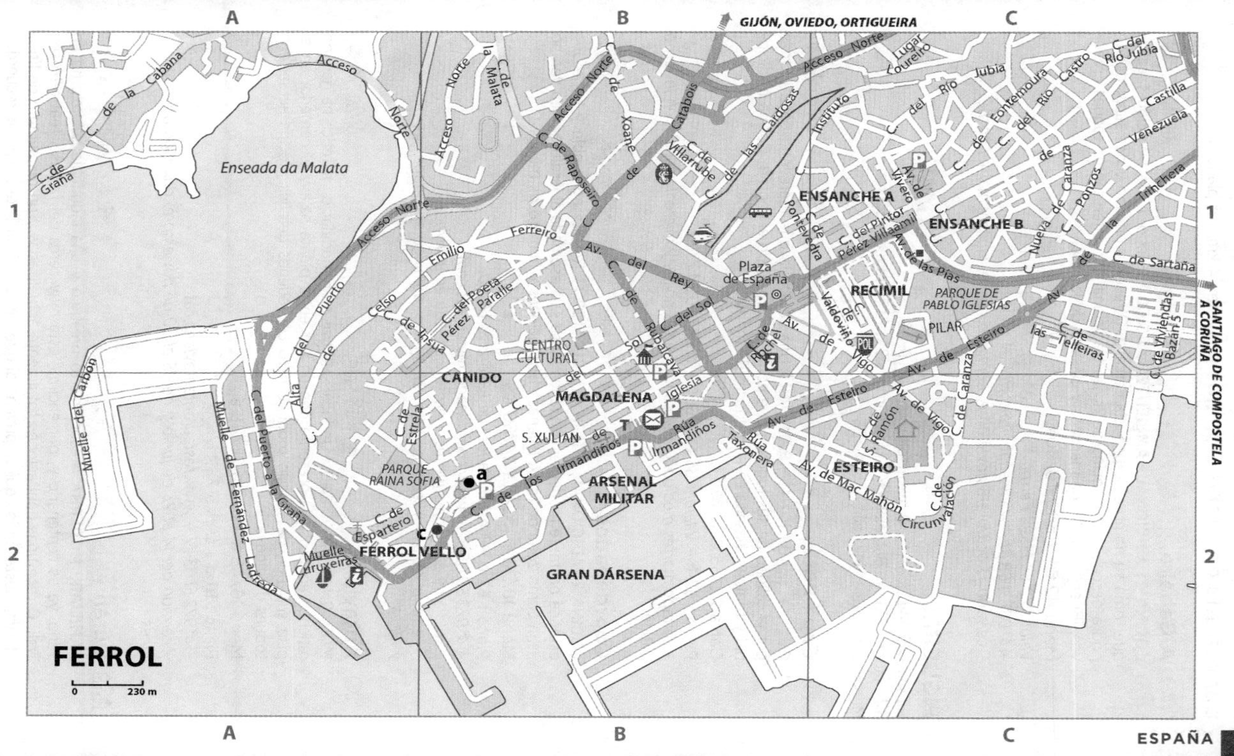
FERROL
0
230 m
GIJÓN, OVIEDO, ORTIGUEIRA
SANTIAGO DE COMPOSTELA
A CORUÑA
Enseada da Malata
ENSANCHE A
ENSANCHE B
RECIMIL
PARQUE DE PABLO IGLESIAS
PILAR
Plaza de España
CENTRO CULTURAL
CANIDO
MAGDALENA
S. XULIAN
ESTEIRO
ARSENAL MILITAR
GRAN DÁRSENA
PARQUE RAINA SOFÍA
FERROL VELLO
Muelle Curuxeiras
Muelle del Carbón
Muelle de Fernández Ladreda
C. del Puerto a la Graña
Alta del Puerto
Acceso Norte
C. de la Cabana
C. de Graña
C. de la Malata
C. de Raposeiro
C. de Xoane
Catabois
C. de Villarrube
C. de las Cardosas
Instituto
Lugar Loureiro
C. del Río Jubia
C. del Río Castro
C. de Fontemoura
Castilla
Venezuela
Trinchera
C. de Sartaña
Nueva de Caranza
C. de Ponzos
Av. de Vivero
C. de Pontevedra
C. del Pintor Pérez Villaamil
Av. de las Pías
Emilio Ferreiro
Av. del Rey
C. de Rubalcava
C. del Sol
C. de Rochel
Av. de Vigo
C. de Valdoviño
Av. de Esteiro
C. de las Telleiras
C. de Viviendas Bazán 5
C. de Caranza
C. de Ramón
Av. de Mac Mahón
C. de Circunvalación
Rúa Taxonera
Rúa Irmandiños
C. de los Irmandiños
Iglesia
C. de Estrela
C. de Espartero
C. del Poeta Pérez Parallé
Celso
C. de Insua
a
c
T
A
B
C
1
2

por estrada de praias Doniños Noroeste : 4 km, ver plano B1

A Gabeira

COCINA TRADICIONAL • AMBIENTE CLÁSICO XX Negocio de tradición familiar que toma su nombre de una isla cercana. Ofrece un privado y dos salas, donde podrá descubrir una cocina de gusto tradicional con interesantes toques creativos. ¡Buen apartado de mariscos y clásicos de la casa!

Menú 42 € - Carta 40/60 €

Valón 172 ✉ 15593 Ferrol
- ✆ 981 31 68 81 - www.agabeira.com
- cerrado 13 octubre-5 noviembre, domingo noche, lunes y martes noche

FIGUERES

Girona - 45 346 h. - Alt. 30 m - Mapa regional : **9**-D3
Madrid 723 km - Barcelona 140 km - Girona 42 km - Tarragona 230 km
Mapa de carreteras Michelin n° 574-F38

Cap i Pota

COCINA TRADICIONAL • FAMILIAR X Una casa a la que merece la pena ir, más por la calidad de sus fogones que por la decoración o el confort. Cocina tradicional y regional basada en el producto de mercado.

Carta 22/35 €

Plano : B2-h - *Vilafant 35 ✉ 17600 - ✆ 972 50 34 73*
- cerrado martes mediodía en verano, martes noche y miércoles noche en invierno y lunes

Coordenades

COCINA TRADICIONAL • AMBIENTE CLÁSICO XX Resulta agradable y tiene una estética bastante moderna, con la luminosa sala asomada al jardín que en verano usan como zona de relax. Buenas elaboraciones y numerosos menús.

Menú 18/70 € - Carta 34/50 €

Plano : B2-b - *Mestre Manuel de Falla 2 ✉ 17600*
- ✆ 972 50 05 82 - www.coordenadesrestaurant.com
- solo almuerzo salvo jueves, viernes y sábado en invierno
- cerrado 7 días en febrero, 7 días en agosto, domingo en verano y lunes

Antaviana

MODERNA • DE DISEÑO X Un local que tras su remodelación estética ha ganado muchos adeptos. Se presenta con un bar en la planta baja y el comedor en el piso superior, de sencillo montaje pero con buenos detalles. Cocina actual con toques de innovación.

Menú 16/45 € - Carta 26/48 €

Plano : B1-a - *Llers 5-7 ✉ 17600*
- ✆ 972 51 03 77 - www.restaurantantaviana.cat
- cerrado del 14 al 23 de junio y del 15 al 30 de noviembre, domingo noche y lunes

Duràn

FAMILIAR • MODERNA Atesora cierto prestigio y una indudable solera... no en vano, ya es centenario y, por encima, está muy cerca del famoso Teatre-Museu Dalí. Ofrece unas habitaciones totalmente actualizadas y un restaurante de línea clásica, destacando aquí un privado al que llaman "Ca la Teta", lleno de recuerdos de famosos.

65 hab - †60/80 € ††80/110 € - ☕ 11 €

Plano : B2-c - *Lasauca 5 ✉ 17600*
- ✆ 972 50 12 50 - www.hotelduran.com

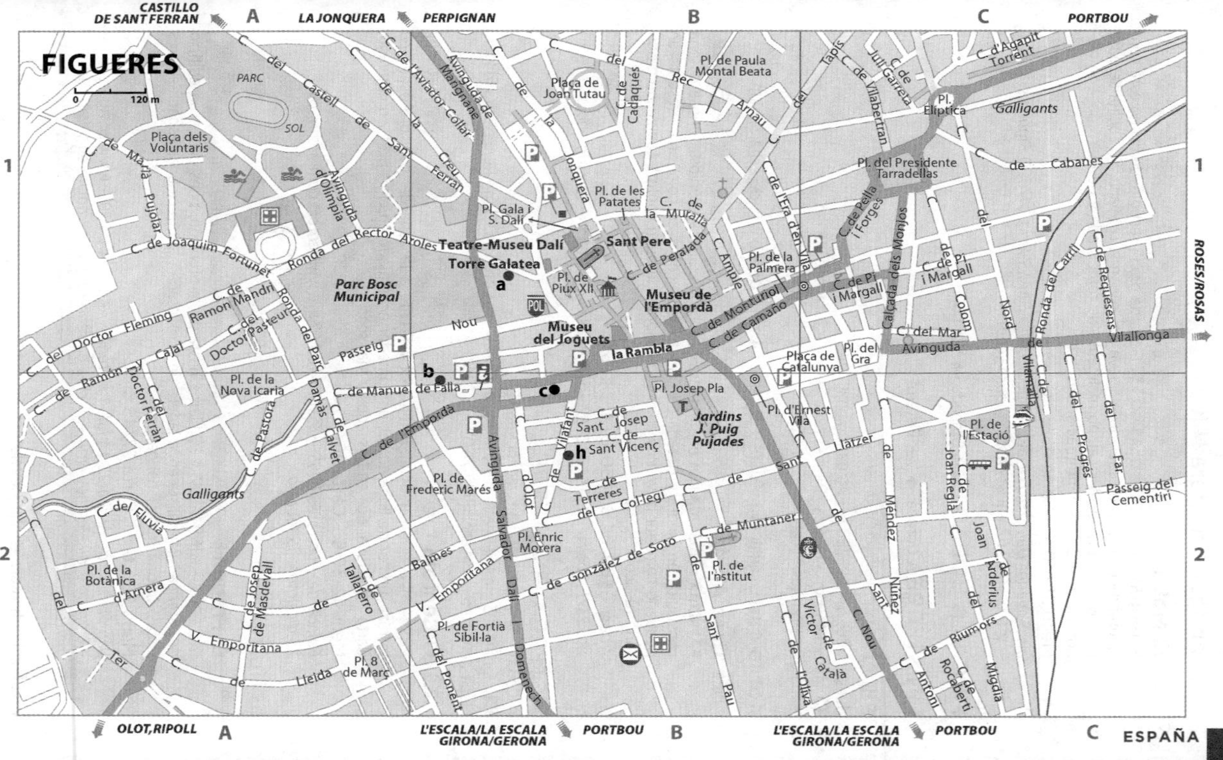

FIGUERES
0
120 m
CASTILLO DE SANT FERRAN
LA JONQUERA
PERPIGNAN
PORTBOU
ROSES/ROSAS
OLOT,RIPOLL
L'ESCALA/LA ESCALA GIRONA/GERONA
PORTBOU
L'ESCALA/LA ESCALA GIRONA/GERONA
PORTBOU
A
B
C
1
2
Teatre-Museu Dalí
Torre Galatea
Sant Pere
Museu de l'Empordà
Museu del Joguets
la Rambla
Jardins J. Puig Pujades
Parc Bosc Municipal
Pl. Gala i S. Dalí
Pl. de les Patates
Pl. de Piux XII
Pl. Josep Pla
Plaça de Catalunya
Pl. del Gra
Pl. de la Palmera
Pl. d'Ernest Vila
Pl. de l'Institut
Pl. Enric Morera
Pl. de Frederic Marés
Pl. de Fortià Sibil·la
Pl. 8 de Març
Pl. de la Botànica
Pl. de la Nava Icaria
Plaça dels Voluntaris
Plaça de Joan Tutau
Pl. de Paula Montal Beata
Pl. del President Tarradellas
Pl. Elíptica
Pl. de l'Estació
Avinguda de Marignane
Avinguda Salvador Dalí i Domenech
Avinguda d'Olimpia
Avinguda Vilallonga
Calçada dels Monjos
Ronda del Rector Aroles
Ronda de Joaquim Fortunet
Ronda del Parc
Ronda del Carril
C. de l'Aviador Collar
C. del Castell
C. de la Creu
C. de Sant Ferran
C. de la Jonquera
C. de Cadaqués
C. del Rec
C. d'Arnau
C. del Tapis
C. de Vilabertran
C. de Juli Garreta
C. d'Agapit Torrent
C. de Cabanes
C. de Requesens
C. del Far
C. del Progrés
Passeig del Cementiri
C. de Vilamalla
C. del Nord
C. de Colom
C. de Pi i Margall
C. del Mar
C. de Pella i Forgas
C. de l'Era d'en Vila
C. Ample
C. de Monturiol
C. de Caamaño
C. de la Muralla
C. de Peralada
C. de Joan Reglà
C. de Joan Arderius
C. del Migdia
C. de Rumors
C. de Rocaberti
C. de Méndez Núñez
C. de Sant Antoni
C. de Llàtzer
C. Nou
C. de Víctor Català
C. de l'Oliva
C. de Sant Pau
C. de Muntaner
C. de Sant Josep
C. de Sant Vicenç
C. de Terreres
C. del Col·legi
C. de Vilafant
C. d'Olot
C. de González de Soto
C. Emporitana
C. Balmes
C. del Ponent
C. de Tallaferro
C. de Lleida
C. de Josep de Masdevall
C. de l'Empordà
C. de Manuel de Falla
Nou
passeig
C. de Calvet
C. de Damàs
C. del Doctor Pasteur
C. de Ramon Mandri
C. del Doctor Fleming
C. de Ramon y Cajal
C. del Doctor Ferràn
C. de Marià Pujolar
C. de Pastora
C. del Fluvià
C. d'Amera
C. del Ter
V. Emporitana
Galligants
PARC
SOL
a
b
c
h
ESPAÑA
C

en la antigua carretera N II

El Motel

REGIONAL • AMBIENTE CLÁSICO Goza de gran prestigio, de hecho está considerado como el precursor de la nueva gastronomía catalana. Su cocina se basa mucho en el producto local, normalmente de temporada y de mercado, con elaboraciones clásicas e internacionales.

Menú 28/40 € - Carta 45/60 €

av. Salvador Dalí 170, por av. Salvador Dalí AB1 : 1,5 km ✉ 17600 Figueres - ☎ 972 50 05 62 - www.hotelemporda.com

FINCA LA BOBADILLA Granada → Ver Loja

FINISTERRE A Coruña → Ver Fisterra

FISCAL

Huesca - 361 h. - Alt. 768 m - Mapa regional : **2**-C1

Madrid 460 km - Huesca 75 km - Lleida 147 km - Zaragoza 148 km

Mapa de carreteras Michelin n° 574-E29

por la carretera de Ainsa Sureste : 4 km y desvío a la derecha 5,5 km

Casa Arana

FAMILIAR • RÚSTICA ¡En una extensa finca con cultivos propios! Curiosa casona construida en piedra y dotada de llamativos balcones en color añil. Presenta un pequeño comedor privado y unas habitaciones de buen confort, todas con mobiliario rústico.

7 hab - †60/64 € ††60/67 € - 6 €

✉ 22371 Albella - ☎ 974 34 12 87 - www.casasarana.com - cerrado enero

FISTERRA FINISTERRE

A Coruña - 4 775 h. - Mapa regional : **13**-A2

Madrid 693 km - Santiago de Compostela 91 km - A Coruña 107 km - Pontevedra 144 km

Mapa de carreteras Michelin n° 571-D2

O'Centolo

PESCADOS Y MARISCOS • FAMILIAR ¡Frente a la zona del puerto! Posee una terraza, un bar de línea actual, un comedor acristalado en el 1er piso y un privado. Carta tradicional rica en pescados y mariscos.

Menú 12/30 € - Carta 26/40 €

Bajada del Puerto ✉ 15155 - ☎ 981 74 04 52 - www.centolo.com - cerrado 23 diciembre-15 febrero

al Norte 2 km

Ó Fragón

GALLEGA • MINIMALISTA Llama bastante la atención, pues ocupa un edificio de estética minimalista en la ladera de la montaña y... ¡ofrece unas espectaculares vistas! Cocina tradicional gallega.

Menú 35/50 € - Carta 27/45 €

San Martiño de Arriba 22 ✉ 15154 Fisterra - ☎ 981 74 04 29 - www.ofragon.es - cerrado 7 días en noviembre, 5 días en febrero, martes noche en verano y martes resto del año

FOFE Pontevedra → Ver Covelo

FONTIBRE

Cantabria - 82 h. - Mapa regional : **6**-B2

Madrid 352 km - Burgos 116 km - Bilbao 169 km - Vitoria-Gasteiz 178 km

Mapa de carreteras Michelin n° 572-C17

Fuentebro

COCINA TRADICIONAL • ACOGEDORA XX Ofrece un bar, un saloncito con chimenea y un comedor rústico-elegante en el piso superior, este último con los techos en madera y una galería acristalada. Carta tradicional.

Carta 31/48 €

San Félix ✉ 39212 - ☎ 942 77 97 72 - www.restaurantefuentebro.com
- solo almuerzo salvo viernes, sábado, festivos y julio-agosto
- cerrado del 6 al 24 de noviembre

Posada Rural Fontibre

FAMILIAR • RÚSTICA Casona de labranza del s. XIX vestida con multitud de detalles. Su atractiva fachada en piedra da paso a un coqueto salón con chimenea y unas cálidas habitaciones, todas rústicas, confortables, de vivos colores y con mobiliario restaurado.

6 hab - †45/59 € ††65/84 €

El Molino 23 ✉ 39212 - ☎ 942 77 96 55 - www.posadafontibre.com

El FORMIGAL Huesca

→ Ver Sallent de Gállego

FRAGA

Huesca - 14 921 h. - Alt. 118 m - Mapa regional : **2**-C2
Madrid 438 km - Zaragoza 122 km - Huesca 134 km - Tarragona 119 km
Mapa de carreteras Michelin n° 574-H31

+Billauba

COCINA TRADICIONAL • FAMILIAR XX Presenta una zona de tapas a la entrada, un comedor clásico-actual y un altillo que se reserva para comidas más privadas. Cocina tradicional actualizada y completa bodega.

Menú 23/40 € - Carta 35/45 €

av. de Aragón 41 ✉ 22520 - ☎ 974 47 41 67 - www.billauba.com
- solo almuerzo salvo viernes y sábado
- cerrado del 1 al 7 de enero, del 15 al 31 de agosto y domingo

La FRESNEDA

Teruel - 474 h. - Alt. 585 m - Mapa regional : **2**-C2
Madrid 441 km - Tarragona 131 km - Teruel 177 km - Zaragoza 130 km
Mapa de carreteras Michelin n° 574-J30

Matarraña

COCINA TRADICIONAL • FAMILIAR X Céntrica casa de piedra dotada con varias salas, todas de ambiente rústico y algunas con chimenea. Ofrecen una carta tradicional bien elaborada, aunque como la mayoría de sus clientes son de paso esta no suele variar mucho durante el año.

Menú 18 € - Carta 20/35 €

pl. Nueva 5 ✉ 44596 - ☎ 978 85 45 03 - cerrado 10 días en septiembre, domingo noche y martes salvo festivos

El Convent 1613

COCINA TRADICIONAL • ELEGANTE XX Se distribuye en torno al patio acristalado del hotel y suele tener clientes alojados, pues se halla en un marco que merece la pena disfrutar. Cocina tradicional actualizada.

Menú 28/55 € - Carta 31/66 €

Hotel El Convent 1613, El Convento 1 ✉ 44596
- ☎ 978 85 48 50 (es necesario reservar) - www.hotelelconvent.com
- cerrado del 17 al 26 de diciembre, del 7 al 15 de enero, domingo noche y lunes

El Convent 1613

HISTÓRICO • RÚSTICA Este hotelito rural, que en su día fue un convento, atesora muchísimo encanto, tanto por sus estancias como por su agradable jardín. Encontrará dos tipos de habitaciones, las del edificio principal de estética rústica y las del anexo con una línea más actual.

20 hab - 80/120 € 115/150 €

El Convento 1 44596
- 978 85 48 50 - www.hotelelconvent.com
- cerrado del 17 al 26 de diciembre y del 7 al 14 de enero

El Convent 1613 – ver selección restaurantes

FRIGILIANA

Málaga – 3 065 h. – Alt. 311 m – Mapa regional : **1**-C2
Madrid 555 km – Granada 111 km – Málaga 58 km
Mapa de carreteras Michelin nº 578-V18

por la carretera de Torrox Noroeste : 2,5 km

La Posada Morisca

FAMILIAR • ACOGEDORA Tranquilo y con buenas vistas, ya que está colgado en la ladera de una montaña. Las habitaciones disfrutan de una decoración rústica, con algunos detalles actuales y terraza. En su restaurante podrá degustar una cocina propia del recetario tradicional.

12 hab – 59/99 € – 6 €

Loma de la Cruz 29788 Frigiliana – 952 53 41 51
- www.laposadamorisca.com

FRÓMISTA

Palencia – 822 h. – Alt. 780 m – Mapa regional : **8**-C2
Madrid 257 km – Burgos 78 km – Palencia 31 km – Santander 170 km
Mapa de carreteras Michelin nº 575-F16

Hostería de los Palmeros

COCINA TRADICIONAL • AMBIENTE CLÁSICO XX ¡En un edificio que funcionó como hospital de peregrinos! Posee un hermoso bar, un salón con chimenea para tomar el café y un comedor a la carta en el piso superior. Cocina tradicional basada en el producto, tanto del mar como del mercado.

Carta 32/57 €

pl. San Telmo 4 34440 – 979 81 00 67 – www.hosteriadelospalmeros.com
- cerrado 9 enero-17 febrero y martes salvo Navidades, Semana Santa, verano y festivos

FUENGIROLA

Málaga – 77 525 h. – Mapa regional : **1**-B3
Madrid 557 km – Granada 155 km – Málaga 33 km – Sevilla 236 km
Mapa de carreteras Michelin nº 578-W16

Girol

MODERNA • MARCO CONTEMPORÁNEO XX Casa de instalaciones actuales y organización familiar, con los padres pendientes de la sala y los hijos al frente de los fogones. Su carta de tinte actual, con bases tradicionales y toques creativos, se ve enriquecida con dos menús degustación.

Menú 35/50 € – Carta 30/44 €

av. de las Salinas 10, por av. del Alcalde Clemente Díaz Ruiz A1 29640
- 952 66 02 68 – www.restaurantegirol.com
- cerrado domingo y lunes mediodía

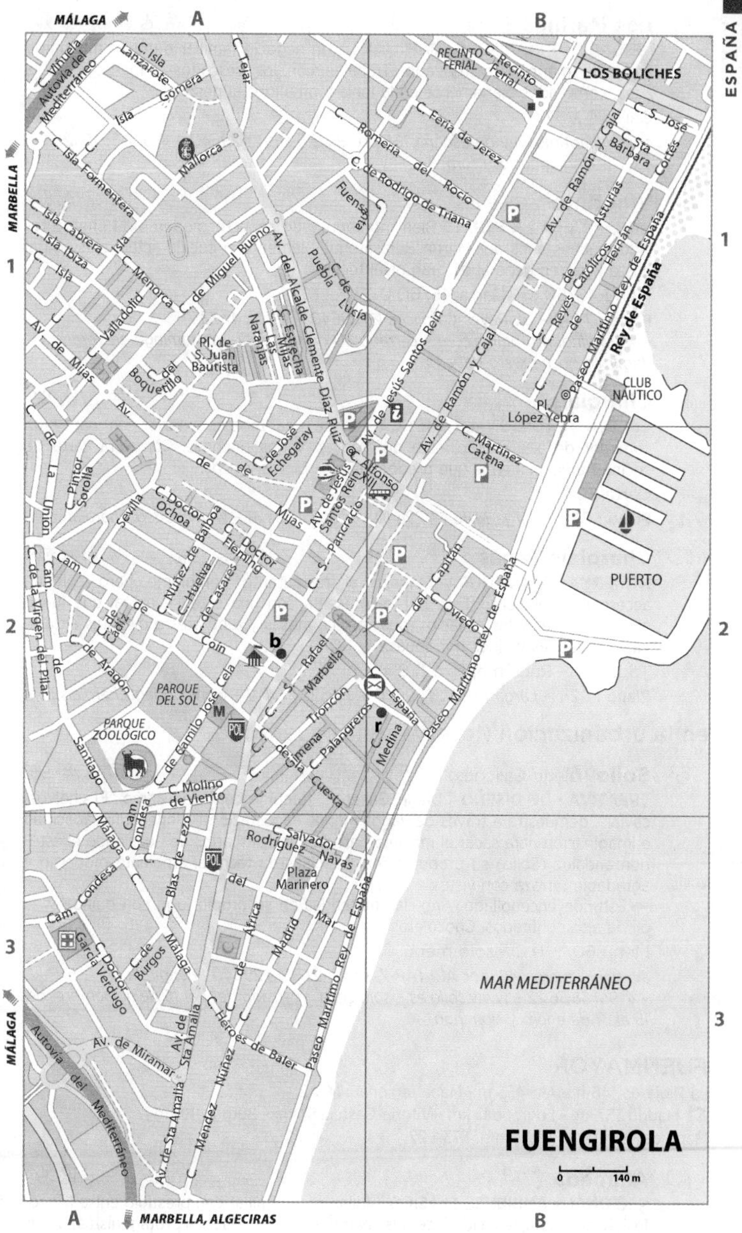
MÁLAGA
A
B
FUENGIROLA
MAR MEDITERRÁNEO
LOS BOLICHES
PUERTO
CLUB NAUTICO
PARQUE DEL SOL
PARQUE ZOOLÓGICO
RECINTO FERIAL
Pl. López Yebra
Pl. de S. Juan Bautista
Plaza Marinero
Paseo Marítimo Rey de España
Rey de España
Av. de Ramón y Cajal
Av. de Jesús Santos Rein
Av. del Alcalde Clemente Díaz Ruiz
Av. de Mijas
Av. de Sta Amalia
Av. de Miramar
Autovía del Mediterráneo
C. Martínez Catena
C. del Capitán
C. Oviedo
C. Troncón
C. Marbella
C. Medina
C. Palangreros
C. de la Cuesta
C. Salvador Rodríguez Navas
C. del Mar
C. Madrid
C. de África
C. Héroes de Baler
C. Méndez Núñez
C. Málaga
C. Blas de Lezo
C. de Burgos
C. Doctor García Verdugo
Cam. Condesa
C. Molino de Viento
C. de Camilo José Cela
C. Santiago
C. de Aragón
C. de Cádiz
C. de la Virgen del Pilar
C. de la Unión
C. Pintor Sorolla
C. Sevilla
C. Doctor Ochoa
C. Núñez de Balboa
C. Huelva
C. de Casares
C. Doctor Fleming
C. de Coín
C. de José Echegaray
C. Alfonso XIII
C. S. Pancracio
C. S. Rafael
C. de Miguel Bueno
C. Menorca
C. Valladolid
C. del Boquetillo
C. Isla Cabrera
C. Isla Ibiza
C. Isla Formentera
C. Isla Mallorca
C. Isla Gomera
C. Isla Lanzarote
C. Viñuela
C. Tejar
C. Romería del Rocío
C. de Rodrigo de Triana
C. Feria de Jerez
C. Recinto Ferial
C. Fuensanta
C. Puebla
C. de Lucía
C. Estrecha
C. Mijas
C. Las Naranjas
C. S. José
C. Sta Bárbara
C. Cortés
C. Hernán
C. Asturias
C. de Reyes Católicos
MARBELLA
MÁLAGA
MARBELLA, ALGECIRAS
b
r
POL
M
0
140 m
1
2
3

Los Marinos José

PESCADOS Y MARISCOS • FAMILIAR XX Un negocio familiar de buen montaje y ambiente marinero actualizado. Trabajan con los pescados y mariscos de la zona, comprados diariamente en la lonja y ofrecidos al peso.

Carta 40/57 €

paseo Marítimo Rey de España 161, por B1, 2,5 km ✉ 29640 – ✆ 952 66 10 12 – www.losmarinosjose.com

Vinotinto

MODERNA • A LA MODA X Bien montado y de aspecto moderno. El chef, tutelado muchos años por Martín Berasategui, plantea una cocina actual ajustada al gusto local, en general de gran nivel técnico.

Menú 45/50 € – Carta 45/60 €

Plano : A2-b – *pl. Reyes Católicos ✉ 29640 – ✆ 952 47 33 71 – www.vinotinto-online.com – cerrado 20 días en febrero, domingo en verano y domingo noche resto del año.*

Charolais

COCINA TRADICIONAL • RÚSTICA X Posee una terraza exterior, un bar y un comedor de aire rústico, este dividido en varios rincones. Completa carta de cocina tradicional en la que predominan los platos vascos.

Carta 30/55 €

Plano : B2-r – *Larga 14-16 ✉ 29640 – ✆ 952 47 54 41 – www.bodegacharolais.com*

Charolais Tapas

MODERNA • ACOGEDORA 🍸 Anexo al restaurante homónimo pero con un acceso independiente. Este bar se presenta con una estética actual que juega con los colores y los espacios, pues ofrece mesas y taburetes a distintas alturas. Tapas creativas y vinos por copas.

Tapa 3 € – Ración aprox. 11 €

Plano : B2-r – *Larga 14-16 ✉ 29640 – ✆ 952 47 54 41 – www.bodegacharolais.com*

en la urbanización Reserva del Higuerón

Sollo (Diego Gallegos)

CREATIVA • DE DISEÑO X Diego Gallegos, también conocido como "El chef del caviar", demuestra a través de varios menús degustación su innegable capacidad e imaginación para sacar el máximo partido a los pescados de río, siendo el esturión andaluz (Sollo) su producto fetiche. Maestría técnica, ambiente moderno y agradable terraza con vistas.

→ Esturión encebollado. Anguilas glaseadas en su propio jugo con quinoa y ali oli de ajos confitados. Chocolates.

Menú 60/100 € – solo menú

av. del Higuerón 48, por AB1 (AP-7, salida 217) ✉ 29640 Fuengirola – ✆ 951 38 56 22 – www.sollo.es – solo cena – cerrado del 1 al 15 de noviembre, del 15 al 31 de enero y domingo

FUENMAYOR

La Rioja – 3 146 h. – Alt. 433 m – Mapa regional : **14**-A2

Madrid 357 km – Logroño 14 km – Vitoria-Gasteiz 57 km – Burgos 119 km

Mapa de carreteras Michelin n° 573-E22

Alameda

REGIONAL • AMBIENTE CLÁSICO XX Una casa familiar con prestigio entre la profesión gracias a la calidad de sus materias primas. ¿Busca protagonistas? Aquí, sin duda, son la parrilla y el carbón de encina.

Carta 40/65 €

pl. Félix Azpilicueta 1 ✉ 26360 – ✆ 941 45 00 44 – www.restaurantealameda.com – cerrado Navidades, agosto, domingo noche y lunes

Mesón Chuchi

COCINA TRADICIONAL • RÚSTICA XX Presenta dos salas de elegante rusticidad, una con la parrilla vista. Cocina tradicional, sabores riojanos y gran vinoteca-tienda, con vinos y aceites de arbequina propios.

Menú 25/60 € - Carta 34/57 €

carret. de Vitoria 2 ✉ 26360
- ✆ 941 45 04 22 - www.mesonchuchi.com
- cerrado miércoles noche

FUENTE DÉ

Cantabria - Alt. 1 070 m - Mapa regional : **6**-A1
Madrid 424 km - Palencia 198 km - Potes 25 km - Santander 140 km
Mapa de carreteras Michelin n° 572-C15

Parador de Fuente Dé

TRADICIONAL • RÚSTICA Gran edificio en piedra recorrido por una amplia cristalera. Por su ubicación, al pie de los Picos de Europa, resulta el alojamiento idóneo para los amantes de la montaña. Posee dos comedores, uno para clientes y otro para grupos, ambos de estilo rústico.

77 hab - ††70/140 € - ☕17 €

alt. 1 070 ✉ 39588 - ✆ 942 73 66 51 - www.parador.es
- 7 marzo-7 diciembre

FUENTERRABÍA Guipúzcoa

→ Ver Hondarribia

FUENTESPALDA

Teruel - 285 h. - Alt. 712 m - Mapa regional : **2**-C3
Madrid 467 km - Tarragona 137 km - Teruel 170 km - Zaragoza 156 km
Mapa de carreteras Michelin n° 574-J30

por la carretera de Valderrobres Noreste : 6,3 km y desvío a la izquierda 5,3 km

La Torre del Visco

LUJO • ACOGEDORA Masía del s. XV ubicada en el campo, en una finca repleta de olivos y que cuenta con un huerto ecológico. Resulta ideal para desconectar, ofreciendo también rutas de senderismo, talleres de cocina, catas... Gastronomía de proximidad con productos de temporada.

9 hab ☕ - †175/215 € ††195/240 € - 7 suites

✉ 44587 Fuentespalda
- ✆ 978 76 90 15 - www.torredelvisco.com - cerrado 8 enero-9 febrero

GALAPAGAR

Madrid - 32 294 h. - Alt. 881 m - Mapa regional : **15**-A2
Madrid 37 km - Ávila 79 km - Segovia 66 km - Toledo 105 km
Mapa de carreteras Michelin n° 576-K17

Garnacha

COCINA TRADICIONAL • RÚSTICA XX Se presenta con un comedor algo reducido pero de buen montaje, decorado en piedra vista y con vigas de madera, así como un reservado y una coqueta bodega. Cocina tradicional.

Menú 38 € - Carta 44/60 €

carret. Las Rozas-El Escorial 12, km 16 ✉ 28260
- ✆ 918 58 33 24 - www.restaurantegarnacha.com
- cerrado 20 días en noviembre, domingo noche y lunes

GALDAKAO GALDÁCANO

Vizcayа - 29 344 h. - Alt. 60 m - Mapa regional : **18**-A3
Madrid 403 km - Bilbao 11 km - Donostia-San Sebastián 91 km - Vitoria-Gasteiz 68 km
Mapa de carreteras Michelin nº 573-C21

Andra Mari

COCINA TRADICIONAL • RÚSTICA XX Hermoso caserío ubicado en lo alto del pueblo, por lo que disfruta de unas fantásticas vistas al valle del río Ibaizábal. Presenta una zona de espera con bar, varias salas de ambiente rústico-regional y un bello espacio en el sótano dedicado tanto al vino como a la sidra. Cocina vasca tradicional con toques actuales.

→ Ostra sobre mantequilla de naranja y cava. Carrillera de ternera con crema de ajo negro y romesco. Bizcocho de zanahoria, coco y helado de yogur.

Menú 39/59 € - Carta 45/62 €

barrio Elexalde 22 ✉ 48960 - ✆ 944 56 00 05 - www.andra-mari.com - solo almuerzo salvo fines de semana - cerrado Semana Santa, del 1 al 25 de agosto y martes

Iraragorri

FAMILIAR • RÚSTICA Debe su nombre al mítico futbolista del Athletic (José Iraragorri) y recupera su precioso caserío familiar, del s. XV. Encontrará coquetas habitaciones, con profusión de madera y mobiliario de época, así como un atractivo restaurante en las antiguas cuadras.

9 hab - †55/60 € ††70/75 € - ☕ 8 €

Txomin Egileor 28 ✉ 48960 - ✆ 944 36 36 01 - www.iraragorri.com

GALDO Lugo → Ver Viveiro

GALIZANO

Cantabria - 666 h. - Mapa regional : **6**-C1
Madrid 408 km - Santander 30 km - Bilbao 88 km
Mapa de carreteras Michelin nº 572-B18

Casona Las Cinco Calderas

FAMILIAR • MODERNA Esta casona rural disfruta de un agradable jardín, un porche, un salón-biblioteca y unas habitaciones de línea actual, con profusión de maderas claras y algún que otro mueble restaurado. En la misma finca podrá disfrutar de varias actividades hípicas, como clases de equitación o excursiones a caballo.

12 hab ☕ - †70/100 € ††82/110 €

barrio Linderrío 13, Este : 1.5 km ✉ 39160 - ✆ 942 50 50 89 - www.lascincocalderas.com - cerrado 15 diciembre-15 enero

GALLEGOS

Segovia - 94 h. - Mapa regional : **8**-C3
Madrid 124 km - Valladolid 217 km - Segovia 34 km
Mapa de carreteras Michelin nº 575-I18

La Posada de Gallegos

FAMILIAR • ACOGEDORA Excelente turismo rural ubicado a unos 200 m. del pueblo, en un edificio de piedra. Posee un salón social con chimenea y coquetas habitaciones, cuatro con terraza. Su atractivo restaurante se complementa, en el sótano, con un espacio a modo de asador vasco.

8 hab ☕ - †66 € ††77/83 € - 1 suite

camino de Matabuena ✉ 40162 - ✆ 921 50 90 70 - www.laposadadegallegos.com - cerrado 7 días en septiembre

GANDÍA

Valencia - 75 514 h. - Mapa regional : **11**-B2
Madrid 416 km - Albacete 170 km - Alacant/Alicante 109 km - València 68 km
Mapa de carreteras Michelin nº 577-P29

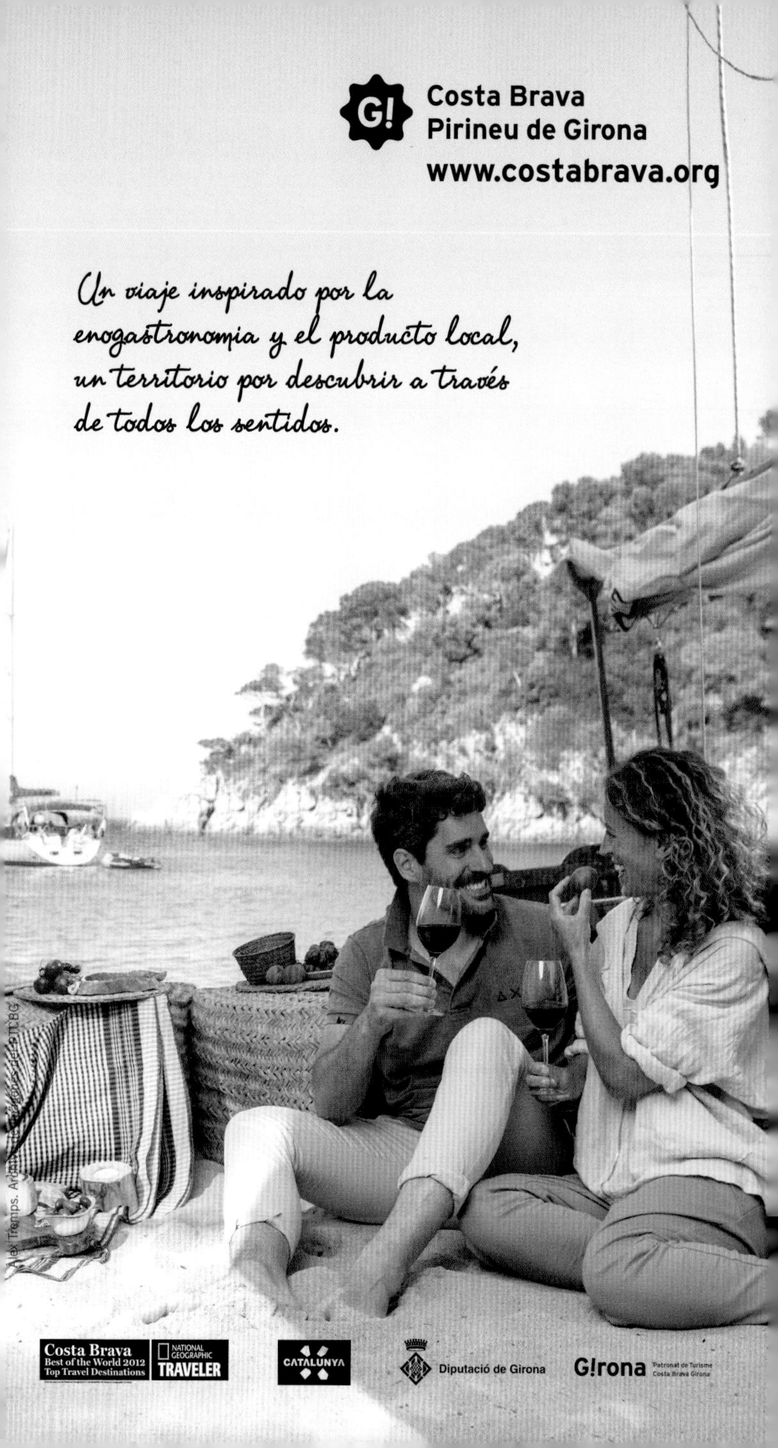
Costa Brava
Pirineu de Girona
www.costabrava.org
Un viaje inspirado por la enogastronomia y el producto local, un territorio por descubrir a través de todos los sentidos.
Alex Tremps.
Costa Brava Best of the World 2012 Top Travel Destinations
NATIONAL GEOGRAPHIC TRAVELER
CATALUNYA
Diputació de Girona
G!rona
Patronat de Turisme Costa Brava Girona

Telero

COCINA TRADICIONAL • ACOGEDORA Bien llevado por un matrimonio e instalado en una casa centenaria. En su comedor, no muy grande pero acogedor y con las paredes en piedra, le propondrán una cocina de base tradicional con toques creativos. ¡Esté atento a las sugerencias del día!

Carta 26/38 €

Sant Ponç 7 ✉ 46702 - ✆ 962 86 73 18 - www.telero.es - cerrado 15 días en enero, 15 días en junio y domingo

en el puerto (Grau) Noreste : 3 km - Mapa regional : **11**-B2

L'Ham

COCINA TRADICIONAL • AMBIENTE CLÁSICO Está en una calle poco transitada de la zona del puerto... sin embargo, goza de gran aceptación por su cocina, basada en arroces y mariscos. ¡En su azotea puede tomar copas!

Menú 35/60 € - Carta 30/60 €

Germans Benlliure 22 ✉ 46730 Grau de Gandía - ✆ 962 84 60 06 - www.lham.es - solo almuerzo

La GARRIGA

Barcelona - 15 740 h. - Alt. 258 m - Mapa regional : **09D**-C2

Madrid 637 km - Barcelona 40 km - Girona 85 km - Tarragona 129 km

Mapa de carreteras Michelin n° 574-G36

Vinòmic

COCINA TRADICIONAL • SENCILLA En sus salas, de modesto montaje y con parte de las paredes en piedra, ofrecen una cocina tradicional actualizada que toma como base los productos de proximidad. ¡Interesante!

Menú 14 € - Carta 26/37 €

carrer Banys 60 ✉ 08530 - ✆ 931 29 82 70 - www.vinomic.cat - cerrado 22 febrero-8 marzo, 24 agosto-7 septiembre, domingo noche, lunes noche y martes

GARRIGUELLA

Girona - 842 h. - Mapa regional : **9**-D3

Madrid 737 km - Barcelona 154 km - Girona 56 km - Tarragona 244 km

Mapa de carreteras Michelin n° 574-E39

Vilamont

FAMILIAR • ACOGEDORA Coqueto hotelito de organización familiar ubicado junto a la iglesia del pueblo. Disfruta de unas habitaciones muy cuidadas, una agradable tarraza-solárium y un pequeño SPA.

11 hab - 95/105 € 105/130 €

pl. de l'Església 5 ✉ 17780 - ✆ 972 53 17 57 - www.hotelspavilamont.com

GAUTEGIZ-ARTEAGA

Vizcaya - 869 h. - Alt. 40 m - Mapa regional : **18**-B3

Madrid 431 km - Bilbao 52 km - Donostia-San Sebastián 94 km - Vitoria-Gasteiz 98 km

Mapa de carreteras Michelin n° 573-B22

Castillo de Arteaga

EDIFICIO HISTÓRICO • CLÁSICA Resulta singular, pues remonta sus orígenes al s. XVI y disfruta de excelentes vistas a la reserva de Urdaibai. Sus habitaciones poseen mobiliario de época y artesonados originales, destacando las de las torres. El restaurante, con dos salas de elegante clasicismo, ofrece una cocina de tinte tradicional.

13 hab - 132/165 € 165/198 €

Gaztelubide 7 ✉ 48314 - ✆ 946 24 00 12 - www.castillodearteaga.com - cerrado enero

GAVÀ

Barcelona – 46 405 h. – Mapa regional : **10**-B3
Madrid 608 km – Barcelona 21 km – Tarragona 77 km – Girona 122 km
Mapa de carreteras Michelin nº 574-I36

Major, Trentasis

CATALANA • AMBIENTE CLÁSICO X Casa de larga trayectoria que toma el nombre de su dirección, en pleno centro. En sus comedores, de aire antiguo, apuestan por la cocina tradicional catalana de producto.

Menú 15/25 € – Carta 35/50 €

Major 36 ✉ 08850 – ☎ 936 62 66 52 – www.major36.com – cerrado Semana Santa, 21 días en agosto, domingo y lunes noche

en la zona de la playa Sur : 5 km

Les Marines

COCINA TRADICIONAL • AMBIENTE CLÁSICO XXX Está emplazado en una finca arbolada próxima al mar, con una atractiva terraza y acogedoras salas de ambiente clásico. Cocina tradicional actualizada y sugerencias del día.

Menú 35/60 € – Carta 38/59 €

Calafell 21 ✉ 08850 Gavà – ☎ 936 33 35 70 – www.lesmarines.com – cerrado domingo noche y festivos noche

GERONA Girona → Ver Girona

GETAFE

Madrid – 174 921 h. – Alt. 623 m – Mapa regional : **15**-B2
Madrid 14 km – Aranjuez 38 km – Toledo 56 km
Mapa de carreteras Michelin nº 576-L18

Casa de Pías

MODERNA • A LA MODA XX Este céntrico negocio presenta una estética de gusto contemporáneo, con cuadros actuales y un claro dominio de los tonos blancos. Cocina actual y reservado en la 1ª planta.

Carta 34/51 €

pl. Escuelas Pías 4 ✉ 28901 – ☎ 916 96 47 57 – www.casadepias.com – cerrado Semana Santa, agosto, domingo noche, lunes noche y martes noche

GETARIA GUETARIA

Guipúzcoa – 2 783 h. – Mapa regional : **18**-B2
Madrid 434 km – Bilbao 80 km – Donostia-San Sebastián 29 km – Iruña/Pamplona 98 km
Mapa de carreteras Michelin nº 573-C23

Elkano

PESCADOS Y MARISCOS • AMBIENTE CLÁSICO XX Una casa familiar que demuestra un extraordinario conocimiento del producto, seleccionado diariamente en la lonja. Centran su propuesta en unos pescados y mariscos muy bien elaborados, normalmente de temporada y con unos puntos de parrilla realmente especiales. ¡Carta de vinos cuidada a la par que asequible!

→ Kokotxas en diferentes texturas. Rodaballo salvaje a la parrilla. Helado de queso con infusión de frutos rojos.

Carta 70/85 €

Herrerieta 2 ✉ 20808 – ☎ 943 14 00 24 – www.restauranteelkano.com – cerrado 23 diciembre-5 enero, 15 días en marzo-abril, del 17 al 28 de octubre, domingo noche y lunes noche salvo verano y martes

Kaia Kaipe

PESCADOS Y MARISCOS • AMBIENTE CLÁSICO XX Se halla en el casco antiguo y cuenta con unos cuidados comedores, uno tipo terraza. Excelente bodega, vivero propio, vistas al puerto y la parrilla como gran protagonista.

Carta 45/70 €

General Arnao 4 ✉ 20808 – ✆ 943 14 05 00 – www.kaia-kaipe.com – cerrado Navidades, 2ª quincena de febrero, 7 días en octubre y lunes noche salvo verano

Astillero

PESCADOS Y MARISCOS • SENCILLA X Asador vasco tradicional emplazado en el 2º piso de una antigua casa tipo nave, muy sencilla, familiar y con vistas a la bahía de Getaria. Ofrece unos excelentes pescados y mariscos. ¡Pruebe su Rodaballo salvaje a la parrilla!

Carta 35/57 €

Portua 1 ✉ 20808 – ✆ 943 14 04 12 – cerrado Navidades, enero, 20 días en febrero, domingo noche y martes noche

Saiaz Getaria

FAMILIAR • ACOGEDORA Casa del s. XV con detalles de antigua nobleza. Ofrece dos tipos de habitaciones: las clásicas con las paredes en piedra y las más modernas, en tonos blancos, asomadas al mar.

17 hab – †75/109 € ††88/138 € – ☕ 9 €

Roke Deuna 25 ✉ 20808 – ✆ 943 14 01 43 – www.saiazgetaria.com – cerrado 11 diciembre-28 febrero

Itxas-Gain

FAMILIAR • CLÁSICA Su nombre significa "Sobre el mar" y atesora una terraza panorámica al borde mismo del acantilado, sirviendo allí los desayunos. Habitaciones modernas, algunas abuhardilladas.

16 hab – ††65/90 € – ☕ 6 €

Roke Deuna 1 ✉ 20808 – ✆ 943 14 10 35 – www.hotelitxasgain.com – cerrado 24 diciembre-enero

GETXO

Vizcaya – 78 846 h. – Alt. 51 m – Mapa regional : **18**-A3

Madrid 412 km – Vitoria-Gasteiz 81 km – Donostia-San Sebastián 110 km – Bilbao 16 km

Mapa de carreteras Michelin nº 573-B21

Brasserie

COCINA TRADICIONAL • DE DISEÑO XX Presenta una sala luminosa y actual, así como una terraza frente al mar. Cocina tradicional especializada en pescados salvajes, que suelen elaborar con maestría a la brasa.

Carta 38/49 €

Hotel Igeretxe, Muelle de Ereaga 3 - playa de Ereaga ✉ 48992 – ✆ 944 91 00 09 – www.hotel-igeretxe.com – cerrado domingo noche y lunes en invierno

Tamarises Izarra

COCINA TRADICIONAL • AMBIENTE CLÁSICO XX ¡Frente a la playa de Ereaga! En su comedor, clásico-actual y asomado a la ría de Bilbao, le propondrán una cocina vasca y tradicional con algunas elaboraciones más actuales.

Menú 45 € – Carta 36/60 €

Muelle de Ereaga 4 - playa de Ereaga ✉ 48992 – ✆ 944 91 00 05 – www.tamarisesizarra.com – cerrado domingo noche

Igeretxe

NEGOCIOS • CONTEMPORÁNEA Un hotel con cierto encanto, pues se halla en plena playa de Ereaga y atesora unas magníficas terrazas con vistas. Ofrece correctos espacios sociales y amplias habitaciones, todas de línea actual-funcional y la mayoría asomadas al mar. Su oferta gastronómica viaja de la cocina japonesa a la más tradicional.

22 hab – 75/88 € 97/117 €

Muelle de Ereaga 3 - playa de Ereaga ✉ 48992
– ✆ 944 91 00 09 – www.hotel-igeretxe.com

Brasserie – ver selección restaurantes

en Algorta :

GIBRALGALIA

Málaga – Mapa regional : **1**-B2
Madrid 566 km – Sevilla 189 km – Málaga 38 km – Cádiz 223 km
Mapa de carreteras Michelin nº 578-V15

Posada los Cántaros

FAMILIAR • ACOGEDORA Destaca tanto por sus vistas a la sierra de Gibralgalia como por sus curiosos detalles decorativos. Cálida zona social con chimenea y cuidadas habitaciones de aire rústico. El restaurante, que ofrece una carta internacional, se refuerza con una amplia terraza.

6 hab – 69/109 €

Don Ramón 17 ✉ 29569 – ✆ 952 42 35 63 – www.posadaloscantaros.com

GIJÓN

Asturias – 274 290 h. – Mapa regional : **3**-B1
Madrid 474 km – Bilbao 296 km – A Coruña 341 km – Oviedo 30 km
Mapa de carreteras Michelin nº 572-B12

Auga (Gonzalo Pañeda)

COCINA TRADICIONAL • ELEGANTE XXX En pleno puerto deportivo de Gijón y con idílicas vistas al mismo, especialmente desde su agradable terraza. En su luminosa sala, de estética actual aunque con los techos y los suelos en madera, podrá degustar una cocina de bases tradicionales y regionales con platos actualizados. ¡Interesante menú degustación!

→ Vieira, manzana verde, champiñón y plancton. Rodaballo del Cantábrico, algas, ajetes y limón verde. Sopa de queso de cabra con avellanas y miel.

Menú 50/73 € – Carta 42/71 €

Plano : A1-c – *Claudio Alvargonzález ✉ 33201*
– ✆ 985 16 81 86 – www.restauranteauga.com
– cerrado 15 días en noviembre, 10 días en junio, domingo noche y lunes salvo en agosto

La Salgar (Esther Manzano)

COCINA TRADICIONAL • ACOGEDORA XXX Restaurante de línea actual emplazado junto al Museo del Pueblo de Asturias, con los exteriores ajardinados. En su atractivo comedor, que tiene altos techos en madera y amplias cristaleras, descubrirá una carta de bases tradicionales y regionales con la mayor parte de sus platos actualizados. ¡Buenos menús degustación!

→ Otoño. Pichón macerado en algas, emulsión de sardinas, kalamata y hierbas de las marismas. Sidra en el llagar.

Menú 70/120 € – Carta 42/70 €

paseo Dr. Fleming 859, por av. del Molinón B2 ✉ 33203
– ✆ 985 33 11 55 – www.lasalgar.es
– cerrado 20 febrero-7 marzo, 24 septiembre-10 octubre, domingo noche, lunes y martes noche

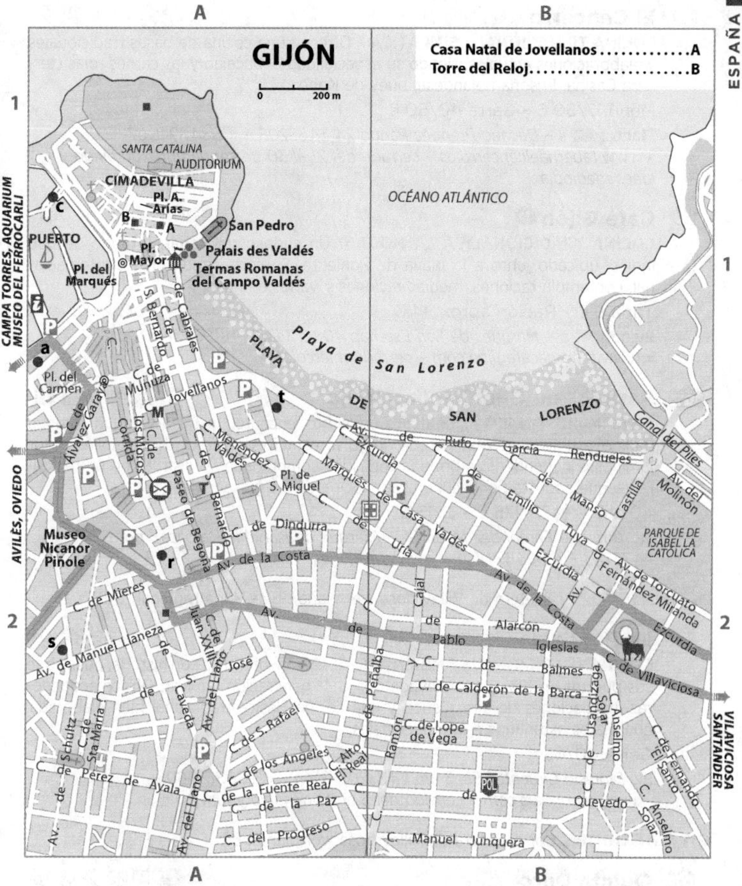

A B

GIJÓN

Casa Natal de Jovellanos .... A
Torre del Reloj .... B

Ciudadela

COCINA TRADICIONAL · AMBIENTE CLÁSICO XX Cuenta con un concurrido bar de tapas y dos comedores, todo de cuidado ambiente rústico. En el sótano poseen otros cinco espacios más a modo de cuevas. Su completa carta alberga platos tradicionales, de cuchara, internacionales, de caza...

Menú 16/60 € – Carta 35/57 €

Plano : A1-t – *Capua 7 ✉ 33202 – ✆ 985 34 77 32*
– www.restauranteciudadela.com – cerrado domingo noche y lunes salvo festivos o vísperas

V. Crespo

COCINA TRADICIONAL · AMBIENTE TRADICIONAL XX ¡Un clásico de ambiente marinero! Su cocina tradicional y asturiana se enriquece con varias jornadas gastronómicas, como las del Cocido maragato o las del Bacalao en Cuaresma.

Menú 16/47 € – Carta 35/55 €

Plano : A2-r – *Periodista Adeflor 3 ✉ 33205 – ✆ 985 34 75 34*
– www.restaurantevcrespo.com – cerrado del 1 al 15 de julio, domingo noche y lunes

El Cencerro

COCINA TRADICIONAL • SIMPÁTICA Ofrecen una cocina de bases tradicionales y elaboraciones actuales, siendo su especialidad el bacalao y las carnes rojas (ternera Casina, Frisona holandesa, buey de Kobe...).

Menú 17/50 € - Carta 40/50 €

Plano : A2-s - *Decano Prendes Pando 24 ✉ 33208 - ☎ 984 39 15 67 - www.tabernaelcencerro.es - cerrado del 21 al 30 de septiembre, domingo y lunes mediodía*

Café Gijón

COCINA TRADICIONAL • A LA MODA Un curioso gastrobar, a modo de pub inglés, ubicado junto a la playa de Poniente. Su carta, tradicional e internacional, contempla raciones, medias raciones y varios menús.

Tapa 6 € - Ración aprox. 14 €

Plano : A1-a - *Marqués de San Esteban 40 ✉ 33201 - ☎ 985 34 67 96 - www.tabernacafegijon.com - cerrado miércoles*

Parador de Gijón Molino Viejo

EDIFICIO HISTÓRICO • CLÁSICA Con cierto encanto, instalado en un antiguo molino y ubicado en un parque, junto al estadio de fútbol de El Molinón. Sus luminosas dependencias brindan todas las comodidades y disfruta de un restaurante que apuesta por recuperar la "cocina de las guisanderas".

40 hab - ††75/175 € - ☕ 15 €

av. Torcuato Fernández Miranda 15 (parque de Isabel la Católica), por B2 ✉ 33203 - ☎ 985 37 05 11 - www.parador.es

en Somió por carretera de Villaviciosa, ver plano : B2 - Mapa regional : **3**-B1

La Pondala

COCINA TRADICIONAL • AMBIENTE CLÁSICO Una casa con historia, pues abrió sus puertas en 1891 y está llevada por la 4ª generación familiar. Ofrece acogedoras instalaciones de aire rústico y una cocina clásica-tradicional bien elaborada, con platos asturianos e internacionales.

Carta 40/65 €

av. Dionisio Cifuentes 58, 3 km ✉ 33203 Gijón - ☎ 985 36 11 60 - www.lapondala.com - cerrado del 5 al 22 de junio y jueves

en Cabueñes por carretera de Villaviciosa, ver plano : B2

Quinta Duro

FAMILIAR • HISTÓRICA Atractiva casa señorial de finales del s. XIX rodeada por una extensa zona verde, con jardines y árboles centenarios. ¡Todo se viste con maderas nobles y mobiliario antiguo!

11 hab - †59/74 € ††72/103 € - ☕ 7 €

camino de las Quintas 384, 5 km ✉ 33394 Cabueñes - ☎ 985 33 04 43 - www.hotelquintaduro.com - abril-11 diciembre

en Santurio por carretera de Villaviciosa : 7,5 km, ver plano B2 - Mapa regional : **3**-B1

Los Nogales

COCINA TRADICIONAL • AMBIENTE CLÁSICO Le sorprenderá por la calidad de sus materias primas... no en vano, se abastecen de su propia ganadería. Posee una terraza de verano, un buen porche acristalado precediendo al bar-sidrería y varias salas. ¡Pruebe sus deliciosas parrilladas!

Menú 15 € - Carta 35/50 €

La Matona 118 ✉ 33394 Santurio - ☎ 985 33 63 34 - www.restaurantelosnogales.es - solo almuerzo en invierno salvo viernes y sábado - cerrado 24 diciembre-enero, lunes noche y martes

GIMENELLS

Lleida - 1 151 h. - Mapa regional : **9**-A2
Madrid 472 km - Barcelona 185 km - Lleida 26 km - Huesca 106 km
Mapa de carreteras Michelin nº 574-H31

Malena (Josep María Castaño)

MODERNA • ACOGEDORA XX ¡Todo un hallazgo! Este restaurante de línea clásica-actual está instalado en una antigua vaquería, donde se presenta con la cocina a la vista del cliente, dos comedores y un privado. El chef, que suele trabajar con productos autóctonos, elabora una carta de tinte actual y dos menús, uno de ellos de degustación.

→ Escabeche de atún con tomate confitado a la albahaca. Cordero lechal cocido a la canela y pimiento, acabado a la brasa. Carquinyolis ahogados en crema catalana.

Menú 38/58 € - Carta 45/65 €

carret. de Sucs (La Vaqueria) ✉ 25112
- ✆ 973 74 85 23 - www.malenagastronomia.com
- solo almuerzo salvo viernes y sábado
- cerrado del 2 al 6 de enero y lunes

GIRONA GERONA

97 586 h. - Alt. 70 m - Mapa regional : **10**-A1
Madrid 687 km - Barcelona 102 km - Lleida 229 km - Tarragona 192 km
Mapa de carreteras Michelin nº 574-G38

Massana (Pere Massana)

CREATIVA • AMBIENTE CLÁSICO XXX Un negocio serio, bien llevado y... ¡con más de 30 años de historia! En su comedor, de elegante línea clásica, le propondrán una cocina actualizada que, lejos de conformarse, siempre busca sorprender desde la evolución. Trabajan muy bien con el producto de proximidad y de temporada: la caza, las setas, las trufas...

→ Carpaccio de boletus, gamba marinada, trufa y vinagreta de piñones. Lubina de anzuelo en "suquet" de pescado y frutos del mar. Huevo estrellado de yogur, mango y chocolate blanco.

Menú 100 € - Carta 64/91 €

Plano : A1-t - *Bonastruc de Porta 10-12 ✉ 17001*
- ✆ 972 21 38 20 - www.restaurantmassana.com
- cerrado Navidades, 10 días en agosto, domingo y martes noche

Nu

MODERNA • MINIMALISTA XX El local, ubicado en esquina en una zona peatonal del casco antiguo, se presenta con un interior de estética minimalista. Tiene la barra frente a la cocina y sorprende al terminar muchos de sus platos ante el cliente. ¡Cocina actual con pinceladas orientales!

Carta 30/40 €

Plano : B2-x - *Abeuradors 4 ✉ 17001*
- ✆ 972 22 52 30 - www.nurestaurant.cat
- 10 días en noviembre, 10 días en febrero, 10 días en junio, lunes mediodía y domingo

Divinum N

DE MERCADO • AMBIENTE CLÁSICO XX Un restaurante clásico no exento de personalidad, pues cubre sus dependencias con las tradicionales bóvedas catalanas. Carta actual de temporada e interesante oferta de menús.

Menú 32/65 € - Carta 39/57 €

Plano : B2-a - *Albereda 7 ✉ 17004*
- ✆ 872 08 02 18 - www.divinum.cat
- cerrado domingo

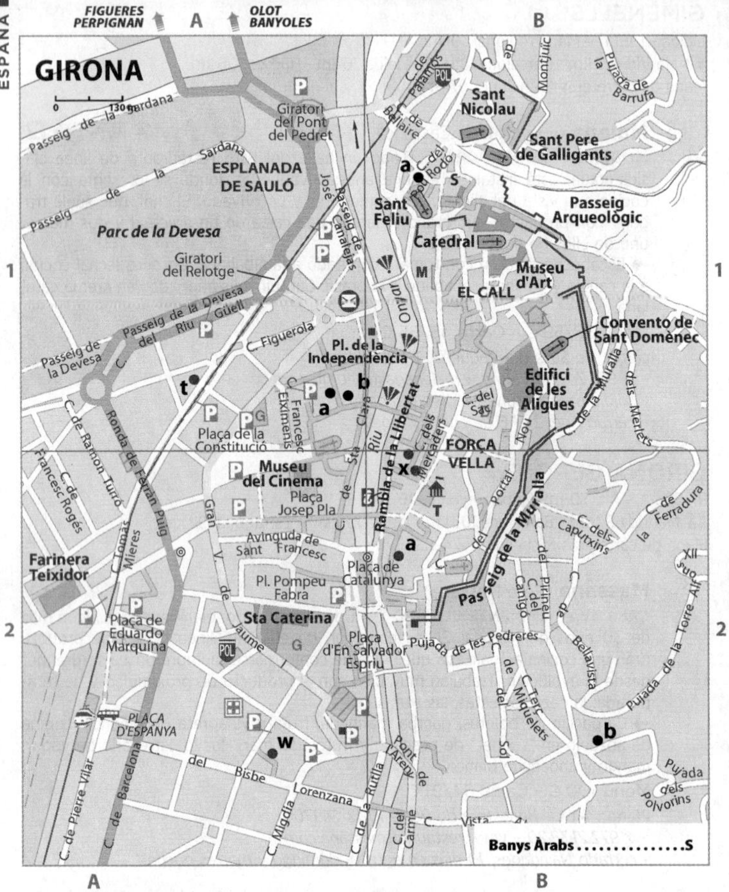

GIRONA

Banys Àrabs .... S

Vinomi

COCINA TRADICIONAL • SIMPÁTICA XX Algo alejado del centro pero realmente original, tanto por la modernidad estética como por su tienda de vinos y licores. Cocina de bases tradicionales con platos actualizados.

Menú 25/55 € – Carta 29/49 €

Sant Joan Bosco 59-61, por Ronda de Pedret B1 - Norte : 2,5 km ✉ 17007 – ✆ 972 20 72 18 – www.vinomi.es – cerrado 7 días en enero, 21 días en agosto, domingo noche y lunes

El Pati Verd

COCINA TRADICIONAL • ACOGEDORA XX Resulta singular, sin duda, pues ocupa una gran sala circular cubierta por un llamativo techo en madera. Vistas a la vegetación circundante y cocina tradicional actualizada.

Menú 28 € – Carta 32/46 €

Plano : A2-w – *pl. Miquel Santaló 1 ✉ 17002 – ✆ 972 21 12 12 – www.hotelcarlemanygirona.com – solo almuerzo – cerrado agosto, sábado, domingo y festivos*

Occi

MEDITERRÁNEA • BISTRÓ Íntimo, de ambiente moderno y emplazado en una calle peatonal del casco antiguo. Su carta, de gusto tradicional pero con toques de actualidad, se complementa con dos menús.

Menú 19/28 € - Carta 34/47 €

Plano : B2-x - *Mercaders 3 ✉ 17004 - ☎ 972 22 71 54 - www.restaurantocci.com - cerrado del 1 al 15 de julio, del 7 al 15 de noviembre, domingo en verano, domingo noche en invierno y miércoles noche*

AC Palau de Bellavista

NEGOCIOS • MODERNA Se encuentra en una zona residencial, rodeado de árboles y con bonitas vistas a la ciudad desde su amplio hall-terraza. Atesora unas habitaciones actuales, así como un restaurante que apuesta tanto por las carnes como por los productos locales y ecológicos.

74 hab - †70/120 € ††80/160 € - ☕ 14 €

Plano : B2-b - *Pujada Polvorins 1 ✉ 17004 - ☎ 872 08 06 70 - www.ac-hotels.com*

Ciutat de Girona

TRADICIONAL • MODERNA Compensa su escueta zona social con unas espléndidas habitaciones, todas luminosas, bien equipadas y de estética moderna. El restaurante sorprende por su fusión de cocinas de distintas culturas. Si le gusta el deporte baje al sótano, pues allí tienen una sala de spinning y una original piscina.

44 hab - †95/170 € ††100/180 € - ☕ 13 €

Plano : A1-b - *Nord 2 ✉ 17001 - ☎ 972 48 30 38 - www.hotelciutatdegirona.com*

Nord 1901

FAMILIAR • ELEGANTE Instalado en un edificio familiar que ha sido recuperado. Lo más significativo es su amplia gama de habitaciones y apartamentos, distinguiéndose tanto por su tamaño como por sus vistas, a la calle o al encantador patio de la casa.

22 hab - †75/100 € ††80/110 € - ☕ 13 €

Plano : A1-a - *Nord 7-9 ✉ 17001 - ☎ 972 41 15 22 - www.nord1901.com*

Llegendes de Girona Catedral

TRADICIONAL • MODERNA Moderno y en pleno casco histórico. Tiene la zona social repartida por pequeños rincones y unas coquetas habitaciones, cada una con su leyenda y las superiores tipo dúplex.

15 hab - ††137 € - ☕ 12 €

Plano : B1-a - *Portal de la Barca 4 ✉ 17004 - ☎ 972 22 09 05 - www.llegendeshotel.com*

al Noroeste por Pont de França, desvío a la izquierda dirección Sant Gregori y cruce desvío a Taialà : 2 km, ver plano A1

✿✿✿ El Celler de Can Roca (Joan y Jordi Roca)

CREATIVA • DE DISEÑO La increíble evolución de esta casa familiar está vinculada al singular triángulo formado por los hermanos Roca, pues con la maestría demostrada en sus respectivos campos llevan la experiencia culinaria a niveles de excepción. Descubra texturas, matices, contrastes... y una sorprendente bodega con espacios sensoriales.

→ Gamba de Palamós marinada con vinagre de arroz, jugo de la cabeza, patas crujientes y alga. Oca a la royal con remolacha y destilado de tierra. Postre láctico: dulce de leche, helado de leche de oveja, cuajada, yogur, lana y guayaba.

Menú 170/200 € - Carta 125/155 €

Can Sunyer 48 ✉ 17007 Girona - ☎ 972 22 21 57 (es necesario reservar) - www.cellercanroca.com - cerrado Navidades, Semana Santa, agosto-5 septiembre, domingo y lunes

GOMBRÈN

Girona – 185 h. – Alt. 919 m – Mapa regional : **9**-C1
Madrid 661 km – Barcelona 117 km – Girona 98 km – Encamp 125 km
Mapa de carreteras Michelin n° 574-F36

La Fonda Xesc (Francesc Rovira)

MODERNA • ACOGEDORA Sorprende ver un restaurante así en una aldea de montaña. Presenta espacios de ambiente acogedor, uno con robustos arcos en piedra y otro con enormes cristales panorámicos para disfrutar del paisaje. Su cocina actualiza el recetario regional y evoluciona con los productos de temporada. ¡Descubra sus menús degustación!

→ Verduras, setas, tocino, pepino de mar y salsa de hierbas. Cordero del Ripollès, berenjena, yogur y sésamo. Manzana asada, crema de laurel y sorbete de endrinas.

Menú 39/79 € – Carta 49/74 €

pl. Roser 1 ✉ 17531 – ✆ 972 73 04 04 – www.fondaxesc.com – solo almuerzo salvo viernes, sábado y festivos – cerrado 7 días en marzo, 10 días en julio, 10 días en octubre-noviembre y lunes

GORGUJA Girona → Ver Llívia

El GRADO

Huesca – 433 h. – Alt. 467 m – Mapa regional : **2**-C1
Madrid 460 km – Huesca 71 km – Lleida 84 km – Zaragoza 148 km
Mapa de carreteras Michelin n° 574-F30

Bodega del Somontano

COCINA TRADICIONAL • AMBIENTE CLÁSICO Establecimiento de organización familiar emplazado en unas antiguas cuadras, a la entrada de la localidad. Posee dos salas de línea clásica-funcional, aunque donde sirven la carta hay una chimenea y resulta más rústica. Cocina tradicional.

Menú 16 € – Carta 20/35 €

barrio del Cinca 11 (carret. de Barbastro) ✉ 22390 – ✆ 974 30 40 30 – www.restaurantebodegasdelsomontano.com – solo almuerzo salvo viernes, sábado y verano

GRADO DEL PICO

Segovia – 24 h. – Mapa regional : **8**-C2
Madrid 157 km – Valladolid 196 km – Segovia 113 km – Soria 117 km
Mapa de carreteras Michelin n° 575-I20

La Senda de los Caracoles

CASA DE CAMPO • RÚSTICA Se halla en un entorno aislado y debe su nombre al apodo familiar. Ofrece un acogedor ambiente rústico, un salón con chimenea, una pequeña zona SPA y correctas habitaciones, en el piso superior abuhardilladas. El restaurante apuesta por la cocina tradicional.

16 hab – †52/75 € ††79/119 €

Manadero, camino rural : 1,5 km ✉ 40512 – ✆ 921 12 51 19 – www.lasendadeloscaracoles.com – cerrado martes y miércoles salvo Semana Santa

GRANADA

Granada – 235 800 h. – Alt. 682 m – Mapa regional : **1**-C1
Madrid 416 km – Málaga 124 km – Murcia 278 km – Sevilla 250 km
Mapa de carreteras Michelin n° 578-U19

Planos de la ciudad en páginas siguientes

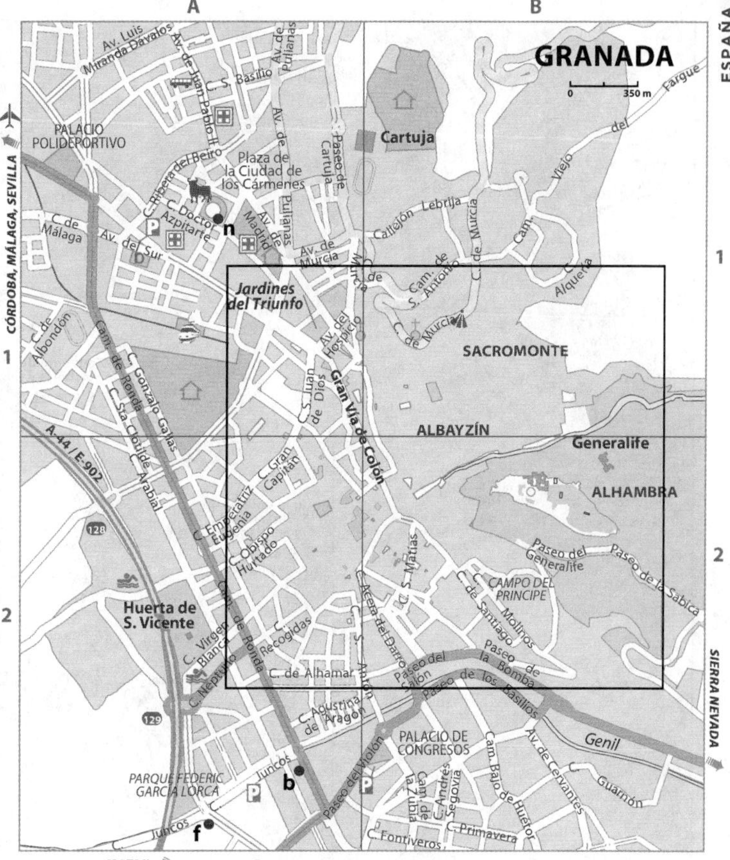

El Claustro

MODERNA • ACOGEDORA XXX Se distribuye en torno al claustro, donde montan la deliciosa terraza, y cuenta con un comedor interior en lo que fue el refectorio. Cocina actual de esmeradas presentaciones.

Menú 50/95 € – Carta 45/58 €

Plano : D2-a – *Hotel AC Palacio de Santa Paula, Gran Vía de Colón 31 ✉ 18001 – ✆ 958 80 57 40 – www.hotelacpalaciodesantapaula.com*

Arriaga

COCINA TRADICIONAL • MINIMALISTA XX Singular, pues está en lo alto del Centro Cultural Memoria de Andalucía y atesora espectaculares vistas. Cocina tradicional puesta al día, siempre con productos de temporada.

Menú 60 € – Carta 50/65 €

Plano : A2-f – *av. de la Ciencia 2 (Centro Cultural Memoria de Andalucía) ✉ 18006 – ✆ 958 13 26 19 – www.restaurantearriaga.com – cerrado domingo noche y lunes*

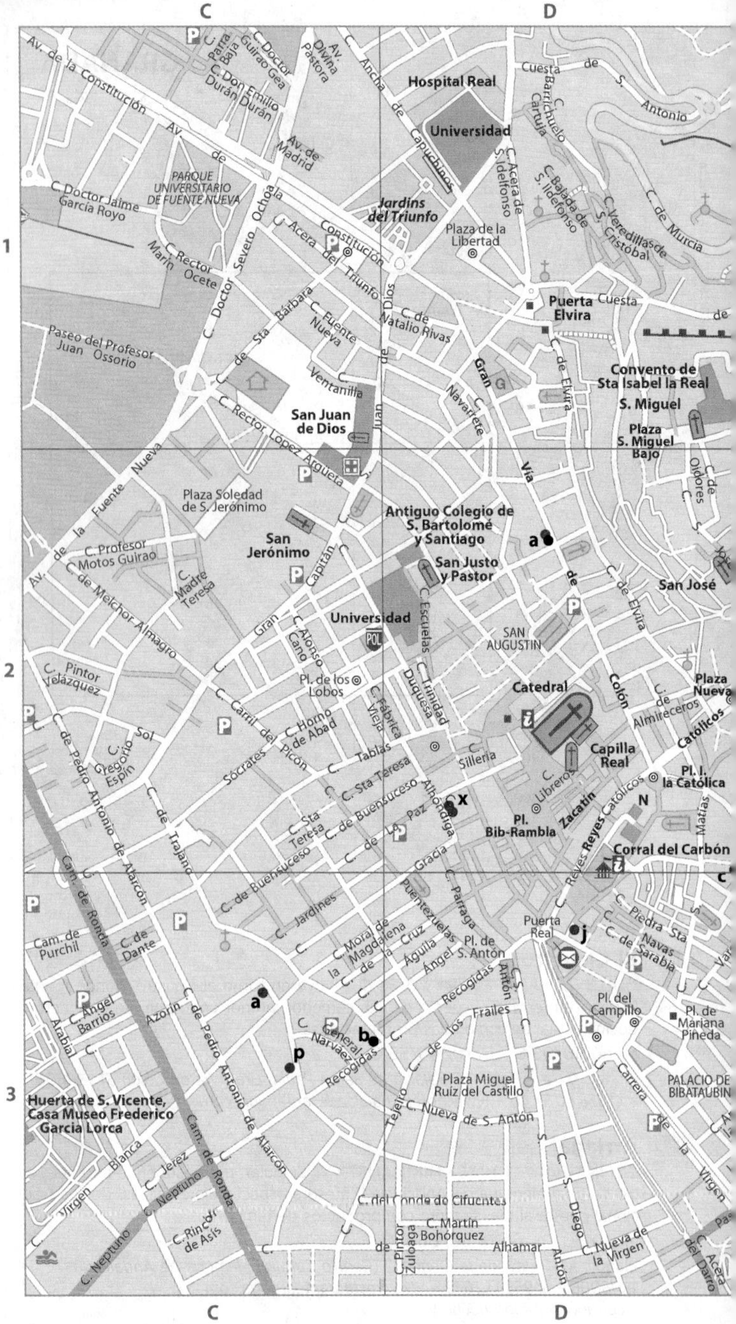

C D

Av. de la Constitución
C. Parra Baja
C. Guirao Gea
C. Doctor Don Emilio Durán Durán
Av. Divina Pastora
C. Ancha de Capuchinos
Hospital Real
Universidad
Cuesta de S. Antonio
C. Barrichuelo
Cartuja
Av. de Madrid
PARQUE UNIVERSITARIO DE FUENTE NUEVA
C. Acera de S. Ildefonso
C. Bajada de S. Ildefonso
C. Veredillas de S. Cristóbal
C. de Murcia
C. Doctor Jaime García Royo
Av. de Severo Ochoa
Jardins del Triunfo
Plaza de la Libertad
C. Acera del Triunfo
Constitución
1
C. Rector Marín Ocete
C. Doctor
C. de Sta Bárbara
C. Fuente Nueva
C. de Natalio Rivas
Puerta Elvira
Cuesta de
Paseo del Profesor Juan Ossorio
C. de Elvira
Ventanilla
Gran
Navarrete
Convento de Sta Isabel la Real
S. Miguel
C. Rector López Argüeta
San Juan de Dios
C. Juan de Dios
Plaza S. Miguel Bajo
C. de Oidores
Av. de la Fuente Nueva
Plaza Soledad de S. Jerónimo
Vía
Antiguo Colegio de S. Bartolomé y Santiago
San Jerónimo
C. Capitán
San Justo y Pastor
C. Profesor Motos Guirao
C. Madre Teresa
C. de Melchor Almagro
Gran
de
San José
C. Escuelas
Universidad
C. Alonso Cano
SAN AUGUSTIN
C. de Elvira
2
C. Pintor Velázquez
Pl. de los Lobos
C. Trinidad
Duquesa
Catedral
Colón
Plaza Nueva
C. de Almireceros
C. Carril del Picón
C. Horno de Abad
C. Fábrica Vieja
Católicos
Sol
C. Gregorio Espín
C. de Pedro Antonio de Alarcón
Sócrates
C. Tablas
Silleria
Capilla Real
C. Sta Teresa
C. de Buensuceso
Alhóndiga
C. Libreros
Pl. I. la Católica
C. de Trajano
C. Sta Teresa
C. de La Paz
Pl. Bib-Rambla
Zacatín
Reyes Católicos
Matías
Cam. de Ronda
C. de Buensuceso
Gracia
C. Parraga
Corral del Carbón
C. Reyes
C. Jardines
C. Puentezuelas
C. Piedra Santa
Navas
C. de Sarabia
Cam. de Purchil
C. de Dante
C. Moral de la Magdalena
C. de la Cruz
Águila
Ángel
Pl. de S. Antón
Puerta Real
C. Ángel Barrios
Azorín
C. de Pedro Antonio de Alarcón
Recogidas
C. S. Antón
C. de los Frailes
Pl. del Campillo
Pl. de Mariana Pineda
C. Arabial
C. General Narváez
Recogidas
Plaza Miguel Ruíz del Castillo
C. Tejeiro
C. Nueva de S. Antón
Carrera de la Virgen
PALACIO DE BIBATAUBIN
3
Huerta de S. Vicente, Casa Museo Frederico García Lorca
Blanca
C. Jerez
C. Neptuno
Cam. de Ronda
C. Virgen
C. del Conde de Cifuentes
C. S. Diego
C. Rincón de Asís
C. Martín Bohórquez
C. Pintor Zuloaga
Alhamar
C. de
Antón
C. Nueva de la Virgen
Paseo
Acera del Darro
C. Neptuno

C D

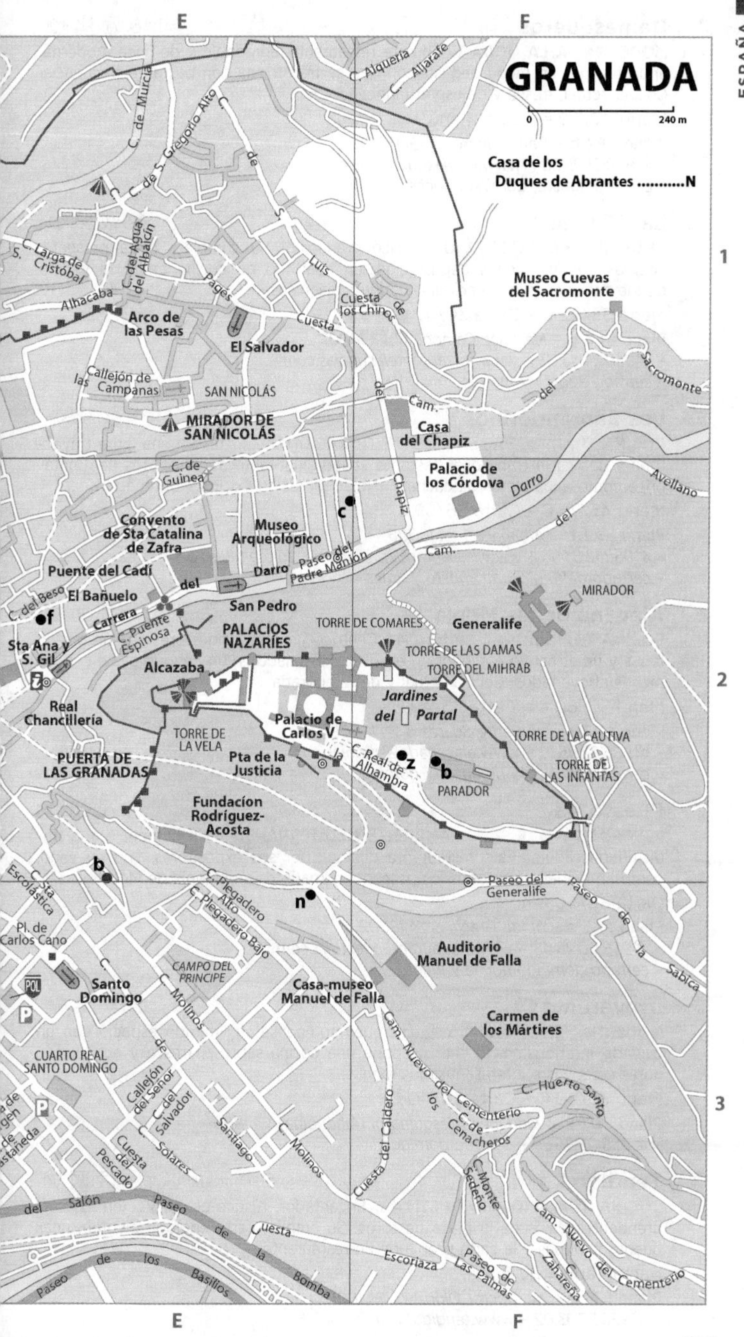
GRANADA
0
240 m
Casa de los Duques de Abrantes ....N
Museo Cuevas del Sacromonte
Arco de las Pesas
El Salvador
SAN NICOLÁS
MIRADOR DE SAN NICOLÁS
Casa del Chapiz
Palacio de los Córdova
Convento de Sta Catalina de Zafra
Museo Arqueológico
Puente del Cadí
El Bañuelo
San Pedro
Sta Ana y S. Gil
PALACIOS NAZARÍES
TORRE DE COMARES
Generalife
MIRADOR
TORRE DE LAS DAMAS
TORRE DEL MIHRAB
Alcazaba
Jardines del Partal
Real Chancillería
Palacio de Carlos V
TORRE DE LA VELA
TORRE DE LA CAUTIVA
TORRE DE LAS INFANTAS
PUERTA DE LAS GRANADAS
Pta de la Justicia
PARADOR
Fundacíon Rodríguez-Acosta
Paseo del Generalife
Auditorio Manuel de Falla
CAMPO DEL PRINCIPE
Santo Domingo
Casa-museo Manuel de Falla
Carmen de los Mártires
CUARTO REAL SANTO DOMINGO
Pl. de Carlos Cano
C. Alquería
C. Aljarafe
C. de Murcia
C. de S. Gregorio Alto
C. de S. Luís
C. Larga de S. Cristóbal
C. del Agua del Albaicín
Alhacaba
Pagés
Cuesta los Chinos
Cuesta
Callejón de las Campanas
Cam. del Sacromonte
C. de Guinea
Chapiz
Darro
Avellano
Cam. del
Paseo del Padre Manión
Darro del
C. del Beso
Carrera
C. Puente Espinosa
C. Real de la Alhambra
Paseo de la Sabica
C. Sta Escolástica
C. Plegadero Alto
C. Plegadero Bajo
C. Molinos
Callejón del Señor
C. del Salvador
C. Solares
Santiago
Cuesta del Pescado
Cuesta del Caldero
Cam. Nuevo del Cementerio
C. de los Cenacheros
C. Huerto Santo
C. Monte Sedeño
C. Zahareña
Paseo del Salón
Paseo de la Bomba
Paseo de los Basilios
Cuesta Escoriaza
Paseo de las Palmas
E
F
1
2
3
b
c
f
n
z

Damasqueros

MODERNA · A LA MODA XX En este restaurante, agradable y de línea moderna, apuestan por un menú degustación que se transforma con bastante frecuencia. Cocina actual, fresca y de espíritu innovador.

Menú 40/59 € - solo menú

Plano : E2-b - *Damasqueros 3 ✉ 18009*
- ✆ 958 21 05 50 - www.damasqueros.com
- cerrado agosto, domingo noche y lunes

Las Tinajas

ANDALUZA · RÚSTICA XX ¡Un clásico granadino! Su completa carta presenta, además de dos menús degustación, un apartado de cocina andaluza y otro donde conviven platos nacionales e internacionales.

Menú 35/42 € - Carta 30/47 €

Plano : C3-p - *Martínez Campos 17 ✉ 18002*
- ✆ 958 25 43 93 - www.restaurantelastinajas.com
- cerrado agosto y martes

Los Santanderinos

COCINA TRADICIONAL · AMBIENTE TRADICIONAL XX Atesora una larga trayectoria y una carta tradicional bastante variada, fiel tanto a los sabores del Cantábrico como a los platos de cuchara. ¡No se pierda su Cocido Montañés!

Menú 45/75 € - Carta 36/59 €

Plano : A2-b - *Albahaca 1 ✉ 18006*
- ✆ 958 12 83 35 - www.lossantanderinos.com - solo almuerzo
- cerrado del 8 al 21 de agosto y lunes

Alacena de las Monjas

COCINA TRADICIONAL · RÚSTICA X Céntrico y curioso, pues presenta un bar de tapas y un atractivo comedor en el sótano, instalado en un antiguo aljibe con los techos abovedados. Cocina actual y de temporada.

Menú 30/60 € - Carta 35/49 €

Plano : D2-c - *pl. Padre Suárez 5 ✉ 18009*
- ✆ 958 22 95 19 - www.alacenadelasmonjas.com
- cerrado del 1 al 15 de agosto, domingo noche y lunes

Puesto 43

PESCADOS Y MARISCOS · AMBIENTE MEDITERRÁNEO X ¡Un homenaje a la tradición pescadera! Este restaurante destaca por sus expositores... no en vano, compran diariamente todos los pescados y mariscos en la lonja de Motril.

Carta 30/50 €

Plano : C3-a - *pl. de Gracia 3 ✉ 18002*
- ✆ 958 08 29 48 - www.restaurantepuesto43.com
- cerrado domingo noche y lunes

Irreverente (N)

MODERNA · SIMPÁTICA X Singular, pues compensa su limitado espacio con un cuidado interiorismo. El chef propone una cocina sabrosa, fresca y actual, con notas creativas e interesantísimos menús.

Menú 35/80 € - Carta 30/40 €

Plano : D2-x - *Jáudenes 1 (esquina pl. Alhóndiga) ✉ 18001*
- ✆ 958 05 46 59 - cerrado domingo

Tendido 1

COCINA TRADICIONAL · RÚSTICA 🍸 Encantador, rústico actual y... ¡en los sorprendentes bajos de la plaza de toros! Su amplia oferta engloba picoteo, unas buenas raciones y la carta propia de un restaurante.

Ración aprox. 12 €

Plano : A1-n - *av. Doctor Olóriz 25 ✉ 18012*
- ✆ 958 27 23 02 - www.tendido1.com

Alameda

CREATIVA • DE DISEÑO Atractivo gastrobar de ambiente moderno y decoración vanguardista en el que se combina la cocina típica andaluza de elaboración actual con diversos platos de nueva creación.

Tapa 6 € - Ración aprox. 13 € - Menú 35 €

Plano : D3-j - *Rector Morata 3, esquina Escudo del Carmen ✉ 18009 - ☎ 958 22 15 07 - www.alameda.com.es*

La Milagrosa

MODERNA • SIMPÁTICA Un local de línea actual que convive con el restaurante Irreverente. Presenta una gran barra, grandes cristaleras y una zona de sillones a modo de afterwork. ¡Buena terraza!

Tapa 2 € - Ración aprox. 16 € - Menú 22 €

Plano : D2-x - *Jáudenes 1 (esquina pl. Alhóndiga) ✉ 18001 - ☎ 958 05 46 59 - cerrado domingo*

AC Palacio de Santa Paula

HISTÓRICO • MODERNA Está formado por un edificio del s. XIX, una casa morisca del XIV y el antiguo convento de Santa Paula, del s. XVI. Atesora unas instalaciones que rebosan encanto, con un precioso claustro y un salón social-bar en lo que fue la biblioteca.

71 hab - †131/197 € ††142/208 € - ☕ 20 € - 4 suites

Plano : D2-a - *Gran Vía de Colón 31 ✉ 18001 - ☎ 958 80 57 40 - www.hotelacpalaciodesantapaula.com*

El Claustro - ver selección restaurantes

Palacio de los Patos

HISTÓRICO • MODERNA Conjunto del s. XIX donde conviven, en armonía, los elementos arquitectónicos clásicos y los detalles de vanguardia. Posee un edificio adyacente más actual y un restaurante que se completa con un patio-terraza, donde apuestan por la cocina local de producto.

42 hab - ††155/470 € - ☕ 24 € - 4 suites

Plano : C3-b - *Solarillo de Gracia 1 ✉ 18002 - ☎ 958 53 57 90 - www.hospes.com*

Casa 1800

BOUTIQUE HOTEL • ELEGANTE Ocupa una típica casa granadina del s. XVII, de elegante aire regio y en pleno Albayzín. Traspasar su portalón y acceder al bellísimo patio es como... ¡viajar en el tiempo!

25 hab - †95/315 € ††95/415 € - ☕ 12 € - 1 suite

Plano : E2-f - *Benalúa 11 ✉ 18010 - ☎ 958 21 07 00 - www.hotelcasa1800.com*

Casa Morisca

FAMILIAR • ACOGEDORA ¡Casa del s. XV que emana el sosiego de otros tiempos! Un capricho, tanto por la belleza de las habitaciones como por su patio porticado, con el rumor del agua y las plantas.

14 hab - †90/129 € ††110/174 € - ☕ 12 €

Plano : EF2-c - *cuesta de la Victoria 9 ✉ 18010 - ☎ 958 22 11 00 - www.hotelcasamorisca.com*

en La Alhambra - Mapa regional : **1**-C1

Alhambra Palace

LUJO • ELEGANTE Un hotel emblemático y ya centenario, pues fue inaugurado por el rey Alfonso XIII en 1910. Aquí se combinan por doquier los detalles palaciegos con los de influencia árabe e inspiración nazarí. El restaurante, suntuoso y con una terraza cubierta que destaca por sus vistas, propone una cocina de gusto internacional.

115 hab - ††307/360 € - ☕ 29 € - 11 suites

Plano : E3-n - *pl. Arquitecto García de Paredes 1 ✉ 18009 - ☎ 958 22 14 68 - www.h-alhambrapalace.es*

Parador de Granada

HISTÓRICO • ACOGEDORA Encantador y con historia, pues ocupa un antiguo convento franciscano construido sobre los restos de un palacio nazarí. Atesora un claustro, bellos jardines, terrazas... y una oferta culinaria que combina la cocina andaluza con algunas especialidades nazaríes.

40 hab – ††200/395 € – ☕21 € – 5 suites

Plano : F2-b – *Real de la Alhambra ✉ 18009*
– *✆ 958 22 14 40* – *www.parador.es*

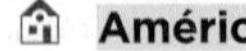

América

FAMILIAR • RÚSTICA ¡En la ciudadela de La Alhambra! Tiene un marcado carácter familiar y dos edificios que se unen por un patio-jardín. Entrañable zona social y habitaciones de ambiente rústico. En su comedor se pueden degustar diversos platos "granainos" y de sabor casero.

16 hab – †65/105 € ††80/165 € – ☕9 €

Plano : F2-z – *Real de la Alhambra 53 ✉ 18009*
– *✆ 958 22 74 71* – *www.hotelamericagranada.com*
– *marzo-noviembre*

La GRANJA SAN ILDEFONSO

Segovia – 5 403 h. – Alt. 1 192 m – Mapa regional : **8**-C3
Madrid 77 km – Segovia 13 km – Ávila 76 km – Valladolid 128 km
Mapa de carreteras Michelin n° 575-J17

Reina XIV

COCINA TRADICIONAL • AMBIENTE CLÁSICO Fácil de localizar, pues se encuentra junto al parador. Posee una bonita bodega vista y dos comedores, el principal de ambiente clásico. Su cocina de tinte tradicional se enriquece con platos típicos, como los famosos Judiones de La Granja.

Carta 29/41 €

Reina 14 ✉ 40100 – ✆ 921 47 05 48 – www.reina14.com
– solo almuerzo salvo viernes y sábado
– cerrado 7 enero-7 febrero, lunes y martes salvo festivos

Parador de La Granja

HISTÓRICO • MODERNA Instalado en la impresionante Casa de los Infantes, del s. XVIII. Presenta un interior muy actual, hasta tres patios y espaciosas habitaciones. El restaurante, que tiene entrada propia, ofrece una carta de base tradicional con platos actualizados y dos menús.

102 hab – ††90/200 € – ☕19 € – 25 suites

Infantes 3 ✉ 40100 – ✆ 921 01 07 50 – www.parador.es

en la carretera del puerto de Navacerrada

Hilaria

REGIONAL • FAMILIAR Esta casa se presenta con una terraza acristalada, un bar público y las salas repartidas en dos plantas, ambas de ambiente clásico-regional. Cocina regional y platos típicos.

Menú 20 € – Carta 25/38 €

Valsain, Sur : 3 km ✉ 40109 Valsain
– ✆ 921 47 02 92 – www.eljardindehilaria.com
– solo almuerzo salvo fines de semana y verano
– cerrado 15 días en enero, 15 días en junio y lunes salvo festivos

GRANOLLERS

Barcelona – 60 101 h. – Alt. 148 m – Mapa regional : **10**-B2
Madrid 630 km – Barcelona 32 km – Girona 76 km – Tarragona 122 km
Mapa de carreteras Michelin n° 574-H36

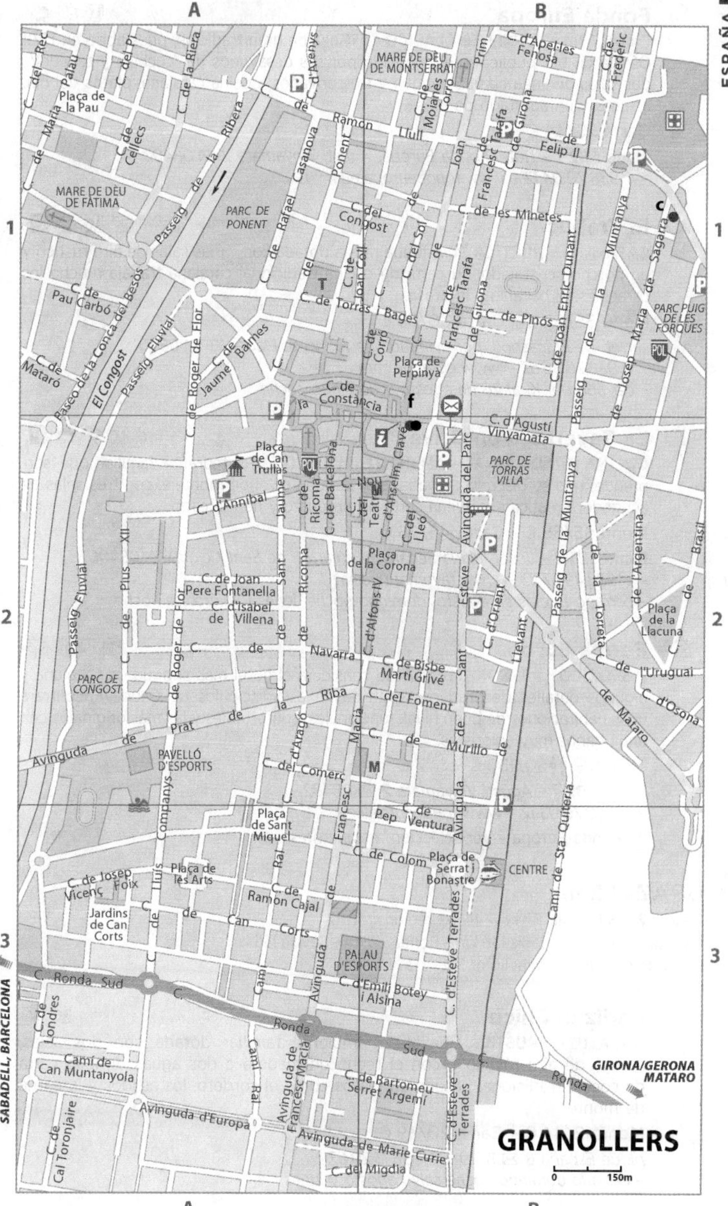

A
B
1
2
3
GRANOLLERS
0
150m
SABADELL, BARCELONA
GIRONA/GERONA
MATARO
MARE DE DÈU DE MONTSERRAT
MARE DE DÈU DE FÀTIMA
PARC DE PONENT
PARC PUIG DE LES FORQUES
PARC DE TORRAS VILLA
PARC DE CONGOST
PAVELLÓ D'ESPORTS
PALAU D'ESPORTS
CENTRE
Plaça de la Pau
Plaça de Perpinyà
Plaça de Can Trullàs
Plaça de la Corona
Plaça de la Llacuna
Plaça de Sant Miquel
Plaça de les Arts
Plaça de Serrat i Bonastre
Jardins de Can Corts
C. de Constància
C. de Torras i Bages
C. de Pinós
C. de les Minetes
C. de Felip II
C. d'Apel·les Fenosa
C. d'Agustí Vinyamata
C. d'Anníbal
C. de Navarra
C. del Foment
C. de Murillo
C. del Comerç
C. de Colom
C. de Ramon Cajal
C. d'Emili Botey i Alsina
C. de Bartomeu Serret Argemí
C. del Migdia
C. Ronda Sud
Avinguda d'Europa
Avinguda de Marie Curie
Avinguda de Francesc Macià
Avinguda del Parc
Avinguda de Sant Esteve
C. d'Esteve Terrades
Passeig de la Muntanya
Camí de Sta Quitèria
Camí Ral
C. de Josep Vicenç Foix
C. de Lluís Companys
C. de Roger de Flor
C. de Pius XII
Passeig Fluvial
El Congost
Paseo de la Conca del Besòs
Passeig de la Ribera
C. de Rafael Casanova
C. de Mataró
C. de Pau Carbó
C. de l'Uruguai
C. d'Osona
C. de l'Argentina
C. de Brasil
C. de la Torreta
C. de Llevant
C. d'Orient
C. de Londres
C. de Cal Toronjaire
Camí de Can Muntanyola
C. de Joan Pere Fontanella
C. d'Isabel de Villena
C. de Bisbe Martí Grivé
C. de Pep Ventura
C. de Joan Enric Dunant
C. de Josep Maria de Sagarra
C. de Francesc Tarafa
C. de Girona
C. de Joan Prim
C. de Frederic
C. de Ramon Llull
C. de Ponent
C. del Congost
C. del Sol
C. de Jaume Balmes
C. d'Alfons IV
C. Nou
C. del Teatre
C. d'Anselm Clavé
C. del Lleó
C. de Sant Jaume
C. de Ricoma
C. de Barcelona
C. d'Aragó
C. de la Riba
C. de Cellecs
C. de Maria Palau
C. del Rec
C. del Pi
C. de la Riera
C. d'Arenys
C. de Corró
C. de Joan Coll

Fonda Europa

CATALANA • AMBIENTE CLÁSICO XX ¡Goza de gran tradición, pues abrió en 1771! Ofrece un bar público muy conocido por sus desayunos de "cuchillo y tenedor", dos salas de línea clásica-antigua y tres privados. Cocina catalana, platos del día, arroces y un apartado de brasa.

Carta 25/34 €

Plano : B2-f - *Hotel Fonda Europa, Agustí Vinyamata 2 ✉ 08402 - ✆ 938 70 03 12 - www.fondaeuropa.eu*

El Trabuc

CATALANA • RÚSTICA XX Antigua masía dotada con varias salas de aire rústico y un porche acristalado. Su carta de cocina tradicional catalana trabaja mucho los caracoles, el bacalao y la brasa.

Menú 35/69 € - Carta 30/58 €

carret. de El Masnou, por avinguda de Francesc Macià A3 ✉ 08401 - ✆ 938 70 86 57 - www.eltrabuc.com - cerrado del 16 al 26 de agosto y domingo noche

La Taverna d'en Grivé

COCINA TRADICIONAL • AMBIENTE CLÁSICO XX Restaurante familiar que sorprende, tras su discreta fachada, por su buen nivel de montaje, con tres salas de acogedora rusticidad. Buena carta de producto y de mercado.

Menú 35/65 € - Carta 45/55 €

Plano : B1-c - *Josep Maria Segarra 98 (carret. de Sant Celoni) ✉ 08400 - ✆ 938 49 57 83 - www.tavernagrive.cat - cerrado 15 días en agosto, domingo noche, lunes y miércoles noche*

Fonda Europa

HISTÓRICO • PERSONALIZADA Se considera el hotel más antiguo de Cataluña y algunos detalles decorativos se atribuyen a... ¡discípulos de Gaudí! Encontrará unas habitaciones de buen nivel, funcionales, confortables y las más originales con unos baños muy coloristas.

37 hab - ††50/150 € - ☕ 7 €

Plano : B2-f - *Agustí Vinyamata 2 ✉ 08402 - ✆ 938 70 03 12 - www.fondaeuropa.eu*

Fonda Europa - ver selección restaurantes

GRAZALEMA

Cádiz - 2 165 h. - Alt. 823 m - Mapa regional : **1**-B2

Madrid 567 km - Cádiz 136 km - Ronda 27 km - Sevilla 135 km

Mapa de carreteras Michelin n° 578-V13

Cádiz el Chico

ANDALUZA • RÚSTICA X Casa de ambiente familiar dotada con dos salas, ambas de aire rústico y con el techo en madera a dos aguas. Amplia carta de cocina tradicional basada en platos como el cordero, los asados y la carne de monte.

Menú 12/44 € - Carta 20/39 €

pl. de España 8 ✉ 11610 - ✆ 956 13 20 67 - cerrado domingo noche salvo agosto y lunes

GREDOS

Ávila - Mapa regional : **8**-B3

Madrid 173 km - Valladolid 199 km - Ávila 61 km - Salamanca 133 km

Mapa de carreteras Michelin n° 575-K14

Parador de Gredos

TRADICIONAL • HISTÓRICA Edificio de piedra ubicado en un hermoso y aislado entorno natural. Fue el 1er parador de la cadena y es donde se reunieron los políticos que redactaron la Constitución española. En su comedor podrá descubrir los platos típicos de la región, como las famosas Judías del Barco o el Chuletón de ternera de Ávila.

72 hab - 70/150 € - 16 € - 2 suites

carret. Av 941, km 42 (alt. 1 650) 05635
- 920 34 80 48 - www.parador.es

GRIÑÓN

Madrid - 9 918 h. - Alt. 670 m - Mapa regional : **15**-A2
Madrid 34 km - Toledo 50 km - Cuenca 180 km - Ávila 130 km
Mapa de carreteras Michelin nº 576-L18

El Bistró

COCINA TRADICIONAL • AMBIENTE CLÁSICO XX Instalado en un chalet que sorprende tanto por sus cuidados exteriores como por su interior, de línea clásica-actual. Amplia carta de cocina tradicional actualizada, con un interesante apartado para compartir y algunos grandes clásicos de la familia Sandoval.

Menú 39/49 € - Carta 27/40 €

av. Humanes 52 28971
- 918 14 99 27 - www.laromanee.com
- solo almuerzo salvo viernes y sábado
- cerrado agosto y lunes

O GROVE

Pontevedra - 10 801 h. - Mapa regional : **13**-A2
Madrid 635 km - Pontevedra 31 km - Santiago de Compostela 74 km
Mapa de carreteras Michelin nº 571-E3

D'Berto

PESCADOS Y MARISCOS • AMBIENTE TRADICIONAL XX ¡Los productos de la ría en su máxima expresión! Si es de los que piensa que el tamaño sí importa no dude en comer aquí pues, aparte de unos pescados y mariscos realmente sorprendentes, encontrará un buen servicio e inigualable calidad.

Carta 45/70 €

av. Teniente Domínguez 84 36980
- 986 73 34 47 - www.dberto.com
- cerrado del 18 al 31 de enero, del 16 al 31 de mayo, lunes noche y martes salvo julio-agosto

A Solaina

PESCADOS Y MARISCOS • AMBIENTE TRADICIONAL XX Nécoras, centollos, navajas, bogavantes... esta es una casa especializada en pescados y mariscos, gallegos y de excepcional calidad. Destaca tanto por la amabilidad como por su emplazamiento, en una calle peatonal de la zona del puerto.

Carta 28/45 €

Cruceiro 8 36980
- 986 73 34 04 - www.marisqueriassolaina.com
- cerrado 15 enero-febrero y miércoles salvo festivos

Beiramar

PESCADOS Y MARISCOS • FAMILIAR XX Restaurante de larga trayectoria familiar, y reducidas dimensiones, situado frente al puerto. Combina una estética actual con una carta especializada en pescados y mariscos.

Carta 25/50 €

av. Beiramar 30 36980
- 986 73 10 81 - www.restaurantebeiramar.com - cerrado noviembre, domingo noche y lunes salvo verano

Solaina

PESCADOS Y MARISCOS · FAMILIAR Este sencillo restaurante-marisquería, que está llevado directamente por sus propietarios, trabaja mucho gracias a la calidad de sus productos. Cuenta con una terraza de verano y en la sala superior disfruta de buenas vistas al puerto.

Carta 26/43 €

av. Beiramar ✉ 36980 – ✆ 986 73 29 69 – www.marisqueriassolaina.com – cerrado 20 diciembre-27 enero, domingo noche y martes salvo verano

en Reboredo Suroeste : 3 km

Culler de Pau (Javier Olleros)

CREATIVA · MINIMALISTA Buenas ideas, aptitudes y... ¡unas hermosas vistas a la ría! En la sala, de aire minimalista y con grandes cristaleras, podrá elegir entre su menú degustación o una carta creativa que desvela tanto las raíces gallegas como una sutil influencia nipona.

→ Vieiras con jugo de cebolla tostada. Lenguado con una caldeirada cítrica y algas. Torrija de la abuela caramelizada.

Menú 57/90 € – Carta 55/75 €

Reboredo 73 ✉ 36988 Reboredo – ✆ 986 73 22 75 – www.cullerdepau.com – cerrado 29 enero-febrero, lunes noche, jueves noche salvo julio-agosto y martes

en Balea Suroeste : 5 km – Mapa regional : **13G**-A2

Brasería Sansibar

CARNES · AMBIENTE TRADICIONAL Si lo que busca son carnes a la parrilla esta es una gran opción... además, siempre vienen acompañadas por unos sabrosos entrantes de origen local. Sala alargada de correcto montaje y agradable porche-terraza en la parte trasera.

Menú 49 € – Carta 37/60 €

Balea 20 B ✉ 36988 Balea – ✆ 986 73 85 13 (es necesario reservar) – www.braseriasansibar.com – solo almuerzo salvo viernes y sábado – cerrado 22 diciembre-10 enero y miércoles salvo julio y agosto

en San Vicente do Mar Suroeste : 8,5 km – Mapa regional : **13**-A2

Atlántico

FAMILIAR · CLÁSICA Resulta agradable tanto por su estilo, de cierta elegancia, como por sus cuidados exteriores... de hecho, cuenta con algunos árboles realmente sorprendentes. Completa oferta lúdica con tratamientos corporales, piscina ajardinada y SPA.

43 hab – †50/150 € ††65/180 €

✉ 36989 San Vicente del Mar – ✆ 986 73 80 61 – www.hotelspatlantico.com – 7 abril-15 octubre

GUADALAJARA

83 391 h. – Alt. 679 m – Mapa regional : **7**-C1

Madrid 55 km – Aranda de Duero 159 km – Calatayud 179 km – Cuenca 156 km

Mapa de carreteras Michelin n° 576-K20

Amparito Roca

COCINA TRADICIONAL · AMBIENTE CLÁSICO Un restaurante llevado con gran profesionalidad. Se halla en un chalet y se presenta con una pequeña terraza, un bar privado y una acogedora sala de línea clásica-actual. Su cocina tradicional actualizada se ve completada con varios menús.

Carta aprox. 49 €

Plano : B2-b – *Toledo 19 ✉ 19002 – ✆ 949 21 46 39 – www.amparitoroca.com – cerrado domingo noche*

GUADALAJARA

Lino

COCINA TRADICIONAL · AMBIENTE TRADICIONAL XX En el casco antiguo. Ofrece una amplia cafetería, un comedor clásico, con una cava acristalada, y una zona de banquetes transformable en cuatro privados. Su extensa carta tradicional, con detalles actuales, está apoyada por tres menús.

Menú 10/42 € - Carta 34/54 €

Plano : B1-c - *Vizcondesa de Jorbalán 10 ✉ 19001*
- ☎ 949 25 38 45 - www.grupolino.com
- solo almuerzo salvo viernes y sábado
- cerrado 10 días en agosto

¡No confunda los cubiertos X y las estrellas ✪! Los cubiertos definen una categoría de confort y de servicio. La estrella consagra únicamente la calidad de la cocina cualquiera que sea el standing del establecimiento.

GUADALUPE

Cáceres - 2 013 h. - Alt. 640 m - Mapa regional : **12**-C2
Madrid 245 km - Cáceres 124 km - Mérida 127 km
Mapa de carreteras Michelin n° 576-N14

Parador de Guadalupe

HISTÓRICO • CLÁSICA Rodeado de hermosos parajes y levantado sobre lo que fue el Palacio del Marqués de la Romana, del s. XVI. Atesora unas habitaciones de noble ambiente castellano, bellísimos jardines, relajantes patios y agradables terrazas. Cocina de inspiración regional.

41 hab - 80/170 € - 17 €

Marqués de la Romana 12 ✉ 10140 - ✆ 927 36 70 75 - www.parador.es

GUADARRAMA

Madrid - 15 538 h. - Alt. 965 m - Mapa regional : **15**-A2
Madrid 50 km - Segovia 48 km - Ávila 71 km - Toledo 125 km
Mapa de carreteras Michelin n° 576-J17

La Calleja

COCINA TRADICIONAL • RÚSTICA Agradable establecimiento familiar dotado con un pequeño bar y un único comedor, rústico y con las paredes en ladrillo visto. ¡Lo más solicitado son sus carnes a la brasa!

Carta 25/48 €

calleja del Potro 6 ✉ 28440 - ✆ 918 54 85 63 - www.restaurantelacalleja.com - solo almuerzo en invierno salvo viernes y sábado - cerrado del 1 al 15 de junio y lunes

GUALTA

Girona - 368 h. - Alt. 15 m - Mapa regional : **10**-B1
Madrid 715 km - Barcelona 133 km - Girona 35 km - Tarragona 223 km
Mapa de carreteras Michelin n° 574-F39

en la carretera C31 Este : 3,5 km

Double Tree by Hilton Empordà

TRADICIONAL • MODERNA Hotel de líneas puras y sencillas ubicado dentro del complejo de golf, por lo que está rodeado por el césped. Presenta unas instalaciones diáfanas y modernas habitaciones, todas muy luminosas y en tonos blancos. El restaurante, funcional y de carácter polivalente, ofrece una carta tradicional actualizada.

87 hab - 89/205 € 99/215 €

carret. Torroella de Montgrí a Palafrugell ✉ 17257 Gualta - ✆ 972 78 20 30 - www.emporda.doubletree.com

A GUARDA LA GUARDIA

Pontevedra - 10 193 h. - Alt. 40 m - Mapa regional : **13**-A3
Madrid 619 km - Ourense 123 km - Pontevedra 81 km - Santiago de Compostela 140 km
Mapa de carreteras Michelin n° 571-G3

Trasmallo

PESCADOS Y MARISCOS • FAMILIAR Aunque en este negocio también encontraremos arroces y carnes, los grandes protagonistas de la casa son los pescados y mariscos; de hecho, cuentan con un gran vivero de langostas y bogavantes. Interior rústico y amable organización familiar.

Menú 12/23 € - Carta 22/40 €

Porto 59 ✉ 36780 - ✆ 986 61 04 73 - www.trasmallo.es - solo almuerzo salvo jueves, viernes y sábado en invierno - cerrado del 13 al 29 de octubre, 14 días en febrero y miércoles en invierno

Convento de San Benito

TRADICIONAL • PERSONALIZADA Hotel-monumento instalado en un antiguo convento del s. XVI. Sorprende con varias colecciones particulares de gran valor: libros, pinturas, cerámicas, vírgenes del románico...

30 hab - 45/60 € 48/70 € - 7 €

pl. de San Benito 36780 - 986 61 11 66 - www.hotelsanbenito.es - cerrado enero

La GUARDIA Pontevedra → Ver A Guarda

GUETARIA Guipúzcoa → Ver Getaria

GUIJUELO

Salamanca - 5 673 h. - Alt. 1 010 m - Mapa regional : **8**-B3

Madrid 206 km - Ávila 99 km - Plasencia 83 km - Salamanca 49 km

Mapa de carreteras Michelin n° 575-K12

El Pernil Ibérico

COCINA TRADICIONAL • RÚSTICA Ofrece un bar-mesón, un rincón para la venta de productos ibéricos, con mesas de tapeo, y un comedor rústico-actual en el sótano. Carta tradicional rica en carnes y embutidos.

Menú 25/50 € - Carta 25/41 €

Chinarral 62 37770 - 923 58 14 02 - cerrado domingo noche

HARO

La Rioja - 11 414 h. - Alt. 479 m - Mapa regional : **14**-A2

Madrid 330 km - Burgos 87 km - Logroño 49 km - Vitoria-Gasteiz 43 km

Mapa de carreteras Michelin n° 573-E21

Los Agustinos

HISTÓRICO • CLÁSICA Se halla en un antiguo convento del s. XIV, dotado hoy con habitaciones clásicas y un majestuoso claustro cubierto que hace de zona polivalente. El restaurante ofrece tres salas, dos de ellas en los pasillos del claustro, y una cocina tradicional actualizada.

62 hab - 75/102 € 89/133 € - 17 € - 2 suites

San Agustín 2 26200 - 941 31 13 08 - www.hotellosagustinos.com

Arrope

FAMILIAR • MODERNA En un edificio protegido del s. XIX, lo que le limita para hacer reformas pero le confiere un encanto especial. Bonita fachada en piedra con miradores, rincón-biblioteca y habitaciones de línea actual. El restaurante completa su pequeña carta con sugerencias.

21 hab - 55/80 € 65/120 € - 4 €

Nuestra Señora de la Vega 31 26200 - 941 30 40 25 - www.hotelarrope.com

HECHO

Huesca - 880 h. - Alt. 833 m - Mapa regional : **2**-B1

Madrid 497 km - Huesca 102 km - Jaca 49 km - Iruña/Pamplona 122 km

Mapa de carreteras Michelin n° 574-D27

Canteré

COCINA TRADICIONAL • ACOGEDORA Ocupa una hermosa casa "chesa" definida por la piedra, la madera y por una antigua viña que crece abrazada a su fachada. Su carta tradicional se enriquece con jugosas jornadas gastronómicas, unas micológicas y otras dedicadas a la matanza.

Menú 21 € - Carta 24/40 €

Aire 1 22720 - 974 37 52 14 - www.cantere.es - solo almuerzo salvo viernes y sábado en invierno - cerrado febrero y miércoles

Las HERRERÍAS DE VALCARCE

León – Mapa regional : **8**-A1
Madrid 429 km – León 153 km – Lugo 76 km – Santiago de Compostela 196 km
Mapa de carreteras Michelin n° 575-D9

El Capricho de Josana

FAMILIAR • RÚSTICA Un agradable turismo rural en el que conviven la piedra y la madera. Ofrece habitaciones de atractivo ambiente rústico, todas personalizadas con alusiones al Camino de Santiago, así como un cálido restaurante que apuesta por la cocina tradicional y los menús.

13 hab – 36/43 € 47/61 €

camino de Santiago ✉ 24520 – ☎ 987 11 93 00 – www.elcaprichodejosana.com – cerrado febrero

HERVÁS

Cáceres – 4 194 h. – Alt. 685 m – Mapa regional : **12**-C1
Madrid 241 km – Mérida 192 km – Cáceres 124 km – Salamanca 97 km
Mapa de carreteras Michelin n° 576-L12

Nardi

COCINA TRADICIONAL • AMBIENTE CLÁSICO XX Está llevado por un amable matrimonio y se encuentra en una calle peatonal, donde montan una pequeña terraza de verano. Posee un bar privado y una sala distribuida en dos ambientes. Cocina tradicional con detalles creativos.

Menú 13/37 € – Carta 31/42 €

Braulio Navas 19 ✉ 10700 – ☎ 927 48 13 23 – www.restaurantenardi.com – cerrado martes salvo festivos

El Almirez

COCINA TRADICIONAL • FAMILIAR XX Disfruta de una acogedora terraza cruzando la calle y un reducido comedor en dos niveles, con mobiliario clásico y las paredes en tonos burdeos. Carta tradicional y de temporada, esta última especialmente volcada con las setas en otoño.

Menú 20/35 € – Carta 28/40 €

Collado 19 ✉ 10700 – ☎ 927 47 34 59 – www.restauranteelalmirez.com – cerrado 8 días en junio, 8 días en septiembre, domingo noche y lunes salvo festivos

El Jardín del Convento

FAMILIAR • RÚSTICA Casona solariega de pueblo que sorprende por su tipismo. Ofrece habitaciones detallistas de gran autenticidad, con las paredes en piedra, los techos en madera y cuidado mobiliario antiguo. ¡Coqueta galería acristalada con vistas al jardín!

8 hab – 50/75 € 50/85 € – 8 € – 1 apartamento

pl. del Convento 22 ✉ 10700 – ☎ 927 48 11 61 – www.eljardindelconvento.com

HÍO

Pontevedra – 2 885 h. – Mapa regional : **13**-A3
Madrid 620 km – Santiago de Compostela 88 km – Pontevedra 29 km – Viana do Castelo 111 km
Mapa de carreteras Michelin n° 571-F3

Doade

PESCADOS Y MARISCOS • AMBIENTE CLÁSICO XX Una casa familiar que siempre tiene pescado fresco, pues cuenta con un gran contacto en la lonja. Posee un bar y dos salas de montaje clásico-actual, donde ofrecen buenas carnes, platos marineros y sabrosísimos pescados (lubina, sargo, rodaballo...) al horno.

Menú 15/35 € – Carta 28/39 €

bajada playa de Arneles 1 ✉ 36948 – ☎ 986 32 83 02 – www.hoteldoade.com – cerrado noviembre y lunes noche salvo julio-agosto

HONDARRIBIA FUENTERRABÍA

Guipúzcoa – 16 945 h. – Mapa regional : **18**-B2
Madrid 470 km – Donostia-San Sebastián 23 km – Iruña/Pamplona 99 km – Vitoria-Gasteiz 120 km
Mapa de carreteras Michelin nº 573-B24

Alameda (Gorka y Kepa Txapartegi)

MODERNA • AMBIENTE CLÁSICO XXX Negocio familiar de 3ª generación instalado en una casa con solera, junto a una alameda. Ofrece un interior muy bien renovado, sugerentes menús y una cocina tradicional puesta al día en técnicas y presentaciones, siempre con productos de gran calidad.

→ Txitxarro marinado con cítricos y ensalada de verduras encurtidas. Papada glaseada con algas. Pastel de queso asado con frutas y flores.

Menú 45/98 € – Carta 47/68 €

Plano : A3-s – *Minasoroeta 1 ✉ 20280*
– *☎ 943 64 27 89 – www.restaurantealameda.net*
– *cerrado Navidades, Semana Santa, domingo noche, lunes y martes noche*

Sebastián

MODERNA • ACOGEDORA XX Precioso, íntimo, evocador... no en vano, se halla en una casa del s. XVI donde conviven los detalles rústicos y el mobiliario antiguo. Cocina tradicional bien puesta al día.

Menú 42 € – Carta 32/51 €

Plano : A3-k – *Mayor 11 ✉ 20280*
– *☎ 943 64 01 67 – www.sebastianhondarribia.com*
– *cerrado lunes y martes mediodía*

Zeria

PESCADOS Y MARISCOS • ACOGEDORA X En una antigua casita de pescadores. El comedor se encuentra en la 1ª planta, con profusión de madera y un estilo rústico muy acogedor. Especializado en pescados y mariscos.

Menú 22/45 € – Carta 37/59 €

Plano : A2-n – *San Pedro 23 ✉ 20280*
– *☎ 943 64 27 80 – www.restaurantezeria.com*
– *cerrado 21 días en febrero, 21 días en noviembre, domingo noche y jueves salvo en verano*

Kokarta (N)

COCINA TRADICIONAL • MARCO CONTEMPORÁNEO X Está en pleno paseo marítimo, donde se presenta con un interior actual en dos niveles. Cocina tradicional y regional, con un buen apartado de pescados grandes a la parrilla.

Menú 25/60 € – Carta 35/65 €

Plano : A1-a – *paseo Butrón 10 (Almirante Alonso) ✉ 20280*
– *☎ 943 11 80 00 – www.kokarta.com*
– *cerrado 15 días en febrero, y lunes*

Parador de Hondarribia

EDIFICIO HISTÓRICO • CLÁSICA Un trozo de historia, pues esta fortaleza medieval sirvió de residencia al mismísimo Carlos V, el Rey Emperador. ¡Impresionante colección de tapices sobre la vida de Aquiles!

36 hab – 110/250 € – 19 €

Plano : A2-a – *pl. Arma 14 ✉ 20280*
– *☎ 943 64 55 00 – www.parador.es*

HORNA Burgos → Ver Villarcayo

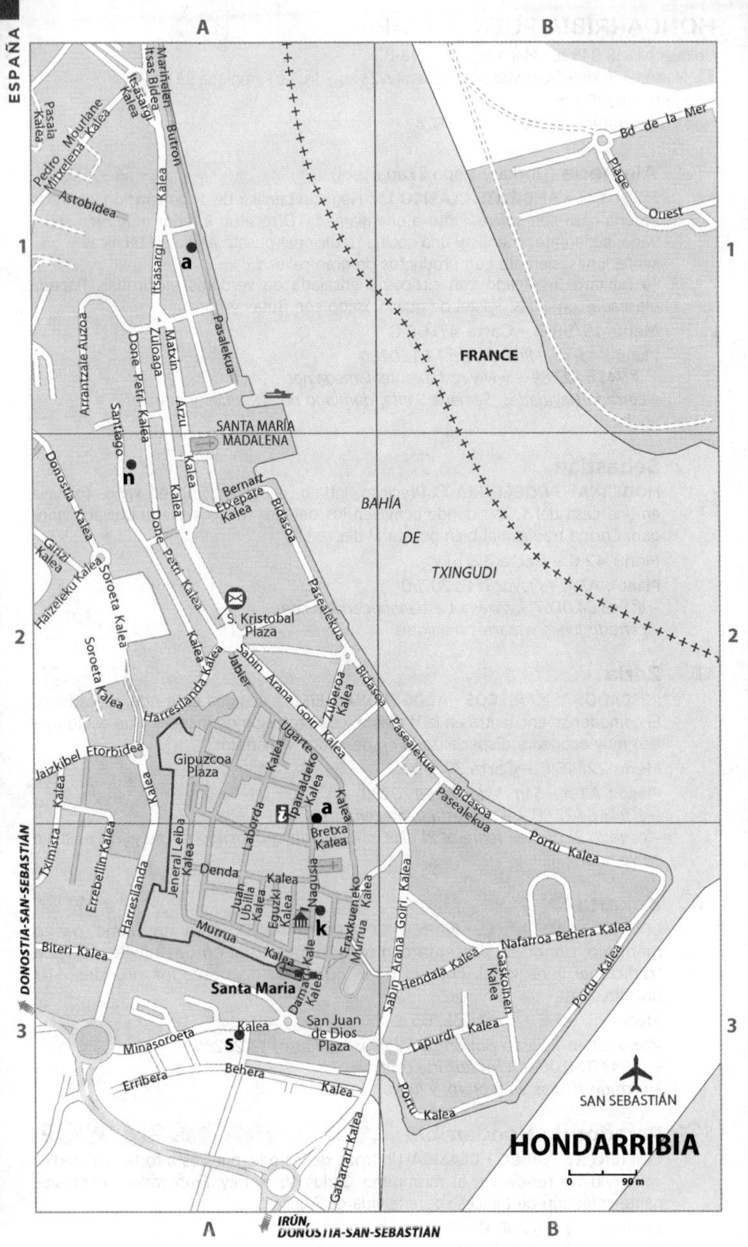
HONDARRIBIA
FRANCE
BAHÍA DE TXINGUDI
SANTA MARÍA MADALENA
S. Kristobal Plaza
Gipuzcoa Plaza
Santa Maria
San Juan de Dios Plaza
SAN SEBASTIÁN
DONOSTIA-SAN-SEBASTIÁN
IRÚN, DONOSTIA-SAN-SEBASTIÁN
Bd de la Mer
Plage
Ouest
Butron Kalea
Itsasargi Kalea
Pasalekua
Matxin
Zuloaga
Done Petri Kalea
Arzu Kalea
Santiago
Arrantzale Auzoa
Astobidea
Pedro Mitxelena Kalea
Mourlane
Pasaia Kalea
Donostia Kalea
Girizi Kalea
Haizeleku Kalea
Soroeta Kalea
Bernat Etxepare Kalea
Bidasoa Pasealekua
Sabin Arana Goiri Kalea
Zuberoa Kalea
Harresilanda Kalea
Jaizkibel Etorbidea
Ugarte Kalea
Iparraldeko Kalea
Laborda
Bretxa Kalea
Jeneral Leiba Kalea
Denda Kalea
Juan Ubilla Kalea
Eguzki Kalea
Nagusia
Fraxkueneko Kalea
Murrua Kalea
Kale Damau Kalea
Tximista Kalea
Errebelllin Kalea
Biteri Kalea
Minasoroeta Kalea
Erribera Behera Kalea
Gabarrari Kalea
Portu Kalea
Nafarroa Behera Kalea
Gaskoihen Kalea
Hendala Kalea
Lapurdi Kalea
a
n
k
s
A
B
1
2
3
0
90 m

L'HOSPITALET DE L'INFANT HOSPITALET DEL INFANTE

Tarragona - 6 050 h. - Mapa regional : **9**-B3
Madrid 528 km - Barcelona 130 km - Lleida 129 km - Tarragona 37 km
Mapa de carreteras Michelin n° 574-J32

Itxas-Begi

VASCA • FAMILIAR Disfruta de un agradable ambiente familiar y destaca por su emplazamiento, en pleno puerto deportivo. Sala funcional, pequeña terraza acristalada y cocina vasca tradicional.

Menú 17/25 € - Carta 30/50 €

Puerto Deportivo, local 2 ✉ 43890
- ✆ 977 82 34 09 - cerrado 22 diciembre-7 febrero y lunes

Els HOSTALETS D'EN BAS

Girona - 137 h. - Mapa regional : **9**-C2
Madrid 654 km - Barcelona 107 km - Girona 49 km - Encamp 163 km
Mapa de carreteras Michelin n° 574-F37

L'Hostalet

CATALANA • FAMILIAR Establecimiento familiar y de ambiente neorrústico que destaca por los techos abovedados de su comedor principal. Cocina catalana y "volcánica", la típica de la Garrotxa.

Menú 12/27 € - Carta 25/35 €

Vic 18 ✉ 17177 - ✆ 972 69 00 06 - www.restaurantlhostalet.com
- solo almuerzo salvo viernes y sábado
- cerrado julio y martes

HOSTALRIC

Girona - 4 005 h. - Mapa regional : **10**-A1
Madrid 665 km - Barcelona 67 km - Girona 41 km - Tarragona 157 km
Mapa de carreteras Michelin n° 574-G37

Quatre Vents 3.0

MODERNA • BISTRÓ Luminoso, moderno y con vistas a la sierra del Montseny, tanto desde algunas mesas como desde la terraza. Su carta de cocina actual evoluciona con los productos de temporada.

Menú 14/38 € - Carta 22/44 €

av. Coronel Estrada 122 ✉ 17450
- ✆ 972 86 56 90 - www.restaurantquatrevents.com
- solo almuerzo salvo jueves, viernes y sábado
- cerrado lunes

HOYO DE MANZANARES

Madrid - 7 880 h. - Alt. 1 001 m - Mapa regional : **15**-A2
Madrid 36 km - Segovia 66 km - Ávila 89 km - Toledo 111 km
Mapa de carreteras Michelin n° 576-K18

El Vagón de Beni

MODERNA • ROMÁNTICA Evocador conjunto, a modo de pequeña estación, dotado con dos antiguos vagones de tren restaurados. Ofrece una coqueta terraza sobre el andén y una cocina actual bien elaborada. ¡También cuentan con un atractivo Club de fumadores!

Menú 35/55 € - Carta 47/57 €

San Macario 6 ✉ 28240 - ✆ 918 56 68 12 - www.elvagondebeni.es
- cerrado 15 días en noviembre, domingo noche y lunes

HOYOS DEL ESPINO

Ávila - 364 h. - Mapa regional : **8**-B3
Madrid 173 km - Valladolid 199 km - Ávila 61 km - Salamanca 127 km
Mapa de carreteras Michelin n° 575-K14

Mira de Gredos

COCINA TRADICIONAL • FAMILIAR XX Dotado con una gran sala acristalada para contemplar la sierra de Gredos. Proponen una cocina tradicional-actualizada y varios menús (Temporada, Degustación, Tradicional...).

Menú 15/45 € - Carta 30/54 €

carret. de El Barco (Av 941) ✉ 05634 - ✆ 920 34 90 23 - www.lamiradegredos.com - solo almuerzo salvo viernes y sábado - cerrado del 9 al 25 de enero y 25 septiembre-11 octubre y lunes salvo Semana Santa, verano y festivos

El Milano Real

BOUTIQUE HOTEL • PERSONALIZADA Atesora unas estancias definidas por la profusión de madera y el gusto por los detalles, destacando tanto la biblioteca como las habitaciones abuhardilladas. En el comedor, dotado de atractivas vistas, apuestan por la cocina moderna elaborada con productos locales. ¡No se pierda su observatorio astronómico!

21 hab - †28/87 € ††55/118 € - ☐ 17 €

Toleo 2 ✉ 05634 - ✆ 920 34 91 08 - www.elmilanoreal.com

HOZNAYO

Cantabria - Mapa regional : **6**-B1
Madrid 399 km - Bilbao 86 km - Burgos 156 km - Santander 22 km
Mapa de carreteras Michelin n° 572-B18

La Bicicleta

MODERNA • ACOGEDORA XX Restaurante de ambiente retro-chic instalado en una bonita casona del s. XVIII. Su chef reinterpreta el recetario tradicional para ponerlo al día en técnicas y presentaciones.

Menú 35/50 € - Carta 38/54 €

La Plaza 12, carret. N 634 ✉ 39716 - ✆ 636 29 69 70 - www.labicicletahoznayo.com - cerrado 23 diciembre-febrero

HUARTE

Navarra - 6 776 h. - Alt. 441 m - Mapa regional : **17**-A2
Madrid 408 km - Donostia-San Sebastián 91 km - Logroño 96 km - Iruña/Pamplona 7 km
Mapa de carreteras Michelin n° 573-D25

Asador Zubiondo

COCINA TRADICIONAL • RÚSTICA XX En este atractivo caserón, construido en piedra y emplazado en la ribera del Arga, podrá degustar una cocina tradicional que ensalza el producto, sobre todo las verduras.

Menú 50/60 € - Carta 35/50 €

av. Roncesvalles 1 ✉ 31620 - ✆ 948 33 08 07 - www.asadorzubiondo.com - cerrado del 15 al 31 de julio

HUELVA

146 318 h. - Alt. 56 m - Mapa regional : **1**-A2
Madrid 629 km - Badajoz 248 km - Faro 105 km - Mérida 282 km
Mapa de carreteras Michelin n° 578-U9

Acanthum (Xanty Elías)

MODERNA • MARCO CONTEMPORÁNEO XX ¡La mejor opción en la ciudad! Ofrece un bar de tapas y una sala de ambiente contemporáneo. Cocina actual que trata el producto con delicadeza y evoluciona según la temporada.

➜ El atún que soseaba con las bellotas. Pluma ibérica al carbón y jugo de regaliz. La torrija del pobre.

Menú 45/70 € - Carta 32/59 €

Plano : B2-c - *San Salvador 17 ✉ 21003*
- ✆ 959 24 51 35 - www.acanthum.com
- solo almuerzo salvo jueves, viernes y sábado
- cerrado 29 mayo-5 junio, 28 agosto-12 septiembre y lunes

Azabache

REGIONAL • AMBIENTE CLÁSICO XX Este céntrico restaurante se presenta con un concurrido bar a la entrada y un comedor de ambiente clásico. Elaboraciones sencillas pero bastante fieles al recetario regional.

Menú 36/59 € - Carta 35/65 €

Plano : A2-m - *Vázquez López 22 ✉ 21001*
- ✆ 959 25 75 28 - www.restauranteazabache.com
- cerrado del 16 al 31 de agosto, sábado noche, domingo y festivos

Portichuelo

REGIONAL • SENCILLA X En una zona de animadas calles peatonales. Posee un bar público y un comedor clásico-actual dominado por el expositor de vinos del fondo. Sencilla cocina de corte regional.

Menú 15 € - Carta 25/45 €

Plano : A2-a - *Vázquez López 15 ✉ 21003*
- ✆ 959 24 57 68 - www.restauranteportichuelo.com
- domingo noche en invierno y domingo resto del año

℩O Taberna El Condado

COCINA TRADICIONAL • MARCO CONTEMPORÁNEO Un negocio bien renovado, pues tras su reforma se presenta con una agradable interior de estilo rústico-actual. El local es famoso por sus jamones ibéricos, bien complementados con tapas y raciones de salazones o carnes serranas a la brasa.

Tapa 3 € - Ración aprox. 12 €

Plano : B2-s - *Sor Ángela de la Cruz 3 ✉ 21003 - ☎ 959 26 11 23 - cerrado domingo en verano y domingo noche resto del año*

℩O La Mirta

COCINA TRADICIONAL • MARCO CONTEMPORÁNEO En este bar, de ambiente actual, encontrará tapas y raciones de tinte tradicional. Como complemento, suelen ofrecer sugerencias del día y algún que otro plato de cuchara.

Tapa 3,50 € - Ración aprox. 12 €

Plano : B2-x - *av. Martín Alonso Pinzón 13 ✉ 21003 - ☎ 959 28 36 57 - www.lamirta.com - cerrado domingo mediodía en verano y domingo noche resto del año*

HUESCA

52 239 h. - Alt. 466 m - Mapa regional : **2**-C1

Madrid 392 km - Lleida 123 km - Iruña/Pamplona 164 km - Zaragoza 76 km

Mapa de carreteras Michelin n° 574-F28

✿ Lillas Pastia (Carmelo Bosque)

MODERNA • AMBIENTE CLÁSICO Elegante y distinguido, pues ocupa la planta baja del que fuera el casino oscense. En el comedor, modernista y de techos altos, le propondrán una cocina actual basada en dos menús... eso sí, con posibilidad de extraer de ellos los platos que quiera como si fuera una carta. ¡La trufa toma el protagonismo en temporada!

→ Merluza asada con sabayón de alcaparra. Cerdo crujiente con endivias braseadas al anís. Platano estofado con vainilla y limón.

Menú 38/65 € - Carta 41/58 €

Plano : A2-k - *pl. de Navarra 4 ✉ 22002 - ☎ 974 21 16 91 - www.lillaspastia.es - cerrado domingo noche y lunes*

✿ Las Torres (Alberto Abadia)

MODERNA • ELEGANTE He aquí un restaurante familiar que destaca tanto por su elegancia como por su excelente montaje, mostrando un interior de línea clásica-actual y diferentes ambientes en su distribución. Desde los fogones apuestan por una carta de cocina actual y bases tradicionales, siempre bien complementada por varios menús.

→ Marino-mediterráneo. Cordero, alta paletilla. Frescura-azahar, naranjas, perfume y Cointreau.

Menú 40/70 € - Carta 55/69 €

Plano : A1-d - *María Auxiliadora 3 ✉ 22003 - ☎ 974 22 82 13 - www.lastorres-restaurante.com - cerrado 7 días en abril, del 16 al 26 de agosto, domingo y lunes noche*

✿ Tatau Bistro (Tonino Valiente)

MODERNA • A LA MODA Un gastrobar llevado con amabilidad, pasión e... ¡inequívoca personalidad! Presenta una bulliciosa zona de bar, la cocina vista y un saloncito al fondo. Imagine el menú degustación de un gran restaurante pero en pequeño formato, con elaboraciones de elevado nivel técnico, productos de calidad y precios razonables.

→ Mar y montaña de caviar Baeri Gold y papada de cerdo. Pichón de Araiz en dos cocciones. Piña, coco y hierbabuena.

Tapa 5 € - Ración aprox. 12 €

Plano : B2-x - *San Lorenzo 4 (previsto traslado a Azara 8, pl. Luis López Allué) ✉ 22002 - ☎ 974 04 20 78 - www.tatau.es - cerrado del 24 al 31 de diciembre, del 9 al 17 de abril, del 6 al 15 de agosto, domingo y lunes*

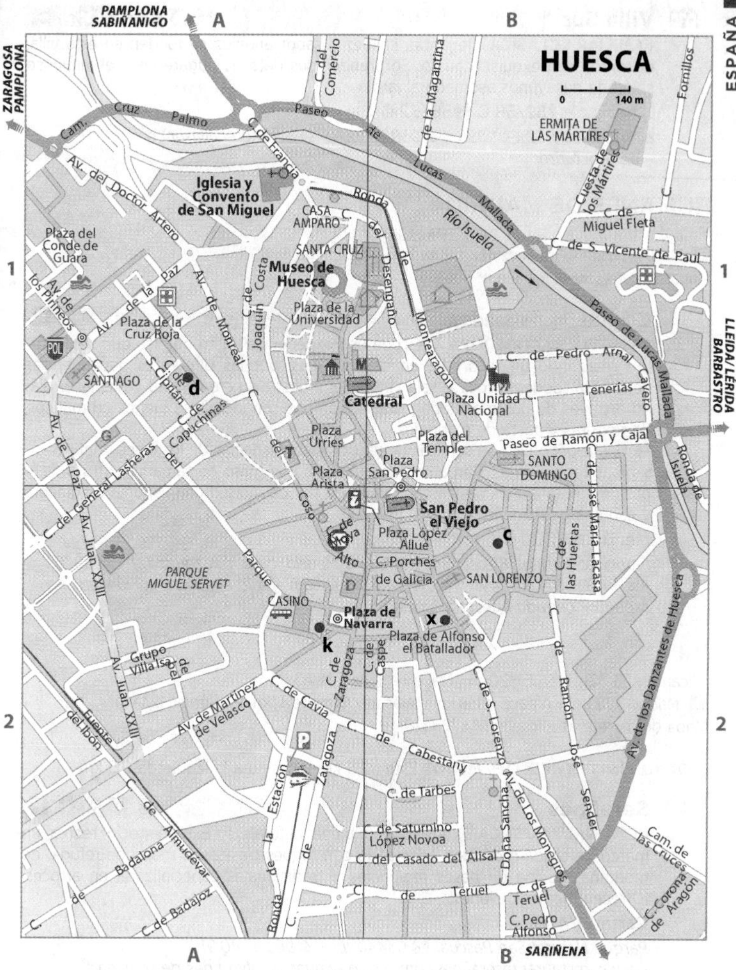

HUESCA

El Origen

COCINA TRADICIONAL • AMBIENTE CLÁSICO XX Sus chefs apuestan claramente por los productos ecológicos, sobre todo en lo referente a las verduras y a las carnes de granja. Cocina tradicional con buena oferta de menús.

Menú 17/40 € – Carta 33/49 €

Plano : B2-c – *pl. Justicia 4 ✉ 22001*
– *✆ 974 22 97 45 – www.elorigenhuesca.com*
– *cerrado domingo noche y miércoles*

HUÉTOR VEGA

Granada – 11 849 h. – Alt. 685 m – Mapa regional : **1**-D1
Madrid 436 km – Granada 7 km – Málaga 133 km – Murcia 292 km
Mapa de carreteras Michelin n° 578-U19

Villa Sur

FAMILIAR • CLÁSICA Elegancia, calidez y sabor andaluz se funden en esta villa, decorada con exquisito gusto. Sorprenden sus detalles hogareños y el luminoso salón de desayunos asomado al jardín.

11 hab - †52/58 € ††58/62 €

av. Andalucía 57 ✉ 18198 - ✆ 958 30 22 83 - www.hotelvillasur.com - abril-octubre

HUMANES DE MADRID

Madrid - 19 413 h. - Alt. 677 m - Mapa regional : **15**-A2

Madrid 26 km - Aranjuez 41 km - Ávila 132 km - Segovia 119 km

Mapa de carreteras Michelin n° 576-L18

Coque (Mario Sandoval)

CREATIVA • ACOGEDORA XXX Toda una experiencia gastronómica que se descubre realizando un recorrido, en cinco etapas, por las diferentes dependencias de la casa (bodega, cocina, sala...). El chef muestra su creatividad y quehacer diario a través de dos menús degustación, ambos con increíbles juegos cromáticos, de texturas y hasta de maridajes.

→ Gastrogenómica de semillas de verduras con especias de los cinco continentes y pipas fermentadas. Parpatana de atún rojo con guiso de tamarillo y fruta de la pasión con tataki de ventresca. Helado de flor de hibisco con esponja de ginebra y espuma de frutos rojos.

Menú 100/200 € - solo menú

Francisco Encinas 8 (previsto traslado a Madrid, calle Velázquez 12) ✉ 28970 - ✆ 916 04 02 02 - www.restaurantecoque.com - solo almuerzo salvo viernes y sábado - cerrado agosto y lunes

IBI

Alicante - 23 321 h. - Alt. 820 m - Mapa regional : **11**-A3

Madrid 390 km - Albacete 138 km - Alacant/Alicante 41 km - València 123 km

Mapa de carreteras Michelin n° 577-Q28

por la carretera de Alcoi Este : 2,5 km y desvío a la izquierda 0,5 km

Serafines

REGIONAL • RÚSTICA XX Aislado en plena naturaleza. Este negocio recrea un marco de cálida rusticidad aderezado con toques clásicos, a modo de refugio de montaña. Cocina de bases regionales y tradicionales especializada en arroces. ¡Ofrecen medias raciones!

Carta 21/41 €

Parque Natural San Pascual ✉ 03440 Ibi - ✆ 966 55 40 91 - www.restauranteserafines.com - solo almuerzo salvo fines de semana - cerrado Semana Santa, del 6 al 29 de agosto y lunes

IGUALADA

Barcelona - 38 751 h. - Alt. 315 m - Mapa regional : **09G**-B2

Madrid 555 km - Barcelona 73 km - Lleida 95 km - Tarragona 120 km

Mapa de carreteras Michelin n° 574-H34

Somiatruites N

MODERNA • DE DISEÑO X Realmente singular, pues su estética interior combina las pieles curtidas y el diseño para rememorar la extinta actividad industrial del edificio. Aquí ofrecen una cocina fresca y divertida, de base tradicional pero puesta al día en técnicas y presentaciones.

Menú 12 € - Carta 20/30 €

Del Sol 19 ✉ 08700 - ✆ 938 03 66 26 - www.somiatruites.eu - cerrado 10 dias en agosto, domingo noche y lunes noche

ILLESCAS

Toledo - 25 964 h. - Alt. 588 m - Mapa regional : **7**-B2
Madrid 37 km - Aranjuez 31 km - Ávila 144 km - Toledo 34 km
Mapa de carreteras Michelin nº 576-L18

El Bohío (Pepe Rodríguez)

MODERNA • AMBIENTE TRADICIONAL XXX Tradición y alta gastronomía hallan el equilibrio en este negocio familiar, llevado entre hermanos y con Pepe Rodríguez, su mediático chef, como máximo exponente del éxito. Elaboran una cocina tremendamente apegada a la tierra pero también con elevadas dosis de creatividad, siendo solo accesible a través de sus menús.

→ Sopa de ajo negro y bacalao. La pringá del cocido con verduras y su caldo. El flan de caramelo.

Menú 45/110 € - solo menú

av. Castilla-La Mancha 81 ✉ 45200 - ✆ 925 51 11 26 - www.elbohio.net - solo almuerzo salvo jueves, viernes y sábado - cerrado agosto

IMÓN

Guadalajara - 30 h. - Alt. 955 m - Mapa regional : **7**-C1
Madrid 149 km - Aranda de Duero 117 km - Guadalajara 92 km - Soria 85 km
Mapa de carreteras Michelin nº 576-I21

La Botica

PARTICULAR • PERSONALIZADA La antigua botica del pueblo ha sido transformada en una casa rural con encanto. Ofrece bellas habitaciones, personalizadas en su decoración, y una agradable terraza-porche. En su comedor encontrará una reducida carta de gusto tradicional.

6 hab - 80/120 € 100/150 €

Cervantes 40 ✉ 19269 - ✆ 949 39 74 15 - www.laboticahotelrural.com

IRÚN

Guipúzcoa - 61 481 h. - Alt. 20 m - Mapa regional : **18**-B2
Madrid 470 km - Donostia-San Sebastián 21 km - Iruña/Pamplona 79 km - Vitoria-Gasteiz 121 km
Mapa de carreteras Michelin nº 573-C24

junto a la autopista A 8 (salida 2) Noroeste : 4,5 km

Atalaia

VASCA • AMBIENTE CLÁSICO XX Disfruta de una agradable terraza con porche, un correcto privado y un comedor de estética actual, donde podrá degustar una carta vasca tradicional y un buen menú degustación.

Menú 14/65 € - Carta 39/55 €

Aritz Ondo 69 (Centro Comercial Txingudi) ✉ 20305 Irún - ✆ 943 62 94 33 - www.hotelatalaia.com - solo almuerzo salvo viernes y sábado - cerrado Navidades

NOS GUSTA...

Ser partícipes de la historia del **G. H. La Perla**, en la animada plaza del Castillo, y comer en el restaurante **Europa**, un clásico de la gastronomía navarra. Ver la curiosa colección de carruajes antiguos del hotel **Palacio Guendulain** y tomar unos pintxos en la calle Estafeta (**Bodegón Sarria**), la más famosa del recorrido de los encierros de San Fermín.

IRUÑA PAMPLONA

Navarra - 195 853 h. - Alt. 415 m - Mapa regional : **17**-A2
Madrid 449 km - Vitoria-Gasteiz 96 km - Logroño 87 km - Donostia-San Sebastián 82 km
Mapa de carreteras Michelin n° 573-D25

Restaurantes

Rodero (Koldo Rodero)

MODERNA • AMBIENTE CLÁSICO XXX Creatividad, imaginación, cariño... tras estás elevadas palabras solo hay un secreto: un gran chef y su personal querencia por estar siempre tras los fogones, controlando directamente tanto los puntos como las elaboraciones. ¡Todo un clásico familiar, hoy con atractivos detalles contemporáneos, que no le defraudará!

➜ Tortilla de patata y trufa con natilla de cebolla. Tartar de solomillo, nieve de mostaza antigua y crujiente. Fresas de mascarpone, vainilla y cola.

Menú 60/75 € - Carta 48/64 €

Plano : D1-s - *Arrieta 3 ✉ 31002*
- *✆ 948 22 80 35 - www.restauranterodero.com*
- *cerrado 7 días en julio, 15 días en agosto, domingo, lunes noche y martes noche*

Europa (Pilar Idoate)

MODERNA • AMBIENTE CLÁSICO XXX Hablar del Europa supone hablar de los hermanos Idoate, pues llevan la hostelería en las venas y regentan varios negocios en la ciudad. Aquí podrá degustar una cocina actualizada de fuertes raíces vascas, impecable en la técnica y basada en un producto de excelsa calidad. ¡También ofrecen unas cuidadas habitaciones!

➜ Huevo en costra de arroz venere sobre tierra trufa y bombón. Tataki de atún rojo, emulsión de ponzu, soja y aceite de oliva. Esfera lunar con frambuesa y helado de plátano.

Menú 60/75 € - Carta 50/72 €

Plano : D1-r - *Espoz y Mina 11-1° ✉ 31002*
- *✆ 948 22 18 00 - www.hreuropa.com*
- *cerrado domingo*

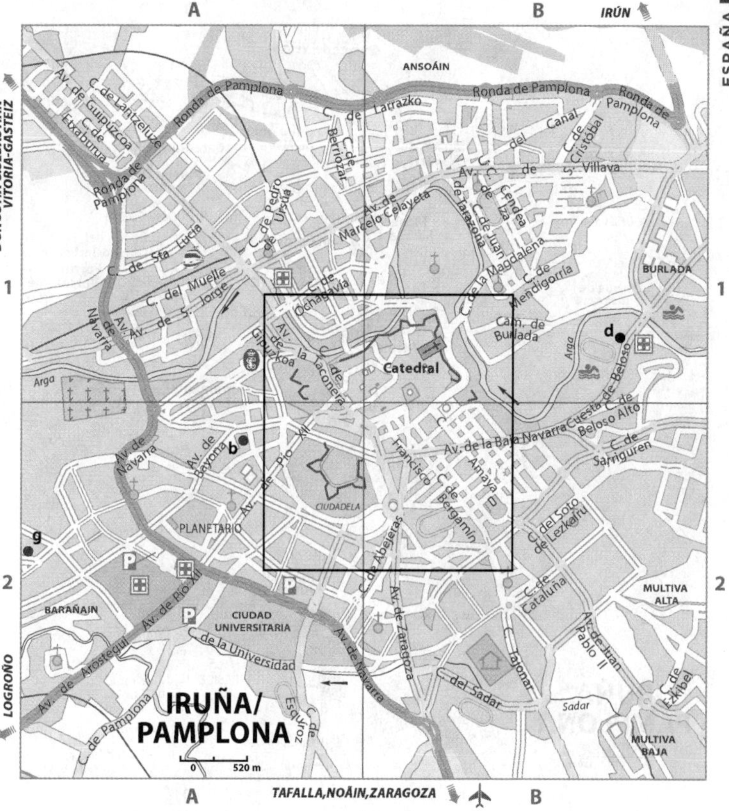

Enekorri

MODERNA · ACOGEDORA XxX Una casa definida por dos conceptos: la fidelidad a los productos de temporada y su pasión por los vinos, lo que hace que su estupenda bodega esté en constante evolución.

Carta 39/64 €

Plano : D2-x - *Tudela 14 ✉ 31003 - ✆ 948 23 07 98 - www.enekorri.com - cerrado Semana Santa, 2ª quincena de agosto y domingo*

Alhambra

COCINA TRADICIONAL · ELEGANTE XxX Es un clásico renovado, por eso ahora se presenta con mejores detalles, una brigada profesional, una iluminación intimista y mayor privacidad entre las mesas. Cocina tradicional elaborada y lo que llaman la "carta del chef", a precio fijo.

Menú 48 € - Carta 47/70 €

Plano : D2-e - *Francisco Bergamín 7 ✉ 31003 - ✆ 948 24 50 07 - www.restaurantealhambra.es - cerrado Semana Santa, del 2 al 18 de agosto y domingo*

¿Hace buen tiempo? Disfrute el placer de comer en la terraza:

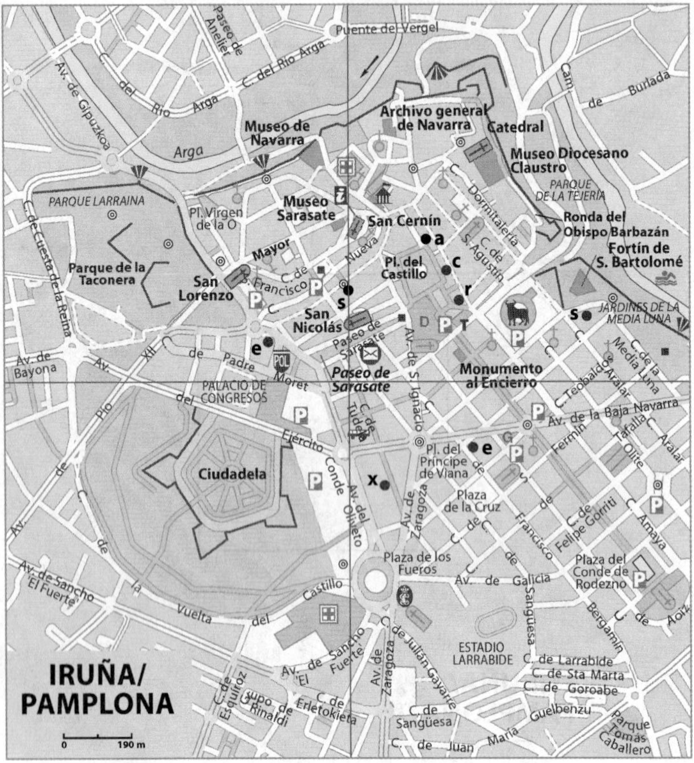

IRUÑA/ PAMPLONA

La Nuez

COCINA TRADICIONAL • SIMPÁTICA XX Presenta un portalón de madera a la entrada y una sala de línea clásica-actual. Su chef propone una cocina de carácter clásico-internacional con ligeras influencias francesas. ¡No se marche sin probar su famosa Tarta Tatin de manzana!

Menú 28/37 € - Carta 34/51 €

Plano : C1-e - *Taconera 4 ✉ 31001 - ✆ 948 22 81 30 - www.restaurantelanuez.com - cerrado 7 días en agosto, domingo y lunes*

La Casona

COCINA TRADICIONAL • RÚSTICA X Casona tipo asador dotada con una sidrería a un lado y un comedor, con la parrilla vista, al otro. Posee salones para banquetes y en su carta destacan los pescados a la brasa.

Menú 20/50 € - Carta 30/53 €

Plano : A2-g - *Pueblo Viejo (Barañain) ✉ 31010 - ✆ 948 18 67 13 - www.asadorcasona.es - cerrado domingo noche*

Guría Ⓝ

MODERNA • BAR DE TAPAS Abre sus puertas junto a la animada Plaza del Castillo y es un clásico, eso sí... ¡totalmente actualizado! Pinchos cuidados y bien elaborados, con una base de cocina actual.

Tapa 3 € - Ración aprox. 15 €

Plano : D1-r - *Estafeta 60-62 ✉ 31001 - ✆ 948 22 74 05*

Bodegón Sarria

COCINA TRADICIONAL • RÚSTICA Se presenta con unos sugerentes jamones colgados de las vigas y curiosos vinilos en las paredes, estos últimos con los "encierros" como motivo principal. Pinchos tradicionales, fríos y calientes, buenas raciones y embutidos ibéricos.

Tapa 2,50 € - Ración aprox. 12 €

Plano : D1-c - *Estafeta 50-52 ✉ 31001 - ☎ 948 22 77 13 - www.bodegonsarria.com*

Letyana

MODERNA • ACOGEDORA Bar de tapas decorado con numerosos premios y diplomas. Presenta una barra repleta de pinchos y un pequeño comedor en la entreplanta, donde ofrecen sus menús degustación.

Tapa 3 € - Ración aprox. 12 €

Plano : A2-b - *travesía de Bayona 2 ✉ 31011 - ☎ 948 25 50 45 - cerrado del 15 al 31 de julio, domingo en verano y domingo noche resto del año*

Alojamientos

Muga de Beloso

LUJO • DE DISEÑO Edificio de diseño moderno situado en la ribera del río, junto a un club deportivo. Aquí encontrará garaje gratuito y espaciosas habitaciones, todas minimalistas, algo parcas en mobiliario y con estores eléctricos. El restaurante, que propone una cocina tradicional actualizada, destaca por sus verduras.

58 hab - ††119/400 € - ☕ 16 € - 1 suite

Plano : B1-d - *Beloso Bajo 11 ✉ 31006 - ☎ 948 29 33 80 - www.almapamplona.com*

G.H. La Perla

HISTÓRICO • PERSONALIZADA Todo un clásico que se reformó con acierto, presentando hoy un interior actual y las habitaciones dedicadas a sus clientes más ilustres. El restaurante, próximo al concepto de gastrobar, ofrece un buen menú degustación y una reducida carta de cocina actual.

43 hab - †154/314 € ††165/314 € - ☕ 24 € - 1 suite

Plano : D1-a - *pl. del Castillo 1 ✉ 31001 - ☎ 948 22 30 00 - www.granhotellaperla.com*

Palacio Guendulain

EDIFICIO HISTÓRICO • ELEGANTE Le sorprenderá, pues decora su zona social con carruajes y objetos históricos. Bar inglés, biblioteca, salones de aire regio y confortables habitaciones, la mayoría clásicas. Su elegante restaurante propone una cocina elaborada y de tinte actual.

25 hab ☕ - ††134/195 € - 2 suites

Plano : CD1-s - *Zapatería 53 ✉ 31001 - ☎ 948 22 55 22 - www.palacioguendulain.com*

en la urbanización Castillo de Gorraiz por av. de la Baja Navarra : 4 km,

ver plano : D2 – Mapa regional : **17**-A2

Palacio Castillo de Gorraiz

COCINA TRADICIONAL • ELEGANTE XXX Se trata de un atractivo palacio del s. XVI, dotado con un comedor clásico-actual y gran variedad de salones para banquetes. Cocina tradicional actualizada y completa bodega.

Menú 36/55 € - Carta 45/58 €

av. Egües 78 ✉ 31620 Gorraiz - ☎ 948 33 73 30 - www.cgrestaurante.es - solo almuerzo salvo jueves, viernes y sábado - cerrado 23 diciembre-10 enero y lunes

ISLA

Cantabria – Mapa regional : **6**-C1
Madrid 426 km – Bilbao 81 km – Santander 40 km
Mapa de carreteras Michelin nº 572-B19

en la playa de Quejo Este : 3 km – Mapa regional : **6**-C1

Estrella del Norte

TRADICIONAL • FUNCIONAL Posee ascensores panorámicos y un atractivo diseño exterior que combina la piedra y el vidrio. Las habitaciones disfrutan del confort más actual, con aseos completos. En su restaurante, panelable y con vistas a la piscina, encontrará una carta tradicional.

47 hab – †40/105 € ††60/135 € – ☕ 7 €

av. Juan Hormaechea ✉ 39195 Isla
– ✆ 942 65 99 70 – www.hotelestrelladelnorte.com
– cerrado 10 enero-10 febrero

ISLA CRISTINA

Huelva – 21 193 h. – Mapa regional : **1**-A2
Madrid 672 km – Beja 138 km – Faro 69 km – Huelva 56 km
Mapa de carreteras Michelin nº 578-U8

en Islantilla Este : 7 km – Mapa regional : **01G**-A2

Ama Andalucía

TRADICIONAL • DE DISEÑO Buen complejo hotelero orientado a dar servicios de salud y bienestar. Se encuentra en una urbanización con campo de golf, posee dos piscinas exteriores con agua salada y ofrece confortables habitaciones de línea moderna, todas con su propia terraza.

118 hab – ††49/175 € – ☕ 15 € – 26 apartamentos

paseo de las Cumbres ✉ 21410 Islantilla
– ✆ 959 87 32 00 – www.ama-hotels.com

ISLANTILLA Huelva → Ver Isla Cristina

IZNÁJAR

Córdoba – 4 556 h. – Alt. 345 m – Mapa regional : **1**-C2
Madrid 426 km – Sevilla 212 km – Córdoba 104 km – Málaga 89 km
Mapa de carreteras Michelin nº 578-U17

en El Adelantado Suroeste : 7 km – Mapa regional : **1**-C2

Cortijo La Haza

CASA DE CAMPO • RÚSTICA Este antiguo cortijo se encuentra en plena naturaleza y disfruta de un ambiente rústico bastante acogedor, con una zona ajardinada, un patio y cálidas habitaciones. Su restaurante propone una cocina internacional y un menú degustación que cambian a diario.

6 hab ☕ – †65 € ††85 €

Adelantado 119 ✉ 14978 Iznájar
– ✆ 957 33 40 51 – www.cortijolahaza.com

JÁBAGA

Cuenca – 568 h. – Alt. 971 m – Mapa regional : **7**-C2
Madrid 155 km – Albacete 168 km – Cuenca 13 km – Toledo 174 km
Mapa de carreteras Michelin nº 576-L23

en la carretera N 400 Sur : 3,5 km

La Casita de Cabrejas

AGROTURISMO • ACOGEDORA Destaca tanto por su elegante rusticidad como por sus exteriores, pues se halla en una preciosa finca repleta de pinares. Ofrece un salón social con chimenea, habitaciones de estilo antiguo y un coqueto restaurante. ¡Disfrute con sus actividades multiaventura!

13 hab - 73/85 € 81/94 €

vía de servicio, km 169 16194 Jábaga - 969 27 10 08 - www.lacasitadecabrejas.com - cerrado del 24 al 27 de diciembre

JACA

Huesca - 13 088 h. - Alt. 820 m - Mapa regional : **2**-C1

Madrid 481 km - Huesca 91 km - Iruña/Pamplona 111 km

Mapa de carreteras Michelin n° 574-E28

en Barós Sur : 3 km

Barosse

AGROTURISMO • ACOGEDORA Piedra, madera, forja... estos son los elementos fundamentales para crear una casa rural con encanto. Ofrece habitaciones de línea ecléctica y un jacuzzi con sauna, incluido en el precio, que podrá usar 50 minutos por cada día de estancia. ¡Ojo, solo adultos!

5 hab - 110 € 130/138 €

Estiras 4 22712 Barós - 974 36 05 82 - www.barosse.com - cerrado Navidades, 15 días en mayo y 15 días en octubre

JAÉN

115 395 h. - Alt. 574 m - Mapa regional : **1**-C2

Madrid 336 km - Almería 232 km - Córdoba 107 km - Granada 94 km

Mapa de carreteras Michelin n° 578-S18

Casa Antonio

MODERNA • AMBIENTE CLÁSICO Se presenta con una terraza, un pequeño bar de espera y la sala distribuida en tres espacios, todo de línea actual y cuidadísimo montaje. Su interesante carta de cocina actual se suele ver enriquecida con diferentes jornadas gastronómicas.

Carta 37/55 €

Plano : C2-k - *Fermín Palma 3 23008 - 953 27 02 62 - www.casantonio.es - cerrado agosto, domingo en julio, domingo noche resto del año y lunes*

Horno de Salvador

COCINA TRADICIONAL • AMBIENTE CLÁSICO Casa solariega emplazada en un paraje relativamente solitario. Cuenta con una agradable terraza arbolada y una sala de línea clásica-elegante, donde podrá descubrir una cocina tradicional rica en asados, carnes rojas y caza en temporada.

Menú 35/60 € - Carta 29/40 €

carret. al Castillo, por A3 : 3,5 km 23001 - 953 23 05 28 - www.hornodesalvador.com - cerrado 15 días en julio, domingo noche y lunes

Yuma's

COCINA TRADICIONAL • AMBIENTE CLÁSICO Uno de esos sitios de los que se suele salir contento, pues combina sus impecables instalaciones con una carta tradicional sencilla pero honesta. Pruebe su Ensalada de perdiz, el Revuelto de bacalao con aguacate o las Cocochas en Caldo.

Menú 25 € - Carta 24/50 €

Plano : A1-a - *av. de Andalucía 74 23006 - 953 22 82 73 - cerrado del 15 al 31 de agosto y domingo*

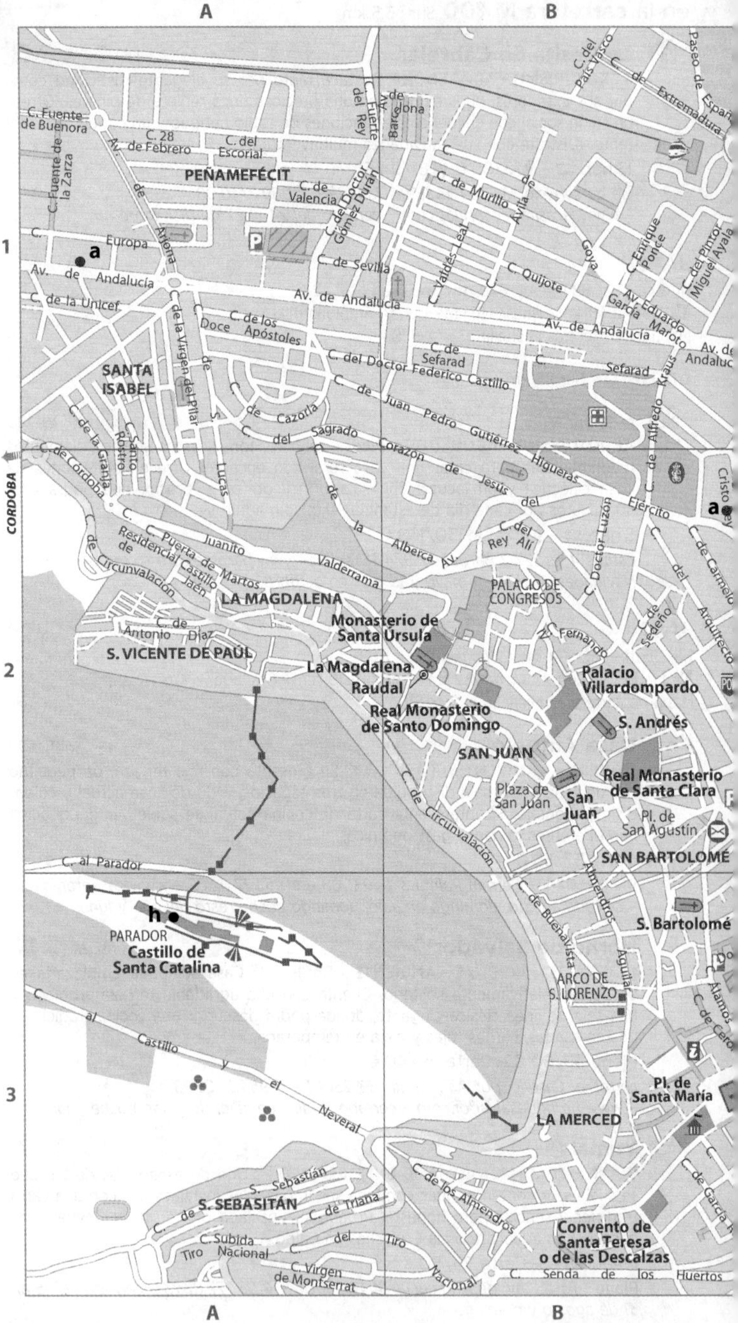

A B

1

2

3

CORDÓBA

PEÑAMEFÉCIT

SANTA ISABEL

LA MAGDALENA

S. VICENTE DE PAÚL

SAN JUAN

SAN BARTOLOMÉ

LA MERCED

S. SEBASITÁN

C. Fuente de Buenora
C. Fuente de la Zarza
C. 28 de Febrero
C. del Escorial
C. Europa
Av. de Arjona
C. de Valencia
C. del Doctor Gómez Durán
C. Fuerte del Rey
Av. de Barcelona
C. de Sevilla
Av. de Andalucía
C. de la Unicef
C. de la Virgen del Pilar
C. de los Doce Apóstoles
C. de S. Lucas
C. de Cazorla
C. del Sagrado Corazón de Jesús
C. de Murillo
C. de Ávila
C. Valdés Leal
C. Quijote
C. Goya
C. Enrique Ponce
C. del Pintor Miguel Ayala
Av. Eduardo García Maroto
C. del País Vasco
C. de Extremadura
Paseo de España
C. de Sefarad
C. del Doctor Federico Castillo
C. de Juan Pedro Gutiérrez Higueras
Av. del Ejército
C. de Alfredo Kraus
Cristo Rey
a
C. de la Granja
C. de Córdoba
C. Santo Rostro
C. Puerta de Martos
Av. de Juanito Valderrama
Residencial Castillo de Jaén
C. de Circunvalación
C. de la Alberca
C. del Rey Alí
C. Doctor Luzón
C. de Carmelo
C. del Arquitecto
C. de Sedeño
C. Fernando
C. de Antonio Díaz
PALACIO DE CONGRESOS
Monasterio de Santa Úrsula
La Magdalena
Raudal
Real Monasterio de Santo Domingo
Palacio Villardompardo
S. Andrés
Real Monasterio de Santa Clara
Plaza de San Juan
San Juan
Pl. de San Agustín
S. Bartolomé
C. al Parador
h
PARADOR
Castillo de Santa Catalina
C. de Buenavista
C. Almendros Aguilar
ARCO DE S. LORENZO
C. Álamos
C. de Cerón
Pl. de Santa María
C. de García
C. al Castillo y el Neveral
C. de los Almendros
C. de S. Sebastián
C. de Triana
C. Subida Tiro Nacional
C. del Tiro Nacional
C. Virgen de Montserrat
Convento de Santa Teresa o de las Descalzas
C. Senda de los Huertos

A B

JAÉN

C D

1 2 3

STA MARÍA DEL VALLE
LA VICTORIA
SAN ROQUE
EGIDO DE BELÉN
SAGRARIO
Paseo de España
Place de la Concordia
C. de Cataluña
C. de Manuel Caballero Venzala
C. Doctor Eduardo García-Triviño López
Av. de Madrid
C. de Madrid
Sta María del Valle
Ronda de los Derechos Humanos
C. de la Luna
Av. de Ruiz Jiménez
Paseo de la Estación
C. Pintor Nogue
C. Sierra Mágina
C. Doctor Ramiro Rivera
Ronda de la Misericordia
C. del Doctor Juan Nogales
C. de Andújar
C. de Úbeda
Museo Provincial
C. del Obispo Alonso Suárez
Pl. de las Batallas
PARQUE DE LA VICTORIA
C. de Menéndez Pelayo
C. de Santo Reino
Cam. de las Cruces
ÚBEDA, GRANADA
C. de Granada
C. de Salobreja
C. de las Tres Morilla
C. de S. José
Pl. de los Jardinillos
C. Rastro
Av. de Granada
PARQUE FELIPE ARCHE
C. de la Guardia
C. de Federico de Mendizábal
C. de Vergara
C. del Doctor Sagaz Zubelzu
C. Plaza de Toros
C. del Arrastradero
Plaza de la Constitución
Convento de las Bernardas
Palacio Provincial
Alameda de Capuchinos
S. Ildefonso
Pl. S. Francisco
Église del Sagrario
C. Agustina de Aragón
Ronda Sur
C. Mesa
C. de Jorge Morales
Catedral
C. Ejido de Alcantarilla
0 280 m

Casa Vicente

REGIONAL • AMBIENTE CLÁSICO Posee un bar de tapas a la entrada, así como una sala de ambiente taurino decorada con multitud de cuadros, fotografías y algunas cabezas de toro. Cocina de sabor regional.

Carta 36/55 €

Plano : B2-a - *Cristo Rey 3 ✉ 23002 - ✆ 953 23 22 22 - cerrado agosto, domingo noche y lunes noche*

Parador de Jaén

HISTÓRICO • HISTÓRICA Instalado junto al castillo-fortaleza de Jaén, del s. XIII, con el que comparte algunos muros. Recrea un ambiente medieval y destaca por sus magníficas vistas sobre la ciudad. El restaurante presenta altas bóvedas en piedra y una carta de carácter regional.

45 hab - 100/180 € - 19 €

Plano : A3-h - *Oeste, 4,5 km ✉ 23001 - ✆ 953 23 00 00 - www.parador.es*

JARAÍZ DE LA VERA

Cáceres - 6 481 h. - Mapa regional : **12**-C1

Madrid 227 km - Mérida 172 km - Cáceres 115 km - Salamanca 164 km

Mapa de carreteras Michelin n° 576-L12

La Finca

REGIONAL • RÚSTICA El restaurante, que goza de gran aceptación y está precedido por una cafetería, propone una cocina de tinte regional. Agradable terraza, buenas vistas y precios ajustados.

Carta 28/49 €

carret. EX 203, Norte : 0,5 km ✉ 10400 - ✆ 927 66 51 50 - www.villaxarahiz.com - cerrado domingo noche y lunes salvo verano

JARANDILLA DE LA VERA

Cáceres - 2 955 h. - Alt. 660 m - Mapa regional : **12**-C1

Madrid 222 km - Mérida 187 km - Cáceres 145 km - Salamanca 180 km

Mapa de carreteras Michelin n° 576-L12

Parador de Jarandilla de La Vera

EDIFICIO HISTÓRICO • CLÁSICA ¡Sirvió como residencia al mismísimo emperador Carlos V! En este castillo feudal del s. XV, que aún conserva sus murallas, el patio interior y el entorno ajardinado, encontrará unas habitaciones algo sobrias pero de buen confort. La oferta gastronómica refleja un marcado carácter local y regional.

52 hab - 80/180 € - 15 €

av. García Prieto 1 ✉ 10450 - ✆ 927 56 01 17 - www.parador.es

JÁVEA Alicante → Ver Xàbia

JEREZ DE LA FRONTERA

Cádiz - 212 876 h. - Alt. 55 m - Mapa regional : **1**-A2

Madrid 620 km - Sevilla 95 km - Cádiz 35 km - Gibraltar 113 km

Mapa de carreteras Michelin n° 578-V11

La Carboná

ANDALUZA • RÚSTICA Instalado en una antigua nave-bodega del centro de Jerez, con el techo a dos aguas y chimenea. Cocina tradicional andaluza elaborada con productos de gran calidad, siempre apostando por una mínima intervención. ¡Su especialidad son las carnes de Cantabria!

Menú 20/38 € - Carta 31/47 €

Plano : B2-d - *San Francisco de Paula 2 ✉ 11401 - ✆ 956 34 74 75 - www.lacarbona.com - cerrado julio y martes*

La Condesa

MODERNA • SIMPÁTICA XX Un restaurante de línea actual que sorprende por lo asequible de su carta, elaborada en función de los productos de temporada. ¡Coqueta terracita junto a las viejas murallas!

Menú 29 € – Carta 21/35 €

Plano : AB1-t – *Hotel Palacio Garvey, Tornería 24 ✉ 11403 – ✆ 956 32 67 00 – www.sferahoteles.com*

Reinodeleón

CREATIVA • BISTRÓ 🍸 En este atractivo gastrobar podrá degustar tanto tapas creativas como tostas variadas, siempre de cuidada presentación; no obstante, también ofrecen platos tradicionales, como las carnes a la piedra que se preparan directamente en la mesa.

Tapa 5 € – Ración aprox. 12 €

Plano : A2-e – *Latorre 8 ✉ 11403*
– ✆ 956 32 29 15 – www.reinodeleongastrobar.com
– cerrado del 8 al 30 de enero, sábado mediodía y domingo mediodía en verano

Albalá

MODERNA • DE DISEÑO Tapas y raciones de elaboración actual... ¡al lado mismo de la Real Escuela Andaluza del Arte Ecuestre! En conjunto resulta acogedor y cuenta con una sala de moderno montaje.

Tapa 3,50 € - Ración aprox. 12 €

Plano : A1-a - *av. Duque de Abrantes ✉ 11403*
- *☎ 956 34 64 88 - www.restaurantealbala.com*

Juanito

ANDALUZA • AMBIENTE TRADICIONAL De ambiente regional y en pleno casco viejo. En conjunto posee una estética informal, sorprendiendo con la curiosa terraza de acceso cubierta por toldos y un agradable patio interior. ¡No se puede ir sin probar sus famosísimas Alcachofas!

Tapa 2 € - Ración aprox. 10 €

Plano : A2-s - *Pescadería Vieja 8-10 ✉ 11403*
- *☎ 956 33 48 38 - www.bar-juanito.com*
- *cerrado domingo en julio-agosto*

La Espartería

COCINA TRADICIONAL • SENCILLA Sencillo pero exitoso, tanto por lo gastronómico como por lo variado de su oferta. Sus tapas de corte tradicional se complementan con sugerencias según mercado.

Tapa 4 € - Ración aprox. 11 €

Paraíso, por calle Sevilla B1 ✉ 11405 - ☎ 956 03 07 20
- cerrado del 6 al 14 de mayo, domingo en verano y domingo noche resto del año

Jerez

NEGOCIOS • CLÁSICA Un hotel con empaque y hermosos exteriores. Atesora espaciosas zonas nobles, habitaciones clásicas de completo equipamiento y un agradable restaurante, este último complementado durante el estío por un espacio más informal al que llaman Patio de los naranjos.

131 hab - †55/295 € ††65/321 € - ☕ 10 € - 9 suites

av. Alcalde Álvaro Domecq 35, por B1 ✉ 11405
- *☎ 956 30 06 00 - www.jerezhotel.com*

Palacio Garvey

HISTÓRICO • MODERNA En este magnífico palacete del s. XIX encontraremos un hermoso patio y cuidadas habitaciones, las superiores con mayor espacio pero todas definidas por su diseño y confort.

16 hab ☕ - †51/220 € ††78/275 €

Plano : AB1-t - *Tornería 24 ✉ 11403*
- *☎ 956 32 67 00 - www.hotelpalaciogarvey.com*

La Condesa - ver selección restaurantes

Villa Jerez

TRADICIONAL • ELEGANTE Elegante casa señorial rodeada de jardines y decorada con detalles de sumo gusto. Pone a su disposición una acogedora zona noble y habitaciones de excelente equipamiento. El restaurante apuesta por una cocina que ensalza los sabores típicos y tradicionales.

18 hab - †75/329 € ††90/365 € - ☕ 15 €

av. de la Cruz Roja 7, por av. del Alcalde Álvaro Domecq B1 ✉ 11407
- *☎ 956 15 31 00 - www.villajerez.com*

JERTE

Cáceres - 1 282 h. - Alt. 613 m - Mapa regional : **12**-C1

Madrid 220 km - Ávila 110 km - Cáceres 125 km - Plasencia 40 km

Mapa de carreteras Michelin nº 576-L12

Valle del Jerte la Sotorriza

REGIONAL • FAMILIAR X Casa de gestión familiar dotada con dos salas de aire rústico y una estupenda bodega, no en vano ofrecen casi 500 referencias. Basan el éxito de su cocina regional en dos pilares: la honestidad y la calidad de las materias primas.

Menú 15/30 € - Carta 26/39 €

Gargantilla 16 ✉ 10612 - ✆ 927 47 00 52 - www.donbellota.com - cerrado del 15 al 30 de septiembre y lunes salvo festivos

JIMÉNEZ DE JAMUZ

León - 980 h. - Alt. 770 m - Mapa regional : **8**-A1

Madrid 309 km - Valladolid 155 km - León 76 km - Zamora 112 km

Mapa de carreteras Michelin n° 575-F12

El Capricho

CARNES • RÚSTICA X ¡Un paraíso para los amantes de la auténtica carne de buey! Atesora ganadería propia y está instalado en una antigua cueva-bodega. Cocina tradicional y carnes a la parrilla.

Menú 30/75 € - Carta 40/70 €

Paraje de la Vega ✉ 24762 - ✆ 987 66 42 24 - www.bodegaelcapricho.com - cerrado del 7 al 22 de enero, lunes noche y miércoles noche salvo festivos, febrero y verano

JOANETES

Girona - 299 h. - Mapa regional : **9**-C1

Madrid 648 km - Barcelona 107 km - Girona 51 km - Encamp 162 km

Mapa de carreteras Michelin n° 574-F37

Les Comelles

FAMILIAR • RÚSTICA Masía del s. XIV emplazada en la ladera de una montaña, con vistas al valle y una preciosa piscina. Ofrece un salón social con chimenea, confortables habitaciones, un coqueto restaurante y un pabellón, tipo aula de cocina, donde sirven su menú degustación.

8 hab - 180/230 €

Sur : 1,5 km ✉ 17176 - ✆ 628 61 77 59 - www.lescomelles.com

JUNCO Asturias → Ver Ribadesella

KEXAA QUEJANA

Álava - 56 h. - Mapa regional : **18**-A2

Madrid 377 km - Bilbao 32 km - Burgos 148 km - Vitoria-Gasteiz 50 km

Mapa de carreteras Michelin n° 573-C20

Los Arcos de Quejana

COCINA TRADICIONAL • RÚSTICA XX ¡Se accede por el bar del hotel, en la 1ª planta! Ofrece una moderna bodega visitable, varias salas panelables y un salón para banquetes abuhardillado en el último piso, este con el acceso por un ascensor panorámico. Cocina tradicional.

Menú 16/40 € - Carta 37/54 €

carret. Beotegi ✉ 01478 - ✆ 945 39 93 20 - www.arcosdequejana.com - solo almuerzo salvo fines de semana - cerrado 20 diciembre-20 enero y domingo noche

LAGUARDIA

Álava - 1 520 h. - Alt. 635 m - Mapa regional : **18**-A2

Madrid 362 km - Logroño 18 km - Vitoria-Gasteiz 46 km - Burgos 125 km

Mapa de carreteras Michelin n° 573-E22

Amelibia

COCINA TRADICIONAL • AMBIENTE CLÁSICO XX Negocio de línea clásica-actual regido con pasión y profesionalidad por un amable matrimonio. En la sala, con vistas a los campos y viñedos desde algunas mesas, podrá elegir entre su carta de cocina tradicional actualizada o su siempre cuidado menú del día.

Menú 20/40 € - Carta 30/45 €

Barbacana 14 ✉ 01300 - ✆ 945 62 12 07 - www.restauranteamelibia.com
- solo almuerzo salvo viernes y sábado
- cerrado 24 diciembre-6 enero, 15 días en agosto y martes

Hospedería de los Parajes

FAMILIAR • PERSONALIZADA Está instalado en dos antiguas casas de piedra y destaca tanto por el equipamiento como por su originalidad... pero sobre todo por como cuidan cada detalle. Habitaciones personalizadas, bodega y tienda delicatessen. El restaurante acompaña su cocina tradicional actualizada con un impecable servicio de mesa.

18 hab - †110/135 € ††155/210 €

Mayor 46 ✉ 01300 - ✆ 945 62 11 30 - www.hospederiadelosparajes.com

LALÍN

Pontevedra - 20 005 h. - Alt. 552 m - Mapa regional : **13**-B2
Madrid 551 km - Santiago de Compostela 54 km - Pontevedra 108 km - A Coruña 123 km
Mapa de carreteras Michelin n° 571-E5

Cabanas

COCINA TRADICIONAL • ACOGEDORA XX De sus fogones surge una cocina tradicional actualizada que se ve enriquecida con diversos platos de temporada y de caza. ¡No dude en probar el famoso Cocido gallego de Lalín!

Carta 29/48 €

Pintor Laxeiro 3 ✉ 36500 - ✆ 986 78 23 17 - www.restaurantecabanas.com
- cerrado lunes salvo septiembre-abril y domingo noche

La Molinera

COCINA TRADICIONAL • AMBIENTE CLÁSICO X Un sencillo negocio familiar que ha adquirido nuevos bríos al pasar de padres a hijos. Cocina tradicional y actual, con platos típicos gallegos y otros mucho más elaborados.

Menú 19/40 € - Carta 31/46 €

Rosalía de Castro 15 ✉ 36500 - ✆ 986 78 20 55
- www.restaurantelamolinera.com - cerrado del 4 al 17 de octubre, martes noche y miércoles

LANJARÓN

Granada - 3 715 h. - Alt. 720 m - Mapa regional : **1**-D1
Madrid 475 km - Almería 157 km - Granada 51 km - Málaga 140 km
Mapa de carreteras Michelin n° 578-V19

Alcadima

TRADICIONAL • RÚSTICA Está formado por varios edificios ubicados en la parte baja de la localidad y cuenta con unas habitaciones de estilo rústico, la mayoría de ellas con vistas a la sierra. En su coqueto comedor podrá degustar deliciosos platos regionales y locales.

40 hab - †62/68 € ††73/88 € - 10 €

Francisco Tárrega 3 ✉ 18420 - ✆ 958 77 08 09 - www.alcadima.com
- cerrado 3 enero-13 febrero

LANUZA Huesca → Ver Sallent de Gállego

LAREDO

Cantabria - 11 643 h. - Alt. 5 m - Mapa regional : **6**-C1
Madrid 427 km - Bilbao 58 km - Burgos 184 km - Santander 48 km
Mapa de carreteras Michelin nº 572-B19

Plaza

REGIONAL • **AMBIENTE CLÁSICO** XX Bien situado en el centro de la localidad, bajo unos soportales en los que montan la terraza. Posee un pequeño bar público y una sala de montaje clásico, con los techos altos y un servicio de mesa bastante cuidado. Carta tradicional.

Menú 36/48 € - Carta 35/60 €

Comandante Villar 7 ✉ 39770 - ✆ 942 61 19 42 - www.elrestauranteplaza.com - cerrado domingo noche salvo julio-agosto

LARRABETZU

Vizcaya - 2 046 h. - Alt. 100 m - Mapa regional : **18**-A3
Madrid 402 km - Vitoria-Gasteiz 71 km - Bilbao 19 km - Donostia-San Sebastián 90 km
Mapa de carreteras Michelin nº 573-C21

junto a la autovía N 637 (salida 25) Oeste : 2,8 km

Azurmendi (Eneko Atxa Azurmendi)

CREATIVA • **DE DISEÑO** XXXX Ubicado en pleno campo, en una original construcción acristalada que sorprende tanto por el montaje como por sus vistas. El chef, totalmente comprometido con la sostenibilidad, propone una cocina innovadora y personal que conjuga la calidad con una incuestionable maestría técnica. ¡Bodega de txakoli y huerto propio!

→ Bogavante asado y descascarillado, crujiente y su mahonesa. Setas "al ajillo". Chocolate, cacahuete y regaliz.

Menú 180 € - solo menú

Legina Auzoa ✉ 48195 Larrabetzu - ✆ 944 55 88 66 - www.azurmendi.biz - solo almuerzo salvo viernes y sábado - cerrado 19 diciembre-febrero y lunes

Eneko

COCINA TRADICIONAL • **ACOGEDORA** XX Ocupa parcialmente una bodega de txacolí, ya que se encuentra en el antiguo Azurmendi. Aquí encontrará una sala de estética moderna-informal y una cocina actual de bases tradicionales, proponiendo únicamente un menú que cambian a diario.

Menú 38 € - solo menú

Legina Auzoa ✉ 48195 Larrabetzu - ✆ 944 55 88 66 - www.azurmendi.biz - solo almuerzo salvo viernes y sábado - cerrado 19 diciembre-febrero y lunes

LASARTE-ORIA

Guipúzcoa - 18 093 h. - Alt. 42 m - Mapa regional : **18**-B2
Madrid 449 km - Bilbao 96 km - Donostia-San Sebastián 10 km - Vitoria-Gasteiz 100 km
Mapa de carreteras Michelin nº 573-C23

Martín Berasategui

CREATIVA • **ELEGANTE** XXXX Maestría, pasión, talento, creatividad... ¡Déjese llevar en un increíble viaje gastronómico! En la atractiva casa de este chef, totalmente abierta a la naturaleza y de elegante clasicismo, descubrirá una cocina de autor fresca, técnica y realmente única, pues sabe enhebrar los productos para realzar sus sabores.

→ Ostra tibia ligeramente escabechada con granizado de pepino y K5, manzana picante. Pichón asado a baja temperatura al carbón con bocaditos de patata y trufa, verduras olvidadas. El soufflé de almendra caliente y líquido al cardamomo, café y miel granizada con chocolate.

Menú 210 € - Carta aprox. 147 €

Loidi 4 ✉ 20160 - ✆ 943 36 64 71 - www.martinberasategui.com - cerrado 17 diciembre-14 marzo, domingo noche, lunes y martes

LASTRES

Asturias – 1 396 h. – Alt. 21 m – Mapa regional : **3**-C1
Madrid 497 km – Gijón 46 km – Oviedo 62 km
Mapa de carreteras Michelin nº 572-B14

Eutimio

PESCADOS Y MARISCOS • FAMILIAR XX Casa de aire regional con cierto prestigio en la zona. En su mesa encontrará una cocina tradicional especializada en pescados, pero también una selecta carta de vinos a buen precio ¡Pregunte por sus mariscos y por los pescados del día!

Menú 30 € – Carta aprox. 48 €

Hotel Eutimio, San Antonio ✉ 33330 – ✆ 985 85 00 12 – www.casaeutimio.com – solo almuerzo en invierno salvo viernes y sábado – cerrado 7 días en noviembre, 15 días en enero, domingo noche y lunes

Eutimio

FAMILIAR • RÚSTICA Céntrico hotelito de organización familiar instalado en una casona de piedra. En general ofrece unas habitaciones de ambiente neorrústico muy acogedoras... así como una de estética actual. ¡Salón social con terraza y vistas al mar!

10 hab – †40/53 € ††60/66 € – ☐ 10 €

San Antonio ✉ 33330 – ✆ 985 85 00 12 – www.casaeutimio.com – cerrado 7 días en noviembre y 15 días en enero

Eutimio – ver selección restaurantes

LAVACOLLA

A Coruña – Mapa regional : **13**-B2
Madrid 628 km – A Coruña 77 km – Lugo 97 km – Santiago de Compostela 11 km
Mapa de carreteras Michelin nº 571-D4

Ruta Jacobea

COCINA TRADICIONAL • AMBIENTE CLÁSICO XX Presenta una cafetería bien renovada, dos salas de estilo clásico-actual y dos privados, así como una gran carpa para banquetes. Carta tradicional e interesante menú del día.

Menú 15/22 € – Carta 31/47 €

Lavacolla 41 ✉ 15820 – ✆ 981 88 82 11 – www.rjacobea.com

LAXE

A Coruña – 3 185 h. – Mapa regional : **13**-A1
Madrid 664 km – Santiago de Compostela 66 km – A Coruña 68 km
Mapa de carreteras Michelin nº 571-C2

Zurich

PESCADOS Y MARISCOS • ACOGEDORA XX Una de las marisquerías más famosas y populares de "A Costa da Morte". Disfruta de un pequeño bar y un comedor, este dividido en dos salas continuas de línea actual-funcional. Aquí, las Parrilladas de pescado siempre son una gran opción.

Menú 25/35 € – Carta 35/54 €

Isidro Parga Pondal 8 ✉ 15117 – ✆ 981 72 80 81 – www.marisqueriazurich.es – cerrado 15 dias en octubre y lunes salvo agosto

LEGASA

Navarra – Mapa regional : **17**-A1
Madrid 497 km – Iruña/Pamplona 49 km – Vitoria-Gasteiz 140 km – Donostia-San Sebastián 55 km
Mapa de carreteras Michelin nº 573-C25

Arotxa

COCINA TRADICIONAL • RÚSTICA XX En su comedor, diáfano, de cuidado montaje y con vigas de madera a la vista, encontrará una carta tradicional rica en detalles, con muy buenas carnes y sugerencias diarias. ¡Pruebe su excepcional Chuletón de res vieja a la parrilla!

Carta 35/45 €

Santa Catalina 34 ✉ 31792 - ✆ 948 45 61 00 - www.arotxa.com - solo almuerzo salvo viernes y sábado - cerrado del 8 al 24 de enero, del 4 al 10 de julio y martes

LEIRO

Ourense - 1 630 h. - Alt. 99 m - Mapa regional : **13**-B3

Madrid 531 km - Ourense 37 km - Pontevedra 72 km - Santiago de Compostela 93 km

Mapa de carreteras Michelin n° 571-E5

Mosteiro de San Clodio

HISTÓRICO • CLÁSICA La calidez de la piedra y la sobriedad del románico se funden en este monasterio cisterciense del s. XII. Las instalaciones destacan por su confort y equipamiento, con amplias habitaciones de línea clásica y una oferta culinaria fiel al recetario tradicional.

25 hab - ††100/189 € - ☕ 8 €

San Clodio, Este : 1 km ✉ 32420 - ✆ 988 48 56 01 - www.monasteriodesanclodio.com - cerrado noviembre-marzo

LEKEITIO

Vizcaya - 7 229 h. - Alt. 10 m - Mapa regional : **18**-B2

Madrid 452 km - Bilbao 56 km - Donostia-San Sebastián 61 km - Vitoria-Gasteiz 82 km

Mapa de carreteras Michelin n° 573-B22

Zubieta

TRADICIONAL • ACOGEDORA Su fachada rústica esconde una pequeña recepción, bien apoyada por una cafetería y un salón social con chimenea. En general ofrece habitaciones de buen confort... algunas con cama de dosel y otras, en la última planta, abuhardilladas.

22 hab - †65/105 € ††80/120 € - ☕ 10 € - 1 suite

Atea ✉ 48280 - ✆ 946 84 30 30 - www.hotelzubieta.com - 10 febrero-octubre

LEKUNBERRI

Navarra - 1 483 h. - Mapa regional : **17**-A2

Madrid 441 km - Iruña/Pamplona 35 km - Vitoria-Gasteiz 88 km - Logroño 120 km

Mapa de carreteras Michelin n° 573-C24

Epeleta

CARNES • RÚSTICA XX Uno de esos sitios que gusta recomendar, pues resulta muy acogedor y emana honestidad. Ocupa un atractivo caserío dotado con un bar y un comedor, ambos de cuidado ambiente rústico. Buenas carnes y pescados a la brasa.

Menú 45 € - Carta 35/55 €

Aralar ✉ 31870 - ✆ 948 50 43 57 - www.asadorepeleta.com - solo almuerzo salvo sábado - cerrado Navidades, 2ª quincena de junio y lunes

LEÓN

127 817 h. - Alt. 822 m - Mapa regional : **8**-B1

Madrid 327 km - Burgos 192 km - A Coruña 325 km - Salamanca 197 km

Mapa de carreteras Michelin n° 575-E13

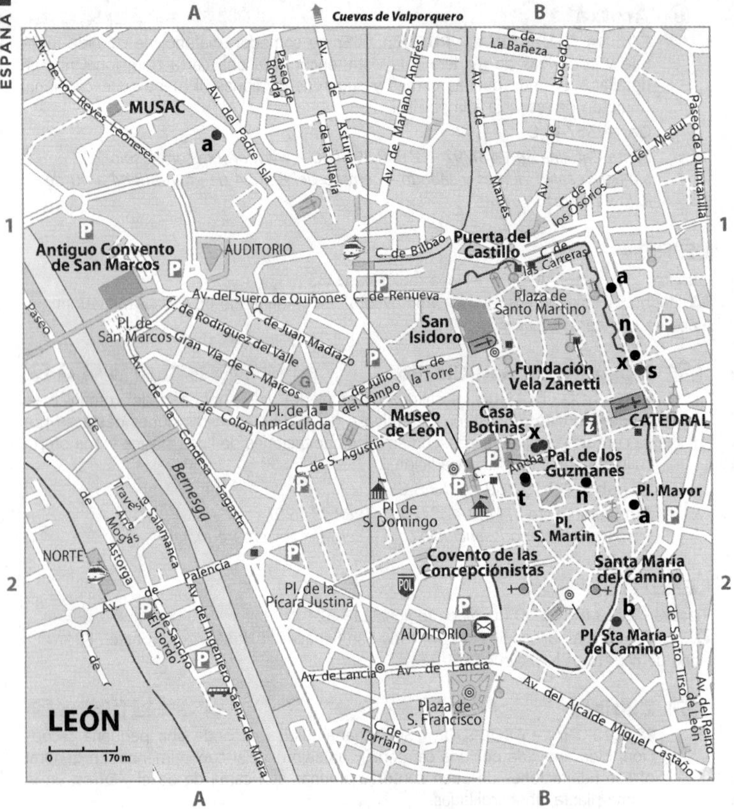

Cocinandos (Yolanda León y Juanjo Pérez)

MODERNA • MINIMALISTA XX Ubicado muy cerca del MUSAC (Museo de Arte Contemporáneo de Castilla y León). Presenta un espacio actual-minimalista, con la cocina vista, así como una carta de tintes creativos basada en un único menú degustación. Suelen variar los platos, una vez a la semana, en función de los mejores productos de mercado.

→ Nuestra versión de una ensaladilla rusa de erizos y patata violeta. Merluza al vapor con un pil-pil de setas de San Jorge y emulsión de aromáticos. Cuajo de leche de oveja cruda, galleta y nísperos.

Menú 43 € - solo menú

Plano : A1-a - *Las Campanillas 1 ✉ 24008 - ✆ 987 07 13 78 - www.cocinandos.com - cerrado 15 días en febrero, 20 días en agosto, domingo y lunes*

Becook (N)

INTERNACIONAL • BISTRÓ X Está llevado por dos jóvenes cocineros y presenta un interior tipo bistró, con la cocina a la vista del cliente. Encontrará un ambiente informal y una carta de gusto internacional, con toques orientales. ¡Existe la posibilidad de tomar medias raciones!

Carta 26/35 €

Plano : B2-b - *Cantareros 2 ✉ 24002 - ✆ 987 01 68 08 - www.restaurantebecook.es*

Delirios

CREATIVA • ACOGEDORA XX Restaurante de línea actual ubicado en un edificio de principios del s. XX. Su chef propone una cocina de autor basada en dos pilares: la técnica y los productos locales.

Menú 18/37 € - Carta 34/46 €

Plano : B1-s - *Ave María 2 ✉ 24007 - ✆ 987 23 76 99 - www.restaurantedelirios.com - cerrado del 1 al 15 de septiembre, domingo en verano, domingo noche resto del año y lunes*

Bodega Regia

COCINA TRADICIONAL • AMBIENTE TRADICIONAL XX Un negocio familiar de 3ª generación y ambiente rústico-leonés. Aquí encontrará una cocina tradicional con platos clásicos, como el Bacalao a la bodega, e interesantes menús.

Menú 16 € - Carta 32/49 €

Plano : B2-t - *Hotel La Posada Regia, Regidores 9 ✉ 24003 - ✆ 987 21 31 73 - www.regialeon.com - cerrado 15 días en enero, 15 días en septiembre y domingo*

Pablo

MODERNA • MINIMALISTA XX ¡Minimalismo al servicio de la gastronomía! Aquí encontraremos una cocina leonesa de vanguardia que alcanza la propia personalidad a través de su fusión con los sabores Thai.

Menú 40 € - solo menú

Plano : B1-n - *Los Cubos 8 ✉ 24007 - ✆ 987 21 65 62 - www.restaurantepablo.es - cerrado del 15 al 31 de agosto, domingo y lunes noche*

Koi (N)

JAPONESA • A LA MODA X Un restaurante japonés bastante singular, pues fusiona la estética urbana-actual con los elementos estructurales de un edificio antiguo. ¡Se accede por un estrecho pasillo!

Menú 19 € - Carta 22/40 €

Plano : B2-x - *Cervantes 1 ✉ 24002 - ✆ 987 79 39 72 - www.koijapones.com - cerrado lunes*

Clandestino (N)

CREATIVA • A LA MODA Un gastrobar de estilo urbano que sorprende con paredes rotas, suelos de hormigón, maderas recicladas... ¿Su propuesta? Cocina actual-creativa con influencias internacionales.

Ración aprox. 8 € - Menú 19 €

Plano : B2-x - *Cervantes 1 ✉ 24003 - ✆ 987 75 39 71 - www.clandestinoleon.es*

NH Plaza Mayor (N)

TRADICIONAL • MODERNA Resulta confortable y tiene un emplazamiento privilegiado, pues el popular barrio Húmedo es la zona más animada de León. ¡Solicite las habitaciones orientadas a la plaza!

51 hab - †70/400 € ††80/600 € - ☕ 17 €

Plano : B2-a - *pl. Mayor 15 ✉ 24003 - ✆ 987 34 43 57 - www.nh-hotels.com*

La Posada Regia

TRADICIONAL • RÚSTICA Repartido entre un edificio del s. XIV que aún conserva el encanto de antaño y un cuidado anexo, este último algo más funcional e impersonal. Ofrece habitaciones de aire rústico, muchas con vigas de madera a la vista y mobiliario de anticuario.

36 hab ☕ - †45/100 € ††60/216 €

Plano : B2-t - *Regidores 11 ✉ 24003 - ✆ 987 21 31 73 - www.regialeon.com*

Bodega Regia - ver selección restaurantes

Q!H Centro León

TRADICIONAL • MODERNA ¡Tiene cierto encanto! Su casi inexistente zona social se compensa con un buen bar-cervecería. En este hotel encontrará unas habitaciones reducidas pero actuales, todas con vistas a la Catedral, y algunos servicios propios de un SPA.

22 hab – †45/80 € ††50/110 € – ☕ 3 €

Plano : B1-x – *av. Los Cubos 6 ✉ 24007 – ☎ 987 87 55 80 – www.qhhoteles.com*

Fernando I

FAMILIAR • RÚSTICA Acogedor, próximo a la Catedral y ubicado frente a la muralla. Posee unas habitaciones confortables pero no muy amplias, la mayoría de estilo medieval y las del piso superior abuhardilladas. El restaurante ofrece una completa carta tradicional y varios menús.

27 hab ☕ – †40/100 € ††50/200 €

Plano : B1-a – *av. de los Cubos 32 ✉ 24007 – ☎ 987 22 06 01 – www.hospederiafernandoi.com*

Le Petit León

TRADICIONAL • MODERNA En una antigua casa restaurada del barrio Húmedo. Compensa su reducida zona social con unas habitaciones actuales de buen confort, todas diferentes, una cafetería y un comedor de ambiente vintage que centra la mayor parte de su trabajo en el menú del día.

15 hab – †44/120 € ††50/120 € – ☕ 5 €

Plano : B2-n – *Cardiles ✉ 24003 – ☎ 987 07 55 08 – www.lepetitleonhotel.com*

LÉRIDA Lleida → Ver Lleida

LERMA

Burgos – 2 703 h. – Alt. 844 m – Mapa regional : **8**-C2
Madrid 206 km – Burgos 37 km – Palencia 72 km
Mapa de carreteras Michelin n° 575-F18

Posada de Eufrasio

REGIONAL • AMBIENTE CLÁSICO XX Se halla en una casa de piedra que rememora la antigua posada familiar. Presenta un interior clásico-actual y una carta tradicional, con los asados de su propio horno de leña y algunos platos más elaborados. ¡Como complemento ofrece unas habitaciones actuales!

Menú 30/70 € – Carta 30/40 € 10 hab ☕ – †55/66 € ††66/100 €

Vista Alegre 13 ✉ 09340 – ☎ 947 17 02 57 – www.posadadeeufrasio.com – cerrado 22 diciembre-enero y domingo noche

Casa Brigante

REGIONAL • RÚSTICA X Instalado en una casa centenaria. Posee un comedor rústico, presidido por un horno de leña, así como dos salas más en el 1er piso y un privado. ¡Pruebe sus magníficos asados!

Carta 25/40 €

pl. Mayor 5 ✉ 09340 – ☎ 947 17 05 94 – www.casabrigante.com – solo almuerzo – cerrado 15 días en marzo y 15 días en noviembre

Parador de Lerma

HISTÓRICO • CLÁSICA Hermoso palacio del s. XVII ubicado en la Plaza Mayor. Atesora un espectacular patio central, cubierto por un lucernario, y habitaciones de completo equipamiento, todas amplias y de gran clasicismo. En el restaurante ensalzan la cocina local y regional.

70 hab – ††90/190 € – ☕ 19 €

pl. Mayor 1 ✉ 09340 – ☎ 947 17 71 10 – www.parador.es

La Hacienda de mi Señor

TRADICIONAL • RÚSTICA Este hotelito, muy colorista y simpático, ocupa una construcción que data del s. XVII. Amplia zona social con las paredes en piedra, coquetas habitaciones y terraza-patio.

15 hab – 40 € 60 €

El Barco 6 ✉ 09340 – ☎ 947 17 70 52 – www.lahaciendademisenor.com

LEVANTE (Playa de) Valencia → Ver València

LEZAMA

Álava – Alt. 350 m – Mapa regional : **18**-A2

Madrid 369 km – Bilbao 36 km – Burgos 136 km – Vitoria-Gasteiz 42 km

Mapa de carreteras Michelin n° 573-C21

Iruaritz

AGROTURISMO • RÚSTICA Un marco ideal para el descanso, pues se trata de un caserío vasco del s. XV dotado con dependencias de gran confort, todas distintas y con mobiliario antiguo restaurado.

5 hab – 55/66 € 68/76 € – 7 €

barrio San Prudencio 29 ✉ 01450 – ☎ 945 89 26 76 – www.grupolezama.es

LIENDO

Cantabria – 995 h. – Mapa regional : **6**-C1

Madrid 446 km – Santander 51 km – Vitoria-Gasteiz 117 km – Bilbao 55 km

Mapa de carreteras Michelin n° 572-B19

Posada La Torre de la Quintana

CADENA HOTELERA • RÚSTICA Ocupa un antiguo edificio cuya torre, del s. XV, está considerada patrimonio artístico. Correctas habitaciones de aire rústico, las del piso superior abuhardilladas.

11 hab – 65/100 € – 8 €

barrio de Hazas, casa 26 ✉ 39776 – ☎ 942 67 74 39 – www.intergrouphoteles.com – cerrado noviembre, enero y febrero

LIÉRGANES

Cantabria – 2 386 h. – Alt. 110 m – Mapa regional : **6**-B1

Madrid 389 km – Santander 24 km – Bilbao 93 km – Burgos 151 km

Mapa de carreteras Michelin n° 572-B18

El Arral

MANSIÓN • CLÁSICA Casona en piedra construida junto al río Miera, con diversas zonas comunes y un jardín. Ofrece habitaciones amplias y coloristas, así como su propia ermita abierta al culto.

10 hab – 62/77 € 77/102 € – 8 €

Convento 10 ✉ 39722 – ☎ 942 52 84 75 – www.casonaelarral.com – 12 marzo-12 diciembre

LILLO

Toledo – 2 813 h. – Mapa regional : **07G**-B2

Madrid 101 km – Ciudad Real 122 km – Cuenca 133 km – Toledo 76 km

Mapa de carreteras Michelin n° 576-M20

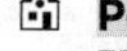

Posada Hospedería El Convento

EDIFICIO HISTÓRICO • PERSONALIZADA ¡Idóneo para desconectar! Recupera un convento del s. XVII distribuido en torno a un pequeño patio central, con todas las habitaciones personalizadas. Cuidado restaurante e interesante oferta de ocio, pues organizan visitas a las bodegas y molinos de la zona.

8 hab – 65/95 € 75/105 €

El Convento 25 ✉ 45870 – ☎ 639 40 95 15 – www.posadahospederiaelconvento.com – cerrado enero

LIMPIAS

Cantabria – 1 815 h. – Alt. 29 m – Mapa regional : **6**-C1
Madrid 378 km – Santander 48 km – Vitoria-Gasteiz 125 km – Bilbao 66 km
Mapa de carreteras Michelin n° 572-B19

Parador de Limpias

MANSIÓN • MODERNA Se alza en la finca del Palacio de Eguilior, arbolada y de gran extensión. Consta de dos construcciones, un recio palacio del s. XX y un anexo más actual, con habitaciones modernas y confortables. El restaurante ofrece una carta tradicional. En su jardín encontrará un sendero bien marcado para el paseo.

65 hab – 80/185 € – 16 €

Fuente del Amor 39820 – 942 62 89 00 – www.parador.es

LINARES

Jaén – 59 737 h. – Alt. 418 m – Mapa regional : **1**-C2
Madrid 297 km – Ciudad Real 154 km – Córdoba 122 km – Jaén 51 km
Mapa de carreteras Michelin n° 578-R19

Los Sentidos

CREATIVA • MARCO CONTEMPORÁNEO XX Tras su atractiva fachada en piedra presenta una pequeña recepción y cuatro salas de estética actual, una de ellas asomada a un pequeño patio interior. Cocina creativa y de autor con muchas opciones de tapas, raciones y medias raciones.

Menú 33/50 € – Carta 28/44 €

Doctor 13 23700 – 953 65 10 72 – www.restaurantelossentidos.com – cerrado domingo noche y lunes noche

Canela en Rama

REGIONAL • MARCO CONTEMPORÁNEO XX En este restaurante, de montaje moderno, se apuesta claramente por la actualización del recetario local y andaluz, siempre desde el respeto a los sabores y usando los mejores AOVEs jiennenses. ¡Platos contundentes, bien presentados y a precios comedidos!

Menú 39/42 € – Carta 30/40 €

Espronceda 22 23700 – 953 60 25 32 – www.canelaenramalinares.com – solo almuerzo salvo viernes y sábado – cerrado lunes

Taberna La Carbonería

COCINA TRADICIONAL • TABERNA Esta taberna, algo pequeña y de ambiente rústico, destaca tanto por su amplia carta de raciones como por su extensa variedad de vinos, servidos por copas. ¡Suele llenarse!

Tapa 1,50 € – Ración aprox. 8 €

Zabala 9 23700 – 953 01 09 40 – www.tabernalacarboneria.es

Taberna Lagartijo

REGIONAL • TABERNA Entre y sorpréndase, pues esta taberna-museo es un auténtico santuario de la Fiesta Nacional, con un marcado aire rústico-andaluz y las paredes repletas de motivos taurinos.

Tapa 1,50 € – Ración aprox. 12 €

Ventanas 27 (Benito Pérez Galdós) 23700 – 697 92 49 93 – www.tabernalagartijo.com – cerrado 1ª quincena de agosto

LINARES DE LA SIERRA

Huelva – 272 h. – Alt. 497 m – Mapa regional : **1**-A2
Madrid 499 km – Sevilla 98 km – Huelva 111 km – Barrancos 63 km
Mapa de carreteras Michelin n° 578-S10

Arrieros

REGIONAL • RÚSTICA X Instalado en una casa típica de un pueblo con las calles empedradas. En su coqueto interior, de ambiente rústico, ofrecen una cocina serrana fiel a los productos autóctonos.

Carta 27/42 €

Arrieros 2 ✉ 21207 - ✆ 959 46 37 17 - www.restaurantearrieros.com - solo almuerzo - cerrado del 1 al 6 de enero, 15 junio- julio y lunes salvo festivos

LINYOLA

Lleida - 2 652 h. - Alt. 220 m - Mapa regional : **9**-B2

Madrid 503 km - Barcelona 144 km - Lleida 35 km - Tarragona 103 km

Mapa de carreteras Michelin n° 574-G32

Amoca

COCINA TRADICIONAL • FAMILIAR XX Entrañable y familiar. Tanto en el bar de la entrada como en su moderno comedor la apuesta es muy clara: ofrecer una cocina tradicional de nivel, con productos de calidad y a precios moderados. ¿Una especialidad? Pruebe alguno de sus platos de caracoles.

Menú 12/16 € - Carta 13/61 €

Llibertat 32 ✉ 25240 - ✆ 973 57 51 10 - www.amocarestaurant.com - cerrado 15 julio-9 agosto, domingo noche y lunes

LIZARRA ESTELLA

Navarra - 13 702 h. - Alt. 430 m - Mapa regional : **17**-A2

Madrid 380 km - Logroño 48 km - Iruña/Pamplona 45 km - Vitoria-Gasteiz 70 km

Mapa de carreteras Michelin n° 573-D23

Richard

REGIONAL • AMBIENTE CLÁSICO XX Disfruta de una amable organización familiar y está comunicado con el bar público anexo. Aquí ofrecen una cocina de sabor regional especializada en verduras de temporada.

Menú 12 € - Carta 40/60 €

av. de Yerri 10 ✉ 31200 - ✆ 948 55 13 16 - www.barrestauranterichard.com - cerrado del 1 al 15 de septiembre y lunes

Tximista

TRADICIONAL • PERSONALIZADA Instalado en una fabrica harinera del s. XIX que hay junto al río. Ofrece cuidadas habitaciones de línea actual, algunas emplazadas en unos antiguos silos de planta octogonal. En su comedor le ofrecerán una cocina tradicional con detalles actuales.

29 hab - †65/85 € ††70/110 € - ☕ 11 €

Zaldu 15 ✉ 31200 - ✆ 948 55 58 70 - www.hoteltximista.com - cerrado 18 diciembre-10 enero

LIZASO

Navarra - 133 h. - Mapa regional : **17**-A2

Madrid 450 km - Donostia-San Sebastián 75 km - Iruña/Pamplona 25 km - Vitoria-Gasteiz 96 km

Mapa de carreteras Michelin n° 573-D24

Orgi

MODERNA • RÚSTICA X Modesto pero acogedor, bien llevado en pareja y con un cuidado ambiente rústico que hace convivir la piedra y la madera. Aquí se come muy bien, siempre en base a un producto cercano de temporada y a una cocina de raíces navarras convenientemente actualizada.

Menú 27 € - Carta 30/45 €

San Simón 1 ✉ 31977 - ✆ 948 30 51 26 - www.orgirestaurante.com - cerrado 10 días en noviembre, 10 días en febrero, domingo noche, lunes y martes

LLAFRANC

Girona - 304 h. - Mapa regional : **10**-B1
Madrid 726 km - Barcelona 127 km - Girona 56 km - Tarragona 217 km
Mapa de carreteras Michelin nº 574-G39

✿ Casamar (Quim Casellas)

MODERNA • AMBIENTE CLÁSICO XX Uno de esos negocios de gestión familiar en los que la implicación, el trabajo y la creencia en los valores propios han dado sus frutos. Tanto en las salas como en su terraza, esta asomada a la bahía, podrá degustar una cocina actual repleta de personalidad, comprometida con la calidad y fiel a los productores locales.

→ Gamba marinada con su coral y presentada como un tartar. Cordero cocido a baja temperatura con espinacas, garnacha y notas ahumadas. Flor de primavera, chocolate blanco con granizado de jengibre y hierbas aromáticas.

Menú 50/72 € - Carta 44/68 €

Hotel Casamar, Nero 3 ✉ 17211 - ✆ 972 30 01 04 - www.hotelcasamar.net - cerrado enero-marzo, domingo noche salvo julio-agosto y lunes

Terramar

COCINA TRADICIONAL • AMBIENTE MEDITERRÁNEO X De cálido carácter mediterráneo, asomado al mar y con una honesta cocina que combina los platos de tinte marinero con alguno más actual. ¡Amplio apartado de arroces y menús!

Menú 25/32 € - Carta 25/53 €

passeig de Cipsela 1 ✉ 17211 - ✆ 972 30 02 00 - www.hterramar.com - cerrado noviembre y diciembre

Casamar

FAMILIAR • FUNCIONAL Resulta agradable y destaca por sus vistas, pues se encuentra en la parte alta del pueblo... en un extremo de la bahía. Se presenta totalmente renovado, con balcones y vistas al mar desde la mayor parte de sus habitaciones.

20 hab - †75/111 € ††85/139 €

Nero 3 ✉ 17211 - ✆ 972 30 01 04 - www.hotelcasamar.net - cerrado enero-marzo

✿ **Casamar** - ver selección restaurantes

junto al Far de Sant Sebastià Este : 2 km

El Far de Sant Sebastià

COCINA TRADICIONAL • AMBIENTE MEDITERRÁNEO XX Bien situado junto a un faro, por lo que ofrece buenas vistas al mar tanto desde el comedor como desde la terraza. Interesantes menús temáticos, pescados de la lonja, arroces de Pals... y como complemento, unas coquetas habitaciones de ambiente marinero.

Menú 20/34 € - Carta 32/54 € 9 hab - †125/240 € ††150/290 €

Montanya del Far de Sant Sebastià ✉ 17211 Llafranc - ✆ 972 30 16 39 - www.hotelelfar.com - cerrado 2 enero-9 febrero, lunes noche y martes salvo Semana Santa-15 octubre

La selección de esta guía se enriquece con usted.
Sus descubrimientos y sus comentarios son importantes para nosotros. Háblenos de su satisfacción o de su decepción.
¡Escríbanos!

LLAGOSTERA

Girona - 8 224 h. - Alt. 60 m - Mapa regional : **10**-A1
Madrid 699 km - Barcelona 86 km - Girona 23 km
Mapa de carreteras Michelin nº 574-G38

en la carretera de Sant Feliu de Guíxols

Els Tinars (Marc Gascons)

COCINA TRADICIONAL • ACOGEDORA Una casa de larga tradición familiar que hunde sus raíces en la mismísima historia turística de la Costa Brava. Encontrará atractivos espacios de ambiente mediterráneo y una completa carta que combina tanto platos tradicionales como creativos, siempre en base a los mejores productos de temporada. ¡Excelente bodega!

→ Gamba de Palamós a la brasa, jugo de sus cabezas, almendra tierna y trufa. Espalda de cabrito deshuesada y glaseada, verduritas, tomate, hierbas y aceitunas negras. Chocolate 2016, praliné, haba tonka, vainilla y café.

Menú 39/96 € - Carta 57/88 €

Este : 5 km 17240 - 972 83 06 26 - www.elstinars.com - cerrado 9 enero-9 febrero, del 7 al 10 de noviembre, domingo noche, lunes salvo agosto y festivos

Ca la María

COCINA TRADICIONAL • RÚSTICA Atractiva masía del s. XVII dotada con tres salas, una en la antigua cocina. Su propuesta, tradicional actualizada y de proximidad, trabaja mucho con productos ecológicos.

Menú 35/50 € - Carta 38/53 €

Este : 4,5 km, carret. Llagostera - Sta. Cristina km 9 17240 - 972 83 13 34 - www.restaurantcalamaria.cat - cerrado 19 diciembre-11 enero, lunes, martes, miércoles en invierno y martes en verano

LLANÇÀ

Girona – 4 985 h. – Mapa regional : **9**-D3

Madrid 744 km – Barcelona 161 km – Girona 63 km – Tarragona 251 km

Mapa de carreteras Michelin nº 574-E39

en el puerto Noreste : 1,5 km

Miramar (Paco Pérez)

CREATIVA • ACOGEDORA Se halla en el paseo marítimo, por lo que brinda unas agradables vistas a la bahía desde su comedor-terraza acristalado. El chef, que bebe las mieles del éxito a nivel nacional e internacional, propone una cocina marinera de vanguardia técnicamente perfecta, apegada al Mediterráneo y siempre respetuosa con sus raíces.

→ Ventresca y lomo de atún, matices umami. Cohombros de mar desnudos en fricandó con guiso de tendones. Coco, coco, coco.

Menú 180 € - Carta 88/138 € 5 hab - †200/300 € ††250/450 € - 30 €

passeig Marítim 7 17490 Llançà - 972 38 01 32 - www.restaurantmiramar.com - cerrado enero-15 marzo, lunes salvo agosto y domingo noche

El Vaixell

COCINA TRADICIONAL • SIMPÁTICA Comedor diáfano, luminoso y de vivos colores. Aquí ofrecen una cocina tradicional ampurdanesa de base marinera, rica en arroces y con la opción de varios menús a buen precio.

Menú 19/41 € - Carta 32/51 €

Castellar 62 17490 Llançà - 972 38 02 95 - www.elvaixell.com - solo almuerzo salvo Semana Santa, verano, viernes y sábado - cerrado 23 diciembre-6 enero y lunes salvo agosto y festivos

La Brasa

COCINA TRADICIONAL • RÚSTICA ¡Está considerado todo un clásico en la localidad! Cuentan con un único comedor de estilo rústico-regional y una pequeña terraza, ofreciendo una carta tradicional con varios platos a la brasa, en general más pescados que carnes.

Menú 19 € - Carta 35/52 €

pl. Catalunya 6 17490 Llançà - 972 38 02 02 - www.restaurantlabrasa.com - solo almuerzo salvo viernes y sabado en invierno - cerrado noviembre-febrero, lunes noche y martes salvo julio-agosto

LLANES

Asturias - 13 694 h. - Mapa regional : **3**-C1
Madrid 453 km - Gijón 103 km - Oviedo 113 km - Santander 96 km
Mapa de carreteras Michelin n° 572-B15

Casa Pilar

PESCADOS Y MARISCOS • RÚSTICA Casa de organización familiar y aire rústico. De sus fogones surge una cocina tradicional asturiana rica en arroces cremosos, pescados del Cantábrico y mariscos de la zona.

Menú 36 € - Carta 34/68 €

La Nogaleda ✉ 33592 - ✆ 985 41 01 77 - www.restaurantecasapilar.com - cerrado 15 enero-15 febrero, lunes noche y martes salvo verano

en Pancar Suroeste : 1,5 km

El Retiro (Ricardo González)

MODERNA • RÚSTICA ¡Talento y entusiasmo a los fogones! Encontrará un buen hall y un interior de ambiente rústico-actual, destacando la sala con la pared en roca natural. El chef, que propone una cocina de fuertes raíces regionales y mima las presentaciones, combina los platos de sabor tradicional con otros de técnicas más innovadoras.

→ Ostra especial con manzana, albahaca y limón verde. Merluza de pincho con marinera de sidra, algas y berberechos. Esponjoso de chocolate y café.

Menú 45/80 € - Carta 50/75 €

✉ 33509 Pancar - ✆ 985 40 02 40 - www.elretirollanes.es - solo almuerzo salvo viernes y sábado en invierno - cerrado del 15 al 30 de enero, del 16 al 26 de abril y martes salvo verano

en La Pereda Sur : 4 km

La Posada de Babel

AGROTURISMO • MODERNA ¡Disfrute de la finca, pues está rodeada de praderas, castaños, robles, abedules...! Ofrece unas habitaciones de estética actual, todas repartidas entre el edificio principal, el hórreo y lo que llaman "el cubo", llamativo por sus arquitectura contemporánea.

12 hab - †70/90 € ††95/130 € - ☕ 6 €

✉ 33509 La Pereda - ✆ 985 40 25 25 - www.laposadadebabel.com - cerrado 11 diciembre-8 abril

El Habana

TRADICIONAL • ACOGEDORA Establecimiento familiar dotado con cálidos espacios y amplias habitaciones, todas con mobiliario de aire clásico-antiguo. También atesora un amplísimo jardín con recorrido botánico y un porche-comedor, este último acristalado y de carácter polivalente.

12 hab - †77/123 € ††87/133 € - ☕ 10 €

✉ 33509 La Pereda - ✆ 985 40 25 26 - www.elhabanallanes.net - mayo-septiembre

Arpa de Hierba

FAMILIAR • CLÁSICA Se encuentra junto a la iglesia de la aldea y, en conjunto, presenta una decoración de elegante clasicismo. Amplia finca, salón social con chimenea e impecables habitaciones.

8 hab ☕ - †70/110 € ††86/126 €

✉ 33509 La Pereda - ✆ 985 40 34 56 - www.arpadehierba.com - cerrado 13 diciembre-10 febrero

CAEaCLAVELES

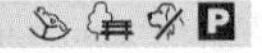

AGROTURISMO • PERSONALIZADA Un hotel sumamente moderno y original, por lo que atesora varios premios arquitectónicos. Se define como "un volumen orgánico de trayectoria curva" y cautiva por su cubierta.

5 hab - ††99/120 € - ☕ 9 €

✉ 33509 La Pereda - ✆ 984 09 40 10 - www.caeaclaveles.com - cerrado 22 diciembre-7 enero

al Oeste 6,5 km y desvío derecha 1 km

Arredondo

CASA DE CAMPO • TRADICIONAL Caserío asturiano del s. XVIII emplazado en una finca con bosques, prados y hasta ganado autóctono. Posee una buena zona social de aire rústico y cálidas habitaciones, varias con chimenea. En el comedor proponen una carta tradicional rica en carnes de la zona.

16 hab - 61/94 € 70/94 € - 5 €

carret. Celorio-Porrua ✉ 33595 Celorio - ☎ 985 92 56 27 - www.hotelrural-arredondo.com - cerrado enero

en el barrio de Bricia Oeste : 10 km

Ríu Calabres

ASTURIANA • RÚSTICA Negocio llevado en familia y situado al borde de la carretera. Posee un bar-sidrería y dos comedores, todo de ambiente rústico. Carta tradicional rica en carnes de la zona.

Menú 11/35 € - Carta 28/42 €

La Corredoria ✉ 33500 Bricia - ☎ 985 40 76 22 - www.riucabres.com - solo almuerzo salvo viernes, sábado y verano - cerrado enero-febrero y lunes salvo verano

LLAVORSÍ

Lleida - 354 h. - Alt. 811 m - Mapa regional : **9**-B1

Madrid 600 km - Barcelona 243 km - Lleida 139 km - Andorra la Vella 87 km

Mapa de carreteras Michelin n° 574-E33

Riberies

TRADICIONAL • MODERNA Este atractivo hotel disfruta de una confortable zona social y unas coquetas habitaciones, las 10 más antiguas de línea rústica y el resto de estilo clásico-actual... con todo el piso superior abuhardillado. El restaurante, que posee ventanales asomados a la piscina, propone una cocina de tinte actual.

34 hab - 85/97 € 127/154 €

camí de Riberies ✉ 25595 - ☎ 973 62 20 51 - www.riberies.com - cerrado noviembre

LLEIDA LÉRIDA

138 542 h. - Alt. 151 m - Mapa regional : **9**-A2

Madrid 461 km - Barcelona 155 km - Tarragona 101 km - Huesca 113 km

Mapa de carreteras Michelin n° 574-H31

Ferreruela

CATALANA • RÚSTICA Instalado en un antiguo almacén de frutas. En su interior, de línea rústica-actual, podrá descubrir la cocina tradicional de esta tierra, basada en la simplicidad de usar solo productos autóctonos y de temporada. ¡Trabajan bien a la brasa!

Carta 34/46 €

Plano : B1-b - *Bobalà 8 ✉ 25004 - ☎ 973 22 11 59 - www.ferreruela.com - solo almuerzo salvo jueves, viernes y sábado - cerrado del 19 al 28 de enero, del 3 al 26 de agosto, domingo y festivos*

Aimia

MODERNA • MARCO CONTEMPORÁNEO Se halla cerca del centro y presenta un interior de estética actual, con los fogones a la vista desde la sala. Cocina actual y de fusión, con bastantes influencias asiáticas.

Menú 14/40 € - Carta 22/35 €

Plano : A2-a - *Doctor Combelles 67 ✉ 25003 - ☎ 973 26 16 18 - www.aimia.cat - solo cena en verano - cerrado 7 días en enero, 7 días en junio, 7 días en agosto, lunes, martes noche y miércoles noche de 15 septiembre-15 junio y domingo noche*

LLEIDA

0 — 190 m

VIELHA BENABARRE

HUESCA MONZÓN, BARBASTROS

ZARAGOZA — TARRAGONA, BARCELONA ZARAGOZA

Sant Jaume .... A
Hospital de Santa Maria........ M1

Macao Ⓝ

A/C

JAPONESA • A LA MODA ✗ Makis, temakis, nigiris, usuzukuris... En este negocio, próximo a la fortaleza de la Suda, se fusiona la estética moderna con una cocina japonesa muy adaptada al gusto local.

Menú 15/50 € - Carta 40/49 €

Plano : A1-c - *Camp de Mart 27 ✉ 25006 - ✆ 973 04 63 08 - cerrado 7 días en febrero, 21 días en agosto-septiembre y lunes*

Xalet Suís

A/C

COCINA TRADICIONAL • ACOGEDORA ✗ Este negocio familiar posee un coqueto exterior, a modo de casita suiza, y un pequeño comedor de marcada rusticidad. Carta tradicional basada en la bondad del producto, con un apartado de Fondues, algunos Tartares y sugerencias de palabra.

Carta 40/55 €

Plano : A1-x - *av. Alcalde Rovira Roure 9 ✉ 25006 - ✆ 973 23 55 67 - www.xaletsuis.com*

¿Buenas comidas a precios moderados? Elija un Bib Gourmand ☺.

en la carretera N II por Gran Passeig de Ronda : 3,5 km, ver plano : A2

Carballeira

COCINA TRADICIONAL • ELEGANTE XX Elegante, bien llevado en familia y con profusión de madera. El propietario es gallego, detalle que se nota en la gran calidad de sus pescados y mariscos. ¡Interesantes menús!

Menú 45/90 € - Carta 45/77 €

25194 Butsenit
- 973 27 27 28 - www.carballeira.net
- cerrado del 21 al 29 de agosto, domingo noche, lunes y martes noche

en la vía de servicio de la A 22 por av. Alcalde Rovira Roura : 7 km, ver plano : A1

Finca Prats

NEGOCIOS • MODERNA Resulta atractivo tanto por el diseño, en hormigón, madera y cristal, como por la ubicación, junto a un campo de golf. Completo SPA y luminoso restaurante, donde ofrecen una cocina tradicional actualizada. ¡Interesante para reuniones de empresa y escapadas!

36 hab - 130/150 € - 4 suites

salida km 0 25198 Lleida
- 902 44 56 66 - www.fincaprats.com

LLÍVIA

Girona - 1 456 h. - Alt. 1 224 m - Mapa regional : **9**-C1
Madrid 645 km - Barcelona 162 km - Girona 155 km - Lleida 211 km
Mapa de carreteras Michelin nº 574-E35

Can Ventura

REGIONAL • RÚSTICA XX En un edificio con encanto que data de 1791. Presenta un interior de aire rústico cuidado hasta el más mínimo detalle, con dos hermosas salas y las paredes en piedra. Su chef apuesta por la cocina regional elaborada con productos "Km 0".

Menú 26/50 € - Carta 32/45 €

pl. Major 1 17527
- 972 89 61 78 - www.canventura.com
- cerrado lunes y martes salvo festivos

Ambassade de Llívia N

FRANCESA • ACOGEDORA X Íntimo, agradable y realmente sencillo en su decoración... aunque sorprende una pared con una curiosa colección de platos firmados por grandes chefs. Cocina de raíces galas.

Menú 23/56 € - Carta 35/51 €

dels Forns 15 17527
- 972 89 65 35 - www.ambassadedellivia.com
- cerrado del 15 al 30 de mayo, 18 septiembre-3 octubre, domingo noche, lunes y martes

en Gorguja Noreste : 2 km

La Formatgeria de Llívia

INTERNACIONAL • RÚSTICA XX Un homenaje a la tradición quesera y láctea, de ahí su nombre. Ofrecen una cocina de tinte actual, rica en carnes y con especialidades, como la popular raclette o alguna de sus fondues (de setas, de oveja, de camembert o tradicional suiza).

Carta 35/46 €

Pla de Ro 17527 Llívia
- 972 14 62 79 - www.laformatgeria.com
- cerrado 26 junio-18 julio, martes y miércoles salvo agosto y festivos

ESPAÑA

LLODIO

Álava - 18 300 h. - Alt. 130 m - Mapa regional : **18**-A3
Madrid 385 km - Bilbao 20 km - Burgos 142 km - Vitoria-Gasteiz 49 km
Mapa de carreteras Michelin nº 573-C21

junto al acceso 3 de la autopista AP 68 Este : 3 km

Palacio de Anuncibai

COCINA TRADICIONAL • AMBIENTE CLÁSICO XX Instalado en un edificio de piedra a las afueras de Llodio. Presenta un bar, dos terrazas acristaladas, varios comedores clásicos y un salón abuhardillado que reservan para los banquetes. Cocina tradicional actualizada y bien presentada.

Menú 13/50 € - Carta 42/56 €

barrio Anuncibai ✉ 01400 Llodio - ☎ 946 72 61 88 - www.palacioanuncibai.com - solo almuerzo salvo sábado - cerrado Semana Santa y del 6 al 31 de agosto

LLORET DE MAR

Girona - 37 618 h. - Mapa regional : **10**-A2
Madrid 695 km - Barcelona 67 km - Girona 43 km
Mapa de carreteras Michelin nº 574-G38

Freu

CREATIVA • DE DISEÑO XXX Se halla en el hotel Guitart Monterrey, donde destaca tanto por la modernidad como por sus vistas al jardín, desde la sala y desde la idílica terraza. Cocina actual-creativa.

Menú 18/65 € - Carta 50/70 €

av. Vila de Tossa 27 ✉ 17310 - ☎ 972 36 93 26 - www.freurestaurant.com - cerrado enero, febrero, domingo noche y lunes

Mas Romeu

COCINA TRADICIONAL • RÚSTICA X Algo alejado del centro pero con una agradable terraza arbolada. Este restaurante familiar propone varios menús y una completa carta tradicional, diferenciando entre carnes a la brasa, pescados, mariscos, guisos y especialidades de la casa.

Menú 17/49 € - Carta 30/55 €

urb. Mas Romeu, Oeste : 1,5 km ✉ 17310 - ☎ 972 36 79 63 - www.masromeu.com - cerrado 15 días en octubre y miércoles

en la playa de Fanals Oeste : 2 km

Rigat Park

FAMILIAR • ELEGANTE Hotel con detalles rústicos y coloniales emplazado en un parque arbolado frente al mar. Las habitaciones, de estilo clásico-elegante, cuentan con mobiliario restaurado original. El restaurante a la carta, que se distribuye en torno a una terraza de verano, siempre amplía su oferta durante la temporada alta.

78 hab ☕ - ††178/360 € - 21 suites

av. América 1 ✉ 17310 Lloret de Mar - ☎ 972 36 52 00 - www.rigat.com - marzo-octubre

en la urbanización Playa Canyelles Este : 3 km

El Trull

COCINA TRADICIONAL • RÚSTICA XX Presenta una sala de ambiente rústico, una terraza sobre la piscina y varios salones para banquetes. Su amplia carta tradicional, en la que priman los pescados y mariscos, se enriquece con diversos menús. ¡Pruebe sus Erizos de mar trufados!

Menú 20/61 € - Carta 45/72 €

✉ 17310 Lloret de Mar - ☎ 972 36 49 28 - www.eltrull.com - cerrado lunes y martes salvo abril-octubre

en la playa de Santa Cristina Oeste : 3 km

Santa Marta

TRADICIONAL · CLÁSICA Resulta encantador y atesora un emplazamiento único, pues se encuentra en un frondoso pinar asomado a la playa. Presenta idílicas terrazas escalonadas y confortables habitaciones, las redecoradas en un estilo clásico-actual. El restaurante, dotado con una chimenea y vistas al mar, tiene un uso polivalente.

76 hab - 121/196 € 198/328 € - 19 € - 2 suites

17310 Lloret de Mar - 972 36 49 04 - www.hotelsantamarta.es - cerrado noviembre-10 febrero

LODOSA

Navarra - 4 741 h. - Alt. 320 m - Mapa regional : **17**-A2

Madrid 334 km - Logroño 34 km - Iruña/Pamplona 81 km - Zaragoza 152 km

Mapa de carreteras Michelin n° 573-E23

Marzo

REGIONAL · AMBIENTE CLÁSICO El restaurante centra la actividad de este negocio familiar, dotado con un comedor clásico en la 1ª planta. La carta, tradicional-regional, se ve apoyada por un amplio menú.

Menú 12/25 € - Carta 22/40 €

Ancha 24 31580 - 948 69 30 52 - www.hrmarzo.com - cerrado 24 diciembre-5 enero, del 15 al 31 de agosto y domingo noche

LOGROÑO

La Rioja - 151 344 h. - Alt. 384 m - Mapa regional : **14**-A2

Madrid 331 km - Burgos 144 km - Iruña/Pamplona 92 km - Vitoria-Gasteiz 93 km

Mapa de carreteras Michelin n° 573-E22

La Cocina de Ramón

COCINA TRADICIONAL · SENCILLA De línea actual-funcional y bien situado en el casco antiguo. Su chef propone una cocina tradicional actualizada que destaca por la gran calidad de los productos de mercado.

Menú 25 € - Carta 29/40 €

Plano : A1-b - *Portales 30 26001 - 941 28 98 08 - www.lacocinaderamon.es - cerrado 15 días en enero, 15 días en agosto, domingo noche y lunes*

La Galería

COCINA MODERNA · MARCO CONTEMPORÁNEO No tiene un nombre baladí, pues el comedor principal funciona también como sala de exposiciones temporales. Su carta, de gusto actual, se enriquece con varios arroces y menús.

Menú 25/46 € - Carta 38/47 €

Plano : A1-k - *Saturnino Ulargui 5 26001 - 941 20 73 66 - www.restaurantelagaleria.com - cerrado 7 días en enero, Semana Santa, 7 días en junio y domingo*

Iruña

COCINA TRADICIONAL · RÚSTICA ¡Ubicado en el centro neurálgico del tapeo logroñés! En su sala, de línea rústica-actual, podrá descubrir una cocina tradicional rica en platos riojanos y vasco-navarros.

Carta 26/57 €

Plano : A1-m - *Laurel 8 26001 - 941 50 20 44 - www.restauranteiruna.com - cerrado del 1 al 15 de enero, del 1 al 15 de agosto, sábado noche y domingo*

Tastavin

COCINA TRADICIONAL · A LA MODA Resulta agradable y cuenta con el beneplácito de la clientela local. Ofrecen buenas tapas y raciones de sabor tradicional, con toques actuales, así como muchos vinos por copa.

Tapa 2,40 € - Ración aprox. 14 €

Plano : A1-h - *San Juan 25 26001 - 941 26 21 45 - www.tastavin.es - cerrado lunes y martes mediodía*

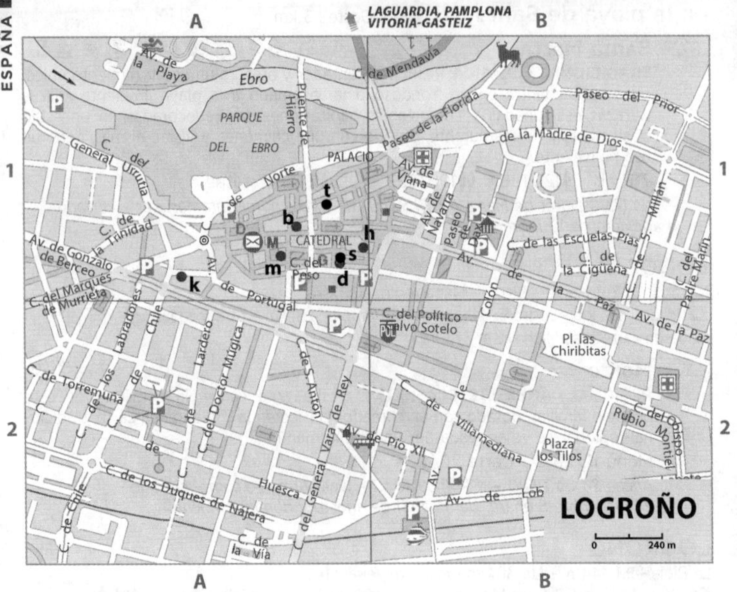

LAGUARDIA, PAMPLONA
VITORIA-GASTEIZ

LOGROÑO

Tondeluna

MODERNA • A LA MODA Sorprende por su diseño, sin barra pero con enormes mesas para tapear sentados. Ofrecen raciones y medias raciones de cocina tradicional actualizada, así como varios menús.

Tapa 9 € - Ración aprox. 16 €

Plano : A1-d - *Muro de la Mata 9 ✉ 26001 - ✆ 941 23 64 25 - www.tondeluna.com - cerrado domingo noche*

Umm (N)

DE MERCADO • MARCO CONTEMPORÁNEO De carácter polivalente y en un área residencial. Aquí encontrará tapas, raciones y bocadillos hechos al momento, pero también... ¡originales desayunos y copas por la noche!

Tapa 3 € - Ración aprox. 11 €

Torrecilla en Cameros 11, por calle de Chile A1 ✉ 26008 - ✆ 941 51 97 24 - www.ummfoodanddrink.com - cerrado del 1 al 15 de septiembre

Calle Mayor

FAMILIAR • DE DISEÑO Un hotel con carácter donde se sabe aunar pasado y presente, ya que ocupa un palacete del s. XVI ubicado en pleno casco antiguo. ¡Habitaciones modernas de excelente nivel!

28 hab - †78/83 € ††82/107 € - ☕ 7 €

Plano : A1-t - *Marqués de San Nicolás 71 ✉ 26001 - ✆ 941 23 23 68 - www.hotelcallemayor.com*

Marqués de Vallejo

NEGOCIOS • MODERNA Resulta singular y atesora cierto encanto, no en vano ocupa hasta tres edificios del casco viejo. Bello hall-patio cubierto, gran salón social y habitaciones de línea actual.

47 hab - †70/195 € ††70/270 € - ☕ 10 €

Plano : A1-s - *Marqués de Vallejo 8 ✉ 26001 - ✆ 941 24 83 33 - www.hotelmarquesdevallejo.com*

LOJA

Granada - 20 893 h. - Alt. 475 m - Mapa regional : **1**-C2
Madrid 458 km - Granada 57 km - Málaga 77 km - Sevilla 198 km
Mapa de carreteras Michelin nº 578-U17

en la Finca La Bobadilla por la autovía A 92 - Oeste : 18 km y desvío 3 km

Barceló La Bobadilla

GRAN LUJO • ELEGANTE Precioso cortijo concebido como un oasis de paz... no en vano, se halla en una finca repleta de olivos. Encontrará un lujoso interior, con habitaciones bien personalizadas, una gran piscina exterior rodeada de zonas verdes y una nutrida oferta gastronómica.

67 hab - †283/486 € ††486/1176 €

por salida a Villanueva de Tapia ✉ 18300 Loja - ✆ 958 32 18 61 - www.barcelolabobadilla.com - marzo-noviembre

LORCA

Murcia - 91 714 h. - Alt. 331 m - Mapa regional : **16**-A2
Madrid 460 km - Murcia 72 km - Almería 149 km - Albacete 209 km
Mapa de carreteras Michelin nº 577-S24

Parador Castillo de Lorca

LUJO • CONTEMPORÁNEA Edificio de nueva planta construido en el histórico recinto del Castillo de Lorca. Presenta un moderno interior, un SPA y espaciosas habitaciones de línea actual. El restaurante, que ofrece la carta típica de los Paradores, se completa con una terraza que destaca por sus maravillosas vistas sobre la ciudad.

67 hab - ††70/170 € - 16 € - 9 suites

Castillo de Lorca ✉ 30800 - ✆ 968 40 60 47 - www.parador.es

en la carretera de Granada Suroeste : 4 km

Paredes

COCINA TRADICIONAL • AMBIENTE CLÁSICO XX En esta coqueta casa familiar proponen una cocina de gusto tradicional que destaca por sus cuidadas presentaciones. Posee un bar privado que ejerce como zona de espera, una sala actual-funcional y un reservado. Buena clientela de negocios.

Carta 30/55 €

carret. N-340a, km 588 ✉ 30817 Torrecilla - ✆ 626 27 77 25 - www.restauranteparedes.com - solo almuerzo salvo viernes y sábado - cerrado agosto, domingo en junio-julio y lunes resto del año

LUCENA

Córdoba - 42 697 h. - Alt. 485 m - Mapa regional : **1**-C2
Madrid 471 km - Antequera 57 km - Córdoba 73 km - Granada 150 km
Mapa de carreteras Michelin nº 578-T16

en la carretera N 331 Suroeste : 2,5 km

Asador Los Bronces

CARNES • AMBIENTE CLÁSICO XX Se presenta con un buen bar a la entrada, un privado y un comedor en el piso superior, este último de marcado ambiente clásico-castellano... con vidrieras y maderas nobles. Su especialidad son los asados y las carnes rojas a la parrilla.

Menú 12/14 € - Carta 17/51 €

✉ 14900 Lucena - ✆ 957 51 62 80 - www.hotellosbronces.com - cerrado domingo en verano y domingo noche resto del año

LUCES

Asturias - 265 h. - Mapa regional : **3**-C1
Madrid 495 km - Oviedo 58 km
Mapa de carreteras Michelin nº 572-B14

Palacio de Luces

LUJO • CLÁSICA Se encuentra en un palacio del s. XVI que ha sido renovado y al que se le han añadido varios anexos modernos. Completa zona noble y habitaciones actuales muy bien equipadas.

39 hab - 170/335 € 186/350 € - 4 suites

carret. AS-257 ✉ 33328 - ☎ 985 85 00 80 - www.palaciodeluces.com - cerrado 9 enero-4 abril

LUGO

98 134 h. – Alt. 485 m – Mapa regional : **13**-C2

Madrid 506 km – A Coruña 97 km – Ourense 96 km – Oviedo 255 km

Mapa de carreteras Michelin nº 571-C7

Mesón de Alberto

GALLEGA • AMBIENTE CLÁSICO Se halla en una calle peatonal del casco antiguo, con una tapería en la planta baja, un buen comedor en el primer piso y dos privados. Amplia carta de cocina tradicional gallega, con un apartado de mariscos y un menú degustación.

Menú 15/40 € – Carta 30/57 €

Plano : A2-c - *Cruz 4 ✉ 27001 - ☎ 982 22 83 10 - www.mesondealberto.com - cerrado domingo noche, lunes noche y martes*

Paprica

CREATIVA • DE DISEÑO Una propuesta gastronómica diferente en esta ciudad. Posee un pequeño bar de línea moderna, un único comedor que sirve como sala de exposiciones a los artistas locales y una terraza-patio en la parte de atrás. Cocina actual y de temporada.

Menú 24/45 € – Carta 38/53 €

Plano : B2-a - *Noreas 10 ✉ 27001 - ☎ 982 25 58 24 - www.paprica.es - cerrado domingo noche y lunes en invierno, domingo y lunes noche en verano*

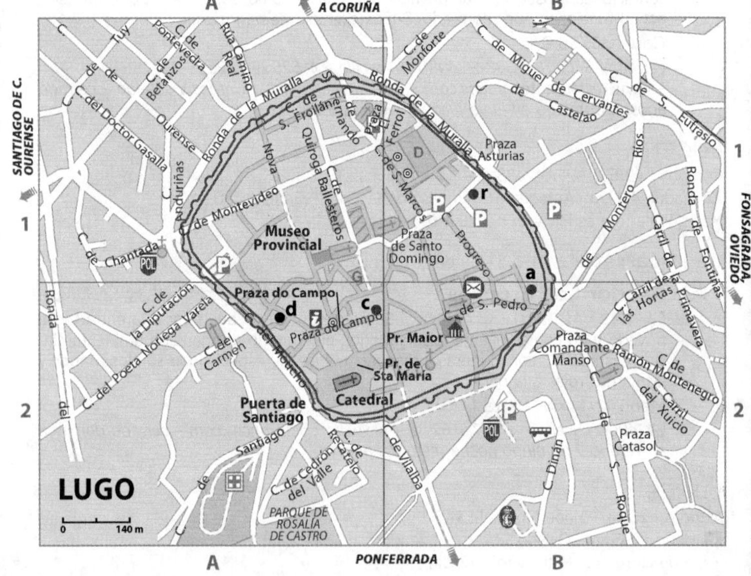

España

COCINA TRADICIONAL • AMBIENTE CLÁSICO XX Llevado entre hermanos y... ¡con más de 100 años de historia! Ofrece una carta tradicional actualizada e interesantes jornadas gastronómicas (setas, caza, reses propias...).

Menú 49 € - Carta 31/44 €

Plano : B1-r - *Teatro 10 ✉ 27002 - ✆ 982 24 27 17 - www.restauranteespana.es - cerrado domingo noche*

Orbán e Sangro

HISTÓRICO • ACOGEDORA Coqueto hotel instalado en una casa señorial del s. XVIII. Las habitaciones combinan su valioso mobiliario antiguo con unos bellos baños de diseño, destacando las abuhardilladas y las que se asoman a las murallas. ¡Atractivo bar de época!

12 hab - †66/110 € ††88/165 € - ☕ 14 €

Plano : A2-d - *Travesía do Miño 6 ✉ 27001 - ✆ 982 24 02 17 - www.pazodeorban.es*

LUINTRA

Ourense - 2 124 h. - Mapa regional : **13**-C3

Madrid 514 km - Lugo 105 km - Ourense 19 km - Pontevedra 138 km

Mapa de carreteras Michelin n° 571-E6

al Este 5 km

Parador de Santo Estevo

EDIFICIO HISTÓRICO • HISTÓRICA Instalado en un monasterio benedictino de incomparable belleza, en pleno bosque y con los cañones del río Sil al fondo. Posee tres preciosos claustros y habitaciones de confort actual, las superiores más amplias y con mejores vistas. El restaurante, con los techos abovedados, ocupa las antiguas caballerizas.

77 hab - ††90/210 € - ☕ 18 €

Monasterio de Santo Estevo de Ribas de Sil ✉ 32162 Luíntra - ✆ 988 01 01 10 - www.parador.es - cerrado 8 enero-febrero

LUYEGO DE SOMOZA

León - 717 h. - Mapa regional : **8**-A1

Madrid 345 km - Valladolid 192 km - León 69 km - Zamora 150 km

Mapa de carreteras Michelin n° 575-E11

Hostería Camino

AGROTURISMO • RÚSTICA Encantadora casona de piedra ubicada en un pueblo maragato. Su portalón de madera da paso a un interior sumamente acogedor, con un cálido salón social, un patio típico, habitaciones de aire rústico y un buen restaurante, donde apuestan por la cocina regional.

9 hab ☕ - †68/87 € ††77/97 €

Nuestra Señora de los Remedios ✉ 24717 - ✆ 987 60 17 57 - www.hosteriacamino.com

MAÇANET DE CABRENYS

Girona - 755 h. - Alt. 370 m - Mapa regional : **9**-C3

Madrid 747 km - Barcelona 163 km - Girona 66 km - Lleida 289 km

Mapa de carreteras Michelin n° 574-E38

Els Caçadors

COCINA TRADICIONAL • RÚSTICA XX Un restaurante de contrastes, pues combina los antiguos techos abovedados y las paredes en piedra con un sorprendente montaje en tonos blancos. Cocina tradicional actualizada.

Menú 20 € - Carta 27/43 €

urb. Casanova ✉ 17720 - ✆ 972 54 41 36 - www.hotelelscassadors.com - cerrado martes salvo verano

MADREMANYA

Girona - 276 h. - Alt. 177 m - Mapa regional : **10**-B1

Madrid 700 km - Barcelona 118 km - Girona 21 km - Tarragona 208 km

Mapa de carreteras Michelin n° 574-G38

La Plaça

COCINA TRADICIONAL • RÚSTICA XX En el restaurante, dividido en dos salas y con los techos abovedados, apuestan por una cocina tradicional actualizada que siempre procura dar protagonismo a los productos provenientes de su huerta y de caza en temporada. ¡Agradable terraza!

Menú 55/68 € - Carta 50/66 €

Hotel La Plaça, Sant Esteve 17 ✉ 17462 - ✆ 972 49 04 87 - www.restaurantlaplaca.com - solo cena en agosto salvo fines de semana - cerrado 15 enero-15 febrero, lunes, martes y miércoles en invierno y martes resto del año

La Plaça

BOUTIQUE HOTEL • PERSONALIZADA Se halla en una antigua masía y atesora un encanto indudable. Aquí encontrará unas atractivas habitaciones tipo suite, la mayoría con chimenea, algunas con terraza y todas con una grata combinación de elementos rústicos y modernos.

6 suites - ††115/290 € - ☕ 15 € - 5 hab

Sant Esteve 17 ✉ 17462 - ✆ 972 49 04 87 - www.laplacamadremanya.com - cerrado 15 enero-15 febrero

La Plaça - ver selección restaurantes

MADRID

Esta es una ciudad abierta, animada, cercana... respetuosa con sus tradiciones pero también receptiva ante las nuevas propuestas. No deje de visitar sus revitalizados mercados, las agradables terrazas (a pie de calle o en muchas azoteas), los singulares espacios de ocio gastronómico, cualquiera de sus atractivos restaurantes... y, sobre todo, disfrute de la calle, pues Madrid es una ciudad para andar y recorrer tomando tapas, desde las más básicas y castizas hasta las más innovadoras.

Las especialidades culinarias:
La más famosa, con diferencia, es el Cocido madrileño, normalmente servido en tres vuelcos: primero la sopa, luego los garbanzos con las verduras y, finalmente, tanto las carnes como los embutidos. Otros platos típicos son los Callos, el Besugo a la madrileña, el popular Bocadillo de Calamares... y en lo que se refiere a los postres los Churros con chocolate, las Torrijas (en Semana Santa) y las tradicionales Rosquillas de San Isidro (Listas o Tontas).

3 233 527 h – Alt. 646 m

- Mapa regional n° 15-B2
- Mapa de carreteras Michelin n° 545-K19

Barcelona 617 km – Bilbao 395 km – A Coruña 603 km – Lisboa 625 km

NUESTRA SELECCIÓN DE RESTAURANTES

TODOS LOS RESTAURANTES DE LA A A LA Z

J. Larrea/age fotostock

LAS MESAS QUE NO DEBEN FALTAR

LAS ESTRELLAS: LAS MEJORES MESAS

✿✿✿

Tres estrellas MICHELIN: una cocina única. ¡Justifica el viaje!

✿✿

Dos estrellas MICHELIN: una cocina excepcional. ¡Merece la pena desviarse!

✿

Una cocina de gran fineza. ¡Compensa pararse!

L. Vallecillos/age fotostock

BIB GOURMAND ☺

Nuestras mejores relaciones calidad-precio

LOS RESTAURANTES... SEGÚN SUS DESEOS

RESTAURANTES POR TIPO DE COCINA

D. Hernanz Ramos/Moment/Getty Images

Pescados y mariscos

Quesos, fondues y raclettes

Tailandesa

Vasca

RESTAURANTES ABIERTOS SÁBADO Y DOMINGO

NUESTRA SELECCIÓN DE HOTELES

TODOS LOS HOTELES DE LA A A LA Z

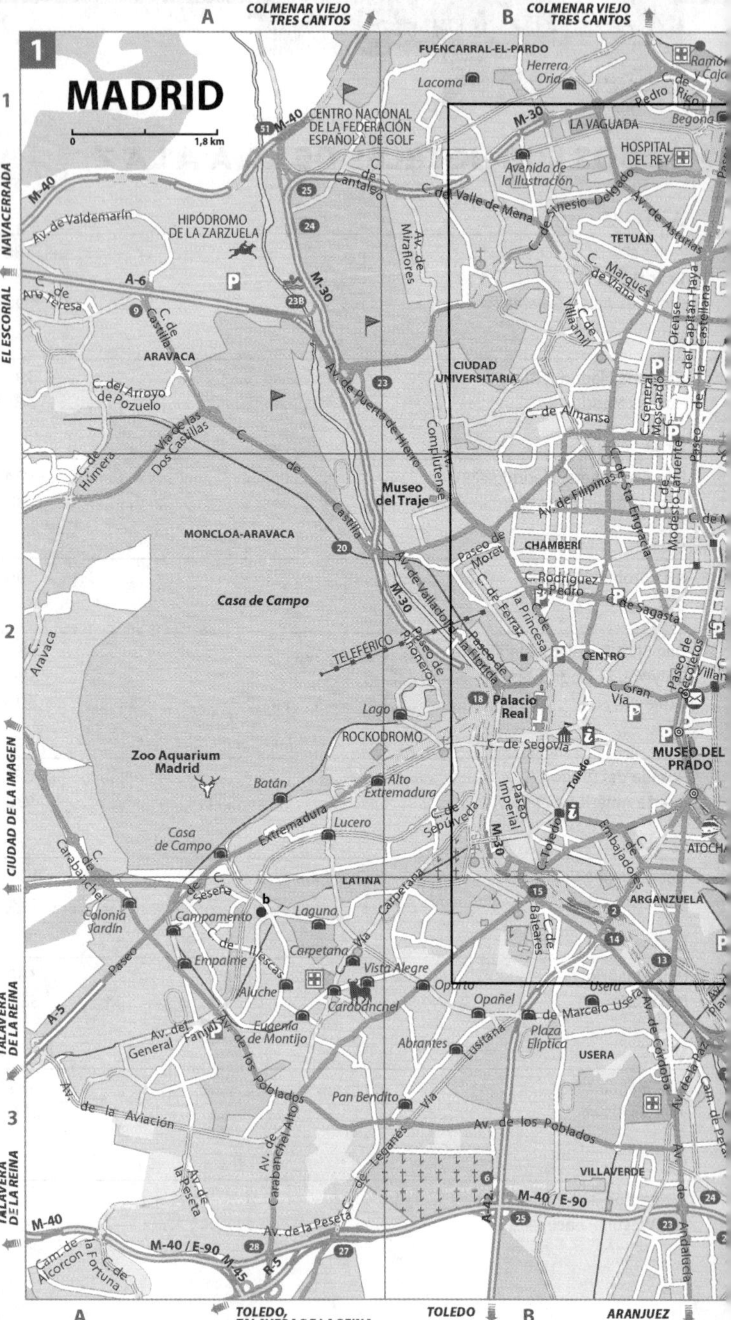

1

MADRID

0 1,8 km

A COLMENAR VIEJO TRES CANTOS

B COLMENAR VIEJO TRES CANTOS

NAVACERRADA

SEGOVIA EL ESCORIAL

CIUDAD DE LA IMAGEN

TALAVERA DE LA REINA

TALAVERA DE LA REINA

FUENCARRAL-EL-PARDO

Herrera Oria

Lacoma

Ramón y Cajal

C. de Pedro Rico

Begoña

M-40

CENTRO NACIONAL DE LA FEDERACIÓN ESPAÑOLA DE GOLF

M-30

LA VAGUADA

HOSPITAL DEL REY

Avenida de la Ilustración

C. de Cantalejo

C. del Valle de Mena

C. de Ginesio Delgado

Av. de Asturias

Av. de Valdemarín

HIPÓDROMO DE LA ZARZUELA

Av. de Miraflores

TETUÁN

C. Marqués de Viana

C. de Ana Teresa

A-6

C. de Castilla

C. de Villaamil

Orense

C. del Capitán Haya

Paseo de la Castellana

ARAVACA

CIUDAD UNIVERSITARIA

C. del Arroyo de Pozuelo

Av. de Puerta de Hierro

C. General Moscardó

Av. Complutense

C. de Almansa

Vía de las Dos Castillas

C. de Húmera

C. de Castilla

Museo del Traje

C. de Sta Engracia

Av. de Filipinas

C. de Modesto Lafuente

MONCLOA-ARAVACA

Paseo de Moret

CHAMBERÍ

Av. de Valladolid

C. Rodríguez S. Pedro

Casa de Campo

C. de Ferraz

la Princesa

C. de Sagasta

2

C. Aravaca

TELEFÉRICO

Paseo de Pinoneros

Paseo de la Florida

CENTRO

Paseo de Recoletos

Villanueva

C. Gran Vía

Lago

Palacio Real

ROCKODROMO

C. de Segovia

Toledo

MUSEO DEL PRADO

Zoo Aquarium Madrid

Batán

Alto Extremadura

C. de Sepúlveda

Paseo Imperial

Extremadura

Lucero

Casa de Campo

C. Toledo

C. de Embajadores

ATOCHA

C. de Carabanchel

C. de Seseña

LATINA

Carpetana

ARGANZUELA

Colonia Jardín

Campamento

Laguna

C. de Baleares

C. de Illescas

Vía Carpetana

Paseo

Empalme

Vista Alegre

Aluche

Carabanchel

Oporto

Usera

Opañel

C. de Marcelo Usera

A-5

Av. del General Fanjul

Eugenia de Montijo

Av. de los Poblados

Abrantes

Lusitana

Plaza Elíptica

USERA

Av. de Córdoba

Av. de la Paz

Pan Bendito

Vía

Cam. de Perales

3

Av. de la Aviación

Av. de los Poblados

Av. de Carabanchel Alto

Av. de la Peseta

C. de Leganés

VILLAVERDE

Av. de Andalucía

M-40 / E-90

A-42

M-40

M-40 / E-90

M-45

R-5

Cam. de Alcorcón

C. de la Fortuna

Av. de la Peseta

A TOLEDO, TALAVERA DE LA REINA

TOLEDO B ARANJUEZ

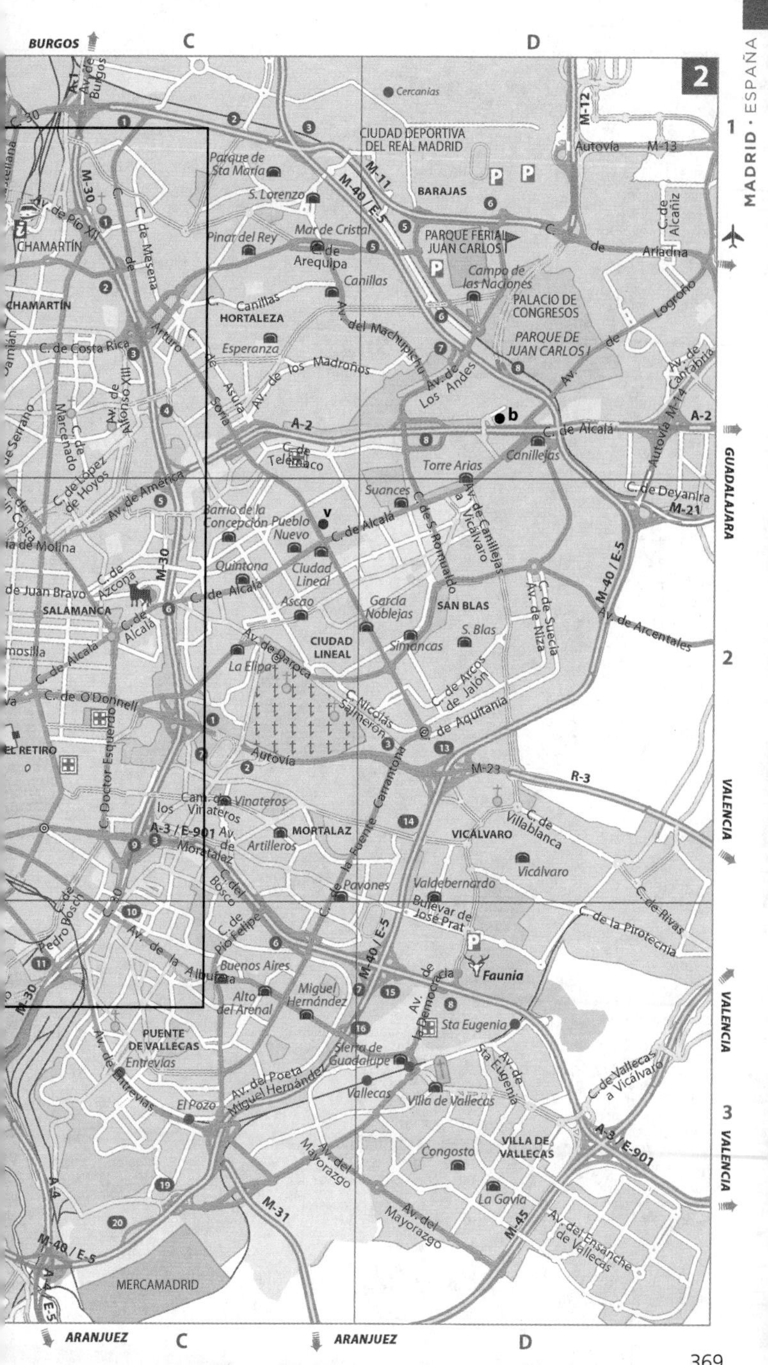
BURGOS
C
D
2
1
2
3
Cercanías
CIUDAD DEPORTIVA DEL REAL MADRID
BARAJAS
PARQUE FERIAL JUAN CARLOS I
Campo de las Naciones
PALACIO DE CONGRESOS
PARQUE DE JUAN CARLOS I
Autovía
M-13
M-12
M-11
M-40 / E-5
C. de Alcañiz
C. de Ariadna
Av. de Logroño
Av. de Cantabria
Autovía M-14
A-2
Parque de Sta María
S. Lorenzo
Mar de Cristal
Pinar del Rey
C. de Arequipa
Canillas
C. Canillas
HORTALEZA
Esperanza
Av. del Machupichu
Av. de los Madroños
Av. de Los Andes
C. de Asura
C. de Soria
C. de Alcalá
Canillejas
Torre Arias
C. de Telémaco
CHAMARTÍN
Av. de Pío XII
C. de Mesena
C. de Arturo
M-30
A-1
Av. de Burgos
C. de Costa Rica
C. de Marceñado
Av. de Alfonso XIII
C. de López de Hoyos
Av. de América
C. de Azcona
C. de Juan Bravo
SALAMANCA
C. de Alcalá
C. de O'Donnell
EL RETIRO
C. Doctor Esquerdo
Barrio de la Concepción
Pueblo Nuevo
Quintana
Ciudad Lineal
Ascao
Suances
C. de S. Romualdo
Av. de Canillejas a Vicálvaro
C. de Deyanira
M-21
García Noblejas
SAN BLAS
S. Blas
Simancas
CIUDAD LINEAL
Av. de Arcentales
C. de Suecia
Av. de Niza
Av. de Daroca
La Elipa
C. Nicolás Salmerón
C. de Arcos de Jalón
C. de Aquitania
Autovía
M-23
R-3
Cam. de Vinateros
Vinateros
Artilleros
MORTALAZ
Av. de Moratalaz
A-3 / E-901
C. del Bosco
C. de la Fuente Carrantona
VICÁLVARO
C. de Villablanca
Vicálvaro
Pavones
Valdebernardo
Bulevar de José Prat
C. de Rivas
C. de la Pirotecnia
C. de Pío Felipe
Pedro Bosch
Av. de la Albufera
Buenos Aires
Alto del Arenal
Miguel Hernández
Av. de la Democracia
Faunia
Sta Eugenia
PUENTE DE VALLECAS
Entrevías
Av. de Entrevías
Sierra de Guadalupe
Av. del Poeta Miguel Hernández
Vallecas
Villa de Vallecas
Av. de Sta Eugenia
C. de Vallecas a Vicálvaro
El Pozo
Av. del Mayorazgo
VILLA DE VALLECAS
Congosto
La Gavia
M-31
M-45
Av. del Ensanche de Vallecas
A-4
M-40 / E-5
MERCAMADRID
GUADALAJARA
VALENCIA
ARANJUEZ

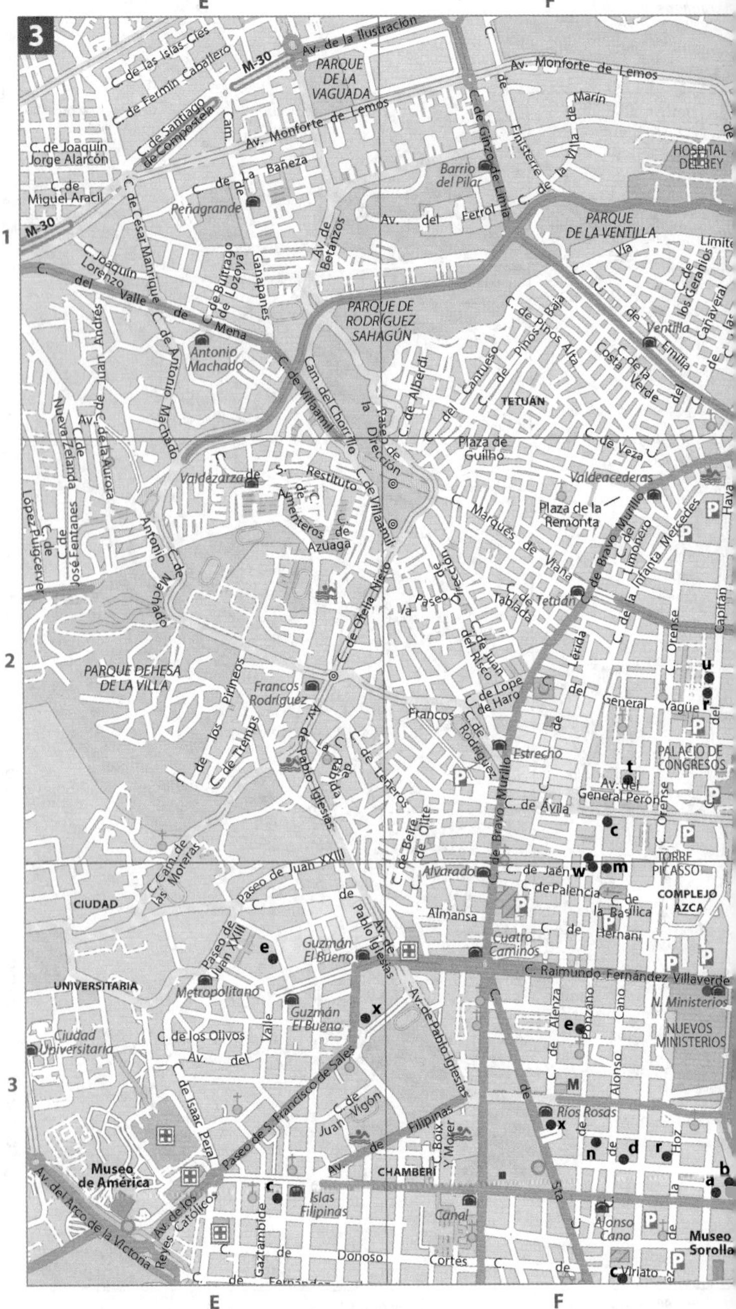
E
F
3
1
2
3
E
F
Av. de la Ilustración
M-30
PARQUE DE LA VAGUADA
C. de las Islas Cíes
C. de Fermín Caballero
Av. Monforte de Lemos
Marín
HOSPITAL DEL REY
C. de Santiago de Compostela
Cam.
C. de Joaquín Jorge Alarcón
C. de Miguel Aracil
C. de La Bañeza
Barrio del Pilar
C. de Ginzo de Limia
Finisterre
C. de la Villa de
Peñagrande
C. de César Manrique
Av. del Ferrol
PARQUE DE LA VENTILLA
Límite
Vía
C. de los Geranios
C. Cañaveral
Av. de Betanzos
C. de Buitrago de Lozoya
Ganapanes
C. Joaquín Lorenzo
C. del Valle de Mena
PARQUE DE RODRÍGUEZ SAHAGÚN
C. de Pinos Baja
C. de Pinos Alta
Costa Verde
Ventilla
C. de la Emilia
Antonio Machado
C. de Antonio Machado
C. de Villaamil
Cam. del Chorrillo
Paseo de la Dirección
C. de Alberdi
C. del Cantueso
TETUÁN
C. de Juan Andrés
Av. de Nueva Zelanda
C. de la Aurora
Plaza de Guilho
C. de Veza
Valdeacederas
Valdezarza
C. de S. Restituto
C. de Armenteros
C. de Azuaga
C. de Villaamil
C. Marqués de Viana
Plaza de la Remonta
C. de Bravo Murillo
C. del Limonero
C. de la Infanta Mercedes
C. de López Puigcerver
C. de José Fentanes
C. de Antonio Machado
Paseo de la Dirección
C. de Tetuán
Tabiada
C. de Ofelia Nieto
C. de Juan del Risco
Lérida
C. Orense
Capitán Haya
PARQUE DEHESA DE LA VILLA
C. de los Pirineos
Francos Rodríguez
Av. de Pablo Iglesias
C. de Lope de Haro
C. del General Yagüe
u
r
Francos Rodríguez
Estrecho
PALACIO DE CONGRESOS
C. de Tremps
C. de la Rábida
C. de Leñeros
Av. del General Perón
t
C. de Ávila
C. de Beire
C. de Olite
c
C. Cam. de las Moreras
Paseo de Juan XXIII
Alvarado
C. de Jaén
w
m
TORRE PICASSO
COMPLEJO AZCA
C. de Palencia
C. de la Basílica
CIUDAD
C. de Pablo Iglesias
Almansa
C. de Hernani
Paseo de Juan XXIII
e
Guzmán El Bueno
Cuatro Caminos
C. Raimundo Fernández Villaverde
UNIVERSITARIA
Metropolitano
N. Ministerios
x
Guzmán El Bueno
C. de Alenza
Ponzano
Cano
e
NUEVOS MINISTERIOS
Ciudad Universitaria
C. de los Olivos
Av. del Valle
Av. de Pablo Iglesias
C. de Isaac Peral
Paseo de S. Francisco de Sales
C. de Juan Vigón
M
Alonso
Ríos Rosas
x
Av. de Filipinas
C. Boix y Moher
n
d
r
Hoz
b
a
Museo de América
CHAMBERÍ
Islas Filipinas
c
Canal
Alonso Cano
Av. del Arco de la Victoria
Av. de los Reyes Católicos
Gaztambide
C. de Donoso Cortés
Sta
Museo Sorolla
C. de Fernández
Viriato
c

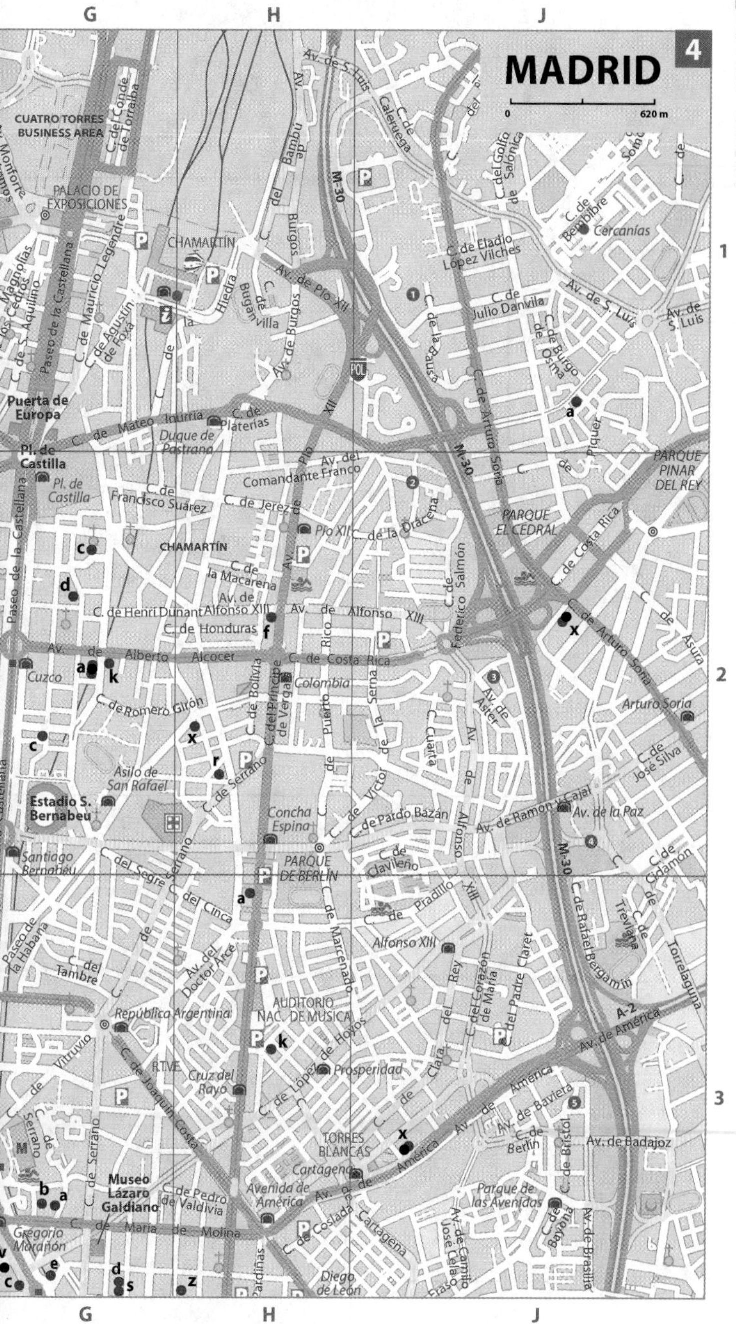

MADRID
4
0
620 m
G
H
J
1
2
3
CUATRO TORRES BUSINESS AREA
PALACIO DE EXPOSICIONES
CHAMARTÍN
Puerta de Europa
Pl. de Castilla
Duque de Pastrana
Pío XII
Colombia
Cuzco
Estadio S. Bernabeu
Santiago Bernabéu
Asilo de San Rafael
Concha Espina
PARQUE DE BERLÍN
Alfonso XIII
AUDITORIO NAC. DE MÚSICA
República Argentina
R.T.V.E.
Cruz del Rayo
Prosperidad
TORRES BLANCAS
Cartagena
Avenida de América
Museo Lázaro Galdiano
Gregorio Marañón
Diego de León
Parque de las Avenidas
PARQUE EL CEDRAL
PARQUE PINAR DEL REY
Arturo Soria
Cercanías
M-30
A-2
Paseo de la Castellana
C. de Mauricio Legendre
C. de Agustín de Foxá
C. de Mateo Inurria
C. de Platerías
Av. de Pío XII
Av. de Burgos
C. del Conde de Torralba
Av. de S. Luis
C. de Caleruega
C. de Arturo Soria
C. de Julio Danvila
C. de Eladio López Vilches
C. de Bembibre
C. de Burgo de Osma
C. de Piquer
C. de Francisco Suárez
C. de Jerez
Av. del Comandante Franco
C. de la Dracena
C. de la Macarena
Av. de Alfonso XIII
C. de Henri Dunant
C. de Honduras
Av. de Alberto Alcocer
C. de Costa Rica
C. de Romero Girón
C. de Serrano
C. del Príncipe de Vergara
C. de Bolivia
C. de Víctor de la Serna
C. de Puerto Rico
C. de Federico Salmón
Av. de Ramón y Cajal
Av. de la Paz
C. de José Silva
C. de Asura
C. de Pardo Bazán
C. de Clavileño
C. de Pradillo
C. de Marcenado
C. del Segre
C. del Cinca
Av. del Doctor Arce
C. del Tambre
Paseo de La Habana
C. de Vitruvio
C. de Joaquín Costa
C. de López de Hoyos
C. de Clara del Rey
C. del Corazón de María
C. del Padre Claret
C. de Rafael Bergamín
C. de Cidamón
Torrelaguna
Av. de América
Av. de Baviera
C. de Berlín
C. de Bristol
Av. de Badajoz
C. de Bayona
Av. de Brasilia
Av. de Camilo José Cela
C. de Coslada
C. de Pedro de Valdivia
C. de María de Molina
C. de Serrano

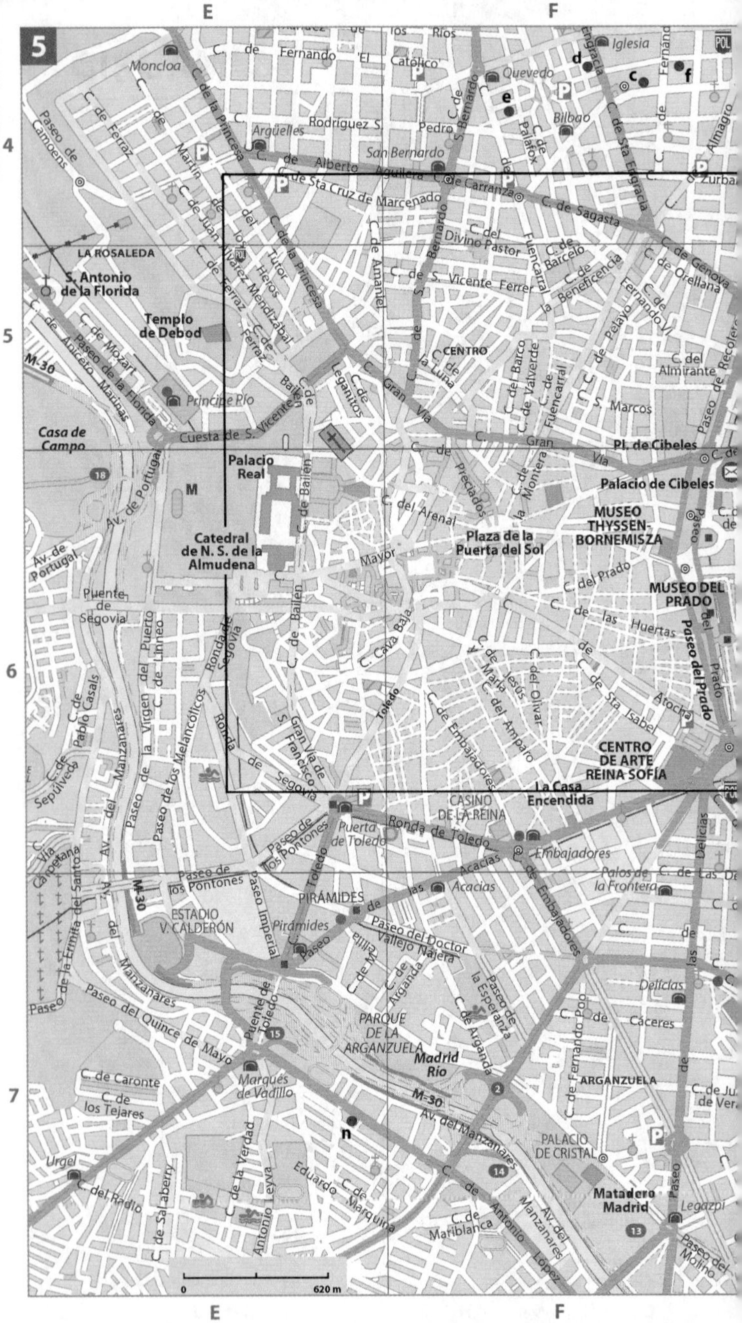
E
F
5
4
5
6
7
Moncloa
C. de Fernando 'El Católico'
Ríos
Iglesia
Quevedo
Bilbao
Argüelles
Rodríguez S.
Pedro
San Bernardo
C. de Alberto Aguilera
C. de Carranza
C. de Sagasta
Zurbano
C. de Sta Cruz de Marcenado
C. de la Princesa
Paseo de Camoens
C. de Ferraz
C. de Martín de los Heros
C. de Juan Álvarez Mendizábal
C. del Tutor
C. de Amaniel
C. de S. Bernardo
C. de Palafox
C. de Sta Engracia
C. de Almagro
C. del Divino Pastor
C. de Fuencarral
C. de Barceló
C. de S. Vicente Ferrer
C. de la Beneficencia
C. de Génova
C. de Orellana
C. de Fernando VI
C. de Pelayo
LA ROSALEDA
S. Antonio de la Florida
Templo de Debod
C. de Mozart
Paseo de la Florida
C. de Aniceto Marinas
M-30
Príncipe Pío
Cuesta de S. Vicente
C. de Bailén
C. de Leganitos
Gran Vía
CENTRO
C. de la Luna
C. del Barco
C. de Valverde
C. de S. Marcos
C. del Almirante
Paseo de Recoletos
Casa de Campo
Palacio Real
Pl. de Cibeles
Palacio de Cibeles
C. de Preciados
C. de la Montera
C. del Arenal
MUSEO THYSSEN-BORNEMISZA
Plaza de la Puerta del Sol
Av. de Portugal
M
Catedral de N. S. de la Almudena
Mayor
C. del Prado
MUSEO DEL PRADO
Paseo del Prado
Puente de Segovia
C. de Linneo
Paseo de la Virgen del Puerto
Ronda de Segovia
C. de las Huertas
C. Cava Baja
C. de Atocha
C. de Sta Isabel
C. de Pablo Casals
Paseo de los Melancólicos
Toledo
C. de Jesús y María
C. del Olivar
C. del Amparo
C. de Embajadores
CENTRO DE ARTE REINA SOFÍA
C. de Sepúlveda
Av. del Manzanares
Gran Vía de S. Francisco
Ronda de Segovia
La Casa Encendida
CASINO DE LA REINA
Puerta de Toledo
Ronda de Toledo
Embajadores
Paseo de los Pontones
Vía Carpetana
Paseo de la Ermita del Santo
Paseo de los Pontones
Paseo Imperial
PIRÁMIDES
Acacias
Palos de la Frontera
C. de Las Delicias
ESTADIO V. CALDERÓN
Pirámides
Paseo de las Acacias
Paseo del Doctor Vallejo Nájera
C. de Arganda
Paseo de la Esperanza
Delicias
Paseo del Quince de Mayo
Puente de Toledo
PARQUE DE LA ARGANZUELA
Madrid Río
C. de Cáceres
C. de Fernando Poo
ARGANZUELA
C. de Caronte
C. de los Tejares
Marqués de Vadillo
M-30
Av. del Manzanares
C. de Juan de Vera
n
PALACIO DE CRISTAL
Urgel
C. del Radio
C. de Salaberry
C. de la Verdad
Antonio Leyva
C. de Eduardo Marquina
C. de Antonio López
C. de Mariblanca
Matadero Madrid
Legazpi
Paseo del Molino
0
620 m
E
F

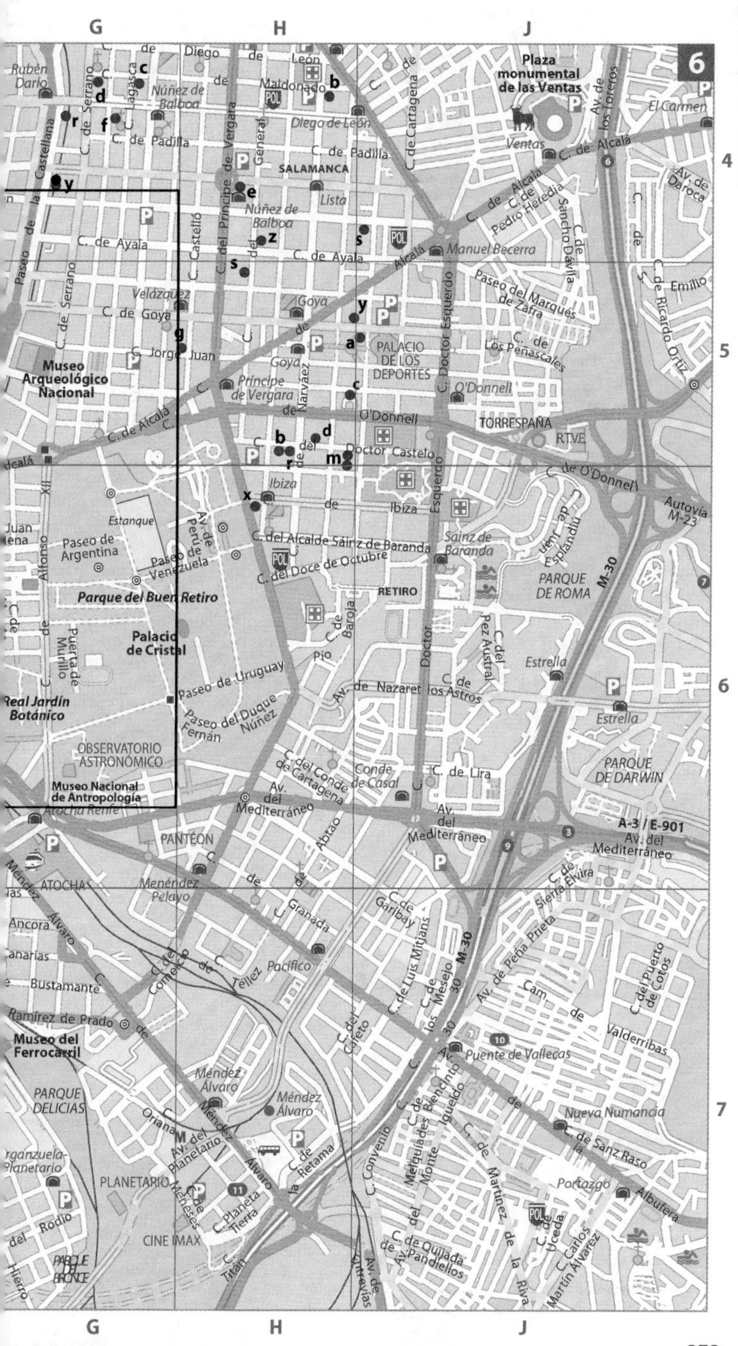
G
H
J
6
4
5
6
7
Plaza monumental de las Ventas
SALAMANCA
Museo Arqueológico Nacional
PALACIO DE LOS DEPORTES
TORRESPAÑA
RETIRO
Parque del Buen Retiro
Palacio de Cristal
Real Jardín Botánico
OBSERVATORIO ASTRONÓMICO
Museo Nacional de Antropología
PARQUE DE ROMA
PARQUE DE DARWIN
PANTEÓN
ATOCHA
Museo del Ferrocarril
PARQUE DELICIAS
PLANETARIO
CINE IMAX
M-30
A-3 / E-901
Autovía M-23
Paseo de la Castellana
C. de Serrano
C. de Alcalá
C. de Goya
C. de Ayala
C. de Padilla
C. del Príncipe de Vergara
C. Doctor Esquerdo
O'Donnell
C. de Ibiza
C. del Doce de Octubre
Av. del Mediterráneo
Puente de Vallecas
Méndez Álvaro
Nueva Numancia
Portazgo
Estrella
Manuel Becerra
Ventas

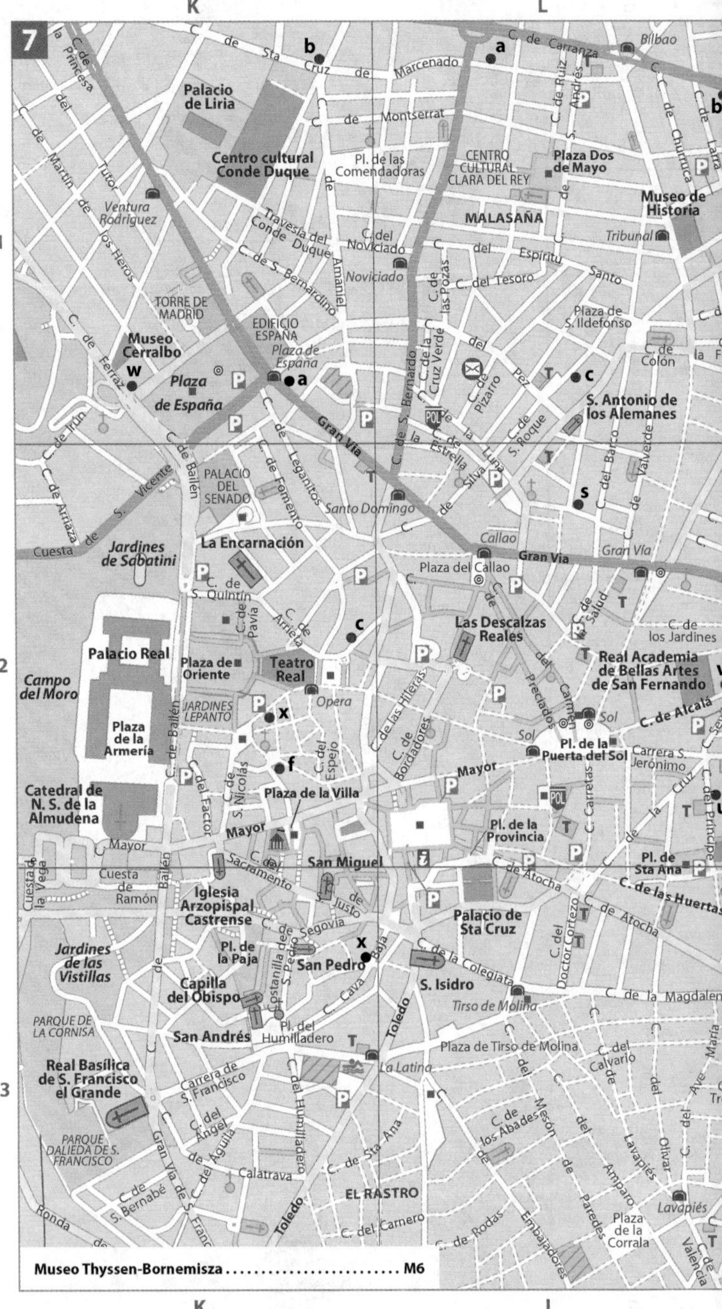
K
L
7
1
2
3
Palacio de Liria
Centro cultural Conde Duque
Pl. de las Comendadoras
CENTRO CULTURAL CLARA DEL REY
Plaza Dos de Mayo
Museo de Historia
MALASAÑA
C. de Sta Cruz de Marcenado
C. de Carranza
Bilbao
C. de Montserrat
C. de la Princesa
C. de Martín de los Heros
Tutor
Ventura Rodríguez
Travesía del Conde Duque
C. de S. Bernardino
Amaniel
C. del Noviciado
Noviciado
C. del Espíritu Santo
C. del Tesoro
C. de las Pozas
Tribunal
Plaza de S. Ildefonso
C. de Colón
TORRE DE MADRID
EDIFICIO ESPAÑA
Plaza de España
Museo Cerralbo
C. de Ferraz
Plaza de España
C. de S. Bernardo
C. de la Cruz Verde
C. del Pez
C. de Pizarro
S. Antonio de los Alemanes
Gran Vía
C. de Leganitos
C. de Fomento
C. de la Estrella
C. de la Luna
C. de Silva
C. de S. Roque
C. del Barco
C. de Valverde
C. de Irún
C. de Arriaza
Cuesta de S. Vicente
C. de Bailén
PALACIO DEL SENADO
Santo Domingo
Callao
Gran Vía
Plaza del Callao
Jardines de Sabatini
La Encarnación
C. de S. Quintín
C. de Pavía
C. de Arrieta
Las Descalzas Reales
C. de la Salud
C. de los Jardines
Real Academia de Bellas Artes de San Fernando
Palacio Real
Plaza de Oriente
Teatro Real
Opera
Campo del Moro
JARDINES LEPANTO
C. de las Hileras
C. de Bordadores
C. del Preciados
C. del Carmen
Sol
C. de Alcalá
Plaza de la Armería
C. del Espejo
C. de S. Nicolás
C. del Factor
Plaza de la Villa
Mayor
Pl. de la Puerta del Sol
Carrera S. Jerónimo
Catedral de N. S. de la Almudena
C. de la Cruz
C. del Príncipe
C. Carretas
Pl. de la Provincia
Mayor
C. del Sacramento
San Miguel
Pl. de Sta Ana
C. de Atocha
C. de las Huertas
Cuesta de la Vega
Cuesta de Ramón
Iglesia Arzopispal Castrense
C. de Segovia
C. de Justo
Palacio de Sta Cruz
Jardines de las Vistillas
Pl. de la Paja
Costanilla de S. Pedro
San Pedro
Cava Baja
C. de la Colegiata
C. del Doctor Cortezo
Capilla del Obispo
S. Isidro
Tirso de Molina
C. de la Magdalena
PARQUE DE LA CORNISA
San Andrés
Pl. del Humilladero
Toledo
Plaza de Tirso de Molina
C. del Calvario
Real Basílica de S. Francisco el Grande
Carrera de S. Francisco
La Latina
C. del Humilladero
C. del Ángel
C. de los Abades
C. del Mesón de Paredes
C. del Amparo
C. de Lavapiés
C. del Olivar
C. del Ave María
PARQUE DALIEDA DE S. FRANCISCO
Gran Vía de S. Francisco
C. del Águila
Calatrava
C. de Sta Ana
EL RASTRO
C. de S. Bernabé
Ronda
Toledo
C. del Carnero
C. de Rodas
Embajadores
Plaza de la Corrala
Lavapiés
C. de Valencia
Museo Thyssen-Bornemisza M6

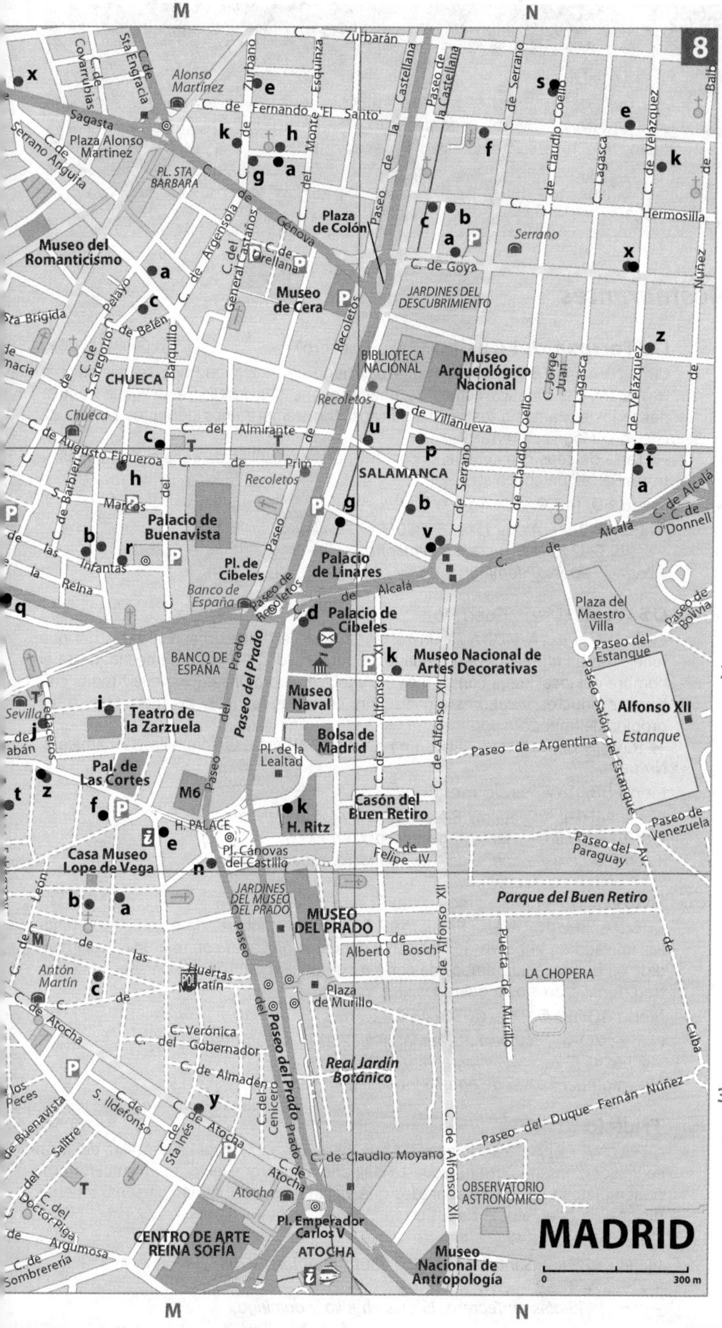

M
N
8
MADRID
Museo del Romanticismo
Museo de Cera
Plaza de Colón
Biblioteca Nacional
Museo Arqueológico Nacional
Chueca
Salamanca
Palacio de Buenavista
Pl. de Cibeles
Palacio de Linares
Banco de España
Palacio de Cibeles
Museo Nacional de Artes Decorativas
Museo Naval
Teatro de la Zarzuela
Bolsa de Madrid
Pl. de la Lealtad
Pal. de Las Cortes
Casón del Buen Retiro
H. Ritz
H. Palace
Pl. Cánovas del Castillo
Casa Museo Lope de Vega
Jardines del Museo del Prado
Museo del Prado
Plaza de Murillo
Real Jardín Botánico
La Chopera
Parque del Buen Retiro
Alfonso XII
Estanque
Plaza del Maestro Villa
Observatorio Astronómico
Centro de Arte Reina Sofía
Pl. Emperador Carlos V
Atocha
Museo Nacional de Antropología
Paseo del Prado
Paseo de Recoletos
Paseo de la Castellana
C. de Alcalá
C. de Serrano
C. de Velázquez
C. de Goya
C. de Génova
C. de Villanueva
C. de Atocha
C. de Alfonso XII
Paseo de Argentina
Paseo Salón del Estanque
Paseo del Duque Fernán Núñez
C. de Claudio Moyano
1
2
3
0
300 m

NOS GUSTA...

Disfrutar del ambiente gastronómico que irradia el popular Mercado de San Miguel, tomar un café bajo la espléndida cúpula Art Nouveau del mítico hotel **The Westin Palace** y sorprender a nuestras parejas con una cena romántica... por ejemplo, en **La Terraza del Casino**. Si lo que buscamos son nuevas sensaciones no tenemos dudas, vamos a **DSTAgE**.

Restaurantes

✿✿ La Terraza del Casino (Paco Roncero)

CREATIVA • ELEGANTE XXXX Marco palaciego del s. XIX que hoy se reivindica a través de una estética actual. Su chef propone una carta creativa que cautiva desde los entrantes a los postres, alcanzando siempre unos perfectos puntos de cocción. ¡Magnífica terraza!

➜ Tarta de ceps con cebolla, bacón al Oporto y costillas de conejo. Gallo, maíz y trufa. Raíces de chocolate.

Menú 69/148 € - Carta 77/92 €

Plano : 7L2-v - *Alcalá 15-3° ✉ 28014 Ⓜ Sevilla*
- *✆ 915 32 12 75 - www.casinodemadrid.es*
- *cerrado agosto, domingo, lunes y festivos*

✿✿ DSTAgE (Diego Guerrero)

CREATIVA • A LA MODA XX Un restaurante de estética urbana e industrial que refleja, en un ambiente desenfadado, la personalidad del chef; de hecho, hasta el nombre del local juega con su filosofía vital. Descubra una cocina que fusiona culturas, productos y sabores tan dispares como los ibéricos, los mexicanos o los propios del mundo nipón.

➜ Raviolis de alubias de Tolosa en infusión de berza. El solomillo del carnicero. NiXpero.

Menú 88/118 € - solo menú

Plano : 8M1-c - *Regueros 8 ✉ 28004 Ⓜ Alonso Martínez*
- *✆ 917 02 15 86 - www.dstageconcept.com*
- *cerrado Semana Santa, del 1 al 15 agosto, sábado y domingo*

Bolívar

COCINA TRADICIONAL • FAMILIAR X Pequeño restaurante de organización familiar ubicado en el barrio de Malasaña, donde se presenta con una única sala dividida en dos espacios, ambos de corte moderno. Excelente trato personal y cocina tradicional a precios moderados.

Menú 30/50 € - Carta 30/45 €

Plano : 7L1-a - *Manuela Malasaña 28 ✉ 28004 Ⓜ San Bernardo*
- *✆ 914 45 12 74 - www.restaurantebolivar.com*
- *cerrado del 1 al 25 de agosto y domingo*

Triciclo

CREATIVA • BISTRÓ X ¡Un negocio que va de boca en boca! La sencillez del local se ve compensada por una apuesta culinaria de cierto nivel, pues en su carta proponen platos muy bien elaborados que viajan de la cocina más personal a la tradicional, la oriental y la de fusión.

Carta aprox. 35 €

Plano : 8M3-c - *Santa María 28 ✉ 28014 Ⓜ Antón Martin*
- *✆ 910 24 47 98 - www.eltriciclo.es*
- *cerrado 15 días en febrero, 15 días en julio y domingo*

Cebo

CREATIVA • DE DISEÑO Un espacio gastronómico moderno y con mucho diseño. Su cocina, osada, creativa y con claras influencias catalanas, delata un notable nivel técnico. ¡El servicio es impecable!

Menú 80 € - Carta 49/66 €

Plano : 8M2-z - *Hotel Urban, Carrera de San Jerónimo 34 ✉ 28014 Ⓜ Sevilla - ✆ 917 87 77 70 - www.cebomadrid.com - cerrado agosto, domingo y lunes*

La Manduca de Azagra

COCINA TRADICIONAL • MINIMALISTA A su privilegiada ubicación se suma un amplio local de estilo minimalista, donde se cuidan muchísimo tanto el diseño como la iluminación. Sencilla cocina de tinte tradicional basada en la calidad de las materias primas.

Carta 35/55 €

Plano : 7L1-b - *Sagasta 14 ✉ 28004 Ⓜ Alonso Martínez - ✆ 915 91 01 12 - www.lamanducadeazagra.com - cerrado agosto, domingo y festivos*

El Barril de las Letras

COCINA TRADICIONAL • SIMPÁTICA ¡Un restaurante de contrastes! Ocupa una antigua casa de piedra que se presenta hoy con el interior totalmente actualizado... eso sí, manteniendo alguna pared en ladrillo visto. Carta tradicional con un buen apartado de pescados y mariscos.

Carta 45/55 €

Plano : 8M3-a - *Cervantes 28 ✉ 28014 Ⓜ Antón Martín - ✆ 911 86 36 32 - www.barrildelasletras.com*

Ex Libris

COCINA TRADICIONAL • ELEGANTE Este restaurante se presenta con un estilo actual bastante cuidado y una original decoración a base de "Ex Libris". Proponen una cocina actual bien elaborada y diversos menús.

Menú 12/50 € - Carta 30/46 €

Plano : 8M2-r - *Infantas 29 ✉ 28004 Ⓜ Chueca - ✆ 915 21 28 28 - www.restauranteexlibris.com - cerrado agosto*

La Candela Restò

CREATIVA • SIMPÁTICA Curioso, original... ¡no le dejará indiferente! En la sala, decorada con sencillez y toques retro, plantean una cocina atrevida que fusiona distintas culturas gastronómicas.

Menú 53/79 € - solo menú

Plano : 7K2-x - *Amnistía 10 ✉ 28013 Ⓜ Ópera - ✆ 911 73 98 88 - www.lacandelaresto.com - cerrado domingo noche, lunes y martes mediodía*

Yugo

JAPONESA • AMBIENTE EXÓTICO Un curiosísimo restaurante japonés decorado con objetos nipones y materiales reciclados. En el sótano cuenta con otra sala, de uso exclusivo para socios, llamada "The Bunker".

Menú 70/100 € - solo menú

Plano : 8M3-y - *San Blas 4 ✉ 28014 Ⓜ Atocha - ✆ 914 44 90 34 - www.yugothebunker.com - cerrado agosto, domingo y lunes*

La Tasquita de Enfrente

COCINA TRADICIONAL • FAMILIAR Íntimo, familiar y con una clientela muy fiel. El chef, que recita los platos de palabra, ofrece una cocina tradicional y de mercado con toques tanto franceses como actuales.

Menú 50/65 € - Carta 50/70 €

Plano : 7L2-s - *Ballesta 6 ✉ 28004 Ⓜ Gran Vía - ✆ 915 32 54 49 (es necesario reservar) - www.latasquitadeenfrente.com - cerrado agosto y domingo*

Entre Suspiro y Suspiro

MEXICANA • SIMPÁTICA Un buen sitio para descubrir la cocina mexicana. Tras su discreta fachada encontraremos un restaurante alegre y colorista, con una barra de apoyo a la entrada y las salas repartidas en dos plantas. ¡Impresionante colección de tequilas!

Carta 28/47 €

Plano : 7K2-c - *Caños del Peral 3 ✉ 28013 Ⓜ Ópera - ✆ 915 42 06 44 - www.entresuspiroysuspiro.com - cerrado domingo*

Al Trapo

MODERNA • A LA MODA Local moderno y luminoso, de sobria decoración actual, que se presenta con las mesas desnudas. Cuentan con el asesoramiento y tutelaje de Paco Morales, un reconocido chef que aquí nos plantea una cocina actual e informal a través de sugerentes denominaciones.

Menú 22 € - Carta 23/40 €

Plano : 8M2-q - *Hotel Las Letras Gran Vía, Caballero de Gracia 11 ✉ 28013 Ⓜ Gran Vía - ✆ 915 24 23 05 - www.altraporestaurante.com - cerrado agosto-9 septiembre, domingo y lunes*

Krachai

TAILANDESA • AMBIENTE ORIENTAL Repartido en dos salas, ambas con una iluminación bastante cuidada y de montaje actual. La carta, de cocina tailandesa, distribuye los platos según su técnica de elaboración.

Menú 14/35 € - Carta 25/52 €

Plano : 8M1-a - *Fernando VI-11 ✉ 28004 Ⓜ Alonso Martínez - ✆ 918 33 65 56 - www.krachai.es - cerrado 20 días en agosto y domingo noche*

La Gastroteca de Santiago

MODERNA • ACOGEDORA Sus dos grandes cristaleras dan paso a un restaurante reducido pero acogedor, con la cocina semivista y un montaje moderno. Carta tradicional con platos actualizados.

Carta 41/65 €

Plano : 7K2-f - *pl. Santiago 1 ✉ 28013 Ⓜ Ópera - ✆ 915 48 07 07 - www.lagastrotecadesantiago.es - cerrado del 15 al 31 de agosto, domingo noche y lunes*

Tiradito

PERUANA • A LA MODA Restaurante joven y desenfadado en el que se apuesta por la cocina 100% peruana, fiel a sus productos y tradiciones. Elaboran ceviches, tiraditos, picoteos, tapas criollas...

Menú 30/65 € - Carta 31/49 €

Plano : 7K1-b - *Conde Duque 13 ✉ 28015 Ⓜ San Bernardo - ✆ 915 41 78 76 - www.tiradito.es - cerrado 7 días en agosto, domingo noche y lunes*

Umiko Ⓝ

JAPONESA • MINIMALISTA Un asiático divertido y diferente, pues aspira a fusionar la cocina nipona tradicional con los sabores madrileños más castizos. ¡Terminan la mayoría de los platos en la barra!

Menú 45/120 € - Carta 34/47 €

Plano : 8M2-i - *Los Madrazo 18 ✉ 28014 Ⓜ Sevilla - ✆ 914 93 87 06 - www.umiko.es - cerrado domingo*

Askuabarra Ⓝ

DE MERCADO • RÚSTICA Llevado por dos hermanos que han mamado la profesión, de ahí el valor que dan a usar productos de calidad. Cocina de mercado actualizada y una especialidad, el Steak tartare.

Carta 15/81 €

Plano : 8M2-j - *Arlabán 7 ✉ 28014 Ⓜ Sevilla - ✆ 915 93 75 07 - www.askuabarra.com - cerrado 2 semanas en agosto, domingo noche y lunes*

Zerain

VASCA • RÚSTICA ¡Una sidrería vasca en pleno Barrio de las Letras! Se distribuye en dos plantas y tiene un ambiente bastante acogedor, con grandes toneles a la vista. Cocina típica de asador.

Menú 32/36 € - Carta 35/55 €

Plano : 8M3-b - *Quevedo 3 ✉ 28014 Ⓜ Antón Martín - ✆ 914 29 79 09 - www.restaurante-vasco-zerain-sidreria.es - cerrado agosto y domingo noche*

Arce

CLÁSICA • AMBIENTE CLÁSICO Una casa de organización familiar que denota buen hacer, pues plantean una cocina clásica de producto y sabor. Amplia carta, menús y la posibilidad de tomar medias raciones.

Menú 30/70 € - Carta 45/65 €

Plano : 8M2-h - *Augusto Figueroa 32 ✉ 28004 Ⓜ Chueca - ✆ 915 22 04 40 - www.restaurantearce.com - cerrado del 17 al 25 de abril, 15 días en agosto, lunes y martes*

La T Gastrobar

MODERNA • A LA MODA Acogedor, versátil, informal... y con dos ambientes bien diferenciados, ambos muy cuidados y uno de ellos con la cocina vista. Buen producto y finura en las elaboraciones.

Menú 25 € - Carta 31/46 €

Plano : 7L1-c - *Molino del Viento 4 ✉ 28004 Ⓜ Noviciado - ✆ 915 31 14 06 - www.latgastrobar.com - cerrado del 10 al 20 de agosto*

Chuka Ramen Bar

JAPONESA • AMBIENTE ORIENTAL ¿Conoce la versión japonesa de la cocina china? Aquí ofrecen la fusión culinaria entre ambas culturas, con platos míticos como el Ramen y alguna propuesta mucho más callejera.

Menú 20 € - Carta 25/35 €

Plano : 8M2-t - *Echegaray 9 ✉ 28014 Ⓜ Sevilla - ✆ 640 65 13 46 - www.chukaramenbar.com - solo cena salvo viernes y sábado - cerrado agosto, domingo y lunes*

Estado Puro

MODERNA • DE DISEÑO Un gastrobar de diseño moderno en un emplazamiento de lujo, entre museos y pinacotecas. Su carta aúna las tapas, tostas y raciones con la adaptación de platos de alta cocina.

Tapa 4 € - Ración aprox. 13 €

Plano : 8M2-n - *pl. Cánovas del Castillo 4 ✉ 28014 Ⓜ Banco de España - ✆ 917 79 30 36 - www.tapasenestadopuro.com*

Bocaito

COCINA TRADICIONAL • MARCO REGIONAL Se reparte entre dos locales comunicados entre sí y ofrece cuatro salas, todas de aire rústico-castellano aunque con detalles taurinos en su decoración. Cocina tradicional.

Tapa 4 € - Ración aprox. 10 €

Plano : 8M2-b - *Libertad 6 ✉ 28004 Ⓜ Chueca - ✆ 915 32 12 19 - www.bocaito.com - cerrado agosto y domingo noche*

Prada a Tope

COCINA TRADICIONAL • RÚSTICA Fiel a las directrices estéticas de la cadena. Presenta una barra y varias mesas desnudas, decorando la sala con mucha madera, fotos antiguas y productos típicos de El Bierzo.

Tapa 5 € - Ración aprox. 12 €

Plano : 7L2-u - *Príncipe 11 ✉ 28012 Ⓜ Sevilla - ✆ 914 29 59 21 - www.pradaatope.es - cerrado 31 julio-14 agosto*

Celso y Manolo

COCINA TRADICIONAL • DE BARRIO Un local de carácter joven e informal que recupera el espacio de una antigua taberna. Amplia carta a base de raciones donde apuestan por los productos naturales y ecológicos.

Ración aprox. 10 €

Plano : 8M2-b - *Libertad 1* ✉ *28004* Ⓜ *Gran Vía* - *℘ 915 31 80 79*
- *www.celsoymanolo.es*

Alojamientos

The Westin Palace

LUJO • CLÁSICA Elegante edificio de carácter histórico, un auténtico símbolo de la Belle Époque. Presenta una admirable zona social, bajo una bóveda acristalada de estética Art Nouveau, y magníficas habitaciones, todas de exquisita línea clásica. En el restaurante La Rotonda podrá degustar una cocina de tinte internacional.

467 hab - †850/930 € ††850/930 € - ☕ 35 €

Plano : 8M2-e - *pl. de las Cortes 7* ✉ *28014* Ⓜ *Sevilla* - *℘ 913 60 80 00*
- *www.westin.com*

Villa Real

CADENA HOTELERA • PERSONALIZADA Sorprende, pues atesora una valiosa colección de arte griego y romano en todas sus dependencias. Las confortables habitaciones poseen atractivos detalles y mobiliario en caoba. El restaurante, decorado con litografías de Andy Warhol, muestra un carácter informal y una cocina tradicional con tintes actuales.

115 hab - ††130/475 € - ☕ 23 €

Plano : 8M2-f - *pl. de las Cortes 10* ✉ *28014* Ⓜ *Sevilla* - *℘ 914 20 37 67*
- *www.hotelvillareal.com*

Urban

CADENA HOTELERA • DE DISEÑO Hotel de vanguardia definido por la calidad de sus materiales, con atractivos juegos de luces y obras de arte tanto en las zonas sociales como en las salas de reuniones. Ofrece unas habitaciones muy detallistas de línea clásica-actual.

96 hab - ††199/600 € - ☕ 26 €

Plano : 8M2-z - *Carrera de San Jerónimo 34* ✉ *28014* Ⓜ *Sevilla* - *℘ 917 87 77 70*
- *www.hotelurban.com*

Cebo - ver selección restaurantes

Las Letras Gran Vía

NEGOCIOS • CLÁSICA Edificio restaurado que sorprende por su interior, actual y colorista. Tiene habitaciones de diseño muy neoyorquino, con una iluminación intimista y curiosos poemas en las paredes. Su restaurante está casi unido al lounge-bar, donde suelen pinchar música.

109 hab - ††125/365 € - ☕ 18 €

Plano : 8M2-q - *Gran Vía 13* ✉ *28013* Ⓜ *Gran Vía* - *℘ 915 23 79 80*
- *www.iberostar.com*

Al Trapo - ver selección restaurantes

Only You H. Madrid

NEGOCIOS • DE DISEÑO Encantador hotel ubicado en el corazón de Chueca, en un palacio rehabilitado del s. XIX que hoy se muestra moderno y con mil detalles tras una profunda labor de interiorismo. Acogedoras zonas sociales, habitaciones muy bien equipadas y un correcto restaurante.

120 hab - †170/310 € ††220/360 € - ☕ 22 €

Plano : 8M1-c - *Barquillo 21* ✉ *28004* Ⓜ *Chueca* - *℘ 910 05 22 22*
- *www.onlyyouhotels.com*

Dear H.

BOUTIQUE HOTEL • CLÁSICA Recupera un edificio neoclásico y destaca por su fantástico emplazamiento, en pleno "Broadway" madrileño. Encontrará confortables habitaciones de línea clásica, una oferta culinaria orientada a la fusión y, sobre todo, unas maravillosas vistas desde la azotea.

162 hab – 110/250 € – 19 €

Plano : 7K1-a – *Gran Vía 80 28013 Plaza de España – 914 12 32 00 – www.dearhotelmadrid.com*

Posada del Dragón

HISTÓRICO • DE DISEÑO Esta es una de las fondas más antiguas de la villa, sin embargo, ahora se presenta como un hotel vanguardista que solo conserva del pasado su estructura y la corrala del s. XIX. El restaurante, que funciona a modo de show-cooking, ocupa el espacio que un día habitó la jabonería La Antoñita, de ahí su nombre.

27 hab – 79/219 € 89/239 € – 12 €

Plano : 7K3-x – *Cava Baja 14 28005 La Latina – 911 19 14 24 – www.posadadeldragon.com*

RETIRO, SALAMANCA

NOS GUSTA...

Tomar el famoso brunch que los domingos ofrecen en el restaurante Goya, del hotel **Ritz**, y disfrutar de su maravilloso jardín. Dar un paseo por el Parque de El Retiro y tomar unas tapas en los bares de su entorno. Visitar Platea, el sorprendente espacio gastronómico donde se encuentra **Arriba**, y comer en **Palacio Cibeles** para asomarnos a su increíble terraza.

Restaurantes

Ramón Freixa Madrid

CREATIVA • DE DISEÑO De estética moderna, con pocas mesas y precedido por una agradable terraza de verano. De sus fogones surge una cocina de autor que sorprende por sus elaboraciones, coherentes, muy bien presentadas y con productos de excelente calidad.

→ Guisantes lágrima con gamba de Palamós. Cochinillo asado, majado de algas, aceitunas y habitas. Tapón de taninos, frutos salteados y especiados.

Menú 95/165 € – Carta 103/130 €

Plano : 8N1-s – *Hotel Único Madrid, Claudio Coello 67 28001 Serrano – 917 81 82 62 – www.ramonfreixamadrid.com – cerrado Navidades, Semana Santa, agosto, domingo, lunes y festivos*

Kabuki Wellington (Ricardo Sanz)

JAPONESA • DE DISEÑO ¡El más emblemático del grupo! Presenta una gran sala de línea actual en dos alturas, con una barra de sushi y detalles de diseño. Su cocina japonesa, elaborada con productos de la mejor calidad, se completa con una exclusiva carta de sake.

→ Sashimi Wellington. Costillas de wagyu. Texturas de chocolate.

Menú 93/200 € – Carta 80/128 €

Plano : 8N2-a – *Hotel Wellington, Velázquez 6 28001 Retiro – 915 77 78 77 – www.restaurantekabuki.com – cerrado Semana Santa, del 1 al 21 de agosto, sábado mediodía, domingo y festivos*

Punto MX (Roberto Ruiz)

MEXICANA • MINIMALISTA XX Mexicano, pero... ¡ajeno al tipismo! Sorprende tanto por su modernidad, con un "mezcal bar" a la entrada, como por su gastronomía, pues aquí las recetas tradicionales se elaboran con técnicas actuales, adaptándose al paladar local y con una interesante combinación de productos aztecas e ibéricos. Reserve con tiempo.

→ Carabinero. Pargo zarandeado a la brasa. Crêpes de cajeta.

Carta 35/60 €

Plano : 6H4-z - *General Pardiñas 40 ✉ 28001 Ⓜ Goya - ☎ 914 02 22 26 (es necesario reservar) - www.puntomx.es - cerrado 23 diciembre-4 enero, Semana Santa, 15 días en agosto, domingo y lunes*

Álbora

MODERNA • DE DISEÑO XX Atractivo marco de ambiente moderno claramente dividido en dos espacios, el gastrobar de la planta baja y el restaurante gastronómico del piso superior. Aquí encontrará una cocina de gran nivel en la que se apuesta por los productos de temporada, permitiendo en algunos casos degustar los platos en medias raciones.

→ Yema de huevo avainillada con boletus edulis confitados. Rodaballo salvaje con espuma de bloody mary. Torrija al estilo Álbora.

Menú 54/74 € - Carta 49/74 €

Plano : 8N1-z - *Jorge Juan 33 ✉ 28001 Ⓜ Velázquez - ☎ 917 81 61 97 - www.restaurantealbora.com - cerrado del 7 al 27 de agosto y domingo*

Arriba

COCINA TRADICIONAL • DE DISEÑO XX Tremendamente singular, pues Platea Madrid es un antiguo cine transformado en un espacio gastronómico. El restaurante, ubicado en el primer anfiteatro, escalonado y abierto a toda la animación del recinto, ofrece una divertida cocina tradicional y de mercado.

Carta aprox. 35 €

Plano : 8N1-a - *Goya 5 (Platea Madrid) ✉ 28001 Ⓜ Serrano - ☎ 912 19 23 05 - www.restaurantearriba.com*

La Maruca

COCINA TRADICIONAL • A LA MODA X Un restaurante alegre, desenfadado y de línea actual. Apuestan por una cocina tradicional de buen nivel, con predominio de los platos cántabros que marcan sus raíces y una clara premisa: ¡ser asequibles para todo el mundo!

Carta 24/41 €

Plano : 8N1-k - *Velázquez 54 ✉ 28001 Ⓜ Velázquez - ☎ 917 81 49 69 - www.restaurantelamaruca.com*

La Montería

COCINA TRADICIONAL • SENCILLA X Este negocio familiar se presenta hoy con un bar y un íntimo comedor, ambos espacios de línea actual. Su chef propone una cocina tradicional actualizada que siempre aborda algún plato de caza. ¡No se marche sin probar sus Monterías (mejillones rellenos)!

Menú 42 € - Carta 25/39 €

Plano : 6H5-b - *Lope de Rueda 35 ✉ 28009 Ⓜ Ibiza - ☎ 915 74 18 12 - www.lamonteria.es - cerrado domingo noche*

La Castela

COCINA TRADICIONAL • AMBIENTE TRADICIONAL X Da continuidad a las históricas tabernas madrileñas, con un concurrido bar para el tapeo a la entrada. En su sencilla sala de ambiente clásico podrá degustar una cocina de tinte tradicional.

Carta 33/45 €

Plano : 6H5-r - *Doctor Castelo 22 ✉ 28009 Ⓜ Ibiza - ☎ 915 74 00 15 - www.lacastela.com - cerrado agosto y domingo noche*

Tepic

MEXICANA • RÚSTICA Un mexicano con carácter propio, pues presenta un espacio de estilo rústico-actual definido por la profusión de madera vista y el dominio de los tonos blancos. Encontrará cocina autóctona de calidad y una interesante carta de cervezas, tequilas, mezcales...

Carta 26/40 €

Plano : 8N1-f - *Ayala 14 ✉ 28001 Ⓜ Goya - ✆ 915 22 08 50 - www.tepic.es*

La Tasquería Ⓝ

ESPAÑOLA • BISTRÓ ¡He aquí una tasca de nueva generación! Combina la estética más urbana e industrial con la elaboración de platos modernos y sumamente cuidados... eso sí, muchos a base de casquería fina (ternera, cordero, cerdo) y en formato de medias raciones.

Menú 32 € - Carta 20/36 €

Plano : 6H5-c - *Duque de Sesto 48 ✉ 28009 Ⓜ Goya - ✆ 914 51 10 00 - www.latasqueria.com - cerrado 10 días en enero, 21 días en agosto, domingo noche y lunes*

Goizeko Wellington

MODERNA • AMBIENTE CLÁSICO Disfruta de un comedor clásico-moderno y dos privados, todo de exquisito montaje. Su carta, que fusiona la cocina tradicional, la internacional y la creativa, se ha visto también enriquecida con varios platos de origen nipón.

Menú 65/69 € - Carta 55/75 €

Plano : 8N1-2-t - *Hotel Wellington, Villanueva 34 ✉ 28001 Ⓜ Retiro - ✆ 915 77 01 38 - www.goizekogaztelupe.com - cerrado domingo*

Palacio Cibeles

COCINA TRADICIONAL • MARCO CONTEMPORÁNEO Disfruta de un maravilloso emplazamiento, pues ocupa la 6ª planta del emblemático edificio del Ayuntamiento. Ofrece una sala de línea moderna, dos coquetas terrazas para comidas y copas, así como una cocina elaborada de gusto tradicional.

Menú 50 € - Carta 60/80 €

Plano : 8M2-d - *pl. de Cibeles 1-6º ✉ 28014 Ⓜ Banco de España - ✆ 915 23 14 54 - www.adolfo-palaciodecibeles.com*

A & G

PERUANA • MINIMALISTA Un restaurante de estética urbana. Ofrecen una cocina peruana con toques Nikkey y varios platos de referencia, como el Ají de gallina, el Ceviche del amor, el Beso de moza...

Menú 45/69 € - Carta 46/65 €

Plano : 8N1-e - *Ayala 27 ✉ 28001 Ⓜ Goya - ✆ 917 02 62 62 - www.aygmadrid.com - cerrado domingo*

Sanxenxo

PESCADOS Y MARISCOS • AMBIENTE CLÁSICO ¡Todo un clásico! Presenta unas magníficas instalaciones dominadas por la presencia de materias nobles, como el granito o la madera, y amplias salas repartidas en dos plantas. Cocina tradicional gallega, con pescados y mariscos de calidad.

Carta 45/65 €

Plano : 6H4-e - *José Ortega y Gasset 40 ✉ 28006 Ⓜ Núñez de Balboa - ✆ 915 77 82 72 - www.sanxenxo.com.es - cerrado Semana Santa, 15 días en agosto y domingo noche*

Alabaster

MODERNA • A LA MODA Atesora un gastrobar y un interior actual, con detalles de diseño, dominado por los tonos blancos. Cocina tradicional actualizada con devoción por los productos gallegos.

Menú 50/70 € - Carta 46/64 €

Plano : 8N2-k - *Montalbán 9 ✉ 28014 Ⓜ Retiro - ✆ 915 12 11 31 - www.restaurantealabaster.com - cerrado Semana Santa, 21 días en agosto y domingo*

Tsé Yang

CHINA • AMBIENTE ORIENTAL XXX ¿Conoce las peculiaridades de la auténtica gastronomía cantonesa? En este restaurante, de elegante montaje asiático, podrá rendirse ante la fama de unos sabores ya milenarios.

Menú 36/63 € - Carta 45/65 €

Plano : 6G4-y - *Hotel Villa Magna, paseo de la Castellana 22 ✉ 28046 Ⓜ Rubén Darío - ☎ 914 31 18 18 - www.cafesaigon.es*

Ramsés

COCINA TRADICIONAL • DE DISEÑO XX Un establecimiento de carácter polivalente y puro diseño, pues sus diferentes espacios, tanto gastronómicos como para copas y eventos, han sido decorados por el famoso interiorista Philippe Starck. Cocina de gran nivel en concepto y técnica.

Carta 45/55 €

Plano : 8N2-v - *pl. de La Independencia 4 ✉ 28001 Ⓜ Retiro - ☎ 914 35 16 66 - www.ramseslife.com - cerrado lunes noche*

La Paloma

CLÁSICA • AMBIENTE CLÁSICO XX Una casa de ambiente íntimo y organización profesional. En su amplia carta conviven platos clásicos y tradicionales, así como un apartado de sugerencias y menús. Son emblemáticos sus Erizos de mar, el Carpaccio de foie, el Pichón relleno...

Menú 45 € - Carta 47/79 €

Plano : 6GH5-g - *Jorge Juan 39 ✉ 28001 Ⓜ Príncipe de Vergara - ☎ 915 76 86 92 - www.lapalomarestaurante.es - cerrado Semana Santa, agosto, domingo y festivos*

El 38 de Larumbe

MODERNA • AMBIENTE CLÁSICO XX Ofrece dos espacios gastronómicos bien diferenciados, uno tipo gastrobar y otro de superior montaje para la carta. Cocina tradicional actualizada con opción a medias raciones.

Menú 57 € - Carta 45/56 €

Plano : 6G4-r - *paseo de la Castellana 38 ✉ 28006 Ⓜ Rubén Darío - ☎ 915 75 11 12 - www.larumbe.com - cerrado 15 días en agosto, domingo noche y festivos noche*

Caray

COCINA TRADICIONAL • ELEGANTE XX Atractivo, elegante, ecléctico... ¡sorprende tras una ardua labor de interiorismo! Cocina tradicional actualizada y vinos de gran nivel, tanto nacionales como extranjeros.

Menú 25 € - Carta 45/56 €

Plano : 8N1-c - *Hermosilla 2 ✉ 28001 Ⓜ Colón - ☎ 914 85 78 01 - www.caraymadrid.com*

O grelo

GALLEGA • AMBIENTE CLÁSICO XX Conozca las excelencias de la cocina gallega tradicional, con gran variedad de pescados y mariscos. Se han ido renovando y actualmente ofrecen un aspecto moderno, con un gastrobar que les funciona bastante bien, una sala y tres privados.

Carta 40/65 €

Plano : 6H5-6-m - *Menorca 39 ✉ 28009 Ⓜ Ibiza - ☎ 914 09 72 04 - www.restauranteogrelo.com - cerrado domingo noche*

Maldonado 14

COCINA TRADICIONAL • AMBIENTE CLÁSICO XX Presenta una única sala repartida en dos niveles, ambos con una decoración clásica y los suelos en madera. Proponen una carta tradicional de temporada y producto, así como sabrosos postres caseros. ¡No se pierda su famosa Tarta de manzana!

Carta 33/61 €

Plano : 6G4-c - *Maldonado 14 ✉ 28006 Ⓜ Núñez de Balboa - ☎ 914 35 50 45 - www.maldonado14.com - cerrado Semana Santa, del 1 al 23 de agosto, domingo y festivos noche*

PARA TODOS OS QUE FAZEM COM QUE SEJA TÃO DELICIOSO COMO PARECE.
Na Makro descobrirá uma incrível variedade de serviços e produtos para ajudar no dia a dia do seu restaurante.
tu & makro
www.makro.pt

99 sushi bar

JAPONESA • MINIMALISTA XX Perfecto para descubrir los sabores y texturas de la cocina nipona. Posee una pequeña barra en la que elaboran Sushi a la vista del cliente, una atractiva bodega acristalada y una sala de corte moderno con el típico montaje japonés.

Menú 80 € - Carta 40/107 €

Plano : 8N1-b - *Hermosilla 4 ✉ 28001 Ⓜ Serrano*
- *✆ 914 31 27 15 - www.99sushibar.com*
- *cerrado del 1 al 24 de agosto, sábado mediodía, domingo y festivos*

Ponteareas

GALLEGA • MARCO CONTEMPORÁNEO XX Presume de una estética bastante moderna, con una zona de tapeo y un atractivo comedor asomado a un jardín. Cocina tradicional de raíces gallegas y pescados de calidad.

Menú 60 € - Carta 39/57 €

Plano : 6G4-f - *Claudio Coello 96 ✉ 28005 Ⓜ Núñez de Balboa*
- *✆ 915 75 58 73 - www.grupoportonovo.es*
- *cerrado del 10 al 29 de agosto, domingo noche y festivos noche*

Esbardos

ASTURIANA • AMBIENTE TRADICIONAL XX Toma su nombre de un vocablo "astur" que significa osezno, algo apropiado si tenemos en cuenta que sus propietarios tienen otro restaurante llamado El Oso. Cocina asturiana basada en la excelencia del producto y en los guisos tradicionales.

Menú 44/60 € - Carta 35/55 €

Plano : 6G4-d - *Maldonado 4 ✉ 28006 Ⓜ Núñez de Balboa*
- *✆ 914 35 08 68 - www.restauranteesbardos.com*
- *cerrado Semana Santa, agosto y domingo noche*

niMú

MODERNA • DE DISEÑO XX Un restaurante tipo bistró que no le dejará indiferente, pues el interiorista Pascua Ortega ha sabido dotarlo de encanto y personalidad. Carta actual con opción de raciones.

Carta 25/52 €

Plano : 8N1-x - *Hotel Adler, Goya 31 ✉ 28001 Ⓜ Velázquez*
- *✆ 914 26 32 25 - www.nimubistro.com*
- *cerrado agosto*

El Gran Barril

PESCADOS Y MARISCOS • AMBIENTE TRADICIONAL XX Negocio de confortables instalaciones con la fachada acristalada. Presenta un bar público y varias salas de línea moderna, la de mayor capacidad junto al vivero en el nivel inferior. Ofrecen arroces, pescados y mariscos de gran calidad.

Carta 45/75 €

Plano : 6HJ5-y - *Goya 107 ✉ 28009 Ⓜ Goya*
- *✆ 914 31 22 10 - www.elgranbarril.com*

Gerardo

COCINA TRADICIONAL • AMBIENTE TRADICIONAL XX Posee una especie de gastrobar con la parrilla vista, un privado y un comedor clásico que destaca por sus vistas a un patio ajardinado. Su carta tradicional se enriquece con unas buenas carnes a la brasa, pulpo y verduras en temporada.

Carta 40/65 €

Plano : 6HJ4-s - *D. Ramón de la Cruz 86 ✉ 28006 Ⓜ Manuel Becerra*
- *✆ 914 01 89 46 - www.restaurantegerardo.com*

Cañadío

COCINA TRADICIONAL • SENCILLA XX Si conoce Santander le sonará, pues su nombre nos traslada a una de sus plazas más famosas y a la casa madre de este negocio. Ofrece una barra-cafetería pensada para tapear, dos salas de línea actual y una cocina tradicional bien elaborada.

Menú 10/55 € - Carta 31/53 €

Plano : 6H4-b - *Conde Peñalver 86 ✉ 28005 Ⓜ Diego de León - ✆ 912 81 91 92 - www.restaurantecanadio.com - cerrado agosto y domingo noche*

La Hoja

ASTURIANA • AMBIENTE TRADICIONAL XX ¡Un referente de la cocina asturiana en Madrid! Ofrece dos salones de recargada decoración y otro dedicado a la caza, este último polivalente. Guisos, fabes, verdinas, platos de caza, pollos de su propia granja... todo sabroso y abundante.

Carta 45/60 €

Plano : 6H5-6-m - *Doctor Castelo 48 ✉ 28009 Ⓜ O'Donnell - ✆ 914 09 25 22 - www.lahoja.es - cerrado agosto, domingo noche y lunes*

Kena Ⓝ

PERUANA • MARCO CONTEMPORÁNEO XX En este local, subdividido en tres zonas de estética actual, podrá asistir a la evolución de la cocina nikkei, la que fusiona las maneras japonesas con los sabores de Perú.

Menú 42/75 € - Carta 50/80 €

Plano : 4G3-d - *Diego de León 11 ✉ 28006 Ⓜ Núñez de Balboa - ✆ 917 25 96 48 - www.kenadeluisarevalo.com - cerrado del 13 al 21 de agosto y domingo*

BiBo Madrid Ⓝ

MODERNA • BISTRÓ XX ¡La magia del sur! El sorprendente espacio, inspirado en la portada del Real de la Feria de Málaga, se llena de luz para presentar la cocina más informal del chef Dani García.

Carta 45/60 €

Plano : 4G3-e - *paseo de la Castellana 52 ✉ 28006 Ⓜ Gregorio Marañón - ✆ 951 60 70 11 - www.grupodanigarcia.com*

Surtopía

ANDALUZA • TENDENCIA X Local de línea moderna muy bien llevado por el propietario, que se muestra pendiente de todo. Proponen una cocina tradicional andaluza de marcadas influencias gaditanas.

Menú 35/60 € - Carta 33/44 €

Plano : 4H3-z - *Núñez de Balboa 106 ✉ 28006 Ⓜ Núñez de Balboa - ✆ 915 63 03 64 - www.surtopia.es - cerrado Semana Santa, del 7 al 27 de agosto, domingo, lunes noche y martes noche*

Marcano

INTERNACIONAL • SENCILLA X Aquí encontrará una cocina de sabores bien definidos, con platos tradicionales de cuchara y otros de gusto internacional, estos últimos de origen tanto europeo como asiático.

Carta 40/67 €

Plano : 6H5-d - *Doctor Castelo 31 ✉ 28009 Ⓜ Ibiza - ✆ 914 09 36 42 - www.restaurantemarcano.com - cerrado Semana Santa, 7 días en agosto y domingo salvo diciembre*

Pelotari

VASCA • RÚSTICA X Clásico asador vasco llevado por sus propietarios, uno en sala y el otro en cocina. Posee cuatro comedores de estilo clásico regional, dos de ellos convertibles en privados.

Carta 40/55 €

Plano : 8N1-u - *Recoletos 3 ✉ 28001 Ⓜ Colón - ✆ 915 78 24 97 - www.pelotari-asador.com - cerrado domingo*

Dokidoki

JAPONESA • MINIMALISTA ¡Sencillez y diseño! Su chef, apasionado de la gastronomía japonesa, propone una carta con dos variantes: los platos nipones tradicionales y los adaptados al gusto europeo.

Menú 15 € - Carta 40/54 €

Plano : 8N2-b - *Villalar 4 ✉ 28001 Ⓜ Retiro*
- ✆ 917 79 36 49 - www.restaurantedokidoki.es
- cerrado Semana Santa, 15 días en agosto, domingo noche y lunes

Kulto Ⓝ

MODERNA • SIMPÁTICA Simpático, moderno, luminoso... ¡y a un paso del Retiro! Ofrece unas elaboraciones de gusto actual, asociadas tanto al producto de mercado como a la fusión con otras culturas.

Menú 60/75 € - Carta 40/60 €

Plano : 6H6-x - *Ibiza 4 ✉ 28009 Ⓜ Ibiza*
- ✆ 911 73 30 53 - www.kulto.es - cerrado martes

Flavia Ⓝ

ITALIANA • AMBIENTE MEDITERRÁNEO Moderna "trattoria" de estilo urbano distribuida en varias alturas. Ofrecen una buena cocina clásica italiana, siempre en base a productos originales del país transalpino.

Menú 17 € - Carta 27/48 €

Plano : 8N1-p - *Gil de Santivañes 2 ✉ 28001 Ⓜ Colón*
- ✆ 914 93 90 51 - www.flaviamadrid.com

SQD Ⓝ

CARNES • BISTRÓ Moderno bistró ubicado junto al Museo Arqueológico Nacional. Su especialidad son las carnes de vacuno al corte, traídas de Galicia o Francia y... ¡en algunos casos maduradas!

Menú 20/50 € - Carta 50/75 €

Plano : 8N1-l - *Villanueva 2 ✉ 28001 Ⓜ Banco de España*
- ✆ 914 35 30 77 - www.sqd.es - cerrado del 1 al 21 de agosto, domingo noche y lunes noche

Tasca La Farmacia

COCINA TRADICIONAL • ACOGEDORA Atesora una estética tradicional, destacando por su bellísima barra azulejada con motivos nobiliarios. ¡No deje de probar las raciones y tostas de Zancarrón ni su Bacalao!

Tapa 4,50 € - Ración aprox. 8 €

Plano : 4G3-s - *Diego de León 9 ✉ 28006 Ⓜ Núñez de Balboa*
- ✆ 915 64 86 52 - www.asadordearanda.com - cerrado del 15 al 28 de agosto y domingo

El Barril de Goya

PESCADOS Y MARISCOS • BAR DE TAPAS Una marisquería de referencia gracias a sus extraordinarias materias primas, tanto en lo que respecta a los productos del mar como a su maravilloso jamón cortado a cuchillo.

Tapa 6 € - Ración aprox. 14 €

Plano : 6HJ5-a - *Goya 86 ✉ 28009 Ⓜ Goya - ✆ 915 78 39 98*
- www.elbarrildegoya.com - cerrado domingo noche

Taberna de la Daniela

COCINA TRADICIONAL • TABERNA Taberna típica del barrio de Salamanca, con la fachada azulejada y varios comedores para degustar sus tapas y raciones. ¡Son famosos por su Cocido madrileño en tres vuelcos!

Tapa 6 € - Ración aprox. 14 €

Plano : 6H5-s - *General Pardiñas 21 ✉ 28001 Ⓜ Goya*
- ✆ 915 75 23 29 - www.tabernadeladaniela.com

Alojamientos

Ritz

GRAN LUJO • ELEGANTE Hotel de prestigio internacional ubicado en un palacete de principios del s. XX. Atesora bellísimos espacios y habitaciones de suntuosa decoración. En el restaurante Goya, con personalidad propia, encontrará una cocina bien elaborada de concepción clásica.

137 hab – ††275/620 € – 35 € – 30 suites

Plano : 8M2-k – *pl. de la Lealtad 5 ✉ 28014 Ⓜ Banco de España – ☎ 917 01 67 67 – www.mandarinoriental.com*

Villa Magna

LUJO • CLÁSICA Este magnífico hotel exhibe una zona social de elegante línea clásica y varios tipos de habitaciones, destacando las suites de la última planta por su terraza. La sugerente oferta culinaria, que incluye comidas tipo lunch, se enriquece con un restaurante gastronómico y otro dedicado a la cocina cantonesa-oriental.

120 hab – †400/650 € ††650/710 € – 42 € – 30 suites

Plano : 6G4-y – *paseo de la Castellana 22 ✉ 28046 Ⓜ Rubén Darío – ☎ 915 87 12 34 – www.hotelvillamagna.es*

Tsé Yang – ver selección restaurantes

Wellington

LUJO • CLÁSICA Lujo y tradición se alían en un hotel realmente emblemático... no en vano, es aquí donde muchos toreros se alojan durante la Feria de San Isidro. Presenta unas instalaciones de línea clásica-elegante, con un concurrido bar de ambiente inglés y habitaciones de completo equipamiento.

250 hab – ††176/360 € – 30 € – 26 suites

Plano : 8N1-2-t – *Velázquez 8 ✉ 28001 Ⓜ Retiro – ☎ 915 75 44 00 – www.hotel-wellington.com*

✿ **Kabuki Wellington** • **Goizeko Wellington** – ver selección restaurantes

Adler

LUJO • ELEGANTE Resulta exclusivo y selecto, recreando su elegante interior con materiales de gran calidad. Debemos destacar sus confortables habitaciones, todas con un equipamiento al más alto nivel. Pequeño bar de ambiente inglés y restaurante con carácter propio.

44 hab – ††200/495 € – 27 € – 2 suites

Plano : 8N1-x – *Velázquez 33 ✉ 28001 Ⓜ Velázquez – ☎ 914 26 32 20 – www.hoteladler.es*

niMú – ver selección restaurantes

Único Madrid

LUJO • CONTEMPORÁNEA Tras su atractiva fachada clásica encontrará un hall de diseño, una elegante zona social con varias salitas y confortables habitaciones, todas con elementos clásicos y vanguardistas. ¡Servicio de coches con chofer para visitar la ciudad!

43 hab – †210 € ††390 € – 28 € – 1 suite

Plano : 8N1-s – *Claudio Coello 67 ✉ 28001 Ⓜ Serrano – ☎ 917 81 01 73 – www.unicohotelmadrid.com – cerrado del 7 al 27 de agosto*

✿✿ **Ramón Freixa Madrid** – ver selección restaurantes

Hospes Madrid

LUJO • CONTEMPORÁNEA Ocupa un edificio que data de 1883, con la recepción en el paso de carruajes, dos salas de reuniones y unas modernas habitaciones, muchas asomadas a la Puerta de Alcalá. El restaurante, de montaje individual y carácter informal, basa su oferta en una carta de raciones y tapas, con un menú del día.

42 hab – ††175/650 € – 28 € – 5 suites

Plano : 8N2-v – *pl. de la Independencia 3 ✉ 28001 Ⓜ Retiro – ☎ 914 32 29 11 – www.hospes.com*

One Shot Recoletos 04

NEGOCIOS • CONTEMPORÁNEA Un hotelito desenfadado donde se juega con lo antiguo y lo nuevo. Las habitaciones, algo pequeñas y funcionales, se visten con fotografías de jóvenes artistas contemporáneos.

61 hab - 159/300 € 179/350 €

Plano : 8M2-g - *Salustiano Olózaga 4 ✉ 28001 Ⓜ Banco de España - ✆ 911 82 00 70 - www.oneshothotels.com*

ARGANZUELA, CARABANCHEL, VILLAVERDE

NOS GUSTA...

Ver el bellísimo jardín tropical de la Estación de Atocha y dar una vuelta por las rehabilitadas riberas de Madrid Río, el fantástico parque peatonal que acompaña al río Manzanares tras el soterramiento de la vía de circunvalación M-30.

Restaurantes

Aynaelda

MEDITERRÁNEA • RÚSTICA Disfruta de una amplia terraza, un bar y dos salas de adecuado montaje, una por planta. Aquí encontrará una carta tradicional especializada en arroces, no en vano entre secos, melosos y caldosos proponen hasta 30 variedades. ¡Buenos menús!

Menú 11/50 € - Carta 33/54 €

Plano : 1A3-b - *Los Yébenes 38 ✉ 28047 Ⓜ Laguna - ✆ 917 10 10 51 - www.aynaelda.com - cerrado domingo noche*

Los Cigarrales

COCINA TRADICIONAL • AMBIENTE TRADICIONAL Restaurante de ambiente castellano dotado con un bar de tapas, un comedor principal y otro más amplio para banquetes. Proponen una carta bastante variada, con guisos del día y arroces, sin embargo lo que mejor les funciona son los menús.

Menú 25/49 € - Carta 30/52 €

Plano : 5E7-n - *Antonio López 52 ✉ 28019 Ⓜ Marqués de Vadillo - ✆ 914 69 74 52 - www.restauranteloscigarrales.com - cerrado domingo noche*

MONCLOA

NOS GUSTA...

Dar una vuelta por la Plaza de España, visitar el incomparable templo egipcio de Debod (s. IV a. C.) y, finalmente, comer en **El Club Allard**, uno de los restaurantes con mayor nivel gastronómico de la ciudad.

Restaurantes

✿✿ El Club Allard

CREATIVA • AMBIENTE CLÁSICO XXXX Está en un edificio modernista protegido, por lo que no posee ninguna indicación exterior. Presenta una elegante estética clásica-actual y una cocina creativa de excelente nivel técnico, con fusiones acertadas y originales presentaciones.

➜ Arroz del mar. Lomo de salmonete sobre crema de azafrán y nube de pomelo. Monte Invernal, chocolate, gel de menta y helado de aguacate.

Menú 90/120 € - solo menú

Plano : 7K1-w - *Ferraz 2 ✉ 28008 Ⓜ Plaza España - ✆ 915 59 09 39 - www.elcluballard.com - cerrado agosto, domingo y lunes*

🍴 Sal Gorda

CLÁSICA • AMBIENTE CLÁSICO XX Casa de reducidas dimensiones dotada con una única sala de línea clásica-actual. El Lomo de buey a la "Sal Gorda" es la especialidad de la casa, de ahí su nombre, aunque este plato solo forma parte de una completa carta tradicional.

Menú 35/60 € - Carta 31/51 €

Plano : 3E3-e - *Beatriz de Bobadilla 9 ✉ 28040 Ⓜ Guzmán El Bueno - ✆ 915 53 95 06 - www.restaurantesalgorda.es - cerrado Semana Santa, agosto y domingo*

CHAMBERÍ

NOS GUSTA...

Visitar la antigua estación-museo de metro de Chamberí, conocida por muchos como "La Estación Fantasma", y redescubrir dos productos típicamente españoles como son el queso y la tortilla de patatas, el primero en **Poncelet Cheese Bar** y el segundo en **Las Tortillas de Gabino**.

Restaurantes

✿✿ Santceloni

CREATIVA • **ELEGANTE** XXXX Toda una experiencia culinaria. Este elegante restaurante presenta una sala de línea clásica-actual, distribuida en dos niveles y de excelente montaje. Propone una cocina tradicional actualizada, bien elaborada y con detalles creativos.

➜ Caballa flambeada, caviar y jalea de manzana. Lubina, tomate confitado, pimiento rojo, avellana y sésamo. Panacota de hinojo, aguacate y limón.

Menú 162 € - Carta 117/150 €

Plano : 3F3-b - *Hotel Hesperia Madrid, paseo de la Castellana 57 ✉ 28046 Ⓜ Gregorio Marañón - ✆ 912 10 88 40 - www.restaurantesantceloni.com - cerrado Semana Santa, agosto, sábado mediodía, domingo y festivos*

✿ La Cabra

MODERNA • **A LA MODA** XXX ¡Un restaurante moderno y desenfadado! Enriquece su oferta con una tapería, una biblioteca orientada al after-work y una bodega visitable que también hace de privado. Cocina tradicional y vanguardista basada tanto en la calidad del producto, normalmente de temporada, como en el dominio técnico.

➜ Ensalada de cefalópodos. Panceta ahumada y caviar. Yuzu, zanahoria y cilantro.

Menú 50/121 € - Carta 45/65 €

Plano : 8M1-x - *Francisco de Rojas 2 ✉ 28010 Ⓜ Bilbao - ✆ 914 45 77 50 - www.restaurantelacabra.com - cerrado del 1 al 6 de enero, Semana Santa, agosto y domingo*

✿ Lúa (Manuel Domínguez)

MODERNA • **ACOGEDORA** XX Una casa en constante evolución, pues disfruta de una atractiva barra de tapeo y una estética informal... eso sí, siempre dentro de una línea rústica-contemporánea. El chef propone una cocina actual que, bebiendo de sus propias raíces gallegas, ha sabido desarrollarse y articularse en torno a un buen menú degustación.

➜ Foie mi-cuit sobre empanada de pera y queso San Simón caramelizado. Raya en caldeirada. Cremoso de queso con sopa de violetas.

Menú 60 € - solo menú

Plano : 5F4-c - *Eduardo Dato 5 ✉ 28003 Ⓜ Rubén Darío - ✆ 913 95 28 53 - www.restaurantelua.com - cerrado domingo*

Ars Vivendi

ITALIANA • **ACOGEDORA** XX El alma de esta casa está en el matrimonio propietario, con ella al frente de los fogones y él pendiente de la sala. Sabrosa cocina de base italiana con notas creativas y cuidadas presentaciones. ¡Su pasta casera supone un festín para el paladar!

Menú 35/70 € - Carta 35/52 €

Plano : 8M1-g - *Zurbano 6 ✉ 28010 Ⓜ Alonso Martínez - ✆ 913 10 31 71 - www.restaurantearsvivendi.es - cerrado domingo noche y lunes*

Las Tortillas de Gabino

COCINA TRADICIONAL • ACOGEDORA ✗ ¡Suele llenarse a diario! Dispone de un recibidor, dos salas actuales decoradas con paneles de madera y un privado. Su carta, de gusto tradicional, se completa con un apartado de tortillas que va evolucionando a lo largo del año.

Carta 25/38 €

Plano : 5F4-f - *Rafael Calvo 20 ✉ 28010 Ⓜ Rubén Darío*
- ✆ 913 19 75 05 - www.lastortillasdegabino.com
- cerrado Semana Santa, 15 días en agosto, domingo y festivos

Bacira

INTERNACIONAL • AMBIENTE CLÁSICO ✗ Instalado en un bonito local, con toques vintage, llevado por tres jóvenes socios-cocineros. ¿Su propuesta? Fresca cocina de fusión con matices mediterráneos, orientales y nikkeis, pensada para compartir y servida dentro de un ambiente informal.

Menú 14/40 € - Carta 23/47 €

Plano : 5F4-d - *Castillo 16 ✉ 28005 Ⓜ Iglesia*
- ✆ 918 66 40 30 (reserva aconsejable) - www.bacira.es
- cerrado 23 diciembre-8 enero, domingo noche y lunes

Benares Ⓝ

INDIA • AMBIENTE CLÁSICO ✗✗✗ Bastante agradable, bien situado y en la senda del restaurante homónimo ubicado en Londres... de hecho, aquí también cuentan con un bar-coctelería. Cocina india actualizada.

Menú 48/65 € - Carta 45/65 €

Plano : 8M1-k - *Zurbano 5 ✉ 28010 Ⓜ Alonso Martínez - ✆ 913 19 87 16*
- www.benaresmadrid.com - cerrado del 7 al 21 de agosto y domingo noche

Las Estaciones de Juan

COCINA TRADICIONAL • CLÁSICA ✗✗ Un valor seguro en un espacio clásico-moderno bastante cuidado. Cocina tradicional y de producto bien elaborada, con platos destacados como el Chuletón de palo fileteado.

Menú 30/52 € - Carta 36/57 €

Plano : 3E3-x - *paseo San Francisco de Sales 41 ✉ 28003 Madrid*
Ⓜ Guzmán el Bueno - ✆ 915 98 86 66 - www.lascuatroestacionesdejuan.com
- cerrado domingo noche

El Barril de Argüelles

PESCADOS Y MARISCOS • AMBIENTE MEDITERRÁNEO ✗✗ Presenta un bar-marisquería, con unos sugerentes expositores, y a continuación el comedor, clásico-actual pero con detalles marineros. Su especialidad son los mariscos y el pulpo, aunque también ofrecen arroces y sabrosos guisos caseros.

Carta 35/60 €

Plano : 3E3-c - *Andrés Mellado 69 ✉ 28015 Ⓜ Islas Filipinas*
- ✆ 915 44 36 15 - www.restauranteelbarrildearguelles.com

Conlaya

CLÁSICA • AMBIENTE CLÁSICO ✗✗ ¡Un trocito de Cantabria en el corazón de Madrid! Ofrece un cuidado interior de ambiente clásico y una cocina regional que solo trabaja con pescado fresco de mercado.

Menú 35/65 € - Carta 34/52 €

Plano : 8M1-e - *Zurbano 13 ✉ 28010 Ⓜ Alonso Martínez*
- ✆ 913 19 31 16 - www.conlaya.es
- cerrado agosto, domingo y lunes noche

Atelier Belge

BELGA • AMBIENTE CLÁSICO XX Resulta interesante, pues aquí podrá descubrir la autenticidad de la gastronomía belga pero con interesantes guiños a la cocina creativa. Pruebe sus Caracoles "Sin Cáscara" XL, alguna cazuelita de Mejillones o... ¡el sorprendente Coquelet "Brabançonne"!

Menú 16/35 € - Carta 42/57 €

Plano : 3F3-d - *Bretón de los Herreros 39 ✉ 28003 Ⓜ Alonso Cano - ✆ 915 45 84 48 - www.atelierbelge.es - cerrado del 14 al 20 de agosto, domingo noche y lunes*

Gala

MODERNA • ÍNTIMA XX Restaurante de larga trayectoria dotado con un comedor de línea actual. Cocina tradicional y de mercado con detalles actuales, bien apoyada por menús y jornadas gastronómicas.

Carta 30/45 €

Plano : 3F3-n - *Espronceda 14 ✉ 28003 Ⓜ Alonso Cano - ✆ 914 42 22 44 - www.restaurantegala.com - cerrado 15 días en agosto, domingo y lunes noche*

Lakasa Ⓝ

COCINA TRADICIONAL • TENDENCIA XX Una casa que ha mejorado en fisonomía, luminosidad y amplitud. Mientras la barra ofrece una carta a base de tapas y raciones en su sala reina la mejor cocina de mercado.

Carta 40/50 €

Plano : 3F3-x - *pl. del Descubridor Diego de Ordás 1 ✉ 28014 Ⓜ Rios Rosas - ✆ 915 33 87 15 - www.lakasa.es - cerrado Semana Santa, domingo y lunes*

Miyama

JAPONESA • MARCO CONTEMPORÁNEO X Restaurante nipón con un gran nivel de aceptación, también entre los clientes japoneses. En su única sala conviven la amplia barra de sushi, en la que se puede comer, y unas mesas de sencillo montaje. Cocina tradicional japonesa de calidad.

Carta 40/75 €

Plano : 4G3-c - *paseo de la Castellana 45 ✉ 28013 Ⓜ Gregorio Marañón - ✆ 913 91 00 26 - www.restaurantemiyama.com - cerrado agosto, domingo y festivos*

Sudestada

ASIÁTICA • A LA MODA X Hablar de Sudestada supone hablar del chef Estanis Carenzo, gran impulsor de conceptos en boga como la Street Food. Aquí propone una cocina asiática de tendencia vietnamita.

Menú 50 € - Carta 40/60 €

Plano : 3F3-e - *Ponzano 85 ✉ 28003 Ⓜ Rios Rosas - ✆ 915 33 41 54 - www.sudestada.eu - cerrado domingo y lunes*

Mesón del Cid

CASTELLANA • MARCO REGIONAL X La casa madre de este restaurante se encuentra en Burgos. Ofrece un amplio bar de tapas y varios comedores de carácter castellano. Su carta, fiel al recetario tradicional, se enriquece con un completo menú de temporada.

Menú 29/50 € - Carta 28/55 €

Plano : 3F3-r - *Fernández de la Hoz 57 ✉ 28003 Ⓜ Gregorio Marañón - ✆ 914 42 07 55 - www.mesondelcidmadrid.es - cerrado Semana Santa, agosto, domingo y festivos noche*

Aire Ⓝ

COCINA TRADICIONAL • BISTRÓ X Este coqueto restaurante, tipo bistró, escenifica la primera etapa de un proyecto singular. Aquí, todo gira en torno a las aves (coquelet, pichón, faisán, oca, perdiz...).

Menú 23/50 € - Carta 24/56 €

Plano : 8M1-h - *Orfila 7 ✉ 28010 Ⓜ Alonso Martínez - ✆ 911 70 42 28 - www.airerestaurante.com - Cerrado 20 días en agosto y domingo noche*

Villa de Foz

GALLEGA • AMBIENTE CLÁSICO Disfruta de dos correctos comedores, ambos de línea clásica-actual. Su carta de cocina tradicional gallega se ve enriquecida con un apartado de raciones y postres caseros.

Menú 18/46 € - Carta 20/44 €

Plano : 5F4-e - *Gonzálo de Córdoba 10 ✉ 28010 Ⓜ Bilbao*
- *✆ 914 46 89 93 - www.villadefoz.es*
- *cerrado agosto, domingo noche y lunes*

Soy

JAPONESA • AMBIENTE ORIENTAL Sencillo, íntimo, actual... y totalmente volcado con las técnicas, sabores y maneras de la milenaria cocina japonesa. ¡Ojo, que no hay letrero identificativo en la entrada!

Menú 65 € - Carta 45/60 €

Plano : 3F3-c - *Viriato 58 ✉ 28010 Ⓜ Iglesia*
- *✆ 914 45 74 47 (es necesario reservar) - www.soypedroespina.com*
- *cerrado 15 días en agosto, sábado mediodía, domingo y lunes noche*

Poncelet Cheese Bar

QUESOS, FONDUES Y RACLETTES • DE DISEÑO Un espacio de diseño innovador en el que todo gira en torno al mundo del queso, no en vano muestra unos atractivos expositores, una barra para la degustación y una biblioteca especializada en este producto. Cocina actual y vinos por copas.

Tapa 5 € - Ración aprox. 13 €

Plano : 3F3-a - *José Abascal 61 ✉ 28003 Ⓜ Gregorio Marañon*
- *✆ 913 99 25 50 - www.ponceletcheesebar.es*
- *cerrado domingo noche y lunes*

El Barril de Argüelles

PESCADOS Y MARISCOS • AMBIENTE CLÁSICO ¡Una buena marisquería! Disfruta de un elegante montaje y una barra muy popular, tanto por sus magníficos mariscos como por su pulpo o sus deliciosos pescaditos fritos a la andaluza.

Tapa 10 € - Ración aprox. 20 €

Plano : 3E3-c - *Andrés Mellado 69 ✉ 28015 Ⓜ Islas Filipinas*
- *✆ 915 44 36 15 - www.grupo-oter.com*

Alojamientos

InterContinental Madrid

GRAN LUJO • CLÁSICA Goza de un elegante hall clásico, con cúpula y profusión de mármoles, así como de un agradable patio-terraza interior y unas habitaciones que destacan por su gran confort. En el restaurante, anexo al hall-bar, apuestan por una cuidada carta internacional y un completísimo brunch los domingos.

302 hab - 180/280 € - 32 €

Plano : 4G3-v - *paseo de la Castellana 49 ✉ 28046 Ⓜ Gregorio Marañón*
- *✆ 917 00 73 00 - www.madrid.intercontinental.com*

Hesperia Madrid

LUJO • ELEGANTE Destaca por su emplazamiento, en la principal arteria de la ciudad y en una céntrica zona de negocios. Encontrará gran variedad de salones y habitaciones de elegante estilo clásico. Su variada oferta gastronómica engloba un restaurante fiel a los gustos mediterráneos y otro de cocina japonesa.

171 hab - 169/259 €

Plano : 3F3-b - *paseo de la Castellana 57 ✉ 28046 Ⓜ Gregorio Marañón*
- *✆ 912 10 88 00 - www.hesperia-madrid.com*

Santceloni - ver selección restaurantes

Orfila

LUJO • ELEGANTE Encantador palacete del s. XIX ubicado en una calle céntrica pero tranquila. Atesora unas elegantes habitaciones vestidas con mobiliario de época y un restaurante de ambiente clásico, destacando tanto por su cocina tradicional como por su acogedora terraza.

29 hab – 225/325 € 255/355 € – 30 € – 3 suites

Plano : 8M1-a – *Orfila 6 ✉ 28010 Ⓜ Alonso Martínez*
– *✆ 917 02 77 70 – www.hotelorfila.com*
– *cerrado agosto*

CHAMARTÍN, TETUÁN

NOS GUSTA...

Hacer el singular Tour Bernabéu, donde podrá conocer uno de los museos más visitados de la ciudad. Visitar el hotel **Puerta América**, que sorprende al tener cada una de sus plantas diseñada por un famoso interiorista y, como no, vivir una experiencia gastronómica total en **DiverXO**, el único restaurante con tres estrellas MICHELIN de la capital.

Restaurantes

✿✿✿ DiverXO (David Muñoz)

CREATIVA • DE DISEÑO XXX Abra su mente y viaje al personalísimo mundo de este chef, un "País de Nunca Jamás" transgresor y sorprendente en lo gastronómico. En un espacio de rompedor diseño moderno plantea una cocina viajera y divertida que no deja indiferente, pues intensifica las sensaciones y alcanza la plenitud en sus famosos platos-lienzo.

➜ Cigala con bearnesa japonesa, boquerones y zanahorias al vapor. Sandwich crujiente de boquerón y sesamo negro. Chuletón de raya asado con pimientas del mundo.

Menú 165/225 € – solo menú

Plano : 4G2-a – *Hotel NH Eurobuilding, Padre Damián 23 ✉ 28036 Ⓜ Cuzco*
– *✆ 915 70 07 66 (es necesario reservar) – www.diverxo.com*
– *cerrado Semana Santa, 21 días en agosto, domingo y lunes*

✿ A'Barra Ⓝ

COCINA TRADICIONAL • DE DISEÑO XXXX Sorprende tanto por la estética, con profusión de maderas nobles, como por la distribución espacial, pues potencia sus posibilidades culinarias al diversificar la experiencia entre el sosegado comedor y una gran barra circular, orientada al Show Cooking. Gastronomía elaborada y actualizada, siempre en base al producto.

➜ Canelón ibérico. Lengua glaseada con rostí de patata y edamame. Locura de chocolate.

Menú 65/88 € – Carta 60/80 €

Plano : 4G3-a – *Del Pinar 15 ✉ 28014 Ⓜ Gregorio Marañón*
– *✆ 910 21 00 61 – www.restauranteabarra.com*
– *cerrado del 7 al 28 de agosto y domingo*

✿ Gaytán (N) (Javier Aranda)

MODERNA • MINIMALISTA XX ¡Un espacio gastronómico diseñado para sorprender! Presenta un inesperado interior, de estética minimalista, dominado por la presencia de originales columnas y una gran cocina abierta, destacando esta última por ser el epicentro de toda la actividad. Sus diferentes menús degustación delatan una interesante creatividad.

→ Ensalada de quisquilla y berberecho. Parpatana de atún rojo. Piña, anís y melocotón.

Menú 77/121 € - solo menú

Plano : 4H3-a - *Príncipe de Vergara 205 (lateral) ✉ 28002 Ⓜ Concha Espina - ✆ 913 48 50 30 - www.chefjavieraranda.com - cerrado 5 días en Navidades, Semana Santa, agosto, domingo y lunes*

✿ Kabuki

JAPONESA • MINIMALISTA XX Íntimo restaurante japonés de estética minimalista. Cuenta con una moderna terraza y una barra-cocina donde se elabora, entre otros platos, una amplia oferta de "nigiri-sushi". ¡Suele llenarse a diario, por eso es conveniente reservar!

→ Atún picante. Costillas de wagyu. Cremoso de yuzu.

Menú 70/90 € - Carta 55/80 €

Plano : 3F2-t - *av. Presidente Carmona 2 ✉ 28020 Ⓜ Santiago Bernabeu - ✆ 914 17 64 15 - www.restaurantekabuki.com - cerrado Semana Santa, del 10 al 31 de agosto, sábado mediodía, domingo y festivos*

Desencaja

COCINA TRADICIONAL • MARCO CONTEMPORÁNEO X Un negocio interesante, pues presenta un espacio clásico-actual que sabe huir de lo superfluo. El chef, formado en grandes casas, propone una cocina de mercado y fuertes raíces tradicionales que solo es accesible al comensal a través de unos sugerentes menús.

Menú 15/50 € - Carta 33/41 €

Plano : 4H2-x - *paseo de la Habana 84 ✉ 28036 Ⓜ Colombia - ✆ 914 57 56 68 - www.dsncaja.com - cerrado Semana Santa, agosto, domingo noche y lunes noche*

Zalacain

CLÁSICA • ELEGANTE XXXX ¡Todo un histórico de la restauración madrileña! Atesora un loable clasicismo, un servicio profesional y una extensa carta de cocina clásica española e internacional.

Menú 90 € - Carta 75/100 €

Plano : 4G3-b - *Álvarez de Baena 4 ✉ 28006 Ⓜ Gregorio Marañón - ✆ 915 61 48 40 - www.restaurantezalacain.com - cerrado Semana Santa, agosto, sábado mediodía, domingo y festivos*

Combarro

PESCADOS Y MARISCOS • AMBIENTE CLÁSICO XXX Excelente cocina gallega que toma como base la calidad del producto, visible en sus viveros. Presenta un pequeño bar de tapas y varias salas, todas de elegante clasicismo.

Carta 45/60 €

Plano : 3F2-3-w - *Reina Mercedes 12 ✉ 28020 Ⓜ Nuevos Ministerios - ✆ 915 54 77 84 - www.combarro.com - cerrado Semana Santa, 15 días en agosto y domingo noche*

Lágrimas Negras

MODERNA • DE DISEÑO XXX Restaurante de estética actual, techos altos y grandes ventanales emplazado en un hotel de diseño. Ofrece un acceso directo a la terraza y una cocina actual de muy buen nivel.

Menú 25/60 € - Carta 33/46 €

Plano : 4J3-x - *Hotel Puerta América, av. de América 41 ✉ 28002 Ⓜ Cartagena - ✆ 917 44 54 05 - www.hotelpuertamerica.com*

Viavélez

CREATIVA • A LA MODA XX Esta taberna-restaurante disfruta de un selecto bar de tapas a la entrada y un moderno e íntimo comedor en el sótano. Su cocina creativa toma como base el recetario asturiano.

Menú 33/65 € - Carta 38/66 €

Plano : 3F2-c - *av. General Perón 10 ✉ 28020 Ⓜ Santiago Bernabeu - ✆ 915 79 95 39 - www.restauranteviavelez.com - cerrado agosto, domingo y lunes mediodía en verano, domingo noche y lunes resto del año*

Carta Marina

GALLEGA • CLÁSICA XX ¡Un auténtico clásico! Presenta unas agradables terrazas de verano e invierno, un bar privado y cuidados comedores, todo con profusión de madera. Carta de producto fiel a la tradición gallega, por lo que es rica en pescados y mariscos.

Menú 45 € - Carta 40/70 €

Plano : 4G2-k - *Padre Damián 40 ✉ 28036 Ⓜ Cuzco - ✆ 914 58 68 26 - www.restaurantecartamarina.com - cerrado Semana Santa, agosto y domingo*

99 sushi bar

JAPONESA • DE DISEÑO XX Moderno y detallista. Proponen una gastronomía de raíces japonesas en cuya carta conviven tanto los platos nipones tradicionales como otros de fusión con la cocina española.

Menú 80 € - Carta 60/75 €

Plano : 4G2-a - *Hotel NH Eurobuilding, Padre Damián 23 ✉ 28036 Ⓜ Cuzco - ✆ 913 59 38 01 - www.99sushibar.com - cerrado domingo noche*

Goizeko Kabi

VASCA • MARCO CONTEMPORÁNEO XX Un buen reflejo de la hostelería madrileña más tradicional... sin embargo, ahora se presenta con una imagen renovada y actual. Cocina vasca, tapas y platos para compartir.

Menú 50/70 € - Carta 50/75 €

Plano : 3F2-3-w - *Comandante Zorita 37 ✉ 28020 Ⓜ Alvarado - ✆ 915 33 01 85 - www.goizekogaztelupe.es - cerrado domingo noche*

Ferreiro

COCINA TRADICIONAL • AMBIENTE CLÁSICO XX En sus salas, de ambiente clásico-actual, le propondrán una cocina tradicional con fuertes raíces asturianas. Su amplia carta se completa con un buen apartado de sugerencias.

Menú 30/65 € - Carta 35/57 €

Plano : 3F3-m - *Comandante Zorita 32 ✉ 28020 Ⓜ Alvarado - ✆ 915 53 93 42 - www.restauranteferreiro.com*

La Tahona

CARNES • AMBIENTE CLÁSICO XX Pertenece a la cadena de El Asador de Aranda y ofrece salas de aire castellano-medieval, con el horno de leña como gran protagonista a la entrada. ¡El lechazo es la estrella!

Menú 35/50 € - Carta 26/47 €

Plano : 3F2-u - *Capitán Haya 21 (lateral) ✉ 28020 Ⓜ Cuzco - ✆ 915 55 04 41 - www.asadordearanda.com - cerrado del 1 al 26 agosto y domingo noche*

Baby Beef Rubaiyat Madrid

CHURRASQUERÍA • BRASSERIE XX ¡Sabores de São Paulo en la capital! Encontrará carnes Brangus y Tropical Kobe Beef, pero también elaboraciones típicas como el famoso menú Feijoada que ofertan los sábados.

Carta 40/60 €

Plano : 4G2-d - *Juan Ramón Jiménez 37 ✉ 28036 Ⓜ Cuzco - ✆ 913 59 10 00 - www.rubaiyat.es - cerrado domingo noche*

Tanta

PERUANA • SENCILLA ¡Ceviches, Tiraditos, Makis, Causas, Anticuchos...! Disfrute de la cocina peruana en este sencillo restaurante, que toma su nombre de un vocablo quechua que significa "pan".

Menú 17/35 € - Carta 35/55 €

Plano : 4H2-f - *pl. del Perú 1 ✉ 28016 Ⓜ Pío XII*
- *✆ 913 50 26 26 - www.tantamadrid.com*

La Bomba Bistrot

COCINA TRADICIONAL • BISTRÓ Resulta acogedor e intenta reflejar la esencia de un "bistrot" francés, aquí con los fogones a la vista y una buena iluminación natural. Cocina de mercado de corte casero.

Carta 35/50 €

Plano : 4G2-c - *Pedro Muguruza 5 ✉ 28036 Ⓜ Cuzco*
- *✆ 913 50 30 47 - www.labombabistrot.com*
- *cerrado del 1 al 24 de agosto, domingo noche y lunes noche*

Materia Prima

COCINA TRADICIONAL • AMBIENTE CLÁSICO Una propuesta bastante original, pues aquí presentan el producto como en un mercado para que el cliente compre, siempre a coste de lonja, lo que seguidamente le van a cocinar a un precio fijo. ¡Descubra sus magníficos pescados de bajura!

Carta 30/50 €

Plano : 4G2-c - *Doctor Fleming 7 ✉ 28036 Ⓜ Santiago Bernabeu*
- *✆ 913 44 01 77 - www.materia-prima.es*

Al-Fanus

INTERNACIONAL • AMBIENTE EXÓTICO ¿Conoce la gastronomía siria? Aquí podrá descubrir los mejores platos de esta cocina, rica en matices y siempre fiel a sus raíces mediterráneas. Ambiente y decoración árabe.

Menú 21/33 € - Carta 31/46 €

Plano : 4H3-k - *Pechuán 6 ✉ 28002 Ⓜ Cruz del Rayo*
- *✆ 915 62 77 18 - www.restaurantealfanus.es*
- *cerrado domingo noche y lunes noche*

Tasca La Farmacia

COCINA TRADICIONAL • ACOGEDORA Precioso local decorado con azulejos, arcos en piedra, ladrillo visto, celosías en forja, una hermosa vidriera... Tapas tradicionales y una gran especialidad, el bacalao.

Tapa 4,50 € - Ración aprox. 8 €

Plano : 3F2-r - *Capitán Haya 19 ✉ 28020 Ⓜ Cuzco*
- *✆ 915 55 81 46 - www.asadordearanda.com*
- *cerrado del 15 al 28 de agosto y domingo*

Alojamientos

Puerta América

NEGOCIOS • DE DISEÑO Un hotel cosmopolita, colorista y que está marcado por el diseño, pues cada una de sus plantas refleja la creatividad de un famoso arquitecto o un prestigioso interiorista. Ofrece unas habitaciones muy originales y un atractivo espacio de ocio en el ático.

301 hab - 120/170 € - 14 suites

Plano : 4J3-x - *av. de América 41 ✉ 28002 Ⓜ Cartagena*
- *✆ 917 44 54 00 - www.hotelpuertamerica.com*

Lágrimas Negras - ver selección restaurantes

NH Eurobuilding

NEGOCIOS • CONTEMPORÁNEA Atesora un lobby espectacular, pues su bóveda con tecnología led es... ¡la pantalla multimedia más grande de Europa! En conjunto, ofrece dependencias amplias y bien equipadas, con habitaciones de línea contemporánea, numerosas salas de reuniones y múltiples espacios sociales. ¡Interesantísima oferta gastronómica!

431 hab - 135/195 € - 20 €

Plano : 4G2-a - *Padre Damián 23 ✉ 28036 Ⓜ Cuzco* - *✆ 913 53 73 00 - www.nh-hotels.com*

✿✿✿ **DiverXO** • **99 sushi bar** - ver selección restaurantes

CIUDAD LINEAL, HORTALEZA, CAMPO DE LAS NACIONES, SAN BLAS

NOS GUSTA...

Relajarnos en la terraza del restaurante **Los Cedros**, pues recuerda el idílico entorno de una antigua villa toscana, y dar un paseo por los jardines del Juan Carlos I, un inmenso parque público con... ¡más de 160 hectáreas!

Restaurantes

Los Cedros

COCINA TRADICIONAL • AMBIENTE CLÁSICO XXX Restaurante de nivel tanto por el montaje como por lo gastronómico. Presenta varios espacios, una destacable terraza y una cocina clásica-actualizada donde impera el producto.

Menú 43 € - Carta 36/55 €

Plano : 4J2-x - *Hotel Quinta de los Cedros, Allendesalazar 4 ✉ 28043 Ⓜ Arturo Soria - ✆ 915 15 22 00 - www.hotelquintadeloscedros.com - cerrado Semana Santa y agosto*

Aderezo

COCINA TRADICIONAL • AMBIENTE CLÁSICO XX Agradable, de ambiente clásico contemporáneo, con un bar de espera y un excelente expositor de pescados. Buena cocina de producto basada en el recetario tradicional.

Menú 24/56 € - Carta 37/78 €

Plano : 4J1-a - *Añastro 48 ✉ 28033 - ✆ 917 67 01 58 - www.aderezorestaurante.es - cerrado agosto y domingo*

La Lanzada

GALLEGA • AMBIENTE CLÁSICO X Establecimiento de ambientación clásica-marinera dominado por la presencia de maderas y tonalidades azules. Presentan una carta de cocina tradicional gallega bastante simple... eso sí, con raciones abundantes y correctas materias primas.

Carta 30/40 €

Plano : 2C2-v - *Arturo Soria 2 ✉ 28027 Ⓜ Ciudad Lineal - ✆ 917 42 85 64 - www.grupojotacinco.com - cerrado domingo noche*

Alojamientos

Quinta de los Cedros

TRADICIONAL • ELEGANTE Resulta coqueto y ciertamente sorprendente, pues ocupa una moderna construcción rodeada de jardines... ¡imitando una villa toscana! Encontrará unas acogedoras habitaciones, unas con terraza y otras a modo de bungalow.

32 hab - †83/185 € ††90/220 € - ☕15 €

Plano : 4J2-x - *Allendesalazar 4 ✉ 28043 Ⓜ Arturo Soria - ☎ 915 15 22 00 - www.hotelquintadeloscedros.com*

🍴 **Los Cedros** - ver selección restaurantes

Globales Acis y Galatea

FAMILIAR • ELEGANTE Atesora cierto encanto, se encuentra en una zona residencial y presenta unas habitaciones de línea clásica-actual, destacando las tres con terraza. ¡Al cliente alojado le ofrecen un servicio de cenas, con una pequeña carta tipo menú!

25 hab - †55/130 € ††66/260 € - ☕8 €

Plano : 2D1-b - *Galatea 6 ✉ 28042 Ⓜ Canillejas - ☎ 917 43 49 01 - www.hotelesglobales.com*

ALREDEDORES

NOS GUSTA...

Evitar el estrés propio de la gran ciudad y recuperar el pulso en el Monte de El Pardo, uno de los bosques mediterráneos mejor conservados de Europa. Allí, a solo un paso de la capital, no hay nada como saborear una buena parrillada de pescado en el restaurante **Filandón**. ¡Relax, sosiego y aromas del campo!

al Norte

Filandón

COCINA TRADICIONAL • MARCO CONTEMPORÁNEO XX Negocio de línea actual-campestre, tipo asador, ubicado en pleno campo. Proponen una cocina de producto y parrilla especializada en pescados. ¡Tiene fama su Lenguado Evaristo!

Carta 32/62 €

carret. Fuencarral-El Pardo, km 1,9 (M 612) ✉ 28049 - ☎ 917 34 38 26 - www.filandon.es - cerrado 2 semanas en enero, 3 semanas en agosto, Semana Santa, domingo noche y lunes

El Oso

ASTURIANA • MARCO REGIONAL XX Casita de dos plantas dotada con varias salas de estética actual, todas amplias, luminosas y con algún detalle "astur". Cocina asturiana centrada en el producto de la huerta.

Menú 40/60 € - Carta 28/69 €

av. de Burgos 214 (vía de servicio La Moraleja, dirección Burgos) ✉ 28050 - ☎ 917 66 60 60 - www.restauranteeloso.com - cerrado domingo noche

MAJADAHONDA

Madrid – 70 800 h. – Alt. 743 m – Mapa regional : **15**-A2
Madrid 19 km – Segovia 77 km – Toledo 92 km – Ávila 100 km
Mapa de carreteras Michelin n° 576-K18

Jiménez

MODERNA • AMBIENTE CLÁSICO XX Ocupa el edificio de un antiguo apeadero, reformado y embellecido con una decoración clásica no exenta de cierta elegancia. Agradable terraza y cocina tradicional actualizada.

Menú 25/40 € – Carta 33/59 €

av. de la Estación (antiguo apeadero) ✉ 28220 – ☎ 913 72 81 33 – www.rcstaurantejimenez.es – cerrado Semana Santa, agosto y noches de domingo a miércoles

El Viejo Fogón

MODERNA • RÚSTICA XX Se presenta con un comedor rústico y una sala a modo de privado en el piso inferior. Su carta tradicional actualizada también da la posibilidad de tomar... ¡medias raciones!

Menú 19/42 € – Carta 25/45 €

San Andrés 14 ✉ 28220 – ☎ 916 39 39 34 – www.elviejofogon.es – cerrado 15 días en agosto, domingo noche y lunes noche

MÁLAGA

569 130 h. – Mapa regional : **1**-C2
Madrid 538 km – Córdoba 175 km – Sevilla 217 km – València 651 km
Mapa de carreteras Michelin n° 578-V16

Planos páginas 402, 403, 404

José Carlos García

CREATIVA • DE DISEÑO XXX Se encuentra en una zona comercial frente al Muelle Uno, donde están los amarres de los yates. Muestra una gran terraza exterior de estética chill out y unas instalaciones de diseño totalmente acristaladas, con la cocina abierta y sus dos salas vestidas con muchísimo gusto. ¡Cocina de autor en constante evolución!

→ Arroz de setas y remolacha. Jurel, ajada y coliflor. Pasión por el chocolate.

Menú 66/135 € – Carta 69/88 €

Plano : E3-a – *pl. de la Capilla, Muelle Uno ✉ 29001 – ☎ 952 00 35 88 – www.restaurantejcg.com – solo cena en julio y agosto – cerrado 7 días en abril, domingo y lunes*

Figón de Juan

COCINA TRADICIONAL • FAMILIAR X ¡Bien llevado en familia! La fachada clásica da paso a un restaurante de ambiente rústico-regional. Apuestan por una cocina tradicional bien elaborada y de producto.

Carta 18/46 €

Plano : A1-e – *pasaje Esperanto 1 ✉ 29007 – ☎ 952 28 75 47 – www.restaurantefigondejuan.com – cerrado agosto, domingo y festivos noche*

Marisquería Godoy

PESCADOS Y MARISCOS • AMBIENTE MEDITERRÁNEO XX Se halla en el mismo puerto deportivo, donde se presenta con una gran terraza y un comedor actual. Carta tradicional especializada en los pescados y mariscos de la zona.

Carta 35/53 €

Plano : E3-b – *Muelle Uno, Puerto de Málaga ✉ 29015 Málaga – ☎ 952 29 03 12 – www.marisqueriagodoy.com*

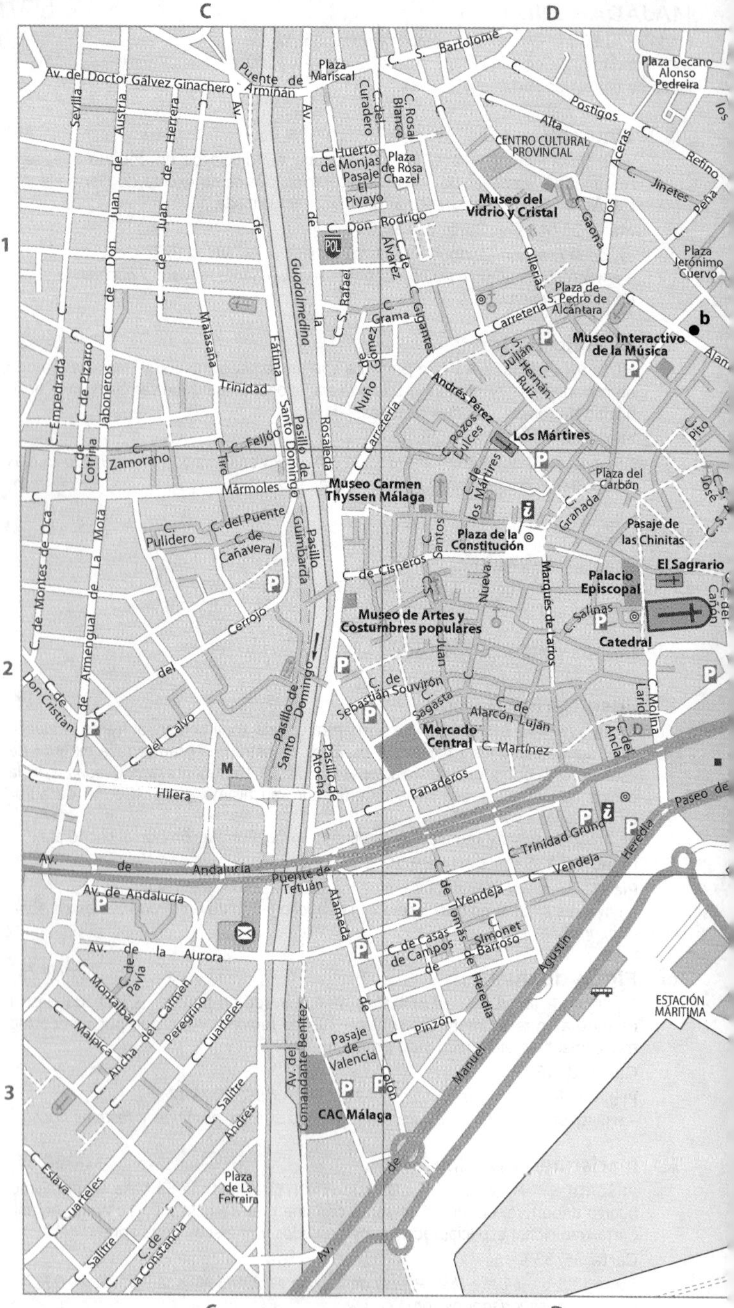

C D

1 2 3

Museo del Vidrio y Cristal
Museo Interactivo de la Música
Los Mártires
Museo Carmen Thyssen Málaga
Plaza de la Constitución
El Sagrario
Palacio Episcopal
Catedral
Museo de Artes y Costumbres populares
Mercado Central
CAC Málaga
CENTRO CULTURAL PROVINCIAL
ESTACIÓN MARÍTIMA

Av. del Doctor Gálvez Ginachero
Puente de Armiñán
Plaza Mariscal
C. S. Bartolomé
Plaza Decano Alonso Pedreira
C. Postigos
C. Alta
C. Refino
C. Jinetes
C. Peña
Aceras
Dos Aceras
C. Gaona
Plaza Jerónimo Cuervo
C. del Curadero
C. Rosal Blanco
C. Huerto de Monjas
Plaza de Rosa Chazel
Pasaje El Piyayo
C. Don Rodrigo
C. de Álvarez
C. Gigantes
C. Grama
C. S. Rafael
C. de Nuño Gómez
Ollerías
Plaza de S. Pedro de Alcántara
C. Carretería
C. S. Julián
C. Hernán Ruiz
Andrés Pérez
C. Pozos Dulces
C. de los Mártires
C. Granada
Plaza del Carbón
C. S. José
C. Pito
Pasaje de las Chinitas
C. del Cañón
C. Salinas
Marqués de Larios
C. Molina Lario
C. del Ancla
Sevilla
C. de Austria
C. de Don Juan de Austria
C. de Juan de Herrera
C. Empedrada
C. de Pizarro
Jaboneros
C. de Cotrina
C. Zamorano
Malasaña
Trinidad
C. Feijóo
C. Tiro
Mármoles
Av. de Fátima
Guadalmedina
Pasillo de Santo Domingo
Rosaleda
C. Carretería
C. del Puente
C. Pulidero
C. de Cañaveral
Pasillo Guimbarda
C. de Cisneros
C. Santos
C. S. Juan
Nueva
C. de Montes de Oca
C. de Armengual de La Mota
C. de Don Cristian
Cerrojo
C. del Calvo
C. Hilera
Pasillo de Santo Domingo
Pasillo de Atocha
C. de Sebastián Souvirón
C. Sagasta
C. de Alarcón Luján
C. Martínez
C. Panaderos
Paseo de
C. Trinidad Grund
C. Vendeja
Heredia
Av. de Andalucía
Puente de Tetuán
Alameda
C. de Tomás de Heredia
C. de Casas de Campos
C. Simonet
C. de Barroso
Agustín
Av. de la Aurora
C. de Pavía
C. Montalbán
C. Ancha del Carmen
C. Malpica
Peregrino
C. Cuarteles
C. Salitre
Andrés
Av. del Comandante Benítez
Pasaje de Valencia
C. de Colón
C. Pinzón
Manuel
Av. de Manuel Agustín Heredia
Plaza de La Ferreira
C. Eslava
C. Cuarteles
C. Salitre
C. de la Constancia
M
POL
b

C D

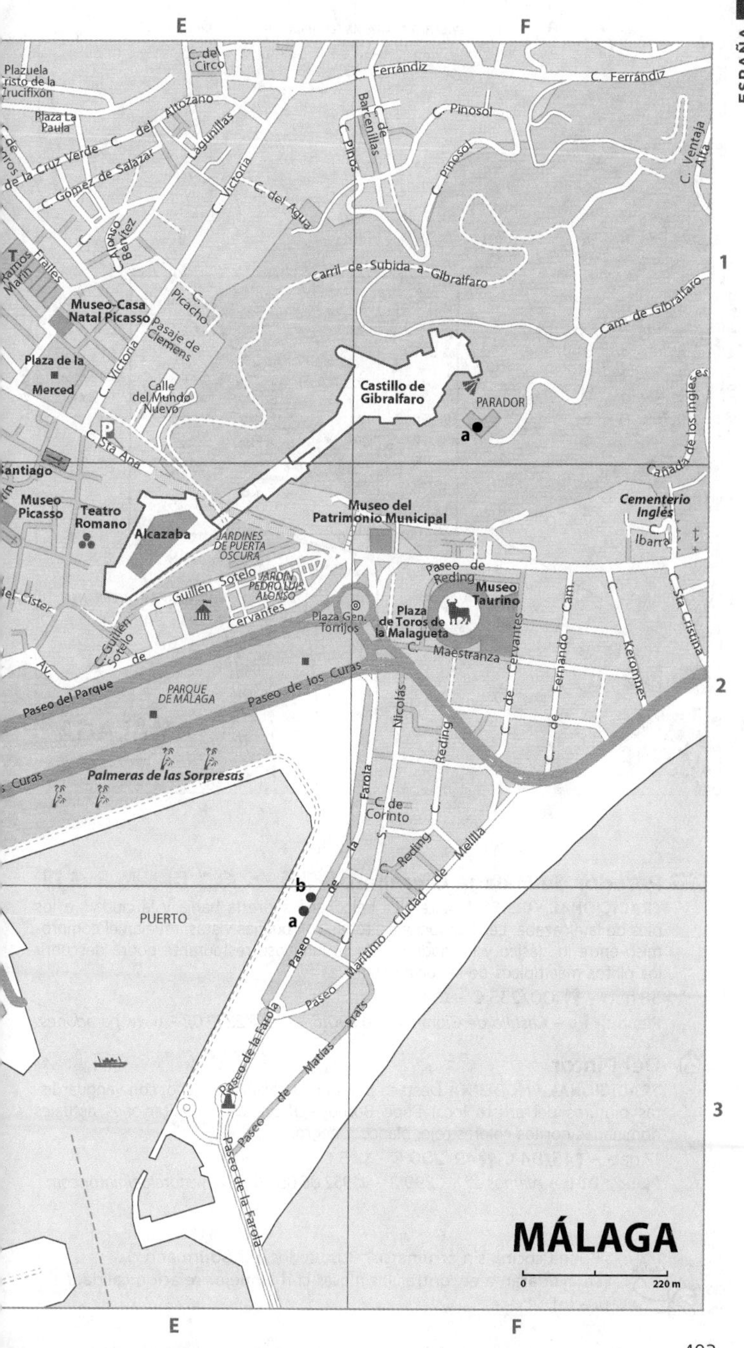
E
F
Plazuela Cristo de la Crucifixión
Plaza La Paula
C. del Circo
C. Ferrándiz
C. Ferrándiz
C. de Barcenillas
C. Pinos
C. Pinosol
C. Pinosol
C. Ventaja Alta
C. de la Cruz Verde
C. del Altozano
C. Gómez de Salazar
Lagunillas
C. Victoria
C. del Agua
C. Alonso Benítez
Frailes
Carril de Subida a Gibralfaro
Cam. de Gibralfaro
1
Museo-Casa Natal Picasso
C. Picacho
Pasaje de Clemens
Plaza de la Merced
C. Victoria
Calle del Mundo Nuevo
Castillo de Gibralfaro
PARADOR
a
C. Sta Ana
Cañada de los Ingleses
Santiago
Museo Picasso
Teatro Romano
Alcazaba
Museo del Patrimonio Municipal
Cementerio Inglés
C. Ibarra
JARDINES DE PUERTA OSCURA
Paseo de Reding
JARDÍN PEDRO LUIS ALONSO
C. Guillén Sotelo
Museo Taurino
C. Sta Cristina
C. del Císter
Cervantes
Plaza Gen. Torrijos
Plaza de Toros de la Malagueta
C. Guillén Sotelo
C. Maestranza
C. de Cervantes
C. de Fernando Cam.
Keromnes
Av. de
Paseo del Parque
Paseo de los Curas
2
PARQUE DE MÁLAGA
Nicolás
Reding
Curas
Palmeras de las Sorpresas
Farola
C. de Corinto
C. Reding
Ciudad de Melilla
Paseo de la Farola
b
a
PUERTO
Paseo Marítimo
Paseo
Paseo de la Farola
Paseo de Matías Prats
3
Paseo de la Farola
MÁLAGA
0
220 m
E
F

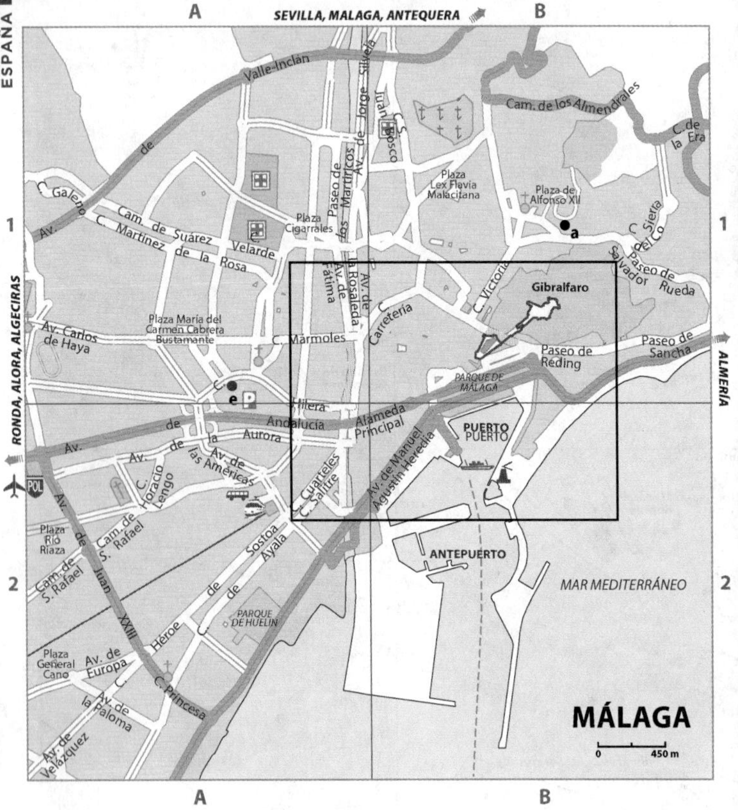

Parador de Málaga Gibralfaro

TRADICIONAL • CLÁSICA Auténtica balconada sobre la bahía y la ciudad, a los pies de la alcazaba. Las habitaciones, todas con buenas vistas, reflejan el compromiso entre lo clásico y lo moderno. En su luminoso restaurante podrá descubrir los platos más típicos de la cocina andaluza.

38 hab – 100/235 € – 19 €

Plano : F1-a – *Castillo de Gibralfaro* ✉ *29016* – *952 22 19 02* – *www.parador.es*

Del Pintor

TRADICIONAL • MODERNA Destaca por su decoración y diseño, con vanguardistas pinturas del artista local Pepe Bornoy. Ofrece unas habitaciones actuales dominadas por los colores rojo, blanco y negro.

17 hab – 45/94 € 49/200 € – 5 €

Plano : D1-b – *Álamos 27* ✉ *29012* – *952 06 09 80* – *www.hoteldelpintor.com*

¿Buena cocina sin arruinarse? Busque los Bib Gourmand.
¡Le ayudarán a encontrar las mesas con la mejor relación calidad/precio!

Monte Victoria

FAMILIAR • CLÁSICA Ubicado en una hermosa casa tipo villa. Posee una zona social con mobiliario antiguo, confortables habitaciones y una coqueta terraza-patio, donde suelen servir los desayunos.

8 hab – 45/75 € 65/105 € – 10 €

Plano : B1-a – *Conde de Ureña 58 ✉ 29012*
– ✆ 952 65 65 25 – www.hotelmontevictoria.es
– cerrado Navidades

en El Palo por paseo marítimo de Pablo Ruiz Picasso : 6 km, ver plano B1

El Cobertizo

COCINA TRADICIONAL • RÚSTICA X Casa de organización familiar y aire rústico con cierto tipismo. Tiene el bar a un lado y el comedor al otro, ofreciendo una carta tradicional y diversas sugerencias diarias.

Menú 19 € – Carta 23/35 €

av. Pío Baroja 25 (urb. Echeverría) ✉ 29017 Málaga
– ✆ 952 29 59 39 – cerrado octubre y miércoles salvo festivos

MALLEZA

Asturias – 397 h. – Mapa regional : **3**-B1
Madrid 498 km – Oviedo 58 km – León 180 km
Mapa de carreteras Michelin n° 572-B11

Al Son del Indiano

MODERNA • RÚSTICA XX Se trata de una antigua fonda restaurada junto a la iglesia de la localidad. Dispone de un atractivo bar con chimenea y tres cálidos comedores de acogedor estilo rústico. Cocina actual de tintes creativos y bases tradicionales.

Menú 15/45 € – Carta 29/44 €

pl. Conde de Casares 1 ✉ 33866
– ✆ 985 83 58 44 – www.alsondelindiano.com
– solo almuerzo salvo viernes, sábado y verano
– cerrado del 26 al 31 de septiembre y martes salvo agosto

MALPICA DE BERGANTIÑOS

A Coruña – 5 666 h. – Mapa regional : **13**-B1
Madrid 638 km – A Coruña 53 km – Ourense 171 km – Santiago de Compostela 64 km
Mapa de carreteras Michelin n° 571-C3

en Barizo Oeste : 7 km – Mapa regional : **13G**-B1

As Garzas (Fernando Agrasar)

GALLEGA • ACOGEDORA XX Casa tipo chalet aislada en plena costa, donde se presenta con una sala acristalada-actual que otorga casi todo el protagonismo a sus maravillosas vistas. Cocina gallega actualizada y especializada en pescados, siempre de excepcional calidad. Como complemento también disfruta de unas habitaciones actuales.

→ Empanada casera de xoubas. Mero asado con potaje de garbanzos y espinacas. Mango-pasión.

Carta 46/74 €   4 hab – 73/90 €

Porto Barizo 40, carret. DP 4306, km 2,7 ✉ 15113 Malpica de Bergantiños
– ✆ 981 72 17 65 – www.asgarzas.com
– solo almuerzo salvo viernes, sábado, verano y festivos
– cerrado del 2 al 27 de noviembre y lunes

ESPAÑA

La MANGA DEL MAR MENOR

Murcia – 1 173 h. – Mapa regional : **16**-B3
Madrid 469 km – Murcia 72 km – Alacant / Alicante 133 km
Mapa de carreteras Michelin n° 577-T27

en Playa Honda Sur : 5 km

Malvasía

MODERNA • DE DISEÑO XX La moderna fachada da paso a un restaurante de estética actual, con diversos detalles de diseño y una temática decorativa que toma el mundo del vino como leitmotiv. Su cocina actual-creativa se ve apoyada por una excelente bodega.

Carta 25/40 €

edificio Julieta - bajo 6 ✉ 30385 Playa Honda - ☎ 968 14 50 73 - www.restaurantemalvasia.com - cerrado del 20 al 30 de enero, domingo noche y lunes salvo julio-agosto

MANLLEU

Barcelona – 20 228 h. – Alt. 461 m – Mapa regional : **9**-C2
Madrid 649 km – Barcelona 78 km – Girona 104 km – Vic 9 km
Mapa de carreteras Michelin n° 574-F36

Cau Faluga

COCINA TRADICIONAL • ELEGANTE XXX Magnífica casa señorial emplazada en la Colònia Rusiñol, donde existió una fábrica textil. Espacios clásicos, cocina tradicional actualizada y... ¡una espectacular chimenea!

Menú 24/48 € – Carta 44/73 €

colonia Rusiñol, carret. de Manlleu a la Gleva km 2 ✉ 08560 - ☎ 938 51 38 59 - www.caufaluga.com - solo almuerzo salvo viernes y sábados - cerrado del 2 al 9 de enero, del 1 al 14 de agosto y lunes

Torres Petit

COCINA TRADICIONAL • AMBIENTE CLÁSICO XX Restaurante de línea clásica-actual donde ofrecen una carta tradicional actualizada, con algún plato internacional y dos menús. Sus comedores, de cuidado montaje, se reparten entre dos salas y un privado polivalente en el piso superior.

Menú 20/55 € – Carta 35/58 €

passeig de Sant Joan 38 ✉ 08560 - ☎ 938 50 61 88 - www.torrespetit.com - cerrado 23 diciembre-10 enero, Semana Santa, del 16 al 28 de agosto, domingo, lunes noche, martes noche y miércoles noche

MANRESA

Barcelona – 74 655 h. – Alt. 205 m – Mapa regional : **10**-A2
Madrid 570 km – Barcelona 63 km – Girona 122 km – Lleida 112 km
Mapa de carreteras Michelin n° 574-G35

Aligué

COCINA TRADICIONAL • FAMILIAR XX Desde que los hermanos Aligué tomaron las riendas del negocio familiar, hoy renovado, su carta contempla propuestas tradicionales, actuales y de temporada (setas, trufas...).

Menú 40/60 € – Carta 45/60 €

barriada El Guix 10 (carret. de Vic) ✉ 08243 - ☎ 938 73 25 62 - www.restaurantaligue.es - solo almuerzo salvo viernes y sábado

NOS GUSTA...

Contagiarnos del ambiente VIP que se respira en la plaza interior del hotel **Puente Romano**, donde hay propuestas gastronómicas para todos los gustos (**Dani García**, **Serafina** y **Bibo**). Descubrir los pescados y mariscos de **Santiago**, la creatividad de **Skina** o los sabores mediterráneos de **El Gran Gatsby**, este último frente a los lujosos yates de Puerto Banús.

MARBELLA

Málaga – 139 537 h. – Mapa regional : **1**-A3
▶ Madrid 602 km – Algeciras 77 km – Cádiz 201 km – Málaga 59 km
Mapa de carreteras Michelin n° 578-W15

Restaurantes

✿✿ Dani García

CREATIVA • AMBIENTE CLÁSICO XXX ¡Un referente culinario de Andalucía! Se halla en una plaza interior del lujoso hotel Puente Romano y recrea un espacio moderno, con unos bellos jardines verticales para integrar la naturaleza. El chef propone una cocina creativa, con su sello personal, en la que se otorga al cliente un amplio abanico de posibilidades.

➜ Gazpacho amarillo, tomate nitro y aguacate. Mormo de atún de almadraba, pil-pil negro de chilmole y coliflor encurtida. Coulant de avellanas caliente.

Menú 185 € – Carta 87/123 €

Plano : A2-r – *Hotel Puente Romano, Boulevard Príncipe Alfonso von Hohenlohe ✉ 29602 – ✆ 952 76 42 52 – www.grupodanigarcia.com – cerrado enero, lunes salvo julio-agosto y domingo*

✿ El Lago

CREATIVA • ACOGEDORA XX Destaca por su emplazamiento, en un relajante campo de golf y frente a un lago artificial. La sala, de montaje actual y con una gran cristalera semicircular, se ve apoyada por unas idílicas terrazas. Su cocina, actual, creativa y con platos bien concebidos, bebe directamente de la gastronomía regional e internacional.

➜ Gamba roja con salsa holandesa, jugo de algas y tirabeques. Steak tartar de ternera con crema de huevos fritos y trufa. Limón del Valle de Guadalhorce.

Menú 55/67 € – Carta 58/70 €

Plano : C2-n – *av. Las Cumbres, urb. Elviria Hills, salida Elviria : 10 km y desvío 2 km ✉ 29604 – ✆ 952 83 23 71 – www.restauranteellago.com – solo cena – cerrado lunes salvo verano*

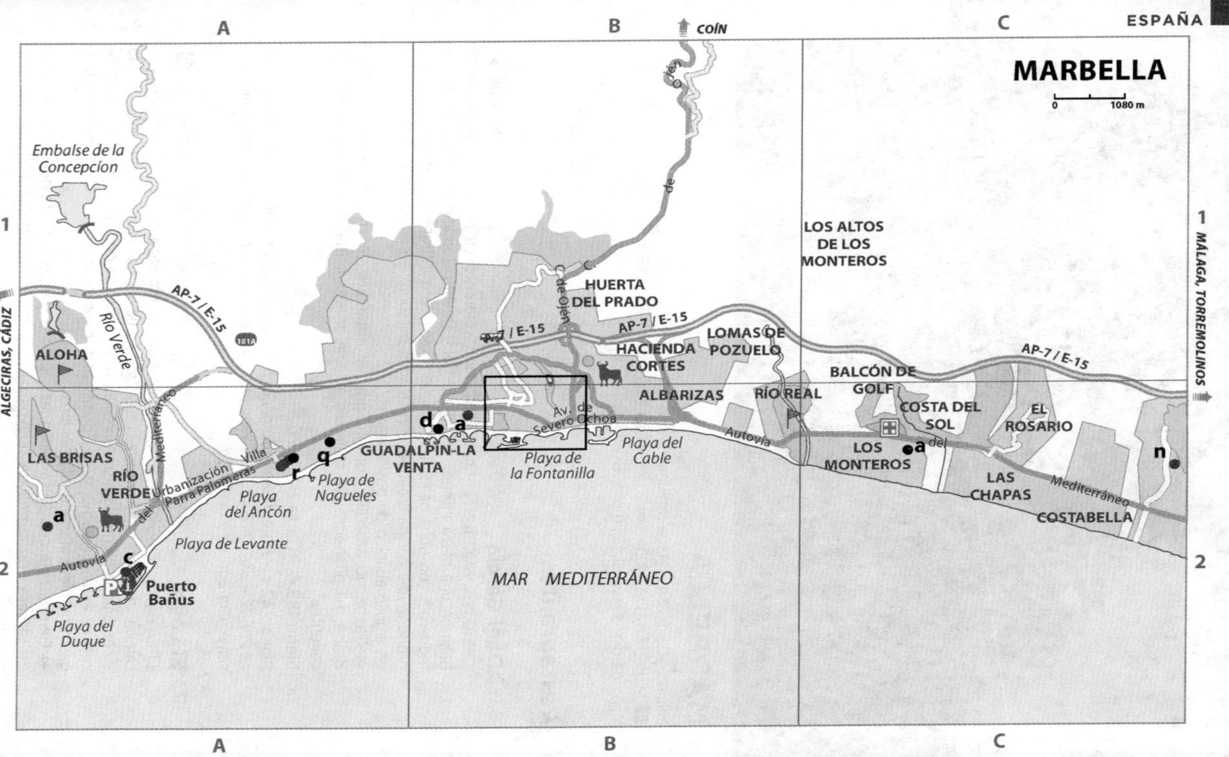
MARBELLA
0
1080 m
COÍN
MÁLAGA, TORREMOLINOS
ALGECIRAS, CÁDIZ
Embalse de la Concepcíon
Río Verde
AP-7 / E-15
ALOHA
LAS BRISAS
RÍO VERDE
Urbanización Parra Palomeras
Villa
Mediterráneo
del
Autovia
Puerto Bañus
Playa del Duque
Playa de Levante
Playa del Ancón
Playa de Nagueles
GUADALPIN-LA VENTA
C. de Ojén
HUERTA DEL PRADO
HACIENDA CORTES
LOMAS DE POZUELO
ALBARIZAS
Av. de Severo Ochoa
Playa de la Fontanilla
Playa del Cable
MAR MEDITERRÁNEO
RÍO REAL
LOS ALTOS DE LOS MONTEROS
BALCÓN DE GOLF
COSTA DEL SOL
EL ROSARIO
LOS MONTEROS
LAS CHAPAS
COSTABELLA

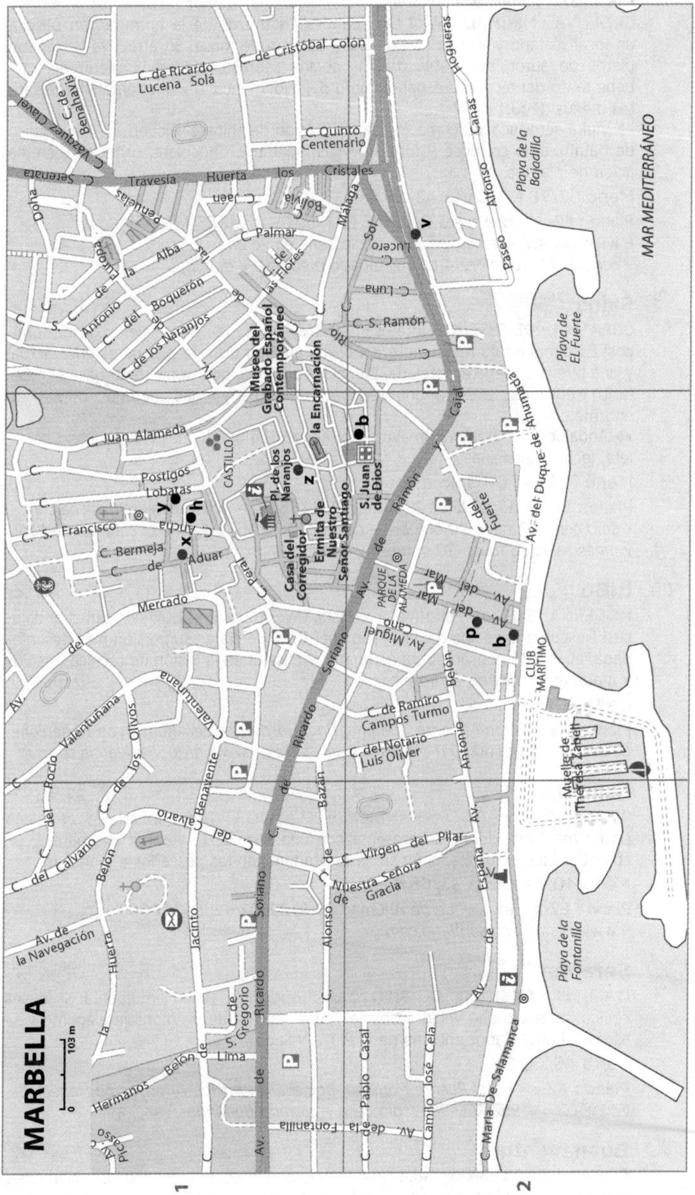

MARBELLA

0 103 m

Museo del Grabado Español Contemporáneo

Casa del Corregidor

Ermita de Nuestro Señor Santiago

Pl. de los Naranjos

la Encarnación

S. Juan de Dios

CASTILLO

PARQUE DE LA ALAMEDA

CLUB MARÍTIMO

Muelle de Theresa Zabell

Playa de la Fontanilla

Playa de EL Fuerte

Playa de la Bajadilla

MAR MEDITERRÁNEO

Av. de Ricardo Soriano

C. de Ricardo Soriano

Av. de Ramón y Cajal

Av. del Duque de Ahumada

C. María De Salamanca

Av. de España

Av. Antonio Belón

Av. del Mercado

Av. de la Navegación

C. del Calvario

C. del Rocío Valentuñana

C. de los Olivos

C. Jacinto Benavente

C. Alonso de Bazán

C. Nuestra Señora de Gracia

C. Virgen del Pilar

C. del Notario Luis Oliver

C. de Ramiro Campos Turmo

Av. Miguel Cano

Av. del Mar

C. del Fuerte

C. Peral

C. S. Francisco

C. Bermeja

C. de Aduar

C. Ancha

C. Postigos

C. Lobatas

C. Juan Alameda

Av. de las Naranjos

C. de los Naranjos

C. del Boquerón

C. de la Alba

C. Antonio

C. de Europa

C. Doha

C. Serenata

C. Vazquez Clavel

C. de Benahavis

C. Peñuelas

Travesía Huerta los Cristales

C. Jaén

C. Palmar

C. Bolivia

C. de las Flores

C. Málaga

C. Río

C. S. Ramón

C. Luna

C. Lucero

C. Sol

C. Quinto Centenario

C. de Cristóbal Colón

C. de Ricardo Lucena Solá

Paseo Alfonso Canas

Hogueras

Av. Picasso

Hermanos Belón

C. de Lima

C. de Gregorio

Huerta la Belón

Av. de la Fontanilla

C. de Pablo Casal

C. Camilo José Cela

Messina (Mauricio Giovanini)

CREATIVA • MINIMALISTA XX Las grandes cristaleras de la entrada dan paso a un local diáfano y actual, con un buen servicio de mesa. Su atractiva carta, con platos de autor, nos habla de una cocina sabrosa, madura y meditada, que bebe tanto del recetario español como del sudamericano y el oriental. ¡Interesantes menús degustación!

➜ Vieira semiseca, cúrcuma fresca y emulsión de shitake. Pichón de Araiz, guiso de batata, apio cremoso y fondo de sus higaditos. Chocolate, pistacho y crema ácida de plátano.

Menú 62/78 € - Carta 43/59 €

Plano : F2-v - *av. Severo Ochoa 12 ✉ 29603 - ✆ 952 86 48 95 - www.restaurantemessina.com - solo cena en verano - cerrado 12 diciembre-4 enero, sábado mediodía y domingo*

Skina

CREATIVA • DE DISEÑO X Interesante, atrevido y... ¡de altos vuelos gastronómicos! Este minúsculo restaurante del casco antiguo disfruta de una estética actual y una buena bodega acristalada. Su cocina creativa, que toma como base el recetario tradicional, atesora una técnica impecable y unas materias primas de enorme calidad.

➜ Andalucía vegetal en primavera. Salmonete, hinojo de mar y de monte. Chocolate, leche y avellanas.

Menú 105/135 € - solo menú

Plano : E1-x - *Aduar 12 ✉ 29601 - ✆ 952 76 52 77 - www.restauranteskina.com - solo cena 25 mayo-20 octubre - cerrado del 8 al 23 de enero, sábado mediodía y lunes salvo 25 mayo-20 octubre y domingo*

BiBo

MODERNA • BISTRÓ X Informal, colorista, divertido... ¡un bistró con tintes andaluces! Descubra la cocina del laureado chef Dani García en su versión más desenfadada, pues está pensada para compartir y basada en la fusión de técnicas, estilos y materias primas de enorme calidad.

Carta 30/50 €

Plano : A2-r - *Hotel Puente Romano, Boulevard Príncipe Alfonso von Hohenlohe ✉ 29602 - ✆ 951 60 70 11 (reserva aconsejable) - www.grupodanigarcia.com*

Santiago

PESCADOS Y MARISCOS • AMBIENTE CLÁSICO XX Todo un clásico en pleno paseo marítimo, donde se presenta con una terraza de verano, una barra y un comedor bien actualizado. En su carta predominan los pescados y mariscos.

Menú 40 € - Carta 33/65 €

Plano : E2-b - *av. Duque de Ahumada 5 ✉ 29602 - ✆ 952 77 00 78 - www.restaurantesantiago.com*

Serafina

ITALIANA • AMBIENTE CLÁSICO XX Una opción a tener en cuenta si desea cocina italiana o una velada especial, pues disfruta de un montaje elegante y se asoma al encantador entorno de la Plaza Village.

Carta 45/60 €

Plano : A2-r - *Hotel Puente Romano, Boulevard Príncipe Alfonso von Hohenlohe ✉ 29602 - ✆ 952 77 17 98 - solo cena - cerrado domingo*

Buenaventura

COCINA TRADICIONAL • RÚSTICA XX Marco rústico dotado con una chimenea, una bodega acristalada y una coqueta terraza. Cocina tradicional actualizada con varios menús, medias raciones y producto de proximidad.

Menú 25 € - Carta 30/55 €

Plano : E1-z - *pl. Iglesia de la Encarnación 5 ✉ 29601 - ✆ 952 85 80 69 - www.restaurantebuenaventura.es - solo cena en agosto*

TA-KUMI

JAPONESA • FAMILIAR Llevado por dos matrimonios, uno nipón y el otro español. En su sala, de línea actual-funcional, podrá disfrutar con una cocina japonesa que cuida mucho las presentaciones.

Menú 52/75 € - Carta 40/54 €

Plano : B2-a - *Gregorio Marañón 4 ✉ 29602 - ✆ 952 77 08 39 - www.restaurantetakumi.com*

Vovem Asador

CARNES • MARCO CONTEMPORÁNEO Carpaccios, cocas, tartares... y, sobre todo, unas maravillosas carnes traídas de todo el mundo, de diferentes razas y con distintos tipos de cortes. ¡Buena parrilla vista!

Carta 40/60 €

Plano : A2-x - *Yedras ✉ 29601 - ✆ 952 00 34 34 - www.vovemasador.com*

La Taberna de Santiago

COCINA TRADICIONAL • AMBIENTE TRADICIONAL Disfruta de una atractiva fachada azulejada, una espaciosa terraza y un coqueto interior. Amplia oferta de tapas y raciones, de tinte tradicional y a precios razonables.

Tapa 1,50 € - Ración aprox. 8 €

Plano : E2-p - *av. del Mar 20 ✉ 29602 - ✆ 952 77 00 78 - www.restaurantesantiago.com*

Alojamientos

Marbella Club

LUJO • CLÁSICA ¡Emblemático! Encontrará un inmenso jardín, un seductor club de playa, excelentes habitaciones con terraza y hasta 15 villas independientes, todas exclusivas y de gran confort. El restaurante-grill, con la parrilla en el centro, ofrece una carta internacional.

79 hab - ††299/1000 € - ☕ 36 € - 51 suites

Plano : A2-q - *Boulevard Príncipe Alfonso von Hohenlohe ✉ 29602 - ✆ 952 82 22 11 - www.marbellaclub.com*

Puente Romano

LUJO • CLÁSICA Elegante conjunto de aire andaluz dotado con un jardín subtropical y habitaciones tipo bungalow, todas de elevado confort. Sorprende por su atractiva y variada propuesta gastronómica, pues atesora varios restaurantes en la Plaza Village (Dani García, Serafina, Bibo...) y uno más, llamado Sea Grill, con vistas al mar.

214 hab ☕ - †180/690 € ††210/790 € - 55 suites

Plano : A2-r - *Boulevard Príncipe Alfonso von Hohenlohe ✉ 29602 - ✆ 952 82 09 00 - www.puenteromano.com*

Gran Meliá Don Pepe

CADENA HOTELERA • CONTEMPORÁNEA Un oasis junto al mar, pues se rodea por un bello jardín subtropical. Sus excelentes estancias le sorprenderán por el confort y la profusión en los detalles. En el restaurante T Bone Grill proponen una cocina tradicional especializada en productos a la brasa.

168 hab ☕ - ††209/550 € - 24 suites

Plano : B2-d - *José Meliá ✉ 29602 - ✆ 952 77 03 00 - www.melia.com*

Los Monteros

LUJO • CLÁSICA Todo un histórico de la Costa del Sol que ha recuperado el pulso y se está actualizando poco a poco. Resulta especialmente atractivo el Club de playa La Cabane, con acceso directo a la playa y espléndidas vistas al mar.

178 hab ☕ - †140/400 € ††170/450 € - 116 suites

Plano : C2-a - *urb. Los Monteros, carret. de Cádiz, km 187 ✉ 29603 - ✆ 952 77 17 00 - www.monteros.com*

La Villa Marbella

TRADICIONAL • PERSONALIZADA Ocupa varios edificios del casco viejo, todos con habitaciones de completo equipamiento y detalles personalizados. Destaca la amabilidad del personal y el gusto decorativo.

29 hab - †80/120 € ††90/269 €

Plano : E1-y - *Príncesa 6 ✉ 29601*
- ☎ 952 76 62 20 - www.lavillamarbella.com
- cerrado del 10 al 26 de diciembre

La Morada mas Hermosa

FAMILIAR • ACOGEDORA Íntimo, céntrico, familiar... y en una casa antigua a la que se accede por una callejuela llena de plantas. Las coquetas habitaciones se visten con muebles de varios estilos.

7 hab - †70/90 € ††112/156 € - 9 €

Plano : E1-h - *Montenebros 16 ✉ 29601*
- ☎ 952 92 44 67 - www.lamoradamashermosa.com
- cerrado enero-15 febrero

The Town House

FAMILIAR • ACOGEDORA Pequeño hotel instalado en una casa rehabilitada del casco antiguo. Ofrece un interior de línea clásica-actual, muy personal, y habitaciones de buen confort. Terraza-solárium.

9 hab - †105/140 € ††125/160 €

Plano : E2-b - *Alderete 7 ✉ 29600*
- ☎ 952 90 17 91 - www.townhousemarbella.com

en Puerto Banús

El Gran Gatsby

COCINA TRADICIONAL • A LA MODA XX ¡Frente a los yates de Puerto Banús! Posee unas instalaciones muy luminosas, de estética actual y dominadas por los tonos blancos. Cocina tradicional-mediterránea actualizada.

Menú 50/79 € - Carta 40/60 €

Plano : A2-c - *Muelle de Honor ✉ 29660 Puerto Banús*
- ☎ 951 77 87 97 - www.elgrangatsby.com

MARCILLA

Navarra - 2 800 h. - Alt. 290 m - Mapa regional : **17**-A2
Madrid 345 km - Logroño 65 km - Iruña/Pamplona 63 km - Zaragoza 123 km
Mapa de carreteras Michelin n° 573-E24

Villa Marcilla

REGIONAL • AMBIENTE CLÁSICO XX Esta antigua casa señorial cuenta con dos comedores a la carta, ambos de elegante ambiente inglés, y una sala mucho más amplia para el menú diario. Su patio-porche hace de terraza. Cocina tradicional bien puesta al día.

Menú 13/30 € - Carta 30/55 €

carret. Estación, Noreste : 2 km ✉ 31340
- ☎ 948 71 37 37 - www.restaurantevillamarcilla.es
- solo almuerzo salvo fines de semana - cerrado del 5 al 20 de julio

MARTINET

Lleida - 586 h. - Alt. 980 m - Mapa regional : **9**-B1
Madrid 612 km - Barcelona 155 km - Girona 171 km - Lleida 154 km
Mapa de carreteras Michelin n° 574-E35

Fonda Pluvinet

CATALANA • RÚSTICA Íntimo, acogedor, de sencillo ambiente rústico... Esta agradable casa, ubicada en la calle principal que cruza la localidad, apuesta por la cocina tradicional catalana de toda la vida, plena de sabores y fiel a la utilización de unas buenas materias primas.

Menú 19/29 € - Carta 23/39 €

Del Segre 13 D ✉ 25724 - ✆ 973 51 54 91 - solo almuerzo salvo viernes y sábado, o con reserva previa - cerrado 1ª quincena de junio, 2ª quincena de noviembre y martes

El MASNOU

Barcelona - 22 923 h. - Mapa regional : **10**-B3

Madrid 633 km - Barcelona 18 km - Girona 86 km - Tarragona 117 km

Mapa de carreteras Michelin n° 574-H36

Tresmacarrons (Miquel Aldana)

MODERNA • ACOGEDORA Casa de gestión familiar en la que se apuesta, clarísimamente, por el producto de temporada. En su moderna sala le propondrán una carta de tinte actual que, abriendo un apartado para platos clásicos, sobre todo emana compromiso, honestidad y amor por el trabajo bien hecho.

➜ Bogavante con ajoblanco y mayonesa de su coral. Esqueixada de bonito marinado con soja. Colmenillas rellenas con foie-gras y pasas.

Menú 38/79 € - Carta 50/72 €

av. del Maresme 21 ✉ 08320 - ✆ 935 40 92 66 - www.tresmacarrons.com - cerrado 15 días en febrero, 15 días en agosto, domingo y lunes

MATAPOZUELOS

Valladolid - 1 016 h. - Mapa regional : **8**-B2

Madrid 175 km - Valladolid 38 km - Segovia 109 km - Ávila 104 km

Mapa de carreteras Michelin n° 575-H15

La Botica (Miguel Ángel de la Cruz)

MODERNA • RÚSTICA Restaurante-asador familiar instalado en una antigua casa de labranza que, en otros tiempos, funcionó como farmacia. Se presenta con unas instalaciones de aire rústico, un privado en lo que fue la botica y una carta de tinte tradicional que hoy se enriquece con dos menús propios de la cocina de autor.

➜ Espárragos de la zona con hierbas silvestres y gel de anisados. Lomo de venado con setas de pinar y piñas verdes ralladas. Piñones y pinares: espuma de piñón y helado de piñas verdes de pino.

Menú 56 € - Carta 32/40 €

pl. Mayor 2 ✉ 47230 - ✆ 983 83 29 42 - www.laboticadematapozuelos.com - solo almuerzo salvo fines de semana y agosto-15 septiembre

MATARÓ

Barcelona - 124 867 h. - Mapa regional : **10**-B3

Madrid 645 km - Barcelona 32 km - Girona 72 km - Tarragona 131 km

Mapa de carreteras Michelin n° 574-H37

El Nou-Cents

MODERNA • RÚSTICA Presenta un buen hall y dos comedores, destacando el más rústico por contar con chimenea y tener una bóveda catalana en ladrillo visto. Ofrecen una cocina actual de bases clásicas, trabajando mucho la trufa, las setas y la caza.

Menú 38/58 € - Carta 35/56 €

El Torrent 21 ✉ 08302 - ✆ 937 99 37 51 - www.elnou-cents.restaurant - cerrado del 1 al 15 de agosto y domingo

Sangiovese

CREATIVA • MARCO CONTEMPORÁNEO XXX Disfruta de una estética moderna, con detalles de diseño, dejando tanto la cocina como su completa bodega a la vista. Ofrecen elaboraciones de mercado y de temporada, por eso veremos como sus menús varían con los cambios de estación.

Menú 22/56 € - Carta 35/52 €

Sant Josep 31 ✉ 08302 - ✆ 937 41 02 67 - www.sangioveserestaurant.com - cerrado 15 días en agosto, domingo noche, lunes y martes noche

Bocca

COCINA TRADICIONAL • AMBIENTE CLÁSICO XX ¡Familiar y de larga trayectoria! En su acogedora sala podrá degustar una cocina tradicional actualizada que aglutina numerosos arroces, platos de los de toda la vida y sugerencias derivadas de los productos del día en la lonja de Arenys.

Menú 15/40 € - Carta 29/69 €

pl. d'Espanya 18 ✉ 08302 - ✆ 937 41 12 69 - www.boccarestaurant.com - cerrado Semana Santa, 21 días en agosto, domingo noche y lunes

La Marineta Platets i Tapes N

DE MERCADO • RÚSTICA X Agradable, informal y con una línea rústico-actual bastante cuidada. Cocina catalana de mercado bien interpretada por el chef, que equilibra técnica, creatividad y pasión.

Menú 18 € - Carta 35/45 €

Cuba 76 ✉ 08302 - ✆ 935 12 60 22 - www.lamarineta.com - cerrado del 18 al 24 de abril, del 1 al 15 de agosto, 1ª semana de noviembre, domingo y lunes

MAZAGÓN

Huelva - Mapa regional : **1**-A2

Madrid 638 km - Huelva 23 km - Sevilla 102 km

Mapa de carreteras Michelin nº 578-U9

por la carretera de Matalascañas

Parador de Mazagón

TRADICIONAL • CLÁSICA Disfruta de un enclave privilegiado, pues está a la entrada del Parque Nacional de Doñana y a un paso de la playa. Habitaciones clásicas con detalles rústicos, la mayoría con magníficas vistas al mar. En su luminoso restaurante encontrará una completa carta de carácter regional. ¡Perfecto para desconectar!

62 hab - ††95/210 € - ☕ 19 € - 1 suite

Sureste, 7 km ✉ 21130 Mazagón - ✆ 959 53 63 00 - www.parador.es

MEAÑO

Pontevedra - 5 382 h. - Mapa regional : **13**-A2

Madrid 640 km - Santiago de Compostela 67 km - Pontevedra 28 km - Viana do Castelo 131 km

Mapa de carreteras Michelin nº 571-E3

Quinta de San Amaro

AGROTURISMO • ACOGEDORA Magnífico hotel rural situado en una finca rústica que conserva sus edificios en piedra. Buen salón social y habitaciones de excelente confort, todas con mobiliario colonial. El restaurante, que resulta muy luminoso por estar completamente acristalado, ofrece una buena carta de cocina tradicional.

14 hab ☕ - †83/115 € ††105/147 €

lugar de San Amaro 6 ✉ 36968 - ✆ 986 74 89 38 - www.quintadesanamaro.com

MECINA FONDALES

Granada - Alt. 930 m - Mapa regional : **1**-D1

Madrid 488 km - Granada 69 km - Almería 139 km - Málaga 128 km

Mapa de carreteras Michelin nº 578-V20

Mecina Fondales

FAMILIAR · RÚSTICA Finca con árboles frutales emplazada en un pueblecito de Las Alpujarras. Posee una coqueta zona social, un patio árabe y habitaciones de aire rústico, casi todas con terraza. El restaurante, también rústico, trabaja solo cenas.

21 hab - 64 € 80 € - 10 €

La Fuente 2 18416 - 958 76 62 41 - www.hoteldemecina.com

MEDINA DE RIOSECO

Valladolid - 4 821 h. - Alt. 735 m - Mapa regional : **8**-B2

Madrid 223 km - León 94 km - Palencia 50 km - Valladolid 41 km

Mapa de carreteras Michelin nº 575-G14

Los Almirantes

TOWNHOUSE · DE DISEÑO ¡Sorprendente! Tras su modesta fachada se esconde un hotel con mayúsculas que destaca tanto por sus instalaciones como por sus excepcionales habitaciones, todas domotizadas y vestidas con detalles de diseño. Correcta oferta gastronómica de tinte tradicional.

17 hab - 60/145 € 62/159 € - 9 €

San Juan 36 47800 - 983 72 05 21 - www.losalmirantes.com

MEDINA DEL CAMPO

Valladolid - 21 110 h. - Alt. 721 m - Mapa regional : **8**-B2

Madrid 154 km - Salamanca 81 km - Valladolid 43 km

Mapa de carreteras Michelin nº 575-I15

El Mortero

COCINA TRADICIONAL · AMBIENTE CLÁSICO XX Se halla en una céntrica plaza y complementa su bar de tapas con un comedor de línea actual. Cocina tradicional y regional elaborada, normalmente, con productos de temporada.

Menú 12/35 € - Carta 25/48 €

pl. Segovia 2 47400 - 983 80 30 33 - www.elmortero.es - cerrado 7 días en octubre y lunes

MEDINA SIDONIA

Cádiz - 11 749 h. - Alt. 304 m - Mapa regional : **1**-B3

Madrid 620 km - Algeciras 73 km - Arcos de la Frontera 42 km - Cádiz 42 km

Mapa de carreteras Michelin nº 578-W12

El Duque

COCINA TRADICIONAL · RÚSTICA X En este negocio familiar encontraremos un bar, con chimenea y mesas para tapear, así como un acogedor comedor rodeado de ventanales. Su carta tradicional, dominada por las carnes, deja ver algún toque de actualidad. También ofrece unas sencillas habitaciones.

Carta 21/46 € 9 hab - 40/70 € 60/75 €

av. del Mar 10 11170 - 956 41 00 40 - www.hotelelduque.com - cerrado lunes

El Castillo

COCINA TRADICIONAL · FAMILIAR X En la parte alta del pueblo, un buen lugar para descubrir los sabores de esta tierra. La carta, de perfil casero, contempla platos de caza, carnes de la zona, algún pescado...

Menú 9/30 € - Carta 17/28 €

Ducado de Medina Sidonia 3 11170 - 956 41 08 23 - www.hotelrestauranteelcastillo.com - solo almuerzo salvo marzo-octubre y fines de semana resto del año - cerrado domingo noche salvo navidades, julio y agosto

en la carretera de Vejer Sureste : 3 km

Venta La Duquesa

COCINA TRADICIONAL • RÚSTICA Está en pleno campo, ocupando una venta típica que hoy se presenta con un bar de tapas y cuatro salas de línea clásica-regional. Ofrecen una carta tradicional y de temporada que destaca tanto por sus guisos como por sus platos de caza.

Carta 20/41 €

carret. A 396 ✉ 11170 Medina Sidonia – ☎ 956 41 08 36 – www.duquesa.com – cerrado del 1 al 15 de marzo, del 6 al 23 de noviembre lunes noche y martes salvo agosto

MEDINACELI

Soria – 732 h. – Alt. 1 201 m – Mapa regional : **8**-D3
Madrid 159 km – Valladolid 243 km – Soria 77 km – Guadalajara 99 km
Mapa de carreteras Michelin nº 575-I22

Bavieca

COCINA TRADICIONAL • FAMILIAR Casa de piedra dotada con un interior de estilo actual. Su actividad principal es el restaurante, ofreciendo en él una carta compensada de cocina tradicional. Aquí también puede alojarse, ya que cuentan con unas habitaciones confortables, coloristas y de línea actual, algunas abuhardilladas.

Menú 17/35 € – Carta 23/51 € 7 hab – 43/45 € 56/60 €

Campo de San Nicolás 6 ✉ 42240 – ☎ 975 32 61 06 – www.bavieca.net – cerrado del 1 al 10 de septiembre y miércoles

MELIANA

Valencia – 10 588 h. – Mapa regional : **11**-B2
Madrid 371 km – Valencia 13 km – Castelló de la Plana / Castellón de la Plana 72 km
Mapa de carreteras Michelin nº 577-N28

en el Barrio de Roca Este : 2 km

Ca' Pepico

REGIONAL • RÚSTICA Un buen restaurante para descubrir la gastronomía valenciana, pues ocupa una casa rural típica ubicada en plena huerta. En su interior, de ambiente rústico y con mobiliario de época, le ofrecerán una carta regional con dos arroces diarios.

Carta 21/46 €

Mediterraneo 1 ✉ 46133 – ☎ 961 49 13 46 – www.capepico.com – cerrado 15 agosto-15 septiembre, domingo y martes noche

MELILLA

85 584 h. – Mapa regional : **1**-C3
Mapa de carreteras Michelin nº 742-6/11

Parador de Melilla

CADENA HOTELERA • CLÁSICA Destaca por su emplazamiento sobre un promontorio y junto a un recinto fortificado, disfrutando de las mejores vistas sobre la ciudad. Ofrece unas correctas habitaciones, la gran mayoría con mobiliario de inspiración colonial y su propia terraza. Atractivo comedor circular de carácter panorámico.

40 hab – 65/135 € – 15 €

Plano : A1-a – *av. Cándido Lobera 16 ✉ 52001 – ☎ 952 68 49 40 – www.parador.es*

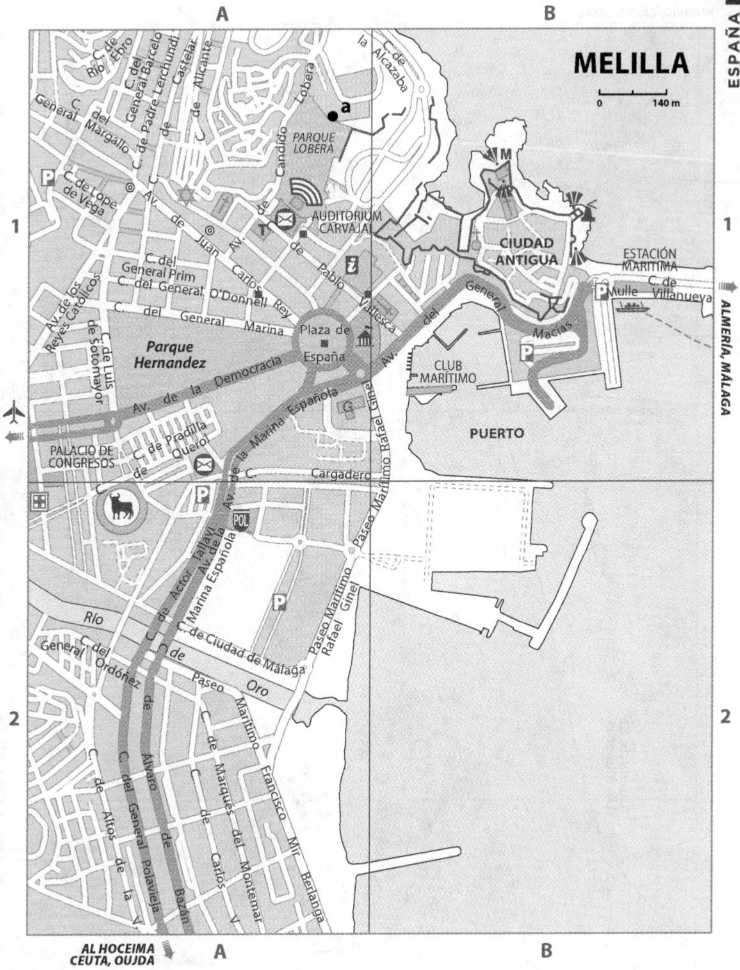

MELILLA

MERANGES

Girona – 100 h. – Alt. 1 540 m – Mapa regional : **9**-C1
Madrid 640 km – Barcelona 162 km – Girona 166 km
Mapa de carreteras Michelin n° 574-E35

Can Borrell

REGIONAL • FAMILIAR En un pueblo de montaña con muchísimo encanto. Restaurante de aire rústico donde podrá saborear una cocina propia del recetario catalán aunque con sugerentes actualizaciones. Como complemento al negocio también ofrece habitaciones, varias con vistas al valle.

Menú 31/44 € – Carta 28/53 € 9 hab – 105/112 €

Retorn 3 17539 – 972 88 00 33 – www.canborrell.com – cerrado 7 días en octubre-noviembre, del 12 al 26 de diciembre, domingo noche, lunes, martes, miércoles y jueves de 5 enero-30 abril salvo en Navidades, Semana Santa y festivos

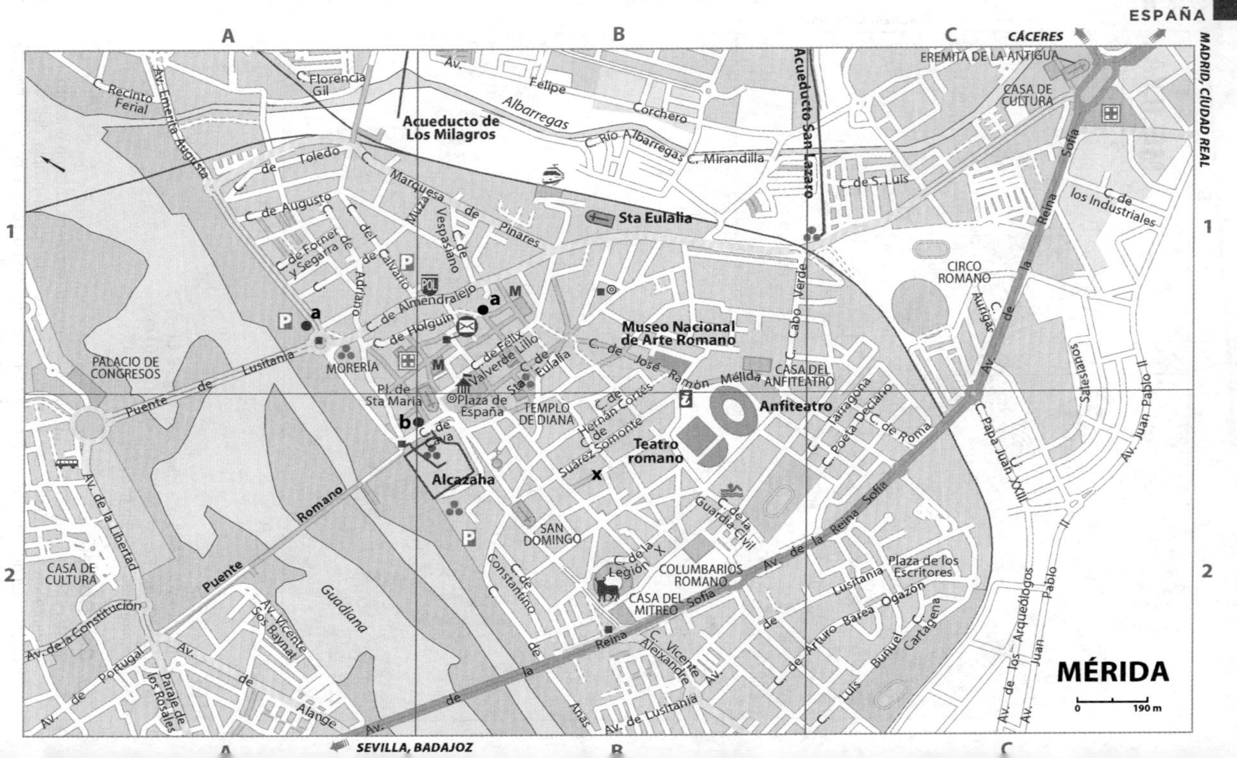
MÉRIDA
0
190 m
MADRID, CÍUDAD REAL
CÁCERES
SEVILLA, BADAJOZ
A
B
C
1
2
Acueducto San Lazaro
Acueducto de Los Milagros
Sta Eulalia
Museo Nacional de Arte Romano
Anfiteatro
Teatro romano
CASA DEL ANFITEATRO
TEMPLO DE DIANA
Plaza de España
Alcazaba
MORERÍA
Pl. de Sta Maria
SAN DOMINGO
COLUMBARIOS ROMANO
CASA DEL MITREO
CIRCO ROMANO
EREMITA DE LA ANTIGUA
CASA DE CULTURA
PALACIO DE CONGRESOS
Puente Romano
Puente de Lusitania
Guadiana
Albarregas
Av. de la Libertad
Av. de la Constitución
Av. de Portugal
Paraje de los Rosales
Av. Vicente Sos Baynat
Av. de Alange
Av. Emerita Augusta
C. Recinto Ferial
C. Florencia Gil
Av. Felipe Corchero
C. Río Albarregas
C. Mirandilla
C. de S. Luis
C. de los Industriales
Av. de la Reina Sofía
C. Papa Juan XXIII
Av. Juan Pablo II
Av. de los Arqueólogos
Av. Juan Pablo II
Salesianos
C. Aurigas
C. Cabo Verde
C. Tarragona
C. Poeta Deciano
C. de Roma
C. de la Guardia Civil
C. de la Legión X
C. Vicente Aleixandre
Av. de Lusitania
C. de Arturo Barea Ogazón
C. Luis Buñuel
C. Cartagena
Plaza de los Escritores
Lusitania
C. de Constantino
C. de Anas
C. de José Ramón Mélida
C. de Hernán Cortés
C. de Suárez Somonte
C. de Sta Eulalia
C. de Félix Valverde Lillo
C. de Holguín
C. de Almendralejo
C. del Calvario
C. de Vespasiano
Marquesa de Pinares
Muza
C. Adriano
C. de Forner y Segarra
C. de Augusto
C. de Toledo
C. de Cava

MÉRIDA

Badajoz - 58 971 h. - Alt. 221 m - Mapa regional : **12**-B2
Madrid 347 km - Badajoz 62 km - Cáceres 71 km - Ciudad Real 252 km
Mapa de carreteras Michelin n° 576-P10

Rex Numitor

COCINA TRADICIONAL • AMBIENTE CLÁSICO XX Este negocio familiar, a pocos metros de la alcazaba árabe, presenta un interior clásico-actual y espacios de cuidado montaje. Su propuesta, tradicional actualizada y pensada para compartir, ensalza tanto los embutidos de la zona como los platos de temporada.

Menú 16/35 € - Carta 24/44 €

Plano : AB2-b - *Castelar 1 ✉ 06800 - ✆ 924 31 86 54 - www.apartamentoscapitolina.com*

Gonzalo Valverde

CREATIVA • MINIMALISTA XX El comedor, agradable y de línea minimalista, le sorprenderá por sus grandes ventanales y sus vistas, ya que desde aquí se puede contemplar el bello Puente Lusitania diseñado por Santiago Calatrava. Cocina muy personal a precios contenidos.

Menú 19 € - Carta 35/53 €

Plano : A1-a - *av. José Fernández López ✉ 06800 - ✆ 924 30 45 12 - www.gonzalovalverde.com - cerrado del 1 al 15 de septiembre, domingo noche y lunes noche salvo vísperas*

Parador de Mérida

HISTÓRICO • CLÁSICA Ocupa parte de un convento franciscano del s. XVIII, íntimo y acogedor, con habitaciones sobrias y mobiliario castellano. El patio conserva restos arqueológicos originales. En su restaurante podrá degustar una cocina que toma como base el recetario regional.

79 hab - ††75/185 € - ☕ 18 € - 3 suites

Plano : B1-a - *pl. de la Constitución 3 (acceso parking por calle Almendralejo 58) ✉ 06800 - ✆ 924 31 38 00 - www.parador.es*

MIERES

Asturias - 40 338 h. - Alt. 209 m - Mapa regional : **3**-B2
Madrid 426 km - Gijón 48 km - León 102 km - Oviedo 20 km
Mapa de carreteras Michelin n° 572-C12

El Cenador del Azul

COCINA TRADICIONAL • AMBIENTE CLÁSICO XX Céntrico y de amable organización familiar. Posee unas instalaciones de línea clásica-actual, con mobiliario de calidad y un buen servicio de mesa. Aquí ofrecen una cocina tradicional actualizada, trabajando bastante los pescados.

Menú 17/25 € - Carta 31/51 €

Aller 51-53 ✉ 33600 - ✆ 985 46 18 14 - solo almuerzo salvo viernes y sábado - cerrado 23 julio-6 agosto y domingo

en Cenera Suroeste : 7 km - Mapa regional : **3**-B2

La Panoya

REGIONAL • FAMILIAR X Un restaurante de aire regional que realza su propuesta tradicional con diversas jornadas gastronómicas, como las dedicadas a la caza, al bacalao, al bonito, a la matanza...

Menú 12/22 € - Carta 29/45 €

Hotel Cenera ✉ 33615 Cenera - ✆ 985 42 63 50 - www.valledecenera.com - cerrado 1ª quincena de noviembre y miércoles salvo festivos

Cenera

FAMILIAR • ACOGEDORA ¡Típica casona asturiana construida en piedra y madera! Presenta un pequeño salón social con chimenea y coquetas habitaciones, cada una de ellas con su propia personalidad.

6 hab - 40/60 € 45/80 € - 5 €

33615 Cenera - 985 42 63 50 - www.valledecenera.com

La Panoya - ver selección restaurantes

MIRAFLORES DE LA SIERRA

Madrid - 5 807 h. - Alt. 1 150 m - Mapa regional : **15**-B2

Madrid 59 km - Segovia 75 km - Ávila 114 km - Cuenca 227 km

Mapa de carreteras Michelin nº 576-J18

Mesón Maito

CARNES • ACOGEDORA Restaurante tipo asador que hoy se presenta con una línea estética un poco más actual, algo especialmente apreciable en el comedor de la 1ª planta. Carta tradicional.

Menú 19 € - Carta 32/52 €

paseo de los Álamos 5 28792 - 918 44 35 67 - www.mesonmaito.es - cerrado del 9 al 19 de enero

Asador La Fuente

CARNES • FAMILIAR Este asador, ubicado en pleno centro, presenta un interior de ambiente rústico-regional, con un horno de leña a la vista, una terraza acristalada y chimenea en el comedor. ¡Al elaborar sus platos suelen usar productos de su propia huerta!

Menú 15 € - Carta 27/46 €

Mayor 12 28792 - 918 44 42 16 - www.asadorlafuente.com - cerrado del 1 al 15 de septiembre y lunes

MOAÑA

Pontevedra - 19 492 h. - Mapa regional : **13**-A3

Madrid 610 km - A Coruña 164 km - Ourense 113 km - Pontevedra 33 km

Mapa de carreteras Michelin nº 571-F3

Prado Viejo

COCINA TRADICIONAL • MINIMALISTA Cuenta con un bar a la entrada, donde ofrecen los menús, una sala de línea clásica y una huerta propia que abastece al restaurante. Cocina tradicional y sugerencias diarias.

Menú 12 € - Carta 27/41 €

Ramón Cabanillas 16 36950 - 986 31 16 34 - www.pradoviejo.com - solo almuerzo salvo jueves, viernes y sábado - cerrado 15 días en octubre y lunes salvo verano

MOGARRAZ

Salamanca - 314 h. - Alt. 766 m - Mapa regional : **8**-A3

Madrid 264 km - Valladolid 218 km - Salamanca 102 km - Almeida 96 km

Mapa de carreteras Michelin nº 575-K11

Mirasierra

COCINA TRADICIONAL • RÚSTICA Ocupa un caserón y cuenta con varias salas, destacando la del fondo por sus vistas. Ofrecen deliciosos guisos, derivados del cerdo ibérico, setas, carnes a la brasa, quesos...

Menú 20/30 € - Carta 29/49 €

Miguel Ángel Maillo 58 37610 - 923 41 81 44 - www.restaurantemirasierra.com - solo almuerzo salvo sábado - cerrado del 7 al 31 de enero, del 24 al 30 de junio y lunes salvo agosto

MOIÀ

Barcelona - 5 865 h. - Alt. 776 m - Mapa regional : **9**-C2
Madrid 611 km - Barcelona 72 km - Manresa 26 km
Mapa de carreteras Michelin nº 574-G38

Les Voltes de Sant Sebastià

REGIONAL • RÚSTICA XX Ocupa unas antiguas cuadras con los techos abovedados en piedra. En su comedor le ofrecerán una carta de tinte regional, con detalles actuales y productos de la zona. Agradable patio-terraza y curioso pozo, este transformado hoy en bodega.

Menú 15/35 € - Carta 29/45 €

Sant Sebastià 9 ✉ 08180 - ✆ 938 30 14 40 - www.lesvoltes.com - solo almuerzo salvo viernes y sábado - cerrado del 15 al 28 de febrero, lunes y martes

MOJÁCAR

Almería - 6 825 h. - Alt. 175 m - Mapa regional : **1**-D2
Madrid 527 km - Almería 95 km - Murcia 141 km
Mapa de carreteras Michelin nº 578-U24

en la playa

Parador de Mojácar

TRADICIONAL • MODERNA ¡Un bello paraje frente al mar! Presenta detalles de diseño tanto en la zona social como en la mitad de las habitaciones, pues el resto, las más antiguas, aún conservan la estética original. En el comedor, de uso polivalente, ofrecen platos típicos de la zona.

98 hab - 70/180 € - 16 € - 10 suites

paseo del Mediterráneo 339, Sureste : 2,5 km ✉ 04638 Mojácar - ✆ 950 47 82 50 - www.parador.es

MOLINA DE SEGURA

Murcia - 69 331 h. - Mapa regional : **16**-B2
Madrid 386 km - Murcia 14 km - Alacant / Alicante 83 km - Albacete 136 km
Mapa de carreteras Michelin nº 577-R26

Lamarimorena

CREATIVA • DE DISEÑO X He aquí un local moderno, fresco y polivalente que, dominado por los tonos blancos, sabe aunar los conceptos de gastrobar y restaurante. Cocina actual rica en tapas y menús.

Menú 12/28 € - Carta 19/70 €

av. del Chorrico 110 ✉ 30500 - ✆ 968 61 12 89 - www.lamarimorenarestaurant.com - cerrado 15 días en agosto, domingo noche y lunes

La Maita

CREATIVA • DE DISEÑO Sorprende por el diseño del edificio, pues combina partes de la antigua muralla con amplias placas de acero Corten y hormigón. Tapas locales, de autor y fieles al gusto nipón.

Tapa 4 € - Ración aprox. 10 €

Castillo 18 ✉ 30500 - ✆ 968 97 36 07 - www.lamaita.com - cerrado domingo noche, lunes y martes salvo agosto

Los MOLINOS

Madrid - 4 349 h. - Alt. 1 045 m - Mapa regional : **15**-A2
Madrid 56 km - Ávila 73 km - Segovia 54 km - Toledo 124 km
Mapa de carreteras Michelin nº 576-J17

Asador Paco

COCINA TRADICIONAL • RÚSTICA Ocupa una céntrica casa de piedra, con el coqueto comedor instalado en lo que fue el pajar, y tiene fama por sus asados en horno de leña. Buen producto y excelente Lechazo.

Carta 35/52 €

Pradillos 11 ✉ 28460 – ✆ 918 55 17 52 – www.hornodeasarpaco.com – solo almuerzo en invierno salvo viernes y sábado – cerrado 15 septiembre-7 octubre, domingo noche y martes

MOLLET DE PERALADA

Girona – 180 h. – Alt. 59 m – Mapa regional : **9**-D3

Madrid 734 km – Barcelona 151 km – Girona 53 km – Lleida 276 km

Mapa de carreteras Michelin nº 574-E39

Reina de Port-Lligat

MODERNA • ACOGEDORA Recupera una antigua casa de pueblo y sorprende desde el mismo acceso, pues muestra un cuidadísimo interior de ambiente rústico-actual... con detalles de diseño y algún techo abovedado. Cocina de mercado con interesantes toques de autor.

Menú 36 € – Carta 46/77 €

Unió 10-12 ✉ 17752 – ✆ 972 54 51 88 – www.port-lligat.net – cerrado 2 enero-9 febrero, domingo noche salvo julio-agosto y lunes

MONACHIL

Granada – 7 538 h. – Alt. 730 m – Mapa regional : **1**-D1

Madrid 440 km – Granada 10 km – Málaga 137 km – Murcia 296 km

Mapa de carreteras Michelin nº 578-U19

La Cantina de Diego

COCINA TRADICIONAL • RÚSTICA Ubicado en la zona antigua de Monachil. Posee una agradable terraza y dos salas de atractivo aire rústico-regional. Cocina tradicional y regional rica en productos autóctonos.

Carta 30/42 €

callejón de Ricarda 1 ✉ 18193 – ✆ 958 30 37 58 – www.restaurantelacantinadediego.es – cerrado del 1 al 7 de febrero, del 15 al 31 de agosto, domingo noche en invierno, martes mediodía en verano y lunes

La Almunia del Valle

CASA DE CAMPO • PERSONALIZADA Situado en una ladera e integrado en el paisaje. Presenta un atractivo salón-biblioteca y habitaciones bastante actuales, dos con forma de cubo. El comedor, iluminado por un lucernario y de ambiente casero, ofrece una cocina de mercado con toques actuales.

15 hab – †91/100 € ††110/139 €

camino de la Umbría, (casco antiguo), Este : 1,5 km ✉ 18193 – ✆ 958 30 80 10 – www.laalmuniadelvalle.com – cerrado 9 diciembre-9 febrero

MONASTERIO

→ Ver el nombre propio del monasterio

MONDÉJAR

Guadalajara – 2 579 h. – Alt. 799 m – Mapa regional : **7**-C1

Madrid 73 km – Toledo 134 km – Guadalajara 54 km – Cuenca 142 km

Mapa de carreteras Michelin nº 575-L20

Casona de Torres

COCINA TRADICIONAL • ACOGEDORA Un restaurante de organización familiar con cierto encanto, pues parte de su sala se halla en un patio cubierto. Ofrece una carta tradicional a buen precio, vino local con D.O. y confortables habitaciones como complemento, algunas con hidromasaje en los baños.

Menú 25/35 € – Carta 31/47 € 16 hab – †45/60 € ††50/80 €

Mayor 1 ✉ 19110 – ✆ 949 38 77 14 – www.casonadetorres.com – solo almuerzo salvo viernes y sábado – cerrado lunes

MONFORTE DE LEMOS

Lugo – 19 061 h. – Alt. 298 m – Mapa regional : **13**-C2
Madrid 501 km – Lugo 65 km – Ourense 46 km – Santiago de Compostela 118 km
Mapa de carreteras Michelin nº 571-E7

Manuel Bistró

MODERNA • AMBIENTE TRADICIONAL XX Una casa sofisticada y agradable. Su chef propone una cocina de mercado con toques de vanguardia, pero también buenos arroces, algunos platos de pastas e interesantes menús.

Menú 14/36 € – Carta 21/45 €

Duquesa de Alba 62 ✉ 27400 – ✆ 982 40 27 47 – www.donmanuelbistro.com – solo almuerzo salvo jueves, viernes y sábado, excepto Semana Santa, agosto y navidades – cerrado del 4 al 18 de julio, domingo noche y lunes

O Grelo

COCINA TRADICIONAL • AMBIENTE TRADICIONAL XX Antiguo edificio de piedra dotado con un bar, donde conservan una bodega excavada en la roca, y un confortable comedor. Carta tradicional con abundante caza en temporada.

Menú 21 € – Carta 25/40 €

Campo de la Virgen (subida al Castillo) ✉ 27400 – ✆ 982 40 47 01 – www.resgrelo.com – cerrado domingo noche y lunes en enero-marzo

Parador de Monforte de Lemos

EDIFICIO HISTÓRICO • HISTÓRICA Bello conjunto arquitectónico situado sobre un promontorio, con fantásticas vistas y el edificio principal instalado en un monasterio benedictino. Hay que destacar la amabilidad del personal y el hermoso claustro neoclásico. Su restaurante es una buena opción para descubrir la gastronomía típica de la zona.

45 hab – ††75/170 € – ☕ 16 € – 5 suites

pl. Luis de Góngora y Argote ✉ 27400 – ✆ 982 41 84 84 – www.parador.es – cerrado enero-13 febrero

MONISTROL DE CALDERS

Barcelona – 697 h. – Alt. 447 m – Mapa regional : **9**-C2
Madrid 589 km – Barcelona 54 km – Girona 107 km – Lleida 132 km
Mapa de carreteras Michelin nº 574-G36

La Masia del Solà

COCINA TRADICIONAL • RÚSTICA XX Restaurante familiar emplazado en una antigua masía, con tres comedores y dos privados de aspecto rústico-actual. Elaboran una completa carta tradicional actualizada. También ofrece unas magníficas habitaciones, de diseño pero con las paredes en piedra, así como un patio con césped y una pequeña piscina.

Menú 12/55 € – Carta 33/41 € 8 hab ☕ – †99/120 € ††187/220 €

carret. B-124 ✉ 08275 – ✆ 938 39 90 25 – www.lamasiadelsola.com – solo almuerzo salvo viernes y sábado – cerrado 15 días en enero, 7 días en agosto, lunes y martes

MONROYO

Teruel – 360 h. – Mapa regional : **2**-C3
Madrid 465 km – Zaragoza 153 km – Teruel 191 km – Castelló de la Plana / Castellón de la Plana 128 km
Mapa de carreteras Michelin nº 574-J29

al Norte 2,5 km

Consolación

MODERNA • DE DISEÑO X ¡En la antigua casa del ermitaño! Propone una cocina actual-creativa que ensalza los productos autóctonos, mima los detalles y siempre sorprende en la comarca del Matarraña.

Menú 39 € – Carta 36/50 €

Hotel Consolación, carret. N-232, km 96 ✉ 44652 Monroyo – ✆ 978 85 67 55 (es necesario reservar) – www.consolacion.com.es – cerrado lunes y martes mediodía

Consolación

BOUTIQUE HOTEL • DE DISEÑO ¡Genial concepto arquitectónico en plena naturaleza! Aquí conviven, armónicamente, una ermita del s. XVI y unas estructuras independientes en forma de cubos, estas últimas con fantásticos miradores, pinceladas de diseño y unas curiosas chimeneas. ¡Idóneo para practicar senderismo, barranquismo o bicicleta!

12 hab – †120/185 € ††140/225 €

carret. N-232, km 96 ✉ 44652 Monroyo – ☎ 978 85 67 55 – www.consolacion.com.es – cerrado lunes y martes en enero

Consolación – ver selección restaurantes

MONTE → Ver el nombre propio del monte

MONTELLANO

Sevilla – 7 088 h. – Mapa regional : **1**-B2

Madrid 532 km – Sevilla 65 km – Cádiz 109 km – Málaga 165 km

Mapa de carreteras Michelin n° 578-V13

Deli

ANDALUZA • RÚSTICA Un restaurante familiar de 3ª generación y cuidado ambiente rústico. Su amplia carta regional se enriquece con algunos platos herederos del antiguo recetario andalusí.

Menú 12 € – Carta 23/42 €

pl. Andalucía 10 ✉ 41770 – ☎ 954 87 51 10 – www.restaurantedeli.com – cerrado agosto, domingo noche y lunes

MONTILLA

Córdoba – 23 519 h. – Alt. 400 m – Mapa regional : **1**-B2

Madrid 443 km – Córdoba 45 km – Jaén 117 km – Lucena 28 km

Mapa de carreteras Michelin n° 578-T16

Las Camachas

REGIONAL • AMBIENTE CLÁSICO Mesón de arquitectura andaluza dotado con un bar y varias salas de buen montaje. Aquí apuestan por los platos típicos de la región elaborados a la antigua usanza, como el Paté de perdiz, el Rabo de toro o las verduras en temporada.

Menú 18 € – Carta 23/40 €

av. Europa 3 ✉ 14550 – ☎ 957 65 00 04 – www.restaurantelascamachas.com

MONTMELÓ

Barcelona – 8 835 h. – Alt. 72 m – Mapa regional : **10**-B3

Madrid 627 km – Barcelona 20 km – Girona 80 km – Manresa 54 km

Mapa de carreteras Michelin n° 574-H36

Can Major

COCINA TRADICIONAL • MARCO CONTEMPORÁNEO Negocio llevado entre dos hermanas. El comedor, que emana una estética actual, posee detalles modernistas. Propone una cocina tradicional con toques actuales y un buen menú.

Menú 19/35 € – Carta 28/40 € – cena solo con reserva

Major 27 ✉ 08160 – ☎ 935 68 02 80 – www.canmajor.com – solo almuerzo salvo viernes y sábado – cerrado Semana Santa, 20 días en agosto y domingo

MONTORNÈS DEL VALLÈS

Barcelona – 16 172 h. – Mapa regional : **10**-B3

Madrid 626 km – Barcelona 27 km – Girona 82 km

Mapa de carreteras Michelin n° 574-H36

Lucerón

COCINA TRADICIONAL • FAMILIAR Un restaurante de línea actual que emana el amor por los fogones y ha pasado de padres a hijos... o hijas, como en este caso. Amplia carta de tinte tradicional y regional, con buenos detalles y algún plato, como las Alitas de pollo a la vinagreta, muy popular.

Menú 15/34 € - Carta 24/44 €

Palau D'Ametlla 18 ✉ 08170 - ✆ 935 68 16 10 - www.restaurantluceron.com - solo almuerzo salvo viernes y sábado - cerrado Semana Santa, agosto y martes

MONTORO

Córdoba - 9 640 h. - Alt. 195 m - Mapa regional : **1**-C2

Madrid 364 km - Sevilla 191 km - Córdoba 47 km - Jaén 110 km

Mapa de carreteras Michelin n° 578-R16

por la carretera de Villa del Rio A-3102 Noreste : 5 km y desvío a la derecha 1 km

Molino la Nava

FAMILIAR • RÚSTICA Molino de aceite del s. XIX rodeado de olivos. Posee un agradable patio interior, un acogedor salón social y cuidadas habitaciones, personalizadas y con baños actuales. El restaurante, de buen montaje, ocupa la nave donde están los antiguos tanques de aceite.

9 hab - 60/86 € 86/103 €

camino La Nava 6 ✉ 14600 Montoro - ✆ 957 33 60 41 - www.molinonava.com

MORA DE RUBIELOS

Teruel - 1 585 h. - Alt. 1 035 m - Mapa regional : **2**-B3

Madrid 341 km - Castelló de la Plana/Castellón de la Plana 92 km - Teruel 40 km - València 129 km

Mapa de carreteras Michelin n° 574-L27

El Rinconcico

COCINA TRADICIONAL • AMBIENTE CLÁSICO Un negocio familiar que toma nuevos bríos, pues se presenta con un amplio bar de tapas y un comedor clásico-funcional en el piso superior. Cocina tradicional sabrosa, honesta y fiel a los productos turolenses. ¿Un plato típico? Pruebe el Ternasco de Aragón.

Menú 26/45 € - Carta 22/39 €

Santa Lucía 4 ✉ 44400 - ✆ 978 80 60 63 - www.elrinconcico.com - cerrado martes

al Este 3 km y desvío a la derecha 2 km

Masía La Torre

TRADICIONAL • PERSONALIZADA Ocupa una antigua masía y sorprende en lo estético, pues combina la calidez de los materiales tradicionales (piedra y madera) con unos acabados modernos. Algunas habitaciones tienen la bañera integrada y el restaurante ofrece cocina tradicional actualizada.

11 hab - 55/75 € 100/150 €

carret. A 232, km 21,600 ✉ 44400 - ✆ 978 80 63 12 - www.masialatorre.es

MORAIRA

Alicante - 956 h. - Mapa regional : **11**-B3

Madrid 463 km - Alacant/Alicante 82 km - Murcia 164 km - València 121 km

Mapa de carreteras Michelin n° 577-P30

Sand

INTERNACIONAL • A LA MODA Con personalidad propia, de estilo urbano-actual y ubicado a pocos pasos de la playa de l'Ampolla. Apuestan por una carta muy variada, de tinte mediterráneo e internacional.

Menú 25 € - Carta 26/50 €

av. de la Paz 24 ✉ 03724 - ✆ 966 49 19 49 - www.lasort.com

La MORALEJA Madrid → Ver Alcobendas

MORALES DE REY

Zamora - 618 h. - Mapa regional : **8**-B2
Madrid 281 km - Valladolid 129 km - Zamora 86 km - León 81 km
Mapa de carreteras Michelin n° 575-F12

Brigecio

COCINA TRADICIONAL • **FAMILIAR** XX Toma su nombre de un castro astur y ofrece una única sala de línea actual. Su completa carta, de cocina tradicional actualizada, atesora un interesante apartado con quesos de la comarca de Benavente.

Menú 11/30 € - Carta 24/56 €

Calvo Sotelo 2 ✉ 49693 - ✆ 980 65 12 65 - www.brigecio.net - solo almuerzo salvo viernes, sábado y agosto - cerrado del 4 al 25 de septiembre y lunes

MORALZARZAL

Madrid - 12 213 h. - Alt. 979 m - Mapa regional : **15**-A2
Madrid 47 km - Segovia 61 km - Ávila 81 km - Cuenca 216 km
Mapa de carreteras Michelin n° 576-J18

Zalea

COCINA TRADICIONAL • **AMBIENTE TRADICIONAL** X Acogedor chalet en piedra al que se accede bajando unas escaleras. Cuenta con una barra de espera, una sala rústica-actual, una galería acristalada y una terraza de verano. Cocina tradicional y de mercado con buenas actualizaciones.

Menú 25/50 € - Carta 25/38 €

España 57 ✉ 28411 - ✆ 918 57 76 46 - www.restaurantezalea.es - solo almuerzo salvo viernes y sábado - cerrado agosto y martes

MORATALLA

Murcia - 8 189 h. - Alt. 700 m - Mapa regional : **16**-A2
Madrid 390 km - Murcia 86 km - Albacete 139 km
Mapa de carreteras Michelin n° 577-R24

El Olivar

COCINA TRADICIONAL • **ACOGEDORA** XX Ubicado en la calle principal, con un bar de tapas y un interior rústico que sabe dar cabida a los detalles antiguos y actuales. En su cocina tradicional actualizada se da muchísimo protagonismo al arroz de Calasparra y al aceite de oliva.

Menú 15 € - Carta 41/57 €

carretera de Caravaca 50 ✉ 30440 - ✆ 968 72 40 54 - www.el-olivar.es - solo almuerzo salvo viernes y sábado - cerrado del 6 al 17 de enero, lunes y martes

MOREDA DE ALLER

Asturias - Mapa regional : **3**-B2
Madrid 436 km - Gijón 60 km - León 103 km - Oviedo 30 km
Mapa de carreteras Michelin n° 572-C12

Teyka

COCINA TRADICIONAL • **AMBIENTE CLÁSICO** XX Encontrará un espacioso bar-cafetería y una sala clásica, esta última con chimenea y el techo acristalado a modo de lucernario. Cocina tradicional y asturiana de corte casero, siempre con abundantes raciones y numerosas recomendaciones.

Menú 14/25 € - Carta 24/32 €

av. Constitución 35 ✉ 33670 - ✆ 985 48 10 20 - solo almuerzo salvo viernes y sábado - cerrado lunes

MORELLA

Castellón - 2 575 h. - Alt. 1 004 m - Mapa regional : **11**-B1
Madrid 405 km - València 173 km - Castelló de la Plana/Castellón de la Plana 106 km - Teruel 134 km
Mapa de carreteras Michelin n° 577-K29

Daluan

MODERNA • AMBIENTE CLÁSICO XX Un buen restaurante de línea actual. Aquí los platos típicos morellanos conviven con otros mucho más modernos de base tradicional. ¡Sugerente menú de degustación!

Menú 20/45 € - Carta 30/45 €

Callejón Cárcel 4 ✉ 12300 - ✆ 964 16 00 71 - www.daluan.es - solo almuerzo salvo viernes, sábado y verano - cerrado 20 días en enero y miércoles

Mesón del Pastor

REGIONAL • AMBIENTE CLÁSICO XX ¡Una casa en constante evolución! Su carta regional, rica en carnes rojas, se enriquece con dos menús y varias jornadas gastronómicas (setas en noviembre y trufas en febrero).

Menú 18/35 € - Carta 25/35 €

Cuesta Jovaní 7 ✉ 12300 - ✆ 964 16 02 49 - www.mesondelpastor.com - solo almuerzo salvo viernes, sábado y agosto - cerrado miércoles salvo verano y festivos

Vinatea

REGIONAL • BISTRÓ X Disfruta de un entorno muy atractivo, pues se halla en una casa del s. XII que, a su vez, forma parte de una calle porticada. Cocina tradicional morellana con toques actuales.

Menú 18/28 € - Carta 25/38 €

Blasco de Alagón 17 ✉ 12300 - ✆ 964 16 07 44 - www.restaurantevinatea.com - solo almuerzo salvo viernes y sábado de enero a marzo - cerrado 2 noviembre-2 diciembre y lunes salvo festivos

Cardenal Ram

TRADICIONAL • CLÁSICA Instalado en una céntrica casa señorial del s. XV, donde un día residió el Cardenal Ram. Atractiva escalera en piedra y cuidadas habitaciones, todas con una buena combinación de muebles clásicos y actuales. Desde sus fogones apuestan por la cocina regional.

16 hab - †40/60 € ††60/80 € - ☕ 6 €

Cuesta Suñer 1 ✉ 12300 - ✆ 964 16 00 46 - www.hotelcardenalram.com

MORGA

Vizcaya - 420 h. - Alt. 248 m - Mapa regional : **18**-A3
Madrid 407 km - Vitoria/Gasteiz 83 km - Bilbao 29 km - Donostia-San Sebastián 95 km
Mapa de carreteras Michelin n° 573-C21

en el barrio Andra Mari

Katxi

REGIONAL • FAMILIAR X Esta casa, ya centenaria, posee un bar con chimenea y una sala amplia a la par que luminosa. Carta regional e interesantes sugerencias, siempre con productos de gran calidad.

Menú 14/31 € - Carta 35/60 €

Hotel Katxi, Foruen Bidea 20 ✉ 48115 Morga - ✆ 946 25 02 95 - www.katxi.com - cerrado 11 enero-3 febrero, domingo noche y lunes

Katxi

FAMILIAR • PERSONALIZADA Hotel a modo de caserío ubicado en la Reserva Natural de Urdaibai. Resulta muy coqueto, con una acogedora zona social y las habitaciones bien personalizadas en su decoración.

9 hab ☕ - †75/89 € ††89/109 €

Foruen Bidea 20 ✉ 48115 Morga - ✆ 946 27 07 40 - www.katxi.com - cerrado 6 enero-13 febrero y 15 días en septiembre

Katxi - ver selección restaurantes

ESPAÑA

MUGIRO

Navarra - 985 h. - Mapa regional : **17**-A2
Madrid 433 km - Iruña/Pamplona 34 km - Vitoria-Gasteiz 86 km - Logroño 124 km
Mapa de carreteras Michelin nº 573-D24

Venta Muguiro

COCINA TRADICIONAL • RÚSTICA Venta del s. XIX ubicada junto a la autovía. Disfruta de un marco rústico acogedor, con las paredes en piedra y la viguería en madera. Cocina tradicional vasco-navarra.

Menú 17/31 € - Carta 20/42 €

Autovía A 15, salida 123 ✉ 31878 - ☎ 948 50 41 02 - www.ventamuguiro.com - solo almuerzo salvo viernes, sabado y domingo salvo verano - cerrado 15 octubre-15 noviembre y miércoles

MUNDAKA

Vizcaya - 1 892 h. - Mapa regional : **18**-A3
Madrid 436 km - Bilbao 37 km - Donostia-San Sebastián 105 km - Vitoria-Gasteiz 82 km
Mapa de carreteras Michelin nº 573-B21

en la carretera de Gernika Sur : 1,2 km

Portuondo

COCINA TRADICIONAL • RÚSTICA Este bello caserío destaca por sus agradables terrazas de bar, asomadas al mar y a las montañas. En sus salas, de carácter panorámico, ofrecen una carta tradicional de asador.

Menú 20/78 € - Carta 38/57 €

barrio Portuondo ✉ 48360 Mundaka - ☎ 946 87 60 50 - www.restauranteportuondo.com - solo almuerzo en invierno salvo fines de semana - cerrado 11 diciembre-23 enero, domingo noche y lunes

MUNITIBAR ARBACEGUI

Vizcaya - 461 h. - Alt. 198 m - Mapa regional : **18**-B3
Madrid 424 km - Bilbao 43 km - Donostia-San Sebastián 70 km - Vitoria-Gasteiz 62 km
Mapa de carreteras Michelin nº 573-C22

Garro

FAMILIAR • RÚSTICA Caserío ubicado en plena naturaleza, junto a un río y con el entorno ajardinado. Posee una bella terraza-mirador, una zona social con chimenea y habitaciones que combinan el confort actual con los detalles rústicos.

6 hab - †43/45 € ††53/55 € - ☕ 6 €

Gerrikaitz 33, (barrio San Miguel) ✉ 48381 - ☎ 946 16 41 36 - www.nekatur.net

MURCIA

439 889 h. - Alt. 43 m - Mapa regional : **16**-B2
Madrid 399 km - Alacant / Alicante 83 km - Albacete 148 km - Granada 280 km
Mapa de carreteras Michelin nº 577-S26

Alborada

COCINA TRADICIONAL • MARCO CONTEMPORÁNEO Un negocio de estética actual que emana honestidad y dedicación por los cuatro costados. Ofrece un pequeño bar de tapas y un agradable comedor, este con dos privados. Cocina tradicional de mercado con un apartado de mariscos, guisos y arroces previa reserva.

Menú 12/50 € - Carta 22/47 €

Plano : B1-c - *Andrés Baquero 15 ✉ 30001 - ☎ 968 23 23 23 - www.alboradarestaurante.com - cerrado sábado y domingo en julio-agosto, y domingo noche resto del año*

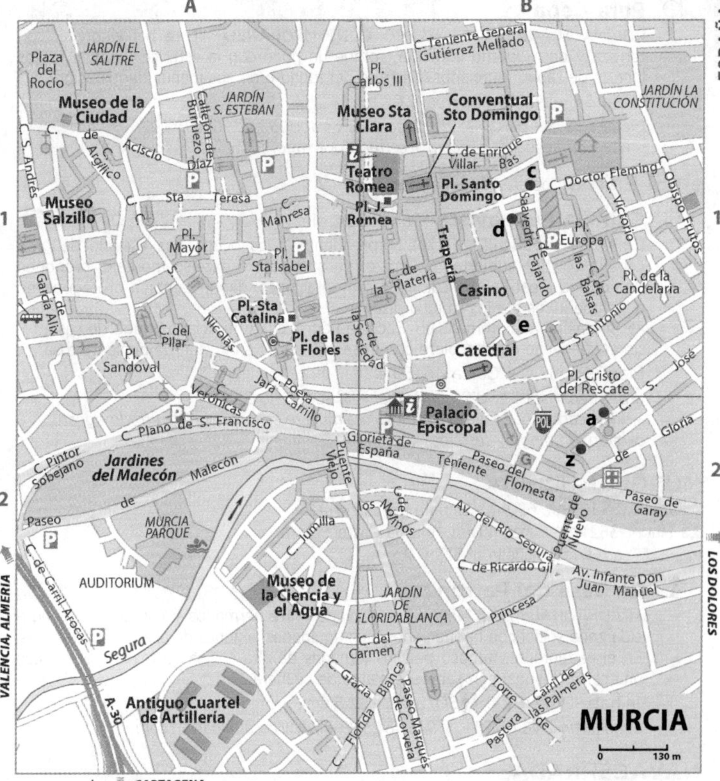

Keki de Sergio Martinez

MODERNA • BISTRÓ Restaurante-tapería de ambiente moderno ubicado a escasos metros de la Catedral. Apuestan por una cocina actual, siempre cimentada en buenas texturas e interesantes maridajes.

Menú 15/35 € – Carta 18/38 €

Plano : B1-e – *Fuensanta 4 ✉ 30002 – ✆ 968 22 07 98 – www.kekitaperia.es – cerrado 2ª quincena de agosto, domingo en verano, domingo noche y lunes resto del año*

Gurea

VASCA • AMBIENTE CLÁSICO Llevado por dos socios vizcaínos, que trasladan lo mejor de la cocina vasca y norteña hasta esta ciudad. Buena zona de tapeo con opción a medias raciones y comedor clásico.

Menú 12/40 € – Carta 26/37 €

Plano : B1-d – *Alejandro Séiquer 16 ✉ 30004 – ✆ 968 77 50 30 – www.restaurantegurea.com – cerrado del 10 al 25 de agosto, domingo noche y lunes*

La Pequeña Taberna

REGIONAL • AMBIENTE CLÁSICO Sorprende con una llamativa terraza repleta de hortalizas, así como una barra de tapeo y dos buenas salas de línea clásica-actual. ¡Pruebe las Alcachofas de la abuela!

Menú 30/52 € – Carta 25/40 €

Plano : B2-z – *pl. San Juan 7 ✉ 30003 – ✆ 968 21 98 40 – www.lapequeñataberna.com – cerrado 21 días agosto y domingo noche*

Pura Cepa

COCINA TRADICIONAL • MARCO CONTEMPORÁNEO Este bar-vinoteca, con terraza y un moderno comedor, rompe un poco con la estética habitual en los locales de tapeo murcianos. ¡Disfrute del tapeo o de sus menús degustación!

Tapa 3 € - Ración aprox. 9 €

Plano : B2-a - *pl. Cristo del Rescate 8 ✉ 30003 - ✆ 968 21 73 97 - www.puracepamurcia.com - cerrado domingo noche y lunes*

en El Palmar por A-30 : 8 km, ver plano A2

Cabaña Buenavista (Pablo González)

CREATIVA • ACOGEDORA Sorprendente, pues ocupa una especie de gran cabaña con las cubiertas de brezo. En su sala, de excelso montaje, proponen una cocina creativa que cuida las presentaciones, dando también protagonismo a los aperitivos y a los "mignardises".

→ Berenjena a la crema 2016. Bacalao negro, chato murciano y jugo de sus interiores. Ganache de chocolate con fresas silvestres e infusión de pimienta rosa.

Menú 55/95 € - Carta 45/59 €

urb. Buenavista ✉ 30120 El Palmar - ✆ 968 88 90 06 - www.cabanabuenavista.com - solo almuerzo salvo jueves - cerrado agosto, sábado, domingo y festivos

MURGIA MURGUÍA

Álava - 2 383 h. - Alt. 620 m - Mapa regional : **18**-A2

Madrid 362 km - Bilbao 45 km - Vitoria-Gasteiz 19 km

Mapa de carreteras Michelin nº 573-D21

La Casa del Patrón

TRADICIONAL • FUNCIONAL Está llevado entre hermanos y compensa su reducida zona social con habitaciones bien equipadas, algunas de ellas abuhardilladas. En el restaurante, famoso por sus jornadas de alta cocina en miniatura, ofrecen una carta regional con sabrosos platos de cuchara.

14 hab - 47/52 € 60/65 € - 5 €

San Martín 2 ✉ 01130 - ✆ 945 46 25 28 - www.casadelpatron.com

NAVACERRADA

Madrid - 2 855 h. - Alt. 1 203 m - Mapa regional : **15**-A2

Madrid 52 km - Segovia 38 km - Ávila 80 km - Toledo 121 km

Mapa de carreteras Michelin nº 576-J17

Nava Real

FAMILIAR • PERSONALIZADA Un edificio en piedra que le cautivará, tanto por las flores que visten su hermosa fachada como por sus coquetas habitaciones. Las estancias del anexo también tienen su encanto. El restaurante combina la calidez del ambiente rústico con una carta tradicional.

16 hab - 63 € 70 € - 5 €

Huertas 1 ✉ 28491 - ✆ 918 53 10 00 - www.hotelnavareal.com

NAVAFRÍA

Segovia - 324 h. - Alt. 1 193 m - Mapa regional : **8**-C3

Madrid 103 km - Segovia 32 km - Aranda de Duero 90 km - Valladolid 134 km

Mapa de carreteras Michelin nº 575-I18

Posada Mingaseda

FAMILIAR • PERSONALIZADA Precioso rural instalado en una casa típica. Ofrece un atractivo patio y confortables habitaciones, todas personalizadas, algunas abuhardilladas y la mayoría con bañera de hidromasaje. En el restaurante, de estilo rústico, apuestan por la cocina tradicional.

14 hab - 50/80 € 85/125 €

Campillo 12 ✉ 40161 - ✆ 921 50 69 02 - www.posadamingaseda.com

NAVALENO

Soria - 832 h. - Alt. 1 200 m - Mapa regional : **8**-D2
Madrid 219 km - Burgos 97 km - Logroño 108 km - Soria 48 km
Mapa de carreteras Michelin n° 575-G20

La Lobita (Elena Lucas)

CREATIVA • FAMILIAR XX Boletus edulis, níscalos, colmenillas, rebozuelos... Estamos en un restaurante familiar de referencia, pues siempre trabajan con productos locales de temporada y han elevado la micología a la categoría de arte. De sus fogones surge una cocina de autor basada en menús degustación e interesantes jornadas gastronómicas.

→ Garbanzos con boletus, espuma de chorizo y piña verde. Civet de conejo con seta de temporada. Yogur de leche de cabra, mermelada de boletus, gel de saúco y flores del pinar.

Menú 50 € - solo menú

av. La Constitución 54, carret. N 234 ✉ 42149 - ✆ 975 37 40 28 - www.lalobita.es - solo almuerzo salvo viernes, sábado y agosto - cerrado 7 días en enero-febrero, 7 días en junio, 7 días en septiembre, domingo noche, lunes y martes

El Maño

COCINA TRADICIONAL • RÚSTICA X Restaurante de gestión familiar que debe su nombre al apodo del abuelo, el fundador del negocio. Presenta un pequeño bar con chimenea y un comedor rústico, este vestido con detalles cinegéticos. La caza y la micología son los pilares de su oferta culinaria.

Menú 11/38 € - Carta 16/30 €

Calleja del Barrio 5 ✉ 42149 - ✆ 975 37 41 68 - www.abuelaeugenia.com - cerrado del 1 al 7 de enero y del 1 al 15 de septiembre y lunes salvo julio y agosto

NAVIA

Asturias - 8 644 h. - Mapa regional : **3**-A1
Madrid 565 km - A Coruña 203 km - Gijón 118 km - Oviedo 122 km
Mapa de carreteras Michelin n° 572-B9

La Barcarola

ASTURIANA • RÚSTICA XX ¡De ambiente rústico y familiar! Se presenta con un bar y un cuidado comedor en la 1ª planta, este con los gruesos muros en piedra. Cocina asturiana y recomendaciones diarias.

Menú 18 € - Carta 27/45 €

Las Armas 15 ✉ 33710 - ✆ 985 47 45 28 - cerrado del 15 al 31 de enero, domingo noche y lunes salvo agosto

Palacio Arias

TRADICIONAL • CLÁSICA Palacete indiano de 1929 diseñado por el insigne arquitecto Luis Menéndez Pidal. Posee varios salones sociales, con mobiliario antiguo, y algunas habitaciones abuhardilladas.

12 hab - †60/64 € ††75/110 € - ☕ 8 € - 4 suites

av. de los Emigrantes 11 ✉ 33710 - ✆ 985 47 36 71 - www.palacioarias.es

Las NEGRAS

Almería - 335 h. - Mapa regional : **1**-D2
Madrid 590 km - Sevilla 463 km - Almería 64 km
Mapa de carreteras Michelin n° 578-V23

La Palma

REGIONAL • AMBIENTE MEDITERRÁNEO X ¿Le apetece comer en una terraza? Acérquese hasta este restaurante, pues cuenta con una fantástica a pie de playa. Inmejorables vistas a la bahía y pescado fresco de calidad.

Carta 31/57 €

Bahía de Las Negras 21 ✉ 04116 - ✆ 950 38 80 42 - www.lapalmalasnegras.com - cerrado lunes salvo Semana Santa y junio-septiembre

NEGREIRA

A Coruña - 6 936 h. - Alt. 183 m - Mapa regional : **13**-B2
Madrid 619 km - Santiago de Compostela 22 km - A Coruña 97 km - Pontevedra 75 km
Mapa de carreteras Michelin nº 571-D3

Casa Barqueiro

GALLEGA • FAMILIAR XX ¡Bien llevado entre hermanos! Presenta un buen bar-vinoteca, la cocina semivista y una sala de cuidado montaje. Cocina gallega en la que destacan las carnes y completa bodega. Pruebe su magnífico Chuletón de vacuno mayor a la piedra, una de sus especialidades.

Menú 15 € - Carta 22/36 €

av. de Santiago 13 ✉ 15830 - ✆ 981 81 82 34 - www.casabarqueiro.es - cerrado 15 días en noviembre y martes salvo agosto

Casa de Bola

FAMILIAR • RÚSTICA Esta agradable casa de aldea, construida en piedra, data de 1830 y atesora un hórreo típico. Salón con chimenea y coquetas habitaciones, todas de elegante ambiente rústico.

5 hab ☕ - †68/72 € ††75/80 €

Covas 9, Noroeste : 1 km ✉ 15830 - ✆ 670 64 80 78 - www.casadebola.com - 21 marzo-diciembre

NERJA

Málaga - 21 185 h. - Mapa regional : **1**-C2
Madrid 549 km - Almería 169 km - Granada 107 km - Málaga 52 km
Mapa de carreteras Michelin nº 578-V18

Sollun

MODERNA • A LA MODA XX Restaurante de línea moderna emplazado en una céntrica calle comercial. El chef, formado en grandes casas, propone una cocina actual-mediterránea de mimadas elaboraciones.

Menú 40/55 € - Carta 38/50 €

Pintada 9 ✉ 29780 - ✆ 952 52 55 69 - www.sollunrestaurante.com - solo cena en julio-agosto - cerrado 15 enero-15 febrero y domingo salvo verano

Oliva

MEDITERRÁNEA • A LA MODA XX Actual, acogedor y con bastante éxito, por lo que suelen llenarse tanto la sala como la tranquila terraza posterior. Cocina mediterránea-actual con detalles internacionales.

Menú 45 € - Carta 33/48 €

Pintada 7 ✉ 29780 - ✆ 952 52 29 88 - www.restauranteoliva.com

Parador de Nerja

TRADICIONAL • FUNCIONAL Destaca por su emplazamiento en un acantilado. Posee un jardín, una elegante zona noble y habitaciones funcionales, la mayoría con terraza. Ascensor panorámico hasta la playa. El comedor se complementa con una agradable terraza dotada de vistas al mar.

96 hab - ††90/230 € - ☕ 19 € - 2 suites

Almuñécar 8 ✉ 29780 - ✆ 952 52 00 50 - www.parador.es

Carabeo

TRADICIONAL • ACOGEDORA Aquí encontrará habitaciones detallistas, una agradable zona social con un bar de estilo inglés y un precioso patio ajardinado, con piscina y vistas al Mediterráneo. Su restaurante, de estilo clásico y en varias alturas, elabora platos de gusto internacional.

7 hab ☕ - ††77/220 €

Hernando de Carabeo 34 ✉ 29780 - ✆ 952 52 54 44 - www.hotelcarabeo.com - cerrado enero y febrero

NOJA

Cantabria - 2 587 h. - Mapa regional : **6**-C1
Madrid 422 km - Bilbao 79 km - Santander 45 km
Mapa de carreteras Michelin n° 572-B19

Sambal

MODERNA • MARCO CONTEMPORÁNEO XX Disfruta de una estética actual y destaca por su ubicación junto al campo de golf, ofreciendo vistas a un "green" desde una de sus salas. Cocina actual de bases tradicionales.

Menú 45 € - Carta 40/51 €

El Arenal (Campo de golf Berceda) ✉ 39180 - ☎ 942 63 15 31 - www.sambalrestaurante.com - solo almuerzo salvo viernes, sábado, festivos y verano - cerrado 15 octubre-15 marzo

NOVO SANCTI PETRI (Urbanización) Cádiz

➜ Ver Chiclana de la Frontera

La NUCIA

Alicante - 20 039 h. - Alt. 85 m - Mapa regional : **11**-B3
Madrid 450 km - Alacant/Alicante 56 km - Gandía 64 km
Mapa de carreteras Michelin n° 577-Q29

El Xato

COCINA TRADICIONAL • A LA MODA XX Céntrico, familiar y con una única sala de línea actual. Aquí encontrará cuatro buenos menús y una carta con varios apartados: uno con platos tradicionales, otro más creativo denominado Evolución y, finalmente, uno dedicado a los arroces.

Menú 30/48 € - Carta 30/40 €

av. l'Esglèsia 3 ✉ 03530 - ☎ 965 87 09 31 - www.elxato.com - solo almuerzo salvo viernes y sábado en invierno - cerrado domingo noche y lunes

NUÉVALOS

Zaragoza - 327 h. - Alt. 724 m - Mapa regional : **2**-B2
Madrid 231 km - Zaragoza 110 km - Huesca 182 km - Teruel 133 km
Mapa de carreteras Michelin n° 574-I24

en el Monasterio de Piedra Sur : 3 km

Monasterio de Piedra

EDIFICIO HISTÓRICO • HISTÓRICA Monasterio cisterciense del s. XII. Presenta elegantes corredores gótico-renacentistas, hermosos patios y habitaciones de sobria decoración, la mayoría con vistas al parque. El restaurante, vestido con cuadros de reyes de Aragón, ofrece una carta tradicional.

62 hab - †73/110 € ††90/222 €

✉ 50210 Nuévalos - ☎ 976 87 07 00 - www.monasteriopiedra.com

OCAÑA

Toledo - 10 795 h. - Alt. 730 m - Mapa regional : **7**-B2
Madrid 66 km - Alcázar de San Juan 90 km - Aranjuez 15 km - Toledo 52 km
Mapa de carreteras Michelin n° 576-M19

Palio

COCINA TRADICIONAL • AMBIENTE CLÁSICO XX Muy céntrico, pues se halla junto a la plaza Mayor. Se reparte en tres plantas y sorprende tanto por el servicio como por los detalles. Cocina tradicional actualizada, buenos menús, panes de elaboración artesanal y la opción de comprar los vinos de su carta.

Menú 28/70 € - Carta 31/37 €

Mayor 12 ✉ 45300 - ☎ 925 13 00 45 - www.paliorestaurante.es - solo almuerzo salvo jueves, viernes y sábado - cerrado 5 días en enero y lunes

OIARTZUN OYARZUN

Guipúzcoa – 10 148 h. – Alt. 81 m – Mapa regional : **18**-B2
Madrid 469 km – Vitoria-Gasteiz 122 km – Donostia-San Sebastián 21 km – Iruña/Pamplona 97 km
Mapa de carreteras Michelin nº 573-C24

al Sur

Zuberoa (Hilario Arbelaitz)

CLÁSICA · MARCO REGIONAL XxX Llevado en familia e instalado en un precioso caserío vasco... ¡con más de 600 años de historia! Disfruta de una agradable terraza, dos privados y un comedor de elegante rusticidad. Su cocina, todo un referente, aglutina tradición, producto y ciertas dosis de actualidad, siempre combinando los sabores con gran acierto.

→ Vieiras, coliflor y emulsión de zizas de primavera con endibias braseadas. Rodaballo asado con berberechos, salsa al oloroso y jugo emulsionado. Cerezas confitadas al tomillo limonero con su sorbete y galleta bretona.

Menú 130 € - Carta 77/96 €

pl. Bekosoro 1, (barrio Iturriotz), 2,2 km ✉ 20180 Oiartzun – ✆ 943 49 12 28 – www.zuberoa.com – cerrado 30 diciembre-17 enero, 17 abril-4 mayo, del 13 al 30 de octubre, domingo noche y martes noche salvo junio-octubre, domingo en verano y miércoles

por la carretera de Irún Noreste : 2,5 km y desvío a la izquierda 1,5 km

Usategieta

CASA DE CAMPO · RÚSTICA Caserío de ambiente rústico ubicado en un bello paraje. Posee un luminoso salón social y coquetas habitaciones, la mitad con balcón y las del piso superior abuhardilladas. El comedor, acogedor y con parte de sus paredes en piedra, ofrece una carta tradicional especializada en carnes y pescados a la parrilla.

12 hab – †83/143 € ††94/160 €

Maldaburu bidea 15 (barrio Gurutze) ✉ 20180 Oiartzun – ✆ 943 26 05 30 – www.usategieta.com

OJÉN

Málaga – 3 353 h. – Alt. 780 m – Mapa regional : **1**-A3
Madrid 610 km – Algeciras 85 km – Málaga 64 km – Marbella 8 km
Mapa de carreteras Michelin nº 578-W15

La Posada del Ángel

FAMILIAR · PERSONALIZADA Coqueto, acogedor y llevado con gran amabilidad por un matrimonio holandés. Ofrece varias casas distribuidas en torno a un patio y habitaciones muy bien personalizadas.

16 hab – ††89/125 €

Mesones 21 ✉ 29610 – ✆ 952 88 18 08 – www.laposadadelangel.net – cerrado 4 diciembre-enero

OLABERRIA

Guipúzcoa – 932 h. – Alt. 332 m – Mapa regional : **18**-B2
Madrid 422 km – Bilbao 85 km – Donostia-San Sebastián 44 km – Iruña/Pamplona 74 km
Mapa de carreteras Michelin nº 573-C23

Zezilionea

VASCA · AMBIENTE CLÁSICO X Ofrece un bar con algunas mesas para el menú, un comedor clásico y un coqueto privado, donde le ofrecerán una cocina vasca con especialidades, como los Hongos al horno.

Menú 12/55 € – Carta 35/55 €

San Joan Plaza ✉ 20212 – ✆ 943 88 58 29 – www.hotelzezilionea.com – cerrado 23 diciembre-6 enero, del 7 al 21 de agosto, domingo noche y lunes

OLEIROS

A Coruña - 34 693 h. - Alt. 79 m - Mapa regional : **13**-B1
Madrid 580 km - A Coruña 16 km - Ferrol 45 km - Santiago de Compostela 78 km
Mapa de carreteras Michelin n° 571-B5

Comei Bebei

COCINA TRADICIONAL • FAMILIAR XX Tiene un bonito bar-vinoteca y dos salas de línea actual. Aquí encontrará una cocina tradicional de temporada y una cuidada carta de vinos, actualizada y a precios razonables.

Menú 13/25 € - Carta 22/31 €

av. Ramón Núñez Montero 20 ✉ 15173
- ✆ 981 61 17 41 - solo almuerzo salvo viernes, sábado y verano
- cerrado domingo noche y lunes de junio-septiembre

El Refugio

COCINA TRADICIONAL • AMBIENTE CLÁSICO XX Un negocio de sólida trayectoria profesional. Propone una completa carta de cocina tradicional e internacional, con algunos mariscos y buenas sugerencias de caza en temporada.

Carta 35/58 €

pl. de Galicia 11 ✉ 15173
- ✆ 981 61 08 03 - www.restaurante-elrefugio.com
- cerrado 20 días en septiembre, domingo noche y lunes salvo agosto y festivos

OLÍAS DEL REY

Toledo - 7 229 h. - Mapa regional : **7**-B2
Madrid 63 km - Toledo 13 km
Mapa de carreteras Michelin n° 576-M18

La Casa del Carmen

COCINA TRADICIONAL • AMBIENTE CLÁSICO XX En esta casa encontraremos unos aires renovados que, sin embargo, siguen fieles al terruño y a los clásicos sabores manchegos. En sus salas, de montaje clásico-actual, le propondrán una cocina tradicional puesta al día, bien elaborada y en la que se tratan con especial mimo las presentaciones.

Menú 28 € - Carta 35/53 €

autovía A 42 (salida 61 - vía de servicio) ✉ 45280
- ✆ 925 49 07 59 - www.lacasadelcarmen.es
- solo almuerzo salvo viernes y sábado
- cerrado 15 días en agosto y lunes

OLITE Navarra → Ver Erriberri

OLIVENZA

Badajoz - 12 090 h. - Alt. 268 m - Mapa regional : **12**-A3
Madrid 434 km - Badajoz 30 km - Cáceres 125 km - Mérida 90 km
Mapa de carreteras Michelin n° 576-P8

Palacio Arteaga

FAMILIAR • CLÁSICA Esta atractiva casa-palacio del s. XIX está dotada con un bello patio señorial y unas habitaciones bastante bien equipadas, la mayoría de ellas con los suelos originales. Su cuidado restaurante se reparte por distintas salas, tanto de la casa como de un anexo, ofreciendo una cocina de base tradicional.

25 hab - †50/300 € ††55/300 €

Moreno Nieto 5 ✉ 06100
- ✆ 924 49 11 29 - www.palacioarteaga.com

OLLERS

Girona – Mapa regional : **9**-C3
Madrid 709 km – Barcelona 126 km – Girona 28 km – Tarragona 216 km
Mapa de carreteras Michelin nº 574-F38

Casa Anamaria

TRADICIONAL • ACOGEDORA ¡Un oasis de paz en pleno campo! Las habitaciones, todas con detalles de buen gusto, se reparten entre una antigua masía en piedra, una pequeña casita y un edificio actual que cobija las zonas comunes. El restaurante completa su carta tradicional con un menú.

25 hab – 144/380 €

Este : 1 km ✉ 17833 – ✆ 872 59 17 21 – www.hotelcasanamaria.com

OLMEDO

Valladolid – 3 744 h. – Alt. 771 m – Mapa regional : **8**-B2
Madrid 151 km – Ávila 79 km – Salamanca 132 km – Valladolid 44 km
Mapa de carreteras Michelin nº 575-I15

Castilla Termal Balneario de Olmedo

SPA Y BIENESTAR • FUNCIONAL Instalado parcialmente en un convento mudéjar del s. XII. Encontrará espacios sociales en la antigua capilla, confortables habitaciones y una completa oferta termal. El restaurante, con dos salas y varios privados, apuesta por la cocina tradicional y regional.

79 hab – 91/165 € 91/220 € – 15 € – 3 suites

Pago de Sancti Spiritus ✉ 47410 – ✆ 983 60 02 37 – www.balneariovilladeolmedo.com

OLOST

Barcelona – 1 182 h. – Alt. 669 m – Mapa regional : **9**-C2
Madrid 614 km – Barcelona 88 km – Girona 93 km – Lleida 156 km
Mapa de carreteras Michelin nº 574-G36

✿ **Sala** (Antonio Sala)

COCINA TRADICIONAL • AMBIENTE CLÁSICO XX Tras su atractiva fachada en piedra encontrará un bar, con mesas para el menú del día, y un comedor a la carta de línea clásica-funcional. Su propuesta, que ensalza el recetario tradicional, confiere gran protagonismo a los productos de proximidad y de temporada. ¡Jornadas gastronómicas dedicadas a la caza y la trufa!

→ Bogavante con alcachofas, parmentier de patata y trufa negra. Liebre a la royal. Torrijas a nuestra manera con helado de manzana.

Menú 55/85 € – Carta 52/78 €

pl. Major 17 ✉ 08516 – ✆ 938 88 01 06 – www.fondasala.com – cerrado Navidades, del 2 al 24 de septiembre, domingo noche, lunes noche y martes

OLOT

Girona – 33 944 h. – Alt. 443 m – Mapa regional : **9**-C1
Madrid 673 km – Barcelona 152 km – Girona 54 km – Canillo 148 km
Mapa de carreteras Michelin nº 574-F37

✿✿ **Les Cols** (Fina Puigdevall)

CREATIVA • DE DISEÑO XXX ¡Una perfecta fusión entre tradición y modernidad! Ocupa una masía catalana que sorprende por su interior, de diseño puro, y cuenta con un pabellón para eventos que no deja a nadie indiferente. La chef plantea una cocina creativa que apuesta, claramente, por la identificación con el paisaje y el producto de proximidad.

→ Esparrago verde en tempura de carbón. Chirivía quemada, miel y café. Pera, vainilla y limón.

Menú 95 € – solo menú

Mas Les Cols - Av. Les Cols 2 ✉ 17800 – ✆ 972 26 92 09 – www.lescols.com – cerrado del 1 al 22 de enero, domingo noche, lunes y martes

Les Cols Pavellons

BOUTIQUE HOTEL • DE DISEÑO Una experiencia... ¡singular! Consta de cinco cubos acristalados que anhelan, con su construcción, la conquista de sensaciones y la integración de cada espacio en el entorno.

5 hab – 250/300 € 300/350 €

Mas Les Cols - Av. Les Cols 2 ✉ 17800 – ✆ 699 81 38 17 – www.lescolspavellons.com – cerrado del 4 al 31 de enero, lunes y martes salvo festivos

Can Blanc

TRADICIONAL • RÚSTICA Atesora cierto encanto, pues se ubica en una masía típica rodeada de árboles y frondosos parajes. Salón rústico con chimenea y habitaciones funcionales, todas muy coloristas.

12 hab – 55/65 € 89/100 €

carret. La Deu, Sur : 2 km ✉ 17800 – ✆ 972 27 60 20 – www.canblanc.es

ONDARA

Alicante – 6 617 h. – Alt. 35 m – Mapa regional : **11**-B2

Madrid 441 km – Alacant/Alicante 86 km – Murcia 168 km – València 100 km

Mapa de carreteras Michelin nº 577-P30

Casa Pepa (Antonia Ballester)

CREATIVA • DE DISEÑO XX Antigua casa de labranza emplazada entre huertas, naranjos y longevos olivos. Ofrece una sala interior de ambiente rústico y otra acristalada, esta última más actual y con buenas vistas a la terraza. Las hijas de la propietaria, desde los fogones, proponen una cocina natural y creativa de marcada base mediterránea.

→ Tartar de sepia, gamba roja y emulsión de ajos tiernos. Salmonete de roca, algas y costra de sésamo negro. Pastelito de algarroba, helado de anís estrellado.

Menú 35/100 € – Carta 50/64 €

partida Pamis 7-30, Suroeste : 1,5 km ✉ 03760 – ✆ 965 76 66 06 – www.casapepa.es – solo cena en julio y agosto – cerrado domingo noche salvo julio-agosto, martes noche salvo marzo-septiembre y lunes

ONTINYENT ONTENIENTE

Valencia – 35 621 h. – Alt. 400 m – Mapa regional : **11**-A2

Madrid 369 km – Albacete 122 km – Alacant/Alicante 91 km – València 84 km

Mapa de carreteras Michelin nº 577-P28

Sents (Santiago Prieto)

MODERNA • MINIMALISTA XX Restaurante de estética minimalista llevado entre dos hermanos, uno en labores de chef y el otro de sumiller. Cocina actual, de base tradicional, con influencias asiáticas. ¡Es necesario reservar con un mínimo de 24 horas!

→ Puchero trufado. Arroz, setas, caldo de pato y trufa. Naranja en texturas.

Menú 52 € – solo menú

pl. Vicente Andrés Estellés 9 ✉ 46870 – ✆ 962 38 77 62 (es necesario reservar) – www.sents.es – solo almuerzo salvo viernes y sábado – cerrado del 9 al 15 de enero, Semana Santa, mayo-septiembre y lunes

El Tinell de Calabuig

COCINA TRADICIONAL • AMBIENTE CLÁSICO XX Un negocio de ambiente clásico. Ofrecen una carta tradicional actualizada bastante amplia, varios menús e interesantes jornadas gastronómicas, tanto vegetarianas como de caza.

Menú 16/40 € – Carta 27/42 €

Josep Melcior Gomis 23 ✉ 46870 – ✆ 962 91 50 48 – cerrado 7 días en agosto, domingo, lunes noche y martes noche

La Cuina

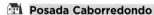

MODERNA • MARCO CONTEMPORÁNEO A través de tapas y platillos, pensados para compartir, en este gastrobar proponen una cocina actual con tintes orientales. Buen menú diario y exitosas jornadas gastronómicas.

Tapa 3 € - Ración aprox. 12 € - Menú 11 €

pl. Vicent Andrés Estellés 9 ✉ 46870 - ✆ 962 38 77 62 - www.lacuinarestaurant.es - solo almuerzo salvo viernes y sábado - cerrado lunes

OREÑA

Cantabria - 2 600 h. - Mapa regional : **6**-B1

Madrid 388 km - Santander 30 km - Bilbao 128 km - Oviedo 158 km

Mapa de carreteras Michelin nº 572-B17

Posada Caborredondo

FAMILIAR • RÚSTICA Esta casona de piedra, ubicada a solo 2 km. de Santillana del Mar, sorprende por su amplio porche. Salón social con chimenea e impecables habitaciones, algunas abuhardilladas.

14 hab - ††61/88 € - ☕5 €

barrio Caborredondo 81, Noroeste : 1,5 km ✉ 39525 - ✆ 942 71 61 81 - www.posadacaborredondo.com - cerrado 15 diciembre-15 marzo

ORFES

Girona - 80 h. - Mapa regional : **9**-D3

Madrid 710 km - Barcelona 127 km - Girona 29 km - Perpignan 217 km

Mapa de carreteras Michelin nº 574-F38

por la carretera GI 554 Norte : 2,5 km y desvío a la derecha 1 km

Sa Poma

COCINA TRADICIONAL • ACOGEDORA Acogedor restaurante de ambiente rústico en el que proponen una carta de tradicionales raíces catalanas... eso sí, con algún que otro interesante toque mallorquín.

Carta 30/40 €

Hotel Masia La Palma, Veïnat de la Palma ✉ 17468 Orfes - ✆ 972 19 31 37 - cerrado enero

Masia La Palma 

HISTÓRICO • ACOGEDORA Masía de 1830 emplazada en plena montaña, en un fantástico entorno natural donde reina el silencio. Ofrece un salón social con chimenea y varios tipos de habitaciones, todas de confort actual.

12 hab ☕ - †83/98 € ††115/135 €

Veïnat de la Palma ✉ 17468 Orfes - ✆ 972 19 31 37 - www.masialapalma.com - cerrado 7 días en invierno

Sa Poma - ver selección restaurantes

ÓRGIVA

Granada - 5 483 h. - Alt. 450 m - Mapa regional : **1**-D1

Madrid 485 km - Almería 121 km - Granada 60 km - Málaga 121 km

Mapa de carreteras Michelin nº 578-V19

Taray Botánico 

FAMILIAR • RÚSTICA La arquitectura típica, la decoración rústica y un bello entorno arbolado se dan cita en este agradable complejo. Posee unas habitaciones renovadas de buen confort general. El restaurante, dotado con dos salas de montaje clásico, ofrece una carta tradicional.

15 hab - †50/60 € ††64/72 € - ☕8 €

carret. A 348, Sur : 1,5 km ✉ 18400 - ✆ 958 78 45 25 - www.hoteltaraybotanico.com

ORÍS

Barcelona - 278 h. - Alt. 708 m - Mapa regional : **9**-C2

Madrid 638 km - Girona 83 km - Barcelona 87 km - Font-Romeu 104 km

Mapa de carreteras Michelin n° 574-F36

L'Auró

COCINA TRADICIONAL • AMBIENTE CLÁSICO XX Negocio familiar dotado con un bar, una sala para el menú y un gran comedor principal. Cocina tradicional actualizada con platos fuera de carta, así que... idéjese aconsejar!

Menú 17/60 € - Carta 38/52 € - cena solo con reserva

carret. C 17, km 76,2 - Este : 0,5 km ✉ 08573 - ✆ 938 59 53 01 - www.restaurantauro.com - solo almuerzo salvo viernes y sábado - cerrado del 9 al 30 de agosto y lunes

ORONOZ

Navarra - Mapa regional : **17**-A1

Madrid 450 km - Donostia-San Sebastián 57 km - Iruña/Pamplona 43 km - Vitoria-Gasteiz 135 km

Mapa de carreteras Michelin n° 573-C25

en Zozaia Sur : 3 km

Kuko

CASA DE CAMPO • RÚSTICA Instalado en un gran caserón, con siglos de historia, que ha sido rehabilitado. Ofrece encantadoras habitaciones y un interesante restaurante, pues al chef-propietario le gusta escoger personalmente todos los productos y modificar los menús con frecuencia.

7 hab - 115/135 €

Barrio Zozaia 6 (Casa Gorritzenea) ✉ 31720 Zozaia - ✆ 948 59 22 99 - www.kukohotel.com - cerrado del 15 al 30 de diciembre

OROPESA

Toledo - 2 771 h. - Alt. 420 m - Mapa regional : **7**-A2

Madrid 155 km - Ávila 122 km - Talavera de la Reina 33 km

Mapa de carreteras Michelin n° 576-M14

Parador de Oropesa

EDIFICIO HISTÓRICO • HISTÓRICA Instalado en un castillo-palacio del s. XIV. Encontrará un atractivo patio, amplias zonas nobles y habitaciones de buen confort, con mobiliario actual que imita al antiguo. El comedor, con una terraza-mirador y el techo artesonado, presenta una carta regional.

44 hab - 75/155 € - 16 € - 4 suites

pl. del Palacio 1 ✉ 45560 - ✆ 925 43 00 00 - www.parador.es

ORUÑA

Cantabria - Mapa regional : **6**-B1

Madrid 426 km - Santander 19 km - Bilbao 113 km

Mapa de carreteras Michelin n° 572-B18

Casa Setien

COCINA TRADICIONAL • RÚSTICA XX Disfruta de amplias instalaciones, con un bar-mesón donde sirven el menú del día y dos grandes salones, uno rústico y el otro clásico-actual. Cocina tradicional y de mercado.

Menú 14/33 € - Carta 33/46 €

Barrio El Puente 5 ✉ 39477 - ✆ 942 57 52 51 - www.casasetien.com - cerrado lunes noche

El Hostal

COCINA TRADICIONAL • AMBIENTE CLÁSICO XX Ocupa una antigua casa señorial, de inspiración regional, dotada con un comedor clásico-actual y varios privados. Cocina tradicional y... ¡agradable terraza-jardín arbolado!

Menú 20 € - Carta 38/46 €

barrio El Puente 13 ✉ 39477 - ✆ 942 57 58 98 - www.elhostalrestaurante.es - cerrado 15 días en septiembre-octubre, domingo noche y lunes salvo verano

OSUNA

Sevilla - 17 801 h. - Alt. 328 m - Mapa regional : **1**-B2
Madrid 489 km - Córdoba 85 km - Granada 169 km - Málaga 123 km
Mapa de carreteras Michelin nº 578-U14

La Casona de Calderón

BOUTIQUE HOTEL • PERSONALIZADA Entre sus muchos detalles, esta preciosa casa del s. XVII cuenta con un acogedor patio, diversas esculturas, una fuente, un pozo y todas las habitaciones personalizadas. Su restaurante está vestido con una curiosa colección de grabados del s. XVIII y ofrece una carta tradicional.

15 hab - †55/69 € ††73/80 €

pl. Cervantes 16 ✉ 41640 - ✆ 954 81 50 37 - www.casonacalderon.es

OURENSE

106 231 h. - Alt. 125 m - Mapa regional : **13**-C3
Madrid 502 km - A Coruña 175 km - Lugo 97 km - Pontevedra 118 km
Mapa de carreteras Michelin nº 571-E6

Nova (Julio Sotomayor y Daniel Guzmán)

COCINA TRADICIONAL • A LA MODA XX ¡Una apuesta fresca y sugerente! Presenta un espacio de estética actual que, bajo el concepto "Art Nova", está abierto a su uso en exposiciones temporales. Los jóvenes cocineros, que son primos y centran su trabajo en económicos menús, proponen una cocina de raíces locales puesta al día en técnicas y presentaciones.

➜ Empanada de cachola trufada y chalotas. San Pedro al vapor con pimentón y acederas. Chocolate, canela y chirivía.

Menú 28/56 € - solo menú

Plano : B1-x - *Valle Inclán 5 ✉ 32004 - ✆ 988 21 79 33 - www.novarestaurante.com - cerrado 7 días en enero, 21 días en agosto, domingo noche y lunes*

A Taberna

COCINA TRADICIONAL • RÚSTICA X Llevado por un amable matrimonio. En sus salas, de ambiente rústico, le propondrán una carta tradicional que se suele ver enriquecida con interesantes sugerencias de palabra.

Menú 35 € - Carta 22/52 €

Plano : A2-a - *Julio Prieto Nespereira 32 ✉ 32005 - ✆ 988 24 33 32 - www.ataberna.com - cerrado Semana Santa, del 12 al 31 de agosto, domingo noche y lunes salvo festivos*

Adega San Cosme (Casa Sindo)

REGIONAL • RÚSTICA X ¡De cuidado ambiente rústico! Su cocina está basada en productos de la tierra, como la Paletilla de cabrito asada, y de caza en temporada, como la Perdiz o el Conejo de monte.

Menú 28/38 € - Carta 30/46 €

Plano : B2-d - *pl. de San Cosme 2 ✉ 32005 - ✆ 988 24 88 00 - cerrado del 8 al 28 de agosto y domingo*

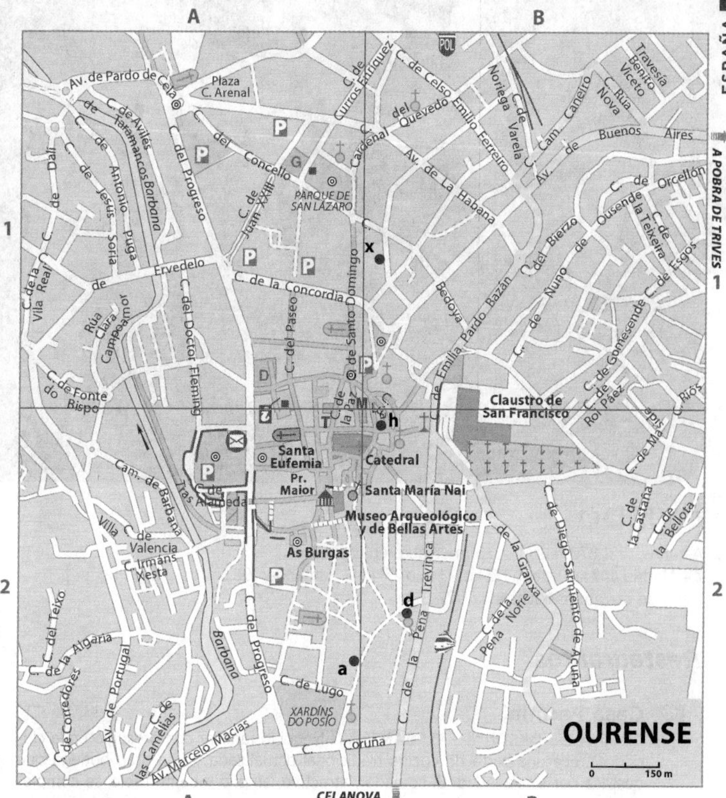

Porta da Aira

COCINA TRADICIONAL • TABERNA Bar de tapas muy conocido en la ciudad por sus Huevos rotos, la especialidad de la casa. Posee algunas mesas junto a la barra y ofrece una buena selección de vinos por copas.

Tapa 7 € – Ración aprox. 20 €

Plano : B2-h - *Fornos 2 ✉ 32005 - ✆ 988 25 07 49*
- cerrado del 15 al 30 de septiembre, domingo noche y lunes

en Coles por la av. de La Habana - Curros Enriquez : 8 km, ver plano A-B1

Casa Grande de Soutullo

AGROTURISMO • RÚSTICA Instalado en un pazo familiar del s. XVIII. Dispone de un bello patio, una cálida zona social con chimenea y amplias habitaciones que combinan la piedra vista, la madera y el mobiliario de época. ¡Todo se decora con óleos de la propietaria!

8 hab - ††70/92 € - ☕8 €

Soutullo de Abaixo ✉ 32152 Soutullo de Abaixo
- ✆ 988 20 56 11 - www.pazodesoutullo.com

NOS GUSTA...

La espectacular arquitectura del **Ayre H. Oviedo**, diseñado por Santiago Calatrava e integrado en el impresionante Palacio de Congresos "Ciudad de Oviedo". Saborear auténtica cocina asturiana en **Casa Conrado** y... visitar el **Eurostars H. De la Reconquista**, pues en sus patios y salones se deciden, año tras año, los prestigiosos premios Princesa de Asturias.

OVIEDO

Asturias - 221 870 h. - Alt. 236 m - Mapa regional : **3**-B1
Madrid 447 km - León 123 km - Lugo 251 km - Santander 196 km
Mapa de carreteras Michelin nº 572-B12

Restaurantes

Casa Fermín

COCINA TRADICIONAL • ELEGANTE XXX Negocio familiar con prestigio en la ciudad. Ofrece una carta de cocina tradicional actualizada y una gran bodega que destaca por su variedad. El comedor, atractivo, amplio y confortable, se complementa con varios privados en el sótano.

Carta 35/68 €

Plano : B1-c - *San Francisco 8 ✉ 33003*
- *☎ 985 21 64 52 - www.casafermin.com*
- *cerrado domingo*

Mestura Ⓝ

COCINA TRADICIONAL • AMBIENTE CLÁSICO XX Se halla en la entreplanta del hotel España, donde encontraremos una sala de elegante línea clásica y una cocina tradicional que cuida los detalles. ¡También ofrecen menús!

Menú 39/60 € - Carta 43/72 €

Plano : B1-b - *Jovellanos 2 ✉ 33009*
- *☎ 984 03 40 14 - www.mesturarestaurante.es*
- *cerrado domingo y lunes*

El Asador de Aranda

CARNES • AMBIENTE CLÁSICO XX Ocupa una casona histórica ubicada en pleno centro. En sus comedores, de elegante ambiente castellano, le propondrán una oferta culinaria especializada en asados. ¡Buen menú!

Menú 30/45 € - Carta 29/36 €

Plano : B1-g - *Jovellanos 19 ✉ 33003*
- *☎ 985 21 32 90 - www.asadordearanda.com*
- *cerrado domingo en julio-agosto y domingo noche resto del año*

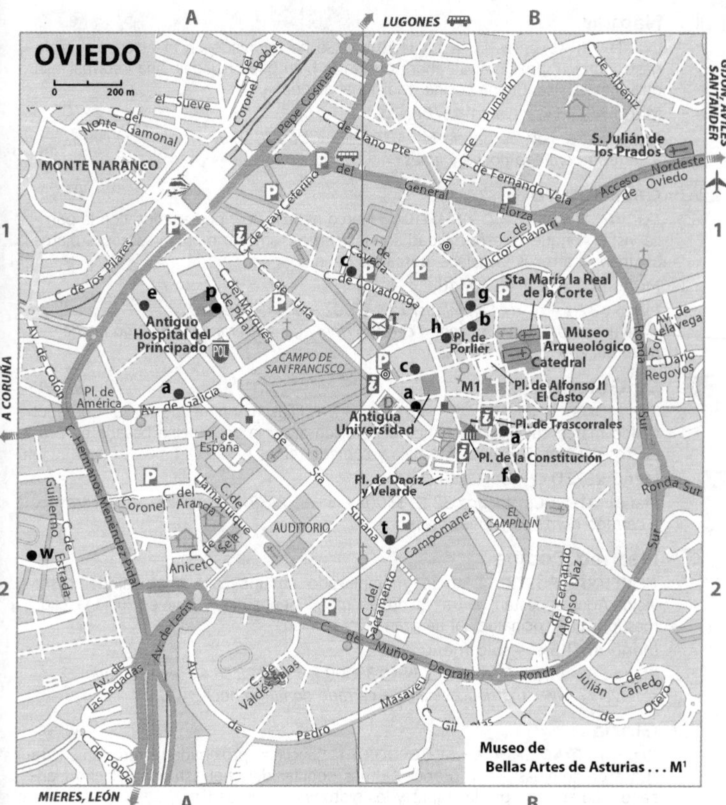

Casa Conrado

COCINA TRADICIONAL • AMBIENTE CLÁSICO XX Fabes con almejas, Pote asturiano, Lubina al estilo de Cudillero... una cita obligada para los amantes de la gastronomía asturiana. Presenta unas instalaciones clásicas y una carta variada, algo que sabe agradecer su elegante clientela.

Menú 25 € – Carta 26/57 €

Plano : B1-h – *Argüelles 1 ✉ 33003*
– *✆ 985 22 39 19 – www.casaconrado.com*
– *cerrado domingo*

Ca'Suso

MODERNA • RÚSTICA XX Llevado entre dos hermanos y en pleno casco antiguo. Disfruta de unas instalaciones reducidas pero coquetas, con un estilo neorrústico muy acogedor. Su atractiva carta de cocina tradicional actualizada está compensada con varios menús.

Menú 26/42 € – Carta 35/52 €

Plano : B2-f – *Marqués de Gastañaga 13 ✉ 33009*
– *✆ 985 22 82 32 – www.ca-suso.com*
– *cerrado 7 días en febrero, 21 días en agosto, domingo y lunes en julio y agosto, domingo noche, lunes y martes noche resto del año*

Naguar

COCINA TRADICIONAL • A LA MODA Se ha renovado en lo estético y en lo gastronómico, presentando ahora dos salas bien diferenciadas, una informal y la otra más clásica. Buena cocina tradicional asturiana.

Menú 35/55 € - Carta 45/65 €

Plano : A1-a - *av. de Galicia 14 ✉ 33005 - ☎ 984 28 50 80 - www.naguar.es - cerrado domingo noche y lunes*

Casa Arturo

COCINA TRADICIONAL • RÚSTICA Marco neorrústico, tipo asador, con la parrilla vista. Aunque su especialidad son las carnes también ofrecen sabrosos platos asturianos, arroces, bacalaos, pescados del día...

Menú 50 € - Carta 30/46 €

Plano : B2-t - *pl. de San Miguel 1 ✉ 33007 - ☎ 985 22 94 88 - www.asadorcasaarturo.com - cerrado domingo en verano y domingo noche resto del año*

La Goleta

PESCADOS Y MARISCOS • SENCILLA ¡La filial marinera de Casa Conrado! Cálido marco cuya característica decoración anuncia una cocina basada en productos del mar. Bar en planta baja y comedor en el 1er piso.

Menú 29/30 € - Carta 28/59 €

Plano : A1-c - *Covadonga 32 ✉ 33002 - ☎ 985 21 38 47 - www.lagoleta.com - cerrado domingo y lunes noche*

Married Cocina

MODERNA • RÚSTICA Íntimo y emplazado en una calle peatonal del casco viejo. Aquí apuestan, a través de un menú degustación que evoluciona cada mes, por una cocina actual de gran nivel técnico.

Menú 45/115 € - solo menú

Plano : B2-a - *pl. Trascorrales 19 ✉ 33009 - ☎ 984 28 36 44 (es necesario reservar) - www.marriedcocina.eu - cerrado domingo noche y lunes*

Gloria

COCINA TRADICIONAL • ACOGEDORA Sencillez, proximidad, tradición... Esta "Casa de comidas" es la propuesta más popular del chef asturiano Nacho Manzano, que apuesta por las tapas y los platos para compartir.

Tapa 6 € - Ración aprox. 12 € - Menú 18 €

Plano : A1-e - *Cervantes 24 ✉ 33004 - ☎ 984 83 42 43 - cerrado domingo en verano y domingo noche resto del año*

Alojamientos

Eurostars H. De la Reconquista

HISTÓRICO • CLÁSICA Suntuoso hotel-monumento instalado en un edificio del s. XVIII que, en su origen, funcionó como hospicio y hospital. Atesora maravillosos salones, patios porticados y un restaurante, de carácter polivalente, donde elaboran cocina tradicional e internacional.

131 hab - ††99/500 € - ☕ 18 € - 11 suites

Plano : A1-p - *Gil de Jaz 16 ✉ 33004 - ☎ 985 24 11 00 - www.eurostarshoteldelareconquista.com*

Ayre H. Oviedo

NEGOCIOS • MINIMALISTA Tiene una fachada realmente espectacular... no en vano, forma parte del Palacio de Exposiciones y Congresos diseñado por el genial arquitecto Santiago Calatrava. Sus modernísimas instalaciones están definidas por la luminosidad, la amplitud y el diseño.

135 hab - †69/115 € ††69/125 € - ☕ 14 € - 20 suites

Plano : A2-w - *Policarpo Herrero ✉ 33006 - ☎ 985 96 47 77 - www.ayrehoteles.com*

Princesa Munia

NEGOCIOS • DE DISEÑO Tras su preciosa fachada clásica, que data del s. XIX, encontrará un edificio de línea actual... eso sí, con muchos detalles de interiorismo y habitaciones bien equipadas.

23 hab – 69/150 € 69/185 € – 12 €

Plano : B1-2-a – *Fruela 6 ✉ 33007 – ✆ 984 28 55 80 – www.fruelahoteles.com*

Nap

NEGOCIOS • MODERNA Hotel de última generación dominado por las nuevas tecnologías. Ofrece unas habitaciones bien equipadas y de línea actual, destacando sus baños con bañera o columna de hidromasaje.

38 hab – 45/75 € 50/80 € – 5 € – 2 suites

José Ramón Zaragoza 6, por av. de Galicia A2 ✉ 33013 – ✆ 985 08 08 00 – www.naphotel.es

en Colloto Noreste : 4 km – Mapa regional : **3**-B1

Palacio de la Viñona

MANSIÓN • ACOGEDORA Una estancia encantadora entre el campo y la ciudad. Ocupa una casona del s. XVIII que ha sido reformada con acierto para lograr unos interiores acogedores y alegres. Organización familiar y elevado nivel de confort.

15 hab – 55/95 € 55/125 € – 8 €

Julián Clavería 14, por La Tenderina ✉ 33010 Colloto – ✆ 985 79 33 99 – www.palaciovinona.com

---

OYARZUN Guipúzcoa → Ver Oiartzun

PADRÓN

A Coruña – 8 643 h. – Alt. 5 m – Mapa regional : **13**-B2

Madrid 634 km – A Coruña 94 km – Ourense 135 km – Pontevedra 37 km

Mapa de carreteras Michelin n° 571-D4

Chef Rivera

COCINA TRADICIONAL • AMBIENTE CLÁSICO XX Posee un bar clásico, un comedor vestido con cuadros de pintores gallegos y una bodega rica en Oportos. Carta de gusto tradicional con platos de temporada (caza, lamprea...).

Menú 14/30 € – Carta 30/47 €

enlace Parque 7 ✉ 15900 – ✆ 981 81 04 13 – www.chefrivera.com – cerrado domingo noche, lunes noche y festivos noche salvo agosto

A Casa dos Martínez

COCINA TRADICIONAL • SIMPÁTICA X ¡En pleno casco antiguo! Resulta íntimo, agradable y singular en su funcionamiento; de hecho, basan su oferta en un único menú diario. Cocina de mercado con toques actuales.

Menú 20 € – Carta 21/35 €

Longa 7 ✉ 15900 – ✆ 634 98 05 36 – solo almuerzo salvo viernes, sábado y verano – cerrado lunes

Lo PAGÁN Murcia → Ver San Pedro del Pinatar

PÁGANOS

Álava – 63 h. – Mapa regional : **18**-A2

Madrid 367 km – Vitoria-Gasteiz 44 km – Logroño 22 km – Iruña/Pamplona 105 km

Mapa de carreteras Michelin n° 573-E22

Héctor Oribe

MODERNA • RÚSTICA XX Presenta una zona de bar a la entrada, una sala clásica en tonos claros y una pequeña bodega vista. El chef-propietario, que da nombre al restaurante, apuesta por una cocina tradicional con detalles modernos. ¿Una especialidad? El Rabo de vacuno estofado.

Menú 19/36 € - Carta 26/41 €

Gasteiz 8 ✉ 01309 - ✆ 945 60 07 15 - www.hectororibe.es - solo almuerzo salvo sábado - cerrado 20 diciembre-15 enero, del 1 al 15 de julio y lunes

Los PALACIOS Y VILLAFRANCA

Sevilla - 38 157 h. - Alt. 12 m - Mapa regional : **1**-B2

Madrid 529 km - Cádiz 94 km - Huelva 120 km - Sevilla 33 km

Mapa de carreteras Michelin n° 578-U12

Manolo Mayo

COCINA TRADICIONAL • AMBIENTE CLÁSICO XX Se halla dentro del hotel homónimo y atesora cierto prestigio, no en vano suele llenarse a diario. Ofrece un bar de tapas y un comedor clásico, donde le propondrán una cocina tradicional con algún plato creativo y dos menús degustación.

Menú 18 € - Carta 25/40 €

av. de Sevilla 29 ✉ 41720 - ✆ 955 81 10 86 - www.manolomayo.com

PALAFRUGELL

Girona - 22 733 h. - Alt. 87 m - Mapa regional : **10**-B1

Madrid 724 km - Barcelona 124 km - Girona 44 km

Mapa de carreteras Michelin n° 574-G39

Pa i Raïm

COCINA TRADICIONAL • AMBIENTE CLÁSICO XX ¡En la antigua casa del escritor Josep Pla! Ofrece una sala clásica, otra tipo jardín de invierno y una coqueta terraza presidida por dos tilos centenarios. Su carta de temporada combina los platos tradicionales con otros más actuales.

Menú 23/50 € - Carta 30/48 €

Torres Jonama 56 ✉ 17200 - ✆ 972 30 45 72 - www.pairaim.com - cerrado del 19 al 27 de diciembre, domingo noche, lunes y martes salvo julio-agosto

PALAMÓS

Girona - 17 911 h. - Mapa regional : **10**-B1

Madrid 716 km - Barcelona 118 km - Girona 47 km - Lleida 256 km

Mapa de carreteras Michelin n° 574-G39

La Salinera

PESCADOS Y MARISCOS • AMBIENTE MEDITERRÁNEO XX Un restaurante que emana carácter... no en vano, ocupa un local, con parte de los techos abovedados, que en su día sirvió como fábrica de salazón. Atesoran sus propios viveros y presentan una carta especializada en pescados y mariscos, siempre de la zona.

Menú 20/29 € - Carta 41/55 €

av. 11 Setembre 93 ✉ 17230 - ✆ 972 31 64 74 - www.salinera.es - solo almuerzo salvo viernes y sábado - cerrado 2 noviembre-2 diciembre ,enero-mayo salvo fines de semana y festivos,lunes en junio, septiembre y octubre

La Gamba

PESCADOS Y MARISCOS • ACOGEDORA XX Disfruta de dos coquetas terrazas y una sala muy original construida por la compañía "Eiffel", con profusión de hierro y las paredes en ladrillo visto. Extensa carta marinera.

Carta 40/62 €

pl. Sant Pere 1 ✉ 17230 - ✆ 972 31 46 33 - www.lagambapalamos.com - solo almuerzo en invierno salvo viernes y sábado - cerrado 15 días en noviembre, 15 días en febrero y miércoles salvo verano

La Fàbrica del Gel

COCINA TRADICIONAL • FAMILIAR XX Negocio familiar dotado con una elegante terraza y dos salas de cuidado montaje, ambas abovedadas. Cocina tradicional de calidad, con pescados del día e interesantes menús.

Menú 25/40 € - Carta 36/50 €

pl. Sant Pere 6 ✉ 17230 - ✆ 972 60 04 08 - www.lafabricadelgel.com - cerrado 15 febrero-15 marzo, domigo noche y martes salvo verano y festivos

La Menta

MEDITERRÁNEA • ACOGEDORA X Llevado por un amable matrimonio y dotado con dos salas, a diferentes alturas, de ambiente clásico-familiar. Cocina mediterránea con platos de sabor auténtico e identificable.

Menú 16/27 € - Carta 45/60 €

Tauler i Servià 1 ✉ 17230 - ✆ 972 31 47 09 - www.restaurantlamenta.com - cerrado del 1 al 15 de marzo, del 1 al 15 de noviembre, martes noche y miércoles

Trias

TRADICIONAL • DE DISEÑO Se presenta como un clásico aunque está bien actualizado, con detalles coloniales, marineros y mediterráneos. Habitaciones espaciosas, la mayoría con terraza y vistas al mar. En el comedor, luminoso y con dos salas anexas, encontrará una cocina tradicional.

83 hab - †71/180 € ††75/215 €

passeig del Mar 4 ✉ 17230 - ✆ 972 60 18 00 - www.grupandilana.com

en Plà de Vall Llobregà carretera de Palafrugell C 31 - Norte : 3,5 km

- Mapa regional : **09D**-D2

Mas dels Arcs (N)

COCINA TRADICIONAL • AMBIENTE MEDITERRÁNEO XX Este negocio familiar presenta una sala clásica, un buen porche acristalado de aire marinero y un espacio chill out más informal. Cocina tradicional en base al producto local.

Menú 18/27 € - Carta 32/59 €

✉ 17230 Palamós - ✆ 972 31 51 35 - www.masdelsarcspalamos.com - cerrado 6 enero-febrero, lunes noche y martes salvo en verano

al Noroeste 4 km

Finca Bell-Lloc

AGROTURISMO • RÚSTICA Recupera una antigua casa ampurdanesa, rodeada de naturaleza, en la que se combinan los detalles tradicionales y de diseño. Encontrará habitaciones amplias y agradables, un comedor para los clientes alojados y... ¡una bodega que sorprende por su arquitectura!

6 hab - †140/160 € ††170/210 €

camí de Bell-Lloc 63 ✉ 17230 - ✆ 972 31 62 03 - www.fincabell-lloc.com - cerrado 20 diciembre-enero

en la carretera de playa Castell por la carretera de Palafrugell C 31 - Norte : 4,5 km

La Malcontenta

COCINA TRADICIONAL • AMBIENTE CLÁSICO XXX En su sala, amplia, elegante y de agradable ambiente clásico, le propondrán una cocina tradicional no exenta de personalidad, bien actualizada y fiel a los productos locales.

Menú 22/46 € - Carta 37/53 €

Hotel La Malcontenta, Paratge Torre Mirona-Platja Castell 12 ✉ 17230 Palamós - ✆ 972 31 23 30 - www.lamalcontentahotel.com - cerrado enero-9 marzo, domingo noche y lunes salvo verano

La Malcontenta

GRAN LUJO • PERSONALIZADA Resulta realmente atractivo, pues ocupa una masía fortificada del s. XVI que destaca por su emplazamiento, en un paraje protegido y rodeado de rutas forestales. Atesora un entorno ajardinado y magníficas habitaciones, todas amplias y con mobiliario de calidad.

14 hab – 260/305 € – 4 suites

Paratge Torre Mirona-Platja Castell 12 ✉ 17230 Palamós – ☎ 972 31 23 30 – www.andianahotels.com – cerrado enero-9 marzo

La Malcontenta – ver selección restaurantes

PALAU-SATOR

Girona – 298 h. – Alt. 20 m – Mapa regional : **10**-B1

Madrid 713 km – Barcelona 132 km – Girona 39 km – Tarragona 222 km

Mapa de carreteras Michelin n° 574-G39

Mas Pou

REGIONAL • RÚSTICA Instalado en una típica casa de pueblo catalana que hoy se enriquece, en un anexo, con un singular Museo Rural dedicado a la labranza. Reparte los comedores por el edificio a modo de privados y propone una cocina regional rica en guisos.

Menú 25/40 € – Carta 30/46 €

pl. de la Mota 4 ✉ 17256 – ☎ 972 63 41 25 – www.maspou.com – cerrado 7 enero-7 febrero, domingo noche salvo julio-agosto y lunes

PALENCIA

79 595 h. – Alt. 781 m – Mapa regional : **8**-B2

Madrid 235 km – Burgos 88 km – León 128 km – Santander 203 km

Mapa de carreteras Michelin n° 575-F16

Pepe´s

COCINA TRADICIONAL • RÚSTICA ¡Amabilidad y productos de calidad! Encontrará un concurrido bar y un comedor castellano en dos niveles, donde ofrecen una completa carta tradicional con pescados y mariscos.

Menú 25/36 € – Carta 37/70 €

Plano : B2-c – *av. Manuel Rivera 16 ✉ 34002 – ☎ 979 10 06 50 – www.casapepes.es – cerrado del 1 al 26 de agosto y lunes*

Casa Lucio

COCINA TRADICIONAL • AMBIENTE CLÁSICO Un restaurante de atenta gestión familiar y montaje clásico-actual que decora sus paredes con pinturas de un artista local. Cocina tradicional no exenta de actualizaciones.

Menú 25/36 € – Carta 24/45 €

Plano : B2-s – *Don Sancho 2 ✉ 34001 – ☎ 979 74 81 90 – www.restaurantecasalucio.com – cerrado del 1 al 15 de julio y domingo noche*

Asador La Encina

COCINA TRADICIONAL • AMBIENTE CLÁSICO Su fama le precede, pues aquí elaboran una de las mejores tortillas de patata de España. Se presenta con las características propias de un asador, aunque algo más moderno.

Carta 30/45 €

Plano : B2-m – *Casañé 2 ✉ 34002 – ☎ 979 71 09 36 – www.asadorlaencina.com – cerrado 15 días en agosto y domingo noche salvo vísperas de festivos*

Casa Lucio

COCINA TRADICIONAL • MARCO REGIONAL Acogedor bar de tapas de ambiente rústico-regional en el que se alude, levemente, al mundo de la tauromaquia. Ofrece una barra bien surtida e interesantes menús para tapear.

Tapa 1,50 € – Ración aprox. 5 €

Plano : B2-s – *Don Sancho 2 ✉ 34001 – ☎ 979 74 81 90 – www.lucioasadorgastrobar.com*

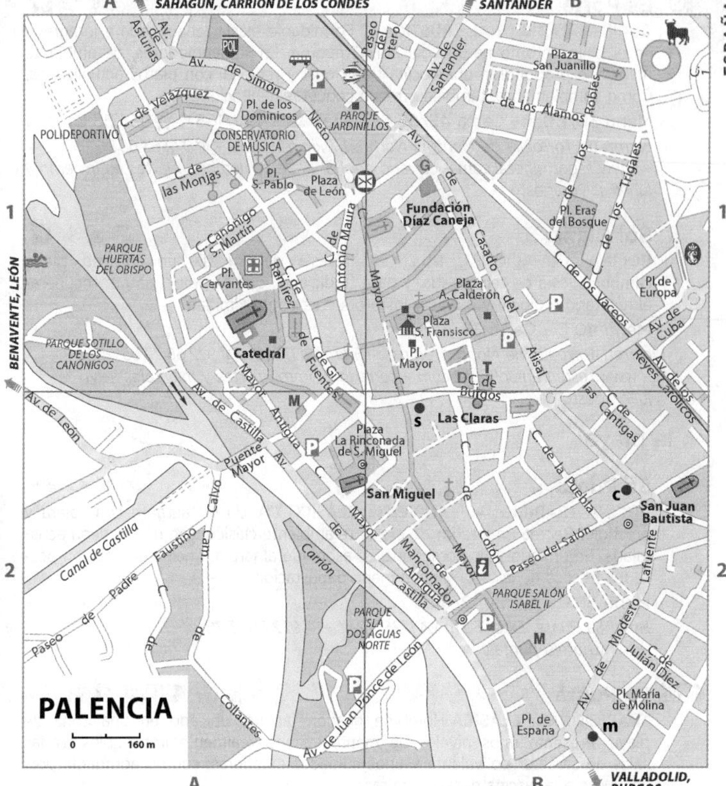

El PALMAR (Playa de) Cádiz ➜ Ver Vejer de la Frontera

El PALMAR Murcia ➜ Ver Murcia

El PALO Málaga ➜ Ver Málaga

PALS

Girona – 2 501 h. – Alt. 55 m – Mapa regional : **10**-B1
Madrid 728 km – Barcelona 130 km – Girona 43 km – Tarragona 220 km
Mapa de carreteras Michelin n° 574-G39

Vicus

CREATIVA · DE DISEÑO XX Restaurante de origen familiar que hoy se presenta con un aspecto actual. Ofrece una cocina creativa, con entrantes a base de pequeñas raciones, arroces y pescados del día.

Menú 19/47 € – Carta 32/50 €

Enginyer Algarra 51 ✉ 17256
– ✆ 972 63 60 88 – www.vicusrestaurant.com
– cerrado 15 enero-15 marzo y martes salvo julio-agosto

Es Portal

COCINA TRADICIONAL • RÚSTICA XX Formidable masía rehabilitada e integrada en el bello entorno natural del Baix Empordà. En sus comedores, de ambiente rústico, le propondrán una cocina tradicional y regional con platos actualizados. Como complemento, también ofrecen coquetas habitaciones.

Menú 30/60 € - Carta 45/66 € 9 hab - 92/165 € 115/215 €

carret. de Torroella de Montgrí, Norte : 1,7 km ✉ 17256 - ✆ 972 63 65 96 - www.esportalhotel.com - cerrado del 1 al 15 de noviembre, martes en invierno y lunes salvo agosto

Sol Blanc

COCINA TRADICIONAL • RÚSTICA XX ¡Masía del s. XIX ubicada en pleno campo! Cocina de temporada, y base tradicional, que se preocupa por recuperar el recetario regional y ensalzar los productos de proximidad.

Menú 40 € - Carta 35/60 €

carret. Torroella de Montgrí, Norte : 1,5 km ✉ 17256 - ✆ 972 66 73 65 - www.restaurantsolblanc.com - cerrado febrero, martes y miércoles salvo julio-agosto

en la playa

Sa Punta

COCINA TRADICIONAL • AMBIENTE CLÁSICO XXX ¡Un restaurante con solera y prestigio! Recrea un interior de elegante ambiente clásico, con una bodega acristalada, un privado y un comedor bien asomado al jardín. Cocina clásica con pescados frescos de la lonja y buen menú degustación.

Menú 56 € - Carta 42/66 €

Hotel Sa Punta, Este, 6 km ✉ 17256 Pals - ✆ 972 66 73 76 - www.hotelsapunta.com

Sa Punta

TRADICIONAL • CLÁSICA Hotel de gestión familiar ubicado en una zona de playa. Presenta unos niveles de mantenimiento realmente impecables, varias salas de carácter polivalente y unos cuidados exteriores, con un agradable porche junto a la piscina de agua de mar.

30 hab - 80/160 € 100/224 € - 13 € - 3 suites

Este, 6 km ✉ 17256 Pals - ✆ 972 66 73 76 - www.hotelsapunta.com

Sa Punta - ver selección restaurantes

PAMPLONA Navarra

→ Ver Iruña

PANCAR Asturias

→ Ver Llanes

PANES

Asturias - Alt. 50 m - Mapa regional : **3**-C2

Madrid 427 km - Oviedo 128 km - Santander 89 km

Mapa de carreteras Michelin n° 572-C16

en Alevia Noroeste : 3 km

Casona d'Alevia 

AGROTURISMO • RÚSTICA Bella casona en piedra ubicada en una preciosa aldea de montaña. Ofrece habitaciones muy detallistas, con profusión de madera y mobiliario de época en la mayoría de los casos.

9 hab - 64/72 € 80/90 € - 9 €

✉ 33579 Alevia - ✆ 985 41 41 76 - www.casonadalevia.com - cerrado enero

en la carretera de Cangas de Onís Oeste : 9 km

Casa Julián

REGIONAL • AMBIENTE CLÁSICO Llevado en familia y emplazamiento sobre el mismo río Cares, con excelentes vistas desde algunas mesas. Aquí encontrará una cocina casera con predominio de platos asturianos.

Menú 16 € - Carta 25/36 €

33578 Niserias - 985 41 57 97 - www.casajulian.com - cerrado 15 diciembre-febrero

en Alles por la carretera de Cangas de Onís - Oeste : 10,5 km

La Tahona de Besnes

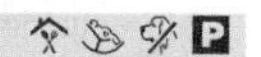

AGROTURISMO • RÚSTICA ¡Ideal para aislarse en plena naturaleza! Este atractivo conjunto rural se reparte entre varias edificaciones de piedra, ofreciendo una correcta zona social, unas cuidadísimas habitaciones de aire rústico-moderno y un modesto restaurante de cocina tradicional. Las casas anexas funcionan como apartamentos.

13 hab - 50/80 € - 5 apartamentos

Besnes 33578 Alles - 985 41 56 41 - www.latahonadebesnes.es - 15 marzo-15 septiembre

PANTICOSA

Huesca - 762 h. - Alt. 1 185 m - Mapa regional : **2**-C1
Madrid 481 km - Huesca 86 km
Mapa de carreteras Michelin n° 574-D29

La Ripera

COCINA TRADICIONAL • RÚSTICA Se encuentra en el centro del pueblo, junto a la iglesia, con un bar público a la entrada, varios comedores de cálido aire montañés y un pequeño privado. Cocina tradicional.

Menú 22/75 € - Carta 32/45 €

El Viero 2 22661 - 687 73 17 59 - www.laripera.com - cerrado 7 días en octubre-noviembre y lunes

La PARRA

Badajoz - 1 383 h. - Alt. 536 m - Mapa regional : **12**-B3
Madrid 395 km - Mérida 57 km - Badajoz 60 km - Barrancos 92 km
Mapa de carreteras Michelin n° 576-Q10

Hospedería Convento de la Parra

EDIFICIO HISTÓRICO • RÚSTICA ¡Emana autenticidad y resulta interesante para quien quiera aislarse del mundo! Las paredes encaladas definen un conjunto que ha sabido cuidar mucho los detalles, instalando sus habitaciones en las sobrias celdas del convento. El restaurante también goza de cierto encanto, con las mesas en madera natural.

21 hab - 57 € 112/122 €

Santa María 16 06176 - 924 68 26 92 - www.vivedespacio.com - marzo-octubre

PASAI DONIBANE PASAJES DE SAN JUAN

Guipúzcoa - 16 012 h. - Mapa regional : **18**-B2
Madrid 456 km - Vitoria-Gasteiz 109 km - Donostia-San Sebastián 5 km - Iruña/Pamplona 85 km
Mapa de carreteras Michelin n° 573-C24

Txulotxo

PESCADOS Y MARISCOS • AMBIENTE TRADICIONAL X Al borde del mar, en la calle más pintoresca de la localidad. En su comedor principal, clásico-actual y con magníficas vistas, podrá degustar una cocina vasca y marinera. ¡Rodaballo, chipirones, marisco... todo fresco y bien tratado!

Menú 20 € - Carta 30/40 €

San Juan 71 ✉ 20110 - ☎ 943 52 39 52 - www.restaurantetxulotxo.com - cerrado 21 enero-5 marzo, domingo noche y martes noche

Casa Cámara

PESCADOS Y MARISCOS • AMBIENTE TRADICIONAL X Casa centenaria asomada a un pequeño puerto pesquero. El comedor está presidido por un vivero, lleno de agua de mar, al que le afectan las mareas. Platos clásicos marineros.

Carta 26/60 €

San Juan 79 ✉ 20110 - ☎ 943 52 36 99 - www.casacamara.com - cerrado miércoles noche en invierno, domingo noche y lunes

PASAIA PASAJES DE SAN PEDRO

Guipúzcoa - 2 781 h. - Mapa regional : **18**-B2

Madrid 458 km - Bayonne 50 km - Iruña/Pamplona 84 km - Donostia-San Sebastián 6 km

Mapa de carreteras Michelin nº 573-C24

Izkiña

PESCADOS Y MARISCOS • AMBIENTE TRADICIONAL XX Negocio familiar de 3ª generación. Presenta un bar de pinchos a la entrada y dos salas, la principal de ambiente actual-marinero. Carta especializada en pescados y mariscos.

Carta 48/72 €

Euskadi Etorbidea 19 - Trintxerpe ✉ 20110 - ☎ 943 39 90 43 - www.restauranteizkina.com - cerrado Semana Santa, 21 agosto-4 septiembre, domingo noche, lunes y miércoles noche

PAU

Girona - 557 h. - Alt. 33 m - Mapa regional : **9**-D3

Madrid 739 km - Barcelona 156 km - Girona 58 km - Tarragona 246 km

Mapa de carreteras Michelin nº 574-F39

Mas Lazuli

COCINA TRADICIONAL • DE DISEÑO X Aquí la modernidad y la rusticidad se alían a la perfección para consensuar un espacio singularmente natural, con la cocina a la vista. ¡Puede pedir los platos de sus menús!

Menú 38/68 € - Carta 45/63 €

Hotel Mas Lazuli, Mas dels Frares, carret. de Roses, Este : 1 km ✉ 17494 - ☎ 872 22 22 20 - www.hotelmaslazuli.es - cerrado 8 enero-marzo

Mas Lazuli

EDIFICIO HISTÓRICO • DE DISEÑO Parcialmente instalado en un convento-masía del s. XI que, estando rodeado de vides y olivos, hoy se presenta rehabilitado. Ofrece atractivos espacios, diversos tratamientos de relax-belleza y luminosas habitaciones, todas con vistas a la comarca del Empordà.

17 hab - †171/225 € ††190/250 € - 1 apartamento

Mas dels Frares, carret. de Roses, Este : 1 km ✉ 17494 - ☎ 872 22 22 20 - www.hotelmaslazuli.es - cerrado 8 enero-marzo

Mas Lazuli - ver selección restaurantes

PEDRAZA

Segovia - 416 h. - Alt. 1 073 m - Mapa regional : **8**-C2

Madrid 125 km - Valladolid 116 km - Segovia 38 km - Ávila 106 km

Mapa de carreteras Michelin nº 575-I18

La Olma

COCINA TRADICIONAL • RÚSTICA XX Antigua casa de piedra dotada con varias salas de aire rústico. Proponen una cocina tradicional actualizada e interesantes menús: Buscasetas, Segoviano, el de Pedraza...

Carta 26/49 €

pl. del Alamo 1 ✉ 40172 - ☎ 921 50 99 81 - www.laolma.com - solo almuerzo salvo viernes, sábado y vísperas de festivos

El Jardín

REGIONAL • RÚSTICA X En este restaurante castellano encontraremos un horno de asar y la sala en dos alturas. Ofrece una carta regional y agradables terrazas, todas con buenas vistas a la muralla.

Menú 33 € - Carta 25/40 €

Calzada 6 ✉ 40172 - ☎ 921 50 98 62 (es necesario reservar para cenar) - solo almuerzo salvo agosto - cerrado lunes o martes salvo agosto

Hospedería de Santo Domingo

TRADICIONAL • PERSONALIZADA Una casa que ha conservado su estructura original. Posee una zona social en dos ambientes y confortables habitaciones, destacando las que tienen terraza y vistas a la sierra.

17 hab ☕ - †85/110 € ††95/130 €

Matadero 3 ✉ 40172 - ☎ 921 50 99 71 - www.hospederiadesantodomingo.com

La Posada de Don Mariano

FAMILIAR • ACOGEDORA Sereno y agradable, tanto por la fachada en piedra como por sus instalaciones. Ofrece unas coquetas habitaciones, la mayoría con mobiliario antiguo y cada una con el nombre de un paraje de la zona. En su restaurante apuestan por la cocina tradicional y local.

18 hab - †76/90 € ††90/115 € - ☕ 10 €

Mayor 14 ✉ 40172 - ☎ 921 50 98 86 - www.hoteldonmariano.com

Las PEDROÑERAS

Cuenca - 6 816 h. - Alt. 700 m - Mapa regional : **7**-C2

Madrid 170 km - Cuenca 113 km - Toledo 158 km - Valencia 232 km

Mapa de carreteras Michelin nº 576-N21

Taberna Gastronómica Las Rejas N

COCINA TRADICIONAL • TENDENCIA X Una propuesta informal pero con garantías, pues el reputado chef Manuel de la Osa presenta, en un formato más accesible, la grandeza de su cocina. Ofrecen un único menú a 35 euros, muy interesante en la ejecución y con vinos de la zona incluidos en el precio.

Menú 35 € - solo menú

General Borrero 41 ✉ 16660 - ☎ 967 16 10 89 - www.lasrejas.es - solo almuerzo salvo viernes y sábado - cerrado lunes

El PEDROSO

Sevilla - 2 124 h. - Alt. 415 m - Mapa regional : **1**-B2

Madrid 506 km - Sevilla 73 km - Córdoba 149 km - Badajoz 220 km

Mapa de carreteras Michelin nº 578-S12

Los Álamos

COCINA TRADICIONAL • RÚSTICA X Negocio familiar situado a las afueras de la localidad. Ofrece un bar y un agradable comedor, con chimenea, de ambiente clásico-regional. Cocina casera a precios moderados.

Menú 10 € - Carta 22/33 €

carret. de Sevilla A 432, Suroeste : 0,5 km ✉ 41360 - ☎ 954 88 96 11 - www.alamosdelpedroso.wordpress.com

PEDROSO DE ACIM

Cáceres - 104 h. - Mapa regional : **12**-B1
Madrid 278 km - Mérida 120 km - Cáceres 50 km
Mapa de carreteras Michelin nº 576-M10

en la carretera de El Palancar Sur : 2 km

El Palancar

CARNES • RÚSTICA Junto al curioso "conventito" de El Palancar. Ocupa una casa tipo chalet de ambiente rústico y destaca por su terraza-mirador, con impresionantes vistas sobre el Valle del Alagón. Cocina tradicional actualizada y sabrosas carnes a la brasa.

Menú 22/35 € - Carta 30/44 €

carret. del Palancar ✉ 10829 - ✆ 927 19 20 33 - www.elpalancar.com - solo almuerzo salvo viernes, sábado y agosto - cerrado del 1 al 15 de julio y lunes

PEÑAFIEL

Valladolid - 5 419 h. - Alt. 755 m - Mapa regional : **8**-C2
Madrid 184 km - Valladolid 58 km - Segovia 88 km - Palencia 77 km
Mapa de carreteras Michelin nº 575-H17

Luna Llena 

MODERNA • MARCO CONTEMPORÁNEO Da continuidad a la estética moderna que domina en todo el hotel y apuesta por una cocina de raíces, tradicional y regional, en ambos casos con platos bien actualizados.

Menú 20/65 € - Carta 30/65 €

Hotel AF Pesquera, de la Estación 1 ✉ 47300 - ✆ 983 88 12 12 - www.hotelpesquera.com - solo almuerzo salvo viernes y sábado

Molino de Palacios

REGIONAL • RÚSTICA No lleva a engaños, pues realmente recupera un viejo molino harinero a orillas del Duratón. En sus salas, de aire rústico, ofrecen cocina regional, tradicional y de temporada.

Carta 25/38 €

av. de la Constitución 16 ✉ 47300 - ✆ 983 88 05 05 - www.molinodepalacios.com - solo almuerzo salvo viernes y sábado - cerrado 15 días en enero, 7 días en julio y lunes

AF Pesquera

TRADICIONAL • DE DISEÑO Un hotel de diseño moderno que ha sabido recuperar, con gran acierto, una antigua fábrica de harinas. Presenta buenos espacios sociales, varios tipos de habitaciones y una interesante vinoteca en honor al prestigioso bodeguero Alejandro Fernández.

36 hab - 95/366 € 148/366 € - 2 suites

de la Estación 1 ✉ 47300 - ✆ 983 88 12 12 - www.hotelpesquera.com

Luna Llena - ver selección restaurantes

PEÑARANDA DE BRACAMONTE

Salamanca - 6 557 h. - Alt. 730 m - Mapa regional : **8**-B3
Madrid 164 km - Ávila 56 km - Salamanca 43 km
Mapa de carreteras Michelin nº 575-J14

Las Cabañas - El Tostón de Oro

COCINA TRADICIONAL • ACOGEDORA Casa de larga trayectoria familiar dotada con una sala en un patio interior, bajo una cúpula acristalada. Su carta tradicional tiene en el cochinillo asado su plato estrella.

Menú 17/20 € - Carta 35/50 €

Carmen 14 ✉ 37300 - ✆ 923 54 02 03 - www.lascabanas.es - cerrado lunes

PEÑARROYA DE TASTAVINS

Teruel – 477 h. – Mapa regional : **2**-C3
▶ Madrid 402 km – Castelló de la Plana / Castellón de la Plana 130 km – Teruel 179 km – Zaragoza 154 km
Mapa de carreteras Michelin n° 574-J30

Virgen de la Fuente

COCINA TRADICIONAL • RÚSTICA Se halla en un edificio declarado Bien de Interés Cultural... no en vano, cuenta con dos ermitas, un claustro y una hospedería. En sus comedores, uno de elegante rusticidad y el otro con vistas, le propondrán una carta de cocina tradicional con opción a menús.

Menú 18/34 € – Carta 23/42 € – cena solo con reserva 5 hab – 57/67 € 75/85 € – 4 €

camino Ermita Virgen de la Fuente, Norte : 2 km ✉ 44586 – ✆ 978 09 02 61 – www.hospederiavirgendelafuente.com – cerrado 11 enero-15 febrero, lunes y martes salvo agosto

PERALADA

Girona – 1 841 h. – Alt. 2 m – Mapa regional : **9**-D3
▶ Madrid 731 km – Barcelona 148 km – Girona 50 km – Tarragona 238 km
Mapa de carreteras Michelin n° 574-F39

Cal Sagristà

COCINA TRADICIONAL • RÚSTICA Resulta acogedor y tiene su encanto, no en vano ocupa la antigua rectoría de un céntrico convento. En el comedor, bien montado y de aire neorrústico, le ofrecerán una cocina tradicional actualizada que cuida mucho las presentaciones.

Carta 29/42 €

Rodona 2 ✉ 17491 – ✆ 972 53 83 01 – cerrado 21 días en febrero, 21 días en noviembre, lunes noche y martes salvo julio-agosto y festivos

al Noreste 1,5 km

Peralada

SPA Y BIENESTAR • CONTEMPORÁNEA Se encuentra en un campo de golf y destaca tanto por sus atractivas habitaciones, con un estilo contemporáneo-urbano y mucha madera, como por sus originales ofertas terapéuticas, vitivinícolas o de relax. ¡Amplios espacios polivalentes!

56 hab – 155/245 € 170/260 € – 2 suites

Rocaberti ✉ 17491 Peralada – ✆ 972 53 88 30 – www.hotelperalada.com

PERAMOLA

Lleida – 343 h. – Alt. 566 m – Mapa regional : **9**-B2
▶ Madrid 552 km – Barcelona 143 km – Lleida 92 km – Tarragona 191 km
Mapa de carreteras Michelin n° 574-F33

al Noreste 2,5 km

Can Boix de Peramola

TRADICIONAL • CLÁSICA Destaca por su tranquilidad y por la belleza del entorno, al pie de las sierras prepirenaicas. Correctas zonas nobles y habitaciones de buen confort, con los suelos en madera. El restaurante, de línea clásica y con chimenea, ofrece una carta de tinte regional.

41 hab – 93/130 € 116/162 € – 13 €

Afueras ✉ 25790 Peramola – ✆ 973 47 02 66 – www.canboix.cat

PERATALLADA

Girona - 411 h. - Alt. 43 m - Mapa regional : **10**-B1
Madrid 711 km - Girona 40 km - Barcelona 134 km - Tarragona 224 km
Mapa de carreteras Michelin nº 574-G39

Bonay

REGIONAL • RÚSTICA Llevado con profesionalidad entre dos hermanos. Posee un bar en la planta baja, de donde sale el acceso a una antigua bodega, y un comedor rústico-regional en el piso superior. Carta regional ampurdanesa con apartado de caza en temporada.

Menú 25/38 € - Carta 25/35 €

pl. les Voltes 13 ✉ 17113 - ✆ 972 63 40 34 - www.bonay.com - solo almuerzo en invierno salvo viernes y sábado - cerrado del 9 al 25 de diciembre y lunes

El PERDIGÓN

Zamora - 740 h. - Alt. 720 m - Mapa regional : **8**-B2
Madrid 243 km - Salamanca 74 km - Valladolid 88 km - Zamora 12 km
Mapa de carreteras Michelin nº 575-H12

Bodega Pámpano

CARNES • RÚSTICA ¡Muy curioso, pues ocupa una bodega con más de 300 años de antigüedad! Posee una fachada muy discreta y se accede por una angosta escalera que desciende hasta 12 metros de profundidad. La especialidad de su carta son las carnes a la brasa.

Menú 21/50 € - Carta 33/44 €

Iglesia 31 ✉ 49720 - ✆ 980 57 62 17 - www.bodegapampano.com - cerrado del 9 al 15 de septiembre, domingo noche y lunes salvo festivos y verano

La PEREDA Asturias → Ver Llanes

PETRER

Alicante - 34 586 h. - Alt. 640 m - Mapa regional : **11**-A3
Madrid 380 km - Albacete 130 km - Alacant/Alicante 36 km - Murcia 82 km
Mapa de carreteras Michelin nº 577-Q27

La Sirena

PESCADOS Y MARISCOS • A LA MODA Atesora una buena barra y tres salas de línea clásica-actual. Su carta de temporada, que combina arroces, platos tradicionales y modernos, se ve enriquecida por varios menús.

Menú 30/60 € - Carta 35/65 €

av. de Madrid 14 ✉ 03610 - ✆ 965 37 17 18 - www.lasirena.net - cerrado del 9 al 15 de enero, del 8 al 30 de agosto, domingo noche y lunes

PIEDRA (Monasterio de) Zaragoza → Ver Nuévalos

PIEDRAHÍTA

Ávila - 1 884 h. - Alt. 1 062 m - Mapa regional : **8**-B3
Madrid 172 km - Valladolid 169 km - Ávila 61 km - Salamanca 69 km
Mapa de carreteras Michelin nº 575-K14

Posada Doña Cayetana

FAMILIAR • ACOGEDORA Agradable turismo rural ubicado en el centro del pueblo. Ofrece habitaciones con cierto encanto, todas personalizadas, un coqueto saloncito de lectura abuhardillado y un restaurante muy recomendable, con un buen servicio de mesa y una carta bastante variada.

6 hab - †35/75 € ††50/150 €

Tejedores 1 ✉ 05500 - ✆ 920 36 07 09 - www.posadadonacayetana.com

PILES

Valencia - 2 740 h. - Mapa regional : **11**-B2
▶ Madrid 423 km - València 81 km - Alacant/Alicante 107 km - Castelló de la Plana / Castellón de la Plana 163 km
Mapa de carreteras Michelin n° 577-P29

en la playa Este : 2 km

GloriaMar

COCINA TRADICIONAL • AMBIENTE CLÁSICO XX Presenta un espacio a la entrada denominado Blanc i Blau, para comidas informales, y luego el restaurante, moderno y con vistas al mar. Carta tradicional con toques creativos.

Menú 17/54 € - Carta 27/42 €

av. del Mar 1 ✉ 46712 - ☎ 962 83 13 53 - www.gloriamar.es - solo almuerzo salvo viernes, sábado y 15 junio-15 septiembre

PINAR DE ANTEQUERA Valladolid

➜ Ver Valladolid

PINETA (Valle de) Huesca

➜ Ver Bielsa

El PINÓS PINOSO

Alicante - 7 695 h. - Alt. 450 m - Mapa regional : **11**-A3
▶ Madrid 382 km - València 156 km - Alacant / Alicante 61 km - Murcia 61 km
Mapa de carreteras Michelin n° 577-Q26

El Racó de Pere i Pepa

COCINA TRADICIONAL • RÚSTICA XX Restaurante rústico-actual llevado por un amable matrimonio. Ofrecen una cocina tradicional actualizada y regional, con hasta ocho arroces diferentes. ¡Interesantes jornadas gastronómicas, como las dedicadas a la Trufa, al Marisco, al Cochinillo segoviano...!

Menú 30/40 € - Carta 23/35 €

carret. de Jumilla 26 ✉ 03650 - ☎ 965 47 71 75 - www.racodepereipepa.com - solo almuerzo salvo viernes y sábado - cerrado 15 días en enero, 15 días en agosto y lunes

PLÀ DE VALL-LLOBREGÀ Girona

➜ Ver Palamós

PLASENCIA

Cáceres - 40 755 h. - Alt. 355 m - Mapa regional : **12**-C1
▶ Madrid 257 km - Ávila 150 km - Cáceres 85 km - Ciudad Real 332 km
Mapa de carreteras Michelin n° 576-L11

Parador de Plasencia

EDIFICIO HISTÓRICO • CLÁSICA Magnífico, pues ocupa un convento del s. XV que aúna la austeridad dominica con un exquisito gusto decorativo. Impresionantes zonas nobles, extraordinarios claustros y mobiliario de época. El comedor, instalado en el refectorio, realza el recetario regional.

66 hab - ††95/190 € - ☕ 18 € - 2 suites

pl. de San Vicente Ferrer ✉ 10600 - ☎ 927 42 58 70 - www.parador.es

Palacio Carvajal Girón

EDIFICIO HISTÓRICO • CONTEMPORÁNEA Singular, ya que ha recuperado un hermoso palacio del s. XVI. Tras su nobiliaria fachada se esconde un patio interior que funciona como zona social, una recia escalera en piedra y habitaciones de excelente nivel. El restaurante propone tanto carta como menú.

28 hab - ††85/155 € - ☕ 12 €

pl. Ansano 1 ✉ 10600 - ☎ 927 42 63 26 - www.palaciocarvajalgiron.com

PLATJA D'ARO

Girona – Mapa regional : **10**-B1
Madrid 705 km – Barcelona 107 km – Girona 36 km – Tarragona 197 km
Mapa de carreteras Michelin n° 574-G39

Cala del Pi

LUJO • CLÁSICA Complejo de lujo ubicado al borde del mar, junto a una pequeña cala. Ofrece una variada zona social, habitaciones completas, todas con terraza, y un circuito de aguas. El restaurante, dotado con atractivas terrazas, propone una extensa carta de cocina actual.

41 hab – ††130/410 € – 8 suites
av. Cavall Bernat 160, Este : 1,5 km ✉ 17250
– ✆ 972 82 84 29 – www.hotelcaladelpi.com

NM Suites

TRADICIONAL • CONTEMPORÁNEA Presenta una línea actual y hasta tres tipos de habitaciones, en el edificio principal a modo de estudio, con cocina, y en el anexo más de diseño, bien dobles o tipo suites. El restaurante, que potencia mucho los vinos del Ampurdán, propone una cocina actual.

39 hab – †83/140 € ††110/186 €
av. Onze de Setembre 70 ✉ 17250
– ✆ 972 82 57 70 – www.nm-suites.com

PLATJA DE SANT JOAN PLAYA DE SAN JUAN

Alicante – Mapa regional : **11**-B3
Madrid 432 km – Alacant/Alicante 8 km –
Castelló de la Plana / Castellón de la Plana 255 km – València 173 km
Mapa de carreteras Michelin n° 577-Q28

Estella

COCINA TRADICIONAL • AMBIENTE CLÁSICO XX Una casa de organización familiar a la antigua usanza, sencilla pero muy cuidada. Presenta un comedor clásico y un privado, ambos con un buen servicio de mesa. Carta tradicional y precios ajustados.

Menú 16/23 € – Carta 22/39 €
av. Costa Blanca 125 ✉ 03540 – ✆ 965 16 04 07
– cerrado del 20 al 30 de mayo, del 10 al 30 de noviembre, domingo noche y lunes

en la carretera de Sant Joan d'Alacant Noroeste : 2 km

La Vaquería

COCINA TRADICIONAL • A LA MODA X Asador de estética actual dotado con terraza y zona de ocio infantil. Su especialidad son las carnes a la brasa... aunque también trabaja con pescados y verduras de temporada.

Carta 36/59 €
carret. Benimagrell 52 ✉ 03560 El Campello – ✆ 965 94 03 23
– www.asadorlavaqueria.com

PLAYA → Ver el nombre propio de la playa

PLAYA CANYELLES (Urbanización) Girona → Ver Lloret de Mar

PLAYA HONDA Murcia → Ver La Manga del Mar Menor

PLAYA DE SAN JUAN Alicante → Ver Platja de Sant Joan

La POBLA DE FARNALS

Valencia - 7 776 h. - Alt. 14 m - Mapa regional : **11**-B2
Madrid 369 km - Castelló de la Plana/Castellón de la Plana 58 km - València 17 km
Mapa de carreteras Michelin nº 577-N29

en la playa Este : 5 km

Bergamonte

COCINA TRADICIONAL • RÚSTICA XX Se halla en un espacio dedicado al deporte y destaca por su comedor principal, pues ocupa una típica barraca. Cocina valenciana y tradicional, con un buen apartado de arroces.

Menú 27/33 € - Carta 29/48 €

av. del Mar 13 ✉ 46137 Playa Pobla de Farnals - ✆ 961 46 16 12 - www.bergamonte.es - cerrado martes noche y miércoles noche en invierno, domingo noche y lunes noche

El POBLENOU DEL DELTA Tarragona

→ Ver Amposta

POBLET (Monasterio de)

Tarragona - 73 h. - Alt. 490 m - Mapa regional : **9**-B2
Madrid 528 km - Barcelona 122 km - Lleida 51 km - Tarragona 46 km
Mapa de carreteras Michelin nº 574-H33

Masía del Cadet

FAMILIAR • FUNCIONAL Sencilla masía del s. XIV ubicada en un entorno de cuidados exteriores. Cuenta con dos saloncitos y unas correctas habitaciones que se van actualizando poco a poco. El restaurante, de ambiente rústico, completa su carta de cocina catalana con varios menús.

12 hab - 65 € 90 €

Les Masies, Este : 1 km ✉ 43449 - ✆ 977 87 08 69 - www.masiadelcadet.com - cerrado 15 días en noviembre

POBOLEDA

Tarragona - 363 h. - Mapa regional : **9**-B3
Madrid 519 km - Barcelona 137 km - Lleida 74 km - Tarragona 45 km
Mapa de carreteras Michelin nº 574-I32

Brots

MODERNA • A LA MODA X Coqueto, rústico-actual y ubicado en una céntrica calleja. Su chef-propietario, formado en grandes casas europeas, plantea una cocina actual de firmes bases internacionales.

Menú 27/29 € - Carta 31/53 €

Nou 45 ✉ 43376 - ✆ 977 82 73 28 - www.brotsrestaurant.com - cerrado 23 diciembre-7 enero, 7 días en julio, lunes noche y martes

El PONT DE BAR

Lleida - 159 h. - Mapa regional : **9**-B1
Madrid 604 km - Barcelona 165 km - Lleida 144 km - Tarragona 219 km
Mapa de carreteras Michelin nº 574-E34

en la carretera N 260 Este : 4,5 km

La Taverna dels Noguers

CASERA • AMBIENTE TRADICIONAL X A las afueras del pueblo y de ambiente familiar. En su sala, con los techos en madera y una chimenea, podrá degustar una cocina casera-catalana siempre sabrosa, con apetitosas especialidades como el Conejo a la mostaza de Dijon. ¡Carro de postres caseros!

Carta 28/40 €

✉ 25723 El Pont de Bar - ✆ 973 38 40 20 - www.tavernadelsnoguers.com - solo almuerzo salvo sábado - cerrado 7 enero-6 febrero, julio (salvo fines de semana) y jueves

PONT DE MOLINS

Girona - 512 h. - Alt. 84 m - Mapa regional : **9**-D3
Madrid 726 km - Barcelona 142 km - Girona 45 km - Lleida 268 km
Mapa de carreteras Michelin nº 574-F38

El Molí

REGIONAL • RÚSTICA Restaurante de ambiente rústico dotado con varias salas, la principal con chimenea. Propone una cocina regional en la que toman el protagonismo las carnes a la brasa y algunas especialidades de l'Empordà. ¡En verano disfrute de su terraza!

Carta 23/49 €

Hotel El Molí, carret. Les Escaules, Oeste : 2 km ✉ 17706 - ☎ 972 52 92 71 - www.hotelelmoli.es - cerrado 23 diciembre-23 enero, martes noche y miércoles

El Molí

Ocupa un singular molino harinero del s. XVIII y se presenta con dos tipos de habitaciones: las del edificio original, más rústicas, con mobiliario isabelino y las del anexo, mucho más amplias y modernas, con detalles de diseño y terraza.

15 hab ☕ - 🚹108/127 € 🚹🚹135/160 €

carret. Les Escaules, Oeste : 2 km ✉ 17706 - ☎ 972 52 92 71 - www.hotelelmoli.es - cerrado 23 diciembre-23 enero

El Molí - ver selección restaurantes

PONTE ULLA PUENTE ULLA

A Coruña - Mapa regional : **13**-B2
Madrid 585 km - Santiago de Compostela 22 km - A Coruña 94 km - Pontevedra 58 km
Mapa de carreteras Michelin nº 571-D4

Villa Verde

COCINA TRADICIONAL • AMBIENTE CLÁSICO Casa de campo del s. XVIII construida en piedra. Presenta dos salas de buen confort, una de aire rústico presidida por una "lareira" y la otra, más amplia y luminosa, con un montaje clásico-elegante. Cocina tradicional y bodega-lagar.

Menú 25 € - Carta 23/45 €

Lugar de Figueiredo 10 ✉ 15885 - ☎ 981 51 26 52 - www.villa-verde.es - solo almuerzo salvo jueves, viernes y sábado - cerrado 24 diciembre-4 enero

PONTEDEUME PUENTEDEUME

A Coruña - 8 011 h. - Mapa regional : **13**-B1
Madrid 587 km - Santiago de Compostela 84 km - A Coruña 42 km - Lugo 90 km
Mapa de carreteras Michelin nº 571-B5

en Castelo de Andrade Sureste : 7 km - Mapa regional : **13**-B1

Casa do Castelo de Andrade

AGROTURISMO • ACOGEDORA Entre sus estancias destacan los dos salones del edificio principal, ambos rústicos y con "lareira", así como la biblioteca del anexo. Ofrece habitaciones con mobiliario de aire antiguo, piedra vista, techos en madera, excelente lencería...

10 hab - 🚹68/105 € 🚹🚹68/130 € - ☕11 €

✉ 15608 Castelo de Andrade - ☎ 981 43 38 39 - www.casteloandrade.com - 11 abril-14 octubre

PONTEVEDRA

82 539 h. - Mapa regional : **13**-B2
Madrid 599 km - Lugo 146 km - Ourense 100 km - Santiago de Compostela 57 km
Mapa de carreteras Michelin nº 571-E4

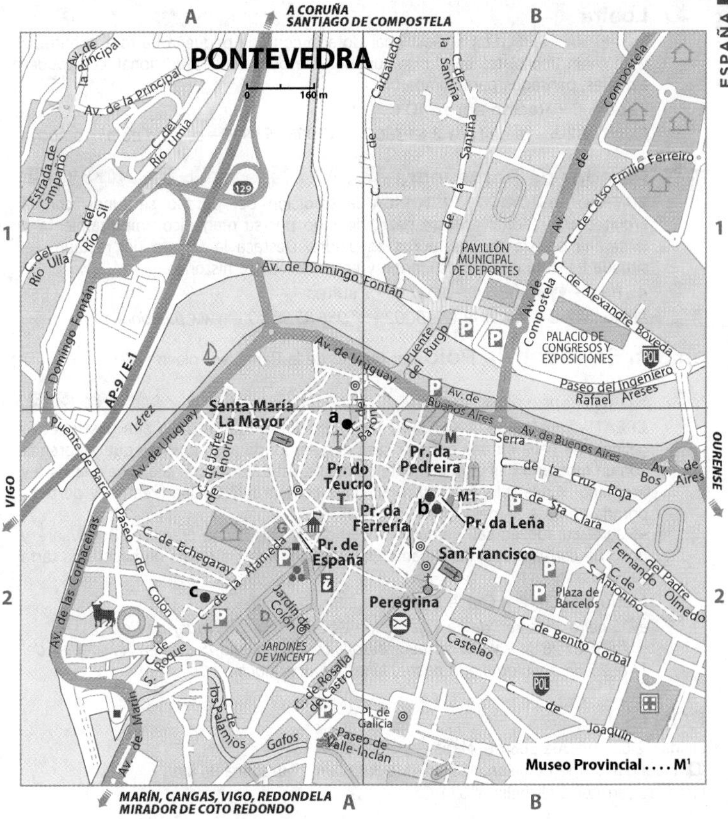

A CORUÑA
SANTIAGO DE COMPOSTELA

PONTEVEDRA

VIGO · OURENSE

MARÍN, CANGAS, VIGO, REDONDELA
MIRADOR DE COTO REDONDO

Museo Provincial M1

Alameda 10

COCINA TRADICIONAL • AMBIENTE CLÁSICO Restaurante de correcto montaje dotado con un bar a la entrada, un comedor principal clásico-rústico y un privado en la bodega. Ofrecen una carta de tinte tradicional que destaca por la calidad de sus pescados. ¡Servicio rápido y eficaz!

Carta 31/46 €

Plano : A2-c - *Alameda 10* ✉ *36001*
- *☎ 986 85 74 12 - www.restaurantealameda10.com*
- *cerrado domingo salvo agosto y martes noche*

Eirado da Leña

MODERNA • ACOGEDORA Instalado en una casa típica del casco viejo. Cocina gallega actualizada y con toques de fusión, siempre en base a unas buenas materias primas y con la opción de varios menús.

Menú 40/50 € - Carta 39/58 €

Plano : B2-b - *pl. da Leña 3* ✉ *36002*
- *☎ 986 86 02 25 (reserva aconsejable) - www.eiradoeventos.com*
- *cerrado domingo noche y lunes noche*

Loaira

MODERNA • SENCILLA Gastrobar dotado con una pequeña barra a la entrada y un salón tipo bistró en el piso superior. Platos de base tradicional, con toques actuales, pensados para compartir.

Tapa 5 € - Ración aprox. 10 €

Plano : B2-b - *pl de Leña 2 ✉ 36002 - ✆ 986 85 88 15 - cerrado domingo noche*

Parador de Pontevedra

EDIFICIO HISTÓRICO • HISTÓRICA La tradición del pasado se funde con la arquitectura señorial en este pazo, definido por su magnífico emplazamiento y la serena belleza de sus muros en piedra. Destaca la terraza del restaurante, situada frente a un hermoso jardín y en pleno centro histórico.

45 hab - 80/180 € - 17 € - 2 suites

Plano : A2-a - *Barón 19 ✉ 36002 - ✆ 986 85 58 00 - www.parador.es*

en San Salvador de Poio por Puente de la Barca, ver plano : A2

Solla (Pepe Solla)

CREATIVA • AMBIENTE CLÁSICO ¡Todo un referente de la alta gastronomía gallega! Se halla en una antigua casa de campo, de aire regional, que sorprende con un moderno hall y un elegante comedor, este último con la cocina a la vista y asomado al relajante entorno rural. ¿Qué encontrará? Cocina creativa y de temporada en base al mejor producto local.

→ Jurel curado en sal, verduras encurtidas y escabeche cremoso. Bogavante y pollo de corral, ajoblanco de anacardo y mole. Nuestra forma de hacer una tarta de Santiago.

Menú 83/108 € - Carta 54/75 €

av. Sineiro 7, carret. de La Toja : 2 km ✉ 36005 San Salvador de Poio - ✆ 986 87 28 84 - www.restaurantesolla.com - cerrado 15 días en Navidades, del 17 al 25 de abril, domingo noche, lunes y jueves noche

PONTS

Lleida - 2 632 h. - Alt. 363 m - Mapa regional : **9**-B2

Madrid 526 km - Barcelona 128 km - Lleida 66 km - Tarragona 114 km

Mapa de carreteras Michelin n° 574-G33

Lo Ponts

CATALANA • ACOGEDORA Llevado en familia con gran ilusión y profesionalidad. En sus comedores podrá descubrir una carta de cocina regional actualizada, con un menú de temporada y otro de degustación. ¡También ofrecen unas interesantes cenas con maridaje!

Menú 20/45 € - Carta 26/45 €

carretera de Calaf 6 ✉ 25740 - ✆ 973 46 00 17 - www.loponts.com - cerrado 7 días en enero, 26 junio-12 julio, domingo noche y lunes

El PORT DE LA SELVA

Girona - 1 002 h. - Mapa regional : **9**-D3

Madrid 751 km - Barcelona 168 km - Girona 70 km - Tarragona 258 km

Mapa de carreteras Michelin n° 574-E39

Cal Mariner

COCINA TRADICIONAL • AMBIENTE TRADICIONAL Negocio de 3ª generación dotado con dos salas, ambas de ambiente marinero y la del piso superior con una pequeña terraza. Carta tradicional con un buen apartado de arroces.

Menú 29/40 € - Carta 20/35 €

carret. de Cadaqués 2 ✉ 17489 - ✆ 972 38 80 05 - www.calmariner.com - marzo-15 octubre

POSADA DE LLANERA

Asturias – 13 904 h. – Mapa regional : **3**-B1
Madrid 461 km – León 136 km – Oviedo 14 km – Santander 196 km
Mapa de carreteras Michelin nº 572-B12

La Corriquera

COCINA TRADICIONAL • AMBIENTE CLÁSICO XX Este restaurante, de línea clásica-actual, presenta una barra a la entrada, una moderna cocina acristalada y un comedor en el que podrá degustar tanto elaboraciones tradicionales como de mercado. Interesantes menús y... ¡platos de cuchara durante todo el año!

Menú 18/25 € – Carta 27/43 €

av. de Oviedo 19 ✉ 33424 – ℰ 985 77 32 30 – www.lacorriquera.com – cerrado Semana Santa, 21 días en agosto, domingo noche y lunes

POTES

Cantabria – 1 413 h. – Alt. 291 m – Mapa regional : **6**-A1
Madrid 402 km – Bilbao 203 km – Palencia 167 km – Santander 107 km
Mapa de carreteras Michelin nº 572-C16

El Bodegón

COCINA TRADICIONAL • RÚSTICA X Antigua casona, con la fachada en piedra, ubicada en la calle principal de la localidad. Ofrece un interior de marcada rusticidad y una cocina tradicional a precios moderados.

Carta 25/35 €

San Roque 4 ✉ 39570 – ℰ 942 73 02 47 – cerrado miércoles

POZUELO DE ALARCÓN

Madrid – 84 558 h. – Alt. 690 m – Mapa regional : **15**-B2
Madrid 14 km – Segovia 86 km – Toledo 94 km
Mapa de carreteras Michelin nº 576-K18

Kabutokaji

JAPONESA • DE DISEÑO XX Un japonés que no le defraudará, pues resulta elegante a la par que sofisticado. Delicadas presentaciones, acertadas combinaciones y... ¡una sorprendente oferta de nigiris!

Menú 70/100 € – Carta 46/74 €

av. Navacerrada 1 ✉ 28224 – ℰ 918 05 18 97 – www.kabutokajikbk.com – cerrado Semana Santa, agosto, domingo noche y lunes

Zurito

COCINA TRADICIONAL • AMBIENTE TRADICIONAL XX He aquí un restaurante dinámico y acogedor, con su chef-propietario volcado en el negocio. Cocina tradicional bien actualizada, arroces, carnes a la brasa en horno Josper...

Menú 28/50 € – Carta 32/57 €

Lope de Vega 2 ✉ 28223 – ℰ 913 52 95 43 – www.zurito.com – cerrado Semana Santa, agosto, domingo noche y lunes

El Cielo de Urrechu

COCINA TRADICIONAL • A LA MODA XX En la 2ª planta del centro comercial Zielo Shopping Pozuelo, donde se presenta con un sugerente bar, una zona de copas y dos salas muy actuales, la principal con magníficas vistas a Madrid. Cocina de gusto tradicional con detalles actuales.

Carta 39/77 €

av. de Europa 26 B (C.C. Zielo, local 217) ✉ 28223 – ℰ 917 09 32 85 – www.cielodeurrechu.com

PRATDIP

Tarragona - 697 h. - Mapa regional : **9**-B3
Madrid 525 km - Barcelona 133 km - Tarragona 41 km - Castelló de la Plana / Castellón de la Plana 160 km
Mapa de carreteras Michelin nº 574-I32

por la carretera T 311 Sureste : 2 km

Mas Mariassa

CASA DE CAMPO • DE DISEÑO Masía bicentenaria emplazada a las afueras del pueblo, entre la costa y el Priorato, rodeada de bancales repletos de almendros y avellanos. Ofrece una terraza de estilo chill out, un interior rústico-actual, con habitaciones de sobria decoración, y un comedor gastronómico orientado al cliente alojado.

7 hab - 114/173 € 144/202 €

carret. de Santa Marina, km 30 ✉ 43320 Pratdip - ✆ 977 26 26 01 - www.masmariassa.com

PRAVIA

Asturias - 8 667 h. - Alt. 17 m - Mapa regional : **3**-B1
Madrid 487 km - Oviedo 46 km - León 169 km
Mapa de carreteras Michelin nº 572-B11

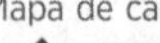

Antiguo Casino

TOWNHOUSE • CONTEMPORÁNEA Se encuentra en el centro monumental de la villa y ocupa un edificio que, en otra época, sirvió como casino a la localidad. Compensa su escasa zona social con unas impecables habitaciones... acogedoras, bien equipadas y de línea actual.

6 hab - 56/155 € 70/175 €

pl. Conde Guadalhorce 1 ✉ 33120 - ✆ 984 83 82 81 - www.antiguocasino.com

PRENDES

Asturias - 128 h. - Mapa regional : **3**-B1
Madrid 479 km - Lugo 210 km - Oviedo 32 km - Santander 187 km
Mapa de carreteras Michelin nº 572-B12

Casa Gerardo (Marcos Morán)

MODERNA • RÚSTICA XXX ¡Un restaurante con enorme prestigio en el Principado! Sus centenarios muros dan paso a un singular mundo de sabores, con un atractivo hall-bar y varias salas de línea rústica-actual. Los platos, elaborados entre padre e hijo en un fantástico tándem, reflejan a la perfección la simbiosis entre tradición e innovación.

→ Bocadillo crujiente de quesos. Merluza con puerros y su bearnesa. Crema de arroz con leche.

Menú 60/120 € - Carta 50/77 €

carret. AS 19 ✉ 33438 - ✆ 985 88 77 97 - www.restaurantecasagerardo.es - solo almuerzo salvo viernes, sábado y agosto - cerrado 21 días en enero-febrero, 7 días en noviembre, domingo y lunes noche en agosto y lunes

PRIEGO DE CÓRDOBA

Córdoba - 22 936 h. - Alt. 649 m - Mapa regional : **1**-C2
Madrid 395 km - Antequera 85 km - Córdoba 103 km - Granada 79 km
Mapa de carreteras Michelin nº 578-T17

Balcón del Adarve

COCINA TRADICIONAL • AMBIENTE CLÁSICO XX Cautiva por su emplazamiento sobre unas antiguas murallas que sirven como balcón, asomándose a las montañas y a los olivares. En sus comedores, de excelente montaje, podrá descubrir una cocina tradicional elaborada con producto local.

Carta 25/36 €

paseo de Colombia 36 ✉ 14800 - ✆ 957 54 70 75 - www.balcondeladarve.com - cerrado del 1 al 8 de septiembre y lunes

PUEBLA DE SANABRIA

Zamora – 1 484 h. – Alt. 898 m – Mapa regional : **8**-A2
Madrid 341 km – León 126 km – Ourense 158 km – Valladolid 183 km
Mapa de carreteras Michelin nº 575-F10

Posada de las Misas

COCINA TRADICIONAL • ÍNTIMA Un sitio para comer bien y barato... ¡a solo unos pasos del castillo! Ofrece una carta tradicional de sencillas elaboraciones pero fiel defensora de los productos sanabreses.

Menú 25 € – Carta 30/40 €

Hotel Posada de las Misas, pl. Mayor 13 ✉ 49300 – ✆ 980 62 03 58 – www.posadadelasmisas.com – cerrado del 11 al 24 de enero

Posada de las Misas

BOUTIQUE HOTEL • PERSONALIZADA ¡Lo mejor es su emplazamiento en el recinto amurallado! Tras sus vetustas paredes en piedra encontrará un edificio totalmente nuevo, bastante colorista y con mobiliario de vanguardia. Biblioteca en el ático, galerías y terraza con vistas.

13 hab – †75/125 € ††93/125 € – 1 apartamento

pl. Mayor 13 ✉ 49300 – ✆ 980 62 03 58 – www.posadadelasmisas.com – cerrado del 11 al 24 de enero

Posada de las Misas – ver selección restaurantes

La Cartería

BOUTIQUE HOTEL • MODERNA Edificio del s. XVIII que en su día se utilizó para el cobro de diezmos. Combinan con equilibrio la rusticidad de las paredes en piedra y los detalles de diseño, logrando siempre un entorno acogedor. El comedor ocupa las antiguas bodegas excavadas en la roca.

8 hab – †75/120 € ††90/120 € – 7 €

Rua 16 ✉ 49300 – ✆ 980 62 03 12 – www.lacarteria.com

La PUEBLA DE VALVERDE

Teruel – 500 h. – Alt. 1 118 m – Mapa regional : **2**-B3
Madrid 325 km – Zaragoza 204 km – Teruel 28 km – Castelló de la Plana / Castellón de la Plana 147 km
Mapa de carreteras Michelin nº 574-L27

por la carretera de Camarena de la Sierra Oeste : 2 km

La Fondica

COCINA TRADICIONAL • SENCILLA Un restaurante de estilo rústico-actual que sorprende tanto por su cocina, tradicional con toques actuales, como por sus relajantes vistas a la sierra. Muchos clientes piden su Ternasco aragonés, asado a baja temperatura y cubierto con hierbas del monte.

Menú 14/45 € – Carta 30/40 €

Hotel La Fonda de la Estación, carret. de la Estación ✉ 44450 – ✆ 978 67 04 67 – www.lafondadelaestacion.com – cerrado 3 noviembre-2 diciembre, lunes y martes salvo agosto

La Fonda de la Estación

FAMILIAR • RÚSTICA ¡Con múltiples opciones de ocio al aire libre! Tras su atractiva fachada en piedra encontrará un bello patio central y habitaciones personalizadas, todas de ambiente rústico.

14 hab – †45/70 € ††65/100 € – 10 €

carret. de la Estación ✉ 44450 – ✆ 978 67 04 67 – www.lafondadelaestacion.com – cerrado 3 noviembre-2 diciembre

La Fondica – ver selección restaurantes

PUENTE ARCE

Cantabria - Mapa regional : **6**-B1
Madrid 417 km - Bilbao 109 km - Burgos 169 km - Santander 17 km
Mapa de carreteras Michelin nº 572-B18

El Nuevo Molino (José Antonio González)

MODERNA • RÚSTICA XXX Precioso molino de agua del s. XVIII decorado con detalles rústicos y vigas de madera. Ofrece un buen hall con chimenea, una salita para la sobremesa en lo que fue la capilla, dos comedores y un hórreo, utilizando este último como reservado. Cocina actualizada, de base tradicional, fiel a los productos de proximidad.

➜ Carpaccio de vaca tudanca, torto de maíz y verduras. Lomo de rodaballo salvaje a plancha con jugo de sus espinas. Milhojas de hojaldre, crema y helado de mantequilla noisette.

Menú 38/60 € - Carta 45/65 €

barrio Monseñor 18, carret. N 611 ✉ 39478 - ✆ 942 57 50 55 - www.elnuevomolino.es - solo almuerzo salvo viernes y sábado en noviembre-diciembre - cerrado 8 enero-28 marzo, domingo noche y martes salvo agosto

El Redoble

COCINA TRADICIONAL • MARCO CONTEMPORÁNEO X ¡Le sorprenderá pese a estar en un cruce de carreteras! Dispone de un bar público y un comedor muy bien montado, con cierta amplitud y un cuidado servicio de mesa. Carta de base tradicional con amplia oferta en arroces.

Menú 18/37 € - Carta 31/40 €

Barrio el Perujo 8, carret. N 611 - Noreste : 1,5 km ✉ 39478 - ✆ 942 57 58 52 - www.elredoble.es - cerrado 23 días en febrero-marzo, 7 días en junio, 12 días en noviembre, domingo noche y lunes

PUENTE DUERO

Valladolid - 1 120 h. - Mapa regional : **8**-B2
Madrid 208 km - Valladolid 18 km - Segovia 114 km - Palencia 67 km
Mapa de carreteras Michelin nº 575-H15

Dámaso

CREATIVA • SIMPÁTICA X Este restaurante, de interesante cocina actual, ocupa una casa molinera dotada con dos salas y un pequeño patio. El chef-propietario informa en mesa sobre los platos disponibles, pues procura trabajar siempre con productos de temporada.

Menú 41 €

Real 14 ✉ 47152 - ✆ 983 40 53 72 - www.restaurantedamaso.es - cerrado agosto, domingo noche y lunes

PUENTE GENIL

Córdoba - 30 167 h. - Alt. 171 m - Mapa regional : **1**-B2
Madrid 457 km - Sevilla 130 km - Córdoba 69 km - Málaga 101 km
Mapa de carreteras Michelin nº 578-T15

Casa Pedro

COCINA TRADICIONAL • AMBIENTE CLÁSICO X Este negocio familiar posee un bar-cafetería, donde montan las mesas para el menú, y un amplio comedor a la carta de línea actual-funcional. Su carta, tradicional y de mercado, se enriquece con una variada oferta de pescaditos y mariscos.

Menú 9 € - Carta 16/33 €

Poeta García Lorca 5 ✉ 14500 - ✆ 957 60 42 76 - www.restaurantecasapedro.com - cerrado julio y lunes salvo festivos

PUENTE SAN MIGUEL

Cantabria - 8 382 h. - Mapa regional : **6**-B1
Madrid 376 km - Burgos 141 km - Santander 26 km - Torrelavega 4 km
Mapa de carreteras Michelin nº 572-B17

Hostería Calvo

REGIONAL • FAMILIAR X Está llevado en familia y es considerado un clásico de la zona, trabajando normalmente de manera distendida con una clientela habitual. Su carta regional contempla especialidades como el Arroz con almejas, los Escalopines, sus sabrosas Albóndigas de calamar...

Carta 25/35 €

carret. de Oviedo 182 ✉ 39530 – ☎ 942 82 00 56 – cerrado 2ª quincena de junio, 2ª quincena de noviembre, domingo noche y lunes

PUENTE ULLA A Coruña → Ver Ponte Ulla

PUENTEDEUME A Coruña → Ver Pontedeume

PUERTO → Ver a continuación y el nombre propio del puerto

PUERTO BANÚS Málaga → Ver Marbella

El PUERTO DE SANTA MARÍA

Cádiz – 88 335 h. – Mapa regional : **1**-A2

Madrid 638 km – Cádiz 23 km – Jerez de la Frontera 12 km – Sevilla 113 km

Mapa de carreteras Michelin nº 578-W11

Aponiente (Ángel León)

CREATIVA • DE DISEÑO XXXX Sumérjase y navegue por el fantástico mundo de Ángel León, un visionario de la gastronomía que, emulando al mítico capitán Nemo, ha sabido traspasar las puertas del sabor en el último universo desconocido, todo gracias a una técnica portentosa, grandes dosis de creatividad y, sobre todo, un constante idilio con el mar.

→ Ostra Café de París. Adobo de medusa. Cerezas, chocolate y café.

Menú 165/195 € - solo menú

Plano : C1-a – *Francisco Cossi Ochoa (Molino de Mareas El Caño) ✉ 11500 – ☎ 956 85 18 70 – www.aponiente.com – cerrado diciembre-marzo, lunes salvo julio-agosto y domingo*

El Faro del Puerto

COCINA TRADICIONAL • AMBIENTE CLÁSICO XXX Atractivo restaurante dotado con varios comedores y privados de línea clásica-elegante, así como una completísima bodega. Cocina de base tradicional con algún toque actual.

Carta 35/59 €

Plano : A2-f – *av. de Fuenterrabía ✉ 11500 – ☎ 956 87 09 52 – www.elfarodelpuerto.com – cerrado domingo noche salvo agosto*

Los Portales

COCINA TRADICIONAL • AMBIENTE CLÁSICO XX Un gran clásico en la Ribera del Marisco, a orillas del Guadalete. Posee un bar típico y varias salas de línea clásica. Carta especializada en pescados y mariscos de la bahía.

Menú 25/33 € - Carta 25/45 €

Plano : B2-s – *Ribera del Marisco 7 ✉ 11500 – ☎ 956 54 21 16 – www.losportales.com*

La Taberna del Chef del Mar

CREATIVA • SIMPÁTICA Ocupa las antiguas instalaciones de Aponiente y es la manera más económica de acceder a las creaciones del chef Ángel León, pues aquí todo está en formato de tapas y raciones.

Tapa 4 € - Ración aprox. 16 €

Plano : B2-x – *Puerto Escondido 6 ✉ 11500 – ☎ 956 11 20 93 – cerrado 23 diciembre-febrero, domingo noche y lunes*

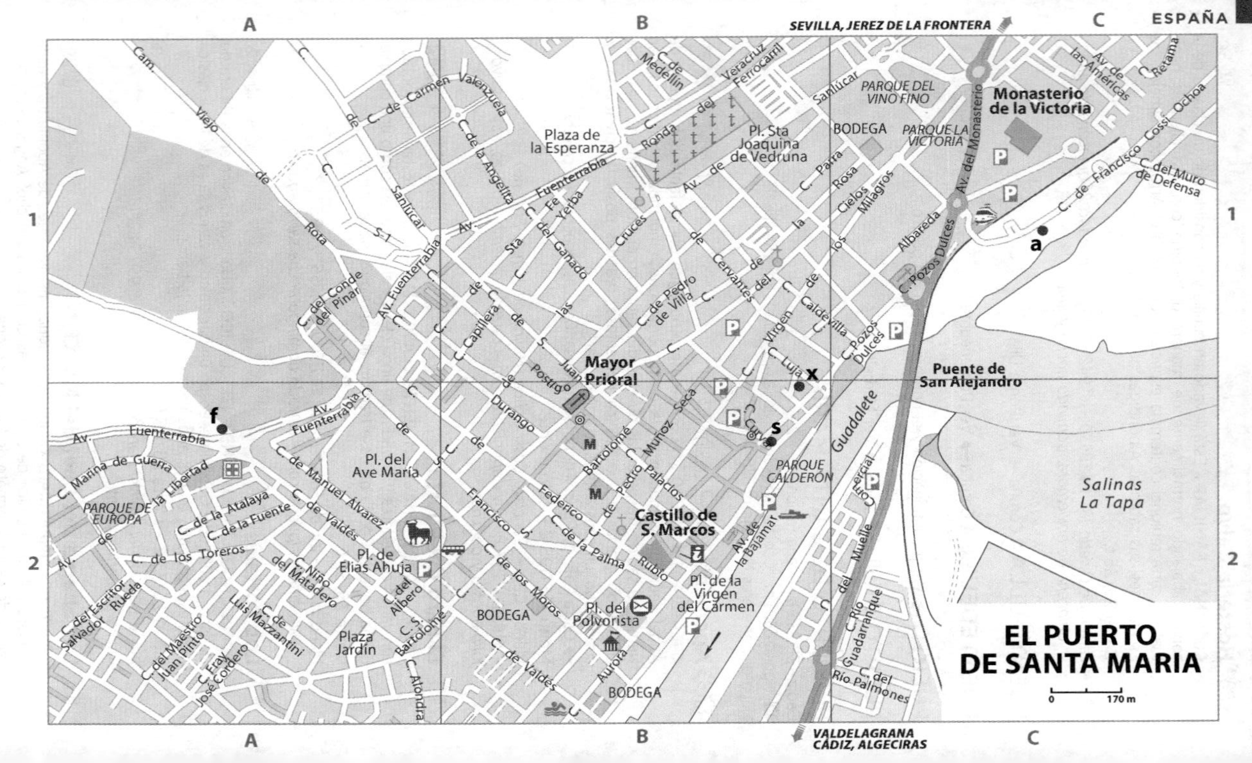

EL PUERTO
DE SANTA MARIA
0
170 m
SEVILLA, JEREZ DE LA FRONTERA
VALDELAGRANA
CÁDIZ, ALGECIRAS
ESPAÑA
Monasterio de la Victoria
Puente de San Alejandro
Salinas La Tapa
Castillo de S. Marcos
Mayor Prioral
Plaza de la Esperanza
Pl. Sta Joaquina de Vedruna
Pl. de la Virgen del Carmen
Pl. del Polvorista
Pl. del Ave María
Pl. de Elías Ahuja
Plaza Jardín
PARQUE DEL VINO FINO
PARQUE LA VICTORIA
PARQUE CALDERÓN
PARQUE DE EUROPA
BODEGA
Guadalete
Av. del Monasterio
Av. de las Américas
C. de Francisco Cossi Ochoa
C. del Muro de Defensa
C. Retama
Albareda
C. Pozos Dulces
Av. Fuenterrabía
Av. de la Bajamar
C. de Cervantes
C. Virgen de los Milagros
C. Luja
C. Curva
C. de Pedro Muñoz Seca
C. Palacios
C. de la Palma
C. de los Moros
C. de Valdés
C. de Manuel Álvarez
Cam. Viejo de Rota
C. de la Angelita
C. de Carmen Valenzuela
C. de Medellín
Ronda del Ferrocarril
Veracruz
Sanlúcar
S-1
C. del Conde del Pinar
C. de Pedro de Villa
C. de Durango
C. Capillería
C. Sta Fe
Cruces
C. del Ganado
Yerba
C. Rosa
Cielos
C. Caldevilla
C. Comercial
C. del Muelle
C. Río Guadarranque
C. del Río Palmones
C. Aurora
C. Alondra
C. del Albero
C. S. Bartolomé
C. de Luis Mazzantini
C. Niño del Matadero
C. de la Fuente
C. de la Atalaya
C. de los Toreros
C. de la Libertad
C. Marina de Guerra
C. del Maestro Juan Pinto
C. Fray José Cordero
C. del Escritor Salvador Rueda
a
f
s
x
M
A
B
C
1
2

en la carretera de Rota por la av. Fuenterrabía - Oeste : 1,5 km, ver plano : A2

Los Jándalos Vistahermosa

TRADICIONAL • CLÁSICA Sobre todo destaca por el gran confort y la calidad de sus habitaciones, muy superiores a los apartamentos y a los dúplex del anexo. Espléndido entorno ajardinado y SPA. El restaurante, de buen montaje, se complementa con un agradable porche acristalado.

45 apartamentos - 77/360 € - 12 € - 18 hab

Amparo Osborne - Vistahermosa ✉ 11500 El Puerto de Santa María - ✆ 956 87 34 11 - www.jandalos.com

PUERTO DE VEGA

Asturias - 1 849 h. - Mapa regional : **3**-A1

Madrid 550 km - Oviedo 103 km - Lugo 158 km

Mapa de carreteras Michelin nº 572-B10

Pleamar

FAMILIAR • ACOGEDORA Este coqueto hotel le sorprenderá por su cuidadísima decoración. Ofrece habitaciones personalizadas de estilo rústico-actual, todas con detalles marineros y vistas al mar.

9 hab - 60/78 € 70/90 € - 8 €

Párroco Penzol 46 ✉ 33790 - ✆ 985 64 88 66 - www.hotelpleamar.com - Semana Santa-octubre y fines de semana resto del año salvo 15 diciembre-febrero

PUIG-REIG

Barcelona - 4 167 h. - Alt. 455 m - Mapa regional : **9**-C2

Madrid 605 km - Andorra la Vella 101 km - Barcelona 86 km - Girona 129 km

Mapa de carreteras Michelin nº 574-G35

El Celler de Ca la Quica

COCINA TRADICIONAL • RÚSTICA ¡Casa del s. XIX a la que se accede por un lateral! Tiene las salitas repartidas por su bodega, todas con las paredes en piedra y los techos abovedados. Ofrece una carta de mercado a precios económicos y un menú del día con varios arroces.

Menú 15 € - Carta 35/56 €

Major 48 (entrada lateral) ✉ 08692 - ✆ 938 38 02 20 - www.elcellerdecalaquica.es - solo almuerzo salvo viernes y sábado - cerrado del 14 al 21 de agosto y lunes

PUIGCERDÀ

Girona - 8 825 h. - Alt. 1 152 m - Mapa regional : **9**-C1

Madrid 653 km - Barcelona 169 km - Girona 152 km - Lleida 184 km

Mapa de carreteras Michelin nº 574-E35

Taverna del Call

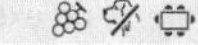

REGIONAL • RÚSTICA Restaurante rústico-actual que sorprende, pues aparte de la sala interior presenta otra, más vistosa, a modo de terraza acristalada. Apuestan por una cocina de tinte tradicional rica en carnes, con platos de la zona y la opción de menús.

Menú 15/18 € - Carta 18/36 €

pl. del Call ✉ 17520 - ✆ 972 14 10 36

en la carretera de Llívia Noreste : 1 km

Del Prado

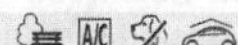

REGIONAL • AMBIENTE CLÁSICO Un clásico de reconocida trayectoria. Su chef propone una extensa carta de cocina tradicional, con sugerentes platos de la comarca, productos de temporada y especialidades pirenaicas propias de la Cerdanya. ¡Interesantes menús!

Menú 25/32 € - Carta 25/54 €

carret. de Llívia 1 ✉ 17520 Puigcerdà - ✆ 972 88 04 00 - www.hoteldelprado.cat - cerrado domingo noche salvo Semana Santa, julio y agosto

QUEJANA Álava → Ver Kexaa

QUEJO (Playa de) Cantabria → Ver Isla

QUINTANADUEÑAS

Burgos – Alt. 850 m – Mapa regional : **8**-C1

Madrid 241 km – Burgos 6 km – Palencia 90 km – Valladolid 125 km

Mapa de carreteras Michelin nº 575-E18

al Sureste 1,3 km

La Galería

COCINA TRADICIONAL • ACOGEDORA XX El restaurante a la carta, dotado con dos hornos de leña y un acceso independiente, presenta un comedor luminoso y actual con toda una pared acristalada. Cocina tradicional.

Menú 11/38 € – Carta 31/43 €

Gregorio López Bravo 2 ✉ 09197 Quintanadueñas – ✆ 947 29 26 06 – www.hqlagaleria.com – cerrado domingo noche

QUINTANAR DE LA ORDEN

✉ 45800 Toledo – 11 604 h. – Alt. 691 m – Mapa regional : **7**-C2

Madrid 129 km – Toledo 117 km – Cuenca 120 km

Mapa de carreteras Michelin nº 576-N20

Granero

MODERNA • ELEGANTE XX Un restaurante familiar con historia, pues ya está regentado por la 3ª generación. Presenta un montaje bastante cuidado, actual y no exento de cierta elegancia. Amplia carta de cocina actual, donde juegan acertadamente con los sabores.

Menú 50 € – Carta 33/45 €

San Fernando 90 ✉ 45800 – ✆ 925 18 02 38 – www.restaurantegranero.com – cerrado del 1 al 15 de octubre y miércoles

QUINTANILLA DEL AGUA

Burgos – 419 h. – Alt. 851 m – Mapa regional : **8**-C2

Madrid 213 km – Burgos 45 km – Palencia 88 km – Soria 131 km

Mapa de carreteras Michelin nº 575-F19

El Batán del Molino

FAMILIAR • RÚSTICA Molino harinero del s. XI emplazado en un paraje de agradables exteriores, con jardín, césped y piscina. Su arquitectura tradicional combina el adobe y la piedra de los muros con las vigas de madera. Menú de cocina casera con productos de su propia huerta.

9 hab – †50 € ††60 € – ☕ 6 €

El Molino, Sur : 1 km ✉ 09347 – ✆ 627 21 94 58 – www.elbatandelmolino.com – cerrado enero y febrero

RÁBADE

Lugo – 1 549 h. – Mapa regional : **13**-C2

Madrid 530 km – A Coruña 79 km – Lugo 15 km – Santiago de Compostela 100 km

Mapa de carreteras Michelin nº 571-C7

Asador Coto Real

CARNES • AMBIENTE CLÁSICO XX Un negocio clásico-elegante que destaca por tener la parrilla y el horno de leña a la vista del cliente. Su gran especialidad son los asados y las carnes de vacuno mayor.

Carta 35/51 €

av. A Coruña 107 ✉ 27370 – ✆ 982 39 00 12 – www.cotoreal.com

RACÓ DE SANTA LLUCÍA Barcelona → Ver Vilanova i la Geltrú

RÁFALES

Teruel - 133 h. - Alt. 627 m - Mapa regional : **2**-C3
Madrid 456 km - Zaragoza 143 km - Teruel 192 km - Castelló de la Plana/Castellón de la Plana 149 km
Mapa de carreteras Michelin n° 574-J30

La Alquería

MODERNA • RÚSTICA Sorprende gratamente, tanto por su emplazamiento en la Plaza Mayor como por su esmerada oferta gastronómica. Resulta acogedor y tremendamente familiar, con una cocina de tinte actual que, partiendo de una materia prima cercana, siempre ensalza los sabores.

Menú 33 € - Carta 29/40 €

Hotel La Alquería, pl. Mayor 9 ✉ 44589 - ✆ 978 85 64 05 (es necesario reservar) - www.lalqueria.net - cerrado domingo noche

La Alquería

TRADICIONAL • PERSONALIZADA Una casa restaurada de línea rústica-actual. Compensa su reducida zona social con habitaciones muy bien personalizadas, todas con guiños al libro "Los duendes del Matarraña".

6 hab - †59/72 € ††72/86 €

pl. Mayor 9 ✉ 44589 - ✆ 978 85 64 05 - www.lalqueria.net

La Alquería - ver selección restaurantes

RASCAFRÍA

Madrid - 1 739 h. - Alt. 1 163 m - Mapa regional : **15**-A1
Madrid 97 km - Valladolid 167 km - Segovia 52 km - Ávila 108 km
Mapa de carreteras Michelin n° 576-J18

Los Calizos

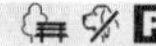

COCINA TRADICIONAL • RÚSTICA En pleno campo, con una gran terraza ajardinada y salas de aire rústico. Su cocina tradicional sorprende tanto por la autenticidad de los productos como por las elaboraciones.

Carta 30/45 €

carret. de Miraflores, Este : 1 km ✉ 28740 - ✆ 918 69 11 12 - www.loscalizos.com - cerrado martes

RAXO

Pontevedra - 1 051 h. - Mapa regional : **13**-A2
Madrid 626 km - Santiago de Compostela 77 km - Pontevedra 14 km - A Coruña 147 km
Mapa de carreteras Michelin n° 571-E3

en Serpe Norte : 1,5 km

Pepe Vieira Camiño da Serpe (Xosé T. Cannas)

CREATIVA • MARCO CONTEMPORÁNEO ¡Toda una referencia de la cocina gallega actual! El restaurante, de estética vanguardista, destaca tanto por su emplazamiento, en pleno monte, como por su distribución interior, pues apuesta por convertir la cocina, físicamente, en una parte esencial de la experiencia. Sus menús denotan dominio técnico y creatividad.

→ Dim sum de xouba con ali oli de ajo negro, caldeirada tradicional y espina. Lubina con caldo de cebolla torrefactado y sus espinas sazonadas. Life on Mars.

Menú 69/84 € - solo menú

camiño da Serpe ✉ 36992 Raxó - ✆ 986 74 13 78 - www.pepevieira.com - cerrado enero-marzo, domingo noche y lunes

REBOREDO Pontevedra → Ver O Grove

REDONDELA

Pontevedra – 29 697 h. – Mapa regional : **13**-B3
Madrid 590 km – A Coruña 154 km – Ourense 94 km – Pontevedra 24 km
Mapa de carreteras Michelin nº 571-F4

O Xantar de Otelo

REGIONAL • AMBIENTE CLÁSICO Este negocio familiar cuenta con sus propios barcos de pesca, por lo que siempre ofrece pescados y mariscos de calidad a precios más que interesantes. Cocina gallega con especialidades, como la Caldereta de pescados variados o las Zamburiñas a la plancha.

Menú 10 € – Carta 25/37 €

av. Estación de Ferrocarril 27 ✉ 36800 – ☎ 986 40 15 20 – www.oxantardeotelo.com – cerrado Semana Santa, 15 días en agosto, domingo noche y lunes noche

en Chapela Oeste : 8,5 km

Casa Pinales

PESCADOS Y MARISCOS • AMBIENTE CLÁSICO Ofrece una sala de espera con un vivero y una única sala de línea clásica, esta última dominada por un gran ventanal que se abre a la ría de Vigo y a las bateas. Carta amplia de cocina gallega, con deliciosos arroces, pescados y mariscos.

Menú 25/35 € – Carta 28/36 €

av. de Redondela 124 ✉ 36320 – ☎ 986 45 02 42 – cerrado 15 días en abril, 15 días en septiembre, domingo noche y lunes

REGENCÓS

Girona – 285 h. – Alt. 78 m – Mapa regional : **9**-D2
Madrid 727 km – Barcelona 129 km – Girona 45 km – Lleida 266 km
Mapa de carreteras Michelin nº 574-G39

La Calèndula

MEDITERRÁNEA • DE DISEÑO Un restaurante original y atractivo, pues ocupa el antiguo teatro de la localidad. Su propuesta, sumamente detallista, exalta el producto cercano y... ¡el mundo de las flores!

Menú 45/90 € – Carta 45/68 €

Hotel Del Teatre, pl. Major ✉ 17214 – ☎ 972 30 38 59 – www.lacalendula.net – junio-septiembre y fines de semana en abril-mayo, octubre-diciembre

Del Teatre

CASA DE CAMPO • RÚSTICA Una bella casa del s. XVIII que aún conserva los muros en piedra, en perfecta harmonía con el entorno de este pequeño pueblo del Baix Empordà. Ofrece habitaciones con muchísimo encanto, todas en un estilo rústico bastante auténtico y con equipamiento actual.

7 hab – †150/170 € ††165/210 €

pl. Major ✉ 17214 – ☎ 972 30 38 59 – www.hoteldelteatre.com – junio-septiembre y fines de semana en abril-mayo, octubre-diciembre

La Calèndula – ver selección restaurantes

REINOSA

Cantabria – 9 605 h. – Alt. 850 m – Mapa regional : **6**-B2
Madrid 355 km – Burgos 116 km – Palencia 129 km – Santander 69 km
Mapa de carreteras Michelin nº 572-C17

Villa Rosa

FAMILIAR • PERSONALIZADA Hotelito de ambiente clásico instalado en una hermosa villa de principios del s. XX. Ofrece unos cuidados exteriores, un atractivo SPA para uso privado y habitaciones de buen confort.

12 hab – †40/50 € ††60/80 €

Héroes de la Guardia Civil 4 ✉ 39200 – ☎ 942 75 47 47 – www.villarosa.com

RENTERÍA Guipúzcoa → Ver Errenteria

REUS

Tarragona – 103 194 h. – Alt. 134 m – Mapa regional : **9**-B3
Madrid 547 km – Barcelona 118 km – Castelló de la Plana/Castellón de la Plana 177 km – Lleida 90 km
Mapa de carreteras Michelin nº 574-I33

Reineta

COCINA TRADICIONAL • DE DISEÑO XX Singular, de ambiente ecléctico y llevado en familia. Encontrará una cocina tradicional actualizada que toma cuerpo a raíz de un buen producto. ¡Presumen de carnes "Dry Aged"!

Menú 25/35 € – Carta 41/66 €

Jurats 28 ✉ 43205 – ✆ 977 31 32 96 – www.reineta.cat – cerrado 27 diciembre-11 enero, del 15 al 31 de julio, domingo noche y lunes

Joan Urgellès (N)

MODERNA • A LA MODA XX Este restaurante, en pleno casco antiguo, sorprende por su moderno interiorismo, pues juega con las penumbras y una estudiada iluminación. Cocina actual e interesantes menús.

Menú 23/47 € – Carta 33/52 €

Aleus 7 ✉ 43201 – ✆ 977 34 21 78 – www.joanurgelles.com – cerrado domingo

en la carretera de Tarragona Sureste : 1 km

Masía Crusells

COCINA TRADICIONAL • AMBIENTE CLÁSICO XX Llevado entre varios hermanos. Presenta una zona de bar y tres salas de ambiente clásico. La carta, tradicional y rica en productos del mar, se ve apoyada por un amplio menú.

Menú 18 € – Carta 37/55 €

Estanislau Mateu Valls 4 ✉ 43204 Reus – ✆ 977 30 10 46 – www.breashotel.es

en Castellvell (Baix Camp) Norte : 2 km – Mapa regional : **09G**-B3

Sanromà

REGIONAL • RÚSTICA XX Un restaurante familiar renovado, sereno y moderno, perfecto para hacer de su comida un momento especial. Cocina tradicional sublimada por la calidad de sus materias primas.

Carta 30/47 €

av. de Reus 24 ✉ 43392 Castellvell – ✆ 977 85 52 12 – www.sanromarestaurant.cat – cerrado Navidades, del 15 al 31 de agosto y martes

RIBADEO

Lugo – 9 929 h. – Alt. 46 m – Mapa regional : **13**-D1
Madrid 591 km – A Coruña 158 km – Lugo 90 km – Oviedo 169 km
Mapa de carreteras Michelin nº 571-B8

San Miguel

COCINA TRADICIONAL • AMBIENTE CLÁSICO XX Lo mejor es su emplazamiento en el puerto deportivo, con una preciosa terraza de verano y fantásticas vistas. Cocina tradicional marinera con platos gallegos y asturianos.

Menú 22/50 € – Carta 35/50 €

porto deportivo ✉ 27700 – ✆ 982 12 97 17 – www.restaurantesanmiguel.org – cerrado del 7 al 27 de enero, domingo noche y lunes noche salvo Semana Santa y julio-agosto

Parador de Ribadeo

TRADICIONAL • CLÁSICA Está en un paraje idílico, dominado por la ría y los bellos pueblos de la otra orilla... por eso, muchas habitaciones poseen galería-mirador. En el restaurante, de aire rústico, proponen una carta regional y especialidades como el Arroz caldoso con bogavante.

47 hab – ††70/200 € – ☕ 17 € – 1 suite

Amador Fernández 7 ✉ 27700 – ✆ 982 12 88 25 – www.parador.es

RIBADESELLA

Asturias - 5 904 h. - Mapa regional : **3**-C1
Madrid 485 km - Gijón 67 km - Oviedo 84 km - Santander 128 km
Mapa de carreteras Michelin nº 572-B14

Arbidel (Jaime Uz)

MODERNA • ROMÁNTICA iUna joya gastronómica! Este restaurante, ubicado en una tranquila callejuela del casco antiguo, disfruta de una pequeña sala rústica-actual y una coqueta terracita sobre la calle peatonal. ¿Su propuesta? Cocina regional actualizada, con algunos platos de autor y la interesantísima opción de dos menús degustación.

→ Sensaciones marinas y vegetales. Pitu de caleya guisado y bogavante asado, mar y montaña. Brûlée de arroz con leche y helado de cáscara de limón.

Menú 40/70 € - Carta 43/61 €

Oscura 1 ✉ 33560 - ☎ 985 86 14 40 - www.arbidel.com - cerrado 15 días en noviembre, 15 días en enero, domingo noche, martes noche y lunes salvo verano

El Jardín de Eugenia

FAMILIAR • ACOGEDORA Rompe con la estética de los hoteles en la zona, pues es moderno y tiene detalles de vanguardia. Habitaciones confortables, en la 2ª planta abuhardilladas, y buen desayuno.

14 hab - 60/100 € 77/130 €

Palacio Valdés 22 ✉ 33560 - ☎ 985 86 08 05 - www.eljardindeeugenia.com

en la playa

La Huertona

COCINA TRADICIONAL • ACOGEDORA iCon buen nombre en la zona! Posee un gastrobar y un cuidado comedor, muy luminoso, con vistas a los verdes alrededores. Carta de mercado que ensalza los pescados de la zona.

Menú 60 € - Carta 39/75 €

carret. de Junco, Suroeste : 1,5 km ✉ 33560 Ribadesella - ☎ 985 86 05 53 (es necesario reservar para cenar) - www.restaurantelahuertona.com - solo almuerzo salvo viernes y sábado de octubre a abril - cerrado segunda quincena de junio, segunda quincena de octubre y martes salvo julio-agosto

Quince Nudos

COCINA TRADICIONAL • AMBIENTE MEDITERRÁNEO Algo escondido aunque... iPróximo a la playa! Proponen una cocina de base tradicional con toques actuales, otorgando un lugar de honor a los arroces en todas sus variantes.

Menú 35/35 € - Carta 38/57 €

Avelina Cerra 6 ✉ 33560 Ribadesella - ☎ 984 11 20 73 - www.restaurantequincenudos.com - solo almuerzo salvo viernes y sábado de 12 de octubre a 1 de junio - cerrado noviembre, domingo noche y lunes

G.H. del Sella

FAMILIAR • CLÁSICA Se encuentra en 1ª línea de playa y está instalado parcialmente en el antiguo palacio de verano de los marqueses de Argüelles, dotado con elegantes dependencias y un buen SPA. El restaurante ofrece una carta tradicional, con varios arroces y platos marineros.

78 hab - 90/125 € 125/170 € - 4 suites

Ricardo Cangas 17 ✉ 33560 Ribadesella - ☎ 985 86 01 50 - www.granhoteldelsella.com - Semana Santa-15 octubre

Villa Rosario

TRADICIONAL • CLÁSICA Singular palacete de estilo indiano ubicado a pie de playa. Encontrará dos tipos de habitaciones: las clásicas en el edificio principal y unas más actuales cruzando la calle.

33 hab - 49/209 € 59/219 € - 12 €

Dionisio Ruisánchez 6 ✉ 33560 Ribadesella - ☎ 985 86 00 90 - www.hotelvillarosario.com - cerrado enero y febrero

por la carretera de Collía

Villadesella

PARTICULAR • FUNCIONAL Agradable, cuidado y... ¡con estupendas vistas sobre al litoral! Ofrece confortables habitaciones de línea funcional-actual, algunas abuhardilladas, así como un restaurante de marcado carácter panorámico, este tutelado por el laureado chef asturiano Jaime Uz.

10 hab – 60/99 € 80/155 €

Sebreño, Suroeste : 2 km ✉ 33560 Ribadesella – ✆ 985 85 77 02 – www.hotelvilladesella.com – Navidades, Semana Santa, mayo-15 noviembre y fines de semana resto del año

en Junco

Paraje del Asturcón

AGROTURISMO • RÚSTICA Tranquilo y con excelentes vistas, sobre todo desde las estancias abuhardilladas. Encontrará un acogedor salón social con chimenea y habitaciones rústicas de notable amplitud.

10 hab – 44/88 € 66/110 € – 6 €

Suroeste, 4 km ✉ 33560 Junco – ✆ 985 86 05 88 – www.parajedelasturcon.com

RIBES DE FRESER

Girona – 1 818 h. – Alt. 920 m – Mapa regional : **9**-C1
Madrid 689 km – Barcelona 118 km – Girona 101 km
Mapa de carreteras Michelin n° 574-F36

Els Caçadors

REGIONAL • FAMILIAR XX Tiene tradición y viste sus paredes con fotos antiguas, del negocio y la familia. Su carta de tinte regional atesora algún que otro plato perenne en la historia desde sus tiempos de fonda, como los ya clásicos Calamares fritos de la casa.

Menú 17 € – Carta 25/36 €

Balandrau 24 ✉ 17534 – ✆ 972 72 70 77 – www.hotelsderibes.com – cerrado noviembre

Resguard dels Vents

TRADICIONAL • FUNCIONAL Interesante para disfrutar de la estancia y el entorno en pareja, pues se encuentra aislado en la falda de una montaña. Atesora unas atractivas fachadas en piedra, un luminoso SPA, magníficas vistas al valle y... ¡un poema al viento en cada habitación! El restaurante centra su oferta en un menú tradicional.

16 hab – 130/170 € 160/204 € – 1 suite

camí de Ventaiola, Norte : 1 km ✉ 17534 – ✆ 972 72 88 66 – www.hotelresguard.com – cerrado 21 días en noviembre

RICOTE

Murcia – 1 369 h. – Alt. 400 m – Mapa regional : **16**-B2
Madrid 375 km – Murcia 37 km – Albacete 124 km – Alacant / Alicante 102 km
Mapa de carreteras Michelin n° 577-R25

El Sordo

COCINA TRADICIONAL • MARCO CONTEMPORÁNEO XX Una casa familiar de 4ª generación que... ¡le sorprenderá! Disfruta de un bar público y unas salas de línea actual, en general con buenos detalles de diseño. Proponen una carta tradicional extensa y variada, con distintos menús y exquisitos platos de caza.

Menú 32 € – Carta 25/41 €

Alharbona ✉ 30610 – ✆ 968 69 71 50 – www.elsordo.es – solo almuerzo salvo viernes, sábado y domingo – cerrado julio y lunes no festivos

RINCÓN DE LA VICTORIA

Málaga - 43 135 h. - Mapa regional : **1**-C2
Madrid 543 km - Sevilla 224 km - Málaga 17 km - Granada 133 km
Mapa de carreteras Michelin nº 578-V17

El Reservado

COCINA TRADICIONAL • AMBIENTE CLÁSICO XX Casa de madera aislada a la entrada de la localidad, con el acceso por una salida de la autovía. En sus salas, de línea clásica, le propondrán una cocina de gusto tradicional.

Menú 12/49 € - Carta 30/45 €

Cortijo Acebuchal 15, Autovía A7, salida 256 ✉ 29730 - ☎ 952 40 10 51 - www.elreservadorestaurante.com - solo almuerzo salvo viernes y sábado - cerrado del 3 al 20 de julio y miércoles

RIPOLL

Girona - 10 632 h. - Alt. 682 m - Mapa regional : **9**-C1
Madrid 651 km - Barcelona 105 km - Girona 84 km - Encamp 120 km
Mapa de carreteras Michelin nº 574-F36

Reccapolis

COCINA TRADICIONAL • AMBIENTE CLÁSICO XX Presenta tres acogedoras salas, coloristas y de línea clásica-modernista, así como un coqueto balcón-terraza con vistas al río. Cocina tradicional actualizada, siempre con producto de temporada y la posibilidad de medias raciones.

Menú 26 € - Carta 30/50 €

carret. Sant Joan 68 (C 151a) ✉ 17500 - ☎ 972 70 21 06 - www.reccapolis.com - solo almuerzo salvo viernes y sábado - cerrado 15 días en septiembre

RIUDARENES

Girona - 2 120 h. - Alt. 84 m - Mapa regional : **10**-A1
Madrid 670 km - Barcelona 80 km - Girona 26 km - Tarragona 170 km
Mapa de carreteras Michelin nº 574-G38

La Brasa de Riudarenes

REGIONAL • RÚSTICA X Una casa familiar llena de rusticidad y tipismo. Ofrecen cocina catalana-casera especializada en platos a la brasa y caracoles. ¡Venden embutido artesanal y salsas propias!

Menú 24/26 € - Carta 25/35 €

Santa Coloma 21 ✉ 17421 - ☎ 972 85 60 17 - www.labrasa.com - solo almuerzo

RIUDOMS

Tarragona - 6 633 h. - Mapa regional : **9**-B3
Madrid 552 km - Barcelona 111 km - Tarragona 19 km
Mapa de carreteras Michelin nº 574-I33

El Celler de L'Arbocet

REGIONAL • RÚSTICA XX Instalado en una casa solariega, del s. XVIII, que sorprende por su ambiente rústico-moderno. Cocina tradicional actualizada en base a productos ecológicos y de proximidad.

Menú 55 € - Carta 40/55 €

Masferrer 9 ✉ 43330 - ☎ 977 85 00 82 - www.cellerarbocet.com - solo almuerzo salvo julio-agosto, viernes y sábado - cerrado del 15 al 28 de febrero, 12 octubre-12 noviembre, domingo noche y lunes

RIVAS-VACIAMADRID

Madrid - 81 473 h. - Alt. 590 m - Mapa regional : **15**-B2
Madrid 20 km - Toledo 81 km - Segovia 118 km - Guadalajara 61 km
Mapa de carreteras Michelin nº 576-L19

La Rotonda

COCINA TRADICIONAL • SIMPÁTICA Emplazado en un centro comercial de Rivas Urbanizaciones. Ofrece una sala de línea actual-funcional y una carta tradicional, con sugerencias diarias cantadas en la mesa.

Carta 35/50 €

paseo Las Provincias (C.C. Covibar 2) ✉ 28523 - ✆ 916 66 93 65 - cerrado domingo noche

ROBLEDO DE CHAVELA

Madrid - 3 955 h. - Alt. 903 m - Mapa regional : **15**-A2

Madrid 84 km - Ávila 98 km - Segovia 75 km - Toledo 111 km

Mapa de carreteras Michelin n° 576-K17

Rincón de Traspalacio

TRADICIONAL • ELEGANTE Llama la atención por su estética rústica-elegante, con un espacio interior ajardinado, una acogedora zona social y habitaciones bien personalizadas. El restaurante ofrece una carta reducida, pero cuidada, con opción a menús, carnes y platos tradicionales.

20 hab - †54/59 € ††72/77 €

Traspalacio 24 ✉ 28294 - ✆ 918 98 15 30 - www.rincondetraspalacio.com

El ROCÍO

Huelva - Mapa regional : **1**-A2

Madrid 607 km - Huelva 67 km - Sevilla 78 km

Mapa de carreteras Michelin n° 578-U10

Toruño

COCINA TRADICIONAL • RÚSTICA El restaurante, de estilo rústico-andaluz y adornado por dos chimeneas, se encuentra en un edificio independiente. Buenas vistas a las marismas y amplia carta tradicional.

Carta 30/50 €

pl. del Acebuchal 22 ✉ 21750 - ✆ 959 44 24 22 - www.toruno.es

La RODA

Albacete - 15 868 h. - Alt. 716 m - Mapa regional : **7**-C2

Madrid 217 km - Albacete 39 km - Toledo 220 km - Cuenca 126 km

Mapa de carreteras Michelin n° 576-O23

Flor de la Mancha

FAMILIAR • CLÁSICA Hotel de carácter familiar ambientado con numerosos detalles taurinos. Las habitaciones resultan amplias y confortables en su categoría, con mobiliario en madera maciza de buena calidad. En el restaurante, con cierto aire castellano y un privado, proponen una sencilla carta tradicional y un menú del día.

75 hab - †39/55 € ††54/83 € - 10 €

Alfredo Atienza 139 ✉ 02630 - ✆ 967 44 05 55 - www.flordelamancha.com

RODA DE ISÁBENA

Huesca - 36 h. - Alt. 751 m - Mapa regional : **2**-D1

Madrid 498 km - Huesca 109 km - Lleida 97 km - Zaragoza 186 km

Mapa de carreteras Michelin n° 574-F31

Hospedería La Catedral 

COCINA TRADICIONAL • ACOGEDORA Se accede por el claustro de la Catedral y ocupa el refectorio cisterciense del templo, de marcada sobriedad y con los techos abovedados en piedra. Carta tradicional especializada en platos de caza y carnes de ternera Parda Alpina.

Menú 18 € - Carta 20/40 €

Hotel Hospedería de Roda de Isábena, pl. Pons Sorolla ✉ 22482 - ✆ 974 54 45 45 - www.hospederia-rdi.com - cerrado del 20 al 30 de diciembre, del 5 al 15 de enero y domingo noche salvo verano

Hospedería de Roda de Isábena

TRADICIONAL • FUNCIONAL ¡Frente a la Catedral románica del s. XI! Ocupa un sobrio edificio medieval que ha sido completamente renovado, ofreciendo un pequeño salón social con chimenea y unas habitaciones de confort actual... casi todas con balcón o terraza.

10 hab - 35/55 € 45/72 € - 8,50 €

pl. de la Catedral ✉ 22482 - ☎ 974 54 45 54 - www.hospederia-rdi.com - cerrado 20 al 30 de diciembre y del 5 al 15 de enero

Hospedería La Catedral - ver selección restaurantes

RODALQUILAR

Almería - 155 h. - Mapa regional : **1**-D2

Madrid 587 km - Sevilla 456 km - Almería 52 km

Mapa de carreteras Michelin n° 578-V23

Rodalquilar

TRADICIONAL • CLÁSICA Hotel de línea moderna construido a modo de fusión arquitectónica entre la estética árabe y la andalusí. Encontrará un entorno realmente singular, habitaciones clásicas de correcto confort y un sencillo restaurante, donde ofrecen una carta tradicional.

26 hab - 34/108 € 50/150 € - 12 €

paraje de los Albacetes, Oeste : 0,7 km ✉ 04115 - ☎ 950 38 98 38 - www.hotelrodalquilar.com

ROIS

A Coruña - 5 149 h. - Mapa regional : **13**-B2

Madrid 638 km - A Coruña 98 km - Pontevedra 41 km - Santiago de Compostela 46 km

Mapa de carreteras Michelin n° 571-D4

Casa Ramallo

COCINA TRADICIONAL • FAMILIAR Negocio familiar fundado en 1898. Presenta una sala clásica, con las paredes en piedra, y una carta de palabra que destaca por sus guisos y su exquisita lamprea en temporada.

Carta 22/42 €

Castro 5 ✉ 15911 - ☎ 981 80 41 80 - solo almuerzo - cerrado 24 diciembre-2 enero y lunes

La ROMANA

Alicante - 2 431 h. - Mapa regional : **11**-A3

Madrid 406 km - Valencia 165 km - Alacant / Alicante 45 km - Murcia 80 km

Mapa de carreteras Michelin n° 577-Q27

La Romana

Una antigua casona rodeada de viñedos. Ofrece unas habitaciones actuales, varias con terraza, y algunos tratamientos de relax (spa, hammam, masajes...). El restaurante, con una carta tradicional-mediterránea, posee también un salón para eventos en una bodega.

18 hab - 69/105 € 79/115 €

Partida Casa Azorín, Sur : 1 km ✉ 03669 - ☎ 629 92 88 74 - www.laromanahotel.es - cerrado 14 días en enero

ROMANYÀ DE LA SELVA

Girona - 145 h. - Mapa regional : **10**-B1

Madrid 701 km - Barcelona 103 km - Girona 28 km - Tarragona 193 km

Mapa de carreteras Michelin n° 574-G38

Can Roquet

MODERNA • ACOGEDORA XX Se halla en un pueblecito de montaña, instalado en una antigua casa de piedra que hoy se presenta con una decoración de contrastes. Cocina actual-creativa y relajante terraza.

Carta 37/60 €

pl. de l'Esglesia 1 ✉ 17246 - ☎ 972 83 30 81 - www.canroquet.com - solo cena los lunes, martes y miércoles en verano - cerrado 19 noviembre-febrero, lunes y martes salvo festivos

RONDA

Málaga - 35 676 h. - Alt. 750 m - Mapa regional : **1**-A3

Madrid 556 km - Sevilla 128 km - Málaga 103 km - Cádiz 148 km

Mapa de carreteras Michelin n° 578-V14

Casa Santa Pola

COCINA TRADICIONAL • FAMILIAR XX Preciosa casa de origen árabe dotada con múltiples salitas y balcones, algunos colgados literalmente sobre el Tajo. Cocina tradicional y rondeña de excelente elaboración.

Carta 27/55 €

Plano : A2-f - *Santo Domingo 3 ✉ 29400 - ☎ 952 87 92 08 - www.rsantapola.com*

Albacara

COCINA TRADICIONAL • AMBIENTE CLÁSICO XX Disfruta de un acceso independiente respecto al hotel Montelirio, donde se presenta con un comedor de montaje clásico y sugerentes vistas al Tajo desde algunas mesas. Cocina tradicional elaborada, muy bien tratada y presentada.

Menú 48/55 € - Carta 33/46 €

Plano : A2-b - *Hotel Montelirio, Tenorio 8 ✉ 29400 - ☎ 952 87 38 55 - www.hotelmontelirio.com - cerrado 10 enero-10 marzo*

Tragatapas

COCINA TRADICIONAL • MARCO CONTEMPORÁNEO Bar de tapas ubicado en una céntrica calle peatonal. Ofrece una terraza y una sala de montaje actual, con varias pizarras en las que se informa sobre sus pinchos y raciones. Elaboraciones de base tradicional bien actualizadas.

Tapa 3 € - Ración aprox. 12 €

Plano : A2-d - *Nueva 4 ✉ 29400 - ☎ 952 87 72 09 - cerrado 30 días en enero-febrero, domingo noche y lunes*

Parador de Ronda

TRADICIONAL • MODERNA Destaca por su excepcional emplazamiento, pues se halla al mismo borde del Tajo. Presenta un buen hall-recepción, cubierto por una cúpula moderna, y habitaciones de completo equipamiento, todas con los suelos en tarima. En su comedor, luminoso y de montaje clásico, encontrará una cocina de tinte regional.

78 hab - ††100/240 € - 19 €

Plano : A2-a - *pl. de España ✉ 29400 - ☎ 952 87 75 00 - www.parador.es*

San Gabriel

HISTÓRICO • ACOGEDORA Una mansión señorial del s. XVIII que, bien situada en el casco antiguo, aún emana el encanto propio de un pasado nobiliario. Atesora un coqueto patio, confortables habitaciones vestidas con mobiliario de época y un personal muy atento.

22 hab - †73/95 € ††73/112 € - 6 €

Plano : A2-v - *Marqués de Moctezuma 19 ✉ 29400 - ☎ 952 19 03 92 - www.hotelsangabriel.com - cerrado 21 diciembre-9 enero y del 19 al 31 de julio*

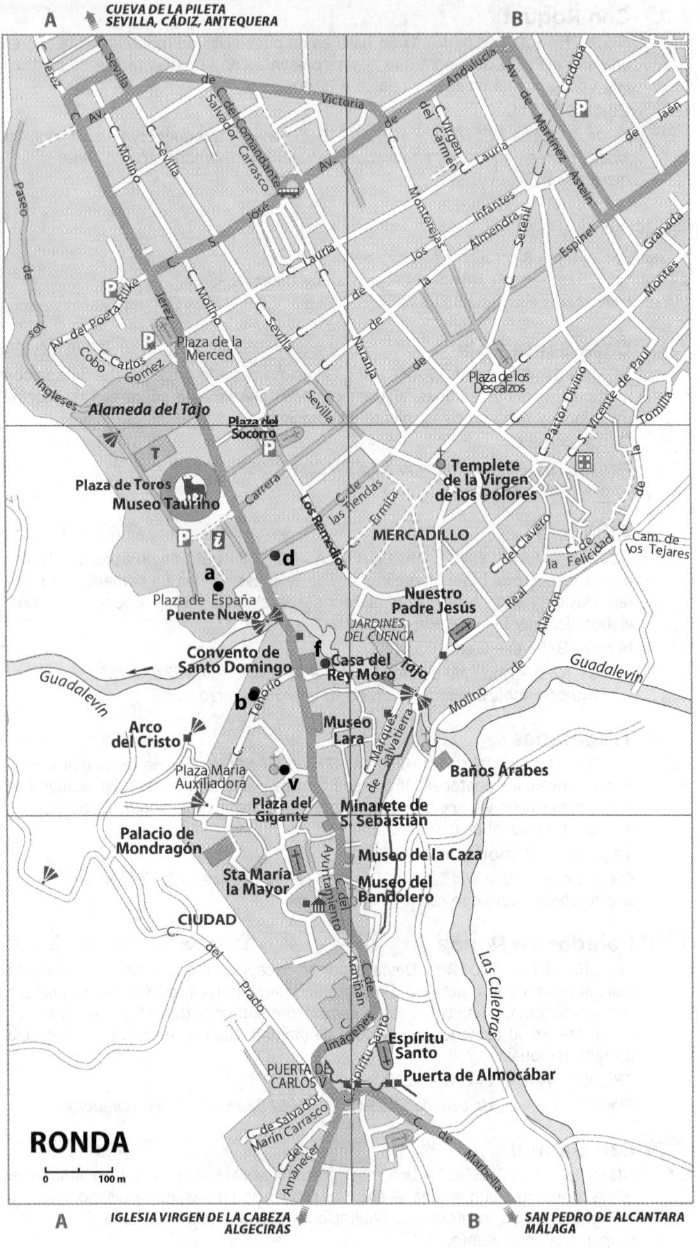

RONDA
A
B
1
2
3
CUEVA DE LA PILETA
SEVILLA, CÁDIZ, ANTEQUERA
IGLESIA VIRGEN DE LA CABEZA
ALGECIRAS
SAN PEDRO DE ALCANTARA
MÁLAGA
Alameda del Tajo
Plaza de la Merced
Plaza del Socorro
Plaza de Toros
Museo Taurino
Plaza de España
Puente Nuevo
Convento de Santo Domingo
Casa del Rey Moro
Arco del Cristo
Plaza Maria Auxiliadora
Museo Lara
Plaza del Gigante
Minarete de S. Sebastián
Palacio de Mondragón
Museo de la Caza
Sta María la Mayor
Museo del Bandolero
CIUDAD
Baños Árabes
Espíritu Santo
Puerta de Almocábar
PUERTA DE CARLOS V
MERCADILLO
Templete de la Virgen de los Dolores
Nuestro Padre Jesús
JARDINES DEL CUENCA
Plaza de los Descalzos
Tajo
Guadalevín
Las Culebras
Los Remedios
Paseo de los Ingleses
Av. del Poeta Rilke
C. Carlos Cobo Gomez
Av. de Andalucía
Av. de Martínez Astein
Av. de Victoria
Av. C. del Comandante Salvador Carrasco
Av. S. José
C. Jerez
C. Sevilla
C. Molino
C. Lauria
C. Virgen del Carmen
C. Córdoba
C. de Jaén
C. Montereje
C. de los Infantes
C. de la Almendra
C. Setenil
C. Espinel
C. Granada
C. Montes
C. de Naranja
C. S. Vicente de Paul
C. Pastor Divino
C. Tomilla
Carrera
C. de las Tiendas
C. Ermita
C. del Clavero
C. de la Felicidad
Cam. de los Tejares
C. Real
C. Alarcón
Molino de Alarcón
C. Tenorio
C. Marqués de Salvatierra
C. del Ayuntamiento
C. de Armiñán
C. del Prado
C. Imágenes
C. Espíritu Santo
C. de Salvador Marín Carrasco
C. del Amanecer
C. de Marbella
a
b
d
f
v
0
100 m

Montelirio

PALACE • ELEGANTE Casa-palacio del s. XVII dotada de vistas parciales al Tajo de Ronda. Ofrece habitaciones de muy buen confort, todas personalizadas en su decoración, así como un patio y una espectacular terraza-balconada.

15 hab - †100/143 € ††120/182 € - ☕11 €

Plano : A2-b - *Tenorio 8 ✉ 29400 - ✆ 952 87 38 55 - www.hotelmontelirio.com*

Albacara - ver selección restaurantes

ROQUETAS DE MAR

Almería - 90 623 h. - Mapa regional : **1**-D2

Madrid 562 km - Sevilla 437 km - Almería 23 km - Granada 164 km

Mapa de carreteras Michelin nº 578-V22

Alejandro

CREATIVA • ELEGANTE XXX Moderno restaurante situado en la zona del puerto. En su interior, con los fogones a la vista, le propondrán una cocina creativa de sugerentes matices y texturas, destacable por sus presentaciones y elaborada con productos de gran calidad.

→ Espinacas "esparragás" con gamba blanca. Cochinillo confitado con puré de orejones y frutos secos. "El Americano" del kiosco Amalia.

Menú 39/70 € - Carta 40/56 €

av. Antonio Machado 32 ✉ 04740 - ✆ 950 32 24 08 - www.restaurantealejandro.es - cerrado 2ª quincena de enero, domingo noche, lunes y martes noche

Los precios junto al símbolo † corresponden al precio más bajo en temporada baja, después el precio más alto en temporada alta, para una habitación individual. El mismo principio con el símbolo ††, esta vez para una habitación doble.

ROQUETES Tarragona

→ Ver Tortosa

ROSES ROSAS

Girona - 19 575 h. - Mapa regional : **9**-D3

Madrid 740 km - Barcelona 157 km - Girona 60 km - Tarragona 247 km

Mapa de carreteras Michelin nº 574-F39

Die Insel 

INTERNACIONAL • AMBIENTE CLÁSICO XX Llevado por su chef-propietario, un alemán afincado desde hace años en la localidad. En su carta, tradicional e internacional, encontrará platos tan dispares como el Tartar de ternera sobre torta de patata con caviar o la Lubina a la sal.

Menú 35/70 € - Carta 40/65 €

Pescadors 17 ✉ 17480 - ✆ 972 25 71 23 - www.dieinsel.info - cerrado enero y martes

Terraza 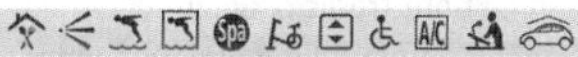

TRADICIONAL • CONTEMPORÁNEA Se encuentra en pleno paseo marítimo, donde está llevado, de forma impecable, por la 3ª generación de la misma familia. Encontrará una variada zona social, habitaciones de línea clásica-actual y un coqueto SPA con solárium en la 5ª planta. El restaurante tiene mucha luz natural y un correcto montaje.

100 hab ☕ - †90/210 € ††101/271 € - 5 suites

av. Rhode 32 ✉ 17480 - ✆ 972 25 61 54 - www.hotelterraza.com - 15 marzo-15 noviembre

en la playa de Canyelles Petites Sureste : 2,5 km

Els Brancs

CREATIVA • ACOGEDORA XXX Destaca por su emplazamiento frente al mar, su ambiente elegante y sus magníficas vistas, sobre todo desde la terraza. Encontrará una carta de carácter creativo, bien compensada por dos menús, que conjuga a la perfección técnica y producto.

➜ Solomillo de ternera y berenjena blanca, aliñado al momento. Corvina a la brasa, judías, almejas y ramallo de mar amontillado. Plátano estofado, nueces garrapiñadas a la cantonesa y helado de ron.

Menú 89/149 € - Carta 86/112 €

Hotel Vistabella, av. Díaz Pacheco 26 ✉ 17480 Roses - ✆ 972 25 60 08 - www.elsbrancs.com - solo cena - cerrado 20 octubre-20 abril y lunes

Vistabella

LUJO • MEDITERRÁNEA Disfruta de un emplazamiento realmente increíble, sobre la misma playa y con accesos casi privados a la misma. Se presenta con agradables terrazas de estilo mediterráneo, modernas habitaciones y una selecta oferta gastronómica... no en vano, en el restaurante Balcó de Mar veremos que tienen hasta su propio embarcadero.

19 hab ☕ - 🚹120/295 € 🚹🚹150/330 € - 15 suites

av. Díaz Pacheco 26 ✉ 17480 Roses - ✆ 972 25 62 00 - www.hotelvistabella.com - 20 abril-20 octubre

❀ **Els Brancs** - ver selección restaurantes

ROTA

Cádiz - 29 123 h. - Mapa regional : **1**-A2

▶ Madrid 653 km - Cádiz 45 km - Sevilla 128 km

Mapa de carreteras Michelin nº 578-W10

El Embarcadero

COCINA TRADICIONAL • AMBIENTE MEDITERRÁNEO XX ¡Con una estética marinera-actual ajena a los tipismos! La cercanía al puerto pesquero nos habla de su carta, aunque en ella también hay pasta, arroces, platos vegetarianos...

Menú 25/40 € - Carta 25/39 €

Gravina 2 ✉ 11520 - ✆ 956 84 60 20 - www.hotelduquedenajera.com

RUBIELOS DE MORA

Teruel - 661 h. - Alt. 929 m - Mapa regional : **2**-B3

▶ Madrid 357 km - Castelló de la Plana/Castellón de la Plana 93 km - Teruel 56 km

Mapa de carreteras Michelin nº 574-L28

De la Villa

HISTÓRICO • ACOGEDORA Casa palaciega del s. XV que destaca por su atractiva fachada almenada, su precioso hall en piedra vista y sus habitaciones, en general bien personalizadas dentro de un estilo rústico-elegante. El restaurante, que recrea una estética rústica-actual y tiene terraza, propone una cocina de tinte tradicional.

14 hab ☕ - 🚹50/68 € 🚹🚹60/80 €

pl. del Carmen 2 ✉ 44415 - ✆ 978 80 46 40 - www.delavillahotel.es - cerrado del 1 al 15 de julio, domingo noche y lunes salvo 15 julio-12 octubre

RUENTE

Cantabria - 1 037 h. - Mapa regional : **6**-B1

▶ Madrid 440 km - Santander 54 km - Palencia 204 km

Mapa de carreteras Michelin nº 572-C17

Casa Nacho González

COCINA TRADICIONAL • RÚSTICA XX ¡Llevado con ilusión y ganas de mejorar! Encontraremos un gastrobar a la entrada, con la cocina abierta a un lado, y un luminoso salón de aire rústico en el piso superior. Cocina tradicional y a la brasa basada en la calidad del producto.

Menú 20 € - Carta 25/40 €

barrio Monasterio ✉ 39513 - ✆ 942 70 91 25 - www.restaurantecasanachogonzalezenruente.com - cerrado del 16 al 30 junio

RUILOBA

Cantabria - 768 h. - Alt. 35 m - Mapa regional : **6**-B1

Madrid 434 km - Bilbao 150 km - Oviedo 159 km - Santander 54 km

Mapa de carreteras Michelin n° 572-B17

El Remedio N

COCINA TRADICIONAL • ACOGEDORA XX Destaca por su ubicación, casi de postal, junto a una iglesia del s. XIX y a pocos metros del acantilado. Cocina de bases tradicionales elaborada con productos de calidad.

Menú 45 € - Carta 40/55 €

barrio de Liandres, Ermita del Remedio, Norte : 2 km ✉ 39527 - ✆ 942 10 78 13 - www.restauranteelremedio.com - cerrado enero, febrero, domingo noche salvo agosto, martes noche y miércoles noche de noviembre-mayo y lunes

RUPIT

Barcelona - 281 h. - Mapa regional : **10**-A1

Madrid 648 km - Barcelona 107 km - Girona 68 km - Tarragona 196 km

Mapa de carreteras Michelin n° 574-F37

Estrella

FAMILIAR • RÚSTICA Fundado en 1946, construido en piedra e instalado en un pintoresco pueblo de montaña al que no se puede acceder en coche... de hecho, debe dejarlo en un parking y cruzar andando un puente colgante. Comedor con vistas al río y habitaciones de ambiente rústico.

17 hab - †81 € ††110 €

pl. Bisbe Font 1 ✉ 08569 - ✆ 938 52 20 05 - www.hostalestrella.com

SABADELL

Barcelona - 207 814 h. - Alt. 188 m - Mapa regional : **10**-B3

Madrid 617 km - Barcelona 27 km - Girona 99 km - Tarragona 109 km

Mapa de carreteras Michelin n° 574-H36

Duuo N

MODERNA • MARCO CONTEMPORÁNEO X Amplios espacios, alguna pared de cristal, predominio de tonos neutros que hacen destacar los toques de color... En esta casa, de línea contemporánea, apuestan por una cocina de gusto actual basada en la calidad del producto. ¡Interesantes menús!

Menú 15/45 € - Carta 30/45 €

Sant Llorenç 57-61 ✉ 08202 - ✆ 937 25 71 51 - www.duuorestaurant.com

Can Feu

COCINA TRADICIONAL • AMBIENTE CLÁSICO XX Casa familiar de excelente organización dotada con tres salas, una muy enfocada al menú diario. Proponen una cocina de mercado y de temporada, siempre con productos selectos.

Menú 17/48 € - Carta 33/48 €

Pintor Borrassà 43 ✉ 08205 - ✆ 937 26 27 91 - www.restaurantcanfeu.com - cerrado agosto, sábado noche, domingo y festivos

Nou Canaletes

COCINA TRADICIONAL • SIMPÁTICA Un negocio singular, pues combina la estética propia de un restaurante con un ambiente actual y desenfadado, centrando su oferta en las tapas y en los platos para compartir.

Tapa 5 € - Ración aprox. 10 € - Menú 12/20 €

Capmany 24 ✉ 08201 - ☎ 937 25 93 47 - www.noucanaletes.com - cerrado del 13 al 20 de agosto y domingo

S'AGARÓ

Girona - Mapa regional : **10**-B1

Madrid 705 km - Barcelona 106 km - Girona 35 km - Tarragona 196 km

Mapa de carreteras Michelin n° 574-G39

Hostal de La Gavina

LUJO • CLÁSICA Un gran hotel dotado de hermosos exteriores y amplias instalaciones, en general decoradas con antigüedades, donde combinan el confort con la elegancia. Fitness e hidroterapia. El exquisito restaurante Candlelight hace gala de un bellísimo patio señorial.

60 hab - 260/450 € - 14 suites

pl. de la Rosaleda ✉ 17248 - ☎ 972 32 11 00 - www.lagavina.com - abril-octubre

SAGÀS

Barcelona - 157 h. - Alt. 738 m - Mapa regional : **9**-C2

Madrid 613 km - Barcelona 105 km - Girona 110 km - Lleida 155 km

Mapa de carreteras Michelin n° 574-F35

por la carretera C 62 Sur : 1,5 km y desvío a la derecha 0,5 km

Els Casals (Oriol Rovira)

MODERNA • RÚSTICA XXX Masía ubicada en una finca que, a su vez, le abastece de casi todos sus productos. En el comedor, redecorado artesanalmente con la valiosa madera de robles centenarios, le presentarán una extensa carta de cocina actual con hondas raíces locales. También posee unas sobrias habitaciones por si desea alojarse.

→ Variación de tomates con sardinas ahumadas. Pularda con butifarras del perol y cremoso de patata. Pastel de manzana con helado de vainilla.

Menú 62/78 € - Carta 58/85 € 9 hab - 65/97 € 68/100 €

Finca Els Casals ✉ 08517 Sagàs - ☎ 938 25 12 00 (reserva aconsejable) - www.elscasals.cat - cerrado del 20 al 28 de noviembre, del 2 al 17 de enero, del 2 al 9 de mayo, domingo noche, lunes y martes salvo verano

SAGUNT SAGUNTO

Valencia - 64 944 h. - Alt. 45 m - Mapa regional : **11**-B2

Madrid 350 km - Castelló de la Plana/Castellón de la Plana 40 km - Teruel 120 km - València 28 km

Mapa de carreteras Michelin n° 577-M29

en el puerto Este : 6 km

Negresca

COCINA TRADICIONAL • AMBIENTE MEDITERRÁNEO XX Bien ubicado frente al mar, de línea actual y con grandes ventanales para ver la playa. Ofrecen una cocina tradicional actualizada que destaca por sus arroces y sus bacalaos.

Menú 16/25 € - Carta 26/40 €

av. Mediterráneo 141 ✉ 46520 Puerto de Sagunto - ☎ 962 68 04 04 - www.negresca.net - cerrado domingo noche y lunes

SAHAGÚN

León - 2 709 h. - Alt. 816 m - Mapa regional : **8**-B1

Madrid 298 km - León 66 km - Palencia 63 km - Valladolid 110 km

Mapa de carreteras Michelin n° 575-E14

Luis

COCINA TRADICIONAL • RÚSTICA XX Instalado en una casa típica, donde se presenta con dos cuidados comedores. Su carta tradicional se enriquece con arroces e interesantes menús. ¡Pruebe el famoso puerro local!

Menú 9/16 € – Carta 38/68 €

pl. Mayor 4 ✉ 24320 – ✆ 987 78 10 85 – cerrado martes salvo verano

SALAMANCA

146 438 h. – Alt. 800 m – Mapa regional : **8**-B3

Madrid 206 km – Ávila 98 km – Cáceres 217 km – Valladolid 115 km

Mapa de carreteras Michelin n° 575-J12

Planos de la ciudad en páginas siguientes

Víctor Gutiérrez

CREATIVA • MINIMALISTA XX Disfruta de un amplio y luminoso interior vestido con algunos curiosos detalles de diseño. Su chef apuesta por una cocina de autor consistente y creativa que, en varios platos, fusiona el excelso producto regional con diversos sabores gastronómicos de origen peruano. ¡Menús en constante evolución, sin platos fijos!

→ Toro. Pichón con té matcha y mojito. Cacao mental y lúcuma.

Menú 65/95 € – solo menú

Plano : B2-t – *Empedrada 4 ✉ 37007 – ✆ 923 26 29 73 – www.restaurantevictorgutierrez.com – cerrado 10 días en noviembre, 15 días en enero, 15 días en julio, domingo noche, lunes y martes mediodía*

Vida & Comida

MODERNA • TENDENCIA X Céntrico, moderno y de ambiente informal, pues aquí combinan la idea del restaurante gastronómico con el desenfado conceptual del bar de tapas. Cocina fresca, actual y de buen nivel, presentada en formato de medias raciones y con esmeradas presentaciones.

Menú 12/20 € – Carta 20/34 €

Plano : C1-x – *pl. de Santa Eulalia 11 ✉ 37001 – ✆ 923 28 12 36 – www.vidaycomida.com – cerrado domingo noche y lunes*

El Mesón de Gonzalo

COCINA TRADICIONAL • ACOGEDORA XX Todo un clásico que, conservando el bar de tapas con detalles taurinos, ha sabido adaptar su oferta e instalaciones a los nuevos tiempos. Los asados y carnes tradicionales se combinan ahora con platos renovados y de nueva creación.

Carta 40/50 €

Plano : C2-c – *pl. Poeta Iglesias 10 ✉ 37001 – ✆ 923 21 72 22 – www.elmesondegonzalo.es*

El Alquimista

MODERNA • DE DISEÑO XX Resulta original y bastante acogedor, tanto por la reducida capacidad como por su decoración, pues combina el ladrillo visto con el hierro y diversos detalles de diseño. Desde sus fogones proponen una cocina actual con varios menús.

Menú 18/36 € – Carta 30/42 €

Plano : C2-a – *pl. San Cristóbal 6 ✉ 37001 – ✆ 923 21 54 93 – www.elalquimistarestaurante.es – cerrado Navidades, martes noche y miércoles*

Don Mauro

COCINA TRADICIONAL • AMBIENTE CLÁSICO XX ¡En plena plaza Mayor! Presenta un concurrido bar a la entrada repleto de tostas y embutidos ibéricos, así como dos comedores de estilo clásico, el principal con un pequeño pozo. Carta tradicional rica en asados y carnes rojas de Morucha.

Menú 32/60 € – Carta 34/59 €

Plano : C2-f – *pl. Mayor 19 ✉ 37001 – ✆ 923 28 14 87 – www.restaurantedonmauro.es*

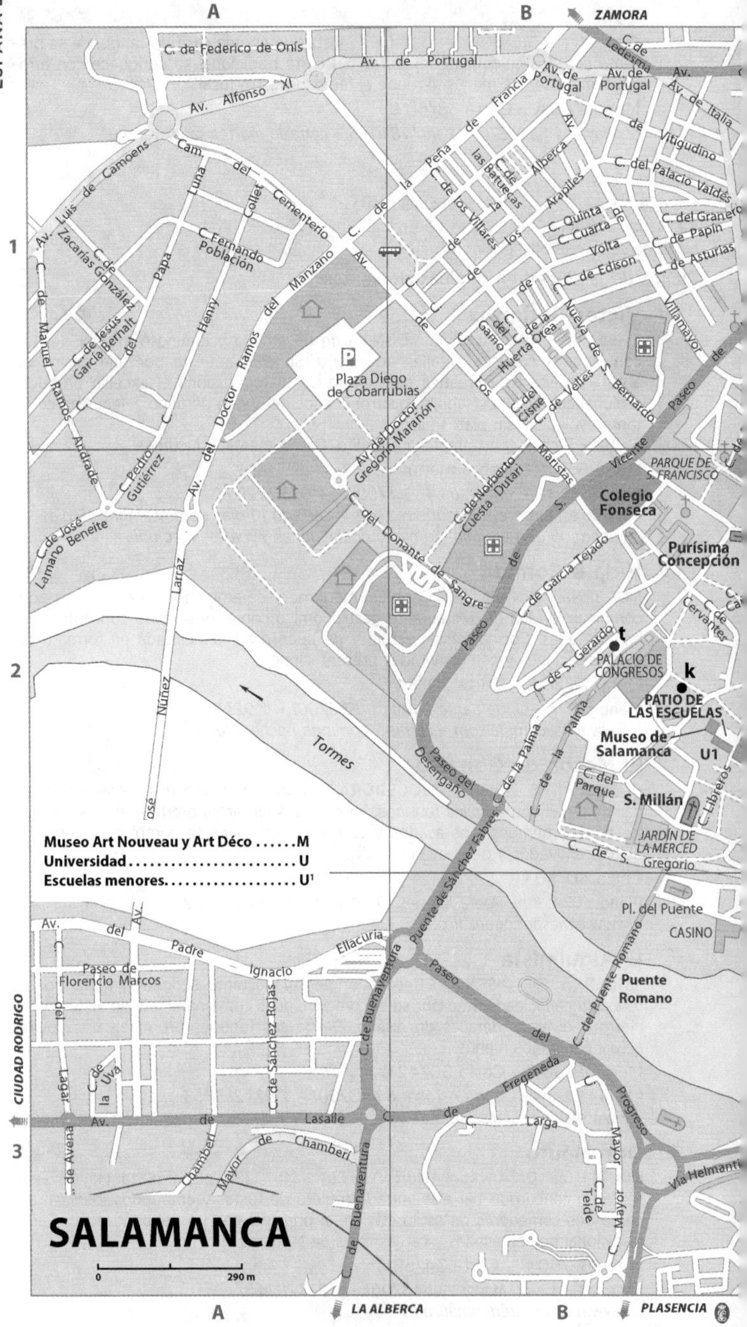

SALAMANCA

Museo Art Nouveau y Art Déco ...... M
Universidad .... U
Escuelas menores. .... U[1]

0 290 m

ZAMORA

CIUDAD RODRIGO

LA ALBERCA

PLASENCIA

Colegio Fonseca

Purísima Concepción

PALACIO DE CONGRESOS

PATIO DE LAS ESCUELAS

Museo de Salamanca

S. Millán

Puente Romano

Plaza Diego de Cobarrubias

Tormes

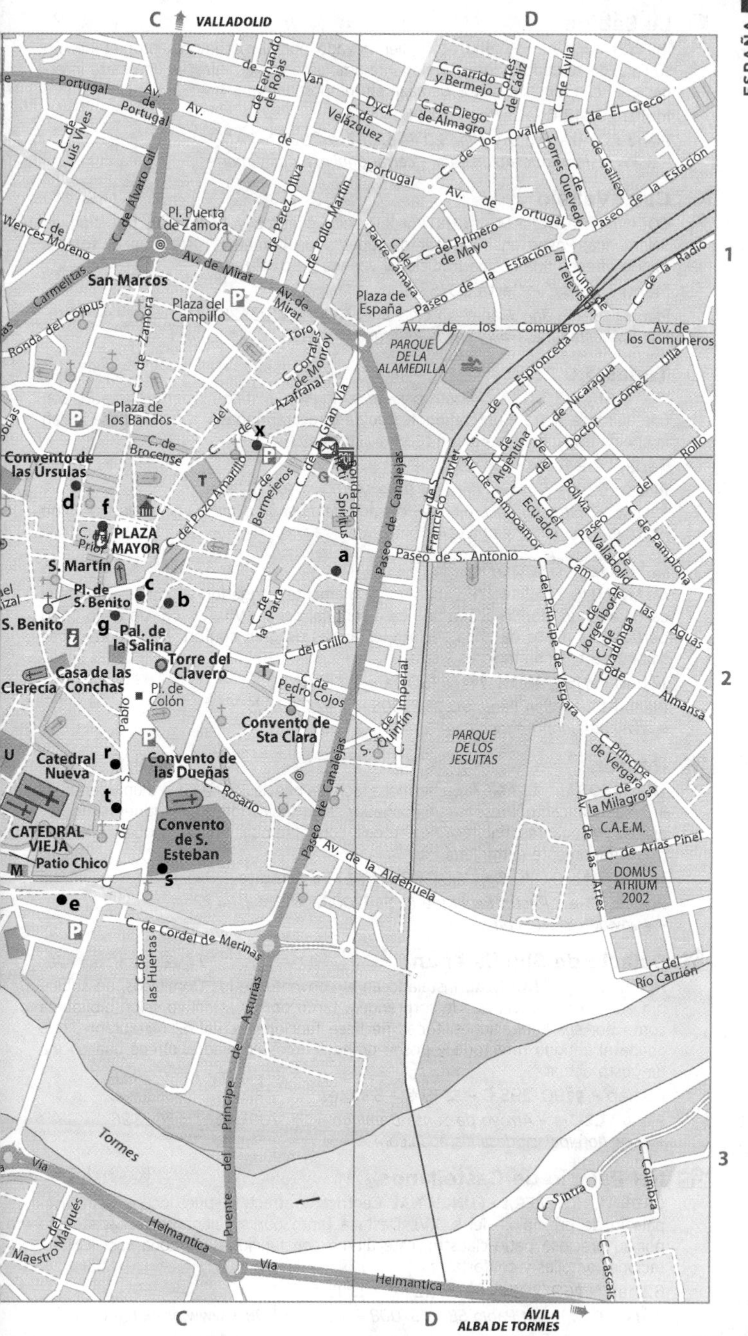

C
VALLADOLID
D
1
2
3
C
D
ÁVILA
ALBA DE TORMES
Av. de Portugal
Pl. Puerta de Zamora
San Marcos
Av. de Mirat
Plaza del Campillo
Plaza de España
Paseo de la Estación
Av. de los Comuneros
PARQUE DE LA ALAMEDILLA
Plaza de los Bandos
Convento de las Úrsulas
PLAZA MAYOR
S. Martín
Pl. de S. Benito
S. Benito
Pal. de la Salina
Torre del Clavero
Casa de las Conchas
Clerecía
Pl. de Colón
Convento de Sta Clara
Catedral Nueva
Convento de las Dueñas
CATEDRAL VIEJA
Patio Chico
Convento de S. Esteban
Paseo de Canalejas
Paseo de S. Antonio
PARQUE DE LOS JESUITAS
C.A.E.M.
DOMUS ATRIUM 2002
Av. de la Aldehuela
C. de Cordel de Merinas
Puente del Príncipe de Asturias
Tormes
Vía Helmantica
C. Coimbra
C. Sintra
C. Cascais
C. del Río Carrión

Le Sablon

INTERNACIONAL • FAMILIAR XX Bien llevado por el matrimonio propietario. En su sala, de cuidado montaje y elegante ambiente clásico, ofrecen una carta internacional con muchos platos de caza en temporada.

Menú 20/42 € - Carta 25/47 €

Plano : C2-d - *Espoz y Mina 20 ✉ 37002 - ✆ 923 26 29 52 - www.restaurantlesablon.com - cerrado julio, lunes y martes*

Casa Vallejo

COCINA TRADICIONAL • RÚSTICA X Resulta céntrico y tiene gran tradición en Salamanca. Posee un buen bar de tapas y un comedor rústico en el sótano, donde ofrecen una cocina tradicional variada y actualizada.

Menú 35/48 € - Carta 30/53 €

Plano : C2-b - *San Juan de la Cruz 3 ✉ 37001 - ✆ 923 28 04 21 - www.hosteriacasavallejo.com - cerrado domingo noche y lunes*

Tapas 3.0

MODERNA • RÚSTICA Gastrobar de ambiente rústico-moderno dotado con una animada barra y un comedor. Aquí le ofrecerán tapas y raciones basadas en la cocina tradicional, pero con toques actuales.

Tapa 4 € - Ración aprox. 12 €

Plano : C2-g - *Sánchez Barbero 9 ✉ 37001 - ✆ 923 61 96 19 - www.tapastrespuntocero.com - cerrado del 15 al 30 de noviembre, del 1 al 15 de junio, martes noche y miércoles*

G.H. Don Gregorio

GRAN LUJO • ELEGANTE Exclusivo, sumamente acogedor y emplazado en el casco antiguo, donde ocupa una casa señorial del s. XVII. Atesora un bello patio porticado a modo de zona social y estancias de gran confort, las denominadas "monumental" con mejores vistas.

17 hab - †155/280 € ††176/300 € - ☕ 15 €

Plano : C2-t - *San Pablo 80 ✉ 37008 - ✆ 923 21 70 15 - www.hoteldongregorio.com*

Rector

TRADICIONAL • CLÁSICA Su hermosa fachada neoclásica da paso a un interior de indudable encanto. Presenta un acogedor salón social dotado de vidrieras modernistas y elegantes habitaciones, todas con el mobiliario en caoba. ¡Clientela mayoritariamente extranjera!

12 hab - †140/170 € ††150/185 € - ☕ 13 € - 1 suite

Plano : C3-e - *Rector Esperabé 10 ✉ 37008 - ✆ 923 21 84 82 - www.hotelrector.com*

Palacio de San Esteban

HISTÓRICO • FUNCIONAL Instalado en el convento de los Dominicos, un soberbio edificio del s. XVI que le sorprenderá tanto por su atractivo salón-biblioteca como por sus habitaciones, todas de línea funcional-actual. El restaurante, que ocupa el antiguo refectorio y posee grandes arcos en piedra, ofrece una cocina de gusto actual.

48 hab - ††90/295 € - ☕ 19 € - 3 suites

Plano : C2-3-s - *Arroyo de Santo Domingo 3 ✉ 37001 - ✆ 923 26 22 96 - www.hotelpalaciodesanesteban.com*

NH Palacio de Castellanos

CADENA HOTELERA • FUNCIONAL Céntrico y atractivo, pues ocupa una casa-palacio de principios del s. XVI. Destaca tanto por su elegante fachada como por su precioso patio-claustro, este último con funciones de zona social. Habitaciones amplias y confortables.

62 hab - †69/207 € ††79/227 € - ☕ 15 €

Plano : C2-r - *San Pablo 58 ✉ 37008 - ✆ 923 26 18 18 - www.nh-hotels.com*

Microtel Placentinos

BOUTIQUE HOTEL • CLÁSICA Este pequeño hotel, instalado en una casa del s. XVI, hace gala de una sabia distribución del espacio y algún que otro detalle con encanto. Sus habitaciones tienen las paredes en piedra, viguería en el techo e hidromasaje en los baños.

9 hab - 40/99 € 60/112 €

Plano : B2-k - *Placentinos 9 ✉ 37008 - ☎ 923 28 15 31 - www.microtelplacentinos.com*

SALARDÚ

Lleida - Alt. 1 267 m - Mapa regional : **9**-B1

Madrid 628 km - Barcelona 293 km - Huesca 195 km - Lleida 171 km

Mapa de carreteras Michelin n° 574-D32

en Bagergue Norte : 2 km - Mapa regional : **9**-B1

Casa Perú

CASERA • RÚSTICA Se encuentra en un pueblecito de montaña situado a unos... ¡1400 metros de altitud! Tras su atractiva fachada en piedra encontrará tres acogedoras salas de aire rústico-regional, todas con mucha madera. Cocina tradicional, guisos caseros y alguna que otra especialidad, como su sabrosa Tortilla de patatas.

Carta 25/40 €

Sant Antoni 6 ✉ 25598 Bagergue - ☎ 973 64 54 37 - www.casaperu.es - solo cena en invierno - cerrado abril-15 de julio, 15 septiembre-noviembre salvo fines de semana y miércoles en invierno

El SALER

Valencia - 1 122 h. - Mapa regional : **11**-B2

Madrid 367 km - València 13 km - Castelló de la Plana/Castellón de la Plana 86 km - Alacant / Alicante 173 km

Mapa de carreteras Michelin n° 577-N29

al Sur : 7 km

Parador de El Saler

TRADICIONAL • MODERNA Está en un enclave protegido, junto a la playa y con un magnífico campo de golf. Amplias instalaciones de línea moderna y luminosas habitaciones, todas con terraza. El restaurante, que destaca por sus vistas, ofrece la clásica carta regional de Paradores.

63 hab - 100/255 € - 19 € - 2 suites

av. de los Pinares 151 ✉ 46012 - ☎ 961 61 11 86 - www.parador.es

SALINAS

Asturias - Mapa regional : **3**-B1

Madrid 486 km - Oviedo 39 km - Lugo 195 km - Santander 207 km

Mapa de carreteras Michelin n° 572-B12

Real Balneario (Isaac Loya)

COCINA TRADICIONAL • AMBIENTE CLÁSICO ¡Situado frente a la playa! Atesora un buen hall de espera y unas salas de ambiente clásico-marinero, destacando las dos acristaladas, a modo de terrazas, por sus magníficas vistas al mar. Su cocina, tradicional actualizada y de temporada, se elabora siempre en base a los productos de la zona de mejor calidad.

→ Tartar de lubina del Cantábrico sobre ajoblanco de manzana. Virrey a baja temperatura sobre su jugo. Torrija de vainilla con fresas glaseadas.

Menú 40/80 € - Carta 41/74 €

Juan Sitges 3 ✉ 33405 - ☎ 985 51 86 13 - www.realbalneario.com - cerrado 7 enero-7 febrero, domingo noche y lunes

SALLENT

Barcelona - 6 669 h. - Alt. 275 m - Mapa regional : **9**-C2
Madrid 582 km - Barcelona 75 km - Girona 113 km - Lleida 124 km
Mapa de carreteras Michelin n° 574-G35

Ospi

COCINA TRADICIONAL • MARCO CONTEMPORÁNEO XX Ofrece un moderno comedor, la cocina semivista y unos platos tradicionales con toques actuales. La carta se completa con un apartado de tapas, otro de raciones y varios menús.

Menú 25/45 € - Carta 37/48 €

Estació 4 ✉ 08650 - ✆ 938 20 64 98 - www.restaurantospi.com - solo almuerzo salvo fines de semana - cerrado Semana Santa, del 10 al 23 de agosto y domingo

SALLENT DE GÁLLEGO

Huesca - 1 441 h. - Alt. 1 305 m - Mapa regional : **2**-C1
Madrid 474 km - Huesca 89 km - Zaragoza 158 km
Mapa de carreteras Michelin n° 574-D29

Almud

FAMILIAR • ACOGEDORA Resulta acogedor y con su nombre se hace referencia a una unidad de medida típica de la región. Sorprende por sus habitaciones, bien personalizadas y con mobiliario de época.

10 hab - †69/75 € ††90/120 €

Vico 11 ✉ 22640 - ✆ 974 48 83 66 - www.hotelalmud.com

en Lanuza Sureste : 3 km

La Casueña

FAMILIAR • PERSONALIZADA Edificio de estilo montañés que destaca por sus atractivas pinturas de inspiración medieval, su acogedora zona social y sus detallistas habitaciones, cada una dedicada a un escritor. Cocina casera y amplio menú, de donde podrá seleccionar platos sueltos.

10 hab - †65/90 € ††90/155 €

Troniecho ✉ 22640 Lanuza - ✆ 974 48 85 38 - www.lacasuena.com - cerrado del 25 al 31 de mayo y noviembre

en El Formigal Noroeste : 4 km - Mapa regional : **2**-C1

Vidocq

MODERNA • ACOGEDORA XX Este restaurante, que toma su nombre de un legendario detective francés, se presenta con un bar de tapas y un cuidado comedor de línea actual. Cocina de base tradicional con interesantes toques asiáticos, apreciables tanto en la carta como en el amplio menú.

Menú 27/45 € - Carta 30/45 €

Edif. Jacetania Alta ✉ 22640 El Formigal - ✆ 974 49 04 72 (es necesario reservar) - 26 noviembre-22 abril, 3 junio-12 octubre y fines de semana resto del año - cerrado martes

SALOU

Tarragona - 26 459 h. - Mapa regional : **9**-B3
Madrid 549 km - Barcelona 107 km - Lleida 104 km - Tarragona 11 km
Mapa de carreteras Michelin n° 574-I33

Club Náutico Salou

COCINA TRADICIONAL • AMBIENTE MEDITERRÁNEO XX Fiel a su nombre se encuentra en el puerto deportivo, con fantásticas vistas al mismo desde la sala y la terraza. Carta tradicional actualizada y buenos menús, uno de arroces.

Menú 36/55 € - Carta 40/55 €

Plano : A2-a - *Espigó del Moll - puerto deportivo ✉ 43840 - ✆ 977 38 21 68 - www.restauranteclubnauticosalou.com - cerrado enero-marzo, domingo noche (salvo julio-agosto) y lunes*

La Morera de Pablo & Ester

COCINA TRADICIONAL • FAMILIAR XX ¡Apartado del bullicio turístico! El comedor, completamente acristalado, se complementa con una atractiva terraza a la sombra de una morera. Cocina actual y menús de mercado.

Menú 30/55 € - Carta 36/48 €

Plano : A1-x - *Berenguer de Palou 10 ✉ 43840 - ✆ 977 38 57 63 - cerrado febrero, domingo noche y lunes*

La Goleta

COCINA TRADICIONAL • AMBIENTE TRADICIONAL X Sorprende por su ubicación en una pequeña playa, por sus detalles marineros y por estar rodeado con una terraza acristalada. Ofrece una carta tradicional con algunos arroces y carnes, aunque lo más abundante son los pescados y mariscos.

Carta 40/63 €

Plano : D3-k - *Gavina 2, platja dels Capellans ✉ 43840 - ✆ 977 38 35 66 - www.lagoletasalou.com - cerrado domingo noche salvo verano*

SAN ADRIÁN DE COBRES Pontevedra ➜ Ver Vilaboa

SAN ANDRÉS DE CAMPORREDONDO

Ourense - Mapa regional : **13**-B3

Madrid 524 km - A Coruña 169 km - Ourense 29 km - Pontevedra 96 km

Mapa de carreteras Michelin n° 571-F5

Casal de Armán

AGROTURISMO • RÚSTICA Coqueto enoturismo instalado en una casa del s. XVIII, perteneciente a la bodega homónima y con vistas tanto al valle del Avia como a los viñedos adyacentes. Las habitaciones y el restaurante, que ofrece cocina tradicional, presentan un estilo rústico-actual.

6 hab ☕ - ††75/90 €

pl. O Cotiño ✉ 33414 - ✆ 988 49 18 09 - www.casaldearman.net

SAN BERNARDO Valladolid ➜ Ver Valbuena de Duero

SAN FERNANDO

Cádiz - 96 131 h. - Mapa regional : **1**-A3

Madrid 634 km - Algeciras 108 km - Cádiz 13 km - Sevilla 126 km

Mapa de carreteras Michelin n° 578-W11

Asador La Isla

COCINA TRADICIONAL • AMBIENTE CLÁSICO XX Al lado del Ayuntamiento. Tras la fachada clásica encontrará un hall con fotos antiguas, un comedor de cuidado montaje y un privado. Su cocina de tinte tradicional pone el acento, claramente, tanto en las carnes como en los bacalaos.

Menú 28/40 € - Carta 28/49 €

Calderón de la Barca 7 ✉ 11100 - ✆ 956 88 08 35 - www.asadorlaisla.com - cerrado domingo noche y lunes

SAN ILDEFONSO Segovia ➜ Ver La Granja

SAN JOSÉ

Almería - 845 h. - Mapa regional : **1**-D2

Madrid 572 km - Almería 41 km - Sevilla 437 km - Granada 190 km

Mapa de carreteras Michelin n° 578-V23

Casa Miguel

COCINA TRADICIONAL • VINTAGE X Un restaurante singular, pues aquí todo gira en torno al mundo de cine y las más de 500 películas rodadas en Almería. Amplia carta de gusto tradicional con pescados frescos.

Menú 12/45 € - Carta 17/47 €

av. San José 43-45 ✉ 04118 - ✆ 950 38 03 29 - www.casamiguelentierradecine.es - cerrado diciembre-enero y lunes

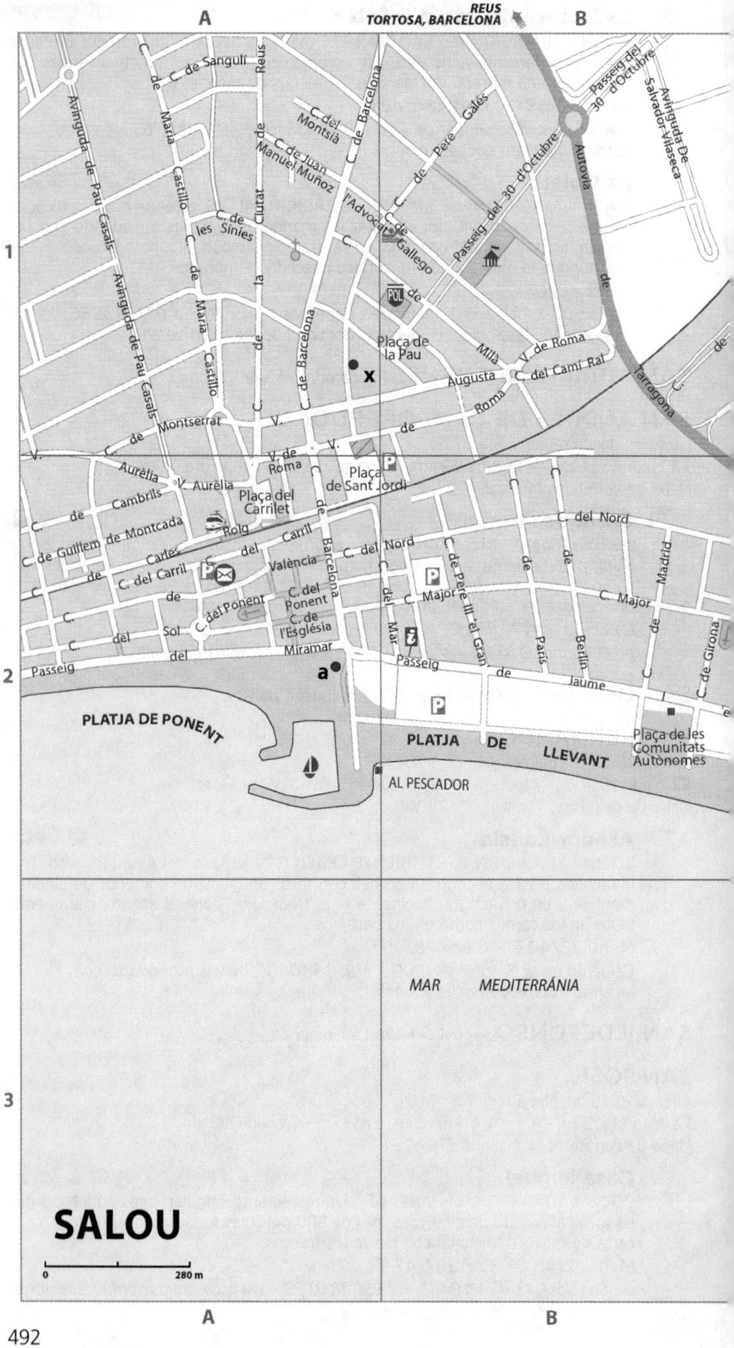
REUS
TORTOSA, BARCELONA
A
B
1
2
3
C. de Sanguli
Reus
Avinguda de Pau Casals
C. de Maria Castillo
C. del Montsià
C. de Juan Manuel Muñoz
C. de Barcelona
C. de Pere Galès
Passeig del 30 d'Octubre
Avinguda De Salvador Vilaseca
Autovia de Tarragona
C. de les Sínies
C. de la Ciutat de Barcelona
C. de l'Advocat Gallego
Milà
Plaça de la Pau
V. de Roma
C. del Camí Ral
Augusta
V. de Roma
C. de Montserrat
V. Aurèlia
Plaça del Carrilet
Plaça de Sant Jordi
C. de Cambrils
C. de Guillem de Montcada
Carles Roig
C. del Carril
C. de València
C. del Nord
C. del Mar
C. Major
C. de Pere III el Gran
C. de París
C. de Berlín
C. de Madrid
C. de Girona
C. del Ponent
C. de l'Església
C. del Sol
Passeig del Miramar
Passeig de Jaume I
PLATJA DE PONENT
PLATJA DE LLEVANT
Plaça de les Comunitats Autònomes
AL PESCADOR
MAR MEDITERRÀNIA
SALOU
0
280 m
x
a
P
POL

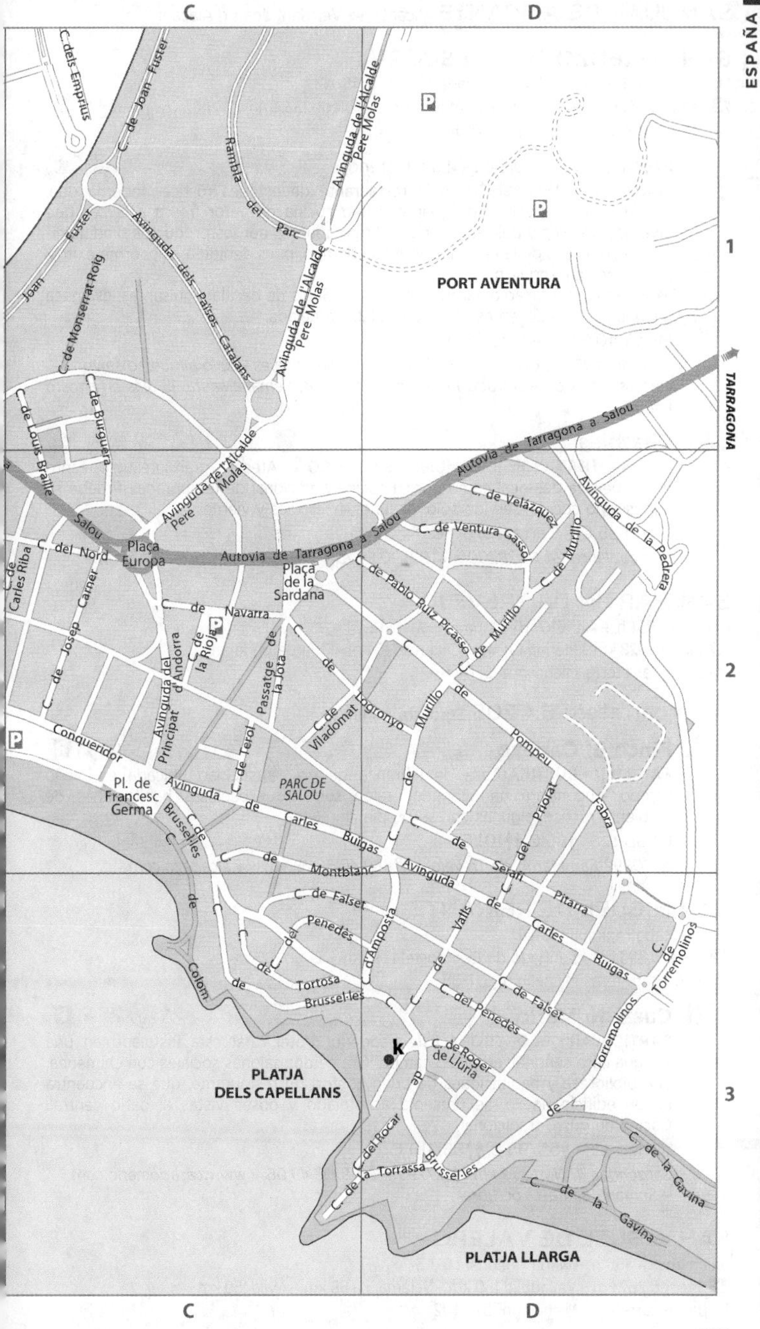

C
D
1
2
3
C. dels Emprius
C. de Joan Fuster
Joan Fuster
Rambla del Parc
Avinguda de l'Alcalde Pere Molas
Avinguda dels Països Catalans
C. de Monserrat Roig
PORT AVENTURA
TARRAGONA
Autovia de Tarragona a Salou
C. de Louis Braille
C. de Burguera
Salou
Plaça Europa
C. del Nord
C. de Carles Riba
C. de Josep Carner
C. de Navarra
C. de la Rioja
Avinguda del Principat d'Andorra
Passatge de la Jota
Plaça de la Sardana
C. de Velázquez
C. de Ventura Gassol
C. de Murillo
Avinguda de la Pedrera
C. de Pablo Ruiz Picasso
C. de Logroño
C. de Viladomat
C. de Murillo
C. de Pompeu Fabra
C. de Terol
Conqueridor
PARC DE SALOU
Pl. de Francesc Germa
Avinguda de Carles Buïgas
C. de Brussel·les
C. de Serafí Pitarra
C. del Priorat
C. de Montblanc
Avinguda de Carles Buïgas
C. de Falset
C. del Penedès
C. de Tortosa
C. d'Amposta
C. de Valls
C. de Colom
C. de Brussel·les
C. de Falset
C. del Penedès
C. de Torremolinos
C. de Torremolinos
C. de Roger de Llúria
k
PLATJA DELS CAPELLANS
C. del Rocar
C. de la Torrassa
C. de Brussel·les
C. de la Gavina
C. de la Gavina
PLATJA LLARGA

SAN JUAN DE ALICANTE Alicante → Ver Sant Joan d'Alacant

SAN LORENZO DE EL ESCORIAL

Madrid – 18 191 h. – Alt. 1 040 m – Mapa regional : **15**-A2
Madrid 57 km – Segovia 56 km – Ávila 78 km – Toledo 133 km
Mapa de carreteras Michelin n° 576-K17

Montia (Daniel Ochoa y Luis Moreno)

MODERNA • MINIMALISTA XX Un restaurante de estética rústica-moderna que, sin duda, le cautivará. Aquí plantean una cocina de autor fresca a la par que divertida, técnica y delicada, con una firme apuesta por los productos biodinámicos y ecológicos de la región. Llame con tiempo, pues debido a su enorme éxito... ¡no es fácil conseguir mesa!

→ Foie mi-cuit, cacao amargo y cebolletas. Guiso de bacalao, guisantes, espinaca y lengua. Calabacín en escabeche y calabaza helada.

Menú 40/58 € – solo menú

Calvario 4 ✉ 28200 – ✆ 911 33 69 88 – www.montia.es – solo almuerzo salvo viernes y sábado – cerrado 15 días en Navidades, Semana santa, 15 días en agosto y lunes

Charolés

COCINA TRADICIONAL • AMBIENTE CLÁSICO XX Atesora gran prestigio, tanto por la belleza del local como por su cocina tradicional de temporada. ¡Pruebe su famosísimo cocido, servido solo los lunes, miércoles y viernes!

Menú 35 € – Carta 40/60 €

Floridablanca 24 ✉ 28200 – ✆ 918 90 59 75 – www.charolesrestaurante.com

SAN MARTÍN DE TREVEJO

Cáceres – 851 h. – Alt. 610 m – Mapa regional : **12**-B1
Madrid 328 km – Mérida 191 km – Cáceres 120 km – Guarda 133 km
Mapa de carreteras Michelin n° 576-L9

en la carretera EX 205 Suroeste : 8 km

Finca El Cabezo

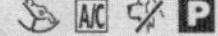

FAMILIAR • RÚSTICA Casa de labranza de gran rusticidad ubicada en pleno campo. Encontrará un acogedor salón social y espaciosas habitaciones de ambiente rústico, algunas con su propia chimenea.

6 hab – †85 € ††101 €

✉ 10892 San Martín de Trevejo – ✆ 689 40 56 28 – www.elcabezo.com

SAN MIGUEL DE REINANTE

Lugo – Mapa regional : **13**-D1
Madrid 593 km – Santiago de Compostela 188 km – Lugo 112 km
Mapa de carreteras Michelin n° 571-B8

Casa do Merlo

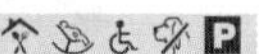

PARTICULAR • ACOGEDORA Este acogedor hotel rural está instalado en una antigua casa señorial, en pleno campo. Ofrece dos salones sociales con chimenea, una biblioteca y habitaciones de buen confort. El restaurante, que se encuentra en un edificio anexo, se presenta acristalado y posee vistas al patio central. Cocina de gusto tradicional.

10 hab – †55/95 € ††85/110 €

Sargendez 4, Norte : 1 km ✉ 27793 – ✆ 982 13 49 06 – www.casadomerlo.com – Semana Santa-12 octubre

SAN MIGUEL DE VALERO

Salamanca – 355 h. – Mapa regional : **8**-A3
Madrid 267 km – Valladolid 180 km – Salamanca 58 km – Ávila 159 km
Mapa de carreteras Michelin n° 575-K12

Sierra Quil'ama

COCINA TRADICIONAL • RÚSTICA XX Presenta varias salas de ambiente rústico y con su nombre rememora la leyenda del rapto de una princesa árabe por parte del rey Don Rodrigo. Su cocina actual se refleja en dos menús, el más interesante de tipo degustación. También ofrece unas cuidadas habitaciones, todas con diferentes nombres de la comarca.

Menú 25/35 € - solo menú 13 hab - †35/45 € ††50/65 € - ☕ 5 €

paraje los Perales ✉ 37763 - ✆ 923 42 30 00 - www.hotelsierraquilama.com - solo almuerzo salvo fines de semana - cerrado martes salvo agosto y festivos

SAN PANTALEÓN DE ARAS

Cantabria – 299 h. – Alt. 50 m – Mapa regional : **6**-C1

Madrid 464 km – Santander 49 km – Vitoria-Gasteiz 133 km – Bilbao 74 km

Mapa de carreteras Michelin nº 572-B19

La Casona de San Pantaleón de Aras

AGROTURISMO • ACOGEDORA Esta atractiva casona rural del s. XVII disfruta de un bello y amplio entorno ajardinado, con césped, un riachuelo, terraza relax... Sus acogedoras habitaciones poseen una decoración personalizada, con los suelos en madera y muy buenos detalles. Pequeño SPA de línea moderna y uso privado.

7 hab ☕ - †68/96 € ††85/120 €

barrio Alvear 65 (carret. CA 268) ✉ 39766 - ✆ 942 63 63 20 - www.casonadesanpantaleon.com - cerrado enero-12 febrero

SAN PEDRO DE ALCÁNTARA

Málaga – 27 820 h. – Mapa regional : **1**-A3

Madrid 624 km – Algeciras 69 km – Málaga 70 km

Mapa de carreteras Michelin nº 578-W14

Albert & Simon

MODERNA • AMBIENTE CLÁSICO XX Llevado entre dos hermanos, uno en la sala y el otro al frente de los fogones. En su confortable comedor de línea clásica le propondrán una cocina tradicional e internacional.

Menú 30/55 € - Carta 38/57 €

av. de Salamanca, urb. Nueva Alcántara (Edificio Mirador) ✉ 29670 - ✆ 952 78 37 14 - www.albertysimon.com - solo cena - cerrado del 15 al 28 de febrero, del 15 al 30 de junio y domingo

L'Impronta

INTERNACIONAL • AMBIENTE CLÁSICO XX Emplazado en una zona nueva pero muy próxima al centro urbano. Presenta un interior clásico-actual y una carta de gusto tradicional e internacional, con un apartado de pastas.

Menú 25 € - Carta 33/45 €

av. Salamanca 14-15 ✉ 29670 - ✆ 952 78 59 43 - www.trattoria-limpronta.com

por la carretera de Cádiz

Víctor

COCINA TRADICIONAL • AMBIENTE CLÁSICO XX Casa de reducidas dimensiones en estilo clásico, con bar-hall privado en la entrada. Ambiente tranquilo, buen mantenimiento y platos basados en la calidad del producto.

Carta 46/58 €

Centro Comercial Guadalmina, Suroeste : 2,2 km ✉ 29670 San Pedro de Alcántara - ✆ 952 88 22 80 - www.restaurante-victor.com - cerrado domingo noche y lunes

Villa Padierna

LUJO · ELEGANTE Excelente hotel construido a modo de villa señorial, con profusión de mármoles, muebles antiguos y obras de arte. Dispone de un patio central, unas magníficas habitaciones y un completísimo SPA, pues se extiende por 2000 m². En el restaurante La Veranda le sorprenderán con una carta actual de tintes creativos.

76 hab - 256/640 € - 36 suites

carret. de Cádiz, km 166, salida Cancelada : 6 km y desvío 2 km ✉ 29679 Marbella - ☎ 952 88 91 50 - www.villapadiernapalacehotel.com

SAN PEDRO DEL PINATAR

Murcia - 24 339 h. - Mapa regional : **16**-B2

Madrid 441 km - Alacant/Alicante 70 km - Cartagena 40 km - Murcia 51 km

Mapa de carreteras Michelin n° 577-S27

Juan Mari

COCINA TRADICIONAL · SENCILLA XX Negocio de ambiente familiar dotado con un comedor actual y una terraza. Ofrece una carta tradicional con platos de temporada, la opción de menús y una gran selección de arroces, siendo uno de los más populares entre sus clientes el Arroz con foie y boletus.

Carta 24/41 €

Emilio Castelar 113 C ✉ 30740 - ☎ 968 18 62 98 - www.juanmari.es - cerrado del 16 al 30 de enero, domingo noche, lunes noche y martes noche

en Lo Pagán - Mapa regional : **16**-B2

Venezuela

PESCADOS Y MARISCOS · AMBIENTE MEDITERRÁNEO X La especialidad son los mariscos, pescados y arroces, aunque en verano amplían el negocio con un cocedero, una freiduría y una heladería. ¡Pruebe su Caldero en cinco entregas!

Menú 20 € - Carta aprox. 55 €

Campoamor 1, Sur : 2,5 km ✉ 30740 Lo Pagan - ☎ 968 18 15 15 - www.restaurantevenezuela.com - cerrado 28 octubre-30 noviembre, domingo noche y lunes salvo verano

SAN RAMÓN

A Coruña - Mapa regional : **13**-C1

Madrid 595 km - Pontevedra 169 km - A Coruña 68 km - Lugo 101 km

Mapa de carreteras Michelin n° 571-B5

Casa Pena

COCINA TRADICIONAL · RÚSTICA XX ¡Un refugio culinario! Ofrece un interior rústico muy acogedor, una carta tradicional que destaca por sus carnes y sugerentes jornadas gastronómicas marcadas en el calendario.

Carta 31/60 €

San Ramón de Moeche ✉ 15563 - ☎ 981 40 40 24 - www.restaurantecasapena.com - cerrado domingo noche y lunes

SAN ROQUE

Cádiz - 29 373 h. - Alt. 109 m - Mapa regional : **1**-B3

Madrid 661 km - Sevilla 192 km - Cádiz 130 km - Gibraltar 16 km

Mapa de carreteras Michelin n° 578-X13

en la Estación de San Roque Oeste : 6 km

Mesón el Guadarnés

COCINA TRADICIONAL · RÚSTICA X Restaurante rústico y de reducida capacidad, dirigido desde la sala por su propietario. Ofrece una carta tradicional e internacional que tiene su especialidad en las carnes.

Carta 19/50 €

av. Guadarranque ✉ 11368 San Roque - ☎ 956 78 65 04 - cerrado sábado mediodía en julio-agosto y domingo

SAN SALVADOR DE POIO Pontevedra → Ver Pontevedra

SAN SEBASTIÁN Guipúzcoa → Ver Donostia-San Sebastián

SAN SEBASTIÁN DE LOS REYES

Madrid - 84 944 h. - Alt. 678 m - Mapa regional : **15**-B2
Madrid 24 km - Segovia 101 km - Guadalajara 51 km - Toledo 95 km
Mapa de carreteras Michelin nº 576-K19

El Pradal

COCINA TRADICIONAL • AMBIENTE TRADICIONAL XX Atractivo asador con toques vascos emplazado en una zona en expansión. Ofrecen carnes y pescados de calidad elaborados de forma sencilla, a la parrilla y con brasa de encina.

Carta 39/50 €

Lanzarote 26 ✉ 28700 - ✆ 916 63 95 32 - www.elpradal.com - cerrado Semana Santa, del 1 al 24 de agosto y domingo noche

El Pradal

COCINA TRADICIONAL • AMBIENTE TRADICIONAL Local de amplias dimensiones y aire rústico instalado bajo el restaurante homónimo. Sirven tapas, raciones, recomendaciones y un exitoso menú del día con toques actuales.

Tapa 2 € - Ración aprox. 12 €

Lanzarote 26 ✉ 28700 - ✆ 916 63 95 32 - www.elpradal.com - cerrado Semana Santa, del 1 al 24 de agosto y domingo noche

SAN VICENTE DE LA BARQUERA

Cantabria - 4 247 h. - Mapa regional : **6**-A1
Madrid 421 km - Gijón 131 km - Oviedo 141 km - Santander 64 km
Mapa de carreteras Michelin nº 572-B16

Annua (Oscar Calleja)

CREATIVA • MARCO CONTEMPORÁNEO XXX Bien situado a orillas del mar y con dos magníficas terrazas, una tipo chill out. En el restaurante gastronómico ofrecen dos creativos menús degustación y en su espacio interior, llamado Nácar, una carta más económica a base de raciones.

→ Ostra blanqueada en ceviche caliente. Carabinero, xamoy y huitlacoche. Arroz, leche y quesucos.

Menú 80/90 € - solo menú

paseo de la Barquera ✉ 39540 - ✆ 942 71 50 50 - www.annuagastro.com - solo almuerzo salvo viernes y sábado - cerrado 15 octubre-15 marzo y lunes

Maruja

COCINA TRADICIONAL • AMBIENTE CLÁSICO XX Negocio familiar de 3ª generación. Está repartido en tres zonas de ambiente clásico e inspiración inglesa, todas con las paredes enteladas. Cocina de gusto tradicional.

Menú 19/40 € - Carta 33/45 €

av. de los Soportales ✉ 39540 - ✆ 942 71 00 77 - www.restaurantemaruja.com - solo almuerzo salvo viernes, sábado y julio-octubre - cerrado del 1 al 15 de marzo y del 15 al 30 de noviembre

Las Redes

COCINA TRADICIONAL • ACOGEDORA XX Esta casa familiar presenta una terraza con barriles, un espacio de vinos-raciones para el picoteo y buenos comedores. Carta tradicional con arroces, mariscos, parrilladas...

Carta 39/48 €

av. de los Soportales 24 ✉ 39540 - ✆ 942 71 25 42 - www.restaurantelasredes.com - cerrado enero, febrero, martes noche y miércoles salvo festivos y agosto

Azul de Galimar

TRADICIONAL • CONTEMPORÁNEA Hotel de organización familiar emplazado en la parte alta de la localidad. Ofrece una luminosa zona social, una terraza con porche de madera acristalado y unas habitaciones de línea clásica-actual. ¡Qué sitio más acogedor!

16 hab - 52/90 € 67/115 € - 6 €

Camino Alto Santiago 11 ✉ 39540
- ✆ 942 71 50 20 - www.hotelazuldegalimar.es
- cerrado 15 diciembre-20 enero

por la carretera N 634 Oeste : 3 km

Valle de Arco

FAMILIAR • ACOGEDORA Bella casona construida en piedra y madera. Ofrece una acogedora zona social y habitaciones de aire rústico personalizadas en su decoración, las más atractivas abuhardilladas.

23 hab - 50/105 € 66/110 €

Barrio Arco 26 ✉ 39548 Prellezo
- ✆ 942 71 15 65 - www.hotelvalledearco.com
- cerrado 12 diciembre-10 marzo

SAN VICENTE DE LA SONSIERRA

La Rioja - 1 007 h. - Alt. 528 m - Mapa regional : **14**-A2
Madrid 334 km - Bilbao 107 km - Burgos 103 km - Logroño 35 km
Mapa de carreteras Michelin n° 573-E21

Casa Toni

CREATIVA • DE DISEÑO XX Sorprende, pues su fachada en piedra da paso a un interior bastante moderno. Destaca tanto por su carta, equilibrada entre la cocina actual y la regional, como por su bodega.

Carta 42/55 €

Zumalacárregui 27 ✉ 26338
- ✆ 941 33 40 01 - www.casatoni.es
- solo almuerzo salvo viernes, sábado, Semana Santa y verano
- cerrado 23 diciembre-7 enero y lunes

SAN VICENTE DO MAR Pontevedra → Ver O Grove

SANDINIÉS

Huesca - 47 h. - Mapa regional : **2**-C1
Madrid 460 km - Huesca 79 km - Jaca 43 km
Mapa de carreteras Michelin n° 574-D29

Casa Pelentos 

COCINA TRADICIONAL • FAMILIAR X De agradable rusticidad, pues recupera una antigua casa con la fachada en piedra. Ofrecen platos propios de una cocina casera y especialidades típicas, como la Olla tensina.

Menú 22 € - Carta 22/38 €

del Medio 6 ✉ 22664
- ✆ 974 48 75 00 - www.casapelentos.com
- cerrado mayo y noviembre-diciembre

SANGENJO Pontevedra → Ver Sanxenxo

SANLÚCAR DE BARRAMEDA

Cádiz - 67 433 h. - Mapa regional : **1**-A2
Madrid 649 km - Sevilla 126 km - Cádiz 52 km - Huelva 211 km
Mapa de carreteras Michelin n° 578-V10

Casa Bigote

PESCADOS Y MARISCOS • RÚSTICA X Casa familiar acreditada y con historia. Presenta una taberna típica y dos salas neorrústicas con detalles marineros, la del piso superior asomada a la desembocadura del Guadalquivir. ¡Pruebe sus famosos langostinos y sus guisos marineros!

Carta 30/40 €

Pórtico de Bajo de Guía 10 ✉ 11540 - ✆ 956 36 26 96 - www.restaurantecasabigote.com - cerrado noviembre y domingo

Posada de Palacio

EDIFICIO HISTÓRICO • PERSONALIZADA Hermosas casas del s. XVIII decoradas con mobiliario de época y piezas de anticuario. Posee tres patios interiores y algunas habitaciones con preciosos suelos originales. En el restaurante, que cuenta con un gastrobar a la entrada y dos salas, le propondrán una cocina actualizada de gusto tradicional.

32 hab - †50/88 € ††75/109 € - ☕ 6 € - 8 suites

Caballeros 11 (barrio alto) ✉ 11540 - ✆ 956 36 48 40 - www.posadadepalacio.com - abril-octubre

SANT ANTONI DE CALONGE

Girona – Mapa regional : **10**-B1

Madrid 713 km – Barcelona 115 km – Girona 44 km – Tarragona 205 km

Mapa de carreteras Michelin nº 574-G39

Mas Falet 1682

GRAN LUJO • CLÁSICA Se reparte entre una masía, donde encontraremos tanto los espacios sociales como las amplias habitaciones, y un anexo más moderno que da cabida a los salones de trabajo y al auditorio. Restaurante de buen nivel y bases catalanas, con detalles de personalidad.

11 hab ☕ - ††87/257 € - 1 suite

Astúries 11 ✉ 17252 - ✆ 972 66 27 26 - www.masfalet.com

SANT CARLES DE LA RÁPITA

Tarragona – 14 760 h. – Mapa regional : **9**-A3

Madrid 526 km – Barcelona 184 km – Castelló de la Plana/Castellón de la Plana 108 km – Tarragona 92 km

Mapa de carreteras Michelin nº 574-K31

Miami Can Pons

PESCADOS Y MARISCOS • AMBIENTE CLÁSICO XX Posee un comedor de ambiente marinero, una agradable terraza acristalada y un pequeño expositor de productos. Su carta de pescados y mariscos se completa con varios menús.

Menú 22/42 € - Carta 30/45 €

passeig Maritim 20 ✉ 43540 - ✆ 977 74 05 51 - www.miamicanpons.com - cerrado 15 días en enero

Varadero

PESCADOS Y MARISCOS • AMBIENTE CLÁSICO X Frente al club náutico, donde se presenta con una cafetería, un comedor y dos salones para banquetes. Carta clásica basada en productos del mar, con arroces y varios menús.

Menú 35/50 € - Carta 26/52 €

av. Constitució 1 ✉ 43540 - ✆ 977 74 10 01 - www.varaderolarapita.com - solo almuerzo en invierno salvo viernes y sábado - cerrado 22 diciembre- 8 febrero

Can Batiste N

COCINA TRADICIONAL • ACOGEDORA X En su sala, de estética actual, propone una cocina tradicional-marinera que siempre enriquece su oferta de pescados y mariscos con varios arroces. ¡Buen menú degustación!

Menú 15 € - Carta 35/50 €

Sant Isidre 204 ✉ 43540 - ✆ 977 74 49 29 - www.canbatiste.com - cerrado 15 días en enero, domingo noche y lunes

SANT CELONI

Barcelona - 17 317 h. - Alt. 152 m - Mapa regional : **10**-A2

Madrid 662 km - Barcelona 51 km - Girona 54 km

Mapa de carreteras Michelin n° 574-G37

Aroma

COCINA TRADICIONAL • MARCO CONTEMPORÁNEO Céntrico, familiar y de línea actual. Escrutando su cocina veremos una clara tendencia hacia los platos catalanes, trabajando solamente con dos económicos menús.

Menú 12/25 € - solo menú

Sant Joan 33 ✉ 08470 - ✆ 938 67 46 38 - www.aromarestaurant.es - solo almuerzo salvo viernes y sábado - cerrado agosto y martes

SANT CUGAT DEL VALLÈS

Barcelona - 87 830 h. - Alt. 180 m - Mapa regional : **10**-B3

Madrid 608 km - Barcelona 17 km - Girona 101 km - Tarragona 100 km

Mapa de carreteras Michelin n° 574-H36

Sant Cugat

NEGOCIOS • MODERNA Moderno edificio de forma lenticular ubicado junto al ayuntamiento. Ofrece unas instalaciones de línea minimalista con mucho diseño, buen confort y mobiliario de calidad.

97 hab - 85/225 € - 14 €

César Martinell 2 ✉ 08172 - ✆ 935 44 26 70 - www.hotel-santcugat.com - cerrado del 1 al 24 de agosto

SANT ESTEVE DE PALAUTORDERA

Barcelona - 2 568 h. - Alt. 231 m - Mapa regional : **10**-B2

Madrid 655 km - Barcelona 56 km - Girona 63 km

Mapa de carreteras Michelin n° 574-G37

por la carretera del Montseny Noreste : 2 km

Can Marc

MODERNA • RÚSTICA Ubicado en una masía restaurada. Encontrará un comedor a la carta de ambiente rústico-actual, una sala para menús de aire antiguo y una cocina actual de bases tradicionales.

Menú 28/40 € - Carta 33/47 €

Camino de Can Marc 6 ✉ 08461 Sant Esteve de Palautordera - ✆ 938 48 27 13 - www.canmarc.com - solo almuerzo salvo viernes, sábado y verano - cerrado domingo noche y lunes

SANT FELIU DE GUÍXOLS

Girona - 21 586 h. - Mapa regional : **10**-B1

Madrid 703 km - Barcelona 105 km - Girona 34 km - Tarragona 195 km

Mapa de carreteras Michelin n° 574-G39

Sa Marinada

MEDITERRÁNEA • AMBIENTE MEDITERRÁNEO Destaca por su ubicación, sobre el puerto deportivo, y por sus vistas. Brinda luminosidad, elegancia, un buen vivero, cocina clásica-marinera... ¡y hasta sus propios amarres!

Menú 45/80 € - Carta 55/75 €

Passeig del Fortim ✉ 17220 - ✆ 972 32 38 00 - www.samarinada.com - cerrado martes salvo abril-octubre

Cau del Pescador

PESCADOS Y MARISCOS • RÚSTICA Un negocio familiar de aire rústico-marinero. Sus fogones levan anclas entre arroces, pescados, mariscos, sugerencias de temporada y algún que otro plato rescatado del pasado.

Menú 19/45 € - Carta 45/75 €

Sant Domènec 11 ✉ 17220 - ✆ 972 32 40 52 - www.caudelpescador.com - cerrado del 7 al 21 de enero, lunes noche y martes salvo en verano

La Cava

COCINA TRADICIONAL • TABERNA Bar de tapas tipo taberna que populariza el concepto del tapeo vasco. Los pinchos de la barra se completan con una pequeña carta, siendo aquí el plato estrella el Chuletón.

Tapa 3 € - Ración aprox. 12 €

Joan Maragall 11 ✉ 17220 - ✆ 972 82 19 93 - solo cena salvo viernes y sábado - cerrado miércoles

SANT FELIU DE PALLEROLS

Girona - 1 332 h. - Mapa regional : **9**-C2

Madrid 680 km - Barcelona 130 km - Girona 39 km - Encamp 164 km

Mapa de carreteras Michelin n° 574-F37

en Sant Miquel de Pineda Noroeste : 3 km

La Rectoria de Sant Miquel de Pineda

EDIFICIO HISTÓRICO • RÚSTICA Instalado en una casa rectoral del s. XII, bien restaurada y ubicada junto a una iglesia. Correctas zonas sociales, habitaciones con detalles rústicos y sencillo comedor reservado para las cenas de los clientes alojados. Cocina casera con... raíces escocesas!

7 hab - 72/104 € 90/130 €

✉ 17174 Sant Miquel de Pineda - ✆ 691 35 31 11 - www.larectoriadesantmiquel.com

en la carret. de Sant Iscle de Colltort Norte : 10 km

CASA DE CAMPO • RÚSTICA Tras su estrecho camino de acceso llegará a un espacio verde singular, dentro del Parque Natural de la Zona Volcánica de la Garrotxa y perfecto para... ¡escuchar el silencio! Acogedor interior rústico-actual y buen restaurante de cocina tradicional-catalana.

10 hab - 175/240 € 250/350 €

carret. Sant Iscle de Colltort ✉ 17174 Sant Feliu de Pallerols - ✆ 972 10 79 62 - www.fincaelventos.com - cerrado del 4 al 31 de enero

Los turismos rurales no nos ofrecen los mismos servicios que un hotel. Se distinguen frecuentemente por su acogida y su decoración, que reflejan a menudo la personalidad de sus propietarios. Aquellos clasificados en rojo son los mas agradables.

SANT FRUITÓS DE BAGES

Barcelona - 8 351 h. - Alt. 246 m - Mapa regional : **10**-A2

Madrid 581 km - Barcelona 66 km - Escaldes 137 km - Sant Julià de Lòria 129 km

Mapa de carreteras Michelin n° 574-G35

Can Ladis

COCINA TRADICIONAL • MARCO CONTEMPORÁNEO Se encuentra en la avenida principal, disfruta de una estética moderna y está llevado en familia. Ofrece una cocina tradicional actualizada, especializada en pescados y mariscos, así como varios menús con las bebidas incluidas.

Menú 20/63 € - Carta 25/55 €

carret. de Vic 56 ✉ 08272 - ✆ 938 76 00 19 - www.restaurante-marisqueria-canladis.com - solo almuerzo salvo viernes y sábado - cerrado del 2 al 11 de enero, 21 agosto-6 septiembre, lunes y martes

en la carretera de Sant Benet Sureste : 3 km

L'Ó

MODERNA • MINIMALISTA En pleno campo, frente al Monasterio de Sant Benet. Se accede por el hall del hotel y posee una sala de ambiente moderno, con amplios espacios acristalados y una cuidada iluminación. Cocina creativa que ensalza los productos de proximidad.

→ Canelones de asado con foie, setas y trufa negra. Paletilla de cabrito cocinada a baja temperatura con texturas de cebolla de Figueres. Bizcocho de almendra con nata a la vainilla y romero.

Menú 55/89 € - Carta 54/69 €

Hotel Món, camí de Sant Benet de Bages ✉ 08272 Sant Fruitós de Bages - ✆ 938 75 94 04 - www.hotelmonstbenet.com - solo almuerzo salvo viernes y sábado - cerrado del 1 al 15 de enero, lunes, martes y miércoles

Món

NEGOCIOS • MODERNA ¡Aquí el descanso está garantizado! Hotel de línea moderna ubicado en un tranquilo paraje junto al Monasterio de Sant Benet, del s. X. Atesora amplias zonas nobles, habitaciones muy confortables y una variada oferta gastronómica con opción a "show cooking".

86 hab - †79/89 € ††89/99 € - 1 suite

camí de Sant Benet de Bages ✉ 08272 Sant Fruitós de Bages - ✆ 938 75 94 04 - www.hotelmonstbenet.com

L'Ó - ver selección restaurantes

SANT GREGORI

Girona - 3 498 h. - Alt. 112 m - Mapa regional : **10**-A1

Madrid 688 km - Barcelona 105 km - Girona 7 km - Tarragona 195 km

Mapa de carreteras Michelin n° 574-G38

Maràngels

MODERNA • RÚSTICA Ocupa una atractiva masía del s. XVII con el entorno ajardinado. En sus salas, todas acogedoras y de atmósfera rústica-actual, podrá degustar una cocina tradicional actualizada que despunta por sus guisos.

Menú 20/75 € - Carta 34/89 €

carret. GI 531, Este : 1 km ✉ 17150 - ✆ 972 42 91 59 - www.marangels.com - cerrado domingo noche y lunes

Masferran

CASA DE CAMPO • RÚSTICA Masía del s. XVIII que sorprende tanto por su anexo, un centro de medicina natural, como por sus espaciosas habitaciones de aire colonial. ¡Ideal para una escapada romántica!

10 hab - †100/150 € ††125/170 € - 12 €

camí de la Bruguera ✉ 17150 - ✆ 972 22 67 92 - www.masferran.com - cerrado 9 diciembre-8 enero

SANT HILARI SACALM

Girona - 5 608 h. - Alt. 801 m - Mapa regional : **10**-A1

Madrid 664 km - Barcelona 82 km - Girona 45 km - Vic 36 km

Mapa de carreteras Michelin n° 574-G37

El Celler d'En Jordi

REGIONAL • RÚSTICA Presenta un comedor clásico, con chimenea, donde alternan su cocina de tinte casero con diversas jornadas gastronómicas: las de la primavera, las del otoño, las de la caza...

Menú 12/27 € - Carta 23/41 €

pl. Gravalosa 13 ✉ 17403 - ✆ 972 86 80 96 - www.hostaltorras.com - cerrado 23 diciembre-enero, domingo noche y lunes

SANT JOAN D'ALACANT SAN JUAN DE ALICANTE

Alicante - 22 825 h. - Alt. 50 m - Mapa regional : **11**-B3
Madrid 429 km - València 172 km - Alacant / Alicante 9 km
Mapa de carreteras Michelin nº 577-Q28

La Quintería

GALLEGA • AMBIENTE CLÁSICO XX Resulta céntrico y tiene al dueño al frente del negocio. Encontrará varias salas de montaje clásico-tradicional y una carta bastante amplia, con numerosos platos gallegos basados en la calidad de las materias primas, pescados y mariscos.

Menú 36/49 € - Carta 30/55 €

Dr. Gadea 17 ✉ 03550 - ✆ 965 65 22 94 - cerrado domingo noche

SANT JOAN DESPÍ Barcelona

→ Ver Barcelona : Alrededores

SANT JULIÀ DE VILATORTA

Barcelona - 3 104 h. - Alt. 595 m - Mapa regional : **9**-C2
Madrid 643 km - Barcelona 72 km - Girona 85 km - Lleida 167 km
Mapa de carreteras Michelin nº 574-G36

Ca la Manyana

CATALANA • FAMILIAR XX Ubicado en una casona señorial, ya centenaria, de cautivadora fachada. Su principal actividad se centra en el restaurante, donde son fieles a la arraigada tradición culinaria catalana. Como complemento al negocio ofrecen unas habitaciones de buen confort.

Menú 20/38 € - Carta aprox. 52 € 14 hab - †54/57 € ††72/90 € - ☕11 €

av. Nostra Senyora de Montserrat 38 ✉ 08504 - ✆ 938 12 24 94 - www.calamanyana.com - solo almuerzo - cerrado enero, febrero y lunes

Masalbereda

COCINA TRADICIONAL • ACOGEDORA XX Un restaurante de ambiente rústico que destaca, especialmente, por su coqueta terraza acristalada. Cocina de gusto tradicional puesta al día en técnicas y presentaciones.

Menú 22/46 € - Carta 36/65 €

Hotel Masalbereda, av. Sant Llorenç 68 ✉ 08504 - ✆ 938 12 28 52 - www.masalbereda.com - cerrado domingo noche y miércoles

Masalbereda

TRADICIONAL • MODERNA Hotel con encanto ubicado en una masía muy antigua, no en vano... ¡existe documentación sobre ella de 1337! Encontrará un bello entorno ajardinado, acogedoras instalaciones y cálidas habitaciones, coexistiendo con acierto los detalles rústicos y modernos.

20 hab ☕ - †108/155 € ††138/199 €

av. Sant Llorenç 68 ✉ 08504 - ✆ 938 12 28 52 - www.masalbereda.com

Masalbereda - ver selección restaurantes

Torre Martí

FAMILIAR • ACOGEDORA Esta preciosa casa señorial posee un salón-biblioteca y confortables habitaciones, casi todas con muebles antiguos de distintos estilos y algunas con acceso al jardín. En su acogedor restaurante, de línea modernista, se ofrece una cocina actual con dos menús.

8 hab ☕ - †79/92 € ††138/169 €

Ramón Llull 11 ✉ 08504 - ✆ 938 88 83 72 - www.hoteltorremarti.com - cerrado enero

SANT MIQUEL DE PINEDA Girona

→ Ver Sant Feliu de Pallerols

SANT PAU D'ORDAL

Barcelona - Mapa regional : **10**-A3
Madrid 587 km - Barcelona 51 km - Lleida 116 km - Tarragona 66 km
Mapa de carreteras Michelin nº 574-H35

Cal Xim

CARNES • AMBIENTE TRADICIONAL X Llevado entre dos hermanos. La clave de su éxito radica en la calidad del producto y en los precios moderados. Cocina catalana de temporada, a la brasa y con una buena bodega.

Menú 20 € - Carta 26/51 €

pl. Subirats 5 ✉ 08739 - ☎ 938 99 30 92 - www.calxim.com
- solo almuerzo salvo viernes y sábado
- cerrado 25 agosto-1 septiembre y martes

Cal Saldoni

MODERNA • RÚSTICA XX Está instalado en una casa de finales del s. XIX y se presenta con dos salas, ambas de estética neorrústica. El chef, autodidacta, propone una carta de autor de gusto actual... eso sí, siempre con unos toques muy personales en los platos.

Menú 25/45 € - Carta 40/48 €

Ponent 4 ✉ 08739 - ☎ 938 99 31 47 - www.calsaldoni.com
- solo almuerzo salvo sábado - cerrado 28 diciembre-6 enero, 20 julio-12 agosto, lunes y martes

Cal Pere del Maset

COCINA TRADICIONAL • MARCO CONTEMPORÁNEO XX En este restaurante, de dilatada trayectoria familiar, encontrará unas instalaciones de línea actual con detalles rústicos y modernistas. En sus salas y privados, algunos panelables, ofrecen una cocina de mercado de sabor tradicional.

Menú 40 € - Carta 34/54 €

Ponent 20 ✉ 08739 - ☎ 938 99 30 28 - www.calperedelmaset.com
- solo almuerzo salvo viernes y sábado - cerrado lunes

SANT PERE DE RIBES

Barcelona - 29 666 h. - Alt. 44 m - Mapa regional : **10**-A3
Madrid 583 km - Barcelona 41 km - Lleida 138 km - Tarragona 59 km
Mapa de carreteras Michelin nº 574-I35

Palou N

FAMILIAR • ACOGEDORA Atrayente, pues ocupa una bella casa de indianos del s. XIX. Ofrece habitaciones muy detallistas, la mitad abuhardilladas, y... ¡desayunos a la carta con productos ecológicos!

10 hab - ††75/150 €

Palou 15 ✉ 08810 - ☎ 938 96 05 95 - www.palouhotel.com
- cerrado 15 días en enero

en la carretera de Vilafranca del Penedès (C-15B) Noroeste : 2,5 km

Carnivor by Valentí N

COCINA TRADICIONAL • ACOGEDORA XX ¡En el Parque Natural del Garraf! Esta antigua masía disfruta de una agradable terraza, un acogedor interior y una sabrosa cocina tradicional, destacando esta por sus carnes.

Carta 48/83 €

km 4,6 ✉ 08810 - ☎ 938 96 03 02 - www.carnivor1922.com

SANT POL DE MAR

Barcelona - 5 012 h. - Mapa regional : **10**-A2
Madrid 663 km - Barcelona 50 km - Girona 56 km - Tarragona 149 km
Mapa de carreteras Michelin nº 574-H37

✿✿✿ Sant Pau (Carme Ruscalleda)

CREATIVA • ELEGANTE XXXX En este icónico restaurante encontrará dos elegantes salas, destacando la exterior por sus vistas, así como unas elaboraciones que emanan femineidad, siempre creativas, delicadas, plenas de matices... pero también con hondas raíces locales. ¡Admire desde el jardín el contraste de actividad entre la cocina y el comedor!

→ Sardana. Arroz meloso de "espardenyes" a la manera del Maresme, tirabeques y cayenas miméticas. Chocolate negro en texturas, pimienta negra, bourbon, plátano.

Menú 179 € - Carta 110/130 €

Nou 10 ✉ 08395 - ✆ 937 60 06 62 - www.ruscalleda.cat - cerrado 21 días en mayo, 21 días en noviembre, domingo, lunes y jueves

SANT QUIRZE DEL VALLÈS

Barcelona - 19 602 h. - Alt. 188 m - Mapa regional : **10**-B3
Madrid 612 km - Barcelona 25 km - Girona 98 km - Tarragona 104 km
Mapa de carreteras Michelin nº 574-H36

en la carretera de Rubí C 1413a Suroeste : 5,5 km

Can Ferrán

CATALANA • AMBIENTE CLÁSICO X Este negocio familiar, de gran éxito y tradición, ocupa una antigua masía rodeada de árboles. En sus salas, varias con chimenea, podrá descubrir los auténticos sabores de la cocina catalana. ¡No se aceptan reservas ni tarjetas de crédito!

Carta 20/35 €

✉ 08192 Sant Quirze del Vallès - ✆ 936 99 17 63 - www.masiacanferran.com - cerrado agosto, sábado noche, domingo y festivos

SANT SADURNÍ D'ANOIA

Barcelona - 12 689 h. - Alt. 162 m - Mapa regional : **10**-A3
Madrid 578 km - Barcelona 46 km - Lleida 120 km - Tarragona 68 km
Mapa de carreteras Michelin nº 574-H35

La Cava d'en Sergi

COCINA TRADICIONAL • MARCO CONTEMPORÁNEO XX Negocio llevado por un atento matrimonio. Presenta una carta de cocina tradicional actualizada, con toques creativos, así como dos menús, uno diario y otro de degustación.

Menú 17/39 € - Carta 30/43 €

València 17 ✉ 08770 - ✆ 938 91 16 16 - www.lacavadensergi.com - solo almuerzo salvo viernes y sábado - cerrado Semana Santa, 21 días en agosto, último domingo de mes y lunes

Cal Blay Vinticinc

COCINA TRADICIONAL • RÚSTICA XX ¡Ocupa un edificio modernista que sirvió como bodega! Encontrará dos salas y dos privados, todo muy moderno como fruto de combinar elementos rústicos y de diseño. Cocina catalana de temporada y excelente carta de vinos, todos del Penedés.

Menú 16/35 € - Carta 25/40 €

Josep Rovira 27 ✉ 08770 - ✆ 938 91 00 32 - www.calblay.com - solo almuerzo salvo viernes y sábado - cerrado martes

SANT VICENÇ DE MONTALT

Barcelona - 6 049 h. - Alt. 43 m - Mapa regional : **10**-A2
Madrid 654 km - Barcelona 41 km - Girona 65 km - Tarragona 141 km
Mapa de carreteras Michelin n° 574-H7

Castell de l'Oliver

FAMILIAR • MODERNA ¡Con un encanto indudable! Esta masía fortificada del s. XVII se halla en una finca que sorprende, sobre todo, por sus fantásticos exteriores. Acogedora zona social, habitaciones de línea clásica-actual y correcto restaurante, este con una oferta tradicional.

11 hab - †130/185 € ††153/217 € - ☕14 €

Can Milans, Norte : 1,5 km ✉ 08394 - ✆ 937 91 15 29 - www.hotelcastelldeloliver.es - cerrado del 1 al 12 de enero

Montaltmar

FAMILIAR • MODERNA Íntimo, renovado y con un trato totalmente personalizado. Presenta unas habitaciones modernas, luminosas y de excelente confort, todas con vistas al mar. El restaurante, que propone una cocina tradicional elaborada, ofrece una carta a precio fijo... aunque en algún plato se indica un suplemento.

9 hab ☕ - †140/150 € ††150/165 €

av. Montaltmar 1 ✉ 08394 - ✆ 937 91 10 17 - www.montaltmar.com - 12 febrero-octubre

SANT VICENT DEL RASPEIG SAN VICENTE DEL RASPEIG

Alicante - 56 302 h. - Alt. 110 m - Mapa regional : **11**-A3
Madrid 418 km - València 157 km - Alacant / Alicante 8 km - Murcia 86 km
Mapa de carreteras Michelin n° 577-Q28

La Paixareta

COCINA TRADICIONAL • AMBIENTE CLÁSICO Una buena opción si solo busca amabilidad, honestidad y productos de calidad. Posee un pequeño expositor de pescados y mariscos a la entrada, en la misma sala principal, así como dos privados. ¡Deliciosos guisos y buen apartado de arroces!

Menú 20/35 € - Carta 25/35 €

Torres Quevedo 10 ✉ 03690 Sant Vicent del Raspeig - ✆ 965 66 58 39 - www.restaurantelapaixareta.es - cerrado del 16 al 25 de agosto y lunes

SANTA COLOMA DE GRAMENET

Barcelona → Ver Barcelona : Alrededores

SANTA COLOMA DE QUERALT

Tarragona - 2 850 h. - Mapa regional : **9**-B2
Madrid 536 km - Barcelona 91 km - Lleida 85 km - Tarragona 59 km
Mapa de carreteras Michelin n° 574-H34

Hostal Colomí

COCINA TRADICIONAL • FAMILIAR Este céntrico negocio familiar disfruta de un acogedor comedor, dominado por la presencia de una parrilla vista, y una sala más en el piso superior. Aquí combinan la cocina casera de siempre con diversos platos regionales y tradicionales.

Menú 17 € - Carta 30/44 €

Raval de Jesús 12 ✉ 43420 - ✆ 977 88 06 53 - solo almuerzo

SANTA COLOMBA DE SOMOZA

León - 567 h. - Alt. 989 m - Mapa regional : **8**-A1
Madrid 344 km - Valladolid 193 km - León 64 km - Oviedo 166 km
Mapa de carreteras Michelin n° 575-E11

Casa Pepa

FAMILIAR • RÚSTICA Caserón de arrieros del s. XVIII ubicado en el corazón de La Maragatería. Presenta un patio típico y cálidas habitaciones, vistiendo todas las camas con atractivas mantas artesanales. El coqueto restaurante completa su carta de cocina casera con varios menús.

6 hab - 60/69 € 70/80 €

Mayor 2 ✉ 24722 - ✆ 987 63 10 41 - www.casapepa.com - cerrado 20 diciembre- enero

SANTA COMBA

A Coruña - 10 683 h. - Alt. 352 m - Mapa regional : **13**-B1

Madrid 635 km - A Coruña 64 km - Pontevedra 92 km - Santiago de Compostela 33 km

Mapa de carreteras Michelin nº 571-C3

Retiro da Costiña

MODERNA • ACOGEDORA XXX ¡Con personalidad! Plantea un viaje gastronómico que se inicia en la bodega, continúa en su elegante comedor y alcanza el cenit en su salón de sobremesa, donde ofrecen una ingente selección de cafés, infusiones y destilados. Cocina actualizada de excelente producto, con acertadas cocciones y sabores bien armonizados.

→ Cocochas de merluza con el pil-pil de su cabeza. Espárrago con pulpa de tomate y perlas de vinagreta. Cremoso de chocolate de Santo Domingo al 70% con puré de limón asado y crujientes cítricos.

Menú 65/100 € - Carta 45/70 €

av. de Santiago 12 ✉ 15840 - ✆ 981 88 02 44 (reserva aconsejable para cenar) - www.retirodacostina.com - cerrado 18 septiembre-6 octubre, domingo noche y lunes

SANTA CRISTINA (Playa de) Girona → Ver Lloret de Mar

SANTA CRISTINA D'ARO

Girona - 5 089 h. - Mapa regional : **10**-B1

Madrid 699 km - Barcelona 100 km - Girona 29 km - Lleida 238 km

Mapa de carreteras Michelin nº 574-G39

al Noroeste 5 km

Mas Tapiolas

TRADICIONAL • ACOGEDORA Ocupa parcialmente una antigua masía y destaca tanto por el paisaje circundante como por sus opciones de ocio, con un campo de Pitch & Putt y un moderno SPA. Le sorprenderá la exclusividad de algunas habitaciones o la variedad de salitas del restaurante.

53 hab - 99/585 €

Veïnat de Solius ✉ 17246 Solius - ✆ 972 83 70 17 - www.hotelmastapioles.es

SANTA EULALIA DE OSCOS

Asturias - 471 h. - Alt. 547 m - Mapa regional : **3**-A1

Madrid 579 km - A Coruña 169 km - Lugo 78 km - Oviedo 181 km

Mapa de carreteras Michelin nº 572-C8

Casona Cantiga del Agüeira

FAMILIAR • RÚSTICA Casona del s. XVII rehabilitada respetando la arquitectura original. Si sabe tocar la guitarra o el piano no encontrará un destino mejor, pues su propietario es músico profesional y ha pensado en todo para organizar actividades musicales.

9 hab - 79/93 € 89/103 €

Pumares, Oeste : 1 km ✉ 33776 - ✆ 985 62 62 24 - www.cantigadelagueira.com - cerrado 12 enero-16 febrero

SANTA POLA

Alicante – 31 657 h. – Mapa regional : **11**-A3

Madrid 423 km – Alacant/Alicante 19 km – Cartagena 91 km – Murcia 75 km

Mapa de carreteras Michelin nº 577-R28

en la carretera N 332 Norte : 2,5 km

El Faro

COCINA TRADICIONAL • AMBIENTE CLÁSICO Restaurante de organización familiar emplazado al borde de la carretera. Presenta un amplio hall, con un buen expositor de productos, así como varias salas de línea clásica. Carta tradicional basada en pescados, mariscos y arroces.

Menú 25/75 € – Carta 20/50 €

03130 Santa Pola – 965 41 21 36 – www.restaurantefaro.es

SANTABALLA Lugo ➜ Ver Vilalba

NOS GUSTA...

Asomarnos a la terraza del hotel **Eurostars Real** y disfrutar de sus vistas a la bahía. Degustar los mejores pescados y mariscos del Cantábrico en restaurantes como **La Bombi** o **Del Puerto**, curiosear por la sorprendente colección de botellas de vino de **Bodega Cigaleña** y, en busca de experiencias gastronómicas, saborear la fusión méxico-asiática de **Mexsia**.

SANTANDER

Cantabria – 173 957 h. – Mapa regional : **6**-B1
Madrid 389 km – Bilbao 116 km – Burgos 154 km – León 266 km
Mapa de carreteras Michelin n° 572-B18

Restaurantes

El Serbal

COCINA TRADICIONAL • AMBIENTE CLÁSICO Una de las referencias gastronómicas de la ciudad, algo con mayor mérito aún si tenemos en cuenta su ubicación en una zona plagada de restaurantes. Ofrece una cocina tradicional con toques actuales y muestra buenos detalles complementarios.
➜ Salazón de trucha, queso de oveja, cítricos y remolacha. Presa ibérica frita al carbón, zanahoria y café tostado. Helado, crema de quesos, miel y membrillo.

Menú 38/60 € – Carta 41/64 €

Plano : E1-k – *Andrés del Río 7 ✉ 39004 – ✆ 942 22 25 15 – www.elserbal.com – cerrado del 15 al 30 de noviembre, domingo noche y lunes salvo agosto*

Puerta 23

COCINA TRADICIONAL • MINIMALISTA Posee una zona de bar presidida por un vivero y una sala de montaje minimalista-funcional. Su chef-propietario propone una cocina de base tradicional con buenas materias primas y cuidadas presentaciones. ¡Interesante menú degustación!

Menú 15/55 € – Carta 30/40 €

Plano : E1-r – *Tetuán 23 ✉ 39004 – ✆ 942 31 05 73 – www.puerta23.com – cerrado del 11 al 21 de enero, domingo noche salvo julio-agosto, miércoles de enero-15 junio y miercoles noche de septiembre-diciembre*

VORS (N)

MODERNA • ACOGEDORA Disfruta de un emplazamiento envidiable, frente a los barcos amarrados en Puerto Chico y con las terrazas más cotizadas de la ciudad. Encontrará un bar bastante original, un interior actual con detalles rústicos y una cocina tradicional muy bien actualizada.

Carta 28/48 €

Plano : E2-x – *Castelar 5 ✉ 39002 – ✆ 942 22 39 75 – www.vors-santander.com – cerrado del 16 al 31 de enero y lunes de noviembre a junio*

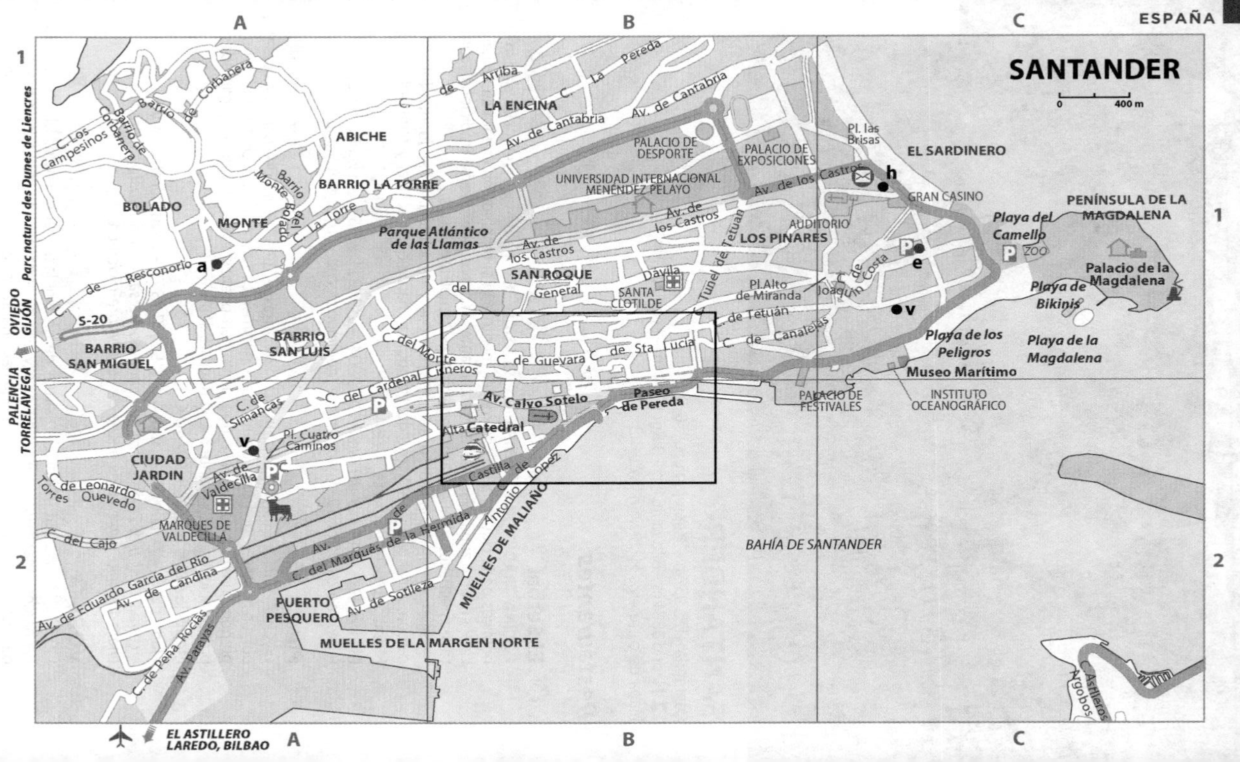
SANTANDER
0
400 m
EL SARDINERO
Pl. las Brisas
GRAN CASINO
PENÍNSULA DE LA MAGDALENA
Playa del Camello
ZOO
Palacio de la Magdalena
Playa de Bikinis
Playa de los Peligros
Playa de la Magdalena
Museo Marítimo
INSTITUTO OCEANOGRÁFICO
PALACIO DE FESTIVALES
BAHÍA DE SANTANDER
LA ENCINA
ABICHE
BARRIO LA TORRE
BOLADO
MONTE
Parque Atlántico de las Llamas
PALACIO DE DESPORTE
PALACIO DE EXPOSICIONES
UNIVERSIDAD INTERNACIONAL MENÉNDEZ PELAYO
Av. de los Castros
AUDITORIO
LOS PINARES
SAN ROQUE
SANTA CLOTILDE
Pl. Alto de Miranda
C. de Joaquín Costa
C. de Tetuán
C. de Canalejas
Túnel de Tetuán
C. de Guevara
C. de Sta Lucía
Av. Calvo Sotelo
Paseo de Pereda
Catedral
BARRIO SAN LUIS
BARRIO SAN MIGUEL
S-20
C. del Monte
C. del Cardenal Cisneros
C. de Simancas
Pl. Cuatro Caminos
Av. de Valdecilla
CIUDAD JARDIN
MARQUES DE VALDECILLA
C. de Leonardo Torres Quevedo
C. del Cajo
Av. de Eduardo García del Río
Av. de Candina
C. de Peña Rocías
Av. Parayas
Av. de Castilla
C. de Antonio López
MUELLES DE MALIAÑO
Av. C. del Marqués de la Hermida
PUERTO PESQUERO
Av. de Sotileza
MUELLES DE LA MARGEN NORTE
C. Astilleros Argobos
C. Los Campesinos
Barrio de Corbanera
Barrio Monte Bolado
C. La Torre
C. de Resconorio
C. de Arriba
C. La Pereda
Av. de Cantabria
Parc naturel des Dunes de Liencres
OVIEDO GIJÓN
PALENCIA TORRELAVEGA
EL ASTILLERO LAREDO, BILBAO
A
B
C
1
2

Casona del Judío

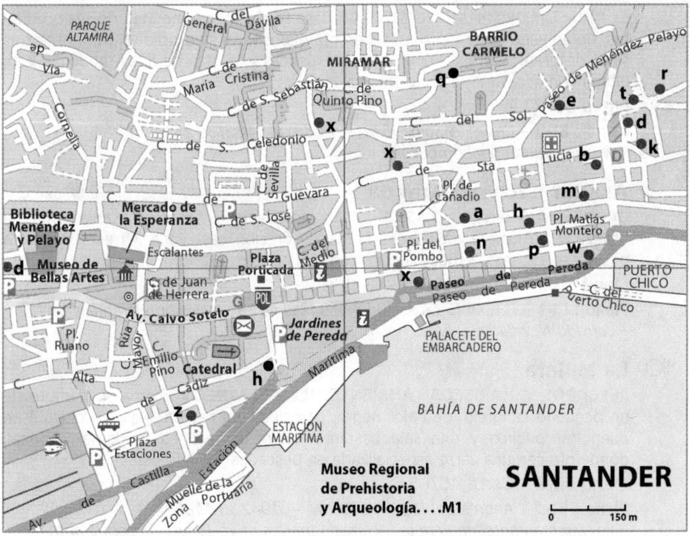

MODERNA • BISTRÓ XX Instalado parcialmente en una casona indiana del s. XIX. El bello edificio principal, donde están los privados, cuenta con unos anexos de línea más fresca, luminosa e informal, con una terraza chill out. Cocina actual de base tradicional.

Menú 28 € – Carta 34/53 €

Plano : A1-a – *Repuente 20* ✉ *39012*
– *✆ 942 34 27 26* – *www.casonadeljudio.com*
– *solo almuerzo salvo jueves, viernes, sábado y verano*
– *cerrado domingo noche y lunes*

Agua Salada Ⓝ

COCINA TRADICIONAL • BRASSERIE X Restaurante de ambiente hogareño emplazado en un local que hace esquina. Su sencilla fachada da paso a un espacio informal pero bastante acogedor, tipo bistró, dominado por los tonos verdes y blancos. Sabrosa cocina de base tradicional puesta al día.

Menú 13 € – Carta 28/39 €

Plano : E1-x – *San Simón 2* ✉ *39003*
– *✆ 942 04 93 87* – *www.aguasaladasantander.com*
– *cerrado lunes noche salvo verano, y martes*

Del Puerto

PESCADOS Y MARISCOS • AMBIENTE CLÁSICO XX ¡Negocio familiar de 5ª generación y merecido prestigio! Entre sus paredes encontrará obras de reconocidos artistas, tallas de madera, maquetas de barcos... y, por supuesto, unos expositores con pescados y mariscos de excepcional calidad.

Carta 37/65 €

Plano : E1-m – *Hernán Cortés 63* ✉ *39003*
– *✆ 942 21 30 01* – *www.bardelpuerto.com*
– *cerrado domingo noche y lunes salvo verano*

La Bombi

COCINA TRADICIONAL • RÚSTICA XX Basa su éxito en la bondad de sus productos, no en vano cuenta con un sugerente expositor y su propio vivero. Posee tres salas de gran contraste, pues dos son rústicas y la otra de línea moderna, esta última con acceso a un patio-terraza.

Menú 50/77 € - Carta 45/58 €

Plano : E1-b - *Casimiro Sáinz 15 ✉ 39003 - ☎ 942 21 30 28 - www.restaurantelabombi.com*

Asador Lechazo Aranda

CARNES • AMBIENTE CLÁSICO XX Sus instalaciones recrean sabiamente la belleza y atmósfera de la más noble decoración castellana. Ofrece una carta basada en carnes y especialidades como el cordero asado.

Menú 38 € - Carta 31/47 €

Plano : E1-t - *Tetuán 15 ✉ 39004 - ☎ 942 21 48 23 - www.hotelaranda.com - cerrado Navidades y lunes noche*

La Mulata

PESCADOS Y MARISCOS • AMBIENTE MEDITERRÁNEO XX Toma su nombre de un pequeño cangrejo, de color negro, parecido a la nécora. Aquí encontrará un buen bar público y una sala bastante luminosa de línea moderna-funcional, donde ofrecen una carta especializada en pescados y mariscos.

Menú 30 € - Carta 45/65 €

Plano : E1-d - *Andrés del Río 7 ✉ 39004 - ☎ 942 36 37 85 - www.restaurantelamulata.es - cerrado martes salvo 15 julio-15 septiembre*

Jacaranda (N)

COCINA TRADICIONAL • AMBIENTE CLÁSICO XX Elegante y curioso, pues se viste con mobiliario inglés de anticuario, alfombras persas y unos hermosos óleos, estando todo a la venta. Cocina tradicional con opción a menús.

Menú 25/42 € - Carta 32/45 €

Plano : D1-2-d - *Isabel La Católica 5 ✉ 39007 - ☎ 942 50 39 06 - www.jacarandarestaurante.es - cerrado 7 días en septiembre, domingo noche y lunes*

Mesón Gele

COCINA TRADICIONAL • RÚSTICA X Resulta céntrico y está llevado con amabilidad. Encontrará un concurrido bar público y un comedor rústico-regional distribuido en dos niveles. Cocina de tinte tradicional.

Menú 21/35 € - Carta 32/47 €

Plano : E1-n - *Eduardo Benot 4 ✉ 39003 - ☎ 942 22 10 21 - www.restaurantegele.com - cerrado lunes en verano y domingo noche*

Laury

PESCADOS Y MARISCOS • MARCO CONTEMPORÁNEO X ¡Aquí la especialidad son las carnes a la brasa! Posee un amplio bar, presidido por un vivero y una parrilla, así como un comedor de línea actual en dos niveles. Su cocina de mercado se ve reflejada en una carta con recomendaciones diarias.

Carta 30/60 €

Plano : A2-v - *av. Pedro San Martín 4 (Cuatro Caminos) ✉ 39010 - ☎ 942 33 01 09 - www.restaurantelaury.es - cerrado domingo y lunes noche*

Bodega Cigaleña

COCINA TRADICIONAL • RÚSTICA X Casa de ambiente rústico-antiguo, a modo de museo, vestida con mil detalles enológicos. Cocina tradicional rica en carnes de la zona, pescados de lonja, verduras, quesos...

Carta 30/50 €

Plano : E1-a - *Daoiz y Velarde 19 ✉ 39003 - ☎ 942 21 30 62 - www.bodegacigalena.es - cerrado domingo*

Umma

MODERNA • A LA MODA Este negocio de carácter informal y estética neoyorquina sorprende tanto por la altura de sus techos como por sus paredes, revestidas de ladrillos blancos. Cocina actual.

Menú 17/35 € - Carta 30/40 €

Plano : E1-e - *Sol 47 ✉ 39003 - ✆ 942 21 95 95 - www.ummasantander.com - cerrado 24 enero-7 febrero, 24 octubre-7 noviembre, domingo y lunes mediodía en verano, lunes y martes resto del año*

Días de Sur

INTERNACIONAL • SIMPÁTICA Amplio local de ambiente rústico-actual en el que se mezcla el servicio de tapas y raciones con una zona de mesas distribuida en dos alturas. Menú de cocina internacional.

Tapa 1,60 € - Ración aprox. 8 €

Plano : E1-h - *Hernán Cortés 47 ✉ 39003 - ✆ 942 36 20 70 - www.diasdesur.es*

Casa Lita

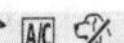

COCINA TRADICIONAL • TABERNA Taberna ubicada frente a Puertochico, una zona privilegiada de Santander. Ofrece una buena terraza, una gran barra repleta de pinchos que varían según la hora del día y una pequeña carta de raciones. ¡Pruebe su famosísimo Pollo al curry!

Tapa 2,50 € - Ración aprox. 14 €

Plano : E1-w - *paseo de Pereda 37 ✉ 39004 - ✆ 942 36 48 30 - www.casalita.es*

El Machi

PESCADOS Y MARISCOS • TABERNA Tiene 80 años de historia y toma su nombre a modo de alias, pues el apelativo original de esta casa era Taberna Marinera Machichaco. Combinan lo antiguo y lo moderno para crear un bar marinero de diseño. Carta amplia de pescados y arroces.

Ración aprox. 11 €

Plano : D2-z - *Calderón de la Barca 9 ✉ 39002 - ✆ 942 21 87 22 - www.elmachi.es*

Mexsia

COCINA DEL MUNDO • MARCO CONTEMPORÁNEO Se define como gastropub, resulta singular y su nombre encierra toda una declaración de intenciones. Apuestan por una original fusión entre la cocina mexicana y la asiática.

Tapa 2 € - Ración aprox. 10 €

Plano : E1-p - *Gándara 3 ✉ 39002 - ✆ 942 76 41 16 - www.mexsia.com - cerrado domingo noche salvo agosto y lunes*

Cadelo (N)

MODERNA • SENCILLA Un gastrobar de sencillas instalaciones, casi minimalistas, que está teniendo mucho éxito. Ofrece platos pensados para compartir, muchas veces con guiños a otras culturas.

Ración aprox. 14 €

Plano : D1-x - *Río de la Pila 18 ✉ 39003 - ✆ 942 22 10 51*

Alojamientos

Bahía

NEGOCIOS • CONTEMPORÁNEA Hotel de línea actual ubicado junto a la Catedral y, prácticamente, frente al Centro Botín de las Artes y la Cultura, el sorprendente edificio diseñado por el arquitecto Renzo Piano. Atractivas zonas sociales, cuidadas habitaciones y restaurante polivalente.

167 hab - †69/175 € ††79/305 € - ☕ 15 € - 21 suites

Plano : D2-h - *Cádiz 22 ✉ 39002 - ✆ 942 20 50 00 - www.hotelbahiasantander.es*

Art Santander

TRADICIONAL • DE DISEÑO En la parte alta de Santander. Ofrece habitaciones con mucho diseño, destacando aquellas que tienen terraza y vistas a la bahía. ¡Salón para desayunos de carácter panorámico!

18 hab - 78/180 €

Plano : E1-q - *Santa Teresa de Jesús 20 ✉ 39003 - ✆ 942 10 90 90 - www.hotelartsantander.com*

en El Sardinero

Deluz

INTERNACIONAL • A LA MODA ¡Singular, atractivo y con el entorno ajardinado! Se encuentra en un chalet de la zona residencial de El Sardinero, donde disfruta de varios espacios y salones, todos con mobiliario de diseño y cubertería de plata. Cocina internacional.

Menú 25/35 € - Carta 39/49 €

Plano : C1-e - *Ramón y Cajal 18 ✉ 39005 Santander - ✆ 942 29 06 06 - www.deluz.es*

Eurostars Real

HISTÓRICO • CLÁSICA Destaca tanto por su estratégica situación, en la parte alta de Santander, como por su magnífico personal. Ofrece un amplio hall, luminosos salones tipo pérgola, elegantes habitaciones y un moderno centro de talasoterapia. El restaurante El Puntal disfruta de un estilo clásico y agradables vistas a la bahía.

114 hab - 90/350 € - 24 € - 9 suites

Plano : C1-v - *paseo Pérez Galdós 28 ✉ 39005 Santander - ✆ 942 27 25 50 - www.hotelreal.es*

G. H. Sardinero

CADENA HOTELERA • MODERNA Se halla frente al Gran Casino y supone un gran homenaje a la historia, pues ha sido totalmente reconstruido a imitación del edificio neoclásico original. La línea clásica-actual y la elegancia van de la mano tanto en las zonas nobles como en las habitaciones. El restaurante propone una cocina tradicional.

102 hab - 85/200 € 90/250 € - 15 € - 16 suites

Plano : C1-h - *pl. de Italia 1 ✉ 39005 Santander - ✆ 942 27 11 00 - www.hotelsardinero.es*

SANTES CREUS (Monasterio de)

Tarragona - Alt. 340 m - Mapa regional : **9**-B2

Madrid 555 km - Barcelona 95 km - Lleida 83 km - Tarragona 32 km

Mapa de carreteras Michelin nº 574-H34

Hostal Grau

CATALANA • AMBIENTE CLÁSICO ¡Próximo al monasterio! En el comedor, de montaje clásico, apuestan por una cocina catalana rica en platos caseros, carnes a la brasa y, por supuesto, los famosos "calçots".

Menú 12/23 € - Carta 30/42 €

Pere El Gran 3 ✉ 43815 - ✆ 977 63 83 11 - www.hostal-grau.com - solo almuerzo salvo Semana Santa y verano - cerrado 15 diciembre-15 enero y lunes

NOS GUSTA...

Recorrer el histórico **Parador Hostal dos Reis Católicos**, dar una vuelta por el animado Mercado de Abastos antes de tomarnos, allí mismo, unas tapas (**Taberna Abastos 2.0**) y degustar la original fusión de cocina gallega, nipona y peruana de **Casa Marcelo**. Los mejores pescados y mariscos de la zona los hemos encontrado en **Mar de Esteiro**, a tan solo 6 km.

SANTIAGO DE COMPOSTELA

A Coruña – 95 612 h. – Alt. 264 m – Mapa regional : **13**-B2
Madrid 601 km – A Coruña 77 km – Lugo 116 km – Pontevedra 61 km
Mapa de carreteras Michelin n° 571-D4

Planos de la ciudad en páginas siguientes

Restaurantes

Casa Marcelo (Marcelo Tejedor)

CON INFLUENCIAS ASIÁTICAS • A LA MODA Este atractivo gastrobar, ubicado a escasos metros de la Praza do Obradoiro, llama la atención por tener una gran mesa para compartir y la cocina a la vista, esta última con una barra donde se puede comer mientras ve trabajar al chef. Su carta refleja una original fusión entre las cocinas gallega, nipona y peruana.

➜ Shao-Mae de pollo casero al curry. Sargo al vapor, alio de ceviche. La mandarina mecánica.

Tapa 8 € – Ración aprox. 13 €

Plano : C1-m – *Hortas 1 ✉ 15705 – ✆ 981 55 85 80 – www.casamarcelo.net – cerrado domingo y lunes*

A Tafona

MODERNA • ACOGEDORA Céntrico, informal y sorprendente, pues sabe combinar sus llamativas paredes en piedra con una preciosa escalera, un lucernario y algún que otro detalle de diseño. Aquí apuestan por una cocina de corte moderno, con buen producto, técnica y destellos creativos.

Menú 15/50 € – Carta 34/48 €

Plano : D1-k – *Virxe da Cerca 7 ✉ 15703 – ✆ 981 56 23 14 – www.restauranteatafona.com – cerrado domingo noche, lunes, martes noche en invierno, domingo y lunes en verano*

Ghalpón Abastos

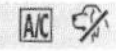

MODERNA • SIMPÁTICA Restaurante de ambiente moderno e informal emplazado junto al mercado de abastos. En la sala, que tiene la cocina parcialmente abierta, le propondrán un único menú de mercado.

Menú 35 € – solo menú

Plano : D1-2-a – *Das Ameas 4 ✉ 15704 – ✆ 654 01 59 37 – www.abastoscompostela.com – solo almuerzo salvo jueves, viernes y sábado – cerrado domingo y lunes*

Pedro Roca

MODERNA • MARCO CONTEMPORÁNEO XX Local de estética actual dotado con un amplio interior y dos salas, una solo de mesas y la otra con la cocina a la vista. Cocina gallega actualizada y excelente producto.

Menú 45/75 € - Carta 37/60 €

Plano : C1-b - *Domingo García Sabell 1 ✉ 15705 - ☎ 981 58 57 76 - www.pedroroca.es - cerrado domingo noche salvo vísperas de festivos*

Don Quijote

GALLEGA • AMBIENTE CLÁSICO XX Un negocio familiar de instalaciones clásicas. Su carta tradicional gallega gira en torno a los pescados y mariscos... eso sí, con un buen apartado de caza en temporada.

Menú 20 € - Carta 22/61 €

Plano : A1-e - *Galeras 20 ✉ 15705 - ☎ 981 58 68 59 - www.quijoterestaurante.com*

DeCarmen

COCINA TRADICIONAL • BISTRÓ X Posee una barra para tapear y una única sala de línea actual-funcional. Cocina tradicional española con detalles actuales y especialidades, como el Solomillo de buey al foie.

Menú 13 € - Carta 37/57 €

Arribadas 9, por av. Rosalía de Castro A2 ✉ 15709 - ☎ 981 94 38 58 - www.restaurantedecarmen.es - cerrado 10 días en agosto, domingo noche y lunes noche

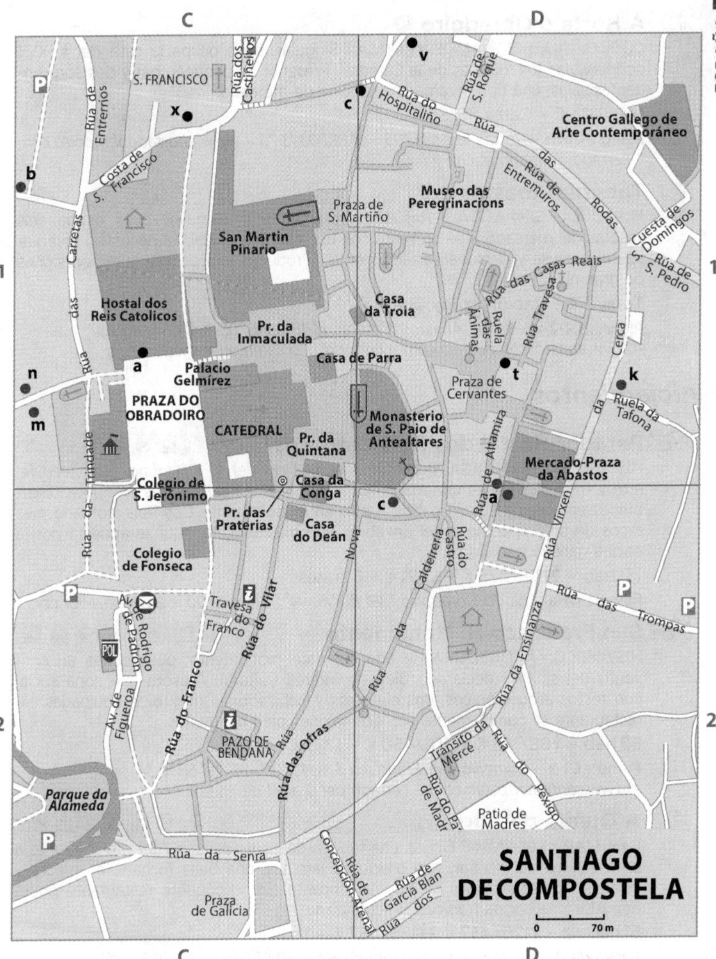

Manso

COCINA TRADICIONAL • AMBIENTE CLÁSICO Cuenta con un buen bar a la entrada, donde sirven una carta informal, una sala de buen montaje y un pequeño privado. Cocina de mercado de buen nivel y opción a menús.

Menú 15/50 € – Carta 32/40 €

Plano : A2-a – *av. Vilagarcía 21 ✉ 15706 – ☎ 881 95 96 57 – www.mansorestaurante.com – cerrado domingo noche y lunes*

A Curtidoría

MEDITERRÁNEA • ACOGEDORA Instalado en lo que un día fue una tienda de curtidos. En sus salones, de línea actual, le ofrecerán una cocina mediterránea que tiene en los arroces su eje fundamental.

Menú 13/38 € – Carta 32/45 €

Plano : D2-c – *Rúa da Conga 2-3 ✉ 15704 – ☎ 981 55 43 42 – www.acurtidoria.com – cerrado domingo noche*

A Horta d'Obradoiro

COCINA TRADICIONAL • SIMPÁTICA Singular, pues ocupa la casa del s. XVII donde vivían los músicos de la Catedral. Presenta un pequeño bar y dos sorprendentes salas, una tipo invernadero. Cocina de mercado.

Menú 25 € - Carta 25/35 €

Plano : C1-m - *Hortas 16 ✉ 15705 - ✆ 881 03 13 75 - www.ahortadoobradoiro.com - cerrado domingo noche y lunes*

Taberna Abastos 2.0

MODERNA • SIMPÁTICA Resulta sorprendente y singular, pues ocupa seis casetas del mercado y se presenta con una estética actual. Es necesario reservar su única mesa y personalizan los menús. ¡Producto excepcional y elaboraciones de gran nivel!

Tapa 3 € - Ración aprox. 8 €

Plano : D1-2-a - *pl. de Abastos, Casetas 13-18 ✉ 15705 - ✆ 654 01 59 37 - www.abastoscompostela.com - cerrado 15 días en enero y domingo*

Alojamientos

Parador Hostal dos Reis Católicos

HISTÓRICO • HISTÓRICA ¡Impresionante edificio del s. XVI donde conviven fe, arte y tradición! Posee una magnífica zona noble y habitaciones de época distribuidas en torno a cuatro patios. Tanto en el restaurante Dos Reis, con enormes arcos de piedra, como en el Enxebre, algo más sencillo, aquí se apuesta por la cocina gallega tradicional.

131 hab - ††115/275 € - ☕ 21 € - 6 suites

Plano : C1-a - *pl. do Obradoiro 1 ✉ 15705 - ✆ 981 58 22 00 - www.parador.es*

San Francisco H. Monumento

HISTÓRICO • ACOGEDORA He aquí un hotel-monumento, pues ocupa un convento del s. XVIII declarado Bien de Interés Cultural. Atesora una zona social con restos arqueológicos, dos claustros y habitaciones muy bien equipadas. Su restaurante se complementa con dos salones para banquetes.

82 hab - †88/185 € ††101/450 € - ☕ 17 € - 2 suites

Plano : C1-x - *Campillo San Francisco 3 ✉ 15705 - ✆ 981 58 16 34 - www.sanfranciscohm.com - cerrado del 9 al 31 de enero*

A Quinta da Auga

FAMILIAR • ELEGANTE Ocupa una fábrica de papel del s. XVIII instalada junto a un meandro del río Sar, con preciosos jardines, una bella fachada en piedra y estancias personalizadas de singular encanto. En su coqueto restaurante podrá degustar una cocina tradicional-actualizada.

51 hab ☕ - †126/437 € ††155/437 € - 1 suite

Paseo da Amaia 23 b, por carretera de Noia A2 : 1,5 km ✉ 15706 - ✆ 981 53 46 36 - www.aquintadaauga.com - cerrado del 8 al 24 de enero

Altaïr

FAMILIAR • CONTEMPORÁNEA Esta casa combina, con especial gusto, los elementos de diseño y las paredes en piedra, pues asume los criterios estéticos de la filosofía oriental Wabi-Sabi. Todas las habitaciones resultan confortables, aunque destacan las abuhardilladas.

11 hab - †75/87 € ††95/120 € - ☕ 8,50 €

Plano : D1-v - *Loureiros 12 ✉ 15704 - ✆ 981 55 47 12 - www.altairhotel.net - cerrado 5 enero-10 febrero*

Costa Vella

FAMILIAR • ACOGEDORA Este hotelito destaca tanto por su agradable terraza-jardín, arbolada y con una fuente, como por sus coquetas habitaciones, cuatro de ellas con galería y bonitas vistas.

14 hab - †50/59 € ††65/81 € - ☕ 6 €

Plano : D1-c - *Porta da Pena 17 ✉ 15704 - ✆ 981 56 95 30 - www.costavella.com*

Literario San Bieito

TRADICIONAL • MINIMALISTA ¡Un hotel de contrastes! Ocupa una casa típica pero presenta un interior moderno, dominado por los tonos blancos y tematizado en torno a la cultura gallega y su literatura.

20 hab – 70/120 €

Plano : D1-t – *Canton de San Bieito 1 ✉ 15704 – ✆ 981 57 28 90 – www.hotelsanbieito.com – cerrado 7 enero-7 febrero*

en la carretera N 550 Noreste : 6 km

Mar de Esteiro

PESCADOS Y MARISCOS • AMBIENTE CLÁSICO Ocupa una bella casona junto a la carretera. Encontrará pescados y mariscos de gran calidad, pues aquí los primeros son salvajes y los segundos salen de sus propios viveros.

Menú 35 € – Carta 29/50 €

Lugar Ponte Sionlla, Enfesta ✉ 15884 Sionlla – ✆ 981 88 80 57 – www.mardeesteiro.com – cerrado 1ª quincena de febrero, domingo noche, lunes y martes noche

SANTILLANA DEL MAR

Cantabria – 4 203 h. – Alt. 82 m – Mapa regional : **6**-B1

Madrid 393 km – Bilbao 130 km – Oviedo 171 km – Santander 26 km

Mapa de carreteras Michelin n° 572-B17

Los Blasones

COCINA TRADICIONAL • RÚSTICA Tras su bonita fachada en piedra presenta un interior de cuidado ambiente rústico, con la cocina-parrilla a la vista del cliente. Completa carta de gusto tradicional.

Menú 25 € – Carta 33/47 €

Plano : A1-n – *pl. de la Gándara 8 ✉ 39330 – ✆ 942 81 80 70 – www.restaurantelosblasones.es – cerrado noviembre-21 marzo*

Gran Duque

COCINA TRADICIONAL • RÚSTICA Este pequeño restaurante de organización familiar presenta una sala de aire rústico, un vivero de marisco y la cocina a la vista. Amplia carta tradicional con opción de menús.

Menú 19/50 € – Carta 30/50 €

Plano : B1-r – *Jesús Otero 7 ✉ 39330 – ✆ 942 84 03 86 – www.granduque.com – cerrado 7 enero-14 febrero, domingo noche y lunes mediodía salvo verano*

Casa del Marqués

MANSIÓN • ELEGANTE Instalado en una casa señorial del s. XIV que atesora muchísimo encanto e historia... no en vano, sirvió de residencia al primer Marqués de Santillana. Sus estancias se decoran con gusto y elegancia, combinando el confort con la tradición.

15 hab – 86/195 € – 12 €

Plano : B1-b – *Cantón 26 ✉ 39330 – ✆ 942 81 88 88 – www.hotelcasadelmarques.com – cerrado 8 diciembre-7 marzo*

Parador de Gil Blas y Parador de Santillana

CADENA HOTELERA • CLÁSICA Dos paradores en uno, pues en Gil Blas centralizan los servicios y el Santillana hace de anexo. El edificio principal ocupa una magnífica mansión solariega construida en piedra, con un bello zaguán empedrado y habitaciones rústicas de buen confort. Cocina regional con especialidades, como el Cocido montañés.

56 hab – 85/165 € 100/200 € – 19 €

Plano : A1-d – *pl. Mayor ✉ 39330 – ✆ 942 02 80 28 – www.parador.es*

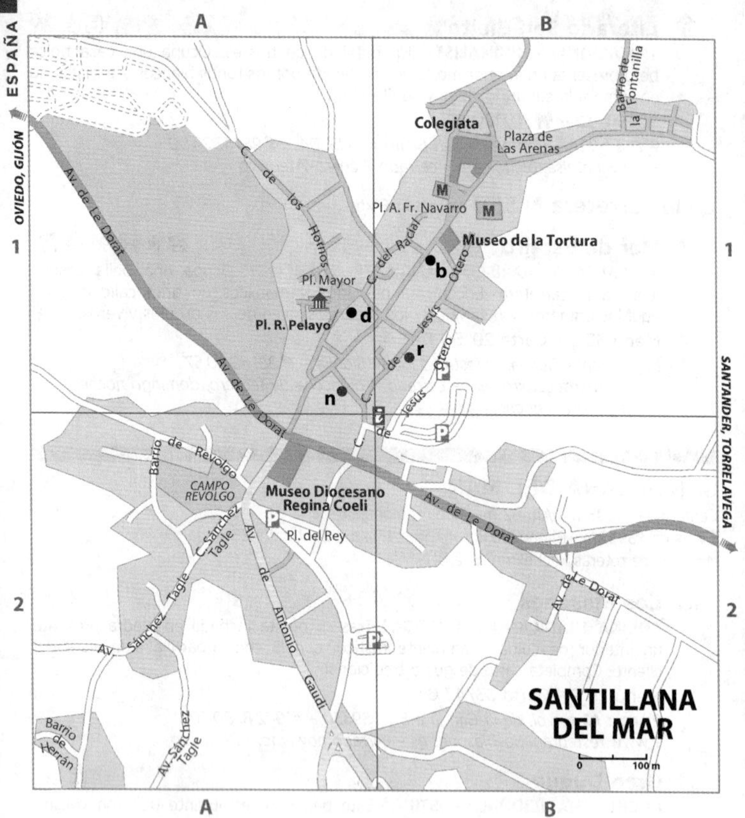

SANTO DOMINGO DE LA CALZADA

La Rioja – 6 401 h. – Alt. 639 m – Mapa regional : **14**-A2
Madrid 310 km – Burgos 67 km – Logroño 47 km – Vitoria-Gasteiz 65 km
Mapa de carreteras Michelin nº 573-E21

Los Caballeros

REGIONAL • RÚSTICA XX Ocupa un edificio histórico ubicado en pleno centro, tras la cabecera de la Catedral. "Gastromesón" orientado al tapeo, buen comedor rústico y carta regional rica en bacalaos.

Menú 30/50 € – Carta 30/45 €

Mayor 58 ✉ 26250 – ✆ 941 34 27 89 – www.restauranteloscaballeros.com – cerrado del 7 al 28 de enero y domingo noche salvo agosto

La Cancela

COCINA TRADICIONAL • AMBIENTE CLÁSICO X ¡En una céntrica calle peatonal! Ofrece una sala bastante acogedora y de línea actual, donde podrá degustar una cocina tradicional siempre atenta a los productos de temporada.

Carta 27/44 €

Mayor 51 ✉ 26250 – ✆ 941 34 32 38 – www.restaurantelacancela.com – cerrado 20 enero-febrero y martes

Parador de Santo Domingo de la Calzada

TRADICIONAL • CLÁSICA Instalado en un antiguo hospital de peregrinos, junto a la Catedral. Posee una agradable zona social, dotada con bellos arcos en piedra, y confortables habitaciones de estilo clásico. En el restaurante, de cálida rusticidad, le propondrán una carta regional.

59 hab – 90/200 € – 18 € – 2 suites

pl. del Santo 3 26250 – 941 34 03 00 – www.parador.es

SANTOÑA

Cantabria – 11 088 h. – Mapa regional : **6**-C1

Madrid 441 km – Bilbao 81 km – Santander 48 km

Mapa de carreteras Michelin n° 572-B19

en la playa de Berria Noroeste : 3 km

Posada Las Garzas

TRADICIONAL • ACOGEDORA Instalado en una casa que guarda la estética constructiva de la zona, con una agradable zona social, un porche acristalado y coquetas habitaciones de ambiente rústico.

11 hab – 48/75 € 62/97 €

39740 Santoña – 942 66 34 84 – www.posadalasgarzas.com – marzo-noviembre

SANTPEDOR

Barcelona – 7 459 h. – Alt. 320 m – Mapa regional : **9**-C2

Madrid 638 km – Barcelona 69 km – Manresa 6 km – Vic 54 km

Mapa de carreteras Michelin n° 574-G35

Ramón

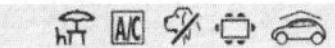

COCINA TRADICIONAL • AMBIENTE CLÁSICO XX Este negocio familiar, con buena trayectoria, decora sus salas y privados a base de molinillos, relojes y pesas. Su carta tradicional se enriquece con un apartado de pescados y sugerencias de temporada. ¡Carpa independiente para banquetes!

Menú 41 € – Carta 42/55 €

Camí de Juncadella 08251 – 938 32 08 50 – www.ramonparkhotel.com – cerrado domingo noche y festivos noche

SANTUARIO → Ver el nombre propio del santuario

SANTULLANO

Asturias – 1 934 h. – Alt. 167 m – Mapa regional : **3**-B1

Madrid 464 km – León 140 km – Oviedo 16 km – Santander 208 km

Mapa de carreteras Michelin n° 572-B12

en Biedes Este : 3 km – Mapa regional : 3-B1

Casa Edelmiro

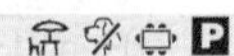

REGIONAL • FAMILIAR X Estamos ante un negocio centenario y de marcado carácter familiar... de hecho, siempre ha pasado de padres a hijos. Ocupa una gran casona y ofrece varias salas de línea clásica-funcional. Gastronomía casera-tradicional.

Menú 12/70 € – Carta 31/44 €

Las Regueras 33190 Biedes – 985 79 90 11 – www.casaedelmiro.com – solo almuerzo – cerrado del 1 al 20 de agosto y martes

SANTURIO Asturias → Ver Gijón

SANXENXO SANGENJO

Pontevedra – 17 391 h. – Mapa regional : **13**-A2

Madrid 622 km – Ourense 123 km – Pontevedra 18 km – Santiago de Compostela 75 km

Mapa de carreteras Michelin n° 571-E3

La Taberna de Rotilio

COCINA TRADICIONAL • MARCO CONTEMPORÁNEO XX Se presenta con dos comedores a la carta, uno de montaje clásico y otro más actual. Carta de tinte tradicional con arroces, pescados y mariscos. Su oferta culinaria se complementa con un interesante bar-gastroteca en la planta sótano.

Carta 32/39 €

av. do Porto 9 ✉ 36960 - ✆ 986 72 02 00 - www.hotelrotilio.com - solo almuerzo salvo viernes y sábado - cerrado noviembre-febrero, domingo noche y lunes salvo 15 junio-agosto

Augusta

SPA Y BIENESTAR • ELEGANTE Elegante complejo distribuido en dos edificios, ambos con unos magníficos SPA y los exteriores ajardinados. Destaca su piscina y su amplia terraza Caribbean, dotada con unas fantásticas vistas a la ría. Encontrará dos restaurantes... uno de gusto tradicional y el otro, más actual, con platos internacionales.

107 hab - 85/250 € 92/290 € - 51 suites - 46 apartamentos

Lugar de Padriñán 25 ✉ 36960 - ✆ 986 72 78 78 - www.augustaspa resort.com

Sanxenxo

SPA Y BIENESTAR • ELEGANTE Muy bien ubicado en un extremo de la playa. Posee un piano-bar, un completo SPA marino con centro de talasoterapia y dos tipos de habitaciones, las del anexo más amplias y modernas. El restaurante, de carácter panorámico, propone una carta gallega tradicional.

97 hab - 75/172 € 102/225 € - 5 suites

av. Playa de Silgar 3 ✉ 36960 - ✆ 986 69 11 11 - www.hotelsanxenxo.com

El SARDINERO Cantabria → Ver Santander

SARDÓN DE DUERO

Valladolid - 634 h. - Alt. 723 m - Mapa regional : **8**-B2

Madrid 206 km - Valladolid 29 km - Segovia 89 km - Palencia 77 km

Mapa de carreteras Michelin nº 575-H16

al Noreste 2 km

Refectorio

MODERNA • ELEGANTE XXXX Disfruta de un marco excepcional, aportando contemporaneidad y confort al refectorio donde antaño comieron los monjes. El chef, fiel seguidor de la filosofía culinaria de Andoni Luis Aduriz, plantea a través de su cocina un viaje al producto de temporada y proximidad, siempre con elegancia, sabor y gran nivel técnico.

→ Crema de coliflor noisette, mollejas glaseadas y velo de trufas. Pescado de lonja con jugo de ibéricos azafranados. Crema de pasas, palo cortado, achicoria y cacao.

Menú 130/150 € - solo menú

Hotel Abadía Retuerta LeDomaine, carret. N 122, km 332,5 ✉ 47340 Sardón de Duero - ✆ 983 68 03 68 - www.ledomaine.es - solo cena - cerrado 15 diciembre-1 marzo

Abadía Retuerta LeDomaine

LUJO • GRAN LUJO Un hotel realmente único, no en vano recupera un maravilloso monasterio del s. XII rodeado de viñedos. Encontrará amplios jardines, un bello claustro y habitaciones de gran confort, todas con mobiliario clásico de calidad y servicio de mayordomo las 24 horas. ¡Oferta gastronómica ligada a los vinos de la propia bodega!

27 hab - 430/490 € - 3 suites

carret. N 122, km 332,5 ✉ 47340 Sardón de Duero - ✆ 983 68 03 68 - www.ledomaine.es - cerrado 15 diciembre-1 marzo

Refectorio - ver selección restaurantes

SARRIA

Lugo – 13 393 h. – Alt. 420 m – Mapa regional : **13**-C2

Madrid 489 km – Lugo 33 km – Ourense 80 km – Pontevedra 184 km

Mapa de carreteras Michelin n° 571-D7

Roma

COCINA TRADICIONAL • RÚSTICA En este restaurante de ambiente rústico encontrará una carta tradicional y un gran protagonista: su parrilla. ¡El chef-propietario corta y elabora las carnes ante usted!

Menú 17 € – Carta 20/37 €

Calvo Sotelo 2 ✉ 27600 – ☎ 982 53 22 11 – www.hotelroma1930.es

SARVISÉ

Huesca – 89 h. – Mapa regional : **2**-C1

Madrid 485 km – Huesca 100 km – Zaragoza 169 km

Mapa de carreteras Michelin n° 574-E29

Casa Frauca

REGIONAL • RÚSTICA Agradable negocio familiar dotado con tres salas, dos de aire rústico y la otra actual. Ofrece una cocina regional-tradicional y sabrosas especialidades, como el Arroz con conejo y caracoles o la Paletilla de cordero del Valle del Broto con patatas a lo pobre.

Menú 22/45 € – Carta 25/45 €

carret. de Ordesa ✉ 22374 – ☎ 974 48 63 53 – www.casafrauca.com – cerrado 8 enero- marzo, domingo noche y lunes salvo verano y festivos

SEGORBE

Castellón – 9 073 h. – Alt. 358 m – Mapa regional : **11**-A2

Madrid 404 km – Castelló de la Plana/Castellón de la Plana 59 km – València 57 km – Teruel 87 km

Mapa de carreteras Michelin n° 577-M28

María de Luna

COCINA TRADICIONAL • MARCO CONTEMPORÁNEO La opción más sugerente para comer en esta localidad... además, una de sus salas se asoma al relajante claustro-patio del hotel. Su propuesta de gusto tradicional, regional y casero es conocida, sobre todo, por sus interesantísimas jornadas gastronómicas.

Menú 12/35 € – Carta 28/37 €

Hotel Martín El Humano, Fray Bonifacio Ferrer 7 ✉ 12400 – ☎ 964 71 36 01 – www.hotelmartinelhumano.es – cerrado del 24 al 29 de diciembre y lunes

Martín El Humano

HISTÓRICO • MODERNA En un edificio del s. XVIII que, con su nombre, ensalza a uno de los reyes de Aragón. El claustro-patio hace de zona social y tiene tres tipos de habitaciones, todas actuales.

37 hab – †68/78 € ††85/100 €

Fray Bonifacio Ferrer 7 ✉ 12400 – ☎ 964 71 36 01 – www.hotelmartinelhumano.es – cerrado del 24 al 29 de diciembre

María de Luna – ver selección restaurantes

SEGOVIA

52 728 h. – Alt. 1 005 m – Mapa regional : **8**-C3

Madrid 98 km – Ávila 67 km – Burgos 198 km – Valladolid 110 km

Mapa de carreteras Michelin n° 575-J17

Villena

CREATIVA • ELEGANTE ¡Un espacio que sorprende! Ocupa la antigua iglesia del Convento de las Oblatas, presentada ahora bajo una estética actual. Cocina de bases tradicionales con platos de autor.

→ Puerro a la llama. Picantón en arcilla. Crema de achicoria y Dyc 8 años.

Menú 53/98 € – solo menú

Plano : B1-b – *pl. Capuchinos ✉ 40001 – ☎ 921 46 17 42 – www.restaurante-villena.com – cerrado del 15 al 28 de febrero, domingo noche, lunes y martes noche*

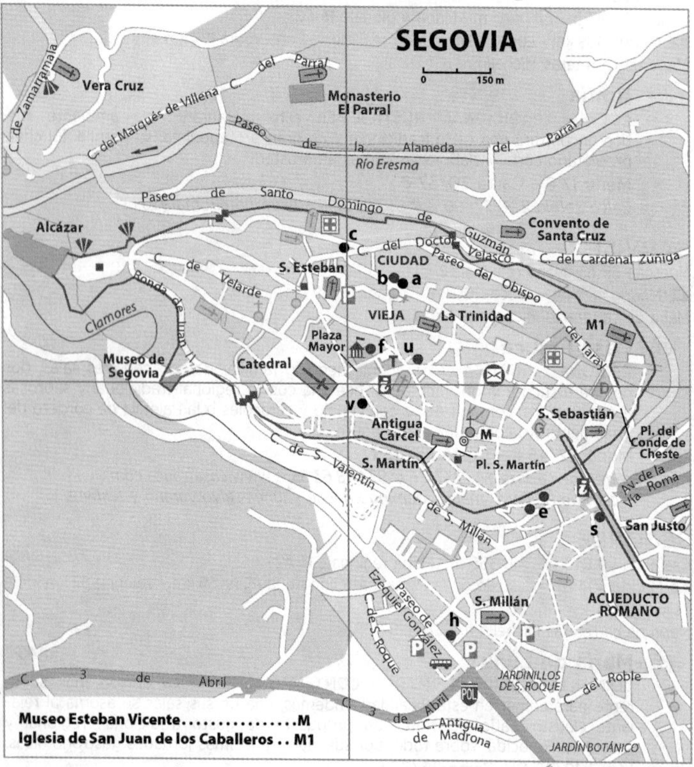

SEGOVIA

José María

COCINA TRADICIONAL • AMBIENTE TRADICIONAL XX Ofrece un concurrido bar de tapas, varias salas de ambiente castellano y una completa carta tradicional enriquecida con platos típicos y creativos. El propietario también posee una importante bodega circunscrita a la D.O. Ribera del Duero.

Carta 35/54 €

Plano : B1-u – *Cronista Lecea 11 ✉ 40001*
– *☏ 921 46 11 11 – www.restaurantejosemaria.com*

Casa Silvano-Maracaibo

MODERNA • MINIMALISTA XX Se presenta con un amplio bar de tapas, una sala principal de línea actual y otra en el sótano que usan como privado. Su carta, de gusto actual, se ve enriquecida a lo largo del año con varias jornadas gastronómicas. ¡Ofrecen vinos propios!

Menú 35/50 € – Carta 33/53 €

Plano : B2-h – *paseo de Ezequiel González 25 ✉ 40002*
– *☏ 921 46 15 45 – www.restaurantemaracaibo.com*
– *cerrado 15 días en julio y lunes*

El símbolo ⚘ indica una carta de vinos especialmente atractiva.

Mesón de Cándido

REGIONAL • RÚSTICA XX Una auténtica institución, pues raigambre y tradición se dan cita en una casa del s. XV que, por méritos propios, se ha convertido en un referente de la cocina regional. No se pierda el trinchado del Cochinillo... ¡con el borde del plato!

Carta 32/53 €

Plano : B2-s - *pl. Azoguejo 5 ✉ 40001 - ✆ 921 42 59 11 - www.mesondecandido.es*

Julián Duque

COCINA TRADICIONAL • RÚSTICA XX ¡Junto a la Catedral! Posee un bar de tapeo a la entrada, una sala de montaje desenfadado para el menú y un comedor principal algo más elegante. Asados y platos tradicionales.

Menú 18/30 € - Carta 30/45 €

Plano : B1-f - *pl. Mayor 8 ✉ 40001 - ✆ 921 46 15 77 - www.restaurantejulianduque.es*

Duque

REGIONAL • AMBIENTE TRADICIONAL XX ¡Un clásico abierto desde 1895! Posee un bar y varias salas repartidas en dos plantas, todas decoradas con numerosos premios y recortes de prensa. Carta regional y dos menús.

Menú 35/40 € - Carta 35/58 €

Plano : B2-e - *Cervantes 12 ✉ 40001 - ✆ 921 46 24 87 - www.restauranteduque.es*

Cuevas de Duque

COCINA TRADICIONAL • RÚSTICA Comunicado con el restaurante Duque pero dotado de un acceso independiente. Presenta una decoración típica, un antiguo horno de asar y una completa carta de tapas y raciones.

Tapa 3 € - Ración aprox. 14 €

Plano : B2-e - *Santa Engracia 6 ✉ 40001 - ✆ 921 46 24 86 - www.restauranteduque.es*

Eurostars Convento Capuchinos

CADENA HOTELERA • MODERNA Perfecto para descansar y... ¡estrechar lazos con la historia! Se halla en el antiguo Convento de las Oblatas, que hoy combina sus paredes en piedra con el confort más actual.

61 hab - ††89/189 € - ☕ 15 € - 1 suite

Plano : B1-a - *pl. Capuchinos 2 ✉ 40001 - ✆ 921 41 52 50 - www.eurostarshotels.com*

San Antonio El Real

HISTÓRICO • CONTEMPORÁNEA Ocupa un monasterio franciscano del s. XV dotado con agradables zonas sociales, un bello claustro y habitaciones de línea moderna, todas con mobiliario de calidad. En su comedor, de altos techos artesonados, le propondrán platos tradicionales y regionales.

51 hab ☕ - ††90/100 €

San Antonio El Real, al Sureste D2 ✉ 40004 - ✆ 921 41 34 55 - www.sanantonioelreal.es

Casa de los Linajes (N)

TRADICIONAL • CLÁSICA Acogedor, con cierto encanto y escondido en una tranquila calle de la zona vieja. Le sorprenderá por su acertado equilibrio entre los detalles rústico-castellanos y modernos.

62 hab - ††40/189 € - ☕ 7 €

Plano : A-B1-c - *Doctor Velasco 9 ✉ 40001 - ✆ 921 41 48 10 - www.execasadeloslinajes.com*

La Casa Mudéjar

HISTÓRICO • ACOGEDORA El edificio, situado en pleno casco antiguo y bien rehabilitado, combina sus dependencias con un aljibe romano, excelentes artesonados mudéjares y hermosos detalles decorativos. En su comedor, ubicado en el patio, podrá degustar tanto platos tradicionales castellanos como los propios de la cocina sefardí.

42 hab – ††50/200 € – ☕8,50 €

Plano : B2-v – *Isabel La Católica 8 ✉ 40001 – ✆ 921 46 62 50 – www.lacasamudejar.com*

SEGURA DE LA SIERRA

Jaén – 1 916 h. – Mapa regional : **1**-D1

▶ Madrid 332 km – Sevilla 386 km – Jaén 159 km – Albacete 152 km

Mapa de carreteras Michelin n° 578-R22

Mirador de Peñalta

REGIONAL • MARCO REGIONAL ✕ Ubicado a la entrada del pueblo y llevado con amabilidad. Presenta un gran bar para tapear y un comedor, ambos de marcado ambiente rústico. Cocina fiel al recetario regional.

Menú 12/35 € – Carta 22/34 €

San Vicente 29 ✉ 23379 – ✆ 953 48 20 71 – cerrado lunes

SENA DE LUNA

León – 402 h. – Alt. 1 142 m – Mapa regional : **8**-B1

▶ Madrid 411 km – León 65 km – Oviedo 64 km – Ponferrada 147 km

Mapa de carreteras Michelin n° 575-D12

Días de Luna

CASA DE CAMPO • RÚSTICA Sólido edificio en piedra, de principios del s. XX, construido como escuela y reconvertido en un acogedor establecimiento rural. Recrea unas instalaciones rústicas, con un coqueto salón dotado de chimenea, confortables habitaciones y un comedor en el que solo sirven un menú de cocina tradicional actualizada.

18 hab ☕ – †45 € ††65 €

Magistrado Rodríguez Quirós 24 ✉ 24145 – ✆ 987 59 77 67 – www.diasdeluna.com – cerrado enero-febrero y de lunes a jueves de noviembre a Semana Santa

SENEGÜÉ

Huesca – 81 h. – Mapa regional : **2**-C1

▶ Madrid 443 km – Zaragoza 127 km – Huesca 58 km

Mapa de carreteras Michelin n° 574-E28

Casbas

COCINA TRADICIONAL • RÚSTICA ✕✕ Instalado en un bello edificio, en piedra y madera, que cuenta con un bar, un comedor rústico-actual y un privado. Su carta tradicional se enriquece con platos familiares, como el Solomillo "torrefacto" con pil-pil de hongos. ¡Habitaciones de aire rústico!

Menú 12/18 € – Carta 28/40 € 12 hab – †45/60 € ††60/92 € – ☕6 €

carret. N 260 ✉ 22666 – ✆ 974 48 01 49 – www.casbas.com

SEO DE URGEL Lleida → Ver La Seu d'Urgell

SEPÚLVEDA

Segovia – 1 168 h. – Alt. 1 014 m – Mapa regional : **8**-C2

▶ Madrid 125 km – Ávila 135 km – Segovia 66 km – Valladolid 113 km

Mapa de carreteras Michelin n° 575-I18

ESPAÑA

Fogón del Azogue

COCINA TRADICIONAL • AMBIENTE CLÁSICO XX Presenta un salón para banquetes, un comedor clásico y una sala acristalada con magníficas vistas al campo. Cocina tradicional y especialidades regionales, como los asados.

Menú 25/35 € - Carta 33/47 €

San Justo y Pastor 10 ✉ 40300 - ✆ 690 20 27 72 - solo almuerzo salvo viernes y sábado - cerrado enero-marzo

Cristóbal

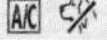

REGIONAL • RÚSTICA X Posee un bar de línea regional, un comedor principal de ambiente castellano y una peculiar sala excavada en la piedra, donde también está la bodega. Carta clásica-regional.

Menú 30/31 € - Carta 26/47 €

Conde de Sepúlveda 9 ✉ 40300 - ✆ 921 54 01 00 - www.restaurantecristobal.com - solo almuerzo salvo viernes, sábado, domingo y agosto - cerrado del 1 al 15 de septiembre, del 15 al 30 de diciembre y martes

Posada de San Millán

HISTÓRICO • HISTÓRICA Edificio románico del s. XI dotado con un patio porticado y muchos muebles restaurados. Sus confortables habitaciones están decoradas con antigüedades y detalles religiosos.

9 hab - 78 €

Vado 12 ✉ 40300 - ✆ 646 84 04 83 - www.posadasanmillan.es

Hospedería de los Templarios

FAMILIAR • TRADICIONAL Instalado en la que fue, durante muchos años, la casa del cura de Sepúlveda. Ofrece un pequeño salón decorado con el retablo de una iglesia y unas correctas habitaciones, todas combinando el mobiliario antiguo restaurado con el actual.

8 hab - 60/90 € 70/90 €

pl. de España 19-20 ✉ 40300 - ✆ 921 54 00 89 - www.hospederiadelostemplarios.es - cerrado del 25 al 30 de agosto

¿Buena cocina sin arruinarse? Busque los Bib Gourmand. ¡Le ayudarán a encontrar las mesas con la mejor relación calidad/precio!

SERPE Pontevedra → Ver Raxó

SERRA DE OUTES

A Coruña - 6 691 h. - Alt. 16 m - Mapa regional : **13**-A2

Madrid 642 km - Santiago de Compostela 42 km - A Coruña 119 km - Pontevedra 78 km

Mapa de carreteras Michelin nº 571-D3

por AC 550 Sur : 2 km y desvío a la derecha 1 km

Casa do Zuleiro

FAMILIAR • RÚSTICA Este conjunto rural, formado por varias casas, resulta realmente encantador. Ofrece una zona social con chimenea y acogedoras habitaciones, una de ellas con un gran jacuzzi. ¡A los clientes alojados se les ofrece servicio de cenas bajo reserva!

9 hab - 75 € 85 €

Brion de Arriba 52 - San Xoan de Roo ✉ 15230 Outes - ✆ 981 76 55 31 - www.casadozuleiro.com

SETCASES

Girona - 180 h. - Alt. 1 279 m - Mapa regional : **9**-C1
Madrid 686 km - Barcelona 141 km - Girona 90 km
Mapa de carreteras Michelin n° 574-E36

Can Jepet

CATALANA • RÚSTICA XX Restaurante de ambiente rústico emplazado en un pueblo pirenaico bastante pintoresco. Toma su nombre del apodo familiar y es un buen sitio para descubrir la cocina catalana de montaña, rica en carnes a la brasa, platos de caza, embutidos...

Menú 18/42 € - Carta 20/41 €

Molló 11 ✉ 17869 - ✆ 972 13 61 04 - www.restaurantcanjepet.com - solo almuerzo salvo viernes y sábado - cerrado 15 días en noviembre, 25 junio-9 julio, martes salvo festivos y agosto

La SEU D'URGELL SEO DE URGEL

Lleida - 12 249 h. - Alt. 700 m - Mapa regional : **9**-B1
Madrid 602 km - Andorra la Vella 20 km - Barcelona 200 km - Lleida 133 km
Mapa de carreteras Michelin n° 574-E34

Parador de la Seu d'Urgell

CADENA HOTELERA • CONTEMPORÁNEA Remotos orígenes medievales se ciernen sobre sus modernas instalaciones, en general de línea actual. Presenta la zona social en el antiguo claustro y ofrece unas cuidadas habitaciones, todas con mobiliario funcional. Su amplio restaurante combina perfectamente el diseño con la cocina regional catalana.

79 hab - ††80/180 € - ☕16 €

Sant Domènec 6 ✉ 25700 - ✆ 973 35 20 00 - www.parador.es

en Castellciutat Suroeste : 1 km

Tàpies

CLÁSICA • AMBIENTE CLÁSICO XXX Toma su nombre del apellido familiar y destaca tanto por su elegancia como por sus magníficas vistas. Proponen una cocina actual con platos de temporada, dando siempre prioridad a los productos autóctonos. ¡Todos sus quesos son del Pirineo!

Menú 70 € - Carta 52/72 €

Hotel El Castell de Ciutat, carret. N 260 ✉ 25700 La Seu d'Urgell - ✆ 973 35 00 00 - www.hotelelcastell.com - cerrado 7 enero-febrero, lunes y martes

El Castell de Ciutat

LUJO • CLÁSICA Ocupa una zona elevada que, al mismo tiempo, se encuentra a los pies del castillo-fortaleza del s. XVI. Elegante zona noble, SPA gratuito para el cliente alojado y habitaciones de muy buen confort, unas abuhardilladas y otras con terraza.

36 hab ☕ - †135/180 € ††170/225 € - 2 suites

carret. N 260 ✉ 25700 La Seu d'Urgell - ✆ 973 35 00 00 - www.hotelelcastell.com

Tàpies - ver selección restaurantes

al Noreste 6 km

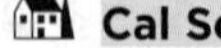

Cal Serni

FAMILIAR • RÚSTICA Se halla en una pequeña aldea de montaña, en una casa del s. XV que presenta sencillas habitaciones, un coqueto restaurante y atractivos exteriores. Es la esencia de un turismo rural, con granja, huerto, un Museo del Pagès, vino, tienda de productos caseros...

6 hab - †42 € ††60 € - ☕10 €

Calbinyà (es necesario reservar) ✉ 25798 Calbinyà - ✆ 973 35 28 09 - www.calserni.com - cerrado del 15 al 30 de mayo

NOS GUSTA...

Tomar un café en el emblemático hotel **Alfonso XIII**, subir a la terraza-azotea del **Eme Catedral** para "tocar" la Giralda y, sobre todo, callejear entre los barrios de San Lorenzo y Santa Cruz para tapear. Mención especial merecen la hermosa **Taberna del Alabardero**, el fantástico bacalao del **Dos de Mayo**, el moderno ambiente taurino que reina en **El Burladero**...

SEVILLA

693 878 h. – Alt. 12 m – Mapa regional : **1**-B2
Madrid 529 km – Cádiz 125 km – Granada 253 km – Málaga 212 km
Mapa de carreteras Michelin nº 578-T11

Planos de la ciudad en páginas siguientes

Restaurantes

Abantal (Julio Fernández)

CREATIVA • MINIMALISTA XXX Un restaurante de ambiente minimalista que hace convivir sus estándares estéticos con las pinceladas creativas de varios artistas plásticos contemporáneos; no en vano, estos lo usan ocasionalmente como espacio expositivo. Su chef propone una cocina de tinte innovador, llena de personalidad y fiel a los sabores del sur.

➜ Quisquillas con pil-pil de microalgas y alcachofas. Facera de atún rojo con tomate sofrito, gel de pimientos, ajo asado y albahaca. Fresas y tomates en almíbar de albahaca y bizcocho de especias.

Menú 65/90 € – Carta 50/75 €

Plano : H2-b – *Alcalde José de la Bandera 7 ✉ 41003 – ✆ 954 54 00 00 – www.abantalrestaurante.es – cerrado agosto-5 septiembre, domingo y lunes*

Az-Zait

MODERNA • ACOGEDORA XX Toma su nombre de un vocablo árabe que significa "jugo de aceituna" (aceite). Encontrará un sugerente servicio de tapas a la entrada y una carta bien equilibrada, entre la cocina internacional y los platos tradicionales de tintes creativos.

Menú 25/50 € – Carta 35/47 €

Plano : F1-d – *pl. San Lorenzo 1 ✉ 41002 – ✆ 954 90 64 75 – www.az-zait.es – cerrado julio y miércoles mediodía*

¿Desayuno incluido? La taza aparece junto al número de habitaciones.

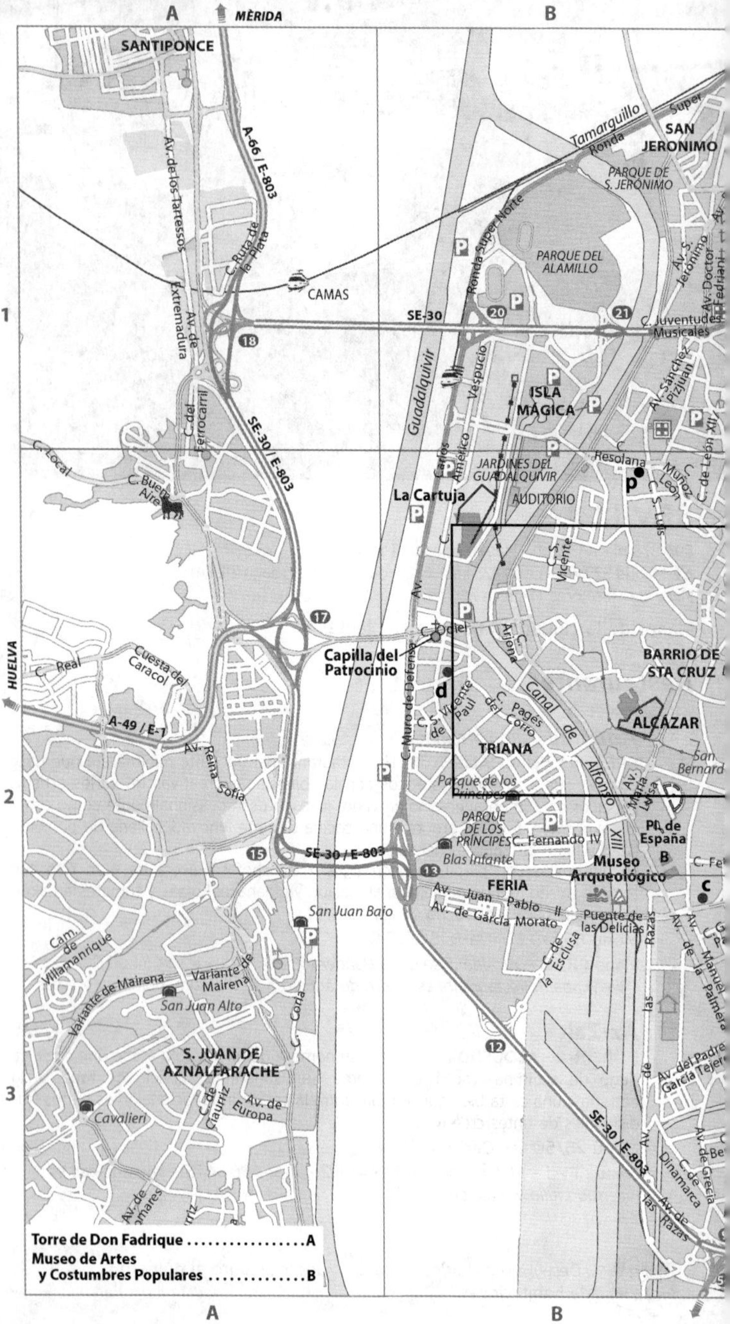
A
MÈRIDA
B
SANTIPONCE
Av. de los Tartessos
A-66 / E-803
C. Ruta de la Plata
CAMAS
Av. de Extremadura
SE-30
18
C. del Ferrocarril
SE-30 / E-803
C. Local
C. Buen Aire
17
HUELVA
C. Real
Cuesta del Caracol
A-49 / E-1
Av. Reina Sofía
15
SE-30 / E-803
San Juan Bajo
Cam. de Villamanrique
Variante de Mairena
Variante de Mairena
San Juan Alto
C. Coria
S. JUAN DE AZNALFARACHE
C. de Ciaurriz
Av. de Europa
Cavalieri
Tamarguillo
Ronda
Super
SAN JERONIMO
PARQUE DE S. JERÓNIMO
Ronda Super Norte
PARQUE DEL ALAMILLO
20
21
C. Juventudes Musicales
Av. S. Jerónimo
Av. Doctor Fedriani
Guadalquivir
Vespucio
ISLA MÁGICA
Av. Sánchez Pizjuán
C. Américo
Carlos
JARDINES DEL GUADALQUIVIR
AUDITORIO
C. Resolana
C. Muñoz León
C. de León XIII
C. S. Luis
La Cartuja
C. S. Vicente
Av.
C. Arjona
C. Torneo
Capilla del Patrocinio
C. Muro de Defensa
d
C. S. Vicente de Paul
C. Pagés del Corro
Canal de Alfonso XIII
BARRIO DE STA CRUZ
ALCÁZAR
San Bernardo
TRIANA
Parque de los Príncipes
PARQUE DE LOS PRÍNCIPES
C. Fernando IV
Av. María Luisa
Pl. de España
Blas Infante
Museo Arqueológico
13
FERIA
Av. Juan Pablo II
Av. de García Morato
Puente de las Delicias
C. de la Esclusa
Av. de las Razas
Av. de la Palmera
C. Manuel
Av. del Padre García Tejero
Av. de Grecia
C. de Dinamarca
12
SE-30 / E-803
Torre de Don Fadrique .... A
Museo de Artes y Costumbres Populares .... B
1
2
3

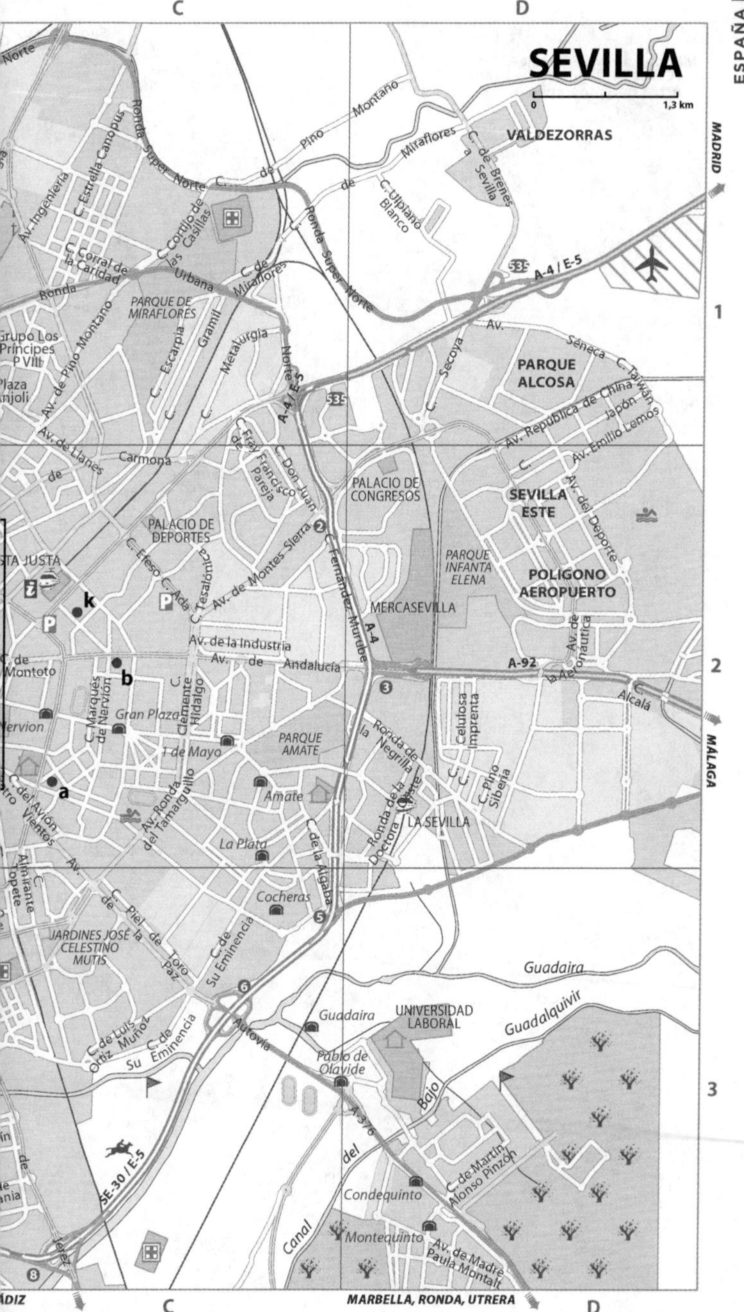
SEVILLA
0
1,3 km
C
D
1
2
3
MADRID
MÁLAGA
MARBELLA, RONDA, UTRERA
VALDEZORRAS
PARQUE ALCOSA
SEVILLA ESTE
POLIGONO AEROPUERTO
PALACIO DE CONGRESOS
PALACIO DE DEPORTES
PARQUE INFANTA ELENA
MERCASEVILLA
PARQUE DE MIRAFLORES
PARQUE AMATE
JARDINES JOSÉ CELESTINO MUTIS
UNIVERSIDAD LABORAL
LA SEVILLA
Gran Plaza
1 de Mayo
Amate
La Plata
Cocheras
Guadaira
Pablo de Olavide
Condequinto
Montequinto
Guadalquivir
Canal del Bajo
A-4 / E-5
A-4
A-92
A-376
SE-30 / E-5
Ronda Super Norte
Ronda Urbana Norte
Av. de la Industria
Av. de Andalucía
C. Fernández Murube
Av. de Montes Sierra
Av. República de China
Av. Emilio Lemos
Av. del Deporte
Av. de la Aeronáutica
Alcalá
C. de Miraflores
C. de Pino Montano
Av. de Pino Montano
Av. Séneca
C. Secoya
Ronda de la Negrilla
Ronda de la Doctora Oeste
C. de la Algaba
C. de Su Eminencia
C. Piel de Toro
Av. de la Paz
Autovía
Av. Ronda del Tamarguillo
C. Clemente Hidalgo
C. Marqués de Nervión
Av. de Llanes
Carmona
Av. de Madre Paula Montalt
C. de Martín Alonso Pinzón
C. de Luis Ortiz Muñoz
k
b
a

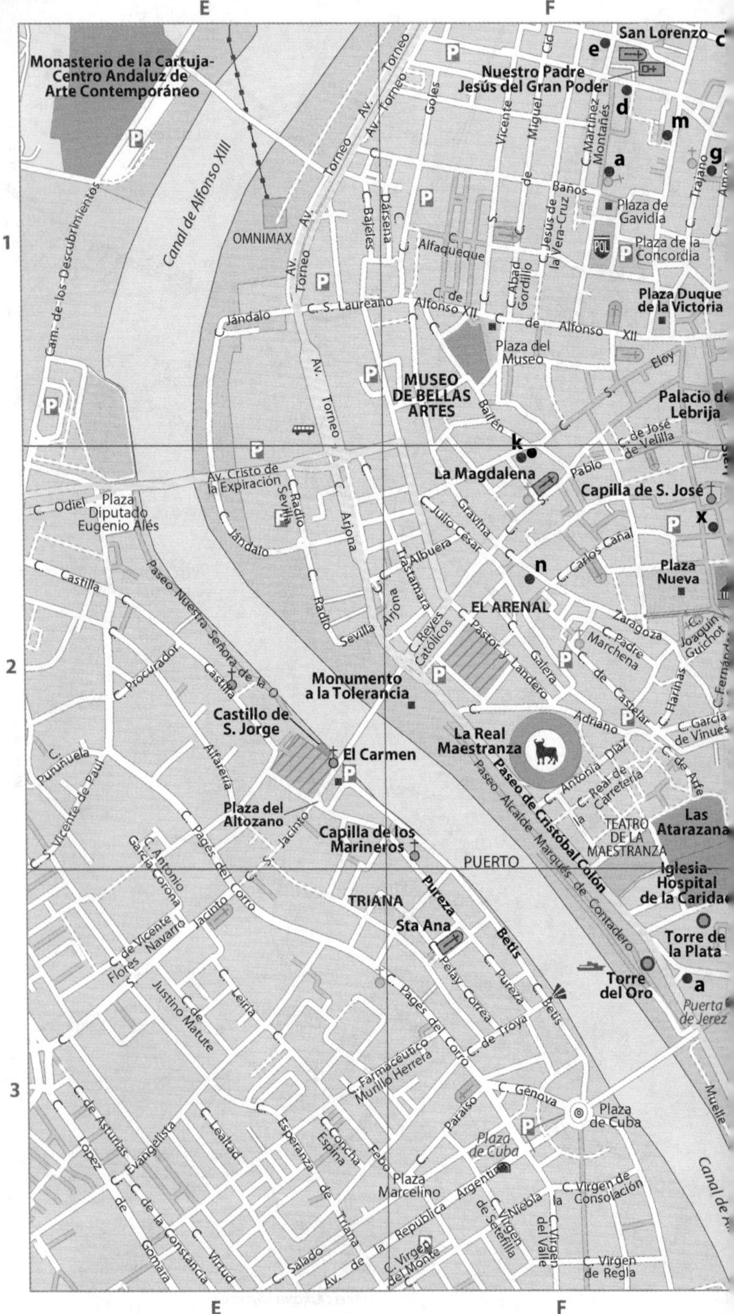
E
F
Monasterio de la Cartuja-Centro Andaluz de Arte Contemporáneo
Canal de Alfonso XIII
OMNIMAX
San Lorenzo
Nuestro Padre Jesús del Gran Poder
Plaza de Gavidia
Plaza de la Concordia
Plaza Duque de la Victoria
Plaza del Museo
MUSEO DE BELLAS ARTES
Palacio de Lebrija
La Magdalena
Capilla de S. José
Plaza Nueva
Plaza Diputado Eugenio Alés
EL ARENAL
Monumento a la Tolerancia
Castillo de S. Jorge
El Carmen
La Real Maestranza
Plaza del Altozano
Capilla de los Marineros
PUERTO
TEATRO DE LA MAESTRANZA
Las Atarazanas
Iglesia-Hospital de la Caridad
TRIANA
Sta Ana
Torre de la Plata
Torre del Oro
Puerta de Jerez
Plaza de Cuba
Plaza Marcelino
Paseo de Cristóbal Colón
Paseo Alcalde Marqués de Contadero
Paseo Nuestra Señora de la O
Av. Torneo
Av. Cristo de la Expiración
Cam. de los Descubrimientos
Av. de la República Argentina
1
2
3
E
F

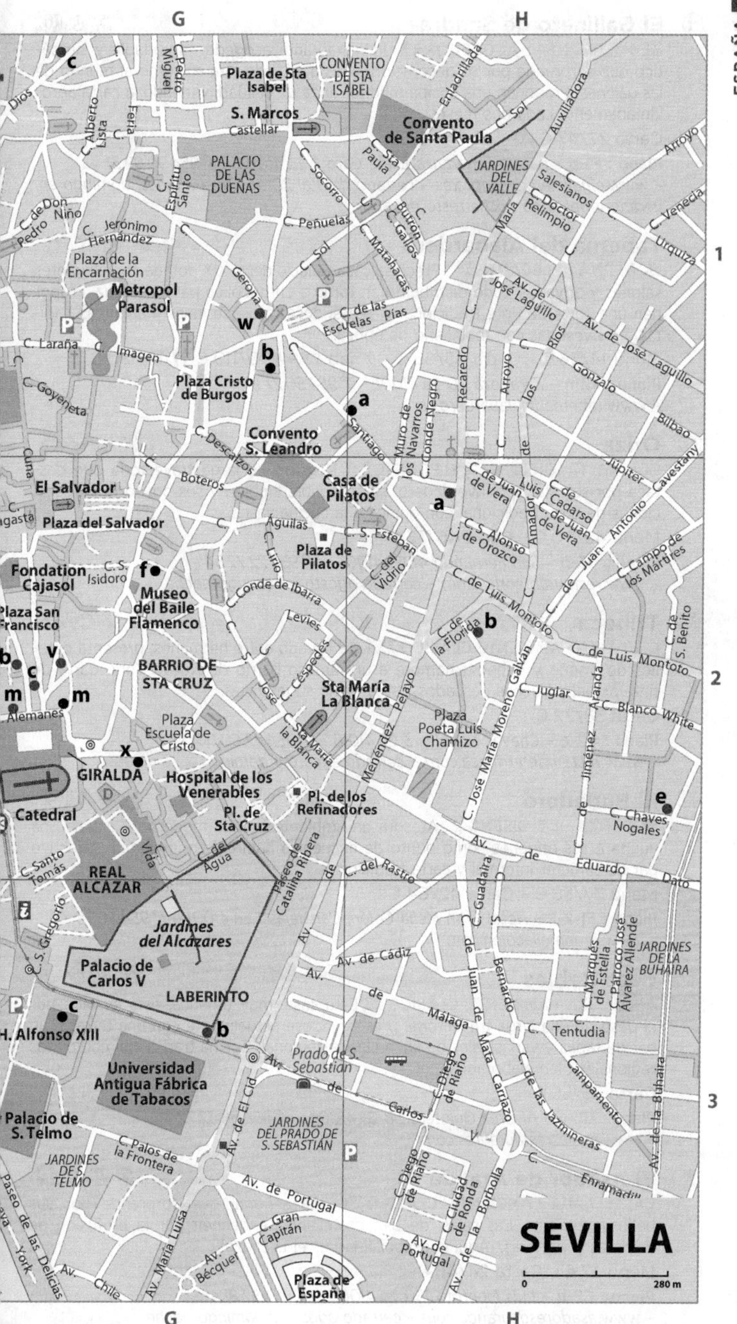
G
H
1
2
3
SEVILLA
0
280 m
Plaza de Sta Isabel
CONVENTO DE STA ISABEL
S. Marcos
Convento de Santa Paula
PALACIO DE LAS DUEÑAS
JARDINES DEL VALLE
Plaza de la Encarnación
Metropol Parasol
Plaza Cristo de Burgos
Convento S. Leandro
Casa de Pilatos
El Salvador
Plaza del Salvador
Plaza de Pilatos
Fondation Cajasol
Museo del Baile Flamenco
Plaza San Francisco
BARRIO DE STA CRUZ
Sta María La Blanca
Plaza Escuela de Cristo
GIRALDA
Catedral
Hospital de los Venerables
Pl. de Sta Cruz
Pl. de los Refinadores
Plaza Poeta Luis Chamizo
REAL ALCAZAR
Jardines del Alcázares
Palacio de Carlos V
LABERINTO
H. Alfonso XIII
Universidad Antigua Fábrica de Tabacos
Palacio de S. Telmo
JARDINES DE S. TELMO
Prado de S. Sebastián
JARDINES DEL PRADO DE S. SEBASTIÁN
JARDINES DE LA BUHAIRA
Plaza de España
C. Pedro Miguel
C. Feria
C. Alberto Lista
Castellar
C. Espíritu Santo
C. de Don Pedro Niño
C. Jerónimo Hernández
C. Socorro
C. Sta Paula
Enladrillada
C. Sol
Auxiliadora
C. Peñuelas
C. Matahacas
C. Butrón
C. Gallos
C. Salesianos
C. Doctor Relimpio
María Auxiliadora
Arroyo
C. Venecia
Urquiza
Av. de José Laguillo
C. Gerona
C. de las Escuelas Pías
C. Laraña
C. Imagen
C. Goyeneta
C. Recaredo
C. Arroyo
C. de los Ríos
Gonzalo Bilbao
C. Santiago
C. Muro de los Navarros
C. Conde Negro
C. Descalzos
C. Boteros
Cuna
Júpiter
Cavestany
C. de Juan de Vera
C. Luis Cadarso
C. Amador de los Ríos
C. Juan Antonio
C. Águilas
C. S. Esteban
C. Lirio
C. S. Alonso de Orozco
C. del Vidrio
C. S. Isidoro
C. Conde de Ibarra
Levíes
C. de Luis Montoto
C. Campo de los Mártires
C. de la Florida
C. de S. Benito
C. S. José
C. Céspedes
C. Menéndez Pelayo
C. José María Moreno Galván
C. Juglar
C. Jiménez Aranda
C. Blanco White
Alemanes
C. Sta María la Blanca
C. Chaves Nogales
Av. de Eduardo Dato
C. Vida
C. del Agua
C. Santo Tomás
Paseo de Catalina Ribera
C. del Rastro
C. Guadaira
C. S. Bernardo
C. de Juan de Mata Carrizo
C. S. Gregorio
Av. de Cádiz
Av. de Málaga
C. Marqués de Estella
C. Párroco José Álvarez Allende
C. Tentudia
Campamento
C. de las Jazmineras
Av. de la Buhaira
Av. de Carlos V
C. Diego de Riaño
Av. de El Cid
C. Palos de la Frontera
Av. de Portugal
C. Ciudad de Ronda
Av. de la Borbolla
Enramadilla
Paseo de las Delicias
C. Gran Capitán
Av. Bécquer
Av. María Luisa
Av. Chile
Dios
gasta
York

El Gallinero de Sandra

MEDITERRÁNEA • ACOGEDORA X Un restaurante acogedor, agradable y simpático que sorprende por su decoración, pues aquí todo gira en torno al mundo de las gallinas. Proponen una cocina mediterránea de calidad, variando la carta aproximadamente cada dos meses.

Carta 27/47 €

Plano : F1-g - *pasaje Esperanza Elena Caro 2 ✉ 41002 - ✆ 954 90 99 31 - www.elgallinerodesandra.es - cerrado del 1 al 20 de agosto, lunes, domingo en verano y domingo noche resto del año*

Taberna del Alabardero

MODERNA • ELEGANTE XXX Preciosa casa-palacio del s. XIX dotada con elegantes salones y privados, todo distribuido en torno a un bucólico patio andaluz. Proponen una carta de tinte tradicional y, por si desea alojarse, unas magníficas habitaciones vestidas con mobiliario de época.

Menú 14/56 € - Carta 45/65 € 7 hab - †90/110 € ††110/130 €

Plano : F2-n - *Zaragoza 20 ✉ 41001 - ✆ 954 50 27 21 - www.tabernadelalabardero.es*

Oriza

COCINA TRADICIONAL • ELEGANTE XXX Negocio de larga trayectoria que destaca por su sala, tipo invernadero, su agradable ambigú y sus privados. Elaboraciones de base tradicional con guiños a la cocina vasca.

Menú 42/90 € - Carta 46/75 €

Plano : G3-b - *San Fernando 41 ✉ 41004 - ✆ 954 22 72 54 - www.restauranteoriza.com - cerrado agosto y domingo noche*

Tribeca

CREATIVA • AMBIENTE CLÁSICO XX Está llevado entre hermanos, presenta detalles de diseño y debe su nombre a un famoso barrio de Nueva York. Carta de tinte actual y buenos pescados, estos como sugerencias.

Carta 38/72 €

Plano : H2-e - *Chaves Nogales 3 ✉ 41018 - ✆ 954 42 60 00 - www.restaurantetribeca.com - cerrado agosto y domingo*

El Burladero

MODERNA • DE DISEÑO XX Atesora un ambiente taurino-moderno y anhela una vuelta a sus orígenes como punto de encuentro habitual en la ciudad. Atractivo bar de carácter informal y carta tradicional.

Menú 37/58 € - Carta 42/64 €

Plano : F1-2-k - *Hotel Gran Meliá Colón, Canalejas 1 ✉ 41001 - ✆ 954 50 78 62 - www.granmeliacolon.com*

Casa Robles

ANDALUZA • AMBIENTE CLÁSICO XX Esta casa, muy turística, está avalada por el peso de una larga trayectoria, presentándose actualmente con una terraza, un bar de tapas y varias salas de línea clásica-regional. Cocina tradicional con platos regionales bien elaborados.

Carta 35/55 €

Plano : G2-c - *Álvarez Quintero 58 ✉ 41004 - ✆ 954 56 32 72 - www.roblesrestaurantes.com*

El Asador de Aranda

CASTELLANA • AMBIENTE CLÁSICO XX Casa señorial que sorprende por sus bellos exteriores. Las salas, de aire castellano, se definen por la profusión de maderas y vidrieras. ¡Aquí la especialidad es el Lechazo!

Menú 37 € - Carta 24/46 €

Plano : C2-b - *Luis Montoto 150 ✉ 41005 - ✆ 954 57 81 41 - www.asadoresdearanda.com - cerrado agosto y domingo noche*

Becerrita

ANDALUZA • AMBIENTE CLÁSICO XX Este acogedor negocio combina diversos detalles clásicos con otros de aire andaluz. Carta de tapas en el gastrobar, sabrosas especialidades regionales y completa bodega.

Carta 35/53 €

Plano : H2-a - *Recaredo 9 ✉ 41003 - ✆ 954 41 20 57 - www.becerrita.com - cerrado domingo noche*

Eslava

COCINA TRADICIONAL • FAMILIAR X Se halla en el famoso barrio de San Lorenzo y, poco a poco, se está convirtiendo en uno de los referentes de la cocina tradicional actualizada en esta ciudad. Ofrece un pequeño comedor de línea actual-funcional, un bar de tapas de acceso independiente y, por si desea alojarse, cuatro excelentes apartamentos.

Carta 33/50 € 4 apartamentos - 115/245 € - 15 €

Plano : F1-e - *Eslava 5 ✉ 41002 - ✆ 954 90 65 68 - www.espacioeslava.com - cerrado 10 días en enero, 20 días en agosto, domingo noche y lunes*

El Espigón

PESCADOS Y MARISCOS • AMBIENTE TRADICIONAL X Frecuentado por gente de negocios. Ocupa una casa sevillana del barrio residencial del Porvenir, con las paredes cubiertas de madera y detalles marineros. Pescados y mariscos.

Menú 44/66 € - Carta 45/65 €

Plano : B3-c - *Bogotá 1 ✉ 41013 - ✆ 954 23 92 56 - www.elespigon.com*

Manolo Vázquez

PESCADOS Y MARISCOS • AMBIENTE CLÁSICO X Restaurante de cocina tradicional andaluza en el que los pescados y mariscos, normalmente de las costas de Huelva, se alzan con un especial protagonismo. Decoración algo recargada, carta "cantada" y clientela de negocios.

Menú 33/49 € - Carta 27/49 €

Plano : C2-k - *Baltasar Gracián 5 ✉ 41007 - ✆ 954 57 21 46 - www.manolovazquez.es - cerrado domingo en julio y agosto*

El Rinconcillo

COCINA TRADICIONAL • RÚSTICA X Negocio con encanto llevado entre dos hermanos. Dispone de una atractiva taberna en la planta baja y dos salas rústicas en los pisos superiores. Carta tradicional muy variada, con pescados y asados.

Carta 25/35 €

Plano : G1-w - *Gerona 40 ✉ 41003 - ✆ 954 22 31 83 - www.elrinconcillo.es*

Don Juan de Alemanes

COCINA TRADICIONAL • A LA MODA Este amplio y moderno bar de tapas, ubicado junto a la Catedral, se presenta como un espacio ecléctico donde intentan aportar una oferta gastronómica diferente, más fresca y orientada a un público urbanita. Cocina tradicional actualizada.

Tapa 5 € - Ración aprox. 9 €

Plano : G2-m - *Alemanes 7 ✉ 41004 - ✆ 954 56 32 32 - www.donjuandealemanes.es*

Robles Placentines

ANDALUZA • TABERNA Buen bar tipo mesón, con profusión de maderas y una sala en la 1ª planta, donde todo gira en torno al mundo de la tauromaquia. Ofrece una sugerente carta de tapas y raciones.

Tapa 3 € - Ración aprox. 8 €

Plano : G2-v - *Placentines 2 ✉ 41004 - ✆ 954 21 31 62 - www.roblesrestaurantes.com*

Tradevo

COCINA TRADICIONAL • SIMPÁTICA Lo que mejor explica la filosofía de este gastrobar es su propio nombre, pues nace de juntar las palabras Tradición y Evolución. La oferta varía según mercado y temporada.

Tapa 3,50 € - Ración aprox. 14 €

Plano : C2-a - *pl. Pintor Amalio García del Moral 2 ✉ 41005 - ✆ 854 52 15 54 (es necesario reservar) - www.tradevo.es - cerrado 10 días en enero, 20 días en agosto, sábado y domingo en julio-agosto, domingo noche resto del año y lunes*

La Azotea (N)

COCINA TRADICIONAL • SENCILLA ¡Está cosechando gran éxito! Proponen una cocina tradicional con toques actuales, siempre basada en el producto y con opción tanto a tapas y raciones como a medias raciones.

Tapa 4 € - Ración aprox. 18 €

Plano : F1-m - *Jesús del Gran Poder 31 ✉ 41002 - ✆ 955 11 67 48 - www.laazoteasevilla.com - cerrado domingo y lunes*

Ovejas Negras

COCINA TRADICIONAL • A LA MODA Pequeño local de ambiente desenfadado. Más que tapas lo que ofrecen son platitos, como el Atún vuelta y vuelta, la Mini hamburguesa o sus Mollejas crocantes con huevos rotos.

Tapa 6 € - Ración aprox. 10 €

Plano : G2-b - *Hernando Colón 8 ✉ 41003 - ✆ 955 12 38 11 - www.ovejasnegrastapas.com - cerrado domingo noche y lunes*

Casa La Viuda

ANDALUZA • TABERNA Todo un clásico que resulta acogedor y permanece lleno de tipismos. Su amplia carta de raciones se enriquece, diariamente, con un guiso y un arroz. ¡Pruebe su famoso Bacalao!

Tapa 2,50 € - Ración aprox. 10 €

Plano : F2-x - *Albareda 2 ✉ 41001 - ✆ 954 21 54 20 - www.comerdetapasensevilla.es - cerrado domingo en julio y agosto*

La Fábrica

CREATIVA • TENDENCIA Una apuesta atípica, pero convincente, en un espacio de gran eclecticismo. La escueta carta de tapas se completa con interesantes recomendaciones, todas presentadas con mimo.

Tapa 3,50 €

Plano : G1-c - *Correduría 1 ✉ 41002 - ✆ 954 37 62 00 - cerrado 15 julio-15 agosto, domingo noche, lunes, martes, miércoles y jueves mediodía*

Dos de Mayo

ANDALUZA • MARCO REGIONAL He aquí un negocio que emana historia y tradición... no en vano, el local data de finales del s. XIX. Amplia carta de tapas y raciones, con el Bacalao como gran especialidad.

Tapa 3 € - Ración aprox. 10 €

Plano : F1-a - *pl.de la Gavidia 6 ✉ 41002 - ✆ 954 90 86 47 - www.comerdetapasensevilla.es - cerrado domingo en julio y agosto*

Puratasca

CREATIVA • SENCILLA Un bar de tapas que ha sabido, por méritos propios, ganarse un nombre en el barrio de Triana. Tiene el aspecto de una tasca tradicional... sin embargo, aquí proponen unos platos actuales y creativos, bastante bien concebidos y copiosos.

Tapa 4,50 € - Ración aprox. 12 €

Plano : B2-d - *Numancia 5 ✉ 41010 - ✆ 954 33 16 21 - www.puratasca.com - cerrado del 9 al 15 de enero, 7 días en abril, del 14 al 20 de agosto y domingo*

Eslava

COCINA TRADICIONAL • AMBIENTE TRADICIONAL Reconocido por el público y la crítica, no en vano ha sido galardonado con varios premios en diferentes certámenes gastronómicos. De sus fogones surgen las tapas propias de una cocina tradicional actualizada y algún que otro guiso.

Tapa 3 € - Ración aprox. 13 €

Plano : F1-e - *Eslava 3 ✉ 41002*
- *☎ 954 90 65 68 - www.espacioeslava.com*
- *cerrado del 7 al 17 de enero, 20 días en agosto, domingo noche y lunes*

El Rinconcillo

COCINA TRADICIONAL • TABERNA ¡Todo un homenaje a la historia! La casa, que se fundó en 1670 y tiene un incuestionable encanto, ocupa dos locales anexos, uno de ellos en una vieja tienda de ultramarinos.

Tapa 3 € - Ración aprox. 8 €

Plano : G1-w - *Gerona 40 ✉ 41003*
- *☎ 954 22 31 83 - www.elrinconcillo.es*
- *cerrado 31 julio-16 agosto*

Uno de Delicias

MODERNA • DE DISEÑO Negocio de aire rústico-colonial e industrial, pues presenta altísimos techos y los tubos de ventilación a la vista. Cocina tradicional-actual basada en el producto fresco.

Tapa 4 € - Ración aprox. 11 €

Plano : F3-a - *paseo de las Delicias 1 ✉ 41013*
- *☎ 954 50 05 00 - www.unodedelicias.es*
- *cerrado domingo noche*

Alojamientos

Alfonso XIII

GRAN LUJO • CLÁSICA Este majestuoso edificio de estilo andaluz le sorprenderá por su exquisita decoración, pues en él conviven arcos, arabescos y mosaicos. Presenta unas magníficas zonas nobles y tres tipos de habitaciones, las llamadas castellanas, las árabes y las andaluzas. Restaurante gastronómico, coctelería y bar de tapas.

132 hab - †199/705 € ††219/805 € - ☕ 21 € - 19 suites

Plano : G3-c - *San Fernando 2 ✉ 41004*
- *☎ 954 91 70 00 - www.hotel-alfonsoxiii-sevilla.com*

Gran Meliá Colón

LUJO • CONTEMPORÁNEA Instalado en un edificio, hoy actualizado, que se construyó para la exposición iberoamericana de 1929. Sorprende ver que cada planta está dedicada a un pintor, reflejando cada puerta una copia de sus lienzos. Por las noches, en el bar, hay actuaciones en vivo.

160 hab ☕ - ††180/350 € - 29 suites

Plano : F1-2-k - *Canalejas 1 ✉ 41001*
- *☎ 954 50 55 99 - www.gran-melia-colon.com*

El Burladero - ver selección restaurantes

Eme Catedral

LUJO • DE DISEÑO Atesora un emplazamiento realmente privilegiado junto a la Giralda, unas habitaciones de gran nivel y una terraza-azotea que, sin duda, le sorprenderá por sus vistas y su ambiente, especialmente durante las noches de verano. Buena oferta gastronómica.

59 hab - ††148/1000 € - ☕ 20 € - 1 suite

Plano : G2-m - *Alemanes 27 ✉ 41004*
- *☎ 954 56 00 00 - www.emecatedralhotel.com*

Palacio de Villapanés

TRADICIONAL • CONTEMPORÁNEA Parcialmente instalado en un palacio del s. XVIII. Disfruta de un hermoso patio central, una amplia azotea-solárium con vistas sobre Sevilla y elegantes habitaciones, algunas hasta con los artesonados originales. El restaurante realza las antiguas bodegas.

47 hab – 193/315 € – 20 € – 3 suites

Plano : H1-a – *Santiago 31 ✉ 41003*
– *✆ 954 50 20 63 – www.palaciovillapanes.com*

Casa 1800 (N)

LUJO • ELEGANTE Ocupa un edificio del s. XIX y, junto al bonito patio interior, destaca por su maravillosa azotea, dotada con terrazas, solárium y una piscina... ¡con vistas a la Giralda!

33 hab – 95/450 € – 12 €

Plano : G2-x – *Rodrigo Caro 6 ✉ 41004*
– *✆ 954 56 18 00 – www.hotelcasa1800sevilla.com*

Corral del Rey

LUJO • PERSONALIZADA Lo encontrará en pleno centro, en el barrio de la Alfalfa, instalado en una Casa Palacio del s. XVII de indiscutible encanto. ¡Las habitaciones están totalmente domotizadas!

13 hab – 167/278 € 185/308 €

Plano : G2-f – *Corral del Rey 12 ✉ 41004*
– *✆ 954 22 71 16 – www.corraldelrey.com*

Sacristía de Santa Ana

TRADICIONAL • ELEGANTE Un encantador hotelito que, según la cultura popular, remonta sus orígenes a una antigua iglesia del s. XVII. ¡Todo gira en torno a su hermoso patio central con balconada!

25 hab – 63/210 € 63/270 € – 10 €

Plano : F1-c – *Alameda de Hércules 22 ✉ 41002*
– *✆ 954 91 57 22 – www.hotelsacristia.com*

Amadeus Sevilla

FAMILIAR • CLÁSICA ¡Atribuye a la música clásica las claves de su filosofía! Posee un patio, una sala de té, una terraza-bar en la azotea y elegantes habitaciones, muchas con mobiliario inglés.

29 hab – 85/110 € 92/130 € – 9 € – 1 suite

Plano : G2-a – *Farnesio 6 ✉ 41004*
– *✆ 954 50 14 43 – www.hotelamadeussevilla.com*

Alcoba del Rey de Sevilla

TRADICIONAL • PERSONALIZADA Una fantástica opción para descubrir la estética andalusí. Ofrece preciosas habitaciones, todas personalizadas, y una original zona social, con un pequeño patio mudéjar, una zona chill out en la azotea, el sonido del discurrir del agua...

15 hab – 90/145 € 110/190 €

Plano : B2-p – *Bécquer 9 ✉ 41002*
– *✆ 954 91 58 00 – www.alcobadelrey.com*

La Casa del Maestro

HISTÓRICO • ACOGEDORA Ocupa una bonita casa sevillana, donde vivió el famoso guitarrista flamenco Niño Ricardo. Posee un agradable patio, una terraza-solárium en la azotea y coquetas habitaciones, todas personalizadas y con cierto encanto.

12 hab – 40/90 € 70/150 €

Plano : G1-b – *Niño Ricardo 5, (antigua calle Almudena) ✉ 41003*
– *✆ 673 41 71 00 – www.lacasadelmaestro.com*

SIERRA DE CAZORLA Jaén → Ver Cazorla

→ Ver Cazorla

SIGÜENZA

Guadalajara - 4 648 h. - Alt. 1 070 m - Mapa regional : **7**-C1
Madrid 129 km - Guadalajara 73 km - Soria 96 km - Zaragoza 191 km
Mapa de carreteras Michelin nº 575-I22

Nöla

MODERNA • ACOGEDORA X Ubicado en la casa de D. Martín Vázquez de Arce, el mítico Doncel de Sigüenza. En su interior, que armoniza el confort actual con la antigua estructura del edificio, le ofrecerán una cocina tradicional actualizada y varios menús. ¡Buen patio-terraza de verano!

Menú 26/39 € - Carta 29/36 €

pl. de San Vicente (Casa del Doncel) ✉ 19250
- ✆ 949 39 32 46 (es necesario reservar) - www.nolarestaurante.es
- Cerrado 7 enero-4 febrero, del 12 al 22 de septiembre, domingo noche, lunes, martes y miercoles de octubre a mayo, martes resto del año

El Doncel

MODERNA • ACOGEDORA XX Disfruta de un comedor rústico-moderno, con las paredes en piedra y vigas de madera. Su carta, actual, de bases tradicionales y con tintes de autor, se completa con un buen menú. También ofrece habitaciones, todas actuales pero con detalles rústicos.

Menú 45/56 € - Carta 40/54 € 17 hab ☕ - †48/64 € ††85/125 €

paseo de la Alameda 3 ✉ 19250
- ✆ 949 39 00 01 - www.eldoncel.com
- cerrado del 23 al 30 de diciembre, domingo noche y lunes salvo verano

Calle Mayor

COCINA TRADICIONAL • AMBIENTE TRADICIONAL X Restaurante rústico-actual instalado en una casa que data del s. XVI. Presenta una sala en dos niveles y ofrece una cocina de base tradicional, con toques actuales y la opción de menús. ¡Pruebe sus Manitas de cerdo rellenas de caracoles!

Menú 15/27 € - Carta 24/37 €

Mayor 21 ✉ 19250
- ✆ 949 39 17 48 - www.restaurantecallemayor.com
- cerrado 20 diciembre - 2 enero, domingo noche y lunes salvo verano

Parador de Sigüenza

EDIFICIO HISTÓRICO • HISTÓRICA Instalado en un castillo medieval cuyas murallas testimonian un pasado colmado de historia. El conjunto atesora un amplio patio de armas, estancias con decoración castellana de época y un hermoso salón-comedor, donde podrá degustar platos regionales y algunas especialidades típicas como las Migas del pastor.

81 hab - ††95/195 € - ☕ 17 €

pl. del Castillo ✉ 19250
- ✆ 949 39 01 00 - www.parador.es

en Alcuneza Noreste : 6 km

El Molino de Alcuneza N

MODERNA • ELEGANTE XX Ubicado en la llamada "Sala del agua". Cocina actual en base a producto de temporada, siempre con sabores muy definidos. ¡No deje de probar sus magníficos panes artesanales!

Menú 45/55 € - Carta 40/60 €

Hotel El Molino de Alcuneza ✉ 19250 Sigüenza
- ✆ 949 39 15 01 - www.molinodealcuneza.com
- cerrado domingo noche, lunes, martes, miércoles y jueves mediodía

El Molino de Alcuneza

CASA DE CAMPO • RÚSTICA Antiquísima casa-molino que aún conserva la maquinaria en funcionamiento. Posee un salón con parte del suelo acristalado y coquetas habitaciones, las de la casa principal rústicas y las del anexo actuales.

17 hab - 140/210 € 160/250 €

19250 Sigüenza - 949 39 15 01 - www.molinodealcuneza.com - cerrado 11 diciembre-10 febrero

El Molino de Alcuneza - ver selección restaurantes

SITGES

Barcelona – 28 269 h. – Mapa regional : **10**-A3

Madrid 597 km – Barcelona 45 km – Lleida 135 km – Tarragona 53 km

Mapa de carreteras Michelin n° 574-I35

Maricel

COCINA TRADICIONAL • AMBIENTE CLÁSICO XX Este restaurante familiar posee una atractiva terraza acristalada y dos comedores clásicos. Su carta alterna platos tradicionales, como los arroces, con otros más creativos.

Menú 50/75 € - Carta 50/75 €

Plano : B2-r - *passeig de la Ribera 6 08870 - 938 94 20 54 - www.maricel.es - cerrado del 15 al 30 de noviembre*

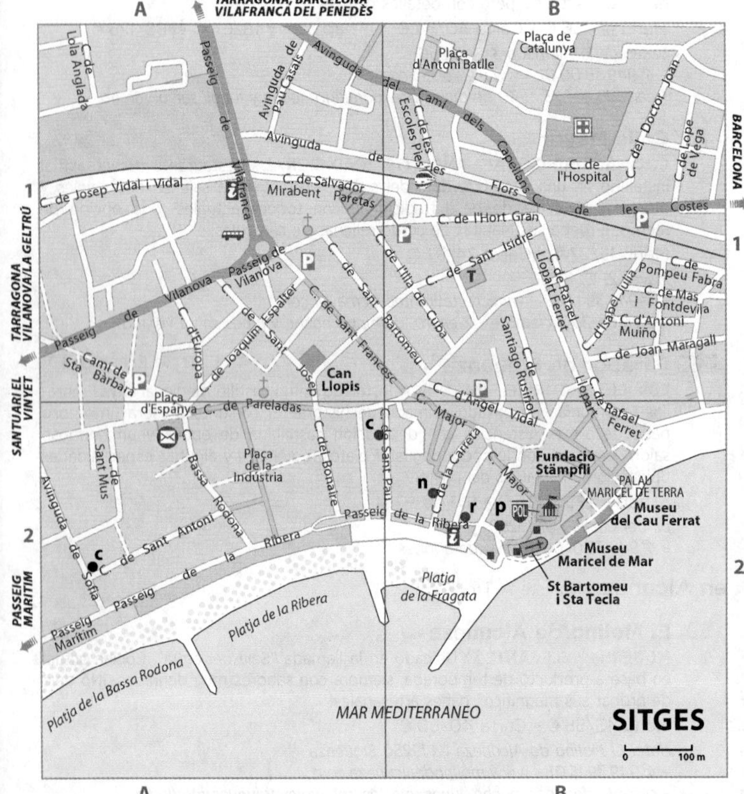

Fragata

MODERNA • A LA MODA XX Un restaurante que ha sabido conjugar su legado familiar con una notable modernización de las instalaciones. Su completa carta de cocina actual, con diversos toques creativos, se ve enriquecida con un apartado de arroces más tradicionales.

Carta 34/53 €

Plano : B2-p - *passeig de la Ribera 1 ✉ 08870 - ✆ 938 94 10 86 - www.restaurantefragata.com*

Casa Hidalgo

COCINA TRADICIONAL • AMBIENTE CLÁSICO X Este céntrico local ofrece una sala de correcto montaje, un privado en el sótano y una carta de cocina tradicional que se ve enriquecida tanto con mariscos, algunos bajo pedido, como con platos gallegos. ¡Trabaja mucho el menú del día!

Menú 15 € - Carta 28/46 €

Plano : A2-c - *Sant Pau 12 ✉ 08870 - ✆ 938 94 38 95 - www.casahidalgo.es - cerrado 20 diciembre-20 enero, domingo noche y lunes*

La Nansa

COCINA TRADICIONAL • SENCILLA X ¡Llevado en familia y a un paso del paseo marítimo! Disfruta de un marcado ambiente marinero, pues se decora con nansas, redes y aparejos de pesca. Cocina tradicional catalana y marinera, muy honesta, con especialidades típicas de Sitges.

Menú 20/30 € - Carta 35/55 €

Plano : B2-n - *Carreta 24 ✉ 08870 - ✆ 938 94 19 27 - www.restaurantlanansa.com - cerrado enero y miércoles salvo julio-septiembre*

Avenida Sofía

NEGOCIOS • DE DISEÑO Demuestra personalidad, pues aquí el diseño y la elegancia se dan la mano. Se halla en 2ª línea de playa, con una fachada moderna, un buen hall-lobby y unas habitaciones bastante cuidadas. Completo SPA con piscina de flotamiento (agua salada), piscina-terraza chill out en la azotea y un restaurante actual.

77 hab - ††134/450 € - ☕ 18 €

Plano : A2-c - *av. Sofía 12 ✉ 08870 - ✆ 938 11 35 00 - www.hotelavenidasofia.com*

en el puerto de Aiguadolç por camí dels Capellans - Este : 1,5 km

Estela Barcelona

NEGOCIOS • PERSONALIZADA ¡De línea actual y frente a una pequeña playa! Este hotel ofrece confortables habitaciones y unas zonas sociales que se caracterizan por tener esculturas y pinturas de arte contemporáneo expuestas durante todo el año. En su restaurante encontrará una carta tradicional, con un buen apartado de arroces.

55 hab ☕ - †100/154 € ††110/187 € - 8 suites

av. Port d'Aiguadolç 8 ✉ 08870 Sitges - ✆ 938 11 45 45 - www.hotelestela.com

SIURANA

Tarragona - Mapa regional : **9**-B3

Madrid 516 km - Barcelona 146 km - Tarragona 54 km - Lleida 72 km

Mapa de carreteras Michelin n° 574-I32

Els Tallers

MODERNA • ACOGEDORA XX Esta casa, que sorprende en la zona, se encuentra en un idílico pueblo de montaña, compartiendo edificio con el hotel La Siuranella. En su sala, de ambiente rústico-actual, le propondrán una cocina actual-creativa basada en una mini carta y varios menús.

Menú 29/58 € - Carta 38/46 € 6 hab ☕ - †80/100 € ††98/138 €

Rentadors 2 ✉ 43362 - ✆ 977 82 11 44 - www.restaurantelstallers.net - cerrado del 9 al 31 de enero, domingo noche, lunes y martes

SOLARES

Cantabria – 5 723 h. – Mapa regional : **6**-B1
Madrid 425 km – Santander 18 km – Bilbao 88 km
Mapa de carreteras Michelin nº 572-B18

Casa Enrique

COCINA TRADICIONAL • AMBIENTE CLÁSICO ¿Busca auténtica cocina casera? Aquí la encontrará, pues en esta casa, con más de 100 años de historia, aún elaboran los guisos de antaño en una vieja cocina de carbón.

Carta 29/39 €

paseo de la Estación 20 ✉ 39710 – ✆ 942 52 00 73 – www.restaurantecasaenrique.es – cerrado 20 días en octubre, domingo noche y lunes salvo verano

Balneario de Solares

TERMAL • CLÁSICA Ubicado en pleno centro de Solares pero... ¡con amplias zonas ajardinadas y arboladas! Presenta unas habitaciones de línea clásica-actual, numerosos servicios de relax-belleza en base a sus aguas termales y una buena oferta culinaria de gusto tradicional.

108 hab – †94/141 € ††108/174 € – 5 suites

Calvo Sotelo 13 ✉ 39710 – ✆ 942 52 13 13 – www.castillatermal.com

SOLIVELLA

Tarragona – 629 h. – Mapa regional : **9**-B2
Madrid 516 km – Barcelona 121 km – Lleida 71 km – Tarragona 47 km
Mapa de carreteras Michelin nº 574-H33

Cal Travé

CATALANA • FAMILIAR Con el aval de toda una familia volcada en el negocio. Apuestan por una cocina catalana rica en detalles, con elaboraciones caseras y vinos propios. Pruebe su Steak tartar o el Atún a la brasa con verduritas, pues... ¡aquí la parrilla es la gran protagonista!

Menú 15 € – Carta 33/47 €

carret. d'Andorra 56 ✉ 43412 – ✆ 977 89 21 65 – www.sanstrave.com – solo almuerzo salvo jueves en verano, viernes y sábado – cerrado del 1 al 15 de julio, del 1 al 15 de noviembre y miércoles

SOMIÓ Asturias → Ver Gijón

SOMO

Cantabria – 4 045 h. – Mapa regional : **6**-B1
Madrid 404 km – Santander 25 km – Bilbao 94 km
Mapa de carreteras Michelin nº 572-B18

Torres de Somo

MANSIÓN • CLÁSICA Hotel de nueva construcción a modo de casa señorial inglesa o pequeño "château" francés, pues está flanqueado por dos vistosas torres. Presenta unos relajantes exteriores y unas habitaciones de equipamiento actual, donde se alternan los estilos clásico y colonial. Un caminito da acceso directo a la playa.

30 hab – †60/126 € ††80/150 € – 12 €

Arna 66 ✉ 39140 – ✆ 942 51 00 52 – www.hoteltorresdesomo.com – Semana Santa-octubre

SORIA

39 168 h. – Alt. 1 050 m – Mapa regional : **8**-D2
Madrid 225 km – Burgos 142 km – Logroño 106 km – Guadalajara 169 km
Mapa de carreteras Michelin nº 575-G22

A B ZARAGOZA, CALATAYUD

VALLADOLID, BURGOS

SORIA

0 200m

C. de la Ermita
PARQUE DE STA BÁRBARA
PARQUE FUENTE DEL REY
C. de las Casas
C. del Maestro García Muñoz
Patio Don Vela
Av. de Gaya Nuño
Plaza del Marqués de Saltillo
C. de las Casas
Paseo de la Florida
Paseo del Mirón
San Juan de Duero
Duero
C. de los Chancilleres
C. de los Merineros
C. de las Pedrizas
C. Cardenal Frías
C. de Retogenes
Santo Domingo
C. de Sta Apolonia
San Pedro
PLAZA DE TOROS
C. Las Casas
C. de la Tejera
Palacio de Los Condes de Gómara
C. del Obispo Agustín
Plaza de S. Pedro
Paseo Postiguillo
C. de Agreda
Av. de Valladolid
Museo Numantino
C. del Instituto
k
ALAMEDA DE CERVANTES
C. del Collado
Plaza de Sta Catalina
a
Plaza Mayor
Parque del Castillo
e
Plaza José Antonio
Iglesia de S. Juan de Rabanera
C. de Fortún López
Cam. de S. Polo
C. de Sta Clara
CASTILLO
C. de Sta Teresa de Jesús
Paseo de S. Saturio
C. Fiel de la Tierra

1 2 A B

Baluarte (Óscar J. García)

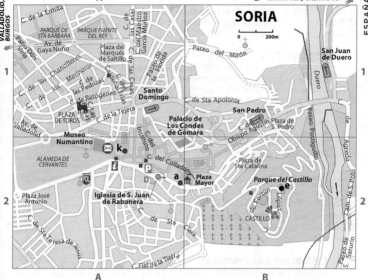

MODERNA · DE DISEÑO XX ¡Ha revolucionado la gastronomía soriana! Su chef plantea una cocina actual de raíces tradicionales e interesantes jornadas, como las dedicadas al Boletus o a la Trufa Negra.

➜ Primavera. Garbanzos con colmenillas. Espuma de cebolletas con fresas y sorbete de té negro.

Menú 42/58 € - Carta 25/46 €

Plano : A2-a - *Caballeros 14 ✉ 42002 - ✆ 975 21 36 58 - www.baluarte.info - cerrado quince días después de Semana Santa, diez días en septiembre, domingo noche y lunes*

Fogón del Salvador

COCINA TRADICIONAL · AMBIENTE TRADICIONAL XX Negocio de ambiente castellano dotado con un buen bar de tapas. Lo más popular son sus carnes, a la brasa o al horno de leña, aunque también triunfan las setas en temporada.

Menú 22 € - Carta 30/45 €

Plano : A2-k - *pl. del Salvador 1 ✉ 42001 - ✆ 975 23 01 94 - www.fogonsalvador.com*

Parador de Soria

TRADICIONAL · FUNCIONAL Se encuentra en un parque de la parte alta de Soria y destaca por sus magníficas vistas, tanto al valle del Duero como a las montañas. Habitaciones amplias de buen confort y decoración actual, con detalles regionales. En su comedor podrá descubrir los platos y sabores propios de estas tierras.

67 hab - ††75/190 € - ☕16 €

Plano : B2-e - *parque del Castillo ✉ 42005 - ✆ 975 24 08 00 - www.parador.es*

Al reservar deje bien claro el precio y la categoría de la habitación.

SORT

Lleida - 2 199 h. - Alt. 720 m - Mapa regional : **9**-B1
Madrid 585 km - Barcelona 230 km - Huesca 178 km - Lleida 125 km
Mapa de carreteras Michelin n° 574-E33

Fogony (Zaraida Cotonat)

MODERNA • ACOGEDORA XX El matrimonio propietario, con él en la sala y ella atenta a los fogones, apuesta claramente por la cocina actual... eso sí, siempre elaborada con productos de la comarca, ecológicos o de proximidad. Buen menú Km. 0 y platos ya clásicos, como su deliciosa Paletilla de lechazo "Xisqueta", con bombón de queso y almendra.

→ Carpaccio de solomillo de potro con cebolla escabechada y praliné de ajos negros. Perdiz roja con verduras púrpuras y matices de "palo cortao". Requesón de leche de oveja, helado de miel y nueces sablé.

Menú 35 € - Carta 61/81 €

av. Generalitat 45 ✉ 25560 - ✆ 973 62 12 25 (es necesario reservar) - www.fogony.com - cerrado del 7 al 22 de enero, domingo noche, lunes y martes

SOS DEL REY CATÓLICO

Zaragoza - 614 h. - Alt. 652 m - Mapa regional : **2**-B1
Madrid 423 km - Huesca 109 km - Iruña/Pamplona 59 km - Zaragoza 122 km
Mapa de carreteras Michelin n° 574-E26

La Cocina del Principal

COCINA TRADICIONAL • DE DISEÑO XX Sólida construcción en piedra dotada con un buen comedor principal y una sala, algo más íntima, en la antigua bodega. Su cocina tradicional siempre enaltece los productos de la zona. Pruebe la típica Firigolla o las famosas Pochas viudas de la Valdonsella.

Menú 28 € - Carta 31/45 €

Fernando El Catolico 13 ✉ 50680 - ✆ 948 88 83 48 - www.lacocinadelprincipal.com - cerrado del 7 al 26 de enero, domingo noche y lunes

Parador de Sos del Rey Católico

TRADICIONAL • CLÁSICA Edificio de estilo regional construido en piedra y emplazado junto a la muralla medieval. Posee habitaciones de completo equipamiento y sobria decoración. En su comedor encontrará la cocina típica de Paradores, de gusto regional, y lo que llaman el menú Medieval. ¡Buen abanico de actividades al aire libre!

65 hab - ††75/155 € - 17 € - 1 suite

Arquitecto Sáinz de Vicuña 1 ✉ 50680 - ✆ 948 88 80 11 - www.parador.es - cerrado enero-13 febrero

SOTO DE LUIÑA

Asturias - Mapa regional : **3**-B1
Madrid 520 km - Avilés 37 km - Gijón 60 km - Luarca 30 km
Mapa de carreteras Michelin n° 572-B11

al Noroeste 1,5 km

Cabo Vidio

COCINA TRADICIONAL • FAMILIAR XX En esta casa familiar encontrará un comedor rústico-actual asomado a una terraza ajardinada, donde ofrecen el servicio de cafés. Su cocina tradicional y regional siempre ensalza las materias primas de la zona. ¡Impecables habitaciones y agradable solárium!

Carta 35/50 € 9 hab - †30/60 € ††60/125 €

Oviñana ✉ 33156 Soto de Luiña - ✆ 985 59 61 12 - www.cabovidio.com - cerrado 7 enero-13 febrero y jueves salvo verano

SOTO DEL REAL

Madrid - 8 456 h. - Alt. 921 m - Mapa regional : **15**-B2
Madrid 47 km - Segovia 61 km - Ávila 100 km - Cuenca 210 km
Mapa de carreteras Michelin n° 576-J18

La Cabaña

COCINA TRADICIONAL • AMBIENTE TRADICIONAL XX Está instalado en un chalet, con un amplio jardín a la entrada y un porche que usan como terraza de verano. Carta tradicional, buen menú y destacables carnes a la parrilla.

Menú 16 € - Carta 34/56 €

pl. Chozas de la Sierra (urb. La Ermita) ✉ 28791 - ✆ 918 47 78 82 - www.lacabanadesoto.com - solo almuerzo salvo jueves, viernes y sábado en invierno - cerrado lunes noche en verano y martes

SUANCES

Cantabria - 8 612 h. - Mapa regional : **6**-B1
Madrid 394 km - Bilbao 131 km - Oviedo 182 km - Santander 28 km
Mapa de carreteras Michelin n° 572-B17

en la zona del faro

El Caserío

COCINA TRADICIONAL • AMBIENTE CLÁSICO X Un negocio familiar con más de medio siglo de historia. Posee una gran cafetería y un luminoso comedor acristalado, donde ofrecen una carta marinera rica en platos típicos.

Menú 19/75 € - Carta 32/58 €

av. Acacio Gutiérrez 159 ✉ 39340 Suances - ✆ 942 81 05 75 - www.caserio.com - solo almuerzo salvo viernes y sábado de octubre a mayo

SUDANELL

Lleida - 847 h. - Alt. 152 m - Mapa regional : **9**-A2
Madrid 453 km - Huesca 127 km - Lleida 11 km - Tarragona 105 km
Mapa de carreteras Michelin n° 574-H31

La Lluna

REGIONAL • RÚSTICA X Presenta un pequeño bar decorado con fotos antiguas y dos salas de ambiente rústico, con los techos en madera. Aquí encontrará una cocina regional con especialidades como las carnes a la brasa, las Alcachofas o sus famosos Caracoles.

Menú 22 € - Carta 20/42 €

av. Catalunya 11 ✉ 25173 - ✆ 973 25 81 93 - solo almuerzo - cerrado Semana Santa, del 17 al 30 de agosto y lunes

TAFALLA

Navarra - 10 809 h. - Alt. 426 m - Mapa regional : **17**-A2
Madrid 365 km - Logroño 86 km - Iruña/Pamplona 38 km - Zaragoza 135 km
Mapa de carreteras Michelin n° 573-E24

Túbal

REGIONAL • ELEGANTE XX Ubicado en una céntrica plaza con soportales. Cuenta con una tienda delicatessen, elegantes salas de línea clásica y un bonito patio. Cocina tradicional navarra puesta al día.

Menú 39/49 € - Carta 35/54 €

pl. Francisco de Navarra 4-1° ✉ 31300 - ✆ 948 70 08 52 - www.restaurantetubal.com - cerrado del 21 enero-3 febrero, 21 agosto-3 septiembre, lunes y noches de domingo a jueves

TALAVERA DE LA REINA

Toledo - 85 150 h. - Alt. 371 m - Mapa regional : **7**-A2
Madrid 120 km - Ávila 121 km - Cáceres 187 km - Córdoba 435 km
Mapa de carreteras Michelin nº 576-M15

Ruiz de Luna

COCINA TRADICIONAL • MINIMALISTA Tiene un hall en la planta baja, con un gran mueble-bodega, y las salas en la 1ª planta, estas últimas de estética minimalista. Cocina de base tradicional con toques actuales.

Menú 25/50 € - Carta 26/44 €

av. de la Constitución 7 ✉ 45600 - ☎ 925 81 89 95 - www.restauranteruizdeluna.com - solo almuerzo en julio - cerrado del 1 al 15 de agosto, domingo noche y martes

El Esturión

COCINA TRADICIONAL • ACOGEDORA Negocio ubicado en una zona nueva de la ciudad. Ofrece un bar de tapas de ambiente marinero y un cuidado comedor. Su especialidad son las frituras y los productos ibéricos.

Tapa 4,50 € - Ración aprox. 12 €

Miguel Hernández 7 ✉ 45600 - ☎ 925 82 45 70 - cerrado 14 días en febrero, del 1 al 15 de agosto, domingo noche y lunes

Taberna Mingote

COCINA TRADICIONAL • RÚSTICA Esta simpática taberna se presenta con una decoración rústica dominada por los motivos taurinos y los dibujos de Mingote. Su comedor está presidido por un gran mural cerámico.

Tapa 4,50 € - Ración aprox. 12 €

pl. Federico García Lorca 5 ✉ 45600 - ☎ 925 82 56 33 - cerrado 14 días en enero, del 15 al 31 de julio, martes noche y miércoles

TAMARITE DE LITERA

Huesca - 3 538 h. - Alt. 360 m - Mapa regional : **2**-C2
Madrid 475 km - Zaragoza 161 km - Huesca 86 km - Lleida 40 km
Mapa de carreteras Michelin nº 574-G31

Carmen

MODERNA • MARCO CONTEMPORÁNEO Llevado por un chef con inquietudes. Ofrece una carta de tinte actual, un buen menú los días laborables y lo que llaman "Los viernes al Carmen", unas cenas temáticas y de degustación a base de tapas. ¡Interesantes jornadas gastronómicas dedicadas a las trufas!

Menú 11/50 € - Carta 25/40 €

Teruel 3 ✉ 22550 - ☎ 974 42 05 31 - www.carmenrestaurante.com - solo almuerzo salvo viernes y sabado - cerrado lunes

TARAMUNDI

Asturias - 698 h. - Alt. 276 m - Mapa regional : **3**-A1
Madrid 571 km - Lugo 65 km - Oviedo 195 km
Mapa de carreteras Michelin nº 572-B8

La Rectoral

TRADICIONAL • RÚSTICA Estamos ante una magnífica casona del s. XVIII, de estilo rústico-regional y asomada al valle. Ofrece una cálida zona social y correctas habitaciones, las de la planta baja con terraza. En el comedor, de ambiente rústico, se apuesta por la cocina tradicional.

18 hab - 75/110 € - 8 €

La Villa ✉ 33775 - ☎ 985 64 67 60 - www.larectoral.com - cerrado enero-febrero

TARAZONA

Zaragoza - 10 759 h. - Alt. 480 m - Mapa regional : **2**-B1
Madrid 294 km - Iruña/Pamplona 107 km - Soria 68 km - Zaragoza 88 km
Mapa de carreteras Michelin nº 574-G24

La Merced de la Concordia

COCINA TRADICIONAL • DE DISEÑO Ocupa un edificio antiguo del centro histórico y, tras el portalón de acceso, sorprende por su interior: fresco, actual, en tonos claros y con atractivas obras de arte contemporáneas. Buena cocina tradicional actualizada y correctas habitaciones como recurso.

Menú 15/30 € - Carta 30/44 €

pl. La Merced 2 ✉ 50500 - ☎ 976 19 93 44 - www.lamerced.info - cerrado del 2 al 10 de septiembre, domingo noche y lunes

Saboya 21

COCINA TRADICIONAL • AMBIENTE CLÁSICO Presenta una diáfana cafetería y un comedor de línea clásica-actual. Su carta tradicional actualizada se enriquece con numerosas sugerencias y un interesante menú de setas.

Menú 16/24 € - Carta 33/55 €

Marrodán 34-1º ✉ 50500 - ☎ 976 64 35 15 - www.restaurantesaboya21.com - solo almuerzo salvo agosto, viernes y sábado - cerrado 7 días en septiembre y domingo noche

TARRAGONA

131 255 h. - Alt. 49 m - Mapa regional : **9**-B3
Madrid 555 km - Barcelona 109 km - Castelló de la Plana/Castellón de la Plana 184 km - Lleida 97 km
Mapa de carreteras Michelin nº 574-I33

Aq

MODERNA • DE DISEÑO Se encuentra junto a la catedral, con un montaje moderno y curiosos detalles de diseño. Aquí proponen una cocina actualizada que atesora técnica y se muestra fiel a los productos de mercado, así como varios menús degustación.

Carta 30/40 €

Plano : B1-a - *Les Coques 7 ✉ 43003 - ☎ 977 21 59 54 - www.aq-restaurant.com - cerrado Navidades, domingo y lunes*

El Terrat

COCINA TRADICIONAL • DE DISEÑO Dotado con dos salas de línea moderna y un cuidado montaje. Disfruta de gran aceptación, ya que ofrece una interesante combinación entre la cocina tradicional y la de autor. ¡Buena terraza de verano con servicio exclusivo de tapas!

Menú 18 € - Carta 30/44 €

Plano : A2-p - *Pons d'Icart 19 ✉ 43004 - ☎ 977 24 84 85 - www.elterratrestaurant.com - cerrado 24 enero-7 febrero, 24 agosto-7 septiembre, domingo noche y lunes*

Arcs

COCINA TRADICIONAL • ACOGEDORA Este restaurante dispone de una barra de apoyo y una sala de ambiente rústico-actual, con las paredes y arcos originales en piedra. Cocina actualizada de base tradicional. ¡Pruebe los grandes clásicos de la casa o alguno de sus menús!

Menú 20/38 € - Carta 35/45 €

Plano : B1-b - *Misser Sitges 13 ✉ 43003 - ☎ 977 21 80 40 - www.restaurantarcs.com - cerrado 10 días en enero, 10 días en julio, 10 días en noviembre, domingo y lunes*

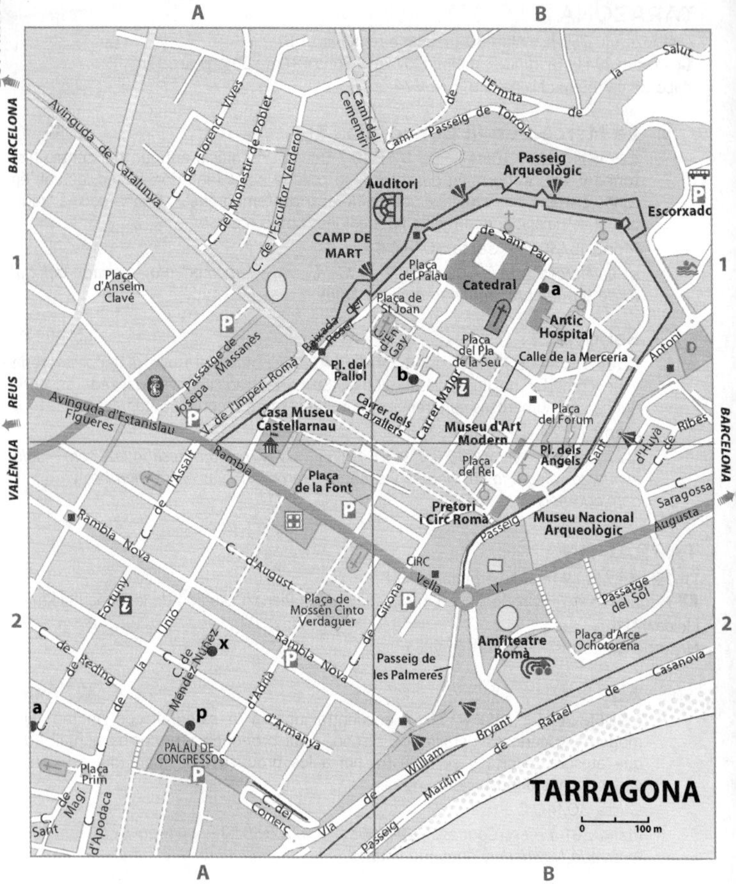

Barquet Tarragona

REGIONAL • SIMPÁTICA Atesora una dilatada trayectoria y ha evolucionado de carbonería a envasadora de sifones, para luego convertirse en bar y por fin en restaurante, hoy de estética moderna. Cocina de mercado basada en sabrosos arroces y platos regionales.

Menú 25/50 € – Carta 30/50 €

Plano : A2-a – *Gasòmetre 16 ✉ 43003 – ✆ 977 24 00 23 – www.restaurantbarquet.com – cerrado del 1 al 7 de enero, 15 agosto-15 septiembre, domingo, lunes noche y festivos*

De Vins Ⓝ

COCINA TRADICIONAL • SENCILLA Algo sencillo pero muy bien ubicado, pues se halla en una calle peatonal que desemboca en la Rambla Nova. Carta de cocina tradicional con un único protagonista: el producto.

Menú 20/50 € – Carta 30/52 €

Plano : A2-x – *Mendez Núñez 10 ✉ 43004 – ✆ 977 23 00 20 – www.devins.es – cerrado del 6 al 15 de febrero, del 22 al 31 de agosto, domingo, lunes noche y martes*

en la carretera N 240 Norte : 2 km

Les Fonts de Can Sala

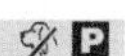

REGIONAL • RÚSTICA XX A las afueras de Tarragona, en una masía centenaria de aire rústico. También posee dos anexos para banquetes, uno con árboles en su interior. Ofrecen una cocina tradicional catalana que toma parte de las materias primas de su propia huerta.

Menú 25/50 € - Carta 26/44 €

Lorenzo López 62 ✉ 43007 Tarragona - ☎ 977 22 85 75 - www.lesfontsdecansala.com - cerrado noches de martes a jueves de 15 octubre-15 abril y domingo noche en mayo

TARRASA Barcelona → Ver Terrassa

TARRIBA

Cantabria - Mapa regional : **6**-B1

Madrid 402 km - Santander 46 km - Bilbao 134 km

Mapa de carreteras Michelin n° 572-C17

Palacio García Quijano

PALACE • CLÁSICA Casa palaciega de 1606 con las fachadas en piedra, el entorno ajardinado y una pequeña piscina. Tanto las zonas comunes como las habitaciones presentan un estilo clásico-elegante, disponiendo la mayoría de estas últimas hidromasaje.

17 hab - †63/99 € ††63/142 € - ☕ 7 €

Tarriba 13-14 ✉ 39409 - ☎ 942 81 40 91 - www.garciaquijano.com - cerrado diciembre-febrero

TAÜLL

Lleida - Alt. 1 630 m - Mapa regional : **9**-B1

Madrid 600 km - Barcelona 256 km - Huesca 168 km - Lleida 143 km

Mapa de carreteras Michelin n° 574-E32

El Calíu

CASERA • FAMILIAR X ¡En la salida hacia la estación de esquí! En sus salas, ambas clásicas, encontrará una carta tradicional de corte casero, con un buen apartado de especialidades y dos menús.

Menú 17/32 € - Carta 27/36 €

carret. de Pistas ✉ 25528 - ☎ 973 69 62 12 - www.elcaliutaull.com - cerrado noviembre, 15 días en abril-mayo y martes salvo verano

El TEJO Cantabria → Ver Comillas

TERRADES

Girona - 294 h. - Mapa regional : **9**-C3

Madrid 735 km - Barcelona 152 km - Girona 54 km - Tarragona 242 km

Mapa de carreteras Michelin n° 574-F38

La Fornal dels Ferrers

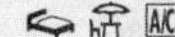

COCINA TRADICIONAL • RÚSTICA X Esta acogedora casa posee dos comedores de buen montaje y aire rústico, uno de ellos decorado con arcos. Cocina fiel al recetario tradicional. Como complemento al negocio ofrece una cálida zona social con chimenea y amplias habitaciones personalizadas en su decoración, cada una dedicada a un oficio.

Menú 25/60 € - Carta 30/41 € 4 hab ☕ - †115/145 € ††125/165 €

Major 31 ✉ 17731 - ☎ 972 56 90 95 - www.lafornaldelsferrers.com - cerrado del 8 al 19 de enero, del 13 al 23 de noviembre, lunes, martes y miércoles salvo verano

TERRASSA TARRASA

Barcelona - 215 214 h. - Alt. 277 m - Mapa regional : **10**-B3

Madrid 599 km - Barcelona 34 km - Lleida 156 km - Girona 107 km

Mapa de carreteras Michelin n° 574-H36

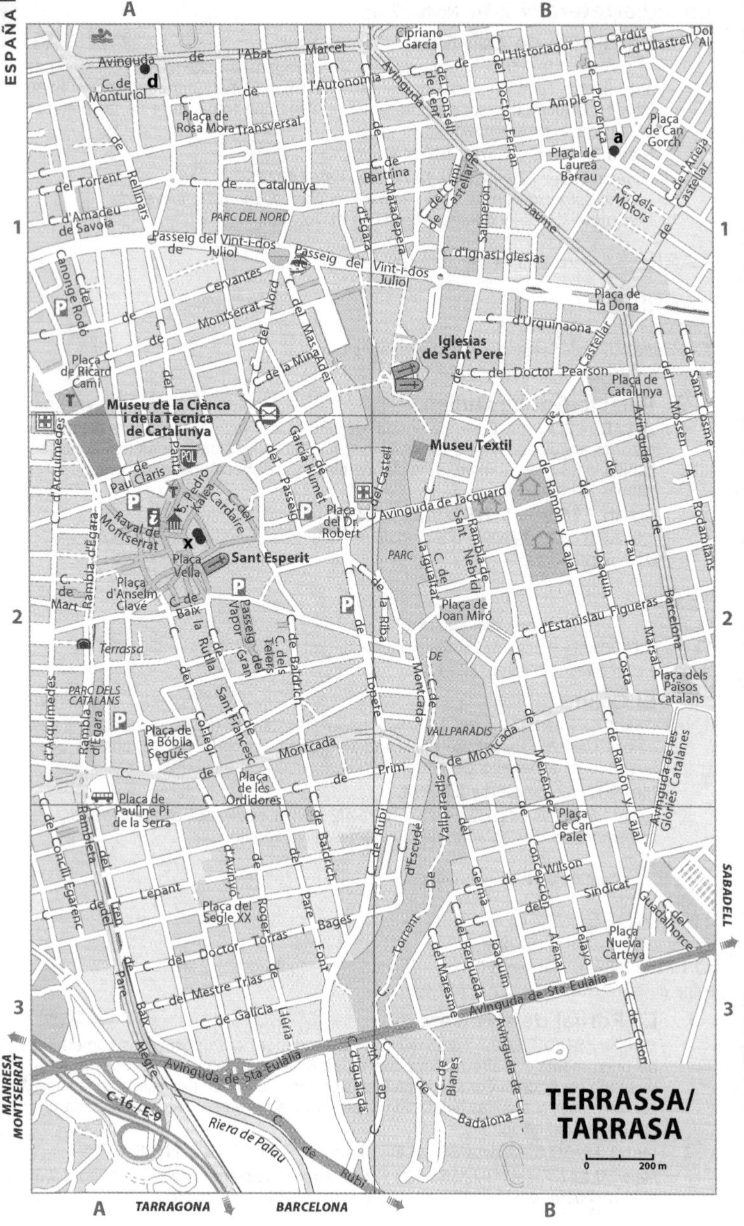

TERRASSA/ TARRASA

0 200 m

Museu de la Cienca i de la Tecnica de Catalunya

Iglesias de Sant Pere

Museu Textil

Sant Esperit

PARC DEL NORD

PARC DE VALLPARADIS

PARC DELS CATALANS

Terrassa

Plaça Vella

Plaça de Catalunya

Plaça dels Països Catalans

Avinguda de Jacquard

Passeig del Vint-i-dos de Juliol

Avinguda de Sta Eulàlia

C-16 / E-9

Riera de Palau

MANRESA MONTSERRAT

SABADELL

TARRAGONA

BARCELONA

A B

1 2 3

Capritx (Artur Martínez)

CREATIVA • AMBIENTE CLÁSICO El chef-propietario es el nieto del fundador, de ahí que conozca los orígenes de la casa cuando solo era un bar. En su sala, íntima y moderna, descubrirá una cocina creativa de gran nivel técnico, con finas texturas y una cuidadísima puesta en escena. Centra su oferta en un único menú a base de pequeñas degustaciones.

➜ Lágrimas de guisantes, bacalao y natillas de jengibre. Rodaballo, holandesa de miel y puerro. Boniato, café y palo cortado.

Menú 70 € – solo menú

Pare Millán 140, por Rellinars A1 ✉ 08225 – ☎ 937 35 80 39 – www.capritx.com – cerrado Navidades, Semana Santa, agosto, domingo y lunes

El Cel de les Oques

MODERNA • MARCO CONTEMPORÁNEO En una callecita peatonal del casco histórico y con un interior actual renovado, pues deja la cocina a la vista. Encontrará unas elaboraciones de tinte actual con cierta creatividad, guiños a otras cocinas y una clara base, los productos de proximidad.

Menú 15/39 € – Carta 26/35 €

Plano : A2-x – *de la Palla 15 ✉ 08221 – ☎ 937 33 82 07 – www.elceldelesoques.com – cerrado Semana Santa, 21 días en agosto, domingo, lunes y martes noche*

Sara

COCINA TRADICIONAL • AMBIENTE CLÁSICO Casa llevada con gran amabilidad por el matrimonio propietario. En su sala, dividida en dos espacios de línea clásica, podrá descubrir una cocina tradicional y de mercado que suele destacar por la calidad de sus pescados.

Menú 13/25 € – Carta 22/46 €

Plano : A1-d – *av. Abat Marcet 201 ✉ 08225 – ☎ 937 35 80 25 – www.sararestaurant.com – cerrado Semana Santa, 3 semanas en agosto, domingo y miércoles noche*

Vapor Gastronòmic (N)

REGIONAL • BRASSERIE Un negocio íntimo y sencillo que, tanto con el nombre como con la decoración, rememora la particular revolución industrial que vivió la ciudad. ¿Su propuesta? Cocina tradicional con toques actuales... eso sí, con un claro protagonismo de los platos a la brasa.

Menú 13 € – Carta 24/35 €

Plano : A2-x – *de la Palla 15 ✉ 08221 – ☎ 659 56 61 36 – www.vaporgastronomic.com – cerrado Semana Santa, 21 días en agosto, domingo, lunes y martes noche*

La Bodeguilla

COCINA TRADICIONAL • ACOGEDORA Sorprende por sus cuidadas instalaciones, con un claro protagonismo de la madera. Cocina de mercado de corte tradicional, rica en texturas y de sabores bastante marcados.

Menú 27 € – Carta 35/60 €

Plano : B1-a – *Josep Tapioles 1 ✉ 08226 – ☎ 937 84 14 62 – www.restaurantlabodeguilla.com – cerrado Semana Santa, agosto, domingo noche y lunes*

por la N 150 4,5 km y desvío a la izquierda 3 km

Double Tree by Hilton La Mola

SPA Y BIENESTAR • DE DISEÑO Hotel de diseño innovador repartido entre varios edificios, todos en mitad del campo. Atesora un moderno centro de negocios y hasta una antigua masía (Mas Bonvilar) que se usa hoy para los eventos. Su restaurante gastronómico se complementa con un gastrobar.

186 hab – 120/200 €

camí dels Plans de Can Bonvilar, por av. de Santa Eulàlia B3 ✉ 08227 Terrassa – ☎ 937 36 72 67 – www.lamola.es

TERUEL

35 590 h. – Alt. 916 m – Mapa regional : **2**-B3
Madrid 301 km – Albacete 245 km – Cuenca 152 km – Lleida 334 km
Mapa de carreteras Michelin n° 574-K26

Yain

COCINA TRADICIONAL • MARCO CONTEMPORÁNEO XX Su nombre hace referencia al vino en hebreo, pequeño detalle que nos indica la importancia de la bodega en esta casa. Ofrece un interior de línea actual y una cocina de base tradicional con toques actuales... sencilla, agradable y sabrosa.

Menú 17/45 € – Carta 26/42 €

Plano : B1-y – *pl. del la Judería 9* ✉ *44001* – *☎ 978 62 40 76* – *www.yain.es* – *cerrado domingo noche, lunes y martes noche*

Rufino Ⓝ

COCINA TRADICIONAL • DE DISEÑO X Interesante y a escasos metros de la estación de autobuses. Encontrará un espacio de diseño actual bastante cuidado y una cocina de tinte tradicional con alguna actualización.

Menú 18/25 € – Carta 30/50 €

Plano : B2-a – *Ronda Ambeles 36* ✉ *44001* – *☎ 978 60 55 26* – *www.rufinorestaurante.com* – *cerrado 7 días en enero, 7 días en julio, domingo noche y lunes*

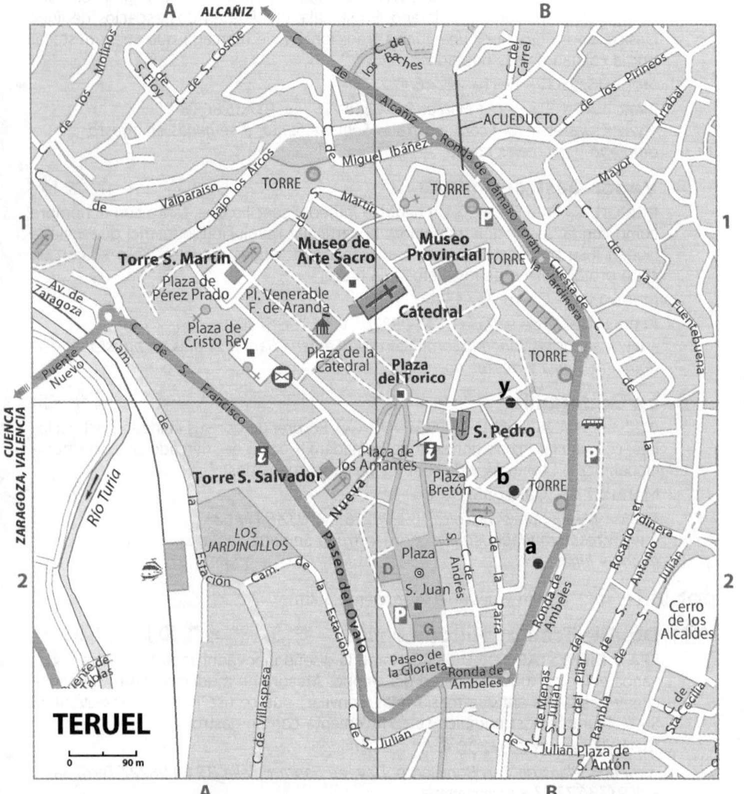

La Barrica

MODERNA • RÚSTICA ¡La referencia del tapeo turolense! Los pinchos se sirven al estilo vasco, sobre una rebanada de pan, y varían diariamente en función de los productos que haya en el mercado.

Tapa 2 € - Ración aprox. 6 €

Plano : B2-b - *Abadía 5 ✉ 44001 - ✆ 645 79 29 20 - cerrado del 8 al 24 de julio, domingo en verano, domingo noche y martes resto del año*

en la carretera N 234 Noroeste : 2 km

Parador de Teruel

EDIFICIO HISTÓRICO • CLÁSICA Palacete de inspiración mudéjar ubicado en un paraje arbolado. Disfruta de unas correctas zonas nobles y amplias habitaciones, todas con mobiliario clásico actualizado. Su cocina plantea, a través del menú, un viaje por los platos más típicos de la región.

58 hab - ††80/150 € - ☕16 € - 2 suites

✉ 44003 Teruel - ✆ 978 60 18 00 - www.parador.es

TIRGO

La Rioja - 211 h. - Mapa regional : **14G**-A2

Madrid 320 km - Burgos 82 km - Logroño 53 km - Vitoria-Gasteiz 54 km

Mapa de carreteras Michelin nº 573-E21

Solar de Febrer

BOUTIQUE HOTEL • CONTEMPORÁNEA Un hotel de atractivos contrastes, pues ocupa una casona del s. XVIII dotada con un interior bastante actual y un tranquilo patio. ¡Una buena opción para el turismo enológico!

10 hab ☕ - ††115 €

Salvador 8 ✉ 26211 - ✆ 941 30 18 26 - www.solardefebrer.com - 15 marzo - 15 diciembre

TITULCIA

Madrid - 1 234 h. - Alt. 509 m - Mapa regional : **15**-B2

Madrid 41 km - Ávila 153 km - Segovia 133 km - Toledo 62 km

Mapa de carreteras Michelin nº 576-L19

El Rincón de Luis y H. La Barataria

COCINA TRADICIONAL • RÚSTICA Casa de organización familiar dotada con un atractivo bar y dos comedores de estilo rústico-regional. La especialidad son los asados en horno de leña. También ofrece apartamentos en un edificio independiente más actual, todos con su propia cocinita integrada.

Carta 24/47 € 7 hab - ††50/60 €

Grande 31 ✉ 28359 - ✆ 918 01 01 75 - www.elrincondeluis.com - solo almuerzo - cerrado 2ª quincena de agosto y lunes

El TOBOSO

Toledo - 1 964 h. - Alt. 692 m - Mapa regional : **7**-C2

Madrid 140 km - Toledo 131 km - Cuenca 134 km

Mapa de carreteras Michelin nº 576-N21

Casa de la Torre

FAMILIAR • HISTÓRICA Singular casona manchega del s. XVII decorada con muchos detalles alusivos a Cervantes. Atesora un precioso despacho, un salón social con chimenea y habitaciones bien personalizadas, algunas dedicadas a las novelas del escritor y todas con valioso mobiliario de anticuario.

12 hab ☕ - †55 € ††69/85 €

Antonio Machado 16 ✉ 45820 - ✆ 925 56 80 06 - www.casadelatorre.com - cerrado del 1 al 15 de septiembre

La TOJA (Isla de) Pontevedra

→ Ver A Toxa (Illa de)

TOLEDO

83 226 h. - Alt. 529 m - Mapa regional : **7**-B2

Madrid 76 km - Ávila 136 km - Segovia 162 km - Cuenca 183 km

Mapa de carreteras Michelin nº 576-M17

Planos de la ciudad en páginas siguientes

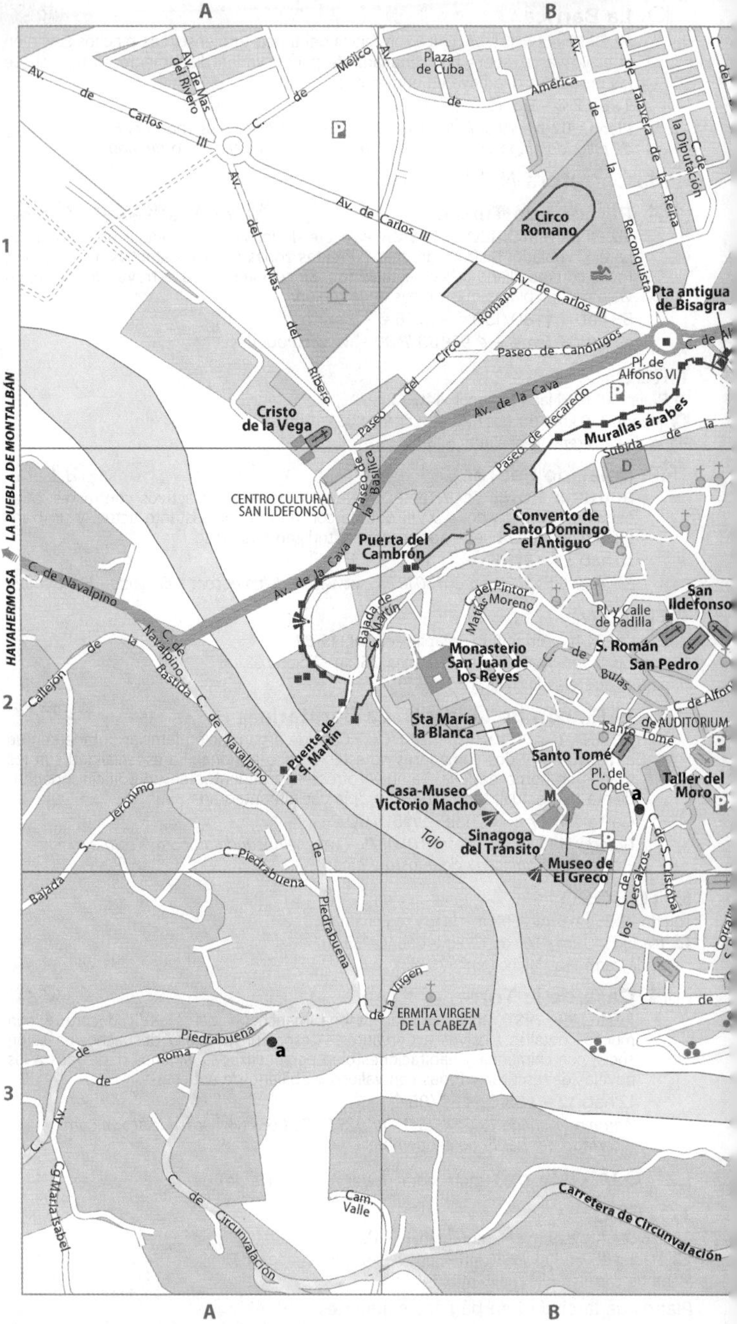

A B

1

Av. de Carlos III
Av. de Mas del Rivero
C. de Méjico
Plaza de Cuba
Av. de América
C. de Talavera de la Reina
C. de la Diputación
Av. de la Reconquista
Av. del Mas del Ribero
Circo Romano
Av. de Carlos III
Paseo del Circo Romano
Pta antigua de Bisagra
Paseo de Canónigos
Pl. de Alfonso VI
Av. de la Cava
Paseo de Recaredo
Murallas árabes
Subida de la
Cristo de la Vega
Paseo de la Basílica
CENTRO CULTURAL SAN ILDEFONSO
Convento de Santo Domingo el Antiguo
Puerta del Cambrón
HAVAHERMOSA LA PUEBLA DE MONTALBÁN
C. de Navalpino
Av. de la Cava
Bajada de S. Martín
C. del Pintor Matías Moreno
Pl. y Calle de Padilla
San Ildefonso
S. Román
San Pedro
Monasterio San Juan de los Reyes
C. de Bulas
C. de Alfonso
AUDITORIUM

2

Callejón de la Bastida
C. de Navalpino
Puente de S. Martín
Sta María la Blanca
C. de Santo Tomé
Santo Tomé
Pl. del Conde
Taller del Moro
Casa-Museo Victorio Macho
Sinagoga del Tránsito
Museo de El Greco
Tajo
Jerónimo
Bajada
C. Piedrabuena
C. de Piedrabuena
C. de S. Cristóbal
C. de los Descalzos
C. de la Virgen
ERMITA VIRGEN DE LA CABEZA
Piedrabuena
Av. de Roma

3

C. Cg. María Isabel
C. de Circunvalación
Cam. Valle
Carretera de Circunvalación

A B

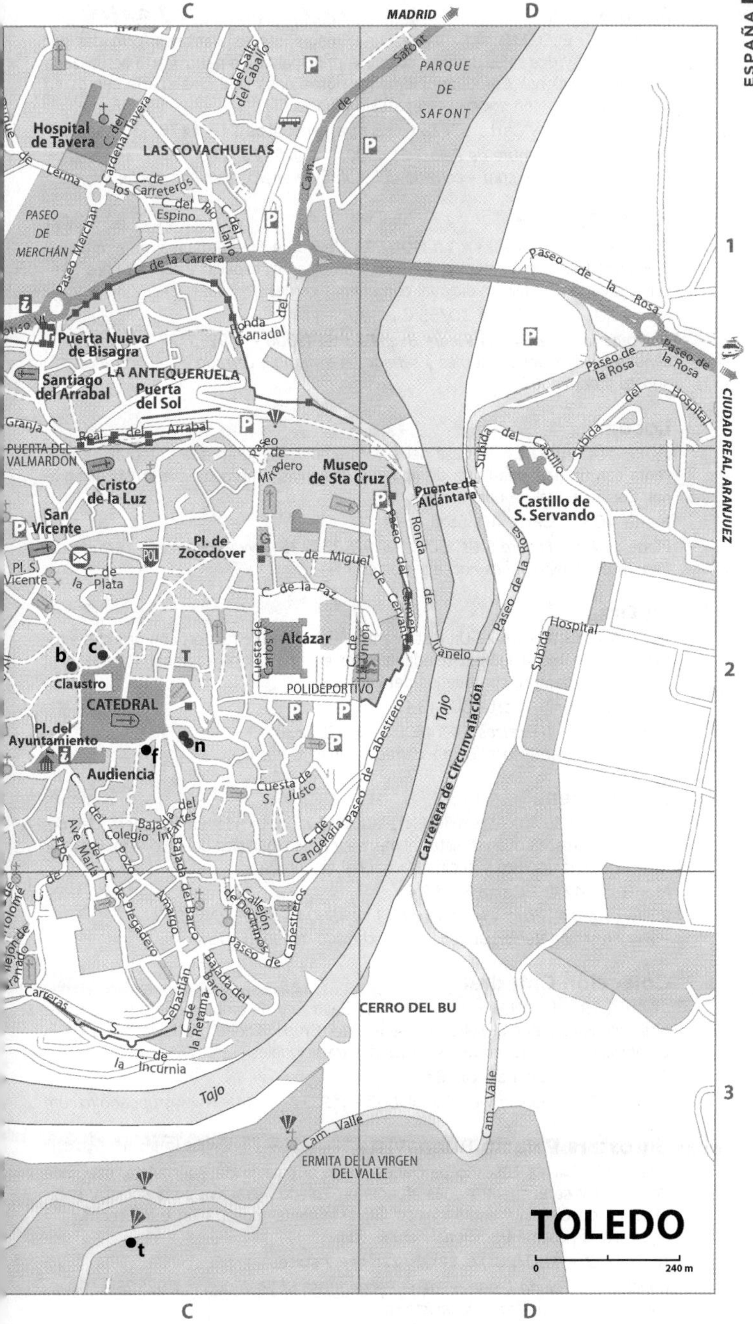
TOLEDO
C
D
MADRID
CIUDAD REAL, ARANJUEZ
1
2
3
Hospital de Tavera
LAS COVACHUELAS
PASEO DE MERCHÁN
PARQUE DE SAFONT
Puerta Nueva de Bisagra
Santiago del Arrabal
LA ANTEQUERUELA
Puerta del Sol
PUERTA DEL VALMARDON
Cristo de la Luz
San Vicente
Pl. de Zocodover
Museo de Sta Cruz
Puente de Alcántara
Castillo de S. Servando
Alcázar
POLIDEPORTIVO
Claustro
CATEDRAL
Pl. del Ayuntamiento
Audiencia
CERRO DEL BU
ERMITA DE LA VIRGEN DEL VALLE
Tajo
Carretera de Circunvalación
Paseo de la Rosa
Subida del Castillo
Subida del Hospital
Ronda de Juanelo
Paseo del Carmen
C. de Cervantes
C. de Miguel
C. de la Paz
Cuesta de Carlos V
C. de la Unión
paseo de Cabestreros
C. de Candelaria
Cuesta de S. Justo
Bajada del Colegio
Bajada del Barco
Callejón de Doctrinos
C. de Pozo Amargo
C. de Plegadero
C. de la Retama
C. de Incurnia
Cam. Valle
C. de la Carrera
Ronda del Granadal
Paseo del Miradero
Real del Arrabal
Paseo Merchán
C. Cardenal Tavera
C. de Lerma
C. de los Carreteros
C. del Espino
C. del Río Llano
C. del Salto del Caballo
Cam. de Safont
C. de la Plata
Pl. S. Vicente
b
c
f
n
t
0
240 m

Adolfo

MODERNA • ELEGANTE Atesora unas magníficas instalaciones formadas por un buen hall y dos salas de línea actual, la principal en un patio. Carta actualizada de base tradicional. Como complemento posee unos cuidados apartamentos en un anexo, todos con cocina pero casi sin menaje.

Menú 39/64 € - Carta 53/75 € 9 apartamentos - 76/135 €

Plano : C2-c - *Hombre de Palo 7 ✉ 45001 - ✆ 925 22 73 21 - www.grupoadolfo.com - cerrado del 9 al 15 de enero, domingo noche y lunes*

As de Espadas

COCINA TRADICIONAL • A LA MODA Llevado entre hermanos, de aire actual y ubicado frente a la estación del AVE. Combina luz, espacio y confort para ofrecer una carta de base tradicional con buenas carnes.

Menú 30/45 € - Carta 30/55 €

paseo de la Rosa 64, por Piedra Buena A3 ✉ 45006 - ✆ 925 21 27 07 - solo almuerzo salvo jueves, viernes y sábado en invierno - cerrado 2ª quincena de agosto y domingo

Locum

MODERNA • RÚSTICA Casa del s. XVII emplazada junto a la Catedral. Se presenta con un hall, una barra de apoyo y dos salas, ambas de línea rústica-regional. Cocina actual de base tradicional.

Menú 40 € - Carta 40/55 €

Plano : C2-n - *Locum 6 ✉ 45001 - ✆ 925 22 32 35 - www.locum.es - cerrado del 15 al 31 de agosto, lunes noche y martes*

La Orza

REGIONAL • RÚSTICA Un restaurante íntimo, de aire rústico, con grandes ventanales y en plena judería toledana. Ofrecen una cocina regional y tradicional actualizada, siempre con buenos detalles.

Menú 28/45 € - Carta 30/48 €

Plano : B2-a - *Descalzos 5 ✉ 45002 - ✆ 925 22 30 11 - www.restaurantelaorza.com - cerrado domingo noche*

Hierbabuena

COCINA TRADICIONAL • AMBIENTE CLÁSICO Ubicado en la ladera del río, por lo que atesora buenas vistas al mismo y a los cigarrales del otro lado. Exterior rústico, interior clásico y cocina tradicional elaborada.

Menú 24/47 € - Carta 32/52 €

Plano : A3-a - *carret. Circunvalación 1 ✉ 45004 - ✆ 925 22 39 24 - www.restaurantehierbabuena.com - cerrado domingo noche*

Colección Catedral

COCINA TRADICIONAL • A LA MODA Gastrobar de ambiente informal y urbanita respaldado por el sello de calidad del Grupo Adolfo. Se halla cerca de la Catedral, donde ofrecen tapas y raciones tradicionales.

Tapa 2 € - Ración aprox. 8 €

Plano : C2-b - *Nuncio Viejo 1 ✉ 45002 - ✆ 925 22 42 44 - www.grupoadolfo.com*

Eurostars Palacio Buenavista

LUJO • ELEGANTE Ubicado parcialmente en el palacio de Buenavista, que data del s. XVI y se encuentra a las afueras de Toledo. Atractiva zona social y habitaciones de elegante estilo clásico. El restaurante muestra un buen montaje y una carta de cocina tradicional actualizada.

110 hab - 110/200 € 125/225 € - 7 suites

Concilios de Toledo 1, por av. de la Reconquista B1 ✉ 45005 - ✆ 925 28 98 00 - www.eurostarspalaciobuenavista.com

Parador de Toledo

TRADICIONAL • CLÁSICA Ocupa un antiguo edificio que ha sido totalmente reformado, con amplias zonas nobles y habitaciones de excelente confort. Interior de estética actual con toques regionales. En su comedor, de ambiente regional-actual, descubrirá una cocina de raíces locales.

78 hab – ††100/220 € – ☕19 € – 3 suites

Plano : C3-t – *cerro del Emperador ✉ 45002 – ☎ 925 22 18 50 – www.parador.es*

Casa de Cisneros

FAMILIAR • RÚSTICA Casa del s. XVI ubicada frente a la Puerta de los Leones de la Catedral. Posee habitaciones algo pequeñas pero bien decoradas, con mobiliario rústico y baños de plato ducha. ¡Su subsuelo conserva vestigios de un palacio musulmán del s. XI!

10 hab – †55 € ††90 € – ☕7 €

Plano : C2-f – *Cardenal Cisneros 12 ✉ 45002 – ☎ 925 22 88 28 – www.hospederiacasadecisneros.com*

en la urbanización Montesión Oeste : 5 km

El Carmen de Montesión (Iván Cerdeño)

COCINA TRADICIONAL • RÚSTICA XXX He aquí un restaurante gastronómico, a pocos minutos de Toledo, en el que se conjuga la amplitud de espacios con una estética clásica-rústica bastante cuidada. Cocina de base tradicional y raíces manchegas asentada sobre firmes pilares: un producto seleccionado, elaboraciones actuales y esmeradas presentaciones.

→ Atascaburras. Liebre a la royal. Recuerdos de Toledo.

Menú 43/90 € – Carta 50/70 €

Montesión 107, por carretera de Navalpino ✉ 45002 Toledo
– ☎ 925 22 36 74 – www.elcarmendemontesion.com
– solo almuerzo salvo viernes y sábado
– cerrado del 15 al 31 de agosto y lunes

TOLOSA

Guipúzcoa – 19 113 h. – Alt. 77 m – Mapa regional : **18**-B2
Madrid 444 km – Iruña/Pamplona 64 km – Donostia-San Sebastián 26 km – Vitoria-Gasteiz 89 km
Mapa de carreteras Michelin n° 573-C23

Frontón

COCINA TRADICIONAL • ACOGEDORA XX ¡Adosado a un frontón! Ofrecen una carta tradicional bien complementada por varios menús. Su plato estrella son las Alubias de Tolosa con berza, guindillas, tocino y morcilla.

Menú 20/43 € – Carta 38/51 €

San Francisco 4-1° ✉ 20400
– ☎ 943 65 29 41 – www.restaurantefronton.com
– solo almuerzo salvo viernes y sábado
– cerrado del 15 al 22 de agosto y lunes

Casa Nicolás

CARNES • SENCILLA X Aquí todo gira en torno a sus excepcionales Chuletas de vaca, elaboradas a la parrilla y consideradas un objeto de culto. Larga trayectoria familiar y ambiente rústico-actual.

Carta 63/84 €

av. Zumalakarregi 7 ✉ 20400
– ☎ 943 65 47 59 – www.asadorcasanicolas.com
– cerrado domingo noche y festivos noche

TOLOX

Málaga - 2 186 h. - Alt. 315 m - Mapa regional : **1**-A3
Madrid 600 km - Antequera 81 km - Málaga 54 km - Marbella 46 km
Mapa de carreteras Michelin nº 578-V15

al Noroeste 3,5 km

Cerro de Hijar

TRADICIONAL • RÚSTICA Hotel de montaña que destaca tanto por su emplazamiento, en plena Sierra de las Nieves, como por su arquitectura a modo de hacienda andaluza, con habitaciones de ambiente colonial y magníficas vistas. El restaurante propone una cocina de tintes creativos.

18 hab - 42/59 € 63/87 € - 8 €

29109 Tolox - 952 11 21 11 - www.cerrodehijar.com

TONA

Barcelona - 8 021 h. - Alt. 600 m - Mapa regional : **9**-C2
Madrid 624 km - Barcelona 61 km - Girona 87 km - Lleida 166 km
Mapa de carreteras Michelin nº 574-G36

Torre Simón

COCINA TRADICIONAL • ACOGEDORA Ubicado en una preciosa villa de estética modernista dotada con dos comedores clásicos, dos privados y una agradable terraza. Cocina tradicional actualizada y sugerente menú.

Menú 42 € - Carta 32/50 €

Doctor Bayés 75 08551 - 938 87 00 92 (es necesario reservar para cenar) - www.torresimon.com - solo almuerzo salvo viernes y sábado - cerrado 15 días en agosto

TOPAS

Salamanca - 552 h. - Alt. 820 m - Mapa regional : **8**-B2
Madrid 222 km - Valladolid 120 km - Salamanca 26 km - Zamora 52 km
Mapa de carreteras Michelin nº 575-I13

por la carretera N 630 Oeste : 9,5 km y desvío a la derecha 2,3 km

Castillo del Buen Amor

EDIFICIO HISTÓRICO • HISTÓRICA Castillo-palacio del s. XV construido sobre una fortaleza. Posee una variada zona noble, un patio gótico-renacentista y espaciosas habitaciones, destacando especialmente las de la torre del homenaje. El restaurante, que ocupa las antiguas caballerizas abovedadas, propone una carta tradicional y varios menús.

40 hab - 93/106 € 110/125 € - 4 suites

37799 Topas - 923 35 50 02 - www.buenamor.net

TORÀ

Lleida - 1 232 h. - Alt. 448 m - Mapa regional : **9**-B2
Madrid 542 km - Barcelona 110 km - Lleida 83 km - Manresa 49 km
Mapa de carreteras Michelin nº 574-G34

Hostal Jaumet

REGIONAL • FAMILIAR He aquí un negocio familiar de 5ª generación, pues abrió en 1890. Presenta un gran bar y un comedor clásico, donde ofrecen deliciosos guisos y platos "de la abuela" que ensalzan el recetario catalán. ¡Algunas especialidades se elaboran con cocina de carbón!

Menú 22 € - Carta 23/38 €

carret. C 1412 25750 - 973 47 30 77 (reserva aconsejable) - www.hostaljaumet.com

TORDESILLAS

Valladolid - 8 936 h. - Alt. 702 m - Mapa regional : **8**-B2
Madrid 182 km - Valladolid 31 km - León 142 km - Salamanca 85 km
Mapa de carreteras Michelin n° 575-H14

Los Toreros

COCINA TRADICIONAL • AMBIENTE CLÁSICO Este no es un espacio de ambiente taurino, pues su nombre solo hace referencia al apodo familiar. Ofrece un bar, un comedor clásico y una carta tradicional con varios menús.

Menú 13/35 € - Carta 25/58 €

av. de Valladolid 26 ✉ 47100 - ✆ 983 77 19 00 - www.hotellostoreros.com

Parador de Tordesillas

CADENA HOTELERA • RÚSTICA Hermosa casa solariega construida al abrigo de un frondoso pinar. Ofrece una agradable zona noble, habitaciones de ambiente castellano y un sobrio comedor con el techo artesonado, donde encontrará una carta de marcado gusto regional. Entre sus especialidades están los asados y el Gallo de corral turresilano.

68 hab - ††75/175 € - ☕16 €

carret. de Salamanca, Suroeste : 1 km ✉ 47100 - ✆ 983 77 00 51 - www.parador.es

TORLA

Huesca - 306 h. - Alt. 1 113 m - Mapa regional : **2**-C1
Madrid 480 km - Huesca 95 km - Zaragoza 164 km
Mapa de carreteras Michelin n° 574-E29

El Duende

COCINA TRADICIONAL • RÚSTICA Casa en piedra dotada con un bar de espera en la planta baja y dos salas en los pisos superiores, ambas rústicas y de cuidado montaje. Cocina tradicional de buen nivel, dos menús y platos típicos... como el sabroso Ternasco de la zona.

Menú 23/35 € - Carta 27/41 €

La Iglesia ✉ 22376 - ✆ 974 48 60 32 - www.restauranteelduende.com - cerrado del 7 al 31 de enero y martes salvo verano

TORO

Zamora - 9 214 h. - Alt. 745 m - Mapa regional : **8**-B2
Madrid 210 km - Salamanca 66 km - Valladolid 63 km - Zamora 33 km
Mapa de carreteras Michelin n° 575-H13

por la carretera de Peleagonzalo Suroeste : 11,5 km

Valbusenda

RESORT • MODERNA Orientado al turismo enológico, pues pertenece a una bodega, está en pleno campo y sus modernas instalaciones se han pensado para el relax. En el restaurante, de ambiente minimalista, elaboran una cocina actual. ¡Vistas a la vega del Duero y a los viñedos!

35 hab ☕ - †145/193 € ††157/205 € - 9 suites

carret. Toro-Peleagonzalo ✉ 49800 Toro - ✆ 980 69 95 73 - www.valbusenda.com

TORRE DEL MAR

Málaga - 15 791 h. - Mapa regional : **1**-C2
Madrid 570 km - Almería 190 km - Granada 141 km - Málaga 31 km
Mapa de carreteras Michelin n° 578-V17

Asador el Yate

COCINA TRADICIONAL • RÚSTICA ¡Interesante! Este asador, especializado en carnes y de aire rústico, completa su carta de tinte tradicional con los excelentes pescados y mariscos del bar-marisquería anexo.

Menú 30/55 € - Carta 19/55 €

Saladero Viejo 32 ✉ 29740 - ✆ 952 54 79 69 - www.marisqueriaelyate.es - cerrado 7 enero-7 febrero y miércoles salvo festivos

TORRECABALLEROS

Segovia - 1 288 h. - Alt. 1 152 m - Mapa regional : **8**-C3
Madrid 102 km - Valladolid 121 km - Segovia 11 km - Ávila 79 km
Mapa de carreteras Michelin nº 575-J17

La Portada de Mediodía

REGIONAL • RÚSTICA Ocupa una antigua casa de postas, bien emplazada junto a la iglesia, y que data de principios del s. XVII. En sus salas, de acogedor ambiente rústico, le propondrán una cocina castellana dominada por los asados y las carnes a la brasa.

Menú 38/50 € - Carta 33/48 €

San Nicolás de Bari 31 ✉ 40160 - ✆ 921 40 10 11 - www.laportadademediodia.com - cerrado domingo noche y lunes salvo festivos

El Rancho de la Aldegüela

REGIONAL • RÚSTICA Trabaja mucho y atesora un carácter rústico realmente personal, pues ocupa una antigua finca de esquileo. En sus acogedoras salas podrá degustar una cocina tradicional especializada en asados y carnes a la parrilla.

Menú 33/42 € - Carta 26/46 €

pl. Marqués de Lozoya 3 ✉ 40160 - ✆ 921 40 10 60 - www.fincaelrancho.com - solo almuerzo salvo julio, agosto, viernes y sábado

TORRELLANO

Alicante - 7 173 h. - Alt. 74 m - Mapa regional : **11**-A3
Madrid 418 km - València 172 km - Alacant / Alicante 13 km - Murcia 77 km
Mapa de carreteras Michelin nº 577-R28

Nuestrabarra

COCINA TRADICIONAL • A LA MODA Próximo a una zona industrial. Tras su atractiva fachada presenta un interior muy moderno y acogedor. Su carta combina las tapas y raciones con los platos propios de la cocina tradicional, deliciosas carnes a la brasa, arroces, pescados...

Menú 13/43 € - Carta 30/54 €

Consueta 6 ✉ 03320 - ✆ 965 10 79 00 - www.tapasnuestrabarra.com - cerrado domingo noche

TORRELODONES

Madrid - 23 117 h. - Alt. 845 m - Mapa regional : **15**-A2
Madrid 29 km - Ávila 85 km - Segovia 67 km - Toledo 99 km
Mapa de carreteras Michelin nº 576-K18

El Trasgu

COCINA TRADICIONAL • ELEGANTE Instalado en un elegante chalet, con un bar de espera y tres salas de ambiente clásico-actual. Carta tradicional con un apartado de guisos, arroces y mariscos. ¡No se pierda su magnífica terraza!

Menú 45 € - Carta 49/68 €

Cudillero 2 ✉ 28250 - ✆ 918 59 08 40 - www.restauranteeltrasgu.es - cerrado domingo noche y lunes

La Casita

COCINA TRADICIONAL • RÚSTICA XX Ocupa una casita de piedra dotada con un pequeño bar de tapas y raciones, un comedor principal a modo de cabaña acristalada y un gran privado. Carta tradicional con toques creativos y buena selección de vinos por copas.

Menú 26/34 € - Carta 29/55 €

camino de Valladolid 10 ✉ 28250
- ✆ 918 59 55 05 - www.lacasitadetorre.com - cerrado domingo noche

TORREMENGA

Cáceres - 629 h. - Alt. 530 m - Mapa regional : **12**-C1
Madrid 227 km - Ávila 161 km - Cáceres 118 km - Plasencia 33 km
Mapa de carreteras Michelin nº 576-L12

El Turcal

FAMILIAR • RÚSTICA Hotel rural de arquitectura bioclimática, con acogedoras dependencias de línea moderna que combinan diseño y tradición mediante la utilización de piedra, hierro y madera. Cocina de tinte casero orientada al cliente alojado.

11 hab - †60/106 € ††72/106 € - ☕ 9 €

carret. EX 203, Suroeste : 1,5 km ✉ 10413
- ✆ 616 61 11 16 - www.elturcal.com
- cerrado 12 diciembre-12 febrero y de domingo a jueves en otoño-invierno

TORREMOLINOS

Málaga - 67 492 h. - Mapa regional : **1**-B2
Madrid 542 km - Granada 139 km - Málaga 17 km - Sevilla 220 km
Mapa de carreteras Michelin nº 578-W16

El Botijo Carihuela

CARNES • SENCILLA X Sencillo asador decorado con detalles castellanos y cinegéticos. Propone una carta tradicional, siendo sus especialidades el Cordero lechal asado y las carnes a la parrilla.

Menú 34/44 € - Carta 22/48 €

Plano : B2-a - *Párroco D. Antonio Díaz Romero 5 ✉ 29620*
- ✆ 952 05 87 90 - www.elbotijocarihuela.com
- cerrado 7 enero-7 febrero

al Suroeste barrios de La Carihuela y Montemar

La Luna Blanca

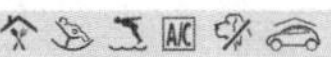

PARTICULAR • FUNCIONAL Hotel tipo chalet llevado directamente por sus propietarios nipones. Posee un buen salón social y amplias habitaciones, la suite japonesa con tatami en vez de cama. En su restaurante, de línea informal, ofrecen platos internacionales y especialidades de Japón.

9 hab ☕ - †75/120 € ††85/125 €

Plano : A3-b - *pasaje del Cerrillo 2 ✉ 29620 Torremolinos*
- ✆ 952 05 37 11 - www.hotellalunablanca.com

en la carretera de Málaga Norte : 5 km

Parador de Málaga Golf

CADENA HOTELERA • CONTEMPORÁNEA Atractivo e integrado en un entorno ideal para jugar al golf. Encontrará unos espacios muy luminosos, buenas terrazas y amplias habitaciones de línea clásica-actual. En el comedor, dominado por los tonos blancos, ofrecen una carta tradicional y un buen menú.

82 hab - ††85/190 € - ☕ 18 € - 6 suites

junto al campo de golf, por la carretera de acceso a la autovía A1 ✉ 29080 Málaga - ✆ 952 38 12 55 - www.parador.es

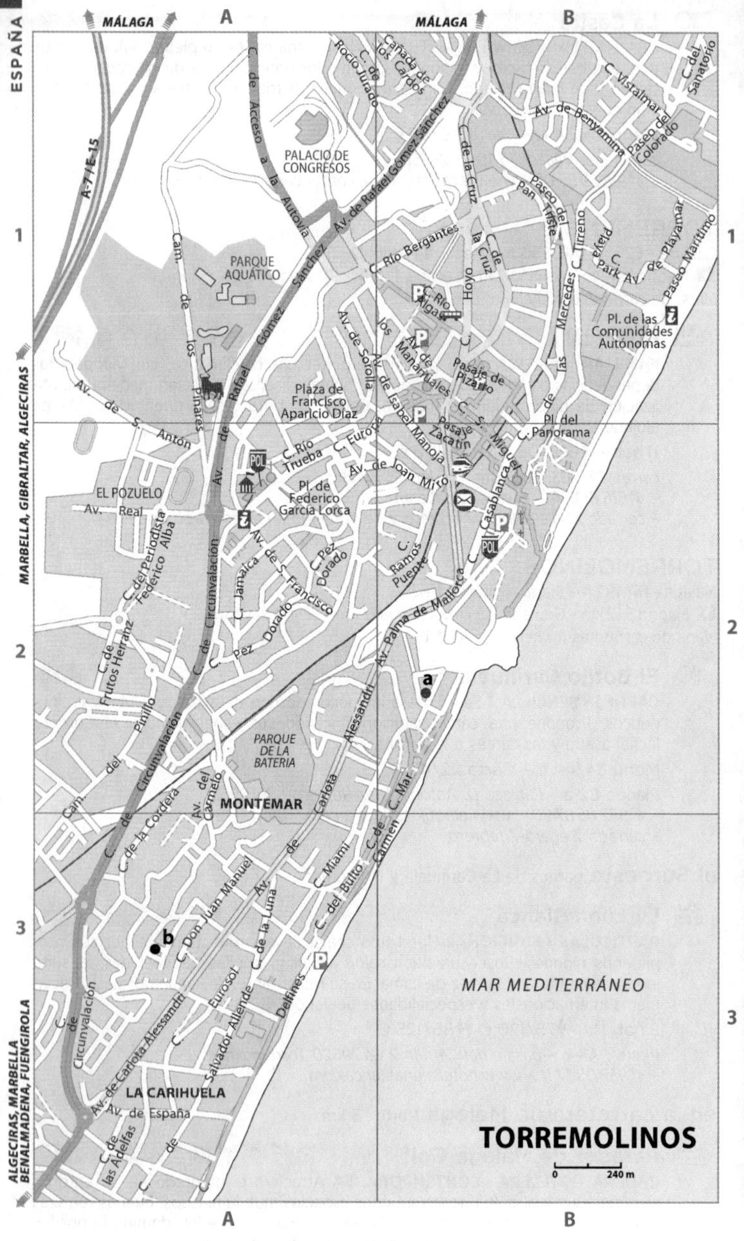
TORREMOLINOS
MÁLAGA
MARBELLA, GIBRALTAR, ALGECIRAS
ALGECIRAS, MARBELLA BENALMÁDENA, FUENGIROLA
MAR MEDITERRÁNEO
PALACIO DE CONGRESOS
PARQUE AQUÁTICO
EL POZUELO
MONTEMAR
LA CARIHUELA
PARQUE DE LA BATERIA
Plaza de Francisco Aparicio Díaz
Pl. de Federico García Lorca
Pl. del Panorama
Pl. de las Comunidades Autónomas
0 240 m

TORRENT

Girona - 169 h. - Mapa regional : **10**-B1
Madrid 726 km - Barcelona 127 km - Girona 42 km - Lleida 265 km
Mapa de carreteras Michelin n° 574-G39

Mas de Torrent

MODERNA • AMBIENTE CLÁSICO XXX Un punto gastronómico relevante, pues aquí maridan la elegancia con el sabio asesoramiento de la famosa chef Fina Puigdevall. ¡El producto de proximidad es el protagonista!

Menú 80 € - Carta 59/74 €

Hotel Mas de Torrent, Afores ✉ 17123
- ☎ 972 30 32 92 - www.hotelmastorrent.com
- cerrado enero y febrero

Mas de Torrent

CASA DE CAMPO • ACOGEDORA Disfruta de unas dependencias realmente magníficas, decoradas con sumo gusto y distribuidas entre la preciosa masía del s. XVIII y los distintos pabellones anexos. Atesora dos cuidados restaurantes, uno con vistas a la terraza y el otro junto a la piscina.

38 hab ☕ - †240/600 € ††300/750 € - 7 suites

Afores ✉ 17123
- ☎ 972 30 32 92 - www.hotelmastorrent.com
- cerrado enero y febrero

Mas de Torrent - ver selección restaurantes

TORRICO

Toledo - 827 h. - Alt. 445 m - Mapa regional : **7**-A2
Madrid 169 km - Toledo 136 km - Cáceres 161 km - Ávila 151 km
Mapa de carreteras Michelin n° 575-M14

en Valdepalacios Noreste : 6 km - Mapa regional : **7**-A2

Tierra

MODERNA • ELEGANTE XXX Su sala, agradable, luminosa y de montaje clásico-elegante, disfruta de grandes cristaleras para ver tanto la piscina como la terraza. Aquí encontrará una cocina actual que sorprende por su nivel gastronómico y sus finas elaboraciones.

→ Guisadito de tendones, cigala y verduritas encurtidas. Tórtola asada, bizcocho de aonori-ko, royal de estofado y canelón de las patitas. Torrija caramelizada de remolacha y vainilla con helado de leche y algodón de azúcar.

Menú 90/110 € - Carta 75/100 €

Hotel Valdepalacios, carret. Oropesa a Puente del Arzobispo ✉ 45572 Torrico
- ☎ 925 45 75 34 (es necesario reservar) - www.tierra-valdepalacios.com
- cerrado del 9 al 15 de enero, domingo noche, lunes y martes mediodía

Valdepalacios

CASA DE CAMPO • CLÁSICA Presenta la fisonomía de una gran hacienda, con amplias zonas ajardinadas y construcciones anexas. Atesora una atmósfera de gusto clásico-elegante, acogedores salones con chimenea y unas habitaciones de excelente equipamiento.

27 hab - †200/560 € ††260/700 € - ☕ 20 €

carret. Oropesa a Puente del Arzobispo ✉ 45572 Torrico
- ☎ 925 45 75 34 - www.valdepalacios.es

Tierra - ver selección restaurantes

TORRIJOS

Toledo - 13 273 h. - Alt. 529 m - Mapa regional : **7**-B2
Madrid 87 km - Ávila 113 km - Toledo 29 km
Mapa de carreteras Michelin nº 576-M17

La Salve

HISTÓRICO • ACOGEDORA En una finca agrícola que sorprende por sus amplias terrazas. La mayor parte de las habitaciones son actuales, sin embargo también posee dos con mobiliario de época. Su precioso restaurante propone una cocina actual, de toques creativos y raíces tradicionales.

22 hab - 59/105 € 65/125 €

Pablo Neruda 10 45500 - 925 77 52 63 - www.hotellasalve.com

TORTOSA

Tarragona - 33 864 h. - Alt. 10 m - Mapa regional : **9**-A3
Madrid 486 km - Castelló de la Plana/Castellón de la Plana 123 km - Lleida 129 km - Tarragona 83 km
Mapa de carreteras Michelin nº 574-J31

Parador de Tortosa

EDIFICIO HISTÓRICO • HISTÓRICA Belleza e historia aúnan sus fuerzas, pues ocupa un castillo del s. X encaramado a una colina y asomado a la vega del Ebro. Sus magníficas dependencias recrean el ambiente de antaño con el confort actual. Cocina de base regional especializada en arroces.

69 hab - 90/160 € - 17 € - 3 suites

Castell de la Suda 43500 - 977 44 44 50 - www.parador.es

en Roquetes

Amaré

CATALANA • SENCILLA Un negocio de tradición familiar que ya va por la 3ª generación. Ofrecen una cocina tradicional respetuosa con los sabores de antaño, trabajando mucho los guisos y los menús.

Menú 12/40 € - Carta 22/38 €

av. Port de Caro 2 43520 Roquetes - 977 50 03 80 - www.amarerestaurant.cat - cerrado 25 julio-10 agosto, domingo noche, martes noche y miércoles salvo festivos

TOSSA DE MAR

Girona - 5 623 h. - Mapa regional : **10**-B2
Madrid 707 km - Barcelona 79 km - Girona 41 km - Lleida 242 km
Mapa de carreteras Michelin nº 574-G38

La Cuina de Can Simon (Xavier Lores)

CREATIVA • AMBIENTE CLÁSICO Llevado entre hermanos y emplazado al pie de las esbeltas murallas medievales. El negocio, fundado por los abuelos como un bar de pescadores, se presenta hoy con una barra de espera y una sala clásica en dos alturas. Aquí apuestan por el producto local, de temporada, para ofrecer una cocina tradicional actualizada.

→ Gambas y berberechos con suquet, patatas e hinojo marino. Lomo de dorada tratada como un bacalao, espinacas y cebollitas. Chocolate al detalle.

Menú 68/98 € - Carta 55/85 €

Portal 24 17320 - 972 34 12 69 - www.restaurantcansimon.com - cerrado del 16 al 31 de enero, del 14 al 30 de noviembre, lunes no festivos salvo agosto, domingo noche y martes de octubre-marzo

TOX

Asturias - 128 h. - Mapa regional : **3**-A1
Madrid 549 km - Lugo 131 km - Oviedo 103 km - Santander 271 km
Mapa de carreteras Michelin nº 572-B10

Regueiro

CREATIVA • AMBIENTE CLÁSICO XX ¡En una pequeña aldea! Encontrará un comedor clásico-moderno, con vistas a los prados, y unos menús de gusto actual que denotan influencias asiáticas, peruanas, mexicanas...

Menú 40/60 € - Carta 42/60 €

Tox (Puerto de Vega) ✉ 33793 - ✆ 985 64 85 94 - www.restauranteregueiro.es - solo almuerzo salvo viernes, sábado y verano - cerrado del 1 al 20 de noviembre, 15 enero-15 febrero y lunes

A TOXA (Illa de) LA TOJA ISLA DE

Pontevedra - Mapa regional : **13**-A2

Madrid 656 km - A Coruña 156 km - Pontevedra 45 km - Santiago de Compostela 84 km

Mapa de carreteras Michelin n° 571-E3

Los Hornos

COCINA TRADICIONAL • ACOGEDORA XX Disfruta de unas magníficas vistas a la ría de Arousa y sorprende tanto por sus salas, muy luminosas, como por su atractiva terraza acristalada. Cocina tradicional gallega bien presentada, con numerosos mariscos y especialidades del día.

Carta 25/45 €

Illa da Toxa ✉ 36991 - ✆ 986 73 10 32 - cerrado noviembre-febrero,domingo noche y lunes salvo verano

Eurostars G.H. La Toja

LUJO • ELEGANTE Emblemático, de gran tradición y situado al borde de la hermosa ría de Arousa, con idílicas vistas y magníficos exteriores. Elegante zona social, SPA-balneario y habitaciones de gran confort. En su comedor, de cuidado montaje y con un excelente servicio de mesa, encontrará una cocina clásica bien elaborada.

186 hab - 105/284 € 150/350 € - 13 suites

Illa da Toxa ✉ 36991 - ✆ 986 73 00 25 - www.eurostarsgranhotellatoja.com

El símbolo le garantiza noches tranquilas.
Solamente el canto de los pájaros al amanecer...

TRAMACASTILLA

Teruel - 107 h. - Alt. 1 260 m - Mapa regional : **2**-B3

Madrid 266 km - Zaragoza 205 km - Teruel 54 km - Huesca 272 km

Mapa de carreteras Michelin n° 574-K25

por la carretera A 1512 Este : 1 km

Hospedería El Batán (María José Meda)

MODERNA • ACOGEDORA XX ¡Un auténtico oasis gastronómico! Restaurante de ambiente rústico-regional emplazado en pleno campo, en una antigua fábrica de lana. Su chef apuesta por una cocina de raíces tradicionales con toques actuales y detalles creativos. También ofrecen confortables habitaciones y un apartamento en una casita anexa.

→ Fondue por sublimación de trufa de Sarrión, parmesano y crema de boletus. Suprema de vaca, risotto de trigo con perrechicos y fumet. Chocolate, crema de queso helada, teja de almendra y gelée de piña.

Menú 49/55 € - Carta 43/56 € 11 hab - 49 € 71 € - 7 €

✉ 44112 Tramascastilla - ✆ 978 70 60 70 - www.elbatan.es - cerrado del 1 al 15 de enero, lunes noche y martes

TRAMACASTILLA DE TENA

Huesca - 148 h. - Alt. 1 224 m - Mapa regional : **2**-C1
Madrid 472 km - Zaragoza 151 km - Huesca 81 km
Mapa de carreteras Michelin nº 574-D29

El Privilegio

TRADICIONAL • ACOGEDORA ¡Interesante para una escapada romántica! Tras su atractiva fachada en piedra encontrará un hotel muy acogedor, con un pequeño SPA y habitaciones de varios estilos, algunas abuhardilladas. El restaurante, clásico-actual, apuesta por el recetario tradicional.

20 hab - 99/199 € 132/199 € - 7 suites

Zacalera 1 ✉ 22663 - ✆ 974 48 72 06 - www.elprivilegio.com

TRECEÑO

Cantabria - Mapa regional : **6**-B1
Madrid 402 km - Burgos 163 km - Oviedo 140 km - Santander 47 km
Mapa de carreteras Michelin nº 572-C17

Prada a Tope

COCINA TRADICIONAL • MARCO REGIONAL Está ubicado en una casa de estilo regional y dispone de dos salas, una rústica y la otra montada en una terraza-porche acristalada. Venta de productos propios y sencillas habitaciones de ambiente rústico-actual. ¡Pruebe alguna de sus Ollas ferroviarias de legumbres, famosas por la lentitud de su cocción!

Menú 20/28 € - Carta 18/35 € 8 hab - 50/70 € 58/78 €

barrio El Ansar 1 ✉ 39592 - ✆ 942 70 51 00 - www.pradaatope-treceno.com - solo almuerzo salvo fines de semana y verano - cerrado del 15 al 30 de junio y miércoles

TREGURÀ DE DALT

Girona - Alt. 1 410 m - Mapa regional : **9**-C1
Madrid 695 km - Barcelona 141 km - Girona 92 km - Canillo 154 km
Mapa de carreteras Michelin nº 574-F37

Fonda Rigà

CATALANA • RÚSTICA El restaurante, que disfruta de mucha luz natural, posee un bar de espera y varias salas, destacando una de carácter panorámico a modo de porche acristalado. Cocina catalana.

Carta 19/39 €

final carret. Tregurà ✉ 17869 - ✆ 972 13 60 00 - www.fondariga.com - cerrado 10 días en noviembre y 10 días en junio

TRES CANTOS

Madrid - 43 309 h. - Alt. 802 m - Mapa regional : **15**-B2
Madrid 27 km - Segovia 72 km - Toledo 99 km - Ávila 123 km
Mapa de carreteras Michelin nº 576-K18

La Terraza de Alba

COCINA TRADICIONAL • AMBIENTE TRADICIONAL Está llevado con dedicación y tiene dos zonas bien diferenciadas, una tipo terraza. Cocina actual y de mercado con algún plato acabado ante los clientes, como su Steak tartar.

Menú 15/60 € - Carta 31/55 €

Alba 5 ✉ 28760 - ✆ 918 03 24 40 - www.laterrazadealba.com - cerrado agosto y lunes

TRESGRANDAS

Asturias - Mapa regional : **3**-C2
Madrid 421 km - Gijón 101 km - Oviedo 111 km - Santander 77 km
Mapa de carreteras Michelin nº 572-B16

El Molino de Tresgrandas

AGROTURISMO • RÚSTICA Antiguo molino rehabilitado y emplazado junto a un riachuelo, en un bello paraje que se encuentra completamente aislado. Se reparte entre dos edificios, ofreciendo una coqueta zona social, un comedor privado para clientes y unas habitaciones rústicas en las que la piedra y la madera son las protagonistas.

11 hab – 65/75 € 86/105 € – 10 €

33590 – 985 41 11 91 – www.molinotresgrandas.com – abril-diciembre

TRUJILLO

Cáceres – 9 510 h. – Alt. 564 m – Mapa regional : **12**-C2

Madrid 257 km – Mérida 90 km – Cáceres 45 km – Badajoz 150 km

Mapa de carreteras Michelin n° 576-N12

Corral del Rey

COCINA TRADICIONAL • RÚSTICA Restaurante de gestión familiar y acogedor ambiente rústico. Aquí la especialidad son los asados y las carnes rojas elaboradas en parrilla de carbón de encina... sin embargo, también triunfa su propuesta de tapas para el centro de la mesa.

Menú 25/38 € – Carta 25/49 €

Corral del Rey 2 10200 – 927 32 30 71 – www.corraldelreytrujillo.com – cerrado domingo en julio-septiembre, miércoles noche y domingo noche resto del año

Parador de Trujillo

HISTÓRICO • CONTEMPORÁNEA Todo un remanso de tranquilidad entre los recios muros del convento de Santa Clara, del s. XVI. Las habitaciones, que contrastan con el edificio por su modernidad, se distribuyen alrededor de un hermoso claustro. El comedor se complementa con una antigua capilla, donde suelen servir los desayunos.

50 hab – 75/175 € – 16 €

Santa Beatriz de Silva 1 10200 – 927 32 13 50 – www.parador.es

Casa de Orellana

HISTÓRICO • CLÁSICA Lo mejor es su emplazamiento, pues se encuentra en la hermosa casa natal de D. Francisco de Orellana, el descubridor del Amazonas ¡Todas las habitaciones están personalizadas!

5 hab – 100 € 140/170 €

Palomas 5-7 10200 – 927 65 92 65 – www.casadeorellana.com

TUDELA

Navarra – 35 388 h. – Alt. 275 m – Mapa regional : **17**-A3

Madrid 316 km – Logroño 103 km – Iruña/Pamplona 84 km – Soria 90 km

Mapa de carreteras Michelin n° 573-F25

Treintaitres

COCINA TRADICIONAL • ACOGEDORA ¡Una referencia en la gastronomía vegetal! Aquí descubrirá una cocina de base tradicional, con toques actuales, que tiene en la verdura su producto estrella... de hecho, el menú degustación está realizado únicamente con estas hortalizas.

Menú 25/44 € – Carta 38/56 €

Pablo Sarasate 7 31500 – 948 82 76 06 (reserva aconsejable) – www.restaurante33.com – cerrado del 1 al 14 de agosto, domingo noche, lunes noche y martes

Trinquete N

COCINA TRADICIONAL • RÚSTICA Negocio de línea rústica-actual que apuesta, claramente, por los productos autóctonos. Cocina tradicional, sabores de casa y autenticidad, todo con frutos de su propia huerta.

Menú 30 € – Carta 40/65 €

Trinquete 1 bis 31500 – 948 41 31 05 – www.trinquete.es – cerrado 20 junio-20 julio y domingo noche

AC Ciudad de Tudela

CADENA HOTELERA • MODERNA Sorprende, pues tras la bella fachada de la que fuera la Casa de Beneficencia, del s. XVIII, hoy se esconde un hotel muy actual. Presenta habitaciones bien equipadas, destacando las que poseen terraza, y un restaurante que apuesta por la cocina tradicional.

41 hab - ††97/120 € - ☕14 €

Misericordia ✉ 31500 - ☎ 948 40 24 40 - www.ac-hotels.com

en la carretera N 232 Sureste : 3 km

Beethoven

COCINA TRADICIONAL • AMBIENTE CLÁSICO XX Un restaurante de ambiente clásico que siempre demuestra imaginación y ganas de trabajar. Su propuesta, tradicional actualizada, evoluciona en base al sublime producto local.

Menú 20/45 € - Carta 39/51 €

av. Tudela 30 ✉ 31512 Fontellas - ☎ 948 82 52 60 - www.rtebeethoven.com - cerrado del 7 al 20 de enero, del 5 al 14 de agosto, domingo noche, lunes y martes noche

por la carretera de Ejea de los Caballeros Noreste : 4 km y desvío a la derecha 0,5 km

Aire de Bardenas

BOUTIQUE HOTEL • DE DISEÑO Ha ganado numerosos premios de arquitectura y sorprende por su inhóspito emplazamiento, junto al desierto de las Bardenas Reales. Habitaciones insólitas, algunas... ¡tipo burbuja! El restaurante, de diseño moderno, elabora una cocina tradicional actualizada.

28 hab - †185/300 € ††200/300 € - ☕19 €

✉ 31500 Tudela - ☎ 948 11 66 66 - www.hotelaire.com

TUDELA DE DUERO

Valladolid - 8 683 h. - Alt. 701 m - Mapa regional : **8**-B2

Madrid 189 km - Valladolid 17 km - Segovia 95 km - Palencia 64 km

Mapa de carreteras Michelin n° 575-H16

Mesón 2,39

COCINA TRADICIONAL • RÚSTICA X Restaurante de ambiente familiar y estilo castellano escondido tras una fachada en piedra. Desde los fogones proponen una cocina tradicional que ensalza los productos de la tierra, siempre bien tratados y en un permanente idilio con las verduras de temporada.

Carta 29/37 €

Antonio Machado 39 ✉ 47320 - ☎ 983 52 07 34 - solo almuerzo salvo viernes y sábado - cerrado del 10 al 31 de agosto y lunes

TUI

Pontevedra - 17 013 h. - Alt. 44 m - Mapa regional : **13**-B3

Madrid 592 km - A Coruña 185 km - Ourense 96 km - Pontevedra 55 km

Mapa de carreteras Michelin n° 571-F4

Parador de Tui

TRADICIONAL • ACOGEDORA El granito y la madera recrean la ornamentación de este Parador, que reproduce, en un bello paraje, un típico pazo gallego. Habitaciones neorrústicas de completo equipamiento. En su elegante comedor encontrará platos propios de la cocina tradicional gallega.

32 hab - ††70/170 € - ☕16 € - 1 suite

av. de Portugal ✉ 36700 - ☎ 986 60 03 00 - www.parador.es

TURÉGANO

Segovia - 1 039 h. - Alt. 935 m - Mapa regional : **8**-C2

Madrid 128 km - Valladolid 121 km - Segovia 34 km

Mapa de carreteras Michelin n° 575-I17

El Zaguán

REGIONAL • RÚSTICA XX Atractivo conjunto castellano definido por sus recias vigas de madera y la presencia en sala de un horno de asar. Proponen una carta regional especializada en asados (por encargo) y bacalao, este último preparado al estilo Turégano. También ofrecen habitaciones, todas de cálida rusticidad.

Menú 15/40 € - Carta 23/47 € 15 hab - †40/50 € ††48/60 € - ☕ 6 €

pl. de España 16 ✉ 40370 - ✆ 921 50 11 65 - www.el-zaguan.com

ÚBEDA

Jaén - 34 930 h. - Alt. 757 m - Mapa regional : **1**-C2

Madrid 323 km - Albacete 209 km - Almería 227 km - Granada 141 km

Mapa de carreteras Michelin n° 578-R19

Zeitúm

CREATIVA • RÚSTICA XX Ocupa una casa del s. XVII que ha sido muy bien remodelada, pues hoy combina sus vigas de madera con detalles actuales, incluso de diseño, y un único eje temático en la decoración... ¡el mundo de la aceituna! Cocina actual con el aceite como gran protagonista.

Menú 25/55 € - Carta 22/35 €

Plano : B1-c - *San Juan de la Cruz 10 ✉ 23400 - ✆ 953 75 58 00 - www.zeitum.com - cerrado 2ª quincena de julio y domingo noche*

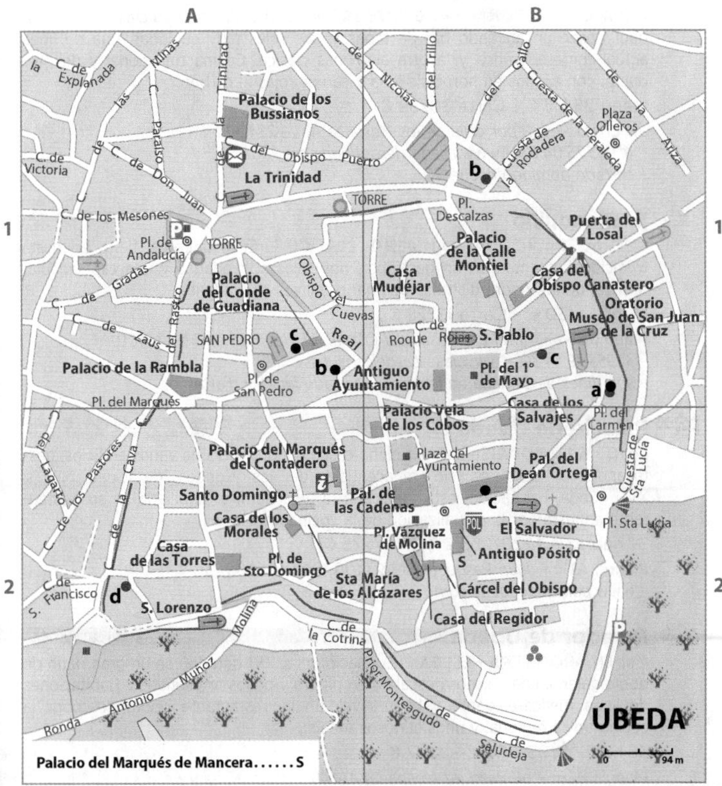

Cantina La Estación

MODERNA • ACOGEDORA XX Le sorprenderá por su ambientación, pues tiene un bar de tapas a modo de estación y una sala que imita el interior de un antiguo vagón de tren. Ofrecen una carta actual, un completo menú degustación y sabrosos guisos del día.

Menú 35 € – Carta 25/41 €

Plano : B1-b – *cuesta Rodadera 1 ✉ 23400*
– *✆ 687 77 72 30 – www.cantinalaestacion.com*
– *cerrado 26 junio-9 julio, del 4 al 19 de septiembre, martes noche y miércoles*

Amaranto

MODERNA • AMBIENTE TRADICIONAL X Llevado por un matrimonio, con ella pendiente de los clientes y él atento a los fogones. En su sala, sencilla y de línea actual, le ofrecerán una cocina regional actualizada y varios menús. ¡Agradable terraza en un patio interior!

Menú 29/65 € – Carta 27/57 €

Plano : A2-d – *Hortelanos 6 ✉ 23400*
– *✆ 953 75 21 00 – www.restauranteamaranto.es*
– *solo almuerzo en invierno salvo viernes y sábado*
– *cerrado 30 junio-10 julio, domingo noche y lunes*

Asador de Santiago

COCINA TRADICIONAL • AMBIENTE TRADICIONAL XX ¡Todo un clásico de la ciudad! Posee un animado bar de tapas y dos salas muy cuidadas, una de línea actual-contemporánea y la otra algo más clásica. Cocina tradicional y de producto, con asados en horno de leña y carnes rojas al carbón.

Menú 25/33 € – Carta 30/59 €

av. Cristo Rey 4, por calle de los Mesones A1 ✉ 23400
– *✆ 953 75 04 63 – www.asadordesantiago.com*
– *cerrado domingo noche*

El Blanquillo

COCINA TRADICIONAL • AMBIENTE CLÁSICO XX El restaurante, fiel a la cocina tradicional, cuenta con un gastrobar, dos salas abovedadas y una espectacular terraza, donde podrá disfrutar del mar de olivos circundante.

Menú 14/30 € – Carta 18/28 €

Plano : B1-a – *Hotel Las Casas del Cónsul, pl. del Carmen 1 ✉ 23400*
– *✆ 953 79 54 30 – www.lascasasdelconsul.es*
– *solo fines de semana en invierno – cerrado lunes y martes*

Palacio de Úbeda (N)

LUJO • A LA MODA Se halla en pleno casco antiguo y ocupa varios edificios, destacando el bello palacio renacentista de los Condes de Guadiana (s. XVI). Cada habitación está dedicada a una familia nobiliaria y su restaurante apuesta por la actualización de la cocina andaluza.

37 hab ☕ – †220/255 € ††240/275 €

Plano : A1-c – *Juan Pasquau 4 ✉ 23400 – ✆ 953 81 09 73*
– *www.palaciodeubeda.com*

Parador de Úbeda

CADENA HOTELERA • ELEGANTE Palacio del s. XVI dotado con un gran patio de doble galería, una hermosa escalera en piedra y bellos artesonados. Habitaciones de línea rústica-elegante y buen nivel. En su restaurante podrá descubrir la cocina típica regional y unos curiosos menús.

36 hab – ††95/200 € – ☕ 17 €

Plano : B2-c – *pl. Vázquez Molina ✉ 23400*
– *✆ 953 75 03 45 – www.parador.es*

Las Casas del Cónsul

TRADICIONAL • CLÁSICA Casa-palacio del s. XVII conocida también, por detalles decorativos de su fachada, como Casa de las bolas. Ofrece un hermoso patio central, que hace de zona social, y espaciosas habitaciones, algunas con excelentes vistas tanto a la sierra como a los olivares.

16 hab – 80/90 € 100/140 €

Plano : B1-a – *pl. del Carmen 1 ✉ 23400*
– *953 79 54 30 – www.lascasasdelconsul.es*

El Blanquillo – ver selección restaurantes

Álvaro de Torres

FAMILIAR • PERSONALIZADA Singular, pues se halla en una casa señorial vestida de modernidad. Posee pozos naturales, una sala en las antiguas bodegas y habitaciones con curiosos contrastes decorativos.

8 hab – 58/66 € 72/83 € – 7 €

Plano : A1-b – *pl. Álvaro de Torres 2 ✉ 23400*
– *953 75 68 50 – www.hotelat.es*
– *cerrado julio y agosto*

ULLDECONA

Tarragona – 6 637 h. – Alt. 134 m – Mapa regional : **9**-A3
Madrid 509 km – Barcelona 200 km – Castelló de la Plana/Castellón de la Plana 91 km – Tarragona 108 km
Mapa de carreteras Michelin nº 574-K31

en la carretera de La Sénia

L'Antic Molí (Vicent Guimerá)

COCINA MODERNA • ACOGEDORA XX Un espacio gastronómico sorprendente... no en vano, recupera un antiguo molino harinero emplazado en pleno campo, con amplios exteriores ajardinados y salas de gran modernidad. Aquí cuidan por igual los banquetes, el menú del día y la carta, basada en tapas gastronómicas, sugerencias y platos de sus menús degustación.

→ Tartaleta de anguila del Delta con all i pebre. Arroz de boletus y chipirones. Café, avellanas, chocolate y regaliz.

Menú 40/65 € – Carta 39/52 €

Barri Castell, Noroeste : 10 km ✉ 43559 El Castell
– *977 57 08 93 – www.anticmoli.com*
– *solo almuerzo salvo viernes y sábado*
– *cerrado del 15 al 30 de noviembre y lunes salvo festivos*

Les Moles (Jeroni Castell)

MODERNA • RÚSTICA XX Llevado en familia e instalado, parcialmente, en una antigua masía que debe su nombre a las piedras de molinos que se hacían en la cantera de la localidad. En su comedor, de ambiente rústico-actual, le propondrán una cocina actual-creativa, de bases tradicionales, muy bien complementada por la opción de varios menús.

→ Ensalada de encurtidos con atún rojo. La "llanda"de Ulldecona hecha con pulpitos. Algarroba parece, plátano es...

Menú 33/75 € – Carta 40/57 €

Noroeste : 2 km ✉ 43550 Ulldecona
– *977 57 32 24 – www.lesmoles.com*
– *solo almuerzo salvo jueves, viernes y sábado*
– *cerrado 24 diciembre-23 enero y lunes*

URDAITZ URDÁNIZ

Navarra - 76 h. - Alt. 696 m - Mapa regional : **17**-B2
Madrid 413 km - Iruña/Pamplona 18 km - Bilbao 176 km - Donostia-San Sebastián 96 km
Mapa de carreteras Michelin n° 573-D25

El Molino de Urdániz (David Yárnoz)

CREATIVA • RÚSTICA Atractivo caserón familiar construido en piedra y ubicado a pie de carretera, junto al cauce del Arga. En su atractivo interior, de elegante ambiente rústico, su chef apuesta por una cocina creativa, elaborada y bastante variada, siempre tomando como base el mejor producto de temporada. ¡Interesante menú degustación!

→ Tallos de espárrago blanco, piel de leche, avena y apionabo. Pechuga de pichón asada, acompañada de una tierra de chocolate y trigo sarraceno. Helado de trufa de primavera, cerveza y leche fermentada.

Menú 75 € - Carta 49/62 €

carret. N 135, Suroeste : 0,5 km ✉ 31698 - ✆ 948 30 41 09 - www.elmolinourdaniz.com - solo almuerzo salvo jueves, viernes y sábado - cerrado 7 días en noviembre, 15 días en febrero, lunes y martes

URDILDE

A Coruña - 60 h. - Mapa regional : **13**-B2
Madrid 617 km - Santiago de Compostela 21 km - A Coruña 96 km - Pontevedra 73 km
Mapa de carreteras Michelin n° 571-D3

por la carretera de Negreira Norte : 0,5 km y desvío a la izquierda 1 km

Fogar do Selmo

CASA DE CAMPO • ACOGEDORA Agradable turismo rural emplazado en una casa de labranza. Ofrece una decoración rústica-actual, atractivas paredes en piedra y unas cálidas habitaciones, muchas con mobiliario restaurado. En sus comedores, de ambiente clásico, ensalzan la cocina tradicional.

10 hab - †40/50 € ††55/65 €

Casal do Poño ✉ 15281 Urdilde - ✆ 981 80 52 69 - www.fogardoselmo.com

UTIEL

Valencia - 11 915 h. - Alt. 720 m - Mapa regional : **11**-A2
Madrid 277 km - València 81 km - Cuenca 121 km - Alacant / Alicante 188 km
Mapa de carreteras Michelin n° 577-N26

El Carro

COCINA TRADICIONAL • ACOGEDORA Presenta un gastrobar y una sala actual en varios niveles. Carta tradicional de temporada, con algún plato creativo y la opción de carnes exóticas como elemento diferenciador.

Menú 29 € - Carta 27/43 €

Héroes del Tollo 21 ✉ 46300 - ✆ 962 17 11 31 - www.restauranteelcarro.com - cerrado domingo y miércoles noche

UTRERA

Sevilla - 52 558 h. - Alt. 49 m - Mapa regional : **1**-B2
Madrid 523 km - Sevilla 37 km - Cádiz 106 km - Huelva 127 km
Mapa de carreteras Michelin n° 578-U12

Besana

MODERNA • HISTÓRICA Gastrobar de línea rústica, con detalles de diseño, ubicado en la antigua judería. Encontrará tapas de calidad presentadas como si fueran los entrantes de un menú degustación.

Tapa 3,20 €

Callejón Niño Perdido 1 ✉ 41710 - ✆ 955 86 38 04 - www.besanatapas.com - solo cena salvo viernes, sábado y domingo - cerrado julio-15 agosto, domingo noche y lunes

VAL DE SAN LORENZO

León - 542 h. - Mapa regional : **8**-A1
Madrid 335 km - Valladolid 181 km - León 58 km - Oviedo 160 km
Mapa de carreteras Michelin nº 575-E11

La Lechería

COCINA TRADICIONAL • **RÚSTICA** ¡Un pueblo muy famoso por sus mantas y colchas artesanales! Ocupa una casona de piedra que funcionó como lechería y, en un cuidado ambiente neorrústico, propone una cocina tradicional bien actualizada... aunque aquí el plato estrella es el Cocido maragato.

Menú 20/35 € - Carta 24/35 € 9 hab - 50/55 € 55/73 €

La Lechería 1 ✉ 24717 - ✆ 987 63 50 73 (es necesario reservar para cenar) - www.la-lecheria.com - cerrado del 7 al 31 de enero, domingo noche y lunes

VALBUENA DE DUERO

Valladolid - 475 h. - Mapa regional : **8**-C2
Madrid 192 km - Palencia 61 km - Segovia 98 km - Valladolid 43 km
Mapa de carreteras Michelin nº 575-H17

en San Bernardo Sureste : 4,5 km

Castilla Termal Monasterio de Valbuena

TERMAL • HISTÓRICA Hotel-balneario unido a uno de los monasterio cistercienses (s. XII) mejor conservados de Europa. Encontrará espléndidas habitaciones, una completa oferta lúdico-termal, distintas opciones de restauración y... ¡la sede de la Fundación Las Edades del Hombre!

79 hab - 95/218 € 95/298 € - 19 €

Monasterio ✉ 47359 San Bernardo - ✆ 983 68 30 40 - www.castillatermal.com

VALDEMORO

Madrid - 72 854 h. - Alt. 615 m - Mapa regional : **15**-B2
Madrid 27 km - Aranjuez 21 km - Toledo 53 km
Mapa de carreteras Michelin nº 576-L18

Chirón (Iván Muñoz)

MODERNA • **AMBIENTE CLÁSICO** Llevado con profesionalidad entre dos hermanos, que así dan continuidad a la tradición familiar. Resulta elegante, presenta una estética clásica-actual y ofrece una cocina creativa, de marcadas raíces castizas y con recuerdos manchegos.

➜ Morteruelo marino y berenjena de Almagro. Galiano de liebre. Pastela de crema thai.

Menú 58 € - Carta 40/60 €

Alarcón 27 ✉ 28341 - ✆ 918 95 69 74 - www.restaurantechiron.com - cerrado 25 días en agosto, domingo noche, lunes y martes noche

La Fontanilla

COCINA TRADICIONAL • **AMBIENTE CLÁSICO** Casa de línea clásica dotada con un gastrobar y varias salas, la principal en la 1ª planta. En su amplia carta podrá encontrar platos tradicionales, regionales e innovadores.

Menú 14 € - Carta 30/50 €

Illescas 2 ✉ 28340 - ✆ 918 09 55 82 - www.restaurantelafontanilla.com - cerrado 7 días en agosto, martes noche salvo verano, domingo noche y lunes

Adri

COCINA TRADICIONAL • **SENCILLA** Restaurante de estilo actual-funcional que apuesta por unos entrantes imaginativos y unos platos principales más tradicionales. ¡Destacan sus arroces, con hasta 20 variantes!

Menú 12/55 € - Carta 21/55 €

Párroco Don Lorenzo 12 ✉ 28341 - ✆ 918 01 75 63 - www.restauranteadri.com - cerrado domingo noche

VALDEPALACIOS Toledo → Ver Torrico

VALDEPEÑAS

Ciudad Real - 30 514 h. - Alt. 720 m - Mapa regional : **7**-B3
Madrid 203 km - Albacete 168 km - Alcázar de San Juan 87 km - Aranjuez 156 km
Mapa de carreteras Michelin nº 576-P19

en la autovía A 4 Norte : 4 km

La Aguzadera

COCINA TRADICIONAL • **RÚSTICA** XX Negocio de seria organización familiar emplazado junto a la autovía de acceso a Valdepeñas. Se presenta con un bar de tapas a la entrada, una bodega acristalada y dos salas, la interior más rústica y cuidada. Carta de cocina tradicional.

Menú 25/30 € - Carta 30/50 €

dirección Córdoba, salida 197 y dirección Madrid, salida 199 ✉ 13300 Valdepeñas - ✆ 926 32 32 08 - www.laaguzadera.com - solo almuerzo de domingo a jueves de septiembre-junio

VALDEVIMBRE

León - 997 h. - Alt. 811 m - Mapa regional : **8**-B1
Madrid 332 km - León 25 km - Palencia 123 km - Valladolid 133 km
Mapa de carreteras Michelin nº 575-E13

Los Poinos

COCINA TRADICIONAL • **RÚSTICA** X Su nombre rememora los tacos de madera sobre los que descansan las cubas. Dispone de un bar rústico y comedores tipo cueva, excavados a mano. Cocina tradicional actualizada.

Menú 24/35 € - Carta 24/38 €

canal de Rozas 81 ✉ 24230 - ✆ 987 30 40 18 - www.lospoinos.com - cerrado del 11 al 27 de enero, miércoles, y noches de lunes, martes y jueves salvo en verano

NOS GUSTA...

Testar el lujo del hotel **Las Arenas** y darnos una vuelta por el Mercado Central, pidiendo aquí siempre unas tapas en **Central Bar**. También nos gusta reconocer el encanto de otros tiempos en **Casa Montaña** o acercarnos a **Casa Carmela**, en la playa de la Malvarrosa, a degustar las que para muchos son las mejores paellas al estilo tradicional (con leña de naranjo).

VALÈNCIA

786 189 h. - Alt. 13 m - Mapa regional : **11**-B2
Madrid 352 km - Albacete 183 km - Alacant/Alicante 174 km - Barcelona 355 km
Mapa de carreteras Michelin n° 577-N28

Planos de la ciudad en páginas siguientes

Restaurantes

Ricard Camarena

MODERNA • DE DISEÑO XXX Sorprende por la moderna y cuidada estética interior, destacando el singular "privado" y la original mesa que preside la sala frente a la cocina vista. Su atrevida propuesta de autor logra unos sabores, texturas y puntos de cocción realmente excelentes, utilizando en lo posible los productos autóctonos como referencia.

→ Ostra valenciana, aguacate y horchata de galanga. Paletilla de cabrito, ensalada de pepino valenciano, yogur y agua de rosas. Mango maduro, curry frio, hierbas y semillas.

Menú 75/105 € - solo menú

Plano : G3-h - *Doctor Sumsi 4 (previsto traslado a av. de Burjassot 52)*
✉ 46005 Ⓜ Xàtiva - ☎ 963 35 54 18 - www.ricardcamarenarestaurant.com
- cerrado del 1 al 22 de enero, domingo y lunes

Riff (Bernd Knöller)

CREATIVA • DE DISEÑO XXX Céntrico, de buen montaje y con una estética minimalista bastante cuidada. El chef-propietario, que siendo alemán se considera un valenciano más, ofrece una cocina de autor basada en los productos locales de temporada, siempre de la mejor calidad. ¡Interesantes menús!

→ Ostra valenciana y habas. Oreja de cerdo con lentejas negras. Ruibarbo con lichi y rosas.

Menú 35/100 € - Carta 55/74 €

Plano : H3-k - *Conde de Altea 18 ✉ 46005 Ⓜ Colón*
- ☎ 963 33 53 53 - www.restaurante-riff.com
- cerrado agosto, domingo y lunes

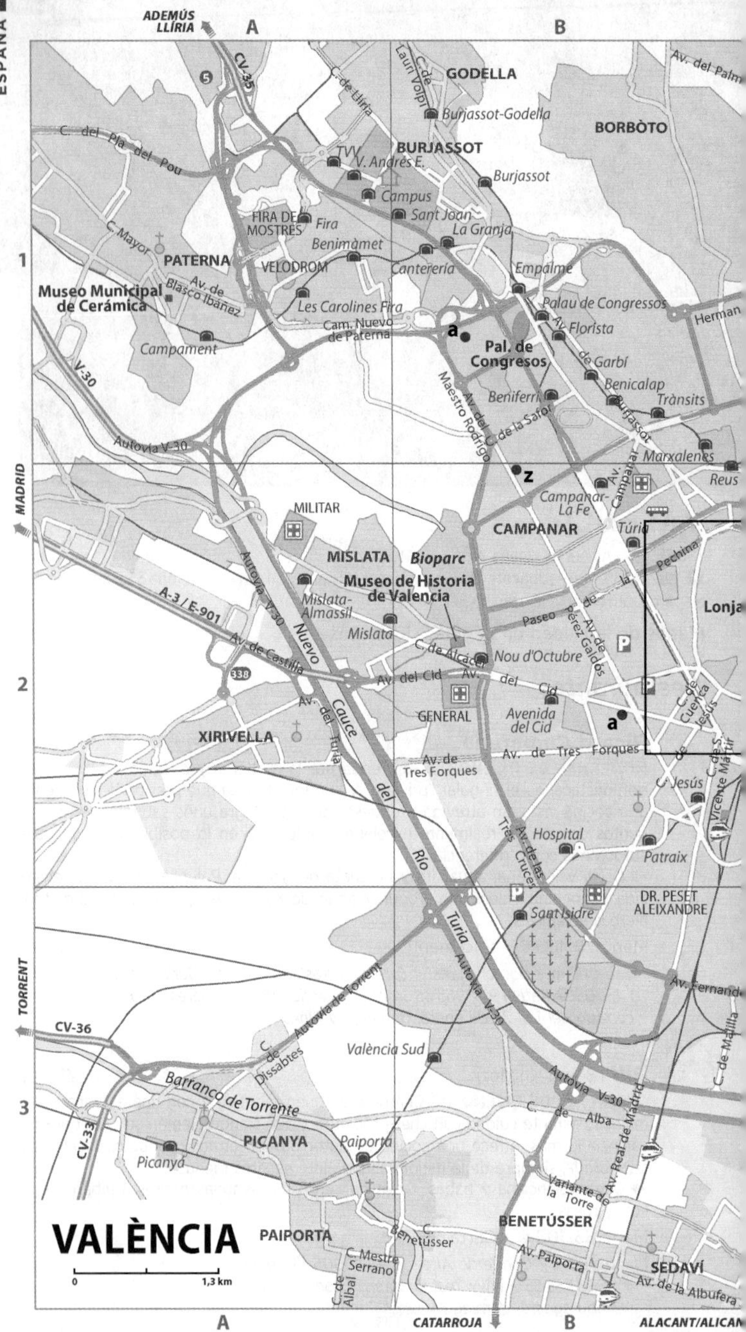

VALÈNCIA
ADEMÚS
LLÍRIA
MADRID
TORRENT
CATARROJA
ALACANT/ALICAN
GODELLA
BORBÒTO
BURJASSOT
PATERNA
Museo Municipal de Cerámica
VELODROM
FIRA DE MOSTRES
Pal. de Congresos
CAMPANAR
MILITAR
MISLATA
Bioparc
Museo de Historia de Valencia
Lonja
GENERAL
XIRIVELLA
DR. PESET ALEIXANDRE
PICANYA
PAIPORTA
BENETÚSSER
SEDAVÍ
Burjassot-Godella
Burjassot
Campus
Sant Joan
La Granja
Fira
Benimàmet
Cantereria
Empalme
Les Carolines Fira
Campament
Palau de Congressos
Florista
Garbí
Benicalap
Trànsits
Beniferri
Marxalenes
Reus
Campanar-La Fe
Túria
Mislata-Almassil
Mislata
Nou d'Octubre
Avenida del Cid
Jesús
Hospital
Patraix
Sant Isidre
València Sud
Paiporta
Picanya
Autovía V-30
A-3 / E-901
Av. de Castilla
Av. del Cid
Av. de Tres Forques
Nuevo Cauce del Río Turia
Autovía de Torrent
Barranco de Torrente
Av. Real de Madrid
Av. Fernando
C. de Alba
C. de Alcàcer
Paseo de la Pechina
Av. de Pérez Galdós
Maestro Rodrigo
Av. del C. de la Safor
Av. de las Tres Cruces
Av. Campanar
C. Mayor
Av. de Blasco Ibáñez
Cam. Nuevo de Paterna
C. del Pla del Pou
C. de Llíria
C. de Lauri Volpi
Variante de la Torre
Av. Palporta
Av. de la Albufera
C. Mestre Serrano
C. de Albal
C. Benetússer
C. de Dissabtes
C. de Melilla
C. de Cuenca
C. de S. Vicente Mártir
Av. del Palm
Herman
CV-35
CV-36
CV-33
V-30
338
0
1,3 km
A
B
1
2
3
a
z

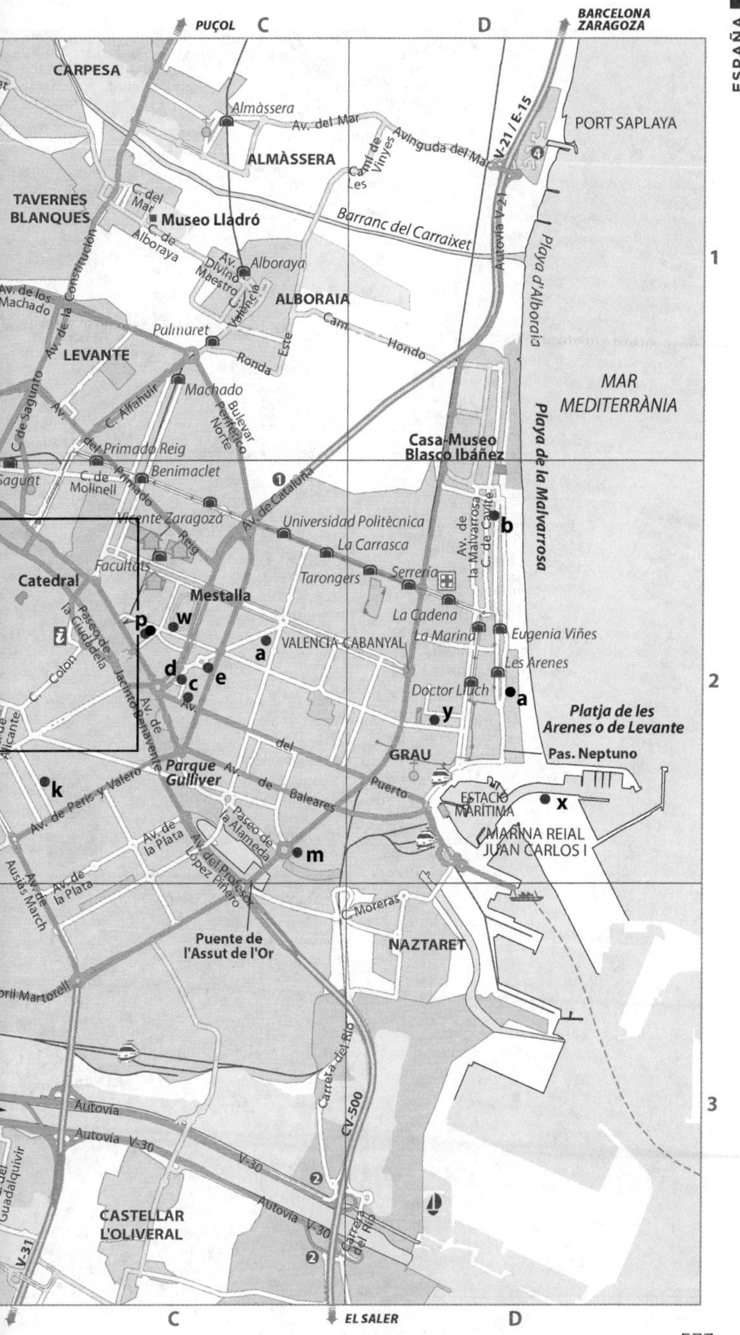
PUÇOL
BARCELONA
ZARAGOZA
EL SALER
CARPESA
Almàssera
ALMÀSSERA
Av. del Mar
Avinguda del Mar
PORT SAPLAYA
V-21 / E-15
TAVERNES BLANQUES
Museo Lladró
Barranc del Carraixet
Alboraya
ALBORAIA
Cam. Hondo
Playa d'Alboraia
Palmaret
LEVANTE
Machado
MAR MEDITERRÀNIA
Casa-Museo Blasco Ibáñez
Playa de la Malvarrosa
Benimaclet
Av. de Cataluña
Vicente Zaragoza
Universidad Politècnica
La Carrasca
Catedral
Facultats
Mestalla
Tarongers
Serrería
La Cadena
La Marina
Eugenia Viñes
Les Arenes
VALENCIA-CABANYAL
Doctor Lluch
Platja de les Arenes o de Levante
Pas. Neptuno
GRAU
Parque Gulliver
ESTACIÓ MARÍTIMA
MARINA REIAL JUAN CARLOS I
Puente de l'Assut de l'Or
NAZTARET
CV-500
Autovía V-30
CASTELLAR L'OLIVERAL
V-31

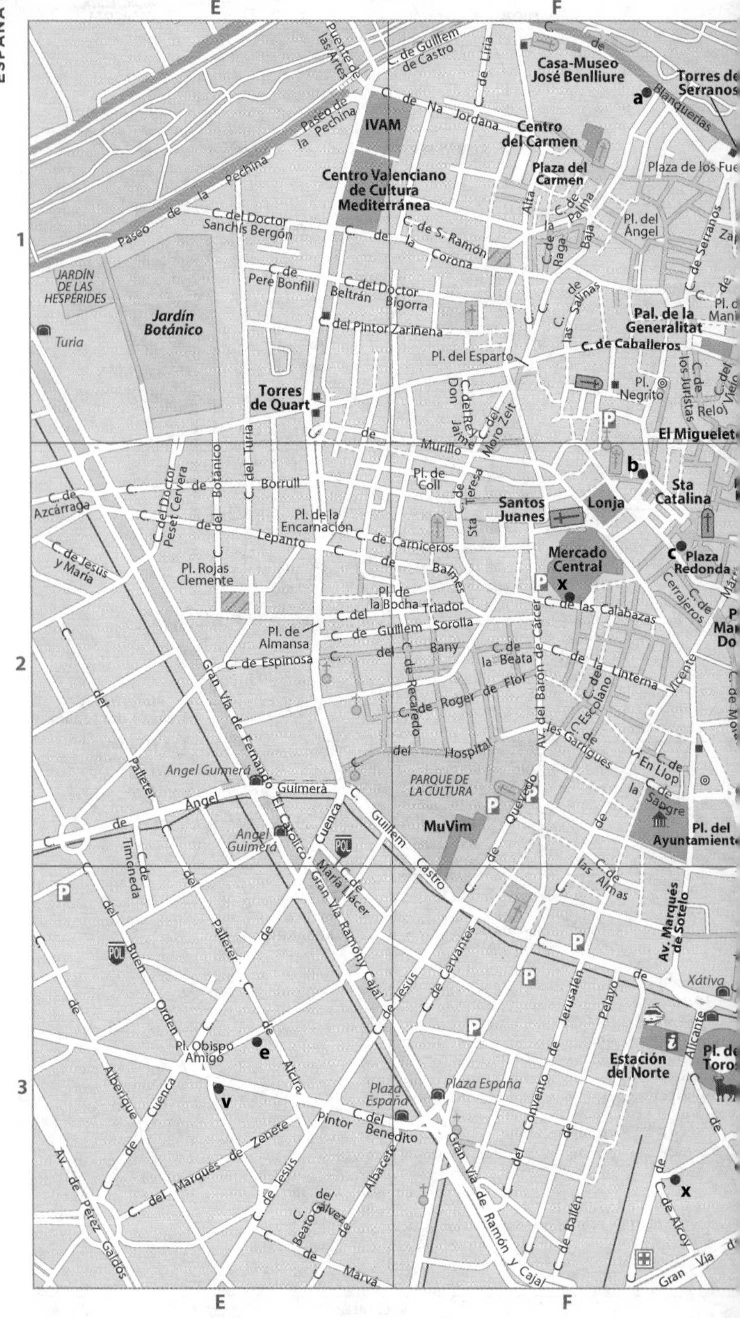
E
F
1
2
3
Casa-Museo José Benlliure
Torres de Serranos
IVAM
Centro del Carmen
Centro Valenciano de Cultura Mediterránea
Plaza del Carmen
Plaza de los Fue
Pl. del Ángel
JARDÍN DE LAS HESPÉRIDES
Jardín Botánico
Turia
Pal. de la Generalitat
C. de Caballeros
Pl. del Esparto
Pl. Negrito
Torres de Quart
El Miguelet
Sta Catalina
Santos Juanes
Lonja
Pl. de Coll
Pl. de la Encarnación
Mercado Central
Plaza Redonda
Pl. Rojas Clemente
Pl. de la Bocha
Pl. de Almansa
C. de Espinosa
C. de Roger de Flor
PARQUE DE LA CULTURA
MuVim
Pl. del Ayuntamiento
Angel Guimerá
Gran Vía de Fernando El Católico
Gran Vía Ramón y Cajal
Gran Vía de Ramón y Cajal
Av. Marqués de Sotelo
Xátiva
Estación del Norte
Pl. de Toros
Pl. Obispo Amigo
Plaza España
C. del Pintor Benedito
C. del Marqués de Zenete
Av. de Pérez Galdós
Paseo de la Pechina
C. de Guillem de Castro
C. de Na Jordana
C. de S. Ramón
C. de la Corona
C. del Doctor Sanchis Bergón
C. de Pere Bonfill
C. del Doctor Beltrán Bigorra
C. del Pintor Zariñena
C. de Murillo
C. de Borrull
C. de Azcárraga
C. de Jesús y María
C. de Lepanto
C. de Carniceros
C. de Balmes
C. del Triador
C. de Guillem Sorolla
C. del Bany
C. de la Beata
C. de las Calabazas
C. de la Linterna
C. del Hospital
C. de Quevedo
Av. del Barón de Cárcer
C. de las Almas
C. del Convento de Jerusalén
C. de Pelayo
C. de Bailén
C. de Alcoy
C. de Cervantes
C. de Jesús
C. de Alcira
C. de Cuenca
C. de Albacete
C. de Marvá
C. del Buen Orden
C. de Palleter
C. de Timoneda
C. de María Llácer
C. de Guillem de Castro
a
b
c
e
v
x

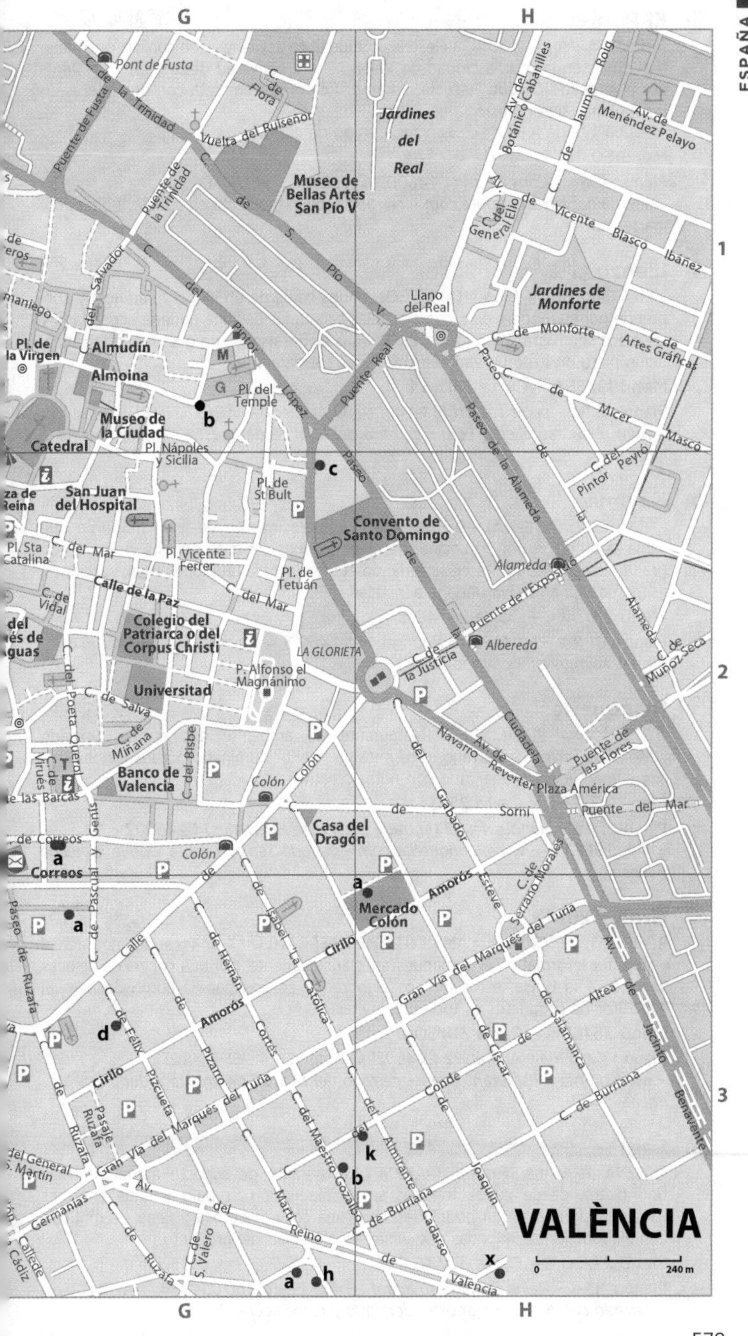
VALÈNCIA
Jardines del Real
Museo de Bellas Artes San Pío V
Jardines de Monforte
Llano del Real
Almudín
Almoina
Museo de la Ciudad
Catedral
San Juan del Hospital
Convento de Santo Domingo
Colegio del Patriarca o del Corpus Christi
Universitat
Banco de Valencia
Casa del Dragón
Mercado Colón
Correos
Plaza América
LA GLORIETA
Pont de Fusta
Alameda
Albereda
Colón
0
240 m

El Poblet

CREATIVA • A LA MODA XX Restaurante de línea actual y buen confort que viene a plasmar, en la misma ciudad de València, la creatividad desarrollada en Dénia por el laureado Quique Dacosta. Su amplia carta se completa con dos interesantes menús a buen precio.

→ Cubalibre de foie. Arroz cenizas. Campo de cítricos.

Menú 50/110 € - Carta 41/57 €

Plano : G2-a - *Correos 8-1º ✉ 46002 Ⓜ Colón - ✆ 961 11 11 06 - www.elpobletrestaurante.com - cerrado sábado mediodía en agosto, domingo y martes noche*

Lienzo Ⓝ

MEDITERRÁNEA • A LA MODA XX Ocupa los bajos de un elegante edificio y sorprende por su modernidad, con dos salas separadas por una bodega acristalada y la cocina semivista. ¿Su propuesta? Buenas elaboraciones de gusto mediterráneo, algún plato de fusión y varios menús, todos sugerentes.

Menú 19/55 € - Carta 35/45 €

Plano : G2-c - *pl.de Tetuan 18 ✉ 46003 Ⓜ Alameda - ✆ 963 52 10 81 - www.restaurantelienzo.com - cerrado del 14 al 28 de agosto, domingo noche y lunes*

Kaymus

COCINA TRADICIONAL • DE DISEÑO XX Establecimiento de línea moderna que llama la atención por su cocina, de elaboraciones sencillas aunque siempre con gran fineza y calidad. Posee un privado equipado para reuniones o proyecciones, así como una atractiva bodega acristalada.

Menú 24/59 € - Carta 28/40 €

Plano : B1-2-z - *av. Maestro Rodrigo 44 ✉ 46015 Ⓜ Beniferri - ✆ 963 48 66 66 - www.kaymus.es - cerrado lunes noche*

Blanqueries

MODERNA • MINIMALISTA XX Restaurante de ambiente cosmopolita ubicado junto a las Torres de Serranos. Presenta un interior dominado por los tonos blancos y una cocina de mercado con notas creativas.

Menú 20/27 € - Carta 25/36 €

Plano : F1-a - *Blanqueries 12 (entrada por Padre Huérfanos) ✉ 46002 - ✆ 963 91 22 39 - www.blanquerias.com - cerrado Semana Santa, domingo noche y lunes*

Gran Azul Ⓝ

COCINA TRADICIONAL • AMBIENTE MEDITERRÁNEO XX Un local de línea actual y carácter informal en el que apuestan, clarísimamente, por una cocina de arroces y platos a la brasa, estos últimos elaborados en una parrilla-horno Josper. ¡El expositor de productos es toda una invitación!

Menú 35/65 € - Carta 30/50 €

Plano : C2-d - *av. Aragón 12 ✉ 46021 Ⓜ Aragón - ✆ 961 47 45 23 - www.granazulrestaurante.com - cerrado del 12 al 27 de agosto y domingo noche*

Saiti

COCINA TRADICIONAL • SIMPÁTICA X Restaurante de aspecto actual-informal, tipo bistró, desde cuyos fogones se destila ilusión, trabajo y unas enormes ganas de agradar. Aquí podrá descubrir una cocina sabrosa y llena de matices, con elaboraciones redondas que ensalzan la calidad del producto.

Menú 27/50 € - Carta 30/46 €

Plano : H3-x - *Reina Doña Germana 4 ✉ 46005 - ✆ 960 05 41 24 - www.saiti.es - cerrado del 15 al 31 de agosto, domingo y lunes noche*

Montes

COCINA TRADICIONAL • AMBIENTE CLÁSICO X Un restaurante de corte clásico con muchos adeptos gracias al trato cercano y familiar. Cocina tradicional a precios moderados, con buenos guisos, arroces y platos de cuchara.

Menú 14/23 € - Carta 30/43 €

Plano : E3-v - *pl. Obispo Amigó 5 ✉ 46007 Ⓜ Pl. Espanya - ☎ 963 85 50 25 - www.restaurantemontes.com - cerrado Semana Santa, agosto, domingo noche, lunes y martes noche*

2 Estaciones Ⓝ

MEDITERRÁNEA • BISTRÓ X Bien llevado por dos chefs, también socios, volcados en su proyecto. Encontrará un bistró informal, con la cocina vista y unas curiosas mesas hechas con los pies de las antiguas máquinas de coser. Cocina mediterránea y de temporada, con platos actualizados.

Menú 35/48 € - Carta 35/50 €

Plano : C2-k - *Pintor Salvador Abril 28 ✉ 46002 - ☎ 963 03 46 70 - www.2estaciones.com - cerrado del 23 al 31 de enero, domingo y lunes*

Alejandro del Toro

CREATIVA • MINIMALISTA XXX El chef-propietario elabora una cocina creativa y presenta un espacioso comedor de aire minimalista, con una bodega acristalada que deja la cocina a la vista. También ofrecen una terraza, tipo bistró, donde sirven una carta más informal.

Menú 24/82 € - Carta 29/51 €

Plano : C2-w - *Amadeo de Saboya 15 ✉ 46010 Ⓜ Aragón - ☎ 963 93 40 46 - www.restaurantealejandrodeltoro.com - cerrado del 1 al 15 de septiembre, 24 diciembre-1 enero, domingo noche y lunes*

Vertical

CREATIVA • DE DISEÑO XXX Destaca tanto por el montaje como por sus vistas, pues se encuentra en la última planta del hotel Ilunion Aqua 4. Sala de estética actual, curiosa terraza chill out e interesante cocina creativa reflejada mediante menús gastronómicos.

Menú 50/85 € - solo menú

Plano : C2-m - *Luis García Berlanga 19 ✉ 46023 - ☎ 963 30 38 00 - www.restaurantevertical.com - cerrado domingo*

Kōmori

JAPONESA • MINIMALISTA XXX Un restaurante nipón que sigue, en montaje y cocina, los pasos del famoso Kabuki madrileño... eso sí, aquí con una plancha japonesa de carbón vegetal que es única en España.

Menú 50/70 € - Carta 40/80 €

Plano : C2-p - *Hotel The Westin València, General Gil Dolz ✉ 46010 Ⓜ Alameda - ☎ 961 86 62 90 - www.restaurantekomori.com - cerrado Semana Santa, 15 días en agosto, sábado mediodía, domingo y festivos*

Civera

PESCADOS Y MARISCOS • AMBIENTE CLÁSICO XX Especializado en pescados, mariscos y arroces. Encontrará un bar con varias mesas, unos sugerentes expositores y una sala de ambiente marinero. Interesante bodega acristalada.

Menú 40 € - Carta 35/65 €

Plano : G3-a - *Mosén Femades 10 ✉ 46002 Ⓜ Colón - ☎ 963 52 97 64 - www.marisqueriascivera.com*

Apicius

MODERNA • MINIMALISTA XX Se presenta con un único salón, amplio y de estética actual, donde ofrecen una moderna cocina de mercado. Su completa bodega hace hincapié en los vinos blancos alemanes.

Menú 25/46 € - Carta 32/53 €

Plano : C2-e - *Eolo 7 ✉ 46021 Ⓜ Aragón - ☎ 963 93 63 01 - www.restaurante-apicius.com - cerrado Semana Santa, agosto, sábado mediodía y domingo*

El Asador de Aranda

COCINA TRADICIONAL • AMBIENTE CLÁSICO XX Mobiliario castellano, vidrieras, artesonados, un sugerente horno de leña... Aunque su especialidad son los asados de lechazo y cochinillo también ofrecen buenas carnes rojas.

Menú 38 € - Carta 35/45 €

Plano : G3-d - *Félix Pizcueta 8 ✉ 46004 Ⓜ Xátiva - ✆ 963 52 97 91 - www.asadordearanda.net - cerrado domingo noche*

Vinícolas

COCINA TRADICIONAL • MINIMALISTA XX Interesante, pues ocupa un cubo de cristal de estética minimalista y ofrece una carta de base tradicional bien actualizada en técnicas y presentaciones. ¡Sabores contundentes!

Menú 35/65 € - Carta 45/78 €

Plano : D2-x - *Marina Real Juan Carlos I, Local F2 (Marina Sur) ✉ 46024 - ✆ 961 10 22 44 - www.vinicolasvalencia.com - cerrado lunes salvo verano y domingo noche*

Canyar

PESCADOS Y MARISCOS • AMBIENTE CLÁSICO XX Resulta singular, pues tiene una decoración antigua con detalles modernistas. Ofrece una cuidada bodega y pescados de gran calidad, ya que se traen diariamente desde Dénia.

Menú 45/73 € - Carta 28/49 €

Plano : F3-x - *Segorbe 5 ✉ 46004 Ⓜ Bailén - ✆ 963 41 80 82 - www.canyarrestaurante.com - cerrado agosto y domingo*

Askua

COCINA TRADICIONAL • MINIMALISTA XX Un negocio consolidado gracias a la calidad de sus materias primas. En la sala, moderna y en tonos claros, le propondrán una cocina de producto muy respetuosa con los sabores.

Carta 33/65 €

Plano : C2-c - *Felip María Garín 4 ✉ 46021 Ⓜ Aragón - ✆ 963 37 55 36 - www.restauranteaskua.com - cerrado 3 semanas en agosto, domingo y festivos*

La Salita

CREATIVA • ACOGEDORA XX Hablar de La Salita es hablar de Begoña Rodrigo... ¡la primera Top Chef España! Sus menús degustación, cuidados en la estética y de gusto actual, siempre intentan sorprender.

Menú 45/64 € - solo menú

Plano : C2-a - *Séneca 12 ✉ 46021 - ✆ 963 81 75 16 - www.lasalitarestaurante.com - cerrado domingo*

Tavella

COCINA TRADICIONAL • ACOGEDORA XX Instalado en una antigua alquería familiar a la que se accede por un patio. Presenta tres ambientes y una cocina tradicional, con toques mexicanos, en base a distintos menús.

Menú 29/49 € - solo menú

Plano : B1-a - *camino viejo de Líria 93 ✉ 46015 Ⓜ Beniferri - ✆ 635 69 36 56 - www.tavellarestaurant.com - cerrado del 7 al 21 de agosto, domingo noche y lunes*

Casa Carmela

COCINA TRADICIONAL • RÚSTICA XX Se encuentra en la playa de la Malvarrosa y es toda una institución, pues abrió sus puertas en 1922. Los bellos azulejos de Manises conviven con... ¡unas paellas de excepción!

Carta 35/56 €

Plano : D1-a - *Isabel de Villena 155 ✉ 46011 - ✆ 963 71 00 73 - www.casa-carmela.com - solo almuerzo - cerrado lunes*

Eladio

GALLEGA • AMBIENTE CLÁSICO XX Este negocio de organización profesional se presenta con un vivero, un bar privado, una sala de línea clásica y un reservado. Carta tradicional de arraigadas raíces gallegas.

Menú 30 € - Carta 25/53 €

Plano : B2-a - *Chiva 40 ✉ 46018 - ☎ 963 84 22 44 - www.restauranteeladio.es - cerrado Semana Santa, 5 días en agosto, domingo y lunes noche*

Habitual

INTERNACIONAL • A LA MODA X Esta curiosa propuesta del chef Ricard Camarena, en el modernista Mercado de Colón, sorprende por su diseño. Extensa carta de tinte internacional y base mediterránea.

Menú 18/29 € - Carta 27/56 €

Plano : H3-a - *Jorge Juan 19 (Mercado de Colón, planta inferior) ✉ 46004 Ⓜ Colón - ☎ 963 44 56 31 - www.habitual.es*

Canalla Bistro

MODERNA • SIMPÁTICA X Un local informal y divertido, pues tiene la cocina vista y parte de la decoración hecha con cajas de naranjas. Cocina del mundo, con producto local y pensada para compartir.

Menú 16/26 € - Carta 26/38 €

Plano : G3-a - *Maestro José Serrano 5 ✉ 46003 - ☎ 963 74 05 09 - www.canallabistro.com*

Casa Montaña

COCINA TRADICIONAL • TABERNA Una taberna de 1836 con encanto, pues sus toneles y detalles típicos hacen pensar que el tiempo se hubiese detenido. Buena carta de tapas, opción de menú y completa bodega.

Tapa 2 € - Ración aprox. 4 €

Plano : D2-y - *José Benlliure 69 ✉ 46011 Ⓜ Maritim Serreria - ☎ 963 67 23 14 - www.emilianobodega.com - cerrado 24 diciembre-6 enero y domingo noche*

Coloniales Huerta

COCINA TRADICIONAL • ACOGEDORA Se accede a través de una tienda de vinos y mantiene el espíritu de un local de ultramarinos que abrió sus puertas en 1916. Tapas, raciones para compartir y atractivos menús.

Tapa 6 € - Ración aprox. 14 € - Menú 16/25 €

Plano : G3-b - *Maestro Gozalbo 13 ✉ 46005 Ⓜ Colón - ☎ 963 34 80 09 - www.colonialeshuerta.com - cerrado 15 días en agosto y domingo noche*

Vuelve Carolina

CREATIVA • BAR DE TAPAS Resulta singular, pues tiene las paredes y techos totalmente forrados en madera. Posee una gran sala a la entrada, donde está la barra, así como un comedor de superior montaje al fondo. Carta de tapas creativas con opción a dos menús.

Tapa 4 € - Ración aprox. 9 €

Plano : G2-a - *Correos 8 ✉ 46002 Ⓜ Colón - ☎ 963 21 86 86 - www.vuelvecarolina.com - cerrado domingo*

La Sènia

MEDITERRÁNEA • RÚSTICA En pleno centro de València y con una filosofía culinaria muy clara: sencillez y calidad. El local, de línea rústica y ambiente informal, es una buena opción para saborear tapas de cocina mediterránea-actual hechas al momento.

Tapa 7 € - Ración aprox. 14 €

Plano : F2-b - *Sènia 2 ✉ 46001 - ☎ 611 49 76 77 - www.tabernalasenia.net - solo cena salvo viernes, sábado y domingo*

Central Bar 

COCINA TRADICIONAL • A LA MODA Una apuesta más de Ricard Camarena, con el atractivo de ubicarse dentro del impresionante Mercado Central. Encontrará cocina de mercado, sugerencias y... ¡sabrosos bocadillos!

Tapa 3,50 € - Ración aprox. 10 €

Plano : F2-x - *pl. del Mercado, Mercado Central, puestos 105-131 ✉ 46001 - ✆ 963 82 92 23 - www.centralbar.es - solo almuerzo - cerrado domingo*

Alojamientos

The Westin València

LUJO • CLÁSICA Instalado en un edificio histórico de bella estética modernista. Disfruta de un maravilloso jardín interior, elegantes zonas sociales y unas habitaciones de excelente equipamiento, destacando la espectacular Suite Real vestida por el diseñador Francis Montesinos. Interesante oferta gastronómica.

130 hab - 140/400 € 160/420 € - 24 € - 5 suites

Plano : C2-p - *Amadeo de Saboya 16 ✉ 46010 Ⓜ Alameda - ✆ 963 62 59 00 - www.westinvalencia.com*

Komori - ver selección restaurantes

Caro H.

LUJO • MINIMALISTA Un palacete del s. XIX tremendamente curioso. Conserva restos arqueológicos de gran valor en casi todas las habitaciones, siempre conciliando el estilo urbano más actual con los detalles romanos y árabes. El restaurante combina a la perfección estos vestigios con el montaje moderno y ofrece una carta actual.

25 hab - 170/280 € 180/300 € - 22 € - 1 suite

Plano : G1-b - *Almirante 14 ✉ 46003 - ✆ 963 05 90 00 - www.carohotel.com*

en la playa de Levante (Les Arenes) - Mapa regional : **11**-B2

Las Arenas

LUJO • CLÁSICA Lujoso hotel ubicado frente a la playa. Se distribuye en tres edificios, con unas acogedoras zonas nobles, magníficas salas de reuniones y habitaciones muy bien equipadas. En su elegante restaurante Brasserie Sorolla proponen una carta de corte creativo.

243 hab - 150/565 € - 23 € - 10 suites

Plano : D2-a - *Eugenia Viñes 22 ✉ 46011 Ⓜ Marina Real Juan Carlos I - ✆ 963 12 06 00 - www.hotelvalencialasarenas.com*

VALENCIA DE DON JUAN

León - 5 181 h. - Alt. 765 m - Mapa regional : **8**-B1

Madrid 285 km - León 38 km - Palencia 98 km - Ponferrada 116 km

Mapa de carreteras Michelin n° 575-F13

Casa Alcón

COCINA TRADICIONAL • FAMILIAR Negocio clásico-regional emplazado junto al ayuntamiento, en un edificio cuyos soportales dan cabida a la terraza. ¡Buenos menús, con platos leoneses, asturianos y de bacalao!

Menú 13/15 € - Carta 23/43 €

pl. Mayor ✉ 24200 - ✆ 987 75 10 96 - www.casalcon.es - solo almuerzo salvo jueves-viernes-domingo en verano y sábado - cerrado 24 diciembre-4 enero y del 24 al 30 de junio

VALGAÑÓN

La Rioja - 137 h. - Mapa regional : **14**-A2

Madrid 313 km - Burgos 76 km - Logroño 65 km - Vitoria-Gasteiz 82 km

Mapa de carreteras Michelin n° 573-F20

Pura Vida

FAMILIAR • MODERNA Un hotel con encanto que fusiona la arquitectura tradicional y el diseño de interiores más actual. Lo mejor son sus habitaciones, en tonos blancos y con mobiliario moderno.

8 hab – 73/78 € 88/93 €

Real 7 ✉ 26288 – ✆ 941 42 75 30 – www.hotelpuravida.es – cerrado del 21 junio-2 julio y del 1 al 10 de septiembre.

VALL D'ALBA

Castellón – 2 844 h. – Alt. 300 m – Mapa regional : **11**-B1

Madrid 447 km – València 98 km – Castelló de la Plana/Castellón de la Plana 30 km – Teruel 189 km

Mapa de carreteras Michelin n° 577-L29

Cal Paradís (Miguel Barrera)

MODERNA • ACOGEDORA XX ¡Magnífico y de carácter familiar! Ofrece un moderno comedor en dos ambientes y una cocina actual-mediterránea de tintes creativos, destacando tanto por la calidad de los productos utilizados como por su dominio de los puntos de cocción.

→ Verduras, setas, tocino, huevo ecológico y trufa. Lomo, mollejas de cordero, boniato y cenizas. Helado de queso de oveja, membrillo y moscatel.

Menú 50/90 € – Carta 47/65 €

av. Vilafranca 30 ✉ 12194 – ✆ 964 32 01 31 – www.calparadis.es – solo almuerzo salvo jueves en verano, viernes y sábado – cerrado 24 diciembre-2 enero y lunes salvo Semana Santa y verano

La VALL D'UIXÓ

Castellón – 31 671 h. – Alt. 122 m – Mapa regional : **11**-B2

Madrid 394 km – València 47 km – Castelló de la Plana / Castellón de la Plana 28 km – Teruel 116 km

Mapa de carreteras Michelin n° 577-M29

La Gruta

MODERNA • DE DISEÑO XX ¡En una impresionante cueva del Parque Natural de San José! Presenta un montaje moderno y una cocina actual, de base tradicional, que ensalza las materias primas de la zona.

Menú 20/40 € – Carta 35/50 €

Paraje San José ✉ 12600 – ✆ 964 66 00 08 – www.restaurantelagruta.com – solo almuerzo salvo viernes y sábado – cerrado enero, lunes salvo agosto y festivos

La VALL DE BIANYA

Girona – 1 228 h. – Alt. 480 m – Mapa regional : **9**-C1

Madrid 678 km – Barcelona 131 km – Girona 58 km – Canillo 144 km

Mapa de carreteras Michelin n° 574-F37

en la carretera N 260 Noroeste : 2 km

Ca l'Enric (Jordi Juncà)

CREATIVA • DE DISEÑO XXX Una casa de poderosos contrastes e innegable personalidad que presume de tener un leitmotiv: la exaltación de los bosques de la Vall de Bianya y sus productos. Disfruta de una cuidada iluminación, mucho diseño, una moderna bodega visitable, un privado asomado a los fogones... todo en pro de una gran cocina creativa.

→ Prados de la Vall de Bianya, steak tartar de vaca gallega. Canetón de Challans en dos servicios. Postre de la Ratafia.

Menú 75/98 € – Carta 85/96 €

✉ 17813 La Vall de Bianya – ✆ 972 29 00 15 – www.calenric.net – cerrado del 1 al 15 de enero, del 1 al 15 de junio, domingo noche, lunes, martes noche y miércoles noche

NOS GUSTA...

El hecho de poder emocionarnos al comer un típico Lechazo en **El Figón de Recoletos** o en los comedores medievales de **La Parrilla de San Lorenzo**; saborear un buen guiso en **La Goya**; disfrutar de una romántica velada en **Llantén**... y, por supuesto, descubrir las fantásticas tapas que ofrecen en los aledaños de la Plaza Mayor (**Jero**, **La Tasquita**, **Villa Paramesa**...).

VALLADOLID

303 905 h. – Alt. 694 m – Mapa regional : **8**-B2
▶ Madrid 191 km – Burgos 125 km – León 139 km – Salamanca 115 km
Mapa de carreteras Michelin n° 575-H15

Restaurantes

Don Bacalao

COCINA TRADICIONAL • AMBIENTE CLÁSICO XX ¡Todo un clásico pucelano! Posee un animado bar de tapas y una sala en dos ambientes, donde podrá descubrir las virtudes de su cocina tradicional. La carta, especializada en bacalaos, se completa con dos sugerentes menús, uno de ellos tipo degustación.

Menú 25/50 € – Carta 25/34 €

Plano : C1-e – *pl. Santa Brígida 5 ✉ 47003*
– ✆ 983 34 39 37 – www.restaurantedonbacalao.es
– cerrado 15 días en agosto, domingo noche y lunes

Chuchi Martín

COCINA TRADICIONAL • AMBIENTE CLÁSICO X Sencillo y algo escondido, pues se halla al pie de un puente elevado. Encontrará un bar, donde también sirven el menú del día, y un comedor clásico. Aquí proponen una cocina tradicional y de temporada que siempre se ve enriquecida con sugerencias de palabra.

Menú 24/50 € – Carta 22/62 €

Plano : BC3-a – *paseo Arco de Ladrillo 28 ✉ 47007 – ✆ 628 66 98 24*
– cerrado del 1 al 18 de agosto, domingo noche y lunes

La Parrilla de San Lorenzo

REGIONAL • ACOGEDORA XX Ocupa los bajos de un convento de clausura declarado Monumento Nacional y se viste con muchas antigüedades. Posee varios comedores abovedados de aire medieval y una bella bodega visitable. Cocina regional elaborada con productos de la zona.

Carta 32/45 €

Plano : B2-a – *Pedro Niño 1 ✉ 47001*
– ✆ 983 33 50 88 – www.parrilladesanlorenzo.es
– cerrado lunes en julio-agosto y domingo noche

Trigo

COCINA TRADICIONAL • MINIMALISTA XX Restaurante de buen montaje y estética minimalista ubicado cerca de la Catedral. Ofrecen una cocina tradicional actualizada que, sobre todo, trabaja mucho con sus menús.

Menú 40/45 € - Carta 47/64 €

Plano : C2-m - *Los Tintes 8 ✉ 47002 - ✆ 983 11 55 00 - www.restaurantetrigo.com - cerrado del 15 al 31 de agosto, domingo y lunes*

La Viña de Patxi

COCINA TRADICIONAL • MINIMALISTA XX Se halla en una zona residencial, presentándose con una terraza, un bar y un comedor actual. Su cocina tradicional emana claras raíces norteñas, sorprendiendo con unos pescados muy frescos, un buen menú degustación y otro de tinte japonés.

Menú 41/50 € - Carta 28/68 €

Plano : A2-x - *Rastrojo 9 ✉ 47014 - ✆ 983 34 10 18 - www.lavinadepatxi.com - cerrado domingo noche, lunes noche y martes noche*

El Figón de Recoletos

CARNES • RÚSTICA XX Disfruta de varias salas, destacando las de la entrada por su decoración nobiliaria, sus vigas de madera y sus bellas vidrieras. Proponen la carta típica de un asador castellano, con el Lechazo y el horno de leña como grandes protagonistas.

Menú 38/66 € - Carta 36/65 €

Plano : C2-x - *acera de Recoletos 3 ✉ 47004 - ✆ 983 39 60 43 - www.asadordearanda.com - cerrado 18 julio-10 agosto y domingo noche*

Paco Espinosa

PESCADOS Y MARISCOS • AMBIENTE CLÁSICO XX ¡En el barrio de La Victoria! Su carta contempla buenos ibéricos, revueltos, guisos caseros... sin embargo, lo que de verdad le ha dado prestigio son sus pescados y mariscos.

Carta 45/68 €

Plano : B1-c - *paseo Obregón 16 ✉ 47009 - ✆ 983 33 09 88 - cerrado 15 días en agosto, domingo noche y lunes*

La Goya

REGIONAL • AMBIENTE TRADICIONAL X Una casa con gran arraigo en la ciudad, no en vano abrió sus puertas en 1902. Posee un comedor de invierno de cálido aire regional y otro de verano bajo las galerías de un patio castellano. Carta casera basada en guisos y platos de caza.

Carta 24/44 €

Plano : A3-b - *av. de Salamanca 55 ✉ 47014 - ✆ 983 34 00 23 - www.restaurantelagoya.es - cerrado agosto, domingo noche y lunes*

Montellén

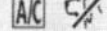

COCINA TRADICIONAL • BISTRÓ X Frente al histórico Mercado del Val. El negocio, que toma su nombre de una finca salmantina, se presenta con un bar de tapas y un comedor clásico-actual. Cocina tradicional basada en deliciosas carnes ibéricas, embutidos propios y bacalaos.

Menú 19/47 € - Carta 29/49 €

Plano : C2-b - *Sandoval 7 ✉ 47003 - ✆ 983 33 48 50 - www.restaurantemontellen.es - cerrado del 7 al 23 de agosto, domingo noche y lunes*

Villa Paramesa

MODERNA • AMBIENTE TRADICIONAL Trabaja mucho, está llevado entre varios hermanos y ostenta una decoración rústica-actual. Descubra sus deliciosas tapas, hechas con productos de temporada y... ¡al momento!

Tapa 3 € - Ración aprox. 10 €

Plano : C2-d - *✉ 47001 - ✆ 983 35 79 36 - www.villaparamesa.com*

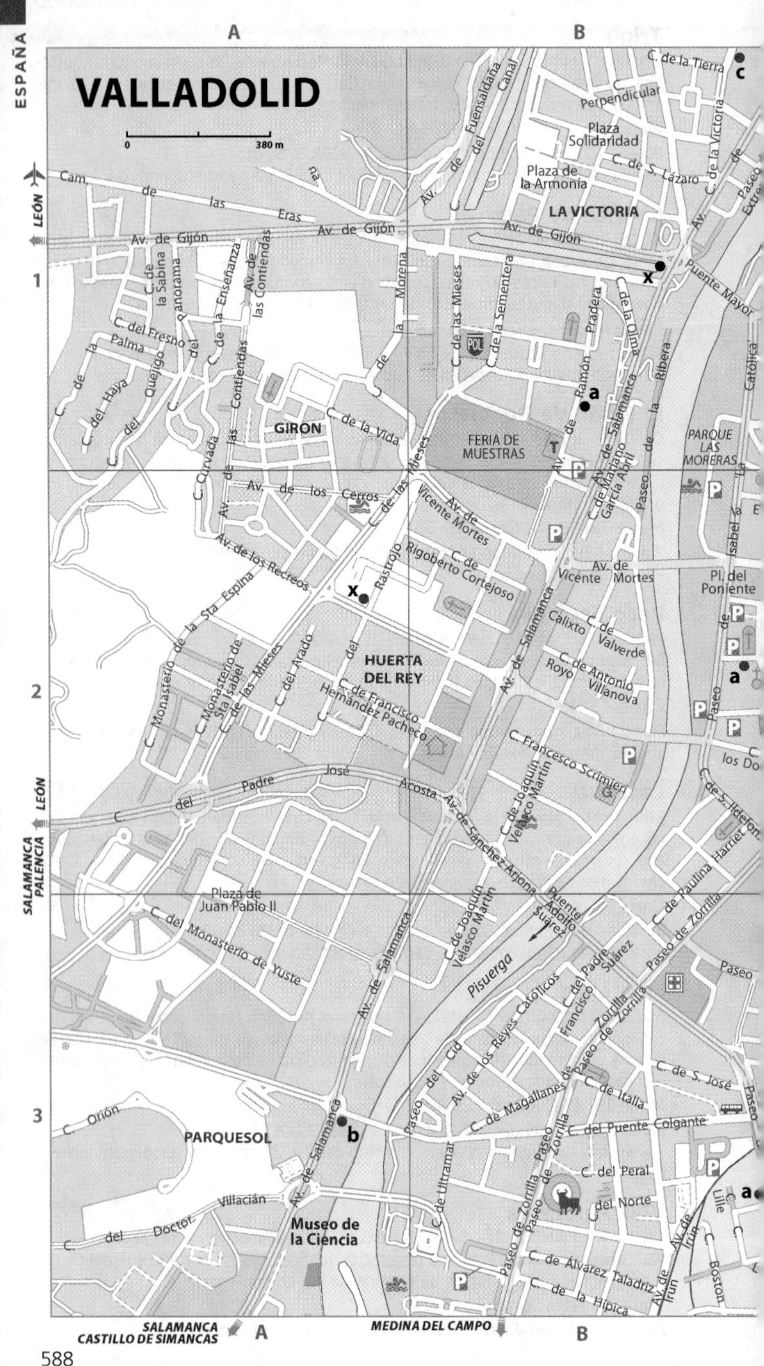
VALLADOLID
0
380 m
A
B
1
2
3
LEÓN
SALAMANCA
PALENCIA
SALAMANCA
CASTILLO DE SIMANCAS
MEDINA DEL CAMPO
LA VICTORIA
GIRON
HUERTA DEL REY
PARQUESOL
FERIA DE MUESTRAS
PARQUE LAS MORERAS
Museo de la Ciencia
Plaza Solidaridad
Plaza de la Armonía
Plaza de Juan Pablo II
Pl. del Poniente
Av. de Gijón
Cam. de las Eras
Puente Mayor
Paseo de la Ribera
Av. de Salamanca
C. de las Mieses
Av. de los Cerros
Av. de los Recreos
C. del Padre José Acosta
Av. de Sánchez Arjona
Puente Adolfo Suárez
Pisuerga
Paseo de Zorrilla
C. de Magallanes
C. del Puente Colgante
C. de Álvarez Taladriz
C. del Monasterio de Yuste
C. del Doctor Villacián
C. Orión
C. de Francisco Hernández Pacheco
C. Francesco Scrimieri
Av. de Vicente Mortes
C. de Rigoberto Cortejoso
C. de Joaquín Velasco Martín
Av. de los Reyes Católicos
Paseo del Cid
C. de Ultramar
C. de S. José
C. de Italia
C. del Peral
C. del Norte
C. de la Hípica
Av. de Irún
C. de Paulina Harriet
C. de S. Ildefonso
C. de Calixto Valverde
C. de Antonio Royo Villanova
C. de Mariano García Abril
Av. de Ramón Pradera
C. de la Olma
C. de la Sementera
Av. de Fuensaldaña
C. del Canal
C. de la Tierra
C. Perpendicular
C. de S. Lázaro
C. de la Victoria
Paseo de Isabel la Católica
C. del Padre Francisco Suárez
C. del Arado
C. Monasterio de Sta Isabel
C. Monasterio de la Sta Espina
C. Curvada
Av. de las Contiendas
C. de la Enseñanza
C. de la Sabina
C. del Fresno
C. del Panorama
C. de la Palma
C. del Haya
C. del Quejigo
C. de la Vida
C. de la Morena
C. Rastrojo

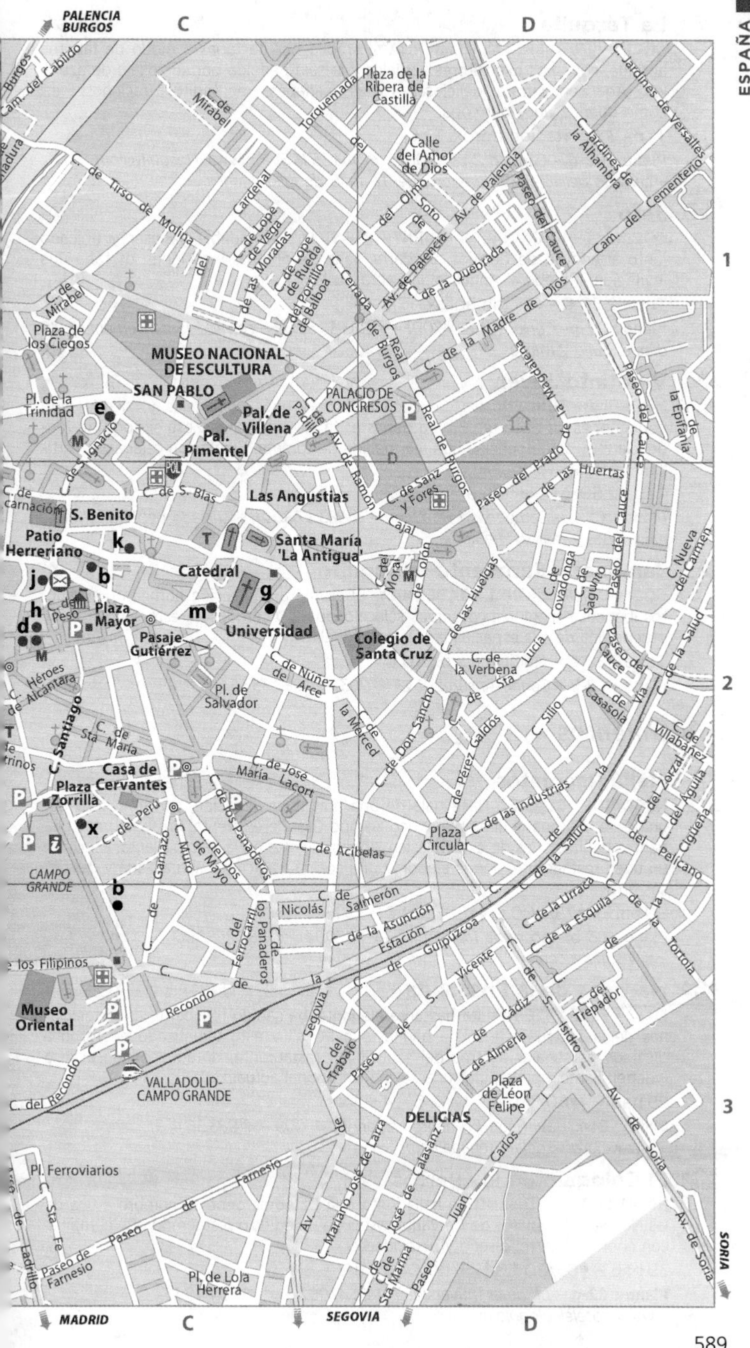
PALENCIA
BURGOS
C
D
1
2
3
MUSEO NACIONAL
DE ESCULTURA
SAN PABLO
Pal. de
Villena
Pal.
Pimentel
PALACIO DE
CONGRESOS
Las Angustias
S. Benito
Patio
Herreriano
Santa María
'La Antigua'
Catedral
Plaza
Mayor
Universidad
Colegio de
Santa Cruz
Pasaje
Gutiérrez
Pl. de
Salvador
Casa de
Cervantes
Plaza
Zorrilla
CAMPO
GRANDE
Museo
Oriental
VALLADOLID-
CAMPO GRANDE
DELICIAS
Plaza
Circular
Plaza de la
Ribera de
Castilla
Plaza de
los Ciegos
Pl. de la
Trinidad
Plaza
de León
Felipe
Pl. Ferroviarios
Pl. de Lola
Herrera
MADRID
SEGOVIA
SORIA

La Tasquita

COCINA TRADICIONAL • TABERNA Amplio bar de tapas a modo de taberna antigua, con unos expositores actuales y la sala definida por su zócalo de azulejos. Aquí encontrará deliciosas tostas, canapés, montaditos, raciones... así como buenos vinos por copa.

Tapa 3 € - Ración aprox. 10 €

Plano : C2-d - *Caridad 2 ✉ 47001 - ✆ 983 35 13 51 - www.la-tasquita.com - cerrado del 16 al 29 de enero, del 17 al 30 de julio y lunes*

Jero

COCINA TRADICIONAL • AMBIENTE CLÁSICO Agradable, familiar y ubicado junto al edificio de Correos. Su barra, llena de pinchos y raciones, es toda una invitación. iPruebe el Angelillo, la Cabra, su Mini Burguer...!

Tapa 2,50 € - Ración aprox. 15 €

Plano : C2-j - *Correos 11 ✉ 47001 - ✆ 983 35 35 08 - cerrado 15 días en enero, 20 días en julio y martes*

Vinotinto Joven

MODERNA • TENDENCIA Se encuentra bajo unos soportales y, siendo algo pequeño, es un buen lugar para degustar tapas o raciones... eso sí, todo de tendencia muy actual. Cecina con mermelada de tomate, Cigala con calabacín, Tortilla de patata evolucionada...

Tapa 2,50 € - Ración aprox. 7 €

Plano : C2-h - *Campanas 1 ✉ 47001 - ✆ 983 37 80 26 - cerrado del 16 al 31 de julio, lunes y martes mediodía*

Jamonería Sarmiento-Jabuguito

COCINA TRADICIONAL • TABERNA El aroma a pan recién horneado, productos ibéricos escogidos, conservas seleccionadas... Acérquese a este curioso bar y pruebe una de sus especialidades, los Miguelitos.

Tapa 1,80 € - Ración aprox. 10 €

Plano : C2-k - *Conde Ansúrez 11 ✉ 47003 - ✆ 983 35 55 14*

Alojamientos

Meliá Recoletos

NEGOCIOS • CLÁSICA Hace gala de una magnífica situación, con el acceso por una calle peatonal y el emblemático Campo Grande en frente. Presenta unas elegantes habitaciones de estilo clásico, abuhardilladas en la última planta, así como un buen restaurante, donde elaboran una cocina tradicional actualizada y deliciosos arroces.

80 hab - 🚹75/200 € 🚹🚹80/250 € - ☕15 €

Plano : C3-b - *acera de Recoletos 13 ✉ 47004 - ✆ 983 21 62 00 - www.melia.com*

Marqués de la Ensenada

LUJO • ELEGANTE Resulta bastante elegante, ha sabido recuperar las instalaciones de la antigua fábrica de harinas "La Perla" y está tematizado en torno a diversos personajes ilustres del s. XVIII. El restaurante, dotado con un acceso independiente, apuesta por una cocina tradicional actualizada.

29 hab - 🚹🚹60/150 € - ☕12 € - 4 suites

Plano : B1-x - *av. Gijón 1 (Puente Mayor) ✉ 47009 - ✆ 983 36 14 91 - www.marquesdelaensenada.com*

El Coloquio de los Perros

HISTÓRICO • DE DISEÑO Se halla junto a la Catedral, debe su nombre a una de las Novelas ejemplares de Cervantes y ocupa un edificio restaurado que combina, con enorme acierto, diseño y rusticidad.

39 hab - 🚹65/80 € 🚹🚹75/110 € - ☕11 €

Plano : C2-g - *pl. de la Universidad 11 ✉ 47002 - ✆ 983 04 40 35 - www.hotelelcoloquio.es*

en Pinar de Antequera Sur : 6 km

Llantén

COCINA TRADICIONAL • ACOGEDORA XX Encanto, personalidad, una estética de marcado aire mediterráneo... Esta villa le sorprenderá tanto por su jardín como por sus salas, ambas con chimenea, donde le propondrán una cocina tradicional e internacional con platos actualizados a precios moderados.

Menú 33 € - Carta 31/40 €

Encina 11, por paseo Zorrilla B3 ✉ 47153 Valladolid
- ✆ 983 24 42 27 - www.restaurantellanten.com
- cerrado enero-15 marzo, domingo noche y lunes

al Suroeste por la av. de Salamanca, ver plano : A3

AC Palacio de Santa Ana

CADENA HOTELERA • CONTEMPORÁNEA En el antiguo monasterio de los Jerónimos, rodeado por una bonita pradera con mirador frente al río Pisuerga. Disfruta de un magnífico claustro y unas habitaciones funcionales, algunas abuhardilladas. El restaurante, de montaje clásico-actual, propone una cocina con platos tradicionales y alguno más actual.

93 hab - 👥77/165 € - ☕15 € - 5 suites

Santa Ana, 4 km ✉ 47195 Arroyo de la Encomienda
- ✆ 983 40 99 20 - www.ac-hotels.com

VALLE → Ver el nombre propio del valle

VALLE DE CABUÉRNIGA

Cantabria - 998 h. - Alt. 260 m - Mapa regional : **6**-B1
Madrid 389 km - Burgos 154 km - Oviedo 163 km - Palencia 172 km
Mapa de carreteras Michelin n° 572-C17

Camino Real de Selores

HISTÓRICO • PERSONALIZADA Casona del s. XVII en la que se mezclan elementos rústicos originales con otros de diseño moderno. Las habitaciones, repletas de detalles, ocupan también cuatro edificios más. El restaurante, de ambiente muy acogedor, recupera lo que un día fueron las cuadras.

21 hab ☕ - 👥85/110 € - 4 suites

Selores, Sur : 1,5 km ✉ 39511 Selores
- ✆ 942 70 61 71 - www.caminorealdeselores.com

VALLROMANES

Barcelona - 2 543 h. - Alt. 153 m - Mapa regional : **10**-B3
Madrid 632 km - Barcelona 25 km - Girona 83 km - Tarragona 124 km
Mapa de carreteras Michelin n° 574-H36

Can Poal

COCINA TRADICIONAL • FAMILIAR X Se halla en una masía rehabilitada que data del s. XIV. Aquí encontrará un ambiente familiar, un correcto montaje en su categoría y una cocina tradicional catalana bien actualizada. ¡Sus grandes bazas son los arroces, los guisos y los platos a la brasa!

Menú 20/35 € - Carta 25/41 €

av. Vilassar de Dalt 1b ✉ 08188
- ✆ 935 72 94 34 - www.canpoal.cat
- solo almuerzo salvo viernes y sábado
- cerrado 16 agosto-9 septiembre y lunes salvo festivos

Sant Miquel

COCINA TRADICIONAL • ACOGEDORA XX Este negocio familiar, asentado y bastante céntrico, disfruta de dos comedores, uno funcional y el otro tipo jardín de invierno. Enriquece su carta tradicional con unos menús temáticos de temporada. ¡Buena bodega!

Menú 22/43 € - Carta 32/55 €

pl. de l'Església 12 ✉ 08188 - ✆ 935 72 90 29 - www.stmiquel.cat - solo almuerzo salvo jueves en verano, viernes y sábado - cerrado del 8 al 22 de enero, del 9 al 23 de agosto y lunes

Mont Bell

REGIONAL • AMBIENTE CLÁSICO X Restaurante familiar dotado con dos comedores clásicos, otro más actual y un salón para banquetes. Ofrecen una extensa carta de cocina catalana y un buen menú. ¡También se puede comer, de forma más informal, en su porche-terraza de verano!

Menú 22/33 € - Carta 21/52 €

carret. de Granollers, Oeste : 1 km ✉ 08188 - ✆ 935 72 81 00 - www.mont-bell.es - cerrado Semana Santa, 21 días en agosto y domingo noche

Can Galvany

TRADICIONAL • MODERNA Un hotel de línea actual construido en armonía con una masía catalana original, donde hoy ofrecen la zona de aguas y relax. El restaurante, moderno, informal y con una carta de tinte creativo, se ve complementado por una terraza chill out junto a la piscina.

43 hab ☕ - 👥85/185 €

av. de Can Galvany 11 ✉ 08188 - ✆ 935 72 95 91 - www.cangalvany.com

VALLS

Tarragona - 24 321 h. - Alt. 215 m - Mapa regional : **9**-B3

▶ Madrid 535 km - Barcelona 100 km - Lleida 78 km - Tarragona 19 km

Mapa de carreteras Michelin nº 574-I33

en la carretera N 240 Norte : 8 km

Les Espelmes

REGIONAL • RÚSTICA X En sus coquetas salas, de estilo clásico-regional, podrá descubrir los sabores de la cocina catalana y una selecta bodega. ¡Magnífica terraza techada con vistas panorámicas!

Menú 15 € - Carta 32/40 €

Norte : 8 km ✉ 43813 Fontscaldes - ✆ 977 60 10 42 - www.lesespelmes.com - solo almuerzo salvo jueves, viernes y sábado - cerrado 26 junio-20 julio y miércoles

VALVERDE DEL MAJANO

Segovia - 1 063 h. - Alt. 923 m - Mapa regional : **8**-C3

▶ Madrid 94 km - Segovia 12 km - Ávila 63 km - Valladolid 118 km

Mapa de carreteras Michelin nº 575-J17

al Noreste 3,5 km por la carretera de Eresma y desvío 1,5 km

Caserío de Lobones

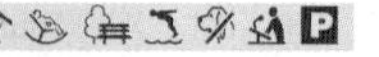

CASA DE CAMPO • HISTÓRICA Casa de labranza del s. XVII situada en un paraje aislado, junto al río Eresma, con el entorno ajardinado y un encinar centenario dentro de la finca. Ofrece un salón social con chimenea, dos coquetos comedores y habitaciones de buen confort, la mayoría con el techo en madera y mobiliario antiguo restaurado.

10 hab ☕ - 👥110/160 €

✉ 40140 Valverde del Majano - ✆ 921 12 84 08 - www.lobones.com

VARGAS

Cantabria - 815 h. - Mapa regional : **6**-B1

Madrid 418 km - Santander 35 km - Bilbao 110 km

Mapa de carreteras Michelin n° 572-C18

Los Lienzos

MANSIÓN • ACOGEDORA Ocupa una casa de indianos, con el entorno ajardinado, que data de 1913. Posee dos salones clásicos, un porche acristalado y coquetas habitaciones de estilo rústico-elegante.

8 hab - 84/91 €

barrio El Acebal 39679 - 942 59 81 80 - www.posadaloslienzos.com - Semana Santa-10 diciembre

VECINOS

Salamanca - 273 h. - Mapa regional : **8**-A3

Madrid 240 km - Valladolid 151 km - Salamanca 29 km - Ávila 130 km

Mapa de carreteras Michelin n° 575-J12

Casa Pacheco

COCINA TRADICIONAL • RÚSTICA Esta casa familiar, con muchos años de vida, se muestra profundamente unida al mundo taurino... no en vano, el comedor principal se ha dedicado al famoso diestro Julio Robles. Carta tradicional rica en carnes, bacalaos y embutidos ibéricos.

Carta 25/35 €

Jose Antonio 12 37450 - 923 38 21 69 - www.casapacheco.net - solo almuerzo salvo viernes y sabado - cerrado 10 días en julio, 10 días en septiembre y lunes

VEDRA

A Coruña - 5 059 h. - Mapa regional : **13**-B2

Madrid 585 km - Santiago de Compostela 25 km - A Coruña 95 km - Pontevedra 79 km

Mapa de carreteras Michelin n° 571-D4

Pazo de Galegos

FAMILIAR • CLÁSICA Un hotel rústico con mucho encanto e historia, pues ocupa el pequeño pazo donde vivió D. Antonio López Ferreiro, el descubridor de la tumba de Santiago Apóstol. Conserva parte del mobiliario original, tiene un restaurante polivalente y está rodeado de viñedos.

9 hab - 50/65 € 65/85 €

Lugar de Galegos 6 (San Pedro de Vilanova) 15886 - 981 51 22 17 - www.pazodegalegos.com - 15 marzo-octubre

La VEGA

Asturias - Mapa regional : **3**-C1

Madrid 505 km - Oviedo 73 km - Santander 126 km - León 181 km

Mapa de carreteras Michelin n° 572-B14

Güeyu-Mar

PESCADOS Y MARISCOS • RÚSTICA Una visita inexcusable si le gustan los pescados a la brasa, pues aquí son de gran tamaño y excepcional calidad. El nombre del negocio, en bable, significa "Ojos de mar".

Menú 80/100 € - Carta 40/75 €

Playa de Vega 84 33560 - 985 86 08 63 - www.gueyumar.es - solo almuerzo salvo viernes, sábado y verano - cerrado del 11 al 20 de abril, del 12 al 16 de septiembre, del 14 al 30 de noviembre y miércoles salvo julio-agosto

VEGA DE TIRADOS

Salamanca - 181 h. - Alt. 789 m - Mapa regional : **8**-A2
Madrid 235 km - Valladolid 141 km - Salamanca 25 km - Bragança 186 km
Mapa de carreteras Michelin nº 575-I12

Rivas

REGIONAL • FAMILIAR Restaurante de ambiente familiar y línea clásica. Presenta una sala a la entrada, en lo que fue el bar, y otra mayor al fondo, ambas con profusión de madera. Cocina regional y completa carta de vinos, esta última ofrecida en una tablet.

Carta 30/49 €

Serafín Gómez Mateos 19 ✉ 37170 - ✆ 923 32 04 71 - www.restauranterivas.com - solo almuerzo salvo viernes y sábado - cerrado del 1 al 18 de julio y lunes

VEJER DE LA FRONTERA

Cádiz - 12 812 h. - Alt. 193 m - Mapa regional : **1**-A3
Madrid 667 km - Algeciras 82 km - Cádiz 50 km
Mapa de carreteras Michelin nº 578-X12

El Jardín del Califa

NORTEAFRICANA • ACOGEDORA Ofrece un patio con barbacoa, una sala acristalada y un comedor con el techo abovedado, este de superior montaje. Su amplia carta deshoja los sabores de la cocina marroquí y libanesa, aunque también tiene unas sabrosas carnes a la brasa.

Carta aprox. 33 €

Hotel La Casa del Califa, pl. de España 16 ✉ 11150 - ✆ 956 45 17 06 - www.califavejer.com - cerrado del 10 al 31 de enero

Trafalgar

COCINA TRADICIONAL • A LA MODA Tras su renovación se presenta con una pequeña terraza, la cocina vista desde el pasillo de acceso y la sala en el piso superior, esta última de línea actual-minimalista y con una cava de vinos acristalada. Cocina tradicional actualizada.

Carta 30/43 €

pl. de España 31 ✉ 11150 - ✆ 956 44 76 38 - www.restaurantetrafalgar.com - solo fines de semana en febrero, marzo y noviembre-cerrado 11 diciembre-24 febrero

La Casa del Califa

FAMILIAR • ACOGEDORA Este singular hotel está repartido en varias casitas contiguas del centro de la ciudad. Sus habitaciones resultan detallistas, con mobiliario de anticuario y baños coloristas. ¡La distribución es como un laberinto... pero con mucho encanto!

20 hab - 110/130 €

pl. de España 16 ✉ 11150 - ✆ 956 44 77 30 - www.califavejer.com - cerrado del 10 al 31 de enero

El Jardín del Califa - ver selección restaurantes

en la playa de El Palmar Oeste : 11 km

Casa Francisco

PESCADOS Y MARISCOS • RÚSTICA En 1ª línea de playa. Dispone de un bar de tapas, un comedor rústico y una terraza acristalada, esta última con vistas al mar. Carta tradicional basada en pescados y arroces. Como complemento posee unas sencillas habitaciones vestidas con mobiliario provenzal.

Carta 45/75 € 12 hab - 40/60 € 50/110 €

playa de El Palmar (Vejer Costa) ✉ 11150 Vejer de la Frontera - ✆ 956 23 22 49 - www.casafranciscoeldesiempre.com - cerrado 11 diciembre-febrero

VELATE (Puerto de) Navarra → Ver BELATE (Puerto de)

Las VENTAS CON PEÑA AGUILERA

Toledo - 1 206 h. - Alt. 790 m - Mapa regional : **7**-B2
Madrid 124 km - Toledo 54 km - Ciudad Real 121 km
Mapa de carreteras Michelin n° 576-N17

Casa Parrilla

COCINA TRADICIONAL • MARCO REGIONAL Si busca los sabores intensos de la cocina cinegética este restaurante le cautivará, pues su especialidad es la caza y siempre trabaja con productos locales. Casa familiar que sorprende en la zona tanto por el montaje como por su bodega.

Menú 25/52 € - Carta 33/48 €

av. Toledo 3 ✉ 45127 - ✆ 925 41 82 07 - www.casaparrilla.es - solo almuerzo salvo viernes y sábado - cerrado 7 días en enero, 19 agosto-7 septiembre y miércoles salvo festivos

VERA

Almería - 15 108 h. - Alt. 102 m - Mapa regional : **1**-D2
Madrid 512 km - Almería 95 km - Murcia 126 km
Mapa de carreteras Michelin n° 578-U24

Juan Moreno

COCINA TRADICIONAL • MARCO CONTEMPORÁNEO Restaurante de línea actual ubicado en una zona industrial, cerca de la plaza de toros. Su chef propone una cocina de sabor tradicional, con la opción de varios menús y sugerencias diarias. ¡Organizan interesantes jornadas gastronómicas a lo largo del año!

Menú 26/47 € - Carta 26/40 €

carretera de Ronda, 3 ✉ 04620 - ✆ 950 39 30 51 - www.restaurantejuanmoreno.es - cerrado 15 días en noviembre y domingo salvo agosto

Terraza Carmona

REGIONAL • AMBIENTE TRADICIONAL Un negocio familiar con renombre en la zona, pues siempre ha ensalzado la cocina regional y local. De sus instalaciones debemos destacar, por su solera, el salón principal.

Menú 23/50 € - Carta 27/50 €

Del Mar 1 ✉ 04620 - ✆ 950 39 07 60 - www.terrazacarmona.com - cerrado del 10 al 24 de enero y lunes

VERDICIO

Asturias - Mapa regional : **3**-B1
Madrid 492 km - Lugo 232 km - Oviedo 45 km - Santander 201 km
Mapa de carreteras Michelin n° 572-B12

La Fustariega

COCINA TRADICIONAL • RÚSTICA En pleno campo y rodeado de verdes prados. Posee un bar-sidrería y dos salas de línea regional, donde ofrecen una sencilla carta tradicional rica en pescados y mariscos.

Menú 12/24 € - Carta 20/35 €

Fiame ✉ 33448 - ✆ 985 87 81 03 - www.restaurantelafustariega.com - cerrado miércoles salvo julio, agosto y festivos

VERÍN

Ourense - 14 107 h. - Alt. 612 m - Mapa regional : **13**-C3
Madrid 429 km - Ourense 70 km - Pontevedra 183 km - Santiago de Compostela 169 km
Mapa de carreteras Michelin n° 571-G7

por la subida al castillo al Noroeste

Parador de Verín

TRADICIONAL • CLÁSICA Sólida construcción a modo de pazo ubicado junto al castillo medieval de Monterrei. Presenta unas cuidadas zonas nobles y las habitaciones distribuidas en dos plantas, todas con buenas vistas. En su comedor muestran lo mejor del recetario gallego tradicional.

23 hab - 70/140 € - 16 €

subida al Castillo, 4 km ✉ 32600 Verín - ✆ 988 41 00 75 - www.parador.es - 2 febrero-15 diciembre

Parador Castillo de Monterrei

EDIFICIO HISTÓRICO • ACOGEDORA ¡Un destino turístico en sí mismo! Los recios muros del conjunto salvaguardan un castillo, un antiguo palacio, la casa rectoral, una iglesia del s. XIII... así como unas vistas infinitas. En su restaurante procuran exaltar los productos y sabores de la zona.

12 hab - 85/215 € - 16 €

Castillo de Monterrei, 5 km ✉ 32618 Monterrei - ✆ 988 02 92 30 - www.parador.es - 5 febrero-10 diciembre

VIANA

Navarra - 4 048 h. - Alt. 470 m - Mapa regional : **17**-A2

Madrid 341 km - Logroño 10 km - Iruña/Pamplona 82 km

Mapa de carreteras Michelin n° 575-E22

Borgia

MODERNA • FAMILIAR XX Negocio familiar instalado en una casa del s. XVII, donde conviven los elementos de carácter rústico y los más modernos. Cocina de producto con toques personales del chef.

Menú 25 € - Carta 33/50 €

Serapio Urra 7 ✉ 31230 - ✆ 948 64 57 81 - www.restauranteborgia.com - cerrado del 15 al 31 de agosto y lunes

VIBAÑO

Asturias - 479 h. - Alt. 90 m - Mapa regional : **3**-C1

Madrid 477 km - Oviedo 104 km - Santander 105 km

Mapa de carreteras Michelin n° 572-B15

al Noroeste 3,5 km

La Montaña Mágica

FAMILIAR • RÚSTICA Este conjunto rural, que toma su nombre de la famosa novela de Thomas Mann, ocupa tres edificios de montaña ubicados en pleno campo. Ofrece un comedor rústico y varios tipos de habitaciones, la mayoría con vistas a la Sierra del Cuera o a los Picos de Europa.

16 hab - 50/65 € 79/112 € - 6 €

El Allende ✉ 33508 El Allende - ✆ 985 92 51 76 - www.lamontanamagica.com

VIC

Barcelona - 42 498 h. - Alt. 494 m - Mapa regional : **9**-C2

Madrid 615 km - Barcelona 71 km - Girona 70 km - Lleida 157 km

Mapa de carreteras Michelin n° 574-G36

Divicnus

COCINA TRADICIONAL • ELEGANTE XX Este céntrico establecimiento, que inició su andadura como gastrobar, sorprende con un interior clásico-actual de cierta elegancia, una pequeña terraza y un agradable jardín posterior. Su carta, tradicional actualizada, se ve complementada por varios menús.

Menú 18/38 € - Carta 28/35 €

Sant Miquel dels Sants 1 ✉ 08500 - ✆ 937 42 00 23 - www.divicnus.com - cerrado del 15 al 30 de septiembre, domingo noche, lunes y martes mediodía

Boccatti

COCINA TRADICIONAL • FAMILIAR Ocupa un antiguo bar y deja un excelente sabor de boca, tanto por lo exquisito del trato como por la calidad y variedad de sus materias primas. Carta de carácter marinero.

Carta 40/70 €

Mossèn Josep Gudiol 21 ✉ 08500 - ☎ 938 89 56 44 - www.boccatti.es - cerrado del 15 al 30 de abril, del 15 al 31 de agosto, domingo noche, miércoles noche y jueves

Magda Subirana

CATALANA • ACOGEDORA Se halla en la parte peatonal del casco viejo, en una casa restaurada del s. XVII. Ambiente rústico-actual y amplia carta de base tradicional, con un gran apartado de tapas.

Menú 16/30 € - Carta 35/51 €

Sant Sadurní 4 ✉ 08500 - ☎ 938 89 02 12 - www.magdasubirana.cat - solo almuerzo salvo viernes y sábado - cerrado del 1 al 17 de agosto y domingo

por la carretera de Roda de Ter 15 km

Parador de Vic-Sau

TRADICIONAL • FUNCIONAL Emana aires de masía catalana, con una sobria arquitectura en piedra y magníficas vistas al pantano de Sau. Espaciosas instalaciones, salas polivalentes y habitaciones bien equipadas. En el luminoso restaurante proponen una carta regional con platos típicos.

38 hab - 95/175 € - 17 €

carret. de Tavèrnoles BV-5213, km 10 ✉ 08500 Vic - ☎ 938 12 23 23 - www.parador.es - cerrado 2 enero-10 febrero

La VID

Burgos - 315 h. - Mapa regional : **8**-C2

Madrid 182 km - Burgos 105 km - Soria 98 km - Valladolid 124 km

Mapa de carreteras Michelin n° 575-H19

La Casona de La Vid

COCINA TRADICIONAL • RÚSTICA Se accede desde la cafetería, tiene un horno de leña a la vista y ofrece varios espacios de estilo rústico-castellano, todos con detalles actuales. Amplia carta tradicional, con opción a menús, y un plato estrella por definición... ¡el Cordero lechal asado!

Menú 12/44 € - Carta 25/40 €

Camino Real 1 ✉ 09471 - ☎ 947 53 04 34 - www.lagarisilla.es

VIELHA VIELLA

Lleida - 5 450 h. - Alt. 971 m - Mapa regional : **9**-B1

Madrid 595 km - Lleida 163 km - Barcelona 317 km

Mapa de carreteras Michelin n° 574-D32

Era Lucana

MODERNA • AMBIENTE CLÁSICO Posee un bar, decorado con fotos y galardones gastronómicos, un comedor principal de buen montaje y dos privados, todo con mucha madera. Su carta tradicional actualizada contempla dos menús, uno del día y otro denominado "de montaña".

Menú 15/24 € - Carta 33/42 €

Plano : A1-h - *av. Alcalde Calbetó 10, edificio Portals d'Arán ✉ 25530 - ☎ 973 64 17 98 - www.eralucana.com - cerrado 26 junio-14 julio y lunes no festivos salvo agosto*

Era Coquèla

MODERNA · AMBIENTE CLÁSICO XX Negocio de línea clásica próximo al Palacio de Hielo. Propone una cocina de bases tradicionales con platos actualizados y dos menús, siendo este uno de sus puntos fuertes.

Menú 16/30 € – Carta 31/56 €

Plano : B2-b – *av. Garona 29* ✉ *25530* – ✆ *973 64 29 15* – *www.eracoquela.com* – *cerrado 13 octubre-noviembre, mayo y lunes*

Deth Gormán

REGIONAL · AMBIENTE CLÁSICO X Muy conocido, pues abrió hace tres décadas. Descubra los platos más famosos de la cocina autóctona, como la Olla aranesa, los Civet de jabalí, los Caracoles de alta montaña...

Carta 24/38 €

Plano : A2-n – *Met Día 8* ✉ *25530* – ✆ *973 64 04 45* – *cerrado mayo, 12 octubre-15 noviembre y martes salvo Navidades y agosto*

Era Mòla

COCINA TRADICIONAL · RÚSTICA X Familiar, en el casco antiguo y con una atractiva fachada en piedra que da paso a un restaurante rústico bastante acogedor. Cocina tradicional con platos actualizados y menús.

Menú 30/45 € – Carta 28/50 €

Plano : A2-d – *Marrec 14* ✉ *25530* – ✆ *699 18 63 65* – *diciembre-abril y julio-septiembre* – *cerrado miércoles*

El Ciervo

FAMILIAR · PERSONALIZADA Este hotel atesora unas habitaciones realmente detallistas, todas diferentes, con los suelos en madera y en la última planta abuhardilladas. ¡Variado buffet de desayunos!

20 hab – †48/78 € ††69/130 €

Plano : A1-f – *pl. de Sant Orenç 3* ✉ *25530* – ✆ *973 64 01 65* – *www.hotelelciervo.net* – *cerrado 23 abril-16 junio y 15 octubre-6 diciembre*

en la carretera N 230 Sur : 2,5 km

Parador de Vielha

SPA Y BIENESTAR • CLÁSICA Lo mejor es su emplazamiento, pues se halla en una zona elevada con impresionantes vistas al valle. Ofrece habitaciones de línea clásica-funcional, la mitad con balcón, y un comedor circular de carácter panorámico, donde apuestan por la gastronomía aranesa.

116 hab - 80/190 € - 18 € - 2 suites

25530 Vielha - 973 64 01 00 - www.parador.es
- cerrado 13 octubre-21 noviembre

en Escunhau por la carretera de Salardú - Este : 3 km

El Niu

COCINA TRADICIONAL • AMBIENTE CLÁSICO Llevado por una pareja. El comedor, clásico pero con profusión de madera y detalles cinegéticos, se caldea gracias a una chimenea. Cocina tradicional con predominio de carnes.

Carta 30/45 €

Deth Pònt 1 25539 Escunhau - 973 64 14 06
- cerrado 29 junio-20 julio y domingo noche salvo en invierno

VIGO

Pontevedra - 294 098 h. - Alt. 31 m - Mapa regional : **13**-A3
Madrid 588 km - A Coruña 156 km - Ourense 101 km - Pontevedra 27 km
Mapa de carreteras Michelin nº 571-F3

Maruja Limón (Rafael Centeno)

CREATIVA • A LA MODA ¡Frente al Real Club Náutico de Vigo! Encontrará un bar de tapeo a la entrada, un moderno comedor, con las paredes en piedra y madera, así como una atractiva sala diseñada para que el chef pueda cocinar ante usted. Proponen unas elaboraciones actuales que siempre toman como base los productos gallegos y de temporada.

→ Jurel escabechado al momento, remolacha, fresa y cereales. Coruxo asado, puerro tierno y pistacho. Cremoso de queso fresco, manzana verde y apio.

Menú 38/82 € - Carta 35/60 €

Plano : A1-b - *Montero Ríos 4 36201*
- 986 47 34 06 - www.marujalimon.es
- cerrado del 23 al 31 de enero, 25 septiembre-1 octubre, domingo noche y lunes

Casa Marco

COCINA TRADICIONAL • AMBIENTE CLÁSICO ¡Goza de gran aceptación! En sus salas, de elegante línea clásica-actual, podrá degustar una cocina de tinte tradicional bien elaborada y de raciones generosas, con algunos arroces, pescado fresco de mercado y especialidades de temporada.

Carta 30/40 €

av. García Barbón 123, por av. García Barbón B1 36201
- 986 22 51 10 - cerrado domingo

Marina Davila

MODERNA • ELEGANTE Emplazado en una curiosa zona portuaria, de línea actual y con unos luminosos comedores panorámicos. Cocina actual con pescados de la lonja, arroces y sugerencias de mercado.

Menú 33 € - Carta 43/66 €

muelle de reparaciones de Bouzas, por av.Beiramar A1 : 3 km 36208
- 986 11 44 46 - www.restaurantedavila.com
- solo almuerzo salvo jueves, viernes y sábado de 15 octubre-abril
- cerrado del 10 al 31 de enero, del 1 al 10 de septiembre, domingo noche y lunes

VIGO

0 — 170 m

Bitadorna Vigo

PESCADOS Y MARISCOS • MARCO REGIONAL XX Restaurante de estética actual donde se combinan los tonos azules con los motivos marineros. Pescados y mariscos de calidad, algunos con toques actuales en su elaboración.

Menú 18 € - Carta 32/55 €

Plano : B2-c - *Ecuador 56 ✉ 36203 - ☎ 986 13 69 51 - www.bitadorna.com - cerrado 7 días en febrero, 15 días en agosto y domingo en junio-agosto*

Casa Esperanza

COCINA TRADICIONAL • SIMPÁTICA X Restaurante de gran tradición familiar. Posee dos salas de reducidas dimensiones, ambas coloristas y la de la entrada con un buen expositor de productos. Cocina tradicional.

Carta 30/44 €

Plano : B1-v - *Luis Taboada 28 ✉ 36201 - ☎ 986 22 86 15 - www.casaesperanza.es - cerrado del 1 al 21 de agosto, domingo y festivos*

Cuestión de standing: no espere el mismo servicio en un X o en un 🏠 que en un XXXXX o en un 🏠🏠🏠🏠🏠.

Pazo Los Escudos

LUJO • ELEGANTE Encantador hotel distribuido en dos edificios contiguos, uno de nueva construcción y el otro en un precioso pazo del s. XIX. Magníficos exteriores, elegantes zonas comunes y varios tipos de habitaciones, destacando las asomadas al mar. En su restaurante proponen una carta de raíces gallegas con detalles actuales.

48 hab - 100/193 € - 19 € - 6 suites

av. Atlántida 106, por av. Beiramar A1 : 5 km ✉ 36208
- ✆ 986 82 08 20 - www.pazolosescudos.com

G.H. Nagari

LUJO • MODERNA Céntrico, de fachada clásica y con una atractiva terraza exterior. Aquí debemos destacar la amplitud y el equipamiento de sus habitaciones, todas de diseño y gran confort. En el restaurante, de ambiente moderno, encontrará una cocina tradicional actualizada.

69 hab - 102/187 € 162/300 € - 3 suites

Plano : B1-v - *pl. de Compostela 21 ✉ 36201*
- ✆ 986 21 11 11 - www.granhotelnagari.com

en Bembrive Sur : 6 km - Mapa regional : **13G**-B3

Soriano

COCINA TRADICIONAL • RÚSTICA XX El acceso es algo difícil, aunque está bien señalizado. Ofrece varias salas neorrústicas y una carta tradicional que destaca por sus carnes a la brasa. Excelente bodega y hermosas vistas. ¡Posee un club del fumador!

Carta 40/65 €

Chans 25, por av. de Madrid B2 ✉ 36313 Bembrive
- ✆ 986 48 13 73 - www.asadorsoriano.com
- cerrado domingo noche

La VILA JOIOSA VILLAJOYOSA

Alicante - 33 878 h. - Mapa regional : **11**-B3
Madrid 452 km - Alacant / Alicante 37 km - Murcia 119 km - València 150 km
Mapa de carreteras Michelin nº 577-Q29

por la carretera de Alacant Suroeste : 3 km

Emperador

INTERNACIONAL • AMBIENTE CLÁSICO XX Disfruta de un elegante montaje y una carta de tinte mediterráneo e internacional, con un apartado de clásicos de la casa. ¡Algunas mesas ofrecen maravillosas vistas al mar!

Carta 40/53 €

Hotel El Montíboli ✉ 03570 La Vila Joiosa
- ✆ 965 89 02 50 - www.montiboli.es

El Montíboli

LUJO • ELEGANTE Destaca por su privilegiada situación sobre el mar, pues se halla en un promontorio rocoso con dos pequeñas playas a sus pies. Encontrará espacios bastante elegantes, hermosos jardines, habitaciones bien personalizadas y distintos servicios de restauración, variando estos según la temporada y ocupación.

85 hab - 102/161 € 163/237 €

✉ 03570 La Vila Joiosa
- ✆ 965 89 02 50 - www.montiboli.es

Emperador - ver selección restaurantes

VILA-REAL VILLARREAL

Castellón - 50 580 h. - Alt. 35 m - Mapa regional : **11**-B1
Madrid 411 km - Castelló de la Plana/Castellón de la Plana 10 km - València 65 km - Teruel 135 km
Mapa de carreteras Michelin n° 577-M29

Espliego

COCINA TRADICIONAL • **ACOGEDORA** XX Este atractivo restaurante disfruta de varios espacios independientes, todos con una línea clásica-actual y detalles rústicos. Su carta, tradicional con toques actuales, se ve enriquecida con varios arroces y un sugerente menú.

Menú 24 € - Carta 30/42 €

Escultor Fuster 18 ✉ 12540 - ✆ 964 53 03 05 - www.espliegorestaurante.com - solo almuerzo salvo viernes y sábado - cerrado del 15 al 31 de agosto, domingo en verano y lunes resto del año

El Miso

COCINA TRADICIONAL • **FAMILIAR** X ¡Toma su nombre del apodo familiar! Este sencillo restaurante presenta una barra a la entrada, donde ofrecen desayunos de cuchillo y tenedor, así como un comedor clásico con pocas mesas. Cocina tradicional-mediterránea de sabor casero.

Menú 20/25 € - Carta 22/33 €

pl. de la Vila 6 ✉ 12540 - ✆ 964 52 00 45 - www.elmiso.es - solo almuerzo salvo viernes y sabado - cerrado 31 julio-22 agosto, sábado en julio, domingo y festivos

VILABOA Ourense → Ver Allariz

VILABOA

Pontevedra - 6 015 h. - Alt. 50 m - Mapa regional : **13**-B3
Madrid 605 km - A Coruña 145 km - Ourense 109 km - Pontevedra 14 km
Mapa de carreteras Michelin n° 571-E4

en San Adrián de Cobres Suroeste : 7,5 km - Mapa regional : **13G**-B3

Mauro

COCINA TRADICIONAL • **ACOGEDORA** XX ¡Buenas vistas a la ría! Se halla en el pantalán y destaca tanto por su estética actual como por su carácter panorámico. Carta tradicional gallega con un apartado de mariscos.

Menú 34 € - Carta 35/55 €

Muelle de San Adrián de Cobres ✉ 36142 San Adrián de Cobres - ✆ 986 67 25 81 - www.maurorestaurante.es - cerrado 15 días en febrero, domingo noche y lunes salvo verano

VILADECANS

Barcelona - 65 549 h. - Alt. 18 m - Mapa regional : **10**-B3
Madrid 603 km - Barcelona 22 km - Tarragona 78 km - Manresa 63 km
Mapa de carreteras Michelin n° 574-I36

Cal Mingo

COCINA TRADICIONAL • **MARCO CONTEMPORÁNEO** XX Ocupa una antigua masía, sin embargo de ella no queda casi nada y hoy se presenta con una estética moderna-funcional. Ofrecen una carta tradicional, con un buen apartado de arroces, bacalaos, carpaccios, foies... así como un menú de tapas.

Menú 13/46 € - Carta 27/53 €

carret. C 245, Noreste : 0,5 km ✉ 08840 - ✆ 936 37 38 47 - www.calmingo.net - cerrado Semana Santa, agosto, domingo noche, lunes noche y martes noche

VILADECAVALLS

Barcelona - 7 365 h. - Mapa regional : **10**-A3
Madrid 619 km - Barcelona 32 km - Girona 111 km - Lleida 132 km
Mapa de carreteras Michelin n° 574-H35

Ristol Viladecavalls

CATALANA • AMBIENTE CLÁSICO La familia Ristol lleva más de un siglo en la restauración, por eso demuestran gran profesionalidad. Posee amplias instalaciones, destacando la sala principal por tener la cocina a la vista. Cocina tradicional catalana con toques actuales.

Menú 20/30 € - Carta 34/64 €

Antoni Soler Hospital 1 ✉ 08232 - ✆ 937 88 29 98 - www.ristol.com - cerrado 14 días en agosto, domingo noche, lunes noche, martes y miércoles noche

VILAFAMÉS

Castellón - 1 867 h. - Alt. 321 m - Mapa regional : **11**-B1

Madrid 441 km - Valencia 92 km - Castelló de la Plana/Castellón de la Plana 28 km - Teruel 150 km

Mapa de carreteras Michelin n° 577-L29

El Jardín Vertical

FAMILIAR • ACOGEDORA Hermosa casa del s. XVII ubicada en un pueblo medieval. Presenta la recepción en el paso de carruajes, un salón con chimenea y coquetas habitaciones, una tipo dúplex y dos abuhardilladas. El restaurante, en las antiguas cuadras, ofrece tanto carta como menús.

9 hab - †90 € ††119 €

Nou 15 ✉ 12192 - ✆ 964 32 99 38 - www.eljardinvertical.com

VILAFRANCA DEL PENEDÈS

Barcelona - 39 224 h. - Alt. 218 m - Mapa regional : **10**-A3

Madrid 563 km - Barcelona 55 km - Lleida 118 km - Tarragona 55 km

Mapa de carreteras Michelin n° 574-H35

El Racó de la Calma

REGIONAL • AMBIENTE CLÁSICO ¡Descubra las bondades y sabores de esta tierra! Aquí ofrecen una cocina regional de temporada basada en los productos de la zona, siempre con unas cuidadas presentaciones.

Menú 14/45 € - Carta 27/48 €

Casal 1 ✉ 08720 - ✆ 938 19 92 99 - www.elracodelacalma.com - cerrado del 11 al 18 de julio, domingo noche, lunes, martes noche y miércoles noche

Cal Ton

CATALANA • ACOGEDORA ¡Casa con solera y tradición! Posee varias salas, destacando una tipo jardín de invierno. Cocina catalana actualizada y tradicional, con platos tan singulares como sus famosos Mini Canelones. Buena bodega que ensalza los vinos del Penedès.

Menú 30/51 € - Carta 40/60 €

Casal 8 ✉ 08720 - ✆ 938 90 37 41 - www.restaurantcalton.com - cerrado Semana Santa, del 1 al 21 de agosto, domingo noche, lunes, martes noche y festivos noche

VILALBA

Lugo - 14 645 h. - Alt. 492 m - Mapa regional : **13**-C1

Madrid 540 km - A Coruña 87 km - Lugo 36 km - Santiago de Compostela 102 km

Mapa de carreteras Michelin n° 571-C6

Mesón do Campo

COCINA TRADICIONAL • RÚSTICA Un restaurante de referencia en la región. Aquí le propondrán una cocina de base tradicional con pinceladas actuales e interesantes jornadas gastronómicas a lo largo del año.

Carta 32/55 €

pl. San Juan 10 ✉ 27800 - ✆ 982 51 02 09 - www.mesondocampo.com - cerrado 22 septiembre-9 octubre, martes noche y miércoles

Parador de Vilalba

HISTÓRICO • CLÁSICA El encanto de antaño y las comodidades de hoy se funden en este Parador, instalado parcialmente en un impresionante torreón del s. XV que perteneció a los señores de Andrade. Ofrece habitaciones de ambiente castellano y una cocina fiel al recetario regional.

48 hab - 65/140 € - 15 €

Valeriano Valdesuso ✉ 27800 - ✆ 982 51 00 11 - www.parador.es

VILANOVA I LA GELTRÚ

Barcelona - 65 684 h. - Mapa regional : **10**-A3

Madrid 589 km - Barcelona 50 km - Lleida 132 km - Tarragona 46 km

Mapa de carreteras Michelin nº 574-I35

en Racó de Santa Llúcia Oeste : 2 km

La Cucanya

INTERNACIONAL • AMBIENTE CLÁSICO XX Al borde del mar, en un edificio acristalado y rodeado de terrazas. Ofrece una carta internacional y nacional, pero también la organización de catas y jornadas gastronómicas. ¡Un plato emblemático de esta casa es el Suquet de gambas!

Menú 36/46 € - Carta 35/55 €

✉ 08800 Vilanova i la Geltrú - ✆ 938 15 19 34 - www.restaurantlacucanya.com - solo almuerzo salvo viernes, sábado y verano

VILCHES

Jaén - 4 689 h. - Mapa regional : **1**-C1

Madrid 281 km - Sevilla 287 km - Jaén 83 km - Ciudad Real 141 km

Mapa de carreteras Michelin nº 578-R19

por la carretera de La Carolina a Úbeda Noreste : 3 km y desvío a la izquierda 7 km

El Añadío

AGROTURISMO • RÚSTICA Establecimiento rural emplazado en una gran finca-dehesa, de difícil acceso, dedicada a la cría de toros bravos. Atesora bellas estancias, atractivas habitaciones y un comedor, todo de ambiente rústico. ¡Descubra las actividades ganaderas con el mayoral!

8 hab - 72 € 109 €

Dehesa El Añadío ✉ 23220 - ✆ 953 06 60 31 - www.elanadio.es - solo fin de semana en enero-febrero

VILLABUENA DE ÁLAVA Álava → Ver Eskuernaga

VILLACARRIEDO

Cantabria - 1 669 h. - Alt. 211 m - Mapa regional : **6**-B1

Madrid 379 km - Santander 33 km - Bilbao 116 km - Burgos 140 km

Mapa de carreteras Michelin nº 572-C18

Las Piscinas

COCINA TRADICIONAL • RÚSTICA X Restaurante familiar emplazado en un parque municipal. Disfruta de una agradable terraza, un bar a la entrada y una sala de ambiente rústico distribuida en dos alturas. Discreta carta de tinte tradicional.

Menú 16 € - Carta 25/40 €

Parque de la Pesquera 26 ✉ 39649 - ✆ 942 59 02 14 - cerrado noviembre

Palacio de Soñanes

EDIFICIO HISTÓRICO • ELEGANTE Este impresionante palacio barroco destaca tanto por su fachada en piedra como por su espectacular escalera. Las habitaciones combinan con sumo gusto el mobiliario antiguo y el moderno. En el restaurante, de ambiente clásico, encontrará una cocina elaborada y actual. ¡Ideal si quiere sorprender a su pareja!

28 hab - 81/200 € - 2 suites

barrio Camino 1 ✉ 39640 - ✆ 942 59 06 00 - www.abbapalaciodesonaneshotel.com - Semana Santa y junio-13 octubre

VILLACORTA

Segovia - 25 h. - Alt. 1 092 m - Mapa regional : **8**-C2

Madrid 135 km - Valladolid 149 km - Segovia 87 km - Soria 129 km

Mapa de carreteras Michelin n° 575-I19

Molino de la Ferrería

HISTÓRICO • RÚSTICA Molino harinero del s. XIX construido en piedra y ubicado junto al río Vadillo. Tanto el entorno como sus cuidadas habitaciones de aire rústico lo convierten en una opción acertada. En su restaurante ofrecen una cocina tradicional fiel a los platos de cuchara.

12 hab - 64/79 € 80/95 €

camino del Molino, Sur : 1 km ✉ 40512 - ✆ 921 12 55 72 - www.molinodelaferreria.es - cerrado 7 días en enero y 21 días en julio-agosto

VILLAFRANCA DEL BIERZO

León - 3 160 h. - Alt. 511 m - Mapa regional : **8**-A1

Madrid 411 km - León 136 km - Lugo 93 km - Ourense 148 km

Mapa de carreteras Michelin n° 575-E9

La Pedrera

REGIONAL • RÚSTICA ¡Debe llamar a una campanilla para entrar! Ofrece dos comedores de encantador ambiente rústico y un apacible patio-jardín. Cocina tradicional-local con buen menú de temporada.

Carta 26/49 €

La Pedrera 9 ✉ 24500 - ✆ 652 86 50 01 - www.lapedrera.biz - Semana Santa-9 diciembre

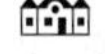

Parador Villafranca del Bierzo

TRADICIONAL • FUNCIONAL Edificio de fisonomía actual revestido de piedra y pizarra, materiales característicos del Bierzo. Presenta un buen hall, un salón con chimenea de línea clásica y habitaciones actuales, en general bien equipadas. El restaurante apuesta por la cocina regional.

51 hab - 70/140 € - 16 € - 2 suites

av. de Calvo Sotelo 28 ✉ 24500 - ✆ 987 54 01 75 - www.parador.es

Las Doñas del Portazgo

FAMILIAR • ACOGEDORA ¡Una casa del s. XVII con personalidad! Ofrece habitaciones no muy grandes pero sumamente acogedoras, algunas elegantemente empapeladas y las del piso superior abuhardilladas.

17 hab - 52/60 € 65/82 €

Ribadeo 2 (calle del Agua) ✉ 24500 - ✆ 987 54 27 42 - www.elportazgo.es

La Puerta del Perdón

FAMILIAR • RÚSTICA Se halla junto al castillo, en una casa con más 400 años de historia. Organizan actividades de enoturismo y tienen unas habitaciones muy bien personalizadas. En el restaurante, volcado estéticamente con el Camino Jacobeo, confían en el recetario tradicional.

7 hab - 42/60 € 55/70 €

pl. de Prim 4 ✉ 24500 - ✆ 987 54 06 14 - www.lapuertadelperdon.com - cerrado 15 diciembre-8 enero

VILLAJOYOSA Alicante → Ver La Vila Joiosa

VILLALBA DE LA SIERRA

Cuenca - 509 h. - Alt. 950 m - Mapa regional : **7**-C2
Madrid 185 km - Toledo 200 km - Cuenca 24 km - Guadalajara 154 km
Mapa de carreteras Michelin nº 576-L23

Mesón Nelia

COCINA TRADICIONAL • FAMILIAR XX Un negocio con prestigio en la zona, pues pertenece a una familia con solera en la hostelería. Presenta un bar de línea moderna, un comedor a la carta con chimenea y un gran salón para la organización de eventos. Cocina tradicional y regional bien actualizada.

Menú 15/50 € - Carta 21/40 €

carret. de Cuenca-Tragacete, km 21 ✉ 16140 - ✆ 969 28 10 21 - www.mesonnelia.com - cerrado 10 enero-10 febrero, lunes noche, martes noche y miércoles salvo agosto

VILLALCÁZAR DE SIRGA

Palencia - 158 h. - Alt. 800 m - Mapa regional : **8**-B2
Madrid 285 km - Burgos 81 km - Palencia 46 km
Mapa de carreteras Michelin nº 575-F16

Mesón de Villasirga

REGIONAL • RÚSTICA X Gran tipismo, sencillez y una decoración de ambiente rústico. Sus especialidades son el Lechazo y los famosos Tropezones de morcilla casera. El restaurante vecino "Mesón los Templarios", también de ellos, propone la misma carta regional.

Carta 21/41 €

pl. Mayor ✉ 34449 - ✆ 979 88 80 22 - www.mesondevillasirga.com - solo almuerzo salvo fines de semana - cerrado Navidades y enero

VILLALLANO

Palencia - 45 h. - Mapa regional : **8**-C1
Madrid 330 km - Valladolid 148 km - Palencia 103 km - Santander 110 km
Mapa de carreteras Michelin nº 575-D17

Ticiano

MODERNA • RÚSTICA XX ¡Instalado en unas antiguas cuadras! Ofrece un bar y un coqueto comedor, de ambiente rústico-actual pero con detalles de diseño. Carta tradicional actualizada rica en carnes.

Menú 15/25 € - Carta 30/52 €

Concepción ✉ 34815 - ✆ 979 12 36 10 - www.ticiano.es - cerrado 19 enero-9 febrero y lunes no festivos

VILLAMANRIQUE DE LA CONDESA

Sevilla - 4 503 h. - Mapa regional : **1**-A2
Madrid 569 km - Sevilla 46 km - Huelva 70 km - Cádiz 168 km
Mapa de carreteras Michelin nº 578-U11

Ardea Purpurea

AGROTURISMO • PERSONALIZADA Esta curiosa construcción reproduce, prácticamente a las puertas del parque de Doñana, las antiguas casas de los marismeños, con las paredes encaladas y los techos de caña. El restaurante, de cuidado montaje, ensalza los sabores gastronómicos tradicionales.

12 hab - 85/135 € - 5 apartamentos

camino Vereda de los Labrados, Este : 1 km ✉ 41850 - ✆ 955 75 54 79 - www.ardeapurpurea.com

VILLAMAYOR

Asturias - Mapa regional : **3**-C1
Madrid 508 km - Avilés 74 km - Gijón 70 km - Oviedo 52 km
Mapa de carreteras Michelin nº 572-B14

por la carretera de Borines y desvío a Cereceda - Noreste : 5 km

Palacio de Cutre

FAMILIAR • RÚSTICA Antigua casa señorial emplazada en un pintoresco paraje, con espléndidas vistas a los valles y montañas. Sus dependencias recrean un marco de entrañable rusticidad. Los exteriores, ajardinados y con terrazas, están presididos por un gigantesco roble. En su elegante restaurante ofrecen una carta de buen nivel.

18 hab - 75/125 € 99/130 €

La Goleta ✉ 33583 Villamayor - ✆ 985 70 80 72 - www.palaciodecutre.com - cerrado enero-marzo

VILLANUEVA DE LOS INFANTES

Ciudad Real - 5 373 h. - Alt. 650 m - Mapa regional : **7**-C3
Madrid 242 km - Toledo 192 km - Ciudad Real 97 km - Jaén 169 km
Mapa de carreteras Michelin nº 576-P20

La Morada de Juan de Vargas

FAMILIAR • ACOGEDORA Casa del s. XVI llevada con entusiasmo y dedicación. Atesora dos salones con chimenea, un patio interior y hermosas habitaciones de aire rústico, todas bien personalizadas.

7 hab - 50/75 € - 4 €

Cervantes 3 ✉ 13320 - ✆ 926 36 17 69 - www.lamoradadevargas.com

VILLARCAYO

Burgos - 4 372 h. - Alt. 615 m - Mapa regional : **8**-C1
Madrid 321 km - Bilbao 81 km - Burgos 78 km - Santander 100 km
Mapa de carreteras Michelin nº 575-D19

en Horna Sur : 1 km

Mesón El Cid

COCINA TRADICIONAL • FAMILIAR XX Un restaurante que sabe combinar los detalles rústicos y regionales con el mobiliario clásico. Ofrece un bar, un salón con chimenea, dos comedores y una carta tradicional.

Carta 40/55 €

Zamora ✉ 09554 Horna - ✆ 947 13 11 71 - www.hoteljimena.es - cerrado 25 octubre-3 diciembre y lunes salvo agosto

VILLARICOS

Almería - 571 h. - Mapa regional : **1**-D2
Madrid 541 km - Sevilla 457 km - Almería 101 km - Murcia 151 km
Mapa de carreteras Michelin nº 578-U24

Playa Azul N

TRADICIONAL • AMBIENTE TRADICIONAL X En este negocio familiar, próximo a la playa, encontrará los platos propios de la cocina tradicional marinera (calderetas, arroces, cuajaderas...). ¡Poseen su propio pesquero!

Menú 12 € - Carta 21/55 €

Baria 85 ✉ 04616 - ✆ 950 46 70 75 - www.hostalplayaazul.com - cerrado domingo noche salvo verano

VILLARREAL Castellón → Ver Vila-real

VILLARROBLEDO

Albacete - 25 989 h. - Alt. 724 m - Mapa regional : **7**-C2

Madrid 188 km - Albacete 85 km - Toledo 177 km - Cuenca 126 km

Mapa de carreteras Michelin n° 576-O22

Azafrán

REGIONAL • AMBIENTE CLÁSICO XX Una casa que cuida todos los detalles. Su chef-propietaria propone una sugerente cocina de corte actual y base regional... eso sí, sin olvidar los quesos manchegos, la caza en temporada y una buena oferta de menús. ¡Los fines de semana aconsejamos reservar!

Menú 20/46 € - Carta 29/49 €

av. Reyes Católicos 71 ✉ 02600 - ✆ 967 14 52 98 - www.azafranvillarrobledo.com - solo almuerzo salvo viernes y sábado - cerrado lunes

VILLAVERDE DE PONTONES

Cantabria - Mapa regional : **6**-B1

Madrid 387 km - Bilbao 86 km - Burgos 153 km - Santander 14 km

Mapa de carreteras Michelin n° 572-B18

Cenador de Amós (Jesús Sánchez)

MODERNA • ACOGEDORA XXX Encantadora casona-palacio del s. XVIII donde miman los contrastes entre lo moderno y lo tradicional. Cuenta con varias salas y acogedores privados, todos de excelso montaje. El chef, que entiende su trabajo como una forma de vida, propone una cocina de autor basada en tres menús: Memoria, Esencia y Experiencia.

→ Perfecto de foie-gras sobre fondo de aceituna negra. Rodaballo sobre crema de azafrán y centollo. Sablé de pimienta, chocolate, café y gianduja.

Menú 47/97 € - solo menú

pl. del Sol ✉ 39793 - ✆ 942 50 82 43 - www.cenadordeamos.com - cerrado 23 diciembre-17 marzo, noches de domingo, martes y miércoles salvo Semana Santa y verano, y lunes

VILLENA

Alicante - 34 361 h. - Alt. 503 m - Mapa regional : **11**-A3

Madrid 361 km - Albacete 110 km - Alacant/Alicante 58 km - València 122 km

Mapa de carreteras Michelin n° 577-Q27

La Teja Azul

COCINA TRADICIONAL • RÚSTICA X Ocupa una casa ya centenaria, con un bar y tres salas de marcada rusticidad. Carta tradicional especializada en arroces, como el de conejo y caracoles a la leña de sarmiento.

Menú 30/50 € - Carta 28/50 €

Sancho Medina 34 ✉ 03400 - ✆ 965 34 82 34 - www.latejaazul.com - solo almuerzo salvo viernes y sábado - cerrado del 16 al 27 de julio y martes

VILLOLDO

Palencia - 364 h. - Alt. 790 m - Mapa regional : **8**-B2

Madrid 291 km - Valladolid 81 km - Palencia 30 km - Burgos 101 km

Mapa de carreteras Michelin n° 575-F16

Estrella del Bajo Carrión

COCINA TRADICIONAL • MARCO CONTEMPORÁNEO XX Recrea una atmósfera muy acogedora, con un salón de uso polivalente y un luminoso comedor de estética actual. Cocina tradicional con toques actuales y buenas presentaciones. Las habitaciones tienen un estilo bastante moderno, con detalles rústicos y de diseño.

Carta 35/51 € 10 hab - ††70/100 € - ☕ 10 €

Mayor 32 ✉ 34131 - ✆ 979 82 70 05 - www.estrellabajocarrion.com - cerrado del 9 al 30 de enero, domingo noche y lunes salvo agosto

VINARÒS

Castellón - 28 190 h. - Mapa regional : **11**-B1

Madrid 496 km - València 150 km - Castelló de la Plana / Castellón de la Plana 79 km - Tarragona 113 km

Mapa de carreteras Michelin n° 577-K31

El Faro de Vinaròs

MEDITERRÁNEA • AMBIENTE MEDITERRÁNEO XX Frente al puerto, en... ¡la antigua casa del farero! En sus salas, ambas de buen montaje y una acristalada, encontrará una carta tradicional-regional rica mariscos y arroces.

Menú 18/28 € - Carta 35/45 €

port de Vinaròs ✉ 12500 - ✆ 964 45 63 62 - www.elfarovinaros.com - solo almuerzo martes y miércoles de octubre-abril

VITORIA-GASTEIZ

Álava - 243 918 h. - Alt. 524 m - Mapa regional : **18**-A2

Madrid 350 km - Bilbao 64 km - Burgos 111 km - Logroño 93 km

Mapa de carreteras Michelin n° 573-D21

Zaldiarán

INTERNACIONAL • ELEGANTE XXX Cuenta con un atractivo acceso y un interior bien diversificado, pues completa los comedores, privados y salones para banquetes con un espacio más informal, tipo bistró, orientado al picoteo. Ahora, su cocina actualizada de base tradicional e internacional se enriquece con fantásticas carnes y pescados a la parrilla.

→ Láminas de trufa con yema de huevo a baja temperatura, tocino confitado y espuma de patata. Lomo de merluza en salsa verde y almejas. Soufflé de avellana con helado de romero.

Menú 47/60 € - Carta 45/60 €

Plano : A2-a - *av. Gasteiz 21 ✉ 01008 - ✆ 945 13 48 22 - www.restaurantezaldiaran.com - cerrado del 9 al 25 de enero, domingo noche y martes*

Ikea

MODERNA • DE DISEÑO XXX Está instalado en una antigua villa, donde muestra un sorprendente interior de estética actual dominado por la madera y el original diseño de Javier Mariscal. De sus fogones surge una cocina creativa con bases tradicionales.

Menú 49/60 € - Carta 45/76 €

Plano : A2-f - *Portal de Castilla 27 ✉ 01007 - ✆ 945 14 47 47 - www.restauranteikea.com - cerrado 10 agosto-1 septiembre, domingo noche y lunes noche*

Andere N

COCINA TRADICIONAL • AMBIENTE CLÁSICO XXX Se halla en pleno centro y es considerado un clásico... eso sí, hoy bien actualizado y con un bello patio cubierto a modo jardín de invierno. Cocina tradicional puesta al día.

Menú 38 € - Carta 45/60 €

Plano : A1-d - *Gorbea 8 ✉ 01008 - ✆ 945 21 49 30 - www.restauranteandere.com - cerrado 15 días en agosto, domingo noche y lunes*

El Portalón

COCINA TRADICIONAL • ACOGEDORA XX Ocupa un edificio del s. XV emplazado a la entrada del casco antiguo y sorprende por su interior, totalmente rústico, dominado por el ladrillo y la madera. Cocina tradicional y de temporada. ¡Bodega visitable en las antiguas caballerizas!

Menú 39/60 € - Carta 37/55 €

Plano : B1-u - *Correría 151 ✉ 01001 - ✆ 945 14 27 55 - www.restauranteelportalon.com - cerrado domingo noche*

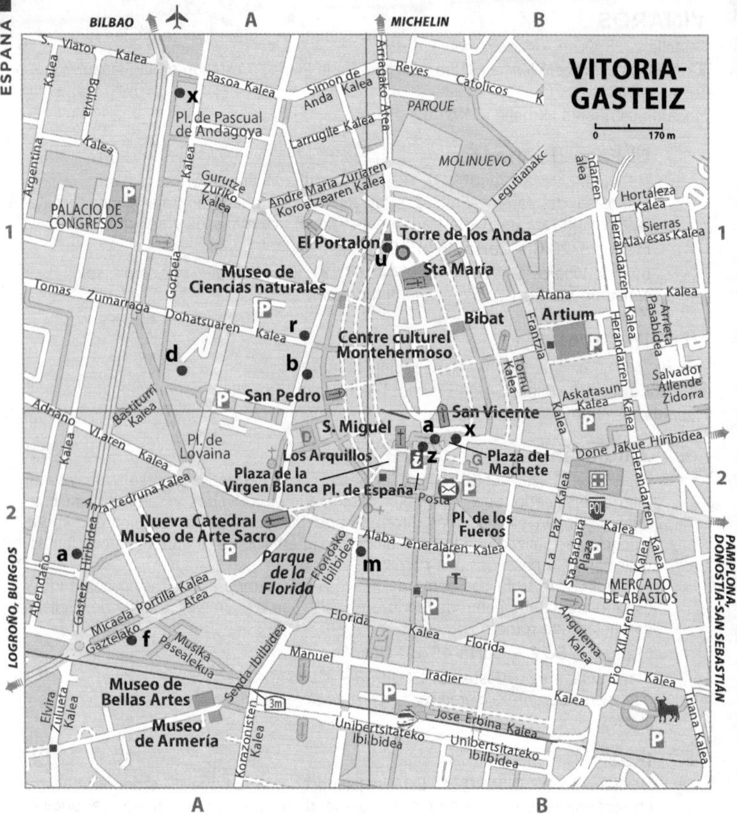

VITORIA-GASTEIZ

El Clarete

MODERNA • DE DISEÑO XX Está llevado entre hermanos y presenta un aspecto actual, con una bodega acristalada en una sala y la cocina semivista en la otra. Interesantes menús de línea actual-creativa.

Menú 22/50 € – solo menú

Plano : A1-b – *Cercas Bajas 18 ✉ 01008*
– ✆ 945 26 38 74 – www.elclareterestaurante.com
– solo almuerzo salvo jueves, viernes y sábado
– cerrado Semana Santa, del 10 al 31 de agosto y domingo

Araba

COCINA TRADICIONAL • A LA MODA XX Restaurante de atenta organización familiar dotado con un hall a la entrada y una sala de diseño en la que abunda la madera. Ofrecen una carta tradicional, siendo una de sus especialidades el Cordero lechal asado. Como complemento al negocio también dispone de unas modernas y confortables habitaciones.

Menú 13/42 € – Carta 28/46 € 20 hab – †55/120 € ††60/140 € – ☕ 6 €
av. de los Huetos 17, por Adriano VI A1-2 : 2 km ✉ 01010
– ✆ 945 22 26 69 – www.restaurantearaba.com
– cerrado Semana Santa, 8 agosto-5 septiembre y lunes

Arkupe

COCINA TRADICIONAL • MARCO CONTEMPORÁNEO XX Se halla en pleno casco viejo y disfruta de una estética más informal, pues la zona de picoteo juega ahora con detalles contemporáneos y vintage. Completa carta tradicional.

Menú 25/63 € - Carta 35/50 €

Plano : B2-z - *Mateo Moraza 13 ✉ 01001*
- ✆ 945 23 00 80 - www.restaurantearkupe.com
- cerrado domingo noche

Kaskagorri

CREATIVA • ACOGEDORA XX En el casco antiguo, donde se presenta con un moderno interior que conjuga el mobiliario actual con las paredes en piedra. Cocina de base tradicional con platos actualizados.

Menú 37/55 € - Carta 27/47 €

Plano : B2-a - *pl. del Machete 6 ✉ 01001*
- ✆ 945 14 92 63 - www.kaskagorri.com
- solo almuerzo salvo jueves, viernes y sábado
- cerrado 10 agosto-2 septiembre

Gurea

COCINA TRADICIONAL • SENCILLA XX Casa de ambiente familiar dotada con un sala actual y dos privados. Ofrece una carta de cocina vasca sin complicaciones, siempre con sugerencias del día y la opción de menús.

Menú 21/26 € - Carta 26/43 €

Plano : A1-x - *pl. de la Constitución 10 ✉ 01012*
- ✆ 945 24 59 33 - www.gurearestaurante.com
- solo almuerzo salvo jueves, viernes y sábado
- cerrado del 9 al 31 de agosto y martes

Izaga

COCINA TRADICIONAL • SENCILLA X Este negocio familiar posee una cafetería, con barra de pinchos a la entrada, y una sala clásica-actual. Cocina tradicional actualizada, con toques creativos y opción a menús.

Menú 20/43 € - Carta 33/44 €

Plano : A1-r - *Beato Tomás de Zumárraga 2 ✉ 01008*
- ✆ 945 13 82 00 - www.restauranteizaga.com
- cerrado Semana Santa, del 9 al 31 de agosto, domingo noche y lunes

Toloño

COCINA TRADICIONAL • BAR DE TAPAS Irlandés de hongos, Milhojas de habitas sobre pisto de verdel, Boletus con foie... Descubra la cocina en miniatura en este local, de estética moderna y carácter polivalente.

Tapa 2 € - Ración aprox. 10 €

Plano : B2-x - *Cuesta San Francisco 3 ✉ 01001*
- ✆ 945 23 33 36 - www.tolonobar.com
- cerrado domingo en agosto y domingo noche resto del año

PerretxiCo

COCINA TRADICIONAL • BAR DE TAPAS ¡Junto al casco antiguo! En este bar de tapas, moderno aunque con detalles rústicos, ofrecen unos pinchos de excelente factura, unos tradicionales y otros de gusto más actual.

Tapa 2,50 € - Ración aprox. 7 €

Plano : A2-m - *San Antonio 3 ✉ 01005*
- ✆ 945 13 72 21 - www.perretxico.es

VIVEIRO

Lugo – 15 735 h. – Mapa regional : **13**-C1
Madrid 642 km – Santiago de Compostela 171 km – Lugo 102 km – A Coruña 129 km
Mapa de carreteras Michelin n° 571-B7

en Celeiro Norte : 2 km

Boa Vista

COCINA TRADICIONAL • SIMPÁTICA Un negocio de carácter alegre e informal. Disfruta de una terraza frente a la carretera, un pequeño gastrobar y un comedor dividido en dos zonas. Cocina tradicional gallega y, como complemento, opción a dos tipos de habitaciones: las clásicas y las modernas.

Menú 10/45 € - Carta 30/48 € 23 hab - 32/55 € 46/80 €

carret. LU 862 ✉ 27863 Celeiro - ✆ 982 56 22 90 - www.boavistahotel.com - cerrado 21 días en noviembre y domingo noche salvo julio-agosto

en Covas Noreste : 2 km

Thalasso Cantábrico

TRADICIONAL • MODERNA Este moderno hotel, asomado a la ría de Viveiro, se halla en un complejo turístico con acceso directo a la playa. Ofrece unas habitaciones de línea funcional, muchas comunicadas entre sí y la mayoría con terraza, así como un restaurante-mirador en la azotea y unos completísimos servicios de talasoterapia.

146 hab - 50/150 € 58/190 € - 12 €

Playa de Sacido ✉ 27850 Viveiro - ✆ 982 56 02 00 - www.thalassocantabricolassirenas.com

en Galdo Suroeste : 3,5 km

Pazo da Trave

EDIFICIO HISTÓRICO • ACOGEDORA Resulta encantador, pues tiene más de 500 años de historia y en él se han cuidado todos los detalles. Atractiva fachada en piedra, hórreo, capilla y precioso jardín.

17 hab - 39/100 € 55/130 € - 9 €

Trave ✉ 27867 Galdo - ✆ 982 59 81 63 - www.pazodatrave.com - marzo-octubre

en la playa de Area por la carretera C 642 - Norte : 4 km

Nito

COCINA TRADICIONAL • AMBIENTE CLÁSICO Se presenta con un bar, una gran sala y una atractiva terraza, esta última concebida como un maravilloso balcón a la ría. Cocina tradicional basada en la calidad del producto.

Menú 45 € - Carta 30/55 €

Hotel Ego, playa de Area 1 ✉ 27850 Viveiro - ✆ 982 56 09 87 - www.hotelego.es

Ego

TRADICIONAL • MODERNA Se halla en una ladera frente a la ría, lo que hace que destaque por sus hermosísimas vistas. Las instalaciones resultan amplias y cuidadas, con un confort moderno y actual.

45 hab - 66/120 € 88/175 € - 12 €

playa de Area 1 ✉ 27850 Viveiro - ✆ 982 56 09 87 - www.hotelego.es

Nito - ver selección restaurantes

VIVER

Castellón - 1 558 h. - Alt. 550 m - Mapa regional : **11**-A1

Madrid 412 km - Castelló de la Plana/Castellón de la Plana 90 km - Teruel 56 km - València 85 km

Mapa de carreteras Michelin n° 577-M28

Thalassa

COCINA TRADICIONAL • SENCILLA Un restaurante de línea actual que encierra su propuesta culinaria en tres menús, pudiendo seleccionar en cada uno de ellos tanto platos tradicionales como actualizados.

Menú 17/40 € - solo menú

Cazadores 3 ✉ 12460 - ✆ 964 14 12 58 - www.restaurantethalassa.com - solo almuerzo salvo viernes, sábado y verano - cerrado noviembre, lunes y martes

VÍZNAR

Granada - 971 h. - Mapa regional : **1**-D1
Madrid 420 km - Sevilla 266 km - Granada 23 km - Jaén 93 km
Mapa de carreteras Michelin nº 578-U19

Horno de Víznar

CARNES • RÚSTICA Instalado en una antigua tahona que aún conserva su viejo horno, donde asan las carnes. Ofrece un comedor rústico, un buen privado y tanto platos tradicionales como asados.

Carta 22/43 €

av. Andalucía 2 ✉ 18179 - ☎ 958 54 02 53 (es necesario reservar) - www.hornodeviznar.com - solo almuerzo salvo viernes y sábado - cerrado julio-agosto y martes

XÀBIA JÁVEA

Alicante - 27 681 h. - Mapa regional : **11**-B2
Madrid 455 km - Alacant/Alicante 90 km -
Castelló de la Plana / Castellón de la Plana 195 km - València 113 km
Mapa de carreteras Michelin nº 577-P30

en la Playa del Arenal

Tosca

COCINA TRADICIONAL • ACOGEDORA Toma su nombre de la piedra autóctona que viste su interior, de montaje clásico y ambiente rústico. Cocina tradicional actualizada y... ¡agradable terraza con vistas al canal!

Menú 19/65 € - Carta 31/56 €

av. del Mediterráneo 238 (edif. Costa Blanca) ✉ 03730 Xàbia - ☎ 965 79 31 45 - www.restaurantetosca.com - cerrado 7 enero-2 febrero, lunes mediodía en agosto y lunes resto del año

La Perla de Jávea

COCINA TRADICIONAL • MARCO CONTEMPORÁNEO ¡En pleno paseo marítimo! Este negocio familiar, reformado y con vistas, ofrece una cocina tradicional especializada en arroces, con hasta 14 variantes, y pescados de lonja.

Menú 20/90 € - Carta 26/57 €

av. Libertad 21, 3 km ✉ 03730 Xábia - ☎ 966 47 07 72 - www.laperladejavea.com

Es Tapa Ti

COCINA TRADICIONAL • BAR DE TAPAS Tapas clásicas y de autor, ensaladas, pescados, carnes, arroz, hamburguesas... ¡perfecto para una comida informal mirando al mar! Sala actual acristalada y agradable terraza.

Tapa 2,50 € - Ración aprox. 10 € - Carta 29/35 €

paseo de David Ferrer 11, 3 km ✉ 03730 Xàbia - ☎ 966 47 31 27 - www.estapatijavea.com - cerrado miércoles en invierno

Blancos y Tintos

COCINA TRADICIONAL • ACOGEDORA Llevado entre hermanos y ubicado frente al mar, con una agradable terraza acristalada para disfrutar del entorno. Cocina tradicional actualizada con detalles de otros países.

Tapa 3 € - Ración aprox. 14 €

paseo David Ferrer 17 ✉ 03730 Xàbia - ☎ 966 47 09 91 - cerrado martes

Parador de Jávea

TRADICIONAL • FUNCIONAL Playa y confort en perfecto equilibrio. Disfruta de una zona ajardinada y espaciosas habitaciones, la gran mayoría asomadas al mar y con su propia terraza. En el restaurante, de estilo clásico, se combina el recetario regional con un buen apartado de arroces.

70 hab - 90/220 € - 18 €

av. Mediterráneo 233, 2 km ✉ 03730 Xàbia - ☎ 965 79 02 00 - www.parador.es

al Suroeste 2,5 km

✿✿ BonAmb (Alberto Ferruz)

CREATIVA • A LA MODA XXX ¡Le sorprenderá! El precioso entorno ajardinado da paso a un interior muy moderno, con detalles de diseño y la sala principal acristalada. Su joven chef propone una carta de tinte actual y unos completos menús degustación, delatando en ellos el gusto por la fusión de matices orientales, mediterráneos y sudamericanos.

→ Quisquillas filtradas a la brasa, caldo agripicante, aguacate y gel de limón. Mantecado de pato, aguaturma, yogur y oxalis. Limón valenciano, curry, aceite de limón y hierbas.

Menú 68/108 € - Carta 57/74 €

carret. de Benitachell 100 ✉ 03730 Xàbia - ✆ 965 08 44 40 - www.bonamb.com - cerrado 28 noviembre-enero, domingo noche, lunes mediodía en verano y lunes resto del año

Al Sur 4 km

Aire

CREATIVA • AMBIENTE MEDITERRÁNEO XX Restaurante de ambiente mediterráneo dotado con jardines, una piscina y vistas al pueblo desde la terraza. Cocina actual con buenas presentaciones y detalles de modernidad.

Menú 45/65 € - Carta 40/57 €

Salvador Dalí 4 ✉ 03739 Xàbia - ✆ 966 94 01 67 - www.airegastro.com - cerrado 15 enero-1 marzo, domingo noche y lunes

Iberia

MODERNA • MINIMALISTA Comparte dependencias con el restaurante Aire, aunque se diferencia bien de él y disfruta de un acceso independiente. Carta de raciones actual y buen menú de tapas.

Tapa 3 € - Ración aprox. 9 €

Salvador Dalí 4 ✉ 03739 Xàbia - ✆ 965 99 67 16 - www.airegastro.com - cerrado febrero, domingo noche y lunes

XERTA

Tarragona - 1 209 h. - Alt. 26 m - Mapa regional : **9**-A3
Madrid 553 km - Barcelona 196 km - Tarragona 100 km - Castelló de la Plana/Castellón de la Plana 137 km
Mapa de carreteras Michelin n° 574-J31

✿ Villa Retiro (Fran López)

CREATIVA • ACOGEDORA XXX ¡En las antiguas caballerizas de lo que hoy es el hotel! Se presenta con un ficus centenario justo a la entrada, un pozo y un comedor principal rústico-elegante. Cocina creativa bien elaborada, siempre con productos de la zona del Delta.

→ Desayuno de rico. Lubina salvaje con licuado de calabacín y texturas de hinojo. Sinfonía de cítricos de Xerta.

Menú 35/99 € - Carta 56/80 €

Hotel Villa Retiro, Dels Molins 2 ✉ 43592 - ✆ 977 47 38 10 - www.hotelvillaretiro.com - cerrado Navidades, enero, domingo noche y lunes

Villa Retiro

LUJO • ELEGANTE Ocupa un encantador palacete indiano y cuenta con un exuberante jardín arbolado a su alrededor. Consta de dos edificios y ofrece habitaciones de gran confort, algunas con los bellísimos suelos hidráulicos originales y mobiliario de época.

7 hab - †114/216 € ††126/271 € - 2 suites

Dels Molins 2 ✉ 43592 - ✆ 977 47 38 10 - www.hotelvillaretiro.com - cerrado enero

✿ **Villa Retiro** - ver selección restaurantes

XINORLET CHINORLET

Alicante - Mapa regional : **11**-A3

Madrid 403 km - València 162 km - Alacant / Alicante 54 km - Murcia 68 km

Mapa de carreteras Michelin n° 577-Q27

Elías

REGIONAL • AMBIENTE CLÁSICO XX Casa de larga trayectoria familiar que, con una estética actual, se mantiene fiel a la cocina regional de toda la vida. ¡Su plato estrella es el Arroz con conejo y caracoles!

Carta 22/36 €

Rosers 7 ✉ 03649 - ✆ 966 97 95 17 - solo almuerzo - cerrado 15 días en enero, 15 días en julio y domingo en verano

ZAFRA

Badajoz - 16 857 h. - Alt. 509 m - Mapa regional : **12**-B3

Madrid 401 km - Badajoz 76 km - Mérida 58 km - Sevilla 147 km

Mapa de carreteras Michelin n° 576-Q10

El Acebuche

COCINA TRADICIONAL • A LA MODA X Sorprende tanto por su buena oferta gastronómica como por su ubicación, en pleno casco histórico. En su comedor, actual-funcional pero con detalles de diseño, le ofrecerán dos cartas combinables entre sí, una a base de tapas y la otra con platos tradicionales.

Menú 30/40 € - Carta 31/52 €

Santa Marina 3 ✉ 06300 - ✆ 924 55 33 20 - www.elacebuchedezafra.com - cerrado 10 días en octubre, domingo noche y lunes

Lacasabar

REGIONAL • RÚSTICA ⅋ ¡Singular, diferente y con un encanto indudable! Ocupa una casa del s. XV que hoy se presenta con una estética ecléctica, ofreciendo una zona de tapas, otra de raciones y una más para su pequeña carta. Agradable terraza-azotea panorámica.

Tapa 3,50 € - Ración aprox. 13 €

av. del Rosario 2 ✉ 06300 - ✆ 924 55 39 72 - www.lacasabar.es - cerrado 27 septiembre-7 octubre, lunes, martes, miércoles y jueves mediodía

Casa Palacio Conde de la Corte

PALACE • CLÁSICA Casa-palacio íntimamente ligada... ¡al mundo del toro bravo y de lidia! Presenta un hermoso patio central, una galería acristalada y elegantes habitaciones de ambiente clásico. Su patio-terraza trasero disfruta de abundante vegetación.

15 hab ☕ - †97/220 € ††121/220 €

pl. del Pilar Redondo 2 ✉ 06300 - ✆ 924 56 33 11 - www.vivedespacio.com

Parador de Zafra

EDIFICIO HISTÓRICO • HISTÓRICA Solera e historia conviven en este monumental castillo del s. XV, que sirvió como residencia a los Duques de Feria. Sus muros albergan auténticos tesoros, como el patio renacentista, la capilla o las habitaciones con los techos artesonados.

51 hab - ††70/185 € - ☕ 16 €

pl. Corazón de María 7 ✉ 06300 - ✆ 924 55 45 40 - www.parador.es

¿Un comedor privado para un grupo de amigos o para una cena de negocios? Lo encontrará en los restaurantes con el símbolo ⇔.

ZAHARA DE LOS ATUNES

Cádiz – 1 591 h. – Mapa regional : **1**-B3
Madrid 687 km – Algeciras 62 km – Cádiz 70 km – Sevilla 179 km
Mapa de carreteras Michelin n° 578-X12

Trasteo

MODERNA • SIMPÁTICA Un gastrobar de ambiente simpático e informal, pues se decora con enseres reciclados. Cocina de corte actual bien elaborada, fresca y ligera, basada en platos y medios platos.

Tapa 5 € - Ración aprox. 15 €

María Luisa 24 ✉ 11393 - ✆ 956 43 94 78 - abril-septiembre - cerrado martes

en la carretera de Atlanterra

Antonio

PESCADOS Y MARISCOS • AMBIENTE CLÁSICO Encontrará una coqueta terraza, una zona de espera con expositor de productos y dos salas, ambas de línea clásica con detalles marineros. Carta especializada en pescados de la zona, sobre todo atún de almadraba, así como mariscos y arroces.

Menú 24 € - Carta 28/49 €

Sureste, 1 km ✉ 11393 Zahara de los Atunes - ✆ 956 43 95 42 - www.restauranteantoniozahara.com - cerrado diciembre y enero

ZAHORA Cádiz

→ Ver Los Caños de Meca

ZALDIERNA La Rioja

→ Ver Ezcaray

ZAMORA

63 831 h. – Alt. 650 m – Mapa regional : **8**-B2
Madrid 254 km – León 148 km – Salamanca 66 km – Valladolid 102 km
Mapa de carreteras Michelin n° 575-H12

El Rincón de Antonio

MODERNA • RÚSTICA Presenta un bar a la entrada y varios saloncitos de línea rústica-actual. Cocina creativa apegada a la tierra, diferentes menús y una buena selección de quesos zamoranos.

Menú 36/60 € - Carta 45/73 €

Plano : A2-x - *Rúa de los Francos 6 ✉ 49001 - ✆ 980 53 53 70 - www.elrincondeantonio.com - cerrado 7 días en noviembre, 7 días en enero, 7 días en julio y domingo noche*

Sancho 2 - La Marina

INTERNACIONAL • AMBIENTE CLÁSICO Restaurante de línea clásica-actual emplazado en el centro de un parque, dentro de un pabellón acristalado que posee varias salas muy luminosas y una gran cafetería. Carta completa de cocina tradicional e internacional con toques actuales.

Menú 12/39 € - Carta 35/57 €

Plano : B1-n - *parque de la Marina Española ✉ 49012 - ✆ 980 52 60 54 - www.gruposancho2.com*

Casa Mariano

COCINA TRADICIONAL • AMBIENTE CLÁSICO Dispone de un bar y varios comedores, entre los que destaca el que muestra una sección de la muralla de la ciudad. Tiene un buen horno de leña y la parrilla a la vista, por eso sus especialidades son las carnes asadas y a la brasa.

Menú 14/39 € - Carta 28/46 €

Plano : B1-t - *av. Portugal 28 ✉ 49016 - ✆ 980 53 44 87 - www.asadorcasamariano.com - cerrado 15 días en julio, domingo noche y lunes noche*

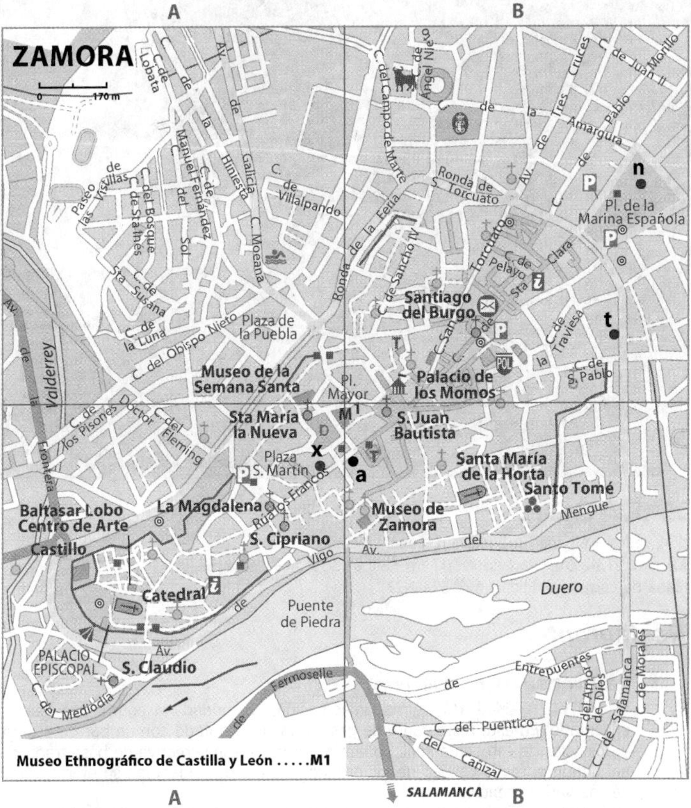

ZAMORA

Museo Ethnográfico de Castilla y León M1

Parador de Zamora

EDIFICIO HISTÓRICO · HISTÓRICA Palacio del s. XV dotado con un bello patio renacentista y un interior que aún emana recuerdos medievales. Amplia zona noble y habitaciones de correcto confort. El restaurante, de línea clásica y con vistas a una terraza, apuesta por la cocina tradicional.

46 hab – 85/300 € – 17 € – 6 suites

Plano : B2-a – *pl. de Viriato 5 ✉ 49001 – ✆ 980 51 44 97 – www.parador.es*

NOS GUSTA...

Alojarnos en el vanguardista hotel **Hiberus** y pasear por el Parque del Agua "Luís Buñuel", un meandro del Ebro recuperado y transformado para la EXPO de Zaragoza (2008). Disfrutar de la cocina creativa en el restaurante **La Prensa** y salir de tapas por la zona de El Tubo con un par de "avituallamientos" obligatorios: en la histórica **Casa Lac** y en **Continental**.

ZARAGOZA

664 953 h. - Alt. 200 m - Mapa regional : **2**-B2
Madrid 312 km - Barcelona 307 km - Bilbao 305 km - Lleida 150 km
Mapa de carreteras Michelin n° 574-H27

Restaurantes

La Prensa (Marisa Barberán)

CREATIVA • FAMILIAR XX Alma, imaginación, sinceridad... ¡seguro que saldrá encantado! En este restaurante de gestión familiar, dotado con un bar de espera y dos salas de estética actual, apuestan por una cocina creativa de base tradicional donde prima la calidad de los productos utilizados. ¡Plantean su oferta a través de varios menús!

→ Cigala, carpaccio de manitas, aceite de piñones y trufa. Solomillo de Agnei con sus brasas. Chocolate y yogur.

Menú 60/115 € - solo menú

Plano : C3-c - *José Nebra 3 ✉ 50007 - ☎ 976 38 16 37 - www.restaurantelaprensa.com - cerrado Semana Santa, 21 días en agosto, domingo y lunes*

Txalupa

COCINA TRADICIONAL • AMBIENTE CLÁSICO XX Casa de organización familiar que emana seriedad y buen hacer. Presenta una barra de espera a la entrada, dos comedores y un reservado, todo con una estética clásica-elegante muy cuidada. Cocina de base tradicional con toques actuales.

Menú 25/44 € - Carta 37/45 €

Plano : B3-z - *paseo Fernando el Católico 62 ✉ 50009 - ☎ 976 56 61 70 - www.txalupazaragoza.com - cerrado Semana Santa, del 12 al 16 de agosto, domingo noche, lunes noche y martes noche*

Quema Ⓝ

MODERNA • SENCILLA X ¡Junto al imponente Museo Pablo Serrano! Este restaurante, de diseño informal y carácter polivalente, propone una carta de tinte actual muy bien elaborada, a precio cerrado y con gran variedad de platos para elegir. La cocina está a la vista tras la barra.

Menú 19/30 € - Carta 29/38 €

Plano : B2-a - *paseo María Agustín 20 ✉ 50010 - ☎ 976 43 92 14 - www.restaurantequema.com - cerrado domingo y lunes noche*

Novodabo

MODERNA • ACOGEDORA XXX Restaurante gastronómico ubicado en una céntrica casa-palacio. Ofrecen una cocina de gusto actual y elegantes detalles, como los bellos frescos o sus altos techos artesonados.

Menú 30/55 € - Carta 36/60 €

Plano : BC2-x - *pl. Aragón 12 ✉ 50009 - ☎ 976 56 78 46 - www.novodabo.com - cerrado Navidades, del 16 al 31 de agosto, domingo en verano, domingo noche y martes noche resto del año y lunes*

El Chalet

CREATIVA • AMBIENTE CLÁSICO XXX Su ubicación en una villa permite la distribución de sus salas y privados en dos plantas, siempre con una ambientación clásica-moderna y detalles de elegancia. Cocina de corte actual con platos tradicionales. ¡No se pierda su steak-tartar!

Menú 25/45 € - Carta 43/60 €

Plano : B3-x - *Santa Teresa de Jesús 25 ✉ 50006 - ☎ 976 56 91 04 - www.elchaletrestaurante.com - cerrado Semana Santa, del 10 al 25 de agosto, domingo en verano, domingo noche resto del año y lunes*

Aragonia

COCINA TRADICIONAL • ELEGANTE XX De línea rústica elegante y con personalidad. Ofrecen una cocina tradicional con toques actuales y la opción de menús, pudiendo a través de ellos escoger platos de la carta.

Menú 27/49 € - Carta 29/44 €

Plano : E2-k - *Hotel Palafox, Marqués de Casa Jiménez ✉ 50004 - ☎ 976 79 42 43 - www.restaurantearagonia.com - cerrado agosto, domingo y lunes*

Celebris

MODERNA • DE DISEÑO XX Un restaurante de diseño vanguardista realmente sorprendente, tanto por las cortinas de hilos que rompen los espacios como por su propuesta culinaria, arriesgada y actual.

Carta 26/38 €

Plano : A1-b - *Hotel Hiberus, paseo de los Puentes 2 ✉ 50018 - ☎ 876 54 20 06 - www.restaurantecelebris.com - cerrado domingo y lunes*

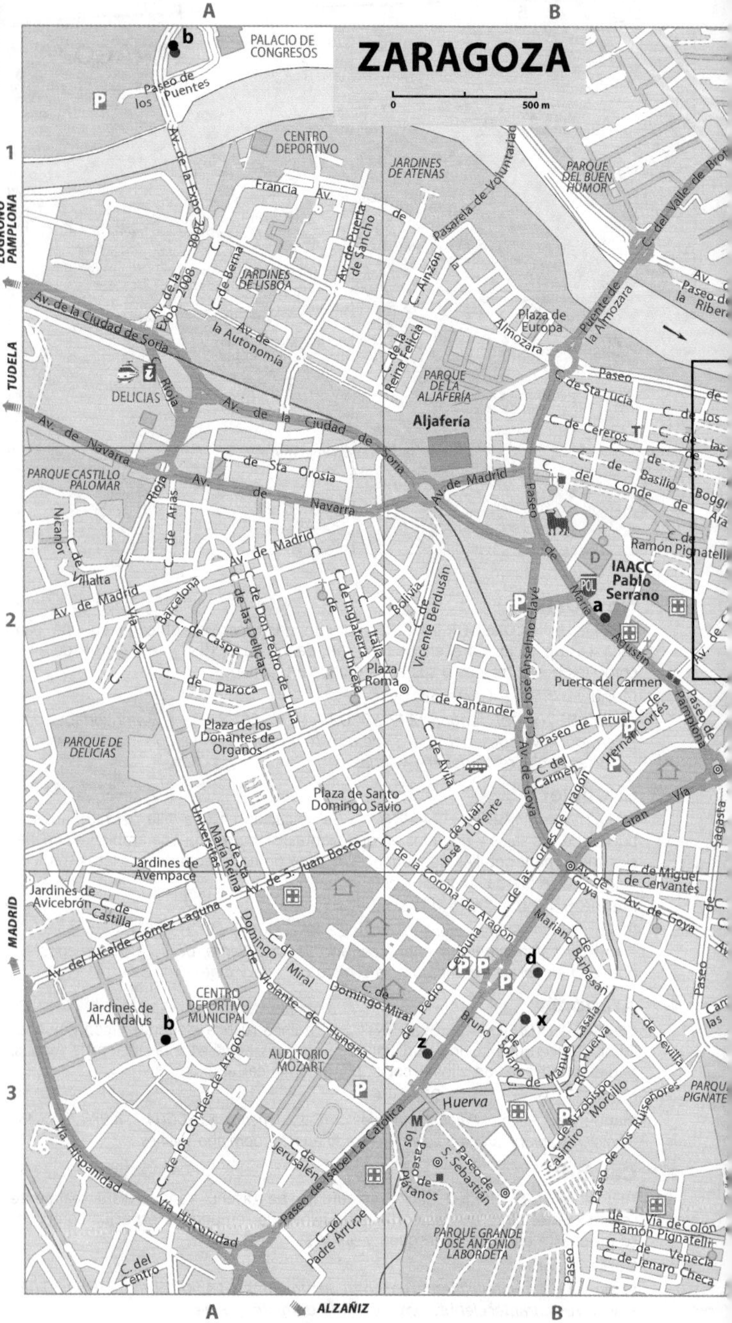

ZARAGOZA

0 — 500 m

A B

PALACIO DE CONGRESOS

Paseo de los Puentes

1

Av. de la Expo 2008

CENTRO DEPORTIVO

JARDINES DE ATENAS

PARQUE DEL BUEN HUMOR

Av. Francia

Pasarela de Voluntariado

C. del Valle de Broto

LOGROÑO PAMPLONA

Av. de Puerta de Sancho

C. de Berna

JARDINES DE LISBOA

C. Ainzón

Av. de la Almozara

Av. Paseo de la Ribera

Av. de la Ciudad de Soria

Av. de la Autonomía

C. de la Reina Felicia

Plaza de Europa

Puente de la Almozara

TUDELA

DELICIAS

C. Rioja

PARQUE DE LA ALJAFERÍA

Paseo de María Agustín

C. de Sta Lucía

C. de los

Aljafería

C. de Cereros

Av. de la Ciudad de Soria

Av. de Navarra

C. de Sta Orosia

C. de Basilio

C. del Conde de Aranda

PARQUE CASTILLO PALOMAR

Av. de Navarra

Av. de Madrid

C. de las Boggiero

C. Nicanor Villalta

C. de Arias

Av. de Madrid

C. de Ramón Pignatelli

IAACC Pablo Serrano

Av. de Madrid

C. de Barcelona

C. de las Delicias

C. de Inglaterra

C. Italia

C. Bolivia

C. de Vicente Berdusán

2

Vía Univérsitas

C. de Caspe

C. de Don Pedro de Luna

C. de Unceta

Plaza Roma

C. de Daroca

C. de Santander

C. de José Anselmo Clavé

Puerta del Carmen

Paseo de Pamplona

PARQUE DE DELICIAS

Plaza de los Donantes de Órganos

C. de Ávila

Paseo de Teruel

C. de Hernán Cortés

C. del Carmen

Av. de Goya

Plaza de Santo Domingo Savio

C. de Juan José Lorente

C. de las Cortes de Aragón

Gran Vía

Sagasta

Jardines de Avempace

C. de Sta María Reina

Av. de S. Juan Bosco

C. de la Corona de Aragón

Av. de Goya

C. de Miguel de Cervantes

Jardines de Avicebrón

C. de Castilla

Av. del Alcalde Gómez Laguna

MADRID

C. Domingo Miral

C. de Violante de Hungría

C. de Pedro Cerbuna

Mariano Barbasán

Av. de Goya

Paseo de las Damas

CENTRO DEPORTIVO MUNICIPAL

Jardines de Al-Andalus

C. de Domingo Miral

C. Bruno Solano

C. de Manuel Lasala

C. Río Huerva

C. de Sevilla

AUDITORIO MOZART

C. de los Condes de Aragón

3

Huerva

C. de Arzobispo Casimiro Morcillo

PARQUE PIGNATELLI

Vía Hispanidad

C. de Jerusalén

Paseo de Isabel La Católica

Paseo de los Plátanos

Paseo de S. Sebastián

Paseo de los Ruiseñores

Vía de Colón

C. de Ramón Pignatelli

Vía Hispanidad

C. del Padre Arrupe

PARQUE GRANDE JOSÉ ANTONIO LABORDETA

C. de Venecia

C. de Jenaro Checa

C. del Centro

A ALZAÑIZ B

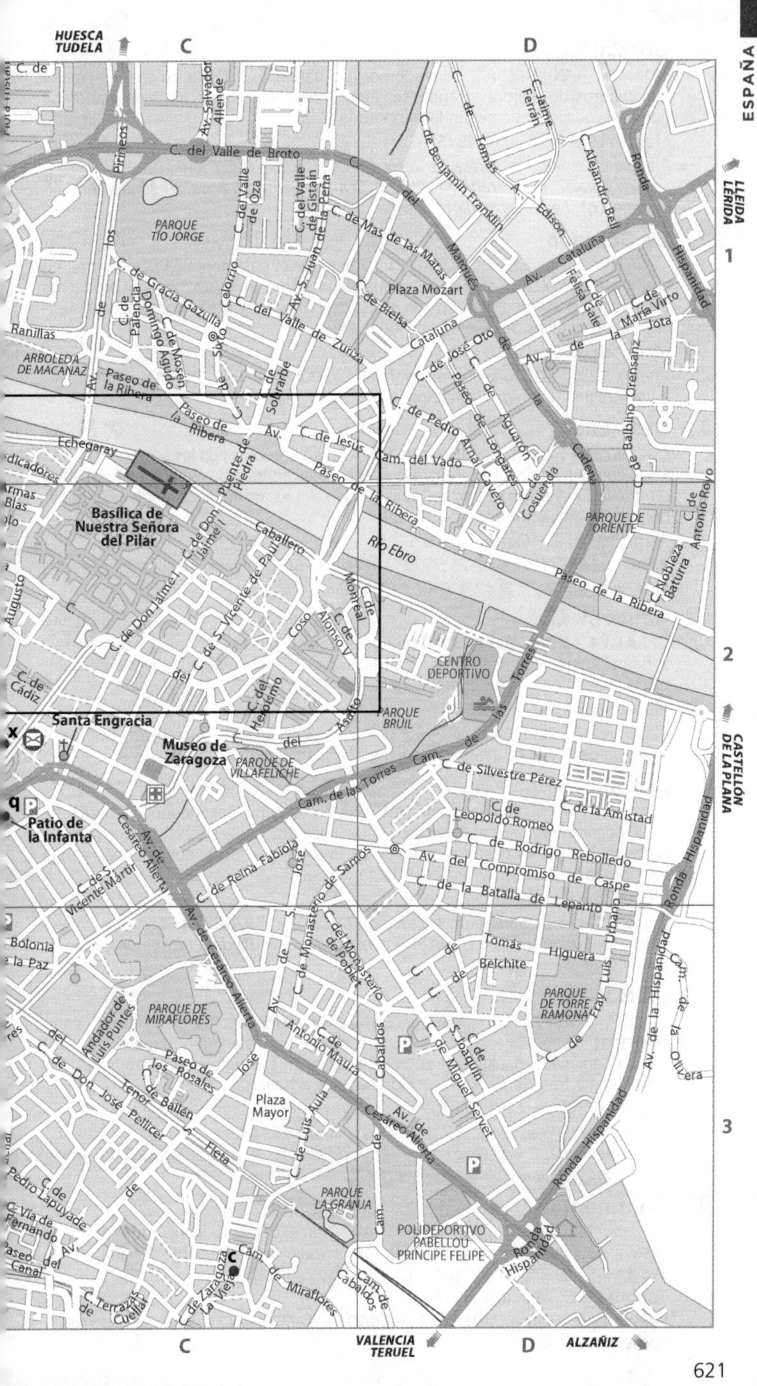
HUESCA
TUDELA
LLEIDA
LÉRIDA
CASTELLÓN
DE LA PLANA
VALENCIA
TERUEL
ALZAÑIZ
PARQUE TÍO JORGE
Plaza Mozart
ARBOLEDA DE MACANAZ
Basílica de Nuestra Señora del Pilar
Río Ebro
PARQUE DE ORIENTE
CENTRO DEPORTIVO
PARQUE BRUIL
Santa Engracia
Museo de Zaragoza
PARQUE DE VILLAFELICHE
Patio de la Infanta
PARQUE DE MIRAFLORES
PARQUE DE TORRE RAMONA
Plaza Mayor
PARQUE LA GRANJA
POLIDEPORTIVO PABELLÓN PRÍNCIPE FELIPE
C. del Valle de Broto
Paseo de la Ribera
Av. de Cesáreo Alierta
Cam. de las Torres
Ronda Hispanidad
Av. Cataluña
C. de Gracia Gazulla
C. de Mas de las Matas
C. del Valle de Zuriza
Av. del Compromiso de Caspe
C. de la Batalla de Lepanto
C. de Rodrigo Rebolledo
C. de Silvestre Pérez
C. de Reina Fabiola
Av. de Antonio Maura
C. de Don José Pellicer
Cam. de Miraflores
Cam. de Cabaldos
C. de Miguel Servet
C. de Pedro Lapuyade
Av. de la Hispanidad

Goralai

MODERNA • COLORIDA Llevado por una pareja. En su sala, colorista, actual y con cuadros de pintores aragoneses, podrá degustar una cocina bien elaborada que va evolucionando según la temporada.

Menú 21/32 € - Carta 45/55 €

Plano : B3-d - *Santa Teresa de Jesús 26 ✉ 50006 - ✆ 976 55 72 03 - www.goralai.es - cerrado Navidades, Semana Santa, 16 agosto-1 septiembre, domingo noche, lunes y martes noche*

La Granada

CREATIVA • AMBIENTE CLÁSICO Su buen nivel gastronómico se confirma en una carta actual e imaginativa, donde demuestran el gusto por los productos autóctonos de temporada. En sus salas, de cuidado montaje, combinan el clasicismo con detalles de diseño y modernidad.

Menú 21/25 € - Carta aprox. 30 €

Plano : C2-q - *San Ignacio de Loyola 14 ✉ 50008 - ✆ 976 22 39 03 - www.restaurantelagranada.com*

Casa Lac

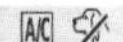

COCINA TRADICIONAL • HISTÓRICA ¡Aquí las verduras son las protagonistas! El local, con mucha historia, atesora la licencia más antigua de España como restaurante (1825). Agradable bar de tapas y dos salones, destacando el del piso superior por su ambiente decimonónico.

Menú 19/35 € - Carta 32/49 €

Plano : E2-h - *Mártires 12 ✉ 50003 - ✆ 976 39 61 96 - www.restaurantecasalac.es - cerrado una semana en agosto y domingo noche*

Cancook N

CREATIVA • MINIMALISTA Íntimo, de carácter funcional y emplazado en la zona más comercial de Zaragoza. Ofrecen una cocina creativa, muy bien ensamblada, que solo ve la luz a través de sus menús.

Menú 35/50 € - solo menú

Plano : E2-f - *Juan Moneva 6 ✉ 50001 - ✆ 976 23 95 16 - www.cancookrestaurant.com - cerrado del 1 al 28 de agosto, domingo noche, lunes y martes noche*

Antonio

COCINA TRADICIONAL • FAMILIAR Resulta íntimo, acogedor y detallista. Aquí encontrará una sabrosa cocina de base tradicional... eso sí, con toques actuales. Los platos destacados de su carta son los Arroces, que cambian con la temporada, el Ternasco y el Steak Tartar.

Menú 25/39 € - Carta 29/49 €

Plano : F2-q - *pl. San Pedro Nolasco 5 ✉ 50001 - ✆ 976 39 74 74 - www.antoniorestaurante.com.es - cerrado del 15 al 30 de agosto, domingo noche y lunes*

La Matilde

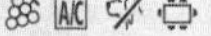

COCINA TRADICIONAL • AMBIENTE CLÁSICO Un negocio bien llevado entre hermanos, todos buenos conocedores de la profesión. Sin duda, esta casa emana personalidad, algo que se aprecia tanto en el montaje como en la decoración. Cocina tradicional no exenta de detalles actuales.

Menú 26/42 € - Carta 35/57 €

Plano : E1-c - *Predicadores 7 ✉ 50003 - ✆ 976 43 34 43 - www.restaurantelamatilde.com - cerrado Semana Santa, del 10 al 20 de agosto y domingo noche*

Continental

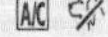

COCINA TRADICIONAL • A LA MODA Tremendamente concurrido desde el desayuno... ¡hasta el mismo cierre! Posee un buen expositor sobre la barra y pizarras en las que anuncian tapas, raciones, fritos, tablas...

Tapa 2,20 € - Ración aprox. 10 €

Plano : E2-a - *Cinco de Marzo 2 ✉ 50004 - ✆ 976 23 73 31 - cerrado domingo noche en verano*

Alojamientos

Palafox

NEGOCIOS • CLÁSICA Resulta céntrico y sorprende por su decoración... no en vano, está firmada por el famoso interiorista Pascua Ortega. Encontrará salones de gran capacidad y habitaciones de estilo clásico, estas últimas repartidas en tres categorías: Hotel, Club y Ducal.

160 hab - 101/224 € 111/234 € - 19 suites

Plano : E2-k - *Marqués de Casa Jiménez ✉ 50004 - ☎ 976 23 77 00 - www.palafoxhoteles.com*

Aragonia - ver selección restaurantes

Reina Petronila

NEGOCIOS • ELEGANTE Diseñado por un prestigioso arquitecto... ¡Rafael Moneo! Su atractivo exterior encuentra la réplica en un interior muy moderno, con un auditorio y numerosos servicios. En su cafetería encontrará una pequeña carta para comidas informales.

177 hab - 98/216 € 108/226 €

Plano : A3-b - *av. Alcalde Sáinz de Varanda 2 ✉ 50009 - ☎ 876 54 11 36 - www.palafoxhoteles.com*

Hiberus

NEGOCIOS • MINIMALISTA Magnífico hotel ubicado junto al Parque Metropolitano del Agua. Ofrece amplias zonas comunes, interiores minimalistas, una zona chill out junto a la piscina y luminosas habitaciones, casi todas con vistas al Ebro.

168 hab - 81/196 € 91/206 € - 8 suites

Plano : A1-b - *paseo de los Puentes 2 ✉ 50018 - ☎ 876 54 20 08 - www.palafoxhoteles.com*

Celebris - ver selección restaurantes

ZARAUTZ

Guipúzcoa - 22 988 h. - Mapa regional : **18**-B2

Madrid 482 km - Bilbao 85 km - Iruña/Pamplona 103 km - Donostia-San Sebastián 20 km

Mapa de carreteras Michelin n° 573-C23

Gure Txokoa

VASCA • RÚSTICA Presenta un pequeño bar privado y a continuación la sala, rústica y de cuidado montaje. Cocina vasca con productos de temporada, diversos platos a la parrilla y algo de caza.

Carta 45/70 €

Gipuzkoa 22 ✉ 20800 - ☎ 943 83 59 59 - www.restauranteguretxokoa.es - cerrado 15 días en febrero, 15 días en noviembre, domingo noche y lunes

ZEANURI

Vizcaya - 1 258 h. - Alt. 230 m - Mapa regional : **18**-A2

Madrid 394 km - Bilbao 33 km - Donostia-San Sebastián 101 km - Vitoria-Gasteiz 43 km

Mapa de carreteras Michelin n° 573-C21

en el barrio de Ipiñaburu Sur : 4 km

Etxegana

FAMILIAR • PERSONALIZADA ¡Ideal para aislarse! Este bello caserío, en pleno campo, ofrece habitaciones que fusionan la estética vasca y de indonesia, con materiales de calidad, tallas y algún detalle moderno. Pequeño SPA y buen restaurante de cocina tradicional, con vistas al valle.

18 hab - 119/149 €

Ipiñaburu 38 ✉ 48144 Zeanuri - ☎ 946 33 84 48 - www.etxegana.com

ESPAÑA

ZOZAIA Navarra → Ver Oronoz-Mugairi

ZUMARRAGA

Guipúzcoa - 9 921 h. - Alt. 354 m - Mapa regional : **18**-B2

Madrid 410 km - Bilbao 65 km - Donostia-San Sebastián 54 km - Vitoria-Gasteiz 55 km

Mapa de carreteras Michelin n° 573-C23

Kabia

COCINA TRADICIONAL • FAMILIAR Una casa, llevada en familia, donde apuestan por la cocina tradicional actualizada. La carta, algo escueta, siempre se completa con sugerencias diarias e interesantes menús.

Menú 21/46 € - Carta 37/52 €

Legazpi 5 ✉ 20700 - ✆ 943 72 62 74 - www.restaurantekabia.com - solo almuerzo salvo viernes y sábado - cerrado 7 días en enero, 15 días en agosto y lunes

ILLES BALEARS/ ISLAS BALEARES

La gastronomía balear resulta exquisita, variada y tremendamente singular, pues tomando como base los espléndidos productos del Mediterráneo también refleja siglos de esforzada tradición campesina e interesantes influencias, tanto peninsulares (cocina catalana y valenciana) como foráneas (cocina francesa e inglesa).

Las especialidades culinarias:
Dentro del recetario balear encontraremos platos comunes a todo el archipiélago, como las tradicionales Coques o el sabroso Rostit (cerdo relleno al horno), y otros que, por derecho propio, se han convertido en un pequeño emblema de su isla; entre estos últimos destacan la famosa Sobrasada y el Tumbet mallorquín, la maravillosa Caldereta de langosta menorquina, la popular Borrida de ratjada de Ibiza o la Ensalada payesa con "peix sec" de Formentera. En lo que se refiere a los postres, hay uno que copa casi todo el protagonismo: la deliciosa Ensaimada mallorquina, que puede presentarse con o sin rellenos.

745 944 h.

- Mapa regional n° 4
- Mapa de carreteras Michelin n° 579

ISLAS BALEARES

ILLES BALEARS ISLAS BALEARES

745 944 h. - Mapa regional : **4**-B1
Mapa de carreteras Michelin n° 579

MALLORCA

ALARÓ - 5 275 h. - Alt. 240 m - Mapa regional : 4-B1

Palma 24 km
Mapa de carreteras Michelin n° 579-K5

en la carretera de Orient Noroeste : 3,5 km

S'Olivaret

EDIFICIO HISTÓRICO • MEDITERRÁNEA Una antigua casa de campo que combina el mobiliario de época y el confort más actual. El restaurante, elegante, rústico y con su propio aceite de oliva, propone una sencilla carta tipo snack al mediodía y otra internacional más elaborada por las noches.

25 hab - 135/175 € 150/175 € - 5 suites

carret. Alaró-Orient, km 3 07340 - 971 51 08 89 - www.solivaret.com - marzo-octubre

ALCÚDIA - 19 763 h. - Alt. 20 m - Mapa regional : 4-B1

Palma 56 km
Mapa de carreteras Michelin n° 579-M4

Can Mostatxins N

BOUTIQUE HOTEL • MODERNA No muy grande pero singular, pues es moderno y respetuoso con la tradición al conservar muchos muros en piedra. El patio, con su pequeña piscina, es perfecto para relajarse.

8 hab - 180/280 €

Lledoner 15 07400 - 971 54 96 39 - www.hotelcanmostatxins.com - cerrado 15 diciembre-15 enero

Sant Jaume

TOWNHOUSE • REGIONAL Instalado en una casa señorial del s. XIX restaurada con acierto. Ofrecen atractivas habitaciones, todas personalizadas, un bonito patio y... ¡excursiones en su propio barco!

6 hab - 85/100 € 95/120 €

Sant Jaume 6 07400 - 971 54 94 19 - www.hotelsantjaume.com - cerrado diciembre-enero

ALGAIDA - 5 410 h. - Mapa regional : 4-B1

Palma 22 km
Mapa de carreteras Michelin n° 579-L6

Es 4 Vents

COCINA TRADICIONAL • RÚSTICA Excelente casa para degustar cocina tradicional mallorquina, paellas y, sobre todo, unas fantásticas carnes a la parrilla. Si hace bueno no lo dude y... ¡coma en la terraza!

Menú 22 € - Carta 28/47 €

carret. de Manacor 07210 - 971 66 51 73 - www.es4vents.es

Hostal Algaida

COCINA TRADICIONAL • FAMILIAR Realmente sencillo pero auténtico, con toda la familia implicada en el negocio. Ofrecen cocina casera y tradicional mallorquina, siendo famosos por sus tartas y ensaimadas.

Menú 15 € - Carta 20/36 €

carret. de Manacor 07210 - 971 66 51 09

ARTÀ Mapa regional : 4-B1

Palma 78 km

Mapa de carreteras Michelin n° 579-O6

Sant Salvador

FAMILIAR • PERSONALIZADA Bello edificio de carácter señorial ubicado a las afueras de Artà, un encantador pueblo medieval. Presenta una decoración personalizada, colorista e imaginativa, combinando detalles clásicos y de diseño. Agradable jardín con piscina y buen restaurante.

8 hab - 102/195 € 119/229 €

Castellet 7 07570 - 971 82 95 55 - www.santsalvador.com

Can Moragues

FAMILIAR • HISTÓRICA Un edificio del s. XIX en el que... ¡se sentirá como en casa! Posee un acogedor salón con chimenea, encantadoras habitaciones con mobiliario de época y un bonito jardín.

8 hab - 87/128 € 97/138 €

Pou Nou 12 07570 - 971 82 95 09 - www.canmoragues.com

BANYALBUFAR - 548 h. - Alt. 100 m - Mapa regional : 4-B1

Palma 25 km

Mapa de carreteras Michelin n° 579-I5

Son Tomás

COCINA TRADICIONAL • FAMILIAR Este negocio familiar disfruta de un correcto comedor y una agradable terraza, con vistas tanto al mar como a los bancales del pueblo. Cocina tradicional, buenos arroces y platos mallorquines. ¡La cafetería de la planta baja es muy popular entre los ciclistas!

Carta 25/40 €

Baronía 17 07191 - 971 61 81 49 - solo almuerzo salvo 15 octubre-15 marzo y verano - cerrado 14 diciembre-enero y martes

BENDINAT Mapa regional : 4-B1

Palma 11 km

Mapa de carreteras Michelin n° 579-J6

Lindner

FAMILIAR • TEMÁTICA Está rodeado por un campo de golf y disfruta de una estética africana bastante marcada, con numerosos trofeos de caza mayor, mobiliario colonial y detalles decorativos propios de un safari. SPA ambientado en el continente negro, zona de entretenimiento infantil y variada oferta gastronómica de carácter internacional.

118 hab - 97/200 € - 37 suites

Arquitecto Francisco Casas 18 07181 - 971 70 77 77 - www.lindnerhotels.com

Bendinat

FAMILIAR • CLÁSICA ¡Tranquilo y al borde del mar! Ofrece confortables bungalows, habitaciones de línea clásica-funcional y un cuidado entorno ajardinado, con frondosos árboles e idílicas terrazas que también sirven para montar las mesas del restaurante cuando el tiempo lo permite. Cocina tradicional e internacional.

54 hab - 178/324 € - 12 suites

Andrés Ferret Sobral 1 07181 - 971 67 57 25 - www.hotelbendinat.es - 17 febrero-4 noviembre

CAIMARI - 661 h. - Mapa regional : 4-B1

Palma 38 km

Mapa de carreteras Michelin n° 579-L5

Ca Na Toneta

REGIONAL • RURAL X En esta casa, llevada entre hermanas y dotada con una pequeña tienda, encontrará honestidad, tradición y una cocina mallorquina estacional realmente excelente, pues recupera los sabores primigenios de la isla. ¡Su nombre rinde un homenaje a la abuela Toneta!

Menú 35/40 € - solo menú

Horitzó 21 ✉ 07314
- ☎ 971 51 52 26 (es necesario reservar) - www.canatoneta.com
- solo cena de junio a octubre
- cerrado 24 diciembre-enero y abierto fines de semana en noviembre-23 diciembre y febrero-junio

en Binibona Noreste : 4 km

Binibona Parc Natural

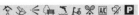

CASA DE CAMPO • RÚSTICA Atractivo edificio en piedra dotado con vistas al campo y a las montañas. Ofrece unas espaciosas habitaciones, todas con jacuzzi y mobiliario rústico, destacando por su terraza las que rodean la piscina. Cuenta con su propia huerta y un sencillo restaurante.

28 hab - †150 € ††180 € - ☕ 12 €

Finca Binibona ✉ 07314 Binibona
- ☎ 971 87 35 65 - www.binibona.es
- febrero-octubre

Albellons Parc Natural

AGROTURISMO • RÚSTICA Un agroturismo fantástico, pues disfruta de buenas vistas y tiene la tranquilidad garantizada. Organizan barbacoas una vez a la semana y tienen una sauna cerca de la piscina.

12 hab - †141 € ††165 € - ☕ 11 € - 6 suites

desvío 1,5 km ✉ 07314 Binibona
- ☎ 971 87 50 69 - www.albellons.es
- 15 febrero-13 noviembre

CALA BLAVA - 310 h. - Mapa regional : **4**-B1

Palma 19 km
Mapa de carreteras Michelin n° 579-K7

Cap Rocat (N)

HISTÓRICO • INSÓLITA Impresionante, exclusivo y... ¡único si busca privacidad! Este hotel, al borde del mar, recupera una antigua ciudadela fortificada, con fantásticas vistas y espacios de inusitada belleza. Ofrece habitaciones con piscina propia y una buena oferta gastronómica.

20 hab ☕ - ††350/800 €

carret. d'Enderrocat ✉ 07609
- ☎ 971 74 78 78 - www.caprocat.com
- marzo-noviembre

CALA D'OR - 2 706 h. - Mapa regional : **4**-B2

Palma 64 km
Mapa de carreteras Michelin n° 579-N7

Port Petit

FRANCESA • ROMÁNTICA XX En este coqueto local, que destaca por su agradable terraza y sus hermosas vistas a la marina, apuestan por una cocina mediterránea e internacional de influencia francesa.

Menú 20/60 € - Carta 44/60 €

av. Cala Llonga ✉ 07660
- ☎ 971 64 30 39 - www.portpetit.com - Semana Santa-octubre
- cerrado martes salvo junio-octubre

CAMPANET - 2 524 h. - Alt. 167 m - Mapa regional : **4**-B1

Palma 39 km
Mapa de carreteras Michelin n° 579-L5

al Noroeste 4 km

Monnaber Nou

CASA DE CAMPO • PERSONALIZADA Instalado en una casa de campo, a los pies de la Sierra Tramuntana, que remonta sus orígenes al s. XIII. Presenta unas estancias realmente acogedoras, pues combinan la rusticidad y el clasicismo. ¡Las habitaciones del anexo, a 500 metros, son más económicas!

25 hab - †90/125 € ††120/155 € - 11 apartamentos

Finca Monnaber Nou ✉ 07310 Campanet - ✆ 971 87 71 76 - www.monnaber.com

CAMPOS - 9 892 h. - Mapa regional : **4**-B1

Palma 38 km
Mapa de carreteras Michelin n° 579-M7

Fontsanta

REGIONAL • ELEGANTE XX ¡Instalado en unas antiguas cuadras! En su comedor, presidido por una chimenea, le propondrán una cocina de gusto tradicional-mediterráneo, con algún que otro plato clásico.

Carta 52/65 €

Hotel Fontsanta, carret. Campos-Colonia de Sant Jordi, km 8 ✉ 07630 - ✆ 971 65 50 16 - www.fontsantahotel.com - cerrado diciembre-26 febrero

Fontsanta

SPA Y BIENESTAR • MINIMALISTA Si busca reposo descubra este encantador hotel-balneario, pues tiene personalidad y es el único de la isla que ofrece aguas termales naturales en un entorno protegido. Habitaciones de estética actual y buen restaurante.

37 hab - †150/295 € ††220/365 €

carret. Campos-Colonia de Sant Jordi, km 8 ✉ 07630 - ✆ 971 65 50 16 - www.fontsantahotel.com - cerrado diciembre-26 febrero

Fontsanta - ver selección restaurantes

en la carretera de Porreres Norte : 4 km y desvío a la izquierda 1 km

Son Bernadinet

FAMILIAR • MEDITERRÁNEA ¡Edificio tradicional mallorquín ubicado en pleno campo! Combina sus líneas puras con una agradable rusticidad, todo para recrear una atmósfera marcada por el sosiego. Zona social con chimenea, amplias habitaciones y cuidados exteriores. Su restaurante solo ofrece un menú de tinte actual y base tradicional.

11 hab - †195/210 € ††215/260 €

✉ 07630 - ✆ 971 65 06 94 - www.sonbernadinet.com - 18 marzo-octubre

CANYAMEL - 190 h. - Mapa regional : **4**-B1

Palma de Mallorca 81 km
Mapa de carreteras Michelin n° 579-O6

Can Simoneta N

FUSIÓN • CASA DE CAMPO XXX Emana encanto por los cuatro costados, pues se encuentra en un acantilado con magníficas vistas. Sabores del mundo en base al mejor producto español. ¡Una pequeña experiencia!

Menú 68/80 € - Carta 52/61 €

Hotel Can Simoneta, carret. Artà-Canyamel, km 8 ✉ 07580 - ✆ 971 81 61 10 (es necesario reservar) - www.cansimoneta.com - cerrado noviembre-24 febrero

Park Hyatt Mallorca

GRAN LUJO · MEDITERRÁNEA Lujo, tranquilidad, belleza mediterránea, excelso confort... En este hotel, que domina el valle de Canyamel, recrean la fisonomía de un típico pueblo mallorquín. Encontrará habitaciones de ensueño, en general con maravillosas vistas, y una variada oferta gastronómica en torno a la plaza de la villa.

142 hab - 400/750 € - 16 suites

Urbanización Atalaya de Canyamel, Vial A 12 ✉ 07589
- ☎ 871 81 12 34 - www.mallorca.park.hyatt.com

Can Simoneta

LUJO · ELEGANTE Una de las direcciones más bellas de la isla, pues se halla sobre un acantilado y disfruta de un fantástico jardín asomado al mar. En lo que se refiere a las habitaciones, bien personalizadas, destacan las llamadas Beach House por su acceso directo a la playa.

28 hab - 180/375 € 210/400 € - 3 suites

carret. Artà-Canyamel, km 8 ✉ 07580
- ☎ 971 81 61 10 - www.cansimoneta.com
- cerrado noviembre-24 febrero

Can Simoneta - ver selección restaurantes

ES CAPDELLÀ Mapa regional : 4-B1

Palma 24 km
Mapa de carreteras Michelin nº 579-I6

Zaranda (Fernando P. Arellano)

CREATIVA · ELEGANTE Este restaurante gastronómico atesora un único comedor, con vistas al quehacer en la cocina, y una sobria terraza que nos transporta a otro tiempo. La sutileza del chef conquistará su paladar a través de una original oferta, basada en unos menús abiertos que permiten al comensal componer su propia selección de platos.

→ Huevo negro con caviar de sepia. Pavé de lengua de ternera glaseada con ensalada tibia de puerro y patata. Burrata Zaranda, cremoso de queso de cabra, albahaca y fresas.

Menú 120/170 € - solo menú

Hotel Castell Son Claret, carret. Ma 1032, km 1,7 ✉ 07196
- ☎ 971 13 86 27 - www.zaranda.es - solo cena
- cerrado noviembre-enero, domingo y lunes

Olivera

MEDITERRÁNEA · AMBIENTE MEDITERRÁNEO ¡Polivalente! Destaca por su terraza y ofrece una cocina tradicional-mediterránea con especialidades españolas. ¿Desea un final feliz? Pruebe su deliciosa Tarta de limones.

Menú 22 € - Carta 48/72 €

Hotel Castell Son Claret, carret. Ma 1032, km 1,7 ✉ 07196
- ☎ 971 13 86 20 - www.castellsonclaret.com
- cerrado diciembre y enero

Castell Son Claret

GRAN LUJO · MEDITERRÁNEA Llamativo edificio del s. XVIII construido en piedra a modo de hacienda-castillo, en una enorme finca arbolada y con el acceso por un idílico paseo de palmeras. Encontrará unas elegantes habitaciones, todas con destacable domótica, un pequeño pero lujoso balneario y una excelente oferta culinaria.

38 hab - 295/405 € 445/555 €

carret. Ma 1032, km 1,7 ✉ 07196
- ☎ 971 13 86 20 - www.castellsonclaret.com
- cerrado diciembre y enero

Zaranda · **Olivera** - ver selección restaurantes

CAPDEPERA - 11 420 h. - Alt. 102 m - Mapa regional : **4**-B1

Palma 82 km
Mapa de carreteras Michelin nº 579-O5

por la carretera de Cala Mesquida Norte : 1,5 km y desvío a la derecha 1,5 km

✿ Andreu Genestra

CREATIVA • RURAL XXX Una apuesta firme por los frutos autóctonos y el sabroso recetario mallorquín... eso sí, elaborado con las técnicas culinarias más actuales y mucho producto ecológico. Proponen desayunos que enraízan con el gusto local, almuerzos de tinte tradicional con deliciosos arroces y unas cenas de marcado carácter gastronómico.

→ Gamba con cremoso de espárrago blanco, guiso de uva e hinojo. Rape en papillote de hoja de vid con pulpo y tomate verde. Azúcar de cacao, higos al regaliz y café suave.

Menú 58/105 € - Carta 60/70 €

Hotel Predi Son Jaumell, carret. Cala Mesquida, camí de Son Moltó
07580 Capdepera - 971 56 59 10 - www.andreugenestra.com
- cerrado 15 noviembre-15 febrero y martes

Predi Son Jaumell

LUJO • MODERNA Encantador edificio en piedra del s. XVII emplazado en mitad del campo, en una finca cultivada que cuenta con varias cuevas naturales. Ofrece unas habitaciones de elegante simplicidad, con partes en piedra vista e hidromasaje en la mayoría de los baños.

24 hab - †220/330 € ††280/400 €

carret. Cala Mesquida, camí de Son Moltó 07580 Capdepera
- 971 81 87 96 - www.hotelsonjaumell.com
- 15 febrero-15 noviembre

✿ **Andreu Genestra** - ver selección restaurantes

Cases de Son Barbassa

CASA DE CAMPO • ELEGANTE Una casa rural ubicada en plena naturaleza. Presenta una pequeña torre defensiva con más de 500 años, un interior rústico-actual y amplias habitaciones. El restaurante, en una terraza acristalada y con magníficas vistas, es fiel al recetario mediterráneo.

20 hab - †135/223 € ††182/298 €

carret. Cala Mesquida, camí de Son Barbassa 07580 Capdepera
- 971 56 57 76 - www.sonbarbassa.com
- cerrado 16 noviembre-9 febrero

COLÒNIA DE SANT JORDI - 1 537 h. - Mapa regional : **4**-B2

Palma 53 km
Mapa de carreteras Michelin nº 579-L8

Sal de Cocó (N)

MODERNA • SIMPÁTICA X Fresco, mediterráneo y ubicado en pleno puerto, en la zona del club náutico. Ofrecen una cocina actual y varios menús, variando estos en función del número de platos.

Menú 28/38 € - Carta 24/35 €

Moll de Pescadors 07638
- 971 65 52 25 - www.restaurantsaldecoco.com
- cerrado 14 noviembre-17 marzo, lunes salvo verano y martes

¿Buenas comidas a precios moderados? Elija un Bib Gourmand.

SA COMA Mapa regional : 4-B1

Palma 69 km
Mapa de carreteras Michelin nº 579-O6

Bou (Tomeu Caldentey)

CREATIVA • ÍNTIMA XXX Singular, pues el universo creativo oculto en su menú aflora tras un paseo gastronómico en tres actos: primero con un aperitivo en el lounge-bar o en la terraza, después pasando por la cocina para ver trabajar a sus chefs y, finalmente, dejando volar los sentidos en una sala de estética actual. ¡No deseará terminar!

➜ "Cocarroi" de cuchara. Canelón 2001. Algarroba de chocolate.

Menú 65/180 € - solo menú

Liles ✉ 07560 - ✆ 971 56 96 63 (es necesario reservar) - www.esmolidenbou.es - solo cena salvo sábado - cerrado noviembre-marzo, domingo y lunes

DEIÀ - 713 h. - Alt. 184 m - Mapa regional : 4-B1

Palma 28 km
Mapa de carreteras Michelin nº 579-J5

Es Racó d'Es Teix (Josef Sauerschell)

CLÁSICA • RÚSTICA XX Negocio familiar ubicado en una acogedora casa de piedra. Sorprende con una encantadora terraza asomada a las montañas de Deià y una sala de ambiente rústico dispuesta en dos niveles. Su experimentado chef plantea una cocina clásica con toques de modernidad.

➜ Terrina de lechona con ensalada de judías y patatas. Rodaballo en costra de limón. Sopa de cava con helado de asperilla.

Menú 37/100 € - Carta 68/87 €

Sa Vinya Vella 6 ✉ 07179 - ✆ 971 63 95 01 - www.esracodesteix.es - cerrado 6 noviembre-11 febrero, lunes y martes

El Olivo

INTERNACIONAL • ROMÁNTICA XXX Atesora una magnífica sala principal de elegante aire rústico, con los techos altos en madera y el ambiente de una antigua prensa de aceite. Cocina internacional actualizada.

Menú 100/115 € - Carta 61/87 €

Hotel La Residencia, Finca Son Canals ✉ 07179 - ✆ 971 63 90 11 - www.laresidencia.com - solo cena - cerrado 8 noviembre-26 marzo, lunes y martes salvo mayo-septiembre

La Residencia

HISTÓRICO • ELEGANTE Una antigua casa señorial, restaurada con maestría, que recoge la herencia arquitectónica de la isla. Encontrará dependencias de cálido confort, todas decoradas con sumo gusto, y una amplia oferta gastronómica, proponiendo en su restaurante Café Miró una buena selección de tapas y platos mediterráneos.

67 hab - 300/400 € 480/630 € - 6 suites

Finca Son Canals ✉ 07179 - ✆ 971 63 90 11 - www.belmond.com - cerrado 8 noviembre-26 marzo

El Olivo - ver selección restaurantes

en la carretera de Valldemossa Noroeste : 2,5 km

Sa Pedrissa

AGROTURISMO • ACOGEDORA Casa del s. XVI situada en un enclave privilegiado, con vistas a la bahía de Deià y la piscina sobre el acantilado. La mayoría de sus habitaciones son tipo suite. El restaurante ocupa un antiguo molino de aceite, con los suelos en piedra y chimenea. ¡Disfrute de sus preciosas terrazas, entre pinos y olivos!

5 hab - 360/510 € - 3 suites

carret. Valldemossa-Deià, km 64,5 ✉ 07179 - ✆ 971 63 91 11 - www.sapedrissa.com - cerrado noviembre-febrero

FORNALUTX - 703 h. - Alt. 160 m - Mapa regional : **4**-B1

Palma 36 km

Mapa de carreteras Michelin nº 579-K5

Ca'n Verdera

HISTÓRICO • MODERNA Ocupa tres céntricas casitas comunicadas entre sí, la principal del s. XIX y marcado carácter mallorquín. Preciosas terrazas arboladas, piscina panorámica y lounge con vistas.

11 hab - 150/190 € 160/240 € - 2 suites

des Toros 1 ✉ 07109 - ✆ 971 63 82 03 - www.canverdera.com - 15 marzo-1 noviembre

INCA - 30 651 h. - Alt. 120 m - Mapa regional : **4**-B1

Palma 32 km

Mapa de carreteras Michelin nº 579-L5

Joan Marc

MODERNA • DE DISEÑO Un restaurante de estética elegante, actual y natural con un indiscutible protagonista: el árbol. Sorprende por su oferta cambiante y de temporada, permitiendo a los comensales que elaboren ellos mismos sus menús a unos precios fijos. ¡Sabores bien definidos!

Menú 32/50 € - Carta aprox. 32 €

pl. del Blanquer 10 ✉ 07300 - ✆ 971 50 08 04 - www.joanmarcrestaurant.com - cerrado del 6 al 31 de enero, del 4 al 9 de julio, del 16 al 30 de noviembre, domingo noche y lunes

Las grandes ciudades tienen planos en los que se sitúan los hoteles y los restaurantes. Siga sus coordenadas (ej. : Plano : 12BMe) para encontrarlos fácilmente.

LLORET DE VISTALEGRE - 1 233 h. - Alt. 250 m - Mapa regional : **4**-B1

Palma 33 km

Mapa de carreteras Michelin nº 579-L6

por la carretera de Montuïri Sureste : 1 km y desvío a la izquierda 2,5 km

Sa Rota d'en Palerm

FAMILIAR • MEDITERRÁNEA Casa de campo aislada en una finca, donde atesora agradables terrazas e impresionantes vistas. Ofrece habitaciones y apartamentos de ambiente rústico en las antiguas cuadras.

6 hab - 129/159 € 142/175 €

passeig Mallorca 34-6 ✉ 07518 Lloret de Vistalegre - ✆ 654 13 13 31 - www.sa-rota.com - cerrado Navidades

LLOSETA - 5 639 h. - Alt. 180 m - Mapa regional : **4**-B1

Palma 31 km

Mapa de carreteras Michelin nº 579-L5

Santi Taura

REGIONAL • ELEGANTE Pasión, oficio, gusto... estas palabras describen a Santi Taura, un chef tremendamente fiel a los productos de su isla. Sorprende con dos restaurantes en uno: el Santi Taura, que varía su propuesta cada semana, y el DINS, volcado con la cocina mallorquina.

Menú 37 € - solo menú

Joan Carles I-48 ✉ 07360 - ✆ 656 73 82 14 (es necesario reservar) - www.restaurantsantitaura.com - cerrado 28 días en agosto, domingo noche, lunes mediodía y martes

Cas Comte

FAMILIAR • HISTÓRICO Fantástica casa señorial en piedra que remonta sus orígenes al s. XVIII. Sus dependencias, que concilian la atmósfera de antaño con el confort actual, se ven apoyadas por un patio y un espacio de relax. En su cálido comedor encontrará cocina de tinte casero.

14 hab – 100 € 140 €

Comte d'Aiamans 11 ✉ 07360 – ✆ 971 87 30 77 – www.hotelcascomte.com

LLUBÍ - 2 176 h. - Mapa regional : **4**-B1

Palma 42 km

Mapa de carreteras Michelin n° 579-M5

Daica

COCINA TRADICIONAL • RÚSTICA Casa rústica, de sencillo montaje, dotada con un agradable patio interior en el que montan la terraza de verano. Cocina de raíces mallorquinas basada en los productos locales.

Menú 42 € – Carta 40/65 €   3 hab – 80 € 90 €

Nou 8 ✉ 07430 – ✆ 971 52 25 67 – www.daica.es – solo cena en verano salvo domingo – cerrado 9 enero-8 febrero, domingo noche y lunes salvo verano, y martes

LLUCMAJOR - 34 618 h. - Mapa regional : **4**-B1

Palma 24 km

Mapa de carreteras Michelin n° 579-L7

Son Julia Country House H.

LUJO • ELEGANTE En esta mansión mallorquina del s. XV encontrará un espectacular salón oriental, habitaciones de gran confort y un hermoso entorno ajardinado. Su restaurante propone una cocina de fusión mediterránea con toques asiáticos y... ¡unas buenas barbacoas en verano!

25 hab – 255/385 € – 2 suites

carret. de S'Arenal, Suroeste : 1 km ✉ 07620 – ✆ 971 66 97 00 – www.sonjulia.com – 16 marzo-15 noviembre

MANACOR - 40 170 h. - Alt. 110 m - Mapa regional : **4**-B1

Palma 49 km

Mapa de carreteras Michelin n° 579-N6

al Norte 4 km

La Reserva Rotana

CASA DE CAMPO • ELEGANTE ¡Finca señorial situada en una reserva natural! La decoración de sus elegantes dependencias revela el gusto por los detalles. Presenta un anexo algo más sencillo y, como la propiedad tiene 300 ha, cuenta con su propio campo de golf.

24 hab – 155/220 € 250/325 €

camí de s'Avall ✉ 07500 Manacor – ✆ 971 84 56 85 – www.reservarotana.com – cerrado noviembre-febrero

por la carretera de Cales de Mallorca Suroeste: 6,5 km

Son Amoixa Vell

CASA DE CAMPO • MEDITERRÁNEA He aquí el sueño de un matrimonio alemán que lo dejó todo para reconstruir, sobre los restos de una antigua mansión, un hotel rural que hoy se muestra muy atractivo. Las habitaciones se reparten alrededor de la casa y de los edificios agrícolas reconvertidos.

16 hab – 128/160 € 160/270 € – 4 suites

carret. Cales Mallorca- Manacor, km 5,4 ✉ 07500 Manacor – ✆ 971 84 62 92 – www.sonamoixa.com – cerrado 15 noviembre-12 febrero

PALMA - 400 578 h. - Mapa regional : 4-B1

Inca 32 km - Manacor 49 km - Pollença 55 km - Llucmajor 24 km
Mapa de carreteras Michelin nº 579-J6

Marc Fosh

MODERNA · MINIMALISTA Una casa de estética moderna que le sorprenderá, pues atesora espacios de notable personalidad. El chef, que presenta unos platos muy meditados, propone una cocina actual-creativa de gran nivel técnico, accesible al comensal a través de varios menús y donde los productos de temporada suelen tomar el protagonismo.

→ Tartar de gambas rojas, cap roig con gelatina de plancton y consomé de tomates verdes. Lomo de cordero "pres-sale" con azafrán, puré de habitas, ajedrea, regaliz y ajo negro. Lasaña de piña a baja temperatura con espino marino, sorbete de coco y toffee de jengibre.

Menú 68/89 € - Carta 60/80 €

Plano : G2-a - *Hotel Convent de la Missió, Missió 7-A ✉ 07003 - ✆ 971 72 01 14 (es necesario reservar) - www.marcfosh.com - cerrado domingo*

Adrián Quetglas

CREATIVA · SIMPÁTICA Un bistró admirable, pues aúna talento, calidad y una buena combinación de sabores. Proponen una cocina actual con influencias rusas y mediterráneas. ¡Suele llenarse a diario!

→ Tiradito de lubina con puré de maíz, helado de aguacate y cilantro. Corvina con espárragos verdes, jugo de almendras y parmesano. Chocolate aireado con helado de turrón y naranja amarga.

Menú 40 € - solo menú

Plano : F2-a - *paseo Mallorca 20 ✉ 07012 - ✆ 971 78 11 19 (es necesario reservar) - www.adrianquetglas.es - cerrado febrero, domingo y lunes*

Patrón Lunares

MEDITERRÁNEA · BISTRÓ Resulta curioso, pues muestra la atmósfera informal de una cantina marinera pero, al tiempo, propone una cocina asombrosamente cuidada. La carta, denominada "Hoja del Patrón", semeja un viejo periódico con noticias de Santa Catalina. ¡Brunch todos los sábados!

Menú 30/46 € - Carta 25/40 €

Plano : E2-c - *Fábrica 30 ✉ 07013 - ✆ 971 57 71 54 - www.patronlunares.com - solo cena en verano - cerrado domingo noche en invierno, domingo mediodía en mayo-septiembre y lunes*

Sumaq

PERUANA · MARCO CONTEMPORÁNEO Atesora una clientela habitual y apuesta por la cocina de fusión, con fuertes raíces peruanas. Pruebe su Secuencia de Ceviches, tres elaboraciones distintas en un mismo plato.

Menú 25/50 € - Carta 41/60 €

Plano : E2-b - *Cotoner 44 ✉ 07013 - ✆ 696 52 67 58 - www.restaurantesumaq.com*

La Bodeguilla

COCINA TRADICIONAL · ROMÁNTICA Céntrico, de línea actual y abierto todo el día. Posee una sala-tienda de vinos donde se puede tapear y dos comedores de cuidado montaje. Cocina tradicional actualizada.

Carta 38/55 €

Plano : G2-t - *Sant Jaume 3 ✉ 07012 - ✆ 971 71 82 74 - www.grupoamida.com*

Quadrat

CREATIVA · ELEGANTE Ocupa las antiguas caballerizas de la casa-palacio y destaca por su terraza, un auténtico oasis de tranquilidad en la ciudad. ¿Su propuesta? Cocina mediterránea y creativa.

Menú 26/65 € - Carta 39/51 €

Plano : H3-a - *Hotel Sant Francesc, pl. Sant Francesc 5 ✉ 07001 - ✆ 971 49 50 00 (es necesario reservar) - www.hotelsantfrancesc.com*

Casa Maruka

COCINA TRADICIONAL • AMBIENTE CLÁSICO Una buena recomendación dentro de su sencillez, con la particularidad de que la pareja propietaria cocina aquí al unísono. Platos clásicos elaborados con cuidado y dedicación.

Carta 26/39 €

Plano : H1-r - *Reina María Cristina 7 ✉ 07004 - ✆ 971 20 02 72 - www.casamaruka.com - cerrado agosto, domingo y lunes noche*

Tast Avenidas

COCINA TRADICIONAL • BAR DE TAPAS ¡Un negocio de éxito! Presenta unas instalaciones de línea actual y ambiente rústico que destacan por su barra, siempre repleta de pinchos calientes, brochetas, tapas...

Tapa 2 € - Ración aprox. 9 €

Plano : G1-c - *av. Comte de Sallent 13 ✉ 07003 - ✆ 971 10 15 40 - www.tast.com - cerrado domingo en invierno*

Palacio Ca Sa Galesa

TOWNHOUSE • ELEGANTE Un palacete del s. XVI para estar como en casa. Ofrece lujosas zonas nobles y coquetas habitaciones, con obras de Miró, Calde, Bennàssar... ¡Terraza panorámica con "haimas"!

12 hab - †205/359 € ††229/409 € - ☕ 22 € - 4 suites

Plano : G3-a - *Miramar 8 ✉ 07001 - ✆ 971 71 54 00 - www.palaciocasagalesa.com*

Can Cera

TOWNHOUSE • HISTÓRICA Está en pleno casco antiguo, recuperando un edificio señorial del s. XVII. Tras el patio de la entrada descubrirá una zona social de aire palaciego y unas habitaciones de gran confort, todas con algún detalle de época. El restaurante propone una cocina actual con platos de origen tradicional e internacional.

13 hab - ††280/360 € - ☕ 18 € - 1 suite

Plano : G3-b - *San Francisco 8 ✉ 07001 - ✆ 971 71 50 12 - www.cancerahotel.com*

Can Alomar

TOWNHOUSE • ELEGANTE Distinguido, céntrico y con un buen emplazamiento, pues recupera una casa señorial urbana de gran valor Patrimonial. Disfrute de la terraza-solárium, de las vistas desde su mirador o del restaurante, donde proponen cocina nipona-peruana de base mediterránea.

16 hab - ††210/305 € - ☕ 19 €

Plano : G2-d - *Sant Feliu 1 ✉ 07012 - ✆ 871 59 20 02 - www.boutiquehotelcanalomar.com*

Calatrava

TOWNHOUSE • DE DISEÑO Se halla en uno de los barrios más antiguos de la ciudad, levantado en gran parte sobre las antiguas murallas y con fantásticas vistas a la bahía. Sirven el desayuno en la terraza-solárium del último piso y proponen una cocina casual en el bistró.

16 hab - ††200/300 € - ☕ 20 €

Plano : H3-e - *pl. Llorenç Villalonga 8 ✉ 07001 - ✆ 971 72 81 10 - www.boutiquehotelcalatrava.com*

Sant Francesc (N)

BOUTIQUE HOTEL • MODERNA Un palacete neoclásico, del s. XIX, en el corazón del casco antiguo. Ofrece singulares espacios y habitaciones de gran confort, muchas con molduras y frescos restaurados.

42 hab - †185/405 € ††195/420 € - ☕ 20 € - 1 suite

Plano : H3-a - *pl. Sant Francesc 5 ✉ 07001 - ✆ 971 49 50 00 - www.hotelsantfrancesc.com*

Quadrat - ver selección restaurantes

A
B
Plaça de Mare de Déu Miracolosa
Camí Jesus
C. d'Alexandre de Laborde
C. de Maria Antònia Salvà
SON SERRA
SON XIGALA
LA VILETA
Camí de la Vileta
C. de Manbe
C. de Saragossa
C. Menut
SON VIDA
Camí de Son Vida
Camí dels Reis
ESTADI DE SON MOIX
VELODROM
Sa Riera
C. de Jesús
Camí de Son Rapinya
C. Son Llull
PALAU D'ESPORTS
SON RAPINYA
Ma-20
C. de Salvador Da
Camí de la Vileta
ESTADI L. SITJA
C. de Pasqual Ribot
Pl. Llaç Blau
C. de la Llibertat
Avinguda de Picasso
C. Son Espanyolet
C. de Joan Crespí
C. de l'Indu
C. de Murillo
Camí de Coll de la Creu
Palau de Congressos
Pueblo Español
SA TEULERA
C. de les Illes Balears
Pl. Pont
Avinguda
AUDITORIUM
Camí dels Reis
BOSC DE BELLVER
Castillo de Bellver
Camí de Tramvia
Joan Miró
Avinguda de Gabriel Roca
EL TERRENO
Plaça Gomila
GÉNOVA
Camí dels Reis
Ma-20
Avinguda de Gabriel Roca
PORT D'ANDRATX, PEGUERA
Ma-1
LA BONANOVA
Fundació Pilar i Joan Miró
C. de Saridakis
Avinguda de Joan Miró
SANT AGUSTÍ
CALA MAJOR
TORRE DE PARAIRES
PALACIO MARIVENT
PORTO PÍ
SANT CARLES
Avinguda
Passeig de les Illetes
1
2
3

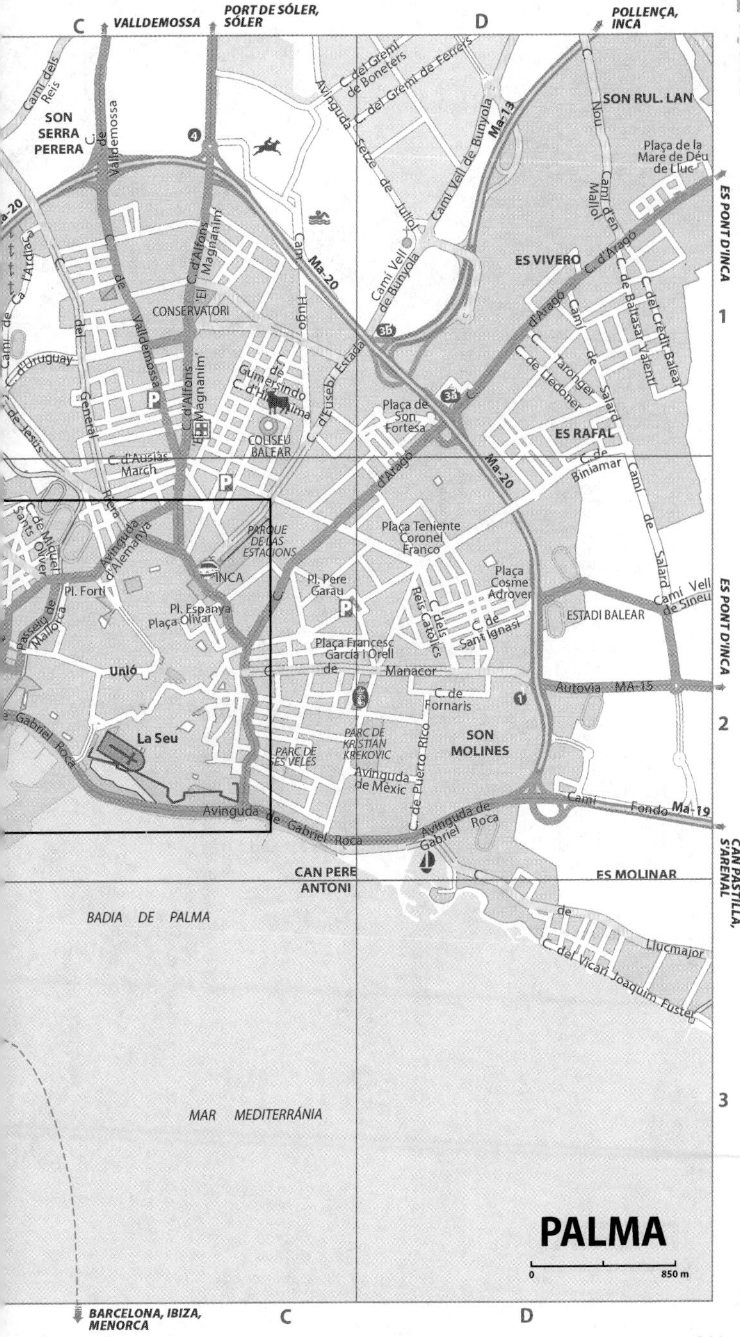

PALMA

0 850 m

C
D
1
2
3

VALLDEMOSSA
PORT DE SÓLER, SÓLER
POLLENÇA, INCA
ES PONT D'INCA
ES PONT D'INCA
CAN PASTILLA, S'ARENAL
BARCELONA, IBIZA, MENORCA

SON SERRA PERERA
SON RUL. LAN
ES VIVERO
ES RAFAL
SON MOLINES
CAN PERE ANTONI
ES MOLINAR
BADIA DE PALMA
MAR MEDITERRÁNIA

Camí dels Reis
C. de Valldemossa
C. d'Alfons 'El Magnanim'
C. del Gremi de Boneters
C. del Gremi de Ferrers
Avinguda Setze de Juliol
Camí Vell de Bunyola
Ma-13
Ma-20
Ma-19
Ma-15
Plaça de la Mare de Déu de Lluc
Camí d'en Mallol
C. Nou
C. d'Aragó
C. de Baltasar Valentí
C. del Crèdit Balear
Camí de Salard
C. Taronger
C. de Lledoner
C. de Biniamar
Plaça de Son Fortesa
C. d'Eusebi Estada
Camí Hugo
C. de Gumersindo
C. d'Hiroshima
CONSERVATORI
COLISEU BALEAR
C. d'Ausiàs March
C. del General Riera
Camí de Ca l'Ardiaca
C. d'Uruguay
C. de Jesús
C. de Miquel Santš Oliver
Avinguda d'Alemanya
PARQUE DE LAS ESTACIONS
INCA
Plaça Teniente Coronel Franco
Plaça Cosme Adrover
Pl. Pere Garau
Pl. Fortí
Pl. Espanya
Plaça Olivar
Passeig de Mallorca
Unió
La Seu
Plaça Francesc Garcia i Orell
C. de Manacor
C. dels Reis Catòlics
C. de Sant Ignasi
ESTADI BALEAR
Camí Vell de Sineu
Autovia MA-15
C. de Fornaris
PARC DE KRISTIAN KREKOVIC
PARC DE SES VELES
Avinguda de Mèxic
C. de Puerto Rico
Avinguda de Gabriel Roca
Camí Fondo
C. de Llucmajor
C. del Vicari Joaquim Fuster

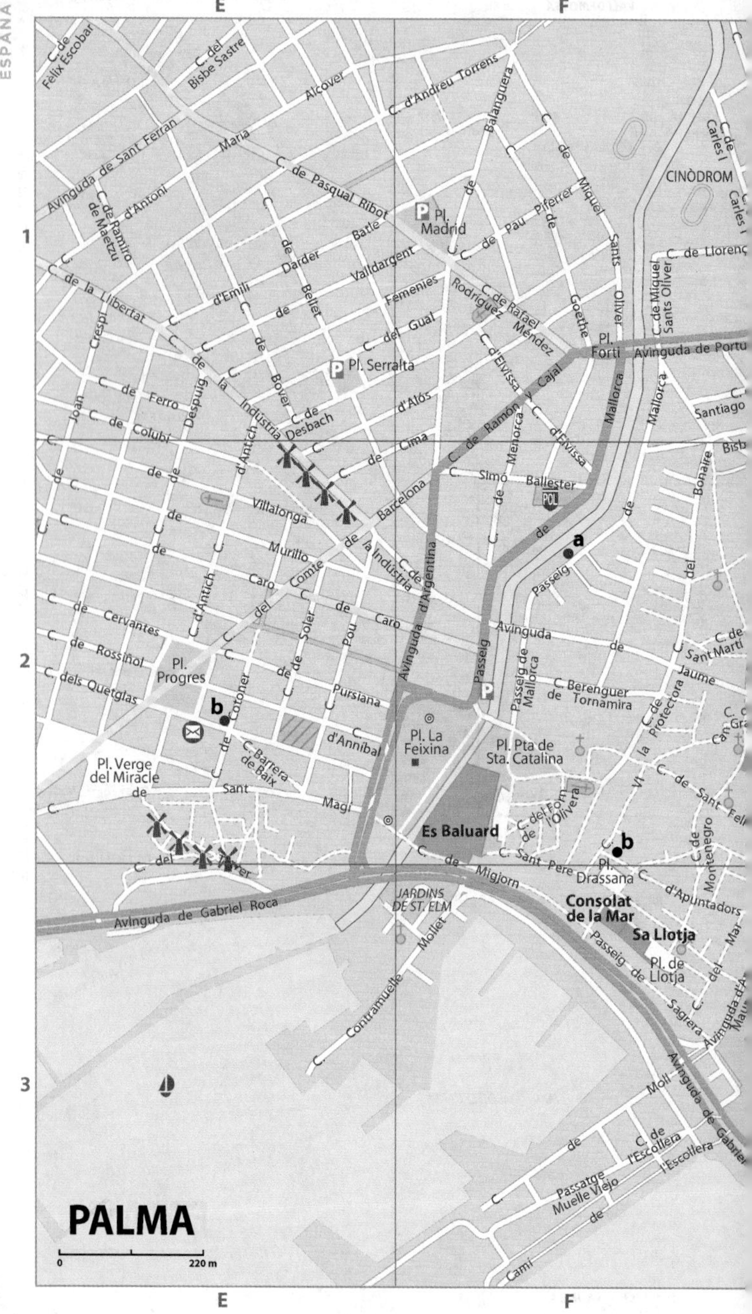
PALMA
0
220 m
E
F
1
2
3
CINÒDROM
Pl. Madrid
Pl. Serralta
Pl. Forti
Pl. Progres
Pl. La Feixina
Pl. Pta de Sta. Catalina
Pl. Verge del Miracle
Es Baluard
JARDINS DE ST. ELM
Consolat de la Mar
Sa Llotja
Pl. de Llotja
Pl. Drassana
Avinguda de Sant Ferran
C. de Pasqual Ribot
C. d'Andreu Torrens
C. de Rafael Rodríguez Méndez
Avinguda d'Argentina
Avinguda de Gabriel Roca
Avinguda de Portu
C. de la Indústria
C. del Comte de Barcelona
C. de Ramon y Cajal
C. de Simó Ballester
Passeig de Mallorca
C. Berenguer de Tornamira
C. de Sant Magí
C. Sant Pere
C. de Migjorn
C. d'Apuntadors
Passeig de Sagrera
Moll de l'Escollera
Passatge Muelle Viejo
C. Contramuelle Mollet
C. de Cervantes
C. de Rossiñol
C. dels Quetglas
C. de Caro
C. de Murillo
C. de Villalonga
C. de Pursiana
C. d'Anníbal
C. Barrera de Baix
C. de Coroner
C. d'Antich
C. de Soler
C. de Pou
C. de Ferro
C. de Colubí
C. Joan Crespí
C. de la Llibertat
C. de Miquel Sants Oliver
C. de Goethe
C. de Pau Piferrer
C. de Balanguera
C. d'Eivissa
C. de Menorca
C. de Cima
C. d'Alós
C. de Desbach
C. del Gual
C. de Femenies
C. de Valldargent
C. de Batle
C. de Darder
C. de Bellet
C. de Bover
C. d'Emili Darder
C. d'Antoni Maria Alcover
C. de Ramiro de Maeztu
C. de Fèlix Escobar
C. del Bisbe Sastre
C. de Carles I
C. de Llorenç
C. de Miquel Sants Oliver
C. Santiago
C. de Bonaire
C. de Sant Martí
C. de Jaume
C. de la Protectora
C. de Sant Feli
C. de Montenegro
C. del Forn de l'Olivera
C. del Mar
Avinguda d'Antoni Maura
Avinguda de Gabriel
Camí de
a
b
POL

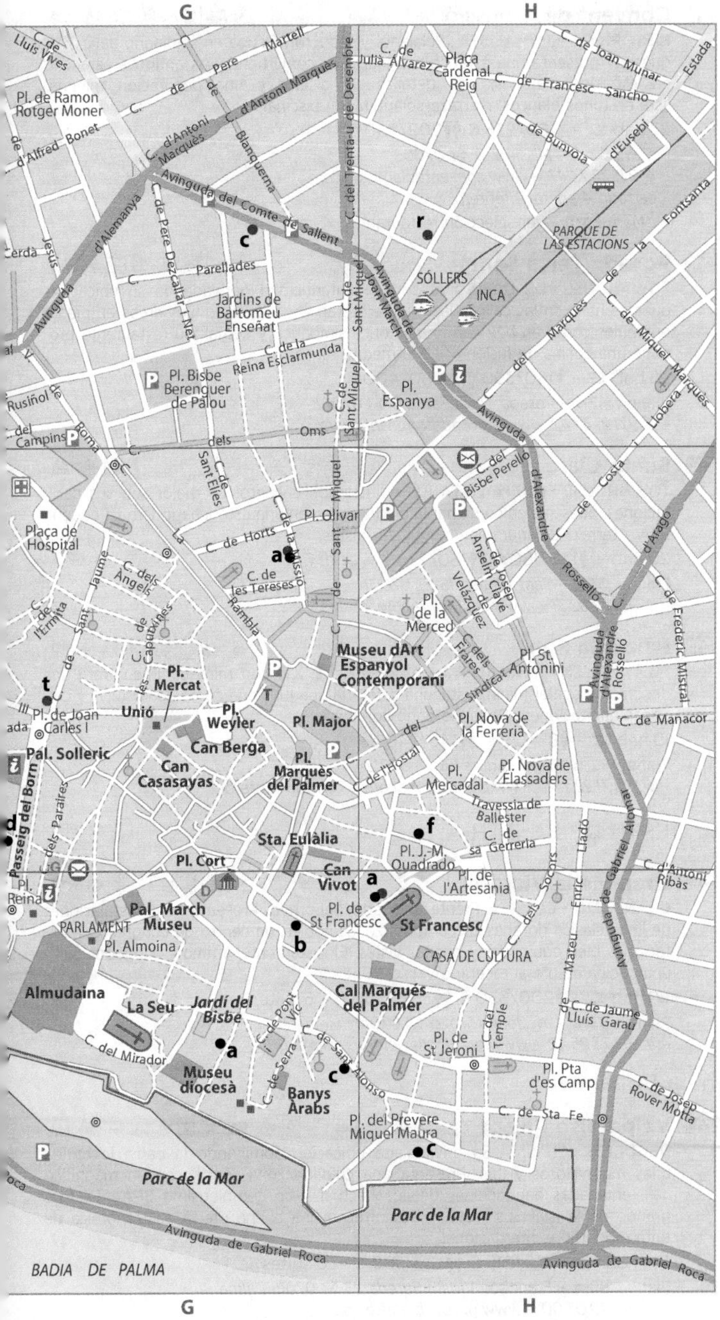

G H

C. de Lluís Vives
C. de Pere Martell
C. de Blanquerna
C. d'Antoni Marquès
C. del Trenta-u de Desembre
C. de Julià Álvarez
Plaça Cardenal Reig
C. de Joan Munar
C. de Francesc Sancho
Estada
Pl. de Ramon Rotger Moner
C. de Alfred Bonet
C. de Bunyola
C. d'Eusebi
C. d'Antoni Marquès
Avinguda del Comte de Sallent
Avinguda d'Alemanya
C. de Pere Dezcallar i Net
C. de Jesús
Cerdà
Parellades
r
c
PARQUE DE LAS ESTACIONS
Fontsanta
1
SÓLLERS
INCA
Avinguda de Joan March
C. de Sant Miquel
Jardins de Bartomeu Enseñat
C. de la Reina Esclarmunda
C. de Miquel Marquès
C. del Marquès de la Fontsanta
Avinguda
Pl. Bisbe Berenguer de Palou
Pl. Espanya
Llobera
C. de Rusiñol
C. del Campins
C. de Roma
C. dels Oms
C. de Sant Elies
C. del Bisbe Perelló
C. d'Alexandre Rosselló
C. de Costa i Llobera
C. d'Aragó
Plaça de Hospital
Pl. Olivar
C. de Horts
C. de la Missió
a
C. de les Tereses
C. de Josep Anselm Clavé
C. de Velázquez
La Rambla
C. dels Àngels
C. de l'Ermita
C. de Sant Jaume
C. de Caputxines
Pl. de la Merced
C. dels Frares
C. de Frederic Mistral
C. del Sindicat
Pl. St. Antonini
2
Museu dArt Espanyol Contemporani
Avinguda d'Alexandre Rosselló
t
Pl. Mercat
Unió
Pl. de Joan Carles I
Pl. Weyler
Can Berga
Pl. Major
Pl. Nova de la Ferreria
C. de Manacor
Pal. Solleric
Can Casasayas
Pl. Marquès del Palmer
C. de l'Hostal
Pl. Mercadal
Pl. Nova de Flassaders
Travessia de Ballester
Passeig del Born
C. dels Paraires
d
Sta. Eulàlia
f
C. de sa Gerreria
Pl. J.-M. Quadrado
C. Llado
Pl. Cort
Can Vivot
a
Pl. de l'Artesania
C. d'Antoni Ribas
Pl. Reina
Pal. March Museu
Pl. de St Francesc
St Francesc
C. dels Socors
C. de Mateu Enric
Avinguda de Gabriel Alomar
PARLAMENT
Pl. Almoina
b
CASA DE CULTURA
Almudaina
La Seu
Jardí del Bisbe
C. de Pont i Vic
Cal Marqués del Palmer
C. del Temple
C. de Jaume Lluís Garau
C. del Mirador
a
C. de Serra
C. de Sant Alonso
Pl. de St Jeroni
Museu diocesà
c
Banys Àrabs
Pl. Pta d'es Camp
C. de Josep Rover Motta
3
C. de Sta Fe
Pl. del Prevere Miquel Maura
c
Parc de la Mar
Parc de la Mar
Avinguda de Gabriel Roca
Avinguda de Gabriel Roca
BADIA DE PALMA

G H

Convent de la Missió

HISTÓRICO • MINIMALISTA ¡Relajante y seductor! Ocupa un seminario del s. XVII que hoy presenta una estética vanguardista, convirtiendo las antiguas estancias en espacios diáfanos, con detalles de diseño y una decoración minimalista en tonos blancos. ¡Terraza-solárium con piscina!

27 hab - 160/235 € 208/290 €

Plano : G2-a - *Missió 7-A* ✉ *07003*
- *☎ 971 22 73 47 - www.conventdelamissio.com*
- *cerrado 4 enero-11 febrero*

Marc Fosh - ver selección restaurantes

Posada Terra Santa

TOWNHOUSE • DE DISEÑO Atesora la autenticidad derivada de su ubicación, pues se halla en las callejuelas que vertebran el casco viejo. Los arcos en piedra originales conviven hoy con una estética simpática y actual. Su restaurante propone una cocina de fusión asiático-mediterránea.

26 hab - 160/350 € 180/400 €

Plano : H2-f - *Posada Terra Santa 5* ✉ *07001*
- *☎ 971 21 47 42 - www.posadaterrasanta.com*

Santa Clara

TOWNHOUSE • MINIMALISTA ¡Un edificio con encanto! Lo mejor son sus habitaciones, pues suelen combinar la piedra vista con una estética moderna. Pequeño SPA y terraza-solárium con magníficas vistas.

20 hab - 130/180 € 180/275 € - 15 €

Plano : G3-c - *Sant Alonso 16* ✉ *07001*
- *☎ 971 72 92 31 - www.santaclarahotel.es*

Palau Sa Font

TOWNHOUSE • MINIMALISTA Una casa del s. XVI con mirador. Encontrará una decoración actual-minimalista, una cafetería que funciona como zona social y cuidadas habitaciones. ¡Pequeño patio con piscina!

19 hab - 85/128 € 145/240 €

Plano : F2-b - *Apuntadors 38* ✉ *07012*
- *☎ 971 71 22 77 - www.palausafont.com - cerrado febrero*

AL OESTE DE LA BAHÍA

Gran Meliá Victoria

GRAN LUJO • CLÁSICA Frente al puerto deportivo. Presenta unas instalaciones de línea clásica dotadas con amplias zonas nobles, un centro de congresos, habitaciones bien equipadas y buenas vistas. El restaurante, íntimo y acogedor, sirve una cocina atenta al recetario vasco.

171 hab - 200/350 € 300/500 € - 6 suites

Plano : B2-u - *av. Joan Miró 21* ✉ *07014*
- *☎ 971 73 25 42 - www.granmeliavictoria.melia.com*

en La Bonanova

Valparaíso Palace

NEGOCIOS • CLÁSICA Su privilegiada ubicación dominando la bahía le brinda unas maravillosas vistas. Presenta una cuidada zona social, con un magnífico hall, equipadas habitaciones de línea actual y un completísimo SPA,,, ¡el más grande de la isla! Sus restaurantes ofrecen una buena oferta gastronómica de tinte moderno e internacional.

174 hab - 110/215 € 170/380 € - 10 suites

Plano : B3-a - *Francisco Vidal i Sureda 23* ✉ *07015 Palma*
- *☎ 971 40 03 00 - www.gprovalparaiso.com*

en Son Vida

Castillo H. Son Vida

PALACE • CLÁSICA Lujo y clasicismo conviven en este histórico palacio señorial, ubicado entre frondosos pinares y con espléndidas vistas tanto a la ciudad como a la bahía o las montañas. Dentro de su oferta gastronómica destaca el restaurante Es Ví, refinado y con una cocina basada en sus menús degustación.

164 hab - 230/580 € 250/650 € - 10 suites

Plano : A1-a - *Raixa 2 ✉ 07013 Palma - ✆ 971 49 34 93 - www.luxurycollection.com*

en Sa Vileta

Schwaiger XINO'S

MEDITERRÁNEA • DE DISEÑO Curioso restaurante tipo ático ubicado sobre un centro comercial. Disfruta de una estupenda terraza y propone una cocina mediterránea con marcadas influencias internacionales.

Menú 19/59 € - Carta 40/58 €

Plano : B1-a - *camino de la Vileta 39 ✉ 07011 - ✆ 971 66 68 19 - www.schwaiger.es - cerrado domingo y lunes noche salvo verano*

AL ESTE DE LA BAHÍA

en Es Coll d'en Rabassa

Bonsol

PESCADOS Y MARISCOS Este negocio de aire marinero presenta una sala dividida en varios espacios, un vivero y una buena barra-expositor. Productos del mar de calidad a precios de mercado.

Carta 50/70 €

Illa de Xipre 12, por Vicari Joaquím Fuster D3 ✉ 07007 Palma - ✆ 971 26 62 70 - www.marisqueriabonsol.com - cerrado lunes noche

Ciutat Jardí

FAMILIAR • ACOGEDORA Singular, de larga trayectoria familiar y emplazado frente al mar, en un edificio de aspecto señorial que data de1921. Posee una agradable piscina con terrazas e instalaciones de línea clásica. ¡Habitaciones reducidas pero confortables!

20 hab - 95/125 € 95/235 €

Illa de Malta 14, por Vicari Joaquím Fuster D3 ✉ 07007 Palma - ✆ 971 74 60 70 - www.hciutatj.es - cerrado 25 noviembre-enero

PALMANOVA - 3 902 h. - Mapa regional : **4**-B1

Palma 17 km

Mapa de carreteras Michelin n° 579-J6

Es Fum

REGIONAL • ELEGANTE Resulta impecable y está considerado como una de las joyas del hotel St. Regis Mardavall. Presenta una elegante sala de línea clásica-actual y una magnífica terraza techada, esta última de estética mediterránea. Su cocina actual-creativa bebe del recetario mallorquín y toma cuerpo en base al mejor producto local.

→ Vieira a la sartén, lombarda, cebolla roja, anís y colinabo. Cochinillo tierno negro con curry, patata y espinacas cremosas. Pera en texturas, cítrico, violeta y crumble.

Menú 110/156 € - solo menú

Hotel St. Regis Mardavall, passeig Calvià ✉ 07181 - ✆ 971 62 96 29 - www.restaurant-esfum.com - solo cena - cerrado 20 noviembre-15 enero, martes y miércoles salvo verano

St. Regis Mardavall

GRAN LUJO • ELEGANTE Lujoso y repartido en varios edificios, con un bello jardín y vistas al mar. Encontrará un elegante hall octogonal, excelentes habitaciones y un completo SPA. Variada oferta gastronómica y servicio de gran nivel, pues su personal viene de... ¡más de 30 países!

125 hab – 260/490 € 350/900 € – 10 suites

passeig Calvià ✉ 07181 – ✆ 971 62 96 29 – www.stregis.com
– cerrado 20 noviembre-15 enero

Es Fum – ver selección restaurantes

¿Te apetece una pausa para tomar unas tapas en la barra o en la terraza? Localiza los establecimientos indicados con el símbolo .

POLLENÇA - 16 115 h. - Alt. 200 m - Mapa regional : **4**-B1

Palma 55 km
Mapa de carreteras Michelin nº 579-M4

Clivia

MEDITERRÁNEA • ACOGEDORA XX Presenta salas de ambiente mediterráneo, un patio y un espacio con el techo retractable, ideal para el verano. Carta mediterránea rica en pescados, su especialidad, y arroces.

Carta 29/58 €

av. Pollentia 5 ✉ 07460 – ✆ 971 53 36 35
– cerrado 15 noviembre-25 diciembre, febrero, marzo y miércoles

Desbrull

TOWNHOUSE • ELEGANTE Moderno hotel instalado en la parte vieja de Pollença, en un hermoso edificio que viste sus estancias con obras de arte contemporáneo. Las habitaciones resultan acogedoras.

6 hab – 88 € 99 €

Marqués Desbrull 7 ✉ 07460 – ✆ 971 53 50 55 – www.desbrull.com

por la carretera Ma 2200 Sur : 3 km y desvío a la izquierda 0,5 km

365

CREATIVA • ROMÁNTICA XXX Una propuesta sumamente interesante, tanto por el entorno como por el nivel gastronómico y el cuidado servicio de mesa. Encontrará una carta de carácter creativo, elaborada con materias primas de calidad y en un ambiente vanguardista.

Carta aprox. 71 €

Hotel Son Brull, carret. Palma-Pollença ✉ 07460 Pollença – ✆ 971 53 53 53
– www.sonbrull.com – solo cena – cerrado diciembre-enero y martes salvo agosto

Son Brull

HISTÓRICO • ELEGANTE Este imponente edificio, rodeado por una extensa finca, ocupa un convento jesuita del s. XVIII. Combina el encanto antiguo con las características del confort más moderno. ¡Atesora longevos olivos, gran variedad de árboles frutales y un buen huerto ecológico!

23 hab – 220/660 € 237/660 €

carret. Palma-Pollença ✉ 07460 Pollença
– ✆ 971 53 53 53 – www.sonbrull.com – cerrado diciembre-enero

365 – ver selección restaurantes

PORT D'ALCÚDIA - 3 208 h. - Mapa regional : **4**-B1

Palma 54 km

Mapa de carreteras Michelin nº 579-M5

Jardín (Macarena de Castro)

CREATIVA • DE DISEÑO Un restaurante gastronómico... ¡con todas las de la ley! Ocupa la 1ª planta de una casa tipo villa, donde encontraremos una sala de diseño moderno y buen confort. Su talentosa chef propone un menú degustación diferente cada mes, siempre con gran nivel técnico y una excelente reinterpretación de los platos mallorquines.

➜ Lechuga a la parrilla, langosta, carabinero y tuétano. Salmonete con sobrasada. Almendra tierna.

Menú 75/100 € - solo menú

dels Tritons ✉ 07400 - ☎ 971 89 23 91 - www.restaurantejardin.com - cerrado lunes, martes y miércoles mediodía - 15 abril-30 octubre

Bistró del Jardín

COCINA TRADICIONAL • SIMPÁTICA En la planta baja de la villa donde está el restaurante Jardín, de la misma propiedad. Posee un hall, una sala tipo porche y una buena terraza ajardinada. Cocina tradicional.

Menú 25/50 € - Carta 35/55 €

dels Tritons ✉ 07400 - ☎ 971 89 31 26 - www.bistrodeljardin.com - solo almuerzo en invierno salvo viernes y sábado - cerrado 15 noviembre-15 marzo

Casa Gallega

COCINA TRADICIONAL • BAR DE TAPAS Este local, tipo mesón gallego, posee una terraza, una barra con varias mesas y un comedor rústico-actual. Carta tradicional con raciones, medias raciones y un económico menú.

Tapa 5 € - Ración aprox. 10 € - Menú 11/15 €

Hostelería 11 ✉ 07400 - ☎ 971 54 51 79 - www.casagallegaalcudia.com

en la playa de Muro Sur : 6 km

Fusion19 (N)

FUSIÓN • CHIC Curioso, pues de día funciona como sushi-bar (snacks, tapas, ensaladas...) y de noche evoluciona hacia una propuesta más ambiciosa, con sugerentes menús y platos de autor.

Menú 38/55 € - Carta 37/55 €

av. s'Albufera 23 ✉ 07458 - ☎ 971 89 31 95 - www.fusion19.com - cerrado diciembre-febrero

en Alcanada Este : 3,5 km

La Terraza

COCINA TRADICIONAL • A LA MODA ¡A unos dos metros sobre el agua! Posee una sala interior y una idílica terraza techada, con maravillosas vistas a la bahía. Cocina tradicional con influencias mediterráneas.

Menú 35 € - Carta 44/65 €

pl. Pompeu Fabra 7 ✉ 07400 Port d'Alcúdia - ☎ 971 54 56 11 - www.laterrazaalcanada.com - abril-10 noviembre

PORT D'ANDRATX - 2 108 h. - Mapa regional : **4**-B1

Palma 34 km

Mapa de carreteras Michelin nº 579-I6

Villa Italia

¡Un hotel cautivador! Posee una estética a modo de villa toscana y está construido en una ladera, lo que le otorga unas fantásticas vistas sobre el puerto de Andratx. También es llamativo su restaurante, pues se reparte entre dos terrazas cubiertas con los techos retráctiles y ofrece una carta internacional.

21 hab - †160/265 € ††200/310 €

camino San Carlos 13 ✉ 07157 - ☎ 971 67 40 11 - www.hotelvillaitalia.com - cerrado 8 enero-febrero

PORT DE POLLENÇA - 4 778 h. - Mapa regional : **4**-B1

Palma 58 km

Mapa de carreteras Michelin nº 579-M4

Argos

CREATIVA • CHIC XX ¡Dentro del hotel La Goleta! Sorprende por el carácter dual de su propuesta, sencilla, fresca y sana durante el horario de playa y mucho más gastronómica por la noche, momento en el que dan rienda suelta a su creatividad y denotan influencias de todas las regiones de España. ¡Los sabores están magníficamente maridados!

→ Ensalada de cefalópodos y crustáceos de la lonja con sambaizu de palo cortado. Anguila 2 cocciones, coca, guisantes, puerros, cebolletas, acelgas y palo cortado. Cuarto de té verde, lácteos y vainilla.

Menú 33/90 € - Carta 35/50 € 28 hab - 59/489 € 69/499 €

paseo Saralegui 118 ✉ 07470 - ☎ 971 86 59 02 (es necesario reservar) - www.lagoletahoteldemar.com - solo cena - 10 febrero-26 noviembre

en la carretera de Alcúdia Sur : 3 km

Ca'n Cuarassa

INTERNACIONAL XX Atractivo marco de estilo rústico mallorquín. Ofrece una terraza acristalada y varias salas, todas con bellas lámparas y litografías abstractas. Cocina de gusto internacional.

Menú 34/57 € - Carta 30/55 €

✉ 07470 Alcúdia - ☎ 971 86 42 66 - www.cancuarassa.com - marzo-octubre

PORT DE SÓLLER Alt. 160 m - Mapa regional : **4**-B1

Palma 32 km

Mapa de carreteras Michelin nº 579-K5

Es Canyis

COCINA TRADICIONAL • AMBIENTE CLÁSICO X Negocio de arraigada tradición familiar que destaca por su emplazamiento en el paseo marítimo, con una terraza y vistas al mar. Ofrece un luminoso comedor clásico y una carta tradicional, con varios platos actualizados y algunos arroces.

Menú 18/30 € - Carta 28/52 €

passeig de la platja de'n Repic 21 ✉ 07108 - ☎ 971 63 14 06 - www.escanyis.es - cerrado enero-febrero y lunes salvo festivos

Jumeirah Port Sóller

GRAN LUJO • MODERNA Un hotel moderno y lujoso, emplazado sobre un acantilado y con todo lo que el cliente más cosmopolita pueda desear. Deslumbra por sus vistas al mar, sus maravillosas zonas sociales, el relajante SPA, las espaciosas habitaciones... y en lo gastronómico, una variada oferta que viaja del recetario local al internacional.

121 hab - 339/774 € - 3 suites

Bélgica ✉ 07108 - ☎ 971 63 78 88 - www.jumeirah.com - marzo-octubre

PORTALS NOUS - 2 098 h. - Mapa regional : **4**-B1

Palma 12 km

Mapa de carreteras Michelin nº 579-J6

Portals Hills

BOUTIQUE HOTEL • DE DISEÑO Elegante, luminoso, de inspiración art decó... y ubicado sobre una de las colinas de Calvià, en una zona residencial próxima al glamuroso Puerto Portals. Destaca tanto por su estética, dominada por los tonos blancos y dorados, como por su bella piscina.

29 hab - 220/690 € - 2 suites

Calle de Seguí 4 ✉ 07181 Portals Nous - ☎ 971 67 90 41 - www.portals-hills.com

PORTO CRISTO - 5 042 h. - Mapa regional : **4**-B1

Palma 62 km

Mapa de carreteras Michelin nº 579-O6

por la carretera de Portocolom Suroeste : 4,5 km y desvío a la derecha 1 km

Son Mas

TRADICIONAL • ELEGANTE Esta hermosa casa señorial pertenece a una de las estirpes más influyentes de la isla, pues la familia Servera también es la propietaria de las famosas Cuevas del Drach. Tanto las zonas sociales como las habitaciones son muy amplias e invitan al relax. ¡Espectacular piscina y torre original del s. XVII!

16 hab - 235/285 € 269/335 €

carret. Porto Cristo-Portocolom, camí de Son Mas ✉ 07680 Porto Cristo - ✆ 971 55 87 55 - www.sonmas.com - marzo-octubre

PORTOCOLOM - 2 808 h. - Mapa regional : **4**-B1

Palma 63 km

Mapa de carreteras Michelin nº 579-N7

Sa Llotja

MODERNA • SIMPÁTICA ¡Asomado a la cala y a los amarres del puerto! Ocupa el primer piso del edificio portuario, con la sala acristalada y una espectacular terraza. Su carta de cocina actual contempla algún plato asturiano y pescados frescos de gran calidad.

Menú 38/52 € - Carta 37/70 €

Cristobal Colón 2, edif portuario ✉ 07670 - ✆ 971 82 51 65 - www.restaurantsallotjaportocolom.com - cerrado noviembre-24 diciembre, martes mediodía en julio-agosto y lunes

PUIGPUNYENT - 2 018 h. - Alt. 240 m - Mapa regional : **4**-B1

Palma 36 km

Mapa de carreteras Michelin nº 579-J6

Oleum

INTERNACIONAL • RÚSTICA No luce el nombre "Oleum" de forma banal, pues ocupa una antigua almazara de aceite decorada con las muelas del molino original. Carta de cocina actual, amplia y variada.

Carta 50/75 €

Hotel G.H. Son Net, Castillo Son Net ✉ 07194 - ✆ 971 14 70 00 - www.sonnet.es - solo cena

G.H. Son Net

EDIFICIO HISTÓRICO • ACOGEDORA Mansión mallorquina del s. XVII que realza con exquisito gusto todos sus rincones. Posee unas maravillosas estancias, habitaciones en distintos estilos y cinco villas que destacan por su gran privacidad, una con su propia piscina privada.

26 hab - 175/480 € - 5 suites

Castillo Son Net ✉ 07194 - ✆ 971 14 70 00 - www.sonnet.es

Oleum - ver selección restaurantes

RANDA - 91 h. - Mapa regional : **4**-B1

Palma 26 km

Mapa de carreteras Michelin nº 579-L6

Es Recó de Randa

COCINA TRADICIONAL • ELEGANTE Acogedora casa señorial en piedra donde encontrará varios comedores, luminosos y con mobiliario de calidad, así como una bonita terraza. Carta amplia de gusto tradicional. También disfruta de unas confortables habitaciones, todas espaciosas y bien equipadas.

Menú 18/38 € - Carta 28/41 € 25 hab - 76/90 € 102/120 € - 16 €

Font 21 ✉ 07629 - ✆ 971 66 09 97 - www.esrecoderanda.com

SANT LLORENÇ DES CARDASSAR - 8 146 h. - Alt. 140 m - Mapa regional : **4**-B1

Palma de Mallorca 58 km

Mapa de carreteras Michelin nº 579-N6

Son Penya

CASA DE CAMPO • ELEGANTE ¿Busca tranquilidad y naturaleza? Si es así, este pequeño hotel rural, diseñado por Antoni Esteva, está pensado para usted. ¡Algunas habitaciones poseen piscina privada!

16 hab - 168/240 € 240/335 €

camino de Son Berga ✉ 07530
- ☎ 971 82 66 40 - www.sonpenya.com
- cerrado noviembre-febrero

SANTA EUGÈNIA - 1 638 h. - Mapa regional : **4**-B1

Palma 22 km

Mapa de carreteras Michelin nº 579-L6

Sa Torre de Santa Eugènia

AGROTURISMO • RÚSTICA Masía mallorquina del s. XV instalada en una finca llena de árboles frutales, viñas y cultivos. Posee apartamentos tanto en el edificio principal como en un anexo, todos con terraza. El restaurante, que ocupa la antigua bodega, centra su oferta en un menú tradicional e internacional de carácter mediterráneo.

6 hab - 132 € 170 € - 13 €

Alqueries 7, Norte : 2 km ✉ 07142
- ☎ 971 14 40 11 - www.sa-torre.com

SANTA MARGALIDA - 11 672 h. - Alt. 100 m - Mapa regional : **4**-B1

Palma 43 km

Mapa de carreteras Michelin nº 579-M5

en la carretera de Alcúdia Ma 3410 Norte : 4 km

Casal Santa Eulàlia

LUJO • CLÁSICA Mansión del s. XIII y estilo mallorquín que ha respetado la nobleza de los antiguos señoríos. Ofrece unas habitaciones amplias y serenas, todas de elevado confort. El restaurante, que ocupa un típico "celler" o bodega, propone una cocina mediterránea.

25 hab - 155/220 € 198/270 €

✉ 07458 Santa Margalida
- ☎ 971 85 27 32 - www.casal-santaeulalia.com
- cerrado 4 noviembre-15 marzo

SANTA MARÍA DEL CAMÍ - 6 685 h. - Alt. 150 m - Mapa regional : **4**-B1

Palma 16 km

Mapa de carreteras Michelin nº 579-K6

Molí des Torrent

CLÁSICA • RÚSTICA Antiguo molino de viento dotado con varios comedores rústicos y una agradable terraza-patio, esta última con porche. Cocina clásica con influencias alemanas y mediterráneas.

Menú 28/60 € - Carta 42/64 €

carret. de Bunyola 75, Noroeste : 1,8 km ✉ 07320
- ☎ 971 14 05 03 - www.molidestorrent.de
- solo cena en julio y agosto
- cerrado diciembre-enero, miércoles y jueves

SÓLLER - 13 648 h. - Alt. 54 m - Mapa regional : **4**-B1

Palma 27 km

Mapa de carreteras Michelin nº 579-K5

G.H. Sóller

HISTÓRICO • CLÁSICA Este céntrico hotel ocupa un antiguo edificio de carácter señorial, con el exterior ajardinado. Disfruta de una correcta zona noble y habitaciones de muy buen confort. En su luminoso restaurante encontrará una carta tradicional y una atractiva terraza de verano. ¡Agradable sala de desayunos en el ático!

38 hab ☕ - ††180/240 € - 5 suites

Romaguera 18 ✉ 07100 - ✆ 971 63 86 86 - www.granhotelsoller.com - cerrado 15 noviembre-12 febrero

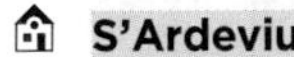

S'Ardeviu

FAMILIAR • RÚSTICA Hotel familiar con encanto instalado en una casa mallorquina del s. XIX. Presenta una acogedora zona social, una coqueta sala de desayunos y un precioso patio interior ajardinado. ¡Todas las habitaciones poseen mobiliario de época!

7 hab ☕ - †95/105 € ††110/130 € - 1 suite

Vives 14 ✉ 07100 - ✆ 971 63 83 26 - www.hotelsardeviu.com - 15 febrero-octubre

Ca'n Abril

TOWNHOUSE • PERSONALIZADA Un hotelito familiar instalado en una casona mallorquina de principios del s. XX. Ofrece un patio-terraza, amplias habitaciones y... ¡un desayuno casero que cambia cada día!

10 hab ☕ - †125/158 € ††158/179 €

Pastor 26 ✉ 07100 - ✆ 971 63 35 79 - www.hotel-can-abril-soller.com - 15 marzo-noviembre

en el camino de Son Puça Noroeste : 2 km

Ca N'Aí

CASA DE CAMPO • ACOGEDORA Espectacular casa de campo arropada por la paz y el silencio de los naranjos. Su decoración, de ambiente tradicional-mallorquín, transforma las estancias en un microcosmos del ideal estético mediterráneo. ¡Todas las habitaciones poseen terraza privada!

25 hab ☕ - †110/200 € ††250/325 €

camí Son Sales 50 ✉ 07100 Sóller - ✆ 971 63 24 94 - www.canai.com - cerrado 15 noviembre-15 febrero

por la carretera de Deià

Béns d'Avall

REGIONAL • ELEGANTE ✕✕ Está ubicado en una urbanización rodeada de monte y destaca por su fantástica terraza, con vistas a la costa y al mar. La cocina, basada en un recetario regional actualizado, sorprende por sus detalles y su buen nivel.

Menú 64 € - Carta 55/72 €

urb. Costa de Deià, Noroeste : 5 km y desvío a la derecha 2,3 km ✉ 07100 Sóller - ✆ 971 63 23 81 (reserva aconsejable) - www.bensdavall.com - solo almuerzo en febrero, marzo y octubre - cerrado noviembre, enero, domingo noche salvo verano y lunes

Ca's Xorc

CASA DE CAMPO • PERSONALIZADA Encantadora finca agrícola del s. XIX emplazada en la ladera de la montaña, rodeada de frutales, olivos, terrazas... y una atractiva piscina panorámica. Atesora unas habitaciones de gran confort y un coqueto restaurante, este último instalado en el viejo molino de aceite y con una carta de tintes creativos.

15 hab ☕ - †243/392 € ††310/512 €

Noroeste : 4 km y desvío a la izquierda 0,5 km ✉ 07100 Sóller - ✆ 971 63 82 80 - www.casxorc.com - 23 marzo-7 noviembre

SON SERVERA - 11 449 h. - Alt. 92 m - Mapa regional : **4**-B1

Palma 65 km
Mapa de carreteras Michelin nº 579-O6

por la antigua carretera de Artà

Ses Cases de Fetget

COCINA TRADICIONAL • RÚSTICA XX Tiene personalidad y disfruta de un acceso independiente respecto al agroturismo. En su sala, íntima y con las paredes en piedra, le ofrecerán una cocina tradicional con algunas sugerencias fuera de carta. ¡El servicio es muy amable!

Menú 29 € - Carta 45/55 €

Hotel Ses Cases de Fetget, carret. Son Servera-Artà (MA-4031), Norte : 1,5 km ✉ 07550 Son Servera - ✆ 971 81 73 63 - www.sescasesdefetget.com - cerrado 15 noviembre-22 diciembre, 3 enero-14 febrero y lunes en invierno

Son Gener

CASA DE CAMPO • MODERNA Si busca un agroturismo tranquilo y especial hospédese en este, pues data del s. XVII y aúna lo original con lo contemporáneo. Ofrece bellos jardines, salones que invitan al sosiego, espaciosas habitaciones y un restaurante que se nutre de su propia huerta.

10 hab - †200/280 € ††295/340 €

carret. Son Severa-Artà km 3 (MA-4031), Norte : 3 km y desvío a la derecha 0,5 km ✉ 07550 Son Servera - ✆ 971 18 36 12 - www.songener.com - abril-octubre

Ses Cases de Fetget

AGROTURISMO • MODERNA Buen conjunto rural con el entorno ajardinado. Su decoración combina la madera, la piedra y cálidas fibras vegetales. Agradable zona de estar con chimenea y habitaciones actuales, muchas de ellas con hidromasaje en los baños.

12 hab - †104/130 € ††128/160 €

carret. Son Servera-Artà (MA-4031), Norte : 1,5 km ✉ 07550 Son Servera - ✆ 971 81 73 63 - www.sescasesdefetget.com - cerrado 15 noviembre-22 diciembre y 1 enero-10 febrero

Ses Cases de Fetget - ver selección restaurantes

VALLDEMOSSA - 2 005 h. - Alt. 427 m - Mapa regional : **4**-B1

Palma 18 km
Mapa de carreteras Michelin nº 579-J5

Valldemossa

CASA DE CAMPO • ACOGEDORA Lujosa casa ubicada en lo alto de un cerro, con varias escalinatas, terrazas y una hermosa panorámica a la sierra de Tramontana. Encontrará un precioso jardín, grandes dosis de privacidad y un restaurante que destaca por sus bellísimas vistas al pueblo.

12 hab - †293/335 € ††398/440 €

carret. vieja de Valldemossa ✉ 07170 - ✆ 971 61 26 26 - www.valldemossahotel.com - cerrado enero-febrero

Es Petit Hotel de Valldemossa

FAMILIAR • FUNCIONAL Céntrica casa de piedra llevada directamente por sus propietarios. Cuenta con una coqueta terraza panorámica, donde se puede desayunar, y unas habitaciones de buen confort, destacando las cinco que tienen vistas a las montañas.

8 hab - †98/122 € ††108/135 €

Uetam 1 ✉ 07170 - ✆ 971 61 24 79 - www.espetithotel-valldemossa.com - cerrado noviembre

MENORCA

CALA EN PORTER Mapa regional : **4**-C1

Maó 13 km
Mapa de carreteras Michelin n° 579-S4

en la carretera Me 12 Noreste : 2 km

Torralbenc

MODERNA • ÍNTIMA XX Sorprende por su emplazamiento, en un espacio agrícola recuperado de línea rústica-actual. Cocina variada pero de gran calidad, con platos clásicos, tradicionales, modernos...

Menú 70 € - Carta 51/69 €

Hotel Torralbenc, carret. Maó-Cala'n Porter, km 10 ✉ 07730 Alaior - ✆ 971 37 72 11 (reserva aconsejable) - www.torralbenc.com - solo cena - abril-octubre

Torralbenc

LUJO • PERSONALIZADA Instalado en una tradicional finca menorquina, rodeada de viñedos, que ha sido rehabilitada con muchísimo acierto, pues combina los colores, espacios y materiales propios de esta tierra con el confort y diseño actual. ¡Descubra las habitaciones de los anexos!

27 hab - 157/569 € 182/594 €

carret. Maó-Cala'n Porter, km 10 ✉ 07730 Alaior - ✆ 971 37 72 11 - www.torralbenc.com - abril-octubre

Torralbenc - ver selección restaurantes

ES CASTELL - 7 635 h. - Mapa regional : **4**-C1

Maó 3 km
Mapa de carreteras Michelin n° 579-T4

por la carretera de Sant Lluis Sur : 2 km y desvío a la izquierda 1 km

Sant Joan de Binissaida

MANSIÓN • MODERNA ¡Aquí el descanso está asegurado! Esta hermosa casa señorial se encuentra en pleno campo y sorprende por la personalización de sus cuidadas habitaciones, cada una de ellas dedicada a un compositor clásico. El restaurante ofrece una cocina actual y presume de utilizar productos ecológicos de su propia finca.

12 hab - 80/140 € 145/350 €

camí de Binissaida 108 ✉ 07720 Es Castell - ✆ 971 35 55 98 - www.binissaida.com - mayo-octubre

CIUTADELLA DE MENORCA - 29 098 h. - Alt. 25 m - Mapa regional : **4**-C1

Maó 44 km
Mapa de carreteras Michelin n° 579-R3

Mon Restaurant

REGIONAL • ELEGANTE XX Encontrará una zona de espera, una sala muy luminosa y un patio cubierto en el que también montan mesas. Cocina actual que busca sacar el máximo partido al producto autóctono.

Menú 20/40 € - solo menú

paseo de San Nicolás 4 ✉ 07760 - ✆ 971 38 17 18 - www.restaurantmon.com - solo almuerzo salvo fines de semana en octubre-diciembre - cerrado enero-marzo, domingo noche y lunes

Agua

MODERNA • AMBIENTE MEDITERRÁNEO XX Compensa el reducido tamaño del comedor, ubicado bajo bóvedas, con una terraza bastante amplia y agradable. Cocina actual con influencias españolas, francesas e italianas.

Menú 29/79 € - Carta 34/86 €

Hotel Can Faustino, San Rafael 9 ✉ 07760 - ✆ 971 48 91 91 - www.canfaustino.com - abril-noviembre

El Horno

COCINA TRADICIONAL • RÚSTICA Presenta un bar de espera y una sala abovedada, usando aquí el antiguo horno como chimenea. Carta tradicional especializada en pescados y varios platos de gusto internacional.

Carta 27/36 €

des Forn 12 ✉ 07760 - ✆ 971 38 07 67 - www.elhornociutadella.com - mayo-noviembre. Cerrado domingo salvo verano

Rels N

MODERNA • BISTRÓ Su nombre evoca las raíces y supone el regreso a su tierra de dos chefs formados en grandes casas. ¿Su propuesta? Platos menorquines actualizados, sabrosos y equilibrados.

Menú 18/45 € - Carta 33/45 €

Sant Isidre 33 ✉ 07760 - ✆ 971 48 05 16 - www.relsrestaurant.com - solo almuerzo de noviembre-mayo salvo viernes y sábado - cerrado domingo noche y lunes

Can Faustino

PALACE • PERSONALIZADA Instalado en un edificio señorial, hoy remodelado, del s. XVI. Ofrece un amplio hall, espacios de gran personalidad y habitaciones equipadas con sobrio mobiliario Art Decó.

24 hab - 155/570 €

San Rafael 9 ✉ 07760 - ✆ 971 48 91 91 - www.canfaustino.com - abril-noviembre

Agua - ver selección restaurantes

por la carretera de Cala Morell

Sant Ignasi

TRADICIONAL • RÚSTICA ¡Un oasis de paz! Alójese en una finca señorial de 1777, rodeada de jardines y encinas centenarias. Ofrece un elegante salón social y habitaciones bien personalizadas, las mejores en la antigua vaquería. Su restaurante propone una cocina de tinte tradicional.

20 hab - 120/180 € 150/260 € - 5 suites

Noreste : 3 km y desvío a la izquierda 1,6 km ✉ 07760 - ✆ 666 59 81 33 - www.santignasi.com - mayo-8 octubre

en el camino de Macarella Sureste : 7,5 km

Morvedra Nou

TRADICIONAL • RÚSTICA Antigua casa de campo rehabilitada según criterios actuales, con un bonito porche y un cuidadísimo jardín. En el comedor, de carácter polivalente, sirven una carta bastante sugerente. ¡A escasos kilómetros de aquí están las dos calas más famosas de la isla!

19 hab - 115/245 €

passeig Sant Nicolau 88 ✉ 07760 - ✆ 971 35 95 21 - www.morvedranou.es - abril-octubre

FORNELLS - 602 h. - Alt. 12 m - Mapa regional : 4-C1

Maó 30 km

Mapa de carreteras Michelin nº 579-S3

Es Cranc

PESCADOS Y MARISCOS • FAMILIAR Un restaurante familiar especializado en pescados y mariscos, aunque sin duda el plato que les ha dado fama es la Caldereta de langosta. ¡No se marche sin visitar su vivero!

Carta 45/75 €

Escoles 31 ✉ 07748 - ✆ 971 37 64 42 - cerrado diciembre-febrero y miércoles salvo agosto

MAÓ - 28 006 h. - Alt. 57 m - Mapa regional : **4**-C1

Ciutadella de Menorca 44 km - Ferreries 27 km - Sant Lluís 4 km
Mapa de carreteras Michelin n° 579-T4

S'Espigó

PESCADOS Y MARISCOS • AMBIENTE CLÁSICO ¡Ubicado en la zona del puerto! Presenta una terraza a la entrada, uno de sus puntos fuertes, y un único comedor de adecuado montaje. Cocina especializada en pescados, mariscos y platos marineros... como su sabrosa Caldereta de langosta.

Carta 42/87 €

Plano : C1-a - *Moll de Llevant 267 (puerto) ✉ 07701 - ☎ 971 36 99 09 - www.sespigo.com - cerrado diciembre, enero, domingo mediodía y lunes mediodía en verano, domingo noche y lunes resto del año*

Jàgaro

PESCADOS Y MARISCOS • AMBIENTE CLÁSICO Casa familiar de larga trayectoria instalada en un extremo del puerto. Cuenta con una terraza y dos comedores, el principal de ambiente clásico y el otro a modo de bodega. Carta regional con especialidades como la Langosta frita al huevo.

Carta 35/55 €

Plano : C1-2-g - *Moll de Llevant 334 (puerto) ✉ 07701 - ☎ 971 36 23 90 - www.jagaromenorca.com - cerrado domingo noche y lunes noche salvo verano*

Ses Forquilles

MODERNA • RÚSTICA Este bar disfruta de una amplia barra, con varias mesas para el tapeo, y un coqueto comedor en el piso superior. El secreto de su éxito está en el uso de buenas materias primas, unas dosis de creatividad y cierto mimo en las presentaciones.

Tapa 7 € - Ración aprox. 20 €

Plano : B1-x - *Rovellada de Dalt 20 ✉ 07703 - ☎ 971 35 27 11 - www.sesforquilles.com - cerrado Navidades y domingo*

SANT CLIMENT - 545 h. - Alt. 91 m - Mapa regional : **4**-C1

Maó 6 km
Mapa de carreteras Michelin n° 579-T4

Es Molí de Foc

MODERNA • RÚSTICA Muy conocido, pues ocupa un molino de fuego del s. XIX y tiene contigua una fábrica de cerveza artesanal. En su comedor, de aire rústico, le ofrecerán una carta de cocina actual y otra de arroces, uno de los puntos fuertes de esta casa.

Carta 40/65 €

Sant Llorenç 65 ✉ 07712 - ☎ 971 15 32 22 - www.molidefoc.es - cerrado enero y lunes

SANT LLUÍS - 7 521 h. - Alt. 50 m - Mapa regional : **4**-C1

Maó 4 km
Mapa de carreteras Michelin n° 579-T4

Sa Pedrera d'es Pujol

CREATIVA • ELEGANTE Interesante, pues su chef-propietario recupera viejas recetas de antaño para ponerlas al día en técnica y presentación. Ofrece varias salas de ambiente rústico, otra acristalada y una bodega-cueva en la que el cliente puede escoger su vino.

Menú 25/70 € - Carta 45/67 €

camí d'es Pujol 14 (Torret), Sur : 1,5 km ✉ 07710 - ☎ 971 15 07 17 - www.sapedreradespujol.com - solo fines de semana en otoño-invierno - cerrado miércoles salvo en verano

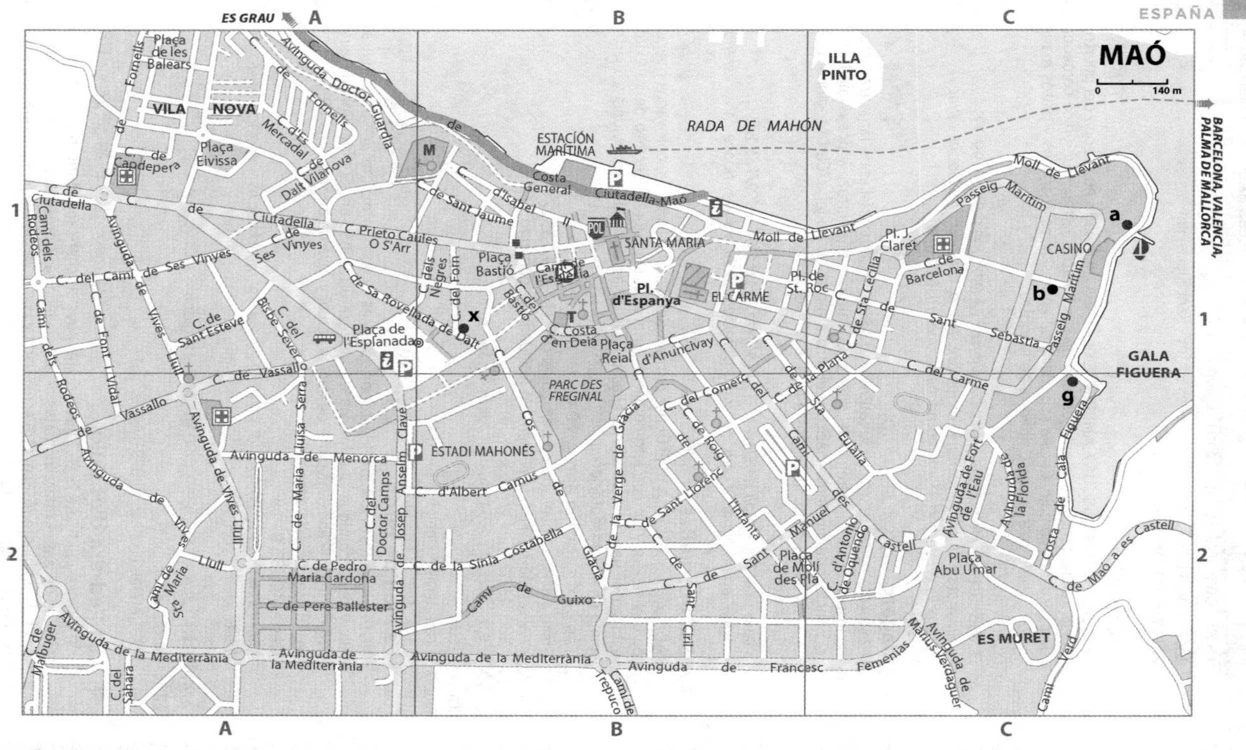
MAÓ
0
140 m
BARCELONA, VALENCIA, PALMA DE MALLORCA
ES GRAU
RADA DE MAHON
ILLA PINTO
GALA FIGUERA
CASINO
ESTACIÓN MARÍTIMA
SANTA MARIA
EL CARME
Pl. d'Espanya
PARC DES FREGINAL
ESTADI MAHONÉS
ES MURET
VILA NOVA
Moll de Llevant
Passeig Marítim
Avinguda Doctor Guardia
Costa General de Ciutadella-Maó
Avinguda de Fort de l'Eau
Avinguda de la Florida
Costa de Cala Figuera
C. de Maó a es Castell
Avinguda de Màrius Verdaguer
Avinguda de Francesc Femenías
Camí Verd
Avinguda de Vives Llull
Avinguda de la Mediterrània
Avinguda de Josep Anselm Clavé
Avinguda de Menorca
Plaça de l'Esplanada
Plaça Bastió
Plaça Reial
Plaça Abu Umar
Plaça de Molí des Plà
Plaça Eivissa
Plaça de les Balears
Pl. J. Claret
Pl. de St. Roc
Camí dels Rodeos
Camí de Trepuco
Camí de Guixo
Camí de Sta Maria
C. de Ciutadella
C. de Fornells
C. de Capdepera
C. d'Es Mercadal
C. de Dalt Vilanova
C. del Camí de Ses Vinyes
C. de Ses Vinyes
C. Prieto Caules O S'Arr
C. de Sant Jaume
C. d'Isabel II
C. dels Negres
C. del Forn
C. del Bastió
C. de Sa Rovellada de Dalt
C. Costa d'en Deia
C. d'Anuncivay
C. del Carme
C. de Sant Sebastià
C. de Barcelona
C. de Sta Cecília
C. de la Plana
C. del Comerç
C. de Roig
C. de l'Infanta
C. de Sant Llorenç
C. de Sant Ciril
C. de Sant Manuel
C. d'Antonio de Oquendo
C. de la Verge de Gràcia
C. des Cos de Gràcia
C. d'Albert Camus
C. de la Sínia Costabella
C. del Doctor Camps
C. de Maria Lluïsa Serra
C. de Pedro Maria Cardona
C. de Pere Ballester
C. de Sant Esteve
C. del Bisbe Sever
C. de Vassallo
C. de Font i Vidal
C. de Malbuger
C. del Sàhara
Camí des Castell
C. de Sta Eulàlia
a
b
g
x
A
B
C
1
2

Pan y Vino

FRANCESA CLÁSICA • RÚSTICA XX Instalado en una casa encalada, típica de la zona, que hoy atesora un interior lleno de rincones a modo de saloncitos. Cocina francesa basada en productos de temporada.

Menú 37/50 € - Carta 37/45 €

camí de la Coixa 3 (Torret), Sur : 1 km ✉ 07710 - ✆ 971 15 02 01 - www.panyvinomenorca.com - solo cena en verano - cerrado diciembre-10 febrero, lunes, miércoles, jueves y viernes mediodía en invierno y martes

por la carretera de Es Castell Noreste : 1,5 km y desvío a la izquierda 0,5 km

Biniarroca

HISTÓRICO • RÚSTICA Romántico, tranquilo y con jardines más propios de una bucólica villa italiana. En este precioso conjunto rural, del s. XVIII, encontrará habitaciones personalizadas y un buen restaurante, este con una propuesta internacional en base a productos de la isla.

18 hab ☕ - †105/160 € ††130/250 €

camí Vell 57 ✉ 07710 - ✆ 971 15 00 59 - www.biniarroca.com - 29 abril-12 octubre

por la carretera de Alcalfar Sureste : 2 km y desvío a la derecha 0,5 km

Alcaufar Vell

HISTÓRICO • REGIONAL Casa señorial de estilo neoclásico emplazada en pleno campo. Posee unas habitaciones muy cuidadas, tanto en el edificio principal como en los viejos establos, destacando las últimas por sus terrazas. El restaurante, ubicado también en las caballerizas, oferta una cocina actual de temporada y diversos menús.

22 hab ☕ - †100/310 € ††130/340 €

carret. de Cala Alcalfar ✉ 07710 - ✆ 971 15 18 74 - www.alcaufarvell.com - cerrado enero-febrero

EIVISSA o IBIZA

EIVISSA - 49 975 h. - Mapa regional : **4**-A2

Mapa de carreteras Michelin nº 579-C10

El Cigarral

COCINA TRADICIONAL • MARCO REGIONAL XX Llevado con acierto por el chef-propietario y su familia. En su comedor, de ambiente castellano, ofrecen una cocina de base tradicional donde nunca falta algún plato de caza.

Menú 20/38 € - Carta aprox. 48 €

Fray Vicente Nicolás 9, por av. d'Ignasi Wallis A1 ✉ 07800 - ✆ 971 31 12 46 - www.elcigarralrestaurante.com - cerrado 28 agosto-20 septiembre y domingo

Sa Nansa

MEDITERRÁNEA • SIMPÁTICA XX ¡Próximo al puerto deportivo! Encontrará dos salas, una a modo de terraza acristalada, y una carta tradicional-marinera especializada en arroces y pescados salvajes.

Carta 45/65 €

av. 8 de Agosto 27, por Bisbe Cardona A1 ✉ 07800 - ✆ 971 31 87 50 - www.restaurantesanansa.com - cerrado del 5 al 25 de noviembre, 15 días en abril, domingo noche y lunes salvo verano

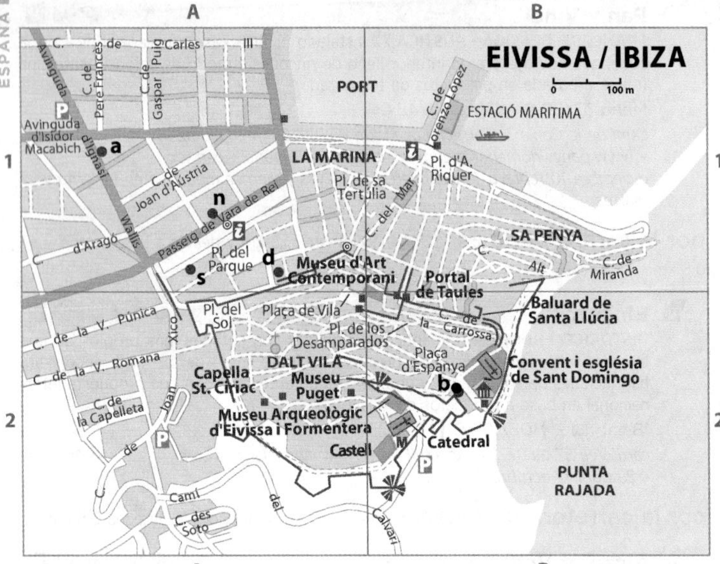

It

ITALIANA • TENDENCIA XX Destaca tanto por su elegante línea actual como por su emplazamiento, frente a los amarres de un puerto deportivo. Elaboraciones italianas actualizadas e interesantes menús.

Menú 95/125 € – Carta 69/88 €

puerto deportivo Marina Botafoch 110, por Bisbe Cardona A1 ✉ 07800 – ✆ 971 31 11 07 – www.it-ibiza.com – solo cena – febrero-octubre – solo fines de semana en invierno

Mirador de Dalt Vila

MODERNA • ÍNTIMA XX Disfruta de un acceso independiente respecto al hotel y cuenta con un bar de estilo clásico-actual. La sala es pequeña pero agradable, con el techo pintado al fresco y varios óleos decorando sus paredes. Cocina actual muy bien elaborada.

Menú 80/120 € – Carta aprox. 83 €

Plano : B2-b – *Hotel Mirador de Dalt Vila, pl. de España 4 ✉ 07800 – ✆ 971 30 30 45 – www.hotelmiradoribiza.com – Semana Santa-octubre*

Ca n'Alfredo

COCINA TRADICIONAL • FAMILIAR X Céntrico, familiar y de larga trayectoria en la ciudad. Viste sus paredes con curiosas fotografías de clientes famosos y ofrece una cocina tradicional de abundantes raciones, enriquecida con algunos platos ibicencos y catalanes.

Menú 35 € – Carta 38/72 €

Plano : A1-n – *passeig Vara de Rei 16 ✉ 07800 – ✆ 971 31 12 74 – www.canalfredo.com – cerrado del 16 al 30 de noviembre, domingo noche y lunes salvo festivos*

Sa Brisa

INTERNACIONAL • MINIMALISTA Uno de los locales más de moda en el centro, con una estética moderna a la par que elegante. Platitos y gastrotapas con influencias tradicionales, sudamericanas y asiáticas.

Menú 35/50 € - Carta 25/39 €

Plano : A1-s - *Vara de Rey 15 ✉ 07800 - ☎ 971 09 06 49 - www.sabrisagastrobar.com - cerrado noviembre y lunes*

Pastis

FRANCESA • BISTRÓ FRANCÉS Un bistró algo pequeño pero con mucha personalidad, pues es capaz de transportarnos mentalmente al París más romántico y popular. Cocina francesa de excelente calidad.

Menú 70/120 € - Carta 60/90 €

Plano : A1-d - *Avicenna 2 ✉ 07800 - ☎ 971 39 19 99 - www.pastisibiza.com - solo cena - cerrado domingo*

Mar a Vila

ESPAÑOLA • MINIMALISTA Un sencillo local que le atrapará nada más entrar, pues las tapas allí expuestas no tienen desperdicio. Su pequeña cocina no para y procura trabajar con productos locales.

Ración aprox. 15 €

Plano : A1-a - *av. Ignasi Wallis 16 ✉ 07800 - ☎ 971 31 47 78 - www.maravilaibiza.es - cerrado enero y domingo*

Mirador de Dalt Vila

HISTÓRICO • ACOGEDORA Esta preciosa casa señorial data de 1905 y destaca por su emplazamiento, pues se encuentra dentro del recinto amurallado. Compensa su escueta zona social con unas magníficas habitaciones, todas con mobiliario clásico-actual de calidad.

10 hab - †220/350 € ††375/650 € - 2 suites

Plano : B2-b - *pl. de España 4 ✉ 07800 - ☎ 971 30 30 45 - www.hotelmiradoribiza.com - Semana Santa-octubre*

Mirador de Dalt Vila - ver selección restaurantes

en la Platja d'en Bossa

Lips Reartes

MODERNA • TENDENCIA Agradable, a pie de playa, dominado por los ibicencos tonos blancos y... ¡acristalado para contemplar el mar! Cocina actual muy concienciada con la filosofía "Kilómetro 0".

Menú 15/20 € - Carta 30/60 €

Porreres 1 ✉ 07817 - ☎ 971 30 04 15 - www.lipsibiza.com - solo almuerzo salvo verano

PORROIG Mapa regional : **4**-A2

Eivissa/Ibiza 17 km

Mapa de carreteras Michelin nº 579-B10

Es Xarcu

PESCADOS Y MARISCOS • RURAL Una excelente recomendación a pie de playa, sencilla en el montaje pero con idílicas vistas y honestidad desde sus fogones. Magníficos pescados al peso y mariscos de calidad.

Carta 46/65 €

Cala des Jondal ✉ 07829 - ☎ 971 18 78 67 - www.esxarcu.com - Semana Santa-octubre

en la playa d'Es Torrent

Es Torrent

PESCADOS Y MARISCOS • AMBIENTE MEDITERRÁNEO Sorprende por su emplazamiento sobre una playa, a modo de chiringuito, y es famoso por la calidad de sus pescados. ¡Prolongue la experiencia descansando en una de sus hamacas!

Carta aprox. 75 €

✉ 07829 - ☎ 971 80 21 60 - www.estorrent.net - mayo-octubre

SANT JOSEP DE SA TALAIA - 25 674 h. - Alt. 216 m - Mapa regional : **4**-A2

Eivissa/Ibiza 14 km
Mapa de carreteras Michelin n° 579-B10

en la carretera de Cala Tarida Oeste : 4 km

S'Espartar

PESCADOS Y MARISCOS • RÚSTICA Un restaurante familiar que emana honestidad y respeto por el producto. Encontrará unos pescados realmente magníficos, pues... ¡el hermano del chef posee dos barcos de pesca!

Carta aprox. 55 €

07830 Sant Josep de sa Talaia
- 971 80 02 93 - www.restaurantsespartar.com
- cerrado 8 diciembre-abril y lunes salvo agosto

en la playa de Cala Tarida Noroeste : 7 km

Ca's Milà

MEDITERRÁNEA • AMBIENTE CLÁSICO Destaca por su privilegiada localización a pie de playa, con agradables terrazas, serenas vistas y la recreación de un ambiente chill out en temporada. Buena carta de cocina tradicional marinera especializada en arroces y pescados.

Menú 18 € - Carta 35/54 €

07829 Sant Josep de Sa Talaia
- 971 80 61 93 - www.restaurantecasmila.com
- mayo-octubre y fines de semana resto del año

en la carretera de Cala d'Hort Suroeste : 7 km

Es Boldado

PESCADOS Y MARISCOS • RÚSTICA Se halla al final de un camino de tierra y destaca por sus fantásticas vistas, tanto al mar como a los islotes de Es Vedrà y Es Vedranell. ¡Su pescado no puede ser más fresco!

Carta 40/80 €

07800 Sant Josep de sa Talaia
- 626 49 45 37 - www.restauranteboldado.net
- solo almuerzo en invierno
- cerrado noviembre-15 enero

¿Un comedor privado para un grupo de amigos o para una cena de negocios? Lo encontrará en los restaurantes con el símbolo.

SANT LLORENÇ DE BALAFIA Mapa regional : **4**-A2

Eivissa/Ibiza 17 km
Mapa de carreteras Michelin n° 579-C9

Can Gall

CASA DE CAMPO • ACOGEDORA ¡Idóneo para descansar! Este turismo rural se encuentra en una extensa finca, con más de 200 años y repleta de árboles frutales. Recrea el ambiente típico ibicenco tanto en los salones, con chimenea, como en las habitaciones, todas personalizadas. El restaurante ocupa un anexo acristalado, con terraza y bar.

11 hab - 175/235 € 205/270 €

carret. Sant Joan de Labritja, km. 17,2 07812
- 971 33 70 31 - www.agrocangall.com - abril-octubre

SANT MIQUEL DE BALANSAT Mapa regional : **4**-A2

Eivissa/Ibiza 19 km
Mapa de carreteras Michelin n° 579-C9

Can Pardal

TRADICIONAL • RURAL Paredes encaladas, muros anchos, agradables patios, una elegante estética rústica-ibicenca, piscina con vistas al valle... ¡perfecto para una escapada en pareja! Presenta dos comedores, uno con chimenea, y unas habitaciones muy confortables, estas repartidas entre el edificio principal y los anexos.

5 hab - 176/264 €

Missa 3 ✉ 07815 - ✆ 971 33 45 75 - www.canpardalibiza.com - abril-octubre

por la carretera de Port de Sant Miquel Norte : 2,5 km y desvío a la izquierda 1 km

Cas'Pla

TRADICIONAL • RURAL Encantador conjunto hotelero emplazado en plena naturaleza. Disfruta de unas buenas zonas sociales, que combinan clasicismo y rusticidad, así como unas elegantes habitaciones, destacando las que tienen terraza privada y vistas al valle.

16 hab - 120/180 € 148/220 € - 15 € - 2 suites

✉ 07815 Sant Miquel de Balansat - ✆ 971 33 45 87 - www.caspla-ibiza.com - mayo-15 octubre

en la urbanización Na Xamena Noroeste : 6 km

Hacienda Na Xamena

LUJO • CONTEMPORÁNEA Cautiva por su privilegiado emplazamiento en una reserva natural, asomado a una cala y con vistas al mar desde todas las habitaciones, algunas con piscina privada. Lujo, SPA, servicios terapéuticos y hermoso restaurante, este con idílicas terrazas panorámicas.

77 hab - 264/277 € 374/393 € - 27 € - 5 suites

✉ 07815 Sant Miquel de Balansat - ✆ 971 33 45 00 - www.haciendanaxamena-ibiza.com - 29 abril-30 octubre

SANTA EULÀRIA DES RIU - 35 812 h. - Mapa regional : **4**-A2

Eivissa/Ibiza 15 km

Mapa de carreteras Michelin nº 579-D10

Es Terral

FRANCESA • FAMILIAR Una pequeña joya, de aire rústico, ubicada en una calle peatonal repleta de restaurantes. Ofrece buena cocina francesa de tinte actual, sobre todo en base al producto local.

Menú 35/69 € - Carta 33/51 €

Sant Vicent 47 ✉ 07840 - ✆ 971 33 48 61 - cerrado15 diciembre-febrero y miércoles

por la carretera de Es Canar Noreste : 2 km

Donde Marian y Miguel

CARNES • RÚSTICA Si le apetece comer carne a la parrilla no encontrará un sitio mejor, pues aquí la traen de la península y de gran calidad. Ofrecen varios espacios de agradable aire rústico.

Menú 38/85 € - Carta 35/66 €

av. de s'Argamassa 2 ✉ 07840 Santa Eulària des Riu - ✆ 971 33 92 71 - www.dondemarianymiguel.com - cerrado enero

por la carretera de Sant Carles Noreste : 5 km y desvío a la izquierda 0,5 km

Can Curreu

MODERNA • RÚSTICA ¡Uno de los mejores restaurantes de la isla! Disfruta de un acogedor comedor de estilo mediterráneo-ibicenco y una atractiva terraza techada junto a un olivo milenario. Carta de corte tradicional con toques actuales.

Menú 38 € - Carta 44/70 €

Hotel Can Curreu ✉ 07840 Santa Eulària des Riu - ✆ 971 33 52 80 - www.cancurreu.com

Can Curreu

TRADICIONAL • RÚSTICA Se encuentra en una finca arbolada, distribuido entre varias casas encaladas de ambiente ibicenco. Encontrará unas habitaciones de aire rústico-actual y gran nivel, con los techos en madera, terraza y en muchos casos chimenea. Pequeño SPA.

11 hab – 195/295 € – 4 suites

07840 Santa Eulària des Riu – 971 33 52 80 – www.cancurreu.com

Can Curreu – ver selección restaurantes

SANTA GERTRUDIS DE FRUITERA Mapa regional : **4**-A2

Eivissa/Ibiza 11 km

Mapa de carreteras Michelin n° 579-C10

al Oeste 6,5 km

Cas Gasi

AGROTURISMO • TRADICIONAL Finca rústica de aire ibicenco ubicada en pleno campo, donde sorprenden con un precioso entorno ajardinado, un espacio para practicar yoga y un área al aire libre reservada para los masajes. Cálidas habitaciones y oferta gastronómica de tinte internacional.

15 hab – 295/495 € 445/695 €

camí Vell de Sant Mateu 07814 Santa Gertrudis de Fruitera – 971 19 77 00 – www.casgasi.com

FORMENTERA

ES CA MARI Mapa regional : **4**-A2

Sant Francesc de Formentera 5 km

Mapa de carreteras Michelin n° 579-C11

Gecko

BOUTIQUE HOTEL • CONTEMPORÁNEA Una opción ideal para relajarse unos días y desconectar, pues resulta elegante, cómodo y... ¡está en la misma playa de Migjorn! Habitaciones actuales que ensalzan los materiales naturales y correcta oferta culinaria de tinte mediterráneo e internacional.

30 hab – 235/785 €

playa de Migjorn 07860 – 971 32 80 24 – www.geckobeachclub.com – Semana Santa-octubre

ES CALÓ DE SANT AGUSTÍ – 318 h. – Mapa regional : **4**-A2

Sant Francesc de Formentera 7 km

Mapa de carreteras Michelin n° 579-D11

Es Caló

COCINA TRADICIONAL • AMBIENTE TRADICIONAL Agradable y asomado a un mar de... ¡increíbles aguas turquesas! Aquí podrá degustar una cocina española elaborada con mimo, siempre con buenos pescados y sabrosísimos arroces.

Carta 50/60 €

Vicari Joan Marí 14 07872 – 971 32 73 11 – www.restauranteescalo.com – 15 marzo-2 noviembre

ES PUJOLS – 555 h. – Mapa regional : **4**-A2

Sant Francesc de Formentera 5 km

Mapa de carreteras Michelin n° 579-C11

Pinatar

COCINA TRADICIONAL • RÚSTICA Aquí apuestan por la cocina más isleña, especializada en pescados y mariscos, sin olvidarse de unos buenos arroces o algunas recetas de la abuela. ¡Gran menú a base de tapas!

Carta 33/60 €

av. Miramar 25 07871 – 971 32 81 37 – www.restaurantpinatar.com – solo cena – cerrado noviembre-abril

SANT FRANCESC DE FORMENTERA - 11 878 h. - Mapa regional : **4**-A2

Es Ca Mari 5 km - Es Pujols 5 km - Sant Ferran de Ses Roques 3 km
Mapa de carreteras Michelin n° 579-C11

Ca Na Joana

MEDITERRÁNEA • ÍNTIMA XX Singular, romántico e intimista, pues recupera una casa típica, del s. XVII, en cuya restauración han intervenido numerosos artesanos. Cocina mediterránea, fresca y aromática.

Carta 45/60 €

Berenguer Renart 2 ✉ 07860 - ✆ 971 32 31 60 - www.canajoanaformentera.com - solo cena - mayo-octubre

en la platja de Cala Saona Suroeste : 5,5 km

Cala Saona

TRADICIONAL • CONTEMPORÁNEA Disfruta de una situación ideal, al pie de la bellísima playa Cala Saona, y ofrece unas habitaciones de línea contemporánea, todas dominadas por los tonos blancos y la profusión de madera. El restaurante destaca por la noche, con una oferta más gastronómica.

96 hab - †83/560 € ††120/700 € - 2 suites

✉ 07860 Sant Francesc de Formentera - ✆ 971 32 20 30 - www.hotelcalasaona.com

SANT FERRAN DE SES ROQUES Mapa regional : **4**-A2

Sant Francesc de Formentera 3 km
Mapa de carreteras Michelin n° 579-C11

en la carretera del Far de la Mola Sureste : 2,5 km

Can Dani

CREATIVA • SIMPÁTICA X Un restaurante de ambiente mediterráneo-actual que destaca y sorprende en la isla. Aquí hacen mucho con relativamente poco, pues proponen una cocina creativa de temporada que va evolucionando según su clientela. Ensalzan los productos autóctonos, cuidan los detalles e intentan ser respetuosos con los sabores.

Menú 79 € - Carta 48/78 €

carret. de la Mola, km 8,5 ✉ 07871 Sant Ferrán de ses Roques - ✆ 971 32 85 05 - www.candaniformentera.com - solo cena - cerrado lunes, martes y miércoles en invierno - Semana Santa-octubre y resto del año como bistró

ISLAS CANARIAS

La gastronomía canaria ha forjado su identidad en base a la diversidad y al mestizaje, pues combina los ingredientes de producción propia con los llegados tanto desde la península como de Latinoamérica. Dentro de su sencillez se caracteriza por su eclecticismo, pues es habitual que las recetas evolucionen de distinta manera en cada una de las islas e islotes que forman el archipiélago.

Las especialidades culinarias:
Debe probar las Papas arrugadas, unas patatas de pequeñísimo tamaño que son hervidas con piel y presentadas, tal cual, con dos tipos de salsas (Mojo rojo y Mojo verde). También son típicos el Potaje de berros, el Conejo en salmorejo, la Vieja sancocha (un pescado autóctono guisado)… Muchos platos van acompañados del tradicional Gofio, una antiquísima elaboración, ya conocida por los guanches, en base a cereales tostados. En lo que respecta a los postres los más populares son el Bienmesabe y el incomparable Plátano de Canarias.

1 630 015 h.

- Mapa regional n° 5
- Mapa de carreteras Michelin n° 125

G. Azumendi/age fotostock

ISLAS CANARIAS

ISLAS CANARIAS

1 630 015 h. - Mapa regional : **5**-B2
Mapa de carreteras Michelin nº 125

GRAN CANARIA

AGÜIMES - 30 294 h. - Alt. 275 m - Mapa regional : **5**-B2

Las Palmas de Gran Canaria 33 km
Mapa de carreteras Michelin nº 125-F3

en la playa de Arinaga Sureste : 8 km

Nelson

REGIONAL • AMBIENTE CLÁSICO X Ofrece un bar de espera, una sala clásica con vistas al mar y una agradable terraza donde sirven tapas y medias raciones. Cocina tradicional basada en los pescados autóctonos.

Menú 40 € - Carta 30/48 €

av. Polizón 47 ✉ 35118 Arinaga - ✆ 928 18 08 60 - www.restaurantenelson.com - cerrado del 1 al 15 de septiembre, domingo noche y lunes

ARGUINEGUÍN - 2 347 h. - Mapa regional : **5**-B2

Las Palmas de Gran Canaria 63 km
Mapa de carreteras Michelin nº 125-C4

en la playa de Patalavaca Noroeste : 2 km

La Aquarela

CREATIVA • ELEGANTE XXX Se encuentra en un recinto semiprivado, con un bar, un comedor actual y una coqueta terraza asomada a una piscina. La carta, de destacable corte internacional y creativo durante las cenas, se vuelve algo más sencilla para los almuerzos.

Menú 65/79 € - Carta 55/70 €

barranco de la Verga (edificio Aquamarina), carret GC-500 ✉ 35129 Patalavaca - ✆ 928 73 58 91 - www.restaurantelaaquarela.com - solo cena de marzo a octubre - cerrado 15 mayo-junio y lunes

222ºSW

CARNES • DE DISEÑO XX Moderno restaurante con cuyo nombre se recuerda al punto geográfico por donde sale el sol en invierno. Su carta contempla desde carnes seleccionadas a pescados al grill.

Carta 40/59 €

barranco de la Verga (Hotel Radisson Blu) ✉ 35129 Patalavaca - ✆ 928 90 60 36 - www.restaurant222.com - solo cena

ARUCAS - 37 054 h. - Mapa regional : **5**-B2

Las Palmas de Gran Canaria 17 km
Mapa de carreteras Michelin nº 125-E2

Casa Brito

COCINA TRADICIONAL • RÚSTICA XX Casa de ambiente rústico que sorprende por el nivel de su cocina. Aquí apuestan por una carta tradicional especializada en carnes a la brasa, dándole el punto adecuado a carnes de vacuno de Alemania, Uruguay, Galicia, Asturias, Castilla...

Menú 27/36 € - Carta 20/38 €

pasaje Ter 17 (Visvique), Sur : 1,5 km ✉ 35412 - ✆ 928 62 23 23 - www.casabrito.com - cerrado Semana Santa, 29 agosto-14 septiembre, domingo noche, lunes y martes salvo festivos

CRUZ DE TEJEDA - 2 001 h. - Mapa regional : **5**-B2

Las Palmas de Gran Canaria 50 km
Mapa de carreteras Michelin n° 125-D2

Parador Cruz de Tejeda

TRADICIONAL • CLÁSICA Tranquilidad, relax y... ¡buenas vistas! Este parador se desmarca un poco de la oferta dominante en la isla para complacer a un cliente de senderismo y naturaleza. El restaurante, de línea clásica, propone descubrir los mejores platos del recetario regional.

43 hab - 85/160 € - 19 € - 1 suite

Cruz de Tejeda 35328
- 928 01 25 00 - www.parador.es

MASPALOMAS - 36 065 h. - Mapa regional : **5**-B2

Las Palmas de Gran Canaria 50 km
Mapa de carreteras Michelin n° 125-E4

junto al faro

Las Rías

GALLEGA • AMBIENTE CLÁSICO XX Forma parte del hotel Costa Meloneras y atesora magníficas vistas, pues tiene un acceso desde el paseo que da al mar. ¡Buenos pescados y mariscos, tanto gallegos como locales!

Carta 35/64 €

boulevard El Faro 21 (Hotel Costa Meloneras) 35100 Maspalomas
- 928 14 00 62 - www.restaurantelasriasmaspalomas.com

El Churrasco Meloneras

CARNES • BRASSERIE XX Un asador argentino con vistas al mar. Su carta está especializada en carnes a la parrilla, aunque también ofrece pescados y algún arroz. ¡El personal lleva detalles gauchos!

Carta 30/50 €

boulevard El Faro 21 (Hotel Costa Meloneras) 35100 Maspalomas
- 928 14 88 83 - www.elchurrascorestaurante.com

Grand H. Residencia

LUJO • ELEGANTE Complejo hotelero formado por una serie de villas de estilo canario, todas bien distribuidas en torno a una bella terraza con piscina. Distinguido confort y una exquisita decoración. El restaurante, de ambiente elegante y cocina internacional, atesora una entrañable terraza elevada sobre la piscina.

73 hab - 253/683 € 332/910 € - 21 suites

av. del Oasis 32 35100 Maspalomas
- 928 72 31 00 - www.grand-hotel-residencia.com

en la playa del Inglés

Rías Bajas

GALLEGA • AMBIENTE CLÁSICO XX Tras muchos años de trabajo se ha convertido, gracias a su profesionalidad y buen hacer, en todo un clásico de la isla. Su nombre evidencia una cocina sumergida en el recetario gallego, siendo la especialidad los pescados y mariscos.

Carta 30/55 €

av. de Tirajana 26, edificio Playa del Sol 35100 Maspalomas
- 928 76 40 33 - www.riasbajas-playadelingles.com

en San Agustín

Bamira

CREATIVA • AMBIENTE EXÓTICO XX Ofrece una sala colorista, vestida con cuadros del propietario, así como una cocina de fusión que bebe de la tradición culinaria asiática y centroeuropea. En el piso superior encontrará una terraza, siendo en ella su oferta más sencilla.

Menú 78 € - Carta 30/55 €

Los Pinos 11, Playa del Águila ✉ 35100 San Agustín - ✆ 928 76 76 66 - www.bamira.com - solo cena - cerrado del 16 al 25 de diciembre, junio-25 septiembre y miércoles

en la urbanización Salobre Golf Oeste : 4 km y desvío a la derecha 3 km

Sheraton Salobre

CADENA HOTELERA • MODERNA Un oasis de lujo, confort y diseño... ien un paraje desértico! Ofrece habitaciones de gran calidad, con una decoración moderna bien integrada en el entorno y varias piscinas, una panorámica. Sus bares y restaurantes proponen una variada oferta gastronómica.

286 hab - †175/295 € ††195/375 € - 27 suites

Swing, salida 53 autovía GC1 ✉ 35100 Maspalomas - ✆ 928 94 30 00 - www.sheratongrancanaria.com

LAS PALMAS DE GRAN CANARIA - 379 766 h. - Mapa regional : **5**-B2

Maspalomas 50 km

Mapa de carreteras Michelin nº 125-G2

Planos páginas 670, 671

Deliciosamarta

CREATIVA • ACOGEDORA X Se halla en una calle peatonal del barrio de Triana y rompe un poco con el ambiente tradicional dominante en la isla, pues presenta una estética actual-minimalista con las paredes en piedra. Cocina actual, imaginativa y de mercado, con influencias catalanas.

Carta 27/39 €

Plano : B3-d - *Pérez Galdós 23 ✉ 35002 - ✆ 928 37 08 82 (es necesario reservar) - cerrado Semana Santa, 15 días en agosto, domingo y martes noche*

Ribera del Río Miño

GALLEGA • AMBIENTE CLÁSICO XXX Pueden presumir de sus productos, pues estos se traen directamente desde Galicia, Huelva y Madrid. Carta tradicional y gallega, especializada en pescados y con menú del día.

Menú 35 € - Carta 46/65 €

Plano : C2-b - *Olof Palme 21 ✉ 35010 - ✆ 928 26 44 31 - www.riberadelriomino.com*

La Terraza

CLÁSICA • ELEGANTE XXX Tiene prestigio y atesora personalidad propia respecto al hotel, repartiéndose entre una cuidada terraza y un interior clásico. Cocina del norte con guiños al producto local.

Menú 50/90 € - Carta 40/70 €

Plano : B2-z - *Hotel Santa Catalina, León y Castillo 227 ✉ 35005 - ✆ 928 24 30 40 - www.hotelsantacatalina.com*

El Churrasco

CARNES • RÚSTICA XX Si le gusta comer carne está de suerte, pues aquí encontrará la carne argentina de mejor calidad. La sala presenta un montaje bastante cuidado y, como suele ser habitual en estos casos, trabajan muy bien a la parrilla.

Carta 30/45 €

Plano : C2-c - *Olof Palme 33 ✉ 35010 - ✆ 928 27 20 77 - www.elchurrascorestaurante.com*

El Arrosar

GALLEGA • AMBIENTE CLÁSICO En este restaurante encontrará los platos propios del recetario gallego tradicional y, sobre todo, unos excelentes arroces, siendo estos últimos los que le han dado mayor popularidad.

Menú 25 € - Carta 24/55 €

Plano : D1-a - *Salvador Cuyás 10* ✉ *35008* - ✆ *925 27 26 45* - *www.elarrosar.com*

Santa Catalina

HISTÓRICO • HISTÓRICA Data de 1890 y es toda una referencia, pues combina el estilo colonial inglés con los típicos balcones canarios en madera. Ofrece excelentes salas de reuniones, habitaciones clásicas y un cálido restaurante repartido entre la terraza y un espacio interior.

202 hab - †97/234 € ††107/244 € - 2 suites

Plano : B2-z - *León y Castillo 227* ✉ *35005* - ✆ *928 24 30 40* - *www.hotelsantacatalina.com*

La Terraza - ver selección restaurantes

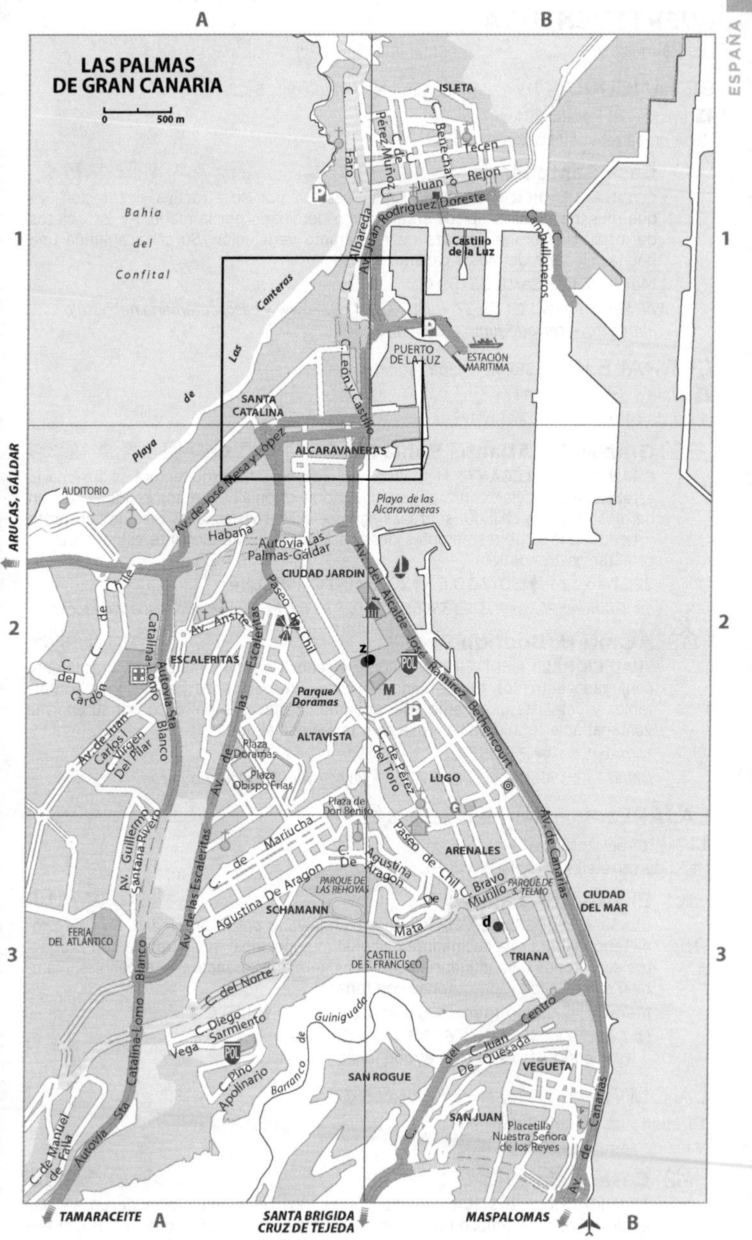
LAS PALMAS DE GRAN CANARIA
0
500 m
A
B
1
2
3
ISLETA
Bahia del Confital
Playa de Las Canteras
SANTA CATALINA
ALCARAVANERAS
PUERTO DE LA LUZ
ESTACIÓN MARITIMA
Castillo de la Luz
C. Faro
C. Pérez Muñoz
C. de Benecharo
C. Tecen
Juan Rejon
Av. Juan Rodriguez Doreste
Albareda
C. Cambulloneros
C. León y Castillo
Av. de José Mesa y López
Playa de las Alcaravaneras
AUDITORIO
C. Habana
Autovía Las Palmas-Gáldar
CIUDAD JARDIN
Av. del Alcalde José Ramirez Bethencourt
Paseo de Chil
Av. Anste
ESCALERITAS
C. de Chile
C. del Cardon
Autovía Sta Catalina-Lomo Blanco
Parque Doramas
ALTAVISTA
Av. de Juan Carlos I
C. Virgen Del Pilar
Plaza Doramas
Plaza Obispo Frias
C. de Pérez del Toro
LUGO
Av. de las Escaleritas
Plaza de Don Benito
C. de Mariucha
C. De Agustina De Aragon
Paseo de Chil
ARENALES
Av. de Canarias
Av. Guillermo Santana Rivero
PARQUE DE LAS REHOYAS
SCHAMANN
C. Agustina De Aragon
C. Bravo Murillo
PARQUE DE S. TELMO
CIUDAD DEL MAR
C. Mata
TRIANA
FERIA DEL ATLÁNTICO
CASTILLO DE S. FRANCISCO
C. del Norte
C. Diego Sarmiento
Vega
Guiniguada
Barranco de
C. Pino Apolinario
SAN ROGUE
del Centro
C. Juan De Quesada
VEGUETA
SAN JUAN
Placetilla Nuestra Señora de los Reyes
C. de Manuel de Falla
Autovía Sta Catalina-Lomo Blanco
Av. de Canarias
z
M
G
d
P
POL
ARUCAS, GÁLDAR
TAMARACEITE
SANTA BRIGIDA
CRUZ DE TEJEDA
MASPALOMAS

FUERTEVENTURA

Las Palmas

BETANCURIA - 713 h. - Alt. 395 m - Mapa regional : **5**-C2

Puerto del Rosario 29 km
Mapa de carreteras Michelin n° 125-G3

Casa Santa María

COCINA TRADICIONAL • RÚSTICA XX Destaca por su atractiva decoración, ya que muestra detalles típicos en un marco dominado por la madera y los objetos de inspiración árabe. Terraza de exuberante vegetación. Su carta aglutina una buena selección de platos canarios.

Menú 23 € - Carta 35/59 €

pl. Santa María 1 ✉ 35637 - ☎ 928 87 82 82 - www.casasantamaria.net - solo almuerzo - cerrado junio y domingo

CORRALEJO - 5 362 h. - Mapa regional : **5**-C2

Puerto del Rosario 38 km
Mapa de carreteras Michelin n° 125-I1

Gran Hotel Atlantis Bahía Real

GRAN LUJO • ELEGANTE Magnífico conjunto en cuya arquitectura se fusiona la estética neomudéjar con algunas influencias coloniales. Le sorprenderá con un hermoso espacio chill out sobre las aguas e idílicas vistas, a las islas de Lanzarote y Lobos. Entre sus restaurantes destaca La Cúpula, de elegante estilo clásico y carácter gastronómico.

226 hab - †150/300 € ††200/400 € - 16 suites

av. Grandes Playas 103 ✉ 35660 - ☎ 928 53 64 44 - www.atlantisbahiareal.com

Avanti H. Boutique

TRADICIONAL • MEDITERRÁNEA Déjese seducir por su luminosidad, grácilmente conjugada entre los tonos blancos y azul. Presenta unas habitaciones confortables y detallistas... sin embargo, debemos destacar la del ático por su enorme ventanal abierto a la bahía. ¡Relajante terraza-solárium!

14 hab - ††135/185 €

Delfín 1 ✉ 35660 - ☎ 928 86 75 23 - www.avantihotelboutique.com

LAJARES - 800 h. - Mapa regional : **5**-C2

Puerto del Rosario 32 km
Mapa de carreteras Michelin n° 125-H1

El Patio de Lajares

CLÁSICA • ELEGANTE XX Elegante y bien llevado por la propiedad. Su chef-propietario elabora una cocina internacional muy personal, pues trabaja con productos autóctonos bajo influencias culinarias germanas, francesas y españolas. ¡También ofrece habitaciones, todas con terraza!

Menú 41 € - solo menú 6 hab - †120 € ††140 €

La Cerca 9 ✉ 35650 - ☎ 650 13 40 30 (es necesario reservar) - www.patio-lajares.com - cerrado lunes y martes

LA OLIVA - 25 199 h. - Mapa regional : **5**-C2

Puerto del Rosario 22 km
Mapa de carreteras Michelin n° 125-H2

Casa Vieja

TRADICIONAL • RÚSTICA Levantado sobre los restos en piedra de un antiguo edificio. Posee un amplio porche-terraza y espaciosas habitaciones, estas con elegante mobiliario de aire rústico. Lo más atractivo son las villas independientes, todas con piscina privada y su propia cocina.

12 apartamentos - ††88/128 € - 10 hab

El Almendrero ✉ 35640 - ☎ 928 86 19 87 - www.oasiscasavieja.com

VILLAVERDE - 1 004 h. - Mapa regional : **5**-C2

Puerto del Rosario 27 km
Mapa de carreteras Michelin nº 125-I2

Casa Marcos

COCINA TRADICIONAL • RÚSTICA Un restaurante de ambiente rústico que, en su día, funcionó como tienda de alfarería. Posee una terraza y tres coquetas salitas, una junto a la cocina. Carta tradicional basada en la calidad del producto, siempre con primeros atrevidos y segundos más clásicos.

Menú 25 € - Carta 23/34 €

carret. General 35 ✉ 35640 - ☎ 928 86 82 85
- cerrado del 10 al 30 de junio, del 23 al 31 de diciembre, martes salvo verano, domingo noche y lunes

LANZAROTE

Las Palmas

ARRECIFE - 56 940 h. - Mapa regional : **5**-C1

Costa Teguise 7 km
Mapa de carreteras Michelin nº 125-E4

Lilium

REGIONAL • SENCILLA Se halla en La Marina, una zona de nueva construcción donde se presenta con la fachada acristalada, un interior actual con la cocina completamente vista y una bonita terraza mirando al embarcadero. Carta de cocina canaria bien actualizada.

Menú 20/38 € - Carta 26/40 €

Plano : B2-a - *av. Olof Palme, Marina Lanzarote ✉ 35500*
- ☎ 928 52 49 78 - www.restaurantelilium.com
- cerrado domingo

FAMARA - 48 h. - Mapa regional : **5**-C1

Arrecife 25 km
Mapa de carreteras Michelin nº 125-E3

El Risco

PESCADOS Y MARISCOS • SENCILLA Ocupa una casa realmente única, pues la diseñó y decoró el genial César Manrique para su hermano. Cocina marinera con elaboraciones actuales y fantásticas vistas a la cala.

Carta 30/42 €

Montaña Clara 30 ✉ 35530 - ☎ 928 52 85 50 - www.restauranteelrisco.com
- cerrado domingo noche

MÁCHER - 749 h. - Mapa regional : **5**-C1

Arrecife 16 km
Mapa de carreteras Michelin nº 125-C4

La Tegala

MODERNA • A LA MODA Un restaurante moderno donde se apuesta por una cocina actual elaborada con buen producto. Atesora una sala acristalada de carácter panorámico, dos privados y una bodega.

Menú 45 € - Carta 40/59 €

carret. Tías-Yaiza 60 ✉ 35572 - ☎ 928 52 45 24 - www.lategala.com
- cerrado domingo

PLAYA BLANCA - 2 163 h. - Mapa regional : **5**-C2

Arrecife 38 km
Mapa de carreteras Michelin nº 125-B5

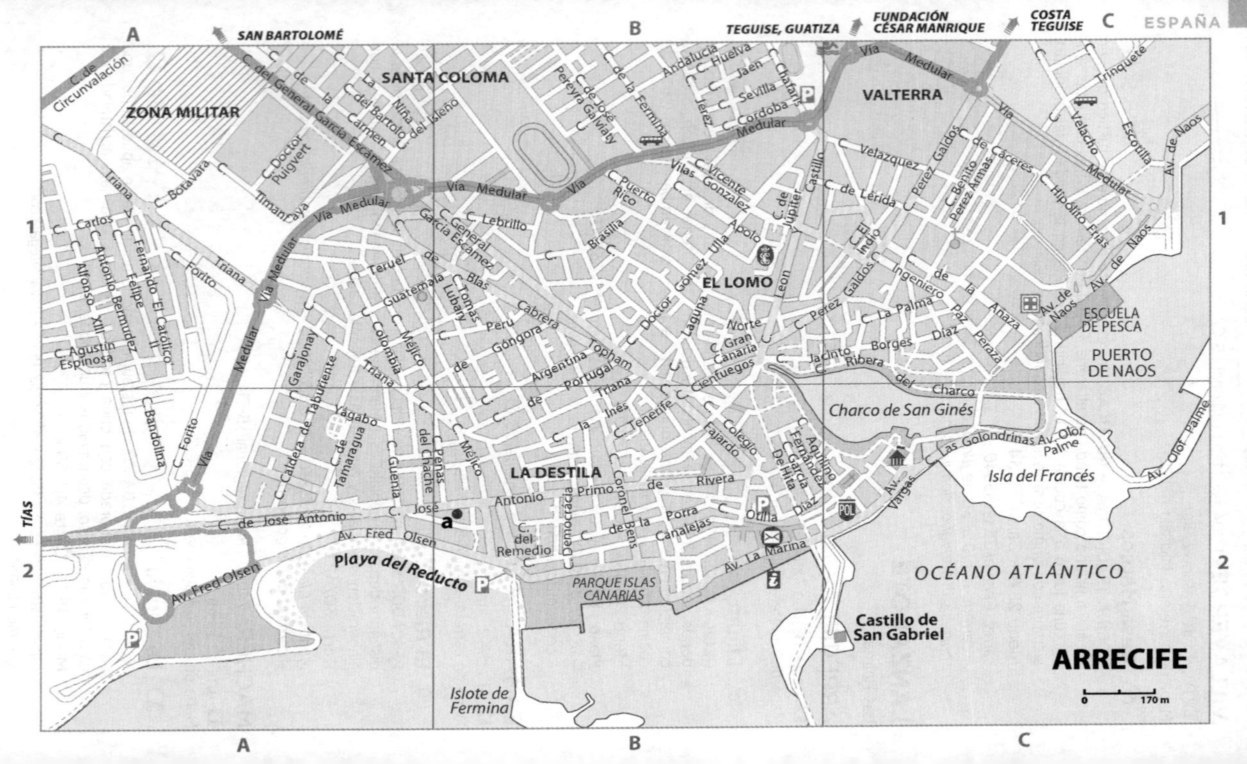

ARRECIFE
0
170 m
SAN BARTOLOMÉ
TEGUISE, GUATIZA
FUNDACIÓN CÉSAR MANRIQUE
COSTA TEGUISE
TÍAS
ZONA MILITAR
SANTA COLOMA
VALTERRA
EL LOMO
LA DESTILA
ESCUELA DE PESCA
PUERTO DE NAOS
Charco de San Ginés
Isla del Francés
OCÉANO ATLÁNTICO
Castillo de San Gabriel
Islote de Fermina
PARQUE ISLAS CANARIAS
Playa del Reducto
Vía Medular
C. de Circunvalación
C. del General García Escamez
Av. de Naos
Av. Olof Palme
Las Golondrinas
Av. Vargas
Av. La Marina
Av. Fred Olsen
C. de José Antonio
Triana

Isla de Lobos

REGIONAL • AMBIENTE CLÁSICO XXX Un restaurante clásico-mediterráneo de notable valor, pues a su cuidado montaje va unida la idea culinaria de recuperar los sabores autóctonos de esta isla. Agradable terraza sobre el paseo marítimo, con vegetación y vistas a la playa.

Menú 48/65 € - Carta 47/73 €

Hotel Princesa Yaiza, av. Papagayo 22 ✉ 35580
- ✆ 928 51 92 22 - www.princesayaiza.com - solo cena
- cerrado 15 días en diciembre, domingo y lunes

Princesa Yaiza

LUJO • ELEGANTE Resulta sorprendente, ya que es como un pueblecito a pie de mar donde imperan la amabilidad y el trato personalizado. Disfruta de amplias zonas sociales, piscinas de todo tipo, buenas instalaciones deportivas y diversos tipos de habitaciones, todas con terraza y una estética colonial. Oferta gastronómica variada y de gran calidad.

225 suites - 162/206 € 220/307 € - 160 hab

av. Papagayo 22 ✉ 35580
- ✆ 928 51 92 22 - www.princesayaiza.com

Isla de Lobos - ver selección restaurantes

PLAYA HONDA - 10 081 h. - Mapa regional : 5-C2

Arrecife 2 km

Mapa de carreteras Michelin n° 125-D4

Aguaviva

MODERNA • ACOGEDORA XX Agradable restaurante instalado en un chalet de una zona residencial. En sus salas, decoradas con numerosos detalles, podrá degustar una cocina actual de base tradicional.

Carta 40/57 €

Mástil 31 ✉ 35509
- ✆ 928 82 15 05 - www.restauranteaguaviva.com
- cerrado 15 días en septiembre, domingo noche y lunes

PUERTO CALERO - 27 h. - Mapa regional : 5-C2

Arrecife 20 km

Mapa de carreteras Michelin n° 125-C5

Amura

COCINA TRADICIONAL • ELEGANTE XXX Sorprende por su original construcción de aire colonial, contrastando el blanco exterior con un interior más colorista. Gran terraza asomada a la marina y cocina tradicional.

Menú 38 € - Carta 30/47 €

paseo Marítimo ✉ 35771
- ✆ 928 51 31 81 - www.restauranteamura.com

PUERTO DEL CARMEN - 7 045 h. - Mapa regional : 5-C2

Arrecife 15 km

Mapa de carreteras Michelin n° 125-D5

La Taberna de Nino

COCINA TRADICIONAL • RÚSTICA Pequeño local de aire rústico ubicado junto a la turística Avenida de las Playas. Su amplia carta de tapas y raciones se completa con algunos platos tradicionales más serios.

Tapa 8 € - Ración aprox. 10 €

Tanausú 2 ✉ 35510 - ✆ 928 51 57 83

TENERIFE

Santa Cruz de Tenerife

LAS CAÑADAS DEL TEIDE Alt. 2 160 m – Mapa regional : **5**-B2

Santa Cruz de Tenerife 67 km
Mapa de carreteras Michelin nº 125-F3

Parador de Las Cañadas del Teide

TRADICIONAL • CLÁSICA Edificio de aire montañés emplazado en un paraje volcánico de extraordinaria belleza. Presenta unas instalaciones de línea clásica-funcional, con una discreta zona noble de ambiente rústico y habitaciones bien equipadas, todas de línea clásica. El restaurante, muy luminoso, es fiel a la gastronomía regional.

37 hab – ††85/170 € – 19 €

Las Cañadas del Teide ✉ 38300
– ✆ 922 38 64 15 – www.parador.es

CHIMICHE Mapa regional : **5**-B2

Santa Cruz de Tenerife 56 km
Mapa de carreteras Michelin nº 125-F5

Casa Fito

REGIONAL • RÚSTICA Coqueto, de ambiente rústico y ubicado junto a la carretera. Aquí proponen una carta que combina los platos a la parrilla con elaboraciones propias de dos cocinas, la canaria y la tradicional española. ¡Pruebe su Chuleta de vacuno mayor madurado a la brasa!

Carta 23/45 €

carret. general del Sur 4 ✉ 38594
– ✆ 922 77 72 79 – www.casafitochimiche.com
– solo almuerzo salvo viernes y sábado
– cerrado 22 diciembre-5 enero y 26 junio-2 julio y martes

LOS CRISTIANOS – 7 681 h. – Mapa regional : **5**-A2

Santa Cruz de Tenerife 75 km
Mapa de carreteras Michelin nº 125-D5

El Rincón del Arroz

COCINA TRADICIONAL • AMBIENTE CLÁSICO Cuidado, apartado del bullicio turístico y con el dueño al frente de los fogones. Ofrece unas acogedoras instalaciones, una buena bodega y los arroces como gran especialidad.

Carta 27/48 €

av. Los Sabandeños (edificio Soledad, Local 1) ✉ 38650
– ✆ 922 77 77 41 – www.rincondelarroz.com
– cerrado 15 junio-15 julio, del 10 al 20 de septiembre, domingo noche y lunes

Casa Tagoro

INTERNACIONAL • BISTRÓ En pleno centro de Los Cristianos y llevado directamente por su chef-propietario. Presenta una decoración muy personal, tipo bistró, y una carta de gusto internacional.

Menú 35/59 € – Carta 25/43 €

Valle de Menéndez 28 ✉ 38650
– ✆ 822 66 08 33 – www.casatagoro.com
– solo cena salvo domingo – cerrado 20 junio-21 julio y lunes

GARACHICO – 4 966 h. – Mapa regional : **5**-A1

Santa Cruz de Tenerife 61 km
Mapa de carreteras Michelin nº 125-C3

San Roque

HISTÓRICO • ACOGEDORA Casa señorial del s. XVIII distribuida en torno a un patio canario, con balconadas de madera. Sus coquetas estancias combinan los detalles modernos con el confort actual. El restaurante, que tiene un uso polivalente para los tres servicios del día, extiende sus mesas hasta el porche que rodea la piscina.

20 hab - 120/200 € 180/265 € - 7 suites

Esteban de Ponte 32 ✉ 38450
- ✆ 922 13 34 35 - www.hotelsanroque.com

LOS GIGANTES Mapa regional : **5**-A2

Santa Cruz de Tenerife 90 km
Mapa de carreteras Michelin n° 125-B4

El Rincón de Juan Carlos (Juan Carlos Padrón)

CREATIVA • DE DISEÑO XX Se halla en una zona turística y... ¡sorprende en todos los sentidos! Cuidado interior de línea moderna y cocina creativa de gran nivel, destacando sobre todo por sus salsas.

→ Pétalos de cebolla asada con parmesano y trufa. Cherne con gazpachuelo de vinagre macho. Maíz, yogur y tamarindo.

Menú 60/80 € - Carta 43/72 €

pasaje Jacaranda 2 ✉ 38683
- ✆ 922 86 80 40 - www.elrincondejuancarlos.es - solo cena
- cerrado del 10 al 18 de diciembre, 17 dias en julio, del 3 al 11 de septiembre, domingo y lunes

GUÍA DE ISORA - 20 373 h. - Mapa regional : **5**-A2

Santa Cruz de Tenerife 95 km
Mapa de carreteras Michelin n° 125-C4

al Suroeste 12,5 km

M.B.

CREATIVA • AMBIENTE CLÁSICO XXXXX He aquí un restaurante que sin duda le sorprenderá, tanto por la exquisitez del montaje como por la excelencia del servicio. Su cocina de autor conjuga las mejores materias primas con una exquisita técnica y unas esmeradas presentaciones.

→ Ensalada tibia de tuétanos de verdura con marisco, crema de lechuga de caserío y jugo. Solomillo "Luismi" sobre terrina de patata y salsa perigueux. Soufflé de chocolate con crema helada de caramelo, espaguetis de arroz con leche y su canela en rama.

Menú 140/169 € - Carta 108/121 €

Hotel The Ritz-Carlton Abama, carret. TF 47, km 9 ✉ 38687 Guía de Isora
- ✆ 922 12 60 00 - www.ritzcarlton.com - solo cena
- cerrado 5 junio-16 julio, domingo y lunes

Kabuki

JAPONESA • AMBIENTE EXÓTICO XXX Sushi, sashimi, tempura, la excepcional carne de buey Wagyu... estas son solo algunas de las especialidades que encontrará en este restaurante, fiel al recetario japonés aunque con detalles actuales. Sereno interior de estética minimalista.

→ Usuzukuri de toro y "pa amb tomaquet". Gyo-take nabe, cazuela de setas estofadas en caldo sukiyaki con wagyu. Degustación de mochis.

Menú 107/140 € - Carta 59/90 €

Hotel The Ritz-Carlton Abama, carret. TF 47, km 9 ✉ 38687 Guía de Isora
- ✆ 922 12 60 00 - www.ritzcarlton.com - solo cena
- cerrado 4 septiembre-2 octubre y martes

The Ritz-Carlton Abama

GRAN LUJO • ELEGANTE En este espectacular complejo encontrará hermosos jardines y terrazas, todo repleto de palmeras, así como un campo de golf y hasta un club de playa. Excelente zona social, magníficas habitaciones y amplia oferta gastronómica, por lo que en sus restaurantes podrá degustar elaboraciones tradicionales, especialidades japonesas y deliciosos platos de autor.

367 hab – †220/340 € ††280/410 € – 102 suites

carret. TF 47, km 9 ✉ 38687 Guía de Isora – ✆ 922 12 60 00 – www.ritzcarlton.com

✿✿ **M.B.** • ✿ **Kabuki** – ver selección restaurantes

GÜIMAR – 18 777 h. – Alt. 290 m – Mapa regional : **5**-B2

Santa Cruz de Tenerife 36 km

Mapa de carreteras Michelin nº 125-G3

Finca Salamanca

AGROTURISMO • RÚSTICA Ubicado en una amplia finca dotada con... ¡un jardín botánico! Ofrece una zona social clásica y diferentes tipos de habitaciones repartidas por varios edificios, la mayoría espaciosas, rústicas y con terraza. El restaurante, también rústico y con una sala polivalente, propone una cocina de gusto tradicional.

16 hab – †59/119 € ††91/168 € – 4 suites

carret. Puertito 2, Sureste : 1,5 km ✉ 38500 – ✆ 922 51 45 30 – www.hotel-fincasalamanca.com

LA OROTAVA – 41 317 h. – Alt. 390 m – Mapa regional : **5**-B1

Santa Cruz de Tenerife 36 km

Mapa de carreteras Michelin nº 125-F3

Lucas Maes

MODERNA • AMBIENTE CLÁSICO XX Casa a modo de chalet dotada con tres salas de línea actual, una de ellas acristalada y con vistas tanto al jardín como al mar. Cocina semivista y carta actualizada de base tradicional, bien enriquecida con dos menús degustación.

Menú 40/60 € – Carta 29/45 €

barranco de la Arena 53, autopista de Santa Cruz, salida 32 ✉ 38300 – ✆ 922 32 11 59 – www.restaurantelucasmaes.com – cerrado Semana Santa, 25 agosto-6 septiembre, domingo y lunes

PLAYA DE LAS AMÉRICAS Mapa regional : **5**-A2

Santa Cruz de Tenerife 75 km

Mapa de carreteras Michelin nº 125-D5

G.H. Bahía del Duque

LUJO • CLÁSICA Espectacular complejo dotado con un bello hall y unas cuidadas habitaciones, muchas en edificios independientes tipo villa. Vegetación subtropical en torno a varias piscinas. Su excelente oferta culinaria engloba restaurantes de cocina actual, franco-belga, italiana... y hasta oriental de fusión.

300 hab – †387/804 € ††420/894 € – 51 suites – 40 apartamentos

av. de Bruselas (playa del Duque) ✉ 38660 – ✆ 922 74 69 32 – www.bahia-duque.com

Vincci La Plantación del Sur

CADENA HOTELERA • ACOGEDORA Hotel de ambiente canario y carácter vacacional dotado con unas confortables habitaciones, las más independientes denominadas "villas" y todas con una estética colonial-isleña. Completo SPA con centro de belleza y restaurante especializado en cocina canaria.

163 hab – ††180/250 €

Roque Nublo 1 ✉ 38670 – ✆ 922 71 77 73 – www.vinccihoteles.com

Jardín Tropical

RESORT • MEDITERRÁNEA Sorprende por la integración de elementos arquitectónicos árabes en una vegetación formada por... ¡12.000 m² de jardines tropicales! Zona social con detalles de diseño, habitaciones actuales e interesantes restaurantes, como Las Rocas por sus vistas al mar.

390 hab - 115/325 € 164/468 € - 5 suites

Gran Bretaña ✉ 38660 - ✆ 922 74 60 00 - www.jardin-tropical.com

PUERTO DE LA CRUZ - 29 412 h. - Mapa regional : **5**-B1

Santa Cruz de Tenerife 36 km
Mapa de carreteras Michelin nº 125-F2

Régulo

REGIONAL • AMBIENTE CLÁSICO X Instalado en una casa canaria del s. XVIII que destaca por su bello patio interior, dotado con una balconada. En sus salas, repartidas en dos plantas y de línea clásica, podrá degustar especialidades isleñas y platos de gusto internacional.

Carta 25/40 €

San Felipe 16 ✉ 38400 - ✆ 922 38 45 06 - www.restauranteregulo.com - cerrado julio, domingo y lunes mediodía

SAN ANDRÉS Mapa regional : **5**-B1

Santa Cruz de Tenerife 8 km
Mapa de carreteras Michelin nº 125-J2

La Posada del Pez

COCINA TRADICIONAL • FAMILIAR X Se halla a la entrada del pueblo, en un llamativo edificio adornado con una balconada de madera. En su comedor, de amable rusticidad, le ofrecerán una cocina tradicional actualizada especializada en pescados, sobre todo de la zona pero también de la península.

Carta 21/39 €

carret. Taganana 2 ✉ 38140 - ✆ 922 59 19 48 - www.restaurantelaposadadelpez.es - cerrado domingo noche y lunes

SANTA CRUZ DE TENERIFE - 203 811 h. - Mapa regional : **5**-B1

Playa de las Américas 75 km - Puerto de la Cruz 36 km
Mapa de carreteras Michelin nº 125-J2

Kazan

JAPONESA • DE DISEÑO XX Su nombre nipón significa "Volcán", por lo que a través de él hacen un guiño tanto a la isla como a la explosión sensorial que provocan al comensal. Ofrecen un montaje actual, con una atractiva barra de sushi, y una cocina japonesa de calidad que valora la creatividad, los contrastes, la perfección en los cortes...

➜ Ensalada de moluscos y sésamo. Almejas en tempura verde. Sashimi de fruta y yuzu.

Menú 50/80 € - Carta 30/57 €

Plano : C2-c - *Paseo Milicias de Garachico 1, local 4 ✉ 38004 - ✆ 922 24 55 98 - www.restaurantekazan.com*

Los Cuatro Postes

COCINA TRADICIONAL • AMBIENTE CLÁSICO XX Esté en pleno centro y ofrece dos salas de línea clásica, ambas repletas de fotografías con clientes famosos. Buen expositor, vivero de marisco y completa carta tradicional.

Carta 29/53 €

Plano : C2-k - *Emilio Calzadilla 5 ✉ 38002 - ✆ 922 28 73 94 - cerrado 15 días en agosto y domingo*

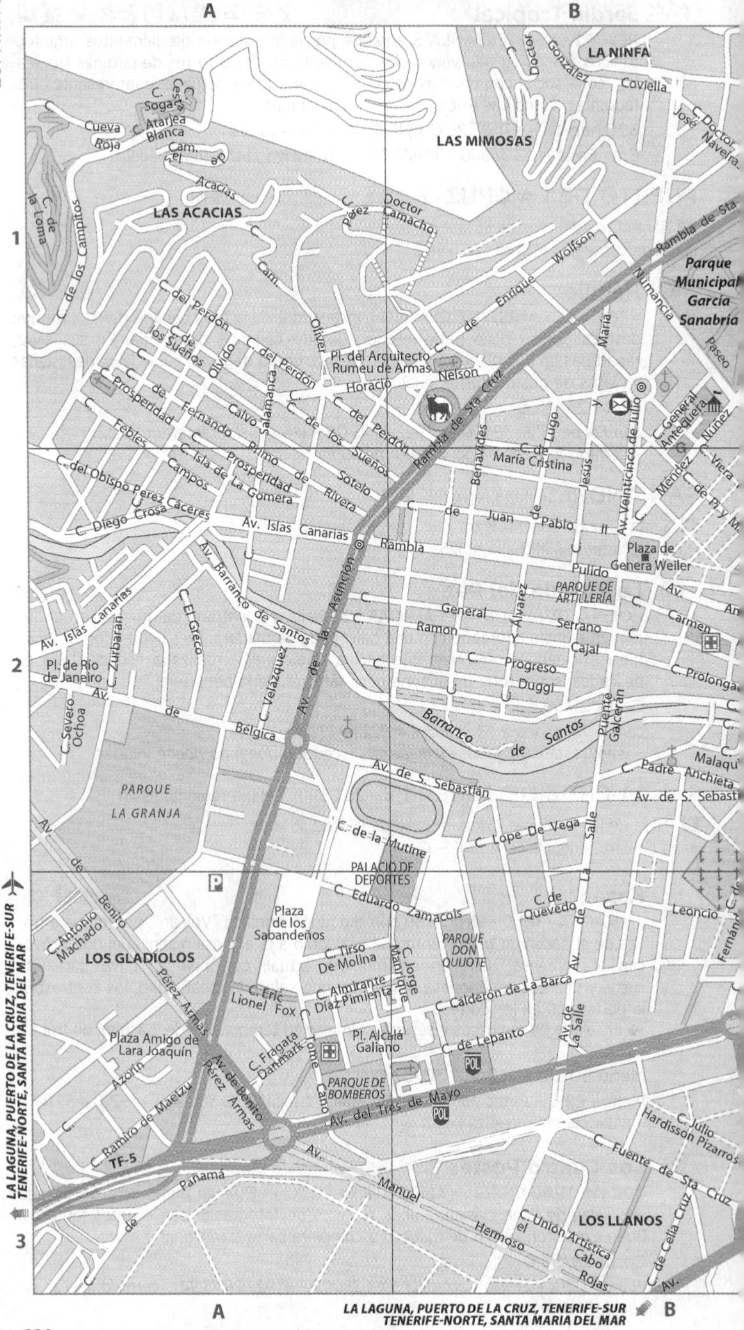

A B

1 2 3

LA NINFA
LAS MIMOSAS
LAS ACACIAS
Parque Municipal García Sanabria
PARQUE DE ARTILLERÍA
PARQUE LA GRANJA
PALACIO DE DEPORTES
PARQUE DON QUIJOTE
PARQUE DE BOMBEROS
LOS GLADIOLOS
LOS LLANOS

C. Doctor González
Coviella
C. Doctor José Naveiras
C. Cesta
C. Soga
Cueva Roja
C. Atarjea Blanca
Cam. de la Acacias
C. de la Loma
C. de los Campitos
C. Pérez
Doctor Camacho
Cam.
C. de Enrique Wolfson
Rambla de Sta Cruz
Numancia
Paseo
C. del Perdón
C. de los Sueños
Olvido
Oliver
Pl. del Arquitecto Rumeu de Armas
Nelson
Horacio
C. Prosperidad
C. de Fernando Primo de Rivera
Calvo Sotelo
Salamanca
C. Febles Campos
C. Isla de La Gomera
C. del Obispo Pérez Cáceres
C. Diego Crosa
Av. Islas Canarias
C. de María Cristina
Benavides
Lugo
Jesús y María
Av. Veinticinco de Julio
C. General Antequera
C. Méndez Núñez
C. Viera
C. de Pi y M...
C. de Juan Pablo II
Rambla
Pulido
Plaza de Genera Weiler
Av. Asunción
Av. de la Asunción
Av. Barranco de Santos
C. El Greco
C. Zurbarán
Av. Islas Canarias
Pl. de Río de Janeiro
C. General Serrano
C. Ramón y Cajal
C. Álvarez de Lugo
Av. Carmen...
C. Prolonga...
C. Progreso
Duggi
Puente Galcerán
Barranco de Santos
C. Velázquez
Av. de Bélgica
C. Severo Ochoa
Av. de S. Sebastián
C. Padre Anchieta
Malaqu...
C. de la Mutine
C. Lope De Vega
Av. de La Salle
C. Eduardo Zamacois
C. de Quevedo
Leoncio
Fernand...
Plaza de los Sabandeños
C. Antonio Machado
Av. de Benito Pérez Armas
C. Tirso De Molina
C. Jorge Manrique
C. Almirante Díaz Pimienta
C. Eric Lionel Fox
C. Calderón de La Barca
C. Tome Cano
Pl. Alcalá Galiano
C. de Lepanto
Plaza Amigo de Lara Joaquín
Azorín
C. Fragata Danmark
Av. de Benito Pérez Armas
Av. del Tres de Mayo
C. Ramiro de Maeztu
TF-5
Av. de Panamá
Av. Manuel Hermoso
C. Julio Hardisson Pizarro
C. Fuente de Sta Cruz
C. Unión Artística el Cabo
Rojas
C. de Celia Cruz
Av.
POL
P

LA LAGUNA, PUERTO DE LA CRUZ, TENERIFE-SUR TENERIFE-NORTE, SANTA MARIA DEL MAR

LA LAGUNA, PUERTO DE LA CRUZ, TENERIFE-SUR TENERIFE-NORTE, SANTA MARIA DEL MAR

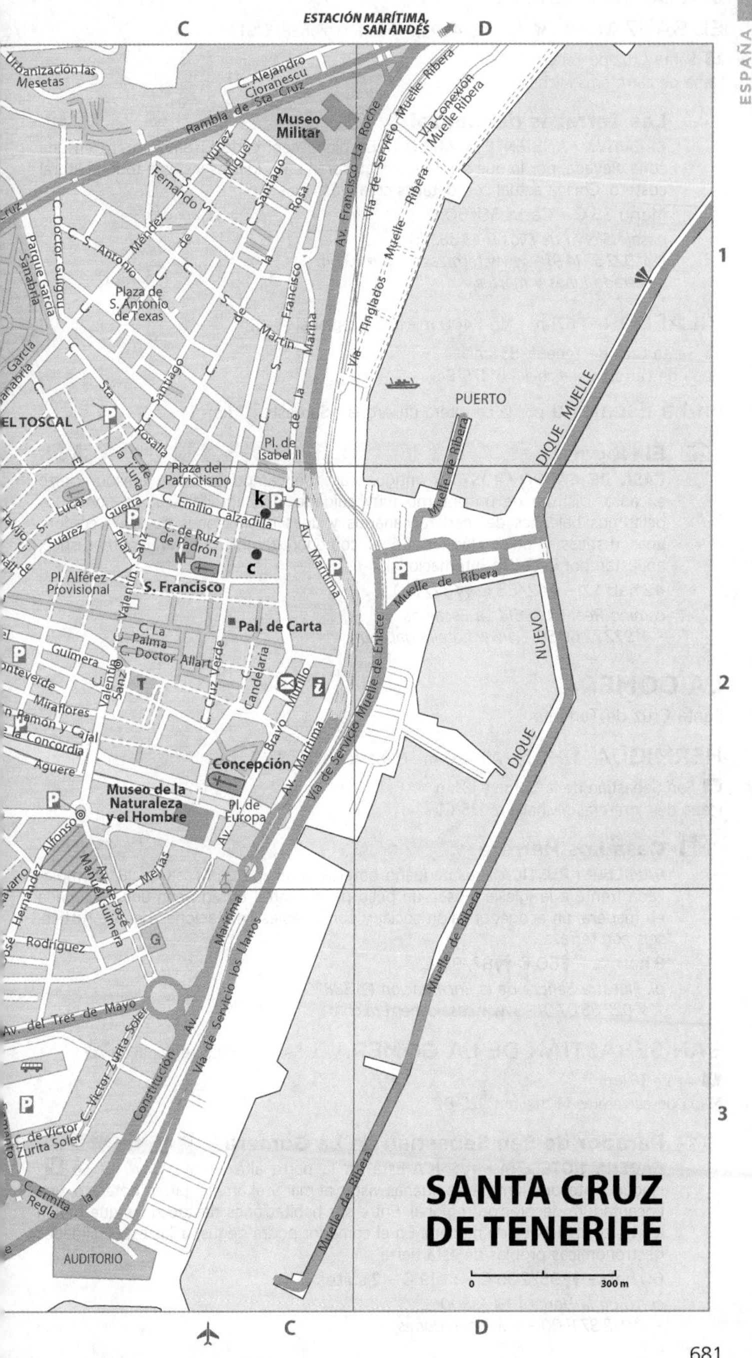
SANTA CRUZ
DE TENERIFE
ESTACIÓN MARÍTIMA, SAN ANDÉS
C
D
1
2
3
Museo Militar
PUERTO
DIQUE MUELLE
NUEVO
DIQUE
Muelle de Ribera
Av. Francisco La Roche
Vía de Servicio Muelle Ribera
Vía Conexión Muelle Ribera
Vía Tinglados Muelle Ribera
Rambla de Sta Cruz
C. Alejandro Cioranescu
Urbanización las Mesetas
EL TOSCAL
Plaza de S. Antonio de Texas
Pl. de Isabel II
Plaza del Patriotismo
C. Emilio Calzadilla
C. de Ruiz de Padrón
S. Francisco
Pl. Alférez Provisional
Pal. de Carta
Av. Marítima
Vía de Servicio Muelle de Enlace
Concepción
Museo de la Naturaleza y el Hombre
Pl. de Europa
Bravo Murillo
C. Candelaria
C. Cruz Verde
C. Doctor Allart
C. La Palma
Guimera
Miraflores
San Ramón y Cajal
Aguere
Rodríguez
Av. de José Manuel Guimerá
C. Mejías
Av. del Tres de Mayo
C. Víctor Zurita Soler
C. de Víctor Zurita Soler
C. Ermita la Regla
Constitución
Vía de Servicio los Llanos
AUDITORIO
0
300 m

EL SAUZAL - 8 930 h. - Alt. 450 m - Mapa regional : **5**-B1

Santa Cruz de Tenerife 24 km
Mapa de carreteras Michelin n° 125-G2

Las Terrazas del Sauzal

CREATIVA • AMBIENTE CLÁSICO XX En pleno centro de El Sauzal pero en una zona elevada, por lo que sus terrazas atesoran unas idílicas vistas a todo el litoral costero. Cocina actual con detalles creativos.

Menú 35 € - Carta 30/50 €

pasaje Sierva de Dios 9 ✉ 38360
- ✆ 922 57 14 91 - www.terrazasdelsauzal.com
- cerrado lunes y martes

VILAFLOR - 1 671 h. - Alt. 1 400 m - Mapa regional : **5**-B2

Santa Cruz de Tenerife 83 km
Mapa de carreteras Michelin n° 125-E4

en La Escalona por la carretera de Arona - Suroeste : 7 km

El Nogal

CASA DE CAMPO • RÚSTICA Antigua casa de campo que aún atesora cierto encanto. Disfruta de un entorno muy cuidado, una agradable zona noble, los bellísimos balcones de madera canarios y unas habitaciones de buen confort, unas rústicas y otras clásicas. En el comedor, también de ambiente rústico, apuestan por la cocina internacional.

42 hab ☕ - 🚹42/85 € 🚹🚹62/150 €

camino Real ✉ 38614 La Escalona
- ✆ 922 72 60 50 - www.hotelnogal.com

LA GOMERA

Santa Cruz de Tenerife

HERMIGUA - 1 950 h. - Alt. 170 m - Mapa regional : **5**-A2

San Sebastián de la Gomera 18 km
Mapa de carreteras Michelin n° 125-C1

Casa Los Herrera

FAMILIAR • RÚSTICA Este pequeño hotel rural ocupa una casa de 1846 emplazada frente a la iglesia. Posee un bello patio central dotado con una balconada en madera, un acogedor salón social y confortables habitaciones de aire rústico, seis con terraza.

8 hab ☕ - 🚹60 € 🚹🚹87/90 €

pl. Nuestra Señora de la Encarnación ✉ 38820
- ✆ 922 88 07 01 - www.casalosherrera.com

SAN SEBASTIÁN DE LA GOMERA - 8 591 h. - Mapa regional : **5**-A2

Arure 36 km
Mapa de carreteras Michelin n° 125-D2

Parador de San Sebastián de La Gomera

CADENA HOTELERA • RÚSTICA Está en la parte alta de la ciudad y atesora, junto a las buenas vistas al mar y el amplio jardín botánico, una encantadora decoración regional. Entre sus habitaciones destacan las que tienen los típicos balcones de madera. En el comedor podrá degustar las especialidades gastronómicas propias de esta tierra.

60 hab - 🚹🚹95/205 € - ☕19 € - 2 suites

cerro de la Horca 1 ✉ 38800
- ✆ 922 87 11 00 - www.parador.es

EL HIERRO

Santa Cruz de Tenerife

VALVERDE - 4 870 h. - Alt. 600 m - Mapa regional : **5**-A2

San Andrés 10 km
Mapa de carreteras Michelin nº 125-D2/E2

en el Mirador de la Peña Oeste : 9 km

Mirador de La Peña

REGIONAL • AMBIENTE CLÁSICO XX Se trata de un restaurante muy especial, pues fue diseñado por el genial artista César Manrique y está considerado como un monumento por parte del cabildo. Cocina regional.

Menú 14/45 € - Carta 26/34 €

carret. de Guarazoca 40 ✉ 38916 Guarazoca - ✆ 922 55 03 00

en Las Playas Suroeste : 20 km

Parador de El Hierro 

TRADICIONAL • CLÁSICA El sosiego está asegurado en este parador, colgado sobre una playa de roca volcánica. La mayoría de sus habitaciones poseen mobiliario de línea clásica y unas bonitas vistas. El comedor, de aire regional, es idóneo para descubrir la gastronomía de la isla.

47 hab - 85/155 € - 18 €

Las Playas 15 ✉ 38900 Valverde - ✆ 922 55 80 36 - www.parador.es

Si está buscando un alojamiento particularmente agradable para una estancia con encanto, reserve en un establecimiento clasificado en rojo: , ...

LA PALMA

Santa Cruz de Tenerife

BREÑA ALTA - 7 170 h. - Mapa regional : **5**-A1

Santa Cruz de La Palma 21 km
Mapa de carreteras Michelin nº 125-D5

Casa Osmunda

COCINA TRADICIONAL • RÚSTICA X Instalado en una bonita casa de indianos que sirvió como lugar de descanso para comerciantes. Ofrece un interior rústico-canario y una cocina tradicional de gran honestidad.

Menú 25/40 € - Carta 19/40 €

subida la Concepción 2 ✉ 38710 - ✆ 922 41 26 35 - cerrado domingo noche y lunes

BREÑA BAJA - 5 362 h. - Mapa regional : **5**-A1

Santa Cruz de La Palma 4 km
Mapa de carreteras Michelin nº 125-D5

Parador de La Palma

TRADICIONAL • CLÁSICA Construido en una zona elevada, con amplios espacios verdes y hermosas vistas sobre el océano. El edificio tiene dos plantas, con una torre adosada y espaciosas habitaciones. En sus comedores podrá conocer los platos más representativos de la cocina palmera.

78 hab - 75/160 € - 18 €

carret. El Zumacal ✉ 38712 - ✆ 922 43 58 28 - www.parador.es

LOS LLANOS DE ARIDANE - 20 227 h. - Alt. 350 m - Mapa regional : **5**-A1

Santa Cruz de La Palma 27 km
Mapa de carreteras Michelin nº 125-C5

El Rincón de Moraga

COCINA TRADICIONAL • RÚSTICA Alojado en una antigua casa canaria de ambiente rústico-regional. Apuestan por una cocina tradicional actualizada que fusiona los platos locales con los de otras latitudes.

Menú 50 € - Carta 30/45 €

Llano de San Pedro 4 (Argual) ✉ 38760 - ✆ 922 46 45 64 - www.rincon-moraga.com - cerrado del 1 al 15 de febrero, del 1 al 15 de mayo, domingo y lunes mediodía

TAZACORTE - 4 771 h. - Mapa regional : **5**-A1

Santa Cruz de La Palma 31 km
Mapa de carreteras Michelin nº 125-B5

Hacienda de Abajo

TRADICIONAL • HISTÓRICA Singular, histórico, diferente... en pleno Tazacorte y rodeado de platanales. Podríamos catalogarlo como un hotel-museo, pues cobija más de 1100 piezas de arte o anticuario. Habitaciones con balcón o terraza y oferta culinaria de sabor canario e internacional.

31 hab - †170/400 € ††220/600 € - 1 suite

Miguel de Unamuno 11 ✉ 38770 - ✆ 922 40 60 00 - www.hotelhaciendadeabajo.com

Índice temático

Índice temático

LAS ESTRELLAS DE BUENA MESA

RESTAURANTES COM ESTRELAS ✿

N Nuevo establecimiento con distinción
N *Novo estabelecimento com distinção*

ANDALUCÍA

Casares (Málaga)	Kabuki Raw ✿
Córdoba (Córdoba)	Choco ✿
Córdoba (Córdoba)	Noor ✿**N**
El Ejido (Almería)	La Costa ✿
Fuengirola (Málaga)	Sollo ✿
Huelva (Huelva)	Acanthum ✿
Málaga (Málaga)	José Carlos García ✿
Marbella (Málaga)	Dani García ✿✿
Marbella (Málaga)	El Lago ✿
Marbella (Málaga)	Messina ✿
Marbella (Málaga)	Skina ✿
El Puerto de Santa María (Cádiz)	Aponiente ✿✿
Roquetas de Mar (Almería)	Alejandro ✿
Sevilla (Sevilla)	Abantal ✿

ARAGÓN

Huesca (Huesca)	Lillas Pastia ✿
Huesca (Huesca)	Tatau Bistro ✿
Huesca (Huesca)	Las Torres ✿
Tramacastilla (Teruel)	Hospedería El Batán ✿
Zaragoza (Zaragoza)	La Prensa ✿

ASTURIAS

Arriondas	Casa Marcial ✿✿
Arriondas	El Corral del Indianu ✿
Gijón	Auga ✿
Gijón	La Salgar ✿
Llanes / Pancar	El Retiro ✿
Prendes	Casa Gerardo ✿
Ribadesella	Arbidel ✿
Salinas	Real Balneario ✿

BALEARES (ISLAS)

Mallorca / Es Capdellà	Zaranda ✿✿
Mallorca / Capdepera	Andreu Genestra ✿
Mallorca / Sa Coma	Bou ✿
Mallorca / Deià	Es Racó d'Es Teix ✿
Mallorca / Palma	Adrián Quetglas ✿**N**
Mallorca / Palma	Marc Fosh ✿
Mallorca / Palmanova	Es Fum ✿

Mallorca / Port d'Alcudia	Jardín ✿
Mallorca / Port de Pollença	Argos ✿**N**

CANARIAS (ISLAS)

Tenerife / Guía de Isora (Santa Cruz de Tenerife)	Kabuki ✿
Tenerife / Guía de Isora (Santa Cruz de Tenerife)	M.B. ✿✿
Tenerife / Los Gigantes (Santa Cruz de Tenerife)	El Rincón de Juan Carlos ✿
Tenerife / Santa Cruz de Tenerife (Santa Cruz de Tenerife)	Kazan ✿

CANTABRIA

Ampuero / La Bien Aparecida	Solana ✿
Puente Arce	El Nuevo Molino ✿
San Vicente de la Barquera	Annua ✿✿**N**
Santander	El Serbal ✿
Villaverde de Pontones	Cenador de Amós ✿✿**N**

CASTILLA-LA MANCHA

Almansa (Albacete)	Maralba ✿
Illescas (Toledo)	El Bohío ✿
Toledo (Toledo)	El Carmen de Montesión ✿
Torrico / Valdepalacios (Toledo)	Tierra ✿

CASTILLA Y LEÓN

Benavente (Zamora)	El Ermitaño ✿
Burgos (Burgos)	Cobo Vintage ✿**N**
León (León)	Cocinandos ✿
Matapozuelos (Valladolid)	La Botica ✿
Navaleno (Soria)	La Lobita ✿
Salamanca (Salamanca)	Víctor Gutiérrez ✿
Sardón de Duero (Valladolid)	Refectorio ✿
Segovia (Segovia)	Villena ✿
Soria (Soria)	Baluarte ✿**N**

CATALUÑA

Arbúcies (Girona)	Les Magnòlies ✿
Banyoles (Girona)	Ca l'Arpa ✿**N**
Barcelona (Barcelona)	ABaC ✿✿
Barcelona (Barcelona)	Alkimia ✿
Barcelona (Barcelona)	Angle ✿
Barcelona (Barcelona)	Caelis ✿
Barcelona (Barcelona)	Céleri ✿**N**
Barcelona (Barcelona)	Cinc Sentits ✿
Barcelona (Barcelona)	Disfrutar ✿
Barcelona (Barcelona)	Dos Cielos ✿
Barcelona (Barcelona)	Dos Palillos ✿
Barcelona (Barcelona)	Enoteca ✿✿
Barcelona (Barcelona)	Gaig ✿
Barcelona (Barcelona)	Hisop ✿
Barcelona (Barcelona)	Hofmann ✿
Barcelona (Barcelona)	Hoja Santa ✿
Barcelona (Barcelona)	Koy Shunka ✿
Barcelona (Barcelona)	Lasarte ✿✿✿**N**
Barcelona (Barcelona)	Moments ✿✿
Barcelona (Barcelona)	Nectari ✿
Barcelona (Barcelona)	Pakta ✿
Barcelona (Barcelona)	Roca Moo ✿
Barcelona (Barcelona)	Tickets ✿
Barcelona (Barcelona)	Via Veneto ✿
Barcelona (Barcelona)	Xerta ✿**N**

Barcelona / Santa Coloma de Gramenet (Barcelona)	Lluerna ✿
Bellvís (Lleida)	La Boscana ✿**N**
Calldetenes (Barcelona)	Can Jubany ✿
Cambrils (Tarragona)	Can Bosch ✿
Cambrils (Tarragona)	Rincón de Diego ✿
Castelló d'Empúries (Girona)	Emporium ✿
Cercs (Barcelona)	Estany Clar ✿
Corçà (Girona)	Bo.Tic ✿
Gimenells (Lleida)	Malena ✿
Girona (Girona)	El Celler de Can Roca ✿✿✿
Girona (Girona)	Massana ✿
Gombrèn (Girona)	La Fonda Xesc ✿
Llafranc (Girona)	Casamar ✿
Llagostera (Girona)	Els Tinars ✿
Llançà (Girona)	Miramar ✿✿
El Masnou (Barcelona)	Tresmacarrons ✿
Olost (Barcelona)	Sala ✿
Olot (Girona)	Les Cols ✿✿
Roses / Playa de Canyelles Petites (Girona)	Els Brancs ✿
Sagàs (Barcelona)	Els Casals ✿
Sant Fruitós de Bages (Barcelona)	L'Ó ✿
Sant Pol de Mar (Barcelona)	Sant Pau ✿✿✿
Sort (Lleida)	Fogony ✿
Terrassa (Barcelona)	Capritx ✿
Tossa de Mar (Girona)	La Cuina de Can Simon ✿
Ulldecona (Tarragona)	L'Antic Molí ✿**N**
Ulldecona (Tarragona)	Les Moles ✿
La Vall de Bianya (Girona)	Ca l'Enric ✿
Xerta (Tarragona)	Villa Retiro ✿

EXTREMADURA

Cáceres (Cáceres)	Atrio ✿✿

GALICIA

Cambados (Pontevedra)	Yayo Daporta ✿
Cambre (A Coruña)	A Estación ✿
A Coruña (A Coruña)	Alborada ✿
A Coruña (A Coruña)	Árbore da Veira ✿
O Grove / Reboredo (Pontevedra)	Culler de Pau ✿
Malpica de Bergantiños / Barizo (A Coruña)	As Garzas ✿
Ourense (Ourense)	Nova ✿
Pontevedra / San Salvador de Poio (Pontevedra)	Solla ✿
Raxo (Pontevedra)	Pepe Vieira Camiño da Serpe ✿
Santa Comba (A Coruña)	Retiro da Costiña ✿
Santiago de Compostela (A Coruña)	Casa Marcelo ✿
Vigo (Pontevedra)	Maruja Limón ✿

MADRID (COMUNIDAD)

Collado Mediano	El Invernadero ✿**N**
Humanes de Madrid	Coque ✿✿
Madrid	Álbora ✿
Madrid	A'Barra ✿**N**
Madrid	La Cabra ✿
Madrid	El Club Allard ✿✿
Madrid	DiverXO ✿✿✿
Madrid	DSTAgE ✿**N**
Madrid	Gaytán ✿**N**
Madrid	Kabuki ✿
Madrid	Kabuki Wellington ✿

Madrid	Lúa ✿
Madrid	Punto MX ✿
Madrid	Ramón Freixa Madrid ✿✿
Madrid	Santceloni ✿✿
Madrid	La Terraza del Casino ✿✿
San Lorenzo de El Escorial	Montia ✿
Valdemoro	Chirón ✿

MURCIA (REGIÓN)

Murcia / El Palmar	Cabaña Buenavista ✿

NAVARRA

Iruña	Europa ✿
Iruña	Rodero ✿
Urdaitz	El Molino de Urdániz ✿

PAÍS VASCO

Amorebieta / Boroa (Vizcaya)	Boroa ✿
Axpe (Vizcaya)	Etxebarri ✿
Bilbao (Vizcaya)	Etxanobe ✿
Bilbao (Vizcaya)	Mina ✿
Bilbao (Vizcaya)	Nerua ✿
Bilbao (Vizcaya)	Zarate ✿
Bilbao (Vizcaya)	Zortziko ✿
Donostia-San Sebastián (Guipúzcoa)	Akelaŕe ✿✿✿
Donostia-San Sebastián (Guipúzcoa)	Arzak ✿✿✿
Donostia-San Sebastián (Guipúzcoa)	Kokotxa ✿
Donostia-San Sebastián (Guipúzcoa)	Mirador de Ulía ✿
Elciego (Álava)	Marqués de Riscal ✿
Errenteria (Guipúzcoa)	Mugaritz ✿✿
Galdakao (Vizcaya)	Andra Mari ✿
Getaria (Guipúzcoa)	Elkano ✿
Hondarribia (Guipúzcoa)	Alameda ✿
Larrabetzu (Vizcaya)	Azurmendi ✿✿✿
Lasarte-Oria (Guipúzcoa)	Martín Berasategui ✿✿✿
Oiartzun (Guipúzcoa)	Zuberoa ✿
Vitoria-Gasteiz (Álava)	Zaldiarán ✿

LA RIOJA

Daroca de Rioja	Venta Moncalvillo ✿
Ezcaray	El Portal ✿✿

VALENCIA (COMUNIDAD)

Alacant (Alicante)	Monastrell ✿
Benicarló (Castellón)	Raúl Resino ✿**N**
Cocentaina (Alicante)	L'Escaleta ✿✿**N**
Daimús (València)	Casa Manolo ✿
Dénia (Alicante)	Quique Dacosta ✿✿✿
Elx (Alicante)	La Finca ✿
Ondara (Alicante)	Casa Pepa ✿
Ontinyent (València)	Sents ✿**N**
València (València)	El Poblet ✿
València (València)	Ricard Camarena ✿
València (València)	Riff ✿
Vall d'Alba (Castellón)	Cal Paradís ✿
Xàbia (Alicante)	BonAmb ✿✿**N**

BIB GOURMAND

BIB GOURMAND

N Nuevo establecimiento con distinción
N Novo estabelecimento com distinção

ANDALUCÍA

Almodóvar del Río (Córdoba)	La Taberna
Almuñécar (Granada)	El Chaleco
Cádiz (Cádiz)	Sopranis
Los Caños de Meca / Zahora (Cádiz)	Arohaz **N**
Cazalla de la Sierra (Sevilla)	Agustina
Cazorla (Jaén)	Mesón Leandro
Córdoba (Córdoba)	El Envero
Córdoba (Córdoba)	La Lonja
Fuengirola (Málaga)	Girol
Jerez de la Frontera (Cádiz)	La Carboná
Linares (Jaén)	Canela en Rama
Linares (Jaén)	Los Sentidos
Linares de la Sierra (Huelva)	Arrieros
Málaga (Málaga)	Figón de Juan
Marbella (Málaga)	Bibo
Medina-Sidonia (Cádiz)	El Duque
Medina-Sidonia (Cádiz)	Venta La Duquesa
Monachil (Granada)	La Cantina de Diego
Montellano (Sevilla)	Deli
Los Palacios y Villafranca (Sevilla)	Manolo Mayo
Priego de Córdoba (Córdoba)	Balcón del Adarve
Puente-Genil (Córdoba)	Casa Pedro
Sanlúcar de Barrameda (Cádiz)	Casa Bigote
Sevilla (Sevilla)	Az-Zait
Sevilla (Sevilla)	El Gallinero de Sandra
Úbeda (Jaén)	Amaranto
Úbeda (Jaén)	Cantina La Estación
Úbeda (Jaén)	Zeitúm
Vera (Almería)	Juan Moreno

ARAGÓN

Albarracín (Teruel)	Tiempo de Ensueño **N**
Biescas (Huesca)	El Montañés
Cariñena (Zaragoza)	La Rebotica
Castellote (Teruel)	Castellote
Chía (Huesca)	Chongastán
La Fresneda (Teruel)	Matarraña
Hecho (Huesca)	Canteré
Mora de Rubielos (Teruel)	El Rinconcico
La Puebla de Valverde (Teruel)	La Fondica **N**
Ráfales (Teruel)	La Alquería **N**
Sallent de Gállego / El Formigal (Huesca)	Vidocq
Sarvisé (Huesca)	Casa Frauca

Sos del Rey Católico (Zaragoza)	La Cocina del Principal
Tamarite de Litera (Huesca)	Carmen
Tarazona (Zaragoza)	La Merced de la Concordia **N**
Teruel (Teruel)	Yain
Zaragoza (Zaragoza)	Quema **N**
Zaragoza (Zaragoza)	Txalupa

ASTURIAS

Posada de Llanera	La Corriquera

BALEARES (ISLAS)

Mallorca / Banyalbufar	Son Tomás
Mallorca / Caimari	Ca Na Toneta **N**
Mallorca / Inca	Joan Marc
Mallorca / Lloseta	Santi Taura **N**
Mallorca / Palma	Patrón Lunares

CANARIAS (ISLAS)

Gran Canaria / Arucas (Las Palmas)	Casa Brito
Gran Canaria / Las Palmas de Gran Canaria (Las Palmas)	Deliciosamarta
Fuerteventura / Villaverde (Las Palmas)	Casa Marcos
Lanzarote / Arrecife (Las Palmas)	Lilium
Lanzarote / Famara (Las Palmas)	El Risco
Tenerife / Chimiche (Santa Cruz de Tenerife)	Casa Fito
Tenerife / San Andrés (Santa Cruz de Tenerife)	La Posada del Pez

CANTABRIA

Borleña	Mesón de Borleña
Puente Arce	El Redoble
Puente San Miguel	Hostería Calvo
Ruente	Casa Nacho González
Santander	Agua Salada **N**
Santander	Casona del Judío
Santander	Puerta 23
Santander	VORS **N**

CASTILLA-LA MANCHA

Albacete (Albacete)	Don Gil
Cañete (Cuenca)	La Muralla
Cuenca (Cuenca)	Raff
Ocaña (Toledo)	Palio
Las Pedroñeras (Cuenca)	Taberna Gastronómica Las Rejas **N**
Sigüenza (Guadalajara)	Nöla
Villalba de la Sierra (Cuenca)	Mesón Nelia
Villarrobledo (Albacete)	Azafrán

CASTILLA Y LEÓN

Astorga (León)	Las Termas
Boceguillas (Segovia)	Área de Boceguillas
Burgos (Burgos)	La Fábrica **N**
Cacabelos / Canedo (León)	Palacio de Canedo
Covarrubias (Burgos)	De Galo

Espinosa de los Monteros (Burgos)	Posada Real Torre Berrueza
León (León)	Becook **N**
Lerma (Burgos)	Casa Brigante
Lerma (Burgos)	Posada de Eufrasio
Morales de Rey (Zamora)	Brigecio
Navaleno (Soria)	El Maño
Salamanca (Salamanca)	Vida y Comida
San Miguel de Valero (Salamanca)	Sierra Quil'ama
Tudela de Duero (Valladolid)	Mesón 2,39
Valencia de Don Juan (León)	Casa Alcón
Valladolid (Valladolid)	Chuchi Martín
Valladolid (Valladolid)	Don Bacalao
Valladolid / Pinar de Antequera (Valladolid)	Llantén
Vecinos (Salamanca)	Casa Pacheco
La Vid (Burgos)	La Casona de La Vid

CATALUÑA

Alp (Girona)	Casa Patxi
Amposta (Tarragona)	L'Algadir **N**
Anglès (Girona)	L'Aliança d'Anglès
Artesa de Lleida (Lleida)	Antoni Rubies **N**
Badalona (Barcelona)	Olmosgourmet
Banyoles (Girona)	Quatre Estacions
Barcelona (Barcelona)	Etapes
Barcelona (Barcelona)	Fonda España
Barcelona (Barcelona)	Freixa Tradició
Barcelona (Barcelona)	Senyor Parellada
Barcelona (Barcelona)	Vivanda
Barcelona / Santa Coloma de Gramenet (Barcelona)	Ca n'Armengol
Les Borges Blanques (Lleida)	Hostal Benet
Bossòst (Lleida)	Er Occitan
Bossòst (Lleida)	El Portalet
Caldes de Montbui (Barcelona)	Mirko Carturan Cuiner
Cambrils (Tarragona)	Acuamar-Casa Matas
Canet de Mar (Barcelona)	La Font
Empuriabrava (Girona)	Noray
L'Escala (Girona)	La Gruta
L'Escala / Cinc Claus (Girona)	Mas Concas
Espinavessa (Girona)	La Rectoría
Falset (Tarragona)	El Celler de L'Aspic
Figueres (Girona)	Cap i Pota
Girona (Girona)	Nu
Granollers (Barcelona)	Fonda Europa
Els Hostalets d'En Bas (Girona)	L'Hostalet
Igualada (Barcelona)	Somiatruites **N**
Linyola (Lleida)	Amoca **N**
Llançà (Girona)	El Vaixell
Lleida (Lleida)	Aimia
Lleida (Lleida)	Ferreruela **N**
Martinet (Lleida)	Fonda Pluvinet **N**
Montornès del Vallès (Barcelona)	Lucerón
Palamós (Girona)	La Salinera
Palau-Sator (Girona)	Mas Pou

Pals (Girona)	Vicus	
Peralada (Girona)	Cal Sagristà	
El Pont de Bar (Lleida)	La Taverna dels Noguers	**N**
Ponts (Lleida)	Lo Ponts	
Sabadell (Barcelona)	Duuo	**N**
Sant Pau d'Ordal (Barcelona)	Cal Xim	
Sant Quirze del Vallès (Barcelona)	Can Ferrán	
Sant Sadurní d'Anoia (Barcelona)	La Cava d'en Sergi	
Santa Coloma de Queralt (Tarragona)	Hostal Colomí	
Siurana (Tarragona)	Els Tallers	**N**
Solivella (Tarragona)	Cal Travé	
Sudanell (Lleida)	La Lluna	
Terrassa (Barcelona)	El Cel de les Oques	
Terrassa (Barcelona)	Sara	
Terrassa (Barcelona)	Vapor Gastronòmic	**N**
Torà (Lleida)	Hostal Jaumet	
Vallromanes (Barcelona)	Can Poal	
Vic (Barcelona)	Divicnus	
Vielha (Lleida)	Era Lucana	
Vielha / Escunhau (Lleida)	El Niu	
Vilafranca del Penedès (Barcelona)	El Racó de la Calma	

EXTREMADURA

Arroyomolinos de la Vera (Cáceres)	La Era de mi Abuelo	
Badajoz (Badajoz)	El Sigar	
Cáceres (Cáceres)	Madruelo	
Hervás (Cáceres)	El Almirez	
Hervás (Cáceres)	Nardi	
Jerte (Cáceres)	Valle del Jerte la Sotorriza	
Mérida (Badajoz)	Rex Numitor	
Pedroso de Acim (Cáceres)	El Palancar	
Zafra (Badajoz)	El Acebuche	**N**

GALICIA

Arcade (Pontevedra)	Arcadia
Baiona (Pontevedra)	Paco Durán
Boqueixón / Codeso (A Coruña)	O Balado
Cambados (Pontevedra)	Ribadomar
Cánduas (A Coruña)	Mar de Ardora
A Coruña (A Coruña)	El de Alberto
Esteiro (A Coruña)	Muiño
Fene (A Coruña)	Muiño do Vento
Ferrol (A Coruña)	O Camiño do Inglés
A Guarda (Pontevedra)	Trasmallo
Hío (Pontevedra)	Doade
Laxe (A Coruña)	Zurich
Negreira (A Coruña)	Casa Barqueiro
Oleiros (A Coruña)	Comei Bebei
Ponte Ulla (A Coruña)	Villa Verde
Redondela (Pontevedra)	O Xantar de Otelo
Santiago de Compostela (A Coruña)	Ghalpón Abastos
Santiago de Compostela (A Coruña)	Mar de Esteiro
Santiago de Compostela (A Coruña)	A Tafona

Vigo (Pontevedra)	Casa Marco

MADRID (COMUNIDAD)

Alcalá de Henares	Ambigú
Griñón	El Bistró
Guadarrama	La Calleja
Madrid	Arriba
Madrid	Ars Vivendi
Madrid	Bacira **N**
Madrid	Bolívar
Madrid	La Castela
Madrid	Desencaja
Madrid	La Maruca
Madrid	La Montería
Madrid	La Tasquería **N**
Madrid	Tepic
Madrid	Las Tortillas de Gabino
Madrid	Triciclo
Moralzarzal	Zalea
Titulcia	El Rincón de Luis y H. La Barataria

MURCIA (REGIÓN)

Cartagena / Los Dolores	La Cerdanya
La Manga del Mar Menor / Urbanización Playa Honda	Malvasía
Murcia	Alborada
Murcia	Keki de Sergio Martinez
Ricote	El Sordo
San Pedro del Pinatar	Juan Mari

NAVARRA

Belate (Puerto de)	Venta de Ulzama **N**
Donamaria	Donamaria'ko Benta
Legasa	Arotxa **N**
Lizaso	Orgi **N**

PAÍS VASCO

Bilbao (Vizcaya)	Los Fueros **N**
Laguardia (Álava)	Amelibia
Páganos (Álava)	Héctor Oribe
Pasai Donibane (Guipúzcoa)	Txulotxo

LA RIOJA

Casalarreina	La Vieja Bodega
Logroño	La Cocina de Ramón

VALENCIA (COMUNIDAD)

Alacant (Alicante)	Govana
Alacant (Alicante)	Pópuli Bistró **N**
L'Alcora (Castellón)	Sant Francesc
Alcossebre (Castellón)	El Pinar
Alfafara (Alicante)	Casa el Tio David
Almoradí (Alicante)	El Buey

Alzira (València)	Cami·Vell
Ayora (València)	77
Benifaió (València)	Juan Veintitrés
Benimantell (Alicante)	L'Obrer
Benisanó (València)	Rioja
El Campello (Alicante)	Brel **N**
El Castell de Guadalest (Alicante)	Nou Salat
Castelló de la Plana (Castellón)	Aqua
Cocentaina (Alicante)	El Laurel
Elx (Alicante)	Frisone
Gandia (València)	Telero
Meliana (València)	Ca' Pepico
Morella (Castellón)	Daluan
Morella (Castellón)	Mesón del Pastor
Morella (Castellón)	Vinatea
la Nucia (Alicante)	El Xato
Piles (València)	GloriaMar
El Pinós (Alicante)	El Racó de Pere i Pepa
Sagunt (València)	Negresca
Segorbe (Castellón)	María de Luna
València (València)	Blanqueries
València (València)	2 Estaciones **N**
València (València)	Gran Azul **N**
València (València)	Kaymus
València (València)	Lienzo **N**
València (València)	Montes
València (València)	Saiti
Xinorlet (Alicante)	Elías

HOTELES AGRADABLES

HOTÉIS AGRADAVEIS 

ANDALUCÍA

Baza (Granada)	Cuevas Al Jatib
Benahavís (Málaga)	Amanhavis
Benalup-Casas Viejas (Cádiz)	Utopía
Córdoba (Córdoba)	Balcón de Córdoba
Frigiliana (Málaga)	La Posada Morisca
Granada (Granada)	Casa Morisca
Granada / La Alhambra (Granada)	Alhambra Palace
Granada / La Alhambra (Granada)	América
Granada / La Alhambra (Granada)	Parador de Granada
Huétor-Vega (Granada)	Villa Sur
Loja / Finca La Bobadilla (Granada)	Barceló La Bobadilla
Marbella (Málaga)	Marbella Club
Marbella (Málaga)	Puente Romano
Marbella (Málaga)	La Villa Marbella
Monachil (Granada)	La Almunia del Valle
Nerja (Málaga)	Carabeo
Ojén (Málaga)	La Posada del Ángel
Osuna (Sevilla)	La Casona de Calderón
Ronda (Málaga)	San Gabriel
Sevilla (Sevilla)	Alcoba del Rey de Sevilla
Sevilla (Sevilla)	La Casa del Maestro
Sevilla (Sevilla)	Casa 1800
Sevilla (Sevilla)	Corral del Rey
Vilches (Jaén)	El Añadío

ARAGÓN

Albarracín (Teruel)	Casa de Santiago
Albarracín (Teruel)	La Casona del Ajimez
Buera (Huesca)	La Posada de Lalola
Calaceite (Teruel)	Hotel del Sitjar
Calatayud (Zaragoza)	Hospedería Mesón de la Dolores
La Fresneda (Teruel)	El Convent 1613
Fuentespalda (Teruel)	La Torre del Visco
Monroyo (Teruel)	Consolación
Sallent de Gállego (Huesca)	Almud
Sallent de Gállego / Lanuza (Huesca)	La Casueña

ASTURIAS

Arriondas	Puebloastur
Cadavedo	Torre de Villademoros
Camuño	Quintana del Caleyo
Cudillero	Casona de la Paca

Llanes / La Pereda	CAEaCLAVELES
Panes / Allés	La Tahona de Besnes
Pravia	Antiguo Casino
Taramundi	La Rectoral
Villamayor	Palacio de Cutre

BALEARES (ISLAS)

Mallorca / Artà	Can Moragues
Mallorca / Cala Blava	Cap Rocat
Mallorca / Canyamel	Can Simoneta
Mallorca / Es Capdellà	Castell Son Claret
Mallorca / Capdepera	Predi Son Jaumell
Mallorca / Deià	Sa Pedrissa
Mallorca / Deià	La Residencia
Mallorca / Lloseta	Cas Comte
Mallorca / Palma	Calatrava
Mallorca / Palma	Can Alomar
Mallorca / Palma	Can Cera
Mallorca / Palma	Castillo H. Son Vida
Mallorca / Palma	Palacio Ca Sa Galesa
Mallorca / Palma	Sant Francesc
Mallorca / Pollença	Son Brull
Mallorca / Porto Cristo	Son Mas
Mallorca / Puigpunyent	G.H. Son Net
Mallorca / Santa Margalida	Casal Santa Eulàlia
Mallorca / Sant Llorenç des Cardassar	Son Penya
Mallorca / Sóller	Ca N'ai
Mallorca / Sóller	Ca's Xorc
Mallorca / Son Servera	Son Gener
Mallorca / Valldemossa	Valldemossa
Menorca / Cala en Porter	Torralbenc
Menorca / Es Castell	Sant Joan de Binissaida
Menorca / Sant Lluís	Alcaufar Vell
Menorca / Sant Lluís	Biniarroca
Ibiza / Eivissa	Mirador de Dalt Vila
Ibiza / Sant Miquel de Balansat	Can Pardal
Ibiza / Sant Miquel de Balansat	Cas'Pla
Ibiza / Sant Miquel de Balansat	Hacienda Na Xamena
Ibiza / Santa Eulalia del Río	Can Curreu
Ibiza / Santa Gertrudis	Cas Gasi

CANARIAS (ISLAS)

Gran Canaria / Maspalomas (Las Palmas)	Grand H. Residencia
Fuerteventura / Corralejo (Las Palmas)	Gran Hotel Atlantis Bahía Real
Tenerife / Garachico (Santa Cruz de Tenerife)	San Roque
Tenerife / Guía de Isora (Santa Cruz de Tenerife)	The Ritz-Carlton Abama
Tenerife / Playa de las Américas (Santa Cruz de Tenerife)	G.H. Bahía del Duque
La Gomera / San Sebastián de la Gomera (Santa Cruz de Tenerife)	Parador de San Sebastián de La Gomera
La Palma / Tazacorte (Santa Cruz de Tenerife)	Hacienda de Abajo

CANTABRIA

Ajo	Palacio de la Peña
Comillas / El Tejo	Los Trastolillos
Fontibre	Posada Rural Fontibre
Oreña	Posada Caborredondo
Reinosa	Villa Rosa
San Pantaleón de Aras	La Casona de San Pantaleón de Aras
Santander / El Sardinero	Eurostars Real
Santillana del Mar	Casa del Marqués
Santoña	Posada Las Garzas
Valle de Cabuerniga	Camino Real de Selores
Villacarriedo	Palacio de Soñanes

CASTILLA-LA MANCHA

Alarcón (Cuenca)	Parador de Alarcón
Almagro (Ciudad Real)	La Casa del Rector
Almagro (Ciudad Real)	Parador de Almagro
Ballesteros de Calatrava (Ciudad Real)	Palacio de la Serna
Cuenca (Cuenca)	Parador de Cuenca
Cuenca (Cuenca)	Posada de San José
Imón (Guadalajara)	La Botica
Jábaga (Cuenca)	La Casita de Cabrejas
Sigüenza / Alcuneza (Guadalajara)	El Molino de Alcuneza
El Toboso (Toledo)	Casa de la Torre
Toledo (Toledo)	Casa de Cisneros
Torrico / Valdepalacios (Toledo)	Valdepalacios
Villanueva de los Infantes (Ciudad Real)	La Morada de Juan de Vargas

CASTILLA Y LEÓN

El Burgo de Osma (Soria)	Posada del Canónigo
Burgos (Burgos)	Landa
Burgos (Burgos)	La Puebla
Calatañazor (Soria)	Casa del Cura
Collado Hermoso (Segovia)	Posada Fuenteplateada
Espinosa de los Monteros (Burgos)	Posada Real Torre Berrueza
Hoyos del Espino (Ávila)	El Milano Real
Luyego de Somoza (León)	Hostería Camino
Navafría (Segovia)	Posada Mingaseda
Puebla de Sanabria (Zamora)	La Cartería
Quintanilla del Agua (Burgos)	El Batán del Molino
Salamanca (Salamanca)	G.H. Don Gregorio
Salamanca (Salamanca)	Rector
Sardón de Duero (Valladolid)	Abadía Retuerta LeDomaine
Sena de Luna (León)	Días de Luna
Topas (Salamanca)	Castillo del Buen Amor
Valbuena de Duero / Valbuena de Duero (Valladolid)	Castilla Termal Monasterio de Valbuena
Valverde del Majano (Segovia)	Caserío de Lobones
Villafranca del Bierzo (León)	Las Doñas del Portazgo
Villafranca del Bierzo (León)	La Puerta del Perdón

CATALUÑA

Alcanar (Tarragona)	Tancat de Codorniu
Barcelona (Barcelona)	ABaC
Barcelona (Barcelona)	Arts
Barcelona (Barcelona)	Casa Fuster
Barcelona (Barcelona)	Cotton House
Barcelona (Barcelona)	G.H. La Florida
Barcelona (Barcelona)	Mandarin Oriental Barcelona
Barcelona (Barcelona)	Mercer H. Barcelona
Barcelona (Barcelona)	El Palace
Barcelona (Barcelona)	The Serras
Begur (Girona)	Aiguaclara
Bolvir de Cerdanya (Girona)	Torre del Remei
Cabrils (Barcelona)	Mas de Baix
Cadaqués (Girona)	Calma Blanca
La Canonja (Tarragona)	Mas La Boella
Cànoves (Barcelona)	Can Cuch
Cardona / Coromina (Barcelona)	La Premsa
Castelladral (Barcelona)	La Garriga de Castelladrall
Joanetes (Girona)	Les Comelles
Lloret de Mar (Girona)	Rigat Park
Madremanya (Girona)	La Plaça
Olot (Girona)	Les Cols Pavellons
Palamós (Girona)	La Malcontenta
Pau (Girona)	Mas Lazuli
Pratdip (Tarragona)	Mas Mariassa
Regencós (Girona)	Del Teatre
Sant Julià de Vilatorta (Barcelona)	Torre Martí
Sant Vicenç de Montalt (Barcelona)	Castell de l'Oliver
Torrent (Girona)	Mas de Torrent
Xerta (Tarragona)	Villa Retiro

EXTREMADURA

Arroyomolinos de la Vera (Cáceres)	Peña del Alba
Cáceres (Cáceres)	Atrio
Cáceres (Cáceres)	Parador de Cáceres
Cuacos de Yuste (Cáceres)	La Casona de Valfrío
La Parra (Badajoz)	Hospedería Convento de la Parra
Plasencia (Cáceres)	Parador de Plasencia
Trujillo (Cáceres)	Casa de Orellana
Trujillo (Cáceres)	Parador de Trujillo
Zafra (Badajoz)	Casa Palacio Conde de la Corte

GALICIA

Allariz (Ourense)	O Portelo
Baiona (Pontevedra)	Parador de Baiona
Baiona (Pontevedra)	Le Sept
Bentraces (Ourense)	Pazo de Bentraces
Caldas de Reis (Pontevedra)	Torre do Río
Cambados (Pontevedra)	Pazo A Capitana
Cambados (Pontevedra)	Real Ribadomar
Lugo (Lugo)	Orbán e Sangro

Luíntra (Ourense)	Parador de Santo Estevo
Meaño (Pontevedra)	Quinta de San Amaro
Negreira (A Coruña)	Casa de Bola
Pontedeume / Castelo de Andrade (A Coruña)	Casa do Castelo de Andrade
Santiago de Compostela (A Coruña)	Costa Vella
Santiago de Compostela (A Coruña)	A Quinta da Auga
Vigo (Pontevedra)	Pazo Los Escudos

MADRID (COMUNIDAD)

Boadilla del Monte	El Antiguo Convento de Boadilla del Monte
Chinchón	Parador de Chinchón
Collado Mediano	La Torre
Madrid	Globales Acis y Galatea
Madrid	Orfila
Madrid	Posada del Dragón
Navacerrada	Nava Real

NAVARRA

Iruña	Palacio Guendulain
Oronoz	Kuko
Tudela	Aire de Bardenas

PAÍS VASCO

Bidania (Guipúzcoa)	Iriarte Jauregia
Donostia-San Sebastián (Guipúzcoa)	María Cristina
Elciego (Álava)	Marqués de Riscal
Eskuernaga (Álava)	Viura
Galdakao (Vizcaya)	Iraragorri
Gautegiz-Arteaga (Vizcaya)	Castillo de Arteaga
Laguardia (Álava)	Hospedería de los Parajes
Zeanuri (Vizcaya)	Etxegana

LA RIOJA

Azofra	Real Casona de las Amas
Casalarreina	Hospedería Señorío de Casalarreina
Valgañón	Pura Vida

VALENCIA (COMUNIDAD)

Alcoi (Alicante)	Masía la Mota
Benimantell (Alicante)	Vivood Landscape H.
València (València)	The Westin València
La Vila Joiosa (Alicante)	El Montíboli
Vilafamés (Castellón)	El Jardín Vertical

HOTELES CON SPA

HOTÉIS COM SPA

ANDALUCÍA

Agua Amarga (Almería)	Mikasa
Aracena (Huelva)	Convento Aracena
Cádiz (Cádiz)	Parador H. Atlántico
Casares (Málaga)	Finca Cortesin
Chiclana de la Frontera / Novo Sancti Petri (Cádiz)	Meliá Sancti Petri
El Ejido / Almerimar (Almería)	Golf Almerimar
Isla Cristina / Islantilla (Huelva)	Ama Andalucía
Jerez de la Frontera (Cádiz)	Jerez
Loja / Finca La Bobadilla (Granada)	Barceló La Bobadilla
Marbella (Málaga)	Gran Meliá Don Pepe
Marbella (Málaga)	Marbella Club
Marbella (Málaga)	Los Monteros
El Puerto de Santa María (Cádiz)	Los Jándalos Vistahermosa
San Pedro de Alcántara (Málaga)	Villa Padierna
Sevilla (Sevilla)	Eme Catedral
Úbeda (Jaén)	Palacio de Úbeda

ARAGÓN

Boltaña (Huesca)	Monasterio de Boltaña

ASTURIAS

Arriondas	Puebloastur
Avilés	URH Zen Balagares
Las Caldas	Enclave
Las Caldas	G.H. Las Caldas
Cangas del Narcea / Corias	Parador de Corias
Oviedo	Princesa Munia
Ribadesella	G.H. del Sella

BALEARES (ISLAS)

Mallorca / Bendinat	Lindner
Mallorca / Campos	Fontsanta
Mallorca / Es Capdellà	Castell Son Claret
Mallorca / Palma	Valparaíso Palace
Mallorca / Palmanova	St. Regis Mardavall
Mallorca / Port de Sóller	Jumeirah Port Soller
Ibiza / Sant Miquel de Balansat	Hacienda Na Xamena
Formentera / Sant Francesc de Formentera	Cala Saona

CANARIAS (ISLAS)

Gran Canaria / Cruz de Tejeda (Las Palmas) Parador Cruz de Tejeda
Gran Canaria / Maspalomas (Las Palmas) Grand H. Residencia
Gran Canaria / Maspalomas (Las Palmas) Sheraton Salobre
Gran Canaria / Las Palmas de Gran Canaria (Las Palmas) Santa Catalina
Fuerteventura / Corralejo (Las Palmas) Gran Hotel Atlantis Bahía Real
Lanzarote / Playa Blanca (Las Palmas) Princesa Yaiza
Tenerife / Guía de Isora (Santa Cruz de Tenerife) The Ritz-Carlton Abama
Tenerife / Playa de las Américas (Santa Cruz de Tenerife)G.H. Bahía del Duque
Tenerife / Playa de las Américas (Santa Cruz de Tenerife)Vincci La Plantación del Sur

CANTABRIA

Santander / El Sardinero Eurostars Real
Solares Balneario de Solares

CASTILLA-LA MANCHA

Almagro (Ciudad Real) La Casa del Rector
Almonacid de Toledo (Toledo) Villa Nazules
Brihuega (Guadalajara) Niwa
Carranque (Toledo) Comendador
Toledo (Toledo) Eurostars Palacio Buenavista

CASTILLA Y LEÓN

Aldeayuso (Valladolid) LaVida
Ampudia (Palencia) Posada de la Casa del Abad de Ampudia
El Burgo de Osma (Soria) Castilla Termal Burgo de Osma
La Granja (San Ildefonso) (Segovia) Parador de La Granja
Hoyos del Espino (Ávila) El Milano Real
Sardón de Duero (Valladolid) Abadía Retuerta LeDomaine
Segovia (Segovia) La Casa Mudéjar
Segovia (Segovia) Eurostars Convento Capuchinos
Toro (Zamora) Valbusenda
Valbuena de Duero / Valbuena de Duero (Valladolid)Castilla Termal Monasterio de Valbuena

CATALUÑA

Barcelona (Barcelona) Arts
Barcelona (Barcelona) H1898
Barcelona (Barcelona) Mandarin Oriental Barcelona
Barcelona (Barcelona) Omm
Barcelona (Barcelona) El Palace
Barcelona (Barcelona) W Barcelona
Cadaqués (Girona) Calma Blanca
Calders (Barcelona) Urbisol
L'Escala (Girona) Empúries
Garriguella (Girona) Vilamont
Gualta (Girona) Double Tree by Hilton Empordà
Lleida (Lleida) Finca Prats
Lloret de Mar (Girona) Santa Marta
Peralada (Girona) Peralada
Platja d'Aro (Girona) Cala del Pi

Ribes de Freser (Girona)	Resguard dels Vents
Roses (Girona)	Terraza
Santa Cristina d'Aro (Girona)	Mas Tapiolas
La Seu d'Urgell / Castellciutat (Lleida)	El Castell de Ciutat
Sitges (Barcelona)	Avenida Sofía
Terrassa (Barcelona)	Double Tree by Hilton La Mola
Torrent (Girona)	Mas de Torrent
Vallromanes (Barcelona)	Can Galvany
Vielha (Lleida)	Parador de Vielha

EXTREMADURA

Cáceres (Cáceres)	Palacio de Arenales

GALICIA

Os Anxeles (A Coruña)	Balneario de Compostela
Baiona (Pontevedra)	Talaso Atlántico
O Grove / San Vicente do Mar (Pontevedra)	Atlántico
Luíntra (Ourense)	Parador de Santo Estevo
Santiago de Compostela (A Coruña)	A Quinta da Auga
Sanxenxo (Pontevedra)	Augusta
Sanxenxo (Pontevedra)	Sanxenxo
A Toxa (Illa de) (Pontevedra)	Eurostars G.H. La Toja
Vigo (Pontevedra)	G.H. Nagari
Vigo (Pontevedra)	Pazo Los Escudos
Viveiro / Covas (Lugo)	Thalasso Cantábrico

MADRID (COMUNIDAD)

Alcalá de Henares	Parador de Alcalá de Henares
Chinchón	La Casa del Convento
Madrid	Hospes Madrid
Madrid	NH Eurobuilding

MURCIA (REGIÓN)

Lorca	Parador Castillo de Lorca

PAÍS VASCO

Elciego (Álava)	Marqués de Riscal
Zeanuri (Vizcaya)	Etxegana

VALENCIA (COMUNIDAD)

Benicasim (Castellón)	El Palasiet
València (València)	The Westin València
València / Playa de Levante (València)	Las Arenas
La Vila Joiosa (Alicante)	El Montíboli

ANDORRA (PRINCIPADO DE)

Andorra la Vella	Andorra Park H.
Andorra la Vella	Plaza
Escaldes-Engordany	Roc Blanc
Pas de la Casa	Grau Roig
Soldeu	Sport H. Hermitage

Los neumáticos se gastan más rápidamente en los pequeños trayectos urbanos...

¡VERDADERO!

La frecuencia de las frenadas y aceleraciones en ciudad gastan más los neumáticos. En los atascos, ármese de paciencia y conduzca con suavidad.

La presión de los neumáticos afecta únicamente a la seguridad.

¡FALSO!

Además de la adherencia en carretera y el consumo de carburante, una presión de 0,5 Bar por debajo de la debida disminuye en 8.000 km la vida útil de los neumáticos. Recuerde verificar la presión una vez al mes aproximadamente, sobre todo antes de salir de vacaciones o de realizar un trayecto largo.

Si ocasionalmente se encuentra en condiciones invernales, desde lluvias repentinas a nevadas o hielo, puede optar por un ***único tipo de neumático.***
?
¡VERDADERO!
El neumático revolucionario **MICHELIN CrossClimate** le garantiza movilidad y practicidad sean cuales sean las condiciones climáticas. ¡El primer neumático de verano con certificación para invierno!

EL COMPROMISO DE MICHELIN

▶ *MICHELIN ES EL* ***N°1 MUNDIAL DE NEUMÁTICOS AHORRADORES DE ENERGÍA*** *PARA VEHÍCULOS LIGEROS.*

▶ ***SENSIBILIZAR A LOS MÁS JÓVENES EN MATERIA DE SEGURIDAD EN CARRETERA,*** *INCLUIDAS LAS MOTOS: EN 2015 SE HAN ORGANIZADO ACCIONES EN ESTE SENTIDO EN* ***16 PAÍSES****.*

TEST

1 ¿POR QUÉ EL MUÑECO MICHELIN ES BLANCO SI EL NEUMÁTICO ES NEGRO?

El Muñeco Michelin se imaginó en 1898 a partir de una pila de neumáticos, en una época en la que el neumático se fabricaba con caucho natural, algodón y azufre, por lo que su color era claro. Tras la Primera Guerra Mundial la composición se hizo más compleja y apareció el negro de carbono. ¡Aunque el Muñeco Michelin seguirá siendo blanco!

2 ¿SABE DESDE CUÁNDO ACOMPAÑA LA GUÍA MICHELIN A LOS VIAJEROS?

Desde 1900. Se decía entonces que esta obra aparecía con el siglo y que duraría tanto como él. Actualmente sigue siendo una referencia, con nuevas ediciones y la selección de restaurantes MICHELIN en algunos países.

3 ¿DE QUÉ FECHA DATA «BIB GOURMAND» EN LA GUÍA MICHELIN?

Esta apelación aparece en 1997, aunque desde 1954 la Guía MICHELIN señala las «buenas comidas a precios moderados». Actualmente lo encontramos en el sitio Web y en la aplicación para móviles MICHELIN Restaurants.

Si desea saber más sobre Michelin de una forma lúdica, visite Aventure Michelin y su boutique en Clermont-Ferrand, Francia:
www.laventuremichelin.com

E. Rodriguez/Moment Open/Getty Images

ANDORRA

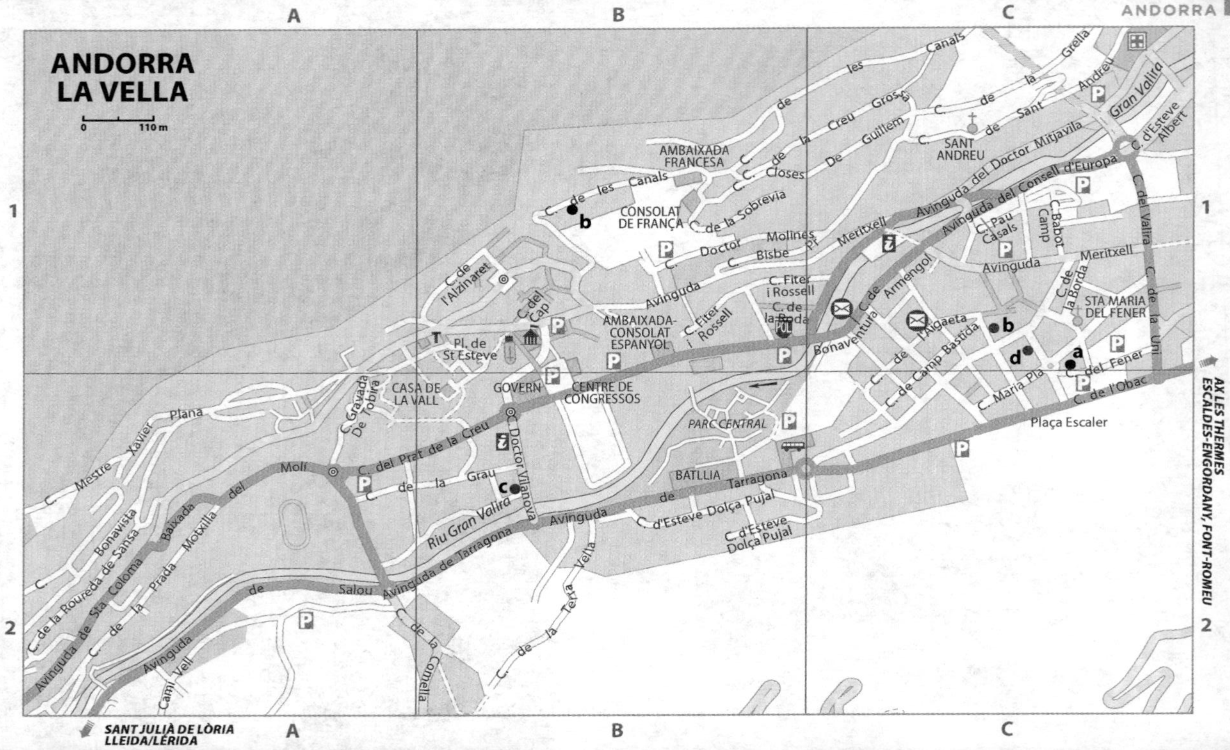

ANDORRA LA VELLA

0 110 m

A B C
1
2

AMBAIXADA FRANCESA
CONSOLAT DE FRANÇA
C. de les Canals
C. de la Creu Grossa
C. de Sant Andreu
C. de la Grella
SANT ANDREU
C. de Guillem
C. Closes
C. de la Sobrevia
C. Doctor Molines
C. Bisbe
Avinguda Meritxell
Avinguda del Doctor Mitjavila
Avinguda del Consell d'Europa
C. d'Esteve Albert
Gran Valira
C. del Valira
C. de la Uni
C. Babot Camp
C. Pau Casals
C. de la Borda
STA MARIA DEL FENER
C. del Fener
C. de l'Obac
C. Maria Pla
Plaça Escaler
C. de l'Aigaeta
C. de Camp Bastida
C. de Armengol
Bonaventura
C. Fiter i Rossell
C. de la Roda
AMBAIXADA-CONSOLAT ESPANYOL
C. de l'Alzinaret
C. del Cap
Pl. de St Esteve
CASA DE LA VALL
GOVERN
CENTRE DE CONGRESSOS
PARC CENTRAL
BATLLIA
Avinguda de Tarragona
C. d'Esteve Dolça Pujal
C. de la Terra Vella
Riu Gran Valira
C. Doctor Vilanova
C. de la Grau
C. del Prat de la Creu
Molí
C. Gravada De Tobira
C. Mestre Xavier Plana
C. Bonavista
C. de la Roureda de Sansa
Baixada del Molí
Motxilla
Avinguda de Sta Coloma
C. de la Prada
Avinguda de Salou
C. de la Comella
Camí Vell

SANT JULIÀ DE LÒRIA
LLEIDA/LÉRIDA

AX LES THERMES
ESCALDES-ENGORDANY, FONT-ROMEU

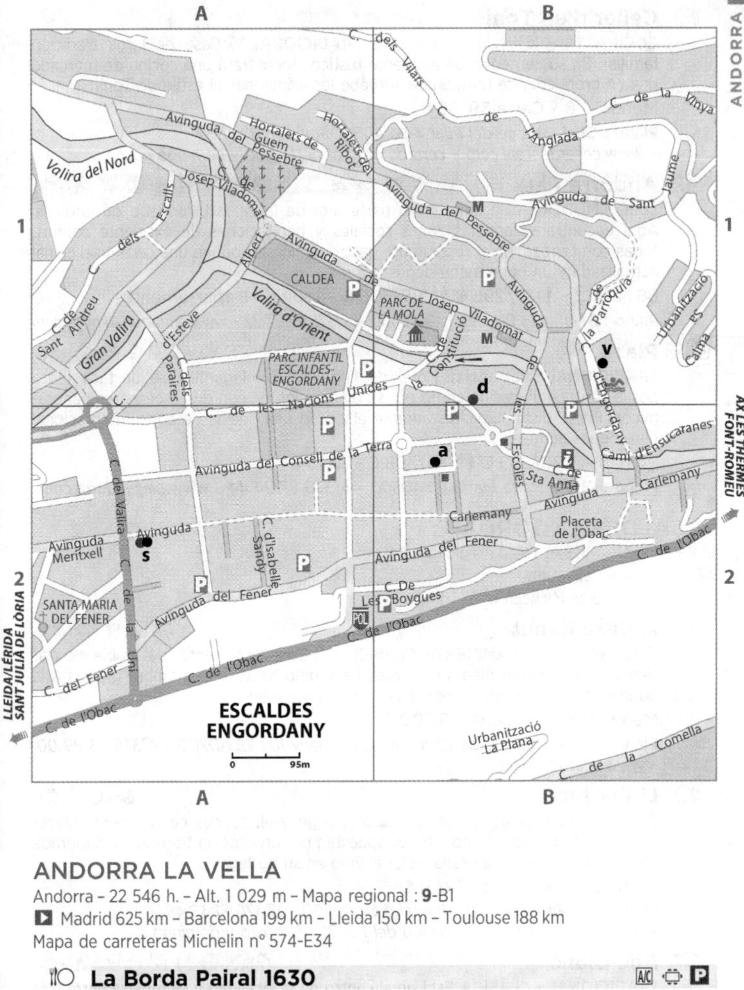

ANDORRA LA VELLA

Andorra – 22 546 h. – Alt. 1 029 m – Mapa regional : **9**-B1

▶ Madrid 625 km – Barcelona 199 km – Lleida 150 km – Toulouse 188 km

Mapa de carreteras Michelin n° 574-E34

🍴 La Borda Pairal 1630

COCINA TRADICIONAL • RÚSTICA XX He aquí una "borda" típica del Pirineo, reconstruida en piedra y madera pero con atractivos detalles modernos. Ofrecen una cocina tradicional fiel a los productos de la zona.

Menú 16/45 € – Carta 30/45 €

Plano : B2-c – *Doctor Vilanova 7 ✉ AD500 – ✆ 376 86 99 99 – www.labordapairal1630.com – cerrado domingo noche y lunes*

🍴 Taberna Ángel Belmonte

COCINA TRADICIONAL • AMBIENTE CLÁSICO XX Resulta agradable, se encuentra en pleno centro y tiene aires de taberna. Presenta una bonita decoración dominada por la madera en un entorno impecable. Cocina de mercado, carta tradicional e interesantes sugerencias diarias de palabra.

Carta 43/65 €

Plano : C1-b – *Ciutat de Consuegra 3 ✉ AD500 – ✆ 376 82 24 60 – www.tabernaangelbelmonte.com*

Celler d'en Toni 

COCINA TRADICIONAL • AMBIENTE TRADICIONAL XX Casa de larga tradición familiar. En su comedor, de ambiente rústico, encontrará una cocina de mercado rica en productos de temporada. ¡Pruebe los Canelones al estilo de Toni!

Menú 30 € - Carta 39/58 €

Plano : C1-d - *Verge del Pilar 4 ✉ AD500 - ☎ 376 82 12 52 - www.cellerdentoni.com - cerrado del 1 al 15 de julio y domingo noche*

Andorra Park H. 

LUJO • MODERNA Se halla en la parte alta de la ciudad, rodeado de jardines. Aquí encontrarán amplias zonas sociales y habitaciones de excelente confort, todas con terraza. En el restaurante gastronómico proponen una carta tradicional actualizada y un buen menú degustación.

88 hab - 139/296 € 185/395 € - 1 suite - 8 apartamentos

Plano : B1-b - *Les Canals 24 ✉ AD500 - ☎ 376 87 77 77 - www.andorraparkhotel.com*

Plaza

TRADICIONAL • ELEGANTE Hotel de línea clásica-elegante que destaca tanto por la céntrica ubicación como por su diáfano lobby, con dos ascensores panorámicos. En su distinguido restaurante elaboran una cocina de corte internacional con toques actuales.

90 hab - 110/269 € 146/358 € - 19 €

Plano : C1-a - *María Pla 19 ✉ AD500 - ☎ 376 87 94 44 - www.plazandorra.com*

ESCALDES ENGORDANY

13 859 h. – Alt. 1 105 m – Mapa regional : **9**-B1

Andorra la Vella 2 km

Mapa de carreteras Michelin nº 574-E34

A Casa Canut

INTERNACIONAL • AMBIENTE CLÁSICO XXX Este restaurante, de ambiente clásico y en la primera planta del hotel, ha sabido hacerse un nombre gracias a la bondad de sus pescados. Extensa carta de tinte internacional.

Menú 28/59 € - Carta 65/100 €

Plano : A2-s - *Hotel Casa Canut, av. Carlemany 107 ✉ AD700 - ☎ 376 73 99 00 - www.acasacanut.com*

L' Enoteca

COCINA TRADICIONAL • DE DISEÑO XX Algo alejado del centro pero interesante, pues en su moderno interior apuestan por una cocina tradicional elaborada con productos de temporada. ¡Elija el vino en su bodega!

Menú 21/45 € - Carta 32/51 €

Plano : B1-2-d - *carrer del Parnal 4 ✉ AD700 - ☎ 376 81 35 45 - www.cruenoteca.com - cerrado del 1 al 21 de agosto y domingo*

Roc Blanc

TRADICIONAL • CLÁSICA Está en el centro de la localidad y se reparte entre tres edificios unidos entre sí. Completa zona social, SPA con agua termal y acogedoras habitaciones, todas con mobiliario clásico-actual. El restaurante L'Entrecôte, de línea funcional, tiene en el entrecot de ternera francesa su producto estrella.

157 hab - 113/329 € 141/438 € - 3 suites

Plano : B2-a - *pl. dels Co-Prínceps 5 ✉ AD700 - ☎ 376 87 14 00 - www.rocblanchotels.com*

A Casa Canut 

TRADICIONAL • PERSONALIZADA Ideal para ir de compras, pues se halla en una zona peatonal repleta de tiendas. Todas las habitaciones, de completo equipamiento, están personalizadas en su decoración... por eso, cada una lleva el nombre de un diseñador. ¡Las más lujosas son las Top Room!

33 hab - 120/250 € - 15 €

Plano : A2-s - *av. Carlemany 107 ✉ AD700 - ☎ 376 73 99 00 - www.acasacanut.com*

A Casa Canut - ver selección restaurantes

La MASSANA

9 961 h. - Alt. 1 241 m - Mapa regional : **9**-B1
Andorra la Vella 7 km
Mapa de carreteras Michelin nº 574-E34

Molí dels Fanals

COCINA TRADICIONAL • RÚSTICA XX ¡Ocupa una antigua "borda"! En su comedor, de aire rústico-montañés, le presentarán una carta tradicional rica en carnes y, para terminar, un irresistible carrito de postres.

Carta 30/47 €

av. las Comes (Sispony), Sur : 2,3 km ✉ AD400 - ✆ 376 83 53 80 - www.molidelsfanals.com - cerrado domingo noche y lunes

Borda Raubert

COCINA TRADICIONAL • RÚSTICA X Instalado en un edificio de piedra, de marcada rusticidad, que sitúa la sala principal en el antiguo pajar y la secundaria en lo que fueron las cuadras. Carta regional rica en carnes, embutidos y platos a la brasa.

Carta 26/44 €

carret. de Arinsal, 1,7 km ✉ AD400 - ✆ 376 83 54 20 - www.bordaraubert.com - cerrado del 15 al 30 de mayo, domingo noche, lunes noche y martes

Rutllan

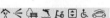

FAMILIAR • RÚSTICA Hotel de organización familiar instalado en un edificio con profusión de madera. Ofrece unas confortables habitaciones y resulta muy llamativo durante la época estival, pues cubren sus balcones con llamativos geranios. El restaurante, de línea clásica, está decorado con numerosos jarrones de cerámica y cobre.

96 hab - †80/95 € ††90/190 €

av. del Ravell 3 ✉ AD400 - ✆ 376 73 87 38 - www.hotelrutllan.com - cerrado mayo

PAS DE LA CASA

2 412 h. - Alt. 2 085 m - Mapa regional : **9**-C1
Andorra la Vella 29 km
Mapa de carreteras Michelin nº 574-E35

por la carretera de Soldeu Suroeste : 10 km

Grau Roig

FAMILIAR • PERSONALIZADA Con el circo de Pessons como telón de fondo... esta típica construcción de montaña resulta ideal para pasar unos días de esquí o trekking. Posee varios tipos de habitaciones, todas coquetas y bien equipadas, así como una oferta gastronómica suficientemente variada.

42 hab - †148/385 € ††183/445 €

Grau Roig ✉ AD200 - ✆ 376 75 55 56 - www.hotelgrauroig.com - cerrado 17 abril-23 junio y 16 octubre-23 noviembre

SOLDEU

589 h. - Alt. 1 826 m - Mapa regional : **9**-B1
Andorra la Vella 20 km
Mapa de carreteras Michelin nº 574-E35

Sol i Neu

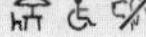

COCINA TRADICIONAL • ACOGEDORA X Se encuentra a pie de pistas y está considerado todo un clásico en la zona. En conjunto tiene cierto aire montañés, con profusión de madera y objetos antiguos relacionados con el mundo del esquí. Cocina tradicional con detalles actuales.

Carta 40/55 €

Dels Vaquers ✉ AD100 - ✆ 376 85 13 25 - www.sporthotels.ad - solo almuerzo en verano salvo viernes y sábado - cerrado abril-junio y lunes

Sport H. Hermitage

ALBERGUE • ELEGANTE ¡A 1850 m de altitud y con acceso directo a las pistas de Grandvalira! Presenta un exterior típico montañés y un interior de línea actual, con alguna que otra pincelada zen. Amplísimo SPA con vistas a las montañas, como todas las habitaciones. Sus restaurantes tiene el asesoramiento de reconocidos chefs.

135 hab – ††350/450 € – 3 suites

carret. de Soldeu ✉ AD100 – ✆376 87 06 70 – www.sporthotels.ad – cerrado 22 abril-1 julio

Xalet Montana

TRADICIONAL • CLÁSICA Hotel de esmerada decoración y carácter funcional-montañés que sorprende por la profusión de madera y las buenas vistas desde las habitaciones, todas con balcón y asomadas a las pistas de esquí. El restaurante basa su oferta en un buffet por las noches.

40 hab – †91/123 € ††125/168 €

carret. General 2 ✉ AD100 – ✆376 73 93 33 – www.xaletmontana.net – 20 diciembre-marzo

H.G. Eiben/Photolibrary/Getty Images

PORTUGAL

O PALMARÉS 2017
EL PALMARÉS

AS NOVAS ESTRELAS ✿
LAS NUEVAS ESTRELLAS

Madeira/Funchal *(Madeira)*	**Il Gallo d'Oro**
Vila Nova de Gaia *(Douro)*	**The Yeatman**

Leça da Palmeira *(Douro)*	**Casa de Chá da Boa Nova**
Lisboa *(Estremadura)*	**Alma**
Lisboa *(Estremadura)*	**Loco**
Madeira/Funchal *(Madeira)*	**William**
Montemor-o-Novo *(Alentejo)*	**L'And Vineyards**
Porto *(Douro)*	**Antiqvvm**
Sintra *(Estremadura)*	**Lab by Sergi Arola**

Você também pode encontrar todas as estrelas e os Bib Gourmand na página 858

Además podrá encontrar todas las estrellas y todos los Bib Gourmand, página 858

OS NOVOS BIB GOURMAND

LOS NUEVOS BIB GOURMAND

Madeira/Câmara de Lobos *(Madeira)*	**Vila do Peixe**
Macedo de Cavaleiros *(Tras os Montes)*	**Brasa**

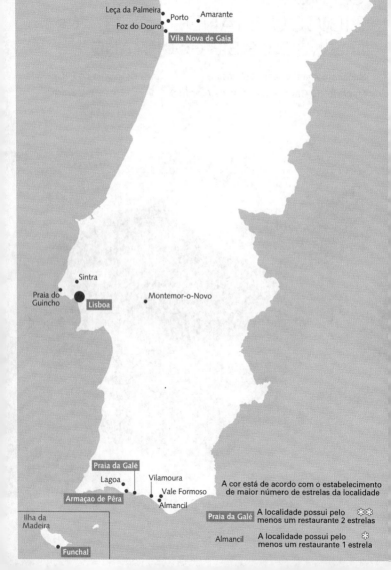

Estabelecimentos com estrelas 2017

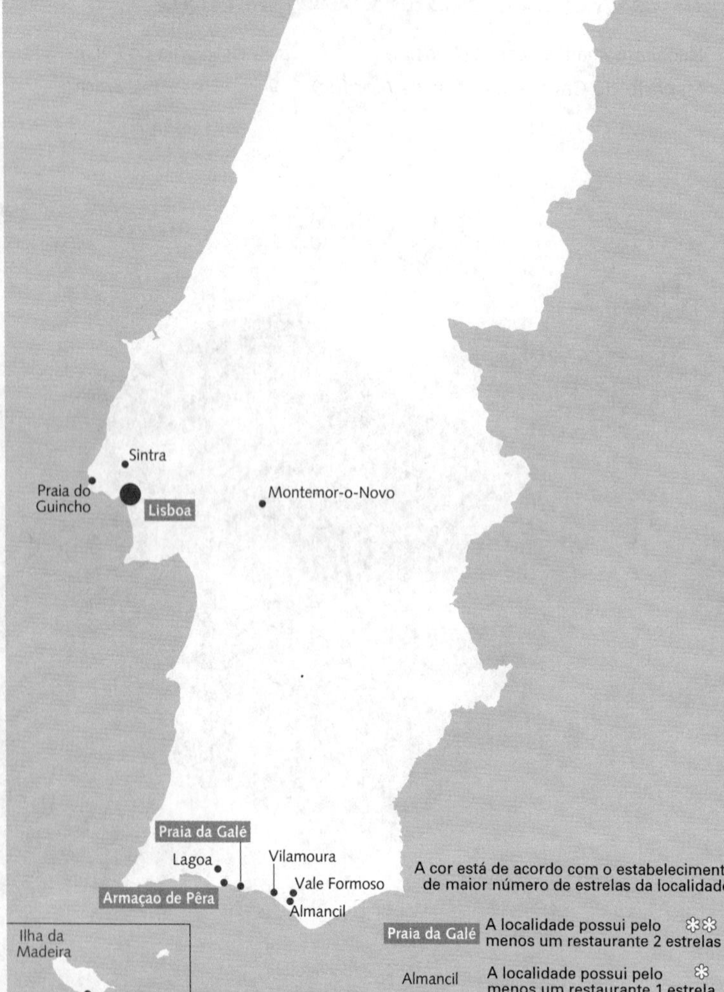

Os Bib Gourmand 2017

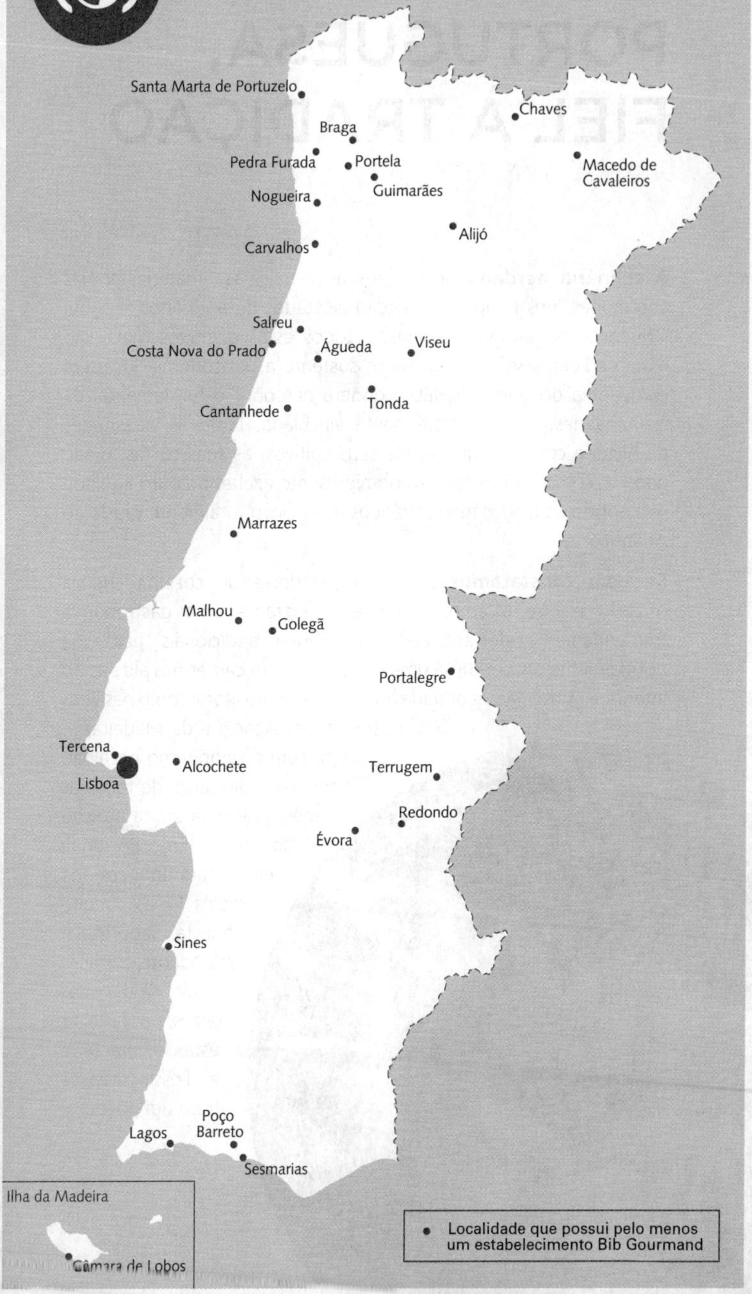

A COZINHA PORTUGUESA, FIEL À TRADIÇÃO

A culinária herdada de tempos ancestrais, as matérias-primas autóctones, uns tempos de cocção ajustados durante anos, a subtil influencia das antigas colonias..., todos estes e muitos mais, são os ingredientes sobre os quais se sustenta a gastronomia lusa. Em companhia do guia MICHELIN poderá descobrir o fundamental da culinária deste país, estreitamente vinculada, tanto às vicissitudes da história como à riqueza dos seus cultivos, as suas costas, o seu gado e, como não, o sempre omnipresente azeite, o "ouro líquido" que aporta os rasgos mediterrâneos a um povo totalmente virado ao Atlântico.

Se bem constatamos alguns resplendores da cozinha criativa o certo é que estamos, claramente, perante uma gastronomia tremendamente aferrada aos seus sabores tradicionais, pelo que normalmente propor-lhe-á uma rica ementa em carnes nas aldeias do interior e outra mais habituada ao peixe tanto no litoral como nas ilhas (Arquipélagos dos Açores e da Madeira)..., isso sim, com o sempiterno bacalhau como rei indiscutível de todas as mesas de uma ponta à outra do país. Em Portugal, encontrará uma cozinha simples mas muito honesta, saborosa e abundante, sempre orgulhosa das suas raízes, por reflectir estas, o carácter e a idiossincrasia de todo um povo.

J. Arnold Images/hemis.fr

Radius Images/Photononstop

O seu emblema culinário? O bacalhau

Parece claro que Portugal, do ponto de vista gastronómico, é una terra de mar e montanha, tremendamente respeitosa com os sabores de antanho... porem, aqui devemos ressaltar um produto que brilha com luz própria e é realmente representa-tivo de todo o país, o sempre saboroso bacalhau, pois inexoravelmente poderemos saboreá-lo tanto nas aldeias mais escondidas do interior como nas turísticas localidades costeiras.

O bacalhau, que hoje em dia chega às nossas mesas; fresco, congelado ou seco, é um peixe natural das frias águas do Atlântico Norte, o Mar do Norte, o Mar Báltico ou o Mar de Barents, por todo isto pode parecer estranho que Portugal, virado totalmente ao Oceano Atlântico, tenha o seu produto mais representativo num peixe que não é próprio das suas costas. Aqui a explicação é simples, devemos saber que a maior parte da frota pesqueira portuguesa que acudia a essas remotas e frias águas procedia das ilhas lusas, dos Açores e da Madeira. Os pratos de bacalhau mais relevantes são o famoso Bacalhau à Brás (também chamado Bacalhau Dourado), o Bacalhau à Gomes de Sá (típico do norte e elaborado no forno), as Pataniscas de bacalhau (apresentado em forma de filhós e típico da Estremadura), os Pasteis de bacalhau (em forma de croquete), o Bacalhau de Consoada (prato tradicional reservado para a Consoada de Natal), o sempre saboroso Bacalhau com natas, à transmontana, à moda do Minho... e assim até, segundo contam os próprios portugueses, mais de 1000 receitas diferentes!

O Porto, um dos grandes vinhos do mundo

O vinho do Porto e o Vinho Verde, uma variedade procedente da região do Minho, são, sem dúvida, os vinhos mais internacionais de todo Portugal. Porém, o primeiro atesoura vários factos claramente diferenciadores: o seu personalíssimo sabor, a sua exclusiva técnica de fabricação e o seu particular etiquetado, o que lhe valeu para traspassar fronteiras até converter-se num desses clássicos que não pode faltar em nenhuma adega particular que se preze. O primeiro que chama a atenção no vinho do Porto, que pertence à região vitivinícola do Alto Douro português, é a existência de numerosos anglicismos na nomenclatura do seu etiquetado (Tawny, Ruby, White, Vintage...), algo que se explica por si mesmo ao conhecer a estreita relação destes vinhos com o mercado inglês. A situação de conflito político da Europa a finais do século XVII, assim como os constantes enfrentamentos com a França, fez que a Grã-Bretanha sofresse escassez de alguns abastecimentos, como o vinho, que procediam dos seus negócios no continente.

Aqui é onde surgem como opção os vinhos do Porto, conhecidos naquela época e com capacidade para fornecer-lhes sem problemas, ao ser o país luso, um fiel aliado dos britânicos. O ponto determinante para o sucesso do Porto radica na técnica da "fortificação do vinho", que aportava maior estabilidade ao vinho e deslumbrou ao público entendido daquela época. A técnica do "Fortificado" baseia-se na adição de brandy ao vinho durante a sua fermentação, o que provoca a interrupção deste processo e confere um teor alcoólico elevado (até 25°). Os vinhos fortificados, como o Porto, atesouram um aroma de maior intensidade e um sabor muito mais doce devido à existência de açúcares que não conseguiram fermentar-se ao interromper a função catalisadora. Em linhas gerais são vinhos que, com independência do seu processo de fabricação, envelhecem extraordinariamente bem na garrafa. Embora poderá encontrá-lo em qualquer parte do mundo, não deixe Portugal sem experimentá-lo!

Leonardo Patrizi/iStock

ESPANHA, MISTURA DE SABORES

A guia MICHELIN deseja acompanhar-lhe, como tem feito desde há mais de 100 anos, numa viagem gastronómica e sensorial, onde ajudar-lhe-á a descobrir uma das cozinhas mais interessantes, surpreendentes e atractivas do mundo. Se a actual cozinha espanhola está internacionalmente reconhecida pela sua criatividade e pela perícia técnica dos seus chefs, alguns deles considerados autênticos ícones a nível mundial. Não menos importante é o valor da tradição familiar, a prolífica mestiçagem cultural que ocorreu durante séculos e, por fortuna, a existência dumas matérias-primas autóctones de extraordinária qualidade. A este respeito, devemos ressaltar que Espanha é um dos países com maior litoral pesqueiro da Europa, possuindo além disso numerosas carnes avaladas pelos selos de qualidade das Denominações de Origem e uma horta que, ano após ano, continua a ter um papel protagonista na valorização do pulso económico das nossas exportações.

A espanhola é uma cozinha de mar e montanha, cinegética, islenha, rica em cereais, legumes, hortaliças, frutas…, uma das maiores defensoras da universal Dieta Mediterrânea, o berço da internacional Paella e, tal vez, a máxima difusora de conceitos culinários como o "KM. 0" que valoriza especialmente a utilização dos produtos autóctones de proximidade, ou da cada vez mais valorizada "Cozinha em miniatura", uma maravilhosa proposta gastronómica que está a conquistar o mundo a través das nossas tapas e raciones.

M. Stork/Moment Open/Getty Images

David Hughes/iStock

Azeite, presunto, paella... e bom vinho

Podemos dizer, sem perigo de enganar-nos, que estes pratos ou produtos são os que melhor definem a nossa gastronomia a nível internacional. Espanha é o máximo produtor mundial de azeite, pelo que será a indiscutível base tanto da nossa culinária tradicional como da saudável Dieta Mediterrânea; de facto, a história, variedade e qualidade deste produto, cultivado aqui desde há 3000 anos e com 32 Denominações de Origem Protegidas (D.OU.P), faz que no nosso país seja conhecido popularmente como o "ouro líquido". Enquanto ao presunto, serrano ou ibérico, devemos aceitar que sendo tal vez a máxima expressão da nossa tradição culinária representa, sem dúvida, uma das surpresas gastronómicas mais relevantes para todo aquele que nos visita.

O presunto espanhol por antonomásia é o "presunto ibérico" e a qualidade do mesmo sempre irá intrinsecamente associada a uma série de valores como a pureza do porco (de raça ibérica), as características do seu crescimento em liberdade por extensas pastagens arborizadas, a proporção das bolotas que tomam na sua alimentação e, finalmente, o processo de cura do mesmo. Se damos uma vista de olhos aos nossos pratos mais internacionais parece claro que o posto de honra é para a "Paella"... embora de mão dada com a popular, cotidiana e saborosa Tortilha de batata (Tortilha espanhola), que por toda a nossa geografia pode ver-se apresentada com diversas variantes (com cebola ou sem ela, com chouriço, com pimentos, saloia...). No referente ao vinho devemos ressaltar que é um sector de extraordinária relevância social e económica para o nosso país, o reconhecido crédito internacional está a ser acompanhado por um momento de grande criatividade, notável expansão e uma surpreendente modernização das adegas. De facto, já são muitas as que por si mesmas se apresentam como um foco de atracção turística (enoturismo) em parte, tanto à planificação de um novo diálogo cultural mediante a cata, como ao maravilhoso reclame de um desenho arquitectónico diferenciador. Sendo "La Rioja" e "Ribera de Duero" as Denominações de Origem mais conhecidas, o que é certo é que em Espanha existem centos de cepas diferentes: algumas muito comuns (Tempranillo, Cabernet sauvignon, Merlot, Chardonnay...) e outras só plantadas em regiões muito concretas, como são as uvas Verdejo (de Rueda), Airén (da Mancha) ou Albariño nas Rias Bajas.

Carne ou peixe?

A valia gastronómica da cozinha espanhola deve-se, em grande medida, à extraordinária riqueza culinária das suas regiões, normalmente muito protectoras com a culinária herdada de tempos ancestrais. Tendo em

G. Azumendi/age fotostock

conta esta pluralidade de gostos e interpretações devemos indicar que aqui servir-nos-ão um peixe e uma carne de contrastada qualidade. Um dado muito significativo sobre Espanha, com quase 8000 km de costas entre a península e as ilhas, é de facto um dos países com maior litoral pesqueiro da Europa, o que redunda numa variedade impressionante de peixe e mariscos; neste ponto devemos ressaltar a extraordinária qualidade dos mariscos galegos (vieiras, mexilhões, percebes, ameijoas, navalhas, camarões, lagostim, santolas...), essa região apresenta-se como um autêntico paraíso para o gastrónomo em parte; à sua peculiar orografia, a temperatura das suas águas e porque não, à riqueza das suas zonas marisqueiras. No referente às carnes a oferta é igualmente espectacular, pois entre a vitela, o cordeiro e o frango acrescentam-se até 16 Denominações de Origem de produto controlado. Dois grandes clássicos do gado espanhol são a Vitela galega e o Leitão de Castilla e León.

Carpaumar/iStock

Sobremesas e queijos

A variedade das sobremesas espanholas é um fiel reflexo da sua idiossincrasia regional, não sujeita a fronteiras pelo amor ao doce e salvaguardada dos tempos, graças, em muitas ocasiões, à pastelaria conventual. Crema catalana, Arroz doce, Rabanadas..., as especialidades são inumeráveis, porem em Espanha estes doces podem ser relegados para um segundo plano por duas frutas muito representativas do nosso país, a omnipresente Laranja e a saborosíssima Banana de Canarias. Menção aparte merecem os nossos queijos, reconhecendo que o queijo espanhol mais internacional é o Manchego devemos ressaltar que disfrutamos de 26 Denominações de Origem Protegidas e uma comunidade, o Principado de Astúrias, com 42 variedades diferentes dentro do seu território, o que o converte no maior "lugar queijeiro da Europa". Se tem oportunidade não deixe de experimentar o universal queijo Manchego, os surpreendentes queijos azuis de Cabrales ou Gamonedo, o típico queijo galego de Tetilla, a cremosa Torta do Casar, algum dos queijos islenhos (Mahón, Flor de Guia, Majorero, Palmero), ou o inconfundível Idiazábal...

VINHOS...

Viana do Castelo
MINHO
Braga
1
Bragança
TRÁS-OS-MONTES
E ALTO DOURO
Porto
DOURO
LITORAL
2
Aveiro
Viseu
BEIRA
ALTA
4
3
Guarda
Coimbra
BEIRA LITORAL
BEIRA BAIXA
Leiria
Castelo Branco
ESTREMADURA
Santarém
Portalegre
6
5
RIBATEJO
ALTO ALENTEJO
7
LISBOA
13
Setúbal
8
Évora
14
15
Beja
BAIXO
ALENTEJO
11
ALGARVE
10
9
12
Faro
MADEIRA
16
Funchal
1 Vinhos Verdes
2, 3 Porto e Douro, Dão
4 Bairrada
5 a 8 Bucelas, Colares, Carcavelos, Setúbal
9 a 12 Lagoa, Lagos, Portimão, Tavira
13 a 15 Borba, Redondo, Reguengos
16 Madeira

... E ESPECIALIDADES REGIONAIS

Portugal possui uma tradição vitivinícola muito antiga. A diversidade das regiões vinícolas tem determinado a necessidade de regulamentar os seus vinhos com Denominações de Origem, indicadas no mapa correspondente.

Regiões e localização no mapa	Características dos vinhos	Especialidades regionais
MINHO, DOURO LITORAL, TRÁS-OS-MONTES, ALTO DOURO 1 e 2	**Tintos** *encorpados, novos, ácidos* **Brancos** *aromáticos, suaves, frutados, delicados, encorpados* **Portos** *(Branco, Tinto, Ruby,Tawny, Vintage) ricos em açúcares*	*Caldo verde, Lampreia, Salmão, Bacalhau, Presunto, Cozido, Feijoada, Tripas*
BEIRA ALTA, BEIRA BAIXA, BEIRA LITORAL 3 e 4	**Tintos** *aromáticos, suaves, aveludados, equilibrados, encorpados* **Brancos** *cristalinos, frutados, delicados, aromáticos*	*Queijo da Serra, Papos de Anjo, Mariscos, Caldeiradas, Ensopado de enguias, Leitão assado, Queijo de Tomar, Aguardentes*
ESTREMADURA, RIBATEJO 5 e 8	**Tintos** *de cor rubí,persistentes, secos, encorpados* **Brancos** *novos, delicados, aromáticos, frutados, elevada acidez* **Moscatel de Setúbal,** *rico em álcool, de pouca acidez*	*Amêijoas à bulhão pato, Mariscos, Caldeiradas, Queijadas de Sintra, Fatias de Tomar*
ALGARVE 9 e 12	**Tintos** *aveludados, suaves, frutados* **Brancos** *suaves*	*Peixes e mariscos na cataplana, Figos, Amêndoas*
ALENTEJO 13 e 15	**Tintos** *robustos e elegantes*	*Migas, Sericaia, Porco à Alentejana, Gaspacho, Açordas, Queijo de Serpa*
MADEIRA 16	*Ricos em álcool, secos, de subtil aroma*	*Espetadas (carne, peixe), Bolo de mel*

VINOS...

...Y ESPECIALIDADES REGIONALES

Portugal posee una tradición vinícola muy antigua. La diversidad de las regiones vinícolas ha determinado la necesidad de regular sus vinos con Denominaciones de Origen (Denominações de Origem), indicadas en el mapa correspondiente.

Regiones y localización en el mapa	Características de los vinos	Especialidades regionales
MINHO, DOURO LITORAL, TRÁS-OS-MONTES, ALTO DOURO 1 y 2	**Tintos** *con cuerpo, jóvenes,, ácidos* **Blancos** *aromáticos, suaves, afrutados, delicados, con cuerpo* **Oportos** *(Blanco, Tinto, Ruby, Tawny, Vintage) ricos en azúcares*	*Caldo verde (Sopa de berza), Lamprea, Salmón Bacalao, Jamón, Cocido, Feijoada (Fabada), Callos*
BEIRA ALTA, BEIRA BAIXA, BEIRA LITORAL 3 y 4	**Tintos** *aromáticos, suaves, aterciopelados, equilibrados, con cuerpo* **Blancos** *cristalinos, afrutados, delicados, aromáticos* **Moscatel de Setúbal**, *rico en alcohol, bajo en acidez*	*Queso de Serra, Papos de Anjo (Repostería), Mariscos, Calderetas, Guiso de pan y anguilas, Cochinillo asado, Queso de Tomar, Aguardientes*
ESTREMADURA, RIBATEJO 5 al 8	**Tintos** *de color rubí, persistentes, secos, con cuerpo* **Blancos** *jóvenes, delicados aromáticos, afrutados, Torrijas de Tomar elevada acidez*	*Almejas al ajo, Mariscos, Calderetas, Queijadas (Tarta de queso) de Sintra, Torrijas de Tomar*
ALGARVE 9 al 12	**Tintos** *aterciopelados, suaves* **Blancos** *suaves*	*Pescados y mariscos « na cataplana », Higos, Almendras*
ALENTEJO 13 al 15	**Tintos** *robustos y elegantes*	*Migas, Sericaia (Repostería), Cerdo a la Alentejana, Gazpacho (Sopa fría de tomate y cebolla), Açordas (Sopa de pan y ajo), Queso de Serpa*
MADEIRA 16	*Ricos en alcohol, secos, de sutil aroma*	*Brochetas (carne, pescado), Pastel de miel*

WINES...

...AND REGIONAL SPECIALITIES

Portugal has a very old wine producing tradition. The diversity of the wine growing regions made it necessary to regulate those wines by the Appellation d'Origine (Denominações de Origem) indicated on the corresponding map.

Regions and location on the map	Wine's characteristics	Regional Specialities
MINHO, DOURO LITORAL, TRÁS-OS-MONTES, ALTO DOURO 1 and 2	**Reds** *full bodied, young, acidic* **Whites** *aromatic, sweet, fruity, delicate, full bodied* **Port** *(White, Red, Ruby, Tawny, Vintage), highly sugared*	*Caldo verde (Cabbage soup), Lamprey, Salmon, Codfish, Ham, Stew, Feijoada (Pork and bean stew), Tripes*
BEIRA ALTA, BEIRA BAIXA, BEIRA LITORAL 3 and 4	**Reds** *aromatic, sweet, velvety, well balanced, full bodied* **Whites** *crystal-clear, fruity, delicate, aromatic*	*Serra Cheese, Papos de Anjo (Cake), Seafood, Fishsoup, Ensopado de enguias (Eel stew), Roast pork, Tomar Cheese, Aguardentes (distilled grape skins and pips)*
ESTREMADURA, RIBATEJO 5 to 8	*Ruby coloured* **reds**, *big, dry, full bodied* **Young whites** *delicate, aromatic, fruity, acidic* **Moscatel from Setúbal,** *strong in alcohol, slightly acidic*	*Clams with garlic, Seafood, Fish soup, Queijadas (Cheesecake) from Sintra, Fatias (Sweet bread) from Tomar*
ALGARVE 9 to 12	*Velvety* **reds,** *light, fruity* *Sweet* **whites**	*Fish and Seafood « na cataplana », Figs, Almonds*
ALENTEJO 13 to 15	*Robust elegant* **reds**	*Migas (Fried breadcrumbs), Sericaia (Cake), Alentejana pork style, Gaspacho (Cold tomato and onion soup), Açordas (Bread and garlic soup), Serpa Cheese*
MADEIRA 16	*Strong in alcohol, dry with a delicate aroma*	*Kebab (Meat, Fish), Honey cake*

Mapas Regionais

Mapas regionales

Localidade que possui como mínimo...

- ● um hotel ou um restaurante
- ✿ uma das melhores mesas do ano
- ☺ um restaurante « Bib Gourmand »
- ⌂ um hotel ou uma casa rural particularmente agradável

Localidad que posee como mínimo...

- ● un hotel o un restaurante
- ✿ una de las mejores mesas del año
- ☺ un restaurante « Bib Gourmand »
- ⌂ un hotel o una casa rural particularmente agradable

Portugal
ESPAÑA
OCEANO ATLÂNTICO
Viana do Castelo
Minho, Douro, Trás os Montes
6
Braga
Bragança
Porto
Vila Real
Aveiro
Viseu
Beiras
3
Guarda
Figueira da Foz
Coimbra
Fátima
Castelo Branco
Estremadura, Ribatejo
4
Santarém
Portalegre
LISBOA
Badajoz
Setúbal
Évora
Alentejo
1
Beja
ESPAÑA
2
Algarve
Portimão
Faro
Sevilla
Cádiz
Madeira
5
Funchal
A 52
N 120
A 6
E 1
A 3
N 122
E 82
IP 4
A 4
E 802
A 24
N 102
A 1
E 80
A 25
A 62
E 806
A 23
A 13
A 6
E 90
A 5
E 803
N 630
N 432
A 2
N 125
A 22
A 49
A 4
E 5
A 92
AP 4
A 381

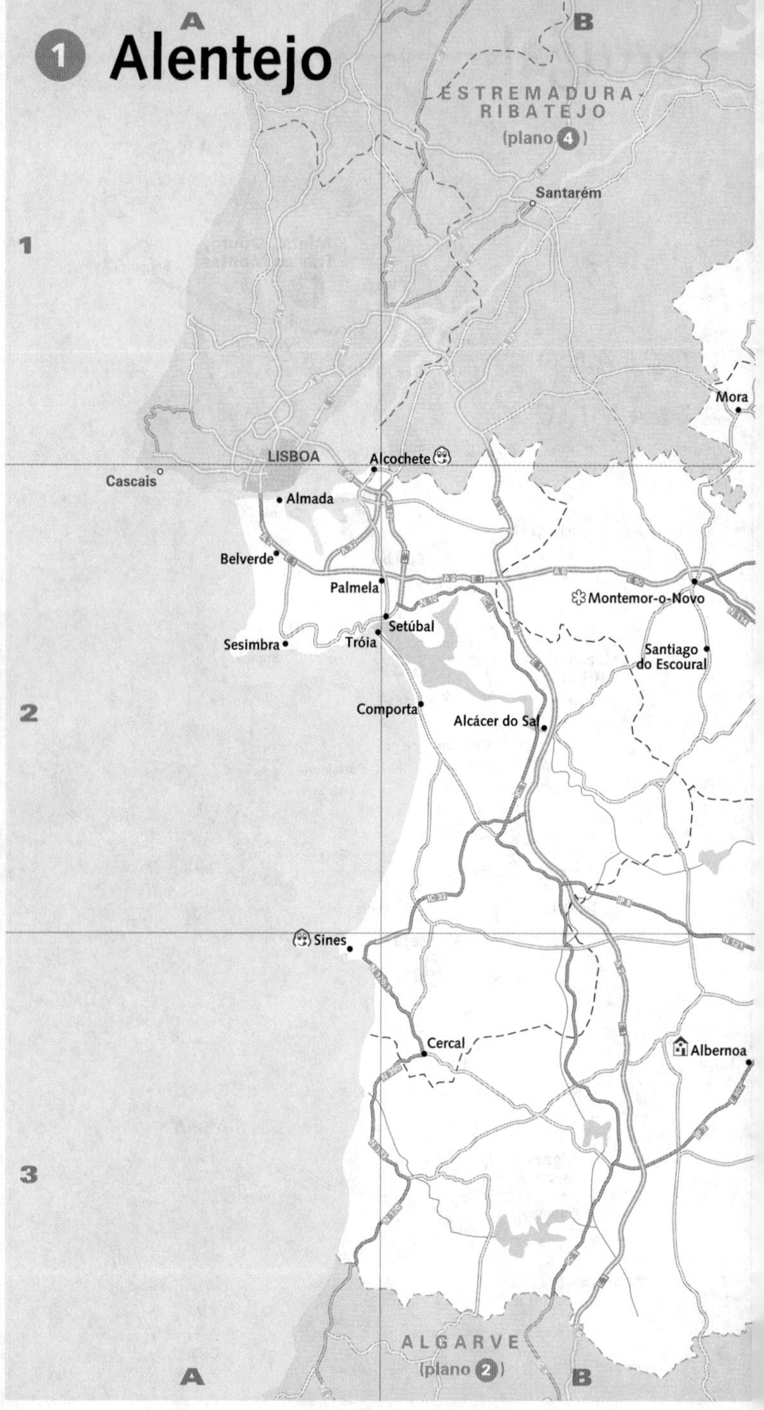
1 Alentejo
A
B
ESTREMADURA-RIBATEJO
(plano 4)
Santarém
1
Mora
LISBOA
Alcochete
Cascais
Almada
Belverde
Palmela
Montemor-o-Novo
Setúbal
Sesimbra
Tróia
Santiago do Escoural
2
Comporta
Alcácer do Sal
Sines
Cercal
Albernoa
3
ALGARVE
(plano 2)
A
B

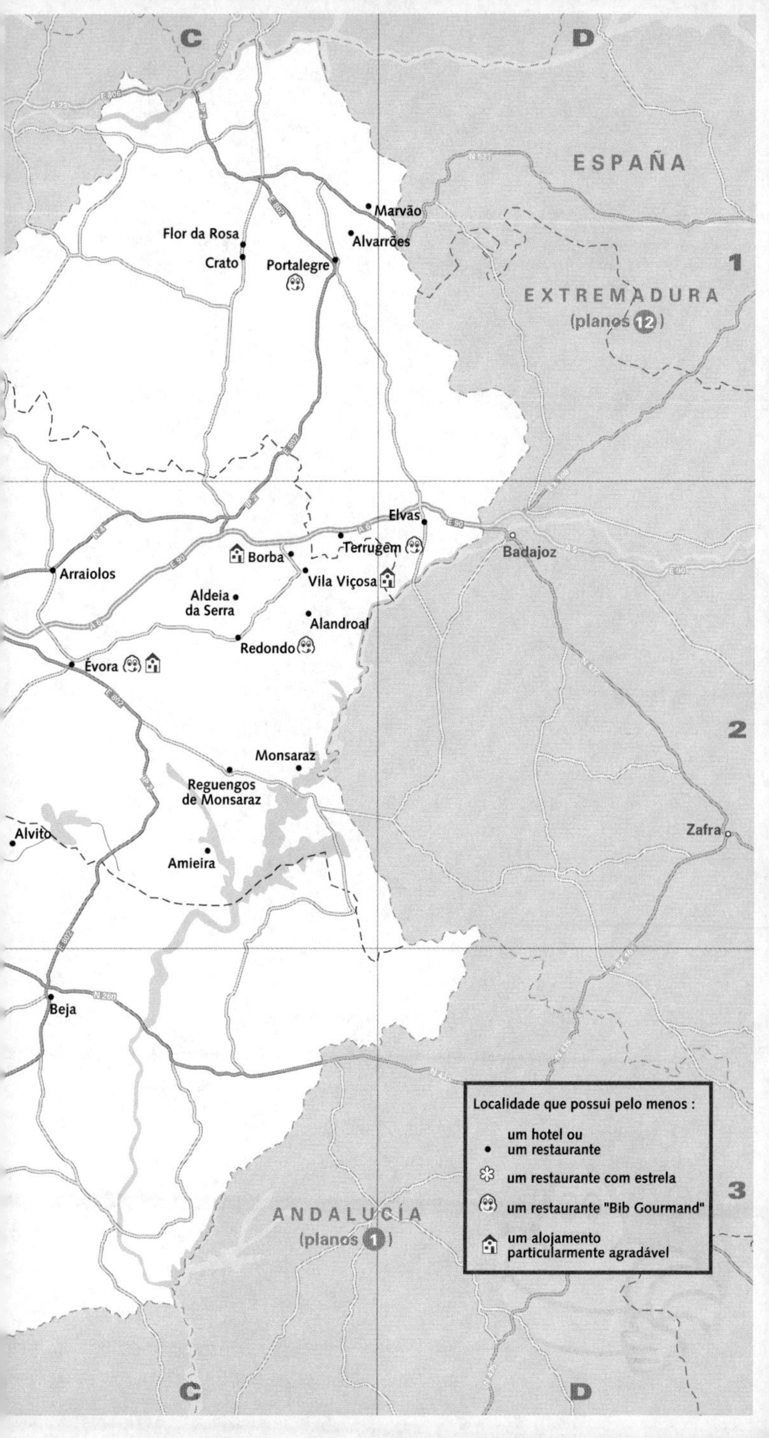

C
D
ESPAÑA
Marvão
Flor da Rosa
Alvarrões
Crato
Portalegre
1
EXTREMADURA
(planos 12)
Elvas
Terrugem
Badajoz
Borba
Arraiolos
Vila Viçosa
Aldeia da Serra
Alandroal
Redondo
Évora
2
Monsaraz
Reguengos de Monsaraz
Alvito
Zafra
Amieira
Beja
Localidade que possui pelo menos :
um hotel ou um restaurante
um restaurante com estrela
um restaurante "Bib Gourmand"
um alojamento particularmente agradável
3
ANDALUCÍA
(planos 1)
C
D

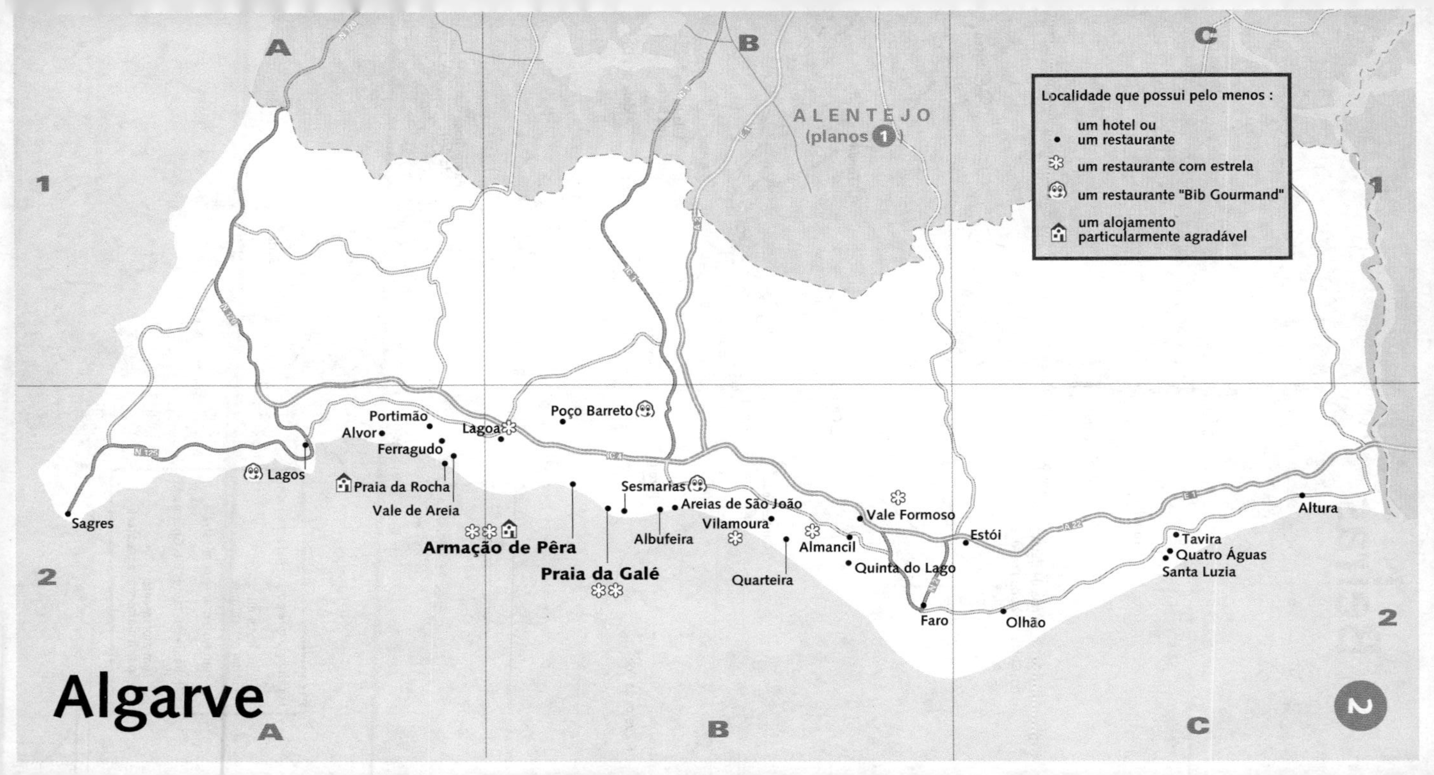
Algarve
Localidade que possui pelo menos :
um hotel ou
um restaurante
um restaurante com estrela
um restaurante "Bib Gourmand"
um alojamento
particularmente agradável
ALENTEJO
(planos 1)
A
B
C
1
2
Sagres
Lagos
Alvor
Portimão
Ferragudo
Praia da Rocha
Vale de Areia
Lagoa
Armação de Pêra
Praia da Galé
Poço Barreto
Sesmarias
Albufeira
Areias de São João
Vilamoura
Quarteira
Almancil
Vale Formoso
Quinta do Lago
Faro
Estói
Olhão
Tavira
Quatro Águas
Santa Luzia
Altura
N 125
N 120
IC 4
IC 1
A 2
A 22
E 1

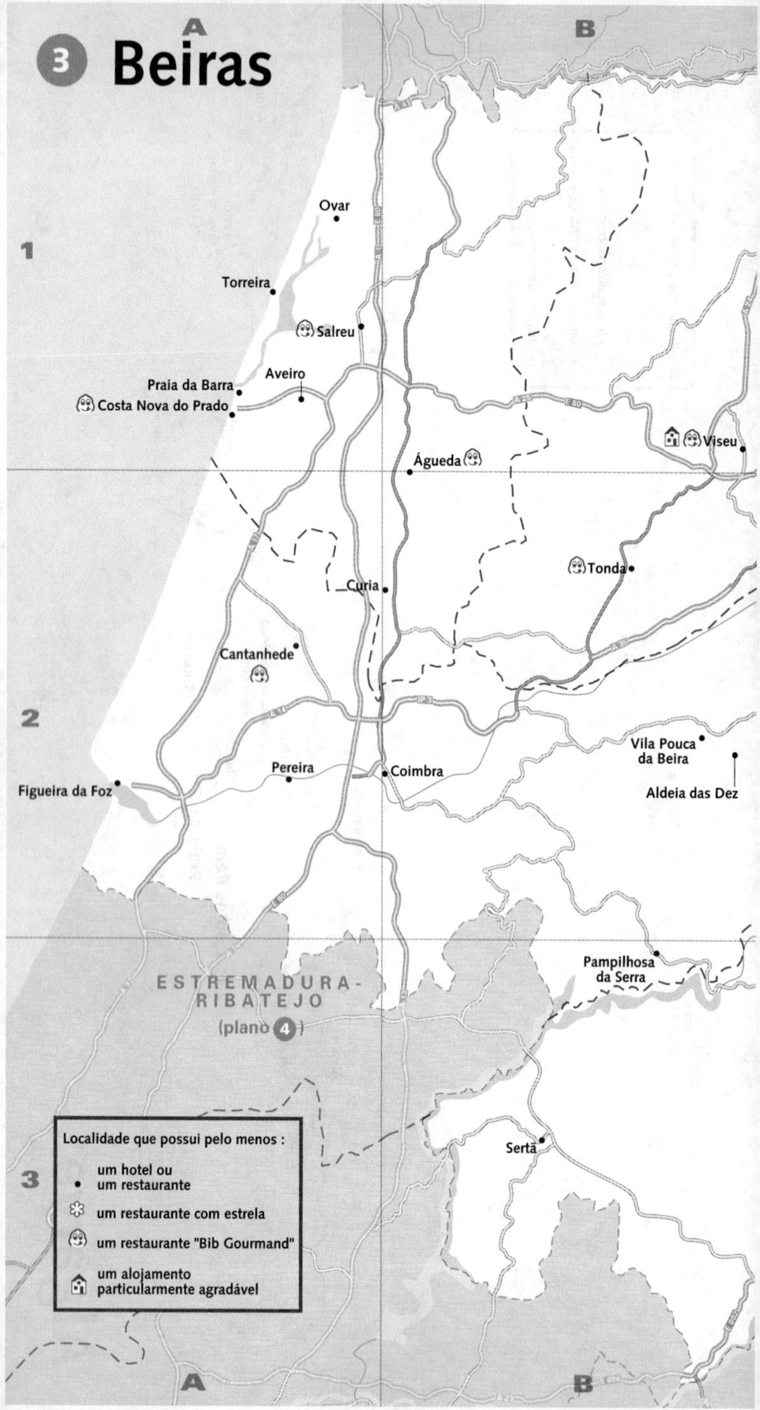

3 Beiras
A
B
1
2
3
Ovar
Torreira
Salreu
Aveiro
Praia da Barra
Costa Nova do Prado
Viseu
Águeda
Tonda
Curia
Cantanhede
Pereira
Coimbra
Figueira da Foz
Vila Pouca da Beira
Aldeia das Dez
Pampilhosa da Serra
ESTREMADURA-RIBATEJO
(plano 4)
Sertã
Localidade que possui pelo menos :
um hotel ou
um restaurante
um restaurante com estrela
um restaurante "Bib Gourmand"
um alojamento particularmente agradável

C
D
MINHO-DOURO-
TRÁS OS MONTES
(planos 6)
Lamego
Folgosa
1
CASTILLA Y LEÓN
(planos 8)
Penalva do
Castelo
Nelas
Guarda
Manteigas
Belmonte
2
Covilhã
Unhais da Serra
ESPAÑA
EXTREMADURA
(planos 12)
3
C
D

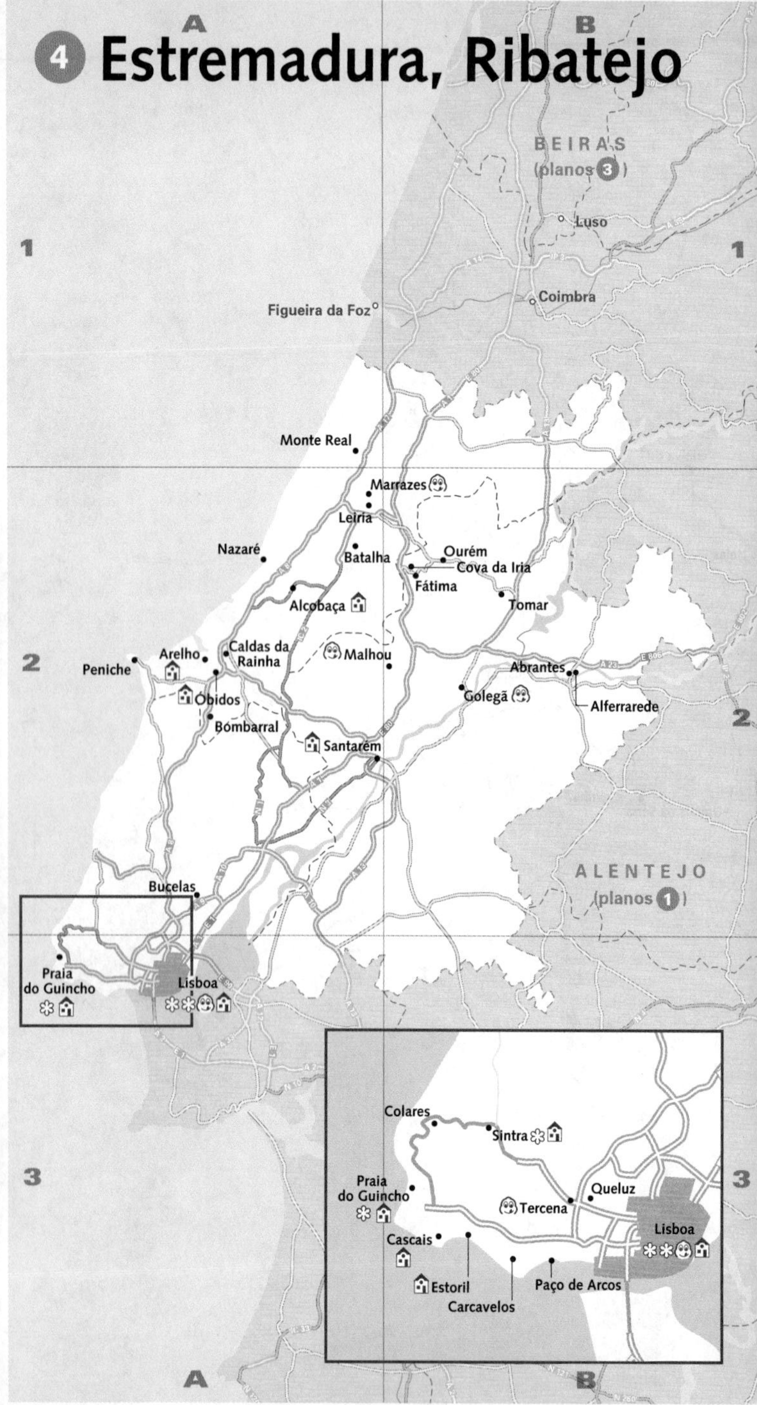

4 Estremadura, Ribatejo
A
B
BEIRAS
(planos 3)
Luso
1
1
Coimbra
Figueira da Foz
Monte Real
Marrazes
Leiria
Nazaré
Batalha
Ourém
Cova da Iria
Fátima
Alcobaça
Tomar
Caldas da Rainha
Arelho
Malhou
2
Peniche
Abrantes
Óbidos
Golegã
Alferrarede
2
Bombarral
Santarém
ALENTEJO
(planos 1)
Bucelas
Praia do Guincho
Lisboa
Colares
Sintra
3
Praia do Guincho
Queluz
3
Tercena
Lisboa
Cascais
Estoril
Paço de Arcos
Carcavelos
A
B

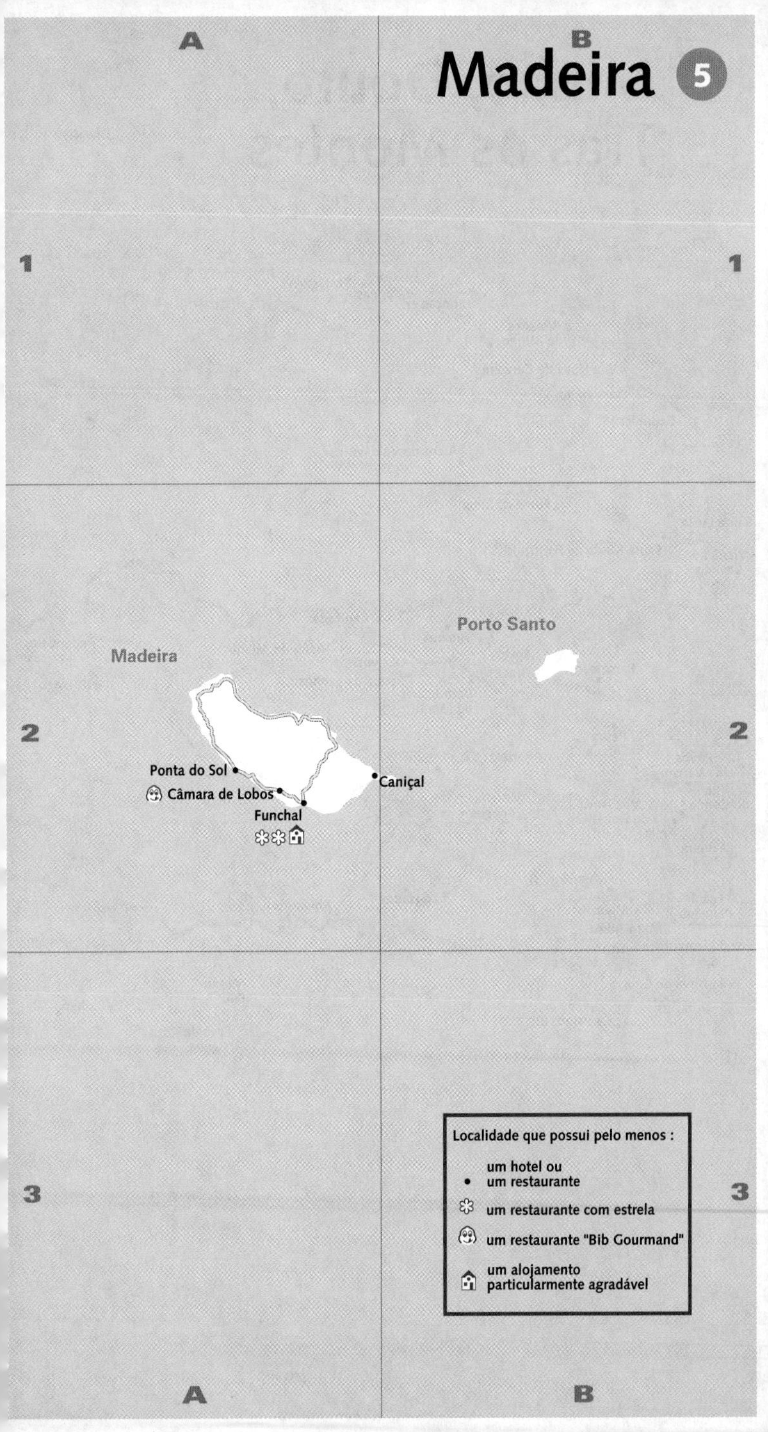
A
B
Madeira 5
1
1
Porto Santo
Madeira
2
2
Ponta do Sol
Câmara de Lobos
Caniçal
Funchal
Localidade que possui pelo menos :
um hotel ou
um restaurante
um restaurante com estrela
um restaurante "Bib Gourmand"
um alojamento
particularmente agradável
3
3
A
B

6
Minho, Douro, Trás os Montes
A
B
1
2
3
Ourense
GALICIA
(planos 13)
Melgaço
Peso
Monção
Valença do Minho
Vila Nova de Cerveira
Gondarem
Caminha
Arcos de Valdevez
Ponte de Lima
Santa Luzia
Viana do Castelo
Santa Marta de Portuzelo
Bouro
Caniçada
Amares
Vieira do Minho
Redondelo
Calvos
Póvoa de Lanhoso
Braga
Barcelos
Bom Jesus do Monte
Vidago
Pedra Furada
Portela
Guimarães
Póvoa de Varzim
Vila do Conde
Vila Nova de Famalicão
Moreira de Cónegos
Areia
Azurara
Nogueira
Leça da Palmeira
Maia
Lousada
Amarante
Matosinhos
Foz do Douro
Porto
Alijó
Vila Nova de Gaia
Mesão Frio
Pinhão
Carvalhos
Peso da Régua
BEIRAS
(planos 3)
Aveiro
Viseu

C
D
Ponferrada
ESPAÑA
1
CASTILLA Y LEÓN
(planos 8)
Puebla
de Sanabria
Verín
Chaves
Nantes
Bragança
2
Macedo de
Cavaleiros
Mirandela
Localidade que possui pelo menos :
um hotel ou
um restaurante
um restaurante com estrela
um restaurante "Bib Gourmand"
um alojamento
particularmente agradável
3
C
D

Restaurantes & hotéis

Restaurantes & hoteles

Localidades de A a Z

Localidades de A a Z

● Lisboa ... 792
● Madeira ... 848

ABRANTES

Santarém - 37 352 h. - Alt. 188 m - Mapa regional n° **4**-B2

Lisboa 146 km - Santarém 77 km - Portalegre 91 km - Leiria 89 km

Mapa das estradas Michelin n° 592-N5

Santa Isabel

REGIONAL • RURAL Inserido numa casa de habitação. Com salas rústicas, espalhadas por dois pisos de moradias, apresenta uma cozinha apurada regional. Deixe-se aconselhar!

Lista aprox. 35 €

Rua Santa Isabel 12 ✉ 2200-393 - ☎ 241 366 230 - fechado domingo, feriados e 7 dias em agosto

ÁGUEDA

Aveiro - 11 346 h. - Mapa regional n° **3**-B2

Lisboa 250 km - Aveiro 22 km - Coimbra 42 km - Porto 85 km

Mapa das estradas Michelin n° 591-K4

O Típico

TRADICIONAL • RÚSTICA Restaurante despretensioso e simples. Oferece uma cozinha tradicional portuguesa de excelente qualidade. Sala decorada com peças e pormenores regionais.

Lista 22/33 €

Rua Dr Manuel Alegre 42 ✉ 3750-139 - ☎ 234 625 336 - fechado agosto e sábado

Conde d'Águeda

TOWNHOUSE • COMTEMPORÂNEA Destaca tanto pelo seu moderno exterior como pela sua central localização, com uma atractiva esplanada-bar no terraço. Confortáveis quartos dotados de mobiliário actual.

28 qto - †55/75 € ††70/95 €

Praça Conde de Águeda ✉ 3750-109 - ☎ 234 610 390 - www.hotelcondedagueda.com

ALANDROAL

Évora - 1 873 h. - Mapa regional n° **1**-C2

Lisboa 192 km - Badajoz 53 km - Évora 56 km - Portalegre 86 km

Mapa das estradas Michelin n° 593-P7

A Maria

ALENTEJANA • QUADRO REGIONAL Com muito encanto e rasgos típicos, tudo graças ao valor que se dá às coisas simples neste local. A sala é muito original, pois a suas paredes imitam as fachadas das casas rurais verdadeiras alentejanas. Cozinha regional de sabor caseiro.

Menu 29/40 € - Lista 29/41 €

Rua João de Deus 12 ✉ 7250-142 - ☎ 268 431 143 - fechado do 16 ao 31 de agosto e 2ª feira noite

ALBERNOA

Beja - 758 h. - Mapa regional n° **1**-B3

Lisboa 196 km - Évora 104 km - Faro 125 km - Setúbal 165 km

Mapa das estradas Michelin n° 593-S6

pela estrada IP 2

Malhadinha Nova

COZINHA DE CAMPANIA • TENDÊNCIA Integrado no edifício da Adega, surpreende pela cozinha de autor que privilegia os produtos naturais e frescos (horta, vaca de raça, porco ibérico, vinho...).

Lista 40/50 €

Hotel Malhadinha Nova, Herdade da Malhadinha Nova, Sudoeste : 7 km ✉ 7800-601 Albernoa - ☎ 284 965 432 - www.malhadinhanova.pt - fechado janeiro, domingo e 2ª feira

Malhadinha Nova

O acesso, por uma estrada de terra batida, integra perfeitamente o idílico monte rural com o conforto, design e exclusividade. Estacione o carro na Adega restaurante e deixe que o convidem aos quartos, rodeados de campos e vinhedos, ideais para desligar.

10 qto – 250/350 €

Herdade da Malhadinha Nova, Sudoeste : 7 km 7800-601 Albernoa – 284 965 210 – www.malhadinhanova.pt – fechado janeiro

Malhadinha Nova – ver selecção restaurantes

Herdade dos Grous

AGROTURISMO • CONFORTÁVEL Agricultura, ganadaria, passeios a cavalo, vinhedos. Estamos num precioso agroturismo, com quase 800 hectáreas e também um lindo lago, que distribui os seus quartos originais entre varios edificios independentes. O seu restaurante aposta por uma cozinha tradicional.

22 qto – 125/157 € – 5 suites

Herdade dos Grous, Norte : 3 km 7800-601 Albernoa – 284 960 000 – www.herdade-dos-grous.com

ALBUFEIRA

Faro – 22 781 h. – Mapa regional n° **2**-B2

Lisboa 257 km – Faro 45 km – Beja 126 km – Lagoa 31 km

Mapa das estradas Michelin n° 593-U5

em Areias de São João Este : 2,5 km – Mapa regional n° **2**-B2

Três Palmeiras

TRADICIONAL • SIMPLES Casa de organização familiar com prestígio na zona, acima de tudo pela qualidade das suas matérias-primas. Vasta carta de cozinha típica portuguesa com peixe do dia.

Lista 35/54 €

Av. Infante D. Henrique 51 8200-261 Albufeira – 289 515 423 – www.restaurantetrespalmeiras.com – fechado janeiro e domingo

em Sesmarias Oeste : 4 km

O Marinheiro

TRADICIONAL • RÚSTICA Acolhedora vivenda, apresenta uma sala de estilo rústico moderno, com um simpático terraço envidraçado. A carta alia pratos da cozinha tradicional portuguesa com outros de cariz internacional.

Lista 24/36 €

Caminho da Praia da Coelha 8200-385 Albufeira – 289 592 350 – www.o-marinheiro.com – só jantar – fechado dezembro, janeiro e domingo salvo abril-outubro

na Praia da Galé Oeste : 6,5 km

Vila Joya

CRIATIVA • LUXO Um paraíso gastronómico em frente ao mar! Aqui a excelência culinária surge em partes iguais da mão de dois chefs, um dedica-se mais aos pratos clássicos e o outro aos pratos de inovação. Magnífico terraço com varandas e quartos de sonho.

→ Lavagante do Atlântico, texturas de couve-flor e caviar. Pombo mieral, pão preto. Pralin foie-gras e maracujá, ruibarbo, compota de framboesa, aipo, gelado de leite salgado.

Menu 110/185 € – Lista 84/141 € 14 qto – 250/450 € 250/930 € – 8 suites

Estrada da Praia da Galé 8201-917 Albufeira – 289 591 795 – www.vilajoya.com – fechado 20 novembro-3 março

ALCÁCER DO SAL

Setúbal - 8 680 h. - Mapa regional nº **1**-B2
Lisboa 97 km - Beja 94 km - Évora 75 km - Setúbal 55 km
Mapa das estradas Michelin nº 593-Q4

Pousada D. Afonso II

EDIFÍCIO HISTÓRICO • CLÁSSICA Passado e presente convivem neste castelo--convento, situado numa colina e próximo do rio Sado. Dispõe de zonas de convívio amplas, um pátio no claustro e quartos com traçado clássico sóbrio. O restaurante apresenta uma cozinha tradicional actualizada.

32 qto - †90/190 € ††100/200 € - 3 suites

Castelo de Alcácer ✉ 7580-197 - ☎ 265 613 070 - www.pousadas.pt

ALCOBAÇA

Leiria - 5 751 h. - Alt. 42 m - Mapa regional nº **4**-A2
Lisboa 110 km - Leiria 32 km - Santarém 60 km
Mapa das estradas Michelin nº 592-N3

Challet Fonte Nova

MANSÃO • REQUINTADA Bela casa senhorial com jardins, uma zona de convívio elegante e quartos de época, divididos por um edifício principal e um anexo mais actual. Ideal para relaxar, também dispõe de massagens e tratamentos de beleza.

9 qto - †64/85 € ††90/120 €

Rua da Fonte Nova 8 ✉ 2460-046 - ☎ 262 598 300 - www.challetfontenova.pt - fechado Natal

ALCOCHETE

Setúbal - 12 239 h. - Mapa regional nº **1**-A2
Lisboa 59 km - Évora 101 km - Santarém 81 km - Setúbal 29 km
Mapa das estradas Michelin nº 593-P3

Don Peixe

PEIXES E FRUTOS DO MAR • FAMILIAR Pequeno restaurante, localizado na zona de pescadores, é ideal para os apreciadores de pratos de peixe. A carta alia os pratos regionais com pratos de peixe fresco avulso, normalmente grelhados e de excelente qualidade.

Lista 25/39 €

Largo António Santos Jorge 6 ✉ 2890-022 - ☎ 21 234 0896 - www.donpeixe.com - fechado 15 dias em dezembro, 15 dias em janeiro, domingo noite e 2ª feira

ALDEIA DA SERRA Évora → Ver Redondo

ALDEIA DAS DEZ

Coimbra - 531 h. - Alt. 450 m - Mapa regional nº **3**-B2
Lisboa 286 km - Coimbra 81 km - Guarda 93 km
Mapa das estradas Michelin nº 592-L6

Quinta da Geia

TRADICIONAL • PERSONALIZADA O encanto dos tempos passados e o conforto actual convivem neste atractivo conjunto do séc. XVII. Ambiente rústico e boas vistas, tanto ao vale como à serra da Estrela. O seu refeitório simples complementa-se, no verão, com uma agradável esplanada.

20 qto - †69 € ††79 €

Largo do Terreiro do Fundo do Lugar ✉ 3400-214 - ☎ 238 670 010 - www.quintadageia.com

ALFERRAREDE

Santarém - 3 884 h. - Mapa regional nº **4**-B2
Lisboa 148 km - Santarém 80 km - Portalegre 89 km - Leiria 91 km
Mapa das estradas Michelin nº 592-N5

Cascata

REGIONAL • QUADRO CLÁSSICO Apresenta uma cafeteria actual no andar inferior, uma sala de refeições clássica no andar superior e um espaço para os banquetes. Cozinha regional e de corte caseiro, com especialidades.

Lista aprox. 30 €

Rua Manuel Lopes Valente Junior 19-A ✉ 2200-260 - ✆ 241 361 011 - www.cascata.pt - fechado domingo noite e 2ª feira

ALIJÓ

Vila Real - 2 635 h. - Mapa regional n° **6**-B3
Lisboa 411 km - Bragança 115 km - Vila Real 44 km - Viseu 117 km
Mapa das estradas Michelin n° 591-I7

Cêpa Torta

REGIONAL • QUADRO CONTEMPORÂNEO Medalhão à Douro Gourmet, saborosa Carne Maronesa, Milhos à Transmontana... Está claro que este restaurante aposta na cozinha regional, no entanto, com um ambiente atual e usando sempre productos com denominação ou de origem controladas.

Lista 20/32 €

Rua Dr. José Bulas Cruz ✉ 5070-047 - ✆ 259 950 177 - www.douro-gourmet.com - fechado do 1 ao 15 de junho e 2ª feira

ALMADA

Setúbal - 16 584 h. - Mapa regional n° **1**-A2
Lisboa 13 km - Évora 126 km - Santarém 92 km - Setúbal 42 km
Mapa das estradas Michelin n° 593-P2

Amarra ò Tejo

TRADICIONAL • ROMÂNTICA O melhor de tudo são as suas espectaculares vistas da capital! Está localizado no alto da cidade, junto ao castelo, numa construção com a forma de cubo envidraçado de estilo clássico-actual. Cozinha tradicional com toques actuais e matérias-primas de qualidade.

Lista 31/45 €

Alameda do Castelo (Jardim do Castelo) ✉ 2800-034 - ✆ 21 273 0621 - fechado domingo noite no inverno, 3ª feira meio-dia no verão e 2ª feira

ALMANCIL

Faro - 11 136 h. - Mapa regional n° **2**-B2
Lisboa 306 km - Faro 13 km - Huelva 115 km - Lagos 68 km
Mapa das estradas Michelin n° 593-U5

Pequeno Mundo

FRANCESA • CONVIVIAL Ideal para casais, pois ocupa uma preciosa casa algarvia dotada com românticos pátios e cálidos refeitórios. Ementa internacional com claras influências francesas.

Lista 40/62 €

Pereiras - Caminho de Pereiras, Oeste : 1,5 km ✉ 8135-907 - ✆ 289 399 866 - www.restaurantepequenomundo.com - só jantar - fechado dezembro-janeiro, 2ª feira salvo verão e domingo

Vincent

INTERNACIONAL • RÚSTICA Casa de campo dotada com uma agradável esplanada ajardinada, um salão-bar de espera e um refeitório com uma acolhedora decoração clássica-regional. Ementa reduzida de estilo internacional.

Lista 39/69 €

Rua do Comércio - Estrada de Quarteira ✉ 8135-906 - ✆ 289 399 093 - só jantar - fechado 15 novembro-15 dezembro, 2ª feira salvo junho-agosto e domingo

em Vale Formoso Nordeste : 1,5 km

Henrique Leis

MODERNA • RÚSTICO XXX Nesta bela casa encontrará duas salas com ar rústico, decoradas com muito gosto, e uma atractiva varanda com boas vistas no 1° andar. Cozinha actual com bases clássicas que cuida muito as suas elaborações, sempre com detalhes criativos.

→ Lavagante com citrinos. Vieira e raviole de trufa. Extravagância de chocolates.

Menu 75/90 € - Lista 67/98 €

✉ 8100-267 Loulé - ✆ 289 393 438 - www.henriqueleis.com - só jantar - fechado 20 novembro- 26 dezembro, 2ª feira salvo julho-agosto e domingo

ao Sul

São Gabriel

TRADICIONAL • QUADRO CLÁSSICO XXX Um restaurante com recantos únicos e ambiente clássico com diversos pormenores mediterrâneos e modernos. Cozinha portuguesa contemporânea com toques inovadores.

→ Carabineiro corado, chicória grelhada, pezinhos de coentrada e molho de aroma do mar. Risotto de lavagante com salicórnias e soufflé de plankton. Maçã e caramelos com pinheiro, creme de 25 ervas do nosso jardim.

Menu 80/120 € - Lista 60/86 €

Estrada de Vale do Lobo a Quinta do Lago, 4 km ✉ 8136-912 Almancil - ✆ 289 394 521 - www.sao-gabriel.com - só jantar - fechado dezembro-fevereiro e 2ª feira

Casa dos Pinheiros

PEIXES E FRUTOS DO MAR • QUADRO CONTEMPORÂNEO XX Local de linha actual dotado de um óptimo expositor de peixe e mariscos. A sua especialidade são as Cataplanas, o Arroz de tamboril, o Peixe no sal, os Crepes da casa...

Lista 35/76 €

Corgo da Zorra - Estrada de Vale do Lobo, 3 km ✉ 8135-107 Almancil - ✆ 289 394 832 - www.restaurantecasadospinheiros.com - só jantar - fechado 25 novembro-27 dezembro e domingo

Alambique

TRADICIONAL • CONFORTÁVEL XX Um bom restaurante para descobrir a cozinha tradicional portuguesa. Possui duas salas requintadas de ambiente clássico-regional e uma das suas especialidades é o Arroz de tamboril.

Lista 40/60 €

Estrada de Vale do Lobo a Quinta do Lago, 4 km ✉ 8135-160 Almancil - ✆ 289 394 579 - só jantar - fechado do 14 ao 26 de dezembro e domingo

Florian

INTERNACIONAL • ELEGANTE XX Encontra-se num condomínio próximo a um campo de golfe, com uma agradável esplanada e um refeitório de estética colonial. Cozinha internacional de inspiração francesa!

Lista 50/65 €

Vale Verde - Rua Van Zaten, 7 km ✉ 8135-107 Almancil - ✆ 289 396 674 - www.florianrestaurant.com - só jantar - fechado 20 novembro-20 janeiro e 5ª feira

Conrad Algarve

GRANDE LUXO • MODERNO Estátuas de mármore, quadros abstractos, serviço de excelência, espaços muito luminosos..., todo isto e muito mais, num hotel de estilo contemporâneo focado no cliente mais exigente. Com amplos, luxosos e modernos, quartos com varanda. Com diversas opções gastronómicas, o destaque é dado ao restaurante Gusto, de ambiente urbano e cosmopolita.

154 qto ☕ - ††264/674 € - 20 suites

Estrada de Vale do Lobo a Quinta do Lago, 5,5 km ✉ 8135-106 Almancil - ✆ 289 350 700 - www.conradalgarve.com

na Quinta do Lago Sul : 8,5 km - Mapa regional nº 2-B2

Casa Velha

INTERNACIONAL • CONFORTÁVEL XXX Instalado numa preciosa casa tipo Aldeia, que sorpreende pela sua elegancia e sua cozinha de gosto internacional mas com detalhes franceses : perfeito para ir em casal.

Menu 73/96 € - Lista 67/96 €

Rua Formosa ✉ 8135-024 Almancil - ☎ 289 394 983 - www.quintadolago.com - só jantar - fechado 27 novembro-24 dezembro, janeiro-13 fevereiro, domingo e 2ª feira

ALTURA

Faro - 2 195 h. - Mapa regional nº 2-C2

Lisboa 320 km - Faro 56 km - Beja 123 km - Vila Real de Santo António 9 km

Mapa das estradas Michelin nº 593-U7

A Chaminé

TRADICIONAL • QUADRO CLÁSSICO X Numa grande avenida... mas também próximo da praia. Tem um bom expositor de peixe e mariscos, bem como uma carta tradicional marinheira com sugestões diárias.

Lista 26/49 €

Av. 24 de Junho, Sul : 1 km ✉ 8950-411 - ☎ 281 950 100 - www.restaurante-chamine.com - fechado do 2 ao 26 de novembro e 3ª feira

ALVARRÕES

Portalegre - 28 h. - Mapa regional nº 1-C1

Lisboa 226 km - Portalegre 10 km - Castelo Branco 79 km - Santarém 159 km

Mapa das estradas Michelin nº 592-N7

pela estrada de Portalegre Sul : 1 km e desvio a esquerda 3 km

Quinta do Barrieiro

AGROTURISMO • RÚSTICA Único, em plena natureza e o que o diferencia é a componente artística, com esculturas em todos os espaços, da autoria da ilustre proprietária. Visite o Atelier da escultora!

9 qto - †50/80 € ††55/100 € - ☕ 8 €

Reveladas ✉ 7330-336 Alvarrões - ☎ 964 054 935 - www.quintadobarrieiro.com

ALVITO

Beja - 1 259 h. - Mapa regional nº 1-C2

Lisboa 161 km - Beja 39 km - Grândola 73 km

Mapa das estradas Michelin nº 593-R6

Pousada Castelo de Alvito

EDIFÍCIO HISTÓRICO • HISTÓRICA Neste castelo do século XV encontrará um pátio central e quartos de ar medieval, todos com mobiliário decapado. Oferece amplos espaços, devidamente equipado e um jardim com piscina. No restaurante, que tem um belíssimo tecto abobadado, são confeccionados pratos de sabor tradicional e alentejano.

20 qto ☕ - †85/145 € ††95/155 €

Largo do Castelo ✉ 7920-999 - ☎ 284 480 700 - www.pousadas.pt

ALVOR

Faro - 6 154 h. - Mapa regional nº 2-A2

Lisboa 286 km - Faro 74 km - Portimão 7 km - Lagos 21 km

Mapa das estradas Michelin nº 593-U4

na praia Este : 2 km

Caniço

PEIXES E FRUTOS DO MAR • SIMPLES Impressiona pela vista espectacular sobre o mar! Sala de estilo simples escavada na rocha e ementa de sabor tradicional, com saborosos arrozes, peixes e mariscos ao peso.

Lista 32/46 €

Aldeamento de Prainha ✉ 8500-072 Alvor
- ✆ 282 458 503 - www.canicorestaurante.com
- 15 março-outubro

AMARANTE

Porto - 16 406 h. - Alt. 100 m - Mapa regional n° **6**-B2
Lisboa 372 km - Porto 64 km - Vila Real 49 km
Mapa das estradas Michelin n° 591-I5

Largo do Paço

MODERNA • QUADRO CLÁSSICO Inserido numa magnífica casa senhorial com ambiente clássico, requintado e sofisticado. No que a fogões diz respeito oferecem uma cozinha contemporânea com variados pratos de autor e receitas da cozinha tradicional de raiz portuguesa. Onde nada foi deixado ao acaso, toda uma encenação com apresentações irrepreensíveis.

→ Bacalhau e as suas ovas. Vitela de leite e os mexilhões. Papos de anjo e o queijo da Serra.

Menu 85/135 € - Lista 56/82 €

Hotel Casa da Calçada, Largo do Paço 6 ✉ 4600-017
- ✆ 255 410 830 - www.largodopaco.com - fechado janeiro

Casa da Calçada

PALACE • REQUINTADA Magnifica casa senhorial do séc. XVI, conta com recantos únicos nas áreas públicas, quartos de estilo clássico, confortáveis e bem equipados. Piscina panorâmica com vista para o centro de Amarante e agradável terraço/solário!

26 qto - 117/215 € 127/225 € - 4 suites

Largo do Paço 6 ✉ 4600-017 - ✆ 255 410 830 - www.casadacalcada.com
- fechado janeiro

Largo do Paço - ver selecção restaurantes

AMARES

Braga - 1 550 h. - Mapa regional n° **6**-A2
Lisboa 380 km - Braga 15 km - Porto 71 km - Viana do Castelo 65 km
Mapa das estradas Michelin n° 591-H4

pela estrada de Póvoa de Lanhoso Sudeste : 2,5 km, desvio a direita 0,5 km e desvio a esquerda 0,5 km

Quinta do Burgo

CASA DE CAMPO • RÚSTICA Está distribuído em várias casas e o conjunto é excelente, com uma extensa área relvada. A sua grande oferta de alojamento inclui apartamentos (T1, T2 e T3) e dois tipos de quartos: uns rústicos e outros mais modernos e atuais.

10 qto - 45/84 € 54/84 € - 5 apartamentos

Rua dos Burgos 475 ✉ 4720-612 Prozelo AMR
- ✆ 253 992 749 - www.quintadoburgo.com

AMIEIRA

Évora - 362 h. - Mapa regional nº **1**-C2

Lisboa 194 km - Évora 61 km - Beja 59 km - Setúbal 160 km

Mapa das estradas Michelin nº 593-R7

ao Nordeste 3,5 km

Amieira Marina

TRADICIONAL • QUADRO CONTEMPORÂNEO XX Restaurante panorâmico construído sobre as águas do Grande Lago de Alqueva. O restaurante dispõe de duas salas modernas e luminosas com uma bela vista. Cozinha tradicional e regional.

Lista aprox. 38 €

7220-999 Amieira - 266 611 173 - www.amieiramarina.com - só jantar salvo 6ª feira, sábado, domingo e fins de semana de novembro-março - fechado 4ª feira

ARCOS DE VALDEVEZ

Viana do Castelo - 2 226 h. - Mapa regional nº **6**-A1

Lisboa 411 km - Viana do Castelo 48 km - Braga 43 km - Porto 102 km

Mapa das estradas Michelin nº 591-G4

Grill Costa do Vez

TRADICIONAL • RÚSTICA X Restaurante de ambiente rústico regional, localizado numa pitoresca vila minhota. Cozinha tradicional portuguesa, com uma oferta muito variada de pratos grelhados a baixo preço.

Lista aprox. 30 €

Estrada de Monção 4970-483 - 258 516 122 - www.costadovez.pt - fechado 3 semanas outubro-novembro e 2ª feira

AREIA Porto → Ver Vila do Conde

AREIAS DE SÃO JOÃO Faro → Ver Albufeira

ARELHO Leiria → Ver Óbidos

ARMAÇÃO DE PÊRA

Faro - 4 867 h. - Mapa regional nº **2**-B2

Lisboa 262 km - Faro 51 km - Beja 131 km - Lagoa 11 km

Mapa das estradas Michelin nº 593-U4

ao Oeste 2 km

Ocean

CRIATIVA • DESIGN XXXX Encontra-se num chalé anexo ao hotel e sorpreende pela sua estética, pois o seu desenho toma o protagonismo para transportarnos num fundo oceánico dominado por belíssimos corais, cristais de Murano e uma intensa cor azul. Os seus diferentes menús degustação desvelam uma cozinha criativa de bases internacionais.

→ Lagostim, milho, coentros, funcho. Borrego Pauillac, tomate, alcachofra, manjericão. Morangos, azedas.

Menu 95/175 € - só menu

Hotel Vila Vita Parc, Alporchinhos 8400-450 Porches - 282 310 100 - www.restauranteocean.com - só jantar - fechado janeiro, 2ª feira e 3ª feira

B & G

TRADICIONAL • ELEGANTE XXX Destaque no restaurante, para as paredes envidraçadas panorâmicas e a bela esplanada debruçada sobre o mar, onde oferece uma carta reinventada e inovadora.

Menu 50 € - Lista 37/59 €

Hotel Vilalara Thalassa Resort, Praia das Gaivotas 8400-450 Porches - 282 320 000 (reserva aconselhada) - www.vilalararesort.com - só jantar no verão - fechado dezembro-janeiro

ARMAÇÃO DE PÊRA

Vila Vita Parc

LUXO • CONFORTÁVEL Um hotel que conjuga perfeitamente o luxo, a elegância e tranquilidade, encontra-se numa enorme quinta ajardinada e com acesso ao mar. Oferece excelentes zonas de convívio, quartos de traçado clássico-actual, um SPA com serviço Hypoxi e uma oferta gastronómica completa.

86 qto - 205/620 € - 52 suites - 5 apartamentos

Alporchinhos ✉ 8400-450 Porches
- ✆ 282 310 100 - www.vilavitaparc.com

✿✿ **Ocean** - ver selecção restaurantes

Vilalara Thalassa Resort

RESORT • REQUINTADA Um oásis de paz que convida a momentos de relaxamento! Um pequeno paraíso, com acesso directo a uma praia quase privativa e até um anfiteatro natural, disponibiliza quartos espaçosos com excelente equipamento, rodeados por magníficos jardins.

111 qto - 170/470 € - 11 apartamentos

Praia das Gaivotas ✉ 8400-450 Porches
- ✆ 282 320 000 - www.vilalararesort.com - fechado dezembro-janeiro

B y G - ver selecção restaurantes

Casa Bela Moura

CASA DE CAMPO • CONFORTÁVEL Excelente, pois ocupa uma Casa de Campo distribuída em dois edifícios. Elegante salão social, quartos de conforto actual, arredores ajardinados com piscina climatizada.

16 qto - 50/119 € 99/199 €

Estrada de Porches ✉ 8400-450 Porches
- ✆ 282 313 422 - www.casabelamoura.com - 17 março-7 novembro

ARRAIOLOS

Évora - 3 386 h. - Mapa regional n° **1**-C2

Lisboa 125 km - Badajoz 102 km - Évora 22 km - Portalegre 103 km

Mapa das estradas Michelin n° 593-P6

Pousada Nossa Senhora da Assunção

EDIFÍCIO HISTÓRICO • CONFORTÁVEL Instalada parcialmente em um antigo convento, cuja igreja, revestida de azulejos, data de 1585. Elementos clássicos, detalhes modernos, um claustro e quartos sóbrios. A luminosa sala de refeição com tecto abobadado está dividida em dois espaços.

30 qto - 100/180 € 110/190 € - 2 suites

Quinta dos Loios, Norte : 1 km ✉ 7041-909
- ✆ 266 419 340 - www.pousadas.pt

AVEIRO

54 398 h. - Mapa regional n° **3**-A1

Lisboa 252 km - Coimbra 56 km - Porto 70 km - Vila Real 170 km

Mapa das estradas Michelin n° 591-K4

Salpoente

MODERNA • DESIGN XXX Localizado em frente ao canal de São Roque, num edifício único que no seu dia foi um armazém de sal. Ambiente rústico sofisticado e cozinha contemporânea, especialistas em bacalhaus.

Menu 40/60 € - Lista 30/61 €

Planta : A1-a - *Cais de São Roque 83 ✉ 3800-256*
- ✆ 234 382 674 - www.salpoente.pt

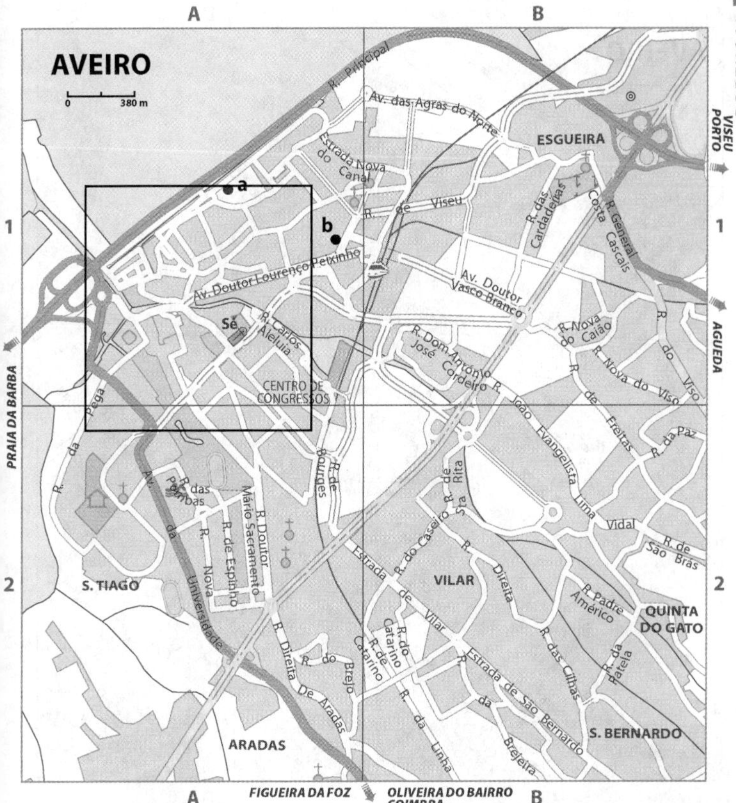

O Moliceiro

TRADICIONAL • SIMPLES Casa familiar, especialistas em peixe fresco e grelhado. Conta com uma esplanada na rua, um bar privado e uma sala de jantar simples, com cozinha à vista e uma montra.

Lista 20/32 €

Planta : C1-s – *Largo do Rossio 6 ✉ 3800-246 – ✆ 234 420 858 – fechado do 15 ao 30 de junho, do 15 ao 30 de novembro e 5ª feira*

Moliceiro

TOWNHOUSE • REQUINTADO Sofisticado, distinto e com charme, um espaço onde nada foi deixado ao acaso. Conta com um acolhedor piano-bar e quartos temáticos, todos eles diferentes entre si: provençal, oriental, romântico...

48 qto ☕ – 🚹98/200 € 🚹🚹110/390 € – 1 suite

Planta : C1-r – *Rua Barbosa de Magalhães 15-17 ✉ 3800-154 – ✆ 234 377 400 – www.hotelmoliceiro.pt*

Veneza H.

FAMILIAR • REQUINTADA Um hotel com charme, tanto pela acolhedora esplanada como pelo ambiente colonial. Conta com acolhedores e sofisticados quartos, alguns temáticos.

49 qto – 🚹55/79 € 🚹🚹65/86 € – ☕ 9 €

Planta : A1-b – *Rua Luís Gomes de Carvalho 23 ✉ 3800-211 – ✆ 234 404 400 – www.venezahotel.com*

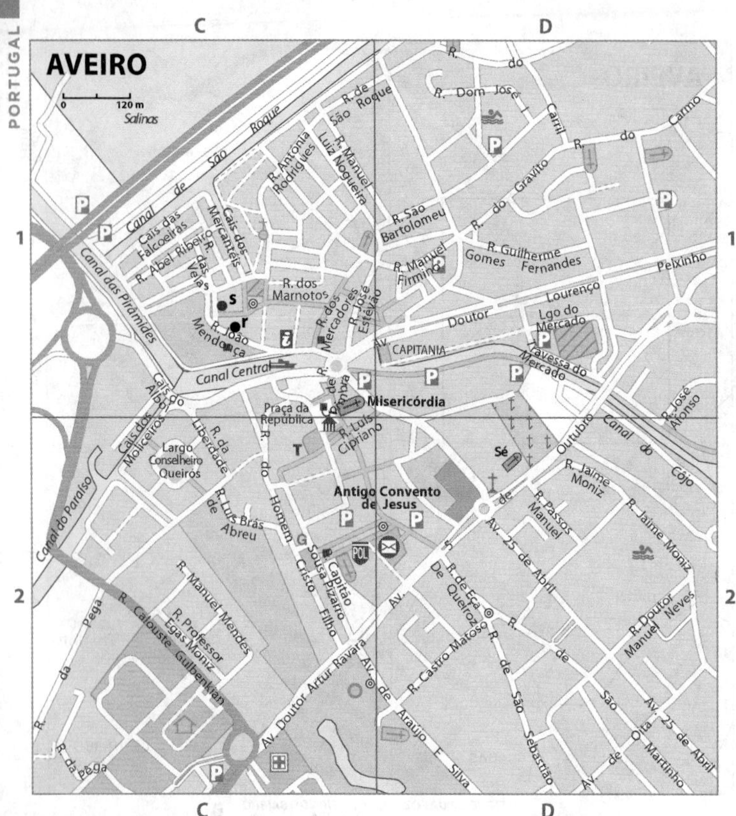

na Praia da Barra por Cais de São Roque : 9 km, ver planta : A1

Farol

FAMILIAR • FUNCIONAL Hotel com ambiente colonial localizado junto ao faro, perto da praia. Conta com uma recepção-sala pública, um snack bar e confortáveis quartos, destaque para aqueles que tem varanda.

24 qto ☕ - 🚹45/75 € 🚹🚹55/105 € - 4 suites

Largo do Farol ✉ 3830-753 Praia da Barra - ✆ 234 390 600 - www.hotelfarol.com

em Costa Nova do Prado por Cais de São Roque: 9,5 km, ver planta : A1

Dóri

PEIXES E FRUTOS DO MAR • SIMPLES Situado no 1er piso dum edifício envidraçado moderno, com uma bonita vista para à ria desde a esplanada. A carta destaca que são especialistas em peixe salvagem e marisco.

Menu 30/40 € – Lista 27/38 €

Rua das Companhas ✉ 3830-453 Costa Nova - ✆ 234 369 017 - fechado do 24 ao 31 de maio, do 15 ao 31 de outubro, domingo noite e 2ª feira

AZURARA Porto → Ver Vila do Conde

BARCELOS

Braga - 26 281 h. - Alt. 39 m - Mapa regional n° **6**-A2
▶ Lisboa 373 km - Braga 25 km - Porto 63 km - Viana do Castelo 35 km
Mapa das estradas Michelin n° 591-H4

Turismo

TRADICIONAL • QUADRO CLÁSSICO Agradavel local alojado frente ao rio... de facto, um dos seus terraços assoma-se a el. Sua carta, de gosto tradicional, enriquece-se com alguns pratos mais internacionais.

Lista 25/40 €

Rua Duques de Bragança ✉ 4750-272 - ☎ 253 826 411 - www.restauranteturismo.com - fechado domingo noite e 2ª feira noite

Bagoeira

REGIONAL • QUADRO TRADICIONAL Este estabelecimento possui anos de história. Oferece uma ementa completa de cozinha tradicional, com pratos regionais e uma boa seleção de especialidades, tanto de assados quanto de grelhados. A sua excelente adega é composta exclusivamemente de vinhos portugueses!

Lista aprox. 35 €

Av. Dr. Sidónio Pais 495 ✉ 4750-333 - ☎ 253 811 236 - www.bagoeira.com

BATALHA

Leiria - 8 548 h. - Alt. 71 m - Mapa regional n° **4**-A2
▶ Lisboa 120 km - Coimbra 82 km - Leiria 11 km
Mapa das estradas Michelin n° 592-N3

Villa Batalha

TRADICIONAL • A MODA Destaca-se pelo seu jardim, com zonas relvadas e um campo de Pitch Putt. Área de convívio muito elegante e quartos actuais totalmente equipados, todos eles espaçosos. O restaurante, de linha clássica-actual, oferece uma carta tradicional e internacional.

93 qto - †75 € ††80 € - 18 suites

Rua Dom Duarte I-248 ✉ 2440-415 - ☎ 244 240 400 - www.hotelvillabatalha.com

Casa do Outeiro

FAMILIAR • PERSONALIZADA Esta casa familiar oferece instalações bem cuidadas, sempre em processo de modernização. Possui quartos alegres e coloridos com um conforto excelente para sua categoria.

15 qto - †46/75 € ††54/89 €

Largo Carvalho do Outeiro 4 ✉ 2440-128 - ☎ 244 765 806 - www.hotelcasadoouteiro.com

BEJA

25 148 h. - Alt. 277 m - Mapa regional n° **1**-C3
▶ Lisboa 194 km - Évora 78 km - Faro 186 km - Huelva 177 km
Mapa das estradas Michelin n° 593-R6

Pousada de São Francisco

EDIFÍCIO HISTÓRICO • CONFORTÁVEL Instalado num convento do século XIII que ainda conserva o seu traçado antigo, o claustro e a capela. Surpreende encontrar um interior onde a elegância dá lugar a um conforto moderno e actual. O restaurante, bastante sóbrio mas com belíssimas abóbadas em cruzaria, propõe uma carta marcadamente tradicional.

35 qto - †85/145 € ††95/155 € - 2 suites

Largo D. Nuno Álvares Pereira ✉ 7801-901 - ☎ 284 313 580 - www.pousadas.pt

BELMONTE

Castelo Branco – 3 183 h. – Mapa regional n° **3**-C2
Lisboa 338 km – Castelo Branco 82 km – Guarda 20 km
Mapa das estradas Michelin n° 592-K7

pela estrada de Caria Sul : 0,7 km e desvio a direita 1,5 km

Pousada Convento de Belmonte

EDIFÍCIO HISTÓRICO • CONFORTÁVEL Destaca pelas suas belas vistas à serra da Estrela e à cova da Beira. A zona nobre aproveita as ruínas dum antigo convento e possui quartos de bom conforto. O refeitório que desfruta de uma moderna montagem encontra-se num ambiente aberto à serena majestade da paisagem circundante.

23 qto – 116/250 € 126/261 € – 1 suite

Serra da Esperança ✉ 6250-909 Belmonte – ☎ 275 910 300 – www.conventodebelmonte.pt

BELVERDE

Setúbal – Mapa regional n° **1**-A2
Lisboa 26 km – Évora 119 km – Santarém 105 km – Setúbal 35 km
Mapa das estradas Michelin n° 593-Q2

Evidência Belverde Atitude H.

BUSINESS • DESIGN Um hotel sofisticado e confortável, situado numa simpática zona residencial, com pormenores de design e carácter cosmopolita. O restaurante oferece uma carta tradicional com sabores sofisticados e pratos de fusão.

71 qto – 70/250 € 80/350 €

av. de Belverde 70 ✉ 2845-483 – ☎ 21 042 6900 – www.evidenciabelverde.com

BOM JESUS DO MONTE Braga → Ver Braga

BOMBARRAL

Leiria – 5 664 h. – Mapa regional n° **4**-A2
Lisboa 76 km – Leira 84 km – Óbidos 12 km – Santarém 58 km
Mapa das estradas Michelin n° 592-O2

Dom José

CASEIRA • FAMILIAR Esta casa familiar conta com uma sala de refeições simples e ao mesmo tempo impecável, e uma sala dedicada à exposição-venda de vinhos. A sua carta está limitada a cerca de 10 pratos, apesar de estes variarem quase diariamente e têm um sabor caseiro autêntico.

Lista 22/41 €

Rua Dr. Alberto Martins dos Santos 4 ✉ 2540-087 – ☎ 262 604 384 – fechado do 1 ao 11 de janeiro, do 16 ao 30 de junho, domingo e 2ª feira noite

BORBA

Évora – 4 537 h. – Mapa regional n° **1**-C2
Lisboa 180 km – Évora 57 km – Badajoz 50 km – Portalegre 69 km
Mapa das estradas Michelin n° 593-P7

Casa do Terreiro do Poço

TRADICIONAL • PERSONALIZADA Casa rural cujas origens remontam ao século XVII. Apresenta uma atraente zona social e quartos sedutores, a maior parte personalizadas com mobiliário de época e belíssimas casas de banho. Oferece cursos de cozinha!

15 qto – 65/90 € 85/110 €

Largo dos Combatentes da Grande Guerra 12 ✉ 7150-152 – ☎ 917 256 077 – www.casadoterreirodopoco.com

BOURO

Braga - Mapa regional nº **6**-A2
Lisboa 370 km - Braga 35 km - Guimarães 43 km - Porto 85 km
Mapa das estradas Michelin nº 591-H5

Pousada Mosteiro Amares - Gerês

EDIFÍCIO HISTÓRICO • CONFORTÁVEL Situado num mosteiro beneditino do século XII que conserva a sobriedade estética original com mobiliário de vanguarda. O restaurante, instalado nas cozinhas antigas e dominado pela pedra exposta, oferece uma carta de sabores tradicionais e regionais.

30 qto - 80/180 € 90/190 € - 2 suites

Largo do Terreiro 4720-633
- 253 371 970 - www.pousadas.com

BRAGA

145 831 h. - Alt. 190 m - Mapa regional nº **6**-A2
Lisboa 367 km - Porto 58 km - Viana do Castelo 63 km - Vila Real 59 km
Mapa das estradas Michelin nº 591-H4

Centurium

COCINA TRADICIONAL • QUADRO CLÁSSICO Ocupa um lindo edificio do séc. XIX e realça pelos elementos arquitetónicos da sua sala de jantar principal, com elegantes arcos e colunas de pedra. Cozinha tradicional e internacional com um bom nivel. Uma especialidade? Prove o seu rico Bacalhau à Centurium.

Menu 11 € - Lista 26/35 €

Planta : B1-e - *Hotel Bracara Augusta, Av. Central 134 4710-229*
- 253 206 260 - www.bracaraaugusta.com
- fechado domingo e feriados

Cruz Sobral

COCINA TRADICIONAL • RÚSTICA Varias gerações duma mesma família à frente do negócio. Elabora uma cozinha de sabor popular em fogão de lenha e à vista da clientela. Destaca a sua ementa de vinhos!

Menu 18/25 € - Lista 25/38 €

Planta : A2-b - *Campo das Hortas 7-8 4700-210*
- 253 616 648 - www.restaurantecruzsobral.com.pt
- fechado do 5 ao 20 de abril, 25 julho-8 agosto, domingo noite e 2ª feira

Cozinha da Sé

COCINA TRADICIONAL • CONFORTÁVEL Um dos restaurantes mais frequentados da cidade, pois tem uma localização central e um proprietário que sabe como agradar aos seus clientes. Na sala, de estilo rústico-moderno, poderá degustar uma cozinha tradicional portuguesa bem elaborada.

Lista 25/38 €

Planta : A1-t - *Rua D. Frei Caetano Brandão 95 4700-031*
- 253 277 343 - www.cozinhadase.pt
- fechado do 15 ao 30 de setembro, 2ª feira meio-dia e 3ª feira medio-dia

Bracara Augusta

TOWNHOUSE • REQUINTADA Este acolhedor edifício histórico foi remodelado com materiais de qualidade, como o piso de Carvalho ou a escadaria central. Disponibiliza quartos bem equipados, com muitos detalhes elegantes, e casas de banho em mármore.

17 qto - 59/89 € 69/99 € - 2 suites

Planta : B1-e - *Av. Central 134 4710-229*
- 253 206 260 - www.bracaraaugusta.com
Centurium - ver selecção restaurantes

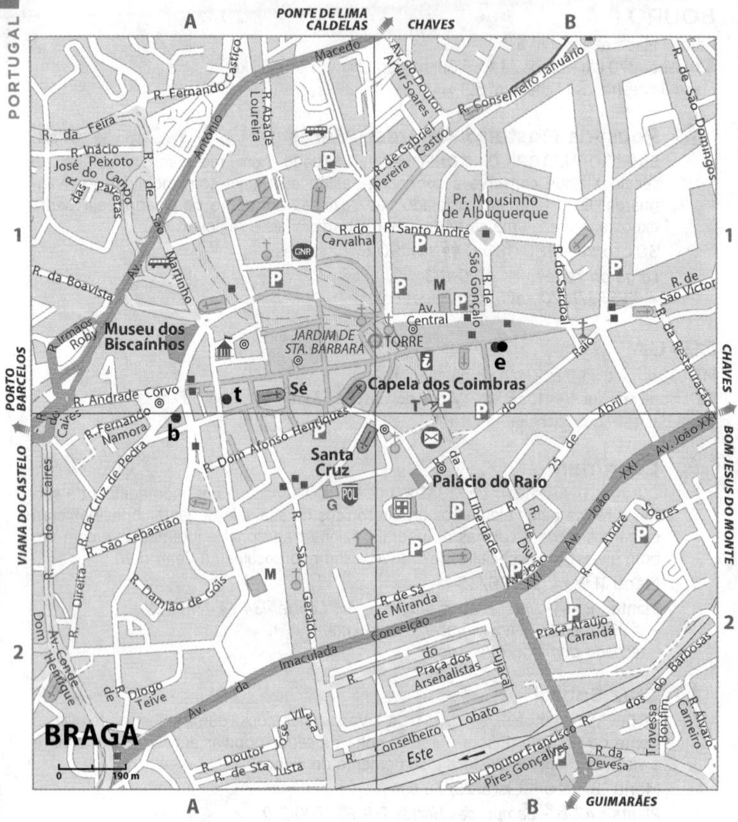

BRAGA

pela estrada do Bom Jesus do Monte por Av. António Macedo : 4 km, ver planta : AB1

O Pórtico

COCINA TRADICIONAL • RÚSTICA Restaurante modesto, situado na subida ao Santuario. Apresenta um estilo rústico-regional que o faz muito acolhedor e um bonito terraço. Prove o seu Cabrito assado!

Lista 30/48 €

Arco-Bom Jesus (junto ao elevador) 4715-054 Braga
– 253 676 672 – www.restaurantetorres.pt
– fechado 20 dias em julho, domingo noite e 5ª feira

no Bom Jesus do Monte por Av. António Macedo, ver planta : AB1

Panorâmico

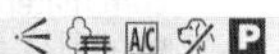

COCINA TRADICIONAL • QUADRO CLÁSSICO Fiel ao seu nome, o que mais realça deste restaurante são as impressionantes vistas da cidade e seus arredores. Cozinha tradicional com base a umas excelentes materias primas.

Menu 15/26 € – Lista 30/40 €

Hotel Elevador, 6 km 4715-056 – 253 603 400 – www.hoteisbomjesus.pt

Do Parque

CADEIA HOTELEIRA • CONFORTÁVEL Sobresae pela sua localização no centro do parque e hoje presenta-se completamente renovado, com uma zona social de linha atual e quartos com bastante bom conforto.

40 qto - 65/89 € 68/120 € - 4 suites

6,2 km ✉ 4715-056 Braga - ☎ 253 603 470 - www.hoteisbomjesus.pt

Elevador

CADEIA HOTELEIRA • CLÁSSICA Também se encontra dentro do parque e deve o seu nome ao pitoresco elevador do séc. XIX, movido por agua, junto ao qual se encontra. Quartos de linha clássica-portuguesa.

22 qto - 58/85 € 60/102 €

6 km ✉ 4715-056 Braga - ☎ 253 603 400 - www.hoteisbomjesus.pt

Panorâmico - ver selecção restaurantes

BRAGANÇA

23 524 h. - Alt. 660 m - Mapa regional n° **6**-D2

Lisboa 492 km - Vila Real 119 km - Guarda 178 km - Viseu 198 km

Mapa das estradas Michelin n° 591-G9

G Pousada

MODERNA • CONVIVIAL XXX Apresenta uma luminosa sala de jantar de carácter panorámico e um terraço, ambos espaços com fantásticas vistas a fortaleza da cidade. Cozinha moderna com bases tradicionais.

Menu 36/100 € - Lista 42/52 €

Hotel Pousada de São Bartolomeu, Estrada de Turismo, Sudeste : 0,5 km ✉ 5300-271 - ☎ 273 331 493 - só jantar salvo sábado e domingo

Pousada de São Bartolomeu

FAMILIAR • CLÁSSICA Sorpreende a forma de cuidar e mimar os seus clientes e pela sua localização, no alto de uma ladeira, com magníficas vistas tanto do Castelo de Bragança como da cidade. Salão social com chaminé e quartos de conforto atual.

28 qto - 80/150 € 90/160 €

Estrada de Turismo, Sudeste : 0,5 km ✉ 5300-271 - ☎ 273 331 493

G Pousada - ver selecção restaurantes

pela estrada N 103-7 Norte : 4.5 km

O Javali

REGIONAL • RÚSTICA X Um restaurante com um ar rústico que não o vai dececionar. Propõe uma cozinha regional transmontana especializada em pratos de caça, como o seu famoso Javalí estufado com castanhas.

Lista 20/41 €

Quinta do Reconco 6 ✉ 5300-672 Bragança - ☎ 273 333 898

BUCELAS

Lisboa - 4 663 h. - Alt. 100 m - Mapa regional n° **4**-A2

Lisboa 30 km - Santarém 62 km - Sintra 40 km

Mapa das estradas Michelin n° 592-P2

Barrete Saloio

TRADICIONAL • RÚSTICA X Esta casa familiar, com bastantes detalhes rústicos e um ambiente marcadamente regional, já teve várias utilizações diferentes ao longo da sua história. Aposta pela cozinha tradicional, rica em bacalhau e carnes na brasa.

Menu 15 € - Lista 20/32 €

Rua Luís de Camões 28 ✉ 2670-662 - ☎ 21 969 4004 - www.barretesaloio.pt - fechado do 15 ao 31 de agosto, 2ª feira noite e 3ª feira

CALDAS DA RAINHA

Leiria - 27 337 h. - Alt. 50 m - Mapa regional nº **4**-A2
Lisboa 92 km - Leiria 59 km - Nazaré 29 km
Mapa das estradas Michelin nº 592-N2

Sabores d'Itália

ITALIANA • QUADRO CONTEMPORÂNEO XX Um negócio que cuida tanto os detalhes como a organização, com duas salas de design moderno e um excelente serviço de mesa. A sua carta de sabores italianos é complementada com alguns pratos de raízes portuguesas.

Menu 15 € - Lista aprox. 45 €

Praça 5 de Outubro 40 ✉ 2500-111 - ✆ 262 845 600 - www.saboresditalia.com - fechado 23 janeiro-6 fevereiro e 2ª feira salvo 11 julho-11 setembro

CALVOS Braga → Ver Póvoa de Lanhoso

CAMINHA

Viana do Castelo - 1 346 h. - Mapa regional nº **6**-A1
Lisboa 411 km - Porto 93 km - Vigo 60 km
Mapa das estradas Michelin nº 591-G3

Solar do Pescado

PEIXES E FRUTOS DO MAR • FAMILIAR X Negócio especializado em peixes e mariscos. Possui um refeitório clássico português com dois arcos em pedra e belos azulejos, assim como uma sala interior com pormenores rústicos.

Menu 15 € - Lista 27/38 €

Rua Visconde Sousa Rego 85 ✉ 4910-156 - ✆ 258 922 794 - www.solardopescado.com - fechado do 15 ao 30 de maio, do 15 ao 30 de novembro, domingo noite e 3ª feira salvo julho-setembro

Duque de Caminha

PORTUGUESA • RÚSTICA X Em pleno centro histórico, dispõe de uma sala de jantar com ambiente rústico bem marcado, com paredes em pedra e muitas garrafas de vinho decorativas! Ementa tradicional com sugestões, peixes do dia e pratos de caça na temporada.

Lista 20/31 €

Rua Ricardo Joaquim de Sousa 27 ✉ 4910-155 - ✆ 258 722 046 - fechado 8 dias em dezembro, domingo noite e 2ª feira salvo agosto

Design & Wine H. N

SPA E BEM ESTAR • DESIGN Aposta por o desenho e realça pela sua localização, junto a uma praça cheia de bares e esplanadas. Distribui seus quartos, todos com temática, entre o edifício principal e... um módulo giratório! O seu restaurante, de carácter informal, oferece uma cozinha tradicional.

23 qto - †59/120 € ††80/130 €

Praça Conselheiro Silva Torres 8 ✉ 4910-122 - ✆ 258 719 040 - www.designwinehotel.com

CANIÇADA Braga → Ver Vieira do Minho

CANTANHEDE

Coimbra - 7 738 h. - Mapa regional nº **3**-A2
Lisboa 222 km - Aveiro 42 km - Coimbra 23 km - Porto 112 km
Mapa das estradas Michelin nº 592-K4

Marquês de Marialva

TRADICIONAL • CONVIVIAL XX Afamado na zona. Possui várias salas com uma montagem adequada e decoração intimista, uma delas com lareira. Dispõe de ementa, trabalhando sobretudo com diferentes menus.

Menu 16/30 € - Lista 27/43 €

Largo do Romal 16 ✉ 3060-129 - ✆ 231 420 010 - www.marquesdemarialva.com - fechado domingo noite, 2ª feira e feriados noite

CARCAVELOS

Lisboa - 23 296 h. - Mapa regional n° **4**-B3
Lisboa 20 km - Sintra 15 km
Mapa das estradas Michelin n° 592-P1

na praia

A Pastorinha

PEIXES E FRUTOS DO MAR • **CONFORTÁVEL** XXX Esta casa, com prestígio na zona, é especializada em peixe e mariscos, destacando-se tanto pela qualidade dos produtos como pelas suas amplas instalações em frente ao mar. Não se esqueça de provar o seu fabuloso Arroz de marisco descascado!

Lista 35/56 €

Av. Marginal ✉ 2775-604 Carcavelos - ☎ 21 457 1892 - www.apastorinha.com - fechado 15 dias em abril, 15 dias em outubro e 3ª feira

CARVALHOS

Porto - Mapa regional n° **6**-A3
Lisboa 310 km - Amarante 72 km - Braga 62 km - Porto 12 km
Mapa das estradas Michelin n° 591-I4

Mário Luso

COCINA TRADICIONAL • **FAMILIAR** XX Um restaurante para visitar, situado no centro, é económico e disfruta de uma bonita decoração. Nas suas salas com ar rústico poderá saborear uma cozinha tradicional bem elaborada. Prove algum prato de Carne Mirandesa, pois em poucos lugares a preparam como aqui.

Lista 19/33 €

Largo França Borges 308 ✉ 4415-240 - ☎ 22 784 2111 - www.marioluso.com - fechado do 16 ao 31 de agosto, domingo noite e 2ª feira

NÓS GOSTAMOS...

Combine relaxamento com a possibilidade de ver espaços de exposição curiosos na **Pousada de Cascais**, repleta de estudos onde trabalham diferentes artistas. As vistas sobre o Atlântico que oferece a **Fortaleza do Guincho**, o pôr do sol no terraço do **Monte Mar** e comer deliciosos frutos do mar que sempre encontramos no **Porto de Santa Maria**.

CASCAIS

Lisboa – 35 409 h. – Mapa regional nº **4**-B3
Lisboa 32 km – Évora 156 km – Leiria 166 km – Setúbal 72 km
Mapa das estradas Michelin nº 592-P1

Restaurantes

Visconde da Luz

PEIXES E FRUTOS DO MAR • QUADRO CLÁSSICO XX Encontra-se num parque central e inspira confiança, tanto por ter a cozinha à vista como pelo seu magnífico expositor de peixe e mariscos; para além disso, conta com um bom viveiro de lavagantes e lagostas. Dispõe de duas salas e dois ambientes.

Lista 44/68 €

Planta : D1-d – *Jardim Visconde da Luz ✉ 2750-416 – ✆ 21 484 7410 – www.viscondedaluz.pt – fechado 3ª feira*

Luzmar

PEIXES E FRUTOS DO MAR • QUADRO TRADICIONAL X Restaurante tradicional português partilha viveiro com o Visconde da Luz, garantindo assim os seus produtos. Carta tradicional portuguesa com grande diversidade em arrozes, peixe fresco e mariscos.

Lista 33/48 €

Planta : E1-n – *Alameda dos Combatentes da Grande Guerra 104 ✉ 2750-326 – ✆ 21 484 5704 – www.luzmar.pt – fechado 2ª feira*

Mar do Inferno

PEIXES E FRUTOS DO MAR • QUADRO TRADICIONAL X Situado junto à Boca do Inferno, uma gruta natural. Oferece as mais populares especialidades em peixe fresco e mariscos, que podem desfrutar tanto nas salas de refeições como na esplanada panorâmica.

Lista aprox. 52 €

Planta : A2-b – *Av. Rei Humberto II de Itália ✉ 2750-800 – ✆ 21 483 2218 – www.mardoinferno.pt – fechado 4ª feira*

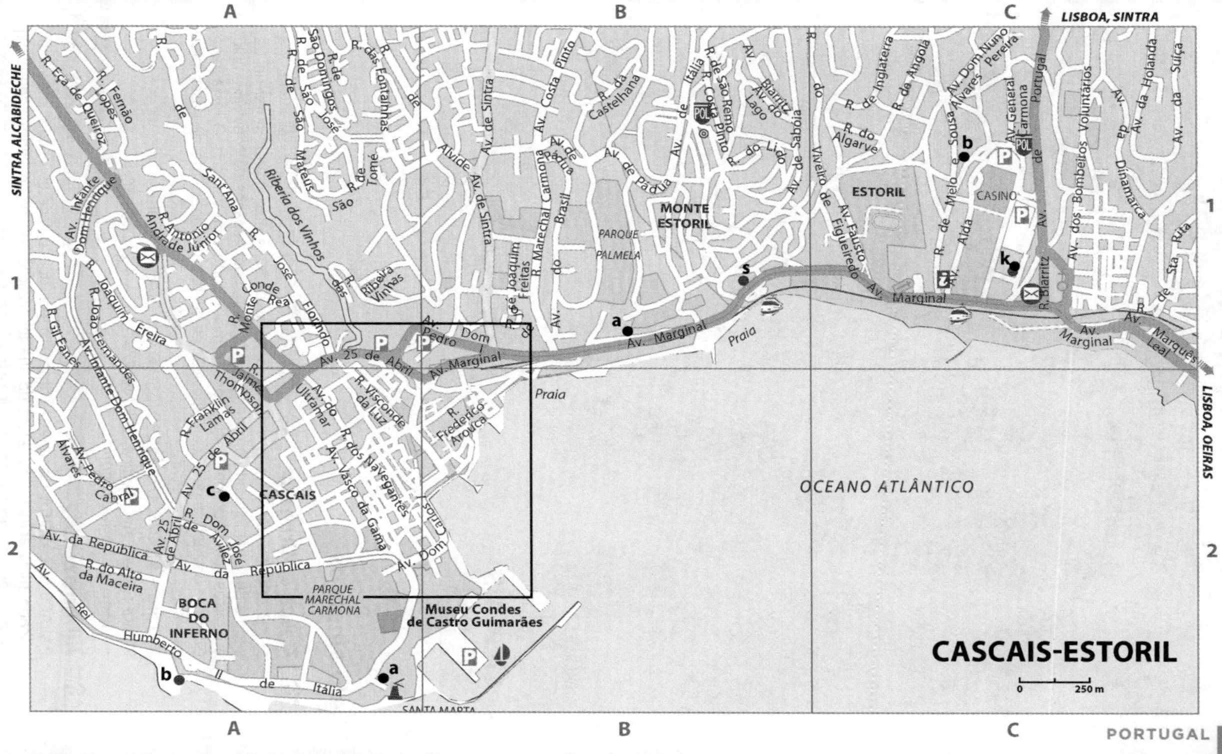
CASCAIS-ESTORIL
0
250 m
LISBOA, SINTRA
LISBOA, OEIRAS
SINTRA, ALCABIDECHE
OCEANO ATLÂNTICO
ESTORIL
MONTE ESTORIL
CASCAIS
BOCA DO INFERNO
PARQUE PALMELA
PARQUE MARECHAL CARMONA
CASINO
Museu Condes de Castro Guimarães
SANTA MARTA
Praia
Av. Marginal
Av. Marquês Leal
Av. de Portugal
Av. dos Bombeiros Voluntários
Av. da Dinamarca
Av. da Holanda
Av. da Suiça
R. de Sta Rita
R. Biarritz
Av. General Carmona
Av. Dom Nuno Álvares Pereira
R. de Melo e Sousa
Av. Aida
R. de Angola
R. de Inglaterra
R. do Algarve
Av. Fausto de Figueiredo
R. do Viveiro
Av. de Sabóia
Av. Biarritz
Av. do Lago
R. do Lido
R. de São Remo
R. Costa Pinto
Av. de Itália
Av. de Pádua
R. da Castelhana
Av. Costa Pinto
R. Marechal Carmona
Av. do Brasil
R. José Joaquim Freitas
Av. de Sintra
Alvide
Av. Dom Pedro I
Av. 25 de Abril
R. Visconde da Luz
R. Frederico Arouca
Av. Dom Carlos
R. dos Navegantes
Av. Vasco da Gama
Av. do Ultramar
R. das Fontainhas
R. de São Tomé
R. de São Domingos
R. de São José
R. de São Mateus
R. das Ribeira Vinhas
Riberia dos Vinhos
R. José Florindo
R. Conde Monte Real
R. Jaime Thompson
R. Franklin Lamas
R. Dom José de Avilez
Av. da República
Av. Rei Humberto II de Itália
R. do Alto da Maceira
R. de Sant'Ana
R. António Andrade Júnior
R. Fernão Lopes
R. Eça de Queiroz
Av. Infante Dom Henrique
R. Joaquim Ereira
R. João Fernandes
R. Gil Eanes
Av. Pedro Álvares Cabral
A
B
C
1
2

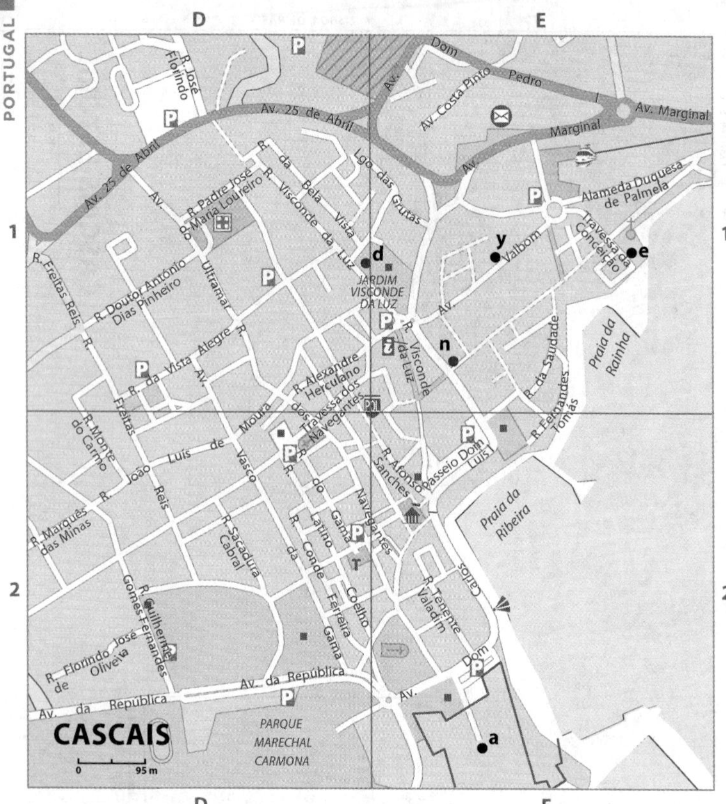

Alojamentos

Cascais Miragem

LUXO · CLÁSSICA A luz, o vidro e as vistas definem este grande hotel de traçado actual, bem situado em frente ao oceano, com espaços de convívio amplos e quartos completamente equipados, a maior parte com varanda. O restaurante Gourmet destaca-se pela sua disposição elegante e cozinha actual de bases internacionais.

180 qto – 150/550 € 220/550 € – 25 € – 12 suites

Planta : B1-a – *Av. Marginal 8554* *2754-536* – *21 006 0600* – *www.cascaismirage.com*

Albatroz

PALACE · CLÁSSICA Complexo composto por dois palacetes e dois anexos de traçado mais actual. Para além da sua localização em pleno centro, sobre um promontório rochoso mas com acesso à praia, conta com quartos muito elegantes. Restaurante panorâmico, bar sedutor e explanada idílica sobre o mar.

46 qto – 150/750 € – 6 suites

Planta : E1-e – *Rua Frederico Arouca 100* *2750-353* – *21 484 7380* – *www.thealbatrozcollection.com*

Pousada de Cascais

HISTÓRICO • DESIGN Inserido na histórica Fortaleza da Cidadela, dividido num complexo de espaços, surpreende pelo conceito, na fusão da arte e da história, integrando na cidadela múltiplos espaços expositivos e "open studios" de artistas de residência. Peça os quartos com vistas para a marina!

124 qto – 100/250 € – 2 suites

Planta : E2-a – *Av. Dom Carlos I (Fortaleza da Cidadela) 2750-310 – 21 481 4300 – www.pestana.com*

Farol H.

PALACE • HISTÓRICA Uma preciosidade, inserido numa mansão do séc. XIX, situado em frente ao oceano sobre as falésias. Apresenta quartos confortáveis de design contemporâneo, individualmente concebidos por reconhecidos designers, assim como uma oferta gastronómica de cozinha de autor sob influências mediterrâneas de fusão e japonesa.

31 qto – 180/520 € – 4 suites

Planta : A2-a – *Av. Rei Humberto II de Itália 7 2750-800 – 21 482 3490 – www.farol.com.pt*

Casa Vela

TRADICIONAL • MODERNA Situado numa zona residencial ligeiramente afastado do centro. Está distribuído em duas casas, tendo uma, uma boa sala de estar com lareira. Oferece quartos de estilo moderno, alguns com cozinha. Bonitos jardins e terraços em socalcos!

18 qto – 70/150 €

Planta : A2-c – *Rua dos Bem Lembrados 17 2750-306 – 21 486 8972 – www.casavelahotel.com*

Casa da Pérgola

CASA DE CAMPO • REQUINTADA Casa senhorial centenária com charme! Elegante tanto no interior como no exterior, oferece um jardim florido e um interior requintado com bom gosto nos detalhes.

10 qto – 80/100 € 90/150 €

Planta : E1-y – *Av. Valbom 13 2750-508 – 21 484 0040 – www.pergolahouse.pt – fechado 15 dezembro - 15 janeiro*

na estrada do Guincho por Av. da República, ver planta : A2

Furnas do Guincho

PEIXES E FRUTOS DO MAR • CONFORTÁVEL XX Apresenta grandes varandas e duas salas de linha moderna, ambas envidraçadas e com excelentes vistas ao Atlântico. Ementa tradicional com primazia de peixes e mariscos.

Lista 29/49 €

3,5 km 2750-642 Cascais – 21 486 9243 – www.furnasdoguincho.pt

Monte Mar

PEIXES E FRUTOS DO MAR • QUADRO CLÁSSICO XX Casa térrea na falésia do Atlântico, com uma localização privilegiada sobre as rochas, onde batem as ondas. Oferece uma carta tradicional portuguesa com primazia nos sabores do mar, destaque para a esplanada panorâmica.

Lista 50/75 €

5 km 2750-374 Cascais – 21 486 9270 – www.montemarrestaurante.com – fechado 21 dias em janeiro e 2ª feira de setembro-abril

Senhora da Guia

BOUTIQUE HOTEL • CLÁSSICA Rodeado de pinheiros e... com preciosas vistas ao océano! Distribui-se em tres edificios, deixando o mais antigo para as áreas comuns. Elegantes quartos e um bom restaurante de caráter mediterrânico, muito orientado a explorar os peixes e mariscos locais.

42 qto – 120/280 € 140/320 € – 2 suites

3,5 km 2750-642 Cascais – 21 486 9239 – www.senhoradaguia.com

na Quinta da Marinha por Av. da República, ver planta : A2

Onyria Marinha

LUXO • COMTEMPORÂNEA Um hotel muito exclusivo! Inspirado num estilo moderno, está localizado numa das urbanizações mais elitistas de Portugal, junto a um campo de golfe. Ampla área pública e quartos de moderno design, todos espaçosos, luminosos e com varanda. O restaurante dedica-se exclusivamente à gastronomia italiana.

68 qto – 135/240 € 153/260 € – 4 suites

Rua do Clube, 4 km e desvio a direita 1 km ✉ 2750-002 Cascais – ✆ 21 486 0150 – www.onyriamarinha.com

The Oitavos

TRADICIONAL • COMTEMPORÂNEA Convida a momentos de relaxamento, conforto e design inovador... para além de mais, esta rodeado por um campo de golfe com uma magnifica vista para a imensidão azul do Oceano Atlântico. Disponibiliza quartos claramente contemporâneos, luminosos e incrivelmente espaçosos, todos com varanda privada. O restaurante oferece uma carta internacional.

140 qto – 155/650 € – 20 € – 2 suites

Rua de Oitavos, 4,8 km e desvio a direita 0,4 km ✉ 2750-374 Cascais – ✆ 21 486 0020 – www.theoitavos.com – fechado dezembro-janeiro

na Praia do Guincho por Av. da República : 9 km, ver planta : A2

Fortaleza do Guincho

INTERNACIONAL • ELEGANTE Este magnifico restaurante disfruta de um elegante pequeno salão, um bar e uma sala de jantar acristalada que destaca, sobretudo pelas suas impressionantes vistas ao océano. A sua Proposta? Uma cozinha de gosto internacional muito mais enfocada aos magníficos produtos do Atlântico e varios menus, todos com uma opção de harmonização de pratos e bebidas.

→ Carabineiro do Algarve, cenoura, citrinos. Da Cabeça aos Pés, porco preto, cebolas novas, xerém. Memórias da Minha infância, tigelada, alperce, limão.

Menu 95/135 € – Lista 62/87 €

Hotel Fortaleza do Guincho, Praia do Guincho ✉ 2750-642 Cascais – ✆ 21 487 0491 – www.fortalezadoguincho.pt – fechado domingo noite

Porto de Santa Maria

PEIXES E FRUTOS DO MAR • QUADRO CLÁSSICO Na 1ª linha da praia e com vistas para o oceano. Apresenta umas instalações de excelente nível, com muita luz natural, esplanada, viveiro e expositor, sempre com peixes e mariscos de grande qualidade. A sua cave contém mais de 1000 referências!

Menu 47/110 € – Lista 60/120 €

✉ 2750-642 Cascais – ✆ 21 487 9450 – www.portosantamaria.com

Panorama

PEIXES E FRUTOS DO MAR • QUADRO CLÁSSICO Restaurante especializado em peixe e mariscos, possui um excelente expositor de produtos, no entanto também confecciona risottos, pastas, espetadas... Encontra-se próximo do mar, com instalações luminosas e actuais.

Menu 35/70 € – Lista 38/60 €

✉ 2750-642 Cascais – ✆ 21 487 0062 – www.panorama-guincho.com – fechado 3ª feira de outubro-maio

Fortaleza do Guincho

EDIFÍCIO HISTÓRICO • REQUINTADA Antiga fortaleza situada num promontório rochoso sobre o mar. Dispõe de um pátio com pórtico e quartos muito cuidados mas pouco espaçosos, sendo que os do primeiro andar são superiores aos do térreo, possuindo galerias envidraçadas e vistas para a praia.

27 qto – 160/310 € 170/320 €

Praia do Guincho ✉ 2750-642 Cascais – ✆ 21 487 0491 – www.fortalezadoguincho.pt

✿ **Fortaleza do Guincho** – ver selecção restaurantes

CERCAL

Setúbal - Mapa regional n° **1**-B3
Lisboa 183 km - Setúbal 149 km - Beja 109 km - Faro 152 km
Mapa das estradas Michelin n° 593-S3

pela estrada de Vila Nova de Milfontes 1,5 km e desvio a direita 3 km

Herdade da Matinha

CASA DE CAMPO • RÚSTICA Localizado em plena natureza, junto a una rota pedestre conhecida como a Rota Vicentina. Excelente sala de estar e quartos em estilo rústico, simples mas alegres e coloristas. Disponibiliza uma sala de jantar polivalente e... oferece passeios a cabalo!

22 qto - 99/149 € 109/179 €

7555-231 Cercal do Alentejo - 933 739 245 - www.herdadedamatinha.com

CHACIM Bragança → Ver Macedo de Cavaleiros

CHAVES

Vila Real - 19 253 h. - Alt. 350 m - Mapa regional n° **6**-C2
Lisboa 460 km - Vila Real 69 km - Bragança 99 km - Braga 125 km
Mapa das estradas Michelin n° 591-G7

Carvalho

TRADICIONAL • QUADRO CONTEMPORÂNEO XX Esta casa deve parte do sucesso à total dedicação da sua proprietária, pois está constantemente a introducir melhorias. Dentro da sua ementa, devemos destacar o peixe fresco, pois muda diariamente, e os pratos típicos como a Alheira.

Menu 19/22 € - Lista 18/32 €

Alameda do Tabolado 5400-523 - 276 321 727 - www.restaurantecarvalho.pt - fechado Natal, domingo noite e 2ª feira

A Talha

TRADICIONAL • QUADRO CLÁSSICO XX Azulejos, mobiliário tradicional, um agradável terraço... este restaurante propõe receitas portuguesas clássicas e garante uma clientela fiel. Especialidades nortenhas, saborosos guisados e, em geral, pratos fartos.

Lista 20/31 €

Rua Comendador Pereira da Silva 6 - Bairro da Trindade 5400-443 - 276 342 191 - fechado 1 semana em Páscoa, 1 semana em junho, 2 semanas em setembro e 2º feria

Forte de S. Francisco

EDIFÍCIO HISTÓRICO • CONFORTÁVEL Gostaria de hospedar-se num Monumento Nacional? Este hotel ocupa parcialmente uma fortaleza que data do século XVII... No entanto, após as recentes reformas, apresenta uma área social moderna e quartos confortáveis. Sala de jantar panorâmica, elegante e de bom gosto.

54 qto - 55/118 € 70/128 € - 4 suites

Alto da Pedisqueira 5400-435 - 276 333 700 - www.fortesaofrancisco.com - fechado janeiro

em Nantes Sudeste : 5 km

Quinta da Mata

FAMILIAR • RÚSTICA Estabelecimento agradável em pedra onde se conjuga a vida rural com a proximidade da cidade. Possui uma zona de convívio com lareira e quartos cuidados de ambiente rústico, de onde se destaca um deles com uma galeria que existe num anexo. Cozinha caseira e mesa partilhada.

6 qto - 60/90 € 65/100 €

Estrada de Valpaços 5400-581 Chaves - 276 340 030 - www.quintadamata.net

COIMBRA

114 076 h. - Alt. 75 m - Mapa regional n° **3**-B2

Lisboa 206 km - Castelo Branco 148 km - Leiria 78 km - Viseu 89 km

Mapa das estradas Michelin n° 592-L4

Plantas da cidade nas páginas seguintes

Arcadas

TRADICIONAL • ELEGANTE XxX Possui duas salas que comunicam entre si que ocupam as cavalariças antigas do palácio, ambas com um estilo clássico-actual sóbrio e envidraçados para permitir ver o jardim. A sua cozinha tradicional actualizada é enriquecida com detalhes internacionais.

Menu 50/95 € - Lista 52/68 €

Planta : A2-a - *Hotel Quinta das Lágrimas, Rua António Augusto Gonçalves ✉ 3041-901 - ✆ 239 802 380 - www.quintadaslagrimas.pt - só jantar*

Casas do Bragal

TRADICIONAL • QUADRO CLÁSSICO XX Localizado numa casa, tipo moradia, situado perto do campo de futebol. Com uma esplanada, um bom hall de espera e uma sala de decoração clássica. Cozinha tradicional elaborada com doses generosas e preços razoáveis.

Lista 33/66 €

Planta : B2-d - *Rua Damião de Góis - Urbanização de Tamonte ✉ 3030-088 - ✆ 918 103 988 - fechado do 1 ao 15 de agosto, 2ª feira e 3ª feira ao meio-dia*

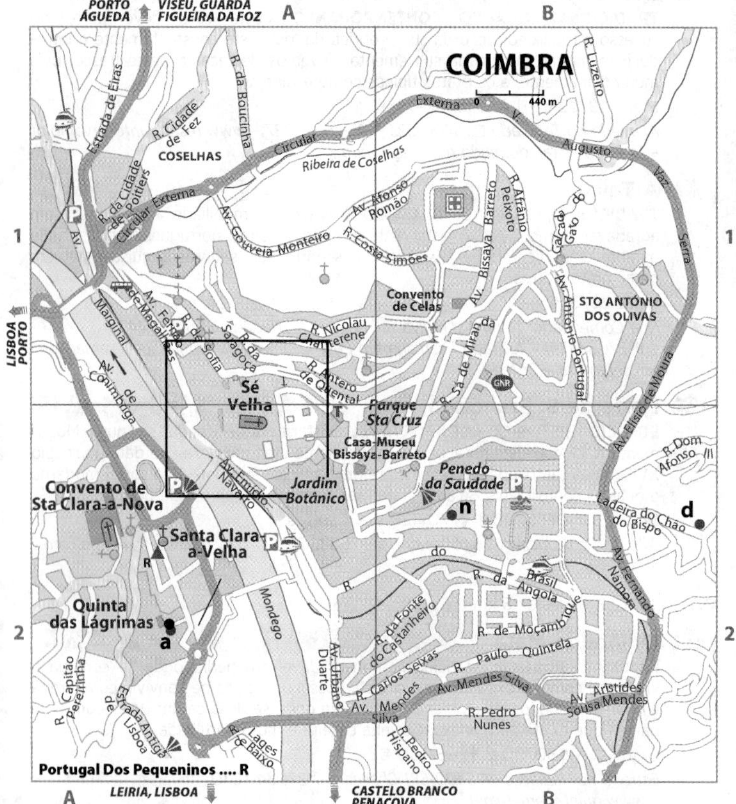

A Taberna

TRADICIONAL • FAMILIAR Compensa as suas instalações simples com a criação de um espaço bastante acolhedor, dominado pela presença de um forno a lenha. Os seus pratos de cariz tradicional português são complementados com recomendações diárias.

Menu 15/40 € - Lista 22/38 €

Planta : B2-n - *Rua Dos Combatentes da Grande Guerra 86 ✉ 3030-181 - ✆ 239 716 265 - www.restauranteataberna.com - fechado 7 dias em agosto, domingo noite e 2ª feira ao meio-dia*

Quinta das Lágrimas

HISTÓRICO • HISTÓRICA Palácio com charme do século XVIII rodeado por um Jardim Botânico. Disponibiliza quartos com diferentes ambientes e um grande anexo, onde está a zona de congressos. A oferta gastronómica diversifica-se entre o sofisticado restaurante Arcadas e o denominado Pedro & Inês, este último de cozinha tradicional portuguesa.

47 qto - 110/170 € 120/200 € - 5 suites

Planta : A2-a - *Rua António Augusto Gonçalves ✉ 3041-901 - ✆ 239 802 380 - www.quintadaslagrimas.pt*

Arcadas - ver selecção restaurantes

COLARES

Lisboa - 7 628 h. - Alt. 50 m - Mapa regional n° **4**-B3

Lisboa 35 km - Sintra 8 km

Mapa das estradas Michelin n° 592-P1

na Praia Grande Noroeste : 3,5 km

Arribas

TRADICIONAL • FUNCIONAL Juntamente com a sua localização privilegiada em frente ao oceano, todos os seus quartos têm varandas voltadas também para o oceano. Importa destacar também a enorme piscina de água salgada e o restaurante, de carácter panorâmico e uma carta de sabor tradicional especialmente rica em peixe e mariscos.

59 qto - 50/173 € 60/190 €

Av. Alfredo Coelho 28 ✉ 2705-329 Colares - ✆ 21 928 9050 - www.arribashotel.com

COMPORTA

Setúbal - 1 268 h. - Mapa regional n° **1**-B2

Lisboa 120 km - Évora 130 km - Santarém 148 km - Setúbal 87 km

Mapa das estradas Michelin n° 593-Q3

na estrada N 261-1 Sul : 15 km

Sublime Comporta

CASA DE CAMPO • RÚSTICA Dividido em diferentes edifícios e... em plena comunhão com a natureza! Disponibiliza quartos de design contemporâneo. O restaurante, aposta numa cozinha de autor moderna, destaque para, o jantar que é sempre um menu de degustação.

14 qto - 200/400 €

✉ 7570-337 Carvalhal - ✆ 269 449 376 - www.sublimecomporta.pt

COSTA NOVA DO PRADO Aveiro → Ver Aveiro

COVA DA IRIA Santarém → Ver Fátima

COVILHÃ

Castelo Branco - 19 022 h. - Alt. 675 m - Mapa regional n° **3**-C2
Lisboa 301 km - Castelo Branco 62 km - Guarda 45 km
Mapa das estradas Michelin n° 592-L7

na estrada das Penhas da Saúde Noroeste : 5 km

Dos Carqueijais

TRADICIONAL • MODERNA Pode ser algo isolado... no entanto, desfruta de excelentes vistas e uma estética moderna que contrasta com o magnífico ambiente natural. Zona social acolhedora e quartos cuidados, todos eles de traços actuais. Na sala de refeições, colorida e de carácter panorâmico, encontrará uma carta de cariz tradicional.

50 qto - †49/150 € ††59/170 €

6200-073 Covilhã - 275 319 120 - www.turistrela.pt

CRATO

Portalegre - 1 674 h. - Mapa regional n° **1**-C1
Lisboa 206 km - Badajoz 84 km - Estremoz 61 km - Portalegre 20 km
Mapa das estradas Michelin n° 592-O7

em Flor da Rosa Norte : 2 km

Pousada Mosteiro do Crato

HISTÓRICO • COMTEMPORÂNEA Singular porque já foi um castelo, do qual mantém o merlão, um convento, pelo qual se conserva a igreja e, finalmente, um belíssimo Palácio de Duques. Pátio aberto, zona de convívio ampla, quartos actuais e cozinha tradicional muito bem actualizada.

24 qto - †110/180 € ††120/190 €

7430-999 Flor da Rosa - 245 997 210 - www.pousadas.pt

CURIA

Aveiro - 2 704 h. - Alt. 40 m - Mapa regional n° **3**-B2
Lisboa 229 km - Coimbra 27 km - Porto 93 km
Mapa das estradas Michelin n° 591-K4

Curia Palace H.

PALACE • PERSONALIZADA Inserido num grandioso Palácio Hotel dos "Dourados Anos 20"! Destaque para os belíssimos jardins. Concilia diferentes quartos; uns com design contemporâneo enquanto outros mantêm peças de mobiliário originais da época. Restaurante integrado no que outrora foi o salão de festas, com tectos altíssimos e varandim.

100 qto - †65/115 € ††69/120 €

3780-541 - 231 510 300 - www.almeidahotels.com

ELVAS

Portalegre - 17 625 h. - Alt. 300 m - Mapa regional n° **1**-D2
Lisboa 210 km - Évora 85 km - Portalegre 61 km - Santarém 199 km
Mapa das estradas Michelin n° 592-P8

Santa Luzia

HISTÓRICO • REGIONAL Hotel com charme, localizado junto à estrada que atravessa Elvas, típico alentejano, outrora primeira Pousada de Portugal. Abre remodelado, com belos jardins e matas envolventes, e quartos elegantes com mobiliário regional.

25 qto - †65/88 € ††73/98 €

Av. de Badajoz 7350-097 - 268 637 470 - www.slhotel-elvas.pt

ESTÓI Faro → Ver Faro

ESTORIL

Lisboa - 26 397 h. - Mapa regional n° **4**-B3
Lisboa 23 km - Sintra 13 km
Mapa das estradas Michelin n° 592-P1

Ver planta de Cascais

Four Seasons

INTERNACIONAL • ELEGANTE XXX Concilia perfeitamente a elegância com detalhes rústicos e a estética do estilo inglês, combinando as madeiras nobres com a alcatifa e um serviço de mesa magnífico. Cozinha internacional, portuguesa e grelhados, com dois grelhadores na mesma divisão.

Menu 50 € - Lista 55/90 €

Planta : C1-k - *Hotel Palácio Estoril, Rua Particular ✉ 2769-504 - ☎ 21 464 8000 - www.palacioestorilhotel.com - só jantar*

Cimas

INTERNACIONAL • QUADRO CLÁSSICO XXX Casa de grande tradição instalada num edifício de estilo inglês. Provido de um pequeno bar e duas salas de refeições, a sala principal tem janelas de grandes dimensões e vistas para a baía. Carta tradicional e internacional especializada em pratos de caça.

Lista 42/88 €

Planta : B1-s - *Av. de Sabóia 9 ✉ 2765-278 - ☎ 21 468 1254 - www.cimas.com.pt - fechado do 7 ao 21 de agosto e domingo*

Palácio Estoril

SPA E BEM ESTAR • CLÁSSICA Um hotel de referência inegável desde 1930. Trata-se com certeza de um estabelecimento à sua altura, combina história, exclusividade, doses generosas de elegância clássica e um conforto de excelência. Para além disso, o relaxante SPA dispõe de tratamentos com águas termais.

129 qto - †340/370 € ††370/400 € - 32 suites

Planta : C1-k - *Rua Particular ✉ 2769-504 - ☎ 21 464 8000 - www.palacioestorilhotel.com*

Four Seasons - ver selecção restaurantes

ÉVORA

45 350 h. - Alt. 301 m - Mapa regional n° **1**-C2
Lisboa 153 km - Badajoz 102 km - Portalegre 105 km - Setúbal 102 km
Mapa das estradas Michelin n° 593-Q6

Plantas da cidade nas páginas seguintes

Dom Joaquim

TRADICIONAL • CONVIVIAL XX Este negócio de família oferece uma única sala bem concebida e elegante, com paredes tipo pedra e vários empregados à sua disposição. Menu variado, menu de degustação e sugestões diárias.

Menu 23/25 € - Lista aprox. 35 €

Planta : A2-s - *Rua dos Penedos 6 ✉ 7000-537 - ☎ 266 731 105 - fechado do 2 ao 17 de janeiro, do 1 ao 15 de agosto, domingo noite e 2ª feira*

BL Lounge

TRADICIONAL • QUADRO CONTEMPORÂNEO XX Junto ao templo romano, ocupando o que foi uma fábrica de azulejos. Apresenta-se com um interior funcional-actual. Cozinha tradicional bem apresentada.

Menu 26 € - Lista 20/40 €

Planta : C1-x - *Rua das Alcaçarias 1 ✉ 7000-587 - ☎ 266 771 323 - fechado Natal, domingo e feriados*

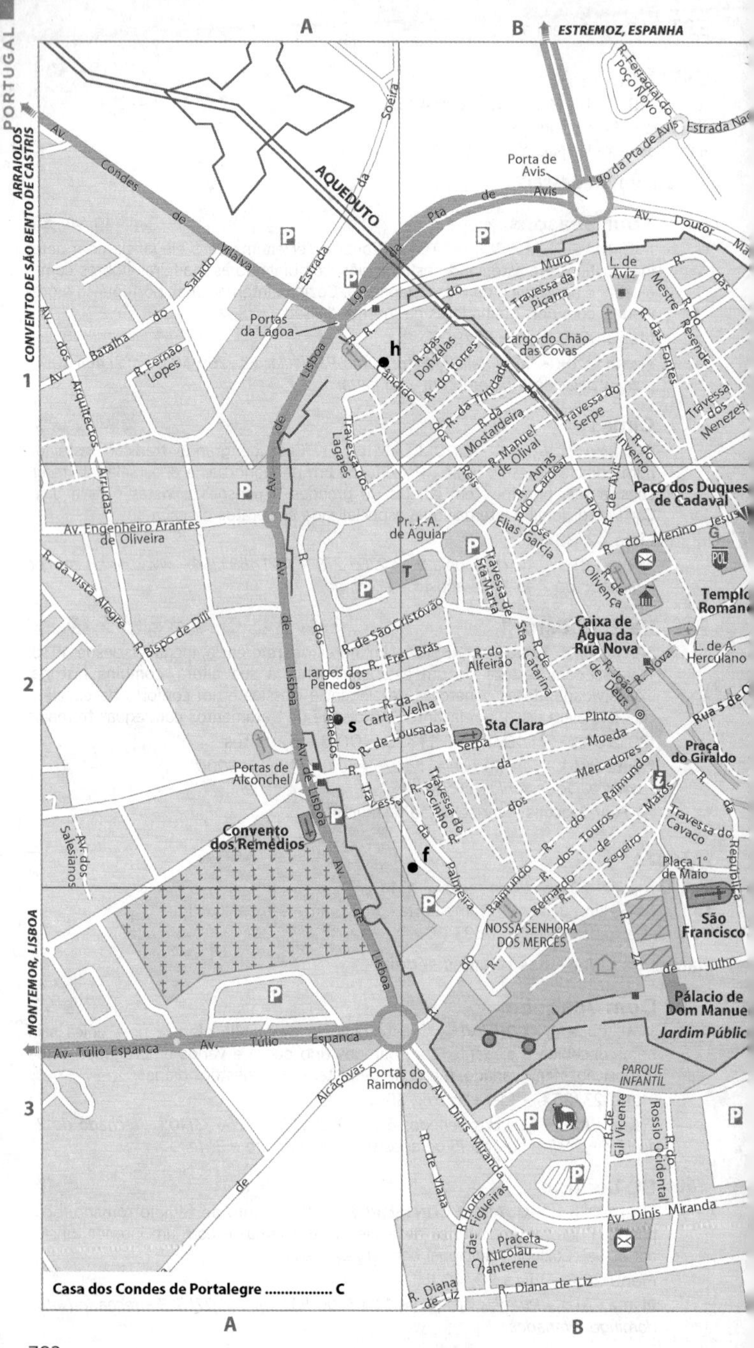
A
B
ESTREMOZ, ESPANHA
ARRAIOLOS
CONVENTO DE SÃO BENTO DE CASTRIS
MONTEMOR, LISBOA
1
2
3
AQUEDUTO
Av. Condes de Vilalva
Estrada da Soeira
Porta de Avis
Lgo da Pta de Avis
Estrada Nac
R. Ferragial do Poço Novo
Av. Doutor
Lgo da Pta de Avis
Portas da Lagoa
R. do Salado
Av. dos Arquitectos
R. Batalha
R. Fernão Lopes
Muro
Travessa da Piçarra
L. de Aviz
R. Mestre
R. das Fontes
R. do Resende
Largo do Chão das Covas
R. das Donzelas
R. do Torres
R. da Trindade
R. da Mostardeira
R. Cândido dos Reis
Travessa dos Lagares
Travessa do Serpe
Travessa dos Menezes
R. do Inverno
R. Manuel de Olival
R. Amas do Cardeal
R. de Avis
Paço dos Duques de Cadaval
Av. de Lisboa
Av. Engenheiro Arantes de Oliveira
Arrudas
R. da Vista Alegre
R. Bispo de Dili
Pr. J.-A. de Aguiar
R. José Elias Garcia
R. do Menino Jesus
Cano
R. de Olivença
Templo Romano
Travessa de Sta Marta
R. de São Cristóvão
R. Frei Brás
R. do Alfeirão
R. de Sta Catarina
Caixa de Água da Rua Nova
L. de A. Herculano
R. João de Deus
R. Nova
Largos dos Penedos
R. dos Penedos
R. da Carta Velha
R. de Lousadas
Serpa
Sta Clara
Pinto
Moeda
Rua 5 de O
Praça do Giraldo
Portas de Alconchel
R. Mercadores
R. dos Raimundo
Matos
Travessa do Cavaco
R. da República
Convento dos Remédios
Av. dos Salesianos
Travessa do Pocinho
Travessa da Palmeira
R. do Raimundo
R. dos Touros
R. de Segeiro
R. Bernardo
Plaça 1° de Maio
São Francisco
NOSSA SENHORA DOS MERCÊS
R. 24 de Julho
Pálacio de Dom Manuel
Jardim Públic
Av. Túlio Espanca
Portas do Raimondo
Alcáçovas
PARQUE INFANTIL
Av. Dinis Miranda
R. de Viana
R. de Gil Vicente
Rossio Ocidental
R. do
R. Horta das Figueiras
Praceta Nicolau Chanterene
R. Diana de Liz
Casa dos Condes de Portalegre C
h
s
f
T
P
POL

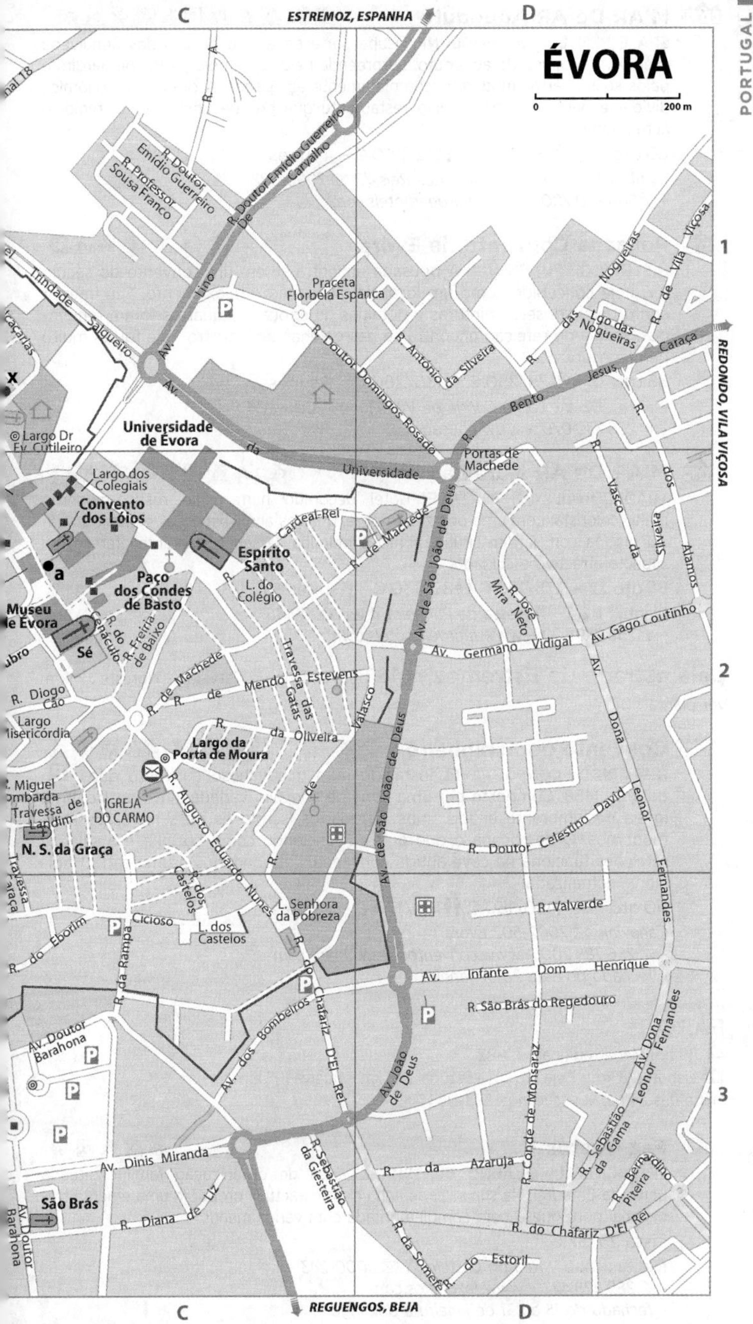

ÉVORA
0
200 m
ESTREMOZ, ESPANHA
REDONDO, VILA VIÇOSA
REGUENGOS, BEJA
C
D
1
2
3
Universidade de Évora
Convento dos Lóios
Espírito Santo
Paço dos Condes de Basto
Museu de Évora
Sé
Largo dos Colegiais
Largo Dr Ev. Cutileiro
Largo da Porta de Moura
IGREJA DO CARMO
N. S. da Graça
São Brás
Praceta Florbela Espanca
Portas de Machede
L. do Colégio
L. Senhora da Pobreza
L. dos Castelos
Lgo das Nogueiras
Largo Misericórdia
Av. Doutor Emílio Guerreiro De Carvalho
R. Doutor Emídio Guerreiro
R. Professor Sousa Franco
Av. Lino da Universidade
Trindade Salgueiro
R. Doutor Domingos Rosado
R. António da Silveira
R. das Nogueiras
R. de Vila Viçosa
Bento Jesus Caraça
R. Vasco da Silveira
R. dos Álamos
Av. de São João de Deus
R. Cardeal-Rei
R. de Machede
R. José Mira Neto
Av. Germano Vidigal
Av. Gago Coutinho
Av. Dona Leonor Fernandes
R. do Cenáculo
R. Freiria de Baixo
R. Diogo Cão
R. de Mendo Estevens
Travessa das Gatas
R. da Oliveira
R. de Valasco
R. Augusto Eduardo Nunes
R. Miguel Bombarda
Travessa de Landim
R. dos Castelos
R. Doutor Celestino David
R. Valverde
Cicioso
R. do Eborim
R. da Rampa
Av. Infante Dom Henrique
R. São Brás do Regedouro
R. do Chafariz D'El Rei
Av. dos Bombeiros
Av. João de Deus
Av. Doutor Barahona
Av. Dinis Miranda
R. Sebastião da Giesteira
R. Conde de Monsaraz
R. da Azaruja
R. Sebastião da Gama
R. Bernardino Piteira
R. Diana de Liz
R. da Someffe
R. do Estoril

M'AR De AR Aqueduto

SPA E BEM ESTAR • MODERNA Ocupa parte do antigo palácio dos Sepúlveda (Séc. XV), próximo do aqueduto. Surpreende pelo seu amplo pátio com jardim e pelos seus quartos modernos completamente equipados. A oferta gastronómica divide-se pelo sushi bar e pelo restaurante que propõe uma cozinha regional actualizada.

60 qto - 110/220 € 122/240 € - 4 suites

Planta : A1-h - *Rua Candido dos Reis 72 7000-582 - 266 740 700 - www.mardearhotels.com*

Pousada Convento de Évora

HISTÓRICO • FUNCIONAL A pousada encontra-se em um convento do século XV, hoje concebido como um local de meditação e relaxamento. Seu interior confortável conserva pinturas e detalhes de época. Os quartos foram renovados. A sala de refeição encontra-se nas galerias do claustro, que foram muito bem conservadas.

36 qto - 125/250 € 135/260 € - 6 suites

Planta : C2-a - *Largo Conde de Vila Flor 7000-804 - 266 730 070 - www.pousadas.pt*

M'AR De AR Muralhas

TRADICIONAL • CONFORTÁVEL Hotel decorado num estilo rústico-moderno muito colorista, com uma boa zona nobre, quartos aconchegantes e uma agradável piscina com jardim situada junto à muralha. O seu restaurante oferece um aspecto atractivo e cuidado.

85 qto - 75/120 € 80/130 € - 6 suites

Planta : B2-f - *Travessa da Palmeira 4 7000-546 - 266 739 300 - www.mardearhotels.com*

pela estrada de Estremoz N 18 por Av. Lino de Carvalho - Noreste : 4 km, ver planta : D1

Convento do Espinheiro

HISTÓRICO • CONFORTÁVEL Instalado num maravilhoso convento que data de 1458. Composto por uma zona de convívio variada, um claustro, uma igreja deslumbrante e dois tipos de quartos, sendo os mais novos os mais modernos. O bar ocupa o que outrora funcionou como cozinha e a sala de refeições funciona na cave antiga com tectos abobadados e uma carta tradicional actualizada.

90 qto - 130/150 € 150/170 € - 6 suites

Canaviais 7002-502 Évora - 266 788 200 - www.conventodoespinheiro.com - fechado do 3 ao 28 de janeiro

FARO

44 119 h. - Mapa regional nº **2**-B2

Lisboa 278 km - Beja 148 km - Setúbal 258 km - Huelva 105 km

Mapa das estradas Michelin nº 593-U6

Faz Gostos

TRADICIONAL • QUADRO CLÁSSICO XX Casa de organização familiar situada perto da Catedral. Na sua sala, de linha clássica-actual, propõem uma ementa tradicional portuguesa bem complementada com vários menus.

Lista 25/37 €

Planta : B2-b - *Rua do Castelo 13 8000-243 - 289 878 422 - www.fazgostos.com - fechado do 15 ao 31 de janeiro e domingo*

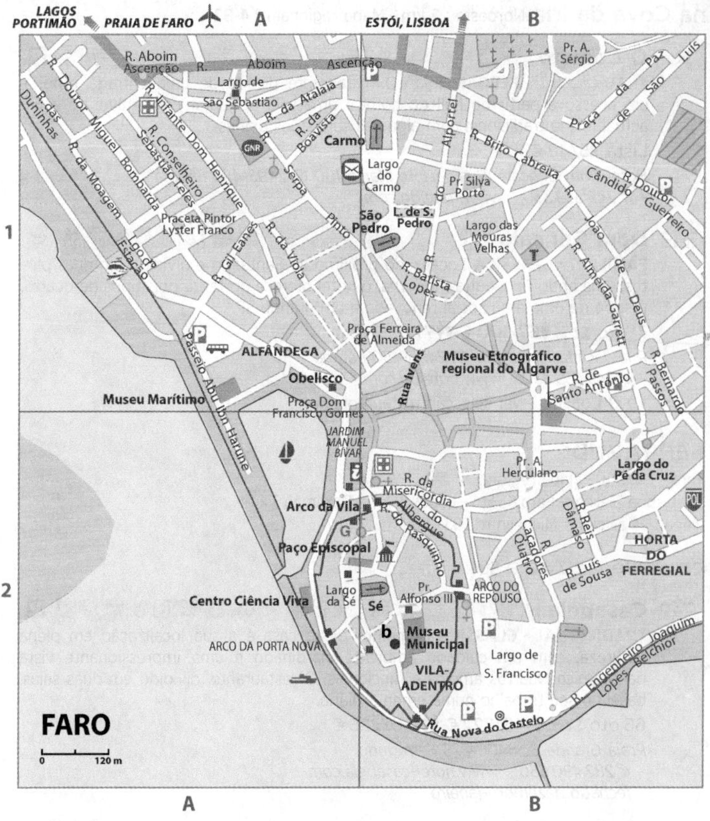

FARO

em **Estói** por Rua do Alportel : 11 km, ver planta B1 – Mapa regional n° **2**-C2

Pousada de Faro - Estoi Palace H.

CADEIA HOTELEIRA • HISTÓRICA Ocupa um palácio do séc. XVIII que surpreende pela sua atractiva piscina panorâmica. Moderna recepção, salões palacianos, capela e quartos com linha funcional-actual. O restaurante, de montagem simples, apresenta tanto pratos regionais como tradicionais.

60 qto – 110/230 € 120/240 € – 3 suites

Rua S. José 8005-465 Faro – 289 990 150 – www.pousadas.pt

FÁTIMA

Santarém – 11 596 h. – Alt. 346 m – Mapa regional n° **4**-B2

Lisboa 129 km – Santarém 60 km – Leiria 31 km – Coimbra 87 km

Mapa das estradas Michelin n° 592-N4

Tia Alice

TRADICIONAL • ELEGANTE XX Casa familiar situada no centro histórico. Disponibiliza três salas, com um ambiente rústico e uma decoração moderna, circunscrita pelas paredes em pedra e onde os tons de branco dominam o espaço. Cozinha tradicional.

Lista 36/49 €

Rua do Adro 152 2495-557 – 249 531 737 – fechado do 1 ao 20 de julho, domingo noite e 2ª feira

na Cova da Iria Noroeste : 2 km – Mapa regional nº **4**-B2

O Convite

TRADICIONAL • ELEGANTE XXX O restaurante dispõe de uma entrada própria, um acesso a partir do hall do hotel e uma sala de jantar confortável de estilo actual. Menu tradicional com algumas sugestões diárias.

Lista 25/48 €

Hotel Dom Gonçalo, Rua Jacinto Marto 100 ✉ 2495-450 Fátima – ✆ 249 539 330 – www.hoteldg.com

Dom Gonçalo

FAMILIAR • CLÁSSICA Localizado próximo ao Santuário e dividido em duas partes, uma antiga e a outra moderna, o hotel oferece portanto dois tipos de quarto. Dispõe de uma área social renovada e um grande SPA.

71 qto – 67/100 € 77/150 €

Rua Jacinta Marto 100 ✉ 2495-450 Fátima – ✆ 249 539 330 – www.hoteldg.com

O Convite – ver selecção restaurantes

FERRAGUDO

Faro – 1 973 h. – Mapa regional nº **2**-A2

Lisboa 288 km – Faro 65 km – Lagos 21 km – Portimão 3 km

Mapa das estradas Michelin nº 593-U4

em Vale de Areia Sul : 2 km

Casabela H.

TRADICIONAL • CLÁSSICA O melhor desta casa é a sua localização em plena natureza, com um cuidado ambiente ajardinado e uma impressionante vista panorâmica Quartos amplos e funcionais. O restaurante, dividido em duas salas, baseia o seu trabalho numa ementa diária.

66 qto – 145/222 € 150/225 €

Praia Grande ✉ 8400-275 Ferragudo – ✆ 282 490 650 – www.hotel-casabela.com – fechado dezembro-janeiro

FIGUEIRA DA FOZ

Coimbra – 30 697 h. – Mapa regional nº **3**-A2

Lisboa 181 km – Coimbra 44 km

Mapa das estradas Michelin nº 592-L3

Sweet Atlantic

SPA E BEM ESTAR • MODERNA Torre de design atraente localizada na 1ª linha da praia. A presença da água e o design actual dos quartos tornam o espaço bastante relaxante, a maior parte dos quartos tem uma sala independente e todos eles têm uma pequena cozinha. O restaurante é formado por duas zonas, uma para o pequeno-almoço e outra devidamente equipada para refeições de carta.

68 qto – 74/140 € – 9 €

Av. 25 de Abril 21 ✉ 3080-086 – ✆ 233 408 900 – www.sweethotels.pt

FLOR DA ROSA Portalegre

→ Ver Crato

FOLGOSA

Viseu – 428 h. – Mapa regional nº **3**-C1

Lisboa 399 km – Viseu 79 km – Vila Real 48 km – Porto 142 km

Mapa das estradas Michelin nº 591-I6

DOC

MODERNA • CONFORTÁVEL XXX Instalado num edifício de traçado actual que se destaca pela sua localização, na margem do rio Douro e com uma esplanada sugestiva sobre o mesmo. O seu chef propõe uma cozinha tradicional com toques criativos e um menu degustação. Vistas magníficas!

Menu 80 € - Lista 56/74 €

Estrada Nacional 222 ✉ 5110-204 - ✆ 254 858 123 - www.ruipaula.com - fechado 3 semanas em janeiro, domingo noite e 2ª feira de novembro-abril

FOZ DO DOURO Porto ➔ Ver Porto

GOLEGÃ

Santarém - 3 845 h. - Mapa regional nº **4**-B2

Lisboa 133 km - Santarém 64 km - Leiria 73 km - Portalegre 122 km

Mapa das estradas Michelin nº 592-N4

O Barrigas

TRADICIONAL • RÚSTICA X Único no género, moderno e bastante popular. Propõem diferentes entrantes e uma carta de segundos bem complementada com pratos sugeridos..., assim como, um buffet no fim-de-semana.

Menu 12/17 € - Lista 22/26 €

Largo 5 de Outubro 55 ✉ 2150-124 - ✆ 249 717 631 - www.obarrigas.com - fechado do 15 ao 30 de setembro, domingo noite e 2ª feira

Lusitano

SPA E BEM ESTAR • CONFORTÁVEL Casa familiar encantadora que fica a dever o seu nome a uma raça de cavalos originária desta região. Conta com uma zona de convívio bastante sedutora, quartos bastante espaçosos, principalmente o anexo, e um restaurante bem iluminado de traçado actual que oferece uma carta tradicional.

23 qto - †80/154 € ††88/164 € - 1 suite

Gil Vicente 4 ✉ 2150-193 - ✆ 249 979 170 - www.hotellusitano.com

GONDARÉM Viana do Castelo ➔ Ver Vila Nova de Cerveira

GUARDA

27 226 h. - Alt. 1 000 m - Mapa regional nº **3**-C2

Lisboa 361 km - Castelo Branco 107 km - Viseu 85 km - Coimbra 161 km

Mapa das estradas Michelin nº 591-K8

Don Garfo N

TRADICIONAL • TENDÊNCIA XX De organização familiar e instalado numa antiga casa de pedra. A oferta, tradicional portuguesa mas atualizada nas suas apresentações, geralmente complementa-se com algum menu.

Lista 30/40 €

Rua Padre António Vieira 10 ✉ 6300-774 - ✆ 271 211 077 - www.dongarfo.net

Aquariu's N

TRADICIONAL • QUADRO CLÁSSICO X Apresenta um bar-loja de vinhos e uma sala clássica, dotada de dois expositores. Cozinha tradicional do produto, com carnes nacionais e peixes selvagens da zona de Aveiro.

Lista 35/45 €

av. Cidade de Salamanca 3A e 3B ✉ 6300-538 - ✆ 271 230 157 - www.restaquarius.com - fechado 10 dias em julho, 10 dias em novembro e 2ª feira

GUIMARÃES

Braga - 69 462 h. - Alt. 175 m - Mapa regional nº 6-A2
Lisboa 364 km - Braga 22 km - Porto 52 km - Viana do Castelo 70 km
Mapa das estradas Michelin nº 591-H5

Histórico by Papaboa

COCINA TRADICIONAL • CONFORTÁVEL X Casa senhorial do século XVII que surpreende tanto pela torre como pelo seu lindo pátio-terraço. Dispõe de vários salões, o principal de estilo rústico-moderno e os outros de estilo palaciano. Cozinha tradicional bem elaborada e com porções generosas.

Menu 30 € - Lista 20/30 €

Rua de Valdonas 4 ✉ 4800-476 - ✆ 253 412 107 - www.papaboa.pt

Da Oliveira (N)

TOWNHOUSE • FUNCIONAL Muito bem situado, pois ocupa varios edificios com especial encanto situados no centro histórico. Apresenta uma acolhedora área social, quartos personalizados de linha funcional e, por último, uma adecuada oferta gastronómica de matiz tradicional e internacional.

13 qto - †74/91 € ††85/105 € - 7 suites

Rua de Santa Maria ✉ 4800-443 - ✆ 253 514 157 - www.hoteldaoliveira.com

ao Sul 2,2 km

Chello's

COCINA TRADICIONAL • MINIMALISTA XX Implantado num edifício de design moderno, é uma varanda sobre Guimarães, mais concretamente no topo das colinas que rodeiam a cidade. Aposta numa gastronomia diferenciada com vistas fantásticas.

Menu 13 € - Lista 22/39 €

Rua do Bom Viver 26 (Urgezes Guimarães) ✉ 4810-030 - ✆ 253 547 307 - www.chellos.net - fechado domingo noite e 2ª feira

na estrada da Penha Este : 2,5 km

Pousada Mosteiro de Guimarães

HISTÓRICO • REGIONAL Instalado num imponente mosteiro do século XII! Na sua arquitetura e decoração encontram-se vestígios de outra época... Todavia, o que mais se destaca, são os seus magníficos painéis de azulejos, os seus jardins e a sua piscina panorâmica. O restaurante, que exala um ar monástico, propõe uma cozinha regional e tradicional.

49 qto - †100/180 € ††110/190 € - 2 suites

✉ 4810-011 Guimarães - ✆ 253 511 249 - www.pousadas.pt

LAGOA

Faro - 7 266 h. - Mapa regional nº 2-B2
Lisboa 260 km - Beja 129 km - Faro 59 km - Setúbal 227 km
Mapa das estradas Michelin nº 593-U4

na Praia do Carvoeiro

L'Orange

INTERNACIONAL • QUADRO CLÁSSICO XX Casa acolhedora, tipo villa, dotada de uma pequena esplanada e uma sala de jantar com ambiente clássico. Carta com sabores internacionais, pratos portugueses clássicos e clientela habitual.

Lista 27/45 €

Sítio do Mato Serrão, Sul : 4,5 km ✉ 8400-556 Carvoeiro - ✆ 282 357 297 - www.restaurant-orange.com - só jantar - fechado dezembro, janeiro e domingo

pela estrada de Sesmarias

Bon Bon

MODERNA • RÚSTICA Localizado dentro de uma urbanização, num ambiente tranquilo. Sala de jantar, quase circular, com um ambiente rústico moderno, com uma lareira no centro em ferro forjado. Poderá escolher entre uma carta diversificada ou três menus de degustação. Cozinha contemporânea com empratamento de autor, privilegiando os sabores e as texturas.

→ Lavagante azul, caviar imperial, ovo e citronela. Moleja de vitela, lagostim e tangerina. Maçã verde, chocolate branco e nozes.

Menu 73/135 € - Lista aprox. 82 €

urb. Cabeço de Pias, bloco 5, Sudoeste : 4,5 km ✉ 8400-525 Carvoeiro
- ✆ 282 341 496 - www.bonbon.pt - só jantar
- fechado 23 novembro-18 dezembro, 6 janeiro-5 fevereiro e 4ª feira

LAGOS

Faro - 22 094 h. - Mapa regional nº **2**-A2
Lisboa 290 km - Beja 167 km - Faro 82 km - Setúbal 239 km
Mapa das estradas Michelin nº 593-U3

Dom Sebastião

TRADICIONAL • QUADRO TRADICIONAL Agradável e único, localizado numa zona muito movimentada. Inspira-se na saborosa cozinha tradicional portuguesa, bem confeccionada, de doses generosas. O peixe fresco é o ex-libris da casa, costumam apresentar previamente à mesa.

Lista 24/36 €

Rua 25 de Abril 20 ✉ 8600-763
- ✆ 282 780 480 - www.restaurantedonsebastiao.com
- fechado 24 novembro-25 dezembro

Dos Artistas

INTERNACIONAL • TENDÊNCIA Apresenta uma agradável esplanada e uma cuidada sala clássica-colonial. Ementa de sabor internacional com pratos chamativos, e possibilidade de diversas combinações e menus.

Menu 28/75 € - Lista 35/70 €

Rua Cândido dos Reis 68 ✉ 8600-567
- ✆ 282 760 659 - www.lagos-artistas.com
- fechado domingo

Cantinho Algarvio

PORTUGUESA • SIMPLES Muito simples mas autêntico, situado numa das ruas mais turísticas de Lagos. Oferecem uma carta tradicional com sugestões, como os peixes grelhados ou os arrozes.

Menu 19 € - Lista 20/35 €

Rua Afonso de Almeida 17-21 ✉ 8600-674
- ✆ 282 761 289 - www.ocantinhoalgarvio.pt
- fechado dezembro e domingo

na Praia do Canavial Sul : 2,5 km

Cascade

TRADICIONAL • MODERNA Vasto complexo turístico localizado próximo do mar, com vários edifícios em forma de villas e jardim. Dispõe de quartos bastante confortáveis que se organizam em quatro linhas estéticas: sul-americana, asiática, europeia e africana. Excelente oferta gastronómica.

63 qto - †185/515 € ††200/530 € - 23 suites - 56 apartamentos

Rua das Ilhas ✉ 8600-513 Lagos
- ✆ 282 771 500 - www.cascaderesortalgarve.com
- fechado 20 novembro-1 janeiro

pela estrada N 125 Este : 4,6 km e desvio a dereita 0,3 km

Quinta Bonita

LUXO • CLÁSSICA Uma casa de campo que cuida até ao mais mínimo pormenor. Conta com agradáveis espaços com jardim, uma horta e quartos com diferentes estilos, ao longe avista-se o mar.

9 qto - 80/130 € 105/155 €

Matos Morenos, Quatro Estradas ✉ 8600-115 Lagos
- ✆ 282 762 135 - www.boutiquehotelalgarve.com
- fechado 18 novembro-10 fevereiro

na Praia da Luz Noroeste : 7 km

Aquário

TRADICIONAL • SIMPLES Surpreendente, pois compensa a sua recôndita localização, o seu reduzido tamanho e a sua modesta montagem com uma ementa tradicional que, dentro das suas possibilidades, quer oferecer algo diferente na zona. Bons produtos e cuidadosas apresentações!

Lista 28/46 €

Rua 1º de Maio, Edifício Luztur - Loja ACC ✉ 8600-166 Lagos
- ✆ 282 789 177 - só jantar - fechado 25 dezembro-15 janeiro e domingo

LAMEGO

Viseu - 12 214 h. - Alt. 500 m - Mapa regional nº **3**-C1
Lisboa 351 km - Porto 107 km - Vila Real 38 km - Viseu 62 km
Mapa das estradas Michelin nº 591-I6

ao Norte pela N 2 : na margem do rio Douro (estrada N 222)

Six Senses Douro Valley

GRANDE LUXO • REQUINTADA Uma antiga quinta, hoje de estética moderna, que destaca pelos exteriores cuidados, os terraços e as românticas vistas ao Douro. Distribui os quartos entre o edificio principal e vàrios chalés. Lista com matiz tradicional e algum prato internacional.

50 qto - 250/500 € - 7 apartamentos

Quinta do Vale de Abraão, 13 km ✉ 5100-758 Lamego
- ✆ 254 660 660 - www.sixsenses.com
- fechado janeiro-fevereiro

LEÇA DA PALMEIRA

Porto - 18 502 h. - Mapa regional nº **6**-A2
Lisboa 322 km - Braga 62 km - Porto 12 km - Viana do Castelo 68 km
Mapa das estradas Michelin nº 591-I3

Casa de Chá da Boa Nova (Rui Paula)

PEIXES E FRUTOS DO MAR • DESIGN Realmente singular! De facto, ocupa uma casa frente ao oceano declarada Monumento Nacional. O seu chef propõe uma cozinha extremamente detalhista e de tendências atuais, assim como menus degustação de grande nível, todos com o Atlântico como grande protagonista. Excelente seleção de vinhos do Porto!

➜ Arroz caldoso de peixe e lavagante. Robalo no seu habitat. Feijoada à transmontana.

Menu 85/120 € - só menu

av. da Liberdade (junto ao farol) ✉ 4450-705
- ✆ 22 994 0066 - www.ruipaula.com
- fechado 10 janeiro-1 fevereiro, domingo e 2ª feira meio-dia

LEIRIA

61 123 h. - Alt. 50 m - Mapa regional n° **4**-A2
Lisboa 129 km - Coimbra 71 km - Portalegre 176 km - Santarém 83 km
Mapa das estradas Michelin n° 592-M3

Pontuel

MODERNA • QUADRO CONTEMPORÂNEO XX Dispõe de duas salas modernas, uma por andar, com detalhes design, fachada de vidro com vista para o castelo. Cozinha moderna com raízes tradicionais e toques criativos.

Menu 12 € - Lista 18/37 €

Largo de Camões 15 ✉ 2410-127 - ✆ 244 821 517 - www.pontuel.pt - fechado domingo noite

em Marrazes na estrada N 109 - Norte : 1 km

Casinha Velha

CASEIRA • CONVIVIAL X Casa familiar de ambiente acolhedor, com uma bonita sala de jantar de ar rústico no primeiro andar e curiosos detalhes. Ementa caseira, especialidades diárias e uma adega completa.

Lista 21/35 €

Rua Professores Portelas 23 ✉ 2415-534 Marrazes - ✆ 244 855 355 - www.casinhavelha.com - fechado 15 dias em janeiro, 15 dias em julho, domingo noite e 3ª feira

na estrada IC 2 por A19 - Suroeste : 4,5 km

O Casarão

TRADICIONAL • FAMILIAR XX O vigamento aparente, os azulejos e os ornamentos de latão coexistem em um ambiente rústico elegante. Aqui você encontrará uma cozinha tradicional em porções generosas e uma excelente adega.

Lista 29/40 €

Estrada da Maceira 10 ✉ 2400-823 Leiria - ✆ 244 871 080 - www.ocasarao.pt

LISBOA

O tradicional Chiado, o animado Bairro Alto, a encantadora Alfama... Passear pelos bairros de Lisboa é a melhor forma de conhecer a sua cultura gastronómica, herdeira dos saborosos traços que definem cada região, e devedora, evidentemente, da sua privilegiada localização junto das melhores lotas do Atlântico. Claro que tem de experimentar o famosíssimo bacalhau, mas também as fantásticas carnes do interior e as interessantes propostas dos novos chefes.

As especialidades gastronómicas:
Embora o produto estrela seja, sem dúvida, o bacalhau (bacalhau com natas, bacalhau à Brás, bacalhau à Gomes de Sá, pataniscas de bacalhau...), também são muito populares as sardinhas assadas, a ponto de se terem transformado num ex-líbris artístico-cultural da cidade. Quanto às sobremesas, nenhuma faz sombra aos autênticos pastéis de Belém, copiados incontáveis vezes, mas jamais igualados, porque são confecionados seguindo a receita original, e secreta, de 1837.

547 631 h – Alt. 111 m

- Mapa regional n° 4-B3
- Mapa de carreteras Michelin n° 733, 592 e 593-P2

Madrid 631 km – Porto 319 km – Elvas 209 km – Faro 278 km

A NOSSA SELECÇÃO DE RESTAURANTES

TODOS OS RESTAURANTES DE A ATÉ Z

A

B

C

E - F - L

M - O

S

T - V

A NOSSA SELECÇÃO DE HOTÉIS

TODOS OS HOTÉIS DE A ATÉ Z

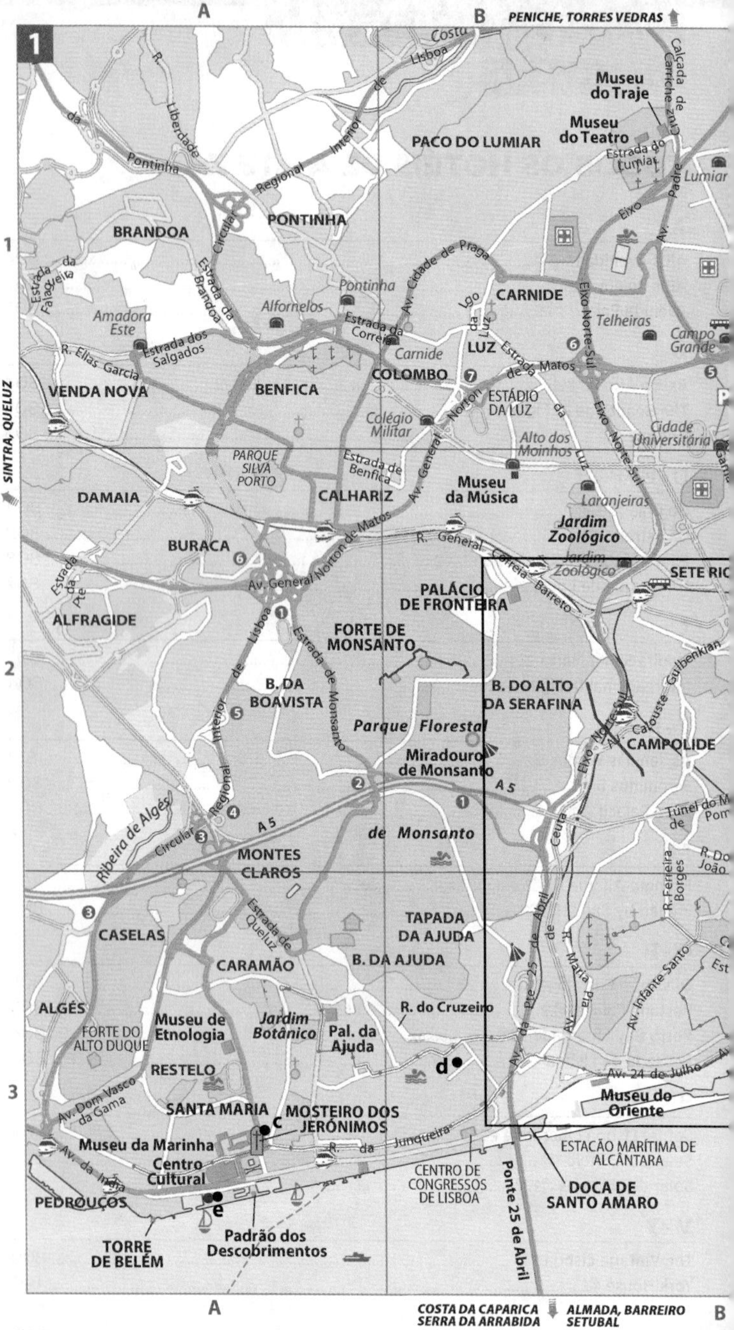
1
A
B
PENICHE, TORRES VEDRAS
SINTRA, QUELUZ
COSTA DA CAPARICA
SERRA DA ARRABIDA
ALMADA, BARREIRO
SETUBAL
Museu do Traje
Museu do Teatro
PACO DO LUMIAR
PONTINHA
BRANDOA
CARNIDE
LUZ
COLOMBO
BENFICA
VENDA NOVA
ESTÁDIO DA LUZ
Museu da Música
Jardim Zoológico
DAMAIA
CALHARIZ
BURACA
ALFRAGIDE
PALÁCIO DE FRONTEIRA
FORTE DE MONSANTO
B. DA BOAVISTA
B. DO ALTO DA SERAFINA
Parque Florestal de Monsanto
Miradouro de Monsanto
CAMPOLIDE
MONTES CLAROS
TAPADA DA AJUDA
CASELAS
CARAMÃO
B. DA AJUDA
ALGÉS
Museu de Etnologia
Jardim Botânico
Pal. da Ajuda
FORTE DO ALTO DUQUE
RESTELO
SANTA MARIA
MOSTEIRO DOS JERÓNIMOS
Museu do Oriente
Museu da Marinha
Centro Cultural
PEDROUÇOS
TORRE DE BELÉM
Padrão dos Descobrimentos
CENTRO DE CONGRESSOS DE LISBOA
ESTACÃO MARÍTIMA DE ALCÂNTARA
DOCA DE SANTO AMARO
Ponte 25 de Abril
SETE RIC
Telheiras
Campo Grande
Lumiar
Cidade Universitária
Alto dos Moinhos
Laranjeiras
Pontinha
Alfornelos
Amadora Este
Carnide
Colégio Militar
PARQUE SILVA PORTO
Ribeira de Algés
A 5
R. do Cruzeiro
Av. 24 de Julho
Av. Infante Santo
R. Ferreira Borges
Túnel do M
Eixo Norte-Sul
Av. da Pte 25 de Abril
Av. Dom Vasco da Gama
Av. da Índia
R. da Junqueira
c
d
e
1
2
3

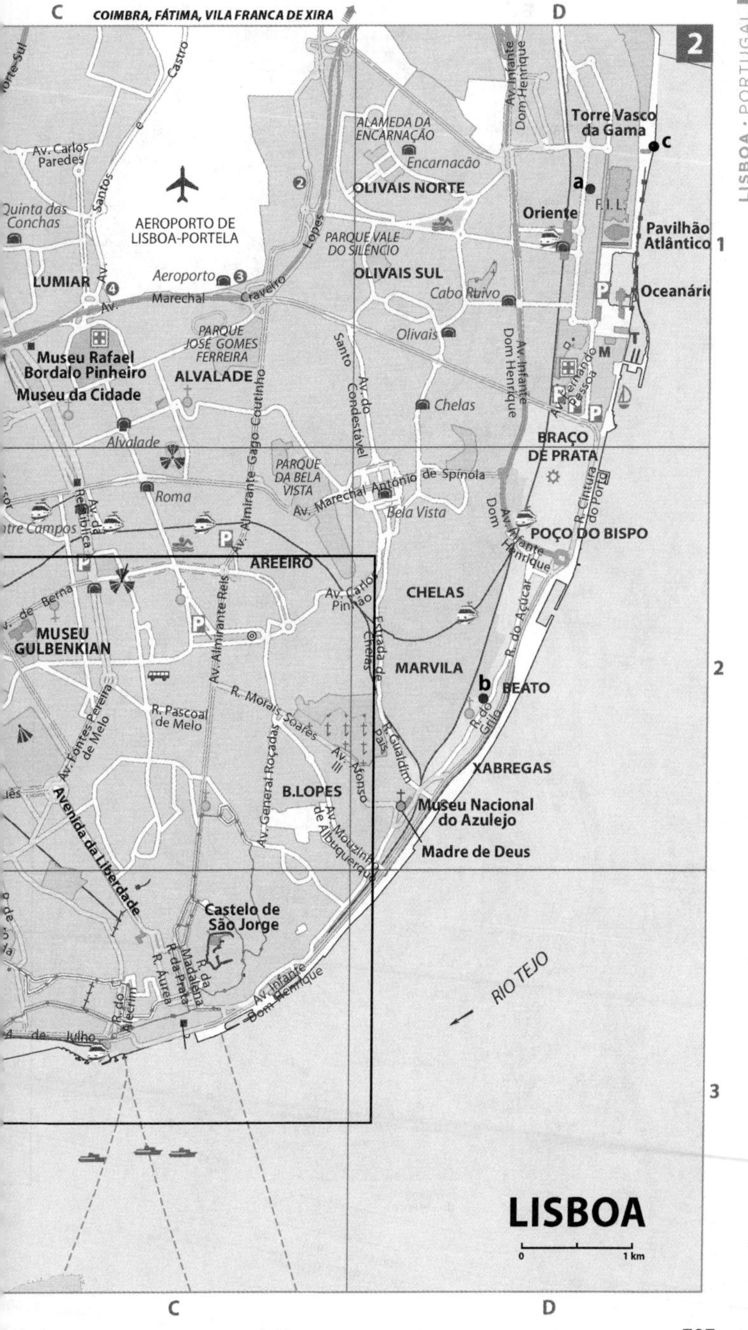
C
COIMBRA, FÁTIMA, VILA FRANCA DE XIRA
D
2
AEROPORTO DE
LISBOA-PORTELA
Aeroporto
LUMIAR
Museu Rafael
Bordalo Pinheiro
Museu da Cidade
ALVALADE
PARQUE
JOSÉ GOMES
FERREIRA
ALAMEDA DA
ENCARNAÇÃO
Encarnacão
OLIVAIS NORTE
PARQUE VALE
DO SILÊNCIO
OLIVAIS SUL
Cabo Ruivo
Olivais
Chelas
Torre Vasco
da Gama
Oriente
F.I.L.
Pavilhão
Atlântico
Oceanário
BRAÇO
DE PRATA
POÇO DO BISPO
PARQUE
DA BELA
VISTA
Bela Vista
Alvalade
Roma
AREEIRO
CHELAS
MARVILA
BEATO
XABREGAS
MUSEU
GULBENKIAN
B.LOPES
Museu Nacional
do Azulejo
Madre de Deus
Castelo de
São Jorge
RIO TEJO
LISBOA
0
1 km
1
2
3
C
D

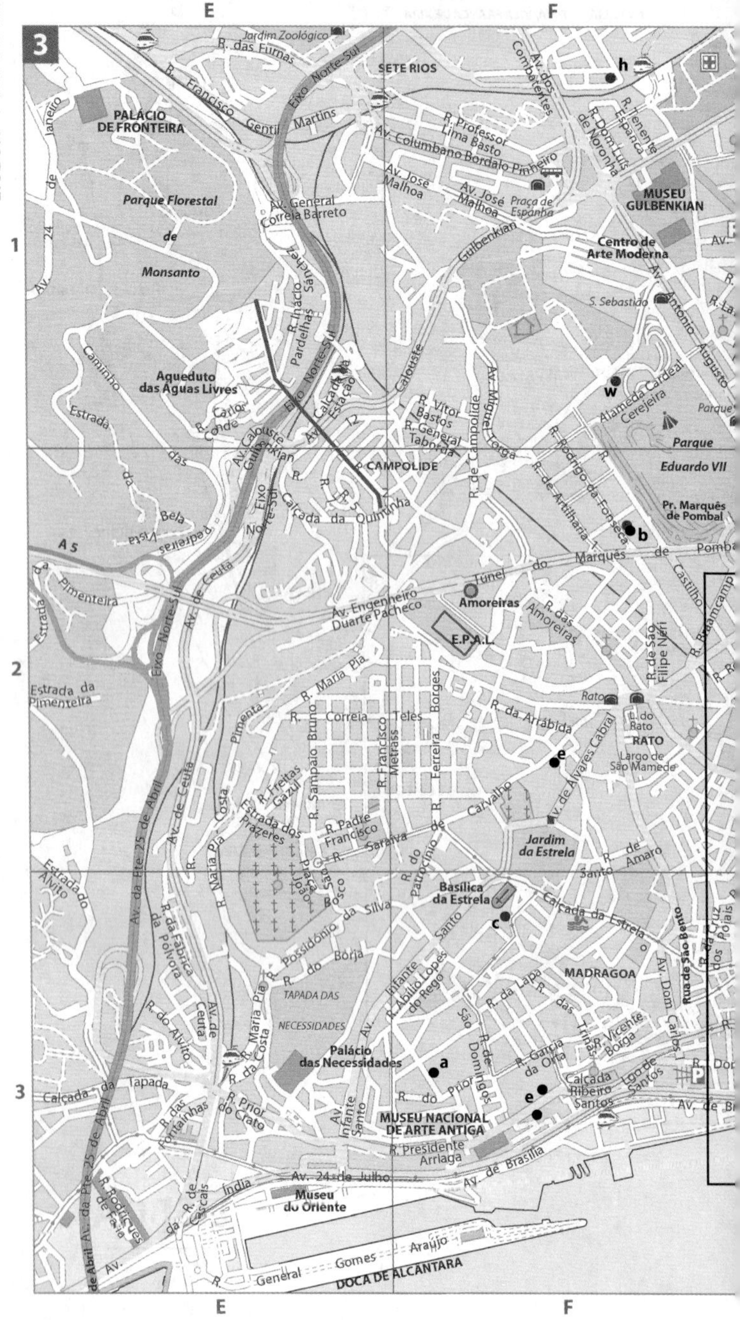
3
E
F
Jardim Zoológico
R. das Furnas
SETE RIOS
PALÁCIO DE FRONTEIRA
Parque Florestal
de
Monsanto
MUSEU GULBENKIAN
Centro de Arte Moderna
Aqueduto das Águas Livres
CAMPOLIDE
Parque
Eduardo VII
Pr. Marquês de Pombal
Amoreiras
E.P.A.L.
RATO
Largo de São Mamede
Jardim da Estrela
Basílica da Estrela
MADRAGOA
TAPADA DAS NECESSIDADES
Palácio das Necessidades
MUSEU NACIONAL DE ARTE ANTIGA
Museu do Oriente
DOCA DE ALCÂNTARA
1
2
3

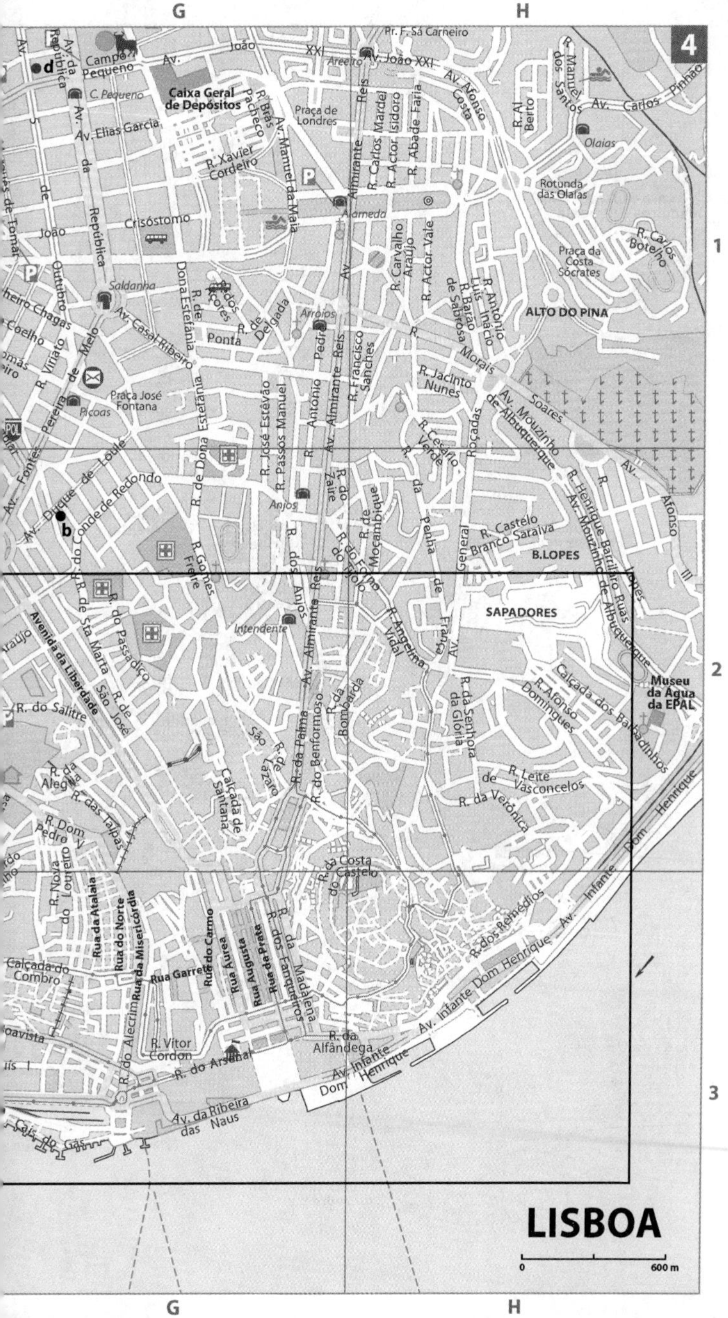
G
H
4
1
2
3
LISBOA
0
600 m
Pr. F. Sá Carneiro
Campo Pequeno
C. Pequeno
Caixa Geral de Depósitos
Av. João XXI
Areeiro
Av. Afonso Costa
R. Manuel dos Santos
Av. Carlos Pinhão
R. Al Berto
Olaias
Rotunda das Olaias
Praça de Londres
R. Brás Pacheco
Av. Manuel da Maia
R. Xavier Cordeiro
Av. Elias Garcia
Av. da República
R. Carlos Mardel
R. Actor Isidoro
R. Abade Faria
Av. Almirante Reis
Alameda
Crisóstomo
R. Carvalho Araújo
R. Actor Vale
R. Carlos Botelho
Praça da Costa Sócrates
Saldanha
Dona Estefânia
R. dos Açores
R. de Ponta Delgada
Arroios
R. Barão de Sabrosa
R. António Luís Inácio
ALTO DO PINA
R. Morais Soares
Av. Casal Ribeiro
R. Viriato
Av. Fontes Pereira de Melo
Praça José Fontana
Picoas
R. José Estêvão
R. Passos Manuel
R. António Pedro
R. Francisco Sanches
R. Jacinto Nunes
Av. Mouzinho de Albuquerque
R. Cesário Verde
Av. Duque de Loulé
R. Conde de Redondo
R. de Dona Estefânia
Anjos
R. do Zaire
R. de Moçambique
R. da Penha de França
Av. General Roçadas
R. Castelo Branco Saraiva
B.LOPES
R. Henrique Barrilaro Ruas
Av. Afonso III
R. Gomes Freire
R. dos Anjos
R. do Forno do Tijolo
Intendente
R. Angelina Vidal
SAPADORES
R. de Sta Marta
R. do Passadiço
Avenida da Liberdade
R. do Salitre
R. de São José
R. da Alegria
R. das Taipas
R. Dom Pedro V
Calçada de Santana
R. de São Lázaro
R. da Palma
R. do Benformoso
R. da Bombarda
R. da Senhora da Glória
R. Afonso Domingues
Calçada dos Barbadinhos
Museu da Água da EPAL
R. Leite de Vasconcelos
R. da Verónica
R. da Costa do Castelo
R. dos Remédios
Av. Infante Dom Henrique
R. Nova do Loureiro
Rua da Atalaia
Rua do Norte
Rua da Misericórdia
Rua Garrett
Rua do Carmo
Rua Áurea
Rua Augusta
Rua da Prata
R. dos Fanqueiros
R. da Madalena
Calçada do Combro
R. do Alecrim
R. Vítor Cordon
R. do Arsenal
R. da Alfândega
Av. da Ribeira das Naus
Cais do Gás

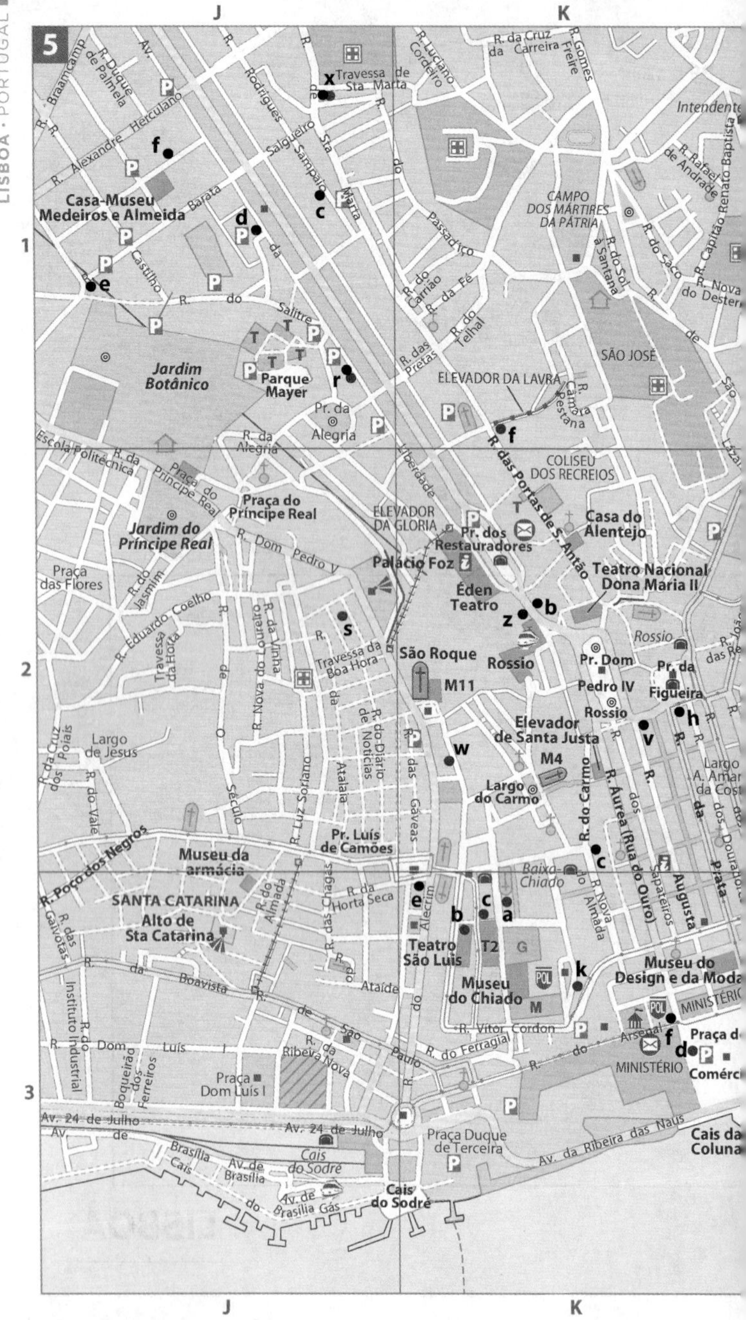
5
Casa-Museu Medeiros e Almeida
Jardim Botânico
Parque Mayer
Pr. da Alegria
CAMPO DOS MÁRTIRES DA PÁTRIA
SÃO JOSÉ
ELEVADOR DA LAVRA
COLISEU DOS RECREIOS
Casa do Alentejo
Praça do Príncipe Real
Jardim do Príncipe Real
ELEVADOR DA GLÓRIA
Pr. dos Restauradores
Palácio Foz
Éden Teatro
Teatro Nacional Dona Maria II
Praça das Flores
São Roque
M11
Rossio
Pr. Dom Pedro IV
Rossio
Pr. da Figueira
Elevador de Santa Justa
M4
Largo do Carmo
Largo de Jesus
Pr. Luís de Camões
Museu da Farmácia
SANTA CATARINA
Alto de Sta Catarina
Baixa-Chiado
Teatro São Luís
T2
Museu do Chiado
Museu do Design e da Moda
MINISTÉRIO
Praça do Comércio
Praça Dom Luís I
Praça Duque de Terceira
Cais do Sodré
Cais da Coluna
Av. 24 de Julho
Av. da Ribeira das Naus
Av. de Brasília
R. Poço dos Negros
R. da Boavista
R. de São Paulo
R. do Ferragial
R. Vítor Cordon
R. do Arsenal
R. Áurea (Rua do Ouro)
R. Augusta
R. da Prata
R. dos Sapateiros
R. do Carmo
R. Nova do Almada
R. das Portas de S. Antão
R. Dom Pedro V
R. do Século
R. Luz Soriano
R. do Alecrim
R. da Misericórdia
R. do Salitre
R. Alexandre Herculano
R. Braamcamp
R. Castilho
Av. da Liberdade
Intendente
J
K
1
2
3

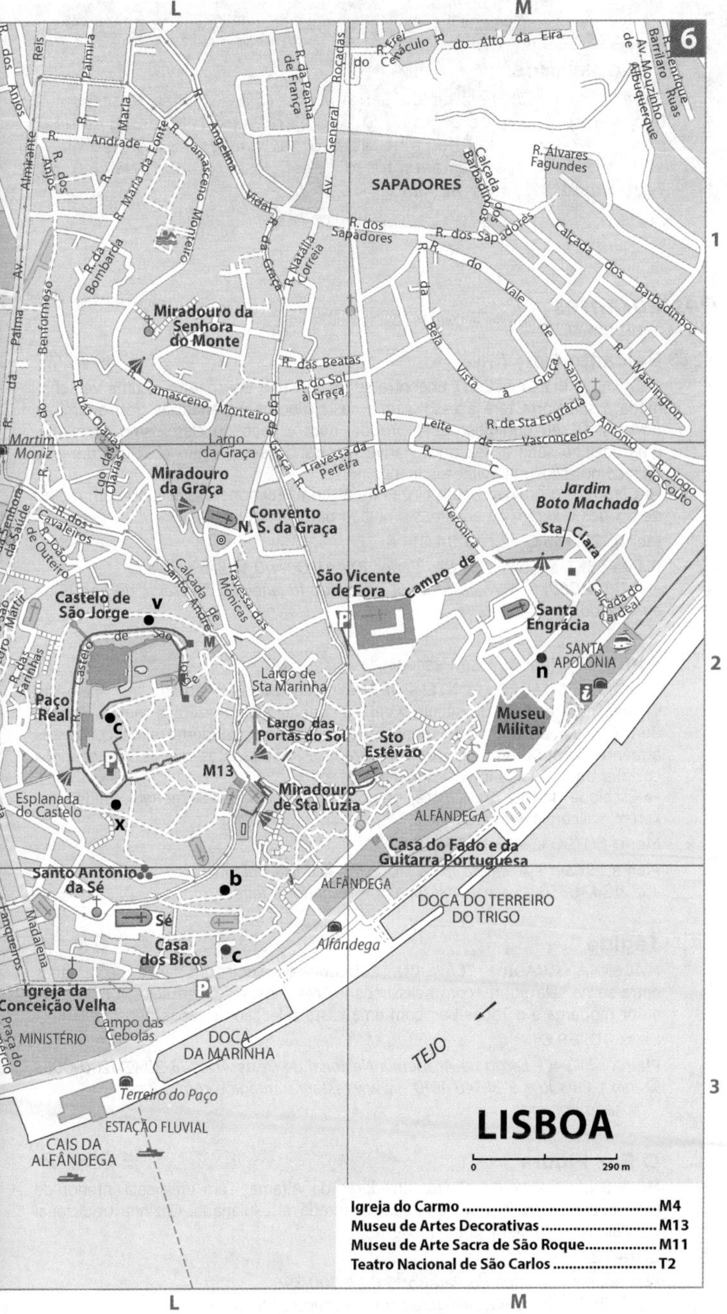

Igreja do Carmo **M4**
Museu de Artes Decorativas **M13**
Museu de Arte Sacra de São Roque **M11**
Teatro Nacional de São Carlos **T2**

NÓS GOSTAMOS...

Subir no famoso Elevador de Santa Justa, o já centenário ascensor panorâmico que liga a Baixa ao Chiado e ao Bairro Alto, assim como percorrer o bairro de Alfama no elétrico. No que toca a gastronomia, adoramos visitar os restaurantes do chef José Avillez: o **Mini Bar Teatro** e, sobretudo, o **Belcanto**.

Restaurantes

✿✿ Belcanto (José Avillez)

CRIATIVA • ELEGANTE XXX Encontra-se no turístico Bairro Alto e, uma vez chamada á sua porta terá acesso a uma das melhores experiências gastronômicas do país. O seu podigioso chef propõe, num espaço de classicismo renovado, uma cozinha séria á vez que criativa mostrando sempre um absoluto domínio técnico nos seus maravilhosos menus.

→ Carabineiro grelhado com cinzas de alecrim. Salmonete braseado com molho de fígados e xerém de amêijoas à bulhão pato. Chocolates.

Menu 125/165 € - Lista 94/114 €

Planta : 5K3-a - *Largo de São Carlos 10 ✉ 1200-410 Ⓜ Baixa-Chiado - ✆ 21 342 0607 - www.belcanto.pt - fechado 18 janeiro-2 fevereiro, do 1 ao 16 de agosto, domingo e 2ª feira*

✿ Alma Ⓝ (Henrique Sá Pessoa)

CRIATIVA • QUADRO CONTEMPORÂNEO XX Atrativo e situado no meio do Chiado, num edificio do século XVIII que serviu de armazém á famosa livraria Bertrand, a mais antiga do mundo. No seu interior, moderno e de contrastes atraentes, propõe uma lista de temporada e interessantes menus, abraçando a cozinha tradicional, a internacional e a de autor.

→ Escalope de foie gras, maçã, granola, amêndoa, cafe. Salmonete, caldeirada, xerém, salicórnia. Mar e citrinos.

Menu 60/90 € - Lista 55/76 €

Planta : 5K3-c - *Anchieta 15 ✉ 1200-023 Ⓜ Baixa-Chiado - ✆ 21 347 0650 - www.almalisboa.pt - fechado 2º feira*

Tágide

MODERNA • QUADRO CLÁSSICO XXX Depois de subir um lance de escadas entra-se na sala nobre, com belíssimos lustres e paneis de azulejos. Cozinha de autor moderna e o Tapas Bar, com uma vasta selecção de tapas/petiscos.

Lista 40/69 €

Planta : 5K3-k - *Largo da Academia Nacional de Belas Artes 18-20 ✉ 1200-005 Ⓜ Baixa-Chiado - ✆ 21 340 4010 - www.restaurantetagide.com - fechado domingo*

O Faz Figura

MODERNA • NA MODA XX Nos arredores da Alfama. Tem uma sala interior de linha actual, outra envidraçada e uma agradável esplanada. Cozinha tradicional com algum detalhe de criatividade.

Lista 32/58 €

Planta : 6M2-n - *Rua do Paraíso 15-B ✉ 1100-396 - ✆ 21 886 8981 - www.fazfigura.com - fechado 2ª feira meio-dia*

Solar dos Presuntos

TRADICIONAL • NA MODA XX Dirigido pelos seus proprietários, com boa exposição de produtos e um conforto correcto. Ampla selecção de pratos tradicionais e marisco, assim como uma excelente adega.

Lista 33/57 €

Planta : 5K1-f - *Rua das Portas de Santo Antão 150 ✉ 1150-269 Ⓜ Avenida - ✆ 21 342 4253 - www.solardospresuntos.com - fechado agosto, Natal, domingo e feriados*

Ad Lib

MODERNA • QUADRO CLÁSSICO XX Um restaurante de línha clássica-contemporânea que emana personalidade. Desde os seus fogões apostan pela aliança entre a melhor cozinha françesa e a gastronomia portuguesa.

Menu 20/45 € - Lista 37/62 €

Planta : 5J1-r - *Hotel Sofitel Lisbon Liberdade, Av. da Liberdade 127 ✉ 1269-038 Ⓜ Avenida - ✆ 21 322 8350 - www.restauranteadlib.pt*

Mini Bar Teatro

CRIATIVA • BISTRÔ X Informal, intimista, descontraído... Localizado na zona dos teatros do Bairro Alto e quando já nada tem para surpreender depois do Belcanto, arrebata os sentidos com os novos pratos.

Menu 39/49 € - Lista aprox. 35 €

Planta : 5K3-b - *Rúa António Maria Cardoso 58 ✉ 1200-027 Ⓜ Baixa-Chiado - ✆ 21 130 5393 - www.minibar.pt - só jantar*

100 Maneiras

CRIATIVA • SIMPLES X Pequeno restaurante situado numa ruela do bairro alto. O seu jovem chef propõe um menu de degustação de cozinha criativa, fresca e ligeira, sempre com bons detalhes.

Menu 60 € - só menu

Planta : 5J2-s - *Rua do Teixeira 35 ✉ 1200-459 - ✆ 910 307 575 - www.restaurante100maneiras.com - só jantar*

Chefe Cordeiro Ⓝ

PORTUGUESA • QUADRO CLÁSSICO X Localizado debaixo das arcadas da Praça do Comércio, no coração turístico de Lisboa. No seu interior, atual e colorista, apostam pela cozinha tradicional portuguesa.

Menu 14/45 € - Lista 28/48 €

Planta : 5K3-d - *Praça do Comércio 20 ✉ 1100-148 Ⓜ Terreiro do Paço - ✆ 21 608 0090 - www.chefecordeiro.com - fechado domingo e 2ª feira*

Casa de Linhares Ⓝ

PORTUGUESA • QUADRO REGIONAL X Instalado numa casa-palácio do Renascimento que se transformou numa das "Casas de Fado" mais populares de Lisboa. Uma boa lista de cozinha tradicional portuguesa.

Menu 60 € - Lista 35/45 €

Planta : 5L3-c - *Beco dos Armazéns do Linho 2 ✉ 1100-037 Ⓜ Terreiro do Paço - ✆ 910 188 118 (preciso reservar) - www.casadelinhares.com - só jantar*

Alojamentos

Avenida Palace

BUSINESS • CLÁSSICA Emana prestígio e distinção, não é em vão que data de 1892. Possui uma zona nobre esplêndida, complementada com belíssimo bar de estilo inglês, e quartos deslumbrantes ao estilo clássico.

66 qto ☕ - †165/210 € ††201/247 € - 16 suites

Planta : 5K2-z - *Rua 1º de Dezembro 123 ✉ 1200-359 Ⓜ Restauradores - ✆ 21 321 8100 - www.hotelavenidapalace.pt*

Pousada de Lisboa

EDIFÍCIO HISTÓRICO · HISTÓRICA Encontra-se no coração turístico de Lisboa e forma parte de um conjunto arquitectónico catalogado como Monumento Nacional. Área social com antiguidades, quartos de conforto clássico-atual e bom restaurante, com um telhado curvado e uma lista de cozinha atual.

88 qto – †225/410 € ††235/420 € – 2 suites

Planta : 5K3-f – *Praça do Comércio 31 ✉ 1100-148 Ⓜ Terreiro do Paço – ✆ 21 844 2001 – www.pousadas.pt*

Sofitel Lisbon Liberdade

BUSINESS · DESIGN Bem situado, se encontra numa das avenidas mais centrais e prestigiadas de Lisboa. Confortáveis espaços de línha clássica-contemporânea e grandes doses de amabilidade.

151 qto – ††160/530 € – 25 € – 12 suites

Planta : 5J1-r – *Av. da Liberdade 127 ✉ 1269-038 Ⓜ Avenida – ✆ 21 322 8300 – www.sofitel-lisboa.com*

Ad Lib – ver selecção restaurantes

Porto Bay Liberdade

TOWNHOUSE · COMTEMPORÂNEA Ocupa um palacete recuperado. Preserva a fachada antiga por onde nos convida a entrar a um design interior contemporâneo, com um excelente lobby e quartos decorados numa dialéctica entre clássico e contemporâneo..., os standard algo pequenos. O restaurante funde bistrô e alta gastronomia.

95 qto – †146/229 € ††157/240 € – 20 € – 3 suites

Planta : 5J1-f – *Rua Rosa Araújo 8 ✉ 1250-195 Ⓜ Avenida – ✆ 21 001 5700 – www.portobay.com*

Altis Avenida H.

TOWNHOUSE · CONFORTÁVEL Com uma localização extraordinária, na Praça dos Restauradores. Disponibiliza quartos de diferentes tamanhos e estilo contemporâneo, alguns com uma pequena varanda e muitos com vista. Restaurante sofisticado, no 7º andar, com deslumbrante vista panorâmica.

68 qto – †160/250 € ††180/270 € – 2 suites

Planta : 5K2-b – *Rua 1º de Dezembro 120 ✉ 1200-360 Ⓜ Restauradores – ✆ 21 044 0000 – www.altishotels.com*

Bairro Alto H.

LUXO · REQUINTADA Localizado em plena zona histórica e tem como objectivo manter os quartos em impecáveis condições. Decoração moderna, disponibiliza um serviço de excelência e um terraço panorâmico no terraço. Restaurante simples debruçado sobre a bela Praça Luís de Camões.

51 qto – ††270/440 € – 4 suites

Planta : 5K3-e – *Praça Luis de Camões 2 ✉ 1200-243 Ⓜ Baixa-Chiado – ✆ 21 340 8288 – www.bairroaltohotel.com*

Internacional Design H.

TOWNHOUSE · DESIGN O hotel possui uma decoração que não deixa ninguém indiferente. Quartos repartidos em quatro andares, cada um com um estilo diferente: urbano, tribo, zen e pop.

55 qto – †100/450 € ††110/460 €

Planta : 5K2-v – *Rua da Betesga 3 ✉ 1100-090 Ⓜ Rossio – ✆ 21 324 0990 – www.idesignhotel.com*

Do Chiado

TOWNHOUSE · FUNCIONAL Situado em pleno Chiado! No interior dos seus quartos, que evocam o mundo oriental, importa destacar os quartos do 7º andar pelas suas varandas privadas e vistas sobre a cidade.

39 qto – †120/240 € ††150/300 €

Planta : 5K2-c – *Rua Nova do Almada 114 ✉ 1200-290 Ⓜ Baixa-Chiado – ✆ 21 325 6100 – www.hoteldochiado.pt*

The Beautique H. Figueira

CADEIA HOTELEIRA • DESIGN Ocupa um edifício totalmente recuperado e que hoje se apresenta com elevado design. Os quartos, uns com duche e outros com banheira, seguem um estilo íntimo mas de completo equipamento. O seu restaurante faz uma homenagem pela cozinha tradicional portuguesa.

50 qto ☕ - 🚹95/420 € 🚹🚹110/465 €

Planta : 5K2-h - *Praça da Figueira 16 ✉ 1100-241 Ⓜ Rossio - ✆ 21 049 2940 - www.thebeautiquehotels.com*

Britania

TOWNHOUSE • ART DÉCO Único, projectado pelo ilustre arquitecto português Cassiano Branco. Acolhedora área publica-bar e quartos confortáveis, com detalhes Art Deco que lhes conferem um charme especial.

33 qto - 🚹130/450 € 🚹🚹143/450 € - ☕14 €

Planta : 5J1-c - *Rua Rodrigues Sampaio 17 ✉ 1150-278 Ⓜ Avenida - ✆ 21 315 5016 - www.heritage.pt*

Olissippo Castelo

FAMILIAR • CLÁSSICA Hotel de traçado clássico próximo ao castelo de São Jorge. Disponibiliza quartos de grande nível, todos bastante amplos e 12 quartos têm varandas com vistas privilegiadas.

24 qto ☕ - 🚹140/250 € 🚹🚹150/280 €

Planta : 6L2-v - *Rua Costa do Castelo 120 ✉ 1100-179 Ⓜ Rossio - ✆ 21 882 0190 - www.olissippohotels.com*

Solar do Castelo

HISTÓRICO • A MODA Instalado parcialmente num palacete do séc. XVIII. Desfruta de um bonito pátio empedrado, por onde passeiam pavões, um pequeno museu de cerâmica e quartos de linha clássica-actual, os sete do palacete são personalizados e de maior conforto.

20 qto - 🚹162/450 € 🚹🚹176/450 € - ☕14 €

Planta : 6L2-c - *Rua das Cozinhas 2 ✉ 1100-181 - ✆ 21 880 6050 - www.heritage.pt*

Memmo Alfama H.

TOWNHOUSE • DESIGN Contemporâneo, único e em pleno coração da Alfama. Ocupa três edifícios interligados entre si. A não perder a deslumbrante vista desde o terraço!

42 qto ☕ - 🚹🚹180/450 €

Planta : 6L3-b - *Travessa das Merceeiras 27 ✉ 1100-348 - ✆ 21 049 5660 - www.memmohotels.com*

Solar dos Mouros

HISTÓRICO • MODERNA Casa típica personalizada na sua decoração, com uma distribuição algo irregular e um moderno interior. Possui quartos coloristas e em vários casos com excelentes vistas.

13 qto ☕ - 🚹109/199 € 🚹🚹129/299 €

Planta : 6L2-x - *Rua do Milagre de Santo António 6 ✉ 1100-351 - ✆ 21 885 4940 - www.solardosmouroslisboa.com*

ESTE

NÓS GOSTAMOS...

Desfrutar da vista do alto da torre Vasco de Gama (junto do **Myriad by Sana H.**), descobrir como se aplicam os princípios decorativos do "Feng Shui" no hotel **Inspira Santa Marta** e degustar os autênticos sabores de cozinha portuguesa no restaurante **A Casa do Bacalhau**.

Restaurantes

D'Avis

ALENTEJANA • RÚSTICA É um pitoresco cantinho alentejano na moderna zona da Expo'98. Tem um balcão à entrada, onde vende produtos típicos, assim como duas salas decoradas com ferramentas agrícolas e peças antigas. Genuína gastronomia alentejana.

Lista 20/28 €

Planta : 2D1-a - *Av. D. João II 1 (Parque das Nações) ✉ 1990-083 - ✆ 21 868 1354 - fechado domingo e feriados*

A Casa do Bacalhau

PORTUGUESA • QUADRO CONTEMPORÂNEO Emblemático, com um ambiente moderno, como pano de fundo para uma sala de jantar com o tecto original do século XVIII, construído em abóbada. Descubra as maneiras diferentes de cozinhar bacalhau!

Menu 25/50 € - Lista 26/44 €

Planta : 2D2-b - *Rua do Grilo 54 ✉ 1900-706 - ✆ 21 862 0000 - www.acasadobacalhau.com - fechado domingo em julho-agosto e domingo noite resto do ano*

Open

MODERNA • CONFORTÁVEL Um restaurante num ambiente informal e descontraído. Aposta numa cozinha saudável e moderna, baseada, se possível, em utilizar produtos "bio". Também contempla pratos sem glúten!

Menu 22 € - Lista 21/42 €

Planta : 5J1-x - *Hotel Inspira Santa Marta, Rua Santa Marta 48 ✉ 1150-297 - ✆ 21 044 0900 - www.open.com.pt - fechado sábado meio-dia, domingo meio-dia e feriados meio-dia*

Alojamentos

Myriad by Sana H.

BUSINESS • MODERNA Localizado junto à Torre Vasco da Gama, é um vislumbre do futuro. O interior alia design contemporâneo e requinte, com todos os quartos debruçados sobre o rio e uma excelente varanda. O restaurante, oferece uma cozinha de autor portuguesa de cariz internacional.

186 qto - †240 € ††270 € - ☕ 30 €

Planta : 2D1-a - *Cais das Naus, Lote 2.21.01 (Parque das Naçoes) ✉ 1990-173 Ⓜ Oriente - ✆ 21 110 7600 - www.myriad.pt*

Inspira Santa Marta

TOWNHOUSE • MODERNA Presume de ser ecologicamente sustentável e distribui as suas dependências seguindo os princípios orientais do Feng Shui. Design, conforto e comodidade!

89 qto – 99/220 € – 14 €

Planta : 5J1-x – *Rua Santa Marta 48 ✉ 1150-297* Ⓜ *Marqûés de Pombal – ✆ 21 044 0900 – www.inspirahotels.com*

Open – ver selecção restaurantes

H10 Duque de Loulé

TRADICIONAL • CLÁSSICA Um hotel com personalidade! Ocupa um antigo convento, conserva ainda a fachada, com um magnifico interior, onde há uma fusão do design com os elementos tradicionais portugueses. O restaurante aposta na gastronomia lusa.

84 qto – 100/200 € 110/210 € – 21 € – 5 suites

Planta : 4G2-b – *Avenida Duque de Loulé 81-83 ✉ 1050-088* Ⓜ *Marqués de Pombal – ✆ 21 318 2000 – www.h10hotels.com*

OESTE

NÓS GOSTAMOS...

Ir até à zona da Torre de Belém e aí, perto do Mosteiro dos Jerónimos, saborear os autênticos Pastéis de Belém. Passear pelo parque Eduardo VII e ver as vistas no magnífico restaurante **Eleven**. Dar uma volta pelos animados bares e esplanadas das Docas de Alcântara, a antiga zona portuária.

Restaurantes

Eleven (Joachim Koerper)

CRIATIVA • TENDÊNCIA XXXX Inserido num edifício de design no alto do jardim Amália Rodrigues. Na sala, moderna, luminosa e com uma vista deslumbrante tanto sobre o Parque Eduardo VII como sobre à cidade, aposta numa cozinha de autor conceituada gastronomicamente.

➜ Barra de Ouro, foie gras de pato, soja, rum, laranja. Trio de porco com tomate, batata, limão confitado e molho de alho. Soufflé de maracujá com gelado de banana.

Menu 84/160 € – Lista 75/108 €

Planta : 3F1-w – *Rua Marquês de Fronteira ✉ 1070-051* Ⓜ *São Sebastião – ✆ 21 386 2211 – www.restauranteleven.com – fechado domingo*

Feitoria

MODERNA • NA MODA XXX Um restaurante com uma oferta de grande nível. Conta com um hall-bar de espera e uma sala de ambiente cool. O chef conduz--nos por uma cozinha contemporânea criativa de cariz tradicional, elaborada com produtos de qualidade onde os pratos reflectem esta excelência.

➜ Lula, camarão, amendoim e dashi. Pregado salteado, sardinha e caldeirada. Chocolate, café e azeitona galega.

Menu 80/135 € – Lista 74/91 €

Planta : 1A3-e – *Hotel Altis Belém, Doca do Bom Sucesso ✉ 1400-038 – ✆ 21 040 0208 – www.restaurantefeitoria.com – só jantar – fechado do 1 ao 15 de janeiro e domingo*

Loco (Alexandre Silva)

MODERNA • QUADRO CONTEMPORÂNEO XX Encontra-se junto à Basílica da Estrela e presenta uma única sala, aberta a cozinha, que surpreende pelo seu desenho. Alexandre Silva, famoso por ter sido o vencedor do primeiro concurso Top Chef de Portugal, sintetiza a sua gastronomia em dois menus degustação, ambos sugerentes, criativos e com bastante protagonismo do produto local. ➜ Ostra com molho thai, kaffir e chili. Carapau cru com molho de pato. Ravioli de rabo de boi com espuma de alho.

Menu 70/85 € - só menu

Planta : 3F3-c - *Rua dos Navegantes 53 ✉ 1250-731 Ⓜ Rato - ☏ 21 395 1861 (reserva aconselhada) - www.loco.pt - só jantar - fechado do 1 ao 15 de junho, do 14 ao 22 de novembro e 2ª feira*

Solar dos Nunes

TRADICIONAL • RÚSTICA X Intimista e acolhedor, sobressai pela magnífica calçada portuguesa no chão da sala de jantar e pelo facto de ter as paredes cobertas de reconhecimentos. Vitrinas bem recheadas de peixe, aquário de marisco, carta tradicional portuguesa e excelente adega.

Lista 25/48 €

Planta : 1B3-t - *Rua dos Lusíadas 68-72 ✉ 1300-372 - ☏ 21 364 7359 - www.solardosnunes.pt - fechado domingo*

Varanda

MODERNA • QUADRO CLÁSSICO XXX Destaque para a varanda, debruçada sobre o Parque Eduardo VII, e para a oferta gastronómica, com um buffet famoso pela sua variedade e uma cozinha requintada e moderna. Trabalham para ser uma referência!

Lista 73/115 €

Planta : 3F2-b - *Hotel Four Seasons H. Ritz Lisbon, Rua Rodrigo da Fonseca 88 ✉ 1099-039 Ⓜ Marquês de Pombal - ☏ 21 381 1400 - www.fourseasons.com*

Clube do Peixe

PEIXES E FRUTOS DO MAR • QUADRO CLÁSSICO XX Desfruta de certo êxito na zona. Após o sugestivo expositor de peixes e mariscos que tem na entrada, encontrará uma sala clássico-actual, com alguns detalhes marinheiros.

Menu 20/45 € - Lista 20/47 €

Planta : 4G1-d - *Av. 5 de Outubro 180-A ✉ 1050-063 Ⓜ Campo Pequeno - ☏ 21 797 3434 - www.clube-do-peixe.com*

Adega Tia Matilde

TRADICIONAL • FAMILIAR X Casa de longa tradição familiar com grande sucesso na zona. As suas instalações são amplas, compensando a sua situação com uma magnífica garagem na cave. Cozinha tradicional.

Menu 22 € - Lista 30/52 €

Planta : 3F1-h - *Rua da Beneficência 77 ✉ 1600-017 Ⓜ Praça de Espanha - ☏ 21 797 2172 - www.adegatiamatilde.pt - fechado sábado noite e domingo*

Alojamentos

Four Seasons H. Ritz Lisbon

LUXO • CLÁSSICA Convida a uma estadia repleta de conforto! Edifício moderno com um interior muito luminoso e com um ambiente clássico e elegante. Disponibiliza áreas públicas espaçosas, um vasto leque de tratamentos no spa e quartos com todos os equipamentos modernos.

241 qto - ††390/585 € - ☕ 39 € - 41 suites

Planta : 3F2-b - *Rua Rodrigo da Fonseca 88 ✉ 1099-039 Ⓜ Marquês de Pombal - ☏ 21 381 1400 - www.fourseasons.com*

Varanda - ver seleccão restaurantes

Pestana Palace

PALACE • CLÁSSICA Bonito palácio do século XIX decorado no estilo da época, com suntuosos salões e quartos cheios de detalhes.O seu redor parece um jardim botânico! O restaurante, que disponibiliza menus para o almoço e uma ementa tradicional atualizada para o jantar, completa-se por uma pequena sala privada na antiga cozinha.

177 qto – 381/472 € 402/494 € – 17 suites

Planta : 1B3-d – *Rua Jau 54 ✉ 1300-314*
– *☎ 21 361 5600* – *www.pestana.com*

Lapa Palace

GRANDE LUXO • CLÁSSICA Palácio luxuoso do século XIX situado no alto de uma das sete colinas que dominam Lisboa com vistas para a foz do rio Tejo. O restaurante, elegante e luminoso, propõe uma cozinha tradicional bastante actualizada, ideal para uma estadia inesquecível!

102 qto – 370/430 € – 7 suites

Planta : 3F3-a – *Rua do Pau de Bandeira 4 ✉ 1249-021 Ⓜ Rato*
– *☎ 21 394 9494* – *www.olissippohotels.com*

Altis Belém

LUXO • MODERNO Luxo e modernidade! Provido de uma zona chill out na cobertura, uma cafeteria minimalista e quartos bastante amplos, com decorações temáticas alusivas à época dos descobrimentos portugueses e respectivos intercâmbios culturais. O restaurante, elegante e ao mesmo tempo bastante sóbrio, propõe uma cozinha de cariz actual.

45 qto – 190/450 € 210/500 € – 5 suites

Planta : 1A3-e – *Doca do Bom Sucesso ✉ 1400-038*
– *☎ 21 040 0200* – *www.altishotels.com*

✿ **Feitoria** – ver selecção restaurantes

The Vintage Lisboa

TOWNHOUSE • COMTEMPORÂNEA Demonstra que cuidou os detalhes para criar um espaço pessoal e ao mesmo tempo acolhedor. Oferece quartos de estilo clássico-actual, todos equipados com grande nível, e um restaurante de carácter polivalente.

53 qto – 130/500 € – 3 suites

Planta : 5J1-e – *Rua Rodrigo da Fonseca 2 ✉ 1250-191 Ⓜ Rato*
– *☎ 21 040 5400* – *www.nauhotels.com*

Da Estrela

TOWNHOUSE • MODERNA A sua decoração original evoca o espírito da antiga escola que ocupou o edifício, por isso, agora combinam as velhas ardósias, mesas e cabides com móveis de design. O restaurante, de uso polivalente, oferece os três serviços do dia.

13 qto – 90/405 € 99/410 € – 6 suites

Planta : 3F2-e – *Rua Saraiva de Carvalho 35 ✉ 1250-242 Ⓜ Rato*
– *☎ 21 190 0100* – *www.hoteldaestrela.com*

Jerónimos 8

TRADICIONAL • MODERNA Está instalado num antigo edifício que foi completamente renovado, justamente ao lado do Mosteiro dos Jerónimos. Bastante confortável e de estética minimalista.

65 qto – 130/250 € 150/280 €

Planta : 1A3-c – *Rua dos Jerónimos 8 ✉ 1400-211*
– *☎ 21 360 0900* – *www.jeronimos8.com*

As Janelas Verdes

TRADICIONAL · CLÁSSICA Instalado num palacete do século XVIII, mesmo ao lado do Museu Nacional de Arte Antiga. Aqui encontrará romanticismo, charme, história, personalidade...

29 qto - 143/450 € 157/450 € - 14 €

Planta : 3F3-e - *Rua das Janelas Verdes 47 ✉ 1200-690 - ✆ 21 396 8143 - www.heritage.pt*

York House

HISTÓRICO · COMTEMPORÂNEA Um hotel com charme, instalado no antigo Convento das Carmelitas, do século XVII. O interior foi remodelado tanto no conforto como na decoração. Disponibiliza quartos à escolha, entre uma decoração design chic ou uma decoração mais clássica. Restaurante carismático, mantém o painel de azulejos, antigos.

33 qto - 90/160 € - 15 €

Planta : 3F3-e - *Rua das Janelas Verdes 32 ✉ 1200-691 - ✆ 21 396 2435 - www.yorkhouselisboa.com*

LOUSADA

Porto - 9 349 h. - Mapa regional n° **6**-A2
Lisboa 349 km - Porto 44 km - Braga 47 km - Vila Real 60 km
Mapa das estradas Michelin n° 591-I5

na estrada N 207-2 Nordeste : 10 km

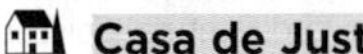
Casa de Juste

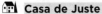

MANSÃO • PERSONALIZADA Casa do século XVII situada numa extensa quinta agrícola dedicada à produção de vinho. Área social de estilo clássico e quartos decorados com estilos diferentes. No seu restaurante, de estilo atual, encontrará um menu do dia completo com pratos caseiros e tradicionais portugueses.

7 qto - 60/99 € 70/119 €

4620-786 Lousada - 255 821 626 - www.casadejuste.com - março-outubro

MACEDO DE CAVALEIROS

Bragança - 6 257 h. - Alt. 580 m - Mapa regional n° **6**-C2
Lisboa 456 km - Bragança 42 km - Vila Real 86 km - Guarda 142 km
Mapa das estradas Michelin n° 591-H9

Brasa
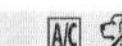

TRADICIONAL • QUADRO CONTEMPORÂNEO Um negócio com um ambiente moderno no qual encontraremos amabilidade e professionalidade. A sua proposta combina a cozinha tradicional portuguesa com a de influências francesas, surpreendendo esta última por especialidades tais como as Françesinhas de marisco.

Menu 15 € - Lista 29/45 €

Rua S. Pedro 4 5340-259 - 278 421 722 - fechado 15 dias em março, 15 dias em setembro e 2ª feira

O Montanhês

GRELHADOS • RÚSTICA Restaurante com uma decoração rústica e organização familiar, com duas salas, uma delas com lareira. Oferece pratos regionais e a especialidade são as carnes grelhadas.

Menu 8/18 € - Lista 20/38 €

Rua Camilo Castelo Branco 19 5340-237 - 278 422 481 - fechado do 1 ao 15 de novembro, domingo noite e 2ª feira

em Chacim Sudeste : 12 km

Solar de Chacim

CASA DE CAMPO • CLÁSSICA Casa senhorial do final do século XIX com uma bela fachada e exteriores bem cuidados. Dispõe de seis agradáveis quartos, a metade com o seu próprio terraço e todos com bom mobiliário de época. A sala de jantar que acolhe apenas os hóspedes, é decorada com fotografias da família proprietária.

6 qto - 50 € 70 €

5340-092 Macedo de Cavaleiros - 278 468 000 - www.solarchacim.pt.vu

MAIA

Porto - 12 406 h. - Mapa regional n° **6**-A2
Lisboa 314 km - Braga 44 km - Porto 11 km - Vila Real 98 km
Mapa das estradas Michelin n° 591-I4

em Nogueira Este : 3,5 km - Mapa regional n° **6**-A2

Machado
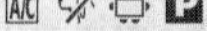

TRADICIONAL • RÚSTICA Restaurante tipicamente regional, onde predomina a madeira, a pedra e o granito. Oferecem um menu abundante, com doses generosas e elaborações de cariz caseiro. O ex-líbris da casa é a Vitela assada no forno à moda de Lafões!

Menu 25 € - só menu

Rua Dr. António José de Almeida 467 4475-456 Nogueira Maia - 22 941 0839 - www.restaurantemachado.com - fechado 2ª feira e 3ª feira salvo dezembro

MALHOU

Santarém - 773 h. - Mapa regional nº **4**-B2
Lisboa 101 km - Santarém 27 km - Leiria 53 km - Coimbra 112 km
Mapa das estradas Michelin nº 592-N3

O Malho

TRADICIONAL • RURAL XX Casa familiar construída com arquitectura típica da região do ribatejo. Salas, com uma decoração clássica mas com detalhes regionais, sugere uma cozinha tradicional especializada em peixe. Por encomenda oferecem muitos mais pratos dos que têm na carta!

Lista 20/32 €

Rua Padre Reis 4 ✉ 2380-537 - ✆ 249 882 781 - www.restauranteomalho.com - fechado agosto, domingo noite e 2ª feira

MANTEIGAS

Guarda - 2 864 h. - Alt. 775 m - Mapa regional nº **3**-C2
Lisboa 307 km - Castelo Branco 85 km - Guarda 40 km - Viseu 72 km
Mapa das estradas Michelin nº 591-K7

Casa das Obras

FAMILIAR • HISTÓRICA Casa Senhorial que conserva no seu interior a atmosfera do séc. XVIII, com aconchegantes detalhes e mobiliário de época nos quartos. Pequeno jardim com piscina ao atravessar a rua.

6 qto - 30/60 € 30/80 €

Rua Teles de Vasconcelos ✉ 6260-185 - ✆ 275 981 155 - www.casadasobras.pt

pela estrada de Gouveia Norte : 16 km e desvio a esquerda 1,5 km

Casa das Penhas Douradas

SPA E BEM ESTAR • DESIGN Casa de estilo montanhês que destaca-se pela sua localização, em plena natureza e suas magníficas vistas para a serra da Estrela. Os seus quartos acolhedores dispõem de grandes janelas e com muito design de interior, forrados a cortiça e bétula. Pequeno SPA e restaurante funcional, baseado num menu.

18 qto - 95/260 € 110/270 €

✉ 6260-200 Manteigas - ✆ 275 981 045 - www.casadaspenhasdouradas.pt

MARRAZES Leiria → Ver Leiria

MARVÃO

Portalegre - 486 h. - Alt. 865 m - Mapa regional nº **1**-C1
Lisboa 240 km - Portalegre 22 km - Castelo Branco 106 km - Santarém 172 km
Mapa das estradas Michelin nº 592-N7

Pousada de Santa Maria

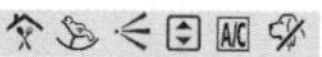

CADEIA HOTELEIRA • CLÁSSICA Insere-se dentro de uma emblemática vila com muralhas! Disponibiliza acolhedores espaços comuns e quartos com um ambiente clássico regional, divididos entre dois edifícios separados. O restaurante, panorâmico e com uma magnífica vista, oferece uma cozinha tradicional.

28 qto - 80/110 € 90/120 € - 3 suites

Rua 24 de Janeiro 7 ✉ 7330-122 - ✆ 245 993 201 - www.pousadas.pt

El Rei D. Manuel

FAMILIAR • REQUINTADA Um hotel pequeno e acolhedor, situado no coração desta vila de beleza impar, onde os proprietários cuidam todos os detalhes. Disponibiliza quartos confortáveis, sete com vistas deslumbrantes, e uma sala de jantar acolhedora que aposta na cozinha regional.

15 qto - 40/65 € 49/75 €

Largo de Olivença ✉ 7330-104 - ✆ 245 909 150 - www.turismarvao.pt

MATOSINHOS Porto → Ver Porto

MELGAÇO

Viana do Castelo - 1 560 h. - Mapa regional n° **6**-B1
Lisboa 451 km - Braga 110 km - Ourense 61 km - Viana do Castelo 89 km
Mapa das estradas Michelin n° 591-F5

em Peso Oeste : 3,5 km

Adega do Sossego

PORTUGUESA • FAMILIAR Restaurante de organização totalmente familiar. Possui dois pisos, com decoração rústica que combina paredes em pedra e tetos em madeira. Cozinha tradicional portuguesa com boas carnes na brasa, peixes do rio e bacalhau.

Lista 30/56 €

4960-235 Melgaço - 251 404 308 - www.adegasossego.com - fechado 21 junho-13 julho, do 8 ao 12 de outubro e 4ª feira

Quinta do Reguengo

TRADICIONAL • CLÁSSICA Dispõe de uma agradável organização familiar e surpreende por estar rodeado por um vinhedo, com o qual fazem o seu próprio vinho Alvarinho, oferecendo degustações num lagar anexo. Quartos amplos, clássicos e de excelente conforto para a sua categoria.

12 qto - †60/75 € ††75/95 € - 2 suites

4960-267 Melgaço - 938 044 051 - www.reguengodemelgaco.pt

MESÃO FRIO

Vila Real - 1 927 h. - Mapa regional n° **6**-B3
Lisboa 402 km - Vila Real 47 km - Porto 84 km - Viseu 83 km
Mapa das estradas Michelin n° 591-I6

pela estrada N 108 Este : 2 km e desvio a esquerda 0,8 km

Casa de Canilhas

FAMILIAR • RÚSTICA Casa familiar dotada de amplas esplanadas e magníficas vistas sobre o rio Douro. Possui uma acolhedora sala social com biblioteca e uns quartos repletos de atractivos pormenores.

7 qto - †60/90 € ††60/100 €

Lugar de Banduja 5040-302 Mesão Frio - 254 891 181 - www.canilhas.com

MIRANDELA

Bragança - 11 852 h. - Mapa regional n° **6**-C2
Lisboa 429 km - Bragança 60 km - Guarda 136 km - Vila Real 62 km
Mapa das estradas Michelin n° 591-H8

Flor de Sal

MODERNA • DESIGN Dispõe de um atrativo hall-adega, uma moderna sala e um bar com esplanada junto ao río, sendo estas as mesas mais procuradas no verão. Cozinha atual bem elaborada.

Lista 25/35 €

Parque Dr. José Gama 5370-527 - 278 203 063 - www.flordesalrestaurante.com - fechado janeiro, domingo noite e 2ª feira

O Grês

TRADICIONAL • SIMPLES Um autêntico clássico! Nas suas salas, práticamente unidas, poderá desfrutar uma boa lista de cozinha tradicional portuguesa, com sugestões que diariamente são mudadas.

Lista aprox. 40 €

Av. Nossa Senhora do Amparo 5370-210 - 278 248 202 - fechado domingo noite

MONÇÃO

Viana do Castelo - 2 469 h. - Mapa regional nº **6**-A1
Lisboa 451 km - Braga 71 km - Viana do Castelo 69 km - Vigo 48 km
Mapa das estradas Michelin nº 591-F4

Convento dos Capuchos

HISTÓRICO • CLÁSSICA Perfeito para relaxar, pois ocupa parcialmente um convento do século XVIII e tem uma boa área ajardinada, com um tanque cheio de peixes e um bosque de bambus. Disponibiliza quartos de estilo clássico atual e dispõe de um claustro central. O seu restaurante propõe uma cozinha tradicional atualizada.

24 qto – 63/90 € 78/105 €

Qta. do Convento dos Capuchos, (Antiga Estrada de Melgaço) ✉ 4950-527 - ✆ 251 640 090 - www.conventodoscapuchos.com

na estrada de Sago Sudeste : 3 km

Solar de Serrade

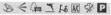

MANSÃO • HISTÓRICA Ocupa uma casa brazonada de estética senhorial e encontra-se numa quinta repleta de vinhas, e são produtores de Alvarinho. Apresenta belos salões com decoração da época, uma capela e elegantes quartos, a maioria com mobiliário antigo.

6 qto – 40/50 € 60/70 € - 2 suites

Mazedo ✉ 4950-280 Mazedo - ✆ 251 654 008 - www.solardeserrade.pt

MONSARAZ

Évora - 782 h. - Alt. 342 m - Mapa regional nº **1**-C2
Lisboa 191 km - Badajoz 96 km - Évora 59 km - Portalegre 144 km
Mapa das estradas Michelin nº 593-Q7

pela estrada de Telheiro Norte : 1,5 km e desvío a direita 1,3 km

Monte Alerta

CASA DE CAMPO • HISTÓRICA Casa de campo familiar com instalações magníficas e exteriores bastante atraentes. Dispõe de uma ampla zona de convívio e quartos espaçosos, em traços gerais coloridos, alegres e com mobiliário simples, antigo ou de imitação.

10 qto – 60/80 € 65/85 €

✉ 7200-175 Monsaraz - ✆ 968 756 785 - www.montealerta.pt

MONTE REAL

Leiria - 2 936 h. - Alt. 50 m - Mapa regional nº **4**-A1
Lisboa 147 km - Leiria 16 km - Santarém 97 km
Mapa das estradas Michelin nº 592-M3

Paços da Rainha

INTERNACIONAL • QUADRO CLÁSSICO XXX Restaurante de ambiente requintado e acolhedor, com uma excelente decoração, aposta numa cozinha de autor inovadora com influência tradicional portuguesa e mediterrânica.

Menu 21 € - Lista 23/39 €

Hotel Palace H. Monte Real, Rua de Leiria ✉ 2426-909 - ✆ 244 618 900 - www.termasdemontereal.pt

Palace H. Monte Real

EDIFÍCIO HISTÓRICO • CONFORTÁVEL Este hotel instalado em um edifício imponente de aparência palaciana com uma fachada maravilhosa e um anexo moderno, oferece quartos muito confortáveis, aqueles que encontram-se na parte nova dispõem de varanda.

96 qto – 80/120 € 88/140 € - 5 suites

Rua de Leiria ✉ 2426-909 - ✆ 244 618 900 - www.termasdemontereal.pt

Paços da Rainha - ver selecção restaurantes

MONTEMOR-O-NOVO

Évora - 11 001 h. - Alt. 240 m - Mapa regional n° **1**-B2
Lisboa 103 km - Évora 31 km - Santarém 91 km - Setúbal 70 km
Mapa das estradas Michelin n° 593-Q5

pela estrada N 4 Oeste : 4 km e desvio a esquerda 0,5 km

L'And Vineyards

MODERNA • MINIMALISTA XXX Restaurante de ambiente exclusivo e contemporâneo enquadrado numa sala com paredes envidraçadas, com uma magnífica vista sobre o campo e sobre o lago do hotel. O Chef sugere uma cozinha de autor com sabores da região, toda uma encenação com apresentações irrepreensíveis.

→ Carabineiro assado em manteiga com puré de couve-flor, horta marítima e emulsão de amêndoa. Robalo de linha escalfado em manteiga anizada, caldo japonês, raízes, cogumelos e folhas de ostra. Cremoso de chocolate e amêndoa, praliné de avelã e sorbet de tangerina.

Menu 60/90 € - Lista 59/73 €

Hotel L'And Vineyards, Herdade das Valadas ✉ 7050-031 Montemor-O-Novo - ✆ 266 242 400 - www.l-and.com - fechado janeiro, 2ª feira e 3ª feira

L'And Vineyards

LUXO • CONFORTÁVEL Este estabelecimento aposta no design, na gastronomía e no vinho! Um estadia aqui é uma experiência autêntica, pois possui quartos com vistas para o céu através de tetos corrediços (Sky View) e outros quartos tipo apartamento (Land View), todos equipados e com conforto máximo.

22 suites - 195/485 €

Herdade das Valadas ✉ 7050-031 Montemor-O-Novo - ✆ 266 242 400 - www.l-and.com - fechado janeiro

L'And Vineyards - ver selecção restaurantes

MORA

Évora - 2 522 h. - Mapa regional n° **1**-B1
Lisboa 117 km - Évora 59 km - Santarém 75 km - Portalegre 114 km
Mapa das estradas Michelin n° 593-P5

Afonso

ALENTEJANA • RÚSTICA X Negócio familiar dotado com um bar e uma sala de refeição neo-rústica, esta última com belos arcos em azulejos. A sua carta de cozinha alentejana é complementada com uma excelente aposta de caça. O expositor de sobremesas da entrada é um verdadeiro convite!

Lista 26/41 €

Rua de Pavia 1 ✉ 7490-207 - ✆ 266 403 166 - www.restauranteafonso.pt - fechado 15 dias em março, 15 dias em setembro e 4ª feira

MOREIRA DE CÓNEGOS

Braga - 4 853 h. - Mapa regional n° **6**-A2
Lisboa 362 km - Braga 34 km - Porto 53 km - Viana do Castelo 82 km
Mapa das estradas Michelin n° 591-H4/H5

S. Gião

COCINA TRADICIONAL • QUADRO CLÁSSICO XX Goza de grande prestígio em todo Portugal! Na sua sala, de estilo clássico regional, com grandes janelas com vista para as montanhas, poderá degustar uma cozinha tradicional portuguesa bastante delicada, sempre muito bem apresentada.

Lista 30/48 €

Rua Comendador Joaquim de Almeida Freitas 56 ✉ 4815-270 - ✆ 253 561 853 - www.sgiao.com - fechado domingo noite e 2ª feira

NANTES Vila Real → Ver Chaves

NAZARÉ

Leiria - 10 309 h. - Mapa regional nº **4**-A2
Lisboa 126 km - Coimbra 111 km - Leiria 39 km - Santarém 87 km
Mapa das estradas Michelin nº 592-N2

Taberna d'Adélia

PEIXES E FRUTOS DO MAR • FAMILIAR Está situado a ums passos da praia e oferece duas salas, surpreendendo uma delas pela sua decoração com multitude de mensagens dos seus clientes. Escolhem e pesam o peixe à frente do cliente!

Lista 30/55 €

Rua das Traineras 12 ✉ 2450-196 - ✆ 262 552 134 - www.tabernadadelia.com - fechado 15 dias em dezembro, 7 dias em outubro e 4ª feira

NELAS

Viseu - 4 702 h. - Mapa regional nº **3**-C2
Lisboa 280 km - Coimbra 78 km - Guarda 75 km - Viseu 22 km
Mapa das estradas Michelin nº 591-K6

Bem Haja

TRADICIONAL • RÚSTICA Esta casa de pedra acolhedora encontra-se numa zona relativamente afastada do centro. As suas salas de ambiente neo-rústico combinam as paredes em pedra com os quadros modernos. Cozinha tradicional, regional e queijos de produção própria.

Menu 25 € - Lista 24/36 €

Rua da Restauração 5 ✉ 3520-069 - ✆ 232 944 903 - www.restaurantebemhaja.pt

NOGUEIRA Porto → Ver Maia

ÓBIDOS

Leiria - 3 340 h. - Alt. 75 m - Mapa regional nº **4**-A2
Lisboa 92 km - Leiria 66 km - Santarém 56 km
Mapa das estradas Michelin nº 592-N2

Comendador Silva

MODERNA • QUADRO CLÁSSICO No restaurante, destaque para a agradável esplanada perto da histórica muralha, oferece uma carta de cozinha moderna e criativa.

Menu 35 € - Lista 30/49 €

Hotel Casa das Senhoras Rainhas, Rua Padre Nunes Tavares 6 ✉ 2510-070 - ✆ 262 955 360 - www.hotelcasasenhorasrainhas.pt - fechado 2ª feira

Pousada do Castelo

EDIFÍCIO HISTÓRICO • RÚSTICA Instalada em um antigo castelo que se destaca pela sua localização, adossada à muralha e com exteriores dignos do cinema, a pousada dispõe de quartos correctos e suites dentro das torres. A sala de refeição dispõe de janelas com vista para o pátio de armas e os arredores.

17 qto - †160/290 € ††170/300 €

Paço Real ✉ 2510-999 - ✆ 21 040 7630 - www.pousadas.pt

Real d'Óbidos

PALACE • RÚSTICA Edifício senhorial localizado ao lado das muralhas, com exteriores agradáveis, uma piscina com vista magnífica e quartos confortáveis de estilo rústico.

18 qto - ††80/150 € - 1 suite

Rua D. João de Ornelas ✉ 2510-074 - ✆ 262 955 090 - www.hotelrealdobidos.com

Casa das Senhoras Rainhas

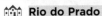

TRADICIONAL • CLÁSSICA Na parte antiga da cidade. A casa oferece uma boa sala social e quartos clássicos com mobiliário colonial orientados para as muralhas, a maioria deles com varanda.

10 qto - 90/138 € 110/150 €

Rua Padre Nunes Tavares 6 2510-070 - 262 955 360 - www.hotelcasasenhorasrainhas.pt

Comendador Silva - ver selecção restaurantes

em Arelho Noroeste : 5 km

Rio do Prado

LUXO • DESIGN Único no género, original, diferente e totalmente comprometido com o meio ambiente. O vanguardista edifício principal complementa-se com modernos e luxosos quartos totalmente mimetizados com a paisagem..., de facto, os telhados estão cobertos com um manto verde.

15 qto - 150/260 € 175/260 €

Rua das Poças 2510-191 Óbidos - 262 959 623 - www.riodoprado.pt

OLHÃO

Faro - 14 914 h. - Mapa regional nº **2**-C2

Lisboa 299 km - Faro 9 km - Beja 142 km - Portimão 74 km

Mapa das estradas Michelin nº 593-U6

ao Noroeste 5 km

Quinta dos Poetas

FAMILIAR • CLÁSSICA Isolada no campo e próxima de um campo de golfe, o que a torna... ideal para o descanso! Tem um Putting Green e um Pitch de vários buracos. O restaurante, com vistas para o percurso, oferece uma carta tradicional com toques actuais e um menu.

22 qto - 85/120 € 98/140 €

Pechão - Sitio da Arretorta 8701-905 Olhão - 289 990 990 - www.quintadospoetas.com - fechado 8 janeiro-5 fevereiro

OURÉM

Santarém - 12 294 h. - Mapa regional nº **4**-B2

Lisboa 139 km - Santarém 70 km - Leiria 32 km - Coimbra 94 km

Mapa das estradas Michelin nº 592-N4

Pousada de Ourém

A pousada está localizada na parte antiga da cidade e conta com dois edifícios, o antigo hospital e a casa senhorial. Os quartos dispõem de mobiliário funcional e piso de madeira. O restaurante de estilo clássico-actual é completado por um terraço de verão íntimo.

30 qto - 90/145 € 100/156 €

Largo João Manso, zona do castelo 2490-481 - 249 540 920 - www.pousadas.pt

OVAR

Aveiro - 17 855 h. - Mapa regional nº **3**-A1

Lisboa 285 km - Aveiro 43 km - Porto 45 km - Viseu 99 km

Mapa das estradas Michelin nº 591-J4

na Estrada N 327 ao Sudoeste

Oxalá

TRADICIONAL • CONFORTÁVEL XX Um restaurante de referência no qual a amabilidade e o folclore são características identificativas. Cozinha portuguesa, com destaque para os peixes, mariscos, carnes... e sempre com doses extremamente generosas.

Lista 28/68 €

Rua Familia Colares de Pinto, 4 km 3880-130 Ovar - 256 591 371 - www.oxalarestaurante.pt - fechado 2ª feira

PAÇO DE ARCOS

Lisboa - 15 315 h. - Mapa regional n° **4**-B3
Lisboa 20 km
Mapa das estradas Michelin n° 592-P2

Casa da Dízima

MODERNA • RÚSTICA XX Deve o seu nome à história do edifício, que em tempos serviu para cobrar os impostos. Conta com varias salas, as principais de ar rústico-moderno; oferece uma cozinha moderna de cariz tradicional portuguesa e internacional.

Lista aprox. 38 €

Rua Costa Pinto 17 ✉ 2770-046 - ✆ 21 446 2965 - www.casadadizima.com - fechado domingo noite

Os Arcos

PEIXES E FRUTOS DO MAR • FAMILIAR XX Provido de uma trajectória longa e duas salas de refeições, ambos dominados pelo tijolo à vista e a madeira mas um deles com vistas para o mar. Especializado em peixe e marisco, também confecciona a Lampreia do rio Minho na época.

Lista 31/41 €

Rua Costa Pinto 47 ✉ 2770-046 - ✆ 21 443 3374 - www.restauranteosarcos.com

PALMELA

Setúbal - 17 455 h. - Mapa regional n° **1**-B2
Lisboa 42 km - Évora 96 km - Santarém 113 km - Setúbal 8 km
Mapa das estradas Michelin n° 593-Q3

Pousada de Palmela

HISTÓRICO • HISTÓRICA Excelente pousada situada num convento do séc. XV, junto às muralhas do castelo de Palmela. Tem um grande nível, com agradáveis zonas nobres e elegantes quartos. O restaurante oferece uma montagem muito cuidada e uma interessante ementa tradicional.

27 qto - 100/150 € 110/160 € - 1 suite

Castelo de Palmela ✉ 2950-317 - ✆ 21 235 1226 - www.pousadas.pt

PAMPILHOSA DA SERRA

Coimbra - 1 389 h. - Mapa regional n° **3**-B3
Lisboa 239 km - Coimbra 82 km - Castelo Branco 71 km - Viseu 138 km
Mapa das estradas Michelin n° 592-L6

O Villa Pampilhosa

LUXO • MODERNA Ideal para oxigenar-se ou fazer montanhismo por estar localizado em plena serra. Destaca-se pela sua vista sobre as montanhas. Em conjunto é moderno, com uma correcta zona nobre e quartos de conforto moderno, a maioria com varanda. No restaurante oferecem uma ementa de cariz internacional.

52 qto - 50/100 € 60/120 €

Rua Arlindo de Almeida Esteves, Lote 8 E ✉ 3320-242 - ✆ 235 590 010 - www.villapampilhosahotel.com

PEDRA FURADA

Braga - Mapa regional n° **6**-A2
Lisboa 344 km - Braga 29 km - Porto 40 km - Viana do Castelo 36 km
Mapa das estradas Michelin n° 591-H4

Pedra Furada

COCINA TRADICIONAL • CONFORTÁVEL X Está localizado em pleno Caminho de Santiago Português, por isso trabalham principalmente com peregrinos. Dispõe de um terraço acolhedor, um bom bar público e uma sala de jantar rústica com chaminé. A sua cozinha caseira é enriquecida com alguns produtos cultivados por eles mesmos!

Lista 25/32 €

Estrada N 306 ✉ 4755-392 - ✆ 252 951 144 - www.pedrafurada.com - fechado do 21 ao 31 de agosto e 2ª feira noite

PENALVA DO CASTELO

Viseu - 2 045 h. - Mapa regional n° **03D**-C1

Lisboa 304 km - Viseu 26 km - Guarda 71 km - Aveiro 109 km

Mapa das estradas Michelin n° 591-J6

Parador Esentia Casa da Insua

EDIFÍCIO HISTÓRICO • CLÁSSICA Com charme e história, pois ocupa uma casa senhorial do séc. XVIII que pertenceu ao governador de um estado do Brasil. Belíssimos jardins, amplas zonas nobres e quartos confortáveis, clássicos no edifício principal e mais modernos nos seus anexos.

19 qto - ††85/185 € - ☕16 € - 10 suites - 5 apartamentos

Insua ✉ 3550-126 - ✆ 232 640 110 - www.parador.es

PENICHE

Leiria - 14 749 h. - Mapa regional n° **4**-A2

Lisboa 92 km - Leiria 89 km - Santarém 79 km

Mapa das estradas Michelin n° 592-N1

Nau dos Corvos

PEIXES E FRUTOS DO MAR • CONFORTÁVEL XX Destaca-se pela sua excelente localização em cima de um promontório rochoso. Dispõe de um hall com expositor, o seu próprio viveiro de marisco, um bar privado panorâmico e uma sala dotada de grandes janelas para contemplar a imensidão do Atlântico.

Menu 25/60 € - Lista 29/49 €

Cabo Carvoeiro (junto ao farol) ✉ 2520-605 - ✆ 262 783 168 - www.naudoscorvos.com

Pinhalmar

TRADICIONAL • FUNCIONAL Encontra-se num local praticamente isolado, muito próximo do farol do Cabo Carvoeiro. Aqui encontrará um bar-salão social de traçado actual com algumas mesas do restaurante, e quartos funcionais, metade deles com varandas e vistas par o oceano. Suba para desfrutar da paisagem a partir da cobertura!

27 qto ☕ - †25/85 € ††30/120 €

estrada Marginal Sul (Cabo Carvoeiro) ✉ 2520-227 - ✆ 262 789 349 - www.pinhalmar.com

PEREIRA

Coimbra - 3 265 h. - Mapa regional n° **3**-A2

Lisboa 208 km - Coimbra 17 km - Aveiro 73 km - Leiria 77 km

Mapa das estradas Michelin n° 592-L4

Quinta São Luiz

MODERNA • HISTÓRICA XXX Magnífico restaurante instalado numa quinta do século XVII que serviu como convento e lagar. Encontrará uma estética minimalista e uma cozinha criativa de base internacional.

Lista 30/45 €

Rua do Padrão ✉ 3140-337 - ✆ 239 642 000 - www.quintasluiz.com - fechado 2ª feira

PESO Viana do Castelo ➔ Ver Melgaço

PESO DA RÉGUA

Vila Real - 5 292 h. - Mapa regional nº **6**-B3
Lisboa 379 km - Braga 93 km - Porto 102 km - Vila Real 25 km
Mapa das estradas Michelin nº 591-I6

Castas e Pratos

PORTUGUESA • NA MODA XX Instalado num antigo armazém de madeira, completamente remodelado, que em tempos pertenceu à estação ferroviária. Disponibiliza uma cozinha tradicional muito bem atualizada e uma excelente carta de vinhos apresentada com um iPad.

Lista 35/55 €

Rúa José Vasques Osório ✉ 5050-280 - ✆ 254 323 290 - www.castasepratos.com

Cacho d'Oiro

PORTUGUESA • QUADRO CLÁSSICO X Este restaurante, gerenciado por um casal, apresenta um interior de estilo clássico e encontra-se próximo ao mercado. Elaboram uma cozinha regional portuguesa de qualidade, com boas carnes e o Cabrito assado no forno é a grande especialidade da casa.

Menu 13 € - Lista aprox. 30 €

Travessa Rua Branca Martinho ✉ 5050-292 - ✆ 254 321 455 - www.restaurantecachodoiro.pt - fechado do 15 ao 30 de junho

PINHÃO

Vila Real - 648 h. - Alt. 120 m - Mapa regional nº **6**-B3
Lisboa 399 km - Vila Real 30 km - Viseu 100 km
Mapa das estradas Michelin nº 591-I7

Rabelo

MODERNA • QUADRO CLÁSSICO XXX Agradável, acolhedor e com um terraço de verão! Comer aqui é uma boa opção se deseja degustar tanto os pratos regionais como os tradicionais lusitanos... isso sim, com elaborações e apresentações bem atualizadas.

Lista 35/58 €

Hotel Vintage House, Lugar da Ponte ✉ 5085-034 - ✆ 254 730 230 - www.fladgate.com

Vintage House

LUXO • CLÁSSICA No conjunto, tem um bom nível, com uma decoração atualizada e aprazível vista sobre o Douro. Possui zonas nobres bem cuidadas e quartos bem redecorados num estilo clássico-atual.

41 qto - ††195/350 € - 2 suites

Lugar da Ponte ✉ 5085-034 - ✆ 254 730 230 - www.fladgate.com

Rabelo - ver selecção restaurantes

ao Norte 5 km

Casa do Visconde de Chanceleiros

TRADICIONAL • CONFORTÁVEL Muito agradável e bem cuidado, pois a sua decoração original combina perfeitamente os estilos clássico e regional. As áreas comuns encontram-se no edifício principal e os quartos nos anexos, com vista para um campo repleto de oliveiras e vinhas. Surpreende pela sua sauna, já que está dentro de uma grande barrica de vinho!

10 qto - †130/165 € ††135/170 €

Largo da Fonte. Chanceleiros ✉ 5085-201 Pinhão - ✆ 254 730 190 - www.chanceleiros.com

Casa de Casal de Loivos

FAMILIAR • CONFORTÁVEL Antiga casa de pedra localizada no alto de uma colina com vistas maravilhosas para o rio Douro. Dispõe de um salão social com chaminé, quartos corretos e casas de banho recentemente atualizadas.

6 qto - 90/95 € 110/115 €

5085-010 Casal de Loivos - 254 732 149 - www.casadecasaldeloivos.com - fechado dezembro-fevereiro

POÇO BARRETO

Faro - 219 h. - Mapa regional n° **2**-B2
Lisboa 253 km - Faro 52 km - Beja 122 km - Lagoa 12 km
Mapa das estradas Michelin n° 593-U4

O Alambique

INTERNACIONAL • RÚSTICA XX Casa situada ao rés-do-chão, localizada junto a uma estrada, com duas salas de tectos altos e uma montagem correcta, separadas por dois arcos de pedra. Ementa internacional com preços razoáveis.

Menu 25 € - Lista 20/32 €

Estrada de Silves 8300-042 - 282 449 283 - www.alambique.de - só jantar - fechado dezembro-11 janeiro, 4ª feira (novembro-fevereiro) e 3ª feira

PONTE DE LIMA

Viana do Castelo - 2 871 h. - Alt. 22 m - Mapa regional n° **6**-A2
Lisboa 392 km - Braga 33 km - Porto 85 km - Vigo 70 km
Mapa das estradas Michelin n° 591-G4

na Estrada N 203 Nordeste : 5,2 km

Carmo´s Boutique H.

FAMILIAR • COMTEMPORÂNEA Dotada de uma arquitectura contemporânea, fica nas imediações da Vila mais antiga de Portugal. Magnifica sala de recepção, biblioteca-restaurante, exclusivo SPA de aromaterapia, quartos decorados com elegância e opções diferentes para experiências; vinícolas ou gastronómicas.

15 qto - 188/223 € 208/253 €

Gemieira 4990-645 - 910 587 558 - www.carmosboutiquehotel.com

Uma classificação em vermelho destaca o encanto do estabelecimento XxX.

PORTALEGRE

18 942 h. - Alt. 477 m - Mapa regional n° **1**-C1
Lisboa 228 km - Castelo Branco 96 km - Évora 103 km - Santarém 164 km
Mapa das estradas Michelin n° 592-O7

Solar do Forcado

TRADICIONAL • RÚSTICA X Localizado numa rua de calçada portuguesa no centro histórico, com uma pequena sala em estilo rústico e duas garrafeiras devidamente climatizadas onde se alinham os vinhos. Cozinha tradicional especializada em carnes, a bom preço e entre tantas outras especialidades a referir o Cozido à portuguesa.

Lista aprox. 26 €

Rua Candido dos Reis 14 7300-129 - 245 330 866 - fechado agosto, sabado meio-dia e domingo.

PORTELA Braga → Ver Vila Nova de Famalicão

PORTIMÃO

Faro – 45 431 h. – Mapa regional nº **2**-A2
Lisboa 267 km – Beja 137 km – Faro 67 km – Lagos 22 km
Mapa das estradas Michelin nº 593-U4

na Praia da Rocha Sul : 2 km

Vista

MODERNA • LUXO XXX Luminoso, atual e com boas propostas, pois oferece vários menus degustação e pratos atuais de bases portuguesas e internacionaias. A sua esplanada sorpreende pelas suas vistas!

Menu 60/115 € – Lista 50/78 €

Hotel Bela Vista, av. Tomás Cabreira ✉ 8500-802 Portimão – ☎ 282 460 280 – www.hotelbelavista.net – só jantar – março-4 novembro

Bela Vista

EDIFÍCIO HISTÓRICO • PERSONALIZADA Ocupa um precioso palacete do início do século XX e destaca-se pela sua magnífica localização no centro da praia, numa zona elevada e com fantásticas vistas para o mar. Salões íntimos, bar elegante, SPA requintado e quartos bem cuidados...11 no edifício principal e o restante nos anexos.

38 qto ☕ – 👥175/800 €

av. Tomás Cabreira ✉ 8500-802 Portimão – ☎ 282 460 280 – www.hotelbelavista.net – março-4 novembro

Vista – ver selecção restaurantes

NÓS GOSTAMOS...

Depois de visitar algumas das suas adegas em Vila Nova de Gaia tem que ir ao **The Yeatman**, onde pode desfrutar de uma cozinha excepcional e uma das melhores vistas do Porto. Há duas coisas que não devem ser esquecidas em qualquer circunstância: o marisco da **Esplanada Marisqueira Antiga**, um clássico em Matosinhos, e as famosas Tripas à moda do Porto do **Lider**.

PORTO

237 591 h. – Alt. 90 m – Mapa regional n° **6**-A3
Lisboa 313 km – Aveiro 74 km – Braga 56 km – Viana do Castelo 77 km
Mapa das estradas Michelin n° 591-I3

Plantas da cidade nas páginas seguintes

Restaurantes

Antiqvvm (N)

CRIATIVA • ELEGANTE XXX Desfruta de uma localização realmente singular, junto ao Museo Romântico e com fantásticas vistas ao Douro desde o seu jardín. Boa cozinha atual com detalhes internacionais.

➜ Tártaro de vitela com mostarda antiga. Bacalhau com grão de bico e pimentão fumado. Creme de coco e morangos laminados.

Menu 110 € – Lista 60/90 €

Planta : E2-a – *Rua de Entre Quintas 220 ✉ 4050-240*
– ✆ 22 600 0445 – www.antiqvvm.pt
– fechado do 1 ao 16 de janeiro, domingo noite e 2ª feira

O Paparico

TRADICIONAL • RÚSTICA XX O ambiente acolhegante convida-o a sentir-se como em casa! Situado na parte alta da cidade, apresenta um ambiente rústico muito confortável. Cozinha tradicional portuguesa.

Lista 40/55 €

Planta : D2-k – *Rua de Costa Cabral 2343 ✉ 4200-232*
– ✆ 22 540 0548 – www.opaparico.com – só jantar – fechado domingo

DOP

TRADICIONAL • NA MODA XX Inserido num edifício histórico! Um espaço contemporâneo dividido em dois pisos, convidam a uma cozinha contemporânea de excelente qualidade. Excelente adega e serviço profissional.

Menu 20/85 € – Lista 56/72 €

Planta : F3-f – *Largo de São Domingos 18 (Palácio das Artes) ✉ 4050-545*
– ✆ 22 201 4313 – www.ruipaula.com – fechado domingo

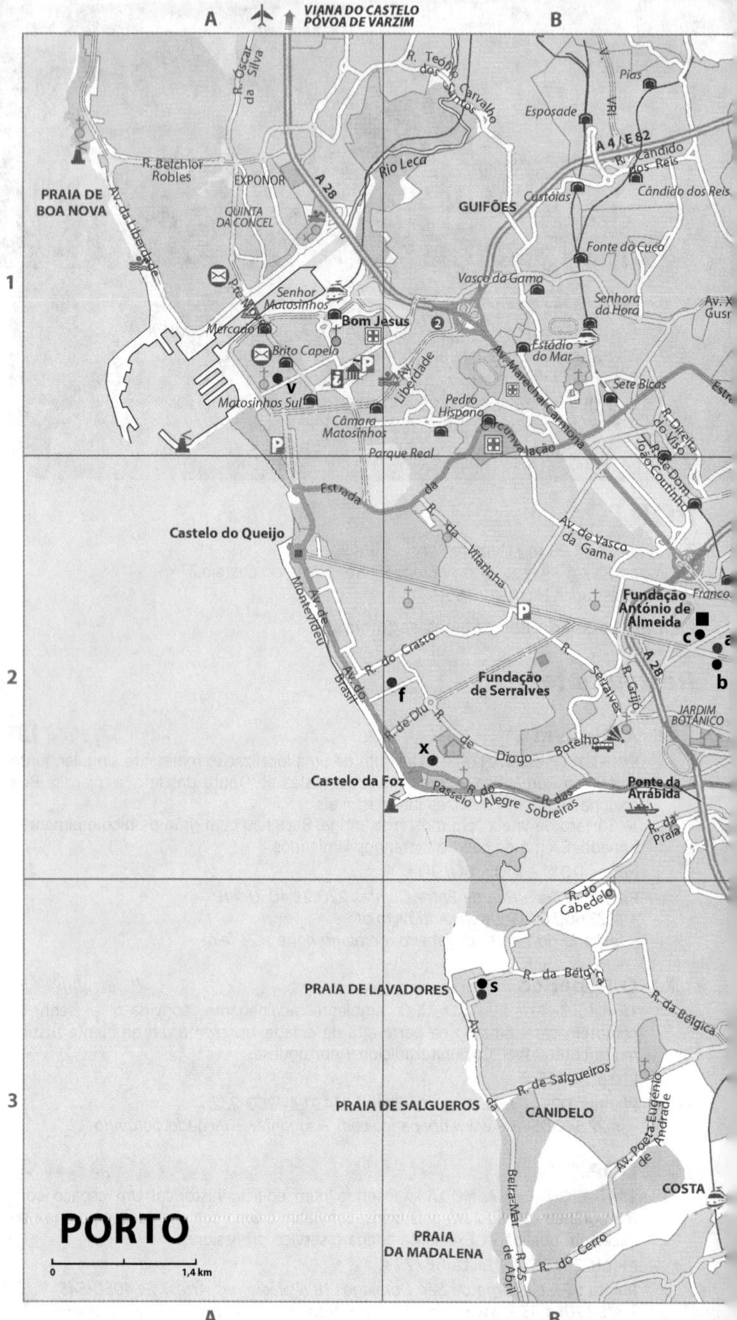

VIANA DO CASTELO
PÓVOA DE VARZIM
A
B
PRAIA DE BOA NOVA
R. Belchior Robles
EXPONOR
QUINTA DA CONCEL
Av. da Liberdade
R. Óscar da Silva
A 28
Rio Leça
R. Teófilo Carvalho dos Santos
Esposade
Pias
A 4 / E 82
R. Cândido dos Reis
Cândido dos Reis
Custóias
GUIFÕES
Fonte do Cuco
Vasco da Gama
Senhora da Hora
Senhor Matosinhos
Mercado
Bom Jesus
Brito Capelo
Matosinhos Sul
Câmara Matosinhos
Av. Liberdade
Pedro Hispano
Estádio do Mar
Av. Marechal Carmona
Sete Bicas
Circunvalação
Parque Real
R. Direita do Viso
R. de Dom João Coutinho
Estrada da Circunvalação
Castelo do Queijo
R. da Vilarinha
Av. de Vasco da Gama
Av. de Montevideu
Fundação António de Almeida
A 28
R. do Crasto
Av. do Brasil
Fundação de Serralves
R. Serralves
R. Grijó
JARDIM BOTÂNICO
R. de Diu
R. de Diogo Botelho
Castelo da Foz
Passeio Alegre
R. do Passeio Alegre
R. das Sobreiras
Ponte da Arrábida
R. da Praia
R. do Cabedelo
PRAIA DE LAVADORES
R. da Bélgica
R. de Salgueiros
PRAIA DE SALGUEROS
CANIDELO
Av. Poeta Eugénio de Andrade
Av. da Beira-Mar
COSTA
PRAIA DA MADALENA
R. do Cerro
R. 25 de Abril
PORTO
0
1,4 km
1
2
3

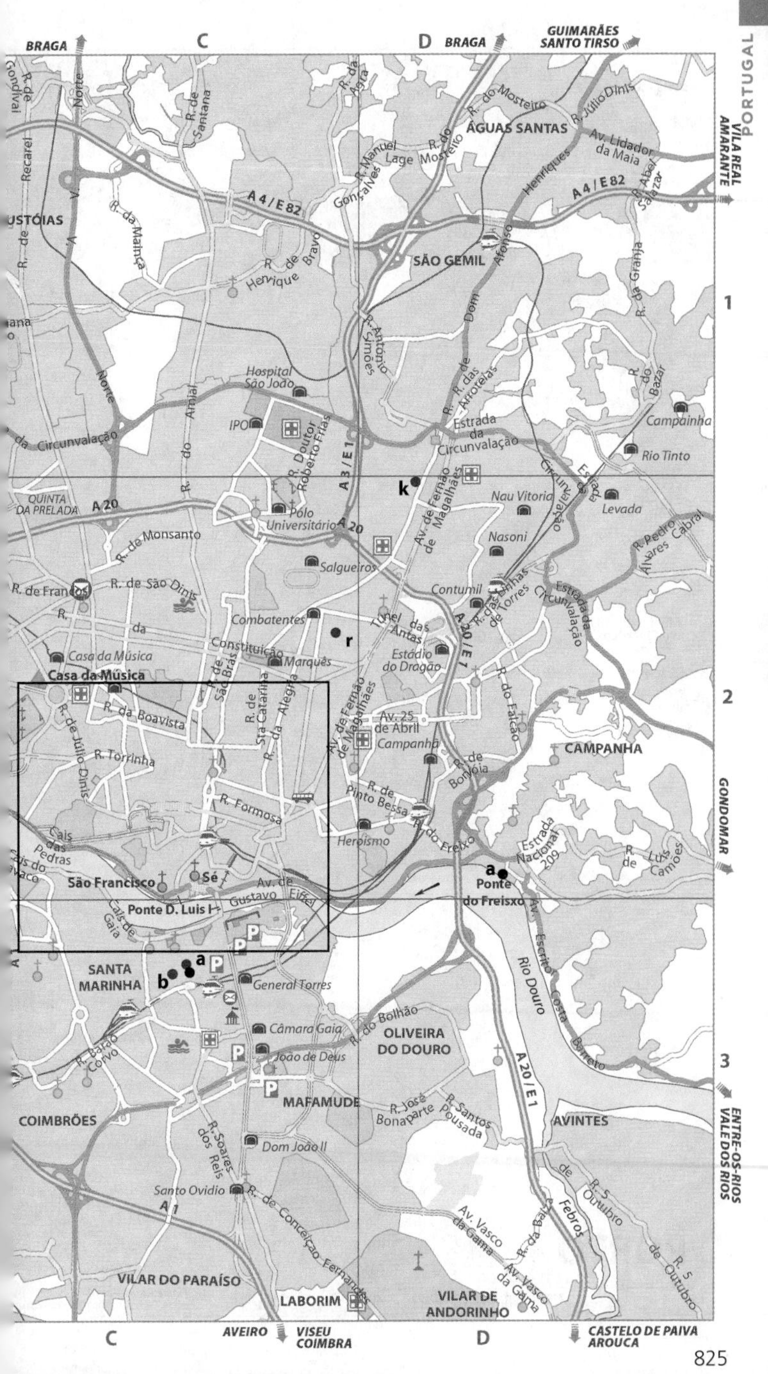
BRAGA
C
D
BRAGA
GUIMARÃES
SANTO TIRSO
VILA REAL
AMARANTE
GONDOMAR
ENTRE-OS-RIOS
VALE DOS RIOS
AVEIRO
VISEU
COIMBRA
CASTELO DE PAIVA
AROUCA
1
2
3
ÁGUAS SANTAS
SÃO GEMIL
A 4 / E 82
A 3 / E 1
A 20
A 20 / E 1
A 1
Hospital São João
IPO
Polo Universitário
Salgueiros
Combatentes
Marquês
Casa da Música
Estádio do Dragão
Campanhã
Heroísmo
Contumil
Nau Vitoria
Nasoni
Levada
Campainha
Rio Tinto
General Torres
Câmara Gaia
João de Deus
Dom João II
Santo Ovídio
CAMPANHA
SANTA MARINHA
OLIVEIRA DO DOURO
MAFAMUDE
COIMBRÕES
AVINTES
VILAR DO PARAÍSO
LABORIM
VILAR DE ANDORINHO
QUINTA DA PRELADA
São Francisco
Sé
Ponte D. Luís I
Ponte do Freixo
Rio Douro
Estrada da Circunvalação
Av. de Fernão de Magalhães
Av. 25 de Abril
R. de Pinto Bessa
R. do Freixo
R. Formosa
R. da Boavista
R. Torrinha
R. de Júlio Dinis
R. de Monsanto
R. de São Dinis
R. da Constituição
R. de Sá da Bandeira
R. de Sta Catarina
R. da Alegria
Túnel das Antas
R. do Falcão
R. de Bonjóia
Cais das Pedras
Cais de Gaia
Av. de Gustavo Eiffel
Estrada Nacional 209
R. de Luís de Camões
Av. Escritor Costa Barreto
R. do Bolhão
R. José Bonaparte
R. Santos Pousada
R. Soares dos Reis
R. de Conceição Fernandes
Av. Vasco da Gama
R. da Balsa
R. 5 de Outubro
Febros
R. Barão do Corvo
R. de Santana
R. da Asta
R. do Mosteiro
R. Júlio Dinis
Av. Lidador da Maia
R. Abel Salazar
R. Manuel Gonçalves Lage
R. do Mosteiro
Dom Afonso Henriques
R. da Granja
R. do Bazar
R. das Arroteias
R. António Simões
R. Doutor Roberto Frias
R. de Henrique Bravo
R. da Mainça
R. do Amial
R. de Recarei
R. de Gondivai
Via Norte
da Circunvalação
R. de Francos
R. das Linhas de Torres
Estrada da Circunvalação
Estrada
k
r
a
b
a
P

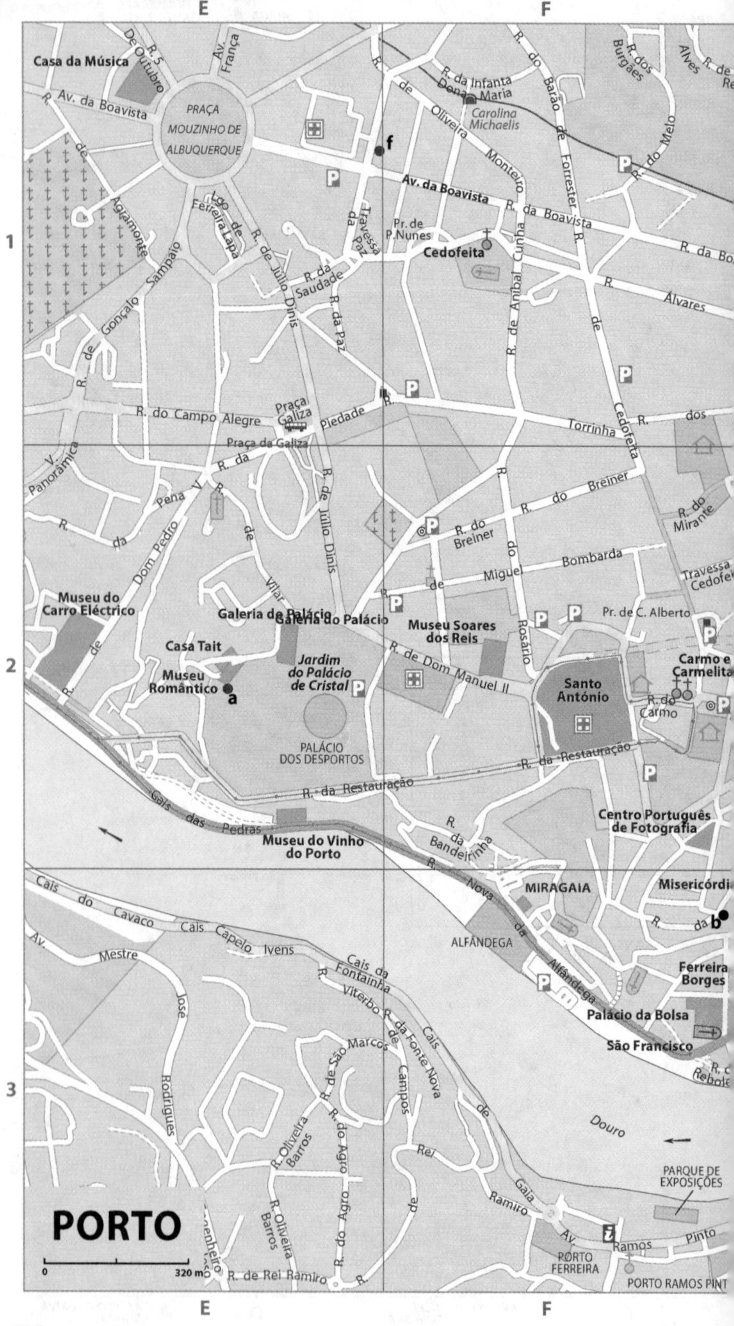
PORTO
Casa da Música
Praça Mouzinho de Albuquerque
Av. da Boavista
Cedofeita
Carolina Michaelis
Praça Galiza
Praça da Galiza
R. do Campo Alegre
R. de Júlio Dinis
R. de Cedofeita
R. de Dom Manuel II
R. da Restauração
Museu do Carro Eléctrico
Galeria do Palácio
Casa Tait
Museu Romântico
Jardim do Palácio de Cristal
Palácio dos Desportos
Museu Soares dos Reis
Santo António
Pr. de C. Alberto
Carmo e Carmelitas
Centro Português de Fotografia
Museu do Vinho do Porto
Cais das Pedras
MIRAGAIA
Alfândega
Misericórdia
Ferreira Borges
Palácio da Bolsa
São Francisco
Douro
Parque de Exposições
Porto Ferreira
Porto Ramos Pinto
0
320 m

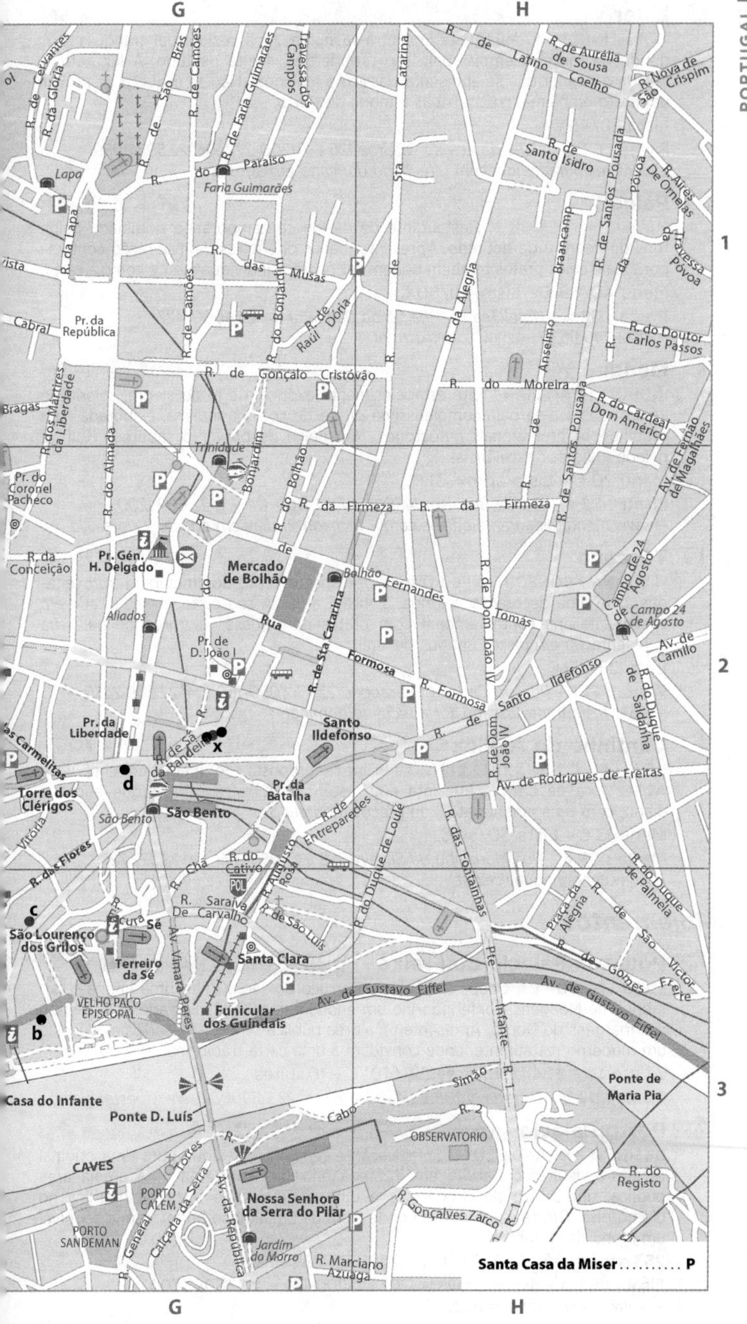
G
H
1
2
3
Pr. da República
Lapa
Faria Guimarães
R. das Musas
R. de Gonçalo Cristóvão
Trindade
R. da Firmeza
Pr. Gén. H. Delgado
Mercado de Bolhão
Bolhão
R. de Fernandes Tomás
Aliados
Rua Formosa
R. de Sta Catarina
Pr. de D. João I
Pr. da Liberdade
Santo Ildefonso
R. de Santo Ildefonso
Torre dos Clérigos
São Bento
Pr. da Batalha
R. das Flores
São Lourenço dos Grilos
Sé
Terreiro da Sé
Santa Clara
Funicular dos Guindais
VELHO PAÇO EPISCOPAL
Casa do Infante
Ponte D. Luís
CAVES
PORTO CALEM
PORTO SANDEMAN
Nossa Senhora da Serra do Pilar
Jardim do Morro
OBSERVATÓRIO
Ponte de Maria Pia
Av. de Gustavo Eiffel
R. das Fontainhas
R. de Dom João IV
Campo 24 de Agosto
Av. de Rodrigues de Freitas
Santa Casa da Miser .... P

Lider

TRADICIONAL • FAMILIAR XX Encontra-se numa zona residencial tranquila e é gerido de forma exemplar pelo seu proprietário, ciente de tudo. A luz natural inunda o interior que se apresenta clássico e funcional. Não se esqueça de provar um prato emblemático, as Tripas à moda do Porto.

Lista 28/49 €

Planta : C2-r - *Alameda Eça de Queiroz 126 ✉ 4200-272 - ✆ 22 502 0089 - www.restaurantelider.com - fechado domingo em agosto*

Palco

MODERNA • DESIGN XX Restaurante de design contemporâneo dominado pelos tons de negro e de dourado. Apresenta menus diferentes de inspiração contemporânea e cujos pratos também podem ser pedidos individualmente como à carta.

Menu 40/69 € - Lista 40/60 €

Planta : G2-x - *Hotel Teatro, Rua Sá da Bandeira 84 ✉ 4000-427 - ✆ 22 040 9620 - www.hotelteatro.pt*

Mendi

INDIANA • FAMILIAR X Este estabelecimento exótico, de estilo alegre, colorido e juvenil, destaca-se pela completíssima oferta de cozinha indiana, elaborada com orgulho por profissionais autóctones. Não deixe de provar o saboroso Kulfi, o gelado índio por excelência!

Menu 20 € - Lista aprox. 31 €

Planta : B2-a - *Av. da Boavista 1430 loja 1 ✉ 4100-114 - ✆ 22 609 1200 - www.mendirestauranteindiano.com - fechado 21 dias em agosto e domingo*

Toscano

ITALIANA • CONFORTÁVEL X Dispõe de espaços reduzidos mas bem aproveitados, com uma decoração colorida, alegre e atual. A sua carta, especializada em cozinha italiana conta também com pratos portugueses. Surpreende pela sua apresentação em discos antigos de vinil.

Lista 25/40 €

Planta : E1-f - *Rua Dr. Carlos Cal Brandão 22 ✉ 4050-160 - ✆ 22 609 2430 - www.restaurantetoscano.net - fechado domingo*

Cantinho do Avillez N

COZINHA DO MUNDO • BISTRÔ X Primeira proposta do mediático chef José Avillez fora de Lisboa. Presenta uma estética de bistrô urbano que enche a diário, com uma ementa atual de preços moderados.

Menu 13 € - Lista 30/58 €

Planta : G3-c - *Rua Mouzinho da Silveira 166 ✉ 4050-416 - ✆ 22 322 7879 - www.cantinhodoavillez.pt*

Alojamentos

Pousada Palacio do Freixo

LUXO • HISTÓRICA Ocupa um Palácio Barroco do séc. XVIII e uma antiga fábrica de Moagens, conferindo-lhe um enquadramento privilegiado com terraço nas margens do Douro. Apresenta uma área pública senhorial, quartos clássicos e um moderno restaurante, onde convidam a uma carta tradicional.

77 qto - †244/387 € ††258/401 € - 10 suites

Planta : D2-a - *Estrada N-108 ✉ 4300-416 - ✆ 22 531 1000 - www.pestana.com*

Porto Palácio

BUSINESS • GRANDE LUXO Sofisticação e requinte, destaque para uma original escultura de Pedro Cabrita em frente à entrada. Apresenta uma ampla área pública, um centro de congressos e uma deslumbrante vista panorâmica no ultimo piso. Oferta gastronómica onde além de um almoço buffet, tem disponível um menu de jantar.

233 qto - †120/289 € ††130/289 € - 18 suites

Planta : B2-b - *Av. da Boavista 1269 ✉ 4100-130 - ✆ 22 608 6600 - www.hotelportopalacio.com*

Sheraton Porto

CADEIA HOTELEIRA • FUNCIONAL Um grande hotel, em todos os sentidos, amplo e moderno. Conta com espaços surpreendentes pela sua luminosidade e um enorme hall que engloba as zonas de convívio. O seu restaurante moderno combina o serviço buffet com uma cave envidraçada reservada para o serviço a la carte de refeições combinadas.

249 qto – †110/285 € ††125/285 € – ☕18 € – 17 suites

Planta : B2-c – *Rua de Tenente Valadim 146 ✉ 4100-476 – ✆ 22 040 4000 – www.sheratonporto.com*

InterContinental Porto-Palacio das Cardosas

LUXO • CLÁSSICA A impressionante fachada do s. XVIII da passo a um edificio que, no seu día, serviu como convento. Tem uma luxuosa zona nobre, com lojas de joias, e confortáveis quartos, alguns tipo duplex. O restaurante combina uma ementa atual e a opção de menus.

105 qto – ††180/300 € – ☕22 €

Planta : G2-d – *Praça da Liberdade 25 ✉ 4000-322 – ✆ 22 003 5600 – www.intercontinental.com*

Teatro

TOWNHOUSE • DESIGN Muito original pois recria um ambiente boémio e teatral! Trata-se dum edifício de nova construção que se ergue no mesmo lugar onde noutros tempos havia um teatro.

74 qto ☕ – †110/190 € ††120/200 €

Planta : G2-x – *Rua Sá da Bandeira 84 ✉ 4000-427 – ✆ 22 040 9620 – www.hotelteatro.pt*

Palco – ver selecção restaurantes

Carrís Porto Ribeira

LUXO • MODERNA Encontra-se na parte antiga da cidade e ocupa cinco casas que, depois de serem corretamente remodeladas, foram interligadas por passadiços de aço e vidro. Acolhedora área social de estilo rústico-atual e quartos de estilo moderno. A sua sala de jantar propõe uma cozinha fiel ao receituário tradicional português.

90 qto ☕ – †85/150 € ††95/250 €

Planta : G3-b – *Rua do Infante D. Henrique 1 ✉ 4050-296 – ✆ 22 096 5786 – www.carrishoteles.com*

A.S. 1829 (N)

TOWNHOUSE • PERSONALIZADA Muito céntrico e está cheio de historia, pois tanto o seu nome como a sua decoração fazem referência à antiga papelaria tipografia familiar e ao ano da sua fundação (Araújo & Sobrinho, 1829). Quartos de linha clássico-atual e correto restaurante.

41 qto ☕ – ††99/255 €

Planta : E-F3-b – *Largo de São Domingos 45 ✉ 4050-545 – ✆ 22 340 2740 – www.as1829hotel.pt*

na Foz do Douro – Mapa regional nº **6**-A2

✿ Pedro Lemos

MODERNA • NA MODA XX Inserido numa casa em granito bem recuperada, no coração da foz do Douro, cuidado interior com uma decoração sóbria e elegante e uma simpática esplanada no terraço. Aposta na alta cozinha, tem um menu de degustação e cujos pratos podem ser pedidos individualmente como à carta.

➜ Peixe do dia, moluscos, bivalves, molho de caldeirada. Vaca, cantarelos, creme de batata, aipo. Banana, alfazema, pérolas de sagu, vinho Madeira.

Menu 80/120 € – Lista 80/100 €

Planta : B2-x – *Rua do Padre Luis Cabral 974 ✉ 4150-459 Foz do Douro – ✆ 22 011 5986 – www.pedrolemos.net – fechado do 10 ao 23 de janeiro, domingo e 2ª feira*

Cafeína

COCINA TRADICIONAL • ÍNTIMA XX A particular fachada de azulejos conduz-nos a um espaço dividido em duas salas de sofisticado ambiente contemporâneo, uma representando uma biblioteca. Há sofisticação na cozinha tradicional portuguesa e internacional.

Menu 16/45 € – Lista 31/37 €

Planta : B2-f – *Rua do Padrão 100 ✉ 4150-557 Foz do Douro – ☎ 22 610 8059 – www.cafeina.pt*

Terra

INTERNACIONAL • DESIGN XX Fachada surpreendente e muito particular, à entrada um sushi-bar e uma sala de decoração sóbria e confortável. Cozinha japonesa, tradicional e internacional, com pratos italianos.

Menu 16/45 € – Lista 29/35 €

Planta : B2-f – *Rua do Padrão 103 ✉ 4150-559 Foz do Douro – ☎ 22 617 7339 – www.restauranteterra.com*

em Matosinhos

Esplanada Marisqueira Antiga

PEIXES E FRUTOS DO MAR • ELEGANTE XX Casa avaliada por... mais de meio século de história! Apresenta um sugerente expositor e uma boa ementa marinheira com sugestões diarias, mariscos, arrozes e peixes selvagens.

Lista 38/80 €

Planta : A1-v – *Rua Roberto Ivens 628 ✉ 4450-249 Matosinhos – ☎ 22 938 0660 – www.esplanadamarisqueira.com*

Os Lusiadas

PEIXES E FRUTOS DO MAR • QUADRO CONTEMPORÂNEO XX Toma o seu nome da famosa epopeia escrita por Camões e, sem dúvida, irá surpreender, tanto pelo seu magnífico expositor de peixes e mariscos como por ter os seus próprios viveiros.

Lista 40/55 €

Planta : A1-v – *Rua Tomás Ribeiro 257 ✉ 4450-297 Matosinhos – ☎ 22 937 8242 – www.restaurantelusiadas.com – fechado domingo*

PÓVOA DE LANHOSO

Braga – 5 052 h. – Mapa regional n° **6**-A2

Lisboa 383 km – Braga 18 km – Porto 74 km – Viana do Castelo 80 km

Mapa das estradas Michelin n° 591-H5

em Calvos Nordeste : 3 km

Maria da Fonte

CASA DE CAMPO • FUNCIONAL Vários edifícios em pedra, típicos da região, formam este conjunto localizado num ambiente rural com bonitos exteriores e áreas sociais aconchegantes. Os quartos são funcionais, no entanto destacam-se os que têm paredes de pedra. O restaurante luminoso oferece uma cozinha tradicional.

31 qto – †42/55 € ††68/90 €

Rua da Escola ✉ 4830-065 Calvos – ☎ 253 639 600 – www.mariadafonte.com

PÓVOA DE VARZIM

Porto – 28 420 h. – Mapa regional n° **6**-A2

Lisboa 348 km – Braga 40 km – Porto 31 km

Mapa das estradas Michelin n° 591-H3

pela estrada N 13

O Marinheiro

PEIXES E FRUTOS DO MAR XX Um barco encalhado em terra firme alberga este original restaurante disposto em dois andares e com um atractivo ambiente marinheiro. A sua especialidade são os produtos do mar.

Lista 27/40 €

A Ver-o-Mar, Norte : 2 km ✉ 4490-091 A Ver-o-Mar - ✆ 252 682 151 - www.grupojgomes.com

PRAIA DA BARRA Aveiro → Ver Aveiro

PRAIA DA GALÉ Faro → Ver Albufeira

PRAIA DA LUZ Faro → Ver Lagos

PRAIA DA ROCHA Faro → Ver Portimão

PRAIA DE SÃO TORPES Setúbal → Ver Sines

PRAIA DO CANAVIAL Faro → Ver Lagos

PRAIA DO CARVOEIRO Faro → Ver Lagoa

PRAIA DO GUINCHO Lisboa → Ver Cascais

PRAIA DO MARTINHAL Faro → Ver Sagres

PRAIA GRANDE Lisboa → Ver Colares

QUARTEIRA

Faro - 21 798 h. - Mapa regional nº **2**-B2

Lisboa 272 km - Albufeira 25 km - Beja 141 km - Faro 23 km

Mapa das estradas Michelin nº 593-U5

em Vilamoura

Willie's (Wilhelm Wurger)

INTERNACIONAL • QUADRO CLÁSSICO XX Localizado numa zona de turismo de férias muito vocacionada ao golfe! Na sua sala, acolhedora, íntima e de linha clássica, poderá degustar uma cozinha internacional com esmeradas apresentações. O chef-proprietário sempre está atento aos detalhes.

→ Ravioli de mar com molho de vermute. Carré de borrego em molho de tomilho. Crêpe com morangos e gelado de canela.

Lista 58/73 €

Rua do Brasil 2, Área do Pinhal Golf Course - Noroeste : 6 km ✉ 8125-479 Vilamoura - ✆ 289 380 849 - www.willies-restaurante.com - só jantar - fechado dezembro-5 fevereiro e 4ª feira

Emo

MODERNA • NA MODA XXX Integrado no último piso do hotel, é um espaço moderno, com vista panorâmica sobre os campos de golfe. Carta mediterrânica com pratos contemporâneos e diferentes menus de degustação.

Menu 59 € - Lista 42/71 €

Hotel Tivoli Victoria, Av. dos Descobrimentos, Victoria Gardens, Noroeste : 7 km ✉ 8125-309 Vilamoura - ✆ 289 317 000 - www.tivolivictoria.com - só jantar - fechado 2ª feira

Hilton Vilamoura As Cascatas

CADEIA HOTELEIRA • COMTEMPORÂNEA Encontra-se numa zona residencial e próximo de um campo de golfe, pelo que a maior parte dos seus clientes são adeptos deste desporto. Destaca-se tanto pelo nível dos seus quartos como pelo seu SPA, o maior de Portugal. Uma escolha interessante para levar a família!

176 qto - 130/450 €

Rua da Torre D'Agua Lote 4.11.1B ✉ 8125-615 Vilamoura
- ✆ 289 304 000 - www.hiltonvilamouraresort.com

Tivoli Victoria

CADEIA HOTELEIRA • COMTEMPORÂNEA Hotel de grande dimensão situado junto à paisagem verdejante de um campo de golfe. O magnífico e espaçoso hall de entrada compreende um bar. SPA de luxo com serviço de origem tailandês e quartos de estilo contemporâneo, todos com varanda privada. Excelente oferta gastronómica de cariz tradicional e internacional.

263 qto - 250/640 € 290/700 € - 17 suites

Av. dos Descobrimentos, Victoria Gardens, Noroeste : 7 km
✉ 8125-309 Vilamoura
- ✆ 289 317 000 - www.tivolihotels.com

Emo - ver selecção restaurantes

The Lake Resort

CADEIA HOTELEIRA • COMTEMPORÂNEA Grande construção clássica dotada de quartos amplos, luminosos e modernos. Surpreende pelos seus exteriores, com um pequeno lago, areia artificial na piscina e tem até um caminho privado para a praia. Da sua oferta culinária, destaca-se o restaurante Fusion, de tendência asiática-mediterrânea.

183 qto - 129/494 € - 9 suites

Av. do Cerro da Vila - Praia da Falésia, Oeste : 4,5 km ✉ 8126-910 Vilamoura
- ✆ 289 320 700 - www.thelakeresort.com
- fechado dezembro-janeiro

QUATRO ÁGUAS Faro

→ Ver Tavira

QUELUZ

Lisboa - 26 248 h. - Alt. 125 m - Mapa regional n° **4**-B3
Lisboa 15 km - Sintra 15 km
Mapa das estradas Michelin n° 592-P2

Cozinha Velha

TRADICIONAL • ELEGANTE XXX Situado numa das antigas cozinhas do Palácio Nacional, conserva a estrutura original, dominada por uma enorme lareira central. As suas amplas instalações sugerem uma carta tradicional portuguesa com vários pratos internacionais.

Menu 33 € - Lista 30/40 €

Hotel Pousada de D. Maria I, Largo do Palácio ✉ 2745-191
- ✆ 21 435 6158 - www.pousadas.pt

Pousada de D. Maria I

PALACE • CONFORTÁVEL Este magnífico palacete, de fachada clássica, faz parte de um interessante conjunto histórico. Tem um interior elegante decorado ao estilo da rainha Maria I e quartos espaçosos, todos com mobiliário de grande qualidade.

24 qto - 100/135 € 110/145 € - 2 suites

Largo do Palácio ✉ 2745-191
- ✆ 21 435 6158 - www.pousadas.pt

Cozinha Velha - ver selecção restaurantes

em Tercena Oeste : 4 km - Mapa regional nº **4**-B3

O Parreirinha

TRADICIONAL • QUADRO REGIONAL Não se deixe enganar pela fachada simples, pois escondido trás ela encontrará um restaurante bem liderado e com ainda melhor atendimento. Conta com varias salas de ar regional, em destaque a sala do fundo por ter lareira. Cozinha tradicional de doses generosas.

Lista 19/33 €

Av. Santo António 41 ✉ 2730-046 Barcarena - ☎ 21 437 9311 - www.oparreirinha.com - fechado sábado meio-dia e domingo

QUINTA DA MARINHA Lisboa → Ver Cascais

QUINTA DO LAGO Faro → Ver Almancil

REDONDELO

Vila Real - 527 h. - Mapa regional nº **6**-B2
Lisboa 454 km - Vila Real 62 km - Braga 119 km - Bragança 110 km
Mapa das estradas Michelin nº 591-G7

Casas Novas

EDIFÍCIO HISTÓRICO • CONFORTÁVEL Imponente casa senhorial do século XVIII que ainda conserva entre as suas pedras os pormenores característicos da arquitetura barroca. Reparte os quartos entre o edifício original e um anexo mais moderno, todos eles com amplos terraços com vistas para as montanhas. O seu restaurante elabora uma cozinha tradicional.

27 qto - †55/100 € ††65/110 €

Rua Visconde do Rosário 1, Casas Novas ✉ 5400-727 - ☎ 276 300 050 - www.hotelruralcasasnovas.com

REDONDO

Évora - 5 733 h. - Alt. 306 m - Mapa regional nº **1**-C2
Lisboa 179 km - Badajoz 69 km - Estremoz 27 km - Évora 34 km
Mapa das estradas Michelin nº 593-Q7

O Barro

ALENTEJANA • ÍNTIMA Simpático, íntimo e com pormenores. Está dotado com uma pequena sala à entrada e outra mais confortável na mezzanine, de ambiente cálido rústico-regional. Cozinha tradicional portuguesa e alentejana, simples mas de doses generosas.

Lista 20/41 €

Rua D. Arnilda e Eliezer Kamenezky 44 ✉ 7170-062 - ☎ 266 909 899 - www.restauranteobarro.com - fechado do 11 ao 25 de janeiro, do 11 ao 21 de maio, do 17 ao 24 de agosto, domingo noite e 2ª feira

em Aldeia da Serra - Mapa regional nº **1**-C2

Água d'Alte

CASA DE CAMPO • PERSONALIZADA Conjunto de construção actual, em forma de quinta, de localização puramente campestre. Possui uma sala de convívio rústica e quartos acolhedores, todos de traçado clássico-actual. Salão biblioteca muito agradável, com cozinha aberta e lareira.

8 qto - ††125/180 €

Aldeia da Serra 14 ✉ 7170-120 Redondo - ☎ 266 989 170 - www.aguadalte.com - fechado do 16 ao 30 de novembro e do 3 ao 16 de janeiro

REGUENGOS DE MONSARAZ

Évora - 7 261 h. - Mapa regional nº **1**-C2
Lisboa 169 km - Badajoz 94 km - Beja 85 km - Évora 39 km
Mapa das estradas Michelin nº 593-Q7

ao Sudeste 6 km

Herdade do Esporão

MODERNA • CONFORTÁVEL XX Surpreende, pois apostam por uma cozinha moderna e criativa em pleno campo, numa quinta-adega rodeada de vinhedos. Sala de jantar de línha atual e proposta baseada em varios menús.

Menu 40/70 € - só menu

7200-999 Reguengos de Monsaraz - 266 509 280 - www.esporao.com - só almoço - fechado do 14 ao 28 de novembro e 2ª feira de novembro-março

SAGRES

Faro - 1 909 h. - Mapa regional nº **2**-A2

Lisboa 330 km - Beja 199 km - Faro 119 km - Lagos 33 km

Mapa das estradas Michelin nº 593-U3

na Praia do Martinhal Noreste : 3,5 km

Martinhal

TRADICIONAL • COMTEMPORÂNEA Faz parte de um grande complexo rodeado de vilas e pequenos apartamentos, sendo que para o aluguer destes últimos é obrigatório estar um mínimo de dias. Encontrará quartos com um grande nível, todos com mobiliário de design, numerosos serviços e vários restaurantes, estando o gastronómico no edifício principal.

37 qto - †185/425 € ††222/510 €

Vila de Sagres 8650-908 Sagres - 282 240 200 - www.martinhal.com

SALREU

Aveiro - 3 815 h. - Alt. 50 m - Mapa regional nº **3**-A1

Lisboa 267 km - Aveiro 20 km - Porto 57 km - Viseu 79 km

Mapa das estradas Michelin nº 591-J4

Casa Matos

REGIONAL • ÍNTIMA X Casa familiar com um bar à entrada, onde oferecem "petiscos" e uma confortável sala dividida em duas alturas. Cozinha tradicional com inspiração regional.

Lista 25/35 €

Rua Padre Antonio Almeida 7-A 3865-282 - 963 111 367 - fechado domingo

SANTA LUZIA Viana do Castelo

→ Ver Viana do Castelo

SANTA LUZIA

Faro - 1 455 h. - Mapa regional nº **2**-C2

Lisboa 305 km - Faro 30 km - Beja 147 km - Vila Real de Santo António 27 km

Mapa das estradas Michelin nº 593-U7

Casa do Polvo Tasquinha

REGIONAL • QUADRO MEDITERRÂNEO X Esta aldeia marinheira é conhecida em todo o pais como "A Capital do Polvo", um dado fundamental para entender o amor gastronómico que aqui, em frente à Ria Formosa, sentem pelo popular polvo. Cozinha e ambiente marinheiro.

Lista 25/34 €

Av. Eng. Duarte Pacheco 8 8800-545 - 281 328 527 - www.casadopolvo.pt - fechado 3ª feira salvo julho-agosto

SANTA MARTA DE PORTUZELO Viana do Castelo

→ Ver Viana do Castelo

SANTARÉM

31 746 h. - Alt. 103 m - Mapa regional nº **4**-A2

Lisboa 83 km - Leiria 77 km - Portalegre 163 km - Évora 123 km

Mapa das estradas Michelin nº 592-O3

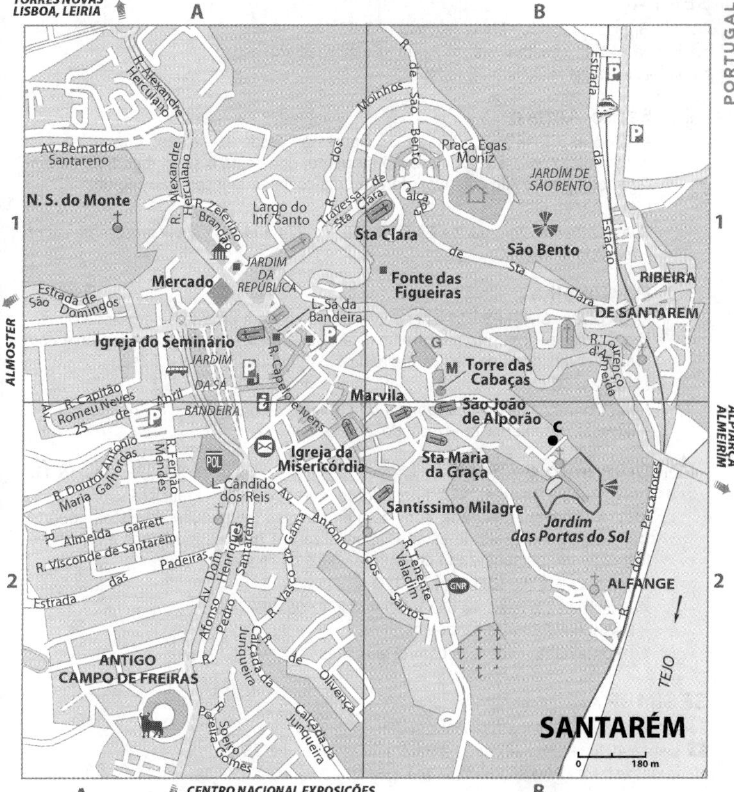

Casa da Alcáçova

EDIFÍCIO HISTÓRICO · CLÁSSICA Esta casa senhorial do século XVII oferece algumas ruínas romanas, uma muralha antiga, uma vista maravilhosa para o rio Tejo, uma sala de estar elegante e quartos de estilo clássico.

8 qto ☕ - 🚹105/165 € 🚹🚹115/175 €

Planta : B2-c - *Largo da Alcáçova 3 ✉ 2000-110 - ✆ 243 304 030 - www.alcacova.com*

SANTIAGO DO ESCOURAL

Évora - Mapa regional n° **1**-B2

▶ Lisboa 117 km - Évora 28 km - Setúbal 85 km - Beja 86 km

Mapa das estradas Michelin n° 593-Q5

Manuel Azinheirinha

ALENTEJANA · FAMILIAR Gerido de forma eficaz pelo casal proprietário, presentes na sala e cozinha. Apesar da sua modéstia, destaca-se pelo seu excelente nível gastronómico, com uma pequena carta de especialidades alentejanas e pratos tradicionais portugueses.

Menu 20/35 € - Lista 22/33 €

Rua Dr. Magalhães de Lima 81 ✉ 7050-556 - ✆ 266 857 504 - fechado 2ª feira noite e 3ª feira

SERTÃ

Castelo Branco - 6 196 h. - Mapa regional nº **3**-B3
Lisboa 248 km - Castelo Branco 72 km - Coimbra 86 km
Mapa das estradas Michelin nº 592-M5

Santo Amaro

REGIONAL • QUADRO CLÁSSICO X Sobressai desde o exterior com uma sala panorâmica com vista, de desenho moderno, onde está o snack-bar. Sala de jantar sóbria e de estilo clássico, oferece uma cozinha de inspiração regional.

Lista 22/35 €

Rua Bombeiros Voluntários ✉ 6100-756 - ✆ 274 604 115 - www.santosemarcal.pt - fechado 4ª feira

Pontevelha

REGIONAL • SIMPLES X Independente do hotel! Com uma sala de grande dimensão circular panorâmica, com magnifica vista, apresenta uma carta regional com grande diversidade de carnes grelhadas.

Lista 23/36 €

Hotel Convento da Sertã, Alameda da Carvalha ✉ 6100-730 - ✆ 274 600 160 - www.santosemarcal.pt - fechado 2ª feira

Convento da Sertã

HISTÓRICO • MINIMALISTA Enquadrado num Convento Franciscano do século XVII. A imponente fachada, convida a entrar para um pequeno claustro, coberto, transformado em sala de estar. Disponibiliza uns quartos modernos e minimalistas, cada um personalizado com um pássaro da região.

25 qto - 70/100 € 75/120 €

Alameda da Carvalha ✉ 6100-730 - ✆ 274 608 493 - www.conventodasertahotel.pt

Pontevelha - ver seleccão restaurantes

SESIMBRA

Setúbal - 23 894 h. - Mapa regional nº **1**-A2
Lisboa 40 km - Leiria 181 km - Santarém 119 km - Setúbal 28 km
Mapa das estradas Michelin nº 593-Q2

Ribamar

PEIXES E FRUTOS DO MAR • CONFORTÁVEL XX Dotado de uma sala principal em dois pisos com elegante decoração marítima, a cozinha deste restaurante é aberta com uma esplanada panorâmica de sonho. Peixe fresco acabado de chegar do mar, de excelente qualidade.

Menu 23/38 € - Lista 29/41 €

Av. dos Náufragos 29 ✉ 2970-637 - ✆ 21 223 4853 - www.ribamar.com.pt

SESMARIAS Faro → Ver Albufeira

SETÚBAL

90 640 h. - Mapa regional nº **1**-B2
Lisboa 50 km - Beja 144 km - Évora 100 km - Santarém 117 km
Mapa das estradas Michelin nº 593-Q3

Champanheria

TRADICIONAL • SIMPLES X O espaço simples apresenta uma cozinha tradicional com um cariz moderno, simples mas saborosa, com petiscos bem confeccionados e... cultivo de ostras próprias!

Lista 24/41 €

Planta : A2-a - *Av. Luisa Todi 414 ✉ 2900-455 - ✆ 936 450 475 - www.champanheria.com.pt - fechado janeiro, domingo noite e 2ª feira*

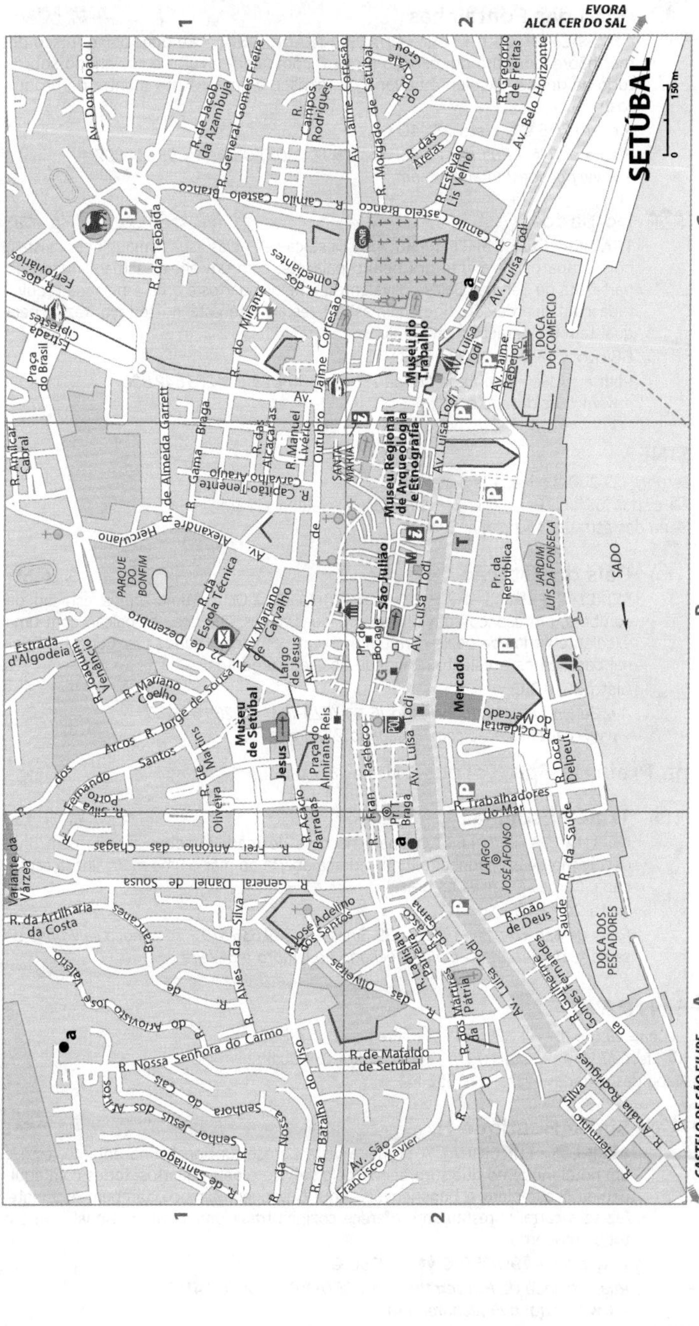

SETÚBAL

0 150 m

EVORA
ALCA CER DO SAL

CASTELO DE SÃO FILIPE
SERRA DA ARRÁBIDA

A B C

1 2

Museu de Setúbal
Jesus
Largo de Jesus
Praçado Almirante Reis
São Julião
Pr. do Bocage
Museu Regional de Arqueologia e Etnografia
Museu do Trabalho
Mercado
SANTA MARIA
PARQUE DO BONFIM
Praça do Brasil
Pr. T. Braga
Pr. da República
LARGO JOSÉ AFONSO
JARDIM LUÍS DA FONSECA
DOCA DOS PESCADORES
DOCA DO COMERCIO
SADO
GNR

Av. Luísa Todi
Av. 5 de Outubro
Av. Jaime Cortesão
Av. Alexandre Herculano
Av. 22 de Dezembro
Av. Mariano de Carvalho
Av. Dom João II
Av. Belo Horizonte
Av. Jaime Rebelo
Av. São Francisco Xavier
Estrada d'Algodeia
Estrada Ciprestes
Variante da Várzea
R. Amílcar Cabral
R. dos Ferroviários
R. da Tebaida
R. de Almeida Garrett
R. Gama Braga
R. da Escola Técnica
R. Capitão-Tenente Carvalho Araújo
R. das Alcaçarias
R. Manuel Livério
R. do Mirante
R. dos Comediantes
R. Camilo Castelo Branco
R. de Jacob da Azambuja
R. General Gomes Freire
R. Campos Rodrigues
R. Morgado de Setúbal
R. do Vale do Grou
R. das Areias
R. Estêvão Lis Velho
R. Gregório de Freitas
R. Joaquim Venâncio
R. Mariano Coelho
R. Jorge de Sousa
R. dos Arcos
R. Fernando Porto
R. Silva Porto
R. de Martins Oliveira
R. Frei António das Chagas
R. General Daniel de Sousa
R. Acácio Barradas
R. da Artilharia da Costa
R. de Brancanes
R. do Ariovisto José Valério
R. Alves da Silva
R. Nossa Senhora do Carmo
R. Senhor Jesus dos Aflitos
R. Senhora do Cais
R. de Santiago
R. da Nossa Senhora
R. da Batalha do Viso
R. José Adelino dos Santos
R. de Mafaldo de Setúbal
R. das Oliveiras
R. Ladislau Parreira
R. Vasco da Gama
R. dos Mártires da Pátria
R. Fran Pacheco
R. Trabalhadores do Mar
R. Ocidental do Mercado
R. Doca Delpeut
R. João de Deus
R. da Saúde
R. Guilherme Gomes Fernandes
R. Hermínio da Silva
R. Amália Rodrigues

PORTUGAL

Poço das Fontainhas

PEIXES E FRUTOS DO MAR • QUADRO TRADICIONAL Se quer peixe fresco do mar não encontrará um espaço melhor, com venda avulso e cozinhado sobretudo na grelha. Excelente aquário de marisco e uma vistosa montra de produtos.

Menu 13/15 € - Lista 25/40 €

Planta : C2-a - *Rua das Fontainhas 98 ✉ 29010-082 - ✆ 265 534 807 - www.pocodasfontainhas.com*

Do Sado

TRADICIONAL • COMTEMPORÂNEA Destaca-se pelas suas magníficas vistas, pois ocupa parcialmente um bonito palacete, com um anexo actual, situado na parte alta de Setúbal. Salas polivalentes, amplos quartos e uma esplanada requintada com guarda-sóis tipo "haimas". O restaurante está no terraço, razão pela qual tem um carácter panorâmico.

66 qto - †70/150 € ††80/180 €

Planta : A1-a - *Rua Irene Lisboa 1-3 ✉ 2900-028 - ✆ 265 542 800 - www.hoteldosado.com*

SINES

Setúbal - 13 200 h. - Mapa regional n° **1**-A3

Lisboa 163 km - Beja 123 km - Évora 173 km - Setúbal 130 km

Mapa das estradas Michelin n° 593-S3

Cais da Estação

PEIXES E FRUTOS DO MAR • CONFORTÁVEL Ocupa uma antiga estação de comboio, um espaço com telhado de duas águas. Oferece um balção com uma excelente vitrina de peixe com um ambiente clássico e duas salas. Carta tradicional baseada na excelente qualidade dos seus produtos.

Lista 25/40 €

Av. General Humberto Delgado 16 ✉ 7520-104 - ✆ 269 636 271 - www.caisdaestacao.com - fechado 2ª feira

na Praia de São Torpes Sudeste : 8,5 km

Trinca Espinhas

GRELHADOS • SIMPLES Ocupa uma casa de madeira sobre a praia com uma decoração de ar marinheiro, uma vidraça aberta ao mar e uma maravilhosa esplanada. Carnes e peixes na brasa!

Lista 20/27 €

Praia de São Torpes ✉ 7520-089 Sines - ✆ 269 636 379 - só almoço salvo fins de semana de dezembro-maio - fechado novembro e 5ª feira

SINTRA

Lisboa - 29 591 h. - Alt. 200 m - Mapa regional n° **4**-B3

Lisboa 33 km - Cascais 17 km - Leiria 157 km - Setúbal 72 km

Mapa das estradas Michelin n° 592-P1

Sintra Boutique H.

BUSINESS • FUNCIONAL À primeira vista parece funcional..., no entanto, este é um hotel moderno que surpreende pelo serviço e pelos quartos, todos com equipamento completo e bons lençóis. Aqui o pequeno-almoço, também excelente, faz-se à carta. O restaurante oferece cozinha tradicional e internacional com um toque moderno.

18 qto - †90/150 € ††120/180 €

Rua Visconde de Monserrate 48 ✉ 2710-591 - ✆ 21 924 4177 - www.sintraboutiquehotel.com

na estrada de Colares pela N 375

Tivoli Palácio de Seteais

EDIFÍCIO HISTÓRICO • GRANDE LUXO Magnífico palácio do século XVIII rodeado de jardins. Depois da sua elegante recepção encontrará várias salas de ar régio e excelentes quartos com mobiliário de época. O restaurante complementa-se com uma esplanada e um recinto semi-privado, este último numa preciosa sala oval.

30 qto - 160/310 € 160/340 €

Rua Barbosa do Bocage 8, Oeste : 1,5 km ✉ 2710-517 Sintra - ✆ 21 923 3200 - www.tivolihotels.com

na estrada da Lagoa Azul-Malveira por Av. do Conde Sucena : 7 km

Lab by Sergi Arola

CRIATIVA • TENDÊNCIA XXX Único, importa a estas terras, a alta gastronomia do afamado Chef espanhol. Cozinha aberta, impressionante adega envidraçada e gigante parede envidraçada que permite admirar o campo de golfe.

→ A bomba da Barceloneta. Molejas de vitela assadas em especiarias. Bergamota, morango e hibicos.

Menu 90/105 € - Lista 65/85 €

Hotel Penha Longa H. ✉ 2714-511 Sintra - ✆ 21 924 9011 - www.penhalonga.com - só jantar - fechado janeiro, fevereiro, domingo, 2ª feira e 3ª feira

Midori

JAPONESA • NA MODA XX Uma referência da gastronomia nipónica em Portugal, com uma estética actual e de design. Propõe uma carta japonesa que, trabalhando exclusivamente com o peixe dos Açores, é mais completa nos jantares que nos almoços.

Menu 30/105 € - Lista 44/51 €

Hotel Penha Longa H. ✉ 2714-511 Sintra - ✆ 21 924 9011 - www.penhalonga.com - só jantar - fechado domingo e 2ª feira

Penha Longa H.

GRANDE LUXO • HISTÓRICA Neste peculiar complexo, rodeado por um ambiente exclusivo, encontrará um palacete, monumentos do século XV e quartos muito confortáveis, todos elegantes e com varanda. Com vistas tanto para o campo de golfe como para o Parque Natural. Os seus restaurantes sugerem uma variada oferta culinária de carácter internacional.

177 qto - 250 € 350 € - 26 € - 17 suites

✉ 2714-511 Sintra - ✆ 21 924 9011 - www.penhalonga.com

Lab by Sergi Arola • **Midori** - ver selecção restaurantes

TAVIRA

Faro - 15 133 h. - Mapa regional nº **2**-C2

Lisboa 314 km - Faro 30 km - Huelva 72 km - Lagos 111 km

Mapa das estradas Michelin nº 593-U7

em Quatro Águas

Vila Galé Albacora

CADEIA HOTELEIRA • FUNCIONAL Localizado junto à ria, numa aldeia antiga de pescadores. Distribuído por vários edifícios baixos que rodeiam a piscina. Quartos alegres e funcionais, todos com varanda. O restaurante serve um buffet e uma pequena carta tradicional.

157 qto - 60/150 € 70/180 € - 6 suites

Sitio de Quatro Águas, Sul : 4 km ✉ 8800-901 Tavira - ✆ 281 380 800 - www.vilagale.com - fechado 16 novembro -4 fevereiro

TERCENA Lisboa → Ver Queluz

TERRUGEM

Portalegre - 1 251 h. - Mapa regional nº **1**-C2
Lisboa 192 km - Évora 67 km - Portalegre 59 km - Setúbal 162 km
Mapa das estradas Michelin nº 592-P7

A Bolota

TRADICIONAL • CONFORTÁVEL XX Um paraíso gastronómico na zona! Salas com um ambiente clássico regional e acolhedor. Apresenta uma cozinha tradicional portuguesa com pratos alentejanos e inovações na cozinha internacional. A qualidade-preço no menu de degustação é insuperável.

Menu 20/28 € - Lista 23/42 €

Rua Madre Teresa - Quinta das Janelas Verdes ✉ 7350-491 - ✆ 268 656 118 - fechado do 24 ao 30 de junho, do 1 ao 7 de agosto, 2ª feira e 3ª feira

TOMAR

Santarém - 18 206 h. - Alt. 75 m - Mapa regional nº **4**-B2
Lisboa 137 km - Santarém 68 km - Leiria 51 km - Coimbra 82 km
Mapa das estradas Michelin nº 592-N4

Dos Templários

TRADICIONAL • CLÁSSICA O seu nome é cúmplice da história local! Rodeado por majestosos jardins junto ao rio, com diversas salas de reuniões e quartos espaçosos, quase todos com varanda. O restaurante oferece tanto cozinha tradicional como de inspiração internacional.

167 qto - †68/120 € ††79/145 € - 10 suites

Largo Cândido dos Reis 1 ✉ 2304-326 - ✆ 249 310 100 - www.hoteldostemplarios.com

TONDA

Viseu - 984 h. - Alt. 330 m - Mapa regional nº **3**-B2
Lisboa 268 km - Viseu 30 km - Aveiro 90 km - Coimbra 65 km
Mapa das estradas Michelin nº 591-K5

3 Pipos

REGIONAL • RÚSTICA XX Esta casa familiar conta com um bar, uma loja gourmet e cinco salas de ambiente rústico-regional, todas com as paredes de granito e pormenores alusivos ao mundo do vinho. A sua ementa de cozinha caseira completa-se com pratos sugeridos.

Menu 17 € - Lista 25/31 €

Rua de Santo Amaro 966 ✉ 3460-479 - ✆ 232 816 851 - www.3pipos.pt - fechado 28 agosto-4 setembro

TORREIRA

Aveiro - 2 745 h. - Mapa regional nº **3**-A1
Lisboa 290 km - Aveiro 42 km - Porto 54 km
Mapa das estradas Michelin nº 591-J3

na estrada N 327 Sul : 5 km

Pousada da Ria

CADEIA HOTELEIRA • CLÁSSICA Esta confortável Pousada que, além de instalações muito aconchegantes, tem uma encantadora esplanada sobre as águas calmas da ria de Aveiro. A beleza dos arredores encontra seu eco em uma sala de refeição íntima e calma.

19 qto - †80/185 € ††90/195 € - 1 apartamento

Bico do Muranzel ✉ 3870-301 Torreira - ✆ 234 860 180 - www.pousadas.pt

TRÓIA

Setúbal - Mapa regional nº **1**-A2

Lisboa 137 km - Évora 147 km - Santarém 166 km - Setúbal 14 km

Mapa das estradas Michelin nº 593-Q3

Tróia Design H.

LUXO • COMTEMPORÂNEA O melhor é a sua localização na Península de Tróia... um Parque Natural com extensas praias! Encontrará umas instalações modernas e de grande nível, com um completo SPA, quartos tipo apartamento e, num anexo, tanto um casino como um grande centro de conferências. Entre os seus restaurantes destaca-se o B&G, com a cozinha à vista do cliente.

126 qto - 109/219 € - 79 suites

Marina de Tróia 7570-789 - 265 498 000 - www.troiadesignhotel.com - fechado 15 novembro-27 dezembro

UNHAIS DA SERRA

Castelo Branco - 1 398 h. - Mapa regional nº **3**-C2

Lisboa 288 km - Castelo Branco 66 km - Guarda 65 km - Viseu 148 km

Mapa das estradas Michelin nº 592-L7

H2otel

SPA E BEM ESTAR • CLÁSSICA Tranquilo, isolado e com um design fantástico. Oferece amplos espaços de convívio, quartos de traçado clássico-actual ao mais alto nível e um SPA-balneário bastante completo, muitos dos tratamentos são realizados com águas termais sulfurosas. O seu restaurante oferece os três serviços do dia.

84 qto - 80/220 € 120/270 € - 6 suites

av. das Termas 6201-909 - 275 970 020 - www.h2otel.com.pt

VALE DE AREIA Faro → Ver Ferragudo

VALE FORMOSO Faro → Ver Almancil

VALENÇA DO MINHO

Viana do Castelo - 3 430 h. - Alt. 72 m - Mapa regional nº **6**-A1

Lisboa 440 km - Braga 88 km - Porto 122 km - Viana do Castelo 52 km

Mapa das estradas Michelin nº 591-F4

dentro das Muralhas

Pousada de Valença - São Teotónio

CADEIA HOTELEIRA • RÚSTICA Esta pousada localizada num dos extremos da muralha dispõe de uma vista panorâmica privilegiada sobre as águas do Minho. Os quartos, totalmente equipados, oferecem um conforto clássico. O restaurante, que ocupa uma sala com grandes janelas e magníficas vistas, oferece uma cozinha fiel às receitas tradicionais de Portugal.

18 qto - 100/190 € 110/200 €

Baluarte do Socorro 4930-619 Valença do Minho - 251 800 260 - www.pousadavalenca.pt

VALHELHAS

Guarda - 396 h. - Mapa regional nº **03D**-C2

Lisboa 300 km - Castelo Branco 78 km - Guarda 23 km - Viseu 90 km

Mapa das estradas Michelin nº 591-K7

Vallecula

TRADICIONAL • RÚSTICA Negócio de organização familiar instalado numa antiga casa que surpreende pela sua rude fachada de pedra. Ambiente rústico e cozinha fiel às receitas tradicionais portuguesas.

Lista 20/30 €

Praça Dr. José de Castro 1 6300-235 - 275 487 123 - fechado setembro, domingo noite e 2ª feira

VIANA DO CASTELO

30 228 h. – Mapa regional n° **6**-A2
Lisboa 388 km – Braga 53 km – Ourense 154 km – Porto 74 km
Mapa das estradas Michelin n° 591-G3

Tasquinha da Linda

PEIXES E FRUTOS DO MAR • FAMILIAR Os seus proprietários são comerciantes de peixe, por isso aquí, só deram mais um passo no processo comercial. Ocupa um antigo armazém do molhe, possui grandes viveiros e, claro, é especializado em peixes e mariscos.

Lista 30/45 €

Planta : A2-a – *Rua dos Mareantes A-10 ✉ 4900-370 – ☎ 258 847 900 – www.tasquinhadalinda.com – fechado 15 dias en janeiro, 15 dias en outubro e domingo salvo maio-agosto*

Os 3 Potes

REGIONAL • RÚSTICA Localizado num lindo recanto histórico! A decoração rústica e regional lhe confere uma tipicidade decididamente acolhedora, com um antigo forno de pão à vista e três arcos em pedra. A sua ementa regional integra muitas carnes e guisados.

Lista 20/32 €

Planta : B1-2-s – *Beco dos Fornos 7 ✉ 4900-523 – ☎ 258 829 928 – fechado do 15 ao 30 de novembro*

Casa Melo Alvim

TRADICIONAL • PERSONALIZADA Casa senhorial do séc. XVI, onde se apreciam diferentes estilos artísticos fruto das suas sucessivas ampliações. Os seus quartos possuem mobiliário português e casas de banho em mármore.

16 qto – 99/144 € 110/160 € – 4 suites

Planta : A1-v – *Av. Conde da Carreira 28 ✉ 4900-343 – ☎ 258 808 200 – www.meloalvimhouse.com*

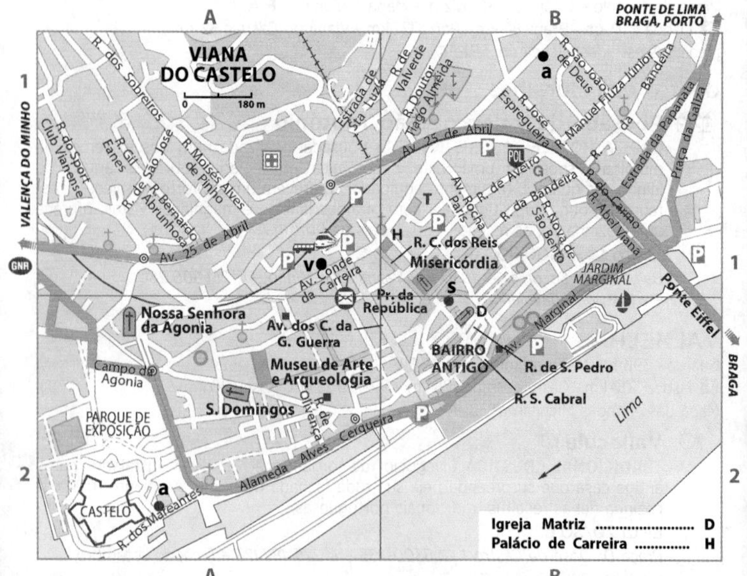

Axis Viana

SPA E BEM ESTAR • MODERNA Ocupa um edifício design dotado de uma fachada espetacular, um grande hall, um bar lounge e uma luminosa área social. Quartos amplos, modernos e bem equipados. O restaurante, um pouco frio, combina pratos "à la carte" e serviço de pequeno-almoço. Grande SPA com 2600 m² de instalações!

87 qto - 103/175 € 130/300 €

Planta : B1-a - *Av. Capitão Gaspar de Castro ✉ 4900-462 - ☎ 258 802 000 - www.axishoteis.com*

Flôr de Sal

TRADICIONAL • DESIGN Edifício de estilo moderno aberto ao mar. Desfruta dum espaçoso hall com boas vistas e mobiliário de desing, assim como quartos de completo equipamento e um SPA. Refeitório luminoso e de estética actual.

57 qto - 120/170 € 140/235 € - 3 suites

Av. de Cabo Verde 100 (Praia Norte), por Campo da Agonia A2 ✉ 4900-568 - ☎ 258 800 100 - www.hotelflordesal.com

em Santa Marta de Portuzelo Norte : 5,5 km - Mapa regional n° **6**-A2

Camelo

REGIONAL • SIMPLES XX Tem prestígio e trabalha muito com banquetes. Por trás do bar da entrada, com um sugestivo expositor de produtos e um viveiro, encontrará vários espaços bem arranjados. A sua vasta ementa regional destaca-se pela escolha de carnes.

Lista 22/36 €

Rua de Santa Marta 119 - Estrada N 202 ✉ 4925-104 Viana do Castelo - ☎ 258 839 090 - www.camelorestaurantes.com - fechado 2ª feira

em Santa Luzia Norte : 6 km - Mapa regional n° **6**-A2

Pousada do Monte de Santa Luzia

CADEIA HOTELEIRA • CLÁSSICA Singular edifício de inícios do século XX com localização privilegiada, com maravilhosas vistas para o mar e para o estuário do Lima. O seu interior foi redecorado num estilo clássico mais fresco e luminoso. O restaurante, também de estilo clássico, com terraço de verão, oferece uma ementa tradicional.

51 qto - 100/190 € 110/200 €

✉ 4901-909 Viana do Castelo - ☎ 258 800 370 - www.pousadas.pt

VIDAGO

Vila Real - 1 204 h. - Alt. 350 m - Mapa regional n° **6**-B2

Lisboa 446 km - Vila Real 54 km - Braga 110 km - Bragança 115 km

Mapa das estradas Michelin n° 591-H7

Vidago Palace

GRANDE LUXO • REQUINTADA Um dos emblemas da hotelaria portuguesa! É magnífico e está instalado num imponente edifício que se destaca tanto pelas suas zonas nobres, com uma esplêndida escada, como pelos seus quartos. Também oferece um SPA, um campo de golfe e dois restaurantes, um deles no antigo salão de baile.

66 qto - 178/251 € - 4 suites

parque de Vidago ✉ 5425-307 - ☎ 276 990 900 - www.vidagopalace.com

VIEIRA DO MINHO

Braga - 2 239 h. - Alt. 390 m - Mapa regional n° **6**-B2

Lisboa 398 km - Braga 33 km - Viana do Castelo 95 km - Vila Real 140 km

Mapa das estradas Michelin n° 591-H5

em Caniçada Noroeste : 7 km

Pousada da Caniçada-Gerês

CADEIA HOTELEIRA • REGIONAL Encontra-se num lugar alto e afastado que surpreende pelas suas magníficas vistas, a serra do Gerês e ao río Cávado. Oferece instalações de estilo rústico quartos bem equipados e um agradavél restaurante que segue com fidelidade as receitas tradicionais.

36 qto – 80/180 € 90/190 €

Estrada N 304 (av. da Caniçada 1518) 4850-054 Caniçada – 21 040 7650 – www.pousadas.pt

VILA DO CONDE

Porto – 28 636 h. – Mapa regional n° **6**-A2

Lisboa 342 km – Braga 40 km – Porto 28 km – Viana do Castelo 42 km

Mapa das estradas Michelin n° 591-H3

em Azurara pela estrada N 13 - Sudeste : 1 km

Santana

TRADICIONAL • COMTEMPORÂNEA Numa localização privilegiada! O seu interior dispõe de uma grande zona nobre e recreativa, com um bom SPA e quartos de estilo clássico bem arranjados. O restaurante, envidraçado e com uma ementa tradicional, dispõe de magníficas vistas para o mosteiro de Santa Clara e para o rio Ave.

64 qto – 65/115 € 75/135 € – 10 suites

Monte Santana - Azurara 4480-188 Vila do Conde – 252 640 460 – www.santanahotel.pt

em Areia pela estrada N 13 - Sudeste : 4 km

Romando

TRADICIONAL • QUADRO CONTEMPORÂNEO XX Fica situado num bairro nos arredores da Areia e apresenta-se com uma grande sala de estilo moderno. Cozinha tradicional portuguesa, com boa selecção de arrozes e alguns mariscos.

Lista 50/59 €

Rua da fonte 221 4480-088 Vila do Conde – 252 641 075 – www.romando.pt

VILA NOVA DE CERVEIRA

Viana do Castelo – 1 432 h. – Mapa regional n° **6**-A1

Lisboa 425 km – Viana do Castelo 37 km – Vigo 46 km

Mapa das estradas Michelin n° 591-G3

em Gondarém pela estrada N 13 - Sudoeste : 4 km – Mapa regional n° **6**-A1

Boega

MANSÃO • FUNCIONAL Esta casa senhorial, com agradáveis exteriores, distribui os seus quartos em três edifícios, albergando no núcleo principal, os quartos mais clássicos e luxuosos, quase todos com vistas para o Minho. O restaurante, também de estilo clássico, centra a sua oferta num buffet correto.

29 qto – 45/100 € 55/110 € – 2 suites

Quinta do Outeiral 4920-061 Gondarém – 251 700 500 – www.boegahotel.com

na estrada de Valença do Minho Nordeste : 6 km

Braseirão do Minho

PORTUGUESA • QUADRO TRADICIONAL XX Separado do hotel e com um funcionamento completamente independente... embora com um bom serviço! Apresenta um estilo tradicional, com amplos exteriores e várias salas, incluindo uma para banquetes. Cozinha de cariz tradicional.

Lista 22/43 €

Hotel Minho, Vila Mea 4920-140 Vila Mea – 251 700 245 – www.hotelminho.com

Minho

TRADICIONAL · FUNCIONAL Conjunto de estética actual que surpreende exteriormente pelo seu jogo de linhas puras. Oferece um moderno interior, com quartos funcionais e apartamentos tipo duplex.

60 qto - 55/90 € 72/110 €

Vila Mea ✉ 4920-140 Vila Mea - ☎ 251 700 245 - www.hotelminho.com

Braseirão do Minho - ver selecção restaurantes

VILA NOVA DE FAMALICÃO

Braga - 8 478 h. - Alt. 88 m - Mapa regional n° **6**-A2

Lisboa 349 km - Braga 24 km - Porto 40 km - Viana do Castelo 72 km

Mapa das estradas Michelin n° 591-H4

em Portela Nordeste : 8,5 km

Ferrugem

COCINA MODERNA · NA MODA XX Interessante e atrativo, pois se esconde num antigo estábulo! Na sua sala, com uma excelente decoração, altíssimos tectos e ambiente rústico-moderno, poderá descobrir uma cozinha atual de tendência criativa. Pequena ementa a preço fixo e varios menus degustação.

Menu 39/56 € - Lista aprox. 30 €

estrada N 309, Rua das Pedrinhas 32 ✉ 4770-379 Portela - ☎ 252 911 700 - www.ferrugem.pt - fechado 2ª quinzena de agosto, domingo noite e 2ª feira

na estrada N 206 Nordeste : 1,5 km

Moutados de Baixo

REGIONAL · QUADRO CLÁSSICO X Oferece duas salas de aspeto clássico-atual, a principal com cozinha quase integrada e ambas decoradas com quadros muito coloridos. A sua ementa tradicional portuguesa é enriquecida com uma sugestão especial para cada dia da semana.

Menu 18 € - Lista 22/39 €

Av. do Brasil 1701 ✉ 4764-983 Vila Nova de Famalicão - ☎ 252 322 276 - www.moutados.com.pt

VILA NOVA DE GAIA

Porto - 30 147 h. - Mapa regional n° **6**-A3

Lisboa 312 km - Porto 5 km - Braga 62 km - Viseu 125 km

Mapa das estradas Michelin n° 591-I4

ver planta do Porto

The Yeatman

CRIATIVA · ELEGANTE XXXX Apresenta uma estética clássica-atual e destaca-se tanto pela sua luminosidade como pelas maravilhosas vistas do Porto. O seu chef jovem propõe uma cozinha de autor baseada em vários menus, sempre com base em produtos da época e com um fantástico equilibrio de sabores. Possui uma das melhores adegas de todo Portugal!

→ Lagostim, lombo braseado, choco, yuzu e caldo dashi. Porco tramontano, presa braseada, presunto, molho de feijoada e bola de morcela. Cerejas, creme de cereja, merengue de cereja e gelado de queijo mascarpone.

Menu 90/145 € - só menu

Planta : C3-a - *Hotel The Yeatman, Rua do Choupelo ✉ 4400-088 - ☎ 22 013 3100 - www.theyeatman.com - só jantar - fechado janeiro*

Barão Fladgate

TRADICIONAL · QUADRO CLÁSSICO XX Inserido na Cave Taylor's! Oferece um interior de ambiente clássico, um terraço com uma privilegiada vista para o Rio Douro e uma cozinha tradicional com cariz moderno.

Menu 30 € - Lista 30/45 €

Planta : C3-b - *Rua do Choupelo 250 ✉ 4400-088 - ☎ 22 377 2951 - www.baraofladgate.pt*

PORTUGAL

The Yeatman

GRANDE LUXO • REQUINTADA Impressionante conjunto escalonado numa zona de caves, em frente à zona histórica da cidade. Possui uns quartos de traçado clássico-actual, todos dotados de varanda e muitas delas personalizadas com temas alusivos da cultura vitivinícola.

70 qto - 170/285 € 185/300 € - 23 € - 12 suites

Planta : C3-a - *Rua do Choupelo* ✉ *4400-088* - *☎ 22 013 3100* - *www.theyeatman.com*

The Yeatman - ver selecção restaurantes

VILA POUCA DA BEIRA

Coimbra - 355 h. - Mapa regional n° **3**-B2

Lisboa 271 km - Coimbra 67 km - Castelo Branco 118 km - Viseu 55 km

Mapa das estradas Michelin n° 592-L6

Pousada Convento do Desagravo

EDIFÍCIO HISTÓRICO • CLÁSSICA Localizada num antigo convento restaurado, com várias zonas nobres, um pequeno claustro envidraçado e igreja própria. Todos os quartos e casas-de-banho são de traçado actual. No restaurante, de traçado clássico, trabalha-se numa cozinha de paladar tradicional.

22 qto - 80/110 € 90/120 € - 7 suites

Calçada do Convento ✉ *3400-758* - *☎ 238 670 080* - *www.pousadas.pt*

VILA VIÇOSA

Évora - 5 023 h. - Mapa regional n° **1**-C2

Lisboa 185 km - Badajoz 53 km - Évora 56 km - Portalegre 76 km

Mapa das estradas Michelin n° 593-P7

Pousada Convento de Vila Viçosa

EDIFÍCIO HISTÓRICO • TRADICIONAL Situado no antigo convento real de As Chagas de Cristo, que data de princípios do século XVI. O seu interior prevalece a herança histórica com muito confortável, fazendo girar as zonas comuns, no geral de traçado clássico-elegante, em volta do claustro. Sala para pequenos-almoços com o tecto abobadado e sala de refeições luminosa.

39 qto - 80/150 € 90/160 € - 3 suites

Terreiro do Paço ✉ *7160-251* - *☎ 268 980 742* - *www.pousadas.pt*

VILAMOURA Faro → Ver Quarteira

VISEU

40 236 h. - Alt. 483 m - Mapa regional n° **3**-B1

Lisboa 292 km - Aveiro 96 km - Coimbra 92 km - Guarda 85 km

Mapa das estradas Michelin n° 591-K6

Muralha da Sé

TRADICIONAL • RÚSTICA XX Singular e bem localizado para o turista, dado que se encontra... praticamente frente á Catedral! Tem um pequeno hall, uma agradável sala de jantar, com as paredes em pedra e chaminé, assim como um espaço mais que faz função de privado. Cozinha tradicional portuguesa.

Lista 20/35 €

Planta : A1-a - *Adro da Sé 24* ✉ *3500-195* - *☎ 232 437 777* - *www.muralhadase.pt* - *fechado do 15 ao 30 de outubro e domingo noite*

Pousada de Viseu

EDIFÍCIO HISTÓRICO • CONFORTÁVEL Instalado no antigo hospital de São Teotónio, este lindo edifício de 1842 dispõe de um agradável pátio coberto e quartos de estilo moderno, aqueles que encontram-se no último andar possuem varanda. O restaurante combina estética moderna com menu tradicional.

81 qto - 75/95 € 85/105 € - 3 suites

Planta : A2-d - *Rua do Hospital* ✉ *3500-161* - *☎ 232 456 320* - *www.pousadas.pt*

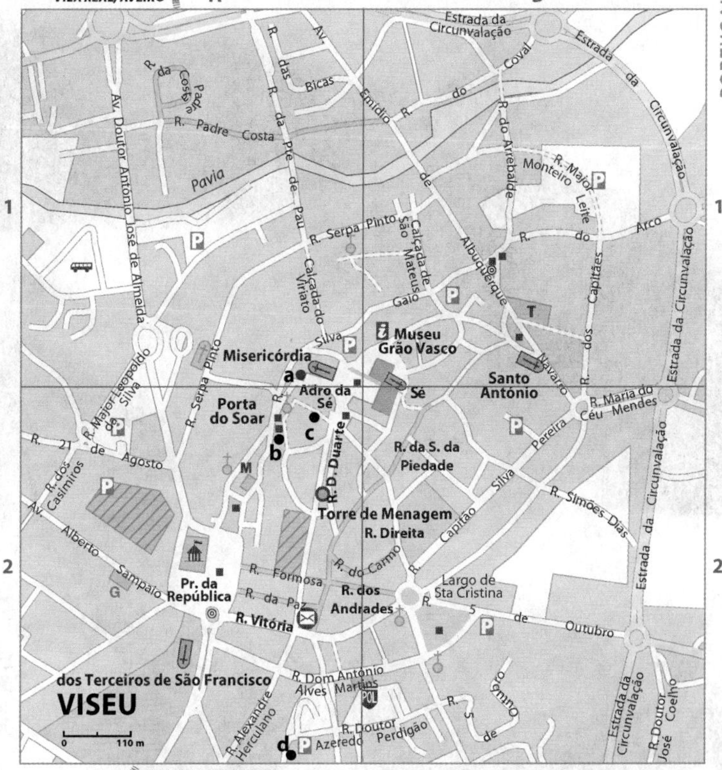

Palácio dos Melos

EDIFÍCIO HISTÓRICO • CENTRAL Antiga mansão da nobreza situada na zona monumental. Oferece espaços sociais bem restaurados e quartos confortáveis, todos com hidromassagem nas casas de banho. Peça os da parte renovada pois são mais atuais!

27 qto - 57/75 € 63/84 €

Planta : A2-b - *Rua Chão Mestre 4 ✉ 3500-103 - ✆ 232 439 290 - www.hotelpalaciodosmelos.pt*

Casa da Sé

EDIFÍCIO HISTÓRICO • HISTÓRICA Procura um hotel com charme? Pernoite nesta casa nobiliária do séc. XVIII, um edifício que soube manter toda a sua essência tanto na sua cuidada recuperação, assim como num mobiliário de outrora que... pode ser adquirido!

12 qto - 75/150 € 79/160 €

Planta : B1-c - *Rua Augusta Cruz 12 ✉ 3500-088 - ✆ 232 468 032 - www.casadase.net*

ARQUIPÉLAGO DA MADEIRA

O peixe-espada preto, o sargo, o gaiado... estamos em pleno Atlântico e isso transparece nos menus. Uma dieta que é contrabalançada com boas carnes e com o surpreendente gosto que estas ilhas têm pelo alho, um condimento natural muito usado nas suas receitas.

As especialidades gastronómicas:
Uma das entradas mais típicas é o bolo do caco, um pão de trigo que se costuma barrar com manteiga de alho. Também são muito populares as sopas (sopa de trigo, sopa de tomate e cebola, a tradicional açorda...), a famosa espetada em pau de loureiro (pedaços de carne de vaca em ramos de loureiro, que são grelhadas), o tradicional picado madeirense, a carne de vinha-d'alhos e, para rematar, os saborosíssimos bolos de mel, uma sobremesa a não perder.

E para beber:
Descubra o sabor da poncha, uma bebida tradicional feita com mel, aguardente de cana-de-açúcar e sumo de limão.

267 938 h.

- Mapa regional n° 5
- Mapa das estradas Michelin n° 733

J. Skipper/Photolibrary/Getty Images

ARQUIPÉLAGO DA MADEIRA

ARQUIPÉLAGO DA MADEIRA

267 938 h. - Mapa regional nº **5**-A2
Mapa das estradas Michelin nº 733

MADEIRA

CÂMARA DE LOBOS - 17 986 h. - Mapa regional nº 5-A2

Funchal 8 km
Mapa das estradas Michelin nº 733-B3

Vila do Peixe

PEIXES E FRUTOS DO MAR • RURAL Situado na parte mais alta da localidade e com magníficas vistas ao porto. A sua cozinha marinheira está especializada em peixe na grelha, escolhendo a peça como no mercado para que seja pesada e preparada frente a você. Cuidado, as guarnições são cobradas a parte!

Lista 24/40 €

Dr. João Abel de Freitas 30-A ✉ 9300-048 - ✆ 291 099 909 - www.viladopeixe.com

CANIÇAL - 3 924 h. - Mapa regional nº 5-A2

Funchal 30 km
Mapa das estradas Michelin nº 733-B2

Quinta do Lorde

BUSINESS • MODERNA Magnifico hotel, semelhante a uma pequena aldeia madeirense típica. Espalha os quartos, apartamentos, áreas públicas, lojas e restaurantes entre diferentes edifícios bem interligados. Apresenta uma ampla oferta gastronómica, a maior piscina de hotel da ilha e até uma marina própria!

143 qto - †76/186 € ††76/350 € - 34 suites

Sitio da Piedade, Este : 3.5 km pela estrada de Prainha e desvio a direita por Rua Marina da Quinta Grande ✉ 9200-044 - ✆ 291 969 830 - www.quintadolorde.pt

FUNCHAL - 111 892 h. - Mapa regional nº 5-A2

Porto Moniz 98 km - Santana 55 km
Mapa das estradas Michelin nº 733-B3

Il Gallo d'Oro

MODERNA • ELEGANTE Com uma atractiva adega envidraçada no hall-bar de referência, uma sala em dois alturas de elegante ambiente clássico-moderno e uma esplanada com encanto. Convidam a uma cozinha de cariz moderno, com uma apresentação cuidadíssima e sabores apurados.

→ Bola d'oro by Benoît Sinthon. Carabineiro português. Doce London Eye.

Menu 96/130 € - Lista 90/125 €

Planta : A2-c - *Hotel The Cliff Bay, Estrada Monumental 147 ✉ 9004-532 - ✆ 291 707 700 - www.portobay.com - só jantar*

William

CLÁSSICA • ROMÂNTICA Um restaurante que não ficará desapontado, com um ambiente clássico e elegante, oferece uma magnífica vista sobre à cidade e sobre à zona portuária. Cozinha tradicional e internacional.

→ Lavagante com baunilha e abóbora. Salmonete com puré de batata e tapenade. Limoncello em esfera de merengue, crocante de laranja e sorvete de tomate arbóreo.

Menu 77/150 € - Lista 78/90 €

Planta : A2-z - *Hotel Belmond Reid's Palace, Estrada Monumental 139 ✉ 9000-098 - ✆ 291 717 171 - www.belmond.com - só jantar - fechado domingo e 2ª feira*

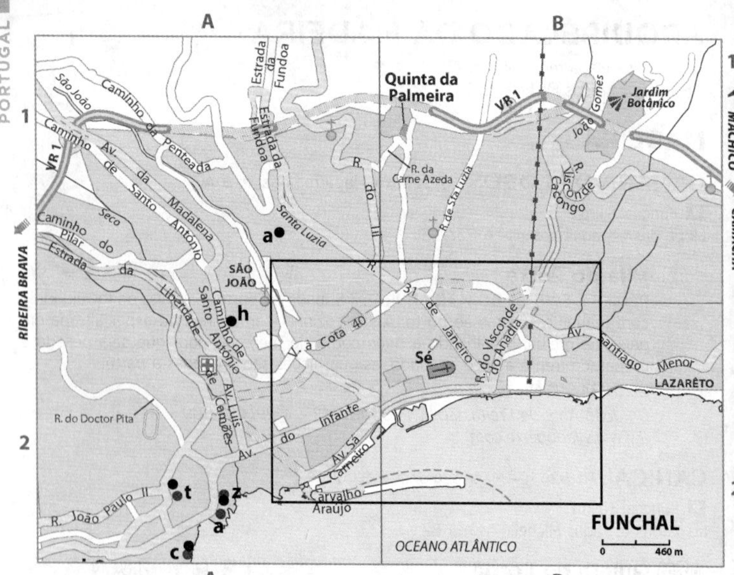

Villa Cipriani

ITALIANA • QUADRO CLÁSSICO XXX Integrado no hotel Reid's Palace e situado numa villa independente. Elegância, cozinha italiana e magnífica vista sobre as falésias, destacando-se desde o terraço.

Menu 51/83 € – Lista 63/76 €

Planta : A2-a – *Hotel Belmond Reid's Palace, Estrada Monumental 139* ✉ *9000-098 – ✆ 291 717 171 – www.reidspalace.com – só jantar*

Uva

MODERNA • DESIGN XX Encontra-se no terraso do hotel, junto à piscina, com um interior bastante moderno e boas vistas. Cozinha de gosto atual que reinterpreta as receitas internacionais.

Lista 40/55 €

Planta : C1-2-k – *Hotel The Vine, Rua dos Aranhas 27-A, centro comercial Dolce Vita* ✉ *9000-044 – ✆ 291 009 000 – www.hotelthevine.com*

The Dining Room

MODERNA • ELEGANTE XX Aposentado numa casa histórica e rodeado por um espléndido jardím. Na sua sala, que emana um certo ar inglés, oferecem uma cozinha criativa de base mediterrânica.

Menu 42 € – Lista 45/64 €

Planta : A2-t – *Hotel Quinta da Casa Branca, Rua da Casa Branca 7* ✉ *9000-088 – ✆ 291 700 770 – www.quintacasabranca.pt – só jantar*

Goya

FRANCESA • ELEGANTE XX Toda uma homenagem ao insigne pintor espanhol, tanto pelo nome como pelos chamativos afrescos do seu interior. Excelente cozinha de inspiração francesa com pormenores modernos.

Lista 35/56 €

Planta : A2-b – *Rua Simplico dos Passos Gouveia, Edificio "Lido View", bloco 2* ✉ *9000-001 – ✆ 291 628 969 – www.grupo-forte.com*

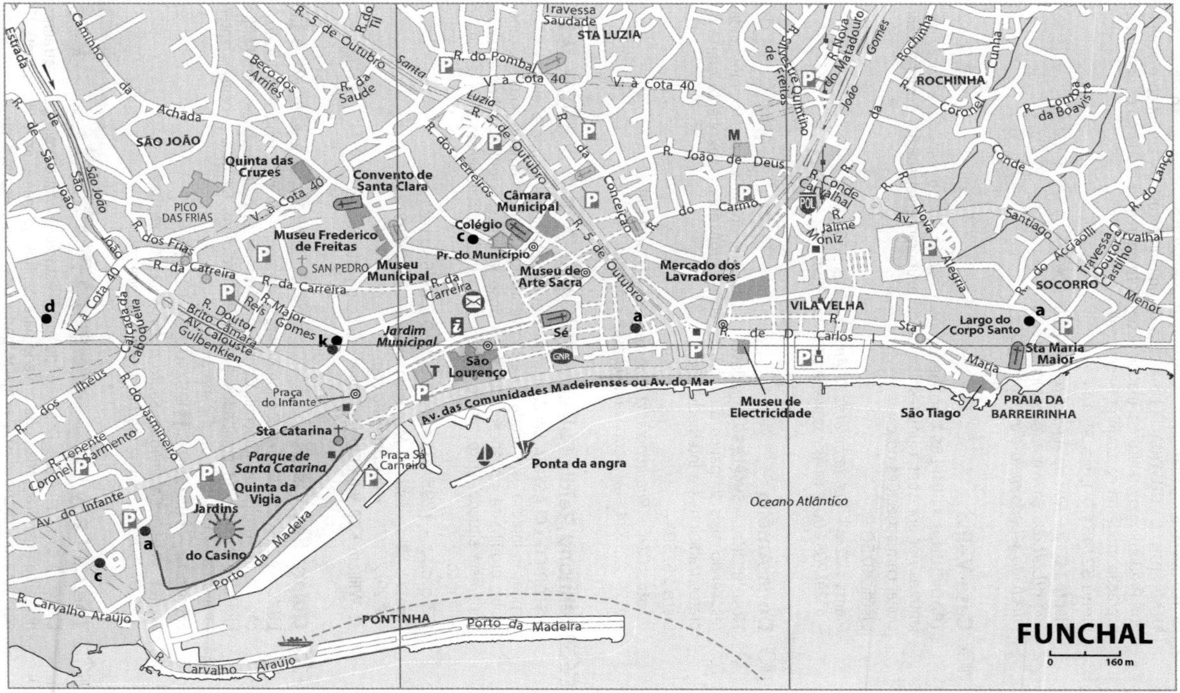
FUNCHAL
0 160 m
STA LUZIA
ROCHINHA
SÃO JOÃO
SOCORRO
VILA VELHA
PONTINHA
PRAIA DA BARREIRINHA
Quinta das Cruzes
PICO DAS FRIAS
Convento de Santa Clara
Museu Frederico de Freitas
Museu Municipal
Câmara Municipal
Colégio
Pr. do Município
Museu de Arte Sacra
Sé
Mercado dos Lavradores
Jardim Municipal
São Lourenço
Praça do Infante
Sta Catarina
Parque de Santa Catarina
Quinta da Vigia
Jardins do Casino
Praça Sá Carneiro
Ponta da angra
Museu de Electricidade
Largo do Corpo Santo
Sta Maria Maior
São Tiago
Oceano Atlântico
Av. das Comunidades Madeirenses ou Av. do Mar
Porto da Madeira
R. 5 de Outubro
V. à Cota 40
R. do Pombal
R. dos Ferreiros
R. da Carreira
R. João de Deus
R. do Carmo
R. Conceição
R. de D. Carlos I
R. de Sta Maria
Av. do Infante
R. Carvalho Araújo
R. do Jasmineiro
Calçada da Cabouqueira
R. Brito Câmara
Av. Calouste Gulbenkien
R. Silvestre Quintino de Freitas
R. Nova do Matadouro
R. Nova Alegria
R. Conde Carvalhal
R. Jaime Moniz
Caminho da Achada
Estrada de São João
R. de São João
Beco dos Arrifes
R. da Saude
Travessa Saudade
R. Lomba da Boavista
R. do Lanço
Travessa Doutor Castilho
R. do Accaiolli
C
D
E
1
2

Armazém do Sal

TRADICIONAL • RÚSTICA XX Uma casa de ambiente rústico, autêntico e acolhedor. Predomina o granito e a madeira com pormenores de moderno desing. Interpretação moderna da cozinha tradicional!

Menu 32/45 € - Lista 31/44 €

Planta : D1-a - *Rua da Alfândega 135 ✉ 9000-059*
- *☎ 291 241 285 - www.armazemdosal.com*
- *fechado sábado meio-dia e domingo*

Casa Velha

TRADICIONAL • SIMPLES X Acolhedor, com personalidade, especial atenção nos jantares por apresentar uma esplanada de exuberante vegetação. Cozinha tradicional com sugestões do chef.

Lista 28/50 €

Planta : C2-a - *Rua Imperatriz D. Amélia 69 ✉ 9000-018*
- *☎ 291 205 600 - www.casavelharestaurant.com*

Dona Amélia

TRADICIONAL • SIMPLES X Agradável restaurante, dividido em diferentes andares, sendo mais simpático o superior. Serviço profissional e excelente oferta de pratos tradicionais e internacionais.

Lista 25/59 €

Planta : C2-c - *Rua Imperatriz D. Amélia 83 ✉ 9000-018*
- *☎ 291 225 784 - www.donaameliarestaurant.com*

Belmond Reid's Palace

HISTÓRICO • CLÁSSICA Lendário hotel, quase atemporal, onde a elegância de inspiração inglesa está aliada ao estilo vitoriano. Com um âmbito natural exuberante, orgulha-se do encantador é precioso jardim subtropical sobre a falésia onde está situado. Luxo, alta cozinha e uma deslumbrante vista para o oceano Atlântico.

163 qto ☕ - 🚹295/415 € 🚹🚹380/650 € - 35 suites

Planta : A2-z - *Estrada Monumental 139 ✉ 9000-098*
- *☎ 291 717 171 - www.belmond.com*

✿ **William** • **Villa Cipriani** - ver selecção restaurantes

Quinta das Vistas

LUXO • PERSONALIZADA Deslumbrante vista conferida pela magnífica localização na parte alta do Funchal. Conta com excelentes áreas públicas de espírito inglês, quartos bem equipados e um SPA exclusivo. Se está a pensar jantar, faça-o na esplanada, pois é panorâmica!

63 qto ☕ - 🚹115/290 € 🚹🚹125/300 € - 8 suites

Planta : A2-h - *Caminho de Santo António 52 ✉ 9000-187*
- *☎ 291 750 007 - www.charminghotelsmadeira.com*

The Cliff Bay

LUXO • CONFORTÁVEL Desfrute de uma estadia inesquecível neste atraente hotel, com jardins, uma zona privada para banhos no mar e umas vistas fantásticas para o oceano desde a maior parte dos seus elegantes quartos. A vasta oferta culinária contempla opções ligeiras, informais e de carácter gastronómico.

199 qto ☕ - 🚹130/195 € 🚹🚹210/550 € - 6 suites

Planta : A2-c - *Estrada Monumental 147 ✉ 9004-532*
- *☎ 291 707 700 - www.portobay.com*

✿✿ **Il Gallo d'Oro** - ver selecção restaurantes

Pestana Promenade

CADEIA HOTELEIRA • DESIGN Destaca-se pelas suas vistas, pois está localizado sobre a falésia; a maior parte dos seus quartos, actuais e alegres (quase todos com varanda), sobressaem tanto às suas piscinas como ao oceano. Lobby amplo, bom SPA e suites personalizadas. O restaurante combina o seu buffet internacional com outros temáticos.

112 qto - 125/255 € 139/269 € - 5 suites

Rua Simplicio dos Passos Gouveia 31, pela Rua João Paulo II A2 - Oeste : 1,5 km ✉ *9000-001 - ✆ 291 141 400 - www.pestana.com*

Quinta da Casa Branca

LUXO • MODERNA Não muito longe do centro, rodeado de exuberante vegetação e instalado, parcialmente, num edificio do séc. XIX. A maior parte dos quartos se dividem entre dois edificios de confort contemporâneo e uma magnífica casa situada no centro do jardím.

41 qto - 155/230 € - 8 suites

Planta : A2-t - *Rua da Casa Branca 7* ✉ *9000-088 - ✆ 291 700 770 - www.quintacasabranca.pt*

The Dining Room - ver selecção restaurantes

The Vine

BUSINESS • DESIGN Localizado num centro comercial, contrasta com os outros hotéis da ilha pela sua modernidade, vencedor em 2013 do premio Leading Design da Europa. Quartos temáticos, SPA com tratamentos de vinothérapie, piscina panorâmica infinita...

79 qto - 130/180 € 130/267 €

Planta : C1-2-k - *Rua dos Aranhas 27-A, C.C. Dolce Vita* ✉ *9000-044 - ✆ 291 009 000 - www.hotelthevine.com*

Uva - ver selecção restaurantes

Quinta Jardins do Lago

HISTÓRICO • PERSONALIZADA Quinta com charme do séc. XVIII situada sobre uma das colinas que rodeiam o Funchal, destaca-se a deslumbrante vista. Todos os quartos têm varanda ou terraço para desfrutar do belo jardim botânico. Oferta gastronómica clássica e internacional.

40 qto - 200/685 € - 4 suites

Planta : A1-a - *Rua Dr. João Lemos Gomes 29* ✉ *9000-208 - ✆ 291 750 100 - www.jardins-lago.pt*

Quinta da Bela Vista

FAMILIAR • PERSONALIZADA Quinta de meados do séc. XIX composta por varios edificios, todos situados numa tranquila quinta... com jardins e árvores centenarias! Oferece quartos de elegante classicismo, zonas comuns de estilo inglés e uma oferta gastronômica polivalente, com o esmerado restaurante principal na antiga casa senhorial.

89 qto - 130/180 € 165/220 € - 3 suites

Caminho do Avista Navios 4, por Rua Doctor Pita A2 : 3 km ✉ *9000-129 - ✆ 291 706 400 - www.belavistamadeira.com*

Quinta Bela São Tiago

HISTÓRICO • PERSONALIZADA Ocupa uma casa senhorial situada na parte antiga do Funchal, uma zona sempre animada e com ruelas repletas de vida. Apesar de ter uma boa sala de jantar recomenda-se jantar na esplanada de maneira a desfrutar das vistas, tanto do imenso océano como da cidade.

56 qto - 95/135 € 124/386 € - 8 suites

Planta : E1-a - *Rua Bela São Tiago 70* ✉ *9060-400 - ✆ 291 204 500 - www.solpuro.pt*

Quintinha de São João

FAMILIAR • PERSONALIZADA Localizada em uma das quintas históricas da cidade. Combina arquitectura clássica com um interior acolhedor, um SPA moderno e quartos espaçosos. O restaurante, localizado num edifício separado, oferece uma seção de cozinha goesa.

36 qto - 95/122 € 125/156 € - 6 suites

Planta : C1-d - *Rua da Levada de São João 4 ✉ 9000-191 - ☏ 291 740 920 - www.quintinhasaojoao.com*

Castanheiro

TRADICIONAL • CONFORTÁVEL Sobressae pela sua localização em plena zona monumental, rodeado de edifícios históricos e com quartos clássicos confortáveis, alguns providos de uma pequena cozinha. As vistas sobre a cidade desde a piscina são uma autêntica maravilha!

84 qto - 80/130 € 95/150 €

Planta : D1-c - *Rua de Castanheiro 31 ✉ 9000-081 - ☏ 291 200 100 - www.castanheiroboutiquehotel.com*

pela estrada de Camacha por VR1 B1: 8 km

Casa Velha do Palheiro

TRADICIONAL • PERSONALIZADA Esta casa senhorial, de inícios do séc. XIX, reflete uma sedutora aliança entre o estilo inglês das suas estancias e a característica arquitetura local. Tem um incrível jardím, perfeito para passear pelos seus recantos exclusivos e por onde não passou o tempo.

34 qto - 135/198 € 150/220 € - 3 suites

Rua da Estalagem 23 - São Gonçalo ✉ 9060-415 Funchal - ☏ 291 790 350 - www.palheiroestate.com

PONTA DO SOL - 4 577 h. - Mapa regional nº **5**-A2

Funchal 22 km

Mapa das estradas Michelin nº 733-A2

Estalagem da Ponta do Sol

TRADICIONAL • MODERNA A estalagem surpreende pelo seu design, pois trata-se de um edifício antigo, com anexos modernos, localizado no topo de um rochedo. Decoração funcional e moderna, vista magnífica. O seu restaurante desfruta de uma montagem actual e uma bela panorâmica sobre o oceano.

54 qto - 60/90 € 80/120 €

Quinta da Rochinha ✉ 9360-529 - ☏ 291 970 200 - www.pontadosol.com

Índice temático

Índice temático

RESTAURANTES COM ESTRELAS

LAS ESTRELLAS DE BUENA MESA ✿

N Novo estabelecimento com distinção
N Nuevo establecimiento con distinción

ALGARVE

Albufeira / Praia da Galé	Vila Joya ✿✿	
Almancil	São Gabriel ✿	
Almancil / Vale Formoso	Henrique Leis ✿	
Armação de Pêra	Ocean ✿✿	
Lagoa	Bon Bon ✿	
Quarteira / Vilamoura	Willie's ✿	

ALTO ALENTEJO

Montemor-o-Novo	L'And Vineyards ✿	**N**

DOURO

Amarante	Largo do Paço ✿	
Leça da Palmeira	Casa de Chá da Boa Nova ✿	**N**
Porto	Antiqvvm ✿	**N**
Porto / Foz do Douro	Pedro Lemos ✿	
Vila Nova de Gaia	The Yeatman ✿✿	**N**

ESTREMADURA

Cascais / Praia do Guincho	Fortaleza do Guincho ✿	
Lisboa	Alma ✿	**N**
Lisboa	Belcanto ✿✿	
Lisboa	Eleven ✿	
Lisboa	Feitoria ✿	
Lisboa	Loco ✿	**N**
Sintra	Lab by Sergi Arola ✿	**N**

MADEIRA

Madeira / Funchal	Il Gallo d'Oro ✿✿	**N**
Madeira / Funchal	William ✿	**N**

BIB GOURMAND

BIB GOURMAND

N Novo estabelecimento com distinção
N Nuevo establecimiento con distinción

ALGARVE

Albufeira / Sesmarias	O Marinheiro
Lagos	Aquário
Lagos	Dom Sebastião
Poço Barreto	O Alambique

ALTO ALENTEJO

Évora	BL Lounge
Évora	Dom Joaquim
Portalegre	Solar do Forcado
Redondo	O Barro
Terrugem	A Bolota

BAIXO ALENTEJO

Alcochete	Don Peixe
Sines	Cais da Estação
Sines	Trinca Espinhas

BEIRA ALTA

Tonda	3 Pipos
Viseu	Muralha da Sé

BEIRA LITORAL

Águeda	O Típico
Aveiro / Costa Nova do Prado	Dóri
Cantanhede	Marquês de Marialva
Salreu	Casa Matos

DOURO

Carvalhos	Mário Luso
Maia / Nogueira	Machado

ESTREMADURA

Leiria / Marrazes	Casinha Velha
Lisboa	D'Avis
Lisboa	Solar dos Nunes
Queluz / Tercena	O Parreirinha

MADEIRA

Madeira / Câmara de Lobos	Vila do Peixe **N**

MINHO

Braga	Centurium
Guimarães	Histórico by Papaboa
Pedra Furada	Pedra Furada
Viana do Castelo / Santa Marta de Portuzelo	Camelo
Vila Nova de Famalicão / Portela	Ferrugem

RIBATEJO

Golegã	O Barrigas
Malhou	O Malho

TRAS-OS-MONTES

Alijó	Cêpa Torta
Chaves	Carvalho
Macedo de Cavaleiros	Brasa **N**

HOTÉIS AGRADÁVEIS

HOTELES AGRADABLES

ALGARVE

Armação de Pêra	Vila Vita Parc
Armação de Pêra	Vilalara Thalassa Resort
Portimão / Praia da Rocha	Bela Vista

ALTO ALENTEJO

Borba	Casa do Terreiro do Poço
Évora	Convento do Espinheiro
Vila Viçosa	Pousada Convento de Vila Viçosa

BAIXO ALENTEJO

Albernoa	Herdade dos Grous
Albernoa	Malhadinha Nova

BEIRA ALTA

Manteigas	Casa das Obras
Viseu	Casa da Sé

DOURO

Amarante	Casa da Calçada
Porto	Pousada Palacio do Freixo
Vila Nova de Gaia	The Yeatman

ESTREMADURA

Alcobaça	Challet Fonte Nova
Cascais	Casa da Pérgola
Cascais	Casa Vela
Cascais / Praia do Guincho	Fortaleza do Guincho
Estoril	Palácio Estoril
Lisboa	As Janelas Verdes
Lisboa	Lapa Palace
Lisboa	Pestana Palace
Lisboa	Solar do Castelo
Óbidos / Arelho	Rio do Prado
Sintra	Penha Longa H.
Sintra	Tivoli Palácio de Seteais

MADEIRA

Madeira / Funchal	Casa Velha do Palheiro
Madeira / Funchal	Quinta das Vistas

MINHO

Monção	Solar de Serrade
Viana do Castelo	Casa Melo Alvim

RIBATEJO

Santarém	Casa da Alcáçova

TRAS-OS-MONTES

Pinhão	Casa do Visconde de Chanceleiros
Vidago	Vidago Palace

HOTELES CON SPA

HOTÉIS COM SPA

ALGARVE

Almancil	Conrad Algarve
Armação de Pêra	Vila Vita Parc
Faro / Estói	Pousada de Faro - Estoi Palace H.
Portimão / Praia da Rocha	Bela Vista
Quarteira / Vilamoura	Hilton Vilamoura As Cascatas
Quarteira / Vilamoura	The Lake Resort
Quarteira / Vilamoura	Tivoli Victoria
Tavira / Quatro Águas	Vila Galé Albacora

ALTO ALENTEJO

Évora	Convento do Espinheiro
Évora	M'AR De AR Aqueduto
Montemor-o-Novo	L'And Vineyards

BAIXO ALENTEJO

Albernoa	Malhadinha Nova
Tróia	Tróia Design H.

BEIRA ALTA

Lamego	Six Senses Douro Valley

BEIRA BAIXA

Unhais da Serra	H2otel

BEIRA LITORAL

Coimbra	Quinta das Lágrimas
Figueira da Foz	Sweet Atlantic
Pampilhosa da Serra	O Villa Pampilhosa

DOURO

Porto	Porto Palácio
Porto	Sheraton Porto
Vila do Conde / Azurara	Santana
Vila Nova de Gaia	The Yeatman

ESTREMADURA

Batalha	Villa Batalha
Cascais	The Oitavos
Cascais	Onyria Marinha
Cascais	Senhora da Guia

Estoril	Palácio Estoril
Lisboa	Altis Belém
Lisboa	Four Seasons H. Ritz Lisbon
Lisboa	Myriad by Sana H.
Lisboa	The Vintage Lisboa
Sintra	Penha Longa H.

MADEIRA

Madeira / Funchal	Belmond Reid's Palace
Madeira / Funchal	Casa Velha do Palheiro
Madeira / Funchal	The Cliff Bay
Madeira / Funchal	Pestana Promenade
Madeira / Funchal	Quinta das Vistas
Madeira / Funchal	Quintinha de São João
Madeira / Funchal	The Vine

MINHO

Viana do Castelo	Axis Viana
Viana do Castelo	Flôr de Sal

RIBATEJO

Fátima / Cova da Iria	Dom Gonçalo
Golegã	Lusitano

TRAS-OS-MONTES

Vidago	Vidago Palace

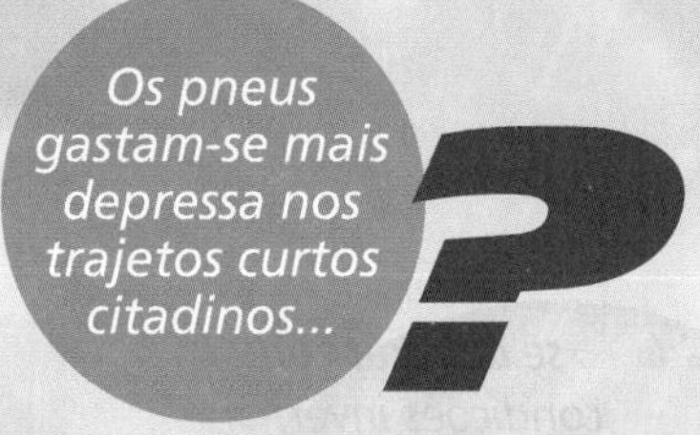
Os pneus gastam-se mais depressa nos trajetos curtos citadinos...

VERDADEIRO!

A frequência de frenagens e acelerações nos trajetos citadinos desgasta mais seus pneus! Nos engarrafamentos, seja paciente e conduza lentamente.

A pressão dos pneus influi somente na segurança...

FALSO!

Para além da aderência à estrada e do consumo de carburante, uma subpressão de 0,5 bar diminui de 8 000 km a longevidade de seus pneus. Não se esqueça de verificar a pressão pelo menos uma vez por mês, sobretudo antes de partir para férias ou para uma viagem longa.

Se você se deparar com condições invernais ocasionais, variando de chuva repentina a queda de neve ou de gelo, você pode optar por um único tipo de pneu.
?
VERDADEIRO!
O pneu revolucionário MICHELIN CrossClimate lhe garante mobilidade e comodidade face a todos os imprevistos climatéricos. É o primeiro pneu estival com certificação invernal!

MICHELIN SE COMPROMETE:

A MICHELIN É A **N°1 MUNDIAL DE PNEUS ECONÓMICOS EM ENERGIA** PARA VEÍCULOS LIGEIROS?

A SENSIBILIZAR OS MAIS JOVENS PARA A SEGURANÇA RODOVIÁRIA, MESMO EM DUAS RODAS: EM 2015, REALIZAMOS AÇÕES LOCAIS DE TERRENO EM **16 PAÍSES.**

QUIZ

1 PORQUÊ O BONECO 'BIBENDUM' DA MICHELIN É BRANCO EMBORA O PNEU SEJA PRETO?

O personagem de 'Bibendum' foi imaginado a partir de uma pilha de pneus, em 1898, época em que os pneus eram fabricados com borracha natural, algodão e enxofre e por isso eram de cor clara. Foi somente após a Primeira Guerra Mundial que a composição dos pneus se complica e que aparece o negro de carbono. Mas o Bibendum, ele, continua sendo branco!

2 VOCÊ SABIA DESDE QUANDO O GUIA MICHELIN ACOMPANHA OS VIAJANTES?

Desde 1900, ano em que se disse que esse livro surgia com o século e que duraria tanto tempo quanto ele. E ainda hoje é uma referência, com novas edições e a seleção no site MICHELIN Restaurants em vários países.

3 QUANDO APARECEU O 'BIB GOURMAND' NO GUIA MICHELIN?

Esta denominação apareceu em 1997, mas já em 1954 se indica no Guia MICHELIN as 'boas refeições a preço moderado'. Hoje, esta rubrica aparece no site e no aplicativo móvel MICHELIN Restaurants.

Se você quiser saber mais sobre a Michelin enquanto se diverte, visite a 'Aventura Michelin' e sua butique situada em Clermont-Ferrand na França: **www.laventuremichelin.com**

Léxico gastronómico

Gastronomical lexicon

Lexique gastronomique

Lessico gastronomico

Gastronomisches Lexikon

 **LEGUMBRES**	 **LEGUMES**	 **VEGETABLES**
Aceitunas	Azeitonas	Olives
Aguacate	Abacate	Avocado
Alcachofas	Alcachofras	Artichokes
Berenjena	Beringela	Aubergine
Calabacín	Abobrinha	Courgette
Calabaza	Cabaça	Pumpkin
Cardo	Cardo	Cardoon
Coliflor	Couve-flor	Cauliflower
Endibias	Escarola	Chicory
Escarola	Escarola	Endive
Espárragos	Espargos	Asparagus
Espinacas	Espinafres	Spinach
Garbanzos	Grão de bico	Chickpeas
Guisantes	Ervilhas	Peas
Habas	Favas	Broad beans
Judías	Feijão	Beans
Judías verdes	Feijão verde	French beans
Judiones	Feijão grande	Butter beans
Lechuga	Alface	Lettuce
Lentejas	Lentilhas	Lentils
Patatas	Batatas	Potatoes
Pepino	Pepino	Cucumber
Pimientos	Pimentos	Peppers
Puerros	Alhos franceses	Leeks
Repollo/col	Repolho/Couve	Cabbage
Tomates	Tomates	Tomatoes
Zanahoria	Cenoura	Carrot

LÉGUMES	**LEGUMI**	**GEMÜSE**
Olives	Olive	Oliven
Avocat	Avocado	Avocado
Artichauts	Carciofi	Artischocken
Aubergines	Melanzane	Auberginen
Courgettes	Zucchine	Zucchini
Courge	Zucca	Kürbis
Cardon	Cardo	Kardonen
Chou-fleur	Cavolfiore	Blumenkohl
Endives	Indivia	Chicoree
Scarole	Scarola	Endivien
Asperges	Asparagi	Spargel
Épinards	Spinaci	Spinat
Pois chiches	Ceci	Kichererbsen
Petits pois	Piselli	Erbsen
Fèves	Fave	Dicke Bohnen
Haricots	Fagioli	Bohnen
Haricots verts	Fagiolini	Grüne Bohnen
Fèves	Fagioli	Saubohnen
Laitue	Lattuga	Kopfsalat
Lentilles	Lenticchie	Linsen
Pommes de terre	Patate	Kartoffeln
Concombre	Cetriolo	Gurken
Poivrons	Peperoni	Paprika
Poireaux	Porri	Lauch
Chou	Cavoli	Kohl
Tomates	Pomodori	Tomaten
Carotte	Carote	Karotten

ARROZ, PASTA Y CHAMPIÑONES	**ARROZ, MASSA E COGUMELOS**	**RICE, PASTA AND MUSHROOMS**
Arroz blanco	Arroz branco	White rice
Arroz de marisco	Arroz de marisco	Seafood rice
Arroz de pollo	Arroz com frango	Chicken rice
Arroz de verduras	Arroz com legumes	Vegetable rice
Arroz negro	Arroz preto	Black rice
Boleto	Seta	Cep mushrooms
Canelones	Canelões	Cannelloni
Champiñones	Cogumelos	Small mushrooms
Colmenillas	Espécie de cogumelo	Morel mushrooms
Espaguetis	Espaguetes	Spaghetti
Lasaña	Lasanha	Lasagne
Níscalos	Míscaros	Mushrooms
Seta de cardo	Seta de cardo	Oyster mushrooms
Trufa	Trufa	Truffle

MARISCOS	**MARISCO**	**SEAFOOD**
Almejas	Amêijoas	Clams
Angulas	Eirós	Eels
Berberechos	Amêijoas	Cockles
Bogavante	Lavagante	Lobster
Calamares	Lulas	Squid
Camarón	Camarão	Shrimp
Cangrejo	Caranguejo	Crab
Carabineros	Camarão vermelho	Jumbo prawn
Centollo	Santola	Spider crab
Chipirones	Lulinhas	Squid
Cigalas	Lagostim	Langoustine
Gambas	Gambas	Prawns
Langosta	Lagosta	Lobster
Langostinos	Lagostims	Prawns
Mejillones	Mexilhões	Mussels
Navajas	Navalhas	Razor clams
Nécoras	Caranguejos	Small crabs
Ostras	Ostras	Oysters
Percebes	Perceves	Barnacles
Pulpo	Polvo	Octopus
Sepia	Sépia	Cuttlefish
Vieiras	Vieiras	Scallops
Zamburiñas	Leques	Queen scallops

RIZ, PÂTES ET CHAMPIGNONS	**RISO, PASTA E FUNGHI**	**REIS, NUDELN UND PILZE**
Riz blanc	Riso bianco	Weißer Reis
Riz aux fruits de mer	Risotto ai frutti di mare	Reis mit Meeresfrüchten
Riz au poulet	Risotto al pollo	Reis mit Huhn
Riz aux légumes	Risotto alle verdure	Gemüsereis
Riz noir	Risotto al nero di seppia	Schwarzer Reis
Bolet	Porcini	Pilze
Cannelloni	Cannelloni	Cannelloni
Champignons de Paris	Champignon	Champignons
Morilles	Ovoli	Morcheln
Spaghetti	Spaghetti	Spaghetti
Lasagne	Lasagne	Lasagne
Mousserons	Prugnolo	Reizker
Pleurote du Panicot	Cardoncello	Distelpilz
Truffe	Tartufo	Trüffel

FRUITS DE MER	FRUTTI DI MARE	MEERESFRÜCHTE
Clovisses	Arselle	Muscheln
Anguille	Anguilla	Aal
Coques	Vongole	Herzmuscheln
Homard	Astice	Hummer
Encornets	Calamari	Tintenfisch
Petite crevette	Gamberetti	Garnelen
Crabe	Granchi	Krabben
Grande crevette rouge	Gambero rosso	Cambas
Araignée de mer	Gransevola	Teufelskrabbe
Calmar	Calamari	Tintenfische
Langoustines	Scampi	Kaisergranat
Gambas	Gamberi	Garnelen
Langouste	Aragosta	Languste
Crevette	Gamberone	Langustinen
Moules	Cozze	Miesmuscheln
Couteaux	Cannolicchio	Scheidenmuscheln
Étrilles	Granchi	Kleine Meereskrebse
Huîtres	Ostriche	Austern
Anatifes	Lepadi	Entenmuscheln
Poulpe	Polpo	Kraken
Seiche	Seppia	Tintenfisch
Coquilles Saint- Jacques	Capesante	Jakobsmuscheln
Pétoncles	Capesante	Kammmuscheln

PESCADOS	**PEIXES**	**FISH**
Arenques	Arenques	Herring
Atún / bonito	Atum / Bonito	Tuna
Bacalao	Bacalhau	Cod
Besugo	Besugo	Sea bream
Boquerones/anchoas	Boqueirão/Anchova	Anchovies
Caballa	Sarda	Mackerel
Dorada	Dourada	Dorado
Gallos	Peixe-galo	John Dory
Lenguado	Linguado	Sole
Lubina	Robalo	Sea bass
Merluza	Pescada	Hake
Mero	Mero	Halibut
Rape	Tamboril	Monkfish
Rodaballo	Rodovalho	Turbot
Salmón	Salmão	Salmon
Salmonetes	Salmonetes	Red Mullet
Sardinas	Sardinhas	Sardines
Trucha	Truta	Trout
CARNES	**CARNE**	**MEAT**
Buey	Boi	Ox
Cabrito	Cabrito	Kid
Callos	Tripas	Tripe
Cerdo	Porco	Pork
Chuletas	Costeletas	Chops
Cochinillo	Leitão	Suckling pig
Cordero	Cordeiro	Lamb
Costillas	Costelas	Ribs
Entrecó	Bife	Entrecote
Hígado	Fígado	Liver
Jamón	Presunto	Ham
Lechazo	Cordeiro novo	Milk-fed lamb
Lengua	Língua	Tongue
Lomo	Lombo	Loin
Manitas	Pés	Pig's trotters
Mollejas	Moelas	Sweetbreads
Morros	Focinhos	Snout
Oreja	Orelha	Pig's ear
Paletilla	Pá	Shoulder
Rabo	Rabo	Tail
Riñones	Rins	Kidneys
Solomillo	Lombo	Sirloin
Ternera	Vitela	Veal
Vaca	Vaca	Beef

POISSON	**PESCI**	**FISCH**
Harengs	Aringhe	Heringe
Thon	Tonno	Thunfisch
Morue/Cabillaud	Merluzzo	Kabeljau
Pagre	Pagro	Seebrasse
Anchois	Alici/acciughe	Anchovy
Maquereau	Sgombri	Makrele
Dorade	Orata	Dorade
Cardine	Rombo giallo	Butt
Sole	Sogliola	Seezunge
Bar	Branzino	Wolfsbarsch
Merlu	Nasello	Seehecht
Mérou	Palombo	Heilbutt
Lotte	Rana Pescatrice	Seeteufel
Turbot	Rombo	Steinbutt
Saumon	Salmone	Lachs
Rougets	Triglie	Rotbarbe
Sardines	Sardine	Sardine
Truite	Trota	Forelle

VIANDE	**CARNI**	**FLEISCH**
Bœuf	Manzo	Ochse
Cabri	Agnellino da latte	Lamm
Tripes	Trippa	Kutteln
Porc	Maiale	Schwein
Côtelettes d'agneau	Costolette	Kotelett
Cochon de lait	Maialino da latte arrosto	Spanferkelbraten
Agneau	Agnello	Lamm
Côtelettes	Costolette	Kotelett
Entrecôte	Bistecca	Entrecote
Foie	Fegato	Leber
Jambon	Prosciutto	Schinken
Agneau de lait	Agnello	Lamm
Langue	Lingua	Zunge
Filet	Lombo	Filet
Pieds de porc	Piedino	Schweinefuß
Ris de veau	Animelle	Bries
Museaux	Musetto	Maul
Oreille de porc	Orecchio di maiale	Schweineohr
Épaule	Spalla	Schulter
Queue	Coda	Schwanz
Rognons	Rognoni	Nieren
Filet	Filetto	Lendenstück
Veau	Vitello	Kalb
Bœuf	Bue	Rind

AVES Y CAZA	**AVES E CAÇA**	**FOWL AND GAME**
Avestruz	Avestruz	Ostrich
Becada	Galinhola	Woodcock
Capón	Capão	Capon
Ciervo	Cervo	Venison
Codorniz	Codorniz	Quail
Conejo	Coelho	Rabbit
Faisán	Faisão	Pheasant
Jabalí	Javali	Wild boar
Liebre	Lebre	Hare
Oca	Ganso	Goose
Paloma	Pomba	Pigeon
Pato	Pato	Duck
Pavo	Peru	Turkey
Perdiz	Perdiz	Partridge
Pichón	Pombinho	Squab pigeon
Pintada	Galinha da Guiné	Guinea fowl
Pollo	Frango	Chicken
Pularda	Frango	Chicken
Venado	Veado	Deer

CONDIMENTOS	**CONDIMENTOS**	**CONDIMENTS**
Aceite de oliva	Azeite da azeitona	Olive oil
Ajo	Alho	Garlic
Albahaca	Alfavaca	Basil
Azafrán	Açafrão	Saffron
Canela	Canela	Cinnamon
Cebolla	Cebola	Onion
Cominos	Cominhos	Cumin
Eneldo	Endro	Dill
Estragón	Estragão	Tarragon
Guindilla	Guindia	Chilli pepper
Hierbabuena-menta	Hortelã-pimenta	Mint
Laurel	Loureiro	Laurel
Mantequilla	Manteiga	Butter
Mostaza	Mostarda	Mustard
Orégano	Orégão	Oregano
Perejil	Salsa	Parsley
Pimentón	Pimentão	Paprika
Pimienta	Pimenta	Pepper
Romero	Alecrim	Rosemary
Sal	Sal	Salt
Tomillo	Tomilho	Thyme
Vinagre	Vinagre	Vinegar

VOLAILLES ET GIBIER	**GALLINACE I CACCIAGIONE**	**GEFLÜGEL UND WILDBRET**
Autruche	Struzzo	Strauß
Bécasse	Beccaccia	Schnepfe
Chapon	Cappone	Kapaun
Cerf	Cervo	Reh
Caille	Quaglia	Wachtel
Lapin	Coniglio	Kaninchen
Faisan	Fagiano	Fasan
Sanglier	Cinghiale	Wildschwein
Lièvre	Lepre	Hase
Oie	Oca	Gans
Pigeon	Colomba	Taube
Canard	Anatra	Ente
Dinde	Tacchino	Truthahn
Perdrix	Pernice	Rebhuhn
Pigeonneau	Piccione	Täubchen
Pintade	Faraona	Perlhuhn
Poulet	Pollo	Huhn
Poularde	Pollo	Poularde
Cerf	Cervo	Hirsch

CONDIMENTS	**CONDIMENTI**	**ZUTATEN**
Huile d'olive	Olio d'oliva	Olivenöl
Ail	Aglio	Knoblauch
Basilic	Basilico	Basilikum
Safran	Zafferano	Safran
Cannelle	Cannella	Zimt
Oignon	Cipolla	Zwiebel
Cumin	Cumino	Kümmel
Aneth	Aneto	Dill
Estragon	Dragoncello	Estragon
Piment rouge	Peperoncino	Roter Pfeffer
Menthe	Menta	Minze
Laurier	Alloro	Lorbeer
Beurre	Burro	Butter
Moutarde	Senape	Senf
Marjolaine	Origano	Oregano
Persil	Prezzemolo	Petersilie
Paprika	Paprica	Paprika
Poivre	Pepe	Pfeffer
Romarin	Rosmarino	Rosmarin
Sel	Sale	Salz
Thym	Timo	Thymian
Vinaigre	Aceto	Essig

EMBUTIDOS Y CURADOS	**ENCHIDOS E CURADOS**	**SAUSAGES AND CURED MEATS**
Butifarra	Linguiça da Catalunha	Catalan sausage
Cecina	Chacina	Cured meat
Chorizo	Chouriço	Spiced sausage
Jamón	Presunto	Ham
Lacón	Lacão	Shoulder of pork
Morcilla	Morcela	Black pudding
Salchicha	Salsicha	Sausage
Salchichón	Salsichão	Salami
Sobrasada	Paio das Baleares	Majorcan sausage
Tocino	Toucinho	Bacon
FRUTAS Y POSTRES	**FRUTAS E SOBREMESAS**	**FRUITS AND DESSERTS**
Castañas	Castanhas	Chestnut
Chocolate	Chocolate	Chocolate
Cuajada	Coalhada	Curd
Flan	Pudim	Crème caramel
Fresas	Morangos	Strawberries
Fruta	Fruta	Fruit
Fruta en almíbar	Fruta em calda	Fruit in syrup
Helados	Gelados	Ice cream
Higos	Figos	Figs
Hojaldre	Folhado	Puff pastry
Manzanas asadas	Maçãs assadas	Baked apple
Melón	Melão	Melon
Miel	Mel	Honey
Mousse de chocolate	Mousse de chocolate	Chocolate mousse
Nata	Nata	Cream
Natillas	Doce de ovos	Custard
Nueces	Nozes	Walnut
Peras	Pêras	Pears
Piña	Ananás	Pineapple
Plátano	Banana	Banana
Queso curado	Queijo curado	Smoked cheese
Queso fresco	Queijo fresco	Fromage frais
Requesón	Requeijão	Fromage blanc
Sandía	Melancia	Watermelon
Tartas	Torta	Cakes/tarts
Yogur	Iogurte	Yoghurt
Zumo de naranja	Sumo de laranja	Orange juice

CHARCUTERIES	**SALSICCE E CURED**	**WÜRSTE**
Saucisse catalane	Salsiccia Catalana	Katalanische Wurst
Viande séchée	Scatti	Trockenfleisch
Saucisson au piment	Salsicce piccanti	Pfefferwurst
Jambon	Prosciutto	Schinken
Épaule de porc	Spalla di maiale	Schweineschulter
Boudin	Salsiccia	Blutwurst
Saucisse	Salsicce	Würstchen
Saucisson	Salame	Salami
Saucisse de Majorque	Soppressata	Mallorquinische Wurst
Lard	Lardo	Speck
FRUITS ET DESSERTS	**FRUTTA E DESSERT**	**FRÜCHTE UND DESSERTS**
Châtaignes	Castagne	Kastanien
Chocolat	Cioccolato	Schokolade
Lait caillé	Cagliata	Dickmilch
Crème au caramel	Crème caramel	Pudding
Fraises	Fragole	Erdbeeren
Fruits	Frutta	Früchte
Fruits au sirop	Frutta sciroppata	Obst in Sirup
Glaces	Gelato	Eis
Figues	Fichi	Feigen
Feuilleté	Pasta sfoglia	Gebäck
Pomme braisée	Mela al forno	Bratapfel
Melon	Melone	Melone
Miel	Miele	Honig
Mousse au chocolat	Mousse di cioccolato	Schokoladenmousse
Crème	Crema	Sahne
Crème anglaise	Budino	Cremespeise
Noix	Noci	Walnuss
Poires	Pere	Birnen
Ananas	Ananas	Ananas
Banane	Banana	Banane
Fromage sec	Formaggio stagionato	Hartkäse
Fromage frais	Formaggio fresco	Frischkäse
Fromage blanc	Formaggio bianco	Quark
Pastèque	Cocomero	Wassermelone
Tartes	Torte	Torten
Yaourt	Yogurt	Joghurt
Jus d'orange	Succo d'arancia	Orangensaft

Credits photos

I. Caperochipi/age fotostock, p. 86 - S. Politi Markovina/AWL Images/Getty Images, p. 144 - D. Schoenen/LOOK-foto/Getty Images, p. 148 - L. Maisant/hemis.fr, p. 159 - All rights reserved by Oscar Wong/Moment/Getty Images, p. 163 - Cultura Exclusive/RUSS ROHDE/Getty Images, p. 174 - J. Castle/Loop Images/age fotostock, p. 240 - O. Strewe/Getty Images, p. 248 - G. Azumendi/age fotostock, p. 261 - J. Larrea/age fotostock, p. 322 - M. Anda/Moment Open/Getty Images, p. 407 - Gitanna/iStock, p. 442 - M. Alvarez/Moment Open/Getty Images, p. 509 - O. Strewe/Getty Images, p. 515 - Ryhor Bruyeu/iStock, p. 529 - T. E White/Photolibrary/Getty Images, p. 575 - Melba/age fotostock, p. 586 - M. Cristofori/age fotostock, p. 618 - L. S. Engelbrecht/Danita Delimont Agency/age fotostock, p. 772 - Leonardo Patrizi/iStock, p. 823

Michelin Travel Partner

Société par actions simplifiées au capital de 11 288 880 EUR
27 Cours de l'Île Seguin - 92100 Boulogne Billancourt (France)
R.C.S. Nanterre 433 677 721

Dépôt légal octobre 2016

Printed in Germany, 10-2016

Papel procedente de bosques gestionados de forma sostenible

Population Portugal : « Source : Instituto National de Estatística_Portugal »

Compogravure : JOUVE Saran (France)

Impression-reliure : GGP Media GmbH

El equipo editorial ha prestado la mayor atención a la hora de redactar esta quía y de verificar su contenido. No obstante algunas informaciones (normas administrativas, formalidades, precios, direcciones, números de teléfonos, páginas y direcciones de internet...) se ofrecen a título indicativo debido a las constantes modificaciones de este tipo de datos. Existe la posibilidad de que algunas de ellas no sean exactas o exhaustivas en el momento de publicarse la guía. Antes de cualquier actuación por su parte, le invitamos a que se informe ante los organismos oficiales. Declinamos toda responsabilidad ante posibles imprecisiones que puedan detectarse.

A equipa editorial teve todo o seu cuidado na redacção deste guia e na verificação dos elementos que o mesmo contém. Não obstante, algumas informações (normas administrativas, formalidades, preços, endereços, números de telefone, páginas e endereços de internet...) são proporcionadas a título indicativo, tendo en conta e evolução constante dos dados fornecidos. Por este motivo, não é de excluir a possibilidade de que algumas destas informações não sejam rigorosamente exactas ou exhaustivas à data de aparição desta obra. Este facto não é, evidentemente, da nossa responsabilidade. Antes de cualquer actuação pela sua parte, aconselhamos informarse perante os organismos oficiais.